MÚSICA CULTURA POP ESTILO DE VIDA COMIDA
CRIATIVIDADE & IMPACTO SOCIAL

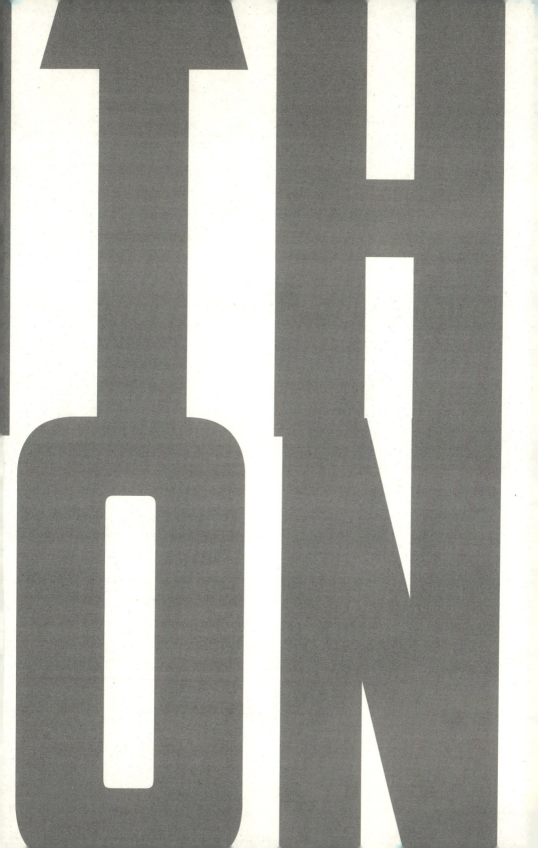

TONY FLETCHER

KEITH
MOON

A VIDA E A MORTE DE UMA LENDA DO ROCK

Tradução
Paulo Alves

Título original: Moon: The Life and Death of a Rock Legend
Copyright © 1999 Tony Fletcher
Todos os direitos reservados

Publicado mediante acordo com Tony Fletcher

Nenhuma parte desta publicação pode ser reproduzida, armazenada ou transmitida para fins comerciais sem a permissão do editor. Você não precisa pedir nenhuma autorização, no entanto, para compartilhar pequenos trechos ou reproduções das páginas nas suas redes sociais, para divulgar a capa, nem para contar para seus amigos como este livro é incrível (e como somos modestos).

Este livro é o resultado de um trabalho feito com muito amor, diversão e gente finice pelas seguintes pessoas:
Gustavo Guertler (*publisher*), Marcelo Viegas (edição), Celso Orlandin Jr. (capa e projeto gráfico), Juliana Rech (diagramação), Paulo Alves (tradução) e Jaqueline Kanashiro (revisão).
Obrigado, amigos.

Foto da capa: Gijsbert Hanekroot / Alamy Stock Photo

2021
Todos os direitos desta edição reservados à
Editora Belas Letras Ltda.
Rua Antônio Corsetti, 221 – Bairro Cinquentenário
CEP 95012-080 – Caxias do Sul – RS
www.belasletras.com.br

Dados Internacionais de Catalogação na Fonte (CIP)
Biblioteca Pública Municipal Dr. Demetrio Niederauer
Caxias do Sul, RS

F615   Fletcher, Tony
        Keith Moon : a vida e a morte de uma lenda do rock /
    Tony Fletcher, tradução de Paulo Alves. - Caxias do Sul, RS :
    Belas Letras, 2021.
        944 p. il.

    ISBN: 978-65-5537-151-2.
    ISBN 978-65-5537-150-5

    Tradução de: Moon : The life and death of a rock legend
    1. The Who (Grupo musical) - História. 2. Música britânica.
    3. Rock britânico. 4. Músico britânico – Biografia. I. Título. II.
    Alves, Paulo.

21/85   CDU 784.4(420)

Catalogação elaborada por Rose Elga Beber, CRB-10/1369

Para toda criança que não chegou a conhecer o pai

—

E para Campbell, que esse nunca seja o seu caso

SUMÁRIO

Prefácio	11	Cap. 23	497
		Cap. 24	519
Cap. 1	21	Cap. 25	539
Cap. 2	37	Cap. 26	559
Cap. 3	59	Cap. 27	575
Cap. 4	71	Cap. 28	601
Cap. 5	91	Cap. 29	625
Cap. 6	109	Cap. 30	647
Cap. 7	129	Cap. 31	671
Cap. 8	151	Cap. 32	693
Cap. 9	173	Cap. 33	709
Cap. 10	197	Cap. 34	733
Cap. 11	211	Cap. 35	753
Cap. 12	239	Cap. 36	771
Cap. 13	265	Cap. 37	799
Cap. 14	283	Cap. 38	821
Cap. 15	305	Cap. 39	843
Cap. 16	325	Cap. 40	861
Cap. 17	353		
Cap. 18	381	Epílogo	885
Cap. 19	413	Posfácio da edição de 2005	889
Cap. 20	437	Bibliografia	923
Cap. 21	459	Discografia selecionada	933
Cap. 22	483	Agradecimentos	937

PREFÁCIO

Como é que se tenta capturar uma bomba-relógio em plena explosão? Essas foram as primeiras palavras que ouvi de uma das inúmeras pessoas com quem conversei ao pesquisar sobre a vida de Keith Moon. Foram proferidas por Mark Volman, que, como membro do Mothers of Invention e metade da dupla Flo & Eddie, veio a conhecer Keith quando ambos participaram de um filme de Frank Zappa e o reencontrou no período de três anos que Moon passou numa espiral autodestrutiva em Los Angeles. Porém, a observação de Volman foi apenas a mais sucinta dentre tantas outras muito similares, que revelaram muito do caráter evasivo de Keith em poucas palavras, ao mesmo tempo em que enfatizavam a dificuldade que seria contar tudo sobre ele numa biografia.

Mesmo aqueles mais próximos a ele sentiram certo bloqueio ao tentar defini-lo depois de sua morte. "Parecia que ele ia explodir", me disse, a certa altura, Kim McLagan, sua ex-esposa. Ao longo de dez anos de um relacionamento turbulento, foi ela quem melhor – e pior – conheceu o Keith adulto. "Havia *tanta* coisa ali."

Em outra ocasião, ela me disse que "ele era uma estrela", se referindo a ele apenas em parte como uma celebridade mortal. McLagan revelou o que realmente quis dizer ao completar: "E iluminou tantas outras vidas".

Prefiro pensar nele como um cometa que, a toda velocidade, ilumina nossa experiência mundana ao mesmo tempo em que se exaure nesse processo. No entanto, acho válida toda a forma de analogia cósmica, incluindo a dupla definição da palavra "estrela" e a associação lunar ao seu nome, mesmo porque a existência de Keith Moon foi absolutamente – e em todos os sentidos – de outro mundo.

Decerto, os traços de personalidade que nos marcam como indivíduos podem se remontar às nossas heranças de sangue. Habilidade musical é, com frequência, hereditária. O alcoolismo é, hoje, reconhecido como uma doença genética. O abuso de cônjuges tende a ser parte de um ciclo geracional contínuo e difícil de quebrar. Tendências à comédia, à teatralidade e a se apresentar em público são todas normalmente atribuídas, pelo menos em parte, aos pais e à criação do indivíduo.

Não foi o caso de Keith. Não há absolutamente nada no histórico familiar dele que dê sequer uma vaga ideia do que sua vida se tornaria. Calmos e discretos, disciplinados e tolerantes, abstêmios (sim!), leais e inquestionavelmente amorosos, seus pais eram a definição de cidadãos-modelo, sonho de qualquer governo.

A subsequente vida de Keith John Moon – o cometa reluzente, a estrela brilhante, a Lua cheia a clarear o céu noturno – não teve nada e, ao mesmo tempo, teve tudo a ver com essa normalidade quase avassaladora. Desde muito novo, Keith se mostrou uma exceção a todas as regras de que se tem conhecimento; e, ao perceber isso em si mesmo, tomou como propósito de vida desafiá-las em tudo o que fazia. Revolucionou o conceito de baterista do rock 'n' roll e na música pop ao rejeitar comedimentos antes admitidos, conduzindo de trás do palco de uma forma quase inédita, em vez de propiciar apenas apoio rítmico, como então era a convenção, preenchendo espaços que quase sempre eram deixados vazios e abrindo lacunas nas quais geralmente havia batidas. Ganhou fama internacional, mais do que seu instrumento supostamente deveria inspirar, e fez desse status de celebridade uma oportunidade contínua de debochar de todo esse próprio conceito. Desprezava o nariz empinado da classe dominante britânica, ao mesmo tempo em que se apropriava dele de forma a, com efeito, apagar à revelia suas origens na classe trabalhadora; entrou de cabeça nas mandíbulas cavernosas do desastre certo repetidas vezes, inclusive ao provocar o destino com um consumo quase sem precedentes de álcool e drogas, e emergiu praticamente incólume de todas elas (exceto da última), levando o mundo a rir com ele dessa existência aparentemente encantada. Nunca

PREFÁCIO

se deparou com uma situação tão formal que não pudesse desabonar ao ficar pelado; nunca encontrou uma pessoa importante que não pudesse pôr no lugar com uma tirada instantânea; nunca conheceu o significado da palavra "constrangimento".

Tratava o dinheiro com desprezo. Decerto o desejava, mas também o ridicularizava: quanto mais ganhava, mais dívidas acumulava, a própria antítese da geração de seus pais, com aquela insistência em viver com o que tinha. Casas deslumbrantes, investimentos extravagantes e bens pessoais luxuosos eram adquiridos e dispensados – ou destruídos – tão rapidamente, que se tornavam sem valor. Hiperativo e peripatético, ele simplesmente não conseguia ficar parado. Keith Moon estava sempre correndo, sempre a um passo adiante da realidade, e sua vida inteira foi uma batalha desesperada e trágica para fugir da normalidade em que ele nasceu.

Ou pelo menos é nisso que acredito. Um biógrafo assume uma tarefa herculéa ao se convidar a adentrar na vida de alguém tão complexo quanto Keith Moon, um mito moderno sobre quem muito já foi dito e escrito, e que, não obstante, seus próprios pais não conheceram de verdade, nem sua esposa e nem sua futura "noiva" puderam controlar, causava medo na própria filha e nunca gerou consenso, de fato, entre seus colegas de banda, por mais que eles o amassem e sofressem com ele.

Contudo, é uma tarefa que devo aceitar se quiser fazer jus ao meu personagem, e, mais do que isso, é um desafio que eu mesmo busquei. Assim como muitos fãs de música, nutri um fascínio por Keith Moon desde que sua imagem foi implantada pela primeira vez na minha mente jovem e impressionável. (E qual foi essa primeira impressão? Um sorrisão largo e ébrio nas páginas de um semanário musical? A reimpressão de uma foto de divulgação daquele *mod* adolescente boa-pinta? Um excerto em vídeo de sua energia primal no palco, em algum programa de televisão setentista há muito esquecido? Uma virada frenética naquele mar infindo de tambores que distinguia uma música do The Who nas ondas do rádio? Ou alguma história sobre os excessos daquele grande homem, ouvida dos mais velhos no parquinho da escola ou na arquibancada do estádio de futebol e recontada como verdade irrefutável? Todas essas e mais, posto que nenhuma única imagem me ocorre como definitiva enquanto escrevo.) Tê-lo visto em seu hábitat natural (Charlton, 1976) e o conhecido pessoalmente de forma mais desarmada numa única ocasião (Londres, agosto de 1978) estabeleceram seu status heroico na minha mente na época, mas não foi só isso o que o manteve ali: por meio do meu trabalho (e lazer), logo conheci muitos ídolos do passado e futuros astros cuja fama não mais rendia respeito. Keith Moon, porém, cuja morte prematura talvez tenha sido um fator contributivo, só cresceu como um ícone para mim.

Para mim e para tantos outros: com a chegada dos anos 1990, percebi que as reações à mera menção do nome dele estavam mais fortes do que nunca – em particular as de uma geração que cresceu depois de sua morte. Sua imagem agraciou capas de discos (o Rolls-Royce na piscina em *Be Here Now*, do Oasis), campanhas publicitárias (a foto de Keith com uma garrafa de champanhe encravada na parede de sua casa foi usada pelo Primal Scream) e inúmeros convites de baladas elaborados para aguçar um público jovem com um totem do hedonismo imediatamente reconhecível. Enquanto isso, seus contemporâneos lamentavam que a vida e a morte de Keith, à época, tenham sido tratadas não com a reverência merecida por tamanho artista, mas sim como uma fonte sem-fim de sensacionalismo e pautas para tabloides. O *timing*, portanto, parecia apropriado para uma abordagem nova e detalhada.

Seria pretensioso dizer que senti um chamado para escrever este livro. Entretanto, Keith Moon marcou minha vida pessoal, me inspirou ideologicamente, me influenciou musicalmente e me divertiu profissionalmente. Escrever sobre música é parte da minha vida, e ninguém mais parece ter apreendido esse que parece um personagem tão convidativo. Quando considerei tudo isso e não consegui mais tirar a ideia da cabeça, concluí que, se a história dele me fascinava a esse ponto, então também deveria intrigar outras pessoas. Entre aqueles que provaram que minha suposição estava correta, havia pelo menos dois editores de livros que me garantiram um

PREFÁCIO

meio que me permitiu mergulhar na vida de Keith Moon mais fundo do que jamais imaginei.

Comecei determinado a provar que Keith era muito mais do que "Moon, o Lunático"[1], mais até do que o melhor e mais influente e revolucionário baterista que o rock conheceu. Quis compartilhar a generosidade que acreditava estar escondida debaixo daquele exterior extrovertido, rir do gênio cômico que nunca foi completamente reconhecido como tal, diagnosticar sua confusão interior e sua infelicidade privada, me afogar no alcoólatra e chorar junto com as lágrimas de um palhaço. Lamento ter desenterrado outros aspectos menos doces de sua personalidade, mas era quase inevitável que, na busca pelo núcleo desse cometa reluzente, eu descobrisse o lado escuro da Lua nas minhas jornadas. Aqueles ávidos em rotular Keith como "um cavalheiro" que "nunca machucaria alguém" (duas das descrições mais recorrentes que ouvi de seus muitos amigos) não foram os que testemunharam seu comportamento doméstico, raramente cavalheiresco e frequentemente bruto. E, depois de anos de conversas com quem conheceu Keith sobre padrões comportamentais infalivelmente consistentes, da infância à velhice prematura, depois de ouvir as mesmas anedotas repetidas vezes travestidas em diferentes circunstâncias, reviver as promessas vazias de sobriedade do alcoólatra crônico ano sim, ano não, comecei a compreender seus companheiros de The Who, para quem as piadas acabaram por perder a graça e que enfim começaram a contemplar, pelo menos entre eles, se não em público, a ideia da vida sem Keith Moon.

Quando a vida sem Keith Moon se tornou uma realidade, porém, o The Who perdeu mais do que apenas potência baterística. Sem Keith, a alma do grupo se fez ausente. Uma banda que só deu liga depois de encontrá-lo nunca mais deu liga depois de perdê-lo, e o fato de o The Who finalmente ter faturado o dinheiro que deveria ter recebido nos anos 1960 – ou pelo menos nos anos 1970 – foi uma compensação escassa por uma óbvia falta

---

1 *Em inglês, um trocadilho com a rima "Moon the Loon". (N. do T.)*

de mérito artístico. (Isto é, a menos que você fosse um dos recipientes dos cheques.) O que faz urgir a questão: enquanto um Pete Townshend em boa forma física, enfim sóbrio e mentalmente feliz, com 50 e poucos anos[2], explica pela milionésima vez que o verso *"Hope I die before I get old"*[3] nunca deveria ter sido interpretado literalmente, ninguém pergunta por que seu baterista e companheiro, a força motriz passional por trás da maior de todas as bandas de rock'n'roll, levou essas palavras tão ao pé da letra, que as tornou realidade em menos de quatorze anos.

É claro que, fisicamente, Keith tinha a constituição de um idoso quando morreu, ainda que o emocional de uma criança – apenas uma das muitas ironias que se costuram por sua vida e causam uma miríade de efeitos nas de outras pessoas. No início da minha pesquisa, quando passei seis meses absolutamente agradáveis de volta à Londres da minha infância, me dei conta de que já vivera mais do que meu personagem. Aos 32 anos, não me sentia velho, e nenhum dos meus amigos da minha idade chegava perto da aparência exausta de Moon em seus últimos dias – tão largo, que sua pança foi propositalmente escondida na capa do último disco do The Who com ele, suas sobrancelhas quase convergindo numa só, seu rosto, outrora belo, agora acabado pelos anos de bebedeira excessiva –, dados nossos estados de espírito joviais e nosso otimismo em relação aos nossos respectivos futuros. (Isso apesar de nenhum de nós reclamar a condição de santos: embora a história de Keith possa parecer um conto com uma lição de moral, só o é no que diz respeito ao excesso capaz de levar à ruína.) Mais tarde, naquele mesmo verão, chegou o dia em que Keith teria completado 50 anos. Muitos de seus contemporâneos, é claro, já chegavam à marca. Tornou-se costumeiro perguntar a eles se seriam capazes de imaginar um Keith Moon de 50 anos, e a resposta era quase sempre negativa.

---

2 *Isso, é claro, considerando que este livro foi publicado originalmente em 1998. Em 19 de maio de 2021, Townshend completou 76 anos. (N. do T.)*

3 "Espero morrer antes de envelhecer", de "My Generation".

PREFÁCIO

Só Oliver Reed, um então sobrevivente da boa vida, parecia certo dessa possibilidade, mas sua morte, em maio de 1999, aos 61 anos, enquanto bebia num pub em Malta, talvez explique o porquê disso.

— ● —

DESCONSTRUIR OS MITOS QUE CONSTITUÍRAM A VIDA DE KEITH E rearranjá-los como fatos nem sempre foi fácil. Moon tinha a tendência de se cercar de personagens igualmente indisciplinados, cujas memórias, às vezes, se mostram falhas; não era o tipo de gente que escrevia diários. E Keith estava sempre no centro de uma tempestade caótica. O surrado clichê que diz que se você se lembra dos anos 1960 é porque não os viveu poderia facilmente se aplicar também a Los Angeles de meados dos anos 1970, na qual Keith se instalou.

Para ser o mais certeiro possível ao contar esta história, chequei a credibilidade de cada relato. Quando duas ou mais lembranças de um acontecimento divergiam, eu checava as circunstâncias para decidir qual era a mais provável. Aquelas que não pareciam plausíveis de acordo com a situação, por mais espirituosas ou chocantes que fossem, ficaram no equivalente digital do chão da sala de edição.

A mesma coisa se aplica aos momentos em que a história divergia muito daquela narrada pelo The Who. Nunca foi minha intenção me concentrar demais na banda: o maior elogio que posso esperar para esta biografia é que ela seja devorada entusiasticamente por quem chegou até ela não como fã do The Who, mas como leitores à procura de uma boa história, pura e simples, com todos os altos meteóricos e baixos profundos de um grande romance, porém em que é tudo verdade.

Dito isso, seria impossível escrever sobre a carreira de Keith sem situá-la no contexto de um dos grupos mais importantes e influentes do rock, pelo qual Keith viveu e morreu, e, ao detalhar todos os desdobramentos do percurso do The Who que julguei essenciais, descobri que, assim como na própria vida do baterista, deixou-se que muitas histórias evidentemente falsas prosperassem sem ser questionadas, consequência natural da repetição constante. Se certos aspectos da história do The Who que reconto parecerem ir contra relatos "de autoridade" anteriores, é porque acredito que a minha versão é a verdadeira. Pois, com o benefício do retrospecto cada vez maior, a história se revela com mais clareza, as evidências escritas se tornam disponíveis mais prontamente, e aquelas almas modestas, que não berravam mentiras dos terraços no auge da loucura, enfim distribuem recordações límpidas. É com esses elementos a meu favor que sinto que esta história está contada da forma mais precisa possível, ao mesmo tempo em que se permite ser, por necessidade, uma história sobre a construção autoperpetuada de um mito e a transformação contínua da percepção em realidade.

A princípio, fiquei tentado em contar a história de Keith de forma puramente narrativa, revivendo-a em tempo "real". Porém, embora isso pudesse render uma leitura melhor do que muitos romances, grande parte da vida dele foi vivida sem que outras pessoas soubessem o bastante do que estava acontecendo, e outra grande parte foi demasiado exagerada a um extremo, para que eu não me valesse do benefício do retrospecto. Por essa mesma razão, permiti que minha própria perspectiva ou opinião se mesclasse às páginas, à medida que isso se fizesse necessário: a busca do biógrafo é metade obsessão amalucada e metade trabalho distanciado de detetive, e deixar de compartilhar a paixão pelo (ou teorias sobre) biografado depois de persegui-lo incessantemente por meio mundo seria nada menos do que uma covardia romântica ou profissional. Por fim, como todos os biógrafos e jornalistas reconhecem, uma história não pode ser contada antes que grandes partes dela sejam ouvidas de outros indivíduos. Embora, numa vida tão mercurial quanto a de Keith, não haja duas versões exatamente iguais, há momentos em que a memória de uma pessoa em particular fornece a maneira mais enérgica – ou, como é frequente no

PREFÁCIO

caso de Moon, a mais divertida – de contar a história. Para minha sorte, muita gente próxima a Keith estava disposta a compartilhar visões; se pretendemos extrair algum sentido da triunfante e, por fim, trágica vida de Keith, as palavras dessas pessoas merecem ser ouvidas.

Das muitas subtramas que, espero, se revelaram parte do quadro maior ao longo das páginas que se seguem, talvez aquela pela qual estou mais ávido por traçar seja a de Keith Moon como um símbolo (ainda que extremo) de seu tempo – um *pop star* adolescente extrovertido deixado à deriva para se virar nas águas desconhecidas do estrelato do rock, sem mapa ou bússola, apenas com um bando de piratas igualmente selvagens e incultos como companhia num navio carregadíssimo de intoxicantes poderosos, dos quais a fama dificilmente era um dos menos potentes. Aqueles que se lembram de suas imitações de Robert Newton[4] na juventude e que viram Keith se transformar, ao longo dos anos, na personificação viva do Long John Silver talvez achem ainda mais pungente minha sugestão de que a jornada sem roteiro do próprio Keith terminou com ele abandonado numa Ilha do Tesouro particular, materialmente mais rico do que jamais sonhou e emocionalmente pobre no coração, incapaz de se comunicar efetivamente com o resto do mundo, desejoso de amor, porém incapaz de retribuí-lo, exigindo atenção sem perceber que já a tinha. A cena em que ele é resgatado dessa existência isolada para viver feliz para sempre, infelizmente, nunca foi escrita. Em dramas da vida real, quase nunca há finais felizes.

Tony Fletcher
Brooklyn
Fevereiro de 1998

---

4 *Ator britânico (1905 – 1956) conhecido por interpretar o pirata Long John Silver, da obra literária de Robert Louis Steveson, nos filmes* A Ilha do Tesouro (1950) *e* Aventuras de John Silver (1954) *e na série de TV* The Adventures of Long John Silver (1954). (N. do T.)

Foi uma vida construída em torno de histórias floreadas com frequência, quase sempre completamente inventadas, muitas delas proferidas por ele mesmo. Sendo assim, não é lá grande surpresa que o mito comece com seu nascimento.

Keith John Moon veio ao mundo no Hospital Central de Middlesex, na Acton Lane, no que era, à época, o distrito urbano de Willesden, durante o auge do *baby boom* do pós-guerra, a 23 de agosto de 1946. Colocados dessa forma, os detalhes parecem quase insossos, seguramente irrefutáveis. Exceto a data. Historicamente, está registrado (inclusive em toda a documentação importante e oficial sobre o The Who[5]) que Keith nasceu no ano seguinte, 1947. Não nasceu; isso é fato. Porém, que esse "erro" tenha perseverado na história demonstra o quão facilmente as mentiras são consolidadas no mundo sensacionalista que é o rock 'n' roll. Uma mentira repetida o bastante com convicção, impressa com frequência suficiente sem pesquisa, rapidamente se torna uma verdade.

Keith sabia disso muito bem. Em alguma parte do caminho, ele decidiu que ser o mais jovem numa banda de jovens não era o bastante; talvez os meros 15 meses de diferença entre ele e Pete Townshend não parecessem suficientes, dada a evidente maturidade do compositor em comparação ao comportamento insistentemente juvenil do baterista. O fato de Keith já ser um legítimo *pop star* britânico aos 18 anos, estar em turnê pelos EUA num jatinho fretado à época do 21º aniversário e se tornar um membro vitalício da aristocracia latifundiária do rock aos 25 claramente não oferecia o conforto adequado numa indústria perpetuamente obcecada pela mais nova turma de adolescentes ambiciosos.

---

5 Isso inclui as biografias amplamente definitivas *Maximum R&B*, de Richard Barnes, e *Before I Get Old*, de Dave Marsh, bem como a cronologia que acompanha a caixa de quatro CDs do The Who *30 Years of Maximum R&B*.

Assim, ele simplesmente subtraiu um ano de sua vida. E todo mundo acreditou nele. Uma vez que percebeu o quão fácil era reescrever a verdade, não parou mais. Falsidades e chistes escapuliam de sua boca com uma regularidade cada vez maior. Keith, porém, era menos um mentiroso compulsivo e mais um mentiroso cativante, aquele em que as pessoas *queriam* acreditar e para com quem a imprensa era especialmente ingênua. Mas ele estava errado se achava que sua vida precisava ser romantizada. Embora a imagem floreada, elaborada e exagerada que ele mais tarde pintou de si mesmo se revele como tal no momento em que a superfície é cavada, o verdadeiro Keith por debaixo dela era igualmente fascinante: a questão é que as inseguranças que proliferavam ao longo de sua vida o levavam a erguer barricadas, para que elas não fossem reveladas.

Embora eloquente e amigável, o Keith Moon adulto nunca foi um entrevistado particularmente informativo. No início da fama, ao ser questionado sobre suas opiniões a respeito dos mais recentes álbuns do The Who, em geral respondia com descrições prontas de como "nos divertimos muito mais nas gravações" ou de como "ficaremos muito decepcionados se não vender". Os assessores de imprensa logo compreenderam as limitações do cliente e aprenderam a simplesmente deixar os jornalistas soltos no mundo particular de Keith – fosse em Tara, sua casa inimitável em Surrey; em seu pub, nas Cotswolds; talvez num *set* de filmagem; numa social em alguma casa noturna após um show; ou até numa festança interiorana – e esperar pelo melhor. A tarefa quase impossível que esperava quem fosse "cobrir" o homem era traduzir em meras palavras as visões e os sons de Keith Moon em constante movimento, capturar no papel a gargalhada insana que salpicava seus monólogos intermináveis, perceber com atenção suas expressões faciais ao fazer toda uma variedade de imitações, descrever em preto e branco seu humor, quando suas piadas raramente tinham arremate – coisas que o jornalista geralmente tentava fazer em meio à névoa da ressaca do dia seguinte. Considerando que o jornalismo de rock como alguma forma de arte só decolou em meados dos anos 1970, quando Keith já era saudado como um palhaço digno de sessões de foto loucamente cria-

CAPÍTULO 1

tivas e sacadas publicitárias absurdas, mas decerto não como um porta-voz do rock (em particular dado o extenso vulto projetado por Townshend nesse aspecto), não é de surpreender que o legado deixado por Keith a respeito de sua infância seja pequeno. Parecia que ninguém pensava em – ou ousava – remover o verniz pesado daquele autorretrato.

A julgar pelos relatos do próprio Keith, sua vida só começou quando ele descobriu a bateria e abandonou a escola logo em seguida, aos 14 anos de idade. No que tange a ele ter encontrado uma vocação, isso pode muito bem ser verdade. Mesmo assim, surpreende o quanto a família de Keith Moon está completamente ausente de tudo o que ele falou sobre sua juventude depois disso. Sabemos que seus pais o apoiavam: Keith nunca teria se tornado tamanho prodígio na bateria sem a ajuda financeira e emocional deles. Sabemos que eles o amavam, também: posteriormente, ele compraria para eles a casa até então subsidiada pelo governo (sua mãe, uma mulher impassível, autossuficiente e sem meias palavras, de classe trabalhadora até o osso – de fato, o exato oposto do filho –, se recusava a se mudar para um lugar mais chique). Porém, Keith escolhia não falar sobre eles. Talvez tivesse medo que parecessem enfadonhos demais. Talvez não houvesse nada a dizer.

Em grande medida, isso era verdade. Ao contrário do filho famoso, seus pais optaram por vidas anônimas, leais um ao outro e sem oferecer distrações ao resto do mundo. Nasceram com apenas um ano de diferença: Kathleen Winifred Hopley ("Kit" para os amigos), a mais nova de três meninas, a 4 de novembro de 1920, no nº 72 da St. John's Avenue, em Harlesden; Alfred Charles Moon, o quinto de uma prole robusta de quatro meninas e três meninos, a 30 de novembro de 1919, na fazenda Brook, em Hernhill, a norte de Kent. Na época, Harlesden era um ponto-chave do noroeste de Londres, onde as linhas férreas, tanto a nacional de superfície quanto a subterrânea, que convergiam na Willesden Junction, provinham muitos empregos; o pai de Kathleen, Harry, antepassado do qual Keith muito provavelmente herdou algumas características efervescentes, trabalhava como guarda ferroviário. O contraste era considerável na zona rural

KEITH MOON

de Kent onde Alf cresceu, e a fazenda de sua família (cujo sobrenome, Moon, não era incomum na região) era apenas mais uma dentre inúmeras intrinsecamente ligadas à vizinha Faversham, cidadezinha mercante de pouco mais de 10 mil habitantes que vivia principalmente do comércio de milho, lúpulo e lã e de um mercado quinzenal de gado.

Alf e Kit se conheceram no final da adolescência, quando os Hopleys fizeram uma viagem de férias até o litoral norte de Kent, onde destinos como Herne Bay e Margate sempre foram populares entre as famílias da classe trabalhadora de Londres. À época, a guerra assomava sinistra no horizonte e, por toda a nação, jovens casais se lançavam em novos relacionamentos com um vigor quase espiritual, pombinhos corriam para o altar como se os votos de matrimônio pudessem servir como um talismã durante a ausência iminente dos homens.

Alf Moon teve o privilégio de evitar a guerra, pelo menos num primeiro momento. Trabalho rural era considerado uma "ocupação de reserva", e os próprios fazendeiros foram isentos do alistamento. Se tivesse mergulhado nos negócios da família, Alf poderia ter observado a Batalha da Grã-Bretanha da relativa segurança dos campos de Kent. Porém, via essa opção como covardia. Acreditava que seu país precisava dele. Além disso, nunca quis ser fazendeiro, preferia o fascínio da cidade grande. Alistou-se.

Quando Alf e Kit se casaram, na St. Michael's Church, em Tokyngton, pouco acima de Harlesden, em 27 de setembro de 1941, a Batalha da Grã-Bretanha havia terminado e uma iminente ocupação alemã das Ilhas Britânicas parecia improvável. Porém, a cidade sofreu terrivelmente no ataque, em particular nos arrabaldes mais ao norte, como Harlesden e Wembley, com suas indústrias pesadas, depósitos de armas e ferrovias. A própria St. Michael's, construída poucos anos antes no local de uma antiga igreja do século 18, sofreu sérios danos com os bombardeios. Alf e Kit só podiam ser gratos por ter sobrevivido até ali, de modo a desfrutar de uma breve celebração do amor em meio a um mundo em guerra. Com o futuro ainda tão incerto, a única coisa da qual podiam ter certeza na vida era o compromisso de um para com o outro.

CAPÍTULO 1

O lar do casal ficava a pouco mais de 1 quilômetro ao norte de onde Kit nasceu, no nº 224 da Tokyngton Avenue, uma rua residencial tranquila ladeada pela Harrow Road a leste e pelo Wembley Brook e uma multidão de linhas férreas e celeiros a oeste. Embora fosse uma região insalubre, a casa em si, erguida no início dos anos 1930, pela London Housing Society, era bem construída e relativamente espaçosa, situada no final de uma sequência de casas parecidas, com jardins tanto na frente quanto atrás. Classe trabalhadora alta, se quisermos ser precisos – como os britânicos sempre são. Entretanto, enquanto muitas famílias tiveram filhos durante a guerra, em particular nos dois últimos anos, quando uma vitória dos Aliados parecia cada vez mais provável, os Moons esperaram até que a paz fosse declarada e Alf pudesse retornar de vez para casa. Com a desmobilização das tropas, ele arrumou emprego como operador de maquinário numa metalúrgica da região, e o casal, agora já com vinte e tantos anos, se estabeleceu para finalmente começar uma família. A chegada do recém-nascido Keith e seu rápido desabrochar num bebê bonito e enérgico pareciam quase injustos, ao se considerar as perdas enfrentadas pelos demais ao longo dos últimos sete anos. Alf e Kit juraram sempre agradecer pela bênção de tanta sorte. Sua vida não seria de reclamações.

Nos primeiros anos de Keith, a vida com os Moons era comum, bastante ordinária. Depois da guerra, a Grã-Bretanha passava por um processo enorme de reconstrução, em três níveis contrastantes. No literal, foi erguido 1 milhão de novas casas em cinco anos, para repor as 700 mil demolidas pelos bombardeios e tantas outras que já mereciam ser substituídas; no metafórico, o governo trabalhista de Clement Attlee implementou medidas socialistas históricas, tais como a introdução do Serviço Nacional de Saúde, ou National Health Service – NHS –, e a estatização de muitas indústrias-chave; no emocional, os novos pais, cujas famílias haviam sido dizimadas na década anterior, devotaram toda sua energia a criar os filhos num mundo melhor. Embora tenha sido um período caótico para políticos e burocratas e ainda que um senso renovado de otimismo tenha, de início, fisgado a nação – os públicos de futebol, barômetro clássico do bem-estar britânico, chegou a um auge de 1 milhão de pessoas por tarde de sábado nos primeiros anos do pós-guerra –, havia pouco espaço para comportamentos idiossincráticos. Escombros de bombardeios ainda se espalhavam pelas paisagens de todas as cidades. O racionamento de comida continuaria até boa parte dos anos 1950, assim como uma política de teto salarial que tornava até mesmo um padrão mínimo de vida difícil de manter. Até hoje, é um sinal daqueles tempos que o secretário do Tesouro trabalhista, Sir Stafford Cripps, tenha ousado pedir aos cidadãos que "apaziguassem toda e qualquer ideia de ganho pessoal e ambição pessoal" e que o público tenha obedecido.

Num clima tão austero, o entretenimento vinha de onde era possível encontrá-lo: no rádio, em que *crooners* como as Andrews Sisters e Bing Crosby, dos EUA, ou a heroína de guerra britânica Vera Lynn podiam ser ouvidos junto às "Light Orchestras", orquestras de *easy listening*, na BBC; no cinema, que exibia tributos infindos aos heróis britânicos da guerra (e "comédias de Ealing", mais leves e batizadas com o nome dos estúdios na zona oeste de Londres onde muitas eram filmadas); ou no pub, a sala de estar comunal das classes trabalhadoras, onde a cerveja era barata e a conversa, de graça.

Os Moons raramente tinham tempo para ir ao cinema, com um filho pequeno para criar, e não bebiam. O menino, Keith, lhes dava entretenimento o bastante – de sobra, na verdade, com sua natureza incansável e comportamento cômico. Além disso, ele também demonstrou uma afinidade imediata pela música. "Aos 3 anos, já passava horas sentado ao lado de um velho gramofone portátil", sua mãe se recordaria, "e ouvia velhos discos de 78 rotações de astros como Nat King Cole e do *bandleader* escocês Jimmy Shand". Em junho de 1949, quando Alf já passara a trabalhar como mecânico para uma lavanderia, os Moons tiveram uma segunda filha, Linda Margaret, e, mais ou menos um ano depois, a família se deslocou para mais 1 quilômetro e pouco acima da Harrow Road, no subúrbio de Wembley, para uma casa nova, construída durante o rápido desenvolvimento da região poucos meses antes do estouro da Segunda Guerra Mundial e, em

CAPÍTULO 1

seguida, comprada pelo conselho municipal, no nº 134 da Chaplin Road. Numa primeira olhada, havia pouca diferença entre a antiga rua e a nova: ambas eram tranquilas e discretas, de extensões similares, em sentido sul e paralelas à Harrow Road. Mas a nova casa de três quartos dos Moons contava com as distintas melhorias de ter apenas uma parede em comum com a casa vizinha e um jardim dianteiro muito maior. As lojas geridas por famílias na Ealing Road ficavam a uma curta caminhada[6]. E a escola primária local, a Barham, ficava a uma rápida corridinha pelo conjunto habitacional da Farm Avenue, quase que diretamente do outro lado da rua. Foi lá que Keith John Moon começou a estudar, em setembro de 1951.

Construída imediatamente após a guerra, a Barham foi um acréscimo prestigioso à região de Wembley, um recomeço promissor para a nova geração do pós-guerra. E, como acontece na maioria das experiências nas escolas primárias, as lembranças são de uma inocência satisfatória. A irmã de Keith, Linda, matriculada três anos depois, se lembra com carinho do diretor da Barham, um certo Sr. Hall, e se recorda da escola de modo geral como um refúgio de deleite. "Os professores adoravam o Keith", diz ela, com a natureza descomplicada de todos (menos um) da família, "porque ele era uma criança adorável mesmo". A mãe de Keith, Kit, sempre conta uma história particularmente cativante de uma apresentação de dança na escola, quando Keith tinha 7 anos e, quando chegou sua vez, não dançou apenas ao redor do pequeno grupo ao qual estava designado, e sim por todo o parquinho e pelos fundos da escola até retornar à sua posição; significantemente, ela se recorda de como "ele adorava aquela atenção toda". Kit se lembra também de como ia aos dias abertos aos pais na Barham "esperando o pior" – Keith era tão elétrico em casa, que ela sabia que ele levaria essa energia desenfreada para escola –, mas os professores "sempre diziam que ele não dava trabalho algum".

---

6 O nome pode confundir: a Ealing Road vai, em sentido sul, de Wembley até Hangar Lane, passando por Alperton, e acaba a uns bons 3 quilômetros antes do bairro de Ealing, de fato.

Keith Cleverdon, um amigo de Moon, da Linthorpe Avenue, virando a esquina da Chaplin Road, se recorda como, já na escola primária, "ele sempre arrumava confusão, ria, fazia piadas e peidava. Já naquela época, ele não se importava com merda nenhuma. Simplesmente tinha essa atitude: 'Se eu for à escola e não aprender nada, quem se importa?'".

Embora seus colegas da Barham não se lembrem de imaginar Keith com fama e fortuna futuras, uma foto escolar da época o mostra já se preparando para o estrelato. Está sentado no centro da primeira fila (é claro!), de camisa xadrez e suéter de gola V e franja no cabelo; enquanto todos os demais ao seu redor sorriem graciosamente (é quase possível ouvir o fotógrafo implorando às crianças para "dizer xis!"), Keith parece posar furiosamente para a câmera, com a cabeça de lado, dando uma piscada e abrindo um sorriso largo de pirata bravo. O ator Robert Newton já era famoso entre as crianças inglesas da idade de Keith por sua interpretação de Long John Silver em *A Ilha do Tesouro*, dos anos 1950, filme que fez tanto sucesso, que rendeu uma sequência e duas séries de TV. A julgar pela foto da escola, as imitações que Keith fazia dele começaram cedo[7].

Na Chaplin Road, Alf passou a apelidar o filho de "Nobby" e tentou, com sucesso limitado, incitar nele um amor pelo mais britânico dos esportes, o críquete. Quando o Sr. Moon conseguiu um novo emprego como mecânico de manutenção e instalador de motores para o conselho de Wembley (embora longe de ser prestigioso, era um "trabalho para toda a vida" e, de fato, Alf trabalhou para o bairro até o fim), Kit começou a trabalhar meio período como faxineira, uma vez que os dois filhos estavam na escola. Keith se tornou o melhor amigo de um garoto chamado Michael Morris, um dos dez filhos da família que morava do outro lado da rua. "Unha e carne" é como Linda se lembra deles. Os meninos iam

---

7 Newton morreu de um ataque cardíaco provocado pelo alcoolismo em 1956, menos de um mês depois de concluir as filmagens de seu maior filme, *A Volta ao Mundo em 80 Dias*, no papel do inspetor Fix. Conseguiu cumprir a promessa de se manter sóbrio durante as filmagens, mas teve uma recaída fatal assim que a fotografia principal se encerrou.

CAPÍTULO 1

juntos para a Barham e, depois da aula, brincavam na casa dos Morris ou iam caçar salamandras no Barham Park, do outro lado da Harrow Road, entre outras atividades pueris. (Michael Morris morreria num acidente de moto no final dos anos 1960.) As férias em família eram passadas inevitavelmente no litoral de Kent, onde Alf e Kit se conheceram; alugavam o mesmo chalé em Herne Bay todo ano, e Keith brincava com os primos da vizinha Whitstable, com quem procurava por berbigões e búzios na água rasa. No entanto, a natureza inquieta de Keith já se manifestava. "Eu diria que ele era um pouco solitário", apontou sua mãe. "E ele se entediava com muita facilidade. O ferrorama e os carrinhos de montar não o mantinham interessado por muito tempo."

Escolas primárias como a Barham deram a muitas crianças britânicas algumas de suas melhores e certamente mais inocentes lembranças, mas o sistema escolar estadual ao qual elas pertencem as forçou, por muitos anos, a desempenhar um papel cruelmente ditatorial no futuro dessas crianças, sob a forma do temido *11-plus*. Prestado por todos os alunos ao final da educação primária, o *11-plus* era o maior exame que muitos deles encarariam, o que levava a uma bifurcação na estrada da vida e a um caminho que raramente podia ser revertido. Passar significava se graduar para as chamadas escolas de gramática, a que se seguiria os exames de *O-level* (ou até mesmo de *A-level*[8] e uma possível vaga na universidade para os mais inteligentes) e alguma garantia de um emprego seguro, bem pago e engravatado como resultado. Reprovar significava resignação às chamadas

---

8 *No sistema educacional britânico, o O-level ou ordinary level – "nível-padrão", em tradução livre – era um certificado geral de educação que antecedia exames mais rigorosos, como o A-level ou advanced level – "nível avançado". O O-level foi substituído em 1988 pelo GCSE, General Certificate of Secondary Education, ou "Certificado Geral de Educação Secundária". O A-level permanece vigente e, ao contrário do GCSE, não é compulsório, embora ambos sejam aplicados para a qualificação acadêmica. (N. do T.)*

secundárias modernas, escolas vistas como pouco mais do que depósitos dos rejeitados e excluídos da sociedade, uma jaula de quatro anos com tão pouca preocupação com o futuro dos alunos que nenhum exame final era considerado necessário[9]. Os egressos das secundárias modernas tinham como destino o chão das fábricas e os serviços de indústria, com poucas chances de chegar a profissões engravatadas.

Keith se encontrava em desvantagem desde o início. Se tivesse nascido nove dias mais tarde, teria prestado o exame um ano inteiro depois – a idade que se tem no dia 1º de setembro determina o ano escolar da criança no Reino Unido – e, portanto, tinha apenas dez anos quando prestou o *11-plus*. Além disso, a escola de gramática local mantinha vagas estritamente limitadas, apesar do aumento dos alunos, em decorrência do *baby boom*; isso implicava num aumento significativo do patamar pelo qual os alunos de Wembley "passavam" num *11-plus*, e aqueles cujas aptidões "medianas" poderiam tê-los colocado na escola de gramática cinco anos antes, agora quase que certamente acabariam numa secundária moderna. Essas desvantagens iniciais eram amplificadas pelo fato de que a exuberância e o curto intervalo de atenção de Keith ainda não haviam sido identificados como nada além de euforia infantil.

Por fim, por mais jovem que fosse, ele tinha ciência e era, pelo menos em parte, influenciado pelas diversas mudanças culturais que pareciam estar acontecendo todas ao mesmo tempo na sociedade britânica.

Como foi o caso nos EUA, quando a primeira leva de "filhos da guerra" alcançou a adolescência, em meados dos anos 1950, o fez numa época de prosperidade incrementada. O resultado foi que esses adolescentes se viram com uma renda "gastável" do tipo que seus pais, que passaram pelo racionamento da Grande Depressão e das duas grandes guerras, nunca experimentaram. Havia até um novo termo em inglês para de-

---

9 Pais que sentissem que sua prole foi tratada de forma particularmente injusta poderiam apenas pedir um exame *13-plus*, em que a aprovação permitia a transferência para uma escola técnica, onde as habilidades mecânicas dos alunos seriam lapidadas ao longo de dois anos.

CAPÍTULO 1

signá-los – *teenagers*. Nas cidades interioranas da Grã-Bretanha, esse novo grupo de consumidores gastava seu dinheiro em roupas, e, assim, os *Teddy boys* emergiram como a verdadeira primeira subcultura jovem britânica, imediatamente induzindo as classes média e alta ao pânico, com seu visual que combinava blazers eduardianos com calças apertadas e sapatos *creeper*, sem contar a disposição a usar os canivetes que quase sempre levavam escondidos.

Logo, surgiu outra coisa na qual gastarem esse dinheiro. O rock 'n' roll cruzou o Atlântico pela primeira vez na forma corpulenta de Bill Haley, cuja "Rock Around the Clock" chegou à primeira posição nas paradas em novembro de 1955, depois que o filme, de cuja trilha a canção fazia parte, *Sementes de Violência*, estreou com tumultos causados pelos *Teddy boys* por toda a Grã-Bretanha. (Como evidência da cultura homogeneizada na qual o filme chegou, vale notar que os primeiros lugares anteriores foram de Jimmy Young, Alma Cogan, Slim Whitman e os Johnston Brothers.) No ano seguinte, o topete envelhecido de Haley foi usurpado com destreza como ícone do rock 'n' roll pela voz profundamente sensual, a energia visceral e efervescente, o requebrado e a beleza cinematográfica de Elvis Presley, que teve o mesmo impacto cataclísmico na cena musical e na juventude britânica que nos EUA. O fato de "Heartbreak Hotel", "Blue Suede Shoes" e "Hound Dog" terem todas se tornado hits numa sucessão rápida conta apenas parte da história; o impacto emocional que o jovem Elvis exerceu sobre seus ouvintes ainda mais jovens nunca pôde ser definido por meras posições em paradas.

As raízes do rock 'n' roll vão muito mais fundo do que Bill Haley ou Elvis Presley, é claro, mas a Grã-Bretanha não tinha tradição alguma de música negra; a juventude britânica não sabia nada das circunstâncias pelas quais o rhythm & blues, o country, a música *hillbilly* e o pop americanos convergiram na imagem de um filhinho de mamãe caucasiano de 20 anos, temente a Deus, de Tupelo, Mississippi. Até onde os adolescentes do Reino Unido sabiam, o rock 'n' roll em geral, e Elvis Presley em particular, caíram do céu da noite para o dia, como providência divina. Dessa forma, alguns viam isso tudo como uma moda passageira, que possivelmente poderia ter se provado como tal não fosse o *timing* fortuito com que uma febre de *skiffle* emergiu na Grã-Bretanha saída das bandas de jazz tradicionais, cujo entretenimento de intervalo dos shows, que consistia em reduzir *standards* de jazz e folk à simplicidade das *washboards* e dos violões, subitamente explodiu num movimento nacional que transformou Lonnie Donegan num grande astro e levou músicas como "Rock Island Line" e "Cumberland Gap" a serem cantadas em qualquer esquina. O mundo da música mudou quase que da noite para o dia. Enquanto que antes disso era preciso uma prática considerável para sequer considerar se tornar músico, o *skiffle* demonstrava que qualquer um podia tocar e o rock 'n' roll deixou claras as possíveis recompensas.

Naquele verão de 1956, as vendas de violões aumentaram meteoricamente, à medida que quase todo jovem britânico parecia determinado a seguir o sonho de se tornar algum tipo de astro da música. Por toda a nação, pais desesperados, mesmo quando tiravam de seu escasso dinheiro para colaborar com a compra de um instrumento genérico para os filhos deslumbrados, alertavam que era um sonho impossível: garotos de classe trabalhadora sem conhecimento musical simplesmente não se tornavam cantores populares. Porém, quando em janeiro de 1957 um ex-marinheiro, Tommy Hicks, depois de ser descoberto por Larry Parnes, empresário do pop britânico, ao cantar no Stork Room, na Regent Street, em Londres, chegou à primeira posição das paradas com uma versão vagamente rebelde de "Singing the Blues", sob o nome mais glamoroso de Tommy Steele, parecia que esse sonho poderia verdadeiramente se tornar realidade para qualquer um que tivesse boa aparência e determinação suficientes.

Os guardiões conservadores da sociedade – políticos, líderes religiosos e colunistas de jornal, todos eles criados sob as noções complementares de senso comum e de respeito pelos mais velhos – foram incitados a considerar o declínio iminente da sociedade ocidental. Tendo como pano de fundo a Crise de Suez, que maculou permanentemente a arrogância insuportável do inquieto Império Britânico, a convergência dos *Teddy boys*, do

CAPÍTULO 1

rock'n' roll e do *skiffle*, combinada à descoberta da independência financeira por parte dos adolescentes, martelou o último e particularmente doloroso prego no caixão dos valores estabelecidos. O *New Musical Express* se juntou ao protesto, expressando a esperança de que a moda do rock'n' roll passasse. No entanto, novos compactos de Gene Vincent ("Be Bop a Lula", "Blue Jean Bop"), Little Richard ("Rip it Up", "Long Tall Sally"), Frankie Lymon and the Teenagers ("Why Do Fools Fall in Love?", "I'm Not a Juvenile Delinquent") e mais sucessos de Elvis Presley e Bill Haley – todos vindos de diferentes ângulos, mas parte da mesma revolução cultural, como exércitos conquistadores de novas Forças Aliadas – continuaram a se empilhar nas paradas britânicas. Isso não obstante o fato de a rádio da BBC evitar o rock'n' roll como uma praga contra a decência comum, o que, de fato, era. (Os fãs em potencial eram forçados a sintonizar a Rádio Luxemburgo, que vendia espaços de 15 minutos às principais gravadoras americanas e na qual o lendário DJ americano Alan Freed tinha um programa retransmitido nas noites de sábado.) Na primavera de 1957, a febre do *skiffle* chegava ao seu auge e o rock'n' roll estava aqui para ficar. A maior fenda geracional de todos os tempos se escancarava por completo, incapaz de conter a euforia da juventude.

Dizem que nada acontece num vácuo, mas é certeza absoluta que essa deve ter sido a sensação para aqueles cujas vidas foram mudadas por essa nova música. Em que seus pais pensavam ao cantarolar junto com Doris Day, Rosemary Clooney, Perry Como e Bing Crosby? Como é que seus tios e suas tias podiam achar os Ink Spots inovadores, agora que havia o Little Richard, ou o Johnnie Ray sedutor, agora que o Elvis estava na área? Quanto ao jazz, como é que alguém poderia esperar que os adolescentes se interessassem por algo com tanta ênfase em teoria musical quando o *skiffle* resumia a música ao básico rudimentar e emocional? Sem exceção, cada membro das bandas britânicas que tomariam o mundo de assalto na década seguinte – os Beatles, os Stones, o The Who, os Kinks, a lista é enorme – teve sua própria epifania durante esse período. Para todos eles, a vida nunca mais seria a mesma. Não havia como ser.

Keith certamente curtiu rock 'n' roll desde o momento em que o gênero estourou: convenceu os pais a comprar "Rock Around the Clock", "Green Door" e outros símbolos relativamente inofensivos da nova explosão musical, que botava para tocar sem parar na vitrola de 78 rotações da família, e depois usou pela primeira vez os próprios trocados para comprar "Singing the Blues", de Tommy Steele. Embora fosse da leva mais nova da geração e jovem demais para demonstrar um entusiasmo tremendo, foi fisgado tão instantaneamente quanto aqueles já bem adiante na adolescência.

Que chance a escola tinha diante de todas essas desvantagens e influências externas contra ela? Para a profunda decepção de seus pais e para sua própria e aparente indiferença, ele não passou no *11-plus*, no final da primavera de 1957. Enquanto muitos de seus amigos da escola primária foram para a Wembley County Grammar School e para o prospecto de uma vida bem-sucedida, Keith Moon foi para a Alperton Secondary Modern e para a quase certeza de fracasso.

KEITH CERTAMENTE CURTIU ROCK 'N' ROLL DESDE O MOMENTO EM QUE O GÊNERO ESTOUROU: CONVENCEU OS PAIS A COMPRAR "ROCK AROUND THE CLOCK", "GREEN DOOR" E OUTROS SÍMBOLOS RELATIVAMENTE INOFENSIVOS DA NOVA EXPLOSÃO MUSICAL, QUE BOTAVA PARA TOCAR SEM PARAR NA VITROLA DE 78 ROTAÇÕES DA FAMÍLIA.

É improvável que haja um subúrbio britânico mais famoso do que Wembley. Isso não tem nada a ver com seu charme ou sua beleza naturais – o lugar não tem nenhuma das duas coisas –, e tudo a ver com um ilustre monumento construído pelo homem: o Estádio de Wembley, lar do futebol inglês. Causa de uma crise de identidade e tanto. Enquanto os filhos dessa longínqua comunidade da região noroeste de Londres frequentemente sonham em fugir para cercanias mais excitantes, como é próprio da juventude suburbana de todo o mundo, o resto do país louco por futebol sonha em chegar a Wembley – se não para a final da Copa da Inglaterra, que lá acontece todo mês de maio como conclusão do torneio esportivo anual mais longevo e fascinante do mundo, então para as finais de outras competições de futebol, para as partidas internacionais que invariavelmente contam com a equipe inglesa e, cada vez mais na era do rock de estádio, para shows também. Some-se a isso a Wembley Arena (anteriormente Empire Pool), uma das maiores casas de shows fechadas da Grã--Bretanha, com capacidade para 10 mil pessoas, e não é de surpreender que o nome Wembley seja mais instantânea e facilmente reconhecido em terras estrangeiras, até mesmo mais do que o do Palácio de Buckingham.

É difícil imaginar, portanto, no trajeto da estação de trem de Paddington, à beira do centro de Londres, até a Harrow Road, ao passar por uma série de enclaves urbanos, em sua maioria barra-pesada e impiedosos – Westbourne Park, Kensal Green, Willesden Junction, Harlesden (onde a mãe de Keith nasceu) e Stonebridge Park (primeira residência de Keith) –, que Wembley já tenha feito parte da zona rural. Só depois de passar por Wembley em si rumo a Kenton, Harrow e Pinner, quando os parques, tão raros alguns quilômetros antes, começam a proliferar e logo dão lugar a campos de golfe e fazendas, é que se percebe que a vasta cidade de Londres tem, de fato, perímetros, que os arranha-céus e as ruas abarrotadas de casas geminadas, a fumaça expelida pelos ônibus e as hordas de transeuntes que saem das estações de metrô têm, de fato, um fim.

Por séculos, Wembley foi um vilarejo interiorano remoto, que contava com apenas seis casas em 1542, vinte e duas em 1805 e, por boa parte do século 19, manteve a modesta população de duzentos habitantes. Isso mudou em 1844, quando uma estação de trem foi inaugurada na vizinha Sudbury, parte da linha Londres-Birmingham, abrindo a comunidade para o resto da nação. Wembley se tornou uma paróquia apenas dois anos depois e um Conselho de Distrito Urbano em 1895, e, nesse meio-tempo, cresceu rapidamente – em especial depois de 1879, quando um ramo da primeira linha de metrô londrina, a Metropolitan, atravessou Wembley para chegar até Harrow-on-the-Hill.

O fundador da linha Metropolitan, Sir Edward Watkins, comprou as terras de ambos os lados de suas novas linhas férreas, nas quais construiu modernos conjuntos habitacionais e preencheu a lacuna entre Londres e essas paróquias adjacentes; o termo "Metroland" foi cunhado para esse tipo de subúrbio particularmente vívido, que, nisso, inspirou muitos dos mais célebres poemas de Sir John Betjeman. Watkins é, por fim, mais lembrado na região por uma realização menos duradoura: sua tentativa de construir uma equivalente da Torre Eiffel no Wembley Park, parque recreativo inaugurado em 1894. Dificultada por problemas orçamentais, a estrutura não passou do primeiro pavimento e ficou conhecida, de maneira bastante cruel, como Watkins' Folly[10]. Foi demolida em 1907 e o Estádio de Wembley foi enfim construído no local.

---

10 A tolice de Watkins.

CAPÍTULO 2

Fotos da construção desse mais bem-sucedido monumento nacional, de depois da Primeira Guerra Mundial, período em que a população já chegava a 13 mil habitantes, mostram que a área ao redor dele ainda era predominantemente rural. Boa parte dela era, de fato, composta por fazendas de laticínios, e muitas gerações de londrinos reconhecem de imediato os nomes Express Dairy, Vale Farm e Welford's Dairy, que forneciam seu leite diário e ficavam todas localizadas ao redor de Wembley. Inclusive, a Chaplin Road foi construída sobre terras que outrora pertenceram à Express Dairy, de Sir George Barham, daí o nome da escola primária de Keith e do conjunto habitacional da Farm Avenue ao redor dela.

Em 1940, a população de Wembley, em parte devido à emergência da vida suburbana e dobrada pela fusão ao Distrito Urbano de Kingsbury, já havia aumentado para fenomenais 120 mil habitantes. Mesmo sem a Segunda Guerra Mundial, teria sido difícil suprir moradia de acordo com a demanda, mas a combinação dos bombardeios com o *baby boom* causou uma devastação acentuada à infraestrutura da área. Ao todo, durante a guerra, cerca de 9 mil bombas avariaram quase metade das casas do bairro, o que criou um desabrigo tão bárbaro, que as ocupações foram desenfreadas nos primeiros anos do pós-guerra.

As escolas se deram um pouco melhor. Uma elementar, a Wembley Hill, foi completamente destruída na guerra. A Alperton School, bem acima, na Ealing Road, teve seus próprios e consideráveis problemas. A escola foi construída como elementar em 1898, quando a comunidade que lhe deu nome ainda era um vilarejo, e foi expandida com diversos alojamentos e anexos até seu limite máximo, na Primeira Guerra Mundial, quando a idade de saída escolar subiu de 11 para 14 anos, e depois quando as obras do Estádio de Wembley (inaugurado em 1923 para a final da Copa da Inglaterra e imediatamente tomado por 250 mil torcedores) trouxeram ainda mais famílias e urbanizaram por completo a área.

O Ato Educacional de 1944 acabou com as escolas elementares e instituiu as secundárias modernas no lugar delas, confinando os alunos abaixo de 11 anos às escolas primárias e, mais uma vez, aumentando a idade de

KEITH MOON

saída, agora para 15 anos. Com a Alperton já expandida mais do que deveria, planos para novas e maiores instalações foram imediatamente propostos para lidar tanto com essa mudança na legislação quanto com o influxo de futuros alunos criado pelo *baby boom*. Contudo, a dura realidade econômica do pós-guerra prevenia a concretização desses planos, e só em meados dos anos 1950 foi que as obras de uma nova escola começaram, aos pés da One Tree Hill, logo atrás da estação Alperton do metrô, mais abaixo na Ealing Road[11]. Mesmo assim, nem o novo prédio conseguia acomodar por completo o aumento das matrículas, então, no outono de 1957, a escola se dividiu pela demarcação por gênero: as meninas ficaram para trás, nas instalações antigas, Ealing Road acima, e os meninos tomaram o novo prédio, sob a tutela do antigo diretor, o Sr. Hostler.

Uma série de mudanças chegou com o novo local e o novo nome, Alperton Secondary Modern School for Boys (embora o "modern" – moderna – tenha sido rapidamente dispensado da terminologia da escola devido às conotações negativas). Só o tamanho e o status já eram proe minentes: os parquinhos pareciam tão grandes quanto a antiga Alperton inteira, e os laboratórios de ciências, o ginásio, a biblioteca e a sala de artes faziam inveja às escolas de gramática, embora a Alperton ainda não oferecesse instalações para o aprendizado de instrumentos musicais. A mudança mais significativa foi a troca dos professores de todas as matérias por professores individuais para cada matéria, passo necessário para preparar os alunos como candidatos em potencial para os certificados *O-levels*. Embora todos os jovens ainda pudessem optar por deixar a escola aos 15 anos de idade, os mais inteligentes, que incluíam aqueles que normalmente estariam numa escola de gramática não fosse o *baby boom*, dos anos 1960 em diante puderam permanecer por mais um quinto ano, para então prestar os pres-

---

11 Por volta dessa época, em 1956, o Secretário da Educação de Wembley reconheceu os problemas trazidos à região por conta do crescimento rápido. "Wembley", disse ele, durante um discurso público, era "um lugar esquisito. Novo demais. Com pouca tradição por trás". "Era um chão de passagem", concluiu.

CAPÍTULO 2

tigiados exames[12]. Aos demais, como compensação, ainda era oferecida uma chance de prestar um exame para a Royal Society of Arts. Levando tudo isso em conta, a Alperton Secondary Modern estava determinada a ser um campo de treinamento, em vez de um depósito. E o novo prédio, o novo sistema educacional, um novo emblema que trazia uma árvore solitária, em homenagem à nova localização, e a súbita ausência de meninas nas salas de aula (e de mulheres no corpo docente e entre os funcionários) tiveram como efeito um certo nivelamento de jogo, em que todo garoto, do primeiro ao quinto ano, se sentia parte de um novo começo.

Nesse novo ambiente, Keith rapidamente desabrochou como figura notável ao mesmo tempo em que escorregava como estudante. O fato de ter sido colocado na turma "A" o marca como um garoto inteligente, que, em tempos outros que não de *baby boom*, talvez tivesse chegado à escola de gramática, porém também o forçava a se manter à altura dos melhores e mais inteligentes alunos. Com dificuldades para se concentrar, mas determinado a não ser ignorado, ele rapidamente passou a mascarar suas ineficiências ao se estabelecer como o palhaço da sala, disparando tiradas, pregando peças, passando a perna nos professores e garantindo que todo mundo o conhecesse, mesmo que ninguém ousasse correr o perigo de se tornar seu melhor amigo. Os professores passaram a chamá-lo pontualmente de Sputnik, por causa do satélite russo lançado em outubro daquele ano.

---

12 Os Certificados Gerais de Educação de "nível padrão" foram instituídos na Grã-Bretanha em 1951, mas até 1955 somente os alunos de escolas de gramática e particulares podiam prestá-los. Na Alperton, a oportunidade de mais um ano de educação foi só gradualmente tratada como tal. No ano letivo de 1960-61, apenas onze meninos ficaram na Alperton para um quinto ano; no de 1961-62, vinte alunos da turma de Keith ficaram, dos quais quatorze passaram. No ano letivo seguinte, sessenta e seis alunos prestaram O-levels, mais de dois terços do total. Já no ano letivo de 1972-73, a idade de saída escolar subiu para 16 anos, e assim se manteve desde então.

Em casa, Keith continuava a mandar ver na vitrola de 78 rotações de seus pais – "Ele não parava de dar corda até que a mola cedesse", recordou-se sua mãe –, e, nas tardes de domingo, se juntava a eles ao redor do rádio para ouvir o programa semanal ao vivo dos Goons, na BBC, diretamente do Camden Theatre, na zona norte de Londres.

Primeiro grande grupo britânico de comédia do pós-guerra, os Goons foram os precursores do Monty Python e de toda e qualquer outra instituição da irreverência que se considere digna de ser mencionada na mesma toada. Em transmissões ao longo dos anos 1950, esses três veteranos dos programas de auditório do período da guerra – Spike Milligan, Peter Sellers e Harry Secombe – embarcaram num declínio moral gloriosamente inspirado, de jocosidades brandas aprovadas pela BBC ao completo caos e faz de conta. Os personagens dos Goons tinham todos nomes como Bloodnok, Bluebottle e Gyptype Thynne; suas aventuras ou se passavam em períodos imaginários da história (como "The History of Pliny the Elder"[13]) ou reinterpretavam a Segunda Guerra Mundial de forma *nonsense* (a "Dance of the Seven Army Surplus Blankets"[14] ou a inversão do título do filme *The Wages of Fear* – *O Salário do Medo* – num esquete chamado "The Fear of Wages" – "O Medo do Salário"); as trilhas sonoras de seus esquetes eram surreais: nelas, a familiaridade dos ra-ta-ta-tás das metralhadoras e das bombas cruzando os céus se transformava na decepação de membros ou na explosão em massa de vísceras.

Apesar da conformidade subserviente exercida por adultos como Alf e Kit Moon ao longo dos anos 1950 na Grã-Bretanha, os Goons ressoaram profundamente para com a nação. Peter Sellers, de quem Keith ficaria amigo e compartilharia mais do que apenas algumas características, sugeriu que "o público se identificava com aqueles personagens e aquelas situações porque muito daquilo era mais do que apenas vozes engraçadas. Eram caricaturas

---

13 "A História de Pliny, o Idoso".

14 "A Dança dos Sete Cobertores do Exército".

CAPÍTULO 2

de pessoas reais". Em outras palavras, o papel dos Goons era aprofundar a excentricidade que sempre havia logo abaixo da superfície do exterior implacável do cidadão britânico médio; tornou-se o trabalho deles satirizar o que sabiam ser as iniquidades, irregularidades e puras insanidades da vida cotidiana das pessoas. Considere a internação de Milligan num sanatório no meio da série (para a qual ele continuou a escrever, mesmo internado!) uma espécie de martírio para o homem comum, que contava com os Goons para seu próprio escapismo, e você começará a descobrir parte da lógica por trás do comportamento errático de Keith Moon em sua curta vida adulta.

Ao ouvir os Goons, o ainda inocente, porém prontamente impressionável e distintamente singular jovem Moon, se deu conta de sua própria excentricidade nascente como um traço a ser reforçado, não reprimido. Afinal, isso não fizera mal nenhum ao elenco dos Goons. Sem saber da condição maníaco-depressiva de Milligan ou do lado nocivo de Sellers, o garoto os via apenas como heróis e modelos de comportamento. Embora tivesse problemas com a lição de casa da escola, não tinha dificuldade alguma em decorar os esquetes dos Goons.

"Ele chegava na escola na segunda-feira de manhã", se recorda Bob Cottam, um colega mais velho que veio a se tornar um bem-sucedido jogador de críquete, "e não só imitava todas as vozes, como também se lembrava do roteiro do programa inteiro". Incentivado pelos colegas de classe a fazer as imitações no parquinho, a princípio nervoso, mas logo se deleitando com a brincadeira, Keith se banhava do brilho de um público cativo e trocava rapidamente de personagem, de Bluebottle a Eccles a Henry Crun e assim por diante, percebia os olhares invejosos dos meninos mais velhos e via os de sua idade rolarem de rir.

Em casa, a outra irmã, Lesley Anne, nasceu em maio de 1958, lotando a casa na Chaplin Road e forçando Kit a alternar sua atenção entre as estripulias do filho que crescia rapidamente e a bebê recém-nascida. Keith, já com uma independência impetuosa, nunca mais seria observado com atenção. Naquele verão, mais evidências do declínio da Grã-Bretanha como um Reino Unido chegaram sob a forma dos primeiros tumultos raciais do país, na cidade de Nottingham, nas Midlands, e na comunidade de Notting Hill, na zona oeste de Londres, ao pé da Harrow Road, onde o primeiro grande influxo de imigrantes caribenhos do pós-guerra se instalou. A essa altura, Wembley, como um entreposto longínquo de Londres (oficialmente, parte do condado de Middlesex), permanecia relativamente não afetada pela imigração e os tumultos pareciam distantes, embora fisicamente estivessem muito próximos. Porém, milhares de famílias britânicas estavam, ao mesmo tempo, aproveitando a oportunidade amplamente divulgada de um recomeço na Austrália, assim como os jamaicanos responderam ao convite da própria Grã-Bretanha para se instalar na "terra-mãe".

No segundo ano de Keith na Alperton, seu professor responsável era Basil Parkinson, que trabalhava na escola desde 1948 e, assim como todos os funcionários à época, servira no Exército e não tolerava papo-furado. Pode-se medir a personalidade de Keith pelo fato de, quase quarenta anos depois, Parkinson ainda se lembrar vividamente do garoto de 12 anos. "Consigo ver o rosto daquele garotinho neste exato momento", ele me escreveu. "Mais baixo do que a média, mesmo assim tinha o dom de se fazer notar; a forma como ele chamava sua atenção... Era respeitoso para comigo, porém, não sem um certo lampejo de ironia no olhar."

Essa não parece ter sido a opinião de Parkinson na época. "Seu comportamento é bem imaturo para a idade", escreveu o professor responsável no relatório escolar de Keith, ao final do quadrimestre de outono, em dezembro de 1958. (Isso pode ter se justificado, em parte, pelo fato de que Keith era *mesmo* imaturo para sua idade, provavelmente o mais novo da turma.) "Seu ar de vivacidade desenvolta, apesar de revigorante por um tempo, é, sinto, amplamente forçado para chamar a atenção. É hora de ele adotar uma postura diferente."

Ao ser confrontado com essa avaliação, Parkinson observa alegremente que "graças a Deus, acertei. Acho que os acontecimentos subsequentes se jus-

CAPÍTULO 2

tificam". Ainda assim, ele enfatiza que gostava das excentricidades de Keith na época: "Afinal, um pouco de travessura infantil quebra a monotonia".

Roger Hands, que foi colega de Keith, se recorda da Alperton, sem rodeios, como "o tipo de escola que não podia te expulsar, pois você não teria aonde ir" e observa ironicamente que a escola era "um belo prédio moderno, com muitos professores bons, mas alunos sofríveis". Hands se lembra de Moon como "um carinha meio merda, mas agradável!", que "andava com uns arruaceiros do ano dele". Keith Cleverdon, que fez a transição da Barham para a Alperton um ano depois de Moon, havia ficado um tanto quanto temeroso do antigo amiguinho. "Você nunca pensaria: 'Um dia ele vai ser famoso', e sim que era mais provável que ele fosse acabar preso. Em todas as confusões, lá estava ele. Não era um cara muito grande, mas estava sempre procurando encrenca." E sempre com senso de humor. Keith descobriu cedo que ser um comediante trazia uma popularidade que compensava seus defeitos, em particular sua altura, que, na maioria das escolas barra-pesada, teria incitado *bullying* contra ele ou pelo menos uma surra ocasional. Em vez disso, seu status de palhaço lhe rendia a simpatia dos rapazes mais durões, embora quanto mais andasse com eles, mais seu desempenho escolar sofria.

No fim do quadrimestre de outono do terceiro ano, aos 12 ele havia decaído tanto que seu boletim era condenatório quase que do começo ao fim. "Progresso muito lento", escreveu Parkinson, na condição de professor de Matemática, função que entregou a Len Irving no novo ano letivo. "Artisticamente retardado, idiota em outros aspectos", escreveu Harry Reed, professor de Artes, que não via problema algum em quebrar uma régua nas costas de algum aluno insolente e, em seguida, mandá-lo tomar outra do diretor. "Esforçado às vezes, mas as 'palhaçadas *Goonerescas*'" – atenção para a ênfase no programa de comédia – "parecem ser sua prioridade", escreveu o professor de Educação Física. "Tenta se safar das coisas dando show", observou o Sr. Fowler, professor de História, de cuja prova Keith só conseguiu acertar cinco por cento. Alguns mestres notavam no pupilo um entusiasmo que lutava para ir ao encontro do sucesso acadêmico. "Esforçado e atento", escreveu Irving, professor de Literatura Inglesa, matéria na qual Keith parecia se sair melhor e obteve um B. "Faz o melhor possível, um garoto alegre e educado", escreveu o professor de Metalurgia. O comentário mais mordaz de todos veio do professor de Música, que observou que Keith tinha "grandes habilidades, mas deve se resguardar da tendência a se mostrar". Em seu resumo, Irving escreveu que o jovem Moon "deveria direcionar seu talento para o trabalho escolar".

Ele não conseguiu. A incapacidade de se concentrar por muito tempo num único projeto, que o fazia se cansar rapidamente dos carrinhos de montar e dos ferroramas; o hábito de interromper e falar fora de hora, que era tomado como insolência maliciosa; o mimetismo perfeito, exemplificado nas imitações dos Goons; e a natureza inquieta, que começara a se manifestar na impaciência e na agitação constantes eram indicadores clássicos de hiperatividade, problema que acompanhou Keith por toda a infância e agora ameaçava sua adolescência.

Contudo, embora seja fácil olhar para trás e perguntar por que ninguém viu os sinais de alerta, a resposta mais simples é que ninguém estava procurando por eles. Até bem tarde no século 20, a resposta-padrão a crianças hiperativas era presumir que isso "passaria com o tempo". Em muitos casos, passou (estima-se que um a dois terços das crianças hiperativas acabam por levar vidas adultas normais), embora o desempenho escolar e, por conseguinte, o futuro dessas crianças tenham, em geral, sofrido danos irreversíveis no caminho. Em outros, como o de Keith, não passou, e essas crianças levavam as tendências hiperativas para a vida adulta. Os problemas da vida adulta de Keith se tornariam o pior cenário-padrão possível para hiperatividade não tratada, no qual a depressão, os transtornos psiquiátricos (incluindo transtorno de personalidade *borderline* e elementos de esquizofrenia), o abuso de álcool e drogas e o comportamento antissocial e violento ajudaram a levá-lo a uma morte prematura.

Hoje em dia, com a hiperatividade tendo se tornado uma doença quase "da moda" de se diagnosticar em crianças difíceis (em especial como parte do Transtorno de Déficit de Atenção e Hiperatividade, mais abrangente), fica fácil presumir que uma criança de tamanha distinção como Keith

CAPÍTULO 2

Moon teria os sintomas reconhecidos e tratados de acordo. A Inglaterra dos anos 1950, porém – um país desconfiado da psicologia, na melhor das hipóteses –, se referia ao que hoje chamamos de hiperatividade como "dano cerebral mínimo" ou "disfunção cerebral mínima", termos distintamente desagradáveis que traziam conotações de transtornos mentais sérios. Quem gostaria que seu filho carregasse esse tipo de fardo para o parquinho da escola, quanto mais para a vida adulta? Quem, portanto, se surpreenderia que os médicos raramente dessem tal diagnóstico, que os pais raramente os pedissem para fazê-lo e que os professores das escolas secundárias modernas barra-pesada se recusassem a se envolver com crianças agitadas mais do que já se envolviam?

Entretanto, contudo, todavia, persistem os rumores sobre a infância de Keith, assim como os mitos dominam sua vida adulta. Para Paul Bailey, que cresceu no bairro e viria a trabalhar na indústria fonográfica, Moon era amplamente conhecido como uma criança instável. "A lenda que corria pela região", diz Bailey, lenda essa que ele se recorda claramente de ser tratada como fato por aqueles da mesma idade de Keith por volta da época em que o The Who ficou famoso, "é que ele se tratava no hospital psiquiátrico St. Bernard's porque batia na mãe. Alguém no hospital disse a ele para começar a praticar alguma coisa, como algum instrumento musical, e foi aí que ele começou a tocar bateria."

Não se poderia esperar elo melhor do que esse entre Keith Moon, a criança hiperativa, e Keith Moon, o baterista enérgico. Na verdade, não se poderia esperar uma revelação melhor para a primeira página de uma biografia. É matéria-prima de lendas, e por isso só pode ser repetida como tal. Embora seja fato que Keith tenha passado por tratamento psiquiátrico mais tarde na vida e tenha sido fisicamente abusivo com sua esposa, não há provas existentes de que Keith tenha se tratado no St. Bernard's (em Southall, perto de onde ele morava) na adolescência, nem de que ele tenha sido fisicamente abusivo com os pais.

Porém, se a história do St. Bernard's é uma completa inverdade, por que se tornou uma lenda na região? Teria o próprio Keith a espalhado para se fazer parecer mais ultrajante do que, de fato, era? Será que alguns dos rapazes da área sabiam de algo que era mantido em segredo? Ou será que meros recortes da verdade foram mal interpretados e rumores foram repetidos como legítimos com firmeza, até que o folclore fosse repetido como fato, como definitivamente foi o caso com incidentes posteriores da vida de Keith? Nas raras entrevistas dadas por Kathleen Moon desde a morte de Keith, ela enfatizou a mundanidade da vida familiar na Chaplin Road; embora tenha reconhecido que Keith era uma figura zombeteira e frequentemente solitária (e embora outras pessoas tenham deixado claro que os pais de Keith o consideravam difícil de controlar), se ela vivenciou qualquer tipo de sofrimento físico pelas mãos dele, guardou essas experiências para si.

O primeiro instrumento musical de Keith foi, na verdade, o cornetim, que ele começou a tocar aos 12 anos, quando entrou para o Sea Cadets Corps da região, na Linthorpe Avenue, na esquina de casa. O Sea Cadets era uma espécie de centro de doutrinação para a Marinha, de forma que Keith, já altamente desconfiado das autoridades e sem intenção alguma de receber ordens como um número, optou pela banda para evitar atividades mais militarescas. O cornetim então o levou ao trompete, no qual Keith nunca foi muito bom – e não ligava que soubessem disso. No fim de um dos quadrimestres do terceiro ano dele na Alperton, o diretor, o Sr. Hostler – apelidado de Perna de Pau por razões óbvias – convidou os aspirantes a músicos a se apresentar numa reunião matinal.

"Dois ou três garotos levaram instrumentos e tocaram razoavelmente bem", recorda-se Roger Hands. "Moon subiu no palco com um trompete e anunciou que tocaria 'When the Saints Go Marching In'. Assassinou os dois primeiros compassos e deixou o palco ao som dos aplausos de seus colegas de turma. Foi absolutamente hilário. Acho que ele o fez como piada, já que ninguém que tocasse tão mal faria aquilo na frente de todo mundo."

CAPÍTULO 2

Anos depois, Keith contou que saía pela cidade tocando canções de Natal com o trompete naquela época. "As pessoas me davam dinheiro para ir embora, e foi aí que despertei meu interesse pelo lado financeiro da música", disse, com o bom humor de sempre.

A mãe de Keith disse que ele foi promovido do cornetim para os tambores no Sea Cadets, uma sequência lógica de acontecimentos e que de imediato desmentiria a lenda do St. Bernard's. Keith Cleverdon, que morava bem ao lado do quartel, se recorda que o cornetim "dava trabalho demais" para Keith, que então optou (em vez de ser promovido) pelos tambores. Moon, diz Cleverdon, foi inicialmente incumbido do tambor lateral (ou caixa), mas "Keith sendo quem era", insistiu no bumbo, que pendurava nos ombros e golpeava com força quando se juntava ao esquadrão de soldadinhos de chumbo de 13 anos a desfilar por um quadrante de concreto. Por mais inocente que essa imagem pareça, para um adolescente há muito apaixonado pela música, ávido por ter algo para fazer que tivesse a ver com tocar música e já ciente de que não era bom o bastante para ser bem-sucedido nem no trompete nem em nenhum outro instrumento melódico, isso pode ter muito bem sido a fagulha da qual precisava para encontrar sua vocação.

Ao redor dele, a música britânica, pela primeira vez, falava diretamente à juventude e a respeito dela. No finalzinho dos anos 1950, uns dois anos depois de, inicialmente, absorver Elvis, Little Richard e cia. do outro lado do Atlântico, o Reino Unido viu seus primeiros ídolos próprios do rock 'n' roll emergirem. O atrevido compacto de estreia de Cliff Richard, "Move It", de 1958, foi o divisor de águas, em parte porque Cliff era um rapaz de 17 anos, parecido com Elvis e com um *sex appeal* genuíno, mas também porque "Move It", composta por seu guitarrista, Ian Samwell, era uma defesa passional do rock 'n' roll: "*They say it's gonna die but honey please let's face it – they just don't know what's gonna replace it*"[15].

---

15 "Eles dizem que [*o rock 'n' roll*] vai morrer, mas, querida, por favor, verdade seja dita – eles simplesmente não sabem o que vai substituí-lo."

Marty Wilde e Billy Fury, que despontaram por volta da mesma época, também foram consideradas réplicas relativamente autênticas dos ícones americanos. Porém, pelo menos até onde Keith sabia, o artista mais importante de todos era provavelmente um garoto de Willesden, Johnny Kidd, e sua banda, The Pirates, que, em seguida ao memorável compacto de estreia, "Please Don't Touch", chegaram ao primeiro lugar das paradas em 1960. "Shakin' All Over" foi o grande clássico britânico de rock 'n' roll, e a canção que, mais tarde, Keith admitiria que "realmente me acendeu a faísca". Considerando-se que os Shadows, banda de apoio de Cliff Richard, começaram a ter seus próprios (e consideráveis) hits, e que muitos daqueles que haviam se contaminado pela febre do *skiffle* passavam às guitarras e aos baixos elétricos, a letra de "Move It" ganhava mais ressonância do que nunca.

A bateria de rock britânica, no entanto, ainda era um talento majoritariamente desperdiçado – ou certamente subvalorizado. O motivo era parte econômico, já que o preço de uma bateria era proibitivo; parte cultural, já que os americanos sempre tiveram as bandas de bar para se suprir de músicos de rock 'n' roll, e o Reino Unido, até a chegada do *skiffle*, nunca teve uma cena de música ao vivo comparável; e parte social, já que, como resultado das duas primeiras condições, os bateristas que tocavam nos discos britânicos de rock 'n' roll do final dos anos 1950 eram quase sempre músicos de jazz que pensavam estar se rebaixando ao gravar tamanha insipidez, para começo de conversa. Sem nome nos créditos e com carreiras em outros gêneros musicais (ou assim pensavam eles), não traziam nem entusiasmo nem inovação às sessões de gravação. Consideremos, além disso, que os engenheiros de som não tinham nenhuma experiência em gravação de rock 'n' roll e nenhum incentivo para gravar coisas que talvez não fossem tocadas pela BBC (que já odiava o rock 'n' roll com todas as forças) e temos então uma explicação do porquê de não conseguirmos nem ouvir o bumbo nas músicas britânicas daquela época.

CAPÍTULO 2

Como não era bobo nem nada, Keith Moon nunca citou um baterista britânico dos anos 1950 como influência[16]. De todos os bateristas originais do rock 'n' roll, era DJ Fontana, o notável provedor da batida de Elvis Presley, cujo estilo afiado e firme, porém não demasiado elaborado, quem ele elogiaria para sempre.

Embora seu coração estivesse no rock 'n' roll, as primeiras influências de Keith na bateria vieram de uma seara substancialmente mais distante. Na televisão, ele assistia ao músico britânico de *big band* Eric Delaney, que pulava em cima do tímpano e cujo uso de dois bumbos o estabeleceu como a inveja de muitos aspirantes a baterista de jazz. E, no cinema, Keith foi profundamente marcado pelo filme *O Rei do Ritmo*, cinebiografia do grande *showman* americano de jazz, Gene Krupa, interpretado por Sal Mineo, que lançava as baquetas ao ar, gesticulava selvagemente nos incessantes solos e estava sempre a soltar tiradas, bem da forma como um certo garoto de Wembley ficaria conhecido tempos depois. "Aquele filme foi a única vez que vi como Krupa tocava – com todo aquele malabarismo", disse ele, em 1970, a respeito de seu companheiro de exibicionismo.

"Keith idolatrava Gene Krupa", diz Roy Carr, baterista e, mais tarde, respeitado jornalista da mesma idade de Keith, que se tornaria seu amigo, em meados dos anos 1960. "Krupa transformou a bateria num instrumento de linha de frente, não mais algo relevado ao fundo do palco. E, quando ele tocava com Benny Goodman, o público ia aos shows menos interessado em ver Goodman e mais em ver esse ídolo das matinês que fazia a bateria 'falar'. E é isso que Moonie queria ser – essa grande personalidade. E conseguiu."

Bem no início, desenvolver essa personalidade pedia uma certa medida de blefe e de crença cega em si mesmo. "Eu sempre dizia às pessoas que era bate-

---

16 Ginger Baker, sete anos mais velho do que Keith e uma inspiração musical definitiva para ele, se mudou da zona sul de Londres depois de se casar com uma garota de Neasden, em 1959, mas, na época, tocava jazz e não rock 'n' roll; é quase certeza que Moon só o viu tocar muitos anos depois. Da mesma forma, Bob Henrit, que tocava com Adam Faith and the Roulettes e era muito admirado por Keith, só ganhou proeminência nos anos 1960.

rista antes de ter uma bateria: era um baterista insano", diria Keith mais tarde, demonstrando uma compreensão tipicamente arguta desse duplo sentido. É certo que ele só teve uma bateria depois de terminar a escola. Como a família Moon não contava com nenhuma afinidade musical e Keith não demonstrava nenhuma tendência a aprender a ler música ou estudar teoria, seus pais, a princípio, interpretaram seu entusiasmo pela bateria como mais uma de suas paixões passageiras, não algo que deveria ser incentivado em casa.

Embora a semente estivesse plantada firmemente em sua cabeça, no começo da adolescência, Keith Moon era menos um baterista determinado e esforçado e mais um notório excêntrico, que conseguia ser bastante popular, ainda que seus colegas o apontassem como solitário. "Por causa do comportamento dele, acho que a maioria do pessoal mantinha distância", diz Keith Cleverdon. "Não me lembro, nem da época de escola, de ele ter um melhor amigo de verdade com quem andava." Passou a fumar – desenvolveu rapidamente um vício pesado que contribuiria para sua longeva falta de forma –, e, certa feita, no intervalo do almoço, foi pego debaixo da ponte da estação de trem de Alperton pelo professor de Geografia, o Sr. Sladden, em quem Keith prontamente passou uma rasteira pela encheção de saco. Em outra ocasião, Keith trancou Sladden no armário da sala de aula de Geografia. Os professores da Alperton tentaram domar a energia de Keith de maneiras mais produtivas (vemos aqui ecos da lenda do St. Bernard's) e o incentivavam a praticar esportes, a única coisa em que ele se destacava na escola. Começou a treinar boxe e surpreendeu até a si mesmo ao vencer sua única luta. "Pareceu um nocaute espetacular", ele se recordaria mais tarde, "mas, na verdade, meu oponente tinha tropeçado, caído de costas e se nocauteado sozinho." Ainda assim, a vitória lhe rendeu uma foto no jornal e uma reputação de "campeão de boxe" na escola. Porém, qualquer esperança de que Keith estivesse levando os esportes a sério foi dissipada quando, numa gincana escolar, ele concordou em participar de uma corrida de meia distância. Enquanto seus quatro colegas de turma ultrapassavam acirrados um ao outro na pista, Keith mantinha um passo mais próximo de uma caminhada até o mercadinho da esquina. Cada um dos garotos passou por

CAPÍTULO 2

ele duas vezes a caminho da linha de chegada. Notavelmente desapressado, Moon parou para dar um trago de um cigarro oferecido por um amigo antes de terminar a "corrida", com aplausos sarcásticos dos colegas.

Ele começou a causar problemas sérios fora da escola também. Por anos, Keith Cleverdon soube de tudo o que Moon aprontava por compartilhar de seu primeiro nome. "Todas as mães batiam na porta da minha casa, dizendo que 'o Keith fez isso, fez aquilo', quando, na verdade, era ele. Por causa da estatura baixa e do jeito meio tímido com que ele olhava para as pessoas, ninguém pensava que poderia ser ele, mas, nove em cada dez vezes, era." A polícia então compareceu pela primeira vez ao nº 134 da Chaplin Road, depois de um incidente em que Keith e um amigo destravaram o freio de mão de alguns carros em um estacionamento, de forma que os veículos rodaram para o meio da rua. Keith se safou mediante um aviso, sob a condição de que seus pais, desesperados, o mantivessem sob controle.

Não mantiveram. As viagens regulares de férias para o litoral de Kent, onde Alf passara a infância e Keith muitos de seus primeiros e felizes anos, se banhando nas ondas do oceano e brincando na areia, chegaram a um fim abrupto em 1960, quando a família chegou de um passeio em que Keith não quis ir e encontrou um bilhete escrito com o garrancho dele. Farto e entediado, inquieto pela excitação das ruas da cidade, Keith decidiu partir sozinho de volta para Wembley – e conseguiu chegar, o que forçou seus pais a reconhecer a velocidade com que o garoto de 14 anos crescia.

Para dar o tom daquilo que serviria de medida para o resto de sua vida, Keith começou sua busca para pregar a peça perfeita, não importava o quão questionáveis fossem os resultados. Duas das "pegadinhas" pelas quais ele ficaria mais conhecido na vida adulta foram elaboradas nessa época. A primeira envolvia os alto-falantes do toca-discos do quarto de Keith, escondidos nos arbustos do jardim por ele e Michael Morris, que então, da janela do segundo andar, esperavam por velhinhas que passeassem desavisadas pela casa na Chaplin Road. Quando elas passavam pelo nº 134, quase tinham um ataque do coração ao ouvir o barulho de um trem vindo a toda velocidade, proveniente de um disco de efeitos sonoros "encontrado" por Keith. Ele se safou por várias noites, até que uma transeunte injuriada desvendou a peça e foi reclamar com a mãe dele.

O outro experimento envolvia kits de ciência em casa. "Ele sempre fuçava naqueles conjuntos de cristais em casa", diz Linda. "Sempre queimava os fusíveis, porque ficava tentando eletrificar as coisas."

Entre os garotos de Wembley, o grande programa de sábado era andar de patins no gelo, na Empire Pool. Roger Hands foi com Moon, numa época em que os dois ainda estava na Alperton. "Chegamos atrasados e os melhores pares de patins já haviam sido alugados", diz Roger. "Fui até o Sr. Aust, responsável pelos aluguéis, e pedi um par de tamanho 41. Moon também pegou um. Quando fui calçar, um pé era tamanho 40, o outro 42. Os do Moon eram do tamanho certo, mas eram ambos pés direitos. Reclamamos com o Sr. Aust, que respondeu que o meu par dava uma 'média' 41, e que ninguém ali tinha reclamado de ter ficado com dois patins de pé esquerdo. Andei de patins agonizando, e Moon ateou fogo no vestiário!"

O aspirante a incendiário não causou danos o suficiente para que a coisa ficasse séria, o fez mais por questão de princípios do que para depredar. Síndrome do pequeno poder e cagação de regras eram coisas que Keith não tolerava, e, ao contrário da maioria das crianças de sua idade, estava preparado para revidar. "Ele era muito antiautoritário e, se pudesse chutar o pau da barraca, chutava", diz Hands. "Normalmente, não de forma maliciosa, embora houvesse esse traço nele. Era mais uma travessura, 'vamos ver o que consigo fazer.'"

De forma semelhante, Keith Cleverdon observa que a conduta de Keith não era "do mal, não havia malícia, ele era apenas zombeteiro e, às vezes, ia longe demais e te deixava puto. Mas aí você olhava para ele e pensava: 'Ah, deixa quieto'. Porque o que ele aprontava eram travessuras inofensivas". Tendo crescido com Moon, Cleverdon está convencido de que a forma como ele foi criado teve a algo a ver com o comportamento do futuro *rock star*. "Embora sua mãe fosse rígida com ele, era o queridinho dela e se safava de uma porção de coisa." Kit decerto mimava Keith, e a disposição instantânea dela em perdoar ou ignorar os pecados do filho se tornaria aparente ao longo dos anos. O pai de Keith, segundo a maioria dos relatos desse período, não era muito notável como uma força estabilizadora ou física e, enquanto outras crianças se acostumavam ao castigo físico como forma de punição por sair da linha, Keith parecia capaz de evitar tais retaliações, sem dúvida auxiliado pela aura inocente que ele conseguia acionar à revelia.

De todo modo, para tentar restringir os efeitos de seu comportamento extracurricular e, de quebra, fazê-lo ganhar um dinheirinho, os pais de Keith o incentivaram a arrumar um emprego na quitanda no alto da Ealing Road, onde ele foi trabalhar, na maior parte do tempo, nos fundos, lavando as frutas e verduras e as acomodando nas respectivas caixas. Ou pelo menos essa era a intenção. Keith passava boa parte do tempo de bobeira, o que convenceu pelo menos um de seus colegas de trabalho, Jim Gaskin, aluno da Wembley County Grammar School, a arquirrival da Alperton, de que Keith era um "bunda-mole preguiçoso" que nunca seria ninguém na vida. (Porém, as ambições musicais de Moon já estavam aparentes; ele convidou Gaskin para entrar numa banda que disse estar formando.)

O próximo emprego de meio período de Keith foi como entregador do açougue do bairro, em que a oportunidade de empurrar um carrinho de mão ao percorrer as ruas suburbanas era um benefício bem-vindo. É fácil visualizar Keith como o Artful Dodger do musical *Oliver* – franzino e mais velho do que aparentava, em constante bajulação dos pais das outras crianças, para quem sempre tinha um sorriso e um "Como vai?" prontos, de quem essas mesmas crianças estavam sempre desconfiadas, pois reconheciam instintivamente a encrenca assim que o viam, e o tempo todo em alerta para a próxima estripulia. (Não surpreende, portanto, que Keith tenha se tornado um amigo de longa data de Lionel Bart, o compositor de *Oliver*.) Anos mais tarde, Keith relataria que uma garota que ele conhecia como Lesley Hornby, que viria a encontrar fama mundial como modelo sob o nome de Twiggy, morava em sua rota de entrega e tinha uma paixonite indisfarçada por ele, ao passo que a verdade é que Keith só conheceu Hornby brevemente, ao fazer entregas para o futuro cunhado dela, e, se algum dos dois tinha alguma paixonite, era ele.

No decorrer dessas (des)venturas, ficou claro que Keith não estaria entre os novos sucessos acadêmicos da Alperton. Seu mau desempenho nas provas no fim do terceiro ano o impediu de prestar o *O-level* e ele caiu para a turma "B" no quarto e, agora, último ano. Suas leituras se resumiam aos seus amados quadrinhos da Marvel, sua música ao rock 'n' roll, sua Matemática a somar o pagamento da semana, sua Geografia a identificar as ruelas do bairro. Ao mesmo tempo, Keith passou em provas da Royal Society of Arts no fim daquele quarto ano, em Inglês e Ciências, duas matérias nas quais ele continuaria a prosperar por toda a vida adulta. Essa era uma conquista modesta, pálida, em comparação aos resultados dos *O-levels* que vinte de seus colegas obteriam.

Oficialmente, Keith só sairia da escola em julho de 1961, com o recesso de verão. Não oficialmente, ele e a escola concordaram em parar de se encontrar tanto por volta da Páscoa, depois dos exames da RSA, quando a maioria daqueles que saíam cedo, já com 15 anos de idade e com a educação encerrada, partiam. "Fui convidado a sair", Keith explicaria mais tarde. "Isso significava que eu tinha de cair fora ou eles iam me chutar. Não liguei, eu detestava a escola." Porém, ele não foi expulso. A questão era que, considerando-se que aqueles que ficavam na escola depois da Páscoa eram os esforçados, os dispostos a passar nos exames no ano seguinte, segurar um encrenqueiro como Keith só porque ele ainda não tinha 15 anos não beneficiava a ninguém, ele só causaria mais encrenca. Keith Moon não exatamente terminou a escola, e sim só parou de ir.

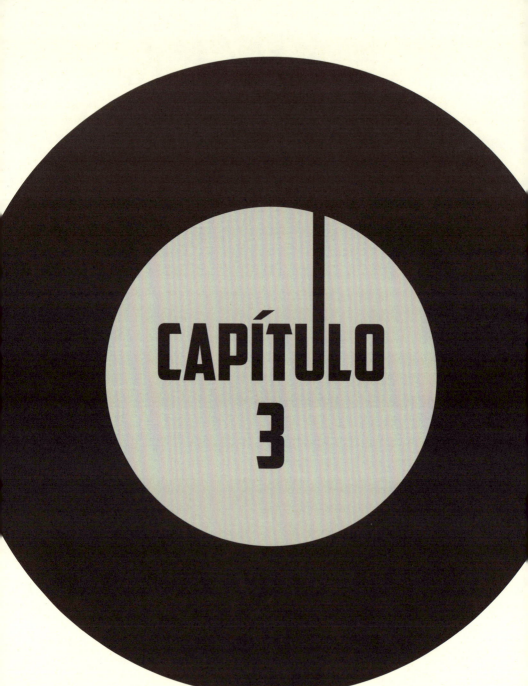

Física e intelectualmente maduro para seus 15 anos de idade, sempre bem vestido e de comportamento impecável, Gerry Evans decerto deveria ter ido para a faculdade. Porém, assim como Keith Moon, era um garoto de classe trabalhadora que reprovara no 11-plus, quatro anos antes, e sequer foi considerado para o O-level. Gerry foi cuspido pelo sistema educacional público na mesma Páscoa em que Keith Moon parou de frequentar a Alperton.

De imediato, Evans conseguiu um emprego no departamento de bateria na Paramount Music, na Shaftesbury Avenue, no coração do West End, em Londres, e o fator decisivo para seus novos empregadores foi o fato de ele ter sua própria bateria, algo quase desconhecido para alguém daquela idade. Como o novato na Paramount, Evans fazia o que lhe mandavam, que envolvia essencialmente embalar e desembalar instrumentos o dia inteiro, com uma pausa ocasional para fazer chá, e ganhava apenas 4 libras e 10 centavos por semana, mas a clientela, que incluía alguns dos mais conhecidos bateristas de pop e rock, fazia tudo valer a pena.

E então, um dia, naquele final de primavera de 1961, um rapaz baixinho, de terno marrom – cortado em estilo italiano, com o paletó absurdamente curto, de "congelar a bunda", e as lapelas finas, que eram a grande febre da moda entre os adolescentes havia uns dois anos –, entrou na Paramount. O moleque definitivamente não era um músico profissional. O terno indicava uma certa dedicação ao estilo, isso era fato, mas ele parecia novo demais para usar um negócio daqueles. Uma dose generosa de brilhantina mantinha seu cabelo sem graça num topete que lhe dava uma aparência vagamente ridícula. Além disso, ele tinha um ar pernicioso, seus olhos corriam pela loja e seus dedos não paravam quietos, o que imediatamente fez Gerry enxergá-lo como um ladrão em potencial. O West End, cheio de lojas caras com um fluxo constante de funcionários e clientes, era um prato cheio para roubos, e Gerry não queria que nada sumisse durante seu turno. Aproximou-se do garoto e perguntou se poderia ajudá-lo.

A energia do moleque foi logo explicada. Disse ele que era louco por bateria e que estava na Paramount porque ouvira dizer que era a melhor loja de equipamentos musicais. Esperava poder comprar uma bateria logo, depois que soubesse o preço e começasse a juntar dinheiro... Seu discurso era proferido em arroubos de empolgação, mas Gerry reconheceu ali um entusiasmo e uma sinceridade genuínos.

"Também toco bateria", disse. "Como é seu nome?"

"Keith", respondeu o garoto, num sotaque de classe trabalhadora londrina que Gerry pensou reconhecer. "Por quê, qual é o seu?"

"Gerry. De onde você é?"

"Wembley", disse Keith, e Gerry então percebeu o que reconhecia naquele sotaque.

"Sou de Kingsbury. Somos quase vizinhos."

Em outro momento da vida, Gerry e Keith nunca teriam se tornado amigos. Eram um cara certinho e um cara engraçado, com diferentes perspectivas de vida que levariam um a uma carreira de negócios discreta e o outro à fama e à fortuna. Porém, na Londres de 1961, foram unidos por uma vizinhança e pelo amor à bateria. Keith nunca conhecera alguém da sua idade que tivesse uma bateria, e Gerry nunca conhecera alguém com tanto entusiasmo e energia quanto seu novo amigo.

"Ele era uma figura e tanto, pirado. E acho que, bem ou mal, sempre me interessei por figuras. Ou você gosta deles ou os detesta." Gerry era dos que gostavam de figuras, e passou a adorar Keith. "Nunca discutíamos. Nunca tivemos um bate-boca sequer em dezoito meses. E, de certa maneira, me senti como um irmão que ele não tinha."

À medida que a amizade desabrochava, Gerry passou a perceber que sua relação com Keith era incomum, no sentido de que o garoto de Wembley parecia não ter outros amigos próximos. Porém, isso não se dava por falta de popularidade: era impossível para os dois perambularem pela High Street de Wembley sem que Keith cumprimentasse todo mundo e mais um pouco. E à noite, quando eles tinham de cruzar as ruelas e passar por gangues de garotos mais velhos, Gerry ficava tenso e, instintivamente, se preparava para os xingamentos e para a surra em potencial que sempre fizeram parte dos rituais adolescentes. Keith, porém, parava e fazia alguma piada com os garotos. "Como ele era engraçado, todos gostavam dele. Keith ficou amigo dos *bullies*." Contudo, chamava a atenção de Gerry o fato de Keith não ser *amigo* mesmo de nenhuma daquelas pessoas de Wembley. Talvez de Michael Morris, que morava na casa da frente, na Chaplin Road, mas Gerry sentia que essa amizade também estava murchando, como acontece com frequência quando as pessoas tomam rumos diferentes na vida. Agora que Keith estava fora da escola, parecia que sua única preocupação era a música e, tendo em Gerry um amigo que também era baterista, bem, do que mais ele precisava?

Gerry logo convidou Keith para ir à sua casa, em Queensbury Circus, para experimentar a bateria (de jeito nenhum ele poderia deixar um moleque de 14 anos à solta nas baterias montadas e expostas na Paramount). Como Keith já demonstrara grande conhecimento sobre o instrumento no curto espaço de tempo em que se conheciam, Gerry esperava que ele fosse bom. Estava prestes a ficar em choque.

"O camarada se sentou na bateria e, de imediato, já era um Buddy Rich, um Louis Bellson[17], um louco sem freio na bateria, sem a mínima ideia do que estava fazendo. Simplesmente batia em tudo o que via à sua frente e fazia muito barulho. Para mim, a) isso era o que você não deveria fazer, e b) soava um lixo. Era como lidar com um louco. Eu dizia: 'Não, não faça tudo isso, tente aprender uns rudimentos'. E ele não queria nem saber. Não havia como aquele cara se tornar um baterista profissional, era impossível, ele não tinha a mínima noção de nada, era o pior baterista que eu já tinha visto."

Horrorizado, Gerry sugeriu que Keith comprasse uma bateria assim que pudesse, só para começar a *praticar*. É claro que Keith respondeu que

---

17 Extravagantes bateristas de jazz americanos a quem Keith seria futuramente comparado.

arrumaria emprego a qualquer momento. Porém, em vez de *procurar* emprego, passava os dias de verão perambulando sozinho pelo West End, naquele mesmo terno marrom de estilo italiano, como se fosse a única peça de roupa decente que ele tivesse. Na hora do almoço, ligava para Gerry e os dois iam até o mercado da Berwick Street, onde entravam escondidos num prédio perto das casas de strip e pegavam o elevador até o terraço para contemplar as ruas do Soho. Inevitavelmente, lá de cima, Keith providenciava umas maçãs ou laranjas, roubadas das barracas do mercado: bastante generoso, ainda que não completamente honesto, ele nunca roubava só para si.

E então, do alto do Soho, os dois apontavam os pontos de relevância. A leste, na Old Compton Street, ficava o café 21's, onde tantos ídolos adolescentes foram descobertos; ao norte, o Marquee, a casa de jazz tradicional do momento. Mais a leste, a Denmark Street, onde a indústria fonográfica se geria de uma maneira curiosamente insular, era tudo uma questão de quem você conhecia, mais do que o que você sabia; e, ao sul, havia as lojas de música da Shaftesbury Avenue. Ao descer do terraço, de vez em quando Keith apertava o botão de emergência e travava o elevador, forçava a abertura das portas e pulava na plataforma do andar de cima. Gerry reclamava que eles talvez arrumassem encrenca, mas mesmo assim seguia o novo amigo.

Gerry então voltava ao trabalho e Keith voltava a percorrer as ruas do Soho, até que os dois voltassem a se encontrar na Paramount, por volta das 6h da tarde, quando a loja fechava. Gerry contava a Keith quem passou pela loja, quem tocaria em quais discos e quais artistas americanos estavam cotados para tocar em Londres. A caminho do metrô Piccadilly Circus pela Shaftesbury Avenue, como um ritual, paravam ao pé da Wardour Street para olhar as vitrines da Cecil Gee, a loja de roupas que fornecia os figurinos de palco das bandas do momento. O estilo dos ternos em exposição era uma referência óbvia à era dos *Teddy boys*, mas as cores eram mais excêntricas do que se esperaria ver nas ruas, proclamações ousadas de matizes contrastantes, como amarelo-canário com bolsos azul-lilás ou vermelho-sangue com franjas verde-limão, tudo isso com os colarinhos pretos arredondados, que eram moda na época.

CAPÍTULO 3

Ambos os adolescentes sonhavam acordados em um dia usar tais roupas. A diferença era que, todo dia, Gerry então apontava para a mais ultrajante de todas elas, um terno de lamê dourado que custava portentosos 20 guinéus[18] – o salário de um mês inteiro para aqueles meninos recém-saídos da escola –, e dizia ao amigo: "Mas quem na face da Terra teria coragem de usar *isso*?".

E, todo dia, Keith se voltava para ele, abria um sorriso largo e afirmava que não só teria coragem de usar o terno de lamê dourado, como *iria* usá-lo, "espere só para ver".

Era nos trajetos do Piccadilly Circus até os arrabaldes do noroeste de Londres que Gerry se dava conta do porquê de todo mundo em Wembley conhecer o garoto de 14 anos que largara a escola. "Ele foi, a vida inteira, um caçador de sensações. Fazia coisas para chamar a atenção o tempo todo. Tudo tinha de ter risos às custas de alguém. E, você sabe, por mais que ele fosse ótimo e que todo mundo o adorasse, ele simplesmente te enlouquecia."

A princípio, as peças que ele pregava eram relativamente inofensivas. Num vagão de trem lotado, com oxigênio escasso, Keith se voltava para o amigo e gemia. "Estou passando mal", dizia, e começava a fazer barulhos guturais sinistros. Quando os executivos cuidadosamente bem-vestidos olhavam desconfiados para aquela óbvia patifaria do jovem, Keith os encarava de volta e alertava: "Estou falando sério, vou vomitar". Ele então providenciava um saco de papel pardo e fazia os piores barulhos de vômito possíveis, altos o bastante para competir com o crepitar do trem faminto a percorrer os trilhos dos túneis da cidade profunda. "*Baaaaaarrrrrrghhhghghgh! Urrrrrrrggghhghhhg!*" Os outros passageiros faziam caretas e desviavam o olhar. Às vezes, Gerry se perguntava se o amigo estava mesmo fingindo. Por fim, Keith levantava o rosto do saco, pálido, com a boca cheia de baba e emanava um último gemido do fundo das entranhas. A essa altura, os executivos já estariam a vários metros de

---

18 *Hoje em dia, algo próximo a 2 mil dólares. (N. do T.)*

distância, se apertando uns contra os outros desconfortavelmente, numa tentativa desesperada de evitar que seus valiosos ternos risca de giz fossem respingados com vômito. Sobrariam metros de espaço livre só para Keith e Gerry. Porém, por desencargo, Keith continuava a cambalear, segurando o saco de papel pardo inflado de forma insegura, como se fosse derramar o conteúdo a qualquer momento. Se fosse necessário, ou se estivesse no clima, ele se mantinha no personagem até chegar em casa.

Do Piccadilly Circus, Keith poderia pegar a Bakerloo Line até a Wembley Central e Gerry descia na estação seguinte, mas eles geralmente pegavam a Metropolitan Line, na Baker Street, cujos trens da plataforma superior pulavam a maioria das primeiras dez estações a caminho de Wembley Park. Os dois costumavam parar para beber alguma coisa e comer um sanduíche na casa de chá da Baker Street. Quase sempre, já na plataforma, Keith então sacava uma barra de chocolate do nada.

"Você afanou esse chocolate, não?", sussurrava Gerry, enojado por ser visto com tamanho ladrãozinho.

"Não se preocupe, peguei um para você também", retrucava Keith com uma piscadela, providenciando uma segunda barra de chocolate e forçando o amigo a aceitá-la.

Keith nunca contava seus planos ardilosos a Gerry, porque sabia que o amigo tentaria convencê-lo a desistir, e assim também parecia mais divertido: Gerry era tão parte do seu público quanto os milhares de passageiros que eles nunca mais veriam.

Certo dia, antes que fizessem baldeação na Baker Street, Keith surrupiou um pacote de café da casa de chá. Gerry só ficou sabendo quando já era tarde demais. "Na estação Baker Street, há uma escada rolante ridiculamente íngreme, que era ladeada por umas luminárias até lá em cima, algo bem antiquado, uma escada rolante de madeira e tal. Então, na hora do rush, todo mundo fazia fila para subir na escada rolante. Nesse dia, estávamos na fila e, quando chegamos lá em cima, Keith esvaziou o saco de café na rampa do meio, onde ficavam as luminárias. Os grãos de café começaram a fazer barulho e a ganhar velocidade. No final, a rampa se

CAPÍTULO 3

nivelava. E centenas de grãos de café dispararam feito balas, porque era bem íngreme, quase como uma rampa de esqui! Olhamos para baixo, para todas aquelas pessoas na fila, que se agachavam e caíam umas em cima das outras! Uma pilha de gente que, de súbito, foi atingida por uma saraivada de grãos de café."

Melhor ainda para Keith, a rampa era tão íngreme e as luminárias garantiam tanta proteção, que ninguém que foi atingido pelos grãos chegou ao topo a tempo de descobrir quem os havia lançado. Keith riu até chegar a Wembley. Gerry ficou dividido entre repudiar por completo o novo amigo e admirá-lo ainda mais pela imaginação ousada. Ele nunca conseguiu entender se Keith havia premeditado o ataque num trajeto anterior ou se foi uma decisão instantânea. A inquietude constante do garoto tornava essa distinção difícil.

"Ele não conseguia se concentrar, se entediava rápido demais. Era hiperativo. Não tinha um retardo, mas definitivamente era hiperativo. Eu não me surpreenderia se esse diagnóstico fosse informado à mãe dele. Porém, do que convivi com a família, eles me pareciam tão ridiculamente tímidos e quietos que aquilo decerto era a reação de Keith a isso. Pessoas ótimas, mas que não conseguiam assustar uma galinha."

A essa altura, Gerry começara a aceitar convites para ir à casa na Chaplin Road, onde Keith tomava chá antes de os dois saírem pelas ruas do bairro. Na primeira visita, Gerry se surpreendeu ao se deparar com pesadas cortinas pretas bem no meio da sala, que dividia a área de jantar, atrás, da área de estar, na frente. Nunca tinha visto algo daquele tipo. "Achei uma loucura." Os Moons achavam perfeitamente normal.

A reação de Gerry às cortinas pode ter sido provocada pela forma como seu amigo a usava. Gerry ficava na área de estar, na frente do cômodo, e suplicava para que o amigo terminasse o chá para poderem sair. De repente, as cortinas farfalhavam e Keith colocava a cabeça por entre elas, com um sorriso insano, e cumprimentava Gerry como se ele fosse um público receptivo. "Era um negócio teatral", Gerry se deu conta. "Ele as usava como se fossem cortinas de palco."

Keith, igualmente, passava bastante tempo no bairro de Gerry. Na Noite de Guy Fawkes, 5 de novembro, de 1961, os dois foram a uma festa da fogueira num terreno baldio atrás da casa dos Evans, em Queensbury. "É claro que ele foi o cara que saiu correndo por cima da fogueira", recordou-se Gerry, "e que soltou todas as bombinhas pelas costas das garotas. E, na semana seguinte, todos os meus vizinhos perguntaram: 'Quem era aquele carinha? Ele é um completo maluco, você viu o que ele fez?'. Então eu andava sempre me desculpando por ele."

Apesar de todo o mau comportamento e das pegadinhas adolescentes, Keith, assim como Gerry, tinha uma única ambição. Ao contrário dos outros adolescentes e apesar das táticas de susto de Keith na festa da fogueira, não tinha nada a ver com garotas. ("Não tínhamos interesse, não tínhamos capacidade, éramos completos virgens", disse Evans a respeito desse assunto. "Não sei nem se Keith já tinha começado a se barbear nessa época.")

"Nosso único interesse era a bateria e estar numa banda e ser famosos", recordou-se Gerry. E, embora Keith tivesse a inteligência necessária para atrair as atenções para si, os instintos naturais necessários para transformar um costume tão trivial quanto o chá da tarde numa apresentação teatral, Gerry tinha os recursos para formar uma banda. Por meio de contatos da escola, conheceu alguns garotos de Mill Hill, bem ao norte, já perto da autoestrada, que estavam à procura de um baterista. Três deles – o baixista Colin Haines e os dois guitarristas, Roger Painter e Rob Lemon – moravam na mesma rua, a Brook Crescent. O quarto, Tony Marsh, era um rapaz meio durão da região, que se considerava cantor. E por que não deveria se considerar? Havia novos astros o bastante sendo produzidos no Reino Unido para que qualquer um pudesse tentar. E o primeiro passo para se tornar um astro era adotar um novo nome. Assim, Tony Marsh se transformou em Lee Stuart e a banda foi batizada de The Escorts. Assim como todas as outras bandas do país na época, o repertório deles era baseado em músicas de Cliff Richard and the Shadows, e os shows que conseguiam eram sempre nos clubes juvenis da região, mas uma banda era uma banda. Gerry já estava no caminho e Keith ainda nem tinha bateria.

CAPÍTULO 3

Desesperado para fazer parte da ação, Keith ia aos ensaios dos Escorts na sala dos fundos do pub Prince of Wales, na rotatória de Kingsbury, nas manhãs de domingo, onde, em troca de ajudar a montar a bateria de Gerry, recebia a chance de tocar com a banda. Porém, sua marcação de tempo era toda irregular, assim como sua precisão; ele se jogava em cima de todos os tambores e pratos e meio que esperava pelo melhor. Metade do tempo parecia que ele tentava bater em tambores inexistentes, como se o padrão de tons, caixa, chimbal e prato de ataque, suficiente para o resto dos bateristas do mundo, simplesmente não fosse grande o bastante para aquele adolescente diminuto. Porém, embora estivesse óbvio que ele não sabia tocar tão bem quanto Gerry (que era consistente no ritmo, ainda que não tivesse um estilo particularmente inventivo), os outros membros dos Escorts se afeiçoaram por Keith; seu entusiasmo era contagiante e ele fazia todos rirem quando os ensaios ficavam arrastados. Tornou-se um membro honorário da banda.

Naquele outono de 1961, Keith começou a ter aulas noturnas na Harrow Technical College, no alto da Watford Road, a uns 3 quilômetros ao norte de sua casa. (Nos anos seguintes, depois de adotar a voz da alta classe como sua, ele simplesmente diria às pessoas que estudou "na Harrow"[19], de forma que os mais ingênuos imaginavam Keith Moon como um típico filho excêntrico da elite abastada, aluno de uma das melhores escolas particulares da Grã-Bretanha.) Apesar do mau desempenho na Alperton, ninguém consideraria Keith um imbecil, e seu certificado da RSA em ciências indicava claramente uma aptidão para a eletrônica. Na Harrow Tech, ele voltou a mente questionadora à montagem de rádios transistorizados e coisas do tipo, e usou esse conhecimento para conseguir um cargo menor numa companhia chamada Ultra Electronics, em Park Royal. A rotina de bater cartão o deixava maluco, e ele sabia que o

---

19 *Dessa forma, sem o nome completo da instituição, confunde-se a Harrow Technical College, uma escola técnica superior, com a Harrow School, prestigiada escola particular londrina. (N. do T.)*

emprego não duraria, mas era uma área de trabalho que lhe interessava minimamente, ele precisava do dinheiro se quisesse comprar uma bateria e sempre tinha a capacidade de transformar uma situação mundana numa linha de produção de pegadinhas. Alf e Kit suspiraram de alívio quando Keith enfim passou a se dedicar a algo produtivo. Sua irmã Linda, depois de passar no *11-plus*, ia bem na Wembley County Grammar School. Lesley logo iria para a Barham. A lacuna geracional não era culpa delas; essa era apenas a época em que viviam. Com sorte, dali a algum tempo essa lacuna se tornaria mais estreita.

E então, num sábado, quando Keith foi visitar Gerry na Paramount, o amigo o chamou de lado. Evans, esforçado, se tornara o menino de ouro da loja e começara a ganhar certa influência.

"Ouve só", disse ele. "Tenho um ótimo negócio para você. Está vendo aquela bateria Premier ali, a azul-pérola? É uma beleza e está novinha. Acho que seria perfeita para você." O rosto de Keith se iluminou com a possibilidade do negócio. "Consigo fazê-la por 75 libras para você."

Keith baixou a bola. Eram cerca de quatro meses de salário. "Como vou juntar tudo isso? Acabei de começar a trabalhar."

"Não tem problema", disse Gerry, "tive uma conversinha com meu chefe. Se você der uma entrada de 15 pratas, pode parcelar o restante por dois anos. Nem vai perceber que está pagando."

A expressão de Keith voltou a ter um pouco da excentricidade costumeira. A introdução do sistema de financiamento permitira às famílias de classe trabalhadora comprar televisores e carros em suaves prestações; agora, os adolescentes o usavam para comprar ternos e instrumentos musicais. Pague "a perder de vista", como se dizia.

"Só tem uma coisa", acrescentou Gerry. "Vou precisar que seu pai assine a papelada. Alguém precisa dar uma garantia para os pagamentos."

Keith saiu da loja com a papelada e voltou alguns dias depois com 15 libras em dinheiro e todos os formulários preenchidos, assinados por um certo Alf Moon como fiador. Gerry meio que esperava que a assinatura fosse falsa, mas não era. A paixão de Keith pelo instrumento era evidente,

CAPÍTULO 3

e, com o amigo no ramo como ás na manga, ele havia convencido os pais a ajudar na compra da bateria – justo no momento em que ele deveria estar começando a ajudar financeiramente em casa.

Naquela noite, Gerry e Keith carregaram a Premier azul-pérola novinha no metrô até a casa dos Moons. Não houve vômitos fingidos nem furtos na Baker Street, e os únicos incômodos para os passageiros foram os tropeços ocasionais na meia dúzia de *cases* de tambores nos desembarques ao longo do caminho. Na Chaplin Road, Gerry ajudou Keith, animadíssimo, a montar a bateria no canto da sala. A Sra. Moon observava ansiosa; Alf estava trabalhando até tarde, como acontecia com frequência. Keith sentou-se à bateria e atacou – como "um maluco total", disse Gerry. "Tocando tudo fora do tempo, parecia um maníaco. Louco de pedra."

Nos anos futuros, sempre perguntariam a Keith como ele se tornou baterista. As respostas eram, em geral, lineares: alguma coisa a respeito da banda marcial dos Sea Cadets, ou de ter visto Gene Krupa manejar as baquetas como um showman, ou de tocar o instrumento na casa de um amigo (no caso, Gerry Evans) e se encantar de imediato. Porém, houve uma única ocasião em que ele claramente evitou a resposta histórica, que sempre mudava, e, em vez disso, buscou uma resposta emocional.

"Acho que essa decisão foi tomada por mim", disse ele a Scott Cohen, da revista *Circus*, em 1975. "Descobri que eu realmente não sabia fazer nenhuma outra coisa. Tentei fazer várias coisas diferentes, e tocar bateria foi a única que curti."

Ao baixar a guarda apenas naquele momento, Keith escancara a janela de sua alma, dando a uma pequena fração da tristeza que nunca se mantinha muito longe da superfície uma rara oportunidade de respirar. Ele se faz transparecer como provavelmente era quando a bateria o descobriu: um garotinho perdido, em busca de algum significado na vida. Parece também admitir o que muitos de nós sempre suspeitaram: que seu talento era mais inato do que estudado. Quase sempre declarava que nunca teve aulas.

Porém, teve.

Carlo Little era um jovem grandalhão que acabara de sair do Exército quando formou sua banda, The Savages, em Wembley, em 1960 – e um ano depois, ele e outro rapaz do bairro de Harrow, Dave Sutch, enfim se comprometeram a trabalhar juntos. Durante seus dois anos no Exército, Carlo fez de verdade aquilo com que Moon só brincou nos Sea Cadets; como líder da bateria de seu batalhão, sua batida tinha de ser alta o bastante para que mil homens a ouvissem e a seguissem, e ele sempre se certificava disso.

O último de uma geração a encarar o alistamento involuntário antes de este ser abandonado, em 1960, Carlo foi tolhido ao ser forçado a servir no exército em 1958, justo quando o rock 'n' roll estava no auge. Instalado no estrangeiro por boa parte de seu tempo fardado, saiu com o entusiasmo e o gosto musical intactos, mas chocado com a falta de música ao vivo decente. "As únicas bandas que havia eram as *big bands*, e nem eram bandas, eram uns velhotes", diz ele hoje, já não mais um baterista nem envolvido com o meio musical, mas não menos imponente. "Havia Cliff Richard and The Shadows, mas eles só *brincavam* de rock 'n' roll."

De fato, com a chegada da nova década, ficou óbvio que o fogo do rock estava perigosamente baixo. Depois de sua própria temporada no Exército americano, Elvis emergiu como um artista para toda a família; Buddy Holly, Big Bopper e Ritchie Valens morreram num acidente aéreo nos EUA, e Eddie Cochran num automobilístico na Inglaterra, no qual, além disso, Gene Vincent ficou ferido; Jerry Lee Lewis, Chuck Berry e o DJ pioneiro do rock 'n' roll, Alan Freed, estavam todos em decadência e Little Richard "virou crente". Os astros britânicos do rock 'n' roll, como Cliff Richard, Billy Fury, Marty Wilde e Adam Faith pareciam todos dispostos até demais a seguir o caminho de Elvis Presley e se submeter ao pop e à pantomima, como se aquela rebeldia adolescente tivesse sido apenas uma pose para ganhar terreno no mundo do entretenimento. Pior ainda para o público britânico era a esteira da fábrica de Larry Parnes de ídolos adolescentes indistinguíveis, com pseudônimos pateticamente constrangedores como Johnny Gentle, Vince Eager e Dickie Pride[20]. Em 1961, as coisas andavam tão ruins, que o jazz tradicional voltou a ser considerado descolado. Carlo Little deixou o Exército – e Keith Moon, a escola – bem a tempo de pegar os anos mais infrutíferos da história do rock.

Porém, a chama fora passada para uma nova geração antes que o fogo original pudesse se extinguir. Muitos adolescentes do final dos anos 1950 – como Carlo Little – foram marcados demais pela excitação daquele momento para, agora, desistir, e, na alvorada da nova década, formaram um

---

20 *Em tradução livre,* gentle, eager *e* pride *significam, respectivamente, "gentil", "solícito" e "orgulhoso", de forma que transformam os pseudônimos num claro jogo de palavras. (N. do T.)*

CAPÍTULO 4

punhado de bandas que se dispuseram a tocar os clássicos do rock'n' roll da maneira como sabiam que deveria ser e envolvia muitos casos de uma noite, muitas pousadas baratas, muitas viagens pelo centro e pelo norte da Inglaterra, varando a noite em vans velhas e surradas, que nunca foram projetadas para aguentar esse tipo de bronca, mas isso tudo com certeza era mil vezes melhor do que trabalhar num escritório e as recompensas eram tangíveis, pelos menos emocionalmente, se não do ponto de vista financeiro.

"Havia um punhado de bandas, talvez uma meia dúzia", diz Little. "Nenhuma tinha grandes sucessos, mas você sabia que, se fosse vê-las ao vivo, iria se divertir. Que seria uma ótima noite. Não havia ninguém a quem seguir ou copiar. Havia os discos que inspiravam seu show – Little Richard, Elvis, Chuck Berry –, e você então montava o show em torno deles."

No topo desse circuito estavam Johnny Kidd and The Pirates, que, incapazes de repetir e manter o sucesso comercial de "Shakin' All Over", em vez disso, ficaram mais durões musicalmente e intensificaram os shows, que contavam com figurinos de pirata e luzes estroboscópicas; esse formato causaria um efeito contundente numa então desconhecida e jovem banda do oeste de Londres, chamada The Detours, que abriu para eles certa noite. Num patamar abaixo dos Pirates havia Joe Brown and The Bruvvers, Shane Fenton and The Fentones (duas bandas que viriam a conquistar um sucesso comercial considerável), Nero and The Gladiators, Neil Christian and The Crusaders e Cliff Bennett and The Rebel Rousers, todas cujos méritos são até hoje assunto em conversas de pub madrugada afora entre veteranos daquela época, mas nenhuma das quais, quase todos concordam, chegava perto do show avassalador de Screaming Lord Sutch and The Savages. E muito da excitação dos Savages emanava do fundo do palco, onde, como se por intervenção divina, agora havia um baterista britânico que entendia o que era preciso para tocar rock'n' roll.

Ao longo dos anos, a formação dos Savages incluiria alguns dos principais músicos dos anos 1960 e 1970, cujos efeitos estimulantes sobre outros músicos só podem ser verdadeiramente abarcados em conversas com aqueles que os viram ao vivo. Entre esses fãs ferrenhos, estavam Keith Moon e seus novos amigos, os Escorts. Embora o repertório da banda de Mill Hill se baseasse em músicas de Cliff Richard and The Shadows – que contaram com sete delas na primeira posição das paradas britânicas entre 1959 e 1962, de forma que ninguém se comparava a eles em termos de popularidade –, a verdadeira paixão dos rapazes era por uma banda local que tocava rock 'n' roll de uma maneira nunca antes ouvida por eles. "Eram equivalentes a uma banda atual de hard rock", diz o baixista dos Escorts, Colin Haines. "Eles te pegavam pelo colarinho e te arrebentavam. Eram muito dinâmicos e barulhentos."

Rob Lemon, que assim como Tony Marsh acabaria por realizar um sonho pessoal ao tocar com os Savages, não tinha dúvidas da origem daquela energia de palco. "Ninguém no Reino Unido tocava bateria como Carlo Little, que era inacreditavelmente original. O segredo era o bumbo."

"Ele era um baterista peso pesado de rock 'n' roll, fantástico", disse Gerry Evans, "e nós ficávamos boquiabertos com ele. Golpeava o bumbo de um jeito nunca antes visto. Parecia um canhão, uma bomba explodindo."

O próprio Carlo dificilmente discordaria. "Quando eu tocava algum tambor, não era só uma batidinha", diz ele. "Era uma pancada violenta. 'Tome essa!' Dava para sentir, era impressionante. Em especial naquela época, eu batia o mais forte o possível. Éramos a banda mais barulhenta de todos os tempos."

Bem além dessa energia, deixando de lado o exibicionismo, ignorando brevemente a escolha de repertório e até descontando o baterista, que golpeava o instrumento com tamanha paixão violenta, Keith Moon tinha ainda mais razões para se inspirar nos Savages – e ter inveja deles. No inverno de 1961, quando Keith já ganhava seus primeiros salários e ia aos primeiros shows, a formação dos Savages contava com não apenas um, mas dois prodígios adolescentes locais. Nicky Hopkins era um pianista clássico de 17 anos do mesmo bairro, ex-aluno da Wembley County, que evidentemente havia trocado Beethoven por Chuck Berry, e que bom para ele ter feito isso, mas Bernie Watson... Bem, Bernie Watson estivera apenas dois anos na frente de Keith, na Alperton. Por ser um garoto quieto que, assim como Hopkins, viera da Lyon Park Primary, na outra ponta da Ealing Road, nunca chamou a atenção de Keith em particular, porque Keith nunca o notou como um ro-

CAPÍTULO 4

queiro em potencial. Vê-lo no palco com a melhor banda de Londres – ora, não devia ter nenhuma melhor nem no resto do país – foi só mais um fator a convencer Keith a desenvolver seu potencial.

E assim, todas as noites, no início de 1962, quando não estava com Gerry ou os outros Escorts conversando sobre música ou ouvindo-os tocar, Keith montava sua Premier na Chaplin Road e praticava bateria. A bagunça logo o levou a transferir o instrumento da sala para o quarto, no andar de cima, mas seus pais o incentivavam da mesma forma. Perceberam que, na bateria, Keith finalmente encontrara algo em que acreditar. Embora aquele não fosse exatamente o veículo visualizado por eles, Keith chegava a um nível de concentração na bateria que, misteriosamente, nunca se fez presente em seus estudos escolares e, depois de todos aqueles anos de balbúrdia que pareciam conduzi-lo a uma vida adulta problemática, se contentaram em deixá-lo curtir o instrumento. É claro que Keith provavelmente nunca faria daquilo uma carreira, e seus pais tentaram dizer a ele que mantivesse as esperanças sensatas, mas ele não dava ouvidos. Um baterista americano chamado Sandy Nelson acabara de lançar um compacto instrumental intitulado "Let There Be Drums", que teve um bom desempenho nas paradas britânicas: para Keith, isso mostrava que as pessoas começavam a entender que a bateria poderia ser um instrumento solo, assim como a guitarra.

Embora bandas locais ou em turnê às vezes tocassem em salões e centros comunitários para públicos de todas as idades, Keith concluiu que só compreenderia de verdade do que se tratava a música ao vivo quando a visse tocada em seu ambiente mais comum: o pub. Inabalado pelo fato de que era preciso ter 18 anos para pode entrar, certa noite ele se dirigiu até o Oldfield Hotel, quase na esquina da Greenford Road. A menos de 1 quilômetro e meio em linha reta de sua casa, mas a pelo menos uns dois ônibus se ele quisesse chegar lá sem se arrastar pelo campo de golfe de Sudbury e pelos Berkeley Fields, era o lugar mais próximo que ele sabia ter música ao vivo todas as noites. De fato, o Oldfield, que fazia parte de um circuito gerido por Bob Druce e sua companhia, a Commercial Entertainments, se orgulhava tanto da qualidade de suas atrações musicais que para entrar no recinto era preciso ser membro do "clube da música" do grupo. Era tudo meio elaborado demais e, em parte, desnecessário – ser membro era uma mera formalidade e o único benefício perceptível era a entrada garantida nas casas da Commercial –, mas barrava os encrenqueiros e sugeria um senso de profissionalismo que agradava às bandas.

Keith apareceu no Oldfield sozinho e foi recebido por um segurança, um ex-militar uniformizado do tipo que era geralmente empregado para trabalhos noturnos sofisticados e outro sinal da respeitabilidade aparente da Commercial Entertainments. Conseguiu passar a lábia no segurança e foi então apresentado ao gerente da casa, Louie Hunt, um dos principais braços-direitos de Bob Druce, para quem expressou interesse em entrar para o clube da música.

Hunt já tinha 30 e tantos anos, às vezes usava gravata borboleta e tomava conta do Oldfield com mão de ferro, sob a qual ele ocasionalmente revelava um coração mole. Considerando-se que havia um intervalo de três anos entre a idade mínima de saída escolar e a idade mínima para beber legalmente e que muitos garotos preenchiam esse intervalo fazendo música, Hunt frequentemente tinha de lidar com uma garotada cuja entrada na casa só seria permitida se fosse para tocar. Essa situação era diferente.

"Quantos anos você tem?", perguntou ele ao menino.

"Quinze, senhor", respondeu Moon.

Pelo menos o garoto está sendo honesto, pensou Hunt – embora, ainda assim, ele pudesse muito bem ter 13 anos, a julgar pelo físico. Porém, o que realmente impressionou o gerente foi a palavra "senhor" e a forma como ele se manteve atento ao dizê-la. As crianças não eram mais muito bem criadas e tamanho nível de educação era raro. (A habilidade de Keith de alternar o charme inocente e a insolência adolescente de acordo com a necessidade lhe seria muito útil por toda a vida adulta.)

Hunt perguntou ao garoto por que ele estava tão disposto a entrar para o clube. Keith explicou que seus pais haviam acabado de presenteá-lo com uma bateria e que ele gostaria de assistir aos bateristas de verdade no palco, para ver o que conseguiria aprender. Tinha dinheiro e não se importava em pagar. Havia alguma forma de ele poder entrar?

CAPÍTULO 4

"O que eu poderia fazer?", recordou-se Hunt, metade de uma vida depois, com aquele dia ainda vívido na memória. "Ele era um garoto tão simpático, que eu permiti que entrasse, com instruções rígidas para não sair de perto do palco." Disse ainda a Keith que ele não precisaria pagar.

Naquela noite, Keith ficou umas 2 horas na casa. Quem sabe a quais bandas ele assistiu? The Bel-Airs, The Federals, The Riversiders, The Corvettes, Bobby King and The Sabres...? Havia uma grande variedade de bandas que faziam residências semanais no Oldfield, assim como em outras casas do Commercial. Pode facilmente ter sido Ricky Allen and The Chestnuts, cujo cantor, Dave Langston, se lembra da presença de Keith no Oldfield naquele período. "Era um pentelhinho bem desenvolto, cheio de confiança e que esbanjava entusiasmo. Mal imaginávamos qual seria o destino dele! Usava um cachecol amarelo e preto, parecia uma abelha!"

A autoconfiança e a educação de Keith resultaram numa tacada de mestre naquela primeira noite: um convite de Lou Hunt para voltar ao Oldfield sempre que quisesse. Esses mesmos atributos lhe seriam ainda mais úteis no dia 25 de junho de 1962, quando Screaming Lord Sutch and The Savages tocaram no Wembley Town Hall. Keith, Gerry e pelo menos mais uns dois Escorts estavam entre as muitas centenas de pessoas que compareceram ao show. De fato, estava tão cheio que muitas das garotas ficaram em pé nos assentos ao redor do salão para ver a banda direito e seus saltos acabaram por furar o couro das poltronas, o que causou um leve furor nos jornais locais. Todo mundo aplaudiu a banda de abertura, Paul Dean and The Dreamer, mais um grupo de rapazes locais, e foi à loucura com os Savages.

Lá atrás, em 1957, de toda a primeira onda do rock 'n' roll, os discos de Little Richard eram os que traziam uma bateria mais proeminente. Se você aumentasse bastante o volume – o que significava arriscar despertar a fúria de seus pais só por já estar ouvindo a música do diabo (e não era irônico, na verdade uma maldição trágica, que tamanha rainha extravagante como o Little Richard denunciasse a si mesmo por fazer o trabalho de Satã e se voltasse para Deus naquele mesmo ano?) – era possível ouvir as pancadas do bumbo, e, de todos aqueles compactos, nenhum tinha um bumbo tão proeminente quanto "Lucille".

Assim, é claro que os Savages, historiadores do rock'n'roll apesar da pouca idade, abriram o show com "Lucille", diante de um público boquiaberto. Não eram as camisas ridiculamente laranjas ou as botas brancas que destacavam os Savages da maioria, e sim o puro volume de seu som, em particular a bateria de Carlo Little – cujos tambores eram todos perceptivelmente maiores do que o de uma bateria comum –, que as surrava como se não houvesse amanhã.

Havia também o impacto visual do cantor. Sutch era um artista definitivo. Não importava qual fosse a música, ele tinha algum truque barato para acompanhá-la. Assim, para "Bull Moose", de Bobby Darin, ele colocava um elmo com dois chifres de 60 centímetros; para "Blue Suede Shoes", desfilava pelo palco num par de botas vários tamanhos acima do seu, pintadas de um azul gritante; durante "Till the Following Night", de autoria da própria banda, ele entrava num caixão; e em "Great Balls of Fire"... bem, não tinha como não rir: ele pulava pelo palco segurando uma lata de biscoitos em chamas.

Naquela noite, em Wembley, Keith ficou meio decepcionado ao descobrir que Nicky Hopkins e Bernie Watson, como já diziam os rumores, haviam deixado os Savages para embarcar com Cliff Bennett and The Rebel Rousers numa residência em Hamburgo, embora não pudesse culpá-los: Keith também teria aproveitado a oportunidade de sair de Londres e tocar no estrangeiro num piscar de olhos. O que realmente o deixou injuriado foi o fato de que o novo guitarrista era ainda mais jovem que Watson, um garoto de Middlesex, de nome Ritchie Blackmore, cujos voos por todo o braço da guitarra deixavam todo mundo sem ar. Keith podia ouvir sua vida passar por cima do barulho.

Voltou a observar Carlo. Todos os aspirantes a músicos ficavam no gargarejo num show como esse, monitorando os movimentos, estudando as sacadas. Se você quisesse ser guitarrista, Ritchie era o cara (ou o moleque); se estivesse aprendendo a tocar baixo, deveria se voltar para Ricky Brown; caso desejasse ser cantor, não poderia se inspirar em Sutch pela excelência vocal, mas certamente poderia aprender muito sobre como cativar uma

CAPÍTULO 4

plateia. E, se o seu plano fosse se tornar um baterista, bem, realmente não havia ninguém que chegasse perto. Durante "Good Golly Miss Molly", Carlo subia num capacete de moto para fazer um solo. E, lá para o final do *set*, tocava cada vez mais alto, como um trem-bala, enquanto os outros membros paravam o que estavam fazendo e olhavam confusos para ele, e, nisso, Carlo disparava e fazia um solo estendido de 5 ou 10 minutos, que soava como se ele tivesse acabado de fugir do hospital psiquiátrico. Os aplausos ao final convenceram Keith de que ele fizera certo em não tocar guitarra, baixo ou algum instrumento de sopro como todo mundo: era possível, *sim*, causar uma tremenda impressão na bateria.

Depois do show, os Savages seguiram para o camarim para tentar recuperar o fôlego. Não houve muita chance. Como sempre parecia ser o caso, foram cercados por apóstolos em potencial, aqueles músicos aspirantes que estavam no gargarejo e agora se encontravam sedentos por pérolas de sabedoria dos lábios de seus líderes espirituais que pudessem levar para suas próprias bandas cover. A maioria desses aspirantes, no entanto, nunca emulariam seus heróis com sucesso porque não tinham a coragem que os Savages tinham de dar as costas para os instrumentais dos Shadows, para os ternos de corte perfeito e para os movimentos de palco cuidadosamente coreografados em voga na época e mandar ver no rock 'n' roll de verdade, com todo o sangue, o suor e as lágrimas que ele pedia. Porém, naquela noite, Keith Moon foi até o *backstage* com Gerry Evans, esperou pelo momento certo e então abordou Carlo Little, oito anos mais velho, duas vezes maior que ele e o melhor baterista que ele já vira ao vivo. Apresentou-se e pediu que Carlo lhe desse aulas de bateria.

Carlo olhou para aquele moleque de paletó marrom "congela-bunda" e cabelo oleoso, que não fazia sentido naquele rosto angelical. O garoto não parecia ter força para sequer segurar as baquetas. "Não sou professor, amigo", disse por fim. "Aprendi sozinho. Eu mesmo deveria ter umas aulas."

"Não", disse o menino. "Você é fantástico. De verdade. Direto, eu e meus amigos vemos você tocar. O jeito como você toca o bumbo..."

Carlo pensou um pouco. "Onde você mora?", perguntou.

"Na Chaplin Road."

Não era muito longe de sua casa, na ponta da Harrow Road, em Sudbury. Carlo pensou mais um pouco. Não teria sido nada mau se alguém o tivesse ensinado quando ele tinha a idade daquele garoto. E todo centavo fazia a diferença quando você se devotava a algo tão instável quanto o rock'n'roll.

"Só posso te ensinar o que eu sei", disse ao topar. "Uma libra e 20 centavos por meia hora. Quarta-feira, às 7 horas. Toma aqui o endereço."

Gerry Evans nunca deixou de se impressionar com a audácia do amigo. Nunca teria ousado pedir aulas ao grande Carlo Little, embora lidasse com tantos bateristas famosos diariamente na Paramount. E foi por isso que, quando a quarta-feira chegou e Keith sugeriu que Evans fosse junto com ele, Gerry tremeu na base. Carlo era um sujeito assustador, parecia um cigano. Vai lá saber o que ele faria com Keith, uma vez que este adentrasse a casa dele. Além disso, Gerry já sabia tocar bateria. Era Keith quem precisava de aulas.

Keith já tinha dificuldade em economizar as 4 libras semanais que ganhava na Ultra Electronics, por isso começou a achar 1 libra e 20 centavos um valor puxado. Assim, teve outra ideia.

Gerry: "Ele me disse: 'Olha só, eu entro e faço a aula e, ao sair, te conto tudo o que ele me passou e você me dá 20 centavos'. Assim, eu tinha aulas indiretamente por 20 centavos, e Keith acabava pagando apenas 1 libra".

Carlo Little nunca soube que havia outro aluno em potencial rondando sua casa na Harrow Road. Só montou a bateria na sala – "Eu não ligava para os vizinhos, eles simplesmente se acostumaram" – e, quando a campainha tocou, abriu e se deparou apenas com um menino franzino e meio tímido à porta.

"Aqui está seu dinheiro", disse Keith antes de entrar. Carlo balbuciou mais alguma coisa sobre não ser professor. Sentiu-se culpado por receber aquele dinheiro de um garoto de 15 anos, mas, por outro lado, também não tocava de graça.

Colocou o menino na bateria e se esforçou para conter o riso. O moleque seria pequeno para qualquer bateria, mas, cercado pelo kit de Carlo

CAPÍTULO 4

– um bumbo de 24 polegadas em vez das 20 padrão, uma caixa de 14 polegadas em vez de 12 e dois tons de tamanho igualmente exagerado –, ele quase sumia. Carlo pediu a Keith que lhe mostrasse o que sabia fazer. Não foi muito impressionante.

"Era só um moleque tirando onda, tentando tocar. Eu disse o seguinte: 'Certo, isto aqui é o que você tem que fazer. Veja bem, só posso te mostrar, não posso tocar por você. Vá para casa, relembre o que te mostrei, pratique bastante, volte semana que vem e te mostro mais algumas coisas.'"

Enquanto Carlo Little tentava explicar, em termos leigos, tudo o que ele sabia, o que era um rudimento e como isso permitia a um baterista marcial levantar os braços alternadamente na cabeça batida e, mesmo assim, manter um ritmo contínuo, Gerry Evans andava inquieto de um lado para o outro pela Harrow Road, em Sudbury. Pensou que deveria ter ido na *scooter* que comprara ao completar 16 anos, alguns meses antes, pois aí poderia ter voltado para casa por um tempo. Veja bem, havia um bom motivo para ter deixado a *scooter* para trás: sempre que a pegava, Keith queria dar uma volta, e você só deixava Keith Moon pilotar uma Lambretta novinha se quisesse acionar o seguro. Pelo menos era verão e fazia calor. Porém, a aula estava demorando quase 1 hora. *O que* Carlo estaria fazendo com seu amigo?

Keith enfim saiu da casa, extasiado. "Entendi tudo!", exclamou, como se tivesse ganhado o próprio Santo Graal, e os dois correram de volta para a Chaplin Road, para que Keith pudesse mostrar a Gerry tudo o que aprendeu antes que esquecesse. No quarto, Keith se sentou na Premier azul – que, de repente, parecia terrivelmente pequena – e começou a tocar para Gerry. Explicou que não se batia no bumbo com cuidado, na cabeça do tempo, como eles vinham fazendo até então. Era preciso bater duas vezes – e com o dobro da força – na cabeça do tempo, depois mais uma no contratempo, depois aqui de novo, e ali de novo... Eram rudimentos de síncope casados com a energia do hard rock e, ao tentar emular seu herói, Keith saiu completamente do tempo. Bateu na caixa com ainda mais força, por frustração, e quase arrebentou a pele do tambor. Ainda não havia pegado o jeito, mas as sementes tinham sido plantadas.

"Foi isso o que colocou Keith no caminho certo", disse Gerry, quase trinta e cinco anos depois. "Ele percebeu que, se acertasse o bumbo, este seria toda a base de qualquer banda da qual ele fizesse parte, porque todos os outros bateristas mal tapeavam o bumbo. Esse foi o ponto de virada, por 1 libra e 20 centavos." Ou por 1 libra, se considerarmos a contribuição de Gerry.

Keith teve várias outras aulas com Carlo. "Ele era entusiasmado e esforçado", recorda-se Carlo. "Lembro que ele chegou um dia e havia dominado o que eu lhe mostrara. Então obviamente estava prestando atenção." O normalmente incontrolável Keith era estranhamente intimidado pelo professor, que se lembra dele como um garoto comum e de uma educação excessiva – além de focado. "Quando conversávamos, era apenas por poucos minutos, e sempre sobre bateria." Carlo ficava contente em ver a evolução de seu primeiro e único aluno, mas, comparadas aos seus próprios padrões, as habilidades do garoto ainda não o impressionavam.

Ao final de julho, quando as férias chegaram, Gerry foi para a Cornualha por duas semanas com a família. A essa altura, Lee Stuart and The Escorts já faziam dois shows regulares em Mill Hill – num clube juvenil católico e no centro comunitário Canada Villa, na Pursley Road – e não queriam perdê-los. Isso não precisaria acontecer. Agora que Keith estava tendo aulas com o grande Carlo Little, praticando com tanto afinco e tinha sua própria bateria, todos – e Keith em especial – concordaram que faria sentido ele substituir Gerry nesse período. Diante da possibilidade, ele literalmente pulou de empolgação. Jurou que sabia todas as músicas, participaria dos ensaios e estaria ótimo quando chegasse a hora.

Quem não gostaria de ter estado lá, num clube juvenil do qual ninguém se lembra porque ninguém na época achava que a ocasião tinha alguma importância, para a primeira vez que Keith montou sua bateria Premier azul de segunda mão – porém, com o bumbo numa inclinação de 45 graus, como se para deixar espaço para um segundo bumbo, como se ele fosse Eric Delaney ou algo do tipo – e tocou ao vivo? Ainda mais da forma como se sucedeu. Embora boa parte do repertório dos Escorts fosse composto de instrumentais dos Shadows e *standards* dos anos 1950 – "rock 'n' roll num

CAPÍTULO 4

ambiente controlado", como o baixista Colin Haines descreveria mais tarde –, eles eram tão fãs dos Savages, que também abriram o *set* com "Lucille". Keith reagiu como um touro diante de uma bandeira vermelha numa tourada. Sentou-se à bateria, fez a virada que abria a música e continuou a tocar essa virada ao longo da meia hora seguinte, mesmo em meio a mudanças de andamento, baladas e pausas entre as músicas, o tempo todo com um largo sorriso no rosto, como se estivesse em seu próprio mundinho, como se fosse o melhor momento de sua vida. O que, é claro, de fato era.

"Ele tentou tocar bateria como Carlo Little", recorda-se Rob Lemon. "E quase conseguiu. Porém, doido que era, não foi tão preciso quanto Carlo. Foi uma bagunça. Quando fazia uma virada, a probabilidade de ele terminar essa virada no tempo era muito pequena. Porém, não importou, porque nós adoramos."

"Tocar com ele era um pesadelo", confirma Colin Haines. "Tentávamos tocar 'FBI' e 'Apache', fazer uns passinhos bobos, e Keith lá, completamente numa dinâmica só dele. Completamente exagerado. Achamos demais. Pensamos que aquele poderia ser um passo adiante, uma direção diferente." Embora o público nos clubes juvenis tivesse mais ou menos a mesma idade dos Escorts, se tratava de uma turma que nunca tinha visto Carlo Little tocar, que havia crescido com o minimalismo disciplinado dos Shadows. "O público dizia que 'esse cara é péssimo. Quando vocês vão trazer o Gerry de volta?'"

Foi assim ao longo dos três ou quatro shows naquelas duas semanas; Keith tocava uma bateria *freestyle* no fundo do palco, o único habitante de seu próprio reino de felicidade, e os outros se adaptavam no ato àquele novo ritmo e energia. Ao final dos quinze dias, a banda se viu numa posição desconfortável. Como músicos razoavelmente bons e fãs extremamente ávidos, sabiam que Keith, apesar de toda a falta de controle e de senso de tempo, era um atributo potente. Naquele período de duas semanas, seu ímpeto, sua força e seu desprendimento emocional apontou à banda uma direção que quiseram explorar mais a fundo. Caso se mantivessem nesse rumo, o resultado poderia ser fenomenal. Também sabiam que Keith gostava da amizade deles e se deleitara com a oportunidade de fazer shows de verdade. Porém,

Gerry voltava de férias e o público regular demandava o retorno do baterista que já conheciam. Gerry estava com a banda desde o início; se não fosse por ele, os demais nunca teriam conhecido Keith. O que deveriam fazer?

Gerry voltou da Cornualha numa noite de sábado no início de agosto e, na manhã de domingo, se deparou com um Tony Marsh – Lee Stuart em pessoa – furioso à sua porta. "Aquele doido de pedra do seu amigo...", disse Tony, antes de soltar o verbo tão violentamente quanto Keith tocava bateria. "Perdemos todos os trabalhos."

O que Gerry não entendeu foi por que descontaram nele. "Foram tão agressivos comigo, que parecia que a culpa era minha."

Até onde Gerry sabia, portanto, os shows estavam temporariamente cancelados. Isso significava que havia menos motivos para ensaiar – e quando você toca só os covers de sempre, já não havia muita necessidade de ensaiar mesmo –, o que, por sua vez, significava menos tempo passado com os outros Escorts. Quando eles finalmente voltaram a tocar nos clubes juvenis locais, lá estava Gerry na bateria. "Graças a Deus você voltou", os gerentes do clube lhe disseram. "Nunca tivemos tanta balbúrdia quanto com aquele tal de Moon."

Por suas costas, porém, os Escorts continuaram a tocar – com Keith na bateria. Ganharam um nome forte o bastante no circuito de clubes juvenis para garantir datas em lugares distantes como Walthamstow, de forma que Gerry nem ficaria sabendo. Viajavam para esses shows na van Bedford de duas toneladas, uma quitanda móvel que pertencia ao pai de seu "empresário", Graham Russell. A banda se amontava na parte traseira, dava um jeito de abarrotar o equipamento ao lado das frutas e verduras e, ao final de cada show, pelo qual, se tivessem sorte, cada um ganhava 1 libra, o Sr. Russell pai, depois de levar e trazer os meninos, para garantir que eles soubessem a importância dos negócios, contava o quanto de frutas e verduras havia sumido e descontava desse cachê. Não teria sido muita coisa, caso Keith não passasse a maior parte das viagens atirando maçãs e bananas pela janela nos transeuntes.

Os shows eram escassos; ainda era uma banda de garotos de 15 e 16 anos, cujo baterista ainda rendia reações variadas, já que ninguém nunca

CAPÍTULO 4

tinha visto alguém tocar daquele jeito. O grupo, porém, o defendia. "Estávamos do lado dele enquanto ele estivesse do nosso", insiste Colin Haines.

Naquele setembro de 1962, a primeira loja só de bateria de Londres foi inaugurada perto da Paramount, na Shaftesbury Avenue. Chamava-se Drum City, e Gerry Evans, com suas notáveis habilidades no varejo e seu conhecimento musical, foi convidado a trabalhar lá. Dentro de um ano, se tornaria gerente, um feito extraordinário para um rapaz de 17 anos. Ele já era um sucesso em todos os aspectos – e no meio musical, mais ainda. Até encontrou tempo para continuar tocando com os Escorts. Porém, Gerry Evans nunca saberia do período em que foi usurpado do posto por sua própria banda.

Tivesse a oportunidade de pensar a respeito, Evans teria sido capaz de apontar precisamente o momento em que o curso de sua vida divergiu daquele de seu melhor amigo, Keith. Foi num dia no início de 1962, quando a dupla, como de costume, admirava a vitrine da Cecil Gee, onde o terno de lamê dourado ainda era exibido proeminentemente, como se provocando alguém a ser tolo o bastante para comprá-lo, e Keith entrou na loja e deu uma entrada de 2 libras. Enquanto os vendedores tiravam as medidas de Keith para ajustar o terno, ele se voltou para o amigo e disse: "Viu só? Eu falei que o compraria". Toda semana, ao longo dos próximos dois meses, Moon ia até a Cecil Gee e pagava mais 2 libras tiradas de seu salário. O terno custaria mais do que a bateria, mas tudo bem. Seu pai havia comprado a bateria e agora cabia a Keith ter um visual que fizesse jus a ela.

"Era dedicação de verdade", disse Gerry. Ele mesmo nunca usaria um traje daquele, mas conseguia entender por que alguém o usaria se tocasse numa banda de rock 'n' roll. "A diferença era que Keith começou a usá-lo todo dia. Andava na rua com aquele terno. Naquela época, isso não acontecia."

Linda, irmã de Keith, se lembra de quando ele cruzou a Chaplin Road para mostrar o terno a Michael Morris e parou o trânsito. Gerry se recordou desse truque em detalhes mais vívidos.

"A Chaplin Road era uma rua escura e foi numa noite de inverno. Keith ficava escondido por trás de algum arbusto e, quando um caminhão ou carro passava, saía correndo para atravessar a rua, de forma que o motorista o visse diante dos faróis e pisasse com tudo no freio. E é claro que ver aquela figura minúscula num terno de lamê dourado na frente de um veículo à noite seria assustador. Mas é o tipo de coisa que ele fazia para se divertir."

Havia variações de sobra desse tema. "Ele pregava outra peça que consistia em atravessar a rua quando um carro passava, chegar o mais perto possível do veículo e se jogar no chão, como se tivesse sido atingido", recorda-se Colin Haines. "O motorista saía do carro, pensando ter atropelado alguém, e nós aparecíamos com uma expressão preocupada. O cara perguntava se estava tudo bem, e então Keith dava um pulo para ficar em pé e dizia: 'Sim, estou ótimo!'. Como ele se safava dessas, nunca saberei. Era o jeito dele, inofensivo em alguns aspectos, porém irritante em outros."

Na pista de boliche de Wembley, ao lado do rinque de patinação no estádio, era a mesma coisa. Keith a frequentava não tanto para jogar boliche com os demais quanto para sacaneá-los. Mirava alguém que nunca tinha visto, estudava os maneirismos da pessoa e, justo quando ela estava prestes a lançar a bola, Keith se voltava para os outros e dizia: "Ei, olha só aquele cara, olha como ele joga" – e então começava a imitar o pobre jogador de boliche. "A gargalhada de Keith era daquelas contagiantes", recorda-se Colin Haines. "E ele fazia todo mundo rir bem na hora que alguém ia lançar a bola. Fico surpreso por não termos apanhado."

Com Gerry trabalhando em tempo integral na loja de instrumentos, a turma que passava as tardes de fim de semana no West End agora consistia basicamente em todos os Escorts com Keith no lugar de Gerry, assim como era nos shows. Pegavam a linha Piccadilly até a estação Holborn e Keith ia direto para a loja Gamages, que tinha um departamento inteiro dedicado a mágicas, brincadeiras e truques. Quando não conseguia afanar dentaduras falsas, aranhas de mentira e coisas do tipo, fazia uso delas na própria loja. Depois que o grupo era expulso, como inevitavelmente acontecia, seguia para a Denmark Street e alimentava sonhos mais maduros de uma carreira na música. Passavam horas no café La Gioconda, frequen-

CAPÍTULO 4

tado pelos agitadores culturais e onde alguns músicos haviam sido descobertos. "Era o lugar para ir, socializar e fingir ser parte da cena, embora nós fôssemos muito jovens para isso", diz Haines. Nunca viram ninguém famoso, embora vissem algumas pessoas que pareciam importantes. Os outros apontavam alguém em trajes particularmente dândi e Keith imediatamente o imitava, não importava que a pessoa pudesse ser influente no mundo da música. A vida não parecia particularmente complicada para Moon a essa altura, pelo menos é o que aparentava para seus amigos. "As gargalhadas eram contínuas e hiperbólicas", recorda-se Haines. "Tudo se tornava extraordinário e virava motivo de riso. Ele não parava por nada, às vezes era até embaraçoso estar na companhia dele."

Gerry Evans já passara vergonha o bastante para começar a se cansar do amigo. Como sempre foi o caso, a maioria dessas situações acontecia no metrô, onde Keith tinha um público pronto e a vantagem do anonimato. Porém, agora, até o incidente dos grãos de café na Baker Street começava a parecer inocente, em comparação às suas novas ideias de entretenimento. Pegavam a linha Metropolitan para voltar para casa, por exemplo, e Keith descia na Finchley Road, onde percebia que o balcão de informações e anúncios estava quase sempre vazio. Lá, ele entrava escondido, pegava o microfone e, no coração da região judaica de Londres, imitava uma voz da Gestapo aprendida nos filmes de guerra que ainda eram lançados pela geração mais velha.

"Todos os judeus, façam fila para a câmara de gás", ordenava ele, achando que aquilo era a coisa mais engraçada da face da Terra. Todo mundo na estação, em particular o número considerável de judeus cujo sofrimento durante a guerra ainda estava fresco demais na memória, discordava veementemente e começava a caçar os funcionários do metrô para descobrir qual havia perdido a noção – porque não poderia haver outra explicação – e Keith já estaria de volta ao trem, com um Gerry Evans estupefato a tiracolo, antes que soubessem que havia sido ele.

Essas imitações da Gestapo continuariam por toda a vida de Keith, o que testaria perpetuamente os limites do que seus amigos e sua família consideravam divertido. "Ele não era antissemita", insiste Gerry Evans, assim como todos que se veem se desculpando pelo senso de humor peculiar de Keith. "Não era, mesmo. Não tinha nada contra judeus. Acontece que, por alguma razão, ele achava aquilo engraçado."

Outra pegadinha que o divertia era pegar o trem mais lento na Baker Street e esperar até chegar a Neasden – a última parada antes de Wembley Park, onde o trem passava a ser expresso. Até lá, os vagões iam praticamente vazios, e Keith começava a destruí-los.

"Ele corria por todo o vagão, rasgando todos os cartazes, quebrando até as divisórias de madeira, de compensado e arrancando os assentos", disse Gerry. "Ao chegarmos na Wembley Park, ele dizia 'Até mais' e corria para casa. E eu ainda desceria na estação seguinte. Assim, quando ele descia do trem, as pessoas que embarcavam para ir até Kingsbury, Queensbury, Canons Park e Stanmore, bem, ficavam sem ter onde sentar, porque ele havia arrancado todos os assentos, e todos os cartazes estavam destruídos, empilhados no chão." Esses passageiros olhavam intensamente para Evans, com uma indignação que sugeria que ele sabia alguma coisa a respeito daquilo, e só o estoicismo deles impedia que se envolvessem. Gerry se encolhia em seu assento, querendo ser invisível.

O alto-falante escondido no jardim na Chaplin Road, os experimentos explosivos no quarto, as imitações de nazista, a destruição proposital, essas eram as estripulias originais pelas quais Keith se tornaria infame ao longo dos anos, e o fato de elas serem tão prevalentes em sua vida na adolescência anulam qualquer sugestão de que ele só começou a levá-las a cabo depois que o The Who fez sucesso e ele já tinha o dinheiro e o poder para tanto. Claramente, seus padrões de comportamento já estavam bem formados muito antes disso.

De sua parte, Gerry nunca pôde apontar ao certo o que levava Keith a esses atos de vandalismo, exceto pela energia hiperativa que o amigo sempre esbanjava. Como alguém que sempre viveu sob as regras, cujos pais ensinaram a importância do respeito, que adorava o rock'n'roll como música, mas não a delinquência juvenil tão frequentemente associada a ele, Gerry ficava horrorizado com a possibilidade de ser pego. Certo dia, enquanto Keith se ocupava de algum de seus números destrutivos, Gerry olhou pela janela e viu, no vagão seguinte, um guarda do metrô, que observava cada movimento de Keith. Seu coração saltou à boca e ele ficou mortificado com a possibilidade de os dois serem levados e até presos.

CAPÍTULO 4

Porém, nada aconteceu. "O guarda observava do outro vagão enquanto ele fazia aquelas coisas todas, mas, por algum motivo, não fez nada. Acho que ficou com medo."

Gerry começou a se sentir da mesma forma. "A coisa ficou tão feia, que eu comecei a dar desculpas para não ir embora junto com ele. Ele ia me encontrar às 18h, então eu saía umas 17h, ou 17h50min, e dizia ao meu superior que 'se meu amigo Keith aparecer, diga a ele que eu precisei sair mais cedo'. Não queria passar por todo aquele incômodo."

A gota d'água pode muito bem ter sido no dia em que Keith apareceu na Drum City com um *case* de caixa vazio e saiu com ele cheio – sem comprar nada. Afinal, roubar *para* um amigo era uma coisa; roubar *de* um amigo era outra, completamente diferente. Keith, porém, não via as coisas dessa forma. As frutas e verduras que voavam pela janela da van, os brinquedos da loja usados para as travessuras, a caixa que estava assegurada pela loja: na visão dele, todos esses itens estavam sendo usados da melhor forma. Se tivesse sido confrontado, talvez até justificasse ter pegado o posto de Gerry nos Escorts da mesma forma: "Mas eu vou ser um astro do rock 'n' roll e você vai continuar a trabalhar numa loja de instrumentos. Não faz mais sentido que eu seja o baterista da banda?". De todo modo, o hábito de Keith de testar as amizades até o limite significava que ele nunca poderia ter certeza de que poderia contar com elas. Vale notar que, quando ele deixou os Escorts – e a banda nunca percebeu de fato sua saída, só que ele sumiu da turma –, ficou tão solitário quanto o era quando entrou.

"Ele parecia bastante sozinho quando nos conheceu", diz Colin Haines. "E, da mesma forma, quando nos deixou, foi sozinho. Não havia ninguém ao seu lado, nem antes nem depois."

"Keith queria ser diferente", relembra Rob Lemon. "Não queria ser o baterista dos Shadows, queria ser um extrovertido. Não sei se o consideraríamos o baterista mais musical do mundo, porque era todo bagunçado. A forma como ele decidiu tocar bateria era escandalosa, mas ele emulava Carlo Little e era o único que conseguia fazer isso. Era uma figura e tanto, na fronteira entre a loucura e a genialidade."

CAPÍTULO 5

Até onde se lembra, o anúncio no **Harrow and Wembley Observer**, *naquele dezembro de 1962, dizia simplesmente que Clyde Burns and The Beachcombers estavam à procura de um novo baterista. Os candidatos deveriam comparecer com suas baterias no Conservative Hall, na Lowlands Road, ao lado da estação Harrow on the Hill, numa noite específica daquela semana, para os testes.*

Aos 16 anos, Keith Moon viu o anúncio e soube que tinha de se fazer presente lá. Os últimos meses haviam sido maravilhosos para sua autoconfiança. Tocar com os Escorts foi uma emoção só equiparável à ocasião em que ele disse a Lou Hunt, no Oldfield, que vinha tendo aulas com Carlo Little e pôde tocar duas músicas com a banda da noite. Todos concordavam que ele havia melhorado bastante; Hunt até sugeriu que Keith arrumasse uma banda, sem saber que ele já tinha uma. Algumas, na verdade: se associava a qualquer grupo de garotos de idade próxima à sua na vizinhança que tivesse uma vaga. Com um desses grupos, até tirou uma foto no quintal de alguém, com as guitarras posicionadas cuidadosamente no gramado e Keith sentado na banqueta de bateria ao fundo, elegante e sério, com o cabelo penteado para trás, de camisa branca, calça preta apertada e botina. Agora que sabia que era capaz de tocar o instrumento, podia bancar fazer uma pose arrogante. Porém, entendeu o que Louis quis dizer. Era hora de entrar para uma banda de verdade.

Assim, ouviu falar de um teste para Shane Fenton and The Fentones, sem se deixar abalar pelos seis compactos de sucesso já lançados pela banda. Não conseguiu a vaga – houve comentários a respeito de sua idade, como se alguém tão jovem não devesse tentar tocar bateria com uma banda profissional e popular –, mas a experiência só o deixou ainda mais resoluto. Precisava muito chegar a algum lugar com a bateria, e logo. O trabalho na Ultra Electronics já era e agora ele trabalhava na parte administrativa de um depósito de materiais de construção, em Wembley Park. Não era o que seus pais esperavam dele.

Portanto, quando ele implorou ao pai que o levasse para o teste dos Beach-combers, sabia que poderia contar com uma resposta positiva. O Sr. Moon tinha tanta vontade quanto Keith de que o garoto deveria fazer algo da vida, e não parecia muito provável que isso acontecesse no mundo real. A música e a bateria pareciam ser as únicas coisas com que Keith se importava.

Ao final de 1962, depois de três anos do que viria ser considerada a idade das trevas do rock 'n' roll, a cena musical britânica finalmente emergia na aurora de uma nova era. Em Londres, o *boom* de jazz tradicional começara a dar lugar a uma cena de rhythm & blues, um estilo de relevância muito maior para as legiões de adolescentes mais velhos cuja puberdade fora despertada pela urgência sexual do rock 'n' roll. Esse movimento de R&B, que moldaria a sonoridade do sul da Inglaterra e inspiraria muitas das grandes bandas de rock britânicas dos anos 1960 (e, por conseguinte, boa parte do hard rock dos 1970), pode ser creditado quase que por completo aos esforços singulares de um sujeito da zona oeste londrina, Alexis Korner, cuja paixão pelo blues só se comparava à sua determinação a promover a música e generosidade de espírito em incentivar os outros.

Originalmente, Korner tocava banjo na Chris Barber Jazz Band, conjunto tradicional cujo violonista, Lonnie Donegan, desencadeou toda a febre do *skiffle* do final dos anos 1950. Porém, a devoção contínua de Korner ao blues lhe tornou uma vítima do preconceito que a elite do jazz tinha contra uma música simplista e crua demais para seu gosto supostamente erudito. Para ganhar independência musical e social, em março de 1962, Korner transformou um porão em Ealing no primeiro clube de R&B do país; a banda da casa era sua própria Blues Incorporated, que contava com ele, na guitarra; Jack Bruce, no contrabaixo acústico; Charlie Watts, na bateria; Dick Heckstall-Smith, no saxofone; e um fenomenal gaitista de 30 e tanto anos, 90 quilos e calvo, chamado Cyril Davies. Entre os jovens e então desconhecidos fãs que frequentavam o clube em Ealing assim que o lugar abriu estavam Eric Clapton, Brian Jones, Paul Jones e Mick Jagger, este que rapidamente se tornaria um dos vocalistas "convidados" ao lado de um gigante desengonçado que atendia pelo nome de Long John Baldry.

CAPÍTULO 5

A celeuma de Korner com a elite do jazz teve vida curta: o furor que emanava daquele porão chegou ao West End com força suficiente para que o Marquee, na Oxford Street, *a* grande fortaleza do jazz tradicional na época, o reconhecesse como o vento da mudança e oferecesse à Blues Incorporated uma residência nas noites de terça-feira, em maio. Encorajado por esse sucesso imediato, em novembro, Cyril Davies deixou a Blues Inc. para formar sua própria banda, a Rhythm & Blues All-Stars, incentivando Long John Baldry a ir com ele, atraindo Nicky Hopkins e Bernie Watson, ambos recém-saídos dos Rebel Rousers, e arrancando Carlo Little e Ricky Brown dos Savages. Essa formação estelar exerceria uma influência sobre outros músicos muito maior do que sua carreira de oito meses e um compacto poderiam sugerir.

Enquanto Londres ficava mais durona com o blues, um novo estilo musical, o "Mersey Beat", por falta de rótulo melhor, emanava do porto de Liverpool, na costa noroeste da Inglaterra. Um de seus expoentes, os Beatles, até fizeram uma pequena marca nas paradas britânicas no final de 1962, com seu primeiro compacto pela EMI, "Love Me Do". Dizia-se por aí que os quatro rapazes eram deuses no condado de Merseyside, mas poucas bandas londrinas tocavam tão distante assim ao norte para comprovar.

Os EUA também começavam a reafirmar sua criatividade, com um produtor prodígio de nome Phil Spector, que desenvolvia o que se tornaria sua famosa "parede de som" com grupos como The Crystals e Bob B. Soxx and The Blue Jeans; uma banda da Califórnia, os Beach Boys, que tornava comercial o culto local à surf music (embora com pouco impacto na Grã-Bretanha); e o incipiente selo Tamla/Motown, de Detroit (lançado no Reino Unido pelo selo Stateside), que consagrava artistas como The Marvelettes, Smokey Robinson e Mary Wells.

A soul music afro-americana da Tamla/Motown, da Stax e de outras gravadoras especializadas, o novo rhythm & blues, o ska e o bluebeat, de preferência dos recentes imigrantes caribenhos, foram rapidamente absorvidos pelo *underground* do Reino Unido pela mais nova subcultura jovem londrina. Os mods, ou modernistas, para citar o nome completo (derivado, inicialmente, da devoção ao jazz moderno), eram dândis da classe trabalhadora, obcecados nos mínimos detalhes por um estilo de vida que girava em torno da música, da moda, das *scooters*, das casas noturnas, dos cafés e dos comprimidos necessários para se ficar acordado o fim de semana inteiro e desfrutar dessas obsessões. Os mods surgiram nas ruas e nos clubes no início de 1962, compostos primordialmente por adolescentes de classe média, muitos deles de judeus e/ou filhos de costureiros e sapateiros, ascendência que tornava sua dedicação à moda um pouco mais fácil de nutrir. No fim do ano, já haviam começado a atrair o interesse da mídia, que, de início, rejeitaram: mods não se interessavam por nada que não fosse mod.

Claramente, naquela conjuntura temporal, o futuro da música estava à espera de ser tomado. Keith Moon, por sua vez, se focou numa banda que se preocupava apenas em mesclar o passado recente com o presente, posto que Clyde Burns and The Beachcombers, cujas raízes remontavam ao *boom* do *skiffle*, faziam parte da geração perdida de bandas cover semiprofissionais que reproduziam fielmente os sucessos do dia sem parar muito para pensar quais seriam os de amanhã. Eram tão afiados nesse ofício, que recebiam com frequência a alcunha de "Shadows dos Shadows", o que, para a maioria das bandas do final dos anos 1960, era o elogio definitivo. Afinal, o que eram os Escorts, e todas as outras centenas de bandas de clubes juvenis ao redor do país, se não aspirantes a sombras dos Shadows? Em quem mais se inspirar naquela idade das trevas musical? E, se você não podia ser o precursor, por que não ser o melhor imitador da paróquia?

Os Beachcombers eram populares, também. Não tinham discos, mas, na época, poucas bandas tinham. E, embora não atraíssem tanta publicidade quanto Screaming Lord Sutch, tampouco ofendiam as pessoas. Faziam shows em muitas bases do Exército, centros de treinamento, pubs, salões de baile e centros comunitários, e o que importava é que eram sempre chamados de volta. O guitarrista solo Norman Mitchener e o baixista Tony Brind, que cresceram na mesma rua, em Stanmore, e o guitarrista-base John Schollar, de Preston Hill, eram todos desenhistas aprendizes, mal saídos da adolescência. O vocalista Ron Chenery (também conhecido como Clyde Burns) vinha de South Harrow, era uns dois anos mais

CAPÍTULO 5

velho do que os demais e trabalhava como engenheiro mecânico. Eram bons empregos que todos pretendiam manter, mas, embora não fizessem música em tempo integral, se dedicavam intensamente a ela. Fora por isso que haviam dispensado recentemente o baterista Alan Roberts, que, como tantos de sua geração, começou numa *washboard* adaptada durante a febre do *skiffle*, mas se mostrou limitado ao passar para uma bateria completa.

Os Beachcombers fizeram alguns shows com o ex-baterista de Cliff Bennett, Ricky Winters, e teriam ficado com ele de bom grado, mas Winters saíra dos Rebel Rousers para se casar e sua esposa não o deixaria voltar ao rock'n'roll tão rapidamente de jeito nenhum. Esse era o problema com esse jogo: era maravilhoso enquanto durava e você o jogava pelo tempo que pudesse, mas, no fim das contas, seu patrão ou sua namorada o colocavam numa sinuca de bico da qual você não conseguia sair, e você se sentia obrigado a desistir da música e "se assentar". Pouquíssima gente persistia no rock'n'roll para arriscar sacrificar um relacionamento bom ou um emprego estável.

Assim, os Beachcombers colocaram um anúncio no jornal local, e, naquela noite fria de dezembro, os quatro "sombras dos Shadows", junto ao seu amigo e motorista ocasional, Roger Nichols, seguiram para o Conservative Hall, na esperança de que houvesse mais alguém da região que quisesse o trabalho e fosse bom o bastante para desempenhá-lo.

A julgar pelo quórum – meia dúzia de rapazes, todos com suas próprias baterias –, parecia que teriam sorte. O problema era que um garotinho também aparecera, acompanhado do pai. Meio vergonhoso.

— Vim para o teste — disse o garoto, na primeira oportunidade que teve, com muita empolgação.

— Você é novo demais — responderam os Beachcombers, quase em uníssono. — Volte daqui alguns anos — provocou um deles.

Assim, montaram o equipamento no salão com o primeiro baterista, cujo visual lhes agradou, que montou a bateria na frente da banda, para que pudesse vê-los tocar, acompanhar as mudanças de acorde e observar seus movimentos: ser sombras dos Shadows significava dominar os passos coreografados, e não só a música. Porém, no que se tratava de bateria, ele

KEITH MOON

simplesmente não tinha o estilo que os Beachcombers sabiam ser bons o bastante para exigir. Disseram que entrariam em contato e voltaram ao corredor. Os outros bateristas ainda estavam lá, assim como o menino.

– Vamos lá – disse ele. – Me deem uma chance. Eu sou bom.

– Acho que já te dissemos – foi a resposta. – Você é novo demais. Não te deixariam entrar na maioria dos lugares que tocamos.

Chamaram outro baterista no lugar dele. E foi a mesma coisa – bateria montada diante da banda, observação atenta, não tinha o necessário. E o menino ainda esperava lá fora.

– Viemos até aqui, o mínimo que vocês poderiam fazer é deixá-lo fazer o teste – disse o pai do garoto, impondo respeito.

Os Beachcombers mudaram de tática.

– Ele não tem idade o suficiente para dirigir – apontou um deles. – É preciso ter um meio de transporte para tocar numa banda profissional.

– Não há problema quanto a isso – afirmou o pai. – Eu o levarei. Levarei vocês todos.

Mas não era isso o que quiseram dizer. Todos os Beachcombers vinham de famílias felizes e estáveis; amavam os pais com carinho e os convidavam para os shows locais de maior prestígio. Porém, não precisavam do pai de alguém para levá-los por aí. Eram adultos; Ron já tinha até servido no Exército. *Era uma banda de homens feitos.*

E assim foi indo. O baterista seguinte também não foi bom. Nem o próximo. A essa altura, o garotinho, com seu entusiasmo insaciável e sua insistência em não aceitar "não" como resposta, os deixou intrigados. Afinal, os Beachcombers disseram entre si, não é como se já tivéssemos encontrado o substituto. Podemos muito bem dar uma chance a ele. Pelo menos ele não vai pensar que o caminho até aqui foi em vão e, é preciso admitir, o menino é persistente.

O último baterista terminou mais um teste insatisfatório e o garoto ainda estava lá, esperançoso.

– Venha cá, então – eles finalmente disseram, cientes de que soavam como se estivessem tirando sarro dele (e como soar de outra forma quando se é uma banda semiprofissional e havia um *garotinho* querendo fazer um teste para entrar?). – Mostre-nos do que você é capaz.

CAPÍTULO 5

Keith entrou e montou a bateria tão rápido, que parecia que já estava pré-montada. Os Beachcombers se impressionaram com isso e com a qualidade do instrumento: uma Premier azul-pérola de nível profissional. Porém, o que realmente atiçou a curiosidade deles foi o fato de Keith não montar a bateria de frente para a banda, como num teste mesmo, e sim *atrás* da banda, como se já fizesse parte dela. O moleque tinha colhões, isso era fato. Agora tinham de ver se ele conseguiria acompanhá-los. Sugeriram um *standard* de rock'n'roll, algo que pensaram que um moleque de 16 anos saberia, e fizeram a contagem. O moleque entrou na cabeça do tempo...

"...e como uma bomba explodindo atrás da gente", foi como John Schollar se recordou daquele momento com uma clareza distinta, meia vida depois. "Não acreditávamos no volume provocado por aquele fedelho sentado à bateria."

"Não havia nervosismo algum", recordou-se Tony Brind, de forma igualmente vívida. "Dizíamos: 'Que tal Chuck Berry, Elvis', qualquer coisa, e ele respondia: 'Ah, sim, eu sei essas', e mandava ver, completamente confiante. Sem deixar a peteca cair."

"Ele era bom e barulhento", foi a lembrança de Norman Mitchener. "Tinha algo de diferente na forma como tocava. Tocava a caixa de um jeito pesado e potente."

"E o consideramos o melhor de todos ali", disse Ron Chenery.

Os Beachcombers lançaram mais umas duas músicas para cima do garoto, incluindo o novo compacto dos Shadows, "Dance On!", que seria pedido da próxima vez que tocassem e teriam de tocar se quisessem manter a reputação de imitadores da penumbra. Keith tocou com perfeição.

"Só lembro que, de repente, estávamos todos na casa de Norman, tomando café com um baterista novo", diz John Schollar. "'E a bateria?', perguntou o pai dele, e nós respondemos: 'Não se preocupe, nós o levamos para casa.'"

E FOI ISSO. KEITH MOON ESTAVA NOS BEACHCOMBERS, UMA DAS MAIS prestigiadas bandas do noroeste de Londres, com apenas 16 anos. As noites que passou praticando em casa, as aulas com Carlo, os shows com os Escorts e a passada de perna em Gerry haviam resultado em alguma coisa. Assim, quem poderia culpar aquele moleque, aquele garoto hiperativo que não conseguia parar quieto e finalmente encontrara algo para fazer da vida em que não precisava parar quieto, se ele então agisse um pouquinho empolgado demais? Na casa dos Mitcheners, na Uppingham Avenue, onde a banda se reunia com frequência porque o pai de Norman era açougueiro e sempre havia comida de sobra, ele corria por todo canto, farejava tudo, fazia caretas, sujava as coisas e fazia os demais rirem mais do que eles conseguem se lembrar. Não acreditavam em quanta energia ele tinha. Era como se sua vida fosse uma extensão da forma como ele tocava bateria (ou seria o contrário?). Sempre que alguém começava uma conversa, ele queria saber do que se tratava. Sempre que abriam uma gaveta, ele tinha de olhar o que havia dentro dela.

Por fim, Ron acabou comentando. "Olha lá, parece uma fuinha."

O apelido pegou. Nos Beachcombers, Keith Moon só seria conhecido como "Fuinha". Keith adorou ter causado uma impressão que logo rendeu um apelido. Adorou ainda mais quando os Beachcombers – de quem nunca tinha visto um show, mas sabia que eram populares no Oldfield – lhe mostraram os ternos que usavam no palco. De um marrom-bronze berrante, eram de Cecil Gee, o costureiro das estrelas. "O problema é que quando chutamos o antigo baterista, ele ficou com o dele", disseram a Keith.

"Não se preocupem", respondeu o novo baterista. "Tenho um terno que vai combinar perfeitamente *e* também é do Cecil Gee."

No primeiro ensaio completo com os Beachcombers, Keith apareceu vestindo o terno de lamê dourado. Os outros quatro ficaram desconcertados. Achavam que seus ternos já eram um pouco chamativos, mas nem se comparavam ao do garoto. E ao passo que eles só os usavam no palco, Keith tinha coragem de usar o dele na rua. Definitivamente, era um menino de ouro em mais de um sentido.

Uns trinta e tantos anos mais tarde, os Beachcombers se recordariam dos dezoito meses em que o adolescente Keith Moon foi seu baterista – e, como tal, parte da banda como entidade coletiva – como a melhor época de suas vidas. E depois de acessar o grande banco de lembranças desses homens já então de meia-idade, com inúmeros shows e infinitas aventuras,

CAPÍTULO 5

ao longo de encontros variados em pubs e casas e jardins por todo o comprimento e largura da Grã-Bretanha, por onde agora estão espalhados, é inevitável que o ouvinte se convença de que foi a melhor época da vida de Keith também.

Tal afirmação parece controversa? É fato que Keith Moon não ganharia fama com os Beachcombers, tampouco ficaria rico. Nem chegou a lançar um disco: ora, eles só entraram em estúdio uma única vez, na verdade, num porão escuro debaixo de uma loja de teclados em North Harrow, para gravar uma fita demo com alguns covers ("Poison Ivy" e "I'm a Hog for You Baby" entre eles), que há muito tempo não existe mais. Naquela época, Keith era tão inocente, que os demais conseguem contar nos dedos das duas mãos quantas vezes ele ficou bêbado, nos de uma mão quantas vezes ele pegou alguma garota, e quanto às drogas... bem, mais para o final, em 1964, quando o movimento mod estava no auge e metade dos adolescentes da Grã-Bretanha tomava estimulantes, Keith ia regularmente à De Marco's, misto de sorveteria italiana com cafeteria na Ealing Road, conhecido como o melhor lugar para se conseguir comprimidos, e o resto da banda tentava impedi-lo. Porém, a essa altura, eles já sabiam que o estavam perdendo de qualquer forma, que era só uma questão de tempo até que o menino de ouro passasse para uma banda que alcançaria o sucesso, e que em breve o veriam mais na televisão e nos jornais do que em carne e osso, e se lembrariam dos dias em que Keith Moon era gloriosamente ingênuo, desesperadamente puro, apaixonadamente idealista e, por isso mesmo, maravilhoso; nunca conheceram ninguém como ele, antes ou depois.

Embora Keith Moon precisasse desesperadamente de fama e fortuna para justificar sua existência de uma forma que os outros Beachcombers dispensavam e ansiasse pela adulação que por fim chegaria e concederia a ele uma licença para viver como quisesse (com luxo e aos olhos do público), aqueles dezoito meses foram o único período de sua vida em que ele pôde tocar bateria e se divertir, ser reconhecido e adorado por ambas as coisas, sem outras exigências a acabar com sua psique. Quando, finalmente, entrou para o The Who, em meados de 1964, Alf Moon pediu aos Beachcombers para dissuadi-lo. "Não gosto desses caras", disse. "Preferia que ele continuasse com vocês." O que ele realmente queria dizer era: "Vou perder meu garoto para forças que não consigo controlar". E estava certo.

Porém, ao final de 1962, os Beachcombers acalmavam o pai do novo baterista com garantias legítimas de que eram rapazes sensatos, que não tiraram o garoto da linha, que a música era um mero hobby que calhava de render algum dinheiro. O que Keith estava prestes a descobrir (para seu grande deleite) era o quão esforçados eles eram nesse hobby. Os Beachcombers tocavam regularmente em diversos pubs locais: no Oldfield Hotel e no Greenford Tavern, em Greenford; no Claypigeon, em Eastcote; no White Hart, em Acton; e no Railway Hotel, em Harrow & Wealdstone. (A idade de Keith Moon era problema constante nesses pubs, e os proprietários e *promoters* só sossegavam diante da promessa de que o jovem baterista não iria beber, promessa essa facilmente cumprida: Keith não tinha interesse em álcool.) Tocaram no Goldhawk Social Club, em Shepherd's Bush, e no clube juvenil de Keith, na Ealing Road, aonde ele levou a nova banda umas duas vezes, como uma oportunidade de mostrar a todos os outros menores de idade o sucesso que alcançara. Abriram para bandas maiores em casas de prestígio, como o Alperton Civic Hall, o Watford Trade Hall e o Wembley Town Hall, além de tocar em clubes de companhias locais, como o General Electric Corporation Social Club, em Wembley, e na parada favorita dos Beachcombers, o clube de propriedade da Kodak, a gigante da fotografia, em Pinner, onde sempre eram tratados como astros e aonde os pais de todos os rapazes, incluindo os de Keith, iam para aplaudi-los.

Porém, eles não ficavam apenas nos shows locais. Lançavam-se a uma variedade de escolas, clubes de golfe, casamentos, festas de aniversário, festas de piscina e píeres de veraneio, além das ocasionais noites no West End e como atração de abertura em salões de baile no circuito de shows daquela época. Também foram muitas vezes às bases do Exército americano, que ainda proliferavam nos condados ao redor da Grande Londres, em lugares como Brize Norton, Mildenhall e Bentwaters. Embora os shows nestes fossem exaustivos – normalmente, a banda só entrava no palco depois da 1 hora da manhã – e as distâncias desanimadoras, os cachês era melhores do que quaisquer outros oferecidos pelos *promoters* ingleses, e as experiências

CAPÍTULO 5

eram inesquecíveis. Trocava-se libras por dólares ao passar pelos portões e a noção de que se pisava em solo americano era consolidada de imediato pelos letreiros de neon, antes vistos só em filmes de Hollywood. Assim como as garotas inglesas que iam em peso aos bailes da força aérea, como abelhas ao redor de um pote de mel, os Beachcombers sempre pensavam que aquilo seria o mais perto que eles chegariam dos Estados Unidos da América.

Keith entrou de cabeça nesse complicado circuito de compromissos, fazendo sua presença ser notada tão rapidamente, que parecia que seus novos empregadores haviam contratado um líder, não apenas um baterista. ("Nunca dissemos nada a respeito", recorda-se John Schollar, "mas, em questão de semanas, já nos moldávamos em torno de Keith.") A primeira mudança foi no volume no palco. O show de estreia de Keith com os Beachcombers foi em Kenton, no Fender Club, abrindo para Cliff Bennett and The Rebel Rousers. Os demais tiveram receio de que Keith ficasse nervoso por abrir para um nome tão grande, de que a coragem e a autoconfiança que ele demonstrou no Conservative Hall desaparecessem diante de tanta gente. Não foi nem um pouco o caso. Naquela noite, o som da bateria de Keith parecia a chegada do Armagedom, enquanto o cabelo caía em seu rosto, apesar do laquê que geralmente o mantinha em pé, e seus braços giravam como moinhos de vento.

"A banda de abertura não pode se acomodar", explicou Keith aos novos colegas depois do show. "É preciso dar o máximo de si, causar uma impressão."

Os instintos dele estavam certos: de imediato, o público começou a falar daquele novo prodígio adolescente, o garoto que tocava bateria como se estivesse lutando com o instrumento. Quase que da noite para o dia, havia quem fosse aos shows só para vê-lo.

A apresentação básica da banda foi o que mudou em seguida. Keith torceu o nariz para o termo "sombras dos Shadows" e este nunca mais voltou a ser usado com o consentimento do grupo. Da mesma forma, o alter ego de Ron, Clyde Burns, foi sendo dispensado aos poucos, embora os *promoters* que gostavam do equilíbrio de um nome no singular seguido por um no plural, tão popular na época, tenham insistido em usá-lo. Keith continuou a usar o terno de lamê dourado para complementar os trajes tom de bronze dos demais e, mais adiante, os cinco encomendaram ternos de angorá vermelhos, feitos sob medida por Arthur Gardener, em South Harrow, embora Keith frequentemente recorresse a camisetas e bermudas no palco, devido ao calor e suor que gerava.

Desde o início, Keith golpeava os pratos com mais força do que qualquer outro baterista do circuito. Na verdade, golpeava toda a percussão com tamanho peso, que logo passou a martelar pregos de 6 polegadas no chão dos palcos e a amarrar as peças da bateria neles, para que permanecessem no lugar. (Keith teve de aprender a fazer isso do jeito difícil: certa noite, no meio de "Summertime Blues", no clube da Kodak, ele tocou com tanta força que os quadrantes de madeira que compunham o palco começaram a se desmontar e metade da bateria caiu por entre os vãos. Enquanto o público ria da bateria que desaparecia, os olhos de Keith se enchiam de lágrimas de vergonha, fúria e amargura. Foi a única vez que os demais o viram chorar.) Porém, potência e volume puros não bastavam. Keith fez furos nos pratos de ataque e inseriu rebites neles, dando-lhes um som estridente especialmente cortante. Com frequência, Norman e Ron lhe lançavam olhares do palco para que ele tocasse com mais parcimônia; Keith respondia como costumava responder a advertências, o que, nesse caso, significava golpear os pratos com ainda mais força.

Para todos os efeitos, Norman Mitchener era o líder dos Beachcombers. Guitarrista bastante talentoso, via na habilidade musical a chave para o sucesso da banda. Ron Chenery, cantor à moda antiga cuja coisa que mais adorava era tomar os holofotes para uma balada, compartilhava desse sentimento. Tony Brind e John Schollar, relativamente novatos no grupo, respeitavam essas qualidades, mas sabiam que havia algo mais rolando no rock 'n' roll; conseguiam sentir a mudança no ar, se não nas bases do Exército ou nos bailes escolares, certamente nos pubs e nas casas de shows, onde os músicos congregavam para conferir uns aos outros e debater as últimas tendências. Chutar Alan Roberts da banda foi o primeiro passo para arrastar os Beachcombers para a década de 1960; incorporar Keith Moon e sua jovialidade, sua ambição e seu talento visceral escancarado foi o verdadeiro catalisador. Com Keith na formação, o equilíbrio de poder pendeu para os modernistas do grupo, mas o ar de autoridade permanecia detido pelos tradicionalistas que nele estavam havia mais tempo. O período em que Keith

CAPÍTULO 5

foi um Beachcomber, embora de grande alegria para todos os envolvidos, foi um constante cabo de guerra entre esses dois lados concorrentes.

Norman e Ron não foram os únicos jogados para escanteio pelo barulho feito por Keith. No Oldfield Hotel, Louie Hunt, a princípio empolgado por ver Keith numa banda profissional, começou a lamentar o que seu incentivo desencadeou. Em diversas ocasiões, indicou aos Beachcombers que o baterista tocava tão alto, que o barman não conseguia ouvir os pedidos de bebidas e drinques. Certa vez, ele até subiu no palco entre uma música e outra para reclamar com Keith.

"Pelo amor de Deus, toque mais baixo", pediu. Imaginou que o garoto sempre fosse dar ouvidos a ele.

Ao contrário: "Não consigo tocar baixo, sou baterista de rock", retrucou Moon, convenientemente ofendido. "Se quer um baterista quieto, chame o Victor Silvester."[21]

Os outros Beachcombers foram forçados a aumentar o volume para serem ouvidos acima da bateria de Keith, o que tornava a cacofonia ainda maior. Parecia que, da noite para o dia, os Beachcombers passaram de uma atração para toda a família a, bem, uma atração para toda a família extremamente barulhenta e com um jovem baterista insano e precoce. Certa noite, na Kingsbury County Grammar School, onde tocava com um cantor neozelandês aclamado como o novo Frankie Ifield, a banda se deu conta de que estava de volta à escola em mais de um sentido, quando um professor mais velho desligou o equipamento no meio de uma música. Furiosos, os cinco partiram para cima do homem, mas ninguém com mais veneno do que Keith. Como lembranças das regras e dos regulamentos da escola ainda muito recentes e sendo o mais naturalmente antiautoritário da banda, ele não virara baterista semiprofissional mal saído do uniforme para ter sua banda cortada daquele jeito, como se tivesse reprovado numa matéria.

Em paralelo a tornar os Beachcombers audivelmente mais altos, Keith se dispôs a tornar a banda visualmente mais barulhenta também. Começou na-

---

21 Silvester era um dançarino e líder de orquestra de Wembley, chefe do Victor Sylvester Studios, na High Road.

quele primeiro show, quando ele usou o terno de lamê dourado, e continuou com malabarismos com baquetas, como se ele fosse o próprio Gene Krupa.

"Ele se esforçava para ser o centro das atenções", diz Norman Mitchener. "Era extravagante e extrovertido. É preciso dar crédito a ele por trabalhar duro para ser um *showman*. Havia gente que ia aos shows só para vê-lo tocar. Metade dos caras diziam: 'Ele é um fedelho convencido, se acha bom demais', mas era preciso ser assim se você quisesse chegar a algum lugar, e ele se deu conta disso e teve o colhão para sê-lo."

Pouco depois de entrar para os Beachcombers, Keith apareceu num ensaio com as palavras "*I am the greatest*"[22] pintadas no *case* de bumbo. "Era mais do que só brincadeira", diz Tony Brind, que ficou surpreso com mais esse exemplo da audácia de Keith, mas não se impressionava mais. "Quanto mais gente via aquilo ou comentava a respeito, mais ele ficava feliz." Algumas semanas depois, os Beachcombers tocaram nas Beckenham Baths, em Kent, onde os camarins ficavam na ponta do salão oposta ao palco. O grupo foi forçado a vestir os ternos tom de bronze de Cecil Gee – e Keith, o terno de lamê dourado – e atravessar todo o público. Todos os outros membros ficaram um pouco envergonhados, afinal as roupas de palco eram para o palco, mas Keith ficou empolgadíssimo. Pegou o *case* de bumbo com os dizeres "*I am the greatest*" e atravessou o público de quase mil pessoas naquele baile de sábado à noite com a marra de um campeão.

Logo passou a exigir o mesmo nível de exibicionismo confiante dos companheiros de banda. "Vocês precisam se mexer, se fazer notar", dizia ele. "Olhem para mim: fico sentado na bateria e sou mais visto do que qualquer um de vocês." Os demais acataram, mas, a princípio, sem muito entusiasmo: naquela época, as bandas não se mexiam muito no palco, exceto pelos passinhos coreografados que Keith achava tão hilários e rapidamente tentou dispensar. Mesmo assim, ele fez os Beachcombers pularem, quisessem ou não; uma baqueta mirada com cuidado atrás da cabeça garantia isso.

O público da banda não parava de crescer e os shows continuavam a proliferar. Sem dúvida, parte disso se dava ao impacto e à influência do

---

22 "Eu sou o maior."

CAPÍTULO 5

novo baterista, que deu à banda um brilho que antes lhe faltava, trouxe um estilo mais intuitivo de tocar, inovou-a, talvez até a tornou atual. Parecia que os modernistas do grupo estavam derrotando os tradicionalistas de lavada. Porém, a área em que o grupo precisava fazer mudanças se quisesse se manter relevante no futuro era aquela em que a dupla fundadora demonstrava maior resistência: a própria escolha das músicas.

Quando Keith entrou na banda, o repertório dos Beachcombers não era muito diferente daquele dos Escorts. Músicas dos Shadows de sobra, um punhado de *standards* de rock 'n' roll ("Summertime Blues", "Sweet Sixteen", "La Bamba" etc.), uma variedade rotativa de sucessos do momento e alguns instrumentais que não eram dos Shadows, como "Telstar" e "Walk Don't Run", que abriam a noite.

Havia também as baladas. O que Ron Cherry mais gostava era da oportunidade de cantar "It's Now or Never" ou "Surrender", de Elvis, ou de trazer a casa abaixo mais para o final do show, depois de algumas cervejas para soltar as cordas vocais o bastante, com uma interpretação chorosa de "Jezebel", hit recente de Marty Wilde. O pessoal mais velho adorava, assim como as garotas; quanto aos rapazes, pelo menos essas baladas davam a eles a chance de pedir uma dança lenta às suas acompanhantes.

Keith, no entanto, as detestava. Era um baterista de rock 'n' roll, e rock 'n' roll não tinha a ver com baladas; tinha a ver com energia, volume, exuberância, juventude, rebeldia, sexo, ostentação, e por aí vai – era qualquer coisa, menos um foro para baladas. Baladas eram o que pais ouviam, e Keith não estava interessado em reviver a vida dos pais. Uma música lenta e melosa por noite estava de bom tamanho. Três ou quatro já eram desaforo.

Tentou explicar isso aos demais, mas Norman e Ron o calaram. Ron era sete anos mais velho que Keith; foi um *Teddy boy* original. Não precisava que um fedelho arrogante definisse o rock 'n' roll para ele. Norman, mais paciente, explicou que era do que o público gostava, que até agora não fizera mal algum ao grupo. Assim, Keith tolerava. Até certo ponto. Esse ponto geralmente chegava na metade da noite, quando Ron, ao microfone, estivesse contemplando um par de olhos azuis de uma figura feminina esbelta e entoando "It's nooooow... or ne-ver" ou "So my Darling, please sur-ren-der", e Keith

105

só acariciava os pratos, como deve fazer um músico de baladas, até que, à medida que o refrão se aproximava ou alguma ponte comovente estava para chegar, ele lançava uma batida inesperada de caixa e aquela carícia nos pratos se transformava numa rajada. Norman e Ron se viravam para encará-lo, John e Tony seguravam a risada e Keith fazia uma cara de pura inocência antes de reverter para o acompanhamento correto de balada. Quando todos já estavam novamente voltados para a plateia e Ron voltava a cantar do fundo do coração, o pé de Keith atacava o bumbo com um pouquinho mais de frequência do que o esperado e a carícia, embora não virasse rajada de novo, ficava um pouco mais rápida, até a canção melosa ganhar o andamento de uma dançante, e Ron e Norman se virarem estupefatos de novo, o corpo esguio de Ron ficar tenso, como numa ameaça silenciosa de que iria acabar com Keith se ele não parasse com aqueles gracejos. Keith então voltava a tocar na medida, desta vez até o final da canção, mas a essa altura o *feeling* da balada já havia se perdido, assim como a inspiração de Ron.

Havia discussões de sobra depois dos shows a respeito das táticas deliberadas de Keith para estragar as canções, mas que nunca chegaram ao ponto de alguém ser ameaçado ou mandado embora, porque Keith era, obviamente, um baterista bom demais para perder por causa de uma meia dúzia de baladas e, de todo modo, Tony e John estavam do lado do garoto. Além disso, havia tantas mudanças acontecendo na música em 1963, que até os tradicionalistas reconheciam que Keith provavelmente tinha alguma razão. De repente, os Beatles haviam se tornado um fenômeno nacional, e, embora houvesse muito chão até que se equiparassem à persistência de Cliff Richard and The Shadows, as garotas iam à loucura por causa deles, de uma maneira que nem Cliff provocava. Mais importante do que isso, os Beatles compunham as próprias canções, coisa que nenhuma banda havia feito até então. Nunca ocorrera aos Beachcombers, de fato, escrever músicas; sempre acharam que tocar era o suficiente, então se puseram a tirar fielmente "Please Please Me" e "From Me to You", dos Beatles, ao mesmo tempo em que ponderavam o que aquela nova sensação de Liverpool prenunciava.

Mesmo assim, pelo menos os Beatles usavam ternos; pelo menos cantavam umas baladas tristes de vez em quando. Os Rolling Stones, uma

CAPÍTULO 5

nova banda de rhythm & blues de Londres, logo abandonaram os ternos e deram preferência a um visual que parecia que haviam acabado de acordar, além de tocarem desse jeito também. Os Stones lançaram o primeiro compacto no verão de 1963, com uma música de Chuck Berry, "Come On". Os Beachcombers não *precisavam* tirá-la – não era como se eles tocassem cada música nova que aparecesse nas paradas –, mas, para Tony, John e Keith, parecia a coisa certa a se fazer. Os Rolling Stones eram londrinos (o baterista Charlie Watts era de Kingsbury), o blues estava em ascensão e Chuck Berry era Deus. Os três rapazes mais novos imploraram, mas os dois mais velhos foram impassíveis. Os Beachcombers não eram uma banda de blues e "Come On" não entraria no repertório.

Assim, mais uma vez, veio a irreverência no palco. Quando havia uma pausa propícia entre os instrumentais, Keith olhava para Tony, Tony olhava para John, John olhava para Keith, os três sorriam sorrateiros, como alunos do primário prestes a aprontar, e os três mandavam o *riff* de abertura de "Come On". Norman e Ron voltavam-se para eles com uma expressão que dizia claramente "Vocês podem tocar essa música até o final, mas nós não vamos acompanhar", ao que, relutantemente, os três arteiros abandonavam "Come On" e a trocavam por "Dance On!", ou qualquer outra música dos Shadows que ainda tivesse prioridade.

Keith admirava a liberdade musical do blues, a oportunidade que o estilo propiciava de tocar uma música cada vez de um jeito, mas nunca foi um grande fã, achava sério demais. Também não ligava muito para jazz moderno pelo mesmo motivo (embora ele e John Schollar fossem às sessões de jazz nos pubs aos domingos na hora do almoço para estudar o estilo e pegar macetes), tampouco para o soul afro-americano que os mods ouviam. Nem os Beatles o empolgavam muito. Não, a música pela qual Keith já estava apaixonado em meados de 1963 não tinha nada a ver com o que estava acontecendo na Inglaterra: ele voltou suas atenções para 8 mil quilômetros dali, para a Califórnia e o som do surf.

O querido Keith, eterno garoto surfista. Quando as imagens do sol e da areia da Califórnia abriram caminho pelo Atlântico até a terra cinzenta e lamacenta da Inglaterra, Keith Moon alcançou um nirvana pessoal. A praia, os pássaros, os carros, todo aquele estilo de vida ensolarado e divertido à beça eram seus para sempre; não foi surpresa para ninguém que, quando Keith finalmente fugiu da Inglaterra, em meados dos anos 1970, recém--separado da esposa, um alcoólatra correndo de seu próprio estado de espírito, tenha sido para os confortos de sacarina da açucarada Los Angeles. Porém, se nesse período mais tardio da vida ele agiu de acordo com as expectativas, do meio para o fim da adolescência, quando se jogou na surf music, Keith estava fazendo uma declaração de verdadeira individualidade.

As raízes da surf music estavam nos universalmente populares instrumentais americanos do finalzinho dos anos 1950: "Tequila", dos Champs; "Red River Rock", de Johnny and The Hurricanes; "Walk Don't Run", dos Ventures, rock 'n' roll de festa de uma simplicidade amigável que influenciou os Shadows e, de fato, tão tocado por conjuntos britânicos como os Escorts e os Beachcombers quanto "FBI" ou "Apache", dos próprios Shadows. Porém, naquele momento, a música não tinha um contexto: só no verão de 1961, quando o surfista/guitarrista/dono de loja de discos californiano Dick Dale acrescentou instrumentais de sua autoria, encharcados de *reverb* e marcados pelo *staccato*, aos *standards* que já existiam, é que foram ligados os pontos entre um gênero instrumental sem imagem e uma cultura esportiva alternativa que florescia. As frases de escala cromática, marca registrada de Dale, ecoavam a euforia pura de pegar onda, e, com os até 4 mil jovens que iam direto da praia até o salão de baile especificamente para ouvir essa interpretação musical daquele novo passatempo favorito, a tornaram um astro local. Quando o compacto de estreia do rapaz de 22 anos, "Let's Go Trippin'", gravado no auge daquele verão, estourou como um hino local, um grupo de músicos de estúdio veteranos, sob o nome The Marketts, gravou um instrumental com o oportuno título de "Surfer's Stomp". A música foi um sucesso nacional e as comportas se abriram prontamente. A surf music – e, com ela, o próprio surfe – se tornou um fenômeno por todo o país.

Nem Dick Dale nem os Marketts tiveram grande impacto no Reino Unido, e é praticamente impossível que Keith tenha conhecido a música deles no primeiro ano depois de ter saído da escola. Em vez disso, ele foi devidamente exposto ao estilo um ano e meio depois, no verão de 1963, quando os clássicos instrumentais "Wipe Out", dos Surfaris, e "Pipeline", dos Chantays, se juntaram aos hinos "Surf City", de Jan and Dean, e "Surfin' USA", dos Beach Boys, ambos com vocais, nas paradas britânicas. De repente, a surf music era popular nas Ilhas Britânicas, onde aparentemente não existia surfe, mas, comparada às produções autorais de Phil Spector, à sonoridade facilmente identificável do celeiro da Tamla/Motown, à efervescente Beatlemania e a toda a cena R&B/Mersey Beat local, era amplamente vista como uma típica coqueluche americana banal, que traria sol ao verão britânico e sumiria. E foi exatamente o que aconteceu. Keith estava entre o pequeno punhado de jovens britânicos que abraçou a surf music como um estilo de vida, até como um talismã, e se recusou a soltá-la. "Estou convertido de corpo e alma", admitiu prontamente.

Esse estilo de vida – "duas garotas para cada garoto", como Jan and Dean cantaram em "Surf City" – pode ter se parecido com um sonho idílico para um pálido jovem londrino que nunca tivera uma namorada séria, mas também, o que era Keith senão um sonhador? Leitor assíduo dos quadrinhos de super-heróis da Marvel, determinado a se tornar um astro do rock'n'roll e devotando seu tempo livre a aperfeiçoar pegadinhas, Keith tinha pouco interesse no mundo real da forma que este era ocupado pela maioria daqueles que batiam cartão. Como ele mesmo disse a respeito de sua paixão pela surf music, "talvez a minha imaginação fosse mais louca"; por que então as imagens de diversão e corpos ao sol no Sul da Califórnia não se encaixariam com perfeição em seu mundo de fantasia? Nem o fato de Keith nunca ter surfado negou sua entrada nesse mundo altamente fabricado de perfeição idealizada – posto que nem Brian Wilson, o gênio (porém definitivamente não atlético) compositor dos Beach Boys, surfava, assim como muitas das bandas instrumentais que pegaram a onda da surf music para além de suas origens cercadas de terra (Minnesota, no caso dos Trashmen, e Colorado, no dos Astronauts, e assim por diante) até a popularidade em ambas as costas.

Por fim, havia a música em si. Keith Moon nunca teria se tornado um baterista tão revolucionário sem ter sido primeiro um fã de surf music. (E ele era fã a ponto de ser obsessivo: "Achei um cara que importava todos os discos para mim", afirmaria mais tarde. "Eu era bem do esquisito.") Basta uma ouvida em "Wipe Out", gravada em 1962 por um grupo de garotos colegiais californianos cujo baterista, Ron Wilson, era só dois anos mais velho que Keith na época – a sequência incessante de tons de Wilson era meramente uma versão acelerada do hino do time de futebol americano de sua escola, tocado pela banda marcial nos jogos – e fica claro que o estilo de bateria de Moon, ao contrário do que afirma a leitura bem-intencionada e sempre repetida do crítico Greil Marcus de que seus "triunfos (...) não podem ser retraçados", foi pelo menos em parte calcado nesses instrumentais de surf music pioneiros e cativantes. Ouça, também, "Misirlou" e "Let's Go Trippin'", de Dick Dale; "Pipeline", dos Chantays; e, em especial, o solo de bateria que encerra "Surf City", como outros exemplos do melhor da percussão rebelde da surf music, some-os ao que já sabemos a respeito de onde o Keith adolescente tirou sua potênica (graças a Carlo Little) e exibicionismo (dos grandes bateristas de jazz) e teremos praticamente todas as influências musicais e precursores necessários para criar aquele que viria a se tornar o maior e mais inovador de todos os bateristas.

Assim, Keith Moon se apaixonou pela surf music, da qual os outros Beachcombers também gostavam, e, na segunda metade do período de

Keith com a banda, alguns desses clássicos – mais notavelmente "Surfin' USA", que de qualquer forma era só uma música de Chuck Berry com uma letra nova, e o hino "Surf City", composição de Brian Wilson – entraram no repertório. Keith exigia o direito de cantar as harmonias com o restante dos Beachcombers e, para atendê-lo, a banda lhe dava um microfone. Em seguida, Ron Chenery, que controlava o P.A. dos vocais, se certificava de que o canal dele estivesse desligado, de tão mal que Keith cantava.

Aqueles que leram outros relatos sobre esse período da vida de Keith podem muito bem ter ficado com a impressão de que os Beachcombers foram uma banda de surf music desde sempre. Keith Moon, o eterno mitólogo, garantiu isso. É claro que o nome do grupo dava certa credibilidade ao que se tornou uma ficção biográfica conveniente, mas, considerando-se que a existência dos Beachcombers já com esse nome antecede em vários anos o *boom* da surf music, trata-se de uma mera coincidência. E, embora o entusiasmo de Keith pelo gênero tenha introduzido canções de surf music no repertório, mesmo no auge nunca ouve mais do que duas ou três delas nos *sets* dos Beachcombers. O mais próximo que eles chegaram da Califórnia foi ser uma banda cover competente com um baterista louco por surf music.

De outras searas musicais, os Beachcombers sempre quiseram incluir no repertório "Little Egypt", dos Coasters, mas a música contava com uma parte narrada por uma voz de mestre de cerimônias de circo que os quatro membros mais velhos tinham vergonha demais de fazer. Impedido de outras contribuições vocais, Keith naturalmente se ofereceu para o serviço, e logo o show dos Beachcombers abria com ele sozinho no palco, de robe roxo e *fez*[23], chamando o público barulhenta e energicamente como na gravação original: "Aproximem-se para ver a pequena Egito

---

23 *Chapéu árabe.* (N. do T.)

CAPÍTULO 6

apresentar sua famosa dança das pirâmides... ela caminha, ela fala, ela rasteja como um réptil"[24]. Os outros membros então entravam aos poucos no palco, Keith se dirigia para a bateria e a música começava.

Era um momento cativante, que as demais bandas da região não conseguiam superar. Porém, Keith sabia que podia fazer melhor e, certa noite em que os Beachcombers eram a atração principal no clube da Kodak, Keith encontrou o apetrecho perfeito para tanto. Quando as cortinas se abriram na hora do show, a única coisa no palco era uma cesta aos pés do microfone central. Depois que o público se aproximou para ver o que estava acontecendo (ou melhor, o que não estava acontecendo), Keith saltou da cesta, de robe, *fez* e cueca boxer, e interpretou o papel do mestre de cerimônias de circo com um talento singular antes de se retirar até a bateria, ao som de aplausos estrondosos. (Seus pais, que sempre iam aos shows no clube da Kodak, ficaram especialmente impressionados. Notaram que Keith era mais do que apenas o baterista da banda: ele parecia ser a grande estrela também.) O resto da noite, segundo as recordações que os outros membros da banda têm do baterista que se entorpecia da própria vida, foi o show de Keith Moon.

Na verdade, sempre foi o show de Keith Moon, por dezoito meses seguidos. Para onde você olhasse, o "Fuinha" estava sempre no centro da ação.

Depois das passagens de som, ele se sentava no colo de Ron no bar e Ron colocava a mão por trás da camisa de Keith, que começava a falar "Garraja de cervefa, nos cáopre uma garraja de cervefa", numa imitação de boneco de ventríloquo tão perfeita, que inevitavelmente alguém ia acabar rolando de rir e só parar para comprar a tal garrafa de cerveja para eles.

Na van J2 vermelha que levava os Beachcombers e seu equipamento pelo sul da Inglaterra, Keith esperava até que Norman dormisse (e Norman sempre dormia na volta dos shows), amarrava tufos de cabelo do líder

---

24 "Step right up and see little Egypt do her famous dance of the pyramids... she walks, she talks, she crawls on her belly like a reptile"

da banda a diferentes instrumentos, para então acordá-lo de supetão e observar o equipamento todo cair na cabeça do guitarrista. Depois disso, geralmente o mandavam sentar em cima da tampa do motor da van, entre o motorista e o passageiro, onde, com sorte, poderia ser mantido sob controle. Porém, Keith descobriu que, sentado ali, conseguia desligar a ignição, de forma que, se o motorista, sem perceber, mantivesse o pé no acelerador, criaria um acúmulo de gasolina e escape, ao que Keith então religava a ignição e provocava um barulho tão alto quanto uma Blitzkrieg – e, para completar, uma nuvem de fumaça preta saía do escapamento. Keith, sendo Keith, só pregava essa peça em momentos oportunos, tipo quando estavam parados no trânsito de fim de tarde de um domingo numa via principal e movimentada: uma dúzia de senhorinhas frágeis enfileiradas num ponto de ônibus era um alvo fácil demais para ele deixar passar.

Certa noite, ele chegou a um show com apito de pato, mas os outros só ficaram sabendo do artefato no meio de uma das baladas de Ron, quando um "quack" altamente convincente garantiu que a música perdesse por completo a cadência, o que causou as típicas reações tensas de Ron e Norman e hilárias de John e Tony. Porém, isso não foi nada comparado a quando Ron, como de costume, reclamou das pratadas barulhentas de Keith ao final de uma música e Keith anunciou: "É isso, já estou farto de você gritar comigo", sacou uma arma e disparou contra o cantor. Seguiu-se um silêncio horrorizado, durante o qual ocorreu tanto à banda quanto ao público que talvez Keith não fosse tão sossegado e alegre quanto pensavam, que ele tivesse problemas internos profundos e sérios, nunca devidamente extravasados, e todos olharam para Ron, meio na expectativa de que ele se ajoelhasse e caísse morto. Porém, Ron se manteve em pé, ainda que surpreso justamente por isso. E então Keith abriu aquele sorriso largo. Era uma pistola de festim que ele havia arrumado. Uma pegadinha. Ninguém ali havia visto um garoto de 17 anos com uma arma de fogo.

Apesar de todo o atrito entre Keith e Ron, a dupla contrastante só chegou às vias de fato uma vez, na frente do Oldfield Hotel, quando a irreverência infinita de Keith levou Ron a empurrá-lo contra a lateral da van.

CAPÍTULO 6

O baterista baixinho se levantou e sacudiu a poeira. "Não me deixe bravo agora", disse, e Ron não resistiu ao riso.

Os restaurantes abertos de madrugada que a banda frequentava depois dos shows eram particularmente inspiradores para Keith. O Blue Gems, na Kenton Road, tinha muito orgulho de seus guardanapos meticulosamente erguidos; Keith, da mesma forma, se deleitava ao achatar todos eles ao andar pelo restaurante, dispensando todas as faculdades mentais ao pedir três vezes mais comida chinesa do que seu corpo franzino poderia sequer sonhar em digerir. No restaurante indiano ao lado do Railway Hotel, em Harrow and Wealdstone, ele se sentava para jantar, entortava o garfo, pedia outro e, quando o garçom retornava, reclamava da colher que também estava torta. No Brunch, na High Street de Wembley, ele continuamente atiçava a ira dos proprietários gregos de pavio curto ao insistir que os pedidos estavam errados, e no Silver Dollar, na Rayners Lane, Keith foi tão bem-sucedido em estorvar a dona americana, que, certa feita, ela arremessou um frasco de ketchup contra ele do outro lado do balcão.

Porém, de todos os apetrechos, nenhum lhe causava mais divertimento do que o cavalo de pantomima. Roubado de um espetáculo de Natal na Wembley Arena pelo amigo de um amigo, era um modelo profissional de verdade, feito para que duas pessoas o operassem por dentro, com fios que permitiam a movimentação da boca e das orelhas.

Quando Keith viu o cavalo pela primeira vez, na casa de Tony Brind, na Uppingham Avenue, foi como se tivesse encontrado sua alma gêmea. Entrou rapidamente no cavalo e, de imediato, saiu pela High Road, onde tentou embarcar num ônibus de dois andares só para tirar onda. O motorista, que sabia reconhecer encrenca, o impediu e Keith saiu trotando pela High Street atrás do ônibus, relinchando e xingando enquanto subia e descia do degrau de entrada e insistia que era seu direito ("Onde está a placa que diz 'proibido cavalos'?"), divertindo os passageiros, assustando ainda mais o motorista e adorando cada momento.

Depois disso, o cavalo ia para todo o lado – restaurantes, pubs, festas. (Mas nunca para o palco.) Nas bases do Exército americano, Tony ia na frente do cavalo e Keith atrás, e os dois saltitavam até o bar dos oficiais, onde a mera aparição de um cavalo de pantomima que vinha tomar um drinque com coronéis e tenentes cancelava automaticamente qualquer repreenda por entrada em local não autorizado. Na estrada, ele fazia soldados abrirem um sorriso e jogarem sanduíches nele só mexendo a cabeça do cavalo.

À medida que sua reputação se espalhava, os Beachcombers fizeram um teste para o programa de rádio *Saturday Club*, da BBC. Não passariam, mas Keith nunca reconhecia a possibilidade de fracasso e se encheu de entusiasmo com a oportunidade. "O cavalo!", gritou depois que já haviam guardado o equipamento e, uma vez dentro da pantomima, sem ninguém na parte de trás por não saberem os planos dele, cruzou a Regent Street e trotou pela escadaria do sofisticado Langham Hotel, onde tentou convencer o porteiro uniformizado de que estava hospedado. O porteiro, assim como o motorista do ônibus, os zeladores de teatro, os gerentes de pubs e restaurantes, os professores e todos os outros "trabalhadores dignos" contra quem Keith passou a vida afrontando, não cedeu nem esboçou um sorriso. Naquela época, Keith não tinha influência o bastante para providenciar a demissão do homem ou para avançar com um carro escada acima contra ele, então a banda seguiu pelo West End. Levaram o cavalo a banheiros públicos, por Piccadilly de cima a baixo e, por fim, o amarraram a um poste, com Keith dentro, para entreter turistas por 1 hora.

A outra coisa que os Beachcombers notavam a respeito de Keith nessa situação era sua mudança automática de personagem. "Quando ele entrava naquela coisa, se tornava um cavalo", diz John Schollar. "Não era Keith Moon, fazia coisas que um cavalo faria. Ao ser tirado de lá, voltava a ser Keith Moon." Ele carregaria esse traço de personalidade por toda a vida.

Começaram a levar o cavalo para as várias festas em casa para as quais também eram convidados, mas logo o "animal" veio a receber seus próprios convites, e os rapazes sentiram que estavam sendo chamados para se apresentar mesmo nas raras noites de folga que tinham, então passaram a deixar a besta sem nome em casa. Keith, no entanto, não precisava dela para promover o caos. A namorada de John Schollar fez uma festa de 17 anos,

CAPÍTULO 6

que coincidiu com um dos primeiros experimentos de Keith com bebedeira pesada, que, honrando a longeva tradição adolescente, culminou com ele vomitando na lateral da van na volta (mas sem admitir: os demais ficaram com a impressão de que ele não queria parecer imaturo). Quando John foi se encontrar com a namorada no dia seguinte, o pai dela estava furioso. "Minhas tulipas foram arruinadas!", gritava o homem. "Estão completamente congeladas." John foi até o jardim para examiná-las. Embora fosse primavera, as tulipas estavam, de fato, congeladas por completo. Na verdade, estavam com a mesma textura do cabelo cheio de laquê de Keith. Mais tarde naquele dia, quando John perguntou a Keith se ele realmente tinha aplicado laquê nas plantas do jardim, ele respondeu apenas com aquele sorriso familiar.

Mesmo que o comportamento de Keith não fosse sempre tão destrutivo, às vezes beirava o criminoso. Roger Nichols, o motorista ocasional da banda, percebeu que ele passava muito tempo em orelhões quando a banda estava em outras cidades; posto que Keith nunca tinha dinheiro, Roger perguntou ao amigo como ele pagava por aqueles telefonemas.

"É simples", respondeu o baterista, chamando Nichols para dentro de uma cabine. "Você tira o disco daqui, junta esses fios desse jeito, e aí consegue discar de graça." As aulas de eletrônica claramente haviam valido a pena.

Ele afunilou as opções da banda de lugares para jantar de madrugada quando liderou uma "fuga" do restaurante indiano ao lado do Railway Hotel, depois de oferecer uma refeição para todo mundo certa noite. ("Não falei que ia *pagar* pelo jantar", é quase possível ouvi-lo dizendo isso em seguida, num tom desafiador e com um sorriso.) Embora sair correndo sem pagar obviamente demandava que seus companheiros de banda se tornassem cúmplices, é interessante que, de algum modo, eles se sentiram impelidos justamente a isso. "Ele decidiu que ia sair correndo", recorda-se Norman Mitchener, um autodenominado "cara direito" que diz nunca ter sentido tanta vergonha quanto ao ser perseguido pela rua pelos garçons indianos, munidos de facas. "Quem não fosse com ele, ia ter que pagar tudo."

Era assim que as coisas funcionavam com Keith, que sempre se certificava de que havia alguém por perto para pagar o pato. Ou pelo que foi consumido. No Star and Garter, em Windsor, um gravador de fita dos bons chamou a atenção de Keith. "Tínhamos acabado de tocar", relata Tony Brind, "e eu estava ajudando Keith a desmontar a bateria. Ele disse: 'Pega isso aqui, por favor?', e me deu o *case* do bumbo. Estava pesado demais, pensei. Descemos por uma escada de incêndio, nos fundos, e quando me virei, vi um cabra descendo a escada atrás de nós com o bumbo! Então era o gravador que estava no *case*!"

John Schollar relata uma desventura parecida no Hastings Pier Theatre. "Saímos do lugar e começamos a carregar a bateria de Keith na van, mas as peças não estavam nos *cases*. Perguntei a ele o que estava rolando e Keith respondeu: 'Não se preocupe, só carregue...'. O que aconteceu foi que ele havia arrancado uma porção de almofadas dos assentos do teatro e as guardara nos *cases*. Segundo ele, 'seria muito mais confortável se sentar nessas almofadas no fundo da van.'"

Naquela mesma noite em Hastings, Ron Chenery impôs o limite quando Keith saiu do teatro com um amplificador. Fez o baterista devolvê-lo e admitir ter cometido um "erro". Keith aprendeu a não revelar suas intenções tão abertamente. Posteriormente, ele conseguiria "achar" um amplificador no Wembley Hilton sem a companhia da banda e sem Ron como vigilante. E esperou até o dia seguinte de um baile no clube de golfe de Radlett, da alta sociedade, para presentear a todos com canecas de prata trabalhadas surrupiadas como lembrancinhas do bar do lugar.

Nenhuma dessas ações parecia causar conflito moral algum em Keith. "Ele nunca roubou nada", diz Schollar a respeito das atitudes de Moon. "Keith nunca roubava. Ele só achava que era melhor nós ficarmos com alguma coisa do que 'eles', porque 'eles' não usavam essa coisa."

Mais tarde na vida, Keith Moon se tornaria notório por sua atitude despojada em relação ao dinheiro, que o colocava num beco sem saída no qual ele deveria primeiro ter uma certa quantia (generosa) para pode esbanjar. A espiral de autossabotagem garantia que, quanto mais rico ele ficava, com mais dívidas se via, até que, em seus anos finais, essa espiral ficou ainda mais deprimente, com empréstimos que antecediam ganhos futuros.

CAPÍTULO 6

Seu período com os Beachcombers foi alegremente desprovido de todas essas preocupações financeiras.

"Ele não parecia se preocupar com dinheiro", diz Chenery. "Tínhamos uma preocupação com certos shows, se seríamos pagos ou não [o *esquema de agenciamento da época significava que os cachês quase sempre vinham dos escritórios centrais dos agentes no fim da semana, e não dos shows em si*], e não acho que ele se importava. Só queria tocar e ser o centro das atenções."

"Se ele estivesse tocando bateria e ganhando o suficiente para comer, não fazia grandes exigências", diz Tony Brind. "Não pensava em casas, não bebia quando estava conosco. Só queria saber de tocar bateria. Era para isso que ele vivia."

Vale frisar que Keith estava muito bem financeiramente. Trocara de emprego logo depois de entrar na banda e assumira um cargo júnior no departamento de vendas na British Gypsum, a empresa de gesso estatizada cujos escritórios ficavam na Park Lane, na região central de Londres. Assim como na Ultra Electronics e no depósito de materiais de construção, suas funções eram servis: atender o telefone, pegar pedidos e processá-los. Subir na hierarquia corporativa era a última coisa que ele tinha em mente; como diz Tony Brind: "Havia dias em que ele só ia trabalhar como um gesto simbólico". Porém, apesar dos rumores do contrário, foi um emprego em que ele se manteve até entrar para o The Who[25]. Seu salário na British Gypsum ainda era provavelmente menos de 10 libras por semana, mas ele faturava até mais umas 15 libras por semana com os Beachcombers, o que faria dele mais rico do que provavelmente todo mundo da sua idade que ele conhecia.

---

25 Como eu detesto destruir esses mitos! Quando era um adolescente impressionável, eu idolatrava Keith por ele afirmar ter passado por vinte e dois empregos no período de um ano e imaginava que segunda-feira sim, segunda-feira não, ele tinha alguma recaída furiosa e se importava tão pouco com uma carreira convencional, que, quando questionado por sua indisciplina ou seu atraso, soltava sua própria versão da fala clássica de Jimmy, do filme *Quadrophenia*: "Por que você não pega esse emprego e o enfia no rabo?!". Descobrir que Keith, na verdade, se manteve num trabalho fixo por dezoito meses seguidos é quase tão decepcionante quanto descobrir que ele não teria tocado bateria nos discos do The Who.

Nada disso quer dizer que Keith sempre tinha dinheiro. Sua atitude despreocupada com as finanças tinha um certo charme de *idiot savant.* "Ele comprou uma trífida de brinquedo por causa do filme *O Terror Veio do Espaço*"[26], recorda-se John Schollar. "'Por que você quer um negócio desses?', perguntei. 'Parece uma boa ideia', ele respondeu. 'Vou colocar na bateria.' A trífida ficou no bumbo por semanas! Não tinha nada a ver com a banda, nenhum de nós havia assistido ao filme e ele ficou sem dinheiro para a gasolina pelo resto da semana. Mas, na cabeça dele, estava tudo certo: 'Não posso contribuir com a gasolina porque comprei uma trífida.'"

Além disso, ele reinvestia continuamente na bateria, uma tarefa infinita, levando em conta as inúmeras peles rasgadas e pratos amassados. Do mesmo modo, se preocupava em gastar dinheiro com roupas e discos, como todos os adolescentes devem. E comprou um meio de transporte. Em vez de uma *scooter* italiana, como era febre entre os cada vez mais prevalentes mods, Keith comprou um ciclomotor, um NSU Quickly, em que era preciso pedalar para dar a partida e que ele, frustrado, constantemente jogava no chão quando a partida não acontecia. Certa noite, o pai de Norman observou Keith chutar furiosamente a motoneta, na Uppingham Avenue.

"Você não vai dar partida nela desse jeito, sabe", disse o homem, mais velho e mais sábio.

"Pois é, mas isso me faz me sentir muito melhor", respondeu Keith.

— ● —

Na primavera de 1964, a Beatlemania já havia se espalhado pelos EUA de maneira quase inimaginável; o país que sempre exportara o rock'n'roll passou, de repente, a importar o Mersey Beat em cargas e mais cargas aéreas e a adorar – aos berros – aos pés dos artistas. De súbito,

---

26 No filme de 1962, que tem como título original The Day of the Triffids e é baseado no livro homônimo de John Wyndham, a Terra é invadida por plantas carnívoras trífidas (divididas em três ramificações) indestrutíveis que vêm do espaço. (N. do T.)

CAPÍTULO 6

os ingleses poderiam deitar a cabeça no travesseiro e contemplar o que antes era impossível: se tornar tão famoso nos EUA quanto Elvis. Na Grã--Bretanha em si, o novo *boom* do Mersey Beat havia tomado conta total. The Searchers e Gerry and The Pacemakers, ambas bandas de Liverpool, tiveram três músicas na primeira posição no Reino Unido, com Billy J. Kramer and The Dakotas no rastro. Bandas pouco excepcionais de Mersey Beat, como Swinging Blue Jeans (cujo hit "Hippy Hippy Shake" era tocado pelos Beachcombers) e The Big Three ("Some Other Guy", idem) faziam parecer que tudo de que você precisava para fazer sucesso era aquele sotaque esquisito do Merseyside acompanhado do senso de humor torto. Entre agosto de 1963 e junho de 1964, praticamente as únicas músicas no topo das paradas que não eram relacionadas ao Mersey Beat eram imitações sulistas do estilo: "Glad All Over", do Dave Clark Five, e "Do You Love Me?", de Brian Poole and The Tremeloes (os Beachcombers também tocavam essa). Isso só reforçava o que estava acontecendo: por dez meses inteiros, a nova geração olhava do topo das paradas para a velha geração, lá embaixo. A juventude havia dominado. É claro que os negócios ainda eram fechados por empreendedores mais velhos, homossexuais reprimidos, mas a música vendida por eles era distintamente britânica, juvenil no melhor sentido da palavra e, mais importante, o público *se identificava* com ela. Nem a primeira onda do glamoroso rock 'n' roll americano havia alcançado tamanho nível de comunicação, nada menos que uma revolução. E Keith Moon, com 17 anos, queria fazer parte dela.

Por muito, muito tempo, ele acreditou que conseguiria chegar lá com os Beachcombers. Apesar da evidente falta de originalidade, a banda era bastante bem-sucedida e sempre louvada como passível de um futuro brilhante. Eram celebrados por Rik e Johnny Gunnell, donos do Flamingo, no Soho, um dos principais antros mod, e pelos empresários de aclamados artistas mod, como Georgie Fame e Zoot Money, entre outros, que frequentemente colocavam os Beachcombers para abrir para esses astros e ofereceram uma turnê ao grupo. Em 1963, participaram do Rock Across the Channel, evento anual, em que tocaram na balsa de Dover a Calais, depois do mercado a céu aberto no lado francês do canal – abrindo para ninguém menos que Gene Vincent – e de novo no trajeto de volta à Inglaterra. Os produtores do evento, a Channel Entertainment, adoraram tanto a banda, que a colocaram para tocar em Deal, Dover, Hastings, Brighton e em todo lugar da costa onde houvesse uma casa de shows e um público de veraneio. Afinal, que nome melhor do que Beachcombers para uma agência de shows de cidades litorâneas? Se a banda estivesse disponível, a Channel tinha trabalho para ela nos sete dias da semana, e insinuou, ainda, aquilo que os rapazes já sabiam por meio das outras bandas que haviam estado lá: que eles se dariam bem em Hamburgo.

Diante de toda menção de turnê ou viagem ao estrangeiro, Keith não via a hora de partir. Não era só a empolgação com a possibilidade de viajar e com as incontáveis aventuras que Keith sabia que viveria. Sua fé na banda era total e ele facilmente sacrificaria o trabalho por ela. Os outros já não tinham tanta certeza assim. Trabalharam duro para chegar aonde estavam e não seria fácil encontrar bons empregos como desenhistas se os deles fossem abandonados por algo tão incerto quanto o rock'n'roll. Claro, havia bandas "chegando lá" por toda a Grã-Bretanha, que se tornavam sensações da noite para o dia, alcançavam o topo das paradas, mas que sabiam o quanto isso duraria, o quanto de dinheiro era possível ganhar de verdade e o que fazer da vida uma vez que a estrela se apagasse. Além disso, era a última coisa em que pensavam, apesar dos shows constantes e das sugestões de que se tornassem profissionais, de que já estavam atrasados, de que essa nova revolução aconteceria com ou sem eles e de que, de algum modo, eles já estavam velhos demais ou pelo menos antiquados. O que mais poderia explicar o aviso de última hora de Ron Chenery de que ele não poderia cantar no show de véspera de Natal de 1963, no Flamingo, ao lado de Georgie Fame e outros artistas, que duraria a noite inteira, porque tinha de ir à missa da meia-noite com a namorada? Chenery, cuja diferença de idade o tornava uma espécie de figura paterna para Keith, certa vez chegou a chamar o baterista de lado e deixar mais claro do que Alf Moon jamais o fizera: "Você precisa arrumar um emprego de verdade e se assentar", alertou. "Isso aqui é só um bico."

CAPÍTULO 6

Em retrospecto, Chenery aceita que era impossível para Keith se assentar – literalmente, dada a sua hiperatividade. Porém, na época, ele estava apenas dizendo a Keith em público aquilo que todos os Beachcombers diziam a si mesmos no privado: que era tudo muito divertido e que os cachês eram bons, e que talvez se eles fechassem os olhos e sonhassem bem forte, seriam descobertos e receberiam uma proposta de contrato de gravação e a garantia de um salário melhor do que ganhavam, por tempo suficiente para arriscar, mas até o momento em que esses sonhos se tornassem realidade, *não largue seu emprego.*

Abordados hoje, os quatro Beachcombers, sabendo o que sabem a respeito da longevidade do rock 'n' roll em geral e de Keith em particular, naturalmente demonstram certo arrependimento.

Tony Brind: "Sempre há aquela coisinha boba no fundo da sua cabeça que diz que talvez um dia você faça sucesso, mas talvez nós não tivéssemos o que era preciso para levantar e correr atrás. Todos tínhamos namoradas, 'bons empregos', empregos para os quais éramos todos qualificados e avessos a abandonar, ao passo que Keith detestava seu emprego. Queria tocar bateria. Se tivéssemos dito: 'Vamos largar nossos empregos e virar uma banda profissional', ele toparia sem pestanejar. Não estou afirmando que teríamos feito sucesso, talvez não déssemos em nada e ele seguisse para fazer outras coisas, mas era tudo o que ele queria".

Norman Mitchener: "De fato, nós deveríamos simplesmente ter arriscado. Mas era uma época em que você começava como aprendiz e, em seguida, conseguia um bom emprego. Éramos uma banda cover e, se você fosse capaz de compor uma única música que fosse boa, talvez fizesse sucesso com ela e então tivesse tempo de compor mais. Nós não tínhamos essa tal música".

Ron Chenery: "Aos poucos, Keith se deu conta de que seria um *pop star* e de que nós éramos sujeitos semiprofissionais e disso não sairíamos".

John Schollar: "Tínhamos talento musical, mas não sabíamos fazer nada original. Copiávamos tudo dos outros. Tentamos trabalhar com uns dois compositores, mas não deu liga".

Mesmo assim, Keith mantinha seu entusiasmo com os Beachcombers. Abriram para os primeiros astros do Mersey Beat de Manchester, os Hollies, no Alperton Civic Hall, e, enquanto assistia ao show deles, Moon repreendeu seus colegas de banda por acreditarem pouco em si mesmos. "Eles não são melhores do que nós", insistiu. "Somos tão bons quanto eles, fácil."

Sua lealdade era igualmente forte. Os Beachcombers fizeram um teste para o circuito de casas da produtora Mecca Empire, na Leicester Square, e ouviram o seguinte, no linguajar clássico da indústria musical que lembrava a infame "dispensa" dos Beatles pela Decca Records e, ao mesmo tempo, o impacto da banda de Liverpool: "Vocês são bons, mas não precisam de um vocalista à parte. As bandas agora são todas quartetos". Keith, apesar das ocasionais desavenças com Ron, saltou em defesa do rapaz mais velho: "Ou vamos todos, ou não vai nenhum de nós", disse e saiu furioso. Não tiveram mais notícias da Mecca.

Ao final do período de Keith com os Beachcombers, os demais viram a incipiência das armadilhas que, por fim, enredariam o jovem baterista. Duas garotas mod adolescentes começaram a aparecer em todos os shows e a ficar no gargarejo, seus olhares ignorando o ex-galã Clyde Burns e se voltando para o rapaz no fundo do palco, que movimentava a cabeça e os braços como se num êxtase frenético. Do lado de fora das casas de show, as duas garotas corriam até os membros da banda, que ficavam momentaneamente lisonjeados. "Onde está o Keith?", perguntavam elas, e os demais voltavam a ficar cabisbaixos. Não que pudessem tirar alguma vantagem, de qualquer forma: todos já tinham namoradas firmes. O tempo em que os outros tinham de esperar Clyde Burns terminar seus "negócios" ao final da noite já havia passado. Ron até ficou noivo – quer indício maior de que alguém vislumbrava um futuro para além da banda? – e, na festa de noivado, ficou claro que a tocha havia sido passada quando Keith e uma garota foram descobertos pelo pai de Ron em seu quarto.

A bebida ainda era consumida apenas casualmente. Os outros Beachcombers gostavam de um *pint* e Keith os acompanhava de vez em quando, mas ainda não parecia ter idade para beber, e muitos dos pubs frequentados pela banda sabiam disso. De qualquer forma, na metade das vezes Keith jogava fora as bebidas enquanto os amigos não estavam olhando: queria que as pessoas pensassem que ele era maduro o bastante para encarar um *pint*, mas não gostava muito do sabor da cerveja. Além disso, Keith parecia reconhecer que o álcool prejudicaria suas habilidades na bateria, e não valia a pena correr o risco.

Já os comprimidos, por outro lado... Esses causavam um efeito maravilhoso em seu corpo e sua mente. Ao tomá-los, ele era capaz de cumprir os horários doidos que a banda era forçada a encarar, além de retornar no meio da noite dos shows nas bases aéreas ou pela costa sul e acordar apenas 1 ou 2 horas depois para ir trabalhar.

A princípio, os estimulantes de Keith eram as relativamente inofensivas *pro-plus*, comprimidos de cafeína que podiam ser comprados sem receita e eram consumidos por uma infinidade de músicos. Keith ficava tão pilhado com eles, que, certa noite, depois de um show, os rapazes literalmente o fecharam dentro do *case* de bumbo para conseguir calá-lo durante a volta para casa! Porém, numa outra noite, quando Ron expressou seu cansaço – por ser alguns anos mais velho, ele não tinha as mesmas reservas de energia dos demais –, Keith tirou do bolso uns comprimidos diferentes. "Experimente estes aqui, eles vão te deixar no jeito", incentivou. Ron não precisava ser cientista para saber que estava olhando para "corações roxos"[27], os estimulantes ilegais favoritos da geração mod. Se você começasse a tomar esse negócio, vai saber onde ia parar. Mas Keith era jovem, inquieto, ambicioso, enérgico, hiperativo... Na verdade, anfetaminas pareciam a última coisa de que ele precisaria. Porém, curiosamente,

---

27 Drinamyl, nome comercial no Reino Unido (Dexamyl nos EUA) do medicamento que consistia na mistura de amobarbital sódico e sulfato de dextroanfetamina, concebido como inibidor de apetite, ansiolítico e antidepressivo, porém adotado amplamente na década de 1960 como estimulante em doses abusivas. Nesse contexto, os comprimidos de Drinamyl eram apelidados de "purple hearts", devido à coloração roxa e ao formato semelhante ao de um coração. O medicamento deixou de ser fabricado em 1982. (N. do T.)

nos anos seguintes, estimulantes como a Dexedrina[28] (que, apelidada de "Dexy's", fora um estimulante ilícito também popular nos anos 1960) se provariam eficazes em ajudar crianças hiperativas e portadores de TDAH a se concentrar e tomar controle da própria atenção. Se a substância teve o mesmo efeito sobre Keith, em 1964, então não surpreende que ele tenha se devotado a ela tão rapidamente: parecia a resposta às suas preces, que lhe permitia se concentrar na tarefa em questão (como tocar bateria) e se sentir onipotente como o próprio Deus nesse processo. E ainda sem a necessidade de dormir. Que mundo maravilhoso este poderia ser.

Keith nunca deu um ultimato aos outros Beachcombers. Nunca foi uma questão de "Ou vocês se profissionalizam ou estou fora". Ele nunca quis realmente deixar a banda. Na verdade, nunca saiu de fato. Porém, no vai ou racha, os outros reconheceram que Keith tinha algo que eles não tinham e que o permitiria seguir em frente. Na verdade, ele tinha muitas qualidades que eles não tinham, e seus companheiros o adoravam por todas elas.

Ron Chenery: "Éramos um conjunto muito, muito talentoso, que se dava bem em todo lugar e trazia a casa abaixo na maioria dos lugares. Mas aquela coisinha extra, aquele desejo e fome extras, nenhum de nós tinha nada disso, e, no fim das contas, o preço disso foi perdermos Keith".

Norman Mitchener: "Era como se ele usasse antolhos. A única coisa que queria fazer era tocar bateria. Era focado. Já estava convencido do que queria fazer".

Tony Brind: "Tenho certeza de que, quando entrou na banda, ele sabia que um dia seria um baterista famoso. Estava destinado a algo especial. Simplesmente sabia. Era a forma como se portava, sem ser cabeça-dura e sem forçar as coisas: era algo que queria tanto, que se se convenceu de que conseguiria".

John Schollar: "Keith iria adiante porque não era capaz de fazer qualquer outra coisa. Era um baterista *showman* e ponto-final. Sempre penso que ele foi o melhor baterista do mundo, mesmo conosco".

---

28 *Dextroanfetamina. (N. do T.)*

"AOS POUCOS, KEITH
SE DEU CONTA DE
QUE SERIA UM POP
STAR E DE QUE NÓS
ÉRAMOS SUJEITOS
SEMIPROFISSIONAIS
E DISSO NÃO
SAIRÍAMOS".

(RON CHENERY,
DOS BEACHCOMBERS)

Além do Oldfield Hotel, em Greenford, o circuito da Commercial Entertainments, de Bob Druce, incluía o White Hart Hotel, em Acton; o Goldhawk Social Club, em Shepherd's Bush; outro White Hart, em Southall; o Notre Dame Hall, na Leicester Square; e algumas casas mais distantes, incluindo o Glenlyn Ballroom, a sudeste de Londres, e o Florida Rooms, no aquário de Brighton. Para a meia dúzia de bandas curinga que a Commercial colocava em rodízio por essas casas, era como estar num carrossel, em constante movimento, mal havia pausas para distinguir a forma da banda que estava adiante e nunca se sabia ao certo quem vinha atrás. Só nas raras noites de folga dos Beachcombers é que Keith, John e Tony conseguiam pintar no Oldfield, que consideravam seu território, para socializar com outros músicos que também circulavam por ali e desfrutar o tempo fora do carrossel, suficiente para pegar alguma das outras bandas, ver que músicas elas vinham tocando e que particularidades eles podiam trazer a esses números. Não havia rivalidade envolvida. Se conhecessem a banda no palco, era bem provável que fossem convidados para tocar umas duas músicas. O consenso era que havia trabalho disponível o bastante para que todo mundo ficasse contente uns pelos outros. Em certa medida, o carrossel da Commercial era uma grande família circense feliz, mas, no início de 1964, uma certa hierarquia já fora estabelecida: as maiores e certamente as mais barulhentas bandas de Bob Druce eram os Beachcombers e os Detours.

KEITH MOON

Os Detours eram de Acton e Ealing, subúrbios a oeste de Londres. Assim como os Beachcombers e quase todas as outras bandas da época, elaboraram seus primeiros *sets* em torno de músicas dos Shadows, dos clássicos do rock 'n' roll e das baladas, no intuito de se provarem "versáteis", para então terem esse universo virado de ponta-cabeça pelo impacto dos Beatles, do Mersey Beat e do rhythm & blues. A diferença entre os Detours e os Beachcombers e o motivo de seus caminhos convergirem só para então divergirem de novo, em direções notadamente distintas, estavam na forma como eles responderam à nova revolução musical. Enquanto os Beachcombers se dividiram ao meio, entre os tradicionalistas e os modernistas, e, na falta de um consenso, optaram por continuar a fazer o que sempre fizeram – tocar os sucessos do momento com o máximo de habilidade –, os Detours reagiram com uma inquietação quase insana. Depois de perderem dois vocalistas do tipo de Ron Chenery, devido às diferenças de gosto musical, viraram um quarteto, e ainda com apenas um guitarrista, mergulharam de cabeça na próspera cena de R&B, quebrando as regras básicas das bandas covers da época ao introduzir algumas músicas de blues obscuras que só os mais fanáticos dentre o público poderiam talvez conhecer. (O guitarrista dos Detours, que frequentava a escola de arte, herdara uma coleção de blues de valor e profundidade fenomenais quando o dono original, um estudante intercambista americano, foi deportado por posse de maconha.) Abandonaram os ternos e as gravatas que usavam e compraram jaquetas de couro marrom, sem lapela ou colarinho, que vestiam com calças jeans e camisas semiabertas, além de boinas. Bob Druce ficou perplexo com a falta de *finesse*. "Por que vocês não são como os Beachcombers?", perguntava. "Eles têm uma aparência simpática e elegante."

Druce tinha motivos para criticar os Detours. Era "empresário" do grupo desde que a mãe do guitarrista os levou para um teste, em novembro de 1962. É difícil precisar o que exatamente ele fez para justificar os 10% adicionais que ganhava dos cachês da banda de comissão como empresário, além dos 10% que já tirava como agente, embora tenha, de fato, emprestado o dinheiro para uma nova van e sempre garantisse que os Detours abris-

CAPÍTULO 7

sem os shows da nata dos artistas de fama nacional, que marcava de vez em quando. Na verdade, Druce mantinha os Detours tão ocupados no circuito da Commercial, que a banda raramente tinha a oportunidade de tocar em outros lugares, embora a cena de R&B com que ela tanto se identificava estivesse florescendo em casas perto dali, como o Ealing Club, o Eel Pie Island, em Twickenham, e o Crawdaddy Club, em Richmond. Os Rolling Stones e os Yardbirds estavam entre as bandas que afiavam suas habilidades nessas casas e, quando os Detours tinham um tempinho de folga para vê-las – ou melhor ainda, para tocar com elas, como quando abriram para os Stones, em dezembro de 1963 –, ficavam, ao mesmo tempo, encorajados por estar na presença de outros músicos de pensamento semelhante e motivados a se tornar uma banda melhor do que aquelas. Os Detours perceberam, ainda, que embora todas as bandas bebessem da mesma fonte em seus repertórios, os outros artistas mais jovens, com base no blues, conferiam a essas músicas uma nova identidade, estendendo a duração e criando seus próprios interlúdios instrumentais. Foi o caminho que os Detours seguiram.

Porém, imagem e repertório foram apenas parte da reinvenção dos Detours. Em fevereiro de 1964, eles também mudaram de nome, depois que outra banda chamada Detours apareceu na televisão e propiciou a desculpa perfeita para que dispensassem a alcunha já gasta e antiquada e a substituíssem por uma distintamente contemporânea e deliberadamente confusa: The Who. Numa noite de terça-feira no Oldfield, tudo correu como de costume, The Detours; na terça seguinte, já eram The Who, como se os calendários novos tivessem trazido uma nova geração, o que, levando-se em conta o que estava acontecendo musicalmente na Grã-Bretanha, de fato, tinham. Outra coisa: a banda contava agora com um novo empresário (o que não impediu a Commercial de levar 10% adicionais por esse mesmo trabalho). Admitidamente, Helmut Gorden não tinha experiência na indústria musical – de profissão, era, sem florear muito, um fabricante de maçanetas –, porém trouxe ao The Who não só seu sonho de emular o sucesso empresarial de Brian Epstein com os Beatles, mas a influência financeira de um homem de negócios também.

Havia um último aspecto no qual três quartos do recém-batizado The Who ganhariam vantagem crucial sobre quatro quintos dos longevos Beachcombers: a juventude. O vocalista Roger Daltrey, baixo, loiro e firmado na classe trabalhadora; o guitarrista Pete Townshend, alto, magro, verbalmente agressivo, estudante de arte e com um nariz avantajado; e o baixista John Entwistle, reservado e musicalmente estudioso ainda eram adolescentes quando mudaram o nome da banda. Porém, o baterista do The Who na época, Doug Sandom, já tinha vinte e tantos anos, trabalhava como pedreiro, era casado e sua esposa não via com bons olhos o marido passar seis noites fora de casa fazendo shows com aqueles "meninos" mais novos, em especial por ter dúvidas quanto ao que ele se metia com as "meninas" igualmente jovens que acompanhavam a banda por aí. De todo modo, Sandom estava satisfeito com sua vida de trabalhar em obras durante o dia e fazer shows à noite, e teria continuado assim, não fosse a importunação da esposa. Era ruim ao ponto de ela insistir o tempo todo para que ele saísse da banda. Ele não precisava de provocações nesse mesmo sentido de um adolescente arrogante como Pete Townshend.

"Eu não era tão ambicioso quanto os demais", admitiria anos depois. "Já tocava havia mais tempo que eles. É claro que eu adorava. Era muito legal fazer parte de uma banda que as pessoas acompanhavam, era ótimo. Mas eu não me dava muito bem com Pete Townshend. Era alguns anos mais velho do que ele, e ele meio que achava que eu deveria pendurar as chuteiras por causa disso. Eu achava que estava indo tudo bem com a banda, nunca fomos chutados de lugar algum e sempre passávamos em todos os testes."

Isso até que Helmut Gorden conseguiu um teste com Chris Parmeinter, agente de Artista & Repertório da Fontana Records, subsidiária da gigante Philips Corporation, em abril de 1964. Recentemente, a Fontana havia contratado os Pretty Things, banda de R&B do sudeste de Londres, depois de apenas alguns poucos shows na escola de arte, e de imediato os colocou no *Ready Steady Go!*, um novo programa de TV musical descolado. Para uma banda de R&B aspirante como o The Who, o teste para a gravadora era, sem dúvida, a apresentação mais importante até então.

CAPÍTULO 7

Sandom ficou particularmente nervoso depois que John Entwistle lhe alertou que talvez a barra pesasse para o lado dele, que talvez algum tipo de desafio estivesse sendo preparado por suas costas. Dito e feito, quando eles entraram no Zanzibar, um clube-restaurante na Edgeware Road que Gorden reservou para a ocasião, Parmeinter imediatamente proibiu Sandom de usar seu próprio equipamento. Forçado a tocar numa bateria diferente, ciente de que estava sob a lupa do produtor e o desdém do guitarrista, Sandom perdeu toda a confiança e, ao final da sessão, não ficou lá muito surpreso ao ouvir Parmeinter fazer um comentário positivo sobre o talento e o potencial do grupo, de imediato atravessado por um negativo e depreciativo sobre o baterista.

Townshend tomou a opinião do agente de A&R como uma oportunidade para expressar a sua, tão maliciosa até para seus próprios padrões ácidos, que Entwistle e Daltrey ficaram meio atordoados.

"É isso, estou fora", gritou Sandom, determinado a não ser mais ridicularizado e insultado.

"Beleza", disse Townshend. "Mas você não pode sair já, temos um mês inteiro de shows marcados pela frente." Relutantemente, Sandom disse que cumpriria a agenda – mas só por respeito a seus amigos Roger e John – e depois iria embora em definitivo. Só muito mais tarde foi perceber que havia caído como um patinho nos planos de Townshend.

Na volta para casa com John Entwistle, o baixista deu a entender que, se fosse perder o amigo Doug em circunstâncias tão desagradáveis, talvez ele mesmo saísse da banda.

"Não, continue", insistiu Sandom. "Estou velho demais para tocar na banda, na verdade. Seria estúpido você jogar o contrato pela janela por minha causa."

Sandom cumpriu aquele mês de aviso prévio, que se encerrou no 100 Club, na Oxford Street, no dia 13 de abril, uma segunda-feira, e saiu da banda. O The Who então se viu precariamente à beira de um penhasco. Com um nome novo inesquecível, ainda que confuso, um empresário rico, ainda que desorientado, um repertório empolgante, ainda que obscuro, e um contrato de gravação irregular, estavam prestes a dar um salto gigantesco no escuro, se ao menos achassem um baterista que combinasse com eles. Espalharam a notícia por meio da Marshall, uma loja de equipamentos musicais, ponto de encontro e fabricante de amplificadores que vinha ajudando o The Who a ganhar a reputação de levar o equipamento de palco mais alto — ou pelo menos o maior — que já se tinha visto. Depois de testar algumas pessoas no palco — incluindo, dizia-se, um funcionário de fim de semana da Marshall, Johnny Mitchell —, o The Who contratou, num esquema estritamente temporário, um baterista de estúdio chamado Dave, cujo cachê abocanhava metade do que a banda normalmente ganhava, o que os deixou ainda mais ávidos por achar alguém que pudesse, de fato, integrar o grupo. Nesse meio-tempo, a Fontana insistia, com o apoio de Gorden, num baterista de Mersey Beat que tocara no Fourmost, nos Dominoes e nos Cascades e estava disponível para o trabalho. O The Who era da opinião de que não precisava de um nativo de Liverpool escolado no Mersey Beat; e sim de um londrino como o resto da banda, jovem, durão, enérgico e estiloso.

KEITH MOON, JOHN SCHOLLAR E TONY BRIND, QUANDO NÃO TINHAM compromisso com os Beachcombers, frequentavam religiosamente os shows dos Detours toda terça-feira à noite, no Oldfield, no período em que a banda se transformou no The Who, no início de 1964. Mais tarde, Doug Sandom ouviria de seu cunhado, que também fazia parte da turma do Oldfield, que Keith expressou publicamente o desejo de tocar na banda. Provavelmente o fez, mesmo. Keith tinha conhecimento de que havia alguma coisa rolando entre eles e a Fontana Records, que eles tinham um empresário abastado e, mais importante, além da excitação e do barulho gerado por eles no palco, com o que Keith sabia que poderia contribuir se tivesse a chance, que eles claramente tinham uma fome, um desejo de fazer sucesso tão desesperado quanto o dele. Ao mesmo tempo, Keith nem sonhava em abordar o The Who enquanto Sandom estivesse na banda. Isso

CAPÍTULO 7

não se fazia, tentar roubar o posto de alguém, ainda mais se você já tivesse medo da banda.

"Eles eram ultrajantes", disse Keith a Chris Charlesworth, da *Melody Maker*, oito anos depois. "Todas as bandas daquela época eram elegantes, mas, no palco, os Detours tinham artefatos de couro. Pete era muito carrancudo. Eram meio assustadores e eu tinha medo deles. E ficava óbvio que eles já tocavam juntos havia alguns anos."

Eis então o que conta a lenda. Era uma noite de quinta-feira, em meados de maio, o The Who fazia uma pausa entre um *set* e outro no Oldfield. Keith sabia que essa era sua chance. Porém, embora fosse um rapaz sociável, geralmente disposto a cativar os mais reticentes estranhos numa conversa, travou diante da ideia de abordar o The Who diretamente. Eles usavam "couro", eram "carrancudos" e "assustadores". Keith era jovial e de uma exuberância perpétua. Como é que ele conseguiria se aproximar de três indivíduos de aparência tão rude e se declarar malvado o suficiente para entrar na gangue deles?

Assim, tomou uns dois drinques, o que não tinha muito a ver com ele, mas precisava da coragem etílica, e conseguiu alguém para abordar o The Who por ele. "Pedi ao gerente do clube que me apresentasse a eles", disse Keith, em 1972, numa entrevista à *Melody Maker*. Lou Hunt, um de seus incentivadores originais, era esse tal gerente, e a pessoa ideal para ir até o The Who, banda residente das quintas-feiras no Oldfield, e informá-los que o baterista de outro grupo regular da casa, os Beachcombers, um garoto cujas habilidades todo mundo elogiava, queria se oferecer para o posto vago na bateria.

Quanto ao The Who em si, eles sempre se referiram ao garoto que estava prestes a mudar suas vidas como o "homem de biscoito de gengibre". "Quando vimos Keith pela primeira vez", recordou-se John Entwistle, na entrevista para este livro, "ele vestia um terno marrom, camisa marrom, sapatos marrons e obviamente havia tentado imitar o Dennis Wilson ao fazer mechas loiras no cabelo, mas deve ter entrado em pânico no meio do processo, de forma que ficou só com um tom ruivo escuro". Os Beachcombers, depois de terem ouvido essa história muitas vezes em primeira mão, podem apenas pressupor que Keith usasse tanto laquê – havia vezes em que era possível levantar a franja dele inteira como se fosse de papelão –, que literalmente mudou a cor do cabelo, que não se lembram de ele ter tingido.

Tanto faz. O The Who, desesperado por um novo baterista, topou fazer um teste com o garoto. Perguntaram se ele sabia tocar "Roadrunner", de Bo Diddley. É claro que ele sabia, era figurinha fácil no repertório dos Beachcombers. Mais do que isso, tinha um *riff* de blues direto e reto, cheio de pratos de ataque e com uma batida dobrada incansável. Não poderiam ter escolhido uma música melhor para ele demonstrar suas habilidades.

Os quatro subiram no palco para a segunda metade do show do The Who. Keith se sentou à bateria do músico contratado. Alguém fez a contagem e lá foram eles.

O impacto foi exatamente como o que aconteceu no Conservative Hall, em Harrow, dezoito meses antes. Os três membros do The Who trocaram olhares embasbacados de maravilhamento enquanto o "homem de biscoito de gengibre" marretava a bateria atrás deles. Aquele moleque diminuto, de uma energia imensurável e de um estilo nada ortodoxo, era exatamente o que eles vinham procurando – não só ao longo das últimas três semanas, mas talvez desde sempre –, e, todavia, ele estivera o tempo todo no mesmo círculo deles, tocando em outra das bandas de Druce, um passageiro do carrossel, assim como eles. Por que não haviam descido desse carrossel por tempo o suficiente para vê-lo tocar antes?

Keith tocou mais uma música com o The Who, mais duas no máximo. A essa altura, o baterista contratado olhava horrorizado para o kit. A bateria toda chacoalhava como se estivesse no meio de um furacão: aquele moleque, aquela *coisinha* vestida toda de cor de gengibre, que não tinha idade nem para beber num pub, quem diria para se declarar músico profissional, golpeava a bateria com tanto veneno, que parecia culpar o instrumento por tudo o que havia de errado no mundo. Quando o The Who agradeceu a Keith e chamou Dave, o contratado, de volta para terminar o *set*, o pedal de bumbo estava quebrado e pelo menos uma das peles estava rasgada. O chimbal não parecia nada bem (Keith o usava quase como um prato de ataque extra). Dave não causara tanto danos assim nem depois de *anos* tocando. E, pior, o pedal quebrado fez com que o restante do *set* soasse horrível, como se o baterista contratado não tocasse metade do que o moleque tocava. Ao final da noite, Dave cobrou do grupo seu salário usual e mais cinco libras pelo pedal. Keith ainda nem tinha entrado no The Who e a banda já estava pagando pelo estrago causado por ele.

Depois do show, Keith ficou na área e, dito e feito, o The Who o abordou. Daltrey e Townshend competiram para ver quem falaria com ele primeiro, o arruaceiro e o estudante de arte que já travavam uma batalha mortal pelo controle criativo do grupo. Entwistle se mantinha um ou dois passos para trás.

"O que cê vai fazer no sábado?", perguntaram ao baterista.

"Nada."

"Temos um show. Você pode tocar, se quiser." Como se *eles* é que estivessem fazendo um favor a Keith.

"Claro, com certeza", ele respondeu.

"Passa o seu endereço. Vamos te buscar de van."

É UMA HISTÓRIA MARAVILHOSA: NA VERDADE, AMPLAMENTE APLAUDIDA como um dos testes mais famosos da história do rock.

Mas não necessariamente é verdade.

A voz dissonante pertence a Louis Hunt, que, como gerente do Oldfield e diretor da Commercial Entertainments, tinha na época uma ligação intrínseca com as carreiras tanto de Keith Moon quanto dos Detours, que se tornariam The Who. Hunt passou a vida inteira em Greenford, onde vive, não muito longe da Chaplin Road. Dessa forma, suas lembranças não foram sujeitadas aos testes de resistência que trinta e tantos anos de fama ininterrupta, viagens quase perpétuas e longas maratonas de farra pesada trazem, ao contrário de muitos daqueles que, por esses mesmos fatores, têm lembranças sempre pitorescas, mas não necessariamente consistentes.

De fato, faz sentido que, devido à sua contribuição singular à história do rock, Hunt tenha mais do que ninguém uma recordação clara de como apresentou Moon ao The Who.

E, até onde ele sabe, a história é muito simples. Hunt se recorda de que assim que ficou sabendo que o The Who estava à procura de um baterista novo, fez questão de informar Keith. Assim como todo mundo na cena da Commercial, ele sabia que os Beachcombers permaneceriam semiprofissionais, ao passo que o The Who estava determinado a se profissionalizar; dado o talento e o entusiasmo de Keith, além de sua predileção declarada pelo The Who, parecia quase decidido que ele tomaria o lugar de Sandom. Porém, segundo Hunt, o teste não aconteceu em público.

"Keith chegou sozinho", diz ele sobre a ida de Moon ao Oldfield. "Acho que ele foi na expectativa de ver o The Who, mas eles não iam tocar naquela noite. Ensaiavam num galpão em Acton e, naquela noite, eu disse a Keith onde eles estavam e que ele deveria ir até lá para encontrá-los. Perguntei se ele sabia onde ficava o lugar e Keith respondeu que sim, muito empolgado. Perguntei se estava disposto a fazer o teste e ele pulou de alegria. 'Vá até lá, diga a eles que eu te mandei e veja o que acontece', eu lhe disse."

"O The Who não me disse absolutamente nada. Simplesmente apareceram no pub um dia com Keith na bateria. Não havia outra escolha, de tão bom que ele era."

Quando questionado a respeito da versão mais tradicional da história – em que Keith sobe no palco no meio do show do The Who no Oldfield e faz um teste espetacular em público –, Hunt ri. Diz que nunca nem ouviu essa história. Há muito desligado da indústria musical, não fazia ideia que essa era uma lenda do rock'n'roll. "Não é verdade", diz ele. "Não aconteceu, garanto. Fui eu que o mandei para o ensaio."

A versão de Hunt vai claramente de encontro àquela contada pela banda. Mas não é como se ele fosse ganhar alguma coisa por mentir. Keith já lhe dá o crédito de ter sido quem o apresentou ao The Who e cimentou a formação de uma das maiores bandas de rock de todos os tempos. Decerto, se esse momento mágico musical tivesse acontecido no Oldfield, como

CAPÍTULO 7

sempre foi insinuado, seria do interesse de Louis Hunt, como gerente do lugar, afirmar o lugar da casa nos livros de história, em vez de trocá-la por um galpão anônimo qualquer.

Há razões para se suspeitar de uma história como essa. Primeiramente, onde estão as testemunhas do relato original? O The Who era uma banda popular no Oldfield; um bom tanto de seus velhos frequentadores ainda está por aí. Como é que nenhum deles estava lá na tal noite? Nem o fã número um do The Who, "Irish" Jack Lyons; nem o melhor amigo de Pete Townshend, Richard Barnes; nem Dave Langston, que na época passara a cantar com a banda Cyrano and The Bergeracs e estava intimamente ligado ao destino do The Who. E, certamente, nem os Beachcombers, embora fizessem questão de ver o The Who no Oldfield sempre que podiam. Se o teste de Keith foi realmente tão fortuito quanto é contado – e aparentemente não foi relatado por ninguém mais do The Who até que Keith Moon repetiu a história oito anos depois do "acontecido", quando todos os membros da banda já eram mestres da anedota apócrifa –, então não havia alguém que pudesse confirmar tê-lo visto em primeira mão?

Mesmo que o teste no Oldfield seja uma ficção conveniente – um floreio que Keith deu à história anos depois do acontecido e então abraçado como palavra sagrada pelos companheiros de banda que, assim como ele, reconheciam a característica bombástica da mentira –, ironicamente, não significa que o teste em si não aconteceu quase que da forma exata como foi descrito. Nesse caso, não teria sido numa quinta-feira, pois o The Who com certeza fazia residência no Oldfield nessa noite da semana – mas também explicaria por que nem John Schollar nem Tony Brind estavam lá para testemunhar ou se lembrar, como eles sempre acharam que deviam. É mais provável que Keith tenha dado uma passada no Oldfield numa noite tranquila de início de semana, sozinho, como ele era propenso a fazer, e imediatamente agarrado o convite de Louis Hunt para dar no pé e ir fazer o teste para a banda na qual ele tanto ansiava entrar. É bem possível que Keith tenha causado um impacto visual no The Who, que eles o tenham convidado a tocar "Roadrunner", que ele os tenha impressionado de imediato e, nisso, arrebentado a bateria de outra pessoa – presumindo-se que ele não tenha corrido para casa e pedido aos pais que o levassem de carro até Acton com sua própria bateria, o que é bastante plausível, já que na breve versão dos acontecimentos contada por sua mãe ela se faz presente no teste. Ele pode muito bem ter sido convidado a tocar umas duas músicas no show seguinte no Oldfield, daí as lembranças coletivas do impacto de Keith na casa.

À luz da música feita pelo The Who daí em diante, não tenho certeza se isso realmente importa. Exceto que, se a versão alternativa acabar sendo a verdadeira, demonstra a tendência do The Who em geral, e de Keith em particular, de recontar histórias com uma imaginação tão fantástica, que elas se tornam lendas instantâneas, lendas essas que foram se acumulando até a banda ser consistentemente energizada, fortificada e revitalizada por elas. Não é coincidência alguma que as bandas mais famosas – e duradouras – do mundo tenham todas histórias maravilhosamente pitorescas a respeito de como se conheceram; não há maneira melhor de se estabelecer como lenda viva do que chegar com uma história lendária logo de cara.

Independentemente das circunstâncias, Keith Moon fora convidado a entrar para o The Who. Ou será que foi mesmo? Não tinha como ele ter certeza. Parecia que havia passado no teste – afinal, ia fazer um show com a banda –, mas não tinha sido exatamente recebido de braços abertos no grupo. Foi bem, bem diferente daquela noite com os Beachcombers, no Conservative Hall, de onde foram prontamente para a casa de Norm para comer costeletas de porco e Keith ganhar no ato o apelido de "Fuinha". Pode apostar que ele nunca revelou a ninguém do The Who esse apelido tão débil. Embora fossem notavelmente mais novos do que os Beachcombers, os caras do The Who eram física e emocionalmente mais durões; Keith sabia que estava embarcando numa montanha-russa com os garotos grandes e que precisaria ser tão forte quanto eles para aguentar o tranco. Se isso significava esconder a autodúvida por trás de uma autocon-

CAPÍTULO 7

fiança excessiva, silenciar todas as inseguranças com grandes arroubos de tempestuosidade, que fosse. Ao contrário dos Beachcombers, o The Who não era o hobby de ninguém ali. Era uma briga por domínio desde o início – uma batalha externa e unificada para dominar o mundo, mas também uma luta interna e turbulenta para dominar o grupo. Na guerra, não se pode demonstrar sinais de fraqueza. Keith se camuflou para parecer forte.

Sem saber se estava oficialmente no The Who ou não, Keith optou por não sair dos Beachcombers. Inclusive não era como se ele quisesse sair, também. Num mundo ideal, teria ficado para sempre com seus amigos. No mundo real, ele decidiu tocar bateria para as duas bandas até se decidir em qual permaneceria.

Caso o The Who, de início, tenha *mesmo* ficado reticente em integrar Keith formalmente, seria compreensível. Duas músicas tocadas no Oldfield ou num ensaio determinaram de imediato que Keith tinha um talento singular e era provavelmente o baterista ideal para a banda, mas não podiam oficializar nada até verem como ele se sairia na hora do vamos ver – ou se ele sequer *apareceria* para tocar. Já haviam perdido um tempo valioso com toda a questão com Doug Sandom e a mudança de nome e de imagem, não queriam que as pessoas pensassem que a banda trocava de integrantes o tempo todo, como se tivesse perdido todo o senso de direção. Precisavam, também, de alguns shows para determinar a adequação do novo garoto a longo prazo.

O primeiro show de Keith Moon com o The Who foi, segundo diversos relatos, ou numa festa de aniversário ou numa de casamento. Assim como os Beachcombers, o The Who tocava basicamente de qualquer jeito, por qualquer motivo, em qualquer lugar[29]. Shows em casamentos, *bar mitzvahs* e festas de aniversário, além das bases do Exército americano, eram prontamente aceitos, porque os cachês eram muito melhores do que os do circuito de pubs e clubes da Commercial Entertainments. É incerto

---

29 *Ou seja, "Anyway, Anyhow, Anywhere". (N. do T.)*

se Keith teve tempo para ensaiar com o The Who, mas, no mundo de covers que os Beachcombers e o The Who ainda habitavam, a maioria dos músicos conhecia todas as músicas óbvias e um baterista ainda tinha a vantagem de não precisar de mudanças de acordes. Depois de dois anos em bandas cover, tocando seis noites por semana, chegar para tocar de supetão não era problema para alguém do calibre de Keith.

O The Who observou o novo baterista com mais do que apenas uma curiosidade passageira quando ele chegou com vários metros de corda para aquele primeiro show e, na falta de um palco onde martelar os pregos, amarrou a bateria nos pilares ao redor dela. Lá pela metade do show, o cabeçote de *delay* de fita da banda – Pete Townshend era muito interessado em experimentações com equipamentos e efeitos – pifou e, nisso, queimou o P.A. Temporariamente silenciado, o The Who voltou-se para Keith da forma como as bandas se voltaram para seus bateristas durante quedas de energia ao longo da história e gritou: "Solo de bateria!". Moon obedeceu, enchendo as bochechas de ar, girando as baquetas, se apoiando nos tambores, murmurando sozinho, golpeando tudo à sua frente com o máximo de força. Enquanto alguém se virava para consertar a energia, os outros três membros da banda assistiam a Keith com o mesmo maravilhamento que no teste, algumas noites antes.

"A bateria estava cedendo e só se manteve inteira graças à corda", diz John Entwistle. "Não percebemos o quão bom ele realmente era até fazer aquele solo."

Ao final do show, Keith, transpirando, foi até a namorada de John Entwistle, Alison, sorriu, tirou a camiseta e torceu o suor dela numa taça de vinho, que encheu até a boca. Depois, pegou outra taça e encheu-a de suor também. Os outros observavam ainda mais estupefatos. Que diabos haviam trazido para a banda? Decerto valia a pena segurá-lo. Informaram a Keith quais seriam os próximos shows, sem perguntar se ele estaria disponível.

—●—

CAPÍTULO 7

Doug Sandom estava em casa, na Bollo Bridge Road, em Acton, espumando. Havia se permitido sair da banda a quem foi tão leal durante os últimos dois anos, tudo por causa dos caprichos de um guitarrista petulante de 18 anos. Será que Townshend não se lembrava do teste em Cricklewood, quando o gerente do pub disse que colocaria o The Who para tocar se eles se livrassem do narigudo e Sandom soltou o verbo para afirmar que aquela era uma banda – ou eram todos ou nenhum? Agora, Sandom não só havia tocado um mês de aviso prévio como favor a John e Roger, como também havia emprestado a bateria – a pedido de Townshend, ainda por cima – para um dos bateristas temporários que eles contrataram nesse meio-tempo. Estava sendo feito de trouxa.

Doug olhou para o ridículo traje de couro marrom que Townshend havia encomendado recentemente para a banda. Não tinha mangas, formava meio que um sino na cintura e tinha franjas nas costas. Alguns chamavam de capa, outros de tabardo. John Entwistle dizia que eles ficavam parecendo os sete anões com o traje, e Doug concordava. Ninguém em sã consciência sairia com aquilo na rua, e, se Doug não ia usá-lo mais para tocar para o The Who, não precisava mais daquilo. Era melhor devolver. Na verdade, era isso mesmo o que ia fazer: pegar aquela jaqueta de anão da Branca de Neve e metê-la na goela de Townshend.

O Oldfield Hotel estava abarrotado de gente – era uma noite de quinta, ele sabia que a banda estaria lá – e Sandom teve de segurar as lágrimas quando viu aquele garoto, uns dez anos mais novo do que ele, ocupando seu lugar de direito à bateria. Já tinha ouvido falar de Keith Moon no circuito de Druce, mas nunca tinha visto o garoto tocar. Agora, ao assisti-lo, ficou perplexo. Doug se considerava um baterista arrumadinho, que colocava todos os acentos nos devidos lugares, mas esse moleque, o Moon, tocava a 150 km/h, acentuava tudo, o tempo todo. Doug sabia que Moon era bom, mas não sabia dizer se isso tornava o The Who melhor. Para ser sincero, mal aguentou ouvi-los.

Um dos seguranças do Oldfield abordou Sandom depois do primeiro *set* e perguntou o que ele fazia ali.

"Vim devolver meu uniforme", disse o ex-baterista do The Who, rangendo os dentes.

O segurança, apreensivo, conseguia ver a raiva nos olhos de Doug. "Você não vai arrumar encrenca, né, Dougie? Com quem você quer falar? Pete?" Ele suspirou. As desavenças da dupla eram lendárias. "Vou ver o que posso fazer."

Sandom ficou esperando no bar. Foi embaraçoso, pois ele conhecia muita gente ali e todo mundo ia até ele para dizer que era uma pena ele não estar mais na banda, como se a culpa fosse dos demais, quando a única pessoa de quem ele queria desculpas jamais o faria. Tentava manter os sentimentos pessoais fora da questão e considerar o futuro da banda com o novo moleque na bateria quando viu Keith Moon vindo em sua direção. Townshend, obviamente, não estava nem aí.

"Você é o Doug, não?", perguntou Keith ao se apresentar.

"Isso mesmo."

"Eu me lembro de você. Vinha direto aos shows da banda."

"É mesmo? Não sabia."

"Pois é. Muito obrigado, cara, você me fez o maior favor da minha vida. Qualquer coisa que eu puder fazer por você, é só me dizer."

A princípio, Doug pensou que Moon estivesse zombando dele, mas não estava. Foi um entusiasmo genuíno e uma polidez sincera. Era verdade, ele havia feito um favor a Keith ao sair da banda. Com o *hype* em cima do The Who e dos Detours que vinha circulando nos últimos meses, ele sabia que a banda ia chegar a algum lugar. Gostaria de ter feito parte disso, mas não podia culpar Keith também: o garoto só abordou a banda muito tempo depois de Doug ter saído. E ele era único, disso não havia dúvida. Portanto, boa sorte para ele – ia precisar, com aqueles caras. Doug lhe entregou a capa de couro e disse: "Acho que isso agora é seu, amigo", sorriu o melhor que pôde naquelas circunstâncias e foi embora do lugar. Foi a única vez que ele e Keith se encontraram.

CAPÍTULO 7

Assim, Keith encontrou uma banda nova. Os Beachcombers vinham se perguntando quando isso aconteceria. Concluíram que se não fosse o The Who, acabaria sendo alguma outra banda, e o fato de Keith ainda fazer parte da família, do circuito local, tocando com a única banda que todo mundo sabia que tinha potencial para chegar ao máximo do sucesso, tornou a questão de sua provável saída mais fácil de abordar. Por ora, não havia discussões. Keith mostrou aos Beachcombers a bizarra capa franjada em formato de sino que ele deveria usar com o The Who e todos riram. Disseram que ele ficava parecendo um besouro – um *"beetle"*, mas não um Beatle. Keith disse que havia uma rebelião rolando no The Who a respeito de quem usaria ou não aquelas capas, mas isso não surpreendia: a banda estava sempre brigando por causa de alguma coisa ou outra.

Na época, Tony Brind era quem cuidava da maior parte da agenda de shows dos Beachcombers. "Keith não fez rodeios", recorda-se ele da jornada dupla do baterista. "Veio falar comigo, disse que estava pensando em entrar para [*o The Who*] e que continuaria tocando conosco até que encontrássemos alguém. Senti muito, mas não fiquei aborrecido de forma alguma. Todo mundo tem o direito de sair."

Numa banda semiprofissional como os Beachcombers, talvez essa última sentença seja verdadeira, mas numa Banda Grande de Verdade, como o The Who viria a se tornar, o tipo de banda pela qual Keith estava, de fato, à procura, é heresia. Quando entra para uma Banda Grande de Verdade, você abre caminho pelos banheiros mundo afora, onde sair lesado, e ser atacado, e menosprezado, e criticado fazem parte da luta diária, há brigas internas furiosas, mas os membros matariam uns *pelos* outros, e não é preciso muito tempo para perceber que não se está num simples trabalho, em que você fica satisfeito e segue em frente ganhando a vida, como a molecada da escola enxerga os trabalhos no banco e em escritórios – ou como os músicos semiamadores veem suas bandas semiprofissionais. Você passa a fazer parte de uma *gangue*. Ganha as cicatrizes emocionais (e às vezes físicas) para provar. E, assim como acontece com as gangues mais barras-pesadas, você não tem o direito de sair. Não tem o direito nem de ser expulso. Está nela para o resto da vida.

145

KEITH MOON

Keith acabaria por descobrir isso. Ao longo dos anos seguintes, ou mesmo das semanas seguintes, houve muitas vezes em que ele ameaçou sair do The Who, geralmente depois de discordâncias internas de rotina que acabavam em violência feia, de proporções espetaculares. Porém, por mais sérias que fossem as ameaças, por mais testes que ele garantisse em outras bandas ou formações estelares que ele visasse a montar, Keith nunca as concretizou. O The Who era sua gangue. É estranho que ele tenha sempre se sentido inseguro como o garoto novo e, ao mesmo tempo, estado ciente de que nunca poderia exercer o "direito de sair", mas essa é apenas uma das muitas contradições inerentes a todas as Bandas Grandes de Verdade, contradições amplificadas ao ponto de alcançarem o tamanho de outdoors no The Who. Os Beachcombers nunca se tornariam uma Banda Grande de Verdade; não eram complexos o bastante para abrigar tais contradições. Na verdade, o fato de terem sido tão compreensivos com a saída de Keith só justificava mais ainda que ele os deixasse para trás.

E, ainda assim, ele não conseguiu largar a banda. Como John Entwistle brincaria posteriormente, era como se ele estivesse enrolando uma namorada antiga, por puro hábito, enquanto já saía com uma nova. O que nenhuma das bandas sabia era que Keith pedia opiniões externas a ambos os lados para se certificar de que estava fazendo a coisa certa. Chegou até a ir ao Greenford Hotel numa noite de sexta-feira para perguntar a Ramon, filho de Lou Hunt, que cuidava das portarias para a Commercial Entertainments, se entrar para o The Who seria a decisão certa. Ramon foi pego de surpresa pela pergunta: ex-chefe de turma na escola, geralmente não socializava com o "debochado, fanfarrão e irresponsável" Moon. Porém, de todo modo, confirmou o que Keith já sabia: o The Who tinha o que era preciso para chegar a algum lugar, e os Beachcombers não.

Numa noite de sábado, duas ou três semanas depois de fazer o teste para o The Who, John Schollar e Roger Nichols subiram a Ealing Road na van J2 vermelha à procura de Keith. Os Beachcombers tinham um show na noite seguinte em Brighton, e eles queriam ver se conseguiam pegar a bateria dele: Keith costumava deixá-la na van, mas, depois que começou a

CAPÍTULO 7

jornada dupla com o The Who, sempre a descarregava na casa na Chaplin Road. Como esperado, Keith foi encontrado na De Marco's, altamente agitado. (Precisariam ter mais uma palavrinha com ele sobre se manter longe daquelas coisinhas roxas.)

Os três conversaram amenidades e pararam para dar oi ao grande pessoal local que tratava os Beachcombers como celebridades menores, e John disse alguma coisa referente a pegar a bateria para o show de domingo à noite, ao que Keith então torceu o nariz. "Não sei o que fazer", disse.

"Não sabe o que fazer em relação a quê?", perguntou John.

"Ao The Who."

"Como assim? Se você deve ou não entrar na banda?"

"Bem, eles devem gravar um disco logo."

"Isso é ótimo."

"E tem muitos shows vindo aí."

"E...?"

"Só que um deles já é amanhã."

Silêncio. Enfim havia um conflito de datas. E era óbvio qual desses shows Keith havia decidido não fazer.

"Sinto muito. Eu estava para contar para vocês."

John Schollar não pensou no que falou em seguida. Como sempre soube qual seria a escolha de Keith, a pressão vinha aumentando já havia umas duas semanas e se acumulava mais ainda com a constante cobrança de Alf Moon para cima dele para que mantivesse o filho longe daquela nova banda – como se alguém pudesse dizer a alguém tão determinado quanto Keith o que fazer. Da mesma forma que Keith não tivera coragem de sair da banda, John não tivera coragem de dizer o que estava prestes a dizer – até agora.

"Keith, vai te catar."

O rosto do baterista, geralmente tão iluminado e alegre, a expressão mais acolhedora do dia, anuviou como se ele tivesse acabado de virar órfão. "Não fique bravo, John", suplicou.

"Eu *estou* bravo", respondeu o guitarrista. "Nós nos damos todos muito bem, todos te adoramos e vai ser o fim dos Beachcombers. Por que eu não deveria ficar bravo? Mas você sabe o que quer fazer, já se decidiu, e tudo o que está fazendo agora é irritar todo mundo. Então, vai te catar e some daqui."

Mais silêncio. Por fim, Keith perguntou: "Tem certeza?". O baterista queria mais certeza, isso era evidente.

"Tenho certeza."

"Ficou chateado comigo?" Agora ele queria saber se era amado, também.

"Sim, fiquei chateado contigo. Mas você sempre será meu amigo."

Keith deu as costas. Nunca pensou que a banda terminaria dessa forma, com ele decepcionando os amigos, para então ser mandado embora. Voltou-se para os companheiros de novo.

"John?"

"O quê?"

"Quer que eu veja se o The Who precisa de um guitarrista-base?"

"Keith, só vai te catar."

Algumas semanas depois, alguém da Commercial Entertainments fez uma visita a Doug Sandom. "Os Beachcombers ainda estão sem baterista", explicou o representante da agência. "Quer fazer um teste?"

"Não ando com muita vontade de tocar bateria com ninguém no momento, muito obrigado", respondeu Sandom.

"Olha só. Os Beachcombers são uma banda sólida, boa, agradável, esforçada, uns rapazes semiprofissionais. Shows constantes, tiram um bom dinheirinho. Não brigam o tempo todo feito os Detours, ou The Who, ou The Qualquer que seja o nome deles agora. E precisam muito de um baterista. O que você acha?"

Doug pensou mais um pouco. Mal não ia fazer. "OK, tá certo, vou dar uma chance."

Na manhã do domingo seguinte, os Beachcombers foram buscar Doug e o levaram até o Railway Hotel, em Harrow and Wealdstone, onde ensaiavam, para passar o repertório. Por mais lamentável que fosse perder Keith, uma troca direta como essa parecia a conclusão mais óbvia. Ninguém que a banda testou nas últimas semanas cumpria os requisitos. Embora Norman e Ron nunca tivessem visto Doug tocar, conheciam a reputação do The Who. Imaginaram que foram os conflitos de personalidade e a questão da idade que o chutaram da banda. Não poderia ser sua habilidade na bateria.

"Achamos que ele seria muito bom porque vinha dos Detours", diz Ron Chenery. "E ele foi muito pobre [como baterista], muito fraco. Simplesmente faltava alguma coisa. Foi terrível. E fomos conduzidos por Keith por dezoito meses, não estávamos esperando um baterista insosso, que só batucasse atrás de nós."

"Dougie era um cara bacana", se recorda John Schollar, "mas não estava no mesmo nível de Keith. Ninguém estava. Foi meio difícil para Dougie. Ele só se sentou na bateria e tocou, e eu pensei: 'Posso muito bem ir embora.'"

"Ele não era bom o bastante para o que queríamos", confirma Tony Brind. "Ainda mais depois de Keith. Não era melhor do que o cara que mandamos embora para colocar Keith no lugar. Percebi por que [o The Who] se livrou dele."

Ao final da noite, Ron Chenery deu uma carona para Doug até a Bollo Bridge Road. "E então?", perguntou o baterista ao se aproximarem de sua casa. "O que você acha, consegui a vaga?"

"Não depende de mim", disse Ron, deliberadamente desviando o olhar.

Da próxima vez que bateram na porta de Doug Sandom para perguntar se ele estava interessado num trabalho, o ex-baterista disse que era melhor esquecerem. Havia pendurado as baquetas.

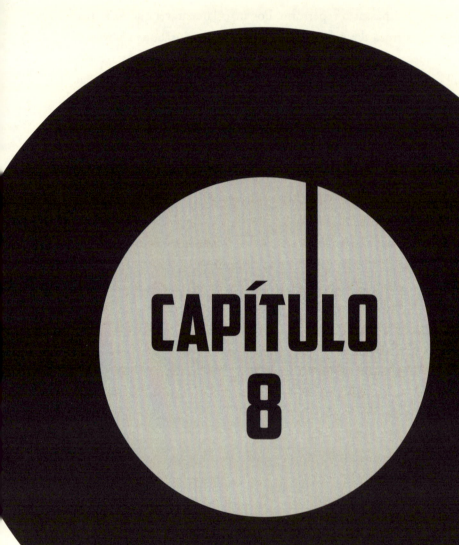

Que Keith Moon era o baterista perfeito para o The Who, isso nunca esteve em discussão. Antes de ele entrar, o The Who tinha ambição, tinha algum tipo de visão, um talento considerável, mas faltava um motor àquela máquina. Numa Banda Grande de Verdade, a soma sempre vale mais do que as partes individuais. (Caso contrário, os álbuns solos de todo mundo seriam tão bem-sucedidos quanto os da banda, não?) Entretanto, no caso do The Who, podemos nos perguntar o quão menos uma grande banda eles eram antes de Keith entrar. Metade de uma grande banda? Um quarto? O acréscimo de Keith foi um incremento exponencial, não equivalente, e deve ser desnecessário dizer que o The Who nunca teria se tornado o The Who lendário sem Keith Moon, assim como o baterista nunca teria se tornado o Keith Moon lendário sem o The Who. Essas duas entidades não só precisavam uma da outra, mas pertenciam uma à outra.

Também não há dúvidas de que a formação fundamentalmente básica, mas individual e coletivamente singular do The Who, reescreveu as regras do rock. Os porquês, os comos e os portantos já foram destrinchados por inúmeros críticos eruditos e fãs estudados, e devem ser examinados em detalhes mais uma vez por quem queira dar mérito à curta vida de Keith Moon, pois seu papel em revolucionar o som dos quartetos de rock foi fundamental. Porém este ainda não é o momento. O acréscimo de Keith Moon ao The Who, embora os tenha tornado uma banda melhor literalmente da noite para o dia, não os transformou no The Who lendário tão rapidamente assim. Primeiro, era preciso que se conhecessem.

Não foi uma questão simples. A decisão de Keith em ir para o The Who (em vez de ficar nos Beachcombers) se baseou em larga escala na dedicação total de seus novos parceiros à causa do rock 'n' roll e numa igualmente abrangente antipatia a qualquer outra coisa a se fazer da vida. "Quando conheci os outros caras e vi que eles também se emputeciam com a forma como as coisas funcionavam, com as alternativas [*que tínhamos*]", ele explicaria anos mais tarde, se referindo aos empregos sem importância a que seus pais tanto queriam que eles se dedicassem como escravos, "soube que o The Who alcançaria o sucesso. Por causa da pura potência das personalidades envolvidas no The Who e da forma como nós trabalhávamos juntos, era possível farejar esse sucesso."

Contudo, mesmo que Keith tivesse enfim encontrado almas gêmeas rebeldes, de idades, origens e ambições musicais similares, não era capaz de dizer isso a eles, assim como eles não conseguiam lhe dizer com todas as letras: "Ei, você é um de nós". Anos depois, numa entrevista maravilhosamente reveladora concedida a Jerry Hopkins, da *Rolling Stone*, Keith admitiu que, assim como acontece em tantos grandes casamentos, a atração instantânea também trouxe tensão instantânea. "Sempre adorei os rapazes, mas, no início, a comunicação era meio difícil, porque tínhamos receio uns dos outros."

Os maiores problemas de Keith eram com Roger Daltrey. Eram como água e óleo. Até mesmo a única característica da qual compartilhavam – a altura: ambos tinham 1,72 m[30] – cada um tratava de maneira distinta. Moon sempre tratava o tamanho limitado como uma desculpa para agir de forma infantil e fazer papel de bobo da corte, ao passo que a reação de Roger à baixa estatura era provar ser fisicamente durão o bastante para compensar. Enquanto Keith entrava e saía de encrencas rindo alegremente, Roger preferia brigar. Keith ainda estava apenas descobrindo o sexo oposto, já Roger, que completara 20 anos no dia 1º de março daquele ano e era, portanto, o mais

---

30 *Há divergências em relação à questão da altura de ambos. Alguns relatos e informações dão conta de que Keith Moon teria na verdade 1,75 m, enquanto Roger Daltrey teria 1,68 m. (N. do T.)*

velho do grupo, tinha a reputação de conquistador veterano. (Porém, parecia que esses dias estavam contados: sua namorada, Jackie, estava grávida, e gravidez significava casamento. Keith era incapaz de conceber trocar alianças tão cedo.) Roger tinha raízes firmes na classe trabalhadora e, durante o dia, trabalhava como soldador, mas também era inteligente. Passara no *11-plus* e fora mandado diretamente para a melhor turma de sua escola de gramática, o que fazia de Keith o único membro do The Who a sofrer a desonra de ter feito a secundária moderna. Fanático por *skiffle* e rock'n'roll desde pequeno, Roger montou os Detours na Acton Grammar School, recrutando John e, depois, Pete de outros grupos um ano abaixo do seu. Escolhera o figurino e o repertório e comprara a van que ele mesmo dirigia. Era o chefe dos Detours.

Porém, os Detours não existiam mais. Agora, como The Who, Daltrey encontrava competição pela liderança da banda. Pete Townshend era aluno da Ealing Art School, notavelmente progressista, havia quase três anos quando de seu 19º aniversário, em 19 de maio de 1964, e o The Who era claramente o projeto de longo prazo ao qual ele devotava sua criatividade. Às vezes, suas empreitadas fracassavam – como as capas de couro que os outros se recusaram a usar (embora o The Who tenha ficado sabendo que Keith Moon fora visto usando essa capa quando ainda tocava com os Beachcombers, o que os emputeceu e não pouco). Porém, na maioria, suas ideias funcionavam, como as experimentações com *feedback* de guitarra no palco ou a escolha de repertório na qual ele insistia, ambos elementos que ajudavam a distinguir o The Who de outras bandas de R&B. Townshend tinha a vantagem adicional de ser capaz de articular sua criatividade com clareza, ao passo que Daltrey só conseguia pontuar a sua com socos, e a fidelidade de Moon ficou evidente logo de cara: em Pete, Keith viu um líder do tipo que faltava aos Beachcombers, alguém capaz de fazer uma banda andar para a frente. Ninguém sabia para onde nem exatamente como – o futuro do rock'n'roll não era claro e Pete não era um compositor –, mas Keith tinha fé. No entanto, era também desconfiado do guitarrista. Townshend fumava maconha demais, o que era ilegal e algo que Keith experimentara e não gostara: o deixava grogue e o fazia perder a concentração. E Pete podia ser um desgraçado mal-educado que não mostrava remorso algum quanto aos efeitos de sua língua particularmente afiada. Embora a insolência de Keith fosse conhecida por todo Wembley, ele nunca tentou usá-la contra aqueles que respeitava ou com quem se importava, e, entretanto, lá estava Pete em constantes ataques verbais contra as pessoas que aceitara como sua família criativa. Não acostumado a falar mal dos outros, Keith evitava procurar pontos fracos em Townshend, até que, por fim, algumas pessoas começaram a notar que Pete, às vezes, era visto rindo quando na companhia de Keith – uma evolução distinta em seu comportamento perto dos outros.

Quando a John Entwistle, que faria 20 anos naquele outubro, o baixista era meio que um enigma. Era como uma estátua no palco, raramente falava, a menos que dirigissem a palavra a ele, mas era claramente quem tinha a musicalidade mais proficiente no grupo. E embora parecesse, para muitos, tímido e reservado, Keith descobriu que o homem que, de dia, trabalhava tranquilamente numa agência tributária, era, à noite, um baladeiro nato, com uma tendência a pregar peças. Em John, portanto, Keith encontrou imediatamente um complemento, o cara direito do qual ele precisaria se tornar um parceiro para a vida se quisesse que a vida fosse minimamente tão divertida como era com os Beachcombers.

As inseguranças de Keith por ser o novato eram, é claro, reforçadas por seus status de membro mais novo: quando entrou no The Who, tinha 17 anos, e todos os outros, 19 e 20. Essa lacuna, porém, não precisava parecer tão grande: Townshend e Entwistle estavam apenas um ano na frente de Moon na escola e, considerando-se que ambos ficaram na Acton Grammar para um quinto ano, isso significava que os três passaram para o mundo adulto na mesma época, na Páscoa de 1961. Some-se a isso o fato de que Townshend perseverou em evitar trabalho e foi direto para a escola de arte, e seria possível argumentar que Keith sabia até mais do que o guitarrista sobre o mundo real: decerto já tinha maior experiência de trabalho e seu currículo de shows era equiparável ao de Pete. Não obstante, Keith se sentia intimidado por seus novos parceiros: Pete obviamente era mais inteligente do que ele (e tinha uma namorada da escola de arte, Karen Astley), John

CAPÍTULO 8

tinha bom senso (e uma namorada firme, Alison Wise) e ambos tinham a vantagem cultural de uma educação de classe média. Roger tinha mais idade, uma esposa e uma filha a caminho, um rancor de classe trabalhadora, uma educação de classe média e, para coroar, um lado violento. Quem poderia culpar Keith por se sentir inseguro internamente – e, assim, agir de forma tão autoconfiante externamente – em meio a tais companhias?

Seus três novos companheiros de banda não eram as únicas pessoas com quem Keith precisava se familiarizar. Havia o empresário, Helmut Gorden, que chamava os rapazes de "meus pequenos diamantes" e sabia tanto de rock 'n' roll quanto o pai de Keith. Ter Gorden por perto era como estar de volta à escola, com um professor que não fazia ideia da sua real identidade ou do que você gostaria de fazer da vida, mas lhe tratava com condescendência mesmo assim: a figura de autoridade arquetípica que Keith detestava. Ele teria reclamado disso em público, mas era óbvio que os demais se sentiam da mesma forma. Evidentemente, Gorden não ficaria muito mais tempo no mundo do The Who. Seu assessor de imprensa recém-contratado, Pete Meaden, que entrou em cena quase no exato momento em que a formação se firmou com a chegada de Keith, parecia ser quem estava no controle.

PETE MEADEN É UMA FIGURA ILUSTRE NO ROCK 'N' ROLL, E MERECIDAMENTE, não tanto por seu envolvimento fugaz com um The Who ainda inexperiente, mas mais por cunhar a mais sucinta e mais citada definição de mod, a cultura que dominou sua curta vida. Ele a chamou de "um eufemismo para uma vida limpa sob circunstâncias difíceis".

Os mods se tornaram um fenômeno nacional da noite para o dia no final de março de 1964, quando centenas deles viajaram de Londres para Clacton, destino de veraneio, para o fim de semana da Páscoa e, incomodados com o clima frio, as lojas fechadas e a esplanada decadente à beira-mar (afinal, eram mods, criados no estilo europeu e na cultura americana, tão comuns em Clacton quanto marcianos), tentaram criar algum entretenimento ao provocar confrontos com a polícia. Eram coisas de moleque, na verdade, mas a mídia britânica, sedenta por sensacionalismo, agarrou-se ao fato como só a mídia britânica sabe fazer e, no feriado seguinte, o Pentecostes, em 18 de maio (quase no momento exato em que Keith fez o teste para o The Who), tumultos aconteceram em Brighton, Margate e Bournemouth. Esses foram violentos, envolveram oponentes facilmente identificáveis para os mods (os roqueiros em trajes de couro, uma ressaca dos anos 1950) e ficaram preservados para sempre em acervos de noticiários e páginas de tabloides; a mídia ficava a postos nas praias com suas câmeras, o mais certeiro incentivo que um adolescente borbulhando de testosterona precisa para incitar um tumulto. Pela primeira vez desde os *Teddy boys*, quase uma década antes, uma subcultura juvenil genuinamente britânica emergia, aparentemente do nada, e trazia o terror ao coração do *establishment*.

Os tumultos desses feriados foram o fim dos mods como segredo bem guardado, mas tão rapidamente quanto seus líderes criadores de tendência – os "rostos" – pularam fora da cena, de tanto desgosto ao vê-la cooptada por massas incultas e violentas, pretendentes a mod menos disciplinados assumiram às dezenas os postos recém-vagos no final da hierarquia. O mod passou de um coletivo *underground* de turmas regionais para um movimento massivo nacional (ou pelo menos sulista) em questão de semanas e, para aqueles do ramo de vender sonhos para uma geração de jovens de boa condição financeira, esse mercado de massa tinha o cheiro do dinheiro.

Nunca ficou totalmente claro se Pete Meaden, um mod obcecado em todos os aspectos, era inspirado pela perspectiva de fortuna ou por algum objetivo mais nobre. Era decerto um empreendedor. Como assessor de imprensa dos Rolling Stones, viu o grupo ser, de início, aceito pelos mods londrinos pela pureza de seu rhythm & blues, para depois ser rejeitado por ser malvestido e sujo demais. Nos meses que se seguiram ao seu desligamento dos Stones, Meaden, que também fez assessoria de imprensa para Chuck Berry, Bob Dylan e Georgie Fame, procurou por uma banda que pudesse cultivar por seus próprios desígnios. Percebeu que os mods ouviam todo o tipo de música, de soul americano a R&B e jazz moderno,

CAPÍTULO 8

com efeito, qualquer coisa que tivesse raízes negras, expressasse emoções genuínas e tivesse uma batida boa, mas, com a possível exceção de Georgie Fame and The Blue Flames, não havia outros grupos britânicos que eles acompanhassem. Nem os branquelos de topete da geração Mersey Beat nem os porta-vozes desleixados do novo blues britânico tinham apelo suficiente para o *esprit de corps* dos mods. Meaden concluiu que, se pudesse encontrar uma banda que tivesse os ingredientes de base tão estimados pelos mods – estilo, talento nato, atitude, obsessão por detalhes e amor pela música afro-americana –, poderia moldá-la como ícone de uma geração. O céu era o limite. Assim, quando Meaden foi convidado por Gorden, por meio do menos provável dos intermediários – o barbeiro dos dois – para conferir o The Who, bastou uma olhada para os ingredientes crus no palco para que ele entendesse que Deus lhe dera um ás na manga.

Meaden causou uma impressão e tanto logo de cara no The Who. Embora fosse londrino como eles, falava com o sotaque afiado e a segurança de um DJ americano e chamava todo mundo de "*baby*", enquanto disparava manifestos a duzentas palavras por minuto. Não era só papo, ele também andava na estica o tempo todo, apesar de morar no próprio escritório, que mal era mobiliado, com uma renda mínima, e passava noites inteiras nos clubes descolados do Soho como se sua vida dependesse disso (o que era, de fato, o caso, como seria para qualquer mod que fizesse jus ao título). Era claro que sua energia, motivação e autoconfiança eram abastecidas por um vício em anfetaminas, mas depois que os membros da banda passaram a acompanhá-lo nos comprimidos – com a notável exceção de Daltrey, que temia os efeitos que as drogas pudessem ter em sua garganta –, começaram a compartilhar de seu entusiasmo e empolgação. Era difícil não ser confiante sob a influência de estimulantes. Considerando-se que o The Who já era popular entre os mods da zona oeste de Londres, pelas versões eletrificadas de clássicos do R&B, não parecia um salto tão grande no desconhecido jurar lealdade de coração ao maior movimento juvenil em anos.

De bate-pronto, Meaden recebeu dinheiro de Gorden para vestir os rapazes de acordo com sua visão mod. Isso significava transformar Daltrey no

KEITH MOON

"rosto" da banda e os demais em *"tickets"* (mods comuns). Embora Daltrey tivesse uma resistência inerente a interferências em sua personalidade, parecia um belo de um galã conquistador de paletó branco e calças pretas apertadas, feitos sob medida, com o cabelo cortado num estilo francês, e pode ser visto mais feliz com esse visual, em algumas das primeiras fotos de divulgação, do que em muitos anos depois. Townshend, porém, cuja educação de escola de arte o tornava completamente em sintonia com a importância da imagem e cujo interesse já estava despertado devido aos clubes que frequentava e à música que ouvia, se jogou de corpo e alma na transformação mod. Em questão de dias, ele não só estava usando jaquetas estilo Ivy League e camisas de botão, como também aperfeiçoando as novas danças de palco na mesma semana em que eram inventadas pelo público.

Keith Moon também abraçou de bom grado o tratamento mod de Meaden. Embora muita gente (inclusive o próprio Moon) tenha destacado o quão pouca afinidade com os mods Keith tinha antes de entrar para o The Who, é indiscutível que ele possuía muitos dos ingredientes básicos: uma dedicação ao talento e estilo individuais (o terno italiano marrom que ele usara em 1961-62 era um precursor da moda mod atual), uma afeição pelos comprimidos e por passar a noite toda na balada, uma beleza jovial natural e uma predileção pelo uniforme simples de surfista, jeans Levi's e a nova moda das camisetas, que servia de traje casual para os mods. No caso dele, foi apenas uma questão de moldar esses ingredientes num produto final palatável: troque a camisa Fred Perry ou listrada ocasional por uma camiseta, coloque sobre ela uma jaqueta decente, deixe a franja cair naturalmente, em vez de colocá-la para o lado com laquê, da forma como ele se apresentou ao The Who, para um grande desgosto da parte da banda, e seria como se ele tivesse sido mod por toda a vida. De muitas maneiras, ele, de fato, havia; e de muitas maneiras, sempre seria. Há centenas de pessoas que até hoje associam Keith Moon à imagem mod mais prontamente do que qualquer outro membro do The Who.

Como parte da educação do grupo, Meaden levou seus novos protegidos para o Soho e os apresentou os clubes mods "do momento". De novo,

CAPÍTULO 8

Keith não estava deslocado – havia tocado no Flamingo, na Wardour Street, com os Beachcombers diversas vezes, onde dividiu o palco com o grande Georgie Fame –, mas era novo no The Scene, na Ham Yard, um verdadeiro celeiro de "rostos" assíduos e anfetaminados, e no La Discotheque, alguns números antes do Flamingo, casa que dispensava a música ao vivo por completo e se valia puramente de discos. Meaden sempre se certificava de que os rapazes estivessem "travados" – anfetaminados – ao levá-los para sair, para que melhor apreciassem a intensidade da ocasião. Os outros membros do The Who pareciam não perceber que Keith já era intensamente falante mesmo sem o efeito de nada.

De volta ao oeste de Londres, Moon estava compreendendo seu lugar entre os fãs ferrenhos do The Who no Goldhawk Social Club, em Shepherd's Bush. Keith ficou surpreso por esse ser o QG do The Who; nas muitas ocasiões que os Beachcombers tocaram lá, o público consistira, em sua maioria, em irlandeses bêbados que pareciam estar bebendo desde o meio-dia. De algum modo, para o The Who era diferente: um esquadrão de mods locais congregava na casa e se conectava à banda de uma maneira fortemente leal e passional nunca experimentada pelos Beachcombers, cujo valor de entretenimento sempre estivera demais à frente.

Proeminente entre os mods do Goldhawk era "Irish" Jack Lyons, cuja dedicação inabalável ao The Who e articulação a respeito da relevância da banda para sua geração garantiriam a ele o posto honorário de fã número um na história do grupo. "O Goldhawk não era 100% mod", diz Jack sobre o clube naquela época. "Talvez 50%. Mas, havia uma turma ferrenha do Goldhawk que, por conhecer bem a banda, não se importava se Dougie Sandom era um bom baterista ou não. Ele era Dougie Sandom, de Acton, e muita gente que frequentava o clube era de Acton. Assim, quando Keith entrou em cena, todos se lembravam que ele fora dos Beachcombers, que eram vistos como uma banda talentosa, embora não uma banda mod. Mas ele havia substituído Dougie, e Dougie era um membro nativo. Então houve certa desconfiança, apesar do talento dele, porque ele não era um 'de nós'. Não era da zona oeste de Londres, mas de Wembley."

Keith estava bem ciente de que se encontrava em território estrangeiro. Em Londres, esse complexo amálgama de regiões e subúrbios que se interligam, o lugar de onde você vem diz tudo a seu respeito. É por isso que o The Who sempre reafirmou suas raízes das ruas de Shepherd's Bush, em vez de seu lar real, Ealing, de condições muito melhores, porque o rock 'n' roll deve ser uma forma de expressão da classe trabalhadora, e seus porta-vozes na classe média são sempre tratados com desconfiança. Para a turma do Goldhawk, Wembley era quase na zona rural, e o fato de Keith ter crescido num contexto bem mais difícil do que John ou Pete – só Roger, que viveu no Bush até os 11 anos, experimentara em primeira mão a pobreza e a violência que acompanham quem vive às margens da sociedade – não significava nada. Moon tinha de se provar das ruas, o que ele fazia ao golpear a bateria com uma violência pouco controlada. Foi bem-sucedido no que diz respeito à sua musicalidade ter sido rapidamente aceita pelo pessoal do Goldhawk – logo, rapazes mais velhos começaram a abordá-lo para pedir dicas de bateria –, mas nunca foi tratado como um igual entre os durões. "Keith parecia um mod bonitinho", diz Lyons. "Mas não um mod perigoso."

Em meio à aclimatação de Keith – com o The Who, com a música da banda, com os demais membros, o público e a iniciação de cabeça na cultura mod –, dois de seus maiores sonhos se realizaram. Primeiro, o The Who virou profissional, com um salário de 20 libras por semana, garantido por Helmut Gorden (o que significara assinar um contrato que ratificava a posição do fabricante de maçanetas como empresário). Para um moleque que ganhava consideravelmente menos do que 10 libras por semana num emprego que detestava, esse era um aumento fenomenal. Mas a questão não era o dinheiro: nunca seria. Era encontrar um jeito de sair do beco sem saída, para longe da monotonia da existência cotidiana do subúrbio, era fazer algo da vida e provar que todos os pessimistas estavam errados. Era pode tocar bateria sete noites por semana sem ter de acordar às 7 horas da manhã para vestir um terno, pegar o metrô até o West End e se sentar ao lado do telefone para pegar pedido de gesso todo dia.

Seus pais, é claro, ficaram mortificados. Por que não ficariam? Chegaram à vida adulta quando as nuvens pesadas da guerra iminente assomavam nos

CAPÍTULO 8

céus, se casaram numa época em que ninguém sabia se ainda haveria uma Grã-Bretanha onde criar filhos, sacrificaram "toda e qualquer ideia de ganho pessoal e ambição pessoal" para criar uma família, sofreram a humilhação de seu filho perfeitamente inteligente (sem contar a energia incontrolável) ter reprovado no *11-plus* e não ter sido bem-sucedido nem na escola secundária moderna, haviam lhe visto passar por uma série de empregos diferentes, embora nunca tenham entendido qual era o problema do primeiro, alimentaram o amor dele pela música e até o apoiaram financeiramente, tudo na esperança de que, um dia, ele aprendesse o significado do respeito, compreendesse a importância de um emprego fixo, desacelerasse e se estabelecesse em algum tipo de estilo de vida decente com o qual eles pudessem se identificar. E lá estava ele, com apenas 17 anos (idade na qual, se ele tivesse passado naquele maldito *11-plus*, ainda estaria na escola prestando os *A-levels*), dizendo que seria um baterista profissional ao lado de três evidentes grosseiros, sob a tutela de um fabricante de maçanetas!

Alf Moon, normalmente o mais plácido dos pais, se enfureceu. O que é que o filho tinha na cabeça? Jogar no lixo uma boa carreira desse jeito! Será que ele não se dava conta do quão difícil era encontrar um emprego decente? A família nunca havia visto seu provedor tão raivoso. Porém, não havia nada que o velho homem pudesse fazer. Keith ia sair da British Gypsum com ou sem a permissão de Alf. E, se Alf tivesse ameaçado expulsar Keith de casa, o filho teria simplesmente ido.

Alf deve ter percebido que ele mesmo havia colocado lenha na fogueira ao comprar a primeira bateria de Keith. Depois de se acalmar do acesso de fúria inicial, não havia mais o que fazer se não ensinar Keith sobre responsabilidade e dedicação e o significado do trabalho duro, e rezar para que o filho soubesse o que estava fazendo. Alf decerto não sabia. Keith prontamente deu um glorioso adeus à British Gypsum (um relato conta que ele teria dito o seguinte a um cliente preocupado que ligara para saber de seu pedido: "Não, não sei onde o pedido está, senhor, e estou cagando e andando para ele"; outro conta que Keith teria mandado um caminhão cheio de gesso para alguém que ele desgostava em particular como um presente de despedida;

ambos são provavelmente apócrifos, ainda que altamente plausíveis) e passou a dormir até mais tarde de manhã, hábito do qual ele nunca se desfaria.

O segundo sonho a realizar foi a oportunidade de gravar um disco. Chris Parmeinter, da Fontana Records, assim como Pete Meaden, estava atento ao potencial comercial não concretizado do movimento mod no mundo da música e igualmente motivado pelo *boom* de popularidade do R&B. Decidiu assinar com a banda um contrato para dois compactos. Porém, embora Parmeinter tenha declarado sua intenção de gravar dois dos covers mais afiados do The Who, Meaden insistiu que, para que sua visão do The Who como porta-vozes do mod fosse bem-sucedida, o primeiro compacto fosse uma declaração mod. E, como o megalômano persuasivo sob o efeito de anfetaminas que era, Meaden escreveu ele mesmo as canções. Ou melhor, escreveu as letras e roubou as melodias de "Got Love If You Want It", de Slim Harpo, para a distintamente nada sutil "I'm the Face", e de "Country Fool", do Showmen, para "Zoot Suit", só um pouquinho mais modesta.

O entusiasmo de Meaden era evidentemente contagiante, ou pelo menos persuasivo pela insistência. Não só o The Who concordou em gravar suas duas papagaiadas descaradas, oportunistas e porcamente escritas como sua importante introdução ao público, como também aceitou em fazê-lo sob um nome diferente. "The Who" não era mod o suficiente, explicou Meaden, evidência clara de que ele estava perdido no personagem naquele mar de anfetamina. Porém, "The High Numbers", nome alternativo inventado por ele, agora, sim, tinha a ver com o movimento. Se você fosse mod, saberia exatamente o que significava High Numbers, e ia querer conferir a banda. E se você não fosse um mod, bem, e daí? Eram essas as fronteiras da mente de Meaden.

Assim, algumas semanas depois de entrar para uma banda que sempre conheceu como The Detours e estava só se acostumando a chamar de The Who, Keith Moon, aos 17 anos, se viu reinventado como um mod completamente profissional num grupo chamado The High Numbers. Todo mundo estava preso na montanha-russa que os meados dos anos 1960 se mostravam. O mundo, e Londres e sua cena musical em particular, se movia em tamanha velocidade, que, se você piscasse, poderia perder uma

CAPÍTULO 8

oportunidade. O The Who – agora High Numbers – estava apenas agradecido por ter alguém que o focasse na direção certa.

Ao chegarmos neste ponto, sabendo o que sabemos até agora sobre seu estilo único de tocar e sua autoconfiança suprema, seria de se esperar que a presença de Keith Moon como o baterista mais revolucionário de sua época seria firmemente anunciada nessa gravação de estreia. É meio surpreendente que a bateria de "I'm the Face" (um *groove* simples de tom que quase não tem variação por 2 minutos e 30 segundos) e "Zoot Suit" (um *riff* padrão de Mersey Beat pontuado por viradas ocasionais, mixadas tão para trás, que beiram a irrelevância) sejam pouco melhores, e em determinados momentos piores, do que as de muitas outras gravações de R&B e Mersey Beat daquela época.

A explicação inicial óbvia para a pobreza da performance de Keith seria o quão cedo – no início/meio de junho – a sessão de gravação se deu depois que ele entrou no grupo: apenas duas ou três semanas, um intervalo incrivelmente curto para se conhecer os companheiros de banda, o empresário e o repertório, mais ainda para começar uma transformação contínua em mod por um assessor de imprensa viciado em anfetamina e se preparar para a primeira gravação da vida. Pelos relatos do próprio Keith, ele era novo o bastante para causar equívocos da parte de Parmeinter, em particular depois da experiência do produtor com Sandom. "Esse camarada da Phillips, Chris Parmeinter, aparece com outro baterista", contou Moon a Chris Charlesworth, em 1972. "Ele montou a bateria dele, eu montei a minha e ninguém dizia nada. Os outros da banda não estavam nem aí. Ficaram num canto, afinando os instrumentos, foi uma vergonha de matar. Então me pediram para tocar na primeira música, mas o cara da Phillips queria tocar. Não me lembro se ele tocou ou não, mas a banda disse que não queria ele. Então eu fiquei." O outro baterista era Brian Redman, aventureiro do Mersey Beat que já fizera parte do Fourmost, dos Dominoes e dos Cascades e compartilhou algumas recordações com o historiador de rock Pete Frame, em 1990. "Fui até Londres direto para uma sessão em Forest Hill. No dia seguinte, ensaiamos para um compacto que eles iam gravar. Outro baterista também montou seu kit e nós ensaiamos alternadamente... era o Keith Moon! Depois de algumas discussões, a banda decidiu que queria que eu tocasse na gravação... mas eu não me senti confortável quanto a entrar para um grupo londrino, então voltei para casa." Evidentemente, o The Who ainda estava ponderando a respeito de qual baterista usar aos 45 do segundo tempo[31].

E ainda assim, Keith não foi o único membro da banda a rodar com o combustível na reserva nessas gravações. A guitarra de Townshend, que no palco já era ensurdecedora, graças aos seus experimentos com *feedback* e aos amplificadores de Jim Marshall, soa como se estivesse plugada num ampli de estudo no volume mais baixo, e Daltrey, compreensivelmente, não parece muito convencido ao se declarar "o rosto", quando, na verdade, ele teria sido reprovado em qualquer teste de moda mod. Só o baixo de Entwistle, ocasionalmente eletrizante, e o piano boogie-woogie de Allen Ellett no lado A demonstram alguma coisa que lembra paixão ou inspiração.

Não só a performance fraca de Keith poderia ser justificada por sua inexperiência com a banda, como também, mais ainda, a performance da banda toda pode ser justificada pela falta de familiaridade com o repertório. O The Who já tocava certas músicas havia tempo o bastante para imprimir nelas sua própria identidade. "I'm the Face" e "Zoot Suit", mesmo nas versões originais de Slim Harpo e dos Showmen, não estavam entre elas. Foram empurradas para o grupo alguns dias antes da sessão. Não havia como o The Who fazê-las soar espontâneas num período tão curto.

---

31 Numa entrevista reveladora e falastrona concedida a Steve Turner, do NME, uma década depois, Meaden confirmou que pelo menos Townshend ainda não tinha certeza sobre qual baterista usar. Meade se recordou de sua intervenção: "Eu estava caminhando por Knightsbridge com Keith Moon e disse: 'Olha, vou falar com o Pete Townshend, meu amigo, ele é meu amigo, vou falar com ele e acho que você está dentro, porque, você sabe, parece que você é o melhor'". Quando Turner apontou que Keith sempre se deu crédito por entrar no grupo por si só, Meaden respondeu: "Pois é, ele entrou, mas eu pedi ao Pete e nós levamos Keith para a gravação. Eu sou o responsável por Keith Moon ter entrado no The Who".

CAPÍTULO 8

Por sorte, essas não foram as únicas faixas gravadas por Parmeinter naquele dia de junho. Confiando em seus instintos quanto à abordagem única que o The Who dava aos covers que já tocavam havia tempos, o produtor se ateve ao seu plano original e pôs o grupo para gravar também "Leaving Here", canção pouco conhecida de Eddie Holland para a Motown, e "Here 'Tis", de Bo Diddley. A primeira só viu a luz do dia numa compilação de 1985, *The Who's Missing*, e a segunda só na caixa *30 Years of Maximum R&B*, lançada em 1994, e aqueles que possuem qualquer um desses títulos hão de reconhecer que, nesses poucos minutos de rhythm & blues rasgado, percebemos a sonoridade do The Who já bem encaminhada e distinta, com as intenções daquele prodígio da bateria de 17 anos claramente anunciadas como esperaríamos. (Ver as páginas 896 e 897 para informações atualizadas sobre essa sessão.)

Em "Here 'Tis", Moon conduz pelos pratos de ataque como tanto adorava fazer e, justo quando pensamos que ele talvez esteja sendo ortodoxo demais na batida, ele manda uma virada acentuada inventiva que traz vida à música. Entretanto, é em "Leaving Here" que se emancipa por completo. A mix estéreo primitiva que divide vocal e bateria em canais separados, torna mais fácil de apreciar o quanto o baterista se diverte gritantemente ao apropriar o arranjo original do novo soul afro-americano para o rock britânico branco. Ainda que não um solo de bateria contínuo (Keith, na verdade, detestava a ideia de solos, em particular de bateria, e repudiava constantemente qualquer descrição de seu estilo como tal), é decerto uma acentuação contínua, com pratos de ataque que cortam a mix mais uma vez, viradas robustas e rápidas que surgem quase sempre quando menos esperadas e, o mais importante, menos uma preocupação em prover uma batida firme e mais em ecoar o *staccato* da guitarra e a mensagem suplicante do vocal. No início de "Leaving Here", por exemplo, Townshend lança um *riff* sem acompanhamento (embora, assim como nas músicas de Meaden, ainda sem amplificação suficiente), depois do qual Moon entra na sequência, permitindo que a saraivada constante de pratos providencie o ritmo e usando o resto dos tambores para casar precisamente com a gui-

165

tarra sincopada. E então, ao final da música, Daltrey, que soa infinitamente mais confortável com a letra que ele já havia assimilado depois de dezenas de apresentações ao vivo do que com a letra mercenária de Meaden, aprendida às pressas, gagueja *"babe-babe-baby"* e Moon o acompanha sílaba por sílaba, como se tivesse passado mil vezes por essa expressão conjunta.

Esse é o primeiro exemplo gravado da inovação mais básica que Keith trouxe a seu estilo de tocar bateria, a maneira como ele interagia com o que estivesse acontecendo a seu redor, em vez de "manter a batida" como se exigia dos bateristas até então. Em 1971, ele explicou isso de forma mais sucinta ao seu amigo Richard Green, do *NME*, ao descrever suas influências, subitamente enfadado com a discussão: "Na verdade, eu não ouvia os bateristas, eu ouvia os *riffs* e toco *riffs* na bateria". Exatamente! É quase como se Keith fosse um guitarrista solo ou vocalista frustrado que havia optado pela bateria, sabendo que a proliferação dos primeiros e a escassez dos segundos lhe daria mais chance de conseguir um bom trabalho (não à toa). Assim, trouxe a bateria para a linha de frente de uma banda de rock, insinuando o clima como o mais rudimentar dos guitarristas e acentuando a letra como qualquer vocalista decente. Ao fazer isso, abalou o *status quo* da formação guitarra-baixo-bateria e permitiu ao The Who, em particular, criar uma das sonoridades mais únicas, espontâneas, dinâmicas e emotivas de todos os tempos.

No palco, em vez de ficar de olho no baixista como seu parceiro na "cozinha", Moon observava Townshend, pegando suas deixas dos *power chords* engasgados de um guitarrista que usava volume, microfonia e repetições para encobrir as próprias fraquezas, e com essa regra fundamental da bateria – a cooperação entre uma cozinha ortodoxa – agora quebrada, cabia a John Entwistle, felizmente agraciado com o talento para tanto, preencher as lacunas com frases deslizantes de baixo, garantindo que, nas frequentes ocasiões em que o guitarrista e o baterista voltavam de seus desvios musicais em intersecções diferentes, conseguisse manejar a música de volta aos trilhos. Enquanto essa repaginação total do som instrumental do rock já estabelecido acontecia, Daltrey ficava livre para urrar e uivar seus improvisos vocais (Moon sempre a postos para incentivar essas expressões com algum floreio

CAPÍTULO 8

ou resposta adicionais), ou então tentar se juntar aos demais com uma gaita incrivelmente inconsistente – e, de vez em quando, proclamar em alto e bom som sua raiva com o desprezo descarado pela fórmula, fosse verbal ou visualmente. Porém, o desdém do cantor só enfatizava ainda mais a violência e a frustração que o grupo mal segurava, até que não houvesse uma banda mais raivosa na Terra e o público se encolhesse de puro medo daquilo tudo...

E isso foi registrado em fita logo após Keith entrar no grupo, no que foi, de fato, sua primeira gravação, apenas duas ou três semanas depois de subir no palco do Oldfield ou daquele primeiro ensaio. É verdade que a versão da banda de "Leaving Here" não chega a ser um clássico (e "Here 'Tis", menos ainda), mas o arranjo era incomum, a performance, digna de nota e a gravação, profissional, o que torna ainda mais infeliz o fato de elas não terem sido lançadas na época. Desde então, se argumenta que o The Who optou pelas músicas de Meaden porque as bandas eram cada vez mais cobradas para compor material original no mundo pós-Beatles, mas não é algo que se sustente muito: os Rolling Stones só gravaram um compacto de autoria própria depois de seis lançamentos (e a essa altura já tinham dois na primeira posição das paradas); os artistas de Mersey Beat chegavam constantemente às paradas com *standards* de rock'n' roll com que todas as bandas do mundo haviam crescido; e os Animals estavam prestes a chegar ao primeiro lugar com uma interpretação singular de "House of the Rising Sun", canção tradicional americana. Se já houve um momento certo para o The Who apresentar seu "Maximum R&B" (termo ainda não cunhado) para o mundo, foi aquele.

Porém, não apresentou. Particularmente, suspeito que Meaden tenha exigido que suas duas músicas fossem gravadas, contra a vontade do produtor, e que Parmeinter não tenha dado atenção suficiente à mixagem delas, presumindo que poderia vetar o lançamento, ao que então o *quasi*-empresário anfetaminado teria insistido que os "hinos" de sua "autoria" capturavam melhor o *zeitgeist* mod do que os covers e forçado seu ponto de vista a despeito de qualquer protesto da parte da gravadora. (O grupo, genuinamente impressionado com a figura exuberante de Meaden e admitidamente novo às maquinações da indústria, teria sido o mais fácil de convencer.) Essas circunstâncias, plausíveis de irritar um produtor que servia também como agente de A&R da banda, explicariam a relativa falta de divulgação do compacto pela Fontana e a subsequente recusa de continuar a trabalhar com a banda.

Afinal, sem meias palavras, "I'm the Face/Zoot Suit" foi um fracasso total. Meaden lançou um release que afirmava que "a coisa mais importante a respeito dos High Numbers... é que não há nada fingido ou fabricado neles", sem parar para pensar, como mod (ou ainda, como assessor de imprensa), que nenhum "rosto" da cena que se desse ao respeito, nem mesmo um *ticket* de condados mais afastados, iria engolir um engodo tão detestável. ("Se você vir as letras, parece que Meaden as tirou diretamente da Denmark Street", observa "Irish" Jack Lyons.)

Consequentemente, os High Numbers ficaram envergonhados por terem se disposto a serem explorados e claramente decepcionados com o fracasso, mas o episódio não deve ser menosprezado como uma mera lição de manipulação, pois Meaden foi um dos únicos empreendedores do mundo da música a emergir ou tentar representar a cultura mod e, ao imergir o The Who nessa cultura – na qual Townshend e Moon se sentiam especialmente confortáveis –, plantou as sementes para a banda tornar seus sonhos mod realidade. A única coisa é que ele não estaria mais por perto para compartilhar dessa realização.

Todavia, 1964 foi mais do que apenas o ano do mod. O rhythm & blues britânico, depois de um período de gestação relativamente curto, centrado primordialmente no oeste e no sudoeste de Londres e no Soho, alcançou proporções nacionais com o sucesso dos Animals, dos Pretty Things e em especial dos Rolling Stones, cujos hits com "Not Fade Away", de Buddy Holly, e "Little Red Rooster", de Willie Dixon, foram vistos como uma validação mais do que justa de todos aqueles que subiram ao palco com o cada vez mais reverenciado Blues Incorporated, de Alexis Korner, no Ealing Club[32].

---

32 Embora os membros dos High Numbers tenham frequentado esse templo do blues desde o início, em 1962, e tenham sido diretamente influenciados pela cena, só viriam a tocar na sagrada casa em 1965.

CAPÍTULO 8

Enquanto isso, o rhythm & blues americano moderno, em particular o som da Tamla/Motown que os High Numbers já haviam sido praticamente os únicos a incorporar ao repertório, se transformou no puro pop celebratório das Supremes, um trio feminino na tradição das Crystals e das Ronettes, criações de Phil Spector que chegou ao primeiro lugar das paradas britânicas naquele outono com "Baby Love". O poeta musical americano Bob Dylan exerceu um papel em encurtar a distância entre o folk, o blues e o rock, com uma série de álbuns revolucionários que tiveram um grande impacto no público e nos músicos ingleses, e os Beatles continuaram a colher frutos musicais ao consolidar sua popularidade mundial: seu compacto número um no Natal de 1964, "I Feel Fine", abria com um breve sopro de *feedback* que seria impensável apenas um ano antes.

Contra esse pano de fundo de constante inovação musical, é difícil colocar na bagagem o fato de que 1964 também foi o ano do auge da surf music, tanto artística quanto quantitativamente. Provavelmente por sua conotação como algo descartável, é raro que se fale da surf music com o mesmo tom reverente com que se fala de qualquer outro estilo musical que floresceu no início dos anos 1960, falta de respeito essa pela qual o próprio estilo é o responsável. Há de se reconhecer que a surf music, de início, era apenas uma forma de música instrumental que tentava bravamente recriar em áudio uma sensação não auditiva, mas, embora os assuntos tratados por ela tenham de imediato se estendido para as emoções similares (e mais universais) geradas por carros *hot rod* e pelas corridas e pelo colecionismo deles, foi uma música que nunca foi além desses dois pilares gêmeos de satisfação esportiva autoindulgente. Tampouco foi uma música que aspirou a ser algo mais do que uma sensação pop puramente imediata.

É claro que se pode argumentar que, numa época anterior à emergência de um rock que abrigasse um desejo criativo (e declarasse um direito inalienável) de expressar sentimentos sobre todo tipo de assunto pessoal, físico e político, os proponentes das canções americanas sobre surfe e *hot rods* estavam apenas fazendo seu trabalho, soltando hit atrás de hit numa linha de produção bem azeitada, sobre a qual assomava a máxima "se não está quebrado, não há o que consertar". Considerando-se a produção do gênero em 1964, essa teoria claramente se sustenta. Foi um ano em que um cartel central de produtores e músicos de estúdio gravaram sob uma infinidade de fachadas, tais como The Super Stocks, The Weirdos, The Kickstands, The Competitors, The Ghouls, The Catalinas, The Kustom Kings, The Knights, The Scramblers e, por fim e mais honestamente, The Silly Surfers[33] – e, com frequência, colocavam grupos de músicos completamente diferentes na estrada para sair em turnê sob esses nomes.

Contudo, também foi o ano que produziu a maior parte dos melhores e mais duradouros e cativantes da surf music – um ano em que Keith Moon encontrou alegria musical constante em discos clássicos de Ronny and The Daytonas ("GTO"), Bruce and Terry ("Custom Machine"), The Rip Chords ("Hey Little Cobra"), The Hondells ("Little Honda"), The Fantastic Baggys ("My Little Woody") e Jan and Dean ("Dead Man's Curve"), todas essas canções de "surfe" que tratavam, na verdade, de amores automotivos ou, no caso da última, acidentes.

E foi no verão de 1964 que, no lado B de "I Get Around", dos Beach Boys, e na segunda faixa de *Shut Down Vol. II* (coletânea dedicada totalmente a músicas sobre *hot rods*), Keith Moon encontrou sua balada favorita de todos os tempos, "Don't Worry Baby"[34]. Sozinho entre produtores de surf music, Brian Wilson, dos Beach Boys, tentava forçar os limites musicais, experimentar com novas técnicas e emergir com novos padrões de qualidade, ainda que o tempo todo observando de soslaio seu conterrâneo de Los Angeles, Phil Spector, que trabalhava com muitos dos mesmos músicos que participavam daquela miríade de canções de surfe/*hot rods* (incluindo o baterista de estúdio dos Beach Boys, Hal Blaine), mas, de algum modo, elaborou uma (parede de) som completamente nova.

---

33 *Em tradução livre, "os surfistas bobos". (N. do T.)*

34 Já se afirmou amplamente que "Don't Worry Baby" seria sua canção favorita, ponto. Não estou convencido disso: aqueles que o conheceram melhor não se lembram de esta ser mais popular para ele do que os hinos mais animados do mesmo gênero.

CAPÍTULO 8

"Don't Worry Baby" era uma resposta musical direta à produção épica de Spector para as Ronettes, "Be My Baby": abria com um bumbo retumbante à maneira da canção que a inspirou e, embora as harmonias vocais fossem claramente uma invenção de Wilson, as características da produção como um todo e a estrutura da canção deviam muito ao seu colega prodígio. Cantada pelo próprio Brian e coescrita com o entusiasta de *hot rods* Roger Christian, a letra ficou soterrada sob a produção, algo incomum para a época e para o estilo, de forma que as estrofes irremediavelmente insípidas, nas quais um adorador de carros se gaba de seu mais novo *hot rod*, são deixadas de lado para dar destaque ao refrão universalmente aceito (como se cantado por sua namorada para reassegurá-lo), *"Don't worry, baby, everything will turn out all right"*[35].

Keith Moon, que não dirigia e não surfava, mas que mesmo assim se identificava por completo com canções sobre ambos os assuntos, levou esse refrão à risca; naquela promessa simples de redenção havia uma justificativa para todo ato de loucura, egoísmo, generosidade e individualidade que ele poria em prática ao longo dos anos seguintes, uma garantia de que suas ações, por mais bizarras e injustificadas que parecessem na hora, poderiam sempre ser concluídas com um final positivo.

Isso se daria a longo prazo. A curto prazo, "Don't Worry Baby" foi uma bela balada, que serviu de alternativa aos hinos animados sobre surfe e *hot rods* que ele adorava e como um respiro para a música agressiva dos High Numbers. Porém, também destacava uma ausência dolorosa em sua vida: ele não tinha uma *"baby"* com quem se preocupar, ninguém para lhe sussurrar a garantia que ele precisava ouvir ao final de toda noite dura enquanto embarcava nessa jornada por águas desconhecidas.

---

35 "Não se preocupe, baby, tudo vai acabar bem."

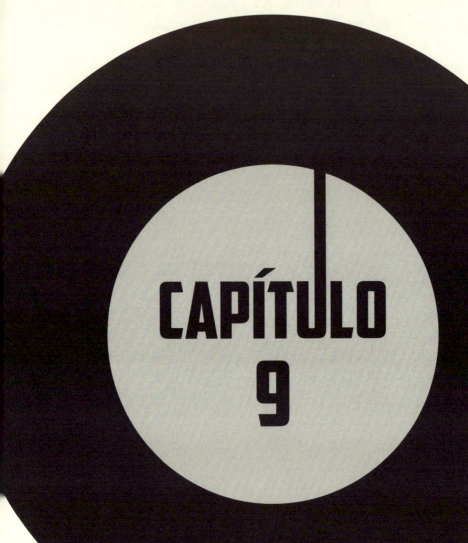

O melhor amigo de Pete Townshend na escola de arte, Richard Barnes, começara a promover uma festa semanal nas noites de terça-feira, no Railway Hotel, em Harrow and Wealdstone, a "Rhythm & Tuesday". No final de junho, ele tornou o The Who a banda da casa e, em questão de duas semanas, teve de mudar a divulgação para o nome de High Numbers. E foi lá, no Railway, numa noite de terça, no início de julho, que uma das figuras mais importantes da vida de Keith adentrou.

Aos 29 anos, vindo da elite e formado numa escola particular e na Universidade de Oxford, homossexual e com um emprego em tempo integral na indústria cinematográfica, sem conhecimento algum da indústria do pop e do rock 'n' roll, Kit Lambert, à primeira vista, pareceria o mais improvável mentor para um rapaz manifestamente machão de classe trabalhadora, que abandonou a escola aos 15 anos com nada na cabeça senão o rock 'n' roll. Entretanto, quando Lambert se deparou com a banda ao procurar por um grupo de rock para estrelar num filme que ele e seu sócio queriam fazer, foi um encontro cuja magnitude era apenas um pouquinho menor do que a da convergência de caminhos de Keith e do The Who.

A lembrança que Lambert tem da ocasião foi, mais tarde, recontada com uma peculiaridade típica. "Num palco feito inteiramente de engradados de cerveja, com um teto tão baixo, que poderia ser furado por uma guitarra sem nenhuma dificuldade, iluminado por uma única lâmpada vermelha, estavam os High Numbers... Roger Daltrey, com os dentes da frente tortos, movendo-se com um pé de cada vez, como um zumbi. John Entwistle imóvel, parecia uma bolha parada. Pete Townshend, um varapau. Atrás deles, Keith Moon sentado num selim de bicicleta[36], com os olhos arregalados naquele

---

36 Banquetas com assentos semelhantes a selins costumavam ser suas preferidas.

rosto redondo de lua, descendo o braço, zombando de tudo e todos e impressionando o público. Eles todos batiam boca entre uma música e outra. Porém, havia uma empolgação maliciosa naquilo tudo."

Lambert, cuja postura imperiosa o tornava altamente conspícuo num salão úmido lotado de centenas de mods ferrenhos, logo se viu conversando com o *promoter* Richard Barnes, que então o apresentou a Pete Meaden; Meaden passou uma conversa rápida em Lambert a respeito do potencial do grupo que o elegante sujeito do cinema poderia muito bem ver por si mesmo, a julgar pela reação passional do público. Quando voltou para casa mais tarde, naquela noite, Lambert enviou um telegrama para seu sócio, Chris Stamp, que estava trabalhando num filme na Irlanda, suplicando para que ele retornasse assim que possível para ver os High Numbers em carne e osso. Chris era um "East Ender" de 22 anos que havia seguido a carreira de seu irmão famoso, o ator Terence Stamp, no cinema, porém apenas na parte técnica; ele e Lambert se conheceram quando ambos trabalharam como assistentes de direção no filme *A Mulher que Pecou*, no qual descobriram que, apesar de todas as diferenças em suas origens, tinham ambições e zelos parecidos, pontuados por um desprezo conjunto pelas convenções e fórmulas. Determinados a se tornar cineastas independentes, foram morar num apartamento na Ivor Court com a Baker Street e elaboraram um plano para documentar uma das novas bandas emergentes que surgiam como tulipas na primavera no fértil jardim da indústria musical britânica.

Ao ouvir de Lambert que o sócio havia encontrado os candidatos perfeitos em potencial, Stamp voltou para Londres naquele fim de semana. No sábado, viu os High Numbers no Trade Union Hall, em Watford, onde ironicamente ainda foram anunciados como The Who[37], e novamente no dia seguinte, num salão escolar, em Holland Park, alugado para a ocasião. Assim como Lambert (que perdeu o teste de domingo, um aler-

---

37 As datas exatas da chegada de Kit e Chris na cena são nebulosas, devido ao fato de que os High Numbers tocavam toda terça-feira na Railway Tavern e todo sábado, durante todo o mês de julho, no Trade Union Hall, em Watford.

CAPÍTULO 9

ta quanto à sua noção errática de tempo), Stamp ficou atordoado com a potência do jovem grupo e, da mesma forma, notou rapidamente o papel central do baterista nele.

"Embora só estivesse na banda havia três meses, era como se ele fosse a parte que faltava naquilo ali", recorda-se. "Fazia todos os outros darem o máximo de si. O The Who era demais por ter essa energia distorcida e disfuncional incrível. Todas as partes ruins e erradas funcionavam naquele quarteto, e quando Keith se sentava à bateria, era o elemento terra da banda, era a porra da alma da banda. Ele era um ser humano emotivo e incrível. Os outros caras, Pete era cerebral, John era muito isolado e fechado, e Roger era Roger: sua raiva transparecia em sua voz... A coisa andava por causa de Keith: a energia dele energizava os outros."

"I'm the Face" foi lançada no início de julho e teve um interesse módico da imprensa, seguido por uma apatia em massa. Até mesmo o eloquente "Irish" Jack, enviado ao mercado de Shepherd's Bush por Meaden com um punhado de discos para dar um gás nas vendas, mal conseguiu distribuir uns compactos de graça. O grupo percebeu que havia se comprometido com um novo nome que ninguém conhecia (já que o disco para o qual o nome foi trocado não estava vendendo), estava desanimado com Helmut Gorden e, por mais empatia que compartilhasse com Meaden, o cara estava obviamente fora de controle. Notaram que nomes respeitados da indústria mantinham uma distância respeitável dele.

Lambert e Stamp ofereceriam pouca evolução em termos de sanidade ou normas de negócios. E o The Who havia lapidado seu som, em especial depois da chegada de Keith, num padrão tão alto, que decerto teria feito sucesso de uma forma ou de outra sem a ajuda de dois aspirantes a cineastas. Porém, Kit e Chris abordaram o grupo do oeste de Londres como mais do que um mero tema de filme. Viram naqueles quatro jovens uma banda que poderia surfar na onda do mod, com certeza, mas, nos shows eletrizantes e assustadores, também detectaram uma banda de rock potencialmente tão polêmica quanto os Rolling Stones, perceberam nas personalidades evidentemente conflitantes egos extrovertidos o bastante para manter a atenção da mídia constante e sentiram um potencial criativo em Towshend que, se cultivado com sucesso, poderia impelir os High Numbers para muito além de suas ambições atuais. Em suma, como Lambert relembrou de sua primeira impressão naquela noite, no Railway: "Eu sabia que eles poderiam se tornar superastros mundiais". Ele e Stamp decidiram ser empresários do grupo.

Pode ser especulação sugerir que o The Who não teria feito tanto sucesso se Lambert e Stamp não tivessem tomado as rédeas, que, por exemplo, a história de Keith Moon não necessariamente teria mérito em ser contada tantos anos depois de sua morte se Lambert e Stamp não tivessem dirigido os estágios iniciais de sua vida adulta. É certo que Kit se tornou um improvável mentor para Keith, um catalisador criativo que, assim como o garoto baterista nada convencional que acolheu sob suas asas, celebrava mais do que tolhia o absurdo. Sob a tutela de Kit, Keith pôde tocar o terror, tratar sua vida como a intervenção artística perpétua que se tornou. Se o exemplo de decadência de Kit levou Keith à morte prematura – como aconteceu com o próprio Lambert – ou se Keith teria seguido por esse caminho de qualquer forma, é outra questão hipotética; as vidas dos dois se entrelaçariam por muitos anos para que pudéssemos tirar a prova.

Apesar de todas as aparentes diferenças de classe e cultura, Kit e Keith tinham muita coisa em comum. Em sua biografia de três gerações da família Lambert, Andrew Motion faz certos comentários sobre o Kit Lambert adolescente. "Era óbvio para alguns que o papo rápido e as referências espertas de Kit fracassavam visivelmente em esconder sua insegurança. Kit queria transformar tudo o que ameaçava se tornar rotineiro em algo ousado." E sobre o período de Lambert em Oxford: "Era celebrado por beber mais do que os colegas, por seus experimentos com drogas... e por nunca ter dinheiro o suficiente para viver da maneira à qual aspirava". Motion poderia muito bem ter escrito isso sobre o Keith Moon adolescente.

O senso de aventura de Lambert já o havia levado a encarar certos perigos com os quais as tribulações da indústria musical dos anos 1960 nem se comparam. Em 1961, sem nenhuma experiência prévia, ele se juntou a uma expedição para explorar o maior rio então jamais percorrido no

CAPÍTULO 9

mundo, o Iriri, no Brasil. Seus dois parceiros, John Hemming e Richard Mason, eram exploradores mais experientes, que já haviam garantido os fundos necessários e feito o que presumiam ser um planejamento apropriado, mas, quando os suprimentos divididos pelos três homens e por seus oito ajudantes brasileiros ficaram perigosamente escassos várias semanas depois de atravessarem a floresta tropical (partindo de um aeroporto isolado) para alcançar o Iriri, Hemming partiu de volta para o Rio de Janeiro para garantir uma nova leva. Seu desvio foi truncado e estendido por um pequeno detalhe: uma revolução[38] que acontecia na capital, Brasília. Quando retornou, descobriu que Mason havia sido emboscado e morto por uma tribo indígena até então desconhecida enquanto percorria a trilha recém-descoberta, e que Lambert não só se encontrava compreensivelmente perturbado e assustado, como também gravemente doente depois de ter sido atacado por insetos tropicais.

Se a experiência traumática não conseguiu refrear o desejo de Kit por emoção, garantiu que, no futuro, ele se aventurasse em áreas sobre as quais teria muito mais controle. Daí sua incursão no cinema (trabalhou em *Os Canhões de Navarone* e *Moscou Contra 007*) e, depois, na música. Seu avô, George, foi um famoso pintor australiano, e seu pai, Constant, um notável compositor e crítico de música erudita, combinação esta que parecia dotar Kit de uma afinidade pelo audiovisual e de um desejo pela fama, este alimentado por uma necessidade de viver à altura das expectativas da família abastada (e ainda assim se desviar delas).

Os High Numbers não se abalaram com as origens de alta classe de Lambert. Os anos 1960 já se tornavam uma época em que as classes e os credos se misturavam como nunca antes na sociedade britânica. À medida que

---

38 Embora o autor use o termo *revolution* no texto original, é bem provável (levando em consideração o ano, 1961) que ele esteja se referindo à crise política que tomou conta do país após a renúncia do presidente Jânio Quadros. O vice, João Goulart, estava numa missão diplomática na China, e houve pressão dos militares para impedir a sua posse. Entrou em cena a Campanha da Legalidade, com Leonel Brizola à frente, que acabou garantindo a posse do seu cunhado Jango, ainda que sob a égide de uma emenda constitucional que instituía um sistema parlamentarista provisório. (N. do E.)

certos membros das classes trabalhadoras, antes reprimidas, enriqueciam da noite para o dia nos mundos glamurosos da música pop, do futebol, do cinema e da moda, também aspiravam aos valores culturais daqueles nascidos e acostumados com tamanha fortuna. Da mesma forma, os jovens das classes mais altas, em vez de refutar os *nouveaux riches*, os recebiam bem, como figuras empolgantes e até perigosas, por meio das quais poderiam viver intensamente. Um microcosmo perfeito desse intercâmbio singular de estilos de vida e ideias poderia ser visto na relação de Lambert com Moon. Keith se valia dos ares aristocráticos de Kit, dos quais sua saudação grã-fina "Meu caro garoto" era a apenas a ponta do iceberg; Lambert foi amplamente responsável por servir de exemplo para os padrões de vida absurdamente altos que Keith passou a exigir para si mesmo ao longo da vida a partir de então.

"Kit ensinou a Keith sobre vinho, sobre restaurantes chiques", diz Chris Stamp. "Kit era muito sofisticado porque vinha daquela família boêmia e artística do West End, frequentara Oxford, tinha uma sofisticação vivida, falava outras línguas. Então, ensinou essas coisas a Keith. Mas Keith apresentou as anfetaminas a Kit. Assim, lá estava esse cara de Oxford apresentando Keith a 'Bordeaux isso' e 'Medoc aquilo', mas Keith o apresentava a bolinhas. Sempre tiveram uma afinidade estranha e incrível."

"Kit achava que ia sofisticar aqueles rapazes de classe trabalhadora", diz Richard Barnes. "Apresentava-os ao mundo dos restaurantes e a outras coisas às quais não se ia naquela época. Tentou fazer isso com Pete e com Keith. Pete, obviamente, era inteligente, frequentava a escola de arte e procurava por significados mais profundos, e Moon era apenas vivo demais e cheio de energia."

De fato, ao longo do tempo, Kit se tornou uma espécie de figura paterna para Keith, que, por sua vez, o retribuiu com uma lealdade e uma amizade inquestionáveis para o resto da vida. "Keith era sempre incrivelmente inseguro", diz Stamp. "Muito mais do que nós percebíamos. Havia um peso sobre seus ombros. Ele procurava Kit para tratar dessas inseguranças quando o peso se tornava demais. Kit era mais velho do que todos nós, então, para Keith, era mais velho ainda. E era um cidadão do mundo, sofisticado. Nunca estive com eles nessas horas, eram muito reservados, mas, do que eu percebia de Kit, Keith era de uma sinceridade brutal com ele, ao passo que nunca com os outros membros da banda ou comigo. Porque você sabe como nós somos quando jovens, não mostramos esse lado das coisas."

"Moon era muito, muito bonito", aponta Richard Barnes, "e Kit talvez até tivesse certo interesse nele." Talvez haja pouco espaço para dúvidas em relação a essa insinuação, embora não haja evidências de que algo tenha acontecido. Os High Numbers em geral não julgavam a homossexualidade de Kit Lambert, assim como ao fato de ele ter nascido em berço de ouro. O rock 'n' roll era um reduto para excluídos e aqueles considerados esquisitos, um *playground* de experimentação sexual. Igualmente, a arena do pop sempre foi cheia de rapazes bonitinhos inclinados ou obrigados e conceder favores ocasionais pela oportunidade de possível sucesso. Para muitos dos empresários homossexuais enrustidos daquela era do rock 'n' roll/Mersey Beat, a chance de combinar aceitação pessoal com oportunidade sexual num ambiente glamoroso, ainda que às vezes barra-pesada, era pura perfeição.

O que mais contava a favor de Lambert em sua aposta em empresariar o grupo era o fato de ele ter visão, oferecer incentivo em todas as áreas certas, incluindo aquelas em que outros talvez ficassem receosos – endossava ativamente as tendências reativas e violentas do The Who – e era um proativo consumado. Servira como oficial do Exército em Hong Kong; falava com um poder de persuasão militaresco, num inglês dos mais aristocráticos. Não era uma voz que convidava à discordância e decerto não reconhecia a existência da palavra "impossível". Por fim, qualquer dúvida em relação à inexperiência de Lambert com as atitudes da classe trabalhadora era imediatamente desmantelada pela afinidade natural do igualmente carismático (ainda que de forma contraditória) Chris Stamp para com elas. Em uma das descrições cativantes de Keith Moon da vida dentro dessa banda singular, ele os resumiu da seguinte forma: "Kit e Chris! Eram uma equipe tão incongruente quanto nós. De um lado, Chris: 'E daí, foda-se, vamos dar na cabeça deles, no saco, encher de porrada'. E Kit diz: "Bem, discordo, Chris. A questão é que essa coisa toda necessita ser pensada nos mínimos detalhes'".

De início, Lambert e Stamp acharam que Pete Meaden era o empresário dos High Numbers: o apreço do grupo pelo assessor de imprensa mod e a própria lábia do sujeito indicavam isso. Quando descobriram que a banda era, na verdade, contratada de Helmut Gorden – e que Bob Druce ainda espreitava ao fundo como "agente" –, acionaram ajuda legal peso pesado para libertá-la. No final das contas, o contrato de Gorden era mais ou menos inexequível, já que todos os membros tinham menos de 21 anos e os pais de Townshend não haviam assinado como responsáveis. Gorden foi tirado de cena sem cerimônias em questão de semanas ou até de dias. (Ele tentou convocar Doug Sandom para ajudá-lo a processar o grupo, mas o baterista não tinha afeição alguma por um empresário que ele havia trazido e que acabou supervisionando sua própria partida.)

Meaden não tinha domínio legal sobre a banda, mas esta o manteve a bordo o máximo que pôde, até que ficou claro que não haveria espaço para três empresários e que seu vício em anfetaminas estava trabalhando contra o grupo: os monólogos trincados do guru mod quase sempre viravam balbucios ininteligíveis quando ele ficava sem suprimento, literalmente. Por fim, Daltrey, ainda o presumido líder do grupo, informou a Meaden que seus serviços não seriam mais necessários e Kit Lambert comprou a parte dele por 150 libras. Possivelmente, era mais do que Meaden tinha direito, visto que ele não tinha vínculo legal algum com a banda; mas era consideravelmente menos do que ele merecia, dada sua contribuição ao grupo.

Lambert e Stamp nem sempre faziam os negócios mais inteligentes, mas o contrato inicial que assinaram com os High Numbers, que concedia *a cada um* 20% de comissão, era incrível. Em retrospecto, não foi tanto uma jogada de uma audácia ou destreza impressionantes, mas mais um indicativo do quão poucas regras haviam sido estabelecidas na indústria musical, e, de todo modo, os High Numbers não reclamaram: teriam um salário de 20 libras por semana garantido por pelo menos um ano, o que parecia uma demonstração imensa de confiança. (E era: Stamp logo pegou mais trabalhos

CAPÍTULO 9

em filmes apenas para que seu próprio salário pudesse financiar o da banda.) Contratos legais foram prontamente elaborados, todos os pais assinaram como responsáveis, Lambert e Stamp abriram uma firma chamada New Action Ltd., com sede no apartamento em Ivor Court, e uma das maiores relações entre empresários e bandas do rock 'n' roll estava oficialmente travada.

Helmut Gorden saiu de cena antes que pudesse testemunhar seu único feito genuíno como empresário. Havia convencido a eminente Arthur Howes Agency a colocar os High Numbers como banda de abertura de uma série de prestigiosos shows no litoral ao longo de todo o mês de agosto e no início de setembro, sob a condição de que eles também tocassem como banda de apoio de uma nova cantora de R&B chamada Val McCullam. No dia 9 de agosto, o grupo se viu em Brighton, abrindo para Gerry and The Pacemakers, cujos primeiros três compactos chegaram todos ao topo das paradas; no domingo seguinte, viajaram para a Blackpool Opera House, para abrir para uma atração ainda maior de Liverpool, os Beatles. Foi a primeira vez que a banda experimentou a histeria adolescente em massa – depois do show, enquanto guardavam os equipamentos, foram perseguidos num beco por garotas aos berros, simplesmente por serem uma banda de rock que se aproximara brevemente dos *fab four*. Por mais assustador que o incidente tenha sido em termos de intensidade, não houve nenhum dos quatros que não quisesse repeti-la.

O show em Blackpool também foi a primeira ocasião em que os High Numbers usaram iluminação profissional. Isso não teve nada a ver com a casa – nem os Beatles contavam com iluminação de verdade em 1964 –, e tudo a ver com o envolvimento imediato de Lambert e Stamp em todos os aspectos da apresentação do grupo. No início daquele verão, Stamp havia ligado para um velho amigo de escola, Mike Shaw, com quem trabalhara no teatro, em Bristol, pedindo ajuda na busca por uma banda londrina adequada para o filme; Shaw esteve presente no teste na escola, em Holland Park, em julho. Agora, havia sido nomeado gerente de produção – função que até então existia apenas no cinema – e ficou a cargo de transformar o show já dinâmico dos High Numbers em algo singularmente teatral. Shaw abraçou essa nova função com um profissionalismo admirável: alugou um espaço de ensaios em Wandsworth, na zona sul de Londres, para que o grupo lapidasse o show e, enquanto Lambert levava os rapazes à Max Factor para serem "maquiados para o palco" e à Carnaby Street para comprarem (mais) roupas, Shaw construiu um pequeno equipamento de iluminação ao redor da banda, que consistia em um punhado de lâmpadas 2K que ele dividiu em quatro cores. Para os padrões atuais, o efeito era mínimo, mas, na época, ninguém havia visto nada como aquilo. Os esforços de Shaw mal foram notados pelas hordas de garotas aos berros em Blackpool, mas, à medida que o show de luzes se tornava uma parte integral de toda apresentação, ajudou a consolidar a impressão de que os High Numbers eram uma banda muito maior do que seu status sugeria.

Dividir o palco com os Beatles foi, aparentemente, o apogeu da curta carreira dos High Numbers com esse nome, mas foi outro grupo que se apresentou na mesma noite quem os influenciou muito mais. Os Kinks, de Muswell Hill, zona norte de Londres, haviam entrado nas paradas britânicas naquela mesma semana com seu terceiro compacto, de autoria do vocalista e guitarrista da banda, Ray Davies. "You Really Got Me" significava uma nova direção para o rock britânico: abria com um *riff* de guitarra de dois acordes, altamente distorcido, cortesia do irmão de 17 anos de Ray, Dave Davies, ao mesmo tempo óbvio, como se já tivesse sido gravado centenas de vezes antes, e ao mesmo tempo único, no fato de que na verdade nunca havia sido. A letra também trazia um senso similar de *déjà vu*: Ray apenas apontava a impressão que uma garota causara nele, o tema de letra de música mais comum do mundo, porém, ele só podia admitir que não conseguia explicar: "*Girl, you really got me now, you got me so I don't know what I'm doing*"[39]. A letra de Davies era uma evolução havia muito necessária e finalmente digna de todo aquele grande rock 'n' roll americano gutu-

---

39 "Garota, agora você me pegou mesmo, você me pegou de um jeito que nem sei o que estou fazendo."

CAPÍTULO 9

ral ("Be-Bop-a-Lula", "Tutti Frutti" etc.), que ainda era imitado no Reino Unido uma década depois ("Do Wah Diddy Diddy", do Manfred Mann, era o compacto número um naquela mesma semana de agosto), e, se era coincidência que um momento tão decisivo para a música pop britânica havia sido registrado por um produtor estadunidense, Shel Talmy, era de se esperar que chegasse ao top 10 nos EUA mais tarde naquele ano, outro exemplo daquele movimento que rapidamente passava a ser visto como uma "invasão britânica". Enquanto isso, "You Really Got Me" rumava para a primeira posição no Reino Unido. Para os High Numbers em Blackpool, a canção foi um exemplo claro do quão rapidamente um compacto autoral de distinção podia abrir as possibilidades para a carreira de uma banda e atiçou a todos ali, Townshend em particular, a levar a sério a ideia de compor. Daí em diante, em parte como banda cover, mas principalmente por terem se tornado fãs, passaram a inclui-la em seu próprio repertório.

No domingo seguinte ao show dos Beatles, 23 de agosto, Keith comemorou seu aniversário de 18 anos – finalmente tinha idade para beber, embora já viesse se tornando cada vez melhor nisso – abrindo para a indefectível Dusty Springfield, no Hippodrome, em Brighton. Os dois últimos shows de domingo foram ambos em Blackpool, um com os Searchers e, mais uma vez, os Kinks, e o outro com o Swinging Blue Jeans e o Nashville Teens. Houve ainda um show de sexta-feira à noite com Lulu and The Luvvers. Que época para Moon celebrar a maioridade: tocava bateria profissionalmente numa banda que, no fundo, sabia que tinha os ingredientes necessários para o sucesso e, mesmo que o primeiro compacto tenha sido um fracasso retumbante, os High Numbers tocavam com as maiores bandas da Grã-Bretanha, absorvia influências de algumas, dispensava os aspectos negativos de outras, e o tempo todo afiava o show, com intuito de se tornar a mais inesquecível delas.

Os shows de verão não aconteceram sem problemas. Exerceram uma pressão sobre uma banda que já desenvolvia rapidamente uma reputação de agressividade no palco e agora tinha de segurar a onda e acompanhar uma cantora de forma educada, ao que Keith elaborou suas próprias respostas tipicamente singulares. Uma delas foi comprar um prato de 12 centímetros que ele tocava com um toque deliberadamente sutil nas músicas supostamente mais dançantes de McCullam; outra era tratar os momentos solo dela como um jogo de boliche, em que as pernas de McCullam eram os pinos e a bateria de Keith a bola. Isso quase lhes custou a participação na turnê, mas Keith simplesmente não se importava.

Ele saiu de casa no verão e foi morar num apartamento em cima de uma lavanderia, na Ealing Road, na frente da estação Alperton, com Lionel Gibbins, co-*promoter* de Richard Barnes, no Railway Hotel. Era uma localização esquisita, a um arremesso de baqueta da velha escola de Keith, da qual seria de se imaginar que ele gostaria de se distanciar. E Lionel era uma escolha esquisita de colega de apartamento, na visão dos amigos de Keith, já que ele era consideravelmente mais velho e tinha uma personalidade significantemente mais sóbria. Porém, em todo caso, era raro Keith estar em casa, já que passava a maior parte do tempo rodando com a banda. A dupla durou seis meses no apartamento na Ealing Road, quando então foram expulsos pelos proprietários por desleixo em geral e por aluguéis atrasados, e Keith voltou a morar com os pais.

Em paralelo aos shows de veraneio, a banda consolidava seu apelo com os mods ferrenhos por meio de uma residência de quarta-feira que Pete Meaden ajeitou no The Scene. Era um feito e tanto: o The Scene era a central mod e dificilmente dava espaço para música ao vivo. (Os hoje famosos Animals foram a última banda a ganhar experiência lá.) Os High Numbers tocaram no The Scene por quatro quartas consecutivas em agosto e setembro, noites em que, nas recordações de Townshend, ele chegou o mais próximo de se entregar por completo à cultura mod, e em que Keith, por sua vez, teve ainda mais oportunidades de se esbaldar nos corações roxos e nos azuizinhos franceses[40], que deixavam sua mente tão focada e o dotavam de ainda mais energia para fazer o que ele sempre queria: tocar bateria.

---

40 "French blues": *outra variante de anfetamina, essa em comprimidos azuis. (N. do T.)*

CAPÍTULO 9

Fui num desses shows no The Scene (além de uma noite de terça-feira no Railway) que Lambert, Stamp e Shaw chegaram o mais perto de fazer o filme que pretendiam com a banda – capturaram uns 3 ou 4 minutos. Com apenas uma luz e uma câmera portáteis, as imagens são cruas ao extremo. Porém, pegam o apelo visual com uma clareza em nada diminuída pelo tempo: Roger, num blazer xadrez e um suéter de gola polo, exagerado demais para um clube quente e abafado, mas ao mesmo tempo muito estiloso; John Entwistle, de polo preta, congelado diante de uma caixa de falantes mais alta do que ele próprio; Pete Townshend, de jaqueta preta, com sua Rickenbacker na altura do peito, dois amplis Marshall atrás dele, em cima de um gabinete de uma altura impressionante; e Keith Moon, de pulôver preto de manga comprida, no The Scene, e de suéter listrado, no Railway, tocando sem se preocupar com nada, se debruçando e se afastando da bateria ao ser tomado pela música, uma confiança jovial expressa em seu rosto. As imagens esparsas da banda são incrementadas por Lambert e Shaw com *takes* do estiloso público mod exibindo os passos de dança do momento e com zooms em seus rostos adulterados pela anfetamina. Uma panorâmica nebulosa de uma série de *scooters* estacionadas na frente de um dos clubes completa o ar de afronte subcultural. Incrivelmente, esse é um dos poucos registros da verdadeira cultura mod (ao contrário das notícias sensacionalistas sobre os confrontos à beira-mar) que sobreviveram dos anos 1960. Igualmente digno de nota é o fato de que, se os High Numbers/The Who apenas fingiam o título de mods, como foi frequentemente insinuado (e não menos pelos próprios membros da banda), as filmagens lhes retratam como os melhores atores daquela geração musical.

Terminados os shows no The Scene e com o iminente desligamento de Meaden dos High Numbers, Lambert e Stamp saíram atrás de novas datas para o grupo com o cuidado de sempre. Lambert cobriu as paredes do escritório em Ivor Court com um mapa gigante de Londres e espetou alfinetes nos destinos propostos, como se estivesse de volta ao Exército ou à Amazônia. Porém, as "expedições" a áreas desconhecidas, como Greenwich, ao sul de Londres, e Leytonstone, no East End, fracassaram miseravelmente. O pessoal do Goldhawk era compreensivelmente relutante em se engajar na considerável jornada até outros lados de Londres para apoiar uma banda que era possível ver na própria vizinhança toda semana. Enquanto isso, os mods locais nem ouviam falar do grupo.

Tentativas de ampliar a carreira fonográfica da banda também se provaram infrutíferas. A Fontana dispensou um segundo compacto, supostamente depois de pedir mais demos. A EMI também rejeitou a banda numa carta datada de 22 de outubro – embora, à maneira clássica das gravadoras, não chegou a dizer isso explicitamente –, depois de aparentemente também marcar suas próprias gravações. Nenhum registro dessas supostas sessões jamais veio à tona. Um acetato de uma demo para o selo Pye, porém, foi encontrado, sem etiqueta e riscado para diabo, num mercado de pulgas nos anos 1990. As gravações eram extremamente cruas, mas as versões de "Leaving Here" e de "Baby Don't You Do It", de Marvin Gaye (ambas canções da Motown compostas pelo famoso trio Holland-Dozier--Holland), capturavam perfeitamente a energia do *set* ao vivo da banda. Em especial, ambas era excelentes demonstrações da bateria vibrante de Keith, que parecia ter uma afinidade particular para adaptar a batida da Motown ao seu gosto[41]. Batida essa que foi provavelmente desordeira demais para o Pye, que também dispensou o The Who.

Embora a decepção reinasse naquele momento, o grupo não tinha culpa alguma por essas rejeições. Apesar de todas as mudanças que aconteciam no mundo da música em 1964, aqueles que mexiam os pauzinhos na indústria ainda eram, em sua maioria, conservadores de meia-idade. Relativamente confortáveis com o estilo de entretenimento para toda a família das bandas de Mersey Beat, mais aquiescentes, ainda estavam tentando decifrar como os Rolling Stones haviam entrado de penetras na festa e deixado a porta aberta para os Kinks e os Animals. (Esses nomes, tamanhos porta-vozes da

---

41 Essa gravação de 1964 de "Baby Don't You Do It" foi lançada na reedição em CD de *Odds & Sods*.

danação!) Geralmente, a reação da indústria àquilo que não compreende é esperar que suma. Não era essa a intenção dos High Numbers.

Por sorte, Lambert e Stamp incentivavam o grupo a se manter fiel a si mesmo. A reação de Lambert, em particular, à primeira tentativa de composição de Townshend, "It Was You" (nunca lançada pelo The Who, mais tarde seria um fracasso tanto para os Naturals quanto para o Fourmost), foi comprar para ele um par de gravadores Revox novos. Foi um gesto de fé que inspirou uma vida inteira de lealdade, e Townshend imediatamente passou a dedicar todo seu tempo livre a aprimorar as habilidades de compositor.

Enquanto isso, no palco, Townshend começara a gesticular suas emoções – muito possivelmente influenciado pela movimentação constante de Moon à bateria –, girando o braço direito em arcos amplos entre os *power chords*, que eram sua marca registrada na guitarra, e frequentemente levantando o instrumento, aproximando-o do peito ou apontando-o para cima. Numa noite daquele outono no Railway Hotel, onde o grupo havia construído seu próprio palco mais elevado para incrementar o aspecto visual do show na única casa em que podia controlar isso, ele acidentalmente atingiu o teto baixo com sua Rickenbacker, cujo braço acabou se quebrando. Na tentativa de fingir que foi um movimento deliberado – pôde ver gente rindo no público, provavelmente pensando que havia sido apenas a consequência de seu estilo exibido –, pegou sua única outra guitarra e continuou a tocar, como se não desse a mínima. Foi uma afirmação importante. Diz a lenda que, na semana seguinte, um público ainda maior apareceu, na expectativa de que a performance fosse repetida. Quando Townshend não repetiu o feito, a reação morna do público fez com que Keith Moon, ao final do show, chutasse a bateria toda, como se dissesse, *foi para isso que vocês vieram, então aqui está, inferno*. Na outra semana, o público era *ainda* maior e veio com ainda mais expectativa. Dessa vez, ambos, Townshend e Moon, cumpriram essas expectativas ao destruir os equipamentos no clímax do *set*, com efeito, criando um dos rituais mais duradouros e fascinantes – e imitados, mas nunca superados – do rock.

"Quando quebrava a bateria, era porque estava puto", disse Moon anos mais tarde. "Estávamos frustrados." Talvez. Logo ele passaria a chutar a bateria por hábito e proclamaria ao mundo o quanto gostava de fazer isso.

De todo modo, a destruição dos equipamentos só se tornaria uma parte intrínseca dos shows da banda aos poucos. Townshend podia articulá-la como "autodestruição" e, de fato, um de seus ex-professores da escola de arte até pediu a banda para "executá-la" em uma de suas aulas, mas nenhum dos membros queria muito fazer disso um hábito. As guitarras, em especial as Rickenbackers americanas, eram caras – as baterias geralmente sobreviviam à surra – e a banda era pobre, mais ainda com tanto investimento em iluminação e figurino. Os empresários, astutos o bastante para perceber o apelo visceral do número da dupla Townshend-Moon, ainda que tensos com a possibilidade da alta conta dos equipamentos, sugeriram que eles o guardassem para os shows importantes, talvez sem se dar muita conta de que a banda tocava todo show como se fosse uma questão de vida ou morte.

Armados com o filme promocional de baixo orçamento e nada mais, a New Action trabalhava meio que da mesma forma que Keith tocava bateria, atirando para todo o lado, de um jeito aparentemente incompreensível, ignorando as regras, contando com o instinto e se nutrindo de adrenalina pura. Assim como o estilo de Keith, nem toda tacada dava certo, mas, quando dava, o resultado era inesquecível.

Tal foi o caso com a residência conseguida quase no final do ano no Marquee, que recentemente havia migrado da Oxford Street para a Wardour Street, e permitira que o R&B aos poucos usurpasse o jazz em todas as noites da semana, exceto as de terça-feira, o último bastião de uma música tradicional que agora estava tão na moda quanto paletós eduardianos. Lambert e Stamp se ofereceram para assumir essa noite mais fraca e atuar como co-*promoters*, de forma a garantir à casa um lucro fixo e se permitir colher quaisquer recompensas potenciais. Foi uma jogada tipicamente ousada, tudo ou nada, e com tanto peso sobre essas datas-chave, a New Action fez uma sugestão-chave a seus clientes. Ou uma exigência, na verdade. Era hora de voltar para o nome anterior da banda. The Who se destacava, era imediato,

CAPÍTULO 9

controverso, inesquecível – tudo o que The High Numbers não era. Parece não ter havido muitas reclamações da parte dos rapazes, que consideravam The High Numbers um nome ligado intrinsecamente a Pete Meaden, assim como o fiasco de "I'm the Face/Zoot Suit". O novo (velho) nome inspirou um novo lema, "Maximum R&B" e, com ele, um pôster inconfundível que entrou para os anais da história da música tanto quanto os shows para os quais ele foi elaborado: um fundo preto seco, de onde se destacavam apenas o braço estendido, a guitarra e o rosto de Townshend – além do nome da banda, com a letra "o" acrescida de uma seta como o símbolo do gênero masculino (uma afirmação afrontosa da masculinidade da banda num mundo pop que prosperava com a adoração feminina) e do mote de duas palavras que descreviam tão sucintamente o som.

Os shows no Marquee começaram em 24 de novembro de 1965, com um público composto apenas dos fãs mais fundamentais da banda do Goldhawk (a quem uma viagem até o Soho apetecia mais do que uma até Greenwich ou Leytonstone) e alguns mods espalhados que conheciam a banda dos shows no The Scene, que ficava ali na esquina. Quando a residência acabou, em 27 de abril de 1965 (um ano exato desde a saída de Doug Sandom), os shows já haviam se tornado eventos semanais, que quebravam consistentemente os recordes de bilheteria do clube.

A lenda do The Who no Marquee só é reforçada por aqueles que a testemunharam. Uma dessas pessoas foi Nick Jones, que na época ainda era estudante, porém um estudante que sabia de música, já que seu pai, Max, era o principal crítico de jazz da *Melody Maker*. Suas recordações capturam perfeitamente o apelo adolescente masculino da banda.

"Eu andava com uns mods em Mornington Crescent", relembra Jones. "Matávamos aula e íamos ao West End e a lugares com a Ravel [*na Carnaby Street*], para olhar as botas. Caminhando pela Wardour Street, vi aquele famoso pôster na frente do Marquee e a imagem me marcou muito. Pensei: 'O que é isso? Nunca ouvi falar nesses caras. Terça-feira? Será que meus pais me deixam sair numa terça?'. Fui até lá numa terça, levei uma garota de uma escola do lado da minha e havia só umas sessenta pessoas no lugar. Isso foi na segunda ou terceira semana. Lembro-me de sentir uma conexão. Senti um arrepio na nuca. Lembro-me dos instrumentais, 'Green Onions', da potência e do volume. Gente como os T-Bones e o Clapton, nos Yardbirds, só tinham pequenos Vox AC-30, então aquelas paredes [*de amplificadores*]... foram um impacto visual imediato."

"E Keith Moon era completamente louco, fazia umas viradas doidas. Eu era baterista e a primeira coisa que pensei foi, provavelmente, isto: 'Esse cara não está tocando a mesma música que o resto da banda', e talvez depois de uns 15 minutos eu tenha me dado conta de que ele estava, sim, mas já havia abandonado a batida e preenchendo com viradas, havia outra coisa rolando ali. Era meio fora de controle, de forma que você pensava, 'Isso é uma porcaria', até perceber que a bateria era mais um instrumento solo. Eles evisceravam músicas que a maioria das bandas tocava fielmente. Eu nunca tinha ouvido 'Heatwave', mas fiquei completamente impressionado com o repertório. Era uma desconstrução absolutamente pós-moderna."

"Naquela noite, fui embora, deixei a garota em casa, me esqueci de tentar colocar a mão no peito dela... Estava completamente pilhado, mas sóbrio. E enchi o saco do meu pai. 'Acabei de ver uma banda incrível, eles demoliram por completo 'Smokestack Lightnin'' e 'Green Onions'".

Max Jones sugeriu ao filho que, se ele tinha ficado tão impressionado, que colocasse essa opinião no papel. A resenha de Nick de um daqueles primeiros shows no Marquee acabou publicada nas páginas austeras da *Melody Maker*, em 9 de janeiro de 1965, e concluía que o The Who "certamente vai ser um dos grupos a criar tendências em 1965".

A previsão escancaradamente entusiasmada de Jones se provaria precisa, em grande parte graças aos shows inimitáveis da banda. Porém, não teria se concretizado sem algum tipo de sucesso fonográfico mensurável, e esse ingrediente final extremamente importante para o estouro da banda estava sendo providenciado enquanto Jones colocava suas palavras no papel.

CAPÍTULO 9

Kit Lambert contratara uma assistente chamada Anya Butler. A melhor amiga de Butler era casada com o produtor dos Kinks, Shel Talmy, nascido em Chicago, mas baseado em Londres. Talmy estava à procura de um novo grupo com quem pudesse dar sequência ao sucesso que teve com os Kinks. Pete Townshend havia escrito uma música, a primeira da qual se orgulhava de verdade, que emulava conscientemente os sentimentos passionais e os *power chords* estrondosos do sucesso arrasa-quarteirão dos Kinks, "You Really Got Me". A música se chamava "I Can't Explain", e, quando Mike Shaw tocou pelo telefone para Talmy a demo feita em casa por Townshend, o produtor gostou dela o bastante para ir ver a banda.

Colocado assim, parece tão simples, quase impossivelmente simples. Porém, nos mundos acidentais da arte e da música, onde as regras existem apenas como orientações e as conexões pessoais são mais importantes do que as qualificações, a verdade pode, de fato, ser assim, tão direta. Lambert e Stamp vinham batendo na porta de tantas gravadoras com tão pouco sucesso, que já estavam ficando sem opção. Agora, finalmente haviam chegado aos ouvidos certos. Shel Talmy topou ir ver o The Who ensaiar no salão de uma igreja, onde ele se lembra de ter ficado "impressionadíssimo, era a melhor e mais cascuda banda de rock'n' roll que eu ouvira na Inglaterra".

Em vez de se assustar com a agressividade nua e crua do The Who, Talmy, que tinha 20 e poucos anos, reconheceu ali os elementos que tornaram o rock'n' roll tão excitante para ele quando criança nos EUA. Visualizou o The Who se conectando com o público adolescente exatamente como acontecera com os Kinks, contanto que ele pudesse manter o controle criativo.

As experiências de Talmy com a sovina indústria musical inglesa já o haviam deixado amargurado. Com os Kinks, diz ele: "Na minha ingenuidade e estupidez – que só posso atribuir à minha juventude – fechei o pior contrato possível tanto para a banda quanto para mim". Depois de observar como gente como Phil Spector, nos EUA, estava construindo impérios enormes baseados em contratar os artistas diretamente por uma porcentagem, produzir as músicas e então licenciar os produtos finais para gravadoras *major* por outra porcentagem, maior (e, nisso, embolsar a diferença), propôs um acordo desses a Lambert e Stamp. Financiaria as sessões de gravação do grupo. Independentemente do que ele recebesse de uma *major*, a banda ficaria com 2,5% dos *royalties*. Era só metade do que poderiam esperar de um contrato de gravação razoavelmente decente assinado direto com eles e, descontando-se a comissão dupla dos empresários, os quatro membros do The Who teriam de dividir apenas 1,5%. Porém, na empolgação de fechar contrato e gravar com um dos produtores mais quentes do momento, os *royalties* nem entraram em discussão. Não haviam ganhado nada com o contrato com a Fontana; se o novo disco não vendesse (diabos, não havia nem garantia que seria lançado), pior não seria. Se algumas cópias realmente vendessem, não só veriam algum dinheiro dessas vendas como também o cachê dos shows subiria. Era uma situação em que não havia como perder.

No finalzinho de 1964, o The Who entrou no Pye Studios, em Londres, para gravar o que se tornaria um dos maiores compactos de estreia de todos os tempos, 2 minutos e 2 segundos que, de algum modo, combinavam o que havia de mais puro nas melodias pop com uma energia bruta sublime, isso junto a uma letra que era, ao mesmo tempo, celebratória e confusa, uma canção adolescente perfeita e que envelheceu tão bem quanto qualquer outra coisa no catálogo do The Who – algo que raramente acontece num primeiro lançamento.

Embora "I Can't Explain" seja talvez melhor lembrada pelo *riff* de guitarra de três acordes de Townshend, que declara a música em alto e bom som, e, em seguida, pela interpretação classicamente inglesa de Daltrey da letra (embora seus vocais nas primeiras gravações do The Who sejam frequentemente criticados, aqui ele equilibra com perfeição a angústia do blues com o otimismo do pop), sem a contribuição de Keith Moon ela só seria uma grande *música*, mas nunca uma grande *performance*. Ao ouvir seu acompanhamento impecável, acelerado, mas perfeitamente certeiro, em que os pratos de condução tomam conta da faixa e as viradas afiadas e os preenchimentos sincopados pontuam na medida que se fazem necessários, somos tentados a questionar quais gravações de pop ou rock

CAPÍTULO 9

britânicas dos dois anos anteriores, desde que os Beatles abriram caminho para uma nova geração, contavam com um baterista tão inquieto, tão proeminentemente à frente num momento tão inicial da carreira de uma banda. Decerto não as dos Beatles, embora Keith tivesse uma admiração por Ringo Starr que, mais tarde, beiraria a adulação. Tampouco as dos Stones, cujo baterista, Charlie Watts, era um aficionado por jazz de alto gabarito, mas tocava num estilo deliberadamente despojado. Nem Mick Avory, dos Kinks, e decerto nenhum dos grupos alegres de Mersey Beat, como Gerry and The Pacemakers e The Searchers, os Hollies e Herman's Hermits, de Manchester, tampouco as respostas londrinas a esses sons açucarados, cortesia do Dave Clark Five ou do Manfred Mann. Em todos esses casos, os bateristas apenas providenciavam a batida, suplementada pela ocasional virada de tons ou caixa quando o refrão ou a ponte se aproximavam. Único em sua geração – e o mais novo nela –, Keith Moon seguiu o exemplo que estabeleceu para si mesmo nas faixas não lançadas da Fontana e tocou como se fosse o vocalista ou o guitarrista[42].

Keith se anuncia para o mundo no final da segunda estrofe, quando o padrão de acordes muda, indicando claramente que o refrão se aproxima. Daltrey entoa *I know what it means, but...*, os outros músicos fazem uma

---

42 A singularidade de Keith como baterista foi exemplificada no papel em abril de 1965, quando ele foi incluído pela *Melody Maker* como o mais jovem e mais novo da cena entre os dez principais "Astros da Batida". Seus próprios comentários – "É errado ter aulas logo de cara, porque isso tolhe o seu estilo", "O bumbo é um tambor muito negligenciado hoje em dia" – não eram, em si, controversos. Era a visão de seus colegas que mostrava o quão diferente Keith, de fato, era em sua abordagem. Mick Avory, dos Kinks, observou que "os tons são a parte menos importante" da bateria, assim como Brian Bennett, dos Shadows: "Tons são desnecessários. Toquei profissionalmente por dois anos sem eles". Só Charlie Watts destacou a importância do bumbo e acrescentou que "uso muito o chimbal, assim como o Ringo". Ringo, por sua vez, reclamou de bateristas "que se acham bateristas de jazz modernos. Há bateristas demais tentando fazer coisas complicadas. Só segure a batida e se dê conta de que é para isso que você está ali". Esse último comentário provavelmente não foi direcionado diretamente a Keith, que ainda não havia revelado toda a gama de seu talento em disco, mas, quando o fez, foi evitando o chimbal quase que por completo e se valendo pesadamente dos tons, e decerto tentando fazer coisas complicadas. Não surpreende que tenha demorado tanto para ser aceito entre seus contemporâneos.

pausa dramática, e Keith preenche o curto silêncio com duas sequências de tercinas a toda velocidade na caixa, como as batidas de um coração adolescente apaixonado, de forma a ecoar a frustração do cantor diante de sua incapacidade de se articular, e então os quatro voltam com um estouro para um refrão em que o vocalista anuncia que, apesar de toda a clareza de sentimentos, é algo que ele *"can't explain"*.[43] Ouvida inúmeras vezes ao longo dos anos, aquela tercina dupla se torna engendrada na experiência aural, como se não houvesse outro jeito de tocar a música. E essa é a grande questão: se a canção não tivesse sido tocada assim, não seria tão boa. Keith Moon garantiu isso.

Como era costumeiro na época, Shel Talmy tinha apreensões o suficiente em relação a certas habilidades do The Who para deixar músicos substitutos a postos. Pete Townshend encontrou o prodígio adolescente dos estúdios, Jimmy Page, à espera para gravar o solo de guitarra (embora haja muita confusão a respeito de quem tocou a versão final, acredita-se que tenha sido Townshend), e as harmonias vocais indisciplinadas do grupo foram praticamente todas trocadas pelos *backings* cristalinos de um grupo de cantores de estúdio chamado The Ivy League. Entretanto, nunca houve o perigo de Keith Moon ser substituído.

"Ele era ótimo", diz Talmy. "Como baterista, era o melhor. Nunca gravei ninguém que chegasse perto. Não havia nada que eu precisasse dizer a ele, só onde eu queria a ênfase, de vez em quando. Fora isso, eu nem sonharia dizer a ele como tocar bateria."

Em retrospecto, parece improvável que Shel Talmy, o produtor do momento, tivesse alguma dificuldade em garantir um contrato com a gravadora que quisesse depois de tocar para ela a master de "I Can't Explain". Porém, ou Talmy se deparou com dificuldades imprevistas ou, mais provavelmente, sua experiência com o mercado fonográfico inglês até então e seu histórico pessoal o levaram a pensar em termos de dólares, em vez

---

43 "Sei o que significa, mas... não consigo explicar."

de libras. Ele vendeu os direitos de todas as gravações do The Who (das quais era dono, conforme o contrato que assinara com a banda) para o braço americano da Decca. Isso pelo menos assegurava o lançamento do grupo nos EUA, onde havia uma demanda feroz por música britânica, porém, também significava que o The Who não seria lançado pela Decca no Reino Unido, e sim pelo Brunswick, um selo à parte reservado a bandas americanas. Embora talvez houvesse alguma vantagem em ser confundido com uma banda do país onde tudo começou, ainda era bizarro que o The Who começasse a carreira no Reino Unido como estrangeiros em sua própria terra natal. Não que eles se preocupassem com qual seria o selo que viesse no centro do compacto de vinil de sete polegadas: tudo o que importava era que este fosse lançado.

Quando saiu, "I Can't Explain" era de uma qualidade tão inegável e tão distinta do repertório de covers dos shows do The Who, que, quando Keith tocou o compacto para seu amigo John Schollar, não ocorreu ao impressionado ex-Beachcomber que aquele poderia ser o The Who. De forma semelhante, "Irish" Jack se recorda de "I Can't Explain" como o momento em que o acréscimo de Keith à banda finalmente fez sentido, em que todas as peças se juntaram e ele soube que a banda que sempre tratou como família havia enfim crescido e estava pronta para voar do ninho e causar um impacto no mundo lá fora.

Afinal, embora Townshend pensasse ter escrito uma canção de amor bem direta, Jack Lyons e alguns outros a viam de forma diferente. Para estes, "I Can't Explain" explicava com sucesso como, na condição de mods sob o efeito de comprimidos, num combate contínuo com o mundo careta, eles não conseguiam explicar o que tentavam explicar.

"Ninguém falava com os mods até Pete Townshend escrever 'I Can't Explain'", diz Jack. "Senti todo o tipo de sensação até o fundo da alma, aquilo era Elgar[44] sob o efeito de anfetamina."

---

44 O compositor inglês de música clássica Sir Edward Elgar (1857-1934). (N. do T.)

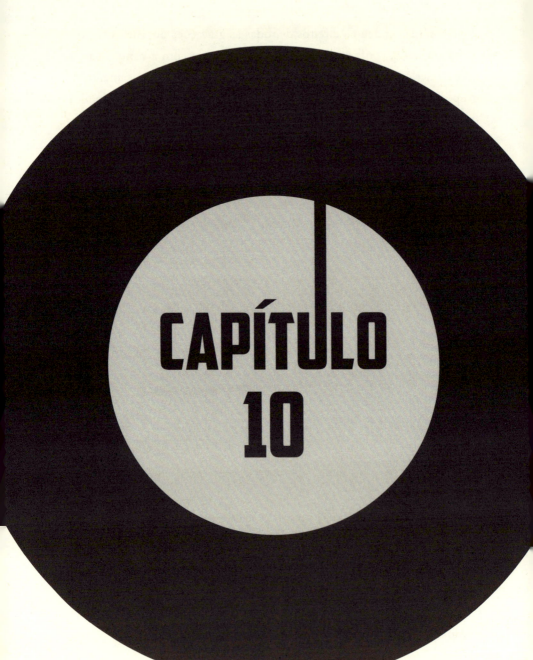

Quando o ano virou no calendário e a carreira do The Who se preparava para entrar em modo turbo com o lançamento de "I Can't Explain", Keith Moon também sentia todo o tipo de sensação até o fundo da alma. Dessa vez, não era por causa da anfetamina nem da confusão adolescente. Embora a sensação fosse nova, de uma coisa ele tinha certeza: estava apaixonado.

Nos últimos tempos, Keith vinha se dando bem numa frequência constante. O baterista, todo mundo concordava, era o "bonitinho" do The Who. Longe dele regular os desejos das garotas. Não era como se ele fosse obcecado em pegar mulheres da forma como Roger era, mas decerto não ia afastá-las. E é preciso ser dito que elas o abordavam – isso mesmo, as garotas davam em cima *dele* – de uma forma que ele não imaginaria nem em seus sonhos mais loucos.

Exceto *aquela*. (E não é sempre assim?) Ele a conheceu quando a banda tocou no Disc a Go Go, em Bournemouth, no início do ano, por meio de um flerte anterior, Sue Ellen, de 19 anos, que fazia uns bicos de modelo e os apresentou depois do show. Essa garota, Kim, era linda, a criatura mais incrível que seus olhos já haviam visto, de olhos azuis tão profundos quanto o oceano, cabelos loiros sedosos, uma silhueta de ampulheta, um rosto de porcelana e um sorriso alegre e matador. Era tudo o que ele buscava numa garota, e isso bateu forte como sempre lhe haviam dito que bateria quando ele conhecesse sua alma gêmea. Sue Ellen lhe disse que Kim era modelo. Não era de se surpreender. Porém, Bournemouth dificilmente era um centro do universo da moda, e Kim, que aparentava ainda estar na escola, não deveria ter idade para ter esperanças tão altas, fosse em termos de carreira ou de homens. No todo, Keith calculou que suas chances com ela poderiam ser muito boas. Antes do fim da noite, pediu o telefone de Kim e, alguns dias depois, telefonou para ela.

Kim, porém, não se lembrava dele. "Keith quem?", perguntou. Ele então fez uma piada sobre o nome da banda – *The Who?* –, e isso ajudou a quebrar o gelo. Daí em diante, Keith manteve Kim no telefone o máximo que pôde, e ela pareceu bastante contente em conversar com ele, mas, quando ele se ofereceu para ir até Bournemouth para vê-la quando estivesse de folga – o que acontecia sempre às quartas-feiras, um respiro depois do compromisso de meio de semana no Marquee –, ela negou. Obrigado, mas não. Keith ficou atordoado. Não estava esperando por essa de uma jovenzinha possivelmente impressionável. E não aceitou. Perguntou se poderia ligar para ela de novo e, dessa vez, ela disse que sim, ele poderia. E ele voltou a ligar. Uma garota que acabara de completar 16 anos se fazendo de difícil para um astro do rock 'n' roll em potencial, isso, sim, era novidade.

— ● —

Maryse Elizabeth Patricia Kerrigan nasceu a 30 de dezembro de 1948, em Leicester. Porém, entre a sua cidade natal, nas Midlands, e o destino costeiro sulista de sua adolescência, houve um mundo de aventuras. Aos 25 anos, seu pai, o irlandês Bill, depois de ter feito faculdade de agricultura na Escócia, conseguiu um cargo na administração de uma plantação de borracha e coco no que era então a Malásia Britânica, no coração da Ásia Pacífico, e se mudou para lá com toda a família, que consistia em sua esposa, Joan, inglesa de 21 anos, e a filha única dos dois. Patsy, como passou a ser conhecida, tinha apenas 3 meses de idade. Para nos valermos de um eufemismo, foi uma infância estranha, com um gostinho do colonialismo à medida que as cortinas se fechavam para o Império Britânico, e na qual Patsy passava tanto tempo na companhia da babá, que o malaio, e não o inglês, se tornou seu primeiro idioma. Isso mudou quando ela tinha 7 anos e os Kerrigans voltaram para a Inglaterra por dois anos. Foi o suficiente para que Patsy se familiarizasse com seu país de nascença antes de mudar para o Leste da África – dois anos em Uganda e mais dois no que então era Tanganica –, onde, dessa vez, seu pai cultivava chá. Ao retornarem mais uma vez

CAPÍTULO 10

para a Inglaterra, quatro anos depois, Bill e Joan Kerrigan, incertos quanto à educação da filha depois de tantas viagens, a mantiveram em casa por um ano, antes de enviá-la para um internato num convento católico irlandês em Bray, alguns quilômetros ao sul de Dublin, onde as irmãs de Bill haviam sido educadas. Compreensivelmente, dada a sua experiência de mundo até então, Patsy se rebelou contra os padrões rígidos do convento, e só depois de ter ameaçado fugir foi que seus pais, agora estabelecidos em Bournemouth, enfim permitiram que ela voltasse para casa, no final de 1963.

Livre da escola, apesar de não ter ainda 15 anos, e depois de ter perdido toda uma educação, que talvez pudesse ter lhe dado um objetivo claro na vida, Patsy decidiu se tornar cabeleireira. Trabalhava como *trainee* num salão em Bournemouth quando uma das clientes puxou conversa com ela. Seu nome era Marie Fraser, responsável pela Dawn Academy, o que ela descreveu como uma "escola de charme" que também servia como uma agência de modelos local. Patsy tinha uma aparência que poderia levá-la longe como modelo, segundo Marie, em especial se ela adquirisse o aprumo que a Dawn Academy poderia ensinar com tanta *expertise*. Patsy conversou com a mãe e, depois de se informar mais, Joan concordou. A filha poderia frequentar a escola de charme.

Pouco depois de entrar para a Dawn Academy, em meados de 1964, Marie informou a Patsy que ela se parecia tanto com a *top model* Pattie Boyd, que seria preciso mudar de nome, para que ninguém pensasse que a agência estava tentando passar um golpe.

Pattie Boyd? Golpe? Patsy Kerrigan achava que toda essa conversa de ser modelo era só isto: conversa. Mal podia acreditar que estavam falando dela na mesma sentença que uma personalidade tão glamorosa.

Marie, porém, insistiu. "Você não pode ser uma Patsy. Você tem cara de Kim. Vamos te chamar de Kim Kerrigan. Tem uma sonoridade adorável."

"Certo", pensou Patsy. Ter um nome artístico daria à sua vida uma empolgação muito necessária. E se todo aquele negócio de aprender a andar do jeito certo, falar do jeito certo e se vestir do jeito certo parecia um pouquinho formal demais, o dinheiro que ela logo começou a ganhar, só por ficar parada em pé sendo bonita para catálogos e revistas da região, decerto tornava a vida mais rica do que ficar entocada num convento na Irlanda. E também não era como se ela tivesse de atender por Kim para sempre.

Porém, à medida que fazia novas amizades por meio dos trabalhos como modelo, todo mundo começou a se referir a ela como Kim, como se fosse seu nome de batismo, até que ela mesma passou a se apresentar assim. Passou a frequentar círculos mais maduros, fazer amigas consideravelmente mais velhas – como Sue Ellen, que convidou Kim para ir ao Disc a Go Go ver o show do The Who. "Eles têm um baterista gatinho chamado Keith", disse Sue Ellen, antes de entrar em mais detalhes do que Kim precisava saber a respeito dos melhores atributos dele. Mas também, essa era a diferença entre Kim, que acabara de fazer 16 anos, e sua amiga de 19 – um mundo inteiro de experiência sexual.

"Eu já tinha tido encontros, ido ao cinema", recorda-se Kim da relativa inocência da vida antes do primeiro namorado. "Não era como se eu vivesse trancada." Isso apesar dos dois anos infelizes no convento. "Mas nunca havia dormido com ninguém. Ia completamente contra a maré. Não era uma rebelde. Ficava contente em só voltar para a casa dos meus pais. Não havia passado muito tempo com eles, então estava feliz de morar com eles." Quando Kim saía à noite, geralmente ia a um clube chamado The Kilt, na frente do qual seu pai ia buscá-la às 10h em ponto. Havia pouca oportunidade de aprontar.

Naquela noite, no Disc a Go Go, Kim ficou impressionada com o The Who – "Eles foram muito, muito potentes, fiquei atordoada" –, e depois, quando Sue Ellen a apresentou ao baterista, ficou bastante impressionada com ele também. "Achei Keith adorável, aqueles olhos enormes, muito doces." Não era tão ingênua a ponto de não perceber que Keith estava dando em cima dela e ficou bastante lisonjeada com a atenção, mas, quando ele telefonou na semana seguinte, resistiu à ideia de sair com ele. "Eu não estava muito a fim, em parte por causa dele com a minha amiga [*Sue Ellen*], porque eu sabia a história deles, e não estava interessada, de qualquer forma – era a última coisa que eu tinha em mente. Ele era engraçado e um amor, mas não era algo que eu estava procurando." Kim disse isso tudo a Keith, mas ele insistia em ligar,

CAPÍTULO 10

até que, depois de um tempo, ela passou a ansiar por seus telefonemas. Havia algo de cativante na personalidade dele, algo caloroso e bem-apessoado, mas não fácil de definir. Nunca seria. "Ele era muito divertido ao telefone", diz ela. "Tinha um certo charme. E o senso de humor dele me pegava muito, era tão engraçado, tão amável." Logo, concordou em se encontrar com ele.

Assim, Keith começou uma rotina semanal. Nas noites de terça-feira, dava o máximo de si tocando no Marquee, que a cada semana parecia estar mais cheio, cada show parecia causar mais burburinho, e, apesar de no palco sua mente se perder na intensidade de estar tocando com a banda mais dinâmica do país, assim que ele saía dali, só conseguia pensar no trajeto até Bournemouth no dia seguinte. Ficava acordado a noite inteira no apartamento na Ealing Road, pilhado da adrenalina de mais um grande show, às vezes da adrenalina ingerida também, o tempo todo sonhando com sua paixão adolescente a 150 quilômetros de distância dali, na costa da Inglaterra.

Em pouco tempo, Kim se viu sonhando com Keith também. Teve consciência desse sentimento pela primeira vez quando ficou sabendo que a foto do The Who sairia na *Princess*, a única revista que assinava. Ficou tão empolgada com a possibilidade de ver *seu* namorado em *sua* revista, a foto dele ao lado dos *pop stars* famosos, compartilhando espaço com histórias de amor verdadeiro e propagandas de cremes para acne, que passou a noite acordada num êxtase núbil irrefreado, torcendo para que os jornais entrassem pela caixa do correio bem cedo, para que ela pudesse correr para o andar de baixo e encontrar seu Keith naquelas páginas, diretamente das mãos do entregador para o coração dela. Essas emoções que experimentava, tão novas, tão excitantes, tão voláteis, tão agitadas, pareciam ser resumidas, para ela, na música que a banda de Keith gravara recentemente: "*Got a feeling inside, can't explain*"[45].

A canção ia bem. Pouco depois de conhecer Kim, Keith apareceu pela primeira vez na televisão em rede nacional – não só isso, como no maior programa de TV daquela geração. Tudo em *Ready Steady Go!* era descola-

---

45 "Tenho uma sensação aqui dentro, não consigo explicar."

do: o jeito como começava às 6h da tarde de sexta-feira, com a promessa ousada de que "o fim de semana começa agora"; a forma como sua apresentadora mais conhecida era uma garota comum que venceu na vida chamada Cathy McGowan, que se tornou o *date* dos sonhos de todo mod digno do título e a grande inspiração de toda *modette*; o fato de promover o *crème de la crème* dos novos talentos britânicos, se esforçava ao máximo para apresentar o melhor do soul e do R&B americanos; e, essencial para o ar de excitação incessante, era transmitido ao vivo.

A performance do The Who de "I Can't Explain" naquele 29 de janeiro permanece em posse de Dave Clark, famoso por "Glad All Over", cuja bem-sucedida carreira pop financiou um pequeno império de negócios que hoje tem os direitos de todo o acervo de *Ready Steady Go!*. Portanto, só nos resta inferir se a ideia de Kit Lambert de lotar o estúdio com seus "100 Rostos" – o nome que ele deu aos mods da zona oeste de Londres que àquela altura acompanhavam o The Who da forma como futuras gerações móveis de jovens acompanhariam times de futebol –, de fato, fez a banda parecer muito mais popular do que realmente era. Mesmo aqueles que assistiram ao programa na época com certeza não conseguem mais lembrar de cada detalhe. Por exemplo, o quão passionalmente o The Who dublou a música, sabendo que finalmente estava num palco de alcance nacional? O que os telespectadores e os amigos com quem eles se encontraram mais tarde naquela noite de sexta-feira de fato acharam daqueles quatro então desconhecidos reclamarem, evidentemente, o manto de estilistas do mod? O que a banda escolheu vestir para uma ocasião tão importante? E como os câmeras lidaram com tanta gente em quem focar? A maioria das bandas só tinha um *frontman*, já o The Who tinha três, e um deles atrás da bateria!

Com certeza, a aparição na TV ajudou a dar um gás no compacto. Três semanas depois, "I Can't Explain" entrou nas posições mais baixas das paradas[46]. Como resultado, o *Top of the Pops*, programa de música pop da BBC que

---

46 Na época, o *NME* publicava semanalmente um top 30, e a *Melody Maker* um top 50. Neste livro, porém, todas as posições nas paradas e suas respectivas datas se referem ao top 50 da *Record Retailer*, no qual se baseiam as estatísticas publicadas no *Guinness Book*.

também se baseava em vendas, convidou a banda para ir ao estúdio em Manchester, para dublar a canção para o quadro "Tip for the Top", que fazia jus ao nome, uma indicação que quem tinha potencial para chegar ao topo. Ao longo do mês de março, "I Can't Explain" subiu consistentemente pelas paradas[47] até chegar ao seu ápice, na oitava posição. O primeiro compacto do The Who era um hit certificado e o primeiro namorado de Kim, um *pop star* genuíno.

Em Londres, Keith começou imediatamente a viver ao máximo a fama recém-conquistada, mas o Keith que Kim veio a conhecer durante esse período era bem mais reservado. "Ele era bastante tímido, na verdade", recorda-se ela. "Era extrovertido no palco, mas uma pessoa tímida naquela época e muito, muito impressionado pelos astros", e o que ela quer dizer é que sempre que ele conhecia alguém famoso, contava o acontecido para ela, como uma criança impressionável, alegremente ignorante de sua própria posição que subia. Na casa dos Kerrigans, na Michelgrove Road, na região de Boscombe, em Bournemouth, Keith se contentava em ficar no sofá lendo seus gibis da Marvel ou, se eles fossem a algum clube da cidade, ficar num canto com o braço ao redor de Kim. Na presença de Bill Kerrigan, Keith, normalmente tão a postos com charme e humor, se recolhia quase que visivelmente.

"Meu pai era uma pessoa muito mais exuberante do que Keith na época", explica Kim. "Era muito sociável, muito extrovertido, uma força da natureza. Era grandalhão e tinha o pavio curto. Foi a única pessoa que conheci que intimidava Keith."

Bill e Joan não ficaram muito contentes por sua filha de 16 anos sair com um baterista de uma banda de rock 'n' roll. "Você deixaria sua filha se casar com um Rolling Stone?", berrava uma manchete de jornal. Não, pensavam os Kerrigans, e tampouco queriam muito que sua Kim fraternizasse com um dos The Who. Keith Moon, acreditavam eles, só a corromperia. Era educado o bastante quando estava na casa, mas só Deus sabia o que ele

---

47 "I Can't Explain" saiu da parada do *NME* por uma semana em março, mas continuou a subir pela da *Melody Maker* ao longo do mês inteiro.

fazia fora dali. Deitada em seu quarto, Kim ouvia o pai exigir: "Precisamos parar esse negócio", ao que a mãe suplicava: "Deixe os dois". "É só uma fase", dizia ela. "Vai passar."

Kim, porém, sabia que não era uma fase. Não se lembra de quanto tempo demorou, mas sabe que não foi muito: logo estava apaixonada por Keith.

EM ALGUM MOMENTO DURANTE ESSE PERÍODO INICIAL DE CORTEJO, enquanto Kim ainda tentava conhecer aquele homem de olhos castanhos misteriosamente bonito e charmoso de Londres, Sue Ellen convenceu os Kerrigans a deixar a filha viajar com ela até Southampton, a 30 quilômetros dali, para um show dos heróis locais, os Soul Agents, cujo guitarrista era agora seu noivo. Lá, Kim se viu recebedora das atenções de outro músico, dessa vez o vocalista. Seu nome era Rod Stewart, embora todo mundo da cena se referisse a ele simplesmente como Rod, o Mod. Os dois foram apresentados no intervalo do show e Rod de imediato convidou Kim para ir com ele a uma outra casa perto dali para ver uma banda de bluegrass. Kim topou. Da parte dela, não havia nada demais. Viram um pouco do show dessa banda, retornaram, os Soul Agents tocaram o segundo set e só alguns dias depois Sue Ellen perguntou a Kim se ela teria interesse em Rod, porque ele aparentemente tinha interesse nela. Kim disse que não, dessa vez com firmeza. Estava vendo Keith e isso já era complicado o bastante. Não queria se envolver com alguém tão notório quanto Rod, o Mod. Qual era a desses músicos, na real? Kim acabava de começar a descobrir o mundo da música e da moda depois de tantos anos no estrangeiro e dois anos num convento, e parecia que todo roqueiro, embora notavelmente os mais bonitos deles, estavam atrás dela como se ela fosse a última virgem intocada da Era Cristã.

Em público, Keith fazia pouco caso dessa aparente competição pelas atenções de Kim. Brincava sobre como ele e Rod se viram no mesmo trem rumo a Bournemouth certo dia, ambos a caminho de ver a namorada, ao que Keith mostrou uma foto e Rod disse: "Isso, é ela mesmo". Posteriormen-

CAPÍTULO 10

te, essa história seria elaborada de forma a sugerir que Rod saía com a irmã de Kim. Obviamente, nenhuma dessas anedotas é verdadeira, embora, trinta anos depois, Rod tenha confessado a Kim que ele, de fato, sempre esteve de olho nela, até que Keith deixou claro o quão "sério" era, ao que Stewart, cuja reputação de galanteador lhe renderia diversas esposas modelos loiras, admitiu que dificilmente iria sossegar tão cedo e concordou em recuar.

Kim, uma flor no auge da juventude, tinha uma beleza que atraía a atenção de qualquer rapaz. O fato de isso incluir *pop stars* em potencial era apenas sintomático do mundo que ela começava a adentrar. Porém, a beleza pode inspirar os ciúmes mais desagradáveis nos homens, e o Keith Moon de 18 anos não era maduro o suficiente para lidar com isso. Nunca seria. Desenvolveu um medo inabalável de que Kim acabaria seduzida por outro homem. Era um equívoco alimentado por seu complexo de inferioridade subjacente, um lado de sua personalidade tão raro de ser visto pelo público admirador, para quem Keith representava toda a confiança, o glamour e a exuberância jovial dos quais todos gostariam de ser dotados, e um lado que ele nunca foi capaz de mostrar aos companheiros de banda enquanto eles se digladiavam pela liderança. Porém, foi o lado que Kim acabou vendo mais do que gostaria.

E isso começou muito cedo. O incidente com Rod Stewart e uma conversa subsequente entre os dois rapazes (que provavelmente aconteceu quando suas respectivas bandas dividiram o palco com Donovan na terra natal de Keith, no Wembley Town Hall, no dia 1º de abril) inspirou Keith a enfim confrontar Kim a respeito por escrito, numa das muitas cartas de amor que ele escrevia quando estava longe da namorada. "Rod Stewart disse que seu pai foi te buscar na praia e essa foi a razão pela qual você não saiu com ele", escreveu ele, de forma não tanto enigmática. "Por quê? Você não queria provocá-lo? Por favor, não minta para mim..." Ele então abriu o coração por completo. "Já disse isso antes, mas não consigo ver por que você sai comigo e estou com muito medo de que você aos poucos se afaste de mim, afinal eu não sou nem metade do que você pode conseguir."

"Ele não tinha motivo nenhum para se preocupar", insiste Kim, "mas era o jeito dele." Cobiçado por uma parcela considerável da população adolescente feminina, promovido sem pudores pelos empresários e pela gravadora como o (único) membro bonito da banda, um rapaz talentoso, passional, sagaz, adorável e belo, que tinha o mundo nas mãos, Keith Moon ainda assim mantinha a ideia fixa de que não era digno de uma modelo de 16 anos de Bournemouth que nunca tivera outro namorado sério. Para ele, só havia uma maneira de garantir que poderia ficar com Kim para sempre, apesar de sua entrada recente no mundo do estrelato pop e de todas as suas tentações e da recém-chegada de Kim à idade de consentimento, mas nem à vida adulta ainda.

"Conversei com a minha mãe hoje à noite e disse a ela que vou noivar com você em quatro/cinco meses", escreveu ele no início da mesma carta. "Ela ficou preocupada que você, por ser mais nova, tivesse apenas uma paixonite por mim, em vez de algo real. Eu disse a ela que não ia querer me casar com você se achasse que fosse me deixar. Espero por Deus que eu não esteja errado. Você é tudo o que eu sempre vou querer, então, por favor, não pare de me amar."

Se alguém tinha motivo para "se assustar" com a intensidade dos sentimentos de Keith, era Kim, e com razão. Numa quarta-feira em que Keith foi a Bournemouth, o que se tornava cada vez mais difícil à medida que o The Who se via, às vezes, com shows nas sete noites da semana, Kim tinha seu próprio trabalho para fazer. De fato, sua carreira de modelo praiana de 16 anos ia bem o bastante para que ela se visse frequentemente emprestando dinheiro ao namorado *pop star* para a passagem de trem. (Ele sempre parecia não ter um tostão.) Nesse dia em particular, ela tinha um compromisso que refletia os interesses da região onde morava: um ensaio fotográfico para uma revista de iatismo. Nada glamoroso como tocar bateria na televisão, o trabalho de Kim seria simplesmente posar num iate nos braços de um outro modelo, que deveria parecer radiante com a afeição dela.

— Não com a minha Kim, nem ouse! — Keith invadiu o ensaio furioso, partindo para cima do modelo do alto de seu 1,75 m com a agressividade que geralmente guardava para a bateria, derrubando o fotógrafo, agarrando o pobre do modelo pelo colarinho e ameaçando-o com violência física séria sem meias palavras. — Deixe minha Kim em paz. Ninguém a toca senão eu.

CAPÍTULO 10

Os demais presentes no *set* foram forçados a intervir. Tentaram assegurá-lo de que se tratava apenas de uma sessão de fotos, ninguém ali sugeria que fosse nada além disso. Mas Keith simplesmente não conseguia enxergar dessa forma. A sessão foi arruinada.

Consequentemente, Kim foi avisada por seu agente para nunca mais deixar o namorado chegar perto de um *set* se quisesse continuar a trabalhar. Keith foi além: de jeito nenhum Kim continuaria a trabalhar como modelo se fosse ficar com ele. Não queria que todo moleque encardido – ou marinheiro marmanjo do litoral sul, e meio que parava por aí – se masturbasse com a bela imagem dela. Não importava que o rosto dele pudesse aparecer em todo programa de televisão e em toda revista que quisesse mostrá-lo, que Kim tivesse de compartilhar o namorado com um milhão de outras garotas adolescentes. Keith não ia dividi-la com ninguém. Era dele. Agora e para sempre. "Esse era o nosso problema", diz ela todos esses anos depois, desconfortável ao revisitar essas lembranças. "Eu era uma posse dele."

Se o ciúme e a obsessão de Keith parecem ter explodido, consideradas as proporções, mais ou menos da noite para o dia, se vão de encontro às lembranças iniciais de Kim de um garoto tímido, quieto e agradavelmente inseguro, reflitamos por um momento sobre o mundo de Keith. Imagine-se um garoto adolescente, ainda com a cabeça enfiada no mundo de fantasia do Super-Homem e do Homem-Aranha, ao mesmo tempo em que se deita com a mulher mais bela que já viu. Imagine-se com inseguranças como qualquer outro adolescente, as dúvidas costumeiras em relação a seu valor e às proezas pessoais que sempre vêm à tona quando tiradas de um ambiente familiar e situadas numa série de ambientes incomuns, e então imagine quais seriam esses novos ambientes: programas de televisão; entrevistas à imprensa; shows com mil olhos em cima de você; garotas adolescentes aos berros; sua foto nos jornais como "o bonitinho"; eventos sociais nos clubes mais sofisticados e descolados com os astros do momento, sendo que você mesmo é um deles; um farol de juventude cuja luz brilha cada vez mais forte; um dos principais rostos dos recém-batizados *Swinging Sixties*, embora você tenha apenas 18 anos... Imagine que isso é o que você faz da vida – tocar bateria feito doido – e compreenda a impossibilidade de admitir fraqueza ou falta de confiança, caso você queira que sua reputação floresça. Se você não tem tempo para parar e pensar (e quem tem, aos 18 anos com o mundo aos seus pés?), imagine como é fácil esquecer onde acaba o mundo de fantasia e onde começa a realidade. Ou onde a realidade termina e a fantasia começa. Alguém esperaria que você se mantivesse normal em tais circunstâncias? Há alguma razão pela qual você não deixaria seu Clark Kent se transformar no Super-Homem ao ver Lois Lane em perigo?

Pelo menos por ora, as erupções de raiva de Keith ainda eram relativamente poucas e esparsas. Embora raramente pudessem ser previstas, exceto quando da proximidade de Kim a outros homens – o que significava um risco diário para o relacionamento, só perdendo para uma potencial volta dela ao convento –, o casal estava claramente apaixonado.

No dia 21 de maio, *Ready Steady Go!*, que já era transmitido ao vivo, começou a apresentar bandas, de fato, *tocando* ao vivo (em vez de dublando). O The Who tocou nesse programa pioneiro e foi rapidamente adotado pelos produtores como uma espécie de banda da casa, evidência clara que eram um dos artistas mais fenomenais do país ao vivo. Agora, os programas eram transmitidos do Rediffusion Studios, às sombras do Estádio de Wembley, a pouco mais de 1 quilômetro da Chaplin Road, onde Keith voltara a morar. Para ele, o fim de semana começava *aqui!*, na sua área, onde ele podia tocar na televisão em rede nacional e ainda voltar para casa a tempo do chá. Dada a proximidade do estúdio de sua casa e o inerente glamour da TV, os Kerrigans relutantemente permitiram que Kim acompanhasse Keith em suas aparições em *Ready Steady Go!* e passasse o fim de semana em Londres. Kim ficava no quarto das meninas, onde Linda e Lesley dividiam um beliche, apesar da diferença de idade. Os Kerrigans confiavam que Keith não poderia tirar Kim muito da linha sob o olhar alerta dos Moons.

Estavam enganados. "Foi aí que Keith me apresentou aos comprimidos", recorda-se Kim. Embora fosse mais nova do que Keith era quando os experimentou pela primeira vez, não teve apreensões. "Eu estava pronta para aquilo. Adorei." Na primeira vez que usou azuizinhos franceses, Keith, de início, só lhe ofereceu dois comprimidos. Ela os engoliu e se sentou na cama, à espera do efeito.

"Está sentindo alguma coisa?", perguntou Keith.

"Não."

"Aqui, tome mais cinco!"

Pode apostar que, depois desses cinco, ela sentiu. Seu corpo inteiro mudou de marcha, propelindo-a como nunca. Sentiu-se como se fosse capaz de ficar acordada o fim de semana inteiro, e foi o que fez. Foram para o Flamingo, onde Georgie Fame and The Blue Flames ainda mandavam seu repertório de R&B/soul purista, embora tivessem acabado de chegar à primeira posição com "Yeh, Yeh" e fossem agora astros no país inteiro. Ficaram no Flamingo (que era conhecido como "All-Nighter" aos sábados, o lugar onde passar a noite inteira) até fechar. Na alta madrugada, foram para uma cafeteria onde ficaram até de manhã e passaram o domingo acordados até que fosse a hora da viagem de trem de volta para casa... Era uma existência que não precisava nem acolhia sono.

O apreço de Kim pelos estimulantes fez dela um ótimo par para Keith. Num mundo em que o The Who raramente ficava em hotéis e em que o baterista e sua namorada eram jovens demais para compartilhar camas nas casas dos pais, aproveitavam as emoções que encontravam. Dave "Cy" Langston, ex-cantor do circuito de Druce que trabalhava agora como o primeiro *roadie* da banda em tempo integral, se recorda de tentar tirar os dois de um camarim trancado nos estúdios de *Ready Steady Go!* para uma passagem de som, ou de como Keith sumia com a boa e velha van Commer do grupo para uso privado. "Pareciam um casal de coelhos", diz ele.

"Juntos, eram como duas crianças, duas belezas incríveis", diz Chris Stamp, com bem mais tato. "Estavam loucamente apaixonados, não conseguiam tirar as mãos um do outro."

"Todo mundo saía da banda", Keith confessou certa vez, de forma quase casual, sobre o início do The Who. "A cada 5 minutos, alguém saía." Claramente, o sucesso não estava ajudando em nada na aproximação entre os membros do grupo. Na pior das hipóteses, os afastava. Apesar de 1965 ter sido o ano em que o The Who estourou em nível nacional, também foi lembrado como o ano em que a banda acabou diversas vezes.

O nêmesis de Moon dentro do grupo era Daltrey. "Keith não gostava nem um pouco de Roger", diz Chris Stamp. "Eram inimigos amargos. Roger ganhava os closes na TV, Roger ganhava as garotas, Roger era o cantor. Ficava na frente de Keith a maior parte do tempo. Ganhava todas as coisas, e Keith não."

"Ainda estávamos entendendo a ordem das coisas", diz John Entwistle sobre esse período volátil em que o The Who estava junto constantemente e em atrito constante. "Todos queriam ser o membro mais importante da banda. Decidi ser o melhor músico da banda. Pete Townshend seguiu seu próprio caminho, quis escrever a maior parte das músicas. Roger e Keith eram aqueles por quem as menininhas gritavam, e brigavam por causa disso."

Porém, se o desafio de Keith ao desejado status de Roger de *pin-up* da banda (causa que o baterista autopromoveu caracteristicamente ao escrever "Eu amo o Keith" com batom na lateral da van do grupo) preocupava o vocalista e fundador, não se comparava em nada à súbita emergência de Pete Townshend como compositor e porta-voz, o que ameaçava minar por completo os quase cinco anos de governança de Daltrey. Antes, Daltrey poderia ter confrontado essa abordagem de Townshend, literalmente se necessário. No entanto, com a entrada de Moon, cuja lealdade era mais aparente ao guitarrista do que ao cantor e cuja amizade com Entwistle garantia o voto do baixista também, a posição de Daltrey como figura de autoridade no The Who estava condenada.

Em março, o The Who entrou em estúdio para gravar um álbum para capitalizar com o sucesso súbito de "I Can't Explain". O fato de Townshend ainda não ter escrito nada que estivesse à altura do primeiro compacto implicou que, com a exceção de uma canção chamada "You're Going to Know Me", as outras sete faixas gravadas fossem covers de R&B extraídos do repertório atual da banda. Essa abordagem agradou a Daltrey enquanto purista musical; além disso, aprofundava sua identidade como *frontman* e líder do grupo. Porém, outros membros do The Who viram os erros de lançar um disco descaradamente oportunista no exato momento em que bandas com composições próprias se tornavam a grande sensação e o projeto foi engavetado. Daltrey ficou furioso e sustentou durante muitos anos a opinião de que um período crucial do desenvolvimento do The Who nunca foi realmente refletido em disco.

O desacordo contínuo em relação ao direcionamento da banda – ficar nos covers de R&B ou usar as canções de Townshend – foi, sem dúvida, o motivo de o segundo compacto do The Who, "Anyway, Anyhow, Anywhere" ter sido cocreditado a Townshend e Daltrey, colaboração e/ou concessão que jamais seria repetida. Como principal letrista, e mais ainda com a percepção de que "I Can't Explain" fora recebida como uma declaração não apenas de luxúria romântica, mas também de raiva adolescente, Townshend elevou as apostas e escreveu um hino sobre a megalomania induzida pelas anfetaminas. "*Nothing gets in my way, not even locked doors*" é um exemplo de verso; "*I get along any way I dare*"[48] é outro. Em termos de arrogância geracional, a música colocou o The Who imediatamente acima dos Rolling Stones.

"Anyway, Anyhow, Anywhere" também é afrontosa na música. Dispensa a estrutura convencional das canções da época e, em vez disso, começa – depois da repetição de um feroz *riff* de guitarra de três acordes – com dois refrões que poderiam ser vagamente descritos como uma estrofe (na qual

---

48 "Nada fica no meu caminho, nem mesmo portas fechadas." / "Me dou bem da maneira que ousar."

CAPÍTULO 11

Keith fica ao fundo, quase inaudível), para então cair numa seção instrumental na qual, com o pé esquerdo de Keith Moon marcando (por pouco) o tempo no chimbal, o baterista e o guitarrista embarcam numa jornada de 45 segundos que pareceu mudar a direção da música pop britânica. Certamente, um som nunca experimentado antes em algo tão comercial quanto um compacto pop, com Keith abrindo caminho à força por meio de uma série de viradas frenéticas que, de algum modo, davam amplo espaço para Pete lançar uma sucessão de *power chords* com *reverb* e uma parede de *feedback* tão lancinante aos ouvidos, que a gravadora americana devolveu as masters, supondo que estivessem com defeito. Depois de emergir intacta desse caos instrumental rumo a outro refrão, a música então se espalha num encerramento de alta tensão, no qual Keith, mais uma vez, demonstra sua habilidade única de dar a uma canção essa tensão conforme a letra pede, enquanto Daltrey entrega um vocal estrondoso e *bluesy*, que faz jus à arrogância do teor dos versos ("*Anyway I choose* – yeah!") e cabe novamente à ressonância profunda do baixo de Entwistle segurar a coisa toda.

No todo, é uma fatia de agressividade profundamente cortante, que em gerações futuras teria sido chamada de punk rock. O The Who tinha seu próprio termo para isso: *pop art*. Na definição de Pete Townshend, era um tipo de música que permitia ao pop *ser* arte – o guitarrista já se atinha ao poder da música como algo maior do que uma trilha sonora passageira para encontros e bailes. Porém, da forma como foi promovida por Kit Lambert, a expressão também foi conveniente para elevar o The Who em relação àqueles que se contentavam com o rótulo de meros músicos "pop", como que um anúncio da natureza temporária de suas carreiras.

Embora incentivasse os excessos musicais do The Who em estúdio, Shel Talmy, como produtor, reconhecia que "Anyway, Anyhow, Anywhere" corria o risco de soar visceral *demais* para o consumo do público e providenciou um pianista de estúdio para ornamentar a canção com floreios animados de jazz e blues. Esse músico era Nicky Hopkins. Não está claro se Keith conheceu o ex-tecladista dos Savages e ex-aluno da Wembley County Grammar na cena de música ao vivo ou naquele circuito social nos dois anos anteriores[49], mas, com certeza, deve ter sido um momento de grande satisfação para Keith tocar ao lado do menino prodígio do bairro, sabendo que Hopkins já era um dos mais requisitados músicos de estúdio com apenas 20 anos – e Keith, com apenas 18, começava a estabelecer a si mesmo como prodígio.

Foi "Anyway, Anyhow, Anywhere" que o The Who tocou naquele primeiro *Ready Steady Go!* totalmente ao vivo em maio, cujas imagens, por sorte, emergiram dos arquivos ao serem incluídas no filme de 1979 *The Kids Are Alright*. Nelas, o The Who pode ser visto ostentando orgulhosamente o novo visual "pop art", que lhes permitia fazer declarações individuais de e sobre a moda – da mesma forma com que Andy Warhol ou Roy Lichtenstein cooptaram aquilo que era familiar no mundo do consumo e reembalaram como sua própria arte – ao mesmo tempo em que mantinham a reputação de estilistas. Assim, Townshend está com uma jaqueta de veludo cheia de medalhas, como recompensas pelas vitórias nas batalhas enfrentadas para se chegar até ali, Entwistle também apresenta algumas referências militares menores e Daltrey usa roupas mais chamativas que de costume, mas nada muito ultrajante: sua marra das ruas, indiscutível, parece colocá-lo acima dos caprichos da moda. Moon, por sua vez, exibe a camisa com o alvo vermelho, branco e azul que, subsequentemente, seria reverenciada como um ícone da cultura mod (embora, na época, fosse um claro afastamento das convenções mod), com total compostura, completamente controlado, confiante e convencido, mas *nunca* arrogante ao tocar, mesmo quando, logo antes da parte instrumental, levanta um braço bem alto e aponta a baqueta para cima ao mesmo tempo em que, de algum modo, faz uma virada entre o bumbo e a caixa. Se esse gesto é um sinal para o ataque iminente, os câmeras de *Ready Steady Go!* se mostram dignos do desafio e dão zooms rápidos no alvo de Moon, ecoando, com

---

49 Hopkins morreu em 1994, e suas raras entrevistas trazem poucos relatos de sua relação com Moon.

CAPÍTULO 11

efeito, a natureza quase alucinógena da passagem instrumental enquanto Townshend rodopia seus *power chords* e Daltrey pode ser visto aparentemente golpeando um dos pratos de condução de Keith com um microfone.

Há outra filmagem preservada de "Anyway, Anyhow, Anywhere", da participação do The Who no National Jazz and Blues Festival, em Reading, no dia 5 de agosto. Dessa vez, Moon aparece bem menos composto, seu rosto e sua camiseta branca estão ensopados de suor, em parte pelas quatro músicas tocadas antes sob o calor do auge do verão e em parte por ele ter engolido o estoque inteiro de estimulantes de Richard Barnes, coisa de uns vinte e poucos comprimidos. Ainda assim, sua entrega é atordoante, à medida que ele e Townshend estendem a seção instrumental, para o óbvio deleite do público hipnotizado, se nutrem da energia um do outro, antecipam um ao outro com uma instintividade que sugere que teriam tocado juntos a vida inteira. Mais uma vez, Daltrey vai até a bateria e, agora, vemos o que o cantor faz: coloca o microfone sob o prato de condução, que ele então golpeia com o punho para contribuir com a cacofonia de *feedback* e ruído branco.

Mas Keith não gosta disso. Não, senhor, não gosta nem um pouco. No melhor dos cenários, ele já não é lá particularmente afeito a Roger, e fica especialmente fulo da vida quando alguém mexe na bateria. Vemos claramente Keith mover o prato e, quando não consegue afastá-lo o suficiente do alcance de Roger, atirá-lo violentamente no chão: fica claro que ele prefere ter um componente a menos na bateria do que dar a Roger o prazer de usá-la. E não é preciso ser um expert em leitura labial para vê-lo mandar o vocalista ir se foder nesse instante.

É um momento glorioso de anarquia musical e, embora Roger possa ser visto rindo antes da conclusão da música, reflete perfeitamente o estado mental do grupo. Eis ali uma banda que acabou de conseguir o segundo compacto no top 10 já no segundo lançamento, claramente uma das mais empolgantes a surgir em anos e, ainda assim, tão notadamente volátil, que é impossível não se perguntar se ela vai durar o bastante para lançar um álbum.

Os Beachcombers haviam se tornado mais afiados musicalmente desde a saída de Keith, provavelmente mais habilidosos também, graças à entrada de um talentoso baterista chamado Peter Woolf, que depois se tornaria um músico de estúdio experiente. Porém, em todos os outros aspectos, sem Keith, eram uma banda menor. Como já não se divertia mais, ciente de que sua única chance consistente de alcançar a fama já havia passado, John Schollar economizou dinheiro suficiente dos cachês para comprar um Triumph TR4 conversível e parou de tocar. (Tony Brind faria o mesmo algumas semanas depois.) Na época em que "I Can't Explain" chegou ao top 10, John Schollar convidou Keith para ir jogar boliche certa noite, e foi buscar o amigo no carro novo.

"Abaixe a capota, John", disse Keith enquanto eles se aproximavam do North Harrow Bowl.

"Por quê?"

"Só abaixe." Keith era o mais novo *pop star* de Wembley. Diabos, era o único *pop star* de Wembley. Queria que todo mundo visse que o garoto local se deu bem, que o assistisse chegar em grande estilo. Schollar não conteve o riso: lá estava ele em seu novo conversível, conseguido a muito custo, e Moon tratava o carro como se fosse uma ostentação *dele*.

No boliche, Keith puxou conversa com aqueles que o conheciam da área. Alguns parabéns, alguns desejos de boa sorte, algumas encaradas invejosas e, em pouco tempo, John Schollar o chamou para um canto, longe do burburinho. Presumiu que Keith só quisesse uma noite tranquila de diversão, um lembrete dos velhos tempos. Porém, quando chegou a vez deles de jogar, Keith disse a John para esperar 1 minuto e sumiu.

"Achei que ele tivesse ido ao banheiro", diz Schollar. "Ele voltou, começamos a jogar e, lá pela metade da partida, anunciaram nos alto-falantes: 'Senhoras e senhores, temos uma celebridade na pista de número quatro... o Sr. Keith Moon, do The Who'. Ele foi dizer ao pessoal do boliche que estava lá! E isso bastou para sermos cercados. Keith então

CAPÍTULO 11

começou a causar e a jogar as bolas para todo o lado, menos na pista, e os seguranças nos expulsaram!"

Depois de serem retirados do recinto, John notou que Keith estava chapado, não por causa de umas duas cervejas e decerto não havia sinais de anfetamina. Era um barato natural de adrenalina, do tipo que John vira tantas vezes na época em que Keith tocava nos Beachcombers. Nos melhores shows, Keith ficava absolutamente extasiado consigo mesmo.

"Qual é o seu problema?", perguntou John. "Você nos fez ser expulsos."

"Sim, mas isso é bom para os negócios", respondeu Keith com um sorriso largo.

— ● —

KEITH MOON NASCEU PARA SER UM ASTRO. DISSO NÃO HÁ COMO duvidar. E, na concretização jovial desse destino, ele dotou sua fama de uma exuberância e uma alegria escancaradas. O rapazinho baterista do subúrbio abocanhou prontamente toda a atenção que passou a vida buscando, se deleitava no prêmio cintilante da aceitação social, mas, mais do que tudo, achava aquela armação toda a mais pura *diversão*. Por mais que se aproveitasse de tudo o que a máquina da fama oferecia, tinha dificuldade em levar essas coisas a sério.

Em junho de 1965, o The Who saiu na coluna "Life Lines", do *New Musical Express*, que apresentava um bate-bola mais adequado a revistas para garotas adolescentes, não fossem algumas das respostas de Keith.

Comida favorita? As azuis[50]. Gostos aleatórios? Gatas. Ambição profissional? Destruir cem baterias. Ambição pessoal? Permanecer jovem para sempre.

Eis então o mundo de Keith Moon, perfeitamente encapsulado em algumas palavras bem escolhidas. É possível traçar quase que sua vida inteira (exceto pela necessidade dolorosamente pura de tocar a bateria antes de destruí-

---

50 "Blues", *ou seja, as anfetaminas, não o estilo musical. (N. do T.)*

-la) ao se voltar para essas quatro respostas simples – e surpreendentemente honestas. Prazeres hedonistas diretos, tendências alegremente destrutivas e um objetivo inatingível, exceto nas palavras que Townshend acabara de escrever e que Moon sozinho levaria como lema: *"Hope I die before I get old"*[51].

Porém, qualquer negatividade inerente a esse estilo de vida escolhido por ele ainda estava distante naqueles dias de glória da juventude, quando o estrelato ainda era aprazível para caramba. Em 1965, para um novo *pop star* determinado a desfrutar de seu título, havia azuizinhas, gatas e baterias de sobra, e *era* possível ser jovem para sempre. Porque todo mundo só vivia para aproveitar o dia. Ou a noite.

Com o sucesso, Moon orbitou instantaneamente ao redor do círculo interno dos principais músicos da cena. O Soho era o ponto de encontro, geralmente em um de dois pubs convenientemente localizados: o The Ship, na Wardour Street, sempre lotado de frequentadores de shows e músicos do Marquee (que na época não tinha alvará para operar como bar), ou o De Hems, pub holandês na ponta sul da Dean Street, do outro lado da Shaftesbury Avenue. Lá, quando tinham uma noite de folga ou um show no West End, as bandas pop do momento congregavam no início da noite para tomar umas antes de cair na farra de verdade. Em 1965, não era incomum entrar no De Hems e encontrar membros diversos dos Rolling Stones, dos Kinks, dos Animals e do The Who socializando como uma turma de músicos novatos promissores – e alguns que haviam se desentendido com suas ex-bandas e agora procuravam por novas oportunidades. Havia entre eles uma ausência saudável de competição, uma camaradagem celebratória inerente a fazer parte da elite social. Para Keith Moon, que ainda era fã tanto quanto celebridade, a admissão nesse círculo foi como ganhar acesso a um mundo paradisíaco de entretenimento constante.

Que cena era aquela, onde todos se encontravam de maneira tão inesperada no lugar certo, na hora certa, no coração da indústria que mais cres-

---

51 "Espero morrer antes de envelhecer."

CAPÍTULO 11

cia, no cerne da cidade mais badalada, no meio da década mais marcante da história do mundo. Quando os shows acabavam, os pubs londrinos fechavam as portas e as pessoas normais iam para casa dormir e se preparar para bater cartão no dia seguinte, a *Swinging London* acordava *de verdade*, uma colmeia flutuante de baladeiros perpétuos que zanzavam pelos potes de mel mais descolados da capital. E esses potes de mel... bem, na Londres de meados dos anos 1960, com a fortuna e a fama fluindo como champanhe de graça e os holofotes brilhando proeminentemente nos novos meninos-prodígio da música e da moda, novos clubes descolados de elite brotavam pelo West End tão rapidamente quanto surgiam *hipsters* de elite para enchê-los. Para esses rapazes recém-famosos, metade dos quais vinha das duras cidades industriais como Liverpool, Manchester ou Newcastle, era como uma terra da fantasia: nos clubes do centro de Londres, belas mulheres os cercavam, a aristocracia simpatizava com eles e o fascínio de sua fama era tamanho, que as excentricidades eram incentivadas e a indulgência endossada – tudo valia e Londres era deles.

O primeiro desses novos lugares a se estabelecer foi o Ad Lib, localizado num terraço na Leicester Square, e depois que os Beatles – que haviam se mudado em conjunto de Liverpool para a capital britânica – o endossaram com sua presença, começou a corrida do ouro. Os irmãos Gunnell, famosos pelo Flamingo, abriram o Bag O'Nails, na Carnaby Street, e o Revolution, na Bruton Street, em Mayfair. Havia ainda o Kilt, no Soho, e o decididamente caro Cromwellian, na Cromwell Road, a uma corrida de táxi de distância, mas que contava com um cassino no andar superior, o que dava aos recém-endinheirados membros da elite social uma oportunidade ainda maior de socializar com a aristocracia e os velhos ricos.

Por fim, havia o Scotch of St. James, ao sul de Piccadilly. O Scotch se tornou o clube de elite dos clubes de elite – de novo, graças à toda-poderosa patronagem dos Beatles –, onde só se podia entrar se você fizesse parte do círculo interno, que uma dupla de homens de negócios do East End, de nomes Ronnie e Reggie Kray, frequentavam toda noite como se fossem donos do lugar. Todos os clubes contavam com bandas ao vivo, fossem grupos descolados e promissores ou artistas americanos de sucesso, como os Byrds, em estreia em solo britânico. E quando os clubes fechavam, de madrugada, sempre havia a casa de localização central de alguém, onde a festa continuava. E em Londres era assim a noite toda, todas as noites, como se o mundo fosse acabar amanhã, o que era exatamente como a maioria dos novos *pop stars* se sentia, totalmente cientes da natureza transiente da fama.

O que se esperaria que Keith fizesse? Ficasse em casa, escrevendo músicas? Não, isso era com Pete, embora o imprevisível guitarrista não fosse do tipo que recusava uma boa noitada. (Ele até foi morar na Wardour por um tempo, para absorver por completo a atmosfera da *Swinging London*.) Levar uma mulher para casa para satisfazer o desejo primal e acordar de manhã cedo para celebrar a boa saúde? Não, essa era a curiosa existência de Roger e, de todo o modo, Keith voltara a morar com os pais: não havia como entrar escondido com gatinhas pela porta dos fundos da casa na Chaplin Road enquanto estivesse saindo com Kim. Como tanto Townshend quanto Daltrey haviam comprado seus próprios carros para se locomover até os shows, Entwistle e Moon ficaram com a van e um motorista. Isso simplificava consideravelmente as coisas. Agora poderiam ir para casa assim que o show acabasse. Independentemente de onde o The Who tocasse, contanto que voltassem para Londres, paravam em um dos clubes badalados no caminho.

A amizade da cozinha do The Who às vezes parecia incomum, dadas as suas personalidades conflitantes – Moon, o desavergonhado, e Entwistle, o taciturno, como seriam descritos por convenção. Mas a convenção não convence muito quando você trabalha em algo tão pouco ortodoxo quanto uma banda de rock 'n' roll. Para começar, Entwistle não era muito menos festeiro selvagem do que Moon. ("Faço mais doideiras nos clubes do que qualquer um dos demais", o baixista exigiu que o mundo soubesse quando foi enfim entrevistado sozinho, em 1966.) Além disso, suas forças individuais eram idealmente complementares. "Tínhamos o mesmo senso de humor", diz Entwistle. "Conseguimos fazer um ao outro rir." O humor

CAPÍTULO 11

obscuro de Entwistle, tão evidente em seu tom pitoresco, encontraria um veículo ideal nas canções inteligentes e sinistras que ele viria a compor: a comédia improvisada de Moon era cada vez mais posta em prática nas pegadinhas, nas tiradas rápidas e na competitividade contínua. Fosse pela cidade, num quarto de hotel, no *backstage* ou na volta de um show, Entwistle e Moon inspiravam um ao outro como ninguém. "Havia aquela química lúdica que ia além do lúdico", diz o jornalista Richard Green, que veio a conhecer a dupla como parceiros de bebedeira por volta dessa época.

No começo do sucesso do The Who, Keith Moon não era de forma alguma o extrovertido constante com quem ele se confundiria mais tarde; o diminuto baterista de 19 anos era menos capaz de ir sozinho para os clubes do que o baixista. A companhia de Entwistle pela cidade dava respeitabilidade e até proteção a Moon ("Vou para os clubes com John – ele é grande", berrava a manchete de um perfil do baterista num periódico musical em 1966); Moon oferecia entretenimento e parceria a Entwistle, coisas que, caso contrário, seriam difíceis de o declaradamente reservado baixista encontrar. "Ele era como um irmão mais novo", diz John, algo melancólico com a recordação. Na época, foi ainda mais direto quanto à relação dos dois: "Keith é um cara ótimo, de verdade, e o meu melhor amigo", disse o baixista no início da fama, quando se tomava por certo que todos os membros do The Who se detestavam. (Mas ele também resumiu Keith como um "trombadinha de Wembley", ao que não há resposta melhor do que dizer que ele também era muitas outras coisas.) A parceria deles era cômica e ótima, papéis opostos, e, se Entwistle ainda entrou para a história como um homem indelevelmente correto, foi porque interpretou esse papel com perfeição por tanto tempo, que acabou por esperar isso de si mesmo.

À medida que essas noites juntos pela cidade prosseguiam e Keith ficava cada vez mais ligado com uma dieta de vodca e suco de limão ou de uísque com Coca-Cola, além de quantidades imensas de estimulantes e calmantes, ele passou a achar ainda mais fácil combater suas inseguranças. Quem o via como um sujeito tímido e recluso no começo da noite, ainda sóbrio (e muita gente o via assim), ficava com uma impressão totalmente diferente quando chegava à conclusão embriagada da noitada. Numa ocasião memorável, no Scotch of St. James, Keith viu os Beatles reunidos em sua mesa exclusiva, como de costume. Com a coragem inflada pelo álcool consumido, Keith decidiu tomar a iniciativa. Fazia pouco mais de um ano que tocava as músicas deles numa banda semiprofissional. Agora eles sabiam quem *ele* era: Paul McCartney tinha até declarado recentemente que "O The Who é a banda mais legal do pedaço". Keith se aproximou dos *fab four*.

"Posso me juntar a vocês?"

"Puxe uma cadeira", foi a resposta, naquele sotaque carregado de Liverpool. Os Beatles se sentiam relativamente confortáveis entre colegas – bem, entre outros músicos, pelos menos, já que ninguém estava exatamente no nível deles – e, se esse moleque atrevido novato na cena queria uma palavrinha, que a tivesse.

Keith, porém, continuou de pé. "Não, posso *me juntar* a vocês?"

Os Beatles se entreolharam para ver se todos haviam entendido direito o pedido.

Por fim, Ringo respondeu deliberadamente devagar e sarcástico. "Já temos um baterista, obrigado." E todo mundo riu. Keith sentou-se com os Beatles. Sua abordagem alegremente ébria e audaciosa instigou uma amizade com a realeza da elite social, os quatro rapazes que sacudiram o mundo, que duraria por toda a sua vida.

Keith estava determinado a tratar as turnês com o mesmo nível de afabilidade encantadora. Ao mesmo tempo em que o sucesso da banda aumentava seu cachê, também o mandava para destinos mais distantes, acumulando uma quilometragem absurda à medida que Lambert e Stamp enviavam os rapazes pelas Ilhas Britânicas e além. Em maio, passaram pelas Midlands até Newcastle, e pelo extremo norte da Escócia, e fizeram uma parada em Leicester na volta, para um show conjunto com Tom Jones e Marianne Faithfull. Junho trouxe uma viagem a Paris, e agosto uma sequência de quatro domingos no Great Yarmouth Pier, abrindo para Donovan. Em setembro, a banda se aventurou até a Holanda e a Dinamarca, e em outubro voltou para Escócia para, de lá, seguir direto para a Suécia.

CAPÍTULO 11

Entre um destino e outro, shows constantes pelos condados ao redor de Londres, retornos ocasionais a pontos celebrados, como o Marquee e o Goldhawk, e uma sequência consistente de aparições televisivas. O *Ready Steady Go!* recebeu o The Who nada menos que dez vezes em 1965.

À medida que os shows ficavam mais longe de Londres, a necessidade de hospedagem para passar a noite aumentava, mas com o orçamento do The Who constantemente exaurido, esses lugares eram, em geral, os mais simplórios: "Pousadas onde você sempre tinha de dividir um banheiro no final do corredor, uns velhinhos que cuidavam e uns velhinhos que se hospedavam", se recorda Cy Langston. Quanto mais o The Who ficava longe de casa, em lugares que se pareciam demais como em casa (estejam de volta a tal hora, não façam barulho depois de tal hora, nada de garotas ou de convidados e não, não podemos deixar o bar aberto depois das 23h), mais Keith reagia contra isso. A ideia de ser um astro do rock 'n' roll, para ele, sempre trouxe o fascínio da liberdade, não as horas entediantes na estrada, as ressacas e os bodes piorados pelos engravatados das casas de shows e pelas emissoras de televisão, os velhotes cheios de regras preciosas e hotéis derrubados em cidadezinhas. Não valia a pena se não fosse para se divertir. Uma loja de curiosidades em Harrow dava conta dos ingredientes básicos para se apimentar uma viagem: merda de cachorro falsa, aranhas de mentira, sangue falso e assim por diante, ferramentas pueris simples que assustariam bem o pessoal mais velho nas pousadas. Tarde da noite, depois de terem entornado algumas nos shows e de volta aos hotéis já fechados, às vezes havia algumas tentativas de forçar a fechadura do bar. Qualquer coisa para manter a adrenalina correndo.

Keith fazia amigos aonde quer que fosse. Em especial, entre outros bateristas, que ele considerava, com razão, uma matilha própria. Em Morecambe, pediu um par de baquetas emprestado a Roy Carr, baterista da banda de abertura, os Executives. Carr, bem ciente da reputação de Keith por vê-lo na televisão e pelo boca a boca, observou que só tinha dois pares e precisava de ambos. "Não se preocupe, não vou quebrá-las", prometeu Keith. Relutante, Carr cedeu e, ao final do show, Moon lhe devolveu as baquetas, com umas lascadas feias, mas ainda intactas, antes de levar o colega para tomar um drinque de agradecimento.

No Greenock Palladium, na Escócia, Jack McCulloch, baterista de 17 anos de uma banda chamada The Jaygars, que havia visto os High Numbers abrirem para Lulu em Glasgow um ano antes e, depois do show, abordou Keith para expressar o maravilhamento que sentiu diante de sua proeza, agora se via dividindo o palco com ele. Ao se lembrar de McCulloch do ano anterior, Moon começou a conversar com ele sobre equipamento e, quando o escocês mencionou casualmente que precisava comprar uns pratos decentes, Keith o levou ao *backstage* e o presenteou com seu próprio conjunto reserva de Zildjians. Como ato de generosidade numa época em que o The Who era pobre foi estúpido, mas, como um exemplo do caráter benevolente de Keith diante de uma alma semelhante à sua, era perfeito.

A simpatia evidente de Keith para com aqueles de fora da banda poderia muito bem compensar pela situação lamentável e contínua dentro dela. Quando o jornalista Keith Altham, da revista adolescente *Fabulous*, se sentou no bar do *Ready Steady Go!* para entrevistar Moon, o baterista começou a entrevista abrindo a mala e colocando um machado em cima da mesa. "Isso é para o Roger", explicou. "Você por acaso não o viu, né?"

"Discussões? Claro, elas acontecem o tempo todo", disse Roger Daltrey ao *NME*, em maio de 1965, por volta do lançamento de "Anyway, Anyhow, Anywhere". "Elas meio que nos deixam mais afiados. Se não fosse assim, não seríamos nada. Falo sério. Se fôssemos sempre amigáveis e coleguinhas... bem, seríamos todos meio bundões. Não somos nada amigos."

No cerne das discordâncias do grupo estavam as drogas. Roger Daltrey não recusava um drinque, que considerava uma medicação apropriada para um jovem de classe trabalhadora na estrada. Mas não gostava de anfetaminas, que causavam um efeito adverso em sua garganta. Em particular, não gostava da forma como os outros três membros da banda

CAPÍTULO 11

tomavam estimulantes como se os comprimidos fossem se esgotar. Afinal, não se enganem, Keith, John e Pete estavam rapidamente se tornando viciados do tipo que deixaria Pete Meaden orgulhoso.

Em grande medida, as anfetaminas – fossem corações roxos ou azuizinhas francesas – eram necessárias para a sobrevivência. Basta uma olhada na agenda do The Who de 1965 e nas turnês atuais, que, por mais longas e aparentemente árduas que sejam e por mais que as bandas contemporâneas reclamem da carga de trabalho, de repente parecem férias na praia. O The Who nem sequer saía em turnê no início: simplesmente tocava todas as noites. Num período de abril de 1965, por exemplo, tocaram no Goldhawk Club, na sexta; em Brighton, no sábado; em Crawley, no domingo; em Hayes, na segunda; no Marquee, na terça; em Southampton, na quinta; em Manchester, na sexta; e em Borehamwood, no sábado (depois de todos os shows, exceto talvez o de Manchester, a banda voltou para casa durante a noite). Não é surpresa, portanto, que, quando chegaram ao Club Noreik, em Tottenham, para a "festa de varar a noite", mais tarde naquele mesmo sábado, estivessem mais do que gratos pelos azuizinhos franceses que o *promoter* embalou gentilmente para eles, na esperança de conseguir guardar alguns para dar conta dos próximos shows – em Watford, na noite de domingo; em Bridgwater, na segunda; no Marquee de novo, na terça; e em Bromley, na quarta. Treze shows em treze dias. É incrível que Daltrey se dedicasse tanto à voz a ponto de *não* consumir também.

Embora Keith se devotasse aos efeitos positivos dos estimulantes, também demonstrava uma disposição imediata em experimentar. "Havia um moleque chamado Pill Brian, que chegava de *scooter*", diz Richard Barnes sobre aquele início do The Who. "Ele chegava e dizia: 'Tenho isto e isto aqui hoje', e nós pegávamos tudo. 'Este aqui é para o reumatismo', dizia ele. E Keith: 'Boa, vou ficar com esse também.'"

Certamente, não se intimidava com a propensão cada vez maior a tomar comprimidos. Certa ocasião, foi visto por um outro músico num pub perto do Marquee, fazendo negócio com um traficante que apareceu no lugar; este deu uma olhada na clientela e então, evidentemente conhe-

KEITH MOON

cendo seu público, foi direto até o baterista. "Keith, quer um pouco destas?" O rapaz lhe estendeu um saco plástico com cerca de uns trinta comprimidos de diferentes formatos e cores. "Quanto?" foi a única pergunta de Keith. "Cinco libras" foi a resposta, e, sem contestar, Keith meteu a mão no bolso, pegou o dinheiro e ficou com os comprimidos. Sem nem dar uma segunda olhada ou fazer algum esforço para separar os pretos dos azuis, os pequenos dos grandes, ele os mandou em massa goela abaixo. Ninguém daria conta de *acompanhá-lo* naquela noite em particular.

O problema em tomar esse tanto de estimulantes, é claro, é ficar alto o suficiente a ponto de precisar de ajuda para baixar o barato, e, à medida que o vício de Keith em anfetamina progredia, também avançava sua predileção pelo calmante mandrax. (Embora Keith usasse qualquer fonte disponível, muitos músicos daquela época, Moon entre eles, conseguiam drynamil e mandrax com receitas legais de médicos da Harley Street.) Com alguns *mandies* no organismo, Keith conseguia gradualmente baixar do baque de adrenalina para uma nuvem macia de calma relativa. Às vezes até conseguia dormir. Tomados em quantidades sensatas, uns *mandies* podiam perfeitamente rebater as azuizinhas ou os corações roxos. Keith, é claro, detestava fazer as coisas de forma sensata. Tinha de tomar punhados de estimulantes seguidos de punhados de calmantes, danem-se as consequências. O fato de ele também ter começado a beber pesadamente, principalmente destilados, e já estar fazendo experimentos com drogas como metadrina, em encontros tarde da noite nas casas de outros músicos, só ampliava sua reputação de membro mais excessivo de uma banda já excessiva.

O efeito geral desse uso contínuo de drogas e desse caos alimentado pelo álcool se manifestava não tanto na instabilidade de três dos membros, embora claramente contribuísse para tanto, mas na reação do quarto membro. Roger "dava uns chiliques no palco e saía furioso", se recorda Cy Langston. "E não fazia valer o dinheiro do público. Nas duas primeiras vezes, nossa reação foi: 'O que vamos fazer agora?'. Porém, depois de algumas vezes, Pete só dizia: 'Que se dane esse mala' e assumia o vocal, do tipo: 'Vamos mostrar a ele'. Quando voltávamos para o camarim, Roger o havia destruído." De fato, as coisas ficaram tão feias, que Jack McCulloch, no show em Greenock, na Escócia, se recorda de Langston dizer, ao lado do palco durante a performance do The Who, que eles "precisavam arrumar um novo cantor".

Alguma coisa tinha de ceder. E cedeu na Dinamarca, onde a banda fez quatro shows em três cidades em apenas dois dias, agenda que exigia ou uma disciplina impiedosa (o que Daltrey preferia) ou quantidades imensas de estimulantes (o que os outros três preferiam). No primeiro show do segundo dia, um verdadeiro tumulto começou antes da metade da primeira música, e, embora não parecesse ter sido culpa da banda (além da associação à violência e à anarquia que o público fazia do The Who), em questão de minutos o palco e os equipamentos foram abandonados. No caos que se seguiu no *backstage*, Daltrey descontou a raiva nos demais, culpando os problemas da banda ao vício em anfetaminas e jogando os comprimidos de Moon descarga abaixo.

"E foi aí que ele começou, como um tolo, a tentar me bater", se recordaria Daltrey mais tarde da reação de Moon. Sem um machado à mão para auxiliá-lo, Keith não tinha chance. Os seguranças do lugar tiraram Daltrey de cima de Moon por pouco, antes que o baterista fosse desfigurado. Mesmo assim, ainda havia outro show em outra cidade. A banda cumpriu as obrigações contratuais com um mínimo de entusiasmo e um máximo de tensão e voltou para a Inglaterra. De imediato, Roger Daltrey foi expulso da banda.

— ● —

Ao longo das duas semanas seguintes, o The Who não trabalhou, o máximo de folga dos palcos que qualquer um deles tirou em três anos. Mas não foram férias. Nos bastidores, Kit Lambert e Chris Stamp tentavam salvar a banda à qual haviam dedicado um ano de suas vidas e todas as economias, e com a qual ainda nem haviam capitalizado com um álbum. Soluções diversas foram pensadas. Chris Stamp queria que o The Who continuasse com Townshend como vocalista, embora a voz do guitarrista fosse fraca, em comparação à de Daltrey, e essa fragilidade era parte de seu apelo, pensava o empresário. (E com razão: Townshend dividiria muitos vocais ao longo dos anos seguintes.) Moon e Entwistle, os únicos amigos de verdade no grupo, consideraram seriamente sair e formar uma banda nova, e também houve uma conversa a respeito de Moon "explorar outras formas de expressão", evidência de que aqueles a seu redor sabiam, mesmo naquela época, que tocar bateria numa banda de rock não era o suficiente para conter sua hiperatividade e natureza explosiva. Houve a ideia bastante divulgada de trazer o cantor Boz Burrell, que tinha um relativo sucesso, para substituir Daltrey, e a vergonha subsequente de Burrell ter ridicularizado o The Who como "crianças que brincam com brinquedos eletrônicos". (E a resposta hilária de Keith de que pelo menos eles eram "crianças *ricas* brincando com brinquedos eletrônicos".) E houve a noção de uma segunda banda ser montada em torno de Daltrey, que Stamp e Lambert também agenciariam e permitiria ao cantor retornar aos covers de R&B que tanto adorava. Porém, todas as soluções em potencial iam de encontro à mesma conclusão, particularmente quando contempladas a sério por cada membro da banda. *Todos nós lutamos muito para chegar até aqui. Não podemos estragar tudo agora. O The Who é uma Banda Grande de Verdade. Ninguém tem o direito de sair.*

Foi feita uma reunião a portas fechadas, que deve ter sido o momento mais humilhante da vida de Roger. O soldador de Shepherd's Bush, fundador, líder e organizador dos Detours, tão acostumado a ter sua vontade cumprida na marra ou pela pura força da persuasão, recebeu um ultimato. No futuro, ele deveria se entender com a maioria nas decisões ou procurar sua turma. Nada mais de pontuar suas diretivas com socos, nada mais de importunar os demais pelo uso de drogas. Era pegar ou largar. Daltrey, mais tarde, confessaria a terrível percepção de que "se eu perdesse a banda, estava morto", admitindo, portanto, que, se saísse do The Who, poderia muito bem fazê-lo num caixão diante da vida que ele teria dali em diante. Dessa forma, capitulou. "Serei pacífico de agora em diante", supostamente teria dito aos demais.

A reunião estabeleceu o The Who como uma banda sem líderes, em que a opinião de cada indivíduo seria considerada igualmente válida. Com

CAPÍTULO 11

efeito, uma democracia. Ao longo dos anos seguintes, a banda funcionaria à maneira de todas as verdadeiras democracias – num estado de tumulto constante, bate-bocas públicos e forjando alianças sempre mutáveis nos bastidores, de forma a equilibrar agendas de interesse pessoais com uma crença passional num objetivo comum.

"Todos nós dissemos: 'Tem de mudar'", Moon explicaria mais tarde a Jerry Hopkins. "Foi a primeira vez que percebemos que uma única pessoa não pode dizer às outras o que fazer."

"Foi uma lição para todos nós, se você quiser interpretar assim", disse Pete Townshend. "Não há necessidade de se conseguir sempre o que quer. A coisa mais importante é permanecer junto."

"Eu mudei literalmente", disse Daltrey. "Tudo o que eles faziam dali em diante não me incomodava mais."

Outro problema sério de equipe veio à tona exatamente na mesma época. Mike Shaw ficou seriamente ferido num acidente de trânsito, enquanto dirigia a van com o equipamento da banda pouco depois da turnê pela Dinamarca. Num primeiro momento, sua vida ficou por um fio. E, depois que sobreviveu, acabaria de molho por dezoito meses. Quando enfim voltou a trabalhar para a New Action, passou estritamente à área administrativa: estava confinado a uma cadeira de rodas pelo resto da vida.

O show, porém, tinha de continuar. Antes do acidente, Shaw havia indicado um rapaz de 19 anos chamado Richard Cole para trabalhar com os mais recentes contratados da New Action, The Merseybeats (uma escolha incongruente para Lambert e Stamp, dada a popularidade evanescente do som que inspirava o nome da banda, foi provavelmente fruto da paixão de Kit por Brian Epstein e, ainda, outras paixões mais basais). Porém, agora com Shaw no hospital e com a partida de Cy Langston (em parte, resultado de o equipamento do grupo ter sido roubado de uma van na frente da Battersea Dogs Home enquanto Langston estava dentro do lugar providenciando um cão de guarda para guardar o veículo, e em parte porque ele já não aguentava mais ficar sem dormir e receber mal, preferindo tentar se lançar como músico de novo), Cole se tornou o motorista do The Who.

Começou a trabalhar de imediato, no início de outubro de 1965, a tempo da primeira turnê propriamente dita do The Who pela Escócia. A caminho do norte, Keith pediu a ele que parasse num supermercado. Ele o fez, e o baterista voltou da loja com açúcar e herbicida. Não ocorreu a Cole perguntar por que ele precisava daquilo. Entwistle, por sua vez, estava mais preocupado em chegar a Edimburgo a tempo de comprar cordas novas para o baixo: *sempre* faltava alguma coisa no equipamento do The Who. No hotel Caledonian, um dos melhores da cidade e sinal do sucesso contínuo do grupo, Cole desfez as malas e pediu alguns sanduíches e chá, enquanto Entwistle saiu em busca das cordas. E então Cole ouviu uma explosão que parecia vir do quarto vizinho. Correu para o corredor. Do quarto de Keith saiu uma nuvem de fumaça, seguida pelo próprio baterista, chamuscado. Alguns minutos depois, Entwistle retornou ao hotel e encontrou "quatro carros de bombeiro na rua e nossa bagagem no lobby".

"Foi o início do meu aprendizado de como era trabalhar com Moon", diz Richard Cole, eufemizando bastante o primeiro experimento de Keith com a infraestrutura de um hotel de que se tem conhecimento. Embora os outros membros da banda tenham, de início, ficado apopléticos ao serem forçados a se rebaixar de um hotel dos melhores, Keith não se desculpou de maneira alguma. Não via motivo para fazê-lo. Só estava animando a viagem, aliviando o tédio, aproveitando a vida ao máximo.

Pete Townshend vinha compondo prolificamente havia meses, mas uma canção em particular demandava a atenção do grupo. Em maio daquele ano, por volta de seu vigésimo aniversário, o guitarrista compôs um blues lento sobre as mudanças sociais que via a seu redor e às quais se sentia muito integrado. Tinha a pegada musical de Jimmy Reed, mas a emoção de Mose Allison, e começava com um verso provocativo: "*People try to put us down, just because we get around*"[52].

---

[52] "As pessoas tentam colocar a gente pra baixo, só porque a gente se vira."

CAPÍTULO 11

O grupo já havia tentado gravar a música em três ocasiões e não conseguiu despertar uma faísca em nenhuma. Porém, Stamp e Lambert viam potencial – como uma polêmica que poderiam usar como publicidade, mas também como uma declaração genuína que refletiria a lacuna geracional e elevaria o status do The Who como comentaristas sociais – e fizeram críticas altamente construtivas, que exemplificavam sua efetividade como empresários mão na massa. Quando a banda voltou a se reunir, com um novo foco, no IBC Studios, em Portland Place, em meados de outubro, "My Generation" se transformara de um *talking blues* lento em um rock pesado e rápido com duas mudanças de tom. Em apenas dois *takes*, o The Who cravou uma quarta gravação de "My Generation" que estava destinada a se tornar um dos maiores hinos do rock.

Dentre os muitos motivos para "My Generation" ser tão proeminente no panteão da cultura pop, sua declaração de e sobre a juventude descontente era um dos principais. Roger Daltrey gagueja nos vocais como o mod anfetaminado que ele passara os últimos dois anos tentando não se tornar e, no começo da segunda estrofe, quando anuncia "*Why don't you all f-f-f-f...*" dificilmente não se pensa que ele está prestes a lançar um palavrão. A conclusão "*...fade away?*" não chega a aliviar o teor: a *sensação* ainda é a de que ele acabou de mandar o mundo se foder[53]. "My Generation" foi, ainda, a primeira gravação do The Who a dar espaço a todos os quatro membros: as gaguejadas de Daltrey se tornariam imortais, os *power chords* de Townshend nunca soaram tão urgentes, John Entwistle faz um solo de baixo que viria a ser frequentemente imitado, mas quase nunca equiparado, e Keith... bem, mais uma vez, pode-se trazer à baila o argumento de que Keith passou a música inteira executando um solo. E, mais uma vez, seria uma afirmação falsa; durante três estrofes, duas subidas de tom e uma passagem instrumental ele mantém a batida perfeitamente intacta.

---

53 *"Por que vocês todos não... somem?" – a "gaguejada" f-f-f-f, no original, sugere um possível "fuck off" como conclusão. (N. do T.)*

Ao final, porém, quando a letra deliberadamente abre caminho para o caos musical, ele aproveita a oportunidade para tocar o terror na bateria, num redemoinho de deleite algo beligerante.

Era o tipo de performance que nunca havia sido registrada antes sem ser considerada ridícula, absurda, e traz lembranças da primeira vez que Keith tocou bateria na frente de seu amigo Gerry Evans: "Ele só golpeava tudo à frente dele, fazia um monte de barulho... De jeito nenhum esse cara se tornaria um baterista profissional". Agora, porém, Keith *era* um baterista profissional e fazia mais do que só barulho. Tampouco havia qualquer coisa humorística em suas intenções, ou nas dos demais; na verdade, todos estavam muito sérios quanto a essa anarquia musical. Naquela reunião, o The Who havia concordado em focar a raiva para dentro, para a música, em vez de para fora, uns em cima dos outros. O resultado foi uma gravação cuja violência mal podia ser contida.

"My Generation" era mais do que apenas a própria declaração de rebeldia do The Who. Servia como um espelho para uma juventude cada vez mais autoempoderada, que comprou o compacto tão massivamente, que ele chegou rápido à segunda posição das paradas britânicas, em dezembro de 1965, no momento em que o álbum de estreia do The Who, de mesmo nome, foi lançado. Um dos anos mais revolucionários da história da música pop – ainda que, na década de 1960, cada ano fosse ainda mais memorável que o anterior – acabava com o The Who, se não no topo das paradas, honra que ficou reservada aos Beatles pelo terceiro ano consecutivo, então certamente como a mais falada das novas bandas de rock britânicas.

— ● —

Lá pela metade da década, a visão de que álbuns de música pop serviam apenas para preencher o espaço ao redor da árvore de Natal (e de que a música neles contida servia exatamente para isso, preencher espaços vazios) começava a ser desafiada pelos Beatles, por Bob Dylan e, em certa medida, pelos Rolling Stones. Então, quando o tempo acabou na agenda de

CAPÍTULO 11

gravação do The Who, com apenas nove canções originais registradas, três dos covers gravados nas sessões de março foram incluídos para fechar o disco na marca aceitável de 30 minutos e *My Generation* foi enviado às pressas para as lojas, a tempo de pegar o pico das compras de Natal. Porém, essa pressa não transparecia. Inclusive, a simplicidade e a crueza tanto das canções quanto das gravações beneficiariam a longevidade do trabalho final. *My Generation* se mantém até hoje um dos maiores álbuns de estreia do rock.

Era uma mistura inspirada de volume, acidez e vitalidade, sem contar uma dose generosa de melodias pop clássicas. Porém, dois fatores distinguiam verdadeiramente o álbum de seus contemporâneos: as letras de Pete Townshend e a bateria de Keith Moon, e, em particular, a maneira como elas coalesciam para criar uma nova expressividade no rock. Havia alguns precedentes para tanto. Em 1965, os Beatles haviam começado a se afastar das letras de amor tradicionais em favor de mensagens oblíquas de experimentação sexual ("Norwegian Wood") e tumulto interno ("Help!"). Os Rolling Stones abriam seu próprio nicho como rapazes raivosos e, nesse mesmo ano, "(I Can't Get No) Satisfaction" e "Get Off Of My Cloud" chegaram à primeira posição na Grã-Bretanha *e* nos EUA. (A indústria estadunidense fez o máximo para ignorar o The Who em 1965; "I Can't Explain" foi hit em Detroit e em algumas outras áreas urbanas, mas não fez nem cócegas no top 100 nacional, e "Anyway, Anyhow, Anywhere" sumiu sem deixar vestígios.) Ray Davies, dos Kinks, enquanto isso, se estabelecia como um dos poetas laureados do pop da Inglaterra ao documentar as minúcias da vida suburbana com um humor e uma delicadeza raros.

Assim, o The Who não foi único em abandonar, nas letras, os tópicos do amor pela luxúria ou do romance pela raiva, mas nem por isso *My Generation* foi menos notável por ser um álbum quase que integralmente *antiamor*. Era como se o objetivo de Townshend, que estava entrando num relacionamento sério na época (assim como Keith e John), fosse detalhar não só seu próprio relacionamento satisfatório, como também os costumes sexuais do mod radical que ele aspirava representar, aquele cujo consumo de anfetaminas baixava a libido e cuja obsessão por dança e roupas relegava as mulheres a uma posição ainda mais baixa na lista de desejos. O ás mod nunca teve problemas em arranjar mulheres e não tinha pudores quanto a transar com elas, simplesmente não desejava a atenção constante nem queria saber da sedução delas.

O sexo feminino decerto recebeu um tratamento injusto de Townshend. As canções "La-La-La-Lies", "It's Not True" e "A Legal Matter", apesar de terem algumas das melodias mais descaradamente comerciais já compostas por Townshend, acusavam a figura feminina de enganação. (Talvez pelas referências a casamento, "A Legal Matter" refletia demais o curto matrimônio de Daltrey e foi a primeira música gravada do The Who em que Townshend assumiu o vocal.) Em "Much Too Much", qualquer amor que existisse era "pesado demais" para sobreviver, "The Good's Gone" já era agourenta desde o título[54], ao passo que "The Kids Are Alright", a mais animada e otimista de todas as músicas do The Who até hoje, promovia o romance apenas dentro dos limites mod homoeróticos de confiar a garota aos amigos homens. "Out in the Street" (o novo título de "You're Going to Know Me", gravada em março como um protótipo de "Anyway, Anyhow, Anywhere") oferecia amor sob os termos rígidos da dominação masculina, ecoando a masculinidade de "I'm a Man", de Bo Diddley, clássico do blues que o The Who decidiu tocar, assim como quase todas as bandas de R&B da época. Por fim, as duas músicas de James Brown – "Please, Please, Please" e "I Don't Mind" – eram essencialmente canções de rompimento[55]. "My Generation", a música, foi o único *single* do The Who a ser incluído (compactos e álbuns eram, em geral, considerados produtos mutuamente independentes na Grã-Bretanha nos anos 1960), e já era notável por evitar por completo o conceito de romance.

---

54 *Em tradução livre, "O que era bom já passou". (N. do T.)*

55 A versão americana de *My Generation*, lançada na primavera de 1966, trazia uma nova composição de Townshend, "Instant Party", no lugar de "I'm a Man" (portanto, quebrando os temas das letras do álbum), bem como uma versão editada de "The Kids Are Alright" que depois seria lançada em compacto no Reino Unido.

CAPÍTULO 11

A essas declarações duras de insatisfação e alienação, Keith Moon trouxe uma compreensão ainda inédita na bateria de rock. Cada música era conduzida tanto pela força ou pela coibição de sua performance quanto pelos uivos de Daltrey, pelos acordes ganchudos de Townshend, pelo baixo de Entwistle, infelizmente colocado para trás na mix, ou, de fato, pelos floreios soberbos de Nicky Hopkins ao piano. A habilidade de Moon de "tocar *riffs* na bateria" se destaca de imediato em "Out in the Street", em que ele dispensa a batida constante para, no lugar dela, acompanhar o ritmo à Bo Diddley da guitarra e do baixo, de forma a abrir os trabalhos com uma tensão que faltava em álbuns inteiros da maioria das outras bandas. De forma parecida, em "La-La-La-Lies", ele acompanha a batida complexa do piano nos tons, sem tocar nos pratos de sua preferência até a chegada da ponte, quando o acréscimo súbito deles traz ainda mais ênfase. Nas poucas canções em que ele toca apenas uma batida convencional – "It's Not True" e "A Legal Matter" são os exemplos mais óbvios –, não resiste em acrescentar algumas séries de viradas precisas e velocíssimas por toda a bateria, em que a maioria dos outros músicos pensaria apenas em dar uma batidinha de leve na caixa.

Moon é, há muito tempo, reconhecido por ter introduzido algo que faltava à maior parte das linhas de bateria de rock da época – suspense, aquele elemento misterioso de incerteza e inquietação que tanto define a música do The Who. Não é coincidência, portanto, que Pete Townshend, como compositor e guitarrista, usasse com tanta frequência acordes "sus", em que a terça maior é substituída por um semitom acima – a quarta justa –, de forma a deixar o ouvinte tenso, sabendo que o acorde deveria em algum momento se resolver, porém não se sabe quando. Townshend não foi o primeiro nem o único compositor a empregar esse eficaz acorde de transição, mas o usou extensamente, a ponto de torná-lo sua marca registrada, reconhecível facilmente em muitos de seus grandes *riffs* de guitarra e decerto um resultado de ele ter à mão um baterista tão pronto e disposto a reforçar essa intenção.

Em 1965, quando muitas das primeiras composições de Townshend se concentravam em apenas dois ou três acordes, essa combinação da bateria cheia de suspense com os acordes sus, o senso de tensão inato de Keith e sua habilidade em expressar as letras, tudo isso veio a fruir em "The Kids Are Alright". Nessa faixa, sua *tour de force*, Moon se vale de todo truque que tem na manga sem soar inconveniente. Nas estrofes e no refrão, ele bate forte na caixa em todos os tempos, assim como tantos bateras cascas--grossas de R&B e soul da época, de forma a emular a sensação otimista de pista de dança da letra ("I don't mind other guys dancing with my girl"[56]). Na ponte, ele então passa sem esforço para um ritmo sincopado, que reflete as dúvidas recém-enunciadas pelo vocalista ("I know if I go things'll be a lot better for her"[57]). Esses estilos contrastantes se mostram um mero aquecimento para a passagem instrumental (melhor ouvida na versão não editada), em que, sob os *power chords* retumbantes de Townshend, ele se lança sobre os tons como um campeão de boxe, recuando de vez em quando, como se em retirada de fato, antes de atacar de novo quando menos se espera. Quando finalmente se assenta para a estrofe e o refrão finais, depois de uma última leva de floreios, o faz com uma satisfação exuberante, que parece elevar a canção ainda mais alto do que já foi levada.

Não é coincidência que "The Kids Are Alright" e "My Generation", duas faixas em que a bateria de Keith claramente se destaca, tenham se provado as mais duradouras do álbum de estreia do The Who. (Embora valha bem se destacar o fato de elas terem sido gravadas no mesmo dia.) Porém, Moon guardou sua performance mais selvagem para uma instrumental, "The Ox", creditada a ele, Entwistle, Townshend e Nicky Hopkins. Depois da morte de Moon, John Entwistle declarou que "The Ox" é a "faixa que, de fato, é o epítome de Keith", e, considerando-se que foi o baixista quem foi apelidado com o título desta, é um comentário generoso, e também verdadeiro. Pois, embora Moon possa ter tocado com bem mais compostura e precisão em músicas mais conhecidas, "The Ox" é o único momento do repertório inteiro

---

56 "Não me importo que outros caras dancem com a minha garota."

57 "Sei que, se eu for embora, as coisas ficarão muito melhores para ela."

CAPÍTULO 11

do The Who em que é permitido a ele se esbaldar por completo em sua influência mais óbvia, a surf music. E não na bateria disciplinada de Hal Blaine, responsável pela batida nos discos preferidos de Keith dos Beach Boys e de Jan and Dean, mas nas batidas tribais frenéticas de tom-tom das grandes bandas instrumentais, The Safaris, em particular. Essa influência fica tão óbvia, que "The Ox" é frequentemente interpretada como uma resposta a "Wipe Out"; na verdade, foi inspirada por uma faixa do álbum *Surfaris Play*, de 1964, chamada "Waikiki Run", cuja linha de guitarra Townshend transpôs para uma oitava abaixo, de forma a ressoar mais profundamente, e cuja melodia ele transformou de modo a torná-la mais sinistra.

Apesar de ser só mais ou menos profissional – em vários momentos é possível ouvir as baquetas de Keith Moon colidindo uma na outra a caminho de bater em alguma outra coisa e a banda nem sempre volta junta no mesmo tempo –, "The Ox" é um momento avassalador do The Who. Com o refrão de doze compassos, foi o mais perto que a banda chegou de um blues nu e cru nos primeiros discos; com o tsunami de Keith na bateria, foi, certamente, o mais próximo que chegou da surf music pura; e, em volume e intensidade, foi o diagrama para o hard rock britânico. O The Who só voltaria a gravar algo tão alto e caótico muitos anos depois.

Poucas horas depois de Keith Moon tentar "dar uma surra" em Roger Daltrey na Dinamarca, em setembro de 1965, por ter jogado seus comprimidos na privada e, como consequência, quase ter sido apagado pelo cantor, escreveu uma carta para sua namorada, Kim. A agenda de shows incessante, que se sabe que traz confusão mental até ao mais experiente viajante – a síndrome de "Em que cidade estamos mesmo?" –, parecia já ter causado esse efeito nele em sua primeira viagem considerável ao exterior.

"Tocamos em Estocolmo hoje", começa ele, confundindo a capital da Dinamarca, Copenhague, pela da Suécia. "Embora todo mundo estivesse empolgadíssimo com as garotas, não vi nenhuma que fosse nem metade do que você é. Estou com tantas saudades agora, que passo mal quando alguém sugere sairmos... Prefiro muito mais escrever para você a ir para algum clube ou a *qualquer outra coisa.*"

É um excelente exemplo das emoções conflitantes que brincavam com a mente frágil e jovem de Keith. Por um lado, ele sentia muita falta do amor de sua vida e queria que ela soubesse disso, disposto a compartilhar com ela a tristeza daquela distância; por outro, ele estava se divertindo tanto como um jovem na estrada com uma banda de rock 'n' roll louca, que só conseguia admitir isso a Kim ao mesmo tempo em que negava por completo. Então, embora fosse verdade que ele não tivesse visto nenhuma loira escandinava que, para ele, não significasse nem metade do que sua flor inglesa (e nunca veria, apesar de sua predileção pela raça nórdica e seus subsequentes relacionamentos com elas), insinuar que não fosse sair numa noite de sábado na capital dinamarquesa só para dizer isso a ela era uma completa mentira. Havia uma terceira emoção, perpetuada por ele mesmo e manipulativa em certa medida, com a qual ele encerrou essa carta em particular, como tendia a fazer na maioria delas – a insinuação de que Kim, com apenas 16 anos e morando em Bournemouth com os pais, estivesse se divertindo muito mais do que ele.

"Ainda não sei se posso confiar em você", escreveu, "mas espero que você esteja se comportando bem enquanto estou longe. Se não estiver, não sei como você me contaria sem sentir algo por mim. Tenho uma foto ótima para você, o único problema é que é uma foto minha, mas tudo bem, qualquer coisa você pode vendê-la... quando me dispensar."

Kim nunca teve intenção alguma de dispensar o jovem e belo *pop star* que trazia tanto amor e tanta alegria por trás daqueles grandes olhos, o rapaz por quem milhares de garotas adolescentes nutriam uma paixonite, mas que estava tão incondicionalmente apaixonado por ela. Em questão de semanas, descobriu que tinha menos motivos ainda para abandoná-lo: estava grávida.

Ficou horrorizada com a notícia. Como mais se sentiria? Jovem, bela e com um mundo de oportunidades à sua frente, despertada para as maravilhas da vida adulta sob a forma de fins de semana repletos de anfetaminas e astros em clubes fumacentos com seu adorável bateristazinho, e por conta de um momento de paixão ávido e desprotegido, aproveitado numa janela de oportunidade, a vida poderia nunca mais ser a mesma. Sua juventude mal havia começado, não havia nem um ano de emoções adolescentes atrás dela, e em menos de nove meses se tornaria mãe. Era, para dizer com todas as letras, uma catástrofe.

Keith, supunha ela, dificilmente ia ficar mais contente com a notícia. Era um jovem *pop star* que viajava pela Grã-Bretanha e pela Europa sete noites por semana, aproveitava ao máximo sua fama recém-encontrada, se jogava nos clubes enquanto sua banda disparava pelas paradas... Kim o imaginava explodindo em um de seus acessos de fúria ao saber que ela estava "no clube", distorcendo as coisas até fazer parecer que a gravidez era tudo culpa de Kim, prova do desprendimento dela ao redor dos homens.

Mas não foi essa a reação dele. Keith parecia deleitado, empolgado, até vitorioso. "Agora estou com vantagem em relação ao seu pai", declarou. Era como se Keith, que não suportava a afeição de Kim por nenhum outro homem, independentemente da natureza da relação, visse Bill Kerrigan como

CAPÍTULO 12

competição à altura de Rod Stewart e todos os outros jovens bonitos que a espreitavam, e agora o namorado promíscuo havia ganhado a competição contra o pai protetor. De imediato, Keith pediu Kim em casamento.

Não muito tempo depois, Keith disse à sua irmã Linda, como relembrado por ela, que "ele não se casou com Kim porque estava grávida, ele a engravidou para poder se casar com ela". A princípio, isso pode parecer uma tentativa retroativa absurda da parte dele de se safar de um erro adolescente calamitoso, mas, pensando-se mais a fundo e sabendo do desejo declarado de Keith de ficar noivo de Kim, no início do verão de 1965; de sua personalidade possessiva, que de vez em quando se mostrava em surtos de agressão assustadores; e, acima de tudo, seu amor dolorosamente integral pela jovem, já evidenciado pelas súplicas, pelo implorar, pelas cartas dissimuladas, talvez não tenha sido uma cadeia de eventos tão ridícula, afinal. Talvez a única maneira de reclamar a bela Kim Kerringan como sua, de impedir outros homens e assegurar o compromisso dela de uma vez por todas, fosse colocá-la numa posição em que ela *tivesse* de ser reclamada.

Porém, Kim não tinha certeza se queria assumir esse compromisso. "Eu era muito jovem e as coisas estavam mudando", diz ela. "Havia facetas diferentes em Keith, e outras dessas facetas se revelavam. Ele queria se casar comigo, queria me possuir, adorava a ideia de termos um filho, mas, por outro lado, havia outra..." Ela faz uma pausa nas recordações. "Havia uma parte muito pequena de sua vida. Havia uma porção de outras coisas se abrindo para ele. O The Who estava grande. Então, obviamente, ele estava muito confuso. Eu dizia que não queria me casar, ele tinha certeza de que queria, mas, ao mesmo tempo estava cheio de confusão. Isso se manifestava em agressão, ele ficava muito frustrado. E os comprimidos, além disso..."

Kim adorava os estimulantes naqueles primeiros dias e naquelas noites em que saía com Keith pela cidade. Não queria largá-los nunca. Porém, agora estava grávida, e, à medida que se forçava a parar de usar pelo bem do bebê, Keith apenas aumentava seu próprio consumo, como se para compensar, e Kim começou a ver o outro lado do viciado em anfetamina do qual ela só tinha uma vaga ideia da época em que ela mesma usava – os rebotes deprimentes, o pavio curto, a ansiedade aguda. Tudo o que parecia se manifestar com Keith na presença dela na forma de um ciúme incrivelmente possessivo. Keith sabia da culpa que tinha; pediu desculpas por isso numa carta pouco antes de descobrir que ela estava grávida. "Sinto muito se fico ciumento demais quando você não está comigo", escreveu ele, "mas detesto a ideia de outros rapazes poderem falar com você e te ver, e eu não, então, por favor, não fique brava comigo quando eu reclamo de você conversar com outros garotos."

Ela percebeu que Keith era um leonino clássico: extrovertido, orgulhoso, passional, régio, extravagante, financeiramente inconsequente, o líder inquestionável de sua prole e impossivelmente ciumento. Ela brincava com ele que não tinha percebido tudo isso quando o conheceu. Na época, ele se parecia mais com o signo de virgem, sob o qual quase nasceu: consciencioso, confiável, sincero, até modesto, e com uma tendência natural à atuação (e a se safar de encrenca), que marca todos os virginianos. Agora que sua verdadeira personalidade se declarara, Kim não sabia se o leonino possessivo e bravio era com quem ela arriscaria passar o resto da vida.

Ela não contou a novidade aos pais. Compreensivelmente, estava assustada, por causa das circunstâncias e de sua idade. Porém, havia outra razão mais complicada para seu silêncio: seus pais esperavam eles mesmos mais um filho. Assim, enquanto Kim encobria os sons de seus enjoos matinais com música alta, Joan foi para o hospital em novembro e voltou para casa com um menino (Dermott). Considerando que seus pais tinham agora um bebê a chorar pela casa com que se preocupar, Kim continuou a esconder a gravidez, que ainda não se percebia fisicamente. Para tentar fazer sentido daquilo tudo, ela deu um tempo do relacionamento com Keith durante um período particularmente caótico – o sucesso do compacto "My Generation", o lançamento do álbum de estreia do The Who, o nascimento de seu irmão Dermott, o Natal, o Ano-Novo e o seu aniversário de 17 anos, tudo isso pareceu acontecer ao mesmo tempo. Só depois de muitos meses do nascimento de Dermott e depois que a vida doméstica havia se assentado foi que Kim ousou informar aos pais que, pouco depois de terem dado à luz um filho, logo seriam avôs.

CAPÍTULO 12

Bill e Joan Kerrigan ficaram furiosos. Keith foi imediatamente convocado a Bournemouth para se explicar. Horrorizado diante disso, já que Bill Kerrigan era o único homem que ele não conseguia encarar, Keith começou a beber no trem em direção ao sul para acalmar os nervos e, nessas, quase esvaziou o bar do bufê. Não havia como ter uma conversa séria na Michelgrove Road com Keith naquele estado. Coube a Bill Kerrigan viajar até Wembley e conversar com os pais de Keith, igualmente incomodados, sobre que solução poderia ser encontrada.

Todas as probabilidades apontavam para uma única solução. A década de 1960, apesar da reputação que ganhou de era do amor livre, não foi diferente de nenhuma das décadas anteriores. Se você engravidasse uma garota, se casava com ela. Muitas vidas adultas (e, claro, vidas de bebês) começaram assim. Bastava olhar para algum outro membro do The Who, já que Roger Daltrey sabia tudo sobre o preço de um método contraceptivo mal utilizado – ele fez os votos e as promessas como penalidade disso. Porém, por ser um *pop star* e, nessas, um mulherengo, já havia se livrado dessa questão legal em particular e era mais uma vez um homem livre, cujos únicos votos eram agora não repetir o erro. Kim não queria se ver na mesma armadilha, amarrada a um ídolo adolescente que logo a deixaria para trás. Porém, as alternativas não eram boas. Para começar, não era legal engravidar aos 16 anos. Menos legal ainda era ser mãe com essa idade e não se casar. Quanto ao aborto... bem, Kim era metade irlandesa e o catolicismo corria em seu sangue.

Porém, não corria no de sua mãe, Joan. Envergonhada por esse episódio todo – em particular pelo que os vizinhos pensariam ao saber que sua filha de 16 anos estava prestes a aumentar a família –, Joan Kerrigan recomendou um aborto como a melhor opção para todos os envolvidos. Seria doloroso, mas passaria logo. E então Keith e Kim poderiam seguir com suas vidas (de preferência um longe do outro) e os vizinhos nunca ficariam sabendo. Kim considerou a sugestão uma hipocrisia assassina definitiva. Joan acabara de dar à luz o seu próprio e adorável bebê, e ainda assim era capaz de recomendar o assassinato de um neto não nascido? Kim, que havia dito à mãe que gostaria de adotar oficialmente a fé católica ("Só por cima do meu cadáver" foi a resposta), nem sequer cogitaria essa ideia.

Porém, se quisesse manter a criança, suas opções eram seriamente limitadas. "Basicamente, meus pais disseram: 'Não queremos que os vizinhos saibam'", recorda-se ela. "Então eu disse: 'Ótimo, então eu vou embora de casa.'"

Alf e Kit Moon se provaram muito menos críticos quanto a essa questão desafortunada. Adoravam Kim e achavam que ela era tudo o que poderiam esperar de uma namorada para Keith. Não gostaram mais do que os Kerrigans do fato de ela já estar grávida, mas, em sua maneira relaxada de lidar com o mundo, aceitavam que coisas assim aconteciam. Sempre aconteceram e sempre aconteceriam. Não havia nada que ninguém pudesse fazer a não ser lidar da melhor forma possível. Convidaram Kim para morar na casa, na Chaplin Road. Embora ela percebesse que tal mudança a colocaria quase que sob total controle de Keith e o casamento se tornaria menos uma opção e mais uma certeza, não tinha muita escolha. Aceitou o convite.

Por coincidência, quase que no momento exato em que Kim se mudou para Londres, a revista britânica de música *Disc* publicou uma série de matérias superficiais sobre a vida pessoal de Keith. "Quem é Keith Moon: No fundo, um garoto do bairro", dizia a manchete da edição de 15 de janeiro de 1966, na qual Keith anunciava que havia sido "expulso de dois apartamentos" e, como resultado, "não voltaria a morar num apartamento até achar alguém para cuidar de mim, tipo uma esposa". "Vale a pena morar com a família", disse ele, "porque gosto de ter alguém que espere por mim. Janto na cama e minha mãe lava minhas roupas."

Na semana seguinte, o mesmo periódico publicou a matéria "As facetas de Keith Moon – pela mulher que o conhece melhor... Sua MÃE!". Escrita nas palavras de Kathleen Moon, abria com três mentiras colossais só na primeira sentença.

CAPÍTULO 12

"Keith não fuma", alegava a Sra. Moon, "só bebe com moderação e não liga muito para garotas."

É claro que as mães são notoriamente defensivas em relação aos maus hábitos de seus filhos, e Kit Moon tinha um dilema mais difícil nesse aspecto do que praticamente qualquer outra mãe que se possa imaginar. Porém, o *timing* da matéria era curioso, considerando-se o conteúdo.

"Garotas? Keith nunca ligou muito para elas", elaborou a Sra. Moon. "Ele é muito sensível, e nunca se meteu em encrenca... Nunca se envolveu." Ela chegou a mencionar uma "loirinha" de Bournemouth, uma "modelo de 17 anos... um doce de garota" de quem Keith "gostava" e que "frequentava nossa casa". Porém, Kim ainda não era citada por nome, menos ainda pelo fato de que seria mãe do filho de Keith. É incerto se Kit já sabia disso quando deu a entrevista; se não sabia, saberia em questão de dias. A ênfase em seu filho Keith nunca ter "se metido em encrenca", em retrospecto, só parece incitar a pergunta "por quê?" – alguém estaria sugerindo que ele teria?

— ● —

QUASE IMEDIATAMENTE DEPOIS DE DESFAZER AS MALAS, KIM começou a apreciar as benesses da nova casa. "Era adorável fazer parte daquela família", diz ela. "Eles eram maravilhosos, absolutamente incríveis." Depois de ter crescido como filha única numa família colonial, ela prosperou ao ser subitamente imersa numa grande família de classe trabalhadora. Kathleen Moon se tornou como que uma segunda mãe e a levou até uma clínica familiar pela primeira vez. (A essa altura, Kim já estava pelo menos na metade da gravidez.) Kim também apreciava o temperamento sossegado de Alf Moon, tão contrastante com o do filho. "Quando as mulheres da família explodiam", diz Kim sobre o ambiente predominantemente feminino, "Alf dizia: 'Não é nada de mais.'" A abordagem calma sempre parecia funcionar.

De início, a vida com Keith, ocupando um quarto do tamanho de uma caixa com espaço apenas para uma cama de solteiro, algumas roupas e os discos de surf music de Keith, era tudo o que Kim queria, em especial dadas as circunstâncias. O casal continuava a frequentar os clubes *cool* e, de fato, Kim agora podia fazê-lo com mais frequência, morando em Londres. Keith a apresentou aos Beatles, e se, apenas um ano antes, quando ela era aprendiz de cabeleireira em Bournemouth, alguém tivesse perguntado se ela imaginaria isso acontecendo, ela teria mandado a pessoa catar coquinho. Chegou até a conhecer a namorada de George Harrison, Pattie Boyd, a garota por quem ela achou tão absurdo mudar de nome, já que acreditava que nunca frequentariam os mesmos círculos.

Porém, quando Keith tinha compromissos com o The Who, Kim se mantinha longe da badalação e, em vez disso, socializava com Linda Moon. As duas tinham apenas quatro meses de diferença de idade, já eram conhecidas próximas e, agora, haviam se tornado melhores amigas. Iam jogar boliche juntas, fazer compras e, às vezes, até a shows do The Who. Porém, nunca conseguiam afastar a presença de Keith, pois quando a própria Linda começou a sair, se viu bastante bajulada por pretendentes só por ser irmã de Keith Moon – a agressividade do The Who, em geral, e a personalidade de Keith, em particular, eram de grande apelo para os rapazes. Ao mesmo tempo, Kim passou a se acostumar, relutantemente, com as garotas adolescentes que ficavam na frente da casa na Chaplin Road, na tentativa de dar uma olhada no novo herói. Para Kim, eram evidências da mesma coisa: embora Keith não a compartilhasse com ninguém, ela tinha de compartilhar o namorado com o mundo, e aparentemente metade deste estava ao pé de sua porta.

Certo dia, John Schollar foi até lá para ouvir alguns discos novos a pedido de Keith e ficou impressionado com a cena. Do lado de fora, uma porção de garotas esperava pela oportunidade de gritar para o garoto que, certa vez, escrevera "Sou o Maior" no *case* de bumbo. Lá dentro, Keith estava mais do que disposto a enrolá-las. "Olha só isso", disse a John no quarto que dava para a rua. Puxou a cortina para mostrar o rosto e todas elas começaram a gritar. Era maravilhoso. Porém, no jardim dos fundos, John notou Kim, grávida e sem atenção. "Não havia um senso de 'Essa é minha esposa, essa é minha namorada'", diz Schollar. "Éramos só Keith e eu."

CAPÍTULO 12

Quanto mais essas garotas obcecadas viam o rosto de Kim, mais óbvia se tornava a relação dela com Keith, e isso implicou em ameaças verbais quando ela entrava e saía da casa e telefonemas obscenos à noite. Essas garotas lá fora, tão infantis, que acreditavam que conseguiriam ganhar o coração de Keith ameaçando sua namorada, tinham mais ou menos a mesma idade de Kim – porém, ela estava grávida dele e morando com ele. Isso fazia dela uma criança ou uma adulta? Ela não sabia dizer. Some-se a isso o fato de que seu único irmão, recém-nascido, seria apenas poucos meses mais velho do que seu próprio filho. Parecia tudo tão bizarro.

Como esperado, as propostas de casamento de Keith se tornaram quase insistentes. Embora ela tivesse dúvidas quanto a abandonar a vida tão jovem e tão cedo, estava apaixonada por ele, já morava com ele, já teria um filho com ele. Não havia outra solução lógica, de verdade. Concordou em se casar. "Não foi como planejei", diz ela. "Mas eu o amava muito, muito mesmo. Não teria feito de outra forma."

Os problemas de Keith e Kim na tentativa de formar algum tipo de vida doméstica juntos como pais adolescentes, já aparentes demais, pesaram ainda mais quando os empresários da banda surtaram ao descobrir que Keith se tornaria um marido e, pior ainda, pai. Essa era a indústria do pop, que se vendia por meio de sonhos molhados e hormônios. O The Who era, primordialmente, uma banda de garotos, mas as garotas que gostavam deles gostavam principalmente de Keith. Seu status de "solteiro na cidade" e beleza pueril garantiam as colunas e fotos de revistas que eram vitais para a continuidade do apelo adolescente do grupo. Sob essas circunstâncias, de jeito *nenhum* os empresários do The Who admitiram que Keith se assentasse numa vida doméstica. (Na verdade, de jeito nenhum Keith se assentaria numa vida doméstica de qualquer forma, mas isso eram outros quinhentos.) Lambert e Stamp embarcaram numa estratégia imediata de redução de danos. À medida que a barriga de Kim crescia e seu relacionamento com Keith se tornava de conhecimento geral entre a elite social (de onde ela poderia rapidamente vazar, Deus me livre, para o público em geral), Lambert proibiu Kim de frequentar os clubes e exibir a gravidez. Naturalmente, não proibiu Keith de nada.

"É para o bem da nossa imagem", dizia o baladeiro de 19 anos à sua agora noiva de 17, enquanto se preparava para mais uma noite de agito nos pontos familiares em uma de suas raras noites de folga. Da mesma forma que ele não conseguia admitir que aprontava quando no estrangeiro, também não conseguia confessar que se divertia em casa. "Você sabe que não quero ir", insistia. "Mas o Kit diz que preciso."

Assim, Kim ficava em casa assistindo à TV, ia jogar boliche com Linda ou ia dormir cedo e triste, quando tudo o que queria fazer, no auge da juventude, cheia de amor, energia, paixão e beleza – todas as qualidades que admirava em Keith –, era ir aos clubes com ele e *viver a vida*. Quando Keith chegava em casa de madrugada, pilhado até quase se contorcer, ela expressava abertamente sua infelicidade, ele descontava as próprias frustrações ocultas nela e logo a casa toda acordava e Alf entrava no meio, dizendo "Não criem caso", e Kim pensava: "Mas é um caso, é a minha vida, e não sei o que estou fazendo dela".

Contudo, tamanha era a frequência das discussões que, certa noite, Keith chegou em casa com um humor dos diabos, deu uma olhada em Kim, viu o rosto dela cheio de raiva, desespero e mágoa, como ficava quase toda noite que ele chegava em casa tarde e pirado assim, e nem esperou que ela começasse a falar. "É isso", disse ele, "vou acabar com tudo agora." Desceu as escadas novamente.

Kim deixou estar. Não queria dar a ele a satisfação de que se importava. Alguns minutos depois, Lesley, com 7 anos, acordada pela comoção, saiu do quarto para ver o que estava acontecendo e começou a gritar. Apesar de bem nova, ela sabia que não se deveria colocar a cabeça dentro do forno e ligar o gás.

Kim entrou na cozinha para ver com os próprios olhos aquele truque, pois ela sabia que se tratava de um truque. ("Ele *nunca* foi suicida", frisa ela.) "Se você quiser fazer isso direito", disse a Keith, deixando claro não estar impressionada pelas tentativas dele de transformar aquele devaneio de madrugada numa súplica por atenção e autocomiseração, "da próxima vez se certifique de que as janelas estejam fechadas."

CAPÍTULO 12

— ● —

O FASCÍNIO EM REPORTAR AS VIDAS PESSOAIS DOS *POP STARS* FOI destacado na edição de 5 de março da *Disc*, na qual o jornalista Rod Harrod parabenizava Keith Relf, dos Yardbirds, por manter seu recente casamento em segredo por um tempo recorde – 24 horas. Harrod então escreveu sobre o boato de que Keith Moon estava prestes a se casar com uma garota chamada "Patsie" – e prontamente desfez sua diligência ao morder a isca da negação de Keith. A garota em questão era Patsie Klyne, de 19 anos, de Bishopsgate, explicou Keith – usando o nome da famosa cantora country[58]. "Ela foi para a África do Sul no mês passado para se encontrar com os pais... quase me casei com ela, mas está tudo acabado. Definitivamente não vou me casar."

Não obstante, o resto da mídia ficou desconfiado. Questionado por Keith Altham, no *NME* de 19 de março, se os boatos de seu casamento iminente eram verdadeiros, Keith respondeu simplesmente: "[*São uma*] insanidade".

Na edição daquela mesma semana da *Disc*, que parecia ter um fascínio quase insalubre pela vida pessoal de Keith, contradisse isso ao anunciar que "Keith Moon está prestes a se casar, afinal... Na próxima semana, ele estará oficialmente noivo da dançarina do *Ready Steady Go!* Sandra Serjeant. Keith conheceu Sandra, de 17 anos, no *RSG* há cerca de seis meses. Mas 'só vamos nos casar daqui a bastante tempo', disse Keith na terça-feira".

Serjeant, uma bela londrina de ascendência caribenha, provavelmente a mais distinta das dançarinas de *Ready Steady Go!*, muito procuradas como troféus sexuais pela fraternidade *pop star*, chegou aos estúdios do programa naquela manhã do dia em que a edição da *Disc* chegou às bancas e recebeu "parabéns" inesperados de toda parte. Ficou completamente intrigada por toda aquela atenção. Por fim, a produtora do programa, Vicki Wickham, mostrou a notícia a ela.

---

58 *Patsy Cline, de cujo nome ele inventou uma corruptela. (N. do T.)*

Serjeant congelou. Era uma boa amiga de Keith. Até já tinham ido à casa um do outro. "Minha mãe achava ele maravilhoso, porque ele era tão maluco", recorda-se ela da maneira como ele fazia reverências e imitava uma voz aristocrática para impressionar os mais velhos. Mas Sandy, como ela era chamada, sabia que Keith namorava Kim, a quem considerava "muito quieta"; certamente não havia qualquer relacionamento entre a dançarina e o baterista. Na verdade, Serjeant acabara de passar a noite, pela primeira vez, com Ian McLagan, o tecladista dos astros do pop mod Small Faces, que naquela semana estavam na crista da onda das paradas com "Sha La La La Lee". A reação imediata dela foi de terror, diante do que seu novo namorado pensaria ao acordar e comprar a revista, como todas as bandas pop faziam religiosamente. Ligou para McLagan na casa que os Small Faces dividiam em Pimlico, antes que ele pudesse ir até a banca de jornal, e garantiu que os boatos não eram verdadeiros.

Poucos dias depois, Sandy viu Keith no Scotch of St. James – sozinho – e ele confirmou suas suspeitas. Ele a havia usado como "isca" para impedir que a imprensa farejasse seu casamento com Kim. O estratagema funcionou maravilhosamente bem para ele. Porque se em um mês ele estava namorando uma loira de 17 anos de Bournemouth, no mês seguinte se despedindo de uma garota de 19 anos a caminho da África do Sul, umas duas semanas depois noivo de uma dançarina morena caribenha e, depois disso, era visto sozinho nos clubes, sem aliança no dedo, o típico rapaz solto na noite, então obviamente tudo aquilo era combustível para sua imagem incendiária de máquina de amor implacável. Era fantástico para seu ego, sem dúvida, mas péssimo para a garota que estava prestes a ter seu filho.

A raiz do problema não era tanto Keith querer negar nada, e sim querer *tudo*. Queria ser dono da garota mais linda do mundo e queria tocar bateria na melhor banda de rock'n'roll do mundo. O fato de já ter alcançado ambas as coisas significava que, de muitas maneiras, sua vida já estava completa, como um acerto de contas consigo mesmo; tudo o que tinha de fazer era segurar firme essas duas estimadas posses e amadurecer com elas, para se tornar o homem mais satisfeito, ou pelo menos invejado, do mundo. Porém,

CAPÍTULO 12

tinha apenas 19 anos, ainda morava com a família e, com todo aquele excesso de energia que o impelia dia e noite, não se sentia como se tivesse trocado de marcha. Então, queria mais. Sempre iria querer. Mesmo quando não sabia o que queria, ia atrás com a mesma intensidade e obsessão que o levaram tão longe desde que saiu da Alperton. Keith Moon passou o resto da vida forçando os limites, buscando por algo mais que *simplesmente não existia*. Muita gente sairia magoada pelas buscas frenéticas de Keith, em particular suas posses mais estimadas, Kim e o The Who. Mas Keith era jovem demais, imaturo demais, deslumbrado demais com as luzes brilhantes da fama e da fortuna e com o fascínio da estrada de tijolos dourados para enxergar isso naquele momento. Estava acostumado a conseguir o que queria. Nem havia motivo para ele cogitar que não conseguiria.

Keith John Moon e Maryse Elizabeth Patricia Kerrigan se casaram numa quinta-feira, 17 de março (no mesmo dia em que a cortina de fumaça de Sandy Serjeant e a negação de "insanidade" de Keith chegaram às bancas de jornais, respectivamente, na *Disc* e no *NME*), num cartório, em Brent. Não havia a menor possibilidade de um casamento chique numa igreja, por causa da atenção que isso chamaria. E não faria muito sentido também, dada a não participação dos Kerrigans.

Isso não impediu Kim de comprar um vestido de noiva para a ocasião. De jeito nenhum ela seria humilhada à falsa modéstia neste que seria o maior dia de sua vida. A presunção das circunstâncias foram, contudo, cristalizadas quando ela foi às compras. Com seus longos cabelos loiros, que a faziam parecer mais nova até que seus 17 anos de idade, ela experimentava o vestido que julgava ser o ideal quando a vendedora disse educadamente: "Você não vai querer estar mais bonita do que a noiva". "Mas *eu sou* a noiva", retrucou Kim, e a reação estupefata da vendedora disse tudo.

"...Mas o casamento foi maravilhoso", insiste ela. A ocasião se tornou a mais perfeita possível, dadas as circunstâncias, quando, lá pela metade da cerimônia, com um *timing* teatral de fazer inveja a Keith, o pai de Kim chegou inesperadamente, suas injúrias permanentes colocadas de lado em favor da felicidade da filha. (Joan ficou em Bournemouth.) As testemunhas da união foram John Entwistle, melhor amigo de Keith e único membro da banda a estar presente, e Phil Robertson, o *tour manager* do The Who naquele mês. Cerca de doze outras pessoas estiveram presentes, em sua maioria membros da família Moon. O The Who teve uma noite de folga, o que permitiu a todos dar uma boa esticada nas pernas. Porém, não houve tempo para uma lua de mel. A agenda do grupo estava cheia até não poder mais. Só para salpicar ainda mais loucura no ar, a noção inconfundível de que havia coisas demais acontecendo cedo demais na vida de todo mundo – e tudo ao mesmo tempo –, na quinzena anterior ao casamento, o The Who lançou quatro compactos, três deles iguais.

—●—

"Estávamos cometendo grandes erros de negócios", diz Chris Stamp. "Mas a questão não era essa. Sabíamos que, nos negócios, era quase sempre possível corrigir esses erros. O que estávamos sempre de olho era no momento seguinte. Poderíamos ter dado um bom salário ao The Who e eles teriam boas casas hipotecadas muito antes na carreira, mas nunca teriam sido o The Who, teriam acabado tipo os Hollies."

Em outras palavras, o contrato que a New Action fechou com Shel Talmy era um triunfo criativo e um desastre financeiro. Mesmo quando, depois do sucesso de "I Can't Explain", Lambert e Stamp foram bem-sucedidos em aumentar os *royalties* da banda de 2,5% para 4%, ainda era menos do que o que se praticava na indústria musical. Para aumentar o insulto, a gravadora estadunidense – para quem Talmy havia vendido as gravações do grupo em primeiro lugar – estava desinteressada ao ponto de se desassociar. Todo mundo ao redor do The Who estava entrando na onda da Invasão Britânica nos EUA, como um grande desfile de bandeiras britânicas até o banco, enquanto o quarteto londrino, que usava essa mesma bandeira britânica nos ombros e nos amplificadores como uma declaração *pop art*, coisa que os americanos certamente adorariam quando fossem propriamente expostos a ela, perambulava pelos palcos ingleses e

CAPÍTULO 12

escandinavos todas as noites da semana só para pagar as contas. Porém, com o custo de guitarras quebradas, iluminação, equipe de estrada e os gostos da banda cada vez mais caros em relação a hotéis e comida, mais intensa a agenda de shows e mais dívidas surgiam. Era uma esteira de autossabotagem absurda, em que só um grupo com a natureza impetuosa e teimosa como o The Who – que insistia em ser a melhor banda ao vivo do mundo – poderia ter se metido.

Mais tentativas de renegociar com Shel Talmy se transformaram numa batalha incessante de egos. Talmy, que não queria abrir mão do controle (nem do lucro) de uma banda que vendia bem, protestou contra o que via como uma influência excessiva de Kit Lambert sobre Pete Townshend e tentativas do empresário de tomar as rédeas no estúdio, ao passo que o grupo se sentiu tão frustrado com a postura ditatorial do produtor, que desceu a lenha em *My Generation* assim que o álbum saiu. (Keith Moon apontou a questão mais precisamente quando afirmou que o problema eram os covers de R&B "desgraçados" gravados em março, "que nós não queríamos lançar" – embora Daltrey fosse totalmente a favor – e que "Pete havia escrito ótimas músicas para o álbum", as melhores, segundo ele, sendo "The Kids Are Alright", "It's Not True", "The Good's Gone" e "La-La-La-Lies".)

Enquanto isso, o agente empresarial do The Who, Robert Stigwood, que dividia o escritório da New Action e uma amizade com Kit Lambert, montava seu próprio selo, o Reaction. Isso era quase inédito no Reino Unido, onde a indústria fonográfica consistia num pequeno número de gravadoras e não havia distribuição independente, como nos EUA. Os capitães da indústria que comandavam essa maquinação, em sua maior parte, morriam de medo de abrir mão do controle total ou de aumentar os míseros *royalties* por meio dos quais mantinham os artistas na geladeira desde o início do *boom* do rock 'n' roll. Não obstante, os mais astutos desses selos se davam conta de que muitas das novas bandas de rock tinham uma mentalidade artística e argumentativa por natureza e não estavam dispostas a ter sua música vendida como comida enlatada por engravatados, e de que fazia mais sentido que aqueles que compreendiam a música – os jovens empresários e agentes – supervisionassem as contratações, as gravações e o marketing dos novos artistas e deixassem os peixes grandes cuidar daquilo que conheciam melhor, a venda dos discos de fato. Pelo menos era assim que a Polydor Records via a situação ao bancar o novo selo de Stigwood e oferecer distribuição nos EUA por meio do respeitável selo Atco, da venerável gravadora de R&B Atlantic, com quem fechara um novo contrato. Stigwood, que sabia muito bem dos problemas do The Who com Talmy, imediatamente convidou o grupo para passar para o lado dele e ser a banda de lançamento do Reaction.

Chris Stamp viajou para Nova York no início de 1966 para uma última tentativa de convencer a Decca dos EUA a reestruturar o contrato com Talmy ou, de preferência, dispensar o The Who por completo. Em vez disso, foi ignorado. Porém, na mesma visita, foi recebido calorosamente pela Atlantic, que reafirmou grande empolgação para com o contrato vindouro com o Reaction. Ao retornar, foi ter com Kit Lambert. A combinação de se livrarem de Talmy, de serem a banda de vanguarda numa gravadora britânica nova e singular e de terem uma chance real de vender discos nos EUA era atraente demais para deixar passar: quebraram o contrato com Talmy.

Assim começou uma sucessão farsesca de acontecimentos. "Substitute", uma música produzida pelo próprio The Who (com Kit Lambert) em fevereiro, foi lançada no início de março como o primeiro compacto do Reaction, tendo como lado B "Circles", que Talmy tinha a intenção de lançar como próximo compacto. Percebendo quase de imediato o perigo legal que tal jogada propiciava, renomearam "Circles" como "Instant Party", mas, mesmo assim, Talmy conseguiu embargar o compacto de forma a congelar temporariamente sua distribuição. O Graham Bond Organisation, com quem o The Who estava em turnê e que incluía Ginger Baker, o arquetípico "baterista dos bateristas" por quem Keith nutria admiração e considerava seu superior musical, foi então recrutado para gravar um novo lado B instrumental mais ou menos da noite para o dia. Creditado a "The Who Orchestra", se intitulava "Waltz for a Pig", valsa para um porco, presumivelmente em referência ao produtor americano, e isso permitiu que

CAPÍTULO 12

"Substitute" voltasse às lojas em uma semana. Enquanto a questão legal central – se o The Who tinha direito a assinar contrato com outra gravadora ou se estava contratualmente preso a Talmy – aguardava uma decisão dos tribunais, a Brunswick Records lançou um compacto concorrente, "A Legal Matter", a canção de Townshend sobre casamento adolescente, na mesma semana em que Keith e Kim trocaram votos, com a versão de "Instant Party" do próprio Talmy como lado B.

Diante desse pano de fundo corriqueiro da indústria musical de duplicidade, conivência e má-fé, Keith Moon começou a perder a linha. De certa forma, não se pode culpá-lo. Ele entrou nesse negócio para se expressar, fazer algo da vida, se divertir e levar alegria aos outros, e como se sua banda raramente passasse uma semana sem brigas já não fosse ruim o suficiente, agora havia tantos processos para todo o lado, que ele nem sabia quais discos estavam na praça. Imergindo na decadência que muitos de seus colegas *pop stars* também abraçavam de boníssimo grado, ele passou a consumir mais anfetaminas e a beber mais destilados do que nunca. Porém, sua constituição não era tão forte quanto a de alguns de seus companheiros de bebedeira e de drogas. Logo, Keith passou a ter apagões. Era frequente ele dormir o dia inteiro depois de uma noite de excessos, acordar na hora do show, de algum jeito conseguir tocar dando o máximo de si, arrebentando a bateria com um instinto puramente primal, só para capotar de novo depois de várias horas de mais bebedeira. E ele ainda não tinha nem 20 anos de idade.

O resultado das bebedeiras pesadas de Keith misturadas aos coquetéis de drogas pesadas induziria nele lapsos de memória e uma dose considerável de paranoia. Em dado momento, confessou a Kim que não se achava bom o bastante para o The Who, o que ela se recorda que precisou de uma intervenção de Pete. "Era a paranoia do Keith somada às anfetaminas", diz ela.

"Ele passou por uma 'paranoia do perigo amarelo'", diz John Entwistle. "Bob Dylan deu uns calmantes para ele num show em que fomos conhecê-lo. Então ele comprou um punhado desses calmantes e tomava tanto, que desenvolveu uma paranoia aguda. Andou com os Beatles por uns dois dias, e eles tinham um jeito próprio de falar, um código, e Keith ficou paranoico com isso, achava que estavam falando dele em sua companhia, como se seus ídolos o estivessem insultando. Ficou tão paranoico, que achou que o The Who também estivesse agindo assim. Estávamos indo de carro para algum lugar e Kit Lambert ia no banco da frente. Nós perguntávamos: 'Kit, falta muito?', como uma piada boba mesmo. E Keith pensava que nós íamos chutá-lo da banda. Ao ouvir 'Falta muito?' ele achava que estávamos dizendo 'Falta muito para encontrarmos um novo baterista?' Paranoico real."

"Perguntei a ele o motivo daquilo. Ele disse: 'Bem, vocês usaram outro baterista em 'Substitute'. Não sou eu na bateria ali'. E eu: 'O que você está fazendo? Está tomando bolinha de novo?'. E ele: 'Sim', ao que eu disse: 'São as porras dessas bolinhas que estão te deixando paranoico. Não vamos arrumar outro baterista. Eu estava presente quando você gravou 'Substitute', você estava presente, você é o único baterista que eu conheço que grita quando faz uma virada difícil, e é você berrando ali'. Ele não se lembrava, estava tão completamente doido, que nem se lembrava de ter gravado 'Substitute'."

Além de berrar ao tocar, provavelmente também não havia outro baterista que casasse com o baixo de John durante todo o refrão como Keith o fez ao tocar um bumbo em colcheias que enfatizava a natureza repetitiva da letra, cheia de insegurança adolescente escondida atrás de uma bravata anfetaminada. (Uma descrição adequada ao próprio Keith.) Perto do final da música, durante um refrão duplo, esses bumbos vêm adiante num crescendo contínuo, deixando passar oportunidades de viradas que bateristas menores teriam aproveitado e, em vez disso, aceleram discretamente o andamento para entregar a urgência da questão, de forma que o jovem ouvinte, já contemplado numa letra que retrata o tormento adolescente, sente que a banda está batendo a cabeça na parede numa frustração adolescente compartilhada. Quando a canção finalmente acaba, Keith se apoia num floreio de pratos e nas mais breves viradas de tom-tom, como se percebendo sua própria exaustão, mas, por fim, sua sobrevivência definitiva.

Na busca por uma sonoridade mais limpa e definida, porém, a bateria foi colocada mais para trás na mix do que Talmy gostaria, e, pela primeira

CAPÍTULO 12

vez, um *riff* distinto de Pete Townshend foi tocado no violão, em vez de na guitarra. Porém, se "Substitute" não tinha uma sonoridade tão visceral de rock como a demonstrada no álbum *My Generation*, ainda assim é um exemplo soberbo do crescimento contínuo de Townshend como compositor e, apesar dos embargos legais de Talmy e da tentativa de sabotagem com "A Legal Matter" (que travou sem chegar ao top 30), "Substitute" chegou à quinta posição nas paradas pop britânicas. Nos EUA, foi prontamente lançada pelo Atco como parte do novo contrato da Polydor com a Atlantic, a experiente gravadora de rhythm & blues da qual o The Who esperava grandes coisas. O fracasso foi vergonhoso.

A PARTIR DO INÍCIO DE 1966, O THE WHO INCORPOROU A RAIVA QUE provocara Pete e Keith a destruir seus equipamentos em (muito) raras ocasiões desde 1964 como parte integral de suas performances ao vivo. Ao final de "My Generation", todas as noites, Pete Townshend costumava furar a caixa dos falantes de seu amplificador (geralmente vazia) com o braço da guitarra ou quicar o instrumento no chão, fazendo a guitarra gritar de aparente dor, Keith brincava de luta-livre com a bateria de forma cada vez mais enérgica, até que, nos momentos finais de caos, Townshend levantava a guitarra pelo braço do instrumento e a destruía em mil pedaços no chão ou contra os amplificadores e Keith chutava a bateria num aparente acesso de fúria, de forma a deixar só uma caixa ou um prato em pé, em que criava algum barulho final antes de se retirar do palco debaixo de uma nuvem de fumaça e um uivo ensurdecedor de *feedback*.

Para os adolescentes que tinham mais agressividade acumulada do que sabiam lidar, era uma coisa gloriosa, exatamente o tipo de comportamento anárquico que enfurecia seus pais. Para os membros mais sóbrios do público do The Who, o efeito era aterrorizante. Ao tocar em Liverpool em fevereiro, Keith se reencontrou com seu antigo melhor amigo, Gerry Evans, que havia sido enviado por seus empregadores para trabalhar na cidade natal do Mersey Beat. "O show estava lotado de 2 mil estudantes, foi inacreditável", recordou-se Evans do show na universidade. "Quando eles destruíram o equipamento no final, Keith arremessou a bateria no público. O lugar estava completamente lotado, havia gente abarrotada contra o palco, e o bumbo tem umas esporas que são afiadas, e ele não quis nem saber. Poderia ter matado alguém ou no mínimo perfurado um olho. Fiquei horrorizado, mas era assim o show deles." Certamente era o que era, e embora a performance perturbasse um número considerável de gente mais certinha que nunca tinha visto nada tão niilista na vida, essas reações negativas provavam a mesma coisa que aquelas de quem adorava a destruição: num mundo em que grupos pop iam e vinham, o The Who nunca seria esquecido.

A inclusão do hit do momento dos Beach Boys, "Barbara Ann", no repertório do The Who da primeira turnê substancial da banda por teatros, em abril, com Keith no vocal principal (com os outros tendo de fazer harmonia quase que o tempo inteiro para encobrir a total desafinação dele), só serviu para concentrar ainda mais os holofotes no baterista. Para Keith, além da chance de cantar, a inclusão da música representava uma vitória importante em sua determinação de fazer a banda curtir surf music. Para os outros, a inclusão do hit dos Beach Boys parecia menos um regresso à época em que o The Who fazia covers e mais um caso simples de lançar um osso a um filhote que, como agradecimento, pulava alegremente na bateria.

Entre as bandas de abertura dessa turnê de abril estavam os Merseys (uma versão truncada dos Merseybeats, tanto no nome quanto na formação), Spencer Davis Group e dois contemporâneos de Keith de Wembley: o cantor Paul Dean e, como baterista para o Jimmy Cliff Sound, Phil Wainman. "Phil Wainman era o baterista famoso da área", recordou-se Gerry Evans sobre ter crescido em Wembley. "Foi o primeiro baterista que vi usar dois bumbos. Mas era um moleque rico." Keith acabou conhecendo Phil ao frequentar a loja de Jim Marshall, em Hanwell, onde a maioria dos músicos profissionais da zona oeste de Londres passavam seu tempo livre, e eles se tornaram amigos e, de vez em quando, tocavam juntos nas baterias de mostruário na Marshall, enquanto nomes como Eric Clapton e Jimmy Page tiravam um som nas guitarras na loja satélite, do outro lado da rua.

Porém, se Keith não tinha inveja de Phil Wainman naquela época em que se conheceram, certamente passou a ter quando saíram em turnê juntos, pois, de fato, Phil Wainman tinha dois bumbos. A banda de abertura tinha uma bateria maior do que a dele. E, se havia uma coisa que Keith Moon detestava, era ser ofuscado.

Para sorte de Moon, ele já era próximo de Wainman. "Sempre foi um cara gente como a gente", recorda-se o colega baterista. "Não conseguia acreditar na sorte que tinha. Do tipo: 'Caramba, olha onde estou'. Ele nunca teve uma postura de se achar melhor que os outros ou de exibir o quanto era bom. Parecia um filhote abanando o rabo... Ia atrás de você, te seguia, mordia sua perna e te pegava pelo pescoço. Era fabuloso." Depois de uns dois shows juntos, Keith pediu emprestada parte da bateria de Phil.

Wainman, porém, tinha visto o que Keith fazia com o instrumento ao final do *set* do The Who e, como parte da vasta maioria de músicos que tratava o equipamento com um carinho reverente, recusou.

"Olha, vou te fazer uma proposta", disse Keith. "Você só me empresta o lado esquerdo da bateria, e eu prometo que não vou danificá-la."

Conseguia ser tão persuasivo, que era mais fácil concordar com ele e esperar pelo melhor. Relutante, Wainman emprestou metade da estimada bateria ao amigo. Para seu espanto subsequente, ao final do show, enquanto Townshend destruía a guitarra, Keith Moon derrubou cada um dos tambores do lado direito, ao passo que, do lado esquerdo, "lá estava minha parte da bateria, ainda no palco, absolutamente intacta".

Como Roy Carr havia descoberto um ano antes numa situação parecida, a agressividade de Keith no palco era, em larga escala, uma encenação. O rapaz sentia a maior emoção do mundo ao chutar a bateria pelo palco, girar e arremessar as baquetas e até atirar alguns dos tambores no público, mas quase sempre estava no controle da situação. Assim como os grandes bateristas de jazz que instigaram o exibicionismo que Keith há muito incorporara à sua performance de palco, era tudo para causar efeito, pelo menos da parte dele. "Essa coisa de 'raiva contra o mundo adulto' não diz respeito a todos nós", admitiu Keith na época. "Não a mim, nem a John. É só metade de Roger, mas é *totalmente* coisa de Pete." Mesmo assim, funcionava. Num mundo pop onde, por tradição, os bateristas eram pouco ouvidos e raramente vistos, Keith Moon era impossível de evitar.

Ao final da turnê, Keith pôs sua notoriedade imediatamente em uso e, com ajuda de um primeiro contrato de patrocínio das baterias Premier, conseguiu uma nova bateria customizada vermelha cintilante. Era duas vezes maior que sua bateria anterior e contava com dois surdos, dois tons e nada menos que quatro pratos de ataque. Observadores astutos e outros músicos rapidamente notaram que Keith, talvez o único de todos os bateristas de sua geração, optou por não usar chimbal nessa nova bateria. Havia uma razão para isso: o pé esquerdo, que normalmente operaria a máquina de chimbal, agora tocava um segundo bumbo. De agora em diante, o público que visse a banda pela primeira vez ficaria embasbacado diante da bateria que parecia ocupar metade do palco, com os dois bumbos dispostos em ângulo discretamente opostos, com a palavra "The" pintada numa das peles e "Who" na outra, ambas com letras de 45 centímetros. Keith Moon nunca mais seria ofuscado no palco por uma bateria maior.

Não que ele tratasse a bateria nova com mais respeito do que a antiga. Noite após noite, ela era lançada ao público. Um momento definitivo na evolução da destruição do palco aconteceu no dia 1º de maio, durante o show dos vencedores da enquete do *NME*, no Wembley Empire Pool. A primeira vez de Keith nesse pináculo das casas de show de sua terra natal – de fato, a maior do país – fora seis meses antes, num show beneficente organizado por estudantes, durante o qual Roger Daltrey deu um chilique por causa da qualidade do P.A. e se recusou a continuar a tocar até que o equipamento próprio do The Who fosse instalado. O The Who, como o vocalista queria dizer claramente às outras bandas tanto quanto ao público, não era uma banda de fundo de quintal para a qual qualquer equipamento velho servia.

CAPÍTULO 12

As apostas eram ainda mais altas no show do *NME*. Foi um momento definitivo para a música britânica, uma reunião temporária de todos os artistas dignos de nota do país antes de divergirem: alguns se tornariam bandas de rock que dariam à música a profundidade necessária para progredir para a década seguinte; outros mergulhariam nas águas do pop, obteriam hits esporádicos ao longo dos próximos dois anos até, por fim, se esvanecer nos circuitos nostálgicos ou encerrar por completo as atividades. O *line--up* naquele dia em Wembley foi impressionante em alcance e qualidade e, como celebração dos *Swinging Sixties* no grande eixo da década, seria insuperável. Yardbirds, Small Faces, Herman's Hermits, Walker Brothers, Cliff Richard, The Shadows e Roy Orbison, para citar apenas *alguns* dos nomes que, de fato, seriam lembrados por gerações futuras, fizeram *sets* curtos de 15 minutos, ou seja, foram apenas o aquecimento.

"Os três últimos shows foram The Who, Rolling Stones e Beatles", recorda-se Chris Stamp. (Embora ninguém soubesse disso naquele dia, seria o último show dos Beatles no Reino Unido[59].) "A essa altura, o The Who já estava bem naquela fase da bandeira britânica e o visual era incrível. E o final foi destruidor, com Pete quebrando a guitarra. E Keith, que já tinha derrubado uns tambores aqui e ali, foi com tudo. Veio tudo da cabeça dele. Fez um negócio enorme com a bateria, acho que as peças até caíram do palco, foi uma bagunça enorme. Ele fez isso para acompanhar Pete, superar Pete e também marcar a presença do The Who, garantir que os Stones e os Beatles tivessem de dar sequência *àquilo*."

O evento, que foi depois transmitido localmente na TV, implicava que o The Who também teria de dar sequência à sua reputação autoproclamada de banda incendiária ao vivo, teria agora de superar regularmente as expectativas do público que ia aos shows para vê-los destruir os equipamentos com a mesma excitação nefasta que atrai as pessoas a acidentes

---

59 *O autor não está levando em conta aqui, é claro, o célebre "Rooftop Concert", a apresentação que os Beatles fizeram no terraço da Apple Corps, em Londres, em 30 de janeiro de 1969. (N. do T.)*

de carro e execuções. Keith Moon, mais do que qualquer um, estava bem disposto a fazer valer essas expectativas. Era totalmente a favor de o show do The Who ser maior e mais ousado do que o de todo mundo. Adorava a atenção que isso trazia. "Não sei por que fazemos isso", disse ele ao final do ano. "Acho que é só um instinto animal."

Era também caro. "As contas dos reparos eram bem pesadas", diz Neville Chester, *road manager* do grupo na época. "Eu ouvia muitos murmúrios a respeito de Keith no escritório: 'Custou 200 libras para consertar esse negócio'. Pete sempre foi o cabeça da banda, então era justificável que ele destruísse alguma coisa, ele não respondia a ninguém, ao passo que Keith era considerado o doido." O resultado, segundo Chester, era que Moon era frequentemente repreendido e alertado para parar de quebrar as coisas.

Não era da natureza dele. Era divertido demais. O The Who parecia finalmente ter encontrado o meio perfeito de extravasar toda a raiva e a irritação, o desgosto e até a desconfiança de uns pelos outros, e se o fato de isso se manifestar no final de cada show em nuvens de fumaça e equipamentos arremessados os endividava, que assim fosse. A publicidade mais do que valia a pena.

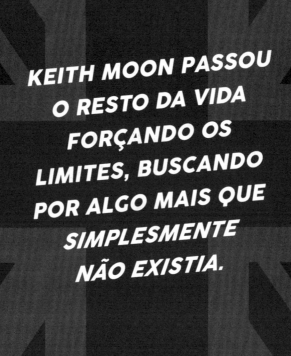

KEITH MOON PASSOU O RESTO DA VIDA FORÇANDO OS LIMITES, BUSCANDO POR ALGO MAIS QUE SIMPLESMENTE NÃO EXISTIA.

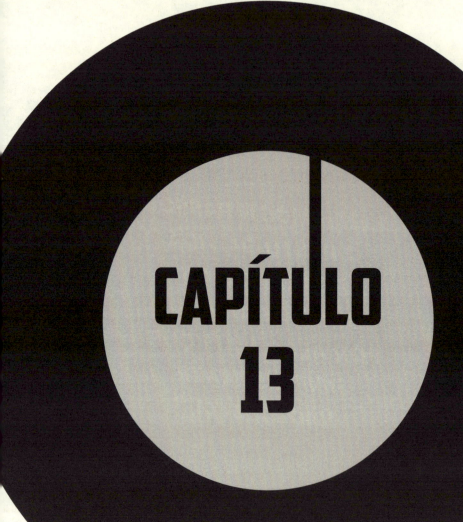

No auge dos Swinging Sixties, à medida que os recém-proclamados príncipes da classe trabalhadora se acostumavam com o estilo de vida entre a elite social, buscaram as armadilhas do dinheiro como os novos ricos sempre fizeram. Um dos motivos era que o público parecia esperar isso deles. Outro era o fato de o dinheiro entrar cada vez mais rápido e em maior quantidade do que eles jamais haviam imaginado, embora, perversamente, eles não estivessem ganhando dinheiro algum: quase toda estrela de meados dos anos 1960 era, de início, roubada na cara dura dos direitos artísticos e financeiros que hoje são dados como certos, e muitas teriam exaurido suas (bem) pequenas fortunas quando os sucessos acabavam. Ainda assim, fracasso e falta de dinheiro eram destinos imprevistos, bem distantes no futuro: por ora, havia aparências a manter.

Assim, o The Who, a despeito do aperto financeiro, gastava como se não houvesse amanhã. Em roupas, em equipamentos, em discos, em noitadas. E em carros.

Pete Townshend tinha um Lincoln Continental; Roger Daltrey, um Austin Westminster. Keith e John, que não dirigiam, deixaram de compartilhar a van para compartilhar carros alugados. Richard Cole então acumulou multas por excesso de velocidade o bastante para lhe custar o emprego, os outros reclamaram do custo do aluguel dos carros e Keith e John concluíram que precisavam de um veículo próprio permanente. Assim, compraram um Bentley, a segunda melhor opção depois de um Rolls-Royce, e um Freestone & Webb de duas portas, fabricado especialmente para o Salão do Automóvel de Genebra de 1950. Custou 400 libras (então cerca de 1.600 dólares), e, se anos depois isso pareceria uma barganha, na época era o salário de vários meses de cada um dos dois. Sabe lá Deus de onde saiu o dinheiro, muito provavelmente de outro empréstimo dos empresários financeiramente atrelados que estavam sempre a uma nota promissória não preenchida dos oficiais de justiça. Mas Keith Moon e John Entwistle eram novos *pop stars* bem-sucedidos. Queriam o prestígio de serem vistos na frente de um dos pontos mais badalados no banco traseiro de um Bentley exclusivo de quinze anos. Como é que o resto do mundo saberia que o The Who sempre estava devendo o dobro de dinheiro do que recebia?

Keith e John passaram por mais uns dois motoristas contratados até finalmente encontrar alguém de quem gostassem (ou, mais precisamente, que fosse capaz de lidar com eles) na primavera de 1966 – John Wolff, de apelido "Wiggy"[60], pelas perucas que usava na careca, que já trabalhava de forma semelhante para outros grupos e havia se tornado amigo deles no circuito social.

Wiggy passaria a exercer funções diversas e essenciais para o The Who; junto ao operador de som Bob Pridden, ex-mod contratado por Wolff mais tarde naquele ano, se tornaria o membro mais fiel da equipe a nunca levar uma porcentagem de empresariamento. Em 1966, sua adequação imediata ao trabalho foi provada quando ele transformou uma ideia frequente de Keith, que datava da época das pegadinhas na Chaplin Road, em realidade. Plugou um microfone a um ampli Eagle de 12 watts, por sua vez ligado na bateria, posicionado sob o painel e conectado a um alto-falante Tannoy convenientemente instalado no espaço entre o radiador e a grade dianteira. Era bem simples, mas nunca havia sido feito e ninguém mais o faria – não da forma como Keith fez.

A gambiarra se tornou a mais conveniente fonte de aventura e travessura, assim como a mais eficaz e duradoura. Na maior parte das vezes, ele

---

60 *Algo como "Peruquinha", em tradução livre. (N. do T.)*

CAPÍTULO 13

assumia o papel daquelas figuras de autoridade que se imagina que façam anúncios por meio de Tannoys automotivos – policiais e políticos. Porém, com Keith ao microfone, as ordens e promessas se tornavam cada vez mais ridículas e impróprias. Ciclistas eram pegos de surpresa e ordenados a descer das bicicletas (geralmente caíam dela com o susto); ingleses típicos de vilarejos eram alertados por seu "candidato conservador ao Parlamento" que uma multidão de refugiados estava prestes a se mudar para a vizinhança; e assim por diante. As possibilidades eram infindas.

Porém, isso só permitia entretenimento externo. Era preciso diversão interna também. Como ainda não havia nada disponível no Reino Unido para tocar sons em um automóvel, Keith e John pediram a Wiggy que instalasse um pequeno toca-discos, um Philips portátil. Naturalmente, Keith estocou o carro com seus amados compactos de surf music, mas também comprou discos com histórias infantis narradas, para ter a oportunidade de imitá-las e dar umas risadas.

A Ilha do Tesouro tinha um lugar especial. Keith já imitava com sucesso o Long John Silver, de Robert Newton, desde que se tinha lembrança, era uma obsessão sua. O notável era o quão parecido ele era com Newton. Embora o rosto do baterista fosse bem mais jovem, tinha os mesmos traços distintos – em particular o formato redondo e as sobrancelhas pronunciadas –, e Keith era capaz de contorcer e exagerar esses traços, piscando e sorrindo de forma insana exatamente como Newton fazia. Imitava o sotaque de pirata sem problemas e, um mímico perfeito, ainda memorizava todas as falas. E, se você tivesse sorte o bastante para estar ao lado dele no Bentley quando ele narrava junto com o disco de *A Ilha do Tesouro*, ia pensar que se tratava de uma banda de rock 'n' roll embarcando numa aventura do caramba por terra em busca de um tesouro, não um bando de piratas do século 18 ao mar.

Pois Long John Silver dizia: "Você vê aquele bando de desajustados ali, Jim, meu rapaz, essa é a tripulação". Keith trocava "a tripulação" por "o The Who" e, com algumas outras alterações escolhidas a dedo, a história subitamente ganhava todo um novo significado.

"Tocamos aquele disco até gastar", diz John Wolff. "Sabíamos *A Ilha do Tesouro* de trás para a frente. Quando você toma estimulantes, entra mesmo numa coisa repetitiva. Fica voltando para as coisas de que gosta."

Esses hábitos repetitivos também incluíam tocar até não poder mais os discos de surf music de Keith. Ei, metade das músicas eram sobre carros: que trilha sonora melhor do que essa para uma viagem de volta a Londres depois de um show glorioso, pilhados até o osso, em disparada rumo aos clubes badalados e a uma ou três saideiras, do que "Dead Man's Curve", "Drag City" ou "Shut' em Down"? Wiggy pisava fundo naquele Bentley colossal, que na verdade nem era tão veloz, dada a idade, e Keith ia cantando junto num falsete desafinado: *"Burn up that quarter mile..."*[61]. Quando Wiggy passava por alguma lombada ou pisava no freio em cima da hora ao se deparar com um sinal fechado, apesar da suposta suspensão de nível superior do Bentley, a agulha deslizava dramaticamente pelo disco: *ssscscccccrcccrrcrrrraraaatthhththt!* Keith se debruçava, recolocava a agulha no início do compacto de 45 rotações feiamente riscado e recomeçava toda aquela empolgação absurda, cantando junto com Jan and Dean e com os Beach Boys num Bentley com chofer e uma casa noturna londrina à espera, o mundo inteiro aos seus pés ainda adolescentes. "Ouro, Jim, meu rapaz, encontramos o ouro... Ahahahahahahaha!!!"

BRUCE JOHNSTON SE SENTIA ABENÇOADO DE FORMA SIMILAR. Um órfão de Chicago, ele cresceu na Califórnia e fez parte da cena emergente de surf music desde meados da adolescência. Tocou com os Barons, que contavam com Jan e Dean, nos anos 1950, e, como músico de estúdio, contribuiu extensivamente com discos dos Kustom Kings, The 'Vettes e The Hondells. Em 1963, lançou um álbum solo, *Surfer's Pajama Party*, e então

---

61 "Taque fogo nesse circuito..."

CAPÍTULO 13

formou uma dupla com o filho de Doris Day, Terry Melcher, com quem lançou dois compactos seminais de surf music como Bruce & Terry, antes de os dois alcançarem o sucesso como produtores e compositores para os Rip Chords. No início de 1965, Johnston, com apenas 21 anos, foi convidado a se juntar à formação de turnê do grupo mais popular dos EUA, os Beach Boys, no lugar de Brian Wilson, cuja combinação de medo de palco e ambições de estúdio o forçava a ficar em casa e conjurar outro álbum campeão de vendas enquanto a família caía na estrada sem ele.

No início de 1966, Bruce vivia uma vida na qual mal podia acreditar. Os Beach Boys ainda eram os meninos de ouro dos EUA e haviam finalmente dominado as paradas do Reino Unido. "Barbara Ann", originalmente um sucesso dos Regents, de 1961, chegara à terceira posição no país em março, e, agora, a inovadora interpretação deles para a canção tradicional caribenha "Sloop John B" rumava para um lugar melhor ainda. Então, em maio de 1966, entre uma turnê e outra, Johnston se encaminhou para Londres, para experimentar a Invasão Britânica na terra natal e, armado com algumas cópias do novo álbum dos Beach Boys, com o qual estava particularmente empolgado, reservou uma suíte no Waldorf, em Aldwych. Ei, ele era um Beach Boy: alguém esperava menos?

O produtor Kim Fowley, amigo de infância de Johnston, estava morando em Londres na época e espalhou por entre os passarinhos do meio musical que um Beach Boy estava na cidade. Uma das primeiras pessoas que apareceu para dar as boas-vindas a ele foi Keith Moon. Keith era uma celebridade e isso lhe dava a autoridade para tanto, mas era também um fã, o que lhe dava o desejo de tanto. Pouca gente conhecia Johnston no Reino Unido, já que ele não era creditado nos álbuns dos Beach Boys e a banda nunca havia feito turnês pelas Ilhas Britânicas. Keith, porém, era um verdadeiro fanático por surf music, provavelmente o mais dedicado de toda a fraternidade do rock 'n' roll britânico: poderia debater o histórico musical de Johnston a noite inteira.

O entusiasmo de Keith, como de costume, consumiu todo o tempo. Como a semana estava incomumente sossegada em termos de trabalho

– o The Who tinha um único show na sexta-feira –, ele se tornou o guia londrino do Beach Boy e o levou a todas as casas noturnas do momento. Prometeu a Johnston uma entrevista no *Ready Steady Go!*. Os dois foram ver Tony Rivers and The Castaways tocarem numa escola católica para garotas e deram uma canja em duas músicas, Keith na bateria e Bruce no baixo. (Ao final da noite, o *promoter* informou ao público adolescente que haveria uma cobrança extra pelo acréscimo dos talentos dos Beach Boys e do The Who, todo mundo, por favor, pague na saída!)

Certa noite, num clube, Keith encontrou John Lennon e Paul McCartney e, insistindo para eles conhecerem um Beach Boy de verdade, em carne e osso, os arrastou para o Waldorf. Bruce Johnston ficou perplexo: estava na cidade apenas para dar uma conferida na cena, não para se encontrar com os Beatles. Ficou impressionado com a forma como Moon, então com 19 anos, conseguiu uma manobra dessas.

Naquela noite, os músicos e as garotas que estavam com eles se reuniram no quarto do Waldorf para jogar baralho e conversa fora e encontrar os pontos em comum relativamente fáceis de achar quando todo mundo vive o mesmo tipo de vida louca e, depois de um tempo, Bruce perguntou se alguém queria ouvir o novo álbum dos Beach Boys. Todos disseram que sim. Colocou a cópia preliminar do disco na vitrola portátil que tinha na suíte e, enquanto o vinil girava, a roda de influências também dava um giro completo.

Não foi muito difícil para Keith convencer Lennon e McCartney a ir com ele até o hotel naquela noite. Os Beatles sempre foram fãs dos Beach Boys e de Phil Spector, e admiravam grandemente o duo californiano rival pelas técnicas inovadoras de produção. Porém, depois de desfrutar de algum sucesso próprio, com a ajuda da criatividade uns dos outros e da contribuição do produtor George Martin, os Beatles começaram a explorar mais ainda as possibilidades para além dos limites antes estabelecidos por seus ícones. O álbum *Rubber Soul*, do final de 1965, foi o primeiro disco da música pop a ser reconhecido como um trabalho consistente (se não uma obra de arte). De "Nowhere Man" a "Drive My Car" e "Michelle", cada canção era cuidadosamente elaborada, cada nota justificada. Nos EUA,

CAPÍTULO 13

não houve nenhum compacto vindo do disco por dois meses: *Rubber Soul*, mais do que qualquer outro produto musical dos anos 1960, significava a chegada do álbum como uma entidade artística independente.

Quando Brian Wilson ouviu *Rubber Soul*, se sentiu como se estivesse comendo poeira. Impressionado, mas não intimidado, jurou que iria equiparar o feito. Mandou os Beach Boys para a estrada e, na ausência deles, contratou uma orquestra e um letrista e criou faixas instrumentais lindamente complexas e letras profundas, bem distantes do repertório-padrão da banda. Quando o grupo retornou, reuniu os integrantes no estúdio (incluindo o novato Johnston) para gravar os vocais e entregou as masters para a gravadora. Intitulou o álbum *Pet Sounds*.

E agora lá estava Bruce Johnston tocando o resultado final para aqueles cujos próprio trabalho cuidadosamente elaborado o havia inspirado: Lennon e McCartney. À medida que canções como "Wouldn't It Be Nice?", "God Only Knows" e "Caroline, No" flutuavam do alto-falante mono no toca-discos portátil naquela noite, os dois compositores dos Beatles sentiam a roda girando novamente. Paul McCartney chamaria "God Only Knows" de "a maior canção já escrita". Quanto ao *Pet Sounds* em si, ele se recordou da seguinte maneira: "Só pensei: 'Minha nossa, esse é o maior álbum de todos os tempos. O que vamos fazer?'".

O que ele fez foi ir para casa e, de imediato, compor "Here, There and Everywhere" como uma das últimas canções para o novo álbum do grupo, *Revolver*, que estaria nas lojas menos de três meses depois de *Pet Sounds* e, mais uma vez, abalaria a cabeça das pessoas. O que ele e os Beatles fizeram depois disso foi *Sgt. Pepper's Lonely Hearts Club Band* – "*Pet Sounds* foi a minha inspiração", McCartney afirmou continuamente –, que rompeu os limites musicais de forma tamanha que o solitário Beach Boy Brian Wilson foi à loucura na tentativa de se manter à altura.

Keith Moon ouviu *Pet Sounds* uma, duas, três vezes naquela noite e disse que também adorou. Em meio a companhias tão estimadas, dificilmente diria o contrário. Porém, não tinha adorado. Keith Moon era um purista da surf music: adorava a fórmula fácil, as letras hedonistas e a batida tranquilamente agradável que, com efeito, resultara nas mesmas duas músicas (a de surfe e a de carro) serem repetidamente refeitas ao longo dos últimos três anos. Os arranjos luxuosos e as letras intimistas de *Pet Sounds* eram, para ele, uma traição da cultura da surf music. "Não gostei nem um pouco das coisas novas deles", disse Keith sobre a banda que já não era mais sua favorita numa entrevista ao final do ano. Em outra, descreveu *Pet Sounds* como "um grande saco. Não entendo bulhufas do que o Wilson está fazendo agora. Ele transformou a canção pop num negócio clínico. É um monte de pedaços de fita colados. Nada disso realmente significa coisa alguma".

Nesse sentido, Keith era *verdadeiramente* um fã, pois, nos EUA, onde o público duradouro dos Beach Boys também esperava uma recauchutada contínua da fórmula da surf music, as vendas de *Pet Sounds* foram decepcionantes. Na Grã-Bretanha, onde arte, cultura, música pop e moda se misturavam como nunca, onde os Beach Boys ainda eram meio que um fenômeno novo, *Pet Sounds* foi devidamente considerado uma obra-prima. Ao longo de 1966, os Beach Boys colocaram cinco álbuns no top 5 e quatro compactos no top 3 no Reino Unido. Muita gente ouviu dizer que os Beatles não eram mais a banda mais popular ou importante do mundo.

Na verdade, o que Keith adorou mesmo ao ouvir *Pet Sounds* foi a ocasião em si. Em certo sentido, era apenas um grupo de jovens sentados em círculo ouvindo umas músicas novas, jogando baralho, tomando umas cervejas e batendo papo, como jovens fazem. Mas é claro que foi tudo menos isso. Lá estavam todos eles, órfãos, estudantes que abandonaram a escola, ex-*Teddy boys* e ex-fãs de surf music, observando a noite passar numa suíte espaçosa num dos hotéis mais luxuosos de Londres, os reis da montanha, os topos dos totens, todos intimamente maravilhados por estar onde estavam naquele momento no tempo e, ainda assim, todos sabendo o verdadeiro motivo daquilo: por serem tão fãs da música que os levara até ali, estavam determinados a fazer a melhor música que já existiu.

— ● —

CAPÍTULO 13

No dia 20 de maio, sexta-feira, Keith levou seu novo amigo Bruce Johnston até os estúdios do *Ready Steady Go!*, na Empire Way, onde, cumprindo com a palavra, conseguiu uma entrevista ao vivo para o Beach Boy. Simples assim. Parecia que não havia nada de que Keith não fosse capaz. John Entwistle foi com eles, já que o The Who tinha um show no clube Ricky-Tick, em Newbury, naquela noite. Deram um tempo por ali e socializaram com os outros artistas no estúdio, como costumavam fazer, beberam uns drinques, tomaram uns comprimidos e o tempo voou sem que percebessem. Quando chegaram ao Ricky-Tick, várias horas mais tarde (atrasados), encontraram Roger Daltrey e Pete Townshend já no palco, tocando o *set* do The Who com a cozinha da banda de abertura, o Jimmy Brown Sound. Keith e John, ambos já meio chumbados e agora extremamente putos, subiram no palco e Keith, cuja raiva estava intensificada com o consumo de estimulantes, fez um comentário apropriado a Pete a respeito de sua bateria estar sendo comandada por um idiota qualquer de uma banda da qual ele nunca tinha ouvido falar. Townshend retrucou de forma particularmente cáustica, dizendo que seu baterista não se importava tanto com a própria banda para chegar ao show na hora certa. A apresentação continuou sob um ar de clara animosidade afiado feito uma guilhotina.

Durante o encerramento com "My Generation", quando Keith chutou a bateria, um prato atingiu a perna de Pete; em retaliação, ou numa coincidência bizarra de azar que calhou de bater com o clima de contenda, quando Pete então girou a guitarra para atingir o amplificador, acabou acertando a cabeça de Keith. O que aconteceu em seguida nunca foi averiguado por completo: aconteceu tão rápido, que nenhum dos envolvidos ou das testemunhas foi capaz de relembrar o incidente em detalhes precisos e gráficos. Mas foi feio.

"Não sei o que incitou aquilo", diz Bruce Johnston, cuja experiência com música ao vivo na cena californiana nunca chegara ao ponto de ver caras quebrarem os equipamentos ou muito menos a cara uns dos outros. "Só me lembro de observar do lado do palco e, de repente, eles começaram a maior briga que já vi. Guitarras voando de um lado para o outro, todo mundo no maior frenesi."

No meio do derramamento de sangue, a cortina desceu e uma voz anunciou nos alto-falantes, com o máximo de confiança que pôde: "Não se preocupem, é tudo parte do show". Ei, como alguém saberia que não era? Aquela era a primeira vez que o The Who tocava no Ricky-Tick.

No *backstage*, Keith cuidava de um olho roxo, de hematomas no rosto e, possivelmente, de um tornozelo cortado feio – ou fraturado. "Tinha gente sangrando", confirma Bruce Johnston, que foi forçado a enfrentar o pós-guerra, já que precisava de uma carona de volta a Londres, de onde retornaria à Califórnia no dia seguinte. Recorda-se que embora "o show tenha sido uma das melhores coisas que já vi, pensei que talvez fosse mais divertido tocar 'God Only Knows'".

Se o machucado no pé de Keith não aconteceu no show, certamente ocorreu algumas horas depois, segundo as lembranças que Entwistle tem da reação imediata da cozinha à briga, depois de retornar a Londres: "Ambos saímos da banda. Pensamos: 'Foda-se', tentamos encontrar Kit Lambert e alguém disse que ele estava no apartamento de Robert Stigwood, então entramos com tudo no quarto e dissemos: 'Estamos fora'. Os dois estavam na cama, segurando os lençóis. É claro que, Keith sendo Keith, entrou no apartamento dando um chute na janela. Não percebemos que ele fraturou o tornozelo ao fazer isso".

Como é comum a qualquer pessoa que passou a maior parte da vida no vórtice de um tornado, algumas das lembranças do baixista podem se confundir com outras. Mas é certo que Keith precisou de atendimento médico para o pé depois da confusão em Newbury, e esse machucado o levou a se ausentar dos shows seguintes – embora, por conta de sua raiva do ataque de Townshend, ter uma desculpa para não ver o guitarrista lhe caía muito bem. Arrependido, Pete Townshend foi até a casa na Chaplin Road no dia depois da briga para ver o baterista e se desculpar. Dois meses antes, ao discutir os conflitos internos da banda, Townshend falou mal de Keith extensivamente para então concluir que "não me importo com o que ele acha de mim. Ele é o único baterista da Inglaterra com quem quero tocar de verdade". Agora, segundo a lembrança que Pete tem do acontecimento, Keith se recusava a sequer atender a porta.

CAPÍTULO 13

Não obstante, Keith estaria de volta à banqueta da bateria uma semana depois, presumivelmente assim que seu pé pôde aguentar pisar num pedal de novo. Porém, embora Keith nunca tenha perdido um show do The Who por algum motivo que não o de saúde[62], tamanha era a falta de amizade naqueles anos iniciais, ou falta mesmo de educação comum ou cortesia, apesar de todas as tentativas de direcionar o antagonismo de uma maneira positiva, que o baterista chegava frequentemente à conclusão de que estava na banda errada. "Afinal, quem precisa disso?", disse ele ao *NME*, depois do incidente no Ricky-Tick, que chegou às capas dos periódicos. Nos Beachcombers, esses desentendimentos raramente iam além da questão do número de baladas no repertório, e tudo era tão divertido, que os outros membros só viam Keith como uma pessoa alegre. Vale atentar para o fato de que isso era antes de ele começar a beber ou a tomar anfetaminas em larga escala – e sem dúvida eram os comprimidos que causavam a paranoia e o pavio curto que, por sua vez, afetavam seu julgamento. É verdade, também, que os Beachcombers nunca nutriram as mesmas ambições que jaziam na raiz positiva de boa parte das contendas negativas do The Who. Ainda assim, parecia a Keith que as bandas não *precisavam* se odiar internamente para fazer sucesso. Isso ficava óbvio quando ele se encontrava com outros *pop stars* do circuito dos clubes.

Sob essa luz, a abordagem de Keith aos Beatles (que ainda eram melhores amigos, apesar de uma vida de insanidade que o The Who só conseguia inferir) no Scotch of St. James não parecia mais tão absurda. É claro que os Beatles já tinham um baterista, Keith sabia disso, mas seu mundo de fantasia (e consumo de substâncias) não o impedia de se convidar. Mesmo que essa abordagem em particular tenha sido apenas uma brincadeira, hou

---

62 Keith perdeu quase duas semanas de trabalho em dezembro de 1965 por causa de uma forte tosse, período em que foi substituído por Viv Prince, ex-Pretty Things. Roger também perdeu uma série de shows em fevereiro de 1966 devido a uma laringite, e Townshend e Entwistle assumiram os vocais no lugar dele. Ninguém parece se lembrar de quem tocou no lugar de Moon depois do incidente no Ricky-Tick.

ve diversas outras ocasiões nesse período em que Keith tentou genuinamente achar um jeito de se livrar da banda. Dave Rowberry, o novo tecladista dos Animals, percebeu que Keith sempre o seguia até o banheiro quando se encontravam pelos clubes de Londres. Parecia que Keith tinha algo a dizer a ele, mas não queria dizer em público. Por fim, no banheiro masculino do Le Kilt, recorda-se Rowberry, "ele soltou: 'Queria entrar para os Animals'". O primeiro baterista da banda peso pesado de R&B de Newcastle, John Steel, havia acabado de sair e Keith estava de olho no lugar dele.

"Não acho que ele estivesse contente", Rowberry se recorda a respeito de Moon. "Acho que ele nos via como uma banda mais feliz, porque nos dávamos bem, de fato. E o The Who não." Porém, o pedido não deu em nada. Barry Phillips, baterista dos Nashville Teens, banda de Surrey que fizera grande sucesso com "Tobacco Road", em 1964, entrou nos Animals no lugar dele.

Isso criou outra abertura e, mais uma vez, Keith parece tê-la perseguido ao máximo. Por que outro motivo ele diria ao seu velho amigo Norman Mitchener, dos Beachcombers, quando se encontraram para beber, que ia entrar para os Nashville Teens? Havia feito testes, explicou Keith, estava certo. "Ele andava bem pra baixo", diz Mitchener sobre Moon naquele momento, se referindo a como "a convivência do grupo era bem traumática. Mas depois não se falou mais nisso. [O *The Who*] mudava como o tempo. No dia seguinte, estavam todos unidos de novo e atraindo um público grande."

"Keith estava sempre à procura de outras opções", confirma Chris Stamp. "Sempre achava que ia ser o baterista dos Beach Boys, o baterista dos Beatles, o baterista dos Stones. Mas, no fundo, sabia que era o baterista do The Who. Da mesma forma que o The Who sabia disso. Havia uma espécie de resignação entre nós de que éramos parte de uma coisa só."

A Banda Grande de Verdade. De fato. Keith nunca saiu oficialmente do The Who, apesar de mais ameaças. Na realidade, só havia um único outro grupo que suplicava pelo envolvimento de Keith e a vaga de baterista nunca estava livre. Os Small Faces, do East End, eram os rivais amigáveis do The Who pelo título de mods do oeste de Londres – *cockneys* atrevidos e animados que fizeram boa parte do melhor power pop da década. Todos do Small Faces tinham mais ou menos a mesma idade de Keith, dois deles eram até mais novos. Tinham a mesma estatura baixa e eram igualmente estilosos (dois fatores por trás do nome da banda). O cantor, Steve Marriott, havia interpretado o Artful Dodger nos palcos londrinos, papel para o qual Keith nascera. Amavam muito a vida e se davam tão bem, que até moraram na mesma casa durante um ano naquela época (exceto pelo baterista Kenney Jones). Fariam sons psicodélicos maravilhosamente teatrais, como "Lazy Sunday", que poderia ter sido escrita para e sobre Keith, e, embora suas melhores músicas tenham passado no teste do tempo, nunca foram contrabalanceadas pelas pretensões ou pela sinceridade brutal da forma como Townshend frequentemente atravancava o The Who. Os Small Faces eram a personificação do grupo pop como um grupo de amigos ou uma família, e, na companhia deles, em que se encontrava com frequência naquele e nos anos seguintes, Keith Moon estava sempre em seu estado mais alegre e contente. É claro que a história não pode ser reescrita e o rock teria sido menos rico se esse tivesse sido o caso – e, de qualquer modo, o The Who de algum jeito conseguiu perseverar junto, apesar dos conflitos de personalidade, ao passo que Marriott saiu abruptamente dos Small Faces no final dos anos 1960 –, mas me pergunto se é mera coincidência que as posses mais estimadas da vida de Keith Moon tenham sido por fim tomadas por membros da banda que mais pensava como ele.

KIM ESTAVA CADA VEZ MAIOR E, COM ISSO, CADA VEZ MAIS ANSIOSA. A criança, esperada para junho, mostrava tanta preocupação com a pontualidade quanto o pai. Quando junho virou julho, Keith ficou igualmente preocupado, e por um motivo diferente. O The Who tirou duas semanas de folga no início de agosto, período em que Keith e Kim, junto de John Entwistle e sua namorada de longa data, Alison Wise, iriam viajar de férias para Torremolinos, na Costa del Sol, no sul da Espanha. Era a primeira pausa oficial do The Who desde que Keith entrara na banda, dois anos antes, e seria a primeira viagem dele ao exterior. O plano original era que o recém-nascido dos Moons ficasse na casa na Chaplin Road sob os cuidados da mãe de Keith, mas Kim ficou cada vez mais descontente com esse prospecto à medida que as férias se aproximavam e o bebê não nascia. Ela queria amamentar, o que obviamente seria impossível a milhares de quilômetros de distância. E obviamente não levariam um bebê tão novo na viagem. Ela começou a pensar duas vezes sobre as férias. Esperava que o marido fosse entender e concordasse em ficar em casa e ajudá-la nas difíceis primeiras semanas.

Suas esperanças se mostraram equivocadas. "Houve um ultimato", recorda-se Kim. "Se eu não fosse, ele iria mesmo assim. Àquela altura, eu me encontrava num estado emocional extremamente tenso. Mais tarde, me dei conta de que ele tinha ficado muito enciumado. Aquelas eram as férias dele, estava ansioso por elas e não queria abrir mão delas pelo bebê. Ele tinha de vir em primeiro lugar. Na maior parte das vezes em que ele fez isso antes, foi entre ele e meu pai, e, de repente, era entre ele e o bebê, que nem tinha nascido ainda."

O temperamento de Keith continuava a vacilar loucamente. Fãs, colegas músicos e a mídia se surpreendiam constantemente com quão diferente o Keith de fora do palco – amoroso, generoso, amigável e extrovertido – era do maníaco de cima do palco, que atacava a bateria como um animal selvagem com uma fome frenética e depois arremessava os tambores no público como uma carcaça descartada.

Kim lidava com ambos os Keiths. Acabava ficando com o pior da raiva que ele normalmente reservaria para a bateria, sofria as frustrações que ele não conseguia articular com sucesso e testemunhava as ressacas e os rebotes desagradáveis com os quais ele costumava começar o dia (isto é, presumindo que houvesse ido dormir na noite anterior). Mas ela também convivia com o rapaz terno, engraçado, generoso e cuidadoso por quem se apaixonara originalmente, em Bournemouth. Quando estava com este Keith, Kim não queria estar com mais ninguém.

No dia 10 de julho, um domingo, a silhueta normalmente diminuta de Kim estava enorme, como se prestes a explodir, e Keith a levou para sair. O The Who deveria tocar no Britannia Pier, em Great Yarmouth, como parte de uma série de domingos, mas, ao final do segundo show, duas semanas antes,

CAPÍTULO 13

quando Keith jogou as baquetas no público, uma delas acertou o olho de uma pessoa. O palco estava um inferno e o The Who foi banido do lugar. Keith nem o resto da banda se importaram. Faziam mais do que entreter famílias que iam à praia no verão. Então, naquela noite de julho, Keith levou Kim para jogar boliche no aeroporto de Heathrow: afinal, os clubes de costume estavam proibidos, e já que Kim estava tão evidentemente grávida, e o local não era tão importante quanto a ocasião em si, seria uma rara oportunidade de os dois passarem um tempo juntos, longe das loucuras da banda. Foi uma noite perfeita, do tipo que Kim sempre esperava quando saía com Keith. Ele comprou um leão de pelúcia para ela, com a promessa de que o batizariam com o mesmo nome do bebê, ainda não decidido. Na ocasião, ele apelidou a esposa com o presente: em referência a seu próprio temperamento leonino, daquela noite em diante, Keith sempre trataria Kim como sua "leoa".

Na manhã seguinte, Kim enfim entrou em trabalho de parto e Keith entrou em pânico. Chamou um táxi e uma ambulância, acariciou e acolheu Kim e, uma vez que ela estava devidamente internada no Central Middlesex Hospital, em Park Royal, para o que seria, segundo os médicos, um parto longo, ele foi e voltou, cumprindo o papel de pai zeloso, coruja e certamente ansioso, até que uma filhinha saudável nasceu no dia 12 de julho, terça-feira. O casal havia considerado Amanda, Deborah ou Samantha como bons nomes para uma menina, e há rumores de que Keith optou pelo primeiro porque nunca refutara por completo sua droga de preferência, a *mandy*.

Keith voltou para a estrada com a banda na quinta-feira seguinte. Kim ficou no hospital por quase duas semanas, em parte porque tais internações pós-natais longas eram comuns na época, mas também porque Keith insistiu, por ciúmes e por razões antivoyeurísticas, que Kim não amamentasse e que ela só tivesse alta depois de seu leite ter secado, o que aconteceu com auxílio de medicamentos. Por fim, durante uma pausa de quatro dias na agenda do The Who, Kim se preparou para voltar para casa. Keith ficou encarregado de levar roupas e acompanhá-la. Por dois dias, ele não apareceu. Quando John Wolff enfim o levou até o hospital, Kim entendeu o motivo: ele estava numa viagem de ácido havia três dias.

KEITH MOON

"Lá estava ele, fazendo aquelas coisas", diz Kim. "Ele me queria, queria que eu fosse a esposa dele e que tivesse a filha dele e – compreensivelmente – queria sair e fazer todas aquelas outras coisas também, um grande arroubo de vida se abrindo."

De fato, Londres estava mais fervilhante do que nunca, tanto com novos sons quanto com novas substâncias. A psicodelia estava logo ali, com os Beatles prestes a recebê-la com a seminal "Tomorrow Never Knows", do álbum de verão *Revolver*, e enquanto o público em geral ficaria maravilhado com a fonte de inspiração aparentemente divina dos *fab four*, quem estava inteirado – a elite social – estava mais do que ciente do verdadeiro combustível. Dietilamina do ácido lisérgico para os farmacêuticos; ácido ou LSD – *lysergic acid diethylamide* – nas ruas. Praticamente todo mundo da cena se sentia compelido a experimentar; nesse sentido, a decisão de Keith de fazer o mesmo era normal. Mas a busca dele por algo "a mais" na vida não significava usar psicodélicos como um tipo de chave espiritual para abrir as "portas da percepção", a justificativa prevalente para a expansão da cultura das drogas nos anos seguintes. Para ele, as drogas eram um fim em si. Ficar completamente doido era um objetivo completamente justificável. Quando ele chegou ao hospital, não fazia ideia de quem era Kim, de quem era Mandy e não tinha muita compreensão de quem ele mesmo era.

Aquilo tudo foi demais para Kim, que teve um acesso de fúria pós-natal e berrou xingamentos a Keith, que simplesmente saiu pela porta dos fundos da ala e em direção ao gramado atrás do hospital, num mundo só dele. Kim correu atrás dele de robe, com as enfermeiras atrás *dela* para trazê-la de volta para dentro, John Wolff atrás de todo mundo, numa cena que parecia saída de um filme de terror do qual ninguém gostaria de participar.

E, mesmo assim, essas cenas de horror dantesco estavam destinadas a se repetir inúmeras vezes. Alguns dias depois de ter alta, a pequena Amanda Jane, com apenas 3 semanas de idade, foi deixada aos cuidados amorosos dos pais e das irmãs de Keith quando ele e Kim foram para Torremolinos. É claro que ela foi com ele – Keith sempre conseguia o que queria.

John e Alison se juntaram a eles. Contrário à sua natureza maliciosa, John Entwistle era a personificação de um cavalheiro quando na companhia de Ali-

CAPÍTULO 13

son e, numa escala mais ampla, Keith também o era. A sobriedade de Alison parecia causar esse efeito naqueles a seu redor. É por isso que a futura Sra. Entwistle se recorda de Keith como alguém "muito bem comportado" naquela viagem. "Se ele não o fosse", diz ela, "não acho que eu teria vontade de ir com eles."

Assim, os dias eram passados, em geral, na praia, e as noites, jogando baralho, com o mínimo de bebidas, porque não parecia correto e, de todo modo, Kim acabara de dar à luz. Entediado da vida sossegada, Keith por fim convenceu Kim a acompanhá-lo até a cidade, certa noite, para um drinque. Tal era a sorte dela, que alguém na rua fez um comentário passageiro sobre sua beleza, e essa era toda a provocação de que Keith precisava. Perseguiu o meliante pelas ruas, pulando por cima e por entre os carros como se num filme policial, com a diferença de que agora a polícia é quem estava atrás de Keith pelo tumulto, e Kim atrás de todos eles, dizendo a si mesma: "Isso não está acontecendo comigo" – mas estava –, até que o instigador de todo aquele incidente extrapolado desapareceu por uma ruela e Kim alcançou o marido. A polícia os deixou com apenas uma reprimenda e os novos pais recém-casados enfim entraram num táxi e voltaram para o hotel, Kim assustadíssima e Keith mal conseguindo se controlar.

Isso deveria ter sido o fim da história. Mas Keith decidiu que alguém ter feito um comentário galanteador sobre Kim era culpa dela. E lá foi ele de novo, numa daquelas excursões mentais que os outros, que nem eram seus companheiros de banda, sempre eram forçados a aguentar com consequências potencialmente assustadoras. Não havia relação com álcool nem com drogas. Era como se uma personalidade completamente diferente o houvesse dominado, como se houvesse mais de um indivíduo refugiado na mente perturbada de Keith. Kim se escondeu no banheiro; Keith pegou uma faca e começou a tentar cortar a porta. Assim a noite passou, com a personalidade visitante de Keith perto de tentar assassinato até finalmente ir embora, deixando o casal exausto.

Na manhã seguinte, nem Keith nem Kim disseram uma palavra a John e Alison sobre os acontecimentos da noite anterior. Até onde os amigos sabiam, as férias estavam correndo exatamente como planejado. Era a lua de mel pela qual os Moons há muito esperavam.

281

CAPÍTULO 14

"Saímos da Decca porque queríamos um hit nos EUA", explicou Keith Moon curto e grosso pouco depois do acontecido, citando as vendas decepcionantes dos primeiros três compactos da banda no país. Para ele, o sucesso nos EUA era mais importante do que qualquer desentendimento ou batalha de egos com o produtor do The Who. Porém, nem ele nem o restante da banda ou os empresários tinham experiência o bastante com o funcionamento dos negócios para saber que, embora uma gravadora possa abandonar seus artistas, a opção contrária nunca existiu. Aprenderam rapidamente. Quando o caso **Shel Talmy versus The Who** *foi levado ao tribunal, no dia 4 de abril de 1966, ficou tão óbvio que o contrato de gravação minucioso de Talmy prevaleceria, que a New Action topou um acordo extrajudicial logo de cara.*

Os termos do acordo foram decididos ao longo dos meses seguintes, numa intrincada teia de negociações que colocou na briga Andrew Loog Oldham, o produtor e empresário dos Rolling Stones no Reino Unido, numa aparente tentativa de assumir o contrato de gravação do The Who; Allen Klein, o audacioso empresário americano, numa função tripla de apoiador de Oldham, negociador de Shel Talmy e potencialmente empresário do grupo; e até Brian Epstein, com quem Kit Lambert fizera amizade e desejava uma parceria. (O empresário dos Beatles acabaria por trazer o The Who para sua agência.) Era prova da alta estima do The Who o fato de que com apenas um álbum e quatro compactos de sucesso a banda atraísse as atenções dos indivíduos mais poderosos da indústria fonográfica, mas foram vários meses de trambiques e intrigas que ameaçaram tirar o foco por completo da música do grupo. (John Entwistle culpou as incertezas de negócios à má disposição que continuava a proliferar entre os membros cabeças-duras ao longo de todo o início de 1966.)

A relação de Oldham com os empresários do The Who parece ter sido um tanto quanto sorrateira. Numa entrevista publicada no final de 1966, Keith Moon disse que "viajamos com Andrew para Nova York. Chegamos em segredo". Essa viagem provavelmente se somou a outra melhor documentada, quando Klein levou Townshend e os empresários para Nova York em grande estilo, numa aparente tentativa de atraí-los para seu agenciamento. Ao contrário do efeito que teve sobre os Stones (e, anos mais tarde, sobre os Beatles), Klein não conseguiu causar uma boa impressão no The Who. Nem a própria cidade de Nova York, pelo menos não em Keith. "Parece só um grande escritório", disse ele sobre a Big Apple em setembro. "Não foi um lugar que curti muito."

A Decca dos EUA, com sede em Manhattan, não fez nada para aumentar o entusiasmo do grupo. Em abril, sem dúvida pressionada pelo lançamento de "Substitute" pela Atco, a companhia-mãe americana enfim lançou o álbum de estreia, curiosamente renomeado *The Who Sings My Generation* e com dois sobrenomes errados na contracapa. Um compacto, "The Kids Are Alright", saiu em julho. Ambos os lançamentos desapareceram sem deixar vestígios comerciais, apesar de uma base *cult* de fãs estar começando a aparecer em Detroit, Nova York, San Diego, Boston e São Francisco.

Portanto, o aspecto mais imediatamente frustrante do acordo do grupo com Talmy foi que a Decca, por direito, tenha ficado com o material do The Who nos EUA, ao mesmo tempo em que liberava a banda para assinar com outras gravadoras no resto do mundo. O The Who podia pelo menos ter aceito o contrário: ao menos a Decca do Reino Unido, que contava com um catálogo bem mais descolado do que a companhia-mãe americana, havia vendido uma vasta quantidade de discos do The Who por toda a Europa. Porém, a Decca dos EUA fez os incentivos apropriados que todas as gravadoras fazem nessas situações, prometendo compensações futuras por erros do passado e, como um sinal de confiança ou de mera boa vontade, aumentou os *royalties* da banda para bem mais impres-

CAPÍTULO 14

sionantes 10% – o mesmo que o The Who recebia da Reaction, com a qual foi permitido continuar na Europa.

Contudo, o aspecto mais danoso a longo prazo do acordo não seria relacionado a porcentagens de gravadoras futuras, mas porcentagens do produtor do passado. Shel Talmy recebeu 5% das gravações do The Who pelos cinco anos seguintes, número que entregaria a ele metade da renda da banda por cinco álbuns que incluiriam os campeões mundiais de vendas *Tommy*, *Live at Leeds* e *The Who's Next*, o suficiente para tornar Talmy um multimilionário às custas do The Who sem nunca mais ter de trabalhar com eles. Lambert e Stamp, ainda assim, saíram vitoriosos. Para eles, a escolha entre receber 4% de Talmy e continuar a trabalhar com ele e receber 5% líquidos dos novos contratos e poder traçar um caminho criativamente independente era óbvia. A única coisa era que, com o tempo, se tornaria aparente que o The Who ainda recebia metade do que os grandes nomes da indústria recebiam.

A versão de Talmy sobre toda essa questão legal trata de interferência empresarial. "Não culpo ninguém da banda. Kit Lambert era bom de lábia, obviamente disse a eles que eu era um filho da mãe cruel, um vilão, e que não se associassem a mim, porque eu estaria tentando ferrar com eles – o que é engraçado, vindo dele. Mas eles eram jovens e impressionáveis, então é justo. Acreditaram – Keith não acreditou. E sempre que eu o via, nos tratávamos de forma muito amigável." Keith nunca foi do tipo que deixava uma questão legal atravessar uma relação pessoal.

Desvencilhar-se de Talmy trouxe ao The Who alguns ganhos imediatos. O primeiro foi o surgimento de lucro a curto prazo (em oposição à realidade do prejuízo a longo prazo): novos adiantamentos das gravadoras britânica e americana. Segundo a biografia *Maximum R&B*, de Richard Barnes, entraram 50 mil libras da Polydor, no Reino Unido (via Reaction), e 50 mil dólares da Decca, nos EUA. (Keith Moon escrevera para Kim em fevereiro de 1966 afirmando que estava para "receber 2 mil libras [*na próxima*] segunda-feira e 50 mil libras em agosto", o que parece substanciar a intenção – se não a execução de fato – de pelo menos o contrato da Reaction.) O total combinado de 62.500 libras, ou 250 mil dólares, segundo o câmbio da época, era uma soma considerável para meados dos anos 1960, quando não se ouvia falar de salários de 100 libras por semana fora da elite social da *Swinging London*. Com esses adiantamentos em caixa, o The Who deveria ter sido capaz de quitar as dívidas, financiar a mesada para roupas, pagar por um ou dois Bentleys de segunda mão, dar um aumento a cada membro e ainda ter dinheiro sobrando para destruir algumas guitarras e baterias quando a vontade batesse. O fato de que a banda tenha continuado endividada ou retornado rapidamente a essa condição sugere que ou esses adiantamentos não foram tão gordos quanto reportado – as 50 mil libras que Keith menciona na carta podem muito bem ter sido para a entrega de um álbum que o The Who levaria muitos meses para concluir –, ou os gastos do The Who e de seus empresários eram ainda mais extremos do que se imagina.

O segundo resultado imediato do acordo foi sentido no estúdio. Para resumir, sem a presença opressiva de Talmy, o The Who começou de repente a gostar da experiência de gravar.

Com as atenções de Chris Stamp voltadas para o mercado americano, coube a Kit Lambert, como esperado, assumir o controle da direção criativa do grupo. "I'm a Boy", o novo compacto do The Who gravado e lançado em agosto, foi o primeiro a trazer Lambert como produtor, função que ele desempenharia por muitos anos. A influência do filho do compositor erudito não ficou muito evidente na estrutura musical de uma canção relativamente rudimentar que alternava estrofes de dois acordes com refrãos de três acordes e um interlúdio instrumental, agora um padrão do The Who. Porém, a autoridade do produtor ficou aparente na letra dessa canção de confusão sexual, que Townshend alegou ser parte de uma ópera que ele estava compondo, intitulada *Quads*, sobre um futuro em que os pais pudessem escolher o sexo dos filhos. Muitos empresários e produtores talvez tivessem desestimulado seus clientes a flertar com formas clássicas num idioma estritamente pop. Lambert não só encorajou Townshend a cruzar os limites de música e letra, como praticamente exigiu que ele o fizesse; levando-se em conta o

CAPÍTULO 14

intelecto e a criação combinada da dupla, não surpreende que a ópera – ou, mais precisamente, a ópera "pop" ou "rock" – tenha se mostrado o meio termo artístico em que eles decidiram deixar sua marca.

Apesar de toda a inspiração sofisticada, quando isolada de suas origens operísticas, "I'm a Boy" soa elementar, quase superficial. Mas até aí, a maioria dos *singles* pop clássicos são assim, e, enquanto o The Who continuava a destruir o equipamento noite após noite numa aposta bem-sucedida para se tornar a banda mais agressiva do mundo, a contrastante sonoridade alegre de "I'm a Boy" se provou palatável para o público e subiu rapidamente pelas paradas até chegar à primeira posição na *Melody Maker* e à segunda no *NME* e no *Record Retailer*[63].

O lado B de "I'm a Boy" desbravou mais um novo território para o The Who. Pela primeira vez, Keith Moon e John Entwistle levaram sua amizade para uma direção musicalmente criativa e compuseram e então gravaram, sem a assistência dos demais membros da banda, uma música chamada "In the City".

Embora Entwistle alegue que Moon só contribuiu com um verso da letra (o maravilhosamente incompleto *"and they go..."*[64]) e, sem dúvida, a expertise musical do baixista tenha sido necessária para arrancar sequências de acordes de qualquer coisa desafinada que possa ter sido assobiada por Keith, ainda assim, a influência do Moon *surfer* está presente em toda essa imitação deliciosa do som da Costa Oeste americana. Uma combinação do jargão californiano (repleto de referências a surfe, corridas automobilísticas e autoestradas), com relatos da *Swinging London* (*"the kids are hip and they can dance all night"*[65]), depois acrescida de *overdubs* de guitarra de Townshend e

---

63 O The Who é até hoje a mais consistentemente bem-sucedida banda de rock a nunca ter chegado ao topo das paradas "oficiais" de compactos ou álbuns do Reino Unido, apesar de chegar perto muitas vezes. Nos EUA, onde teve meia dúzia de álbuns no top 5, curiosamente também nunca alcançou o primeiro lugar.

64 "e elas vão..."

65 "os jovens são descolados e capazes de dançar a noite inteira."

das harmonias vocais cada vez mais afiadas do The Who, "In the City" é uma brincadeira descartável. "Fiquei bem enojado", recorda-se John Entwistle. "Era uma completa imitação de Jan and Dean." No entanto, uma imitação charmosa de Jan and Dean, que não deve ser diminuída desnecessariamente. Com a possível exceção de "The Ox" (que é coberta de agressividade), "In the City" é o primeiro registro do The Who em estúdio em que os membros estão claramente se divertindo. É claro, isso pode ter acontecido pela simples razão de eles não estarem todos juntos durante as gravações.

A despeito disso, o clima ensolarado de surf music apresentado em "In the City" transbordou para o próximo lançamento, um EP que comemorava um especial do *Ready Steady Go!* dedicado à banda. *Ready Steady The Who*, o programa de TV, foi gravado no dia 18 de outubro (e exibido três dias depois) e culminou com a autodestruição do palco do The Who que, embora fosse muito falada, nunca havia sido vista com força total na televisão[66]. *Ready Steady The Who*, o EP, foi lançado três semanas depois e, embora trouxesse uma nova e espetacular composição de Townshend, "Disguises", é, em geral, lembrado como o disco de surf music do The Who – e o mais próximo que Keith Moon chegou de ser o *frontman* da banda.

O baterista assume os vocais principais em duas faixas: na versão de "Barbara Ann", em que seu falsete é quase engolido pelas harmonias reforçadas dos demais, e no cover de Jan and Dean, "Bucket T", que ele canta sem distinção nem vergonha. Seu fanatismo por histórias em quadrinhos e surf music é então mais bem servido ainda pela versão fiel que a banda fez do tema instrumental de "Batman", com o qual os Marketts fizeram sucesso nos EUA alguns meses antes.

Nenhuma dessas três faixas se provaram mais atemporais do que quaisquer outras da surf music básica. Na verdade, lançar uma interpretação boba da indubitavelmente básica "Barbara Ann" na mesma semana em que

---

66 O show dos vencedores da enquete do *NME* foi transmitido em apenas algumas regiões do Reino Unido, resultado da recusa dos Beatles e dos Rolling Stones a serem filmados: sem eles, o apelo do show era menor.

CAPÍTULO 14

a estupendamente inovadora "Good Vibrations", dos Beach Boys, chegava à primeira posição no Reino Unido, mostrou o quão reacionário os gostos de Keith Moon, de fato, eram, uma vez que ele deu preferência à primeira. Num nível puramente musical, parece que sua conversão atrasada do The Who à surf music ameaçava arrastar a banda para trás, numa época em que a música pop galopava para a frente.

Mas se ater a isso é colocar ênfase demais num disco lançado justamente no formato reservado, na época, a ideias avulsas e descartáveis – o EP. E isso não impediu que "Bucket T" chegasse à primeira posição na Suécia, o que tornou Keith um galã ainda maior do que já era por lá. Para ele, as canções surf de *Ready Steady The Who* eram mais do que só música. Eram uma vitória crucial para os valiosos ideais de Entretenimento! Diversão! Prazer!, os aspectos positivos de fazer parte de uma banda, a pura emoção pop que deveria ressoar tanto para com quem faz música quanto para com o consumidor. Pete Townshend, cujo pavio curto o fazia perder amigos tão rápido quanto ganhava fãs, apontaria mais tarde que tocou surf music com o The Who "para me sentir um membro da gangue", se referindo à amizade de Keith e John. Sua postura positiva em relação à surf music não só o concedeu entrada nessa gangue como permitiu que ele experimentasse um pouco da camaradagem, compreendesse a importância do riso e compartilhasse dos prazeres descomplicados personificados no amor da dupla por aquele estilo de música vazio, mas divertido. Em suma, permitiu que ele relaxasse. Como resultado, o senso de divertimento que antes era tão notavelmente ausente das gravações do The Who se provou, de repente, contagiante; depois de se estender de um lado B para um EP, ele agora infestaria o clima do segundo álbum da banda por completo.

Depois de passar a maior parte dos últimos dois anos na estrada, Pete Townshend estava ficando genuinamente sem músicas: embora tenha composto três compactos clássicos em 1966, de início só apresentou mais três para o segundo álbum, dos quais só "So Sad About Us" se equiparava a seu alto padrão já costumeiro. Mais tarde, ele culparia essa falta de criatividade a um excesso de viagens de ácido que expandiam a mente, mas cortavam a criatividade. Porém, as finanças também tiveram seu papel na solução. Ou os outros três membros, depois de verem as recompensas monetárias da composição de músicas, ficaram determinados a dar suas próprias contribuições e compartilhar os lucros ou as dívidas ficaram tão feias – de novo –, que a banda precisou procurar dinheiro em outro lugar só para sobreviver. Com novos contratos de gravação negociados, cachês de TV e shows os mais altos possíveis para a época e com o merchandising ainda a ser reconhecido como fonte de lucro, um contrato de publicação musical era a única opção restante. Assim, Stamp e Lambert negociaram em nome de todos com a consagrada Essex Music, que deu um adiantamento de 500 libras para cada membro da banda, sob a condição de que fornecessem duas canções novas para o álbum.

Roger Daltrey escreveu apenas uma – a descartável "See My Way" – e imediatamente já gastou o adiantamento num Volvo P1800 novíssimo, o carro tornado famoso por Roger Moore na série de TV *O Santo*. John Entwistle mostrou que, por trás de seu exterior sisudo, havia um humor ácido adorável com a duradoura "Boris the Spider" e a mais efêmera "Whisky Man", uma reflexão autodepreciativa sobre a quantidade de álcool consumida por ele e Keith nas noitadas infindas pela cidade.

Keith Moon levou esse último tópico de Entwistle mais adiante ao compor, dessa vez sozinho, "I Need You", uma ode ao Ad-Lib, ao Scotch of St. James e a todos os outros lugares frequentados pelos baladeiros perpétuos, incluindo uma imitação de John Lennon lá pela metade: tamanho era o poder de imitação de Keith que ele era conhecido por ser capaz de imitar qualquer um dos quatro Beatles de bate-pronto[67]. Ele decerto passava tempo o bastante nesses clubes para aperfeiçoar as imitações: de

---

67 Pode ser coincidência, mas, nessas primeiras faixas compostas por Keith Moon, sua bateria ficou ainda mais à frente na mix. Em "In the City", o bumbo está tão alto, que parece que alguém esqueceu de mexer nele – ou que Entwistle e Moon, sem supervisão no estúdio, o largaram acima dos volumes comuns de propósito –, ao passo que, em "I Need You", as enxurradas de pratos machucam positivamente os tímpanos, um gostinho de como deveria ser para os membros The Who tocar com ele regularmente.

CAPÍTULO 14

início, a música se chamaria "I Need You (like I need a hole in my head)"[68], uma das expressões populares no círculo interno naquela época.

Keith era bem aberto em relação à sua devoção aos clubes. "Gosto deles", explicou, como se alguém tivesse dúvida. "São pitorescos. É como ir à estreia de uma ópera – todo mundo se faz presente! Então, muitos incidentes me acontecem nos clubes. Nós [*ele e John Entwistle*] geralmente ficamos num canto, como água e óleo. Ficamos ali como parte da decoração."

De fato, Keith passava tanto tempo nos clubes, que o livreto de um show do The Who dos anos 1970, ao citar uma lista de gastos de destaque da década anterior, mostrava uma conta de Keith no Scotch que somava 320 libras, não muito menos do que o salário anual de alguém que acabou de sair da escola num trabalho braçal comum. E quando não acumulava contas dentro dos clubes, as acumulava do lado de fora. Seu deleite em ser coproprietário de um Bentley era tanto, que não parava de convidar amigos célebres para admirar o veículo. Numa ocasião, no Scotch of St. James, insistiu em pegar as chaves emprestadas para fazer isso. Relutante, John Wolff as emprestou, com instruções rígidas de que ele não dirigisse. "Ele voltou bem timidamente cerca de 1 hora depois e me devolveu as chaves", recorda-se Wolff numa história confirmada por Entwistle. "A essa altura, já tinha destruído um Porsche, um Aston Martin, um outro Bentley e um Jaguar ao sair da vaga apertada na frente do Scotch. Quase arrancou metade do chassi nos pequenos e estreitos postes de amarração na entrada da St. James Yard, deu ré e bateu do outro lado da rua e largou o carro na calçada. Fiquei puto, porque aí fui cercado pela polícia e fui eu quem foi acusado de tê-lo deixado lá. Sempre que voltávamos ao Scotch depois disso havia gente fazendo fila para ser ressarcida. Eu sempre precisava de uma peruca diferente!"

Enquanto o carro era consertado, pegaram outro Bentley emprestado de John Mason, vendedor de automóveis dos astros. "Não o deixem dirigir

---

68 "Preciso de você (como preciso de um buraco na cabeça)."

este, *por favor*", implorou Mason, e Wolff cumpriu a palavra. Depois do incidente no Scotch, ninguém mais sequer cogitou deixar Keith dirigir.

Keith havia escrito "I Need You" na primavera anterior; sempre um autopromotor, ficou orgulhoso o bastante da versão demo para dar uma fita a três de seus ex-companheiros de banda dos Escorts (Colin Haines, Rob Lemon e Roger Painter, que agora tocavam numa banda chamada Trend), quando eles abriram para o The Who no Morecambe Winter Gardens, num feriado em maio. Embora o Trend estivesse com dificuldades para entrar na indústria, não gostaram tanto assim da música para aceitar a oferta de Keith de produzi-la; para sermos justos com o julgamento deles, vale notar que "I Need You" entrou para a história como uma das canções mais obscuras do álbum mais obscuro do The Who.

A segunda faixa "solo" de Keith em *A Quick One* era mais memorável, nem que apenas pela maluquice. "Cobwebs and Strange" é um instrumental com ares submarciais e uma melodia de cantiga de ninar que captura o mais descartável do The Who. De fato, colocada ao lado de "The Ox", a única outra faixa instrumental do The Who até então, é quase vergonhosa. Fica a sensação de que Keith recebeu crédito de único autor daquilo que deve ter sido uma composição em grupo, pelo menos em parte, porque nenhum dos outros teria ousado se declarar responsável por ela.

Porém, assim como "In the City", "Cobwebs and Strange" é, apesar de toda a fanfarronice, totalmente carismática, até adorável, prova concreta de que o The Who havia tirado o peso do mundo das costas e aprendido a levar as coisas com mais tranquilidade. Se "The Ox" era a flexão musical dos consideráveis músculos da banda, "Cobwebs and Strange" eram cócegas no ponto certo, uma transformação fundamental na personalidade da banda em apenas doze meses. Kit Lambert também foi influente nesse aspecto ao endossar uma bobagem criativa que teria sido estritamente proibida sob a batuta de Shel Talmy. Para "Cobwebs and Strange", Lambert incentivou a banda a capturar o espírito da melodia marchando em fila, com Pete Townshend, na flauta doce; John Entwistle, no trombone; Roger Daltrey, no trompete; e Keith Moon batendo dois pratos, como se estivesse de volta à banda marcial dos Sea Cadets.

CAPÍTULO 14

A Quick One foi, por fim, salvo da infâmia pela faixa-título. Com nove canções no repertório (incluindo um cover de "Heatwave"), porém com apenas 25 minutos de gravação, Kit Lambert disse a Pete Townshend para sumir dali e escrever alguma coisa que passasse a marca de meia hora.

— Mas canções pop só têm 3 minutos de duração — afirmou Pete Townshend.

— Então componha várias músicas curtas e junte-as — insistiu o diretor criativo.

O guitarrista prontamente fez uma colagem de seis ideias diferentes de músicas numa "miniópera" intitulada "A Quick One While He's Away". Em termos de letra, não é mais madura do que o resto do álbum – como era típico do pensamento pubescente do The Who na época, trata-se de uma interpretação bem-humorada de um momento de adultério entre uma mulher anônima e "Ivor, o Maquinista" –, e as melodias curtas são, individualmente, igualmente pueris. Porém, tomadas como um todo, como uma obra única, representam um enorme passo adiante. Cada melodia simples, porém eminentemente assobiável, acaba antes que o ouvinte pudesse se cansar dela, a narrativa é tanto alegre quanto fascinante e o clímax é um exemplo da vitalidade clássica do The Who. Mais importante, ao criar uma composição longa – mesmo a partir de diversas peças curtas –, o The Who quebrou a barreira da "canção de 3 minutos" e abriu uma Caixa de Pandora de possibilidades que seriam usadas e abusadas por artistas de rock para todo o sempre. Porém, no fim das contas, ainda era música pop – e assim, portanto, o mais definitivo em termos de *pop art* musical.

O público respondeu com empolgação. O álbum, lançado bem a tempo do Natal de 1966, foi direto para o top 5 britânico e, com a faixa-título de nove minutos, *A Quick One* também fez os críticos acordarem para a contínua evolução e inovação de Pete Townshend como compositor.

O próprio Townshend reconheceu a importância da leveza do álbum. Vários anos depois, ele comentaria que foi em *A Quick One* que "realmente descobrimos a música do The Who pela primeira vez e que era possível ser divertido num disco". Mais importante, ele reconheceu a importância de permitir que outros membros da banda participassem do processo de composição e ele mesmo se envolvesse na vida dos demais. "Meu reinado à parte acabou, e o grupo de tornou um grupo. Foi só aí que começamos a trabalhar juntos musicalmente."

Keith Moon, cuja personalidade inspirava boa parte do humor, tirou um momento raro para ser sério quando deu créditos ao papel desempenhado por Kit Lambert. "Ele nunca produziria outro grupo como nós, para nunca mais passar por aquilo que o fizemos passar", disse a Keith Altham. "Nunca alcançaríamos o que alcançamos com outra pessoa, ninguém nos teria aguentado."

Como álbuns e compactos ainda eram exilados um do outro no mapa pop do Reino Unido, o The Who lançou um compacto totalmente inédito na mesma época de *A Quick One*. "Happy Jack" era a história de uma criatura que "morava na areia na Ilha de Man"[69]. Aparentemente *nonsense*, apesar de sugerir alguma conexão com alguma história maior que Pete supostamente tinha na manga, permanece como tal. Foi gravado um clipe para a música no escritório da New Action, em Mayfair, uma comédia pastelão de polícia e bandido que conta com uma guerra de bolo (e Keith é mostrado se deleitando ao esfregar bolo na cara, é claro) que poderia servir para qualquer canção do álbum, tal era a relevância para com a letra. Porém, mais uma vez, o amor patente que o The Who tinha pela música pop foi equilibrado por seu dinamismo musical, como demonstrado por uma série de breves pontes instrumentais em que Moon, Townshend e Entwistle brincam, provocam e sacaneiam os ouvintes ao subir e baixar o volume, recuando mais um pouco até o refrão parecer inevitável. O The Who, único entre seus pares, parecia capaz de fazer discos que eram, ao mesmo tempo, apenas um passo acima de outros artistas adolescentes e firmados como declarações enérgicas de rock. O fato de fazerem isso soar tão fácil era prova de sua autoconfiança e sua coesão contínuas.

---

69 *"...lived in the sand in the Isle of Man."*

CAPÍTULO 14

O papel "criativo" de Keith Moon no The Who vinha crescendo tanto nos últimos meses que ele esperava cantar em "Happy Jack". Não o vocal principal, é claro, mas, certamente, uma tentativa de harmonia. Porém, canções de surf music em EPs avulsos, composições "simbólicas" para lados B ou para preencher álbuns eram uma coisa: já um compacto de sucesso em potencial poderia não aguentar ser arruinado pelos vocais desafinados do rapaz. Keith foi devidamente banido da sala de gravação. Porém, na técnica com Kit Lambert, se mostrou uma distração ainda maior, já que suas expressões cômicas e imitações faziam o The Who cair na gargalhada sempre que se esperava uma harmonia de três partes impecável. Por fim, o baterista foi instruído a deitar em silêncio no chão até que a música estivesse pronta. Keith Moon era capaz de muitas coisas: deitar-se em silêncio no chão não era uma delas (pelo menos não enquanto ele estivesse consciente). À medida que a música se aproximava da conclusão, com as harmonias completas e ao que tudo indicava perfeitamente afinadas, mas com a fita ainda rodando, Keith levantou a cabeça na divisória de vidro para tirar um último sorriso dos companheiros de banda e então sumiu de novo rapidamente.

"I saw ya!"[70], gritou Pete Townshend, e seu berro no *fade-out*, embora irrelevante para a canção em questão, ficou eternizado em fita, uma parte integral da gravação, e uma anedota popular nas notas de rodapé da história do pop. O berro de Pete nunca teria sido ouvido num compacto anterior do The Who, porque a camaradagem simplesmente não existia. Porém, ao celebrar o lado mais leve da vida ao longo da segunda metade de 1966 e, em particular, ao compartilhar da paixão de Keith pela surf music, permitindo que ele e outros escrevessem e cantassem o estilo, os membros do The Who se tornaram algo que nunca haviam sido: amigos.

---

70 "Eu te vi!"

KEITH MOON

—●—

Jeff Beck era um jovem e reverenciado guitarrista, graduado na cena de rhythm & blues de Richmond-Ealing para tomar o lugar de Eric Clapton nos Yardbirds na primavera de 1965. Apesar de uma sequência invejável de sucessos e uma popularidade considerável nos EUA, Beck deixou os Yardbirds no auge da fama da banda, em novembro de 1966, durante uma turnê torturante pelos States. Essa era uma das coisas que definia o sucesso na época em que o mundo se movia tão rápido em meados dos anos 1960: por mais verde que a grama do vizinho aparentasse ser, aqueles que, de fato, estavam rolando em pastos ricos de fama e fortuna sempre se sentiam como se estivessem a um passo de um ataque de nervos.

De volta ao Reino Unido, Beck rapidamente convenceu seu colega de guitarras nos Yardbirds, Jimmy Page (aquele que havia tocado em "I Can't Explain"), a formar uma nova banda com ele. Page só estava nos Yardbirds havia seis meses e Beck era seu amigo mais próximo na banda; fazia mais sentido que continuassem a tocar juntos do que separados. Recrutaram os ases de estúdio John Paul Jones, no baixo, e Nicky Hopkins, no piano. Num momento de embriaguez durante um giro pelos clubes, Beck convidou Keith Moon para tocar bateria. Para o deleite de Beck, o baterista aceitou imediatamente e apareceu no estúdio De Lane Lea na data combinada usando óculos escuros, num respeito jovial pelo pedido de "segredo" feito pelo guitarrista.

"Foi uma gravação decisiva", se recorda Jeff Beck. "Foram dois dias. Eu e Jimmy tínhamos uma música meio pronta e não precisamos tocá-la mais de duas vezes até que os outros entrassem. Não houve um grama de dificuldade sequer. Não ficamos debatendo, só tocamos. Todo mundo na técnica ficou boquiaberto: 'Esses caras não precisam nem ensaiar'. Fizemos quatro ou cinco *takes* e soava e parecia que não devíamos ir a lugar algum mais. Só precisávamos ensaiar e levar a banda adiante."

Só havia um único problema com o grupo da forma como era: a falta de um vocalista. Assim, a única faixa gravada naqueles dois dias que entrou

CAPÍTULO 14

num disco foi a que sempre se pretendeu instrumental, "Beck's Bolero". Começa sem bateria, com Page tocando uma guitarra-base[71] aboleirada e Beck um solo simples, porém poderoso, e vai crescendo ao longo de 2 minutos, com Moon providenciando rufares e floreios gentilmente sutis até que os músicos pausam e a música praticamente explode com um grito de agonia de Moon, que então entra por completo no modo baterista endemoniado.

Porém, "no mesmo momento em que ele gritou, derrubou o microfone do pedestal", se recorda Beck. "A virada é tão violenta, que ele, de fato, acerta o microfone, deliberadamente. *Boff!* Ele derruba o microfone com uma baqueta, e não se ouve mais a bateria direito. [*Mas os pratos, certamente, sim.*] E foi essa a gravação que usamos."

Soa como uma decisão certa. "Beck's Bolero" tem uma energia que chega perigosamente perto da potência do The Who ao vivo. "Lembro-me de Townshend me esfaquear com os olhos quando ouviu", diz Beck, "porque chegava muito perto mesmo. Ele não queria ninguém explorando aquele território."

Beck admite prontamente que estava "tentando fazer Keith sair do The Who". Pelo que ele se lembra, Moon "estava tendo alguns probleminhas" com seus companheiros de banda. Isso foi verdade pela maior parte dos dois anos desde que ele entrara na banda, mas não mais. Em outubro de 1966, apenas dois meses antes das sessões no De Lane Lea, Keith disse numa entrevista: "Não estou tentado a sair da banda agora como estava quando tínhamos nossos problemas internos. Seria uma loucura, não?". O baterista que pedira para entrar para os Animals, que estivera pronto até para sair do The Who para tocar na droga dos Nashville Teens, agora vacilava diante da possibilidade de recomeçar com uma formação verdadeiramente estelar.

"O que ele fez foi mostrar o dedo para o The Who", diz Beck. "Uma vez que sentiu segurança ao saber que conseguia fazer isso, provavelmente

---

71 *Embora a base da música soe como um violão de aço, há registros de que Jimmy Page teria tocado uma guitarra Fender Electric XII, de doze cordas, na gravação. (N. do T.)*

voltou atrás e pensou: 'Certo, sei que estou seguro com esses caras, se tudo der errado', mas não funcionou.'" "Quando Moon não se comprometeu", diz Beck, "a coisa toda descarrilhou."

Aquela formação estelar teria abalado o mundo da música numa época em que a euforia do *boom* do som *beat* de meados dos anos 1960 começava a dar lugar a sonoridades mais pesadas e mais experimentais. E o fato de Page ter voltado para os Yardbirds e Hopkins e Jones para os trabalhos em estúdio, uma vez que Moon não estaria mais envolvido, diz muito sobre a reputação do baterista.

Beck testou uma série de bateristas nos meses seguintes ao tentar formar uma banda. "Eu não teria me importado se houvesse outros bateristas que aspirassem ao estilo [*de Moon*], mas não havia." Nesse meio-tempo, gravou uma canção com músicos de estúdio não creditados, com ele mesmo no vocal – o perene hino de festa "Hi Ho Silver Lining" –, e colocou "Beck's Bolero" no lado B. Por fim, estabeleceu uma formação sob o nome de The Jeff Beck Group, com Rod Stewart no vocal. "Beck's Bolero" foi incluída como a única faixa instrumental no primeiro álbum da banda, *Truth*, no início de 1968. A bateria foi creditada a *"you-know-The Who"* [*"vocês sabem quem"*].

— ● —

O único outro baterista na Grã-Bretanha que verdadeiramente aspirava ao estilo de Moon na época – e com sucesso – já estava "pego" quando Jeff Beck começou sua busca. Seu nome era Mitch Mitchell e ele tocava numa banda muito próxima daquilo que o The Who vinha fazendo: a Jimi Hendrix Experience.

O próprio Hendrix vinha de muito, muito longe, é claro, Seattle para ser mais preciso, onde nascera James Marshall Hendrix. Sob a tutela do ex-baixista dos Animals, Chas Chandler, se mudou de Nova York para Londres e causou um furor da noite para o dia quando apresentado à elite social por meio de shows em todos os clubes do momento nos últimos

CAPÍTULO 14

três meses de 1966, com Mitchell na bateria e Noel Redding no baixo, recrutados às pressas.

Kit Lambert e Chris Stamp, desfrutando o sucesso com o The Who e aproveitando o momento, como devem fazer os empreendedores, estavam no processo de montar uma gravadora; Robert Stigwood já havia mostrado a eles o que era possível fazer com a Reaction e agora eles concluíram que era possível fazer muito melhor, ou pelo menos ganhar mais dinheiro. Num *showcase* da Jimi Hendrix Experience, no Scotch of St. James, Kit Lambert literalmente saiu tropeçando ao correr para fechar contrato, proposta que foi aceita por Chandler. A Track Records, assim como a Reaction, seria financiada pela Polydor (o The Who, carro-chefe da Track, não poderia deixar passar *de novo* as gravadoras *majors*), mas o lançamento só aconteceria na primavera. Um compacto de estreia bem *bluesy* da Jimi Hendrix Experience, "Hey Joe", foi então prensado no maquinário regular da Polydor no finalzinho de 1966, chegando ao top 10, e a Track foi oficialmente lançada em março de 1967, com um sucesso explosivo, "Purple Haze".

Hendrix foi recebido com elogios excessivos de todos os seus contemporâneos britânicos, a maioria dos quais podia bancar fazer isso: viram que ele era singular e, portanto, pouco provável de invadir seu espaço comercial. O The Who, único entre os artistas britânicos, tinha motivos genuínos para se preocupar. Já estavam desconfiados do Cream, o novo power trio composto por Eric Clapton, Jack Bruce e Ginger Baker, cujas credenciais combinadas (Yardbirds, Bluesbreakers, Graham Bond Organisation, Blues Incorporated) pareciam uma lista completa da cena do blues britânico dos anos 1960 e cujos talentos inquestionáveis os tornavam astros instantâneos. No entanto, o Cream pelo menos era bem amigo do The Who e, mesmo com toda a potência que levantavam, tinham uma destreza musical e uma prodigalidade que faziam de seu público um tanto quanto diferente daquele do The Who. Hendrix, ao aparecer aparentemente do nada para dominar o mundo, era outra questão. Não apenas suas performances eletrizantes e extáticas desafiavam a reputação do The Who, como o espetáculo ao vivo mais vividamente cativante da nação, mas, assim como o The Who, ele só contava com três instrumentos. E, embora o estilo fluido de guitarra solo de Hendrix estivesse muito distante (e fosse mais tecnicamente avançado) das bases agitadas de Townshend, Noel Redding tocava baixo como um instrumento solo tanto quanto Entwistle, e Mitch Mitchel... bem, ele estava próximo o bastante de Keith Moon para que fossem feitas comparações imediatas.

Keith e Mitch se conheciam havia muito tempo. Johnny Mitchell, como ele era originalmente conhecido, era da zona oeste de Londres e, apesar da pouca idade, estava há muito envolvido com a cena movimentada da região. Chegou até a trabalhar aos sábados na loja de bateria de Marshall, o que explicaria o motivo de ele, na primavera de 1964, ter se candidatado para a vaga de baterista do The Who depois que Dougie Sandom saiu, mas foi Moon quem assumiu. Agora, depois de aprendizados numa variedade de bandas, como os New Tornadoes e a última formação dos Blue Flames, de Georgie Fame, era a vez de Mitch Mitchell tomar os holofotes como o baterista mais celebrado e talentoso do pedaço. Keith Moon, que via os bateristas como uma espécie única e em necessidade de autopreservação, que ficava amigo deles em grupos de apoio do tamanho do país, sentiu que sua posição estava sendo usurpada. E não gostou disso.

"Eram adversários", diz Noel Redding, que se dava bem com Moon. "Eles tinham um negócio porque eram ambos de Ealing, não gostavam nem um pouco um do outro." Numa certa ocasião, num dos clubes, Redding até teve de entrar no meio deles e tentar fazer com quem conversassem como dois músicos colegas.

Assim como Townshend quando ouviu "Beck's Bolero" (e mais ainda quando ouviu Hendrix), Moon talvez não quisesse "ninguém explorando aquele território". Porém, para nos valermos do velho adágio, ele deveria ter ficado lisonjeado com a imitação. (E era imitação, de fato, pelo menos visualmente: ninguém que cresceu no oeste ou noroeste de Londres e viu tanto Moon quanto Mitchell tocarem em, digamos, 1965, tinha dúvida alguma de onde se originava aquele estilo extraordinário no palco.) Trata-

CAPÍTULO 14

va-se de uma confirmação, se é que Moon precisava, da enorme influência que sua técnica de bateria exercera sobre o rock em apenas dezoito meses, levando artistas promissores a se inspirar a emulá-lo.

Mitchell, porém, tinha a vantagem de ser treinado em jazz. Como um dos primeiros e únicos jovens bateristas britânicos a ser comparado com o reverenciado baterista de John Coltrane, Elvin Jones, ele não só imitava Keith, mas perigava superá-lo. Dessa forma, é interessante observar o que aconteceu ao longo dos dois anos seguintes. Mitchell se colocou na vanguarda de uma guinada rumo à proficiência musical que tornaria o final dos anos 1960 uma época difícil para talentos viscerais, sem estudo (tais como o The Who *circa* 1964), se destacarem; Moon, não. Possivelmente porque não podia: como disse Pete Townshend, causticamente, em 1966, Keith "não se interessa por jazz e nunca vai ser um baterista de jazz porque está mais interessado em ser bonito e em que gritem com ele". Mais provavelmente porque ele e a banda como um todo *não o fariam*. Pois por mais distante que o The Who viajasse nas *jams* estendidas ao longo dos anos, se mantiveram notavelmente desprovidos de musicalidade excessiva, seguindo uma abordagem simples e leiga da música, num contraste premente com seus contemporâneos. Mitchell era o mestre de tocar ao redor da batida e demonstrava sua maestria, mas não tanto sua camaradagem musical; já Moon continuou a se jogar com firmeza no coração de uma canção, sempre o jogador de equipe consumado.

O The Who tentou não parecer perturbado pela contratação de Hendrix pela Track. Afinal, Lambert e Stamp eram seus empresários, além de donos da gravadora, e, embora isso representasse um conflito de interesses, se é que existia um, a banda concluiu que isso garantia a ela um tratamento prioritário contínuo. Além disso, com a emergência dos movimentos psicodélico e hippie – o The Who tocou na "Giant Freak-Out All Night Rave", festa de Ano-Novo no Roundhouse que recebeu 1967, sempre atualizado com os tempos –, a cooperação e a coexistência eram a ordem do dia. Ainda assim, o The Who deve ter sentido que havia alguma verdade no velho ditado "mantenha seus amigos por perto e seus inimigos ainda mais perto". A questão era que eles nunca conseguiam decidir qual desses extremos a Jimi Hendrix Experience representava para eles: amigo ou inimigo.

"Purple Haze", primeiro lançamento da Track, trazia uma viagem de ácido na letra, com um acompanhamento musical igualmente alucinógeno, e de alguma forma conseguiu driblar os censores e escalar até a terceira posição no Reino Unido, em abril. No momento desse pico, a Track lançou seu segundo compacto, "Pictures of Lily", do The Who, uma clara ode à masturbação adolescente que também fez torcer alguns narizes conservadores. Enquanto Hendrix explorava novos terrenos musicais, porém, o The Who se contentava em consolidar o que já havia conseguido. Como um exemplo de "power pop" – o mais recente bordão de Townshend para seus hinos de 2 minutos e meio –, "Pictures of Lily" se valia de todos os temas que imbuíam os seis compactos anteriores (a confusão, o desejo, a arrogância, a euforia, as emoções adolescentes-padrão) e chegava a uma conclusão impetuosa. O The Who nunca havia soado mais confiante e, se a música dispensava a passagem instrumental que tradicionalmente daria a Moon a oportunidade de extravasar, sua bateria nas pontes pausadas é tão precisa e enérgica quanto tudo o que ele havia tocado até então. Ao também entrar no top 10, "Pictures of Lily" era o sétimo dos sete compactos do The Who a obter tal sucesso. Não há outro grupo britânico de valor comparável que possa se gabar da mesma coisa em começo de carreira.

"Keith Moon era muito divertido", Pete Townshend disse à Melody Maker, em 1966. "Infelizmente, ele está se transformando num velhote. Era jovem e não afetado pela música pop, agora está obcecado por dinheiro."

Eles estavam todos obcecados por dinheiro. Simplesmente não ganhavam o suficiente para se manter no estilo de vida a que já tinham se acostumado – não que isso os parasse. Ao final de 1966, Keith, Kim e Mandy enfim se mudaram da casa lotada da família Moon, na Chaplin Road, e imediatamente saltaram várias estratosferas sociais para um apartamento de luxo, em Ormonde Terrace, em St. John's Wood, com vista para *ambos* Regent's Park e Primrose Hill. Ao lado deles, morava o ídolo pop adolescente americano Scott Walker; as esperanças de Kim que, com a mudança, ela pudesse evitar uma turba de garotas adolescentes se mostraram pouco duradouras.

Dinheiro. Coisa que eles gastavam muito rápido. No início de 1967, Keith e John venderam o velho Bentley por 150 libras e compraram um muito mais novo por um preço vastamente maior. Era um modelo S1 de duas cores, preto em cima e branco em baixo, com faróis simples que eles modificaram para que ficasse parecido com um S2 de faróis duplos. Aficionados por carros eram capazes de perceber as diferenças, mas o público médio, ao ver o carro acelerar pela rua – e esse Bentley moderno de quatro portas, ao contrário do antecessor, rodava até que bem rápido –, só podiam concluir que os donos eram podres de ricos. Uma das primeiras coisas que fizeram com o carro foi transferir o amplificador e os alto-falantes para o novo. De jeito nenhum iam perder *aquela* fonte de entretenimento.

Dinheiro. Precisavam ganhar mais todo dia, caso parassem de ganhar por completo amanhã: ninguém tinha a ilusão de que o The Who ainda estaria tocando quando eles estivessem com 50 anos. Tudo ainda ia bem na venda de discos no Reino Unido – mais um hit no top 10, aqui está, sem esforço algum –, mas toda banda britânica sabia que as verdinhas de verdade chegavam no formato do dólar *yankee*.

E, além disso, você só tinha êxito quando fazia sucesso nos EUA. Deixando as recompensas financeiras de lado por um momento, considerando-se que todo mundo quer ser um astro em casa e que ser uma banda britânica grande por dois anos de compactos de sucesso ininterruptos não era pouca coisa, ainda se trataria de um sucesso oco, sem popularidade mensurável nos States. Sem querer bater demais na mesma tecla, mas toda banda britânica havia alcançado sucesso nos EUA, exceto os dois grupos ingleses mais intimamente associados ao movimento mod: o The Who e os Small Faces. Será que o mod era simplesmente inglês demais para os americanos entenderem?

Ou será que isso se devia puramente a uma gravadora surda, muda e cega[72]? Chris Stamp passou boa parte de 1966 tentando pressionar a Decca a colocar o peso de seus recursos para promover o grupo, como havia sido prometido no novo contrato renegociado, até que finalmente compreendeu que os recursos da gravadora não tinham peso algum. A primeira viagem da banda aos EUA, há muito esperada e que aconteceria no segundo semestre, foi cancelada. "I'm a Boy", lançado em dezembro, fracassou como os antecessores. O álbum *A Quick One* nem teve lançamento marcado.

Stamp voltou suas atenções para garantir uma agência de shows de boa reputação e, por qualquer meio necessário, fechou com a Premier Talent, gerida por um jovem e enérgico agente, Frank Barsalona. De maneira convoluta e moralmente desonesta, porém apropriadamente hilária, Barsalona então conseguiu um show para o The Who numa das esteiras mais exigentes oferecidas pela cena musical americana: um festival de Páscoa apresentado e promovido pelo DJ e autoproclamado "quinto Beatle" Murray the K, em Nova York.

O evento se chamava "Murray the K's Fifth Dimension", cujo nome fazia referência à contracultura psicodélica que emergia, mas cuja programação era como uma linha de produção da Tin Pan Alley: de três a cinco performances por dia (os relatos variam) no RKO Theater, na 58th Street com a 3rd Avenue, começando ao meio-dia, cada uma com 10 minutos. O The Who

---

72 "Deaf, dumb and blind" – *como Tommy. (N. do T.)*

CAPÍTULO 15

era apenas um dos artistas numa esteira que incluía os colegas britânicos do Cream (cujo empresário, Robert Stigwood, usara astutamente sua posição como agente do The Who para colocá-los no show sem o conhecimento de Frank Barsalona); a lenda do soul Wilson Pickett; o galã do soul branco, Mitch Ryder; The Blues Project; Jim and Jean; The Chicago Loop; Mandala; um desfile de modas da esposa de Murray, sob o nome Jackie and the "K" Girls; e uma trupe de comédia adequadamente batizada de The Hardly Worthit Players, dada a preponderância de bons e maus talentos[73].

O espetáculo todo era o capitalismo americano em sua forma mais completamente funcional, um DJ de rádio proeminente e influente, que acionava favores de toda a indústria, num arroubo robusto de autopromoção, que lhe permitia lucrar fora do ar devido à sua reputação no ar. Não só era tudo perfeitamente legal, como todo mundo, em teoria, saía ganhando. Os artistas se beneficiavam das execuções de Murray de seus compactos mais recentes na principal rádio pop de Nova York, a WINS (e eram pagos por seus serviços, ainda que nominalmente), as gravadoras ganhavam os parabéns da personalidade de rádio pop mais famosa dos EUA, os agentes ganhavam uma comissão (por mais irrisória que fosse) e os jovens... Bem, os shows de Murray the K eram marcados para o feriado da Páscoa, quando os adolescentes tinham o dia inteiro livre. Dois dólares e cinquenta centavos garantiam a entrada para o show da manhã *e* permissão para ficar por lá o dia todo, caso desejasse. De todo mundo, parece que o público era quem se saía melhor.

O The Who, grato por qualquer oportunidade no mercado americano, chegou a Nova York com o operador de som Bob Pridden no final de março, prometendo nada menos do que uma sensação. Pete Townshend, vestindo uma jaqueta adornada com lâmpadas piscantes, disse a jornalistas intrigados numa coletiva de imprensa: "Não vamos deixar que a música ofusque o visual do nosso show".

---

73 *Em tradução livre, o nome da trupe seria algo como "Aqueles que mal valem um tostão". (N. do T.)*

Ele não estava brincando. Por nove dias seguidos, de três a cinco vezes por dia, o The Who tocava quatro músicas numa velocidade alucinante e num volume ensurdecedor: "Substitute", "So Sad About Us", "Happy Jack" – com direito ao filme mudo exibido no telão atrás – e "My Generation". Cada minishow terminava do mesmo jeito: com Keith chutando a bateria, Pete enfiando a guitarra nas caixas do amplificador para depois arremessá-la no chão, Roger batendo nos pratos com o microfone e John tocando por cima disso tudo, o baixo trovejante sublinhando toda aquela violência orgástica.

"Dez minutos era tudo de que precisavam", escreveu Nicholas Schaffner, na época um estudante *hipster* entrincheirado no gargarejo, em seu livro *The British Invasion*. "E, para este fã em particular, aqueles serão para sempre os 10 minutos mais eletrizantes da história do pop."

Se foi um choque cultural para o público, foi um choque cultural para o The Who também. A impressão inicial decepcionante que Keith teve de Nova York como "um grande escritório" foi demolida como um arranha-céu implodindo quando ele teve tempo de descobrir por completo o que a afamada cidade que nunca dorme tinha a oferecer.

Aqueles na vanguarda da juventude britânica – como o próprio Keith – vinham travando uma guerra cultural para livrar a Grã-Bretanha do conservadorismo habitual nos últimos anos, mas, embora a imagem do país tivesse mudado, a mesma coisa não aconteceu com as instituições. Os pubs ainda fechavam às 23h (e às 22h30 fora de Londres), lojas ainda ficavam fechadas de sábado à tarde até a manhã de segunda-feira, não havia música pop de verdade na rádio da BBC (os ouvintes sintonizavam estações "piratas" localizadas em águas estrangeiras) e a televisão era limitada a três canais, todos os quais saíam do ar ao anoitecer, quando se presumia que toda a população do país se retirava para a noite para melhor se preparar para o emprego em horário comercial no escritório ou na fábrica no dia seguinte.

A Europa era mais liberal: Amsterdã e Hamburgo tinham os distritos da luz vermelha; Paris, os intelectuais *chic*; a Escandinávia, belas mulheres e uma sexualidade aberta. Porém, Nova York era um caso totalmente à parte, uma cidade em movimento perpétuo, 24h. Um rapaz poderia ficar acordado

CAPÍTULO 15

a semana inteira e ainda assim não ver tudo – ainda mais se tivesse de aparecer no RKO Theater várias vezes ao dia para tocar bateria por 10 minutos e, em seguida, chutar o instrumento como parte da maior demonstração de desprezo material que o público de música ao vivo americano já tinha testemunhado. Em Nova York, parecia que os bares ficavam abertos a noite toda; os táxis xadrez amarelos e pretos corriam para cima e para baixo pelas avenidas inacreditavelmente largas e impecavelmente retas feito carros de corrida queimando o asfalto num circuito; os prédios arranhavam o céu com muito mais brio do que qualquer uma das torres de concreto que arruinavam cada vez mais a paisagem britânica; e as lojas transbordavam com mais comida, mais bebida, mais música, mais (e mais baratos) instrumentos, mais roupas, mais *tudo* do que todos eles já tinham visto. No quarto que Keith dividiu com John Entwistle, no luxuoso Drake Hotel, na Park Avenue, havia meia dúzia de canais de televisão, no ar 24h por dia, e as estações de rádio tocavam música pop de todo o tipo a cada giro do *dial*.

Sempre muito sociáveis, Keith e John transformaram seu quarto no Drake numa suíte de hospitalidade para eles mesmos, seus companheiros de banda, seus amigos do Cream e, na verdade, para qualquer um do festival da RKO que quisesse passar por ali. Nunca haviam experimentado serviço de quarto daquela qualidade: ao contrário dos hotéis britânicos provincianos que fechavam os bares às 23h e só ocasionalmente ofereciam algum tipo de suprimento básico depois desse horário, o serviço de quarto do Drake funcionava a noite inteira. E era cinco estrelas.

Keith e John examinaram o menu: lagosta, caviar, champanhe, destilados. Pode mandar. Os melhores que houver. Pode colocar na conta. Somos *pop stars*. Estamos aqui para tocar para o famoso quinto Beatle. Estamos nos ouvindo no rádio. Vamos fazer sucesso nos EUA, finalmente: quem sem importa com o preço?

Chris Stamp se importava. O cachê de 5 mil dólares do The Who, menos as comissões, era ridiculamente inadequado, considerando-se todo o equipamento que seria destruído em cada show se a banda quisesse causar algum impacto sensacional, e a conta do serviço de quarto supostamente já estava nos quatro dígitos antes que ele ficasse sabendo. Keith e John, recalcitrantes – e Pete e Roger, relutantes – foram imediatamente transferidos do Drake para o Gorham, na 55th Street, hotel que costumava ser mais usado pelos músicos. E o serviço de quarto era monitorado com rigidez.

Como era de sua natureza, Keith fez muitos amigos no RKO. Gostou em especial das "K" Girls, em particular de uma delas, de nome Joy Bang (e esse era seu nome de fato). Keith e Joy pareciam estar se dando bem feito uma casa em chamas, até que a dançarina convidou Keith para conhecer seu marido. Depois disso, ele manteve certa distância dela, pelo menos até onde se podia perceber.

Entre aqueles que estiveram presentes nos shows estava Mark Volman, dos Turtles, grupo californiano que se encontrava no primeiro lugar das paradas americanas naquela mesma semana com "Happy Together". "Keith foi o integrante mais receptivo da banda", diz Volman. "Conhecia nossa música mais do que os outros porque era um grande fã da música da Costa Oeste. Na época, travamos uma amizade muito rapidamente e era possível perceber quase que de imediato que ele era muito agradável – dentre todos eles, o cara mais fácil de conhecer. Todos os outros caras tinham uma coisa meio inglesa, uma certa pomposidade."

Essa "pomposidade" era, em parte, a famosa reserva inglesa usada como proteção contra a às vezes excessiva hospitalidade dos anfitriões americanos – embora, no caso do The Who, fosse também temperada com uma boa dose de arrogância. Keith, porém, não tinha nem tempo nem tendência para se distanciar de seus arredores ou dos nativos excessivamente gregários: para ele, a viagem de dez dias foi uma fonte de constante fascínio e balbúrdia.

Ao final do festival, estava claro que o The Who havia causado uma sensação e comprovado a longeva crença de que se os americanos os vissem ao vivo, gostariam muito. "Happy Jack" era acrescentada à programação de mais estações de rádio toda semana (com a ajuda de alguns divulgadores descolados que a Decca contratou sob insistência de Stamp e Barsalona) e decidiu-se lançar o álbum *A Quick One* sob o título *Happy Jack*, com o compacto homônimo devidamente adicionado às faixas. E o capitalismo

CAPÍTULO 15

encontrou sua presa, como sempre o faz: com a cultura jovem americana à beira de uma grande agitação, o festival de Murray the K – aquela linha de produção da Tin Pan Alley – estava destinado a se tornar algo do passado, e a edição de 1967 foi seu canto do cisne. Supostamente, o The Who foi um dos poucos artistas a receber o cachê na íntegra.

— ● —

EM CASA, EM ORMONDE TERRACE, A MENTIRA QUE KEITH AINDA ERA um solteirão era sustentada meticulosamente. Um perfil na *Disc and Music Echo* naquele janeiro fazia questão de afirmar que Keith morava sozinho, na companhia apenas de um filhote de labrador chamado Flint, batizado como um dos personagens de sua amada série *A Ilha do Tesouro*. Embora houvesse novamente uma menção a uma namorada em Bournemouth, Kim não é referida por nome. E com Mandy oficialmente inexistente, Kim tinha de garantir que nenhum sinal da criança pudesse ser visto da rua pela janela. Era relegada a usar a porta dos fundos quando as jovens garotas ficavam de patrulha na frente da casa e, assim, negar todo conhecimento da existência de Keith a elas, mais ainda de ser sua esposa e mãe de sua filha. Uma fã que sabia mais sobre a verdadeira relação de Kim com ele ficou furiosa o suficiente para esperá-la na rua com um machado.

Kim, ainda com apenas 18 anos, se resignava. Ela mesma era capaz de ser uma adolescente combativa o bastante para lidar com as fãs, mesmo aquelas que portassem machados. Lidar com Keith, com suas exigências pouco razoáveis e seu temperamento imprevisível, era toda uma outra questão, que demandava reservas de energia consideráveis e um faro para a psicologia. Numa ocasião, durante uma visita de Entwistle e sua noiva, Alison, Alf e Kit Moon também apareceram, e Keith, por razões as quais ninguém ali presente pôde entender – afinal, eram os pais dele – fez Kim inventar uma desculpa para não vê-los.

Não que Keith costumasse passar muito tempo em casa durante o período em que moraram em Primrose Hill – o The Who saiu em turnês mais longas e mais distantes do que nunca em 1967. Na ausência dele, Kim ficava feliz em fazer companhia aos sogros e às cunhadas e levava Mandy até a Chaplin Road, para ver Kit, Alf, Linda e Lesley, então com 8 anos. Quando tinha oportunidade, levava roupa para lavar lá também. Não tanto por um desejo de economizar – embora ela estivesse perfeitamente ciente do estado oscilante do saldo bancário deles, tanto quanto Keith era alienado – e mais por fidelidade ao marido. Ele a proibiu de ir à lavanderia local em St. John's Wood, por medo de que Kim fosse abordada em qualquer lugar que frequentasse. Que ela só saísse para fazer compras e voltasse imediatamente, exigia ele.

Se essa insistência era absurda, a desconfiança dele se provava bem fundada o bastante. Certo dia, quando Kim foi à lavanderia por pura necessidade, recebeu uma proposta para um trabalho como modelo. Era a abordagem normal: "Você tem um rosto adorável, querida. Não precisa ficar por aí lavando roupa, pode ganhar dinheiro. Sou de uma agência de modelos. Dê uma ligada para mim". Kim olhou para o cartão de visita do homem: ele trabalhava para Paul Raymond, o rei do *soft porn*, que controlava um império de revistas masculinas e casas noturnas no Soho. Por educação, pegou o cartão, colocou no carrinho de Mandy e esqueceu o assunto.

Keith, no entanto, encontrou o cartão quase que imediatamente e, como era de se esperar, explodiu. Não só ela estava desobedecendo as ordens e indo à lavanderia e conversando com estranhos, não só ela estava aparentemente contemplando voltar a ser modelo quando ele pensava que eles estavam conversados que isso era coisa do passado, como ela estava tratando com pornógrafos malditos, dentre todas as pessoas. Ela tinha perdido a cabeça? Ele não havia acabado de dizer a ela: só vá às compras e volte imediatamente para casa? Não adiantava tentar argumentar com Keith em situações como essa, não adiantava apontar que os lençóis de casa não se limpavam como se por mágica como nos hotéis em que ele se hospedava, porque Keith nunca parava de falar e de gritar tempo o suficiente para ouvir. Kim tinha de simplesmente provar que era tão forte quanto ele quando brigavam.

CAPÍTULO 15

Ao mesmo tempo em que insistia que Kim se mantivesse longe dos olhos do público *e* das ruas, Keith, com seu rosto grande e redondo, olhos brilhantes e franja desleixada como símbolos clássicos da beleza jovial, foi ser modelo do cabeleireiro *en vogue* Vidal Sassoon.

—●—

A natureza imprevisível de Keith causava estresse àqueles ao seu redor para além da família. Em turnê, onde álcool e drogas eram abundantes e o sono um privilégio, os pavios se encurtavam rapidamente e Keith tirava vantagem das rápidas trocas de equipe de estrada para abusar de poder, ditar ordens, causar caos e, em geral, deixar que outros limpassem o estrago. Neville Chester, *road manager* que sofreu em especial e sobreviveu quase dois anos com o grupo – embora com folgas ocasionais para recuperar a sanidade – se recorda de uma viagem a Berlim, no final de 1966. "O *promoter* nos pediu para ir a alguns clubes", diz ele. "No primeiro, Keith mexeu com mulheres dos outros, depois saímos para o segundo clube e fomos seguidos por uns caras. Quando vejo, estamos na rua, estourou uma briga e Keith sai correndo: 'Chris, você fala com eles'. E Chris Stamp e eu nos vemos no meio da confusão. Chris levou uns chutes feios, e ele não é um cara pequeno. E a culpa foi totalmente de Keith. Ainda consigo vê-lo neste momento: ele não calava a boca."

Richard Green, o jornalista musical inglês mais comumente chamado de "Beast" [*"Fera"*] foi outra alma infeliz a cair na estrada com a nada invejável tarefa de cuidar de Moon e cia. Depois de ter sido convencido por Kit Lambert, numa noite no Speakeasy, a abandonar a carreira no *Record Mirror* para ser o primeiro assessor de imprensa da Track Records, Green foi mandado para a Alemanha em abril de 1967, imediatamente depois do retorno do The Who de Nova York.

"Eles tinham um *tour manager*", diz Green. "Mas, por algum motivo desconhecido, precisei coletar o dinheiro: se você conhece alguma coisa sobre Kit Lambert e Chris Stamp, isso não te surpreenderia. Kit me disse:

'Você fique de olho neles, mas, não importa o que aconteça, meu caro garoto, não deixe nenhum deles ficar com dinheiro."'

"Certa noite, em Dusseldorf, Moon me diz: 'Fera, preciso de 200 libras'. 'Keith, o Kit disse que você não pode ficar com dinheiro nenhum', respondo. E ele diz: 'Beleza, então não vou tocar', e some. Pergunto a um dos *roadies* aonde ele foi e o cara diz que ele acabara de tomar um táxi. Entro em outro e digo: 'Siga aquele táxi!'. Ele tinha ido para alguma desgraça de clube do outro lado da cidade, que ele devia conhecer, e, quando cheguei lá, já tinha voltado para o local do show. Quando *eu* voltei, depois de pagar a corrida toda, Keith se vira para mim e diz: '*E agora*, posso ficar com o dinheiro?'."

Green ria das ações de Moon, mas foi uma viagem malfadada mesmo assim. Um tumulto começou no show em Rhein, antes que o The Who pudesse tocar e, na última noite, em Osterholz, todo o caixa do grupo, de 6 mil marcos, foi roubado do camarim. De volta a Londres, Green trocou de função na Track, onde passou a ser divulgador de rádio, e pouco depois saiu da gravadora em ascensão para voltar ao trabalho do lado mais seguro da cerca, na redação do *NME*. "Já estava farto daquela loucura", diz ele.

Nos anos anteriores, as tribulações da turnê alemã teriam causado rixas internas sérias. Porém, o The Who era claramente uma equipe mais unida desde as sessões de gravação mais agradáveis do ano anterior e o sucesso dos shows de Murray the K só deixou os integrantes ainda mais próximos. Em abril, Pete comentou: "Basicamente, nós gostamos todos uns dos outros e conseguimos ver algo em cada um. Todos somos parte do The Who agora. Aprendemos como lidar uns com os outros. Hoje, se Keith corta a mão, eu me preocupo, assim como Roger e John, porque somos todos parte de um grupo e isso nos afeta. E, assim, conseguimos desfrutar e tirar imenso prazer daquilo que fazemos e de como o fazemos."

No mês seguinte, em antecipação ao iminente retorno do The Who aos States para uma participação no muito falado International Pop Festival, em Monterey, na Califórnia, que duraria três dias, Keith notou calmamente que "a princípio, era difícil nos comunicarmos", mas que "as coisas estão muito mais fáceis agora. Não brigamos mais e as ideias podem evoluir naturalmente".

CAPÍTULO 15

Mesmo assim, Keith quase não chegou a Monterey. Depois de mais uma turnê tumultuada, desta vez na Escandinávia, a banda tocou numa festa da Pembroke College, da Universidade de Oxford, o tipo de show que todas as bandas detestam fazer, mas de vez em quando acabam impelidas a tanto pelo dinheiro. O The Who tocou sob uma marquise ao ar livre, confrontado por centenas de bêbados de classe alta de smoking e vestidos de gala, que reclamavam do volume e da dificuldade de dançar ao som da música da banda.

Keith teve dificuldade para manter a calma ao longo do show. Ao final, porém, pegou a bateria e a arremessou nos presentes como se quisesse matá-los. Essa coisa de "raiva contra o mundo", bem, pelo menos dessa vez, certamente cabia muito bem ao jovem Moon. Da mesma forma que a lenda diz que a primeira vez que ele chutou a bateria foi porque o público não havia demonstrado tanto entusiasmo quanto a banda, em Oxford, quando o público não deu nada em troca exceto o orçamento para o entretenimento da festa e, pior, não havia apreciado nem se importado com o fato de estar presenciando um show particular de uma das maiores bandas de rock 'n' roll do mundo, Keith arremessou sua preciosa Premier com toda a animosidade que todo músico ignorado, subestimado ou insultado já quis demonstrar.

Jogou a bateria com tanta força, que ganhou uma hérnia. Foi um momento Keith Moon clássico, o tipo de excentricidade que você sente vontade de aplaudir e rir, mesmo que faça careta ao imaginar a dor – algo que precisou de uma cirurgia no St. George's Hospital, no centro de Londres, e levou ao cancelamento de um show importante em Paris. (Shows de menor importância, em casas variadas, aconteceram com Julian Covey, do The Machine, e depois com Chris Townson, do John's Children, a mais recente banda contratada da Track, no lugar dele.)

De olho no orçamento da família, que diminuía, Kim ignorou a insistência de Keith para que ela pegasse um táxi para visitá-lo no St. George's todos os dias e, em vez disso, ia com Mandy de metrô; não exigia os mesmos padrões luxuosos de transporte que o marido. Porém, certo dia, durante uma das visitas, ela deixou escapar acidentalmente o meio de transporte que usava. "Ele ficou absolutamente furioso", segundo ela, e, nisso, quase ganhou uma nova hérnia. Mais uma vez, a ideia de Kim se colocar numa situação em que pudesse ser admirada ou abordada era demais para ele lidar.

Com pouco mais de um ano de casamento, Keith e Kim pareciam estar se esforçando para manter a união firme. Kim sentia que, por pouco, era capaz de lidar com a fama, as noitadas e a imprevisibilidade do marido, até com alguns de seus excessos, porque, debaixo daquilo tudo, ele ainda era o personagem engraçado, adorável, generoso e doidinho por quem ela se apaixonara. No entanto, não aguentava os ciúmes. "Quando saíamos juntos depois que tive Mandy", recorda-se, "se alguém falasse comigo, ele perdia a cabeça. Voltávamos para casa e ele começava a brigar comigo. Às vezes eu não voltava para casa com ele, e então quando chegava ele estava jogando coisas pela janela, quebrando coisas." Levando-se tudo isso em conta, quanto mais tempo Keith passasse em turnê, melhor para os três.

O MONTEREY INTERNATIONAL POP FESTIVAL, MARCADO PARA O FIM de semana de 16 a 18 de junho de 1967, decerto seria o maior evento desse tipo. Um conselho de curadores repleto de astros, entre eles Paul McCartney (que recomendou a apresentação do The Who), Mick Jagger, Andrew Oldham e dois dos ícones da surf music de Keith, Brian Wilson e Terry Melcher, providenciaram isso. Os próprios Beach Boys seriam a atração principal da noite de sábado, mas os antigos favoritos dos EUA cancelaram poucos dias antes, por medo da competição (The Byrds, Jefferson Airplane, Booker T & The MGs e Otis Redding tocariam todos naquela mesma noite); nunca recuperaram a credibilidade.

Como a abdicação dos Beach Boys exemplificava, os anos 1960 pendiam para uma nova direção – musical, política, social e geograficamente. Londres ainda era considerada uma cidade impecavelmente *cool*, mas o mod estava morto, o *Ready Steady Go!* já não era mais exibido desde o último Natal (e o The Who participou do último programa, naturalmen-

CAPÍTULO 15

te) e a Carnaby Street já havia se tornado uma armadilha para turistas. Nisso, as atenções da elite cultural se voltaram para São Francisco, onde o movimento hippie de paz e amor estava a todo o vapor no bairro de Haight-Ashbury e a dieta de LSD contribuía também para o florescente movimento do rock psicodélico, impulsionado ainda mais pela presença da primeira estação de rádio FM do país. Essas vibrações e os desenvolvimentos positivos faziam um contraste forte com a negatividade que dominava os EUA *mainstream*, onde a incessante (e, para muitos, sem sentido) Guerra do Vietnã criara uma crise na confiança nacional. O estilo de vida alternativo dos hippies era a *única* possibilidade, acreditavam muitos jovens que faziam as malas e partiam para o norte da Califórnia.

O The Who chegou a São Francisco no dia 16 de junho, depois de duas datas em Detroit e Chicago, para dois shows no célebre Fillmore. Para cortar gastos, a banda deixou os amplificadores Marshall e a bateria customizada em casa e vinha usando equipamentos alugados, coisa da qual se arrependeram no momento em que viram a atitude profissional em relação ao P.A. e à acústica no Fillmore, o que as casas de show inglesas nem cogitavam. De todo modo, os shows no Fillmore foram um arraso – dois *sets* de 45 minutos por noite que lembraram o The Who de seus dias de glória no Marquee. A comunidade musical de São Francisco que eles esperavam que os acolhesse, porém, em sua maioria já estava em Monterey, onde 50 mil pessoas – um público muitas vezes maior do que qualquer outro evento do tipo – aguardavam no local do festival em total harmonia. A juventude americana, pelo menos a juventude branca *hippie* californiana, fazia mais do que só falar em paz e amor: vivia aquilo de fato.

Para os Mamas and The Papas, a realeza do rock de Los Angeles, que seriam uma das atrações principais e copromoviam o festival, era, como eles cantavam, "um sonho californiano que se tornava realidade". Para Keith Moon, era uma Califórnia que contrastava fortemente com seus sonhos. Não se viam shorts e biquínis em lugar algum. Os rapazes em Monterey usavam cabelo comprido, quase sempre abaixo do ombro, muitos eram barbados e vestiam roupas ao estilo nativo americano adornadas com símbolos da paz, slogans políticos e miçangas. As garotas... bem, as garotas californianas eram tão belas quanto Keith esperava, altas, loiras e esbeltas, mas também se vestiam como descendentes diretas de nativos americanos, a maioria sem maquiagem e sem sutiã e quase todas com flores no cabelo. Os surfistas e pilotos que Keith há muito idolatrava poderiam muito bem ter vivido em outro planeta, apesar de toda a aparente influência que tiveram naquilo que se tornaria o Verão do Amor.

O cenário em Monterey era igualmente longínquo da cultura de rua urbana da Grã-Bretanha, com a qual Keith e seus companheiros de banda haviam crescido. Em vez da urgência agressiva das anfetaminas sobre a qual o The Who lutara e florescera, o clima em Monterey se nutria da tranquilidade da maconha e do apelo alucinógeno do ácido. Na Grã-Bretanha, onde uma batida policial à procura de anfetamina e maconha na casa de campo de Keith Richards ameaçava colocar tanto o guitarrista dos Rolling Stones quanto o vocalista Mick Jagger na cadeia por um tempo considerável, o LSD ainda era restrito – discretamente – à elite social de Londres. Na Califórnia, era uma moeda corrente tão popular quanto os corações roxos foram para os mods. Brian Jones, dos Stones, que recentemente havia sido ele mesmo preso por porte de drogas no Reino Unido, passou o tempo todo no festival vagando em robes de seda, claramente viajando para lá de Bagdá. Até a polícia só observava beatificamente – pois os oficiais também usavam flores no cabelo e chapavam.

Keith Moon permanecia eternamente não impressionado pelo movimento *hippie*. Era hiperativo demais para apagar, adorava diversão demais para relaxar. "Os *hippies* são mais sinceros que podem ser", diria ele, mais tarde, depois de mais viagens pelos EUA. "Nunca dizem muita coisa e, quando dizem, acho seus comentários meio diluídos, nunca parecem ter muita substância. Tudo bem chapar e apagar, mas eles não parecem ter nada além disso." Usar o cabelo mais comprido e flertar com um figurino de palco mais de acordo com a moda do momento foi o mais perto que ele chegou da geração paz e amor.

De todos do The Who, só Pete Townshend, que estivera presente nos principais *happenings* psicodélicos de Londres e tomara ácido extensivamen-

CAPÍTULO 15

te no ano anterior, tinha uma apreensão intelectual verdadeira da importância sociopolítica de Monterey. Porém, ao chegar, sua cabeça foi tomada por outras preocupações, principalmente usar o festival de paz e amor como uma oportunidade de empregar a boa e velha tática de choque e destruição de equipamentos que rendera tanta atenção à banda na Europa e em Nova York. O único problema era que Jimi Hendrix, que também tocaria, pretendia fazer a mesma coisa. Townshend e Hendrix trocaram palavras tensas a respeito disso. O guitarrista do The Who reconhecia e reverenciava o talento singular de Jimi, mas ainda não havia se decidido se ele era um amigo ou inimigo. Quando Hendrix supostamente chamou Townshend de *honky*[74] durante o desentendimento, a relação ficou um pouco mais clara[75].

A disputa em relação à ordem dos shows foi decidida na cara ou coroa. O The Who entrou no palco primeiro naquela noite de domingo e deu o melhor de si. No entanto, ao usar amplis Vox Super Beetle, em vez dos potentes *stacks*[76] Marshall que teriam sido o complemento perfeito para o P.A. de primeira linha do festival, a banda se sentiu tolhida, enfraquecida. (Keith tocou numa bateria Slingerland alugada, embora tenha insistido num kit duplo completo, do tipo que os americanos, mistificados com o quanto de barulho o jovem baterista conseguia fazer, nunca tinham visto numa banda de rock.) O grupo estava incomumente fora de compasso: houve notas engasgadas, letras esquecidas e, durante "A Quick One", Keith pôde ser visto descendo o braço alegremente nos pratos, sem perceber que os demais haviam seguido para uma passagem mais calma.

O público, por sorte, não tinha com quem comparar o The Who. Tudo o que conheciam era a reputação da banda e "Happy Jack", que entrara no

---

74 *Gíria pejorativa para se referir a brancos. (N. do T.)*

75 Townshend já relatou que o insulto aconteceu tanto antes quanto depois do show; na verdade, só temos a palavra dele de que Hendrix teria usado o termo depreciativo.

76 *O stack Marshall clássico é composto de um cabeçote, que é o amplificador, de fato, plugado a dois gabinetes empilhados – daí o termo stack, de stacked, "empilhado" –, cada um com quatro falantes de 12 polegadas. O amplificador ligado a apenas um desses gabinetes é conhecido como half stack. (N. do T.)*

KEITH MOON

top 40 americano no mês anterior (e chegaria à 24ª posição). Ninguém, nem os músicos que haviam ouvido falar, estava preparado para a ferocidade do *grand finale*. Quando Pete girou a guitarra até arrebentá-la no chão, Roger começou a acertar os pratos com o microfone e então Keith ativou as bombas de fumaça e chutou a bateria num deleite furioso, os assistentes de palco correram como se tudo fosse um erro terrível, como se o The Who fosse poupar pelo menos os microfones ou o palco naquela desforra. Até parece. Quando a fumaça enfim baixou, parecia que o palco havia sido atingido por uma bomba. O público ficou atordoado, mas adorou mesmo assim. Mesmo durante uma celebração do *flower power*, a demonstração de poder físico do The Who era irresistível.

Depois que o Grateful Dead, genuíno artigo *hippie* de São Francisco, restaurou parte daquele senso de anestesia, Jimi Hendrix entrou no palco. A diferença na qualidade de som ficou imediatamente aparente. Apesar de ser da mesma gravadora do The Who e de ter aberto para a banda poucos meses antes, Hendrix levara seu próprio equipamento, incluindo *stacks* Marshall. Seu som estava tão melhor que o do The Who, que dava vergonha. Quando, ao encerrar o show com "Wild Thing", ele se ajoelhou, ateou fogo na guitarra (coisa que fazia de vez em quando) e então a destruiu (coisa que não fazia), o The Who se sentiu claramente superado.

Não foi uma sensação da qual gostaram muito, mas não lhes fez muito mal. Ao lado de Hendrix e Janis Joplin, o The Who foi celebrado como uma das "descobertas" do Monterey. O festival foi importante de outras maneiras que afetaram diretamente a carreira do The Who: foi a faísca necessária para que os *hippies* passassem de uma moda de São Francisco a um movimento nacional, para que a música "pop" perdesse credibilidade para o "rock" de mais peso, para que os compactos dessem lugar aos álbuns e para que a rádio AM "comercial" fosse usurpada pelas FMs "progressistas". Se o The Who reconheceu qualquer uma dessas coisas, por ora, as ignorou prontamente e continuou a desfrutar o status de banda pop, embora tivesse o show mais destrutivo do mundo.

CAPÍTULO 15

DE VOLTA À INGLATERRA, O THE WHO MAL TEVE TEMPO DE DESFAZER as malas antes de voltar aos EUA, onde cruzariam o país numa turnê com o Herman's Hermits. John Entwistle se casou com Alison Wise e os dois embarcaram no navio *Queen Elizabeth 2* para Nova York como lua de mel. "Keith tentou me impedir de casar", diz Entwistle. "Ele sempre encontrava umas mulheres lindas e dizia: 'Olha, você não vai poder ter isso depois que se casar.'" O fato de o próprio Keith já ser casado e ter uma filha "não parecia importar para ele. No que dizia respeito a isso, para ele, a esposa e a filha ficavam em casa, mas ele sabia que se eu me casasse [*com Alison*], eu passaria a ser mais caseiro e não poderia mais sair com ele". De fato, foi esse o caso e foi notável que, depois do casamento de John naquele verão, com certeza depois da turnê com os Hermits, ele e Keith nunca mais se divertiram tanto quanto naqueles três primeiros anos de banda.

Enquanto John estava em lua de mel, Pete arrastou Roger e Keith para o estúdio, a fim de gravar versões de "Under My Thumb" e "The Last Time", dos Rolling Stones, como demonstração de apoio a Mick Jagger e Keith Richards, que haviam acabado de ser condenados pelo porte de drogas. Evidentemente gravadas às pressas e sem a potência inata do baixo de John Entwistle (o próprio Pete gravou *overdubs* de baixo), as músicas soaram insípidas e pouco inspiradas e o compacto foi um fracasso. (As sentenças dos Stones foram anuladas logo depois do lançamento.) Qualquer decepção foi apaziguada pelo fato de que não se tratava de um compacto do The Who "de fato".

Keith se preocupava com o bem-estar dos Stones, que considerava seus amigos pessoais, mas estava muito mais preocupado em preservar e promover seu status de *showman* do rock, e, para tanto, encomendara a maior bateria customizada já vista. Maior sempre significava melhor para Keith, um materialista desavergonhado e exibido por natureza. Assim, sua nova Premier – "o motor", como ele a chamava – vinha com dois bumbos, nada

KEITH MOON

menos que três tons, três surdos, uma caixa e quatro pratos de ataque[77] (Keith posava para fotos de divulgação com um chimbal, mas não o usava ao vivo). A maioria dos bateristas da época usava metade disso. Keith tinha tantos tambores, que havia quem brincasse que um dos surdos era usado apenas como bandeja para bebidas. Ver um jovem com tanto equipamento à disposição era quase obsceno.

De fato, e em parte era essa a intenção, dadas as imagens impressas por toda a bateria. Para a divulgação de "Pictures of Lily", Stamp e Lambert usaram cartões-postais eróticos da Era Vitoriana, para criar um pequeno escândalo. Keith gostou de um deles em particular, a vista traseira de uma formosa mulher nua, e escolheu a imagem como a mais recorrente das quatro que formavam as laterais de seus novos tambores. As outras três eram o novo logo do The Who, numa fonte altamente ornamentada, como o letreiro de um filme hollywoodiano; uma foto de Keith (é claro); e uma inscrição psicodélica para sua mais nova e mais estimada posse, escrita com letras irregulares, típicas da estética da época, ao redor de uma bandeira britânica tremulante: "Keith Moon, notório baterista explosivo britânico"[78].

Ele fazia o possível e o impossível para fazer jus a esse título recém-declarado. Por mais que a banda tentasse dar uma segurada na autodestruição no Reino Unido, em terras estrangeiras, as bombas de fumaça estrategicamente posicionadas detonavam na deixa ao final de "My Generation" e, enquanto Pete enfiava a guitarra no alto-falante, Keith se deleitava ao chutar o "motor", arremessar partes dele no público, pisar nele, fazer tudo o que estivesse a seu alcance para destruí-lo.

Os representantes da Premier podem ter chorado toda vez que viam Keith tratar os caprichados produtos deles com tamanho desrespeito

---

77 As dimensões exatas dessa bateria foram descritas numa matéria de capa da *Drums and Drumming* sobre Keith em 1989, embora tenham sido contestadas posteriormente. É suficiente dizer que se tratava de uma bateria impressionantemente grande para um baterista da estatura física de Keith. É amplamente afirmado por aqueles que sabiam disso que, apesar do patrocínio da Premier, Keith preferia caixas Ludwig e pratos Zildjian.

78 *"Keith Moon, patent British exploding drummer."*

CAPÍTULO 15

demoníaco (haviam sido meses de esforços consideráveis para elaborar e montar a bateria), mas provavelmente havia lágrimas de alegria escondidas por entre as de horror: por mais frequente que fosse a destruição da bateria de "Pictures of Lily", na noite seguinte ela estaria de volta ao palco, (quase) como nova. À medida que o tratamento que Keith dava à bateria ganhava uma infâmia quase comparável à maneira como ele tocava, a marca Premier também ganhava uma reputação igualmente grandiosa. Uma bateria que aguentasse tamanho abuso tinha de ser muito boa. (O que não se sabia era que as baterias de Keith eram agora construídas com reforços extras por dentro e por fora.) Não espanta que a empresa tenha chamado o jovem de 20 anos de "nosso melhor cliente".

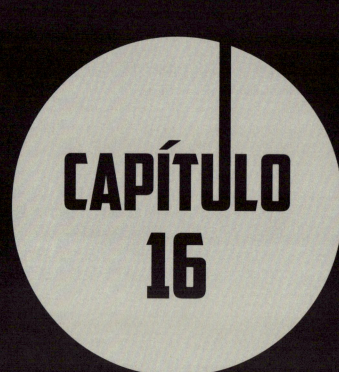

Você acha que Keith Moon era jovem demais para passar por tudo isso, esse absurdo constante de ser um pop star logo de cara, em construção, na estrada e nas paradas? Peter Noone, vocalista do Herman's Hermits, tinha apenas 16 anos quando sua banda alcançou a primeira posição na Grã-Bretanha, em 1964, com "I'm Into Something Good", e 17 quando "Mrs. Brown You're Got a Lovely Daughter" chegou ao topo das paradas americanas, no ano seguinte. O restante do quinteto de Manchester era pouca coisa mais velho. Lançado sob os holofotes muito cedo, o Herman's Hermits nunca pôde ganhar a experiência dura de tocar por anos em pubs e clubes, como aconteceu com o The Who, os Beatles e os Stones, e, na Grã-Bretanha, sofria de uma falta de credibilidade perpétua como resultado. Nos EUA, porém, onde eram vendidos como ingleses adoráveis e excêntricos, no auge da Invasão Britânica original, passaram o rodo ao colocar seis compactos no top 10 e três álbuns no top 5, isso só em 1965.

Os Hermits eram tão bem-sucedidos nos EUA, que, para a turnê de 1967, que passaria por arenas, centros de convenções e ginásios escolares e na qual seriam acompanhados pelo The Who (além dos Blues Magoos, uma banda de pop psicodélico do Bronx que contava com um sucesso recente no top 5 americano), viajaram de avião fretado. Em áreas de turbulência, o DC7 sacudia feito uma bexiga numa festa infantil e frequentemente pousava com uma ou duas turbinas a menos, das quatro originais, mas, para todas as três bandas, que tinham os nomes exibidos na fuselagem, com certeza era melhor do que pegar o ônibus para ir trabalhar na fábrica todos os dias.

Porém, apesar de todo o tratamento estelar, o The Who logo passou a questionar quais seriam as vantagens para a carreira de uma turnê com atrações principais tão pouco complementares, em cidades tão fora de mão. É verdade que ganhavam fãs a cada parada e impressionavam o público jovem com os *finales* destrutivos, mas o novo compacto americano de "Pictures of Lily" ainda estava empacado para fora do top 50 na metade da turnê, ao passo que o relançamento de "Substitute", pela Atco, não se deu muito melhor do que o original. O The Who sentia que o tal "Verão do Amor" que teve o pontapé inicial em Monterey acontecia em outros EUA, num país mais aberto e experimental – ou pelo menos mais desafiador – do que aquele mais conservador e reacionário por onde passavam[79]. Pelo menos não estavam sozinhos nesse trajeto pelo coração populista da América: Jimi Hendrix sucedeu *seu* triunfo em Monterey como atração de abertura para os Hermits americanos, os Monkees.

Mas embora o público da turnê dos Hermits fosse, em geral, composto por adolescentes americanos engomadinhos e certinhos, os músicos em si eram rapazes da cidade no auge da juventude, e a maioria deles se aproveitava disso adequadamente. O ácido era tão facilmente obtido e tão frequentemente consumido na turnê quanto os estimulantes o foram na época do mod – porém, esses estimulantes também eram prontamente disponíveis, assim como calmantes, em geral sob a forma de quaaludes. Maconha era corrente também. Em alguns dias, o avião parecia uma farmácia, mas nem todo mundo caía na farra. Pete Townshend havia parado de tomar alucinógenos depois de uma *bad trip* no voo de volta de Monterey e preferia gastar seu tempo livre trabalhando em novas canções e ideias. Roger ganhou o apelido de "Tia Daltrey", por parecer "meio que uma tia velha", segundo o baixista dos Hermits, Karl Green. (O cantor se defende dizendo que seu bom comportamento era motivado pelo fato de ele ainda estar "em condicional" no The Who.)

---

79 É claro que o verão de 1967 só foi o Verão do Amor para jovens brancos de classe média; nos guetos negros de Newark e Detroit, anos de negligência e pobreza se manifestaram em tumultos em julho e agosto que deixaram dezenas de mortos e os centros das cidades em ruínas.

CAPÍTULO 16

Keith Moon, porém, rapidamente impressionou todo mundo com seu entusiasmo em consumir: só era preciso mostrar um comprimido a ele, e este estaria em sua boca antes que ele soubesse do que se tratava. Não o único aspecto em que ele conduzia aquele *entourage*. "Keith tinha uma personalidade muito forte e dominante", se recorda Karl Green, que era considerado o "doidão" dos Hermits e, portanto, um companheiro natural para Moon. "Se alguém tentasse superá-lo em trocadilhos ou em atitudes ridículas, não teria nem chance."

Só houve, por exemplo, uma única pessoa do grupo todo que teria pego a prática relativamente inocente de colocar uma aranha na cama de algum outro membro insuspeito da turnê e a elevado ao ponto de o baterista dos Hermits, Barry Whitwam, levantar as cobertas certa noite e encontrar a cabeça assada e ensanguentada de um porco a sua espera por entre os lençóis.

Da mesma forma, ninguém teria decidido comprar uma piranha de estimação para levar na turnê, como Keith fez em Vancouver – e depois tentou "coçar o nariz dela" numa banheira cheia de água quente onde ele e seu colega de quarto John Entwistle a guardavam, como se desafiando o peixe a fazer jus à reputação de ser capaz de arrancar metade de seu dedo. (A piranha chegou a um fim prematuro quando as bandas partiram para a arena onde aconteceria o show e, nessa ausência, a água ficou congelante. Keith e John a deixaram sobre o vaso, embrulhada em lenços de papel, como um "presente" para a camareira.) Ninguém mais teria comprado um par de peixes-beta, ou peixes-de-briga, para ver se eles fariam jus ao nome. Ou comprado uma lagosta, a mantido no gelo e usado uma de suas garras para pendurar a chave do quarto.

No início da turnê, Keith comprou uma filmadora portátil – o tipo de bem de última geração que seria proibitivamente caro no Reino Unido, porém amplamente disponível na afamada sociedade de consumo dos EUA – e passou um tempo considerável filmando seus novos amigos. Em geral, o fazia completamente nu. Keith tinha um entusiasmo perpétuo por se despir em público, em parte por um desejo cômico de fazer seu público rir, em parte por uma tentativa séria de provocar e estudar a reação das pessoas e em parte por ser um grito por atenção infantil e patético.

Porém, ainda assim, Keith era novo no esquema das turnês americanas. Os Hermits, embora tivessem, em sua maioria, a mesma idade tenra dele, já eram macacos velhos. Então, numa das paradas para dormir, Karl Green mostrou a Keith como, se você acionasse só um pouquinho uma mangueira de incêndio enrolada no corredor de um hotel, a água ficaria parada na base por horas até que, em algum momento, a compressão se acumularia e desenrolaria a mangueira, causando uma enchente no corredor – e a essa altura os culpados já estariam inocente e convenientemente na cama. Em outra, demonstrou como, se você ficasse com fome tarde da noite, mas não tivesse troco, era mais fácil arrancar a máquina de snacks da parede e se servir do que se dar ao trabalho de ir até a recepção para trocar uma nota de 1 dólar.

E quando a turnê passou por Montgomery, Alabama, no Sul Profundo, os Hermits apresentaram a Keith uma descoberta da primeira turnê que fizeram pelo país, em 1965: a de que fogos de artifícios potentes eram legalizados em certos estados sulistas. A caminho do hotel depois do show daquela noite, mostraram a Keith o uso ideal de seu explosivo favorito – que batizaram apropriadamente de bombinha. "Era preciso calcular o tempo exato", diz Karl Green. "Você acendia, segurava por alguns segundos e então soltava, de forma que ela explodisse bem em cima do carro de trás. Assustava horrores as pessoas."

Para um comprovado expert em bombas caseiras e cientista amador como Keith, isso era nada menos que um convite ao caos. Em Birmingham, Alabama, no dia seguinte, Keith prontamente comprou dezenas de bombinhas de aparência inofensiva e, determinado a testar o verdadeiro potencial delas, persuadiu seu colega de quarto a acompanhá-lo.

"Testamos uma na mala dele", diz John Entwistle. "Fez um buraco na mala e na cadeira. Então, decidimos que o hotel merecia se foder, porque havíamos tido muitos problemas com o serviço de quarto... Nossa ideia era jogar a bombinha na privada e dar descarga, de forma a não sermos culpados por isso. Com sorte, ela explodiria alguns canos no caminho. Assim, nos

CAPÍTULO 16

agachamos, Keith acendeu, eu dei descarga e a bombinha só ficou rodando no vaso. A descarga não funcionou direito. Vimos aquilo e gritamos: 'Aaaagh!', saímos correndo e batemos a porta. Nesse mesmo instante, a bombinha explodiu e só sobrou um buraco no chão do banheiro. O vaso virou pó."

Três anos depois, Keith se recordou do ocorrido com um deleite evidente. "Ainda não me arrependo de ter feito aquilo", disse à revista *Disc*. "Toda aquela porcelana voando pelo ar foi bastante inesquecível. Nunca tinha me dado conta de que a dinamite era tão potente. Estava acostumado com traques."

Como Karl Green observa, "é preciso uma mente especial" para encontrar usos tão originais para explosivos tão corriqueiros. A partir daquele momento em Birmingham, nenhum banheiro de hotel ou camarim estava seguro até que a turnê seguisse para longe dos estados sulistas e o suprimento de bombas de Keith acabasse.

Antes de ir embora de Birmingham, no entanto, Keith se envolveu num incidente no qual, para variar, ele foi vítima. Foi acossado ao sair de um restaurante, era o que ele alegava.

"Foi como uma cena daqueles filmes de Al Capone", recordou-se numa entrevista logo após o acontecido. "Havia dois caras com dois carros esperando por eles, com o motor ligado. Assim que saí, eles me agarraram e me arremessaram contra a porta de vidro! Quando consegui me levantar, já tinham sumido."

Numa coluna que estava "escrevendo" para a revista *Beat Instrumental* na época, descreveu o acontecido de forma discretamente diferente. "Estava caminhando pela rua quando dois camaradas apareceram, de imediato já não foram com a minha cara e me empurraram contra uma porta de vidro. Quando consegui me safar, eles haviam sumido e eu ainda me pergunto o que foi aquilo."

Embora aparentemente não tenha havido testemunhas, e Keith tenha sofrido apenas arranhões e hematomas, ele continuou a mencionar o ataque nos meses seguintes, evidentemente indignado por ter sido vítima de uma agressão não provocada. Porém, era inevitável que sua representação alto astral de roqueiro britânico "progressista" encontrasse uma ocasional resistência nos cantos mais reacionários da América conservadora. Não ajudava que sua palavra favorita na época, *"ligger"* – eufemismo para festeiro animal que poderia ter sido inventado pelo próprio baladeiro Moon –, fosse frequentemente confundida por estranhos brancos que então supunham que ele estava cometendo o maior dos insultos ao chamá-los de *"niggers"*[80]. Some-se a isso a facilidade com a qual Keith atraía as garotas locais e é de surpreender que ele não tenha sido arremessado contra janelas com mais frequência.

"Keith costumava levar umas sovas de vez em quando", diz Karl Green. "Uns caras iam até os nossos hotéis depois dos shows e chutavam as portas dos nossos quartos dizendo: 'Você sorriu para a minha namorada!'. Isso acontecia muito com Keith. Ele não apanhava com regularidade, mas me lembro de umas duas vezes em que ele tomou socos na boca. E ele só ria."

Keith fazia o seu melhor para promover sua reputação de lutador e sobrevivente. Num dos clubes londrinos depois da turnê, Dave Rowberry, dos Animals, notou que Keith estava sem um dente da frente. Pediu uma explicação.

"Um bebum que acabara de voltar do Vietnã me chamou de bicha, então tive de bater nele", respondeu Keith. "Mas aí ele revidou."

Era uma completa mentira, ainda que curiosa, e diz muito sobre a natureza de Keith o fato de ele ter se sentido compelido a inventá-la quando a verdade era muito mais empolgante. Seu dente foi arrancado, de fato, no dia 23 de agosto, em seu 21º aniversário, em Flint, Michigan, numa festa em sua homenagem, no Holiday Inn.

Esse evento inspiraria mais mitos do que qualquer outra ocasião de sua vida. Para começar, foi amplamente informado em todas as biografias do The Who que a festa era, na verdade, pelo vigésimo aniversário de Keith. Mesmo aqueles que o conheciam bem viriam a acreditar. "Ele decidiu que,

---

80 *Termo extremamente ofensivo e de cunho racista quando usado por brancos para se referir a negros. (N. do T.)*

CAPÍTULO 16

se fosse divulgado publicamente que era seu 21º aniversário, ele poderia beber", disse John Entwistle ao ser entrevistado para este livro, se referindo à idade mínima para o consumo de álcool nos EUA. "Se a gente chegasse num bar e ninguém soubesse quem era a porra do The Who, não adiantava nada. Ele colocou na cabeça que se dissesse que tinha um ano a mais, poderia beber legalmente."

Não só era, de fato, o vigésimo primeiro aniversário de Keith, coisa que todo mundo na turnê sabia na época, como também, levando-se em conta que Keith era um *pop star* viajando pelos EUA num avião particular, se hospedando em hotéis com serviço de quarto e tocando em estádios que forneciam "*riders*" (bebida e comida de graça), toda essa ideia por trás da suposta mentira de Keith parece totalmente absurda: raramente ele precisava entrar num bar para conseguir bebida. A razão mais provável para esse mito ter persistido ao longo dos anos é que, mais adiante, quando Keith conseguiu tirar um ano *a menos* da idade, jornalistas ou fãs, ao ver o falso ano de nascimento de 1947 e presumir que o baterista teria feito 20 anos em 1967, começaram a fazer perguntas a respeito da festa de aniversário até que alguém com uma imaginação fértil inventou a resposta que eles queriam ouvir: que Keith Moon achava que, se dissesse ao mundo que tinha uma idade diferente da que de fato tinha, o mundo acreditaria. A ironia é, é claro, que, àquela altura, ele já o tinha feito. E o mundo já acreditava.

Assim, era seu vigésimo primeiro aniversário e ele comemorou começando a beber assim que chegou a Flint, em Winnipeg, no Canadá. Durante a tarde, Nancy Lewis (uma jornalista americana que, depois de morar na Inglaterra para escrever para a imprensa musical, recentemente havia sido contratada por Lambert e Stamp para abrir o escritório deles em Nova York e se tornar a assessora de imprensa do The Who nos EUA) o levou às estações de rádio locais. Flint foi o ponto de origem da primeira execução em rádio do The Who nos EUA com "I Can't Explain" e, como agradecimento e para marcar a ocasião, Lewis, ela mesma natural de Flint, providenciou bolos de aniversário no formato de baterias e Keith os levou a três das principais estações que visitou.

No hotel, Keith posou para uma foto debaixo da marquise do Holiday Inn, que agora trazia o letreiro "Feliz Aniversário, Keith" – sinal de boa vontade do qual a gerência do hotel depois se arrependeria. As bandas então se apresentaram no ginásio de futebol americano da Atwood High School, show que não teve muito público nem foi um dos melhores do The Who, dado o estado inebriado de Keith ("É incrível que ele tenha conseguido subir no palco naquela noite", diz Nancy Lewis), pontos que renderam decepção, dada a suposta popularidade da banda na região, mas que foram rapidamente esquecidos em antecipação à festa que aconteceria no hotel.

Comparada às noitadas pós-show atuais, foi uma reunião bem inofensiva: de 30 a 40 pessoas (radialistas, *promoters*, alguns fãs jovens que haviam ganhado um concurso e os integrantes das bandas), num salão relativamente insalubre, com as portas abertas para a piscina externa e o xerife local e alguns de seus oficiais de olho como parte da proteção permanente aos superastros *headliners*. E a balbúrdia, quando começou, foi tão juvenil quanto se poderia esperar, dada a pouca idade dos diversos membros das bandas. Numa ponta do salão, uma mesa de banquete estava adornada com bolos de aniversário presenteados por fãs locais, todos ao redor de um bolo enorme em formato de bateria encomendado por Nancy Lewis para a ocasião. Era inevitável que uma guerra de comida se desencadeasse e igualmente lógico que Keith, o aniversariante, a começasse. Logo, pedaços de bolo começaram a cruzar o ar como numa cena dos Irmãos Marx. Há relatos de que até o xerife levou bolo na cara e ficou notavelmente tranquilo em relação a isso.

Quando alguém gritou que era hora de "descalçar" o aniversariante, segundo os ritos adolescentes, que a coisa saiu do controle. Vários membros das três bandas se lançaram sobre Keith, o seguraram no chão e, com sucesso, arrancaram suas calças, rasgando-as nesse processo. Só não esperavam que ele não estivesse usando roupas íntimas. (Hábito que facilitava que ele abaixasse as calças para mostrar o traseiro ou as partes às pessoas). Enquanto as garotas adolescentes começavam a engasgar com risinhos e

CAPÍTULO 16

os policiais a grunhir sua desaprovação, Keith, nu da cintura para baixo, saiu correndo do salão, na boa intenção. Nisso, tropeçou, girou bêbado e deu de cara no chão, quebrando metade de um dente da frente.

Para Keith Moon, a festa de aniversário havia acabado. Com dor e com um iminente problema de imagem – ninguém quer sorrir sem dente quando se é um galã de 21 anos –, foi levado a um dentista. Seus dois melhores amigos na turnê, Karl Green e John Entwistle, o acompanharam. Keith estava tão paralítico, que foi forçado a dispensar a anestesia e, enquanto o restante do dente quebrado era brocado e uma coroa era inserida por cima, seus gritos afugentaram os amigos da sala.

Um testemento notável da histeria em massa é o fato de que, com três dos membros mais consistentemente encrenqueiros da turnê no dentista, ainda assim a festa tenha se desintegrado num pequeno tumulto. O ponto-chave foi a nudez de Keith, quando o gerente do hotel cancelou a festa e a polícia exigiu que o salão fosse esvaziado – só para que vários outros membros bêbados do *entourage* corressem soltos pelo resto do hotel. Dois deles pegaram extintores de incêndio da parede e começaram a esguichar diversos carros no estacionamento, a espuma estragando a pintura; outros arrancaram as máquinas de snack das paredes; um piano foi supostamente destruído, convidados foram jogados na piscina, assim como taças e garrafas, e só depois que a polícia sacou as armas foi que os convidados mais desordeiros se controlaram e a festa enfim foi dispersada.

Compreensivelmente, o gerente do hotel ficou apoplético. Apenas minutos antes, Nancy Lewis havia passado uma conversa nele em relação à guerra de comida "ao, sem pudores, levar Peter Noone até ele, porque Peter tinha um rosto que fazia Keith Moon parecer velho e era bem conhecido. Ele foi até o gerente e disse: 'Não se preocupe com o carpete, nós pagamos os custos'". Porém, agora, os danos evidentemente se estendiam para além do carpete. O salão, a piscina e as áreas ao redor, os corredores e o estacionamento, tudo parecia ter sido vitimado por um ataque terrorista, e, de certa forma, tinha mesmo. A conta exata dos danos segue discutível e os autores imediatamente aumentam os números, como é da natureza humana, porém, presumindo-se que a espuma dos extintores tenha realmente danificado a pintura dos carros, certamente foi um valor substancioso. Quanto a quem pagou a conta, embora seja geralmente aceito que o The Who, em nome do imprudente Keith Moon, tenha pago a soma de 24 mil dólares (embora provavelmente não tenha ficado nem perto disso), membros do Herman's Hermits insistem que, como a turnê era deles, eles quem deram a festa e reservaram o hotel e causaram os danos (de jeito nenhum Daltrey teria usado um extintor de incêndio num carro, Townshend tampouco, não na ausência de Moon), eles é que pagaram. O mais lógico e provável é que o *tour manager* Ed McCann tenha se encarregado da conta e cada banda ou indivíduo dado a sua parte.

De um jeito ou de outro, na manhã seguinte, o DC7 seguiu para a Filadélfia, porém sem Keith Moon, convalescente, e o *tour manager* que o acompanhava, que foi forçado a reservar um avião especialmente para o aniversariante, que estava com uma ressaca séria e falando de língua presa.

Seguidores ávidos das lendas do rock 'n' roll vão perceber que está faltando alguma coisa na história em relação à forma como ela é geralmente contada: o carro que Keith dirigiu para dentro da piscina. É porque isso não aconteceu. Durante *toda a vida*, Keith Moon nunca entrou com um carro numa piscina. Anos mais tarde, ele daria ré em seu Rolls-Royce para dentro de um lago que ficava na ponta da extensa entrada de sua casa e, sempre oportunista, chamaria um fotógrafo para registrar o momento por publicidade antes de arrastar o carro para fora. Porém, isso foi o mais perto que esse mito chegou de se tornar realidade. Em Flint, ele foi levado ao dentista antes que tivesse a oportunidade de fazer qualquer coisa do tipo.

Por que, então, essa lendária festa de aniversário está para sempre associada à imagem de um Lincoln Continental submerso no fundo da piscina de um Holiday Inn? Porque Keith contou a história desse jeito, é claro. Ele só o fez, aparentemente, cinco anos depois, quando sua reputação de "Moon, o Lunático", flagelo de hotéis ao redor do mundo, já estava bem e verdadeiramente estabelecida e precisava de constante atualização. Numa

CAPÍTULO 16

entrevista concedida a Jerry Hopkins, da *Rolling Stone*[81], em 1972, Keith relatou um conto de fadas maravilhosamente elaborado em que escapa da festa, pula para dentro de um Lincoln Continental, entra com ele na piscina por acidente, relembra as aulas de física da escola e espera que a pressão dentro do carro se iguale à da água ao redor e, por fim, escapa pela porta dianteira e nada até a superfície em segurança.

Era uma bela história, contada magistralmente, na qual qualquer um gostaria de acreditar. Mas não é verdade. (E impossível em dezenas de maneiras, se você conseguir parar de rir por tempo o suficiente para analisar os detalhes.) Ainda assim, uma vez impressa, milhares de pessoas evidentemente a tomaram como um evangelho, o que apresentou um dilema considerável a Keith. Como você sucede um ato que, na verdade, não aconteceu, para começo de conversa? Só se tornando ainda mais louco e, à medida que a década de 1970 prosseguia, Keith embarcava em desventuras cada vez mais bizarras, quase sempre numa tentativa de fazer jus e incrementar a imagem que ele, mais do que ninguém, foi responsável por criar.

O "tumulto", qualquer que tenha sido, nem chegou aos jornais locais. Ninguém foi preso, também. (Keith certamente não passou a noite na cadeia, como alegaria mais tarde.) Inclusive, tampouco o The Who foi imediatamente banido de toda a rede Holiday Inn, como foi religiosamente relatado. Apenas uma semana depois, se hospedaram, como planejado, no Holiday Inn de Rochester, Nova York, e em pelo menos mais dois hotéis da rede na última semana da turnê. Até mesmo um ano depois, quando já haveria tempo de sobra para a rede tomar alguma decisão corporativa em relação a bandas de rock inglesas em turnê, o The Who se hospedou em dois Holiday Inns diferentes em Illinois e em mais um em Nova York.

---

81 Republicada na íntegra num compêndio de reportagens de rock 'n' roll intitulado *Meaty Beaty Big and Bouncy* (o título à parte, nada mais no conteúdo é relacionado ao The Who), essa entrevista, mais do que qualquer outra, aproxima o leitor da loucura brilhantemente inspirada de Keith Moon em pleno voo verbal. O conteúdo deve, no entanto, ser lido com uma dose generosa de ceticismo.

Keith Moon, certamente, passaria boa parte de sua vida profissional em turnê testando os limites absolutos (tanto em termos de paciência dos funcionários quanto de resistência estrutural) de diversos hotéis ao redor do mundo e muitos deles decidiriam não mais hospedar a banda. Mas a lenda de que o The Who foi banido para sempre de toda a rede Holiday Inn como resultado de suas ações no vigésimo primeiro (ou supostamente o vigésimo) aniversário de Keith é só mais um exemplo inspirado da mitologia criada ao redor da banda para engrandecer sua reputação.

Outra história de Keith Moon da turnê com o Herman's Hermit mostra, de novo, o quão elásticas podem ser as anedotas da estrada. O que parece certo é o seguinte: no dia 12 de agosto, a turnê chegou à cidade costeira turística de Asbury Park, Nova Jersey, onde as bandas tocaram no centro de convenções do píer. Depois do show, Keith pulou da ponta do píer numa maré notoriamente alta, e, embora pudesse ter se afogado, sobreviveu, é claro. No entanto, os relatos de por que ele pulou e como escapou variam de acordo com quem conta. Ele estaria sob o efeito de calmantes, tocando tão devagar, que os outros membros do grupo se encheram dele e Keith, como consequência, decidiu sair da banda da maneira mais dramática possível. O centro de convenções seria controlado pela máfia e, quando o The Who causou danos irreparáveis ao piso recém-instalado durante o *grand finale* destrutivo, Keith pulou nas águas turbulentas para evitar a vingança séria dos mafiosos. Ou ele só estaria correndo pelo píer e pulou ao chegar na ponta, pela única razão lógica de "ter chegado lá". (Essa última explicação seria a mais provável de todas.) Já quanto a como sobreviveu... Ou um *roadie* americano pulou atrás de Keith, enquanto o baterista era levado pela maré e chegava na praia antes dele, que, perturbado, achava que Keith havia se perdido, ou os mafiosos teriam pulado para salvar a pele de Keith, em vez de arrancá-la, tirando-o da água melhor do que a encomenda, ou ele teria simplesmente boiado no mar violento, com o perigo de ser arremessado contra as pilastras do píer, enquanto os outros observavam do alto, até que conseguiu nadar para a praia e salvar a vida.

CAPÍTULO 16

Os detalhes importam se a essência da história é verdadeira? Não muito. Dada a natureza necessária do rock 'n' roll como uma máquina mitômana e se considerando o status de Keith Moon como figura lendária, não se pode esperar que os fatos a seu respeito sejam mais do que meras bases sobre as quais se constroem mitos. E, em muitos aspectos, não se deveria esperar, exceto que todos esses mitos elaborados (ele entra com carros na piscina! ele é jogado contra portas de vidro! ele se lança no oceano bravio! – e sobrevive toda vez!) ajudaram a criar uma imagem de Keith Moon como um super-herói tão invencível quanto seus amados Super-Homem e Homem-Aranha. O resultado natural foi que Keith passou a acreditar em sua imortalidade tão prontamente quanto seus fãs mais impressionáveis, quando a realidade era que cortes sérios e ossos (e dentes) quebrados já estavam se tornando um preço comum a se pagar pelo que Keith Green se lembra como a "vida no limite" de Moon.

No início de setembro, depois que o The Who tocou em Los Angeles pela primeira vez, no Anaheim Convention Center, a turnê se encerrou no paraíso tropical do Havaí, a meio mundo do ambiente quase que perpetuamente úmido da Grã-Bretanha. Keith aproveitou a parada no Havaí como uma oportunidade para surfar pela primeira e última vez – apesar de toda força que tinha na bateria, não tinha um histórico de atleta e, depois de ser arrastado para debaixo das ondas umas duas vezes, desistiu –, e então o The Who voou de volta para a Califórnia, para gravar uma participação no muitíssimo popular programa da CBS *Smothers Brothers Comedy Hour*.

Para essa estreia na televisão americana, o The Who foi incentivado a se engajar na performance destrutiva ao final de "My Generation" (a segunda das duas músicas das quais mandaram fitas pré-gravadas): os Smothers Brothers queriam que os EUA vissem o show que chocara Monterey e umas duas centenas de milhares de fãs dos Herman's Hermits em toda a sua glória brutal. Para Keith, porém, o show normal do The Who era insuficiente para a ocasião. Durante os ensaios e as passagens de som, na sexta-feira, 15 de setembro, Keith convenceu os contrarregras do estúdio a colocar mais pólvora do que o necessário na bateria. Já foi dito que uma garrafa de brandy, ou uísque, ou um punhado de notas de 20 dólares teria dado conta do recado, e tudo isso pode ter sido verdade, mas não necessariamente: a personalidade de Keith sozinha poderia ser persuasiva o bastante.

Entre uma música e outra do The Who, Tommy Smothers, cujo cabelo bem cortado e o terno contrastavam com os trajes e a atitude dândi do The Who, apresentou os integrantes da banda. Tommy era um dos mais experientes apresentadores de TV dos EUA, tinha credibilidade o suficiente entre os jovens para ter sido um mestre de cerimônias em Monterey, e, como um conhecido mestre do deboche, os americanos presumiam que ele seria capaz de lidar facilmente com os convidados mais indomáveis.

Normalmente, ele seria, e, enquanto apresentava o The Who, tirou onda com cada um, e todos entraram na brincadeira. Menos Keith.

"E aqui, o cara que toca a bateria desleixada", disse Smothers ao se aproximar do tablado e olhar para Moon, sentado resplandecente à bateria cintilante de "Pictures of Lily". "Qual é o seu nome?"

"Keith", respondeu o baterista. Por fora, ele sorria. Por dentro, estava espumando. Bateria desleixada soava como um insulto para ele. "Meus amigos me chamam de Keith", prosseguiu. "Já você, pode me chamar de John."

Enervado, Smothers tentou consertar a situação sendo condescendente quando Roger anunciou a música seguinte, "My Generation": "Bem, consigo me identificar muito com isso, porque me identifico muito com esses caras, curto eles..."

...ao que Keith mostrou a língua e fez um barulho de flatulência bem proeminente e inesperado. Smothers se virou para Moon e, rápido como um raio, o baterista deslegitimou a interrupção. "Você tem uns contrarregras desleixados por aqui", disse, o que provocou gargalhadas consideráveis do público. *Touché.*

O The Who enfim começou a fazer *playback* de "My Generation", três dos integrantes com uma precisão impecável e Keith sem prestar atenção

CAPÍTULO 16

na faixa pré-gravada. ("Detesto", disse ele sobre dublar. "Então faço o que quero.") A música chegou ao clímax pretendido com as bombas de fumaça explodindo atrás do ampli de Pete, e, enquanto a gravação entrava em *fade-out*, só se ouvia o som do guitarrista quebrando o instrumento no chão e Keith, agora de pé, debulhando o lado esquerdo da bateria, depois de já ter chutado para longe o lado direito. Porém, justo quanto a bagunça parecia estar concluída, Keith acionou os explosivos no bumbo esquerdo com o pé esquerdo.

O que aconteceu em seguida está entre os momentos mais anárquicos e hilários da história da televisão musical. Keith Moon, o baterista britânico patentemente explosivo, causou uma detonação tão potente, que deixou as câmeras de TV temporariamente cegas: a tela ficou completamente branca com o choque da explosão e então tomou cem tons de roxo, vermelho e azul, tudo em meio de segundos de caos total.

Quando o palco voltou à tela, o ar estava espesso com a fumaça e os demais membros do The Who a vários metros de distância mais longe do que se encontravam quando vistos pela última vez, empurrados para a frente pela força centrífuga e pelo puro instinto de sobrevivência. O próprio Keith foi empurrado para trás, segurando o braço esquerdo que doía (um prato havia feito um corte), enquanto Pete Townshend, atordoado, passava a mão no cabelo chamuscado. (Posteriormente, ele culparia esse incidente por sua surdez parcial, o que, se não for verdade, merece ser.) Fora das câmeras, a convidada Bette Davis desmaiou nos braços do outro convidado, Mickey Rooney.

Tommy Smothers, aturdido com a enormidade do clímax, mas tendo um roteiro a seguir, voltou cuidadosamente ao palco com um violão, que pretendia destruir em mais uma tentativa de ganhar credibilidade; em vez disso, Townshend tomou o instrumento dele e se encarregou do feito. A essa altura, Keith já reaparecera diante do tablado da bateria, só para se estatelar no chão e ser acudido por Roger Daltrey. Levantou-se de novo e, enquanto Townshend destroçava o violão – com Smothers dando chutes numa tentativa desesperada de estabelecer seu status de descolado –, emitia um berro de dor altamente crível a cada golpe. Instintivamente, todos se viraram para ele e, como efeito final, caiu num prato e se ergueu novamente para sorrir, numa agonia extasiada, atrás de um Tommy Smothers claramente estupefato e evidentemente superado. A televisão rock 'n' roll nunca mais seria – nunca mais poderia ser – a mesma.

— ● —

DURANTE TODA A TURNÊ ESTADUNIDENSE, KEITH MANTEVE UM FLUXO contínuo de missivas à esposa. A viagem de dez semanas foi o maior período longe de casa enfrentado pelo grupo até então, e é de se imaginar que, apesar de toda a diversão e aventura, a ausência dos entes queridos deve ter levado a momentos de uma solidão excruciante.

Certamente, era essa a impressão transmitida por Keith na correspondência impressionantemente frequente para alguém com uma rotina tão caótica. "Oh, amor", escreveu ele de Rochester, Nova York. "Agora me sinto mal o tempo todo e meu apetite sumiu por completo. Venho direto para o hotel e fico lendo suas cartas repetidas vezes. Elas são fantásticas. Ah, eu te amo... POR FAVOR, não pare de sentir saudades minhas e lembre-se de que estou me comportando muito, muito BEM."

Alguns dias depois, de Columbus, Ohio: "Ainda não estive em nenhum clube. Não os frequento mais, sem você, falta uma parte tão grande de mim, que pareço um saco de carne e osso ambulante e triste".

É claro que Keith estava exagerando, se não mentindo na cara dura. Ele queria que Kim pensasse que ele estava sendo sensato, se mantendo longe dos clubes, se comportando como um jovem casado com saudades de casa, quando, na verdade, estava se divertindo ao máximo.

No entanto, isso não deve ser interpretado como uma sugestão de que os sentimentos de Keith por Kim quando distantes haviam diminuído em intensidade. Na mesma carta de Columbus, ele derramou sua paixão. "Oh, meu amor, recebi suas fotos fantásticas hoje, junto com os cartões e as cartas, DEMAISSS. Fiquei umas 4 horas no quarto, só olhando para o seu rosto lindo e lendo suas cartas incríveis. Ah, Kim, não acredito no quanto você é linda. Basta uma olhada numa foto sua e eu entro numa espécie de torpor, simplesmente não acredito que a minha amorosa e amada esposa é a mulher mais bela que eu já vi e provavelmente vou ver... Deixei todo mundo da turnê com ciúmes ao mostrar sua foto, todo mundo me considera sortudo (como se eu não soubesse disso)..."

Outro momento tocante aconteceu depois que o DC7 enferrujado teve uma falha nos motores no voo de Providence para Chattanooga. "Escapamos por pouco hoje", escreveu ele, já em terra. "Um dos motores do avião pegou fogo e nós quase caímos a 10 mil pés de altura no coração do Tennessee. Mas pensei comigo: 'Você não pode cair, porque Kim está à sua espera em casa', não queria me atrasar 1 minuto sequer para voltar para você. Assim que pensei nisso, o avião foi nivelado e pudemos seguir. Então, veja só, nosso amor salvou a vida de todo mundo." O avião conseguiu fazer um pouso de emergência numa pista cheia de espuma, com alguns membros do *entourage* viajando de ácido, outros jogando pôquer, em negação, e Pete Townshend formulando a letra de uma música chamada "Glow Girl", sobre uma criança nascida imediatamente após um acidente de avião. A canção serviria de inspiração para o nascimento da ópera-rock *Tommy*.

Porém, por mais que Keith declarasse seu amor, exigia uma reciprocidade muito maior. Depois de uma semana em turnê, enviou o itinerário para Kim, e nele estavam listados somente os locais dos shows, as cidades e os hotéis. "Compre um mapa dos EUA e procure os estados em que essas cidades estão", escreveu ele no rodapé do itinerário, instruindo-a a mandar cartões-postais para ele em cada parada. Em vez disso, Kim optou por mandar cartas aos cuidados de Nancy Lewis, em Nova York, que as levava a cada show a que ia. Pelas constantes súplicas escritas de Keith por reafirmação, isso evidentemente não coincidia com as mudanças de humor dele. Como sempre, enquanto Keith era recebido diariamente aos gritos pelas adolescentes americanas, o que deixava Kim muito preocupada, com medo de que um dia ele quebrasse sua professa resistência ao adultério, ele insinuava constantemente que ele próprio é quem tinha motivo para se preocupar.

"SE VOCÊ AINDA ME AMA, POR FAVOR, ME DIGA E ALI-VIE UM POUCO ESSA AGONIA", dizia a mensagem em letras maiús-culas escrita em Houston. Alguns dias depois, ele escreveu do hotel em Birmingham, presumivelmente antes de tentar explodi-lo (!): "Espero que você ainda esteja escrevendo para mim e que não tenha me deixado... Pode ser até um telegrama para dizer que está com saudades (se estiver), ou você acha que você e Mandy ficariam melhor sem mim. Eu simplesmente não sei. POR FAVOR, PELO AMOR DE DEUS, ENTRE EM CONTATO."

Em St. Petersburg, na Flórida, ele enfim admitiu o que Kim sempre soube: "Não é que eu não confie em você. Acontece que eu tenho ciúmes das pessoas que podem te ver enquanto estou preso aqui". Porém, às vezes, era quase como se ele estivesse querendo que ela o traísse. De Baltimore, ele escreveu: "Todo mundo na turnê (exceto por John e Karl) diz que... quando eu voltar, você vai ter me largado por outra pessoa".

Kim não tinha nenhum plano do tipo. Embora ela desejasse que o ma-rido pegasse mais leve no ciúme para que eles pudessem se curtir mais, em-bora ele não fosse das pessoas mais fáceis de conviver, ela ainda amava Keith tanto quanto ele a amava. Depois de ter se casado e ter tido uma filha com ele, dificilmente ela fugiria. Além disso, planejavam comprar uma casa jun-tos, agora que Keith finalmente tinha 21 anos. A esperança de Keith era que a turnê de verão fosse bem-sucedida o bastante para que ele voltasse para casa com o valor da entrada. Quando enviou o itinerário para Kim depois de dez dias na estrada, incluiu anotações ao lado de cada data do quanto havia guardado. "Trezentas libras", escreveu, orgulhosamente, ao lado do segundo show. "A CASA ESTÁ MAIS PERTO." O número caiu para 250 libras, subiu para 500 libras e caiu de novo para 300 libras, até ele mandar a folha para Kim. É provável que não tenha subido muito: o The Who era apenas a banda de abertura, muitos dos shows não tiveram ingressos esgotados, havia gastos consideráveis a cobrir (incluindo os danos causados por Keith em hotéis em Birmingham e Flint, entre outras coisas) e a semana no Havaí e na Califórnia ao final da turnê foram provavelmente suficientes para enxugar quaisquer pequenas quantias de dinheiro guardadas.

CAPÍTULO 16

Keith e Kim agora moravam na parte de cima de um sobrado em Maida Vale, perto da Kilburn High Road, mudança motivada em parte por prudência financeira e em parte por necessidade: foram convidados a se retirar de Ormonde Terrace devido às reclamações de barulho, tanto da música que Keith ouvia no volume máximo quanto das discussões que ele tinha com Kim tarde da noite. Reclamações parecidas dos vizinhos em Maida Vale tornaram o endereço igualmente inadequado, e, pouco depois que Keith voltou dos EUA, se mudaram para um apartamento acima da Pearl Garages, na Highgate High Street. A família Kerrigan morou brevemente na região durante uma das estadias na Inglaterra entre temporadas no estrangeiro, e foi a mãe de Kim quem encontrou o apartamento para os Moons, por meio de um amigo médico, que havia usado o endereço tanto como consultório quanto como residência. Tratava-se de uma moradia incomum, com uma sala de espera servindo de sala de estar e uma cozinha apenas com o básico do básico, mas era espaçosa e contavam com a vantagem de ser isolada dos vizinhos, ao mesmo tempo que era incomum o bastante para que Keith se orgulhasse do lugar. E havia uma vantagem distinta para Kim também: com tantas mudanças, as fãs que eram a maldição da vida dela perderam o casal de vista. Ainda assim, o fato de serem casados e terem uma filha permanecia em segredo, e, quanto mais isso se prolongava, mais difícil parecia admitir que vinham vivendo uma mentira.

O The Who só havia lançado dois álbuns nos dois anos e meio desde "I Can't Explain", ritmo que representava metade daquele praticado pela maioria das outras bandas, e o progresso no terceiro álbum já havia sido atrasado pela hérnia de Keith e por John Entwistle ter fraturado um dedo ao socar a parede. Em vez de deixar a banda desfrutar das poucas pausas que tinha na turnê dos Herman's Hermits (que frequentemente contava com dois, às vezes três shows por dia), Kit Lambert viajou com regularidade para os EUA na função adicional de produtor da banda para preencher essas lacunas com sessões de gravação.

KEITH MOON

Não surpreendentemente, sua presença nem sempre era bem recebida. Pouco depois do pouso de emergência no Tennessee, Keith, numa carta para Kim, reclamou que "Kit chegou hoje e, como sempre, nos bagunçou ao marcar uma sessão de gravação a 300 quilômetros daqui. Então espero que ele saia voando (como uma mariposa) e que alguém pise nele".

Mas Lambert estava certo em ser um capataz tão duro. Em geral, bandas de rock estão em seu auge criativo e físico quando são jovens, enérgicas, relativamente satisfeitas em suas relações interpessoais e trabalhando numa base contínua – tudo o que o The Who era no verão de 1967. Num momento como esse, a falta de sono ou a indulgência excessiva de substâncias químicas e álcool invariavelmente fazem pouco para desacelerar o ritmo. E as faixas com as quais Lambert voltou para casa, gravadas em momentos diversos em Nova York, Nashville e Los Angeles, representavam um enorme salto à frente para o The Who, incluindo algumas de suas gravações mais significativas.

Entre elas, o novo compacto, "I Can See For Miles", que, num feito de gravação transnacional, que teria sido considerado impossível dois anos antes, foi trabalhada em Nova York, Los Angeles e Londres. Era inevitável que o movimento psicodélico que Pete Townshend vinha observando e participando ao longo do último ano se infiltrasse em sua próxima leva de canções, mas "I Can See For Miles" ainda tinha um pé firme no power pop pelo qual o The Who era famoso, e até a letra, por mais que o cantor proclamasse seus poderes ocultos de visão com referências hippies como "bolas de cristal" e "o Taj Mahal", era, na realidade, um retorno à postura machista do primeiro álbum, em que a figura feminina recebe escárnio, em vez de confiança, e o cantor se coloca com uma marra superior. (A premissa central da letra, em que o protagonista é capaz de ver o adultério de sua amante mesmo quando separados por uma grande distância, era uma leitura nova de um tema clássico da paranoia romântica do músico em turnê, um teor perfeito para Keith se envolver.)

Entretanto, o espírito da época permeia toda a canção, no vocal habilmente contemporâneo de Roger e nas harmonias complementares dos demais, na produção que rivalizava tudo lançado desde o compacto "My Generation", em termos de volume e agressividade, no uso do estéreo – Lambert

CAPÍTULO 16

separa as partes de guitarra e a bateria de Keith – e, em particular, na guitarra de Pete. Além dos tradicionais *power chords*, ele optou por tocar notas agudas estridentes que reverberavam com um brio devidamente psicodélico, mas então seu "solo" (o rugido de uma única nota grave repetida incessantemente) se declara como um glorioso dedo do meio, intencional ou não, para seus colegas de dedos mais ágeis, Eric Clapton e Jimi Hendrix.

É uma gravação fenomenal, mais ainda por conta da contribuição individual fantástica de Keith Moon. Com John Entwistle segurando o ritmo ao tocar uma linha de baixo em colcheia quase perpétua e quase alucinógena por toda a música, Keith ignora por completo a batida usual de rock, sublinhando os *power chords* vigorosos de Pete e os vocais malevolentes de Roger com disparos espalhados de tom-tom, sequências de rufares de caixa crescentes e ataques melodramáticos de pratos; depois, em vez de permitir que os refrões trouxessem um alívio da tensão apresentada nas estrofes, como seria de se esperar, Keith aperta a pegada mais ainda, mandando rufares sincopados de caixa, que carregam o ouvinte numa onda de pura adrenalina. Embora isso tenha implicado um *overdub*, incomum para a época, o efeito emocional é nada menos que devastador. No todo, é provavelmente o melhor exemplo produzido em sua carreira de seus talentos revolucionários.

Keith tocou com um desprezo das convenções igualmente heroico numa música gravada em Nova York antes do início da turnê com os Hermits. Assim como "A Quick One (While He's Away)", "Rael" é uma miniópera que abandona deliberadamente a estrutura estrofe-refrão, mas os temas têm uma natureza mais clássica e a letra é bem menos burlesca do que a composição anterior de Townshend. A história trata vagamente de um excesso populacional, um exército conquistador liderado pelos Red Chins e um mar de aventuras para salvar o mundo, mas embora a canção se estenda por 6 minutos e meio, ainda é "apertada demais para fazer sentido", como Townshend diria mais tarde. Nesse sentido, fica óbvio que o compositor do The Who buscava algo muito maior do que pode ser restringido à música pop – uma ópera-rock de tamanho integral, no caso – e, de fato, o interlúdio instrumental depois dos quatro minutos reaparecia como os temas de "Sparks" e "Underture", em *Tommy*. Porém, alguns elementos de "Rael" funcionam perfeitamente bem. À medida que o interlúdio instrumental chega a um clímax dramático, os rufares orquestrais de Keith na caixa são ouvidos primeiro em apenas um dos alto-falantes, depois no outro, quase colidindo nesse processo. Ou Kit Lambert fez um *overdub* de bateria ou era extremamente hábil em fazer o pan do estéreo, e Keith estava numa forma particularmente rude. De um jeito ou de outro, o efeito era o de um batalhão de percussionistas sinfônicos tocando uma bateria de tímpanos diante de uma partitura (ao mesmo tempo em que seguem disciplinadamente a batuta do maestro), não o de um moleque de 20 anos sentado atrás de uma bateria de rock inacreditavelmente grande decorada com fotos de mulheres nuas.

Houve outras canções gravadas nos EUA, das quais "Relax" é a mais descaradamente psicodélica e "Mary Anne with the Shaky Hand" a mais excêntrica. "Our Love Was", a primeira canção de Pete Townshend de uma ânsia verdadeiramente romântica e na qual ele faz o vocal principal, meio que se perde um pouco na batida, o ponto negativo inevitável das performances superentusiasmadas de Keith. Mas então, em "Someone's Coming", de John Entwistle, Keith opta pela batida 4/4 padrão, como se para provar que conseguia, de fato, se conter. O lançamento dessa canção como lado B de "I Can See For Miles" no Reino Unido deu aos ouvintes britânicos uma rara oportunidade de ouvi-lo tocar num estilo diferente.

Enfim de volta à Inglaterra, no final de setembro, o The Who se viu num mercado musical consideravelmente diferente daquele que havia partido dez semanas antes. Muitas das mudanças eram parecidas com aquelas que aconteciam ao redor deles nos EUA — a guinada para um mercado de álbuns conduzida para a obra-prima do verão, o LP *Sgt. Pepper's Lonely Hearts Club Band*, e uma preferência cada vez maior pela palavra "rock", em vez de "pop," e por "banda", em vez de "grupo". Nos EUA, essas mudanças estavam intrinsecamente conectadas àquelas nos formatos de rádio, com a diferença de que, enquanto os States eram tomados por cada

CAPÍTULO 16

vez mais opções de estações de rádio progressistas, a Grã-Bretanha seguia numa direção precisamente oposta.

As rádios piratas, que vinham transmitindo clássicos da música pop americana e britânica para os lares receptivos do Reino Unido de localidades em alto mar pelos últimos três anos, foram enfim tornadas ilegais com a aprovação do Ato da Transmissão Marítima, em 14 de agosto. A aprovação em si não surpreendia, já que o governo trabalhista, supostamente amigável aos jovens, vinha propondo tamanho tiro no pé na legislação desde que as piratas entraram no ar, numa grande sequência de livre empreendimento anárquico em 1964 e 1965, mas isso não tornava o odor dessa perseguição menos desagradável. O The Who, como todas as bandas de sua geração, tinha motivo para ser eternamente grato pela existência das piratas. Da mesma forma que a distante Rádio Luxemburgo, ouvida em meio a nuvens de estática nos rádios AM, foi um dos poucos canais de comunicação para a primeira geração do rock 'n' roll britânico, no final dos anos 1950, dada a contínua penúria do repertório pop da BBC, não é exagero dizer que o *boom* da música britânica de meados dos anos 1960 nunca teria prosperado como o fez sem nomes como a Radio London, Radio Caroline, Radio Atlanta, Radio 270, Radio Scotland e dezenas de outras que concediam aos ouvintes acesso contínuo aos mais novos sons da juventude da nação.

A substituta da BBC para as piradas, a Radio 1, começou a ser transmitida no dia 30 de setembro de 1967. Já tentando comprovar sua credibilidade, convenceu muitos dos DJs das piratas a pularem em seu barco, mas, na verdade, eles tinham pouca escolha se quisessem manter uma carreira no rádio britânico. Quando a estação estreou, com a canção "Flowers in the Rain", do The Move, banda das Midlands que ganhou notoriedade pela primeira vez ao levar a autodestruição do The Who a novos níveis de extremismo (tais como destruir sets de TV), houve uma esperança inicial de que a Radio 1 se provaria uma alternativa satisfatória às piratas que erradicara.

Porém, à medida que uma única estação estatal passava a dominar, os gostos do mínimo denominador comum prevaleciam. A BBC concluiu rapidamente que o grosso do público diurno da Radio 1 era composto de donas de casa e a programação era estruturada de acordo. À medida que o rock caminhava mais para a esquerda, a BBC se deslocava sempre à direita. Ao se arrastar pelo pântano do pop para se estabelecer como segura e íntegra, a Radio 1 logo desempenhou um papel em sujar o próprio conceito daquela mais bela das palavras de três letras.

O The Who sempre amou o pop. Por mais que seus shows estivessem entre os mais barulhentos e belicosos do mundo, parte da deliciosa dicotomia da banda vinha de suas canções serem das mais impertinentes e comerciais na praça. O orgulho que o grupo tinha disso há muito era evidente. Em 1965, se declararam *pop art*; em 1966, *power pop*; agora, embarcavam numa mudança que levaria o crítico cultural Nik Cohn a coroá-los, ao final da década, como "o último grande acerto do '*superpop*'". Enquanto os rivais davam de ombros diante do sumiço das piratas, deixavam o cabelo crescer e balbuciavam banalidades sobre paz e amor e se deleitavam com o crescimento do "rock *underground*", o The Who abraçou por completo a celebração da música pop numa multitude de facetas, a mais pertinente delas a própria estação pirata de rádio.

O conceito de *The Who Sell Out*, como intitularam o terceiro álbum com uma dose generosa de autoironia, se originava num comercial que a banda gravou para a Coca-Cola naquele ano; também numa canção chamada "Jaguar", que o entusiasmo de Townshend pela "graça" e pelo "espaço" do carro caro estava a um passo de ser uma propaganda para o automóvel. A ideia de gravar mais músicas que fossem comerciais (ou comerciais que fossem músicas) rapidamente evoluiu para um plano para marcar o fim das piratas, que consistia em dispor o novo álbum como se fosse um programa de rádio para a recém-abandonada Radio London.

No final das contas, nem o comercial da Coca nem "Jaguar" entraram na versão final do disco[82]. Porém, uma série de músicas compostas depois

---

82 No entanto, as faixas estão inclusas na versão em CD de *The Who Sell Out*, lançada em 1995 como parte de uma campanha tardia de atualizar o catálogo do The Who e trazê-lo para os padrões dos colecionadores. Quase todas as reedições em CD contam com extensas faixas bônus não incluídas nos LPs originais, mas nenhum deles funciona tão bem em termos de coesão quanto o *Sell Out* de 70 minutos, completo com *jingles* que faltaram, estrofes esquecidas e uma leva de canções até então inéditas e memoráveis.

do retorno à Grã-Bretanha e o comprometimento ao formato de *Sell Out* foram bem-sucedidos em borrar os limites entre comercial e canção como nunca antes fora feito, dos 57 segundos de "Heinz Baked Beans" e "Medac", de John Entwistle, aos 2 minutos e meio das composições de Townshend "Odorono" e "Tattoo". Igualmente sátira e *pop art* sofisticada, essas duas se juntaram a uma versão nova e mais acústica de "Mary Anne with the Shaky Hand", uma canção de um amigo de Pete Townshend, "Speedy" John Keene, chamada "Armenia City in the Sky", devidamente psicodélica e com a cara do The Who para abrir os trabalhos do álbum em grande estilo, e a lindamente obsessiva "I Can't Reach You", outra canção de amor de Townshend na qual ele optou por cantar o vocal principal. John Entwistle consolidou ainda mais sua boa veia para a cantiga pop esperta com "Silas Stingy" e Townshend mergulhou no romance hippie em "Sunrise", tocada por ele sozinho na voz e no violão.

Duas das músicas novas – "Armenia" e "I Can't Reach You" – deram a Keith Moon carta branca para consolidar ainda mais suas credenciais de baterista idiossincrático. E, embora os pseudocomerciais narrativos fossem leves demais para ele pegar pesado, sua presença também é sentida com firmeza nos jingles compostos especialmente para o álbum. Ainda que nenhum deles tenha crédito de compositores, foram, em sua maioria, compostos por Keith e John durante almoços etílicos no pub ao lado do estúdio, em Kingsway, na região central de Londres. Junta, a dupla bolou anúncios para a "Premier Drums" (que naturalmente contava com Keith tocando a dele com força total), "Rotosound Strings" e "Track Records", todos os quais fizeram uma preza deles para com as partes envolvidas. Uma tentativa de divulgar a concessionária de carros John Mason, porém, ficou só na contemplação de que era improvável que resultasse em Bentleys de presente para todos.

Keith incluiu ainda salves para dois de seus bares favoritos. O The Who havia retornado para uma Londres onde as casas noturnas de elite não mais eram os lugares do momento: os *"happenings"* em si o eram. Muitos dos clubes que Keith adorava fecharam nessa época, à medida que a moda mudava, mas outros prosperariam como casas longe de casa para baladeiros ferozes, como Keith, que continuaram a frequentá-los independentemente da presença ou não dos Beatles.

Com esse fim, houve um lamento por um dos clubes que se despediam ("Loon at the Bag O'Nails") e uma impertinência espertalhona sobre o novo lugar favorito dos músicos, lugar que prosperaria ao longo da próxima década, embora o slogan escolhido ("Speakeasy, beba fácil, pegue fácil"[83]) não tenha caído muito bem com as esposas de John e Keith, já desconfiadas das atividades extracurriculares dos maridos.

Infelizmente, o conceito pretendido de fazer *The Who Sell Out* soar como um programa de rádio contínuo foi praticamente abandonado no lado 2, como se canções como "Sunrise" e "Rael" fossem importantes demais para serem trivializadas, ou como se o tempo tivesse se esgotado para criar mais jingles e sequenciar tudo de forma eficaz. Igualmente decepcionante, embora compreensível, foi o fato de não haver espaço para as composições do vocalista ou do baterista: Roger Daltrey, com ajuda do antigo *road manager* do The Who, Dave Langston, escreveu uma excelente canção de pop pesado, "Early Morning Cold Taxi", e Keith, mais uma vez sem a ajuda declarada de ninguém, escreveu a trivial, porém divertida "Girls Eyes". Assim como "I Need You", tratou de um assunto que ele conhecia bem, neste caso, as fãs, com direito a um verso maravilhosamente autodepreciativo: "*She's there, eyes aglow, very front row, don't throw sticks at her*"[84]. Embora a gravação pudesse ter sido melhorada (ela vaga inconclusivamente no final), a música em si tinha qualidade suficiente para sugerir que, se ele, de fato, a compôs sozinho, Keith tinha um potencial não concretizado considerável nessa área. Vale notar que, depois do fracasso de não terem suas músicas incluídas na versão final do álbum, nem Keith nem Roger voltaram a se esforçar para compor para o The Who.

---

83 "*Speakeasy, drink easy, pull easy.*"

84 "Lá está ela, olhos brilhando, bem na primeira fila, não jogue baquetas nela."

CAPÍTULO 16

The Who Sell Out foi lançado no finalzinho de 1967, quase tarde demais para o mercado natalino. Só entrou nas paradas em janeiro e as vendas foram decepcionantes, em comparação aos dois primeiros álbuns do The Who, não chegando ao top 10 nem no período tranquilo do Ano-Novo. Já havia sinais disso quando "I Can See For Miles" empacou na décima posição das paradas pop em novembro, uma decepção intensa para um The Who acostumado à residência habitual no top 5. Num clima musical de rápida mudança como o da Inglaterra na época, esses fracassos relativos eram compreensíveis: "I Can See For Miles", embora fosse um hino do rock em cada polegada do vinil, era um compacto obscuro demais para ser abraçado para a recém-asséptica geração da Radio 1. Para complicar ainda mais, apareceu depois num álbum cuja celebração de um formato de rádio que já não existia mais era leve demais para ressoar com o público sério de rock e *kitsch* demais para fazer sentido para os fãs mais novos de pop adolescente. A capa *pop art* — quatro anúncios satíricos relacionados ao repertório composto para o álbum, com Keith empunhando um tubo gigante da pomada Medac, mas com Roger Daltrey roubando a cena numa banheira de feijão cozido em lata — era inovadora, mas parecia decididamente antiquada, em comparação às capas psicodélicas lívidas que estavam na moda na época.

Na Grã-Bretanha, a passagem do tempo trouxe uma perspectiva muito mais positiva: "I Can See For Miles" continua a soar revigorante como quando no dia em que foi gravada e *The Who Sell Out* é amplamente considerado a obra-prima pop da banda. Até a capa é consagrada como um exemplo sublime de *pop art* clássica.

Nos EUA, "I Can See For Miles" foi reconhecida por seus méritos na própria época, abraçada de todo o coração pelas rádios de rock emergentes para quem o The Who representava o melhor da Grã-Bretanha, e se tornou o primeiro sucesso da banda no top 10.

O trabalho duro prosseguiu inabalado. Antes mesmo de o The Who Sell Out ser lançado, o The Who voltou para a estrada na primeira turnê britânica conjunta em mais de um ano, depois retornou para os EUA, para duas semanas de shows diversos, que foram de anfiteatros na Costa Oeste a clubes na Costa Leste, passando por ginásios escolares no Meio-Oeste. Até o Natal e o Ano-Novo foram marcados por programas de TV e shows avulsos.

A atitude de Keith diante de uma agenda continuamente exaustiva era sempre a mesma: garantir a diversão. Ele estava realmente desfrutando do melhor momento da vida e, a cada turnê, parecia se tornar mais ousado e sofisticado naquilo que aprontava, muito para a surpresa e trepidação daqueles a seu redor, que pensavam que Keith já os havia levado numa jornada até os limites da imaginação humana.

Porém, quase sem exceção, essas mesmas pessoas apontavam a ausência de malícia nas intenções dele. Parecia que todo o comprometimento de Keith com a vida era para fazer as pessoas rirem. Até aqueles que eram vítimas de suas pegadinhas, em geral, acabavam vendo o lado engraçado.

Em turnê pelo Reino Unido, no outono de 1967, Keith passou a sabotar os *sets* das outras bandas. Os bateristas recebiam atenção especial: Keith concluiu que, por serem de uma raça à parte, eles poderiam lidar com a provocação, e, em geral, estava certo. Assim, Andrew Steele, do The Herd, sofreu a ignomínia de ver o gongo, posicionado estrategicamente baixo na conclusão do *set* de sua banda, ser levantado sempre que ele ia acertá-lo; da mesma forma, o tímpano de Jim Capaldi, do Traffic, saía rolando do palco misteriosamente no exato momento em que se faria necessário. Na primavera seguinte, nos EUA, Ronnie Bond, dos Troggs, percebeu, certa noite, já no palco, que todas as suas baquetas, que ele havia envolvido em *silver tape* para evitar que deslizassem de suas mãos por causa do suor, se quebravam ao meio só de encostar nelas, como se alguém tivesse se prestado a descolar a fita, cortar as baquetas ao meio e enrolar a fita de novo. Só o último par parecia ter sido deixado intacto e, enquanto ele rezava para que durasse até o final do show, Moon apareceu atrás dele e começou a bater num pandeiro fora do tempo só para dificultar seu trabalho.

Alguns desses músicos podem ter ficado tentados a se vingar de Keith, não fosse por sua reputação: ele era, afinal, o baterista que não só costumava chutar a bateria ao final dos shows, como também havia detonado seu instrumento na TV americana. Num show em Londres, em janeiro de 1968, chegou até a usar um martelo nos pratos. Uma vingança parecia bastante sem sentido sob essas circunstâncias. Além disso, não havia uma forma de ficarem quites de verdade: se você tentasse, ele só inventaria pegadinhas mais extremas, até você se dar conta de que nunca iria vencer. Era melhor só rir e aguentar e ficar com a resiliência de ter uma história para contar para sempre.

Em geral, Keith convencia John Entwistle a ajudá-lo a colocar as pegadinhas em prática. Durante a turnê do outono de 1967 por teatros do Reino Unido com o Herd e o Traffic, encontrou outro parceiro no crime. Peter Butler era um ex-mod que, como tantos da mesma turma, passara a primeira metade da década à base de anfetaminas e agora tentava desesperadamente escapar da rotina de trabalho em horário comercial que antes parecera tão na moda, na época em que os mods trabalhavam a semana inteira para viver para o fim de semana, antes das "viagens" mais atuais. Depois de conseguir emprego como *roadie* do The Who, Butler estava ao volante da van carregando o equipamento pela primeira vez quando Keith e John passaram por ele no Bentley bicolor, com John Wolff dirigindo. Moon gesticulou para que Butler abaixasse a janela, como se quisesse dizer algo a ele. Assim que Butler o fez, Moon jogou uma bomba de fumaça na van. Uma relação com Keith seria sempre dominada pela resposta que a outra pessoa teria a essas pegadinhas potencialmente perigosas. "Gostei desse cara", foi a primeira coisa que Butler pensou, e a dupla formou uma amizade no ato, que uniria suas vidas por boa parte dos próximos dez anos.

CAPÍTULO 17

Além disso, ter uma bomba de fumaça lançada para dentro do seu carro e conhecer o culpado era provavelmente melhor do que ser um motorista insuspeito dirigindo em uma das estradas impecáveis da Grã-Bretanha a, digamos, 90 km/h, ver um Bentley no retrovisor vindo atrás de você muito, mas muito mais rápido, ouvir, do nada, uma voz amplificada anunciar a sua placa e dizer: "É a polícia! Pare no acostamento!" e obedecer à ordem, apesar do perigo inerente a cortar duas faixas, o tempo todo procurando pelas sirenes que deviam estar *em algum lugar*. O Bentley misterioso passa reto em disparada e outros carros na faixa expressa agem de maneira igualmente enervada, até que a estrada fica cheia de veículos parados no acostamento, embora não haja polícia à vista, só o Bentley na faixa expressa a 140 km/h – Keith Moon no banco do carona ao microfone, entorpecido pela emoção da performance e bem satisfeito em continuá-la até chegar ao show, John Entwistle e John Wolff se segurando para manter o riso sob controle, caso contrário seriam ouvidos pelo microfone e estragariam a brincadeira.

Nas viagens de avião, Keith aperfeiçoou uma das pegadinhas que costuma fazer nos trajetos de metrô do centro de Londres até em casa. Levava uma lata de sopa Campbell's a bordo, colocava um pouco num saco de vômito enquanto ninguém estava vendo e então fingia estar com o pior dos enjoos, fingindo regurgitar barulhentamente no saco até que chamasse a atenção de todos, quando então derramava toda a sopa de volta na boca, com um suspiro de alívio ao mesmo tempo em que perguntava aos demais passageiros o que eles viam de tão nojento.

Nos EUA, a coisa em geral era bem juvenil. Brigas com água nos quartos, normalmente instigadas e vencidas por Keith, que já tinha enchido a banheira como munição e esvaziado as lixeiras dos corredores como contêineres (numa ocasião, ele deixou uma mala cheia para trás, depois de ter sido encharcada, e simplesmente saiu comprando roupas novas; em outra, fez o grupo ser expulso de um hotel em Providence, Rhode Island, quando se esqueceu de desligar a banheira e inundou o quarto); guerras de comida que pareciam quase sem sentido, já que seu instigador, novamente Keith, parecia *querer* a cara coberta de rango; brigas físicas de brincadeira, com John

Entwistle geralmente no papel do agressor e Keith mordendo cápsulas de sangue falso em momentos estratégicos para deixar os agregados suficientemente preocupados a ponto de chamar a emergência; e arroubos ocasionais de vandalismo deliberado também: Keith estava cada vez mais adepto de arremessar objetos dos quartos de hotel pelo puro prazer de vê-los se desintegrar no chão. Estava sempre à procura de algum espetáculo. No Hollywood Bowl, jogou a bateria no lago do local na conclusão do show e então acionou os botões que ligavam os jatos d'água, que então lançaram os tambores a 20 pés de altura. (Ou pelo menos foi o que ele alegou ter acontecido.) E o tempo todo ele ansiava por chegar aos estados sulistas, onde poderia comprar algumas dezenas de traques, com os quais sua imaginação ficava ilimitada, e passar para a diversão e as brincadeiras *de verdade*.

Raramente estava sóbrio nessas situações. Keith ia dormir bêbado, acordava tarde e começava a beber mais quase que imediatamente. Foram muitas as vezes em que os demais duvidaram se ele seria capaz de fazer um show, mas ele tinha uma capacidade notável de tocar bateria mesmo embriagado, por instinto. E a melhor coisa de tocar tão energicamente como ele tocava era suar o álcool de algum jeito. Keith saía do palco transpirando furiosamente, ávido para se reidratar e, dado seu entorpecimento eufórico, o fazia inevitavelmente com álcool. Estava se afastando dos velhos drinques "curtos" dos mods, como uísque com Coca-Cola e vodca com limão, e desenvolvendo um gosto caro por champanhe refinado e brandy. Consumia refeições grandes, suculentas e quase sempre apimentadas tarde da noite depois dos shows e fumava muito. O resultado desse estilo de vida foi que ele já começava a ganhar peso, principalmente na barriga, embora uma foto ruim o capturasse com um queixo duplo também, porém, mesmo assim, dificilmente se podia dizer que ele não parecia saudável. Havia muita energia jovial naqueles olhos de lua, imaginação demais em suas travessuras fora do palco para sugerir que ele não o fosse. Então, todos estavam satisfeitos em deixá-lo viver da forma que quisesse. Além disso, o restante do The Who também era conhecido por mandar para dentro o que quer que estivesse disponível, e os empresários... Bem, Kit Lambert

CAPÍTULO 17

já era uma lenda no ramo, notório por sua pontualidade frouxa, em geral resultado do rebote ou do despertar de alguma aventura drogada extensa que quase sempre envolvia a procura de homens de tenra idade para somar à excitação decadente. Era notável o quão fora de si Lambert ficava, e, ainda assim, o quanto ele era capaz de energizar uma sala assim que entrava, falando empolgado sobre algum novo esquema que pareceria absurdo, até impossível, se emanado dos lábios de outra pessoa. Ao ver Kit daquele jeito, dava para perceber de onde Keith Moon tirara alguns de seus trejeitos: decerto o sotaque de Eton, que Moon usava nos EUA, onde se passava muito bem por aristocrata, definitivamente os gostos sofisticados de comida e bebida e, ainda, parte da licença para se comportar tão irresponsavelmente e se safar. Quanto a Chris Stamp, ele seguia sendo o mais prático da dupla, mas também desfrutava da vida boa. Poder-se-ia sugerir que o The Who não era tanto empresariado quanto deixado para correr solto.

"Éramos todos inseguros em relação a nós mesmos", diz Stamp sobre as personalidades coletivas. "Éramos todos obstinados. Todos nos agarrávamos àquele imaginário glamoroso e à *persona* do rock'n'roll. Fazíamos parte de toda uma sociedade e cultura que buscava um espelhamento do que éramos. Éramos tudo isso. E Keith era quem era. O que deu absolutamente errado é que, quando você tem esse tipo de personalidade e a alimenta com drogas, se descola demais. E o problema do rock'n'roll era a abundância e a variedade de drogas. Foi aqui que, como empresários, saímos da linha. Na condição de empresários, estávamos na mesma onda dele."

Mais uma vez, aquele era o momento para tanto. A nova geração, aqueles que cresceram com a primeira onda do rock'n'roll na infância e então se tornaram adolescentes no início dos anos 1960 para fazer nada menos do que liderar uma revolução social, agora eram jovens adultos, e descobriram que, se a lacuna geracional os havia distanciado dos pais, nesse processo eles então haviam criado novas famílias – com as quais viviam, trabalhavam e viajavam. No caso do The Who, era uma família briguenta, maníaca e frequentemente *disfuncional*, como um bando de irmãos órfãos deixados sem guardiões. Mas ainda assim uma família. E, com a comunidade do rock ganhando cada vez mais importância – agora estava claro que o estilo nunca iria embora –, havia toda uma nação dessas famílias por aí, cruzando o globo como bandos de menestréis modernos. Em alguns lugares, eram recebidos como toda a pompa dedicada à realeza. Em outros, com tanto entusiasmo quanto a uma nova doença.

Em janeiro de 1968, o The Who, os Small Faces e Paul Jones (ex-vocalista do Manfred Mann) viajaram 160 mil quilômetros de avião até o hemisfério sul para fazer uma pequena turnê pela Austrália e Nova Zelândia. As bandas eram populares "lá pra baixo" e presumiam que isso se atribuía em parte à atração cultural pela terra natal que ainda existia entre os milhares de cidadãos britânicos que haviam emigrado em massa para a Austrália depois da guerra. O que não se deram conta foi de quantos valores reacionários esses emigrantes haviam levado consigo para o estrangeiro.

Ao desembarcar, com um *jet lag* dos diabos, foram recebidos pela coletiva de imprensa obrigatória que toda banda tinha de encarar num país estrangeiro nos anos 1960. Ian McLagan, tecladista dos Small Faces, acabara de se casar, no começo do ano, com a dançarina do *Ready Steady Go!* Sandy Serjeant, que Keith havia usado para divergir as atenções de seu próprio casamento. McLagan também havia acabado de ser detido por porte de maconha. Recorda-se de ter sido o alvo destacado da primeira pergunta: "Sr. McLagan, é verdade que você é viciado em drogas?".

"Respondi: 'Ah, vá se foder'", relembra ele, "e foi isso, começaram a guardar os equipamentos. E nos perseguiram depois disso. Para onde íamos, lá estavam aqueles babacas. Foi um inferno."

A Austrália estava claramente pega no meio de uma lacuna geracional, assim como a Grã-Bretanha havia experimentado durante o *boom* inicial do rock 'n' roll, e coube ao The Who e aos Small Faces, que representavam a música pop britânica em sua forma mais vibrante, imaginativa, bem-humorada e inteligente, representar o papel dos demônios de boca suja e sem talento que chegavam para corromper a juventude do país.

Não era um papel com o qual eles se importavam, contanto que os shows fossem bons, mas embora tocassem duas vezes por noite para pú-

CAPÍTULO 17

blicos compostos em sua maioria por milhares de adolescentes genuinamente empolgados, muitos deles mods mais durões que ainda se vestiam como em 1965 e, para combinar, andavam de *scooter*, havia problemas constantes. Em Sydney, o palco giratório não girava, deixando as bandas de costas para metade do público do estádio; depois que as bandas ousaram expressar sua frustração publicamente, o tabloide *The Showman* pediu imediatamente o banimento daqueles "ouriços desarrumados tocadores de guitarra". Em Melbourne, um membro antagônico do público provocou o cantor dos Small Faces, Steve Marriott, até o ponto em que Marriott se ofereceu para descer do palco e acertar as contas. Depois que os jornais publicaram que ele teria supostamente ameaçado brigar com o público todo, as bandas sofreram abusos nas ruas e Keith Moon se inflamou o suficiente com uma gangue de meia dúzia de jovens que esperavam pelos músicos na frente do hotel para propor enfrentar todos juntos. Só a imagem de um Moon furioso foi suficiente para dispersá-los.

No voo que levou as bandas de Adelaide para Sydney ao final do braço australiano, uma altercação entre uma comissária, que obviamente acreditava na má reputação dos grupos, e um *entourage*, que havia desistido de ser educado, escalonou rapidamente até que alguém xingou a comissária com uma palavra de quatro letras e o capitão pousou o avião no aeroporto mais próximo para que os dezenove passageiros fossem removidos à força. Três horas depois, eles foram enfim "escoltados" para outro voo para Sydney, com seguranças da companhia aérea ao lado. Os jornais australianos imediatamente dedicaram suas primeiras páginas a mais esse exemplo da violência e beligerância dos membros da turnê e o incidente foi explorado também pela mordaz imprensa de tabloides britânica. O The Who jurou nunca mais retornar à Austrália, promessa que foi cumprida[85]. Moon, embora adorasse viajar com seus amigos dos Small Faces, ficou particu-

---

85 *O The Who reformado, com apenas Pete Townshend e Roger Daltrey como membros oficiais (devido ao falecimento de John Entwistle, em 2002), voltaria a tocar na Austrália em 2004 e 2009 – portanto, depois do lançamento original deste livro, em 1998. (N. do T.)*

larmente irritado com o tratamento que receberam e passou a culpar os empresários por isso, como as bandas habitualmente tendem a fazer.

A Nova Zelândia ofereceu certo respiro, em parte porque tanto a agenda de shows quanto a atmosfera eram menos opressivas. No dia 30 de janeiro, na ocasião do vigésimo primeiro aniversário de Steve Marriott, as bandas foram de avião de Auckland para Wellington de manhã e, instaladas num hotel arranha-céu, se reuniram no quarto de Marriott para comemorar.

A EMI, gravadora dos Small Faces, havia gentilmente presenteado Marriott com um toca-discos e uns compactos. Com a noite livre e a bebida a postos, parecia que seria uma festa das boas. Porém, quando um dos discos pulou, Steve Marriott, exaltado e embriagado, esmurrou o toca-discos e, nisso, quebrou a mão. Ao se dar conta do erro que cometeu, o ex-Artful Dodger decidiu fazer o trabalho completo de destruição e, na loucura do momento, pegou o presente de aniversário quebrado e o arremessou pela janela. Todos correram para a sacada e assistiram ao toca-discos girar enquanto caía. Os fãs reunidos na frente do hotel, vários andares abaixo, abriram como o Mar Vermelho diante de Moisés antes de o objeto cair entre eles. "Foi incrível ver aquela queda", recorda-se John Wolff, "e a colisão foi fantástica, foi música para os nossos ouvidos, tanto que gritamos: 'Deixem os pedaços aí!'. Corri lá para baixo de robe, recolhi tudo e levei de volta para o quarto, para que pudéssemos jogá-lo de novo!"

Porém, como Steve Marriott se recordou na biografia dos Small Faces, *The Young Mods' Forgotten Story*, isso foi "a coisa errada a se fazer diante de Keith Moon, porque as próximas coisas que voaram pela janela foram a televisão, as cadeiras, tudo foi defenestrado, o quarto todo... Foi uma completa loucura".

Marriott ficou atordoado. Embora tivesse sido ele quem começou, não percebera que qualquer um entraria na onda daquele comportamento, e estava certo; por mais que Moon viesse se preparando para algo do tipo, suas ações representavam um novo pico – ou vale – de vandalismo em turnê, uma reação exagerada e extravagante às ações já amalucadas de Marriott e Wolff num momento de espíritos coletivos exaltados e caóticos.

CAPÍTULO 17

Nas melhores correlações possíveis entre as recordações conflitantes do que aconteceu em seguida, depois que os móveis do quarto se encontravam no chão em frente ao hotel, Marriott inventou uma mentira estupenda a respeito de intrusos desconhecidos terem invadido o quarto e o destruído. Aparentemente (e incrivelmente), o hotel acreditou nele, o quarto foi redecorado e, no dia seguinte, a EMI mandou um toca-discos novo e ainda melhor para o aniversariante. As bandas tocaram seus dois shows cada uma na cidade e voltaram para uma festa de encerramento de turnê, mais uma vez no quarto de Marriott.

Keith entrou, elogiou a nova decoração do quarto, admirou o novo toca-discos de Marriott e imediatamente o lançou pela janela.

"Eu e Wiggy nos entreolhamos incrédulos", recordou-se o cantor, "e gritamos: 'Não! Não! Não!'. E Keith retrucava: 'Sim! Sim! Sim!', quebrando e atirando coisas pela janela. O quarto inteiro foi arrebentado novamente. Arrebentado pra caralho."

Não havia como escapar da culpa dessa vez, e a turnê australiana acabou com guardas armados na porta do quarto de Marriott e uma conta salgada pelos danos causados. O jornal neozelandês *The Truth* escreveu a seguinte despedida para as bandas: "Não as queremos de volta aqui, mesmo. São só uns casos perdidos sujos, fedidos e bêbados".

EM FEVEREIRO, O THE WHO RETORNOU AOS EUA PARA UMA TURNÊ de seis semanas, no começo da qual gravaram um novo compacto para o mercado estadunidense, "Call Me Lightning", de forte influência R&B, que remetia ao The Who de 1966 e, como tal, soava positivamente velha guarda depois dos avanços feitos em "I Can See For Miles". O lado B ficou com "Dr. Jekyll and Mr. Hyde", de John Entwistle, canção tipicamente irônica sobre uma personalidade esquizofrênica, cujo temperamento mudava quando tomava uma certa "poção". O compacto foi lançado de imediato para o público americano, de repente fanático por material novo do The

Who. Quando a banda chegou a Nova York, no início de abril, depois de atravessar todo o país, incluindo partes do Sul Profundo, "Call Me Lightning" já estava bem encaminhado nas paradas.

No dia 4 de abril, o The Who chegou a Nova York, onde o agente Frank Barsalona havia convidado a banda para jantar em seu apartamento, em Manhattan. Townshend declinou o convite: ele e Barsalona tinham passado tanto tempo juntos no ano anterior, que concordaram que era melhor que os outros membros da banda conhecessem o agente igualmente bem.

Barsalona e sua esposa, June, eram abstêmios, mas não impediram Keith de beber quantidades generosas de vinho no jantar; era o que se esperava dele. Em seguida, passaram para a sala de estar, onde Barsalona parecia tão confiante em sua opinião de que o The Who estava prestes a estourar nos EUA, que levou o assunto para os investimentos. A ideia de o The Who ter dinheiro para qualquer outra coisa que não fosse pagar as dívidas nunca havia passado pela cabeça deles, então um deles perguntou a Barsalona qual sua recomendação.

"Bem", disse Frank, que era apenas o agente americano do The Who e alegremente alienado dos problemas que o grupo poderia vivenciar em outros países, "a última e única região do mundo aberta para investimentos que se aproxima do que os EUA já foram é a Austrália. Se eu tivesse o dinheiro disponível para investir, consideraria a Austrália."

Moon imediatamente deu um pulo. "Caralho de Austrália!", berrou. "Odeio aquela porra de lugar." Depois, subiu no sofá. "Kit Lambert, o porra do Kit Lambert... Se ele estivesse aqui, ia lhe quebrar a cara."

No meio do falatório, derramava vinho por todo o chão, mas isso havia sido apenas a metade. Keith passara por uma "transformação completa", como se recorda Barsalona. Era como se uma pessoa diferente e assustadora tivesse subitamente emergido de dentro dele. Tiveram de sacudi-lo para que ele voltasse a si. Quando enfim voltou, olhou ao redor – para as expressões de todos e para a bagunça que havia feito – e se arrependeu de imediato.

A conversa prosseguiu tímida, deliberadamente desviada para outra direção. "Mas então algo engatilhou na cabeça dele e ele voltou com aquele

CAPÍTULO 17

negócio da Austrália", recorda-se Barsalona, "e ele começou de novo a falar daquela coisa toda, de como tinham sido presos na Austrália, num avião, e expulsos do país." E, mais uma vez, assim que a faísca se acendeu, Keith mudou de personalidade. Não de um jeito que ameaçasse violência àqueles ao seu redor, mas, certamente, de uma maneira que sugeria um problema real.

"Moon, esqueça essa história", implorou Barsalona, ao segurar o baterista. Os outros também tentaram convencer Keith de que aquilo eram águas passadas, que eles nunca voltariam à Austrália, que não havia razão para arruinar a noite. Mas, assim que voltou a si de forma tão súbita quanto havia perdido a cabeça, Keith se deu conta de que a noite já estava arruinada, pelo menos do ponto de vista dele.

"Sinto muito", disse. "Estou tão aborrecido agora, que estou me fazendo de tolo. Se vocês não se importarem, vou indo."

Keith partiu para o hotel Gorham, perto dali, e John e Roger ficaram. Assim que ele saiu do apartamento, Entwistle voltou-se para Frank e June Barsalona.

"Sabem a minha música 'Dr. Jekyll e Mr. Hyde'?", perguntou. "Agora vocês viram qual foi a minha inspiração. Essa foi a primeira vez que vocês viram, mas nós a vemos o tempo todo."

MAIS OU MENOS 1 HORA DEPOIS, DALTREY E ENTWISTLE RETORNARAM ao Gorham. Chegavam notícias de que Martin Luther King havia sido assassinado em Memphis e que metade dos negros dos EUA saía às ruas em revolta. A banda tinha shows importantes como atração principal no recém-inaugurado Fillmore East, de Bill Graham, nas duas noites seguintes, que poderiam ser facilmente comprometidos por qualquer tumulto urbano. Estava óbvio que o dia de amanhã seria difícil e extremamente movimentado. Barsalona estava indo dormir cedo para poder acordar ao alvorecer quando então o telefone tocou. Era Pete Townshend, ligando do lobby do Gorham. O The Who estava sendo expulso do hotel.

Barsalona se vestiu imediatamente e correu para a 55th Street. Uma falange policial estava na frente do Gorham, decididamente intranquila. Barsalona se perguntou, de início, se tinha alguma coisa a ver com as reações à morte de Martin Luther King, mas concluiu que não, não num hotel naquela região da alta classe de Manhattan. Entrou no lobby, onde encontrou três membros do The Who indignados e incomodados. O fato de faltar um deles – Keith Moon – deixava mais do que claro qual, ou quem, era o problema.

"Roger me leva para fora do hotel", recorda-se Barsalona, "e vejo os policiais olhando para cima, olhando para o parapeito, e lá está o porra do maluco do Moon, rindo que nem doido, jogando bombinhas na polícia! 'Ah, meu Deus!', exclamei, e o capitão da polícia me diz: 'Você conhece essa porra desse maluco lá em cima?'. 'Sim, você quer que eu fale com ele?' E o capitão: 'É melhor falar, porque ele vai ser arrastado pra cadeia!'"

Era um problema que eles podiam passar sem. Qualquer distúrbio sério da paz tornaria difícil um retorno de Moon ao país – e, nesse caso, se podia esquecer a possibilidade de o The Who ganhar dinheiro o suficiente para investir numa cozinha nova que fosse, quem diria na Austrália.

Barsalona encontrou rapidamente o gerente do hotel, que estava tão agitado quanto o capitão da polícia. Com razão. Antes de lançar as bombinhas do nono andar para a rua – e na polícia –, Keith havia explodido o banheiro e, com isso, o encanamento de todo o andar.

O gerente, o capitão e o agente foram até o quarto de Moon. Keith ainda estava no parapeito; no estado em que ele se encontrava, era notável que não tivesse caído para a morte certa. Barsalona se inclinou na janela para conversar com ele. "'Fala sério, você arruinou uma noite ótima. Por quê?', eu disse a ele, que começou a xingar: 'Por causa de tudo, caralho'. Tinha voltado para o hotel e ficado bêbado. Por fim, consegui trazê-lo de volta para o quarto e, uma vez lá dentro, se acalmou. Só ficava doido do lado de fora. Eu disse: 'Você precisa falar para eles que algum remédio te deu um efeito ruim, alguma coisa assim'. Então, quando o capitão começa a interrogá-lo, ele inventa uma desculpa incrível, na qual eu nunca teria pensado, sobre o que havia de errado com ele e o que vinha tomando.

CAPÍTULO 17

Conversei com o capitão também e, surpreendentemente, Keith não foi preso, o pouparam."

O pensamento rápido de Keith, mesmo naquele estado embriagado, enervado e meio pirado, mais uma vez o livrou de uma encrenca que teria levado outra pessoa à cadeia, mas não mudava o fato de que havia danos a serem pagos e que o Gorham, hotel onde a maioria das bandas de rock era bem recebida, exigia que o The Who fosse embora imediatamente e nunca mais voltasse. Numa cartada adequada à lógica da banda, de bate-pronto se hospedaram no Waldorf Astoria, provavelmente o hotel mais prestigiado da cidade.

Na manhã seguinte, o The Who tinha uma sessão de fotos, marcada por Nancy Lewis (que agora trabalhava para a agência de publicidade Rogers & Cowan, representando o The Who e outros artistas), que faria parte de um ensaio para a revista *Life* sobre "O Novo Rock", contando com sete bandas que representavam os talentos mais promissores do mundo (incluindo The Doors, Cream e Jefferson Airplane). Em outras palavras, era provavelmente a sessão de fotos mais importante do The Who nos EUA até então.

Porém, quando Lewis finalmente encontrou a banda, os membros não estavam se falando. Ou melhor, não estavam falando com Keith. Pete, ao citar a falta de sono, deixou bem claro que "não ia aparecer em porra de foto nenhuma para porra nenhuma de revista *Life*". O fato de a noiva de Townshend, Karen Astley, estar com ele e também ter sofrido por causa daquele exemplo extremo das mudanças de comportamento de Moon só somava à irritação do guitarrista. John Entwistle também consideraria aquele o episódio mais frustrante e desinteressante que vivenciou das mudanças de personalidade de Keith e de seu potencial de devastação. Por fim, compartilhando da frustração deles, mas com o fardo adicional de suas próprias responsabilidades, Nancy Lewis caiu em prantos. Só então foi que Townshend concordou em participar da sessão de fotos[86].

---

86 A foto ganhou uma página dupla na *Life* no final de junho e, mais tarde, seria usada na capa da trilha sonora do filme *The Kids Are Alright*.

As fotos, de Art Kane, foram tiradas ao pé do mausoléu do presidente Ulysses S. Grant, com a banda envolvida numa bandeira britânica gigante, aparentemente fingindo dormir. Porém, não era fingimento: exaustos por causa das atividades de Keith na noite anterior e da troca de hotéis, todos tiveram de ser acordados ao final da sessão.

Nesse meio-tempo, embora Nova York não tenha acompanhado Washington, D.C., Detroit ou Chicago nos tumultos e saques ocorridos após o assassinato do Dr. King, muitas das casas noturnas e de shows da cidade fecharam as portas, e o Fillmore reduziu os dois shows do The Who para um. A banda tocou um *set* estelar, que gabaritou ainda mais sua reputação ao vivo, mas, ainda assim, os problemas com Keith e os hotéis não haviam terminado. O Waldorf Astoria, claramente incomodado diante do prospecto de deixar o The Who se hospedar em suas estimadas instalações, exigiu dinheiro vivo antecipadamente, coisa que eles nem tinham e não esperavam. Agora, o hotel se recusava a deixar o grupo entrar em seus quartos – onde já estava a bagagem – até que a questão fosse resolvida. Embora essa situação tenha sido de responsabilidade de Keith, ele só queria saber de se desassociar dela. Como sempre, portava algumas bombinhas. Como ele posteriormente se recordaria de forma orgulhosa e sucinta: "Explodi a porta e peguei minhas malas", o que levou o The Who a ser prontamente expulso e banido do ilustre Waldorf Astoria de Nova York.

Na noite seguinte, no Fillmore, Pete Townshend pediu desculpas ao público por estar desanimado e explicou que a banda havia sido chutada de três hotéis em um dia. Espalhou-se rapidamente no meio hoteleiro a notícia de que havia uma banda na cidade com um baterista de nome Keith Moon, que não deveria ser hospedado sob nenhuma circunstância, e, com isso, o The Who de repente se viu *persona non grata* em todos os melhores hotéis de uma das cidades que mais visitava. Townshend conseguiu um lugar para dormir na casa de amigos naquela noite e os demais acabaram dormindo no ônibus de turnê. Na próxima vez que foram à cidade, em agosto, só lhes restou se hospedar, ironicamente, no Holiday Inn.

CAPÍTULO 17

De Melbourne, na Austrália, Keith havia escrito uma carta para Kim, com a seguinte e pungente frase: "Embora eu possa rir por fora, é muito mais difícil rir por dentro quando você não está comigo". É tentador inferir que essa foi uma das raras ocasiões em que ele confessou as inseguranças que proliferavam tão dolorosamente no interior de seu exterior de palhaço, e sempre existirá a possibilidade de esta ter sido sua intenção. Mas é improvável. O mais certo é que tenha sido outra tentativa de Keith de encobrir seu mau comportamento fingindo solidão. Ele voltou de uma das turnês desse período com um bom tanto de doenças venéreas.

Até mais ou menos esse momento, Kim acreditava que Keith era fiel. Não estava iludida quanto à popularidade dele com as mulheres e sabia o quão promíscuo o mundo dos músicos podia ser; não era boba. Mas, apesar de todos os problemas conjugais, nunca esperara isso de Keith. Quando ele estava com ela, nem sequer olhava para as outras garotas. Nos poucos shows a que ela foi, a maioria em Londres, em geral ele desempenhava o papel de marido leal e amoroso com sua bela esposa modelo. E ela ficava tão encantada com a paixão nas cartas dele, que acabava acreditando nas histórias de solidão e retidão contidas nelas.

Porém, Kim também nunca estivera em turnê com o The Who: não se interessava nem de longe por todo o circo envolvido e, quanto mais difícil Keith se tornava em casa, mais ela valorizava o tempo em que ela e Mandy podiam ficar sozinhas. Assim, ela nunca tinha visto o quão prontamente disponíveis as garotas se faziam na estrada – particularmente fora do país, em especial nos EUA.

Alison Entwistle já tinha acompanhado a banda e voltou de uma viagem reveladora aos EUA com uma lealdade reforçada para com sua amiga Kim – que era praticamente uma cunhada, dado o status de família do grupo – mais do que para com Keith, amigo de seu marido. Sentou-se com Kim e disse, da maneira mais gentil possível: "Há algo que você precisa saber...".

Assim, Kim não ficou completamente chocada quando finalmente teve provas. Porém, dizer que ela ficou "*extremamente* aborrecida" com as circunstâncias, como ela mesma coloca, é tocar apenas a superfície de seus sentimentos. Uma coisa é descobrir que seu marido *rock star* foi infiel; ele te passar gonorreia é outra totalmente diferente.

Porém, apesar do tanto que traiu a esposa, Keith nunca foi infiel só por ser. Pelo menos não até então. Havia muitos *pop stars* na época que contavam placar, que só consideravam um show completo se "pegassem" alguém no final. Keith Moon era "camarada" demais para isso. Para ele, o pós-show envolvia voltar para o bar do hotel ou seguir para um clube, ficar bêbado, dar risada, pregar algumas peças, curtir com os caras, contar histórias, ser idiota... mas se, no fim disso tudo, uma jovem atraente que aguentara tudo isso estivesse disposta a transar com ele, então às vezes era difícil resistir. Uma infelicidade, mas a maioria dos músicos, até os casados, concordavam que os casos de uma noite ocasionais eram parte do custo de ficar longe de casa por meses. E quanto a Keith, dificilmente se poderia culpar as garotas: não era como se ele usasse aliança, de forma que elas então pusessem a mão na consciência.

A admissão de adultério teria acabado com o casamento de Kim e Keith para sempre – casamento esse que já era um esforço daqueles até então –, mas parece ter causado o efeito oposto, pelo menos a curto prazo.

Em maio de 1968, os Moons levaram o casamento a público, num "furo de reportagem" de Penny Valentine para a *Disc and Music Echo*, obcecada por Keith. A essa altura da década de 1960, a ideia de a carreira de um músico já bem-sucedido ser ajudada ou atravancada por seu estado civil era ridícula, e Keith admitiu isso. "Continuar com isso em segredo seria realmente estúpido", explicou. "Antes, pensávamos que, se o segredo vazasse, estragaria a imagem do grupo. Agora, penso que nossos fãs são maduros o bastante para aceitar que coisas como essa acontecem. Era difícil para Kim sair comigo e não ser apresentada como minha esposa. Gente do meio sabia da situação, mas eu conseguia evadir a questão ao me fingir de idiota toda vez que me perguntavam a respeito." Keith e Kim foram fotografados

CAPÍTULO 17

em seu apartamento em Highgate com Mandy no colo de Kim, e o sorriso travesso da menina trazia uma semelhança inconfundível com o pai.

Partiram então de férias para Mombaça, onde Kim costumava ir com os pais quando moravam no leste da África, e a viagem foi um sonho. O fato de Mandy não tê-los acompanhado ajudou enormemente. Não que Keith não amasse a filha: sem dúvida alguma a venerava. Mas não fazia ideia de como ser pai. Como diz Kim: "Ele mesmo era criança demais".

Eram ambos crianças, e havia momentos em que Kim ficava tão disposta a brincadeiras pueris quanto o marido. Certo dia, notaram uma propaganda na vitrine de uma livraria na Highgate High Street que anunciava raposas e porcos-espinho selvagens "resgatados no interior" e não resistiram a adquirir uma raposa de estimação. "Foi um desastre", diz Kim. "O animal nem deveria estar na cidade, para começo de conversa, menos ainda num apartamento. Ficava escondida o tempo todo – era uma raposa muito sensata. No fim, a devolvemos, mas ficamos com ela tempo o bastante para tirar umas fotos boas para a imprensa."

Keith e suas fotos para a imprensa... Uma das mais duradouras e famosas de todas desse período o mostra sentado orgulhoso ao lado de uma moldura dourada que cerca uma garrafa de champanhe cravada na parede do apartamento em Highgate. Keith parece estar sugerindo claramente que a destruição é sua forma de arte; quase sempre era. Porém, o que não se vê na imagem é que a garrafa só estava na parede porque Keith a arremessara contra Kim numa briga. A violência extrema e a alta comédia continuavam a ser companheiros conjugais intranquilos.

Por hábito, Keith passava a noite na cidade, e, frequentemente, o dia também, aproveitando ao máximo a vida social que se passava por trabalho na indústria musical. Embora o The Who estivesse passando por alguns percalços comerciais no Reino Unido, estavam no cerne de um império independente crescente, à medida que a Track Records ganhava força: no verão de 1968, ganhou até seu primeiro compacto na primeira posição, "Fire" do Crazy World of Arthur Brown, e o álbum respectivo teve sucesso semelhante. A Track se expandia em congruência com seu sucesso e Stamp

369

e Lambert contratavam novos funcionários de todas as classes sociais. Peter Rudge saiu direto da Universidade de Cambridge e havia se apresentado aos empresários quando a banda cancelou um show lá no ano anterior, alegando que Keith estava mal de saúde, quando na verdade a banda estava gravando um vídeo promocional; Rudge pegou um trem direto para Londres para protestar e causou uma impressão potente o suficiente para lhe garantir um emprego depois de formado. (Vale notar que a reputação de Keith quanto à saúde e pontualidade já estava tão manchada, que era considerada o jeito mais fácil de se livrar de compromissos.) John Field era um contador que deixou o terno e a gravata para trás para lidar com as grandes somas de dinheiro da companhia. Jack e Jim McCulloch, os irmãos de Glasgow que eram amigos do The Who desde a época de High Numbers e que recentemente haviam se mudado para Londres para tentar uma carreira como músicos, se juntaram à equipe administrativa depois de se encontrarem por acaso com Pete Townshend, na Denmark Street.

Com o negócio de vento em popa, Kit Lambert e Chris Stamp transferiram a sede tanto da gravadora quanto da agência dos Chesterfield Gardens, em Mayfair, para o número 70 da Old Compton Street, um prédio e tanto de quatro andares no Soho, em frente ao antigo café 2Is. Fazia sentido que se localizassem ali, no coração pulsante da região central de Londres – e para Keith Moon mais do que ninguém. A Shaftesbury Avenue, por cujas lojas de música ele perambulara quando criança; a Denmark Street, onde frequentara os cafés, na esperança de ver rostos famosos; o Flamingo, onde tocara com os Beachcombers para abrir para o grande Georgie Fame; o Scene, onde o The Who consolidara a base de fãs mod; o Marquee, que eles ajudaram a transformar numa casa de rock mundialmente famosa; o Dem Hems e o Ship, ainda frequentados pelos músicos, os clubes onde a *Swinging London* havia celebrado a si mesma; e agora o La Chasse e o Speakeasy, os clubes fechados do momento para os músicos, ficavam a poucos passos dos novos escritórios e se tornou uma rotina diária para Keith, quando não havia outros compromissos, aparecer na sede no meio da tarde, quase sempre logo depois de os bancos terem fechado, de forma que pudesse "pegar emprestado" algum dinheiro e então matar as horas do começo da noite no Ship ou no La Chasse, se encontrar com outros músicos e baladeiros que, depois que esses clubes fechavam, seguiam para o Speakeasy até serem chutados de madrugada.

Keith adorava tanto essas noitadas, que não queria que elas acabassem: com frequência, convidava metade do clube para ir até seu apartamento em Highgate, para garantir a continuidade da noite. Comboios paravam na frente da Pearl Garages e Kim se levantava da cama para, relutante, colocar a chaleira no fogo e começar a preparar sanduíches, porque era mais fácil fazer isso e manter o barulho baixo do que brigar em protesto e, nisso, acordar Mandy.

Não surpreendia, portanto — a ninguém, menos Keith Moon —, que houvesse ocasiões em que Kim nem estivesse lá, e sim na casa dos pais, em Bournemouth, com Mandy a tiracolo. Nessas ocasiões, Keith ficava taciturno e não se importava em demonstrar. Chris Welch, jornalista da *Melody Maker* que escrevia favoravelmente sobre o The Who desde 1965, se viu certa noite "conversando [*com Keith*] no bar do Speakeasy e ele estava muito inconsolável e triste, percebi, e queria genuinamente alguma companhia". Era incomum que Keith se deixasse ver de forma menos que exuberante, e Welch presumiu corretamente que havia algo errado e sério.

"Ele acabara de se separar da esposa e não conseguia encarar voltar para casa sozinho. Então, fui com ele até o apartamento. Chegamos lá nas primeiras horas da manhã, ainda escuro. Era como a casa do músico médio. Roupas jogadas. Nenhuma família por perto. Ele parecia muito pra baixo e infeliz. Só queria continuar a beber."

"Sentamo-nos e conversamos sobre música clássica — porque havia um negócio com música clássica na época, em grande parte instigado por Kit Lambert. Todos nós ouvíamos muito Debussy e *La Traviata* era a grande sensação. Mas ele ainda pisava duro e andava de um lado para o outro no apartamento, não conseguia relaxar de jeito nenhum. No fim, precisei ir dormir. Quando acordei, horas depois, ele ainda estava acordado, nem havia ido para a cama."

Com o casamento de Keith agora público, John Entwistle casado com Alison, e Pete Townshend prestes a trocar alianças com Karen Astley, só Roger Daltrey continuava solteiro, e até ele se casaria (de novo) dentro de uns dois anos. A noção de que o The Who estava amadurecendo ganhou mais crédito quando Pete Townshend se interessou pelo guru indiano Meher Baba (por meio de Ronnie Lane, dos Small Faces, durante a turnê pela Austrália, entre outros) e se tornou um devoto passional de um avatar considerado a reencarnação de Buda, Cristo e Maomé, entre outros grandes líderes religiosos. Em muitos aspectos, Townshend, conhecido por seu cinismo, parecia o menos provável dos cabeças do rock a optar por tal iluminação espiritual, em especial se considerarmos as experiências negativas dos Beatles e dos Stones e seus bem divulgados flertes com o Maharishi Mahesh Yogi. No entanto, Meher Baba não praticava um culto à personalidade, como tantos dos outros "gurus" adotados quase como acessórios de moda por diversos membros da elite musical em 1966 e 1967. Baba não exigia propriedades ou dinheiro e não insistia em mudanças de estilo de vida no atacado, exceto pelo abandono das drogas alucinógenas – chamado que demandava que Townshend largasse a maconha, algo que ele fez de forma relutante até perceber que era mais criativo sem a erva. Embora não tivesse proferido uma palavra desde 1925, a mensagem simples de compaixão, amor e introspeção de Baba encontrou um convertido bem disposto em Pete Townshend, que queria corrigir os aspectos menos agradáveis de sua personalidade caprichosa sem ter de abandonar a agressividade no palco, que trazia tanto alívio emocional a ele e aos seus companheiros de banda. À medida que seu amor por Meher Baba crescia, Townshend passou até a usar um botton com o rosto do guru.

"Quem é esse?", perguntou Keith Moon a Pete quando viu pela primeira vez o rosto sorridente do indiano preso ao peito do colega de banda.

"Meher Baba", respondeu Pete.

CAPÍTULO 17

"É mesmo?" Moon olhou mais de perto. "Bem, você não vai me ver andando por aí com um botton com uma foto do Vidal Sassoon!"

A recém-descoberta espiritualidade de Pete Townshend certamente não ficou evidente no compacto do The Who lançado no Reino Unido, em junho de 1968. Na verdade, "Dogs" foi a gravação mais fraca e pueril da carreira da banda[87]. Uma ode *cockney* à corrida de galgos e uma aparente tentativa de emular a exuberância do hit recente dos Small Faces, "Lazy Sunday", "Dogs" ficou várias voltas para trás da linha de chegada pretendida. Em vez disso, só farejou ao redor das vigésimas e poucas posições das paradas britânicas antes de sair com o rabo entre as pernas rumo à obscuridade, de longe um dos piores desempenhos de um lançamento oficial e autoral do The Who.

No entanto, sempre havia os EUA. O The Who retornou à *América* mais uma vez no final de junho e, embora inicialmente só tivessem três semanas de datas a cumprir – Keith e Kim estavam com férias planejadas para a segunda metade de julho –, acabaram passando mais de dois meses no país, na vanguarda de uma "segunda Invasão Britânica" ao lado de Jimi Hendrix e do Cream. Com o *set* crescendo tanto em tamanho quanto em volume, o The Who voltou a incluir alguns dos clássicos do rock 'n' roll e do rhythm & blues com os quais se afiaram no início: "Summertime Blues", "Shakin' All Over", "Daddy Rolling Stone", "Fortune Teller" e "Young Man Blues", de Mose Allison. Porém, essas músicas eram prolongadas no palco; Townshend, Moon e Entwistle tinham faro de sobra para o estilo uns dos outros para conseguir desconstruí-las aos elementos básicos (apesar de todo o barulho ensurdecedor no palco, o The Who era igualmente apto a conjurar camadas gigantes de quase silêncio) e levá-las a novas direções, por diversos minutos se necessário, antes de tomar as rédeas novamente e crescer para um final furioso.

---

87 O próprio The Who viria a reconhecer isso ao deixar a faixa de fora da compilação *Meaty Beaty Big and Bouncy*, de 1971, que trazia todos os *singles* da banda, exceto "Dogs".

O equipamento não era mais destruído por hábito todas as noites; depois de terem se consolidado com táticas de choque, o The Who estava disposto a ser levado a sério como músicos. Moon continuava a se entregar de corpo e alma a toda canção, arremessando baquetas para o alto entre as batidas e impressionando o público ao pegá-las de volta, apontando-as quase que verticalmente para as peles ao tocar, fazendo comentários engraçados constantes enquanto os outros membros apresentavam as músicas, sempre fazendo caretas fabulosas que garantiam as atenções das câmeras de TV a ele tanto quanto aos demais. Townshend já havia aperfeiçoado o movimento de "moinho" do braço direito, que agora já era sua marca registrada, mas começara também a se lançar em saltos atléticos graciosos no palco, cronometrado para pousar na batida exata do *power chord* que ele tocava. Significantemente, Daltrey também começava a descobrir sua própria personalidade de palco, deixando o cabelo crescer naturalmente cacheado e usando jaquetas franjadas abertas quase até a cintura. Os americanos adoraram; houve mais de uma comparação com algum deus grego.

Lá pela metade da turnê, a gravadora americana lançou às pressas um novo compacto, "Magic Bus", uma mudança de direção significativa para o The Who, em que Keith golpeia uma clássica batida sincopada à Bo Diddley, Pete manda um *riff bluesy* ao violão, John se ancora em uma única nota na maior parte do tempo e Roger canta uma letra de pergunta-e-resposta com Pete, que deve um pouquinho à canção da Motown "Leaving Here", da qual faziam cover. Era uma "*jam*" bem musical, uma canção que representava tanto as raízes do The Who no blues quanto a performance ao vivo atual, de forma que seria sempre mais popular nos shows do que em disco, onde sua energia bem-aventurada ficava um tanto quanto amenizada pela sonoridade antiquada (os Rolling Stones haviam popularizado os *riffs* de Bo Diddley cinco anos antes) e pela falta de progressão musical. Ainda assim, correu rapidamente para a vigésima quinta posição nas paradas estadunidenses no final do verão, o segundo grande sucesso da banda no país até então.

Quando foi lançado no Reino Unido, em setembro, estagnou na vigésima sexta posição, uma a menos até mesmo do que "Dogs". Os compactos

CAPÍTULO 17

do The Who, tanto os ruins quanto os bons, simplesmente não ressoavam mais com o público britânico como antes.

A turnê estadunidense de verão foi tão bem-sucedida, que Keith foi capaz de contar as economias de novo e, ao contrário do ano anterior, em que voltou para casa de mãos vazias, dessa vez parecia que, quanto mais o grupo ficava na estrada, com mais dinheiro ele sairia. De Springfield, em Illinois, ainda com três semanas pela frente, ele escreveu para Kim: "Na última conta, eu estava com 8 mil dólares, o que dá cerca de 3.200 libras, mais do que suficiente para comprar a casa e, ao final da turnê (VIVA), essa quantia deve chegar a umas 5.500 libras, no mínimo". Do Holiday Inn nova-iorquino, em agosto, ele agradeceu a Kim pelo que parecia ter sido a primeira carta dela em um mês. "Você está absolutamente FANTÁSTICA nas fotos e Mandy parece a batutinha que é... Vou colocar esta carta no correio agora mesmo para que você saiba o quão feliz me deixou."

Foi em Nova York que Keith e John se encontraram com seu antigo motorista, Richard Cole, que estava trabalhando com os Yardbirds havia uns dois anos. Mas a reverenciada banda londrina de rhythm & blues já dava seus últimos suspiros, uma vez que seus membros diversos tinham aspirações musicais distintas e, com Jimmy Page à procura de novos companheiros de banda, houve uma conversa de bar com Cole a respeito de Moon e Entwistle deixarem o The Who para criar um novo "supergrupo" com o guitarrista. Curiosamente, Page não ficou sabendo da conversa, mas ou Entwistle ou Moon (ambos posteriormente se declarariam autores) chegaram a sugerir um nome para a banda em potencial: Lead Zeppelin, da época em que as pessoas perguntavam como havia sido um show e eles respondiam: "Leve como um zepelim de chumbo".

Depois que os Yardbirds se separaram, naquele verão, Page formou um novo grupo com John Paul Jones e dois relativos desconhecidos, incluindo um baterista de 19 anos chamado John Bonham, que, com o tempo, chegaria mais perto de qualquer outro de rivalizar a reputação de Keith Moon de agressividade musical no palco e deboche pessoal fora dele. Depois de cumprir obrigações contratuais como os "New" Yardbirds, adotaram o nome sugerido por Keith e John, com uma mudança de grafia para evitar a pronúncia errada[88].

John Entwistle sempre sustentou que tinha intenções sérias de deixar o The Who àquela altura; dessa forma, já foi frequentemente sugerido que Keith estava igualmente infeliz. É verdade que o status do The Who no Reino Unido estava enfraquecendo e, à medida que eles viam outras bandas com quem haviam crescido começarem a se desfazer, deve ter surgido a possibilidade distinta de o tempo do The Who como banda comercialmente viável já ter passado. Entwistle tinha o maior motivo para se sentir frustrado: suas composições vinham prosperando, mas não os veículos para elas; suas composições de humor ácido eram constantemente relegadas a lados B, mesmo que recebessem elogios constantes[89].

Keith Moon, por sua vez, não era mais um aspirante a compositor; estava curtindo o sucesso da banda nos EUA, há muito esperado, adorando a reputação que criava para si mesmo e, além disso, sua amizade crescente com Townshend dava a ele um motivo extra para se manter no lugar. Embora Entwistle continuasse a ser o braço direito de Moon, a dimensão da dupla que o baterista formava com o guitarrista se tornava cada vez mais notável.

---

88 *A palavra "lead" tem dois significados distintos – e pronúncias distintas – em inglês: o verbo "liderar" ou "conduzir" ou o substantivo "chumbo", cuja pronúncia é a transcrita foneticamente na grafia do nome da banda: Led Zeppelin. (N. do T.)*

89 Entwistle acabou com três composições inclusas no álbum seguinte do The Who nos EUA, embora dificilmente isso tenha sido uma decisão do grupo. A Decca Records americana, ciente de que não havia um novo álbum do The Who em vista, convenceu a banda a fazer uma sessão de fotos num "Magic Bus" – um "ônibus mágico" – psicodélico e então, sem permissão, montou um álbum sob esse título, lançado em setembro de 1968. Para somar insulto à injúria, sugeriu então que o disco representava "o The Who em turnê", embora não houvesse nenhuma faixa ao vivo e pouca coisa coincidisse com o *set* atual do grupo. O episódio representou o nadir da interferência da gravadora, ainda mais frustrante pelo fato de que havia todo um rico e excelente material do The Who nunca lançado em álbuns nos EUA, ao passo que *Magic Bus* reunia faixas variadas de compactos, álbuns e EPs sem sentido nenhum. É indicativo do poder implacável das gravadoras americanas que, embora Kit Lambert e Chris Stamp fossem, a essa altura, os capitães da indústria musical britânica, tenham sido impotentes para impedir essa jogada do outro lado do Atlântico.

CAPÍTULO 17

Em outubro, por exemplo, o The Who viajou para Bremen, na Alemanha, para uma participação no programa de TV *Beat Club*, e, se embebedando de brandy durante os ensaios, Moon e Townshend entraram num esquete nazista. Que Moon se valesse de humor *ácido* sobre a Segunda Guerra no lugar exato em que isso seria mais ofensivo era de se esperar, mas, para os adolescentes do Love Affair, uma nova banda pop que também participaria do programa, era quase inacreditável. "Nos mijávamos de rir", diz Steve Ellis, vocalista da banda, então com 17 anos. "Era um humor do tipo Laurel e Hardy, a coisa mais engraçada que já tínhamos visto."

O humor criativo de Moon se superou numa turnê conjunta pelo Reino Unido marcada meses antes, quando se presumia que o The Who teria um novo álbum pronto para o mercado natalino. (Não estavam nem perto disso.) Viajando com eles (e recebendo quase o mesmo destaque) estavam o Crazy World of Arthur Brown e os Small Faces. No dia 19 de novembro, perto da conclusão da turnê, Keith, John Entwistle e John Wolff foram de Bentley de Newcastle para Glasgow. Como sempre, o The Who preferiu usar carros separados para viajar pelo país, em vez de ir num só ônibus e, como sempre que saía de Newcastle, o Bentley fez uma parada numa das lojas de diversões favoritas da cidade.

Além de uma peruca, Keith comprou um par de pernas infláveis e, antes de partir, colocou uma meia-calça, uma calcinha e um par de sapatos de salto alto baratos nelas. Enquanto o Bentley percorria os arrabaldes de Newcastle, Keith se deitou no chão do carro e colocou as pernas falsas para fora da janela enquanto gritava protestos numa voz feminina aguda pelos alto-falantes do automóvel. Para todos os efeitos, parecia que uma mulher estava sendo estuprada. As reações atordoadas dos pedestres só confirmavam que parecia tão realista quanto os sons.

Várias horas depois, o The Who estava no palco no rinque de patinação Paisley quando dois policiais chegaram no *backstage* e, depois de algumas perguntas iniciais, foram direto até John Wolff. Queriam saber se ele era o motorista de um certo Bentley bicolor, e, quando ele confirmou que sim, foi imediatamente arrastado para a sala do *promoter* para ser interrogado. Foi informado que uma policial de Newcastle havia visto uma mulher em evidente perigo num Bentley, levada contra sua vontade pela cidade, e que todas as forças policiais do país haviam sido alertadas para se atentar ao carro criminoso, que finalmente fora encontrado na frente do rinque de patinação, em Paisley.

Aliviado por não se tratar de nada sério, impressionado pela pegadinha ter se mostrado tão eficiente, John Wolff começou a rir.

"Não é motivo para riso", um dos policiais o informou severamente.

"Ah, mas é, sim", disse Wolff entre uma gargalhada e outra, e tentou acalmar os policiais escoceses com cara de poucos amigos ao contar a história da loja de diversões, das pernas infláveis, dos saltos e do rádio e dos alto-falantes do carro... Quanto mais ele falava, mais percebia como soava ridículo.

"Bem, quando a banda sair do palco, vamos para o hotel e poderei provar", se ofereceu Wolff.

"Preferimos que você tire a banda do palco e prove imediatamente, senhor."

"Não, é melhor não fazermos isso, vai haver um tumulto."

Ao lado do palco, os policiais viram a banda tocar e a reação que ela causava no público e pesaram as opções – a possibilidade de uma mulher estar em cativeiro num hotel contra um potencial tumulto num rinque de patinação. Concordaram em aguardar.

Quando o show acabou, Keith e John saíram do palco e encontraram o motorista à sua espera, cercado por dois policiais. Olharam confusos para Wolff.

"As pernas", disse ele, e o baterista e o baixista começaram a rir no ato. A polícia insistiu em ir até o hotel para ver com os próprios olhos a explicação de Wolff. Foram direto para o quarto de Moon e Entwistle, onde o caos do ambiente em que os músicos em turnê viviam não ajudou em nada a apaziguar seus receios. Roupas e garrafas jogadas para todo o lado. Que tipo de devassidão poderia ter acontecido ali mais cedo naquele dia?

De repente, um dos policiais viu algo no banheiro: duas pernas saindo da banheira e uma cabeleira na outra ponta; ao se aproximar, viu que a banheira estava cheia d'água e coberta por um lençol.

CAPÍTULO 17

"Meu Deus!", exclamou. "Eles a *afogaram*!"

Keith ficou particularmente orgulhoso dessa. Terminou como muitos desses incidentes tendiam a terminar, com a polícia se recuperando do choque, se acalmando da raiva, concordando até em tomar um drinque ao reconhecer a criatividade da mente com a qual estavam lidando (Keith havia afundado as pernas com dois travesseiros, na esperança de chocar o pessoal da faxina) e se preparar para recontar toda a história na delegacia. Essas coisas agora corriam pelo mundo, a polícia, o público, os oficiais do governo, os funcionários de casas de show e de hotéis, todo mundo trocava histórias do baterista "louco" que tinha a coragem de fazer coisas que outras pessoas nunca nem teriam pensado em fazer, em primeiro lugar. À medida que essas histórias eram repetidas, eram exageradas até que Keith ouvisse que tinha feito coisas nas quais ele não havia nem pensado – do tipo lançar uma granada de brinquedo pelo corredor de um avião –, mas, depois que esses atos eram trazidos à baila, pode ter certeza de que ele iria tentá-los. Sentia que havia encontrado uma função na vida além de ser "apenas" um baterista: havia sido condecorado o bobo da corte da indústria do rock, sempre com uma tirada a postos, um coringa sempre pronto para embarcar em desventuras pródigas quando a imaginação dos outros secava. Ganhara até um novo apelido, Moon, o Lunático, do qual gostou, e bastante.

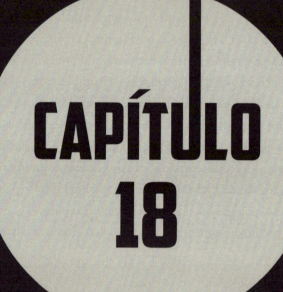

Qualquer dúvida que um fã casual de música pudesse ter quanto à contínua proeza criativa do The Who ao final de 1968 teria sido automaticamente dispersada se esse fã assistisse ao Rock and Roll Circus, *dos Rolling Stones, gravado nos dias 10 e 11 de dezembro no mesmo estúdio em Wembley, anteriormente usado pelo* Ready Steady Go!. *Se o ano fora frustrante para o The Who, também havia sido difícil para muitos de seus contemporâneos: os Yardbirds haviam acabado, Steve Marriott estava prestes a acabar com os Small Faces e os Kinks se viram rechaçados pelo público britânico comprador de discos de maneira ainda mais contundente que o The Who. Os Beatles lançaram apenas dois compactos ao longo de 1968 e esperaram até dezembro para lançar um álbum (o lendário álbum duplo autointitulado[90]), que reafirmou tanto a popularidade quanto a criatividade da banda. Contudo, até mesmo eles exibiam sinais de conflitos internos, e o relacionamento de John Lennon com a artista japonesa Yoko Ono causava uma rixa na camaradagem antes impenetrável dos quatro rapazes.*

Era o momento ideal para os Rolling Stones, com o lançamento do álbum *Beggars Banquet*, se declararem a principal banda de rock do mundo, e, para tanto, transformaram o estúdio em Wembley num grande picadeiro,

---

90 *Mais conhecido como o* Álbum Branco *ou* White Album. *(N. do T.)*

repleto de trapezistas, palhaços e engolidores de fogo, e convidaram The Who, Jethro Tull, Taj Mahal e Marianne Faithfull para tocar uma música cada, antes do encerramento com um miniconcerto dos próprios Stones. Ao tocar "A Quick One" na íntegra de 6 minutos, o The Who roubou a cena. A diferença entre a versão da miniópera tocada em Monterey e a performance daquele dia em Wembley é espantosa, a confiança e a coesão adquiridas em dezoito meses de turnê pelos EUA ficam evidentes em cada passo flutuante e em cada nota executada com perfeição. Todos os quatro membros estavam num ponto alto naquele dia, mas Keith se encontrava num estado particularmente incendiário, descendo o braço em sua nova bateria Premier prateada (com o mesmo tamanho e especificações da "Pictures of Lily", mas sem as imagens), com muito mais força do que qualquer um do mundo do rock ousaria, porém com uma precisão assombrosa, com gestos selvagens à medida que a letra pedia, jogando tambores no colo e para o alto, esguichando água na bateria para um apelo visual climático, e até se inclinando 90 graus completos para trás entre as batidas, como se perdido na excitação da música. A versão de "Yer Blues", dos Beatles, tocada depois por John Lennon, Eric Clapton, Keith Richards e Mitch Mitchell, foi eletrizante, mas ficava pálida em comparação à performance estupenda do The Who.

O *set* dos Rolling Stones em si foi decepcionante, em especial quando comparado aos de seus amigos e rivais. Assim, guardaram toda a filmagem do *Rock and Roll Circus* e jogaram a chave fora. Fãs casuais de música, portanto, só puderam ver a evidente proeza criativa do The Who em comparação aos contemporâneos vinte e oito anos depois. E, ainda, só quem esteve presente nas gravações pôde ver como a parceria entre Keith Moon e Pete Townshend se mostrou como uma das grandes duplas cômicas do momento, ao energizar um público cansado nas primeiras horas da manhã do segundo dia de filmagem amarrando almofadas de assentos na cabeça e lençóis um no outro e desfilando pela plateia como dois possuídos.

Com a confiança em suas habilidades assegurada, o The Who se retirou para o estúdio IBC, em Londres, e começou a gravar a ópera-rock de que Pete Townshend vinha falando com cada vez mais detalhes ao longo dos últimos

CAPÍTULO 18

três anos. As músicas vinham de muitas direções. Algumas foram compostas como temas centrais para o projeto, em particular "Amazing Journey", que Townshend originalmente escrevera como um poema de várias páginas. Outras foram adaptadas de composições antigas para se encaixarem no novo contexto – tais como "Sensation", sobre uma garota que Pete conhecera na Austrália; "We're Not Gonna Take It", originalmente um desabafo antifascista; "It's a Boy", uma modificação dos versos finais de "Glow Girl"; e "Sally Simpson", escrita depois de o The Who tocar com os Doors e ver uma garota ser espancada pela segurança sem desculpas ou interrupções do vocalista provocador do público, Jim Morrison. Townshend incluiu até "Born Blind", de Sonny Boy Williamson, que também havia sido gravada pelo herói do The Who, Mose Allison, como "Eyesight to the Blind", por causa da relevância da letra.

Porém, quanto mais música Pete Townshend trazia para o estúdio, maior ficava o perigo do enredo já vago se perder por completo na confusão. Os outros membros do The Who só sabiam que a obra era inspirada pela paixão do guitarrista por Meher Baba e envolvia a história de uma criança autista incapaz de ver, ouvir e falar.

Foi o produtor Kit Lambert que, aproveitando a oportunidade para emergir da sombra da reputação considerável de seu pai na música erudita, tomou as rédeas com ambas as mãos. Convenceu Townshend de que a visão de uma ópera-rock tão grandiosa poderia ser e seria concretizada, ficou acordado noites a fio a datilografar um roteiro para elucidar beneficamente todos os envolvidos, insistiu para que Townshend editasse e clarificasse seus temas e instigou, bajulou e provocou os demais a abordar o trabalho com uma atitude quase que totalmente remota do rock convencional. Sem o entusiasmo incansável e o envolvimento total de Lambert, é improvável que a ópera-rock, que passou por vários títulos em potencial durante o processo de gravação, tivesse emergido coerente, coesa e, mais importante, *comercial* o suficiente para balançar o mundo fonográfico como o fez.

Embora o The Who soubesse que estava fazendo algo especial, foi uma jornada íngreme, em sua maior parte. Mais ainda do que as dívidas, suas enormes folhas de pagamento – que a essa altura contava com a equipe de estrada, assistentes dos empresários e motoristas – significavam que eles tinham de fazer shows quase todos os fins de semana para se manterem nos negócios. Era um círculo vicioso: quanto mais tempo passavam na estrada, mais o processo de gravação (que havia começado no final de setembro de 1968) se estendia, e, mesmo assim, quanto mais tempo eles passavam no estúdio, mais claro ficava que um trabalho de uma natureza tão complexa não poderia ser apressado (a mixagem só terminou em abril de 1969). O tempo todo, se tornava cada vez mais aparente que, se o The Who não lançasse material novo de muito boa qualidade logo – as bandas de rock simplesmente não passavam um ano inteiro sem um álbum, como o The Who fez em 1968 –, talvez fosse melhor nem se dar ao trabalho: teriam sido esquecidos quando enfim o fizessem.

Os shows de fim de semana pelo menos permitiam ao grupo afiar as músicas novas à medida que eram compostas e, em retorno, ter uma compreensão maior do que estavam tentando fazer. Pete Townshend pediu a John Entwistle que escrevesse umas duas canções "feias", que detalhassem alguns dos abusos sofridos pelo personagem central (que agora recebera o nome de Tommy), e o baixista voltou com uma música maravilhosamente sinistra sobre um certo tio pedófilo, "Uncle Ernie", e uma mais leve sobre um primo, "Cousin Kevin Model Child", que coube a Keith cantar. Esta foi então reescrita simplesmente como "Cousin Kevin", que se tornou apenas um *bully* da escola e acabou cantada no álbum por todos, *menos* Moon. Mais adiante no processo de gravação, Keith sugeriu que a organização religiosa que Tommy passaria a liderar quando de seu "despertar" se situasse num acampamento de férias do tipo frequentado pelas classes trabalhadoras britânicas que não tinham dinheiro para pagar férias no exterior, e o guitarrista, de imediato, compôs uma canção exatamente sobre isso e a creditou a Moon[91]. Quando o jovem e pioneiro crítico de rock Nik Cohn

---

91 "Keith recebeu o crédito pela música porque a ideia foi dele", escreveu Pete Townshend no livro *The Story of Tommy*. "E também senti que a música saiu como se tivesse sido composta por ele de fato." A facilidade com a qual Townshend parece ter escrito em nome de Keith levanta uma questão interessante, porém não respondida, de quais outras canções do The Who ele talvez tenha escrito da perspectiva da personalidade única do baterista.

CAPÍTULO 18

expressou ambivalência quanto ao que havia ouvido do projeto até então, Townshend foi para casa e escreveu o que considerou, de início, uma canção "péssima... desajeitada" sobre Tommy ser um campeão de pinball, por saber do amor de Cohn pelo jogo e no desespero para garantir uma boa publicidade de antemão. "Tommy's Holiday Camp" e "Pinball Wizard", dois acréscimos tardios ao enredo, foram fundamentais para impedir que a história se afundasse na piedade espiritual; de fato, seus temas humanos familiares permaneceram nas mentes dos ouvintes muito depois de a influência de Meher Baba ter sido esquecida.

Depois de semanas de cortes e edições dolorosos, o grupo sucumbiu ao próprio entusiasmo pelo projeto e concordou bravamente em lançar um álbum duplo. O formato amplo abria espaço para "Overture" e até uma "Underture" de 10 minutos, que trazia fortemente elementos do interlúdio instrumental de "Rael", de *The Who Sell Out* (assim como outra faixa instrumental, "Sparks"). Permitia também a inclusão de interlúdios vocais curtos para ajudar a clarificar a história. Mike McInnerney, amigo de Townshend, desenvolveu então uma elaborada capa tripla *gatefold* que, quando do lançamento do disco, só reforçava a noção de que nunca uma obra de tamanha ambição como *Tommy* – título que enfim foi cravado – havia sido ousada no idioma do rock.

— ● —

TRINTA ANOS DEPOIS, *TOMMY* FOI TOCADO EM TANTAS VARIAÇÕES, discutido em tantos tratados e tantas biografias, gravado e lançado em tantos formatos, que, às vezes, é difícil se recordar do choque de seu impacto inicial. Ao longo dos dezoito meses anteriores, houvera um punhado de tentativas de álbuns "conceituais" – *Sgt. Pepper's Lonely Hearts Club Band*, dos Beatles; *S.F. Sorrow*, dos Pretty Things; *Ogden's Nut Gone Flake*, dos Small Faces; e *The Kinks Are the Village Green Preservation Society*, dos Kinks. Todas essas bandas eram próximas do The Who artística e socialmente, e Townshend talvez tenha até se sentido frustrado que, sem considerar *The Who Sell Out*, outros tenham passado pela linha de chegada enquanto ele ainda só falava sobre tais ideias. Mas os retornos dos álbuns "conceituais" eram nebulosos (os dos Beatles e dos Small Faces foram triunfais, os dos Pretty Things e dos Kinks foram praticamente ignorados) e decerto ninguém ainda havia ousado rotular uma obra de forma tão portentosa quanto uma "ópera-rock", incluindo até um libreto.

É difícil, também, numa era em que fãs de rock cresceram com *Tommy* como um filme ou uma produção teatral bem-sucedida, ambos os quais entregam a narrativa em termos fáceis de entender (ainda que conflitantes), registrar a confusão que cercava a história contada em *Tommy*, o álbum duplo, quando lançado. Mesmo o libreto incluso trazia poucas pistas do que tornou Tommy surdo, mudo e cego, para começo de conversa (como Richard Barnes escreve ironicamente nas notas do relançamento grandemente incrementado em CD, "Teria sido o terno de desmobilização do capitão Walker?"), o que o curou e se ele sobreviveu ou morreu no final. (Na cabeça maravilhosamente distorcida de Lambert, a confusão tornava *Tommy* "justamente uma ópera grandiosa", embora ele devesse ser o primeiro a saber que, se a obra tinha algum paralelo erudito, seria com uma cantata.)

E, para todos aqueles que viram ou ouviram as performances épicas do The Who de todas as partes de *Tommy* no palco ou nas telas ao longo dos anos, pode ser uma surpresa voltar ao álbum original e perceber, com o benefício do retrospecto, o quanto ele soa inacabado. Na primavera de 1969, Pete Townshend ainda estava fuçando no enredo, John Entwistle disposto a compreender os *overdubs* convencionais de rock, depois de já ter acrescentado algumas partes interessantes de sopros, e Kit Lambert ansiava por adornar a performance do The Who com um acompanhamento orquestral. Diversos prazos já haviam sido estabelecidos e adiados, mas, com as próximas turnês (britânica e americana) do The Who assomando *muito* ameaçadoramente no horizonte, não havia mais como atrasar a conclusão do álbum. O hino "Pinball Wizard" foi lançado como compacto em março e recebido com muitos elogios e um sucesso considerável, chegando ao quarto lugar das paradas do Reino Unido, um alívio enorme depois das decepções dos

CAPÍTULO 18

últimos dezoito meses[92]. Com as expectativas pela "ópera-rock" grandiosa devidamente altas, *Tommy* foi apresentado pela primeira vez na íntegra pelo The Who no clube de jazz de Ronnie Scott, no Soho, no início de maio, num volume de estourar os tímpanos, que levou os formadores de opinião na plateia a esperar um álbum de similar intensidade e alta octanagem.

Não seria assim. O volume de *Tommy*, o álbum, era surpreendentemente baixo. Keith Moon esteve entre os primeiros a perceber isso. "Na época, foi muito 'pouco The Who'", comentaria ele posteriormente. "Muitas das músicas eram meio suaves. Nunca tocamos daquele jeito." Porém, as gravações esparsas tinham vantagens consideráveis inesperadas: permitiam à banda reproduzir fielmente a obra no palco como um quarteto, o que seria impossível com um acompanhamento orquestral ou com camadas de guitarras e teclados; dava à música espaço para respirar e ao ouvinte a oportunidade de absorver, e a reticência das canções ajudava a marcá-las como algo além de rock direto e reto.

Uma grande parte do que tornava *Tommy* tão singular era a bateria. Keith Moon há muito expressara seu desprezo pelas convenções: em "I Can See For Miles" e "Magic Bus", os últimos compactos do The Who dignos de nota até então, ele ignorara praticamente todas as regras. Com *Tommy*, deu um passo adiante – abandonou-as por completo. Tratou a bateria como um instrumento a ser tocado ao lado da guitarra e do baixo, em vez de atrás. Enquanto Kit Lambert fantasiava usar uma orquestra, Keith Moon foi em frente e tocou como se fizesse parte de uma.

Não é tão ousado afirmar que a performance de Moon é um triunfo essencial e pioneiro na música moderna (mesmo que a produção de Lambert faça seus pratos soarem como "latas de biscoito", como Entwistle observou acidamente). Ao 45 segundos de "Overture", quando três dos temas recor-

---

92 O lado B trouxe um instrumental, "Dogs Part Two", creditado apenas a Keith Moon. Isso talvez tenha se dado porque a música se baseava numa cascata de bateria que remontava à paixão de Keith pela surf music, mas embora lembrasse os ouvintes de "The Ox", latia mais do que mordia. Literalmente: os cachorros de John Entwistle participam nos "vocais".

rentes já foram introduzidos e um quarto está acabando de se consolidar, Moon abandona a rigidez e se lança com grande deleite na *emoção* da música, casando com a base de guitarra de Townshend para uma batida sincopada antes de se agachar e mergulhar ao redor dos demais instrumentos: sabe exatamente onde preencher as lacunas com floreios imaginativos e também sabe exatamente onde deixar os espaços bem abertos. Como observa a letra de "Pinball Wizard", ele toca por intuição[93].

Os melhores momentos de *Tommy* são, em sua maioria, os melhores momentos de Keith. Em "Amazing Journey", Townshend toca um *riff* simples, porém singular, no violão, com uma guitarra de fundo com um efeito de fita ao contrário, e Roger Daltrey finalmente tem a chance de cantar com uma serenidade quase celestial, que não dá nenhuma dica do rugido que ele logo produziria no palco. Keith espera seu momento, depois da primeira estrofe, e então ataca com tercinas trovejantes nos tambores, seguidas por uma série de rufares de caixa e contratempos sincopados em que usa todo o arsenal. Embora a estrutura da canção seja convencional, com estrofes e refrãos, Moon nunca toca a mesma linha duas vezes. Ao se ouvir com atenção e perceber como ele encerra tarde demais certos floreios ambiciosos em demasia, nem tudo o que ele tenta fazer soa certo, mas nada soa errado também, nunca.

A faixa instrumental que vem a seguir, "Sparks", sugere o instinto que os três membros instrumentistas do The Who encontraram entre si no palco, ideias que então vêm a fruir na extensa "Underture". Aqui, é o baixo incessantemente firme de Entwistle que segura a maior parte do ritmo, enquanto Moon apresenta uma série de crescendo emotivos ou imita os ritmos complexos da guitarra e do violão, para então somar ao todo um *overdub* grandioso de um tímpano sinfônico que leva a faixa a outra dimensão. Seus rufares "ra-tá-tá-tá" na caixa que pontuam os acordes "sus" de Townshend lá pela metade são potencialmente o exemplo definitivo da compreensão mu-

---

93 "He plays by intuition" – *no caso da letra da música, o verbo* play *se refere a jogar: Tommy joga pinball guiado pela intuição. (N. do T.)*

CAPÍTULO 18

sical nata da dupla; confiantes e naturais, os dois elevam uma composição já eletrizante a um nível ainda mais alto. No todo, "Underture" é a faixa que mais claramente se distancia do panteão da música que precedera *Tommy*. É visceral demais para ser erudita, embora o senso de dinâmica de Moon e de Townshend deixasse qualquer maestro orgulhoso; é bem estruturada demais em padrões de acordes convencionais para ser jazz; mas vai muito além do que qualquer coisa que já se passara por pop ou rock até então.

E por aí vai. "The Acid Queen" teria sido tocada em 4/4 por quase qualquer outro baterista da geração de Keith; Moon, ao contrário, puxa e empurra a música em diferentes direções, das quais até ele mesmo parece incerto até chegar nelas, dando um de seus berros marca registrada ao sair do interlúdio instrumental e entrar na última estrofe. O mesmo vale para "Sally Simpson", em que ele toca um *shuffle* de tom-tom que, ao lado dos floreios de piano de Townshend, dá àquela que poderia ser uma faixa genérica de rock um clima quase jazzístico. Em "Go to the Mirror!" e em "Smash the Mirror", ele alterna modos de tocar a bateria de acordo com o que o clima da letra pede, às vezes formal, às vezes rebelde, às vezes tocando apenas um bumbo na cabeça do tempo, em outras atacando a bateria inteira – na qual, a essa altura, ele já havia reinstalado o chimbal, usado com excelente eficácia em "Pinball Wizard", entre outras músicas.

Em "Sensation", ele começa tocando de forma direta, mas cede à tentação; em "I'm Free", faz o contrário. E então, na música em que se esperaria que ele se jogasse com tudo, o encerramento, "We're Not Gonna Take It" (também conhecida como "See Me, Feel Me"), Moon segura a onda, lança viradas de tom-tom à medida que a música chega ao clímax, mas nunca tenta roubar os holofotes durante o *grand finale* conjunto. Do início de *Tommy* à conclusão, ele se mostra tão surpreendente quanto perpetuamente inspirador ao tocar.

—●—

Eis apresentados, nos elogios acima, certos argumentos a favor de Keith Moon ser considerado o melhor baterista de rock 'n' roll de todos os tempos. Os argumentos *contra* essa afirmação geralmente se valem ou da suposição de que ele só poderia defender a forma como tocava dentro da estrutura anárquica do The Who ou de sua incapacidade de manter o tempo de forma precisa – críticas que, ironicamente, ficam mais aparentes do que nunca em *Tommy*.

(É certo que a marcação de tempo em *Tommy* é toda bagunçada. A maioria dos produtores teria parado os três instrumentistas do The Who no momento em que eles tocam a primeira nota de "Overture" fora de sincronia e pedido um novo *take* de imediato – mesma coisa depois de 20 segundos, e uma terceira vez quando os mesmos acordes introduzem a terceira música, "1921", e a primeira batida está ainda mais fora de sincronia. Ainda bem que uma orquestra não foi convidada para tocar em *Tommy*: seus músicos não aguentariam[94].)

É difícil separar um fator desse argumento do outro: a "pontualidade" frequentemente errática de Keith na bateria era o preço a se pagar por um estilo notavelmente único, que combinava com perfeição com o The Who – e um estilo que ninguém mais foi capaz de fazer funcionar. O resultado disso tende a ser que os talentos incríveis de Keith como baterista foram tão ofuscados por seu estilo de vida, que até seus defensores sentem a necessidade de inventar desculpas para ele.

O próprio The Who, é claro, estava intrinsecamente ciente dessas contradições. "Keith não marcava o tempo muito bem", disse John Entwistle, em 1989, observando que, como baixista, no palco, tinha frequentemente que "tirar uma média entre o bumbo e o resto da bateria" para entender o tempo de Keith. "Se ele estivesse se sentindo pra baixo, as músicas ficavam devagar; se estivesse animado, as músicas ficavam aceleradas; e, se ele estivesse se sentindo normal, as músicas ficavam normais!"

---

94 Porém, seria equivocado culpar Keith, não só porque ele raramente *tentava* marcar uma batida precisa, mas porque ele não era o único falho na banda: a marcação de tempo mais desleixada de todas em *Tommy* é em "Tommy Can You Hear Me?", que nem tem bateria.

CAPÍTULO 18

E, mesmo assim, Entwistle reconhecia naturalmente o efeito que o estilo de bateria de Keith exercia sobre a sonoridade da banda (embora o comparasse com frequência ao som de "uma bateria rolando pela escada"). "Construíamos nossas músicas para que se encaixassem ao redor de cada um de nós. Era muito peculiar que nenhum de nós tocasse do mesmo jeito que outros músicos, mas, de algum modo, nossos estilos se encaixavam."

Como ele aponta, "se não fosse por Keith Moon, muitos bateristas não tocariam como tocam e a bateria teria tomado um aspecto completamente diferente". Mas então, como resultado (ou a falta de), o mesmo aconteceria com o baixo e a guitarra. Quem sabe o que seria do rock sem o The Who?

"Ele era brilhante", conclui Entwistle. "Mas penso que ele teria sido *muito* brilhante se tivesse se sentado e dissecado o que ele mesmo tocava. Porém, ele nunca tentou compreender por que era tão bom. Era simplesmente um baterista nato."

Pete Townshend reconheceu isso no auge dos talentos do baterista. "Keith Moon tem uma determinação tremenda naquilo que faz e em como o faz", disse, em 1970, um ano depois de *Tommy*, "que nunca teve consciência de nada disso até começar a aparecer nas listas de melhores bateristas ao lado de gente como Ginger Baker. Nunca foi um baterista para bateristas, mas, hoje, as pessoas dizem: 'Não sei o que ele faz tecnicamente nem como o faz, mas funciona'"[95].

Alguns *tentaram* decifrar tecnicamente o que ele tocava. Existem até partituras de bateria para "My Generation", e, embora seja admirável que alguém tenha tentado e transcrito a performance de Keith de maneira tão meticulosa, é também hilário, em especial quando elas aparecem em apostilas de métodos, já que o próprio Keith era tudo menos um baterista de livros didáticos e não teria a menor ideia do que fazer se o pedissem para descrever (e muito menos transcrever) seu estilo de bateria para estudan-

---

95 A mesma coisa já foi dita frequentemente a respeito de Jimi Hendrix: não é fora de propósito fazer uma comparação entre os talentos singulares, porém impenetráveis, dos dois.

tes ou professores do instrumento. Quando, em meados dos anos 1960, o filho de Ringo Starr, Zak, perguntou a Keith como tocar uma virada elaborada ao estilo Moon em sua bateria de apenas dois tons, a resposta de Moon foi dar sua própria bateria de presente ao garoto[96].

Houve uma ocasião em que Philly Joe Jones, o grande baterista de jazz moderno, que ganhou fama tocando com Miles Davis e John Coltrane, esteve em Londres no início dos anos 1970 e deu alguns tutoriais exclusivos de bateria. Diz a lenda que Moon optou por visitar o mestre, que pediu a ele que mostrasse o que sabia. Moon foi à loucura na bateria por alguns minutos, enquanto Jones observava impressionado a falta de proficiência teórica de Keith. Ao final da balbúrdia, perguntou a Keith quanto dinheiro ele ganhava em um ano. Quando Moon respondeu, Jones soltou um assovio de admiração e ficou em silêncio por alguns segundos. "Bem", disse enfim, "não quero estragar as coisas para você."

Essa anedota, talvez em parte apócrifa, dá mais crédito à imagem de Keith de baterista loucamente indisciplinado, certamente nada estudado, cujo estilo singular era uma manifestação de sua personalidade, não de técnica de bateria. Ginger Baker, o baterista mais renomado profissionalmente do rock britânico dos anos 1960, é um dos muitos que pensam que a contribuição de Keith é imensurável, mas não impecável. "Ele era insubstituível, o The Who nunca mais foi o mesmo sem ele. Era um quarto da banda. Bateristas geralmente o são, e geralmente são os que saem na pior. Nunca são os que levam mais dinheiro. Em muitas bandas, os bateristas desempenham um papel enorme num arranjo muito bem-sucedido e nunca recebem nem um 'obrigado'. Tenho certeza de que isso acontecia no The Who. Nos ensaios, criam coisas tão boas que se tornam parte da música,

---

96 *Zak Starkey, é claro, viria a se tornar o baterista de turnê do The Who desde a reunião de 1996 da banda e se mantém no posto até hoje, tendo sido substituído uma única vez por Kenney Jones, para um show beneficente, em 2014. Nos dois álbuns de estúdio lançados pela banda de 1996 para cá,* Endless Wire *(2006) e* THE WHO *(2019), Starkey toca em apenas algumas faixas. (N. do T.)*

CAPÍTULO 18

mas nunca são agradecidos por isso. O agradecimento é poder tocar. O The Who era um grupo e ele fazia um ótimo trabalho nesse grupo, assim como Ringo o fez com os Beatles e Charlie com os Stones – os bateristas certos para cada uma dessas bandas. Ele não estava no meu nível de técnica ou habilidade, mas funcionava no que fazia. Keith não era um músico completo. Era um bom baterista e fazia um bom trabalho no The Who. Mas nunca teria sido capaz de tocar com uma *big band*. Keith era como Charlie e John Bonham, não tinham um *background* musical. Não tinham estudado e tocado com *big bands*."

"O que ele fazia, nenhum deles era capaz de fazer", diz Keith Altham, que viu o The Who ao vivo mais do que qualquer outro jornalista e mais ainda como assessor de imprensa da banda. "Que era sua própria parede de som, uma espécie de explosão retumbante que acontecia ao fundo, tão impressionante e excitante quanto o que se podia fazer em outro instrumento. Era bastante extraordinário. Tinha a ver com tudo a respeito dele: a falta de coesão, a habilidade de ser espontâneo, as características incontroláveis, a incapacidade de canalizar a energia. Era uma explosão ambulante e colocava isso na música da mesma forma que na vida. Era um homem espontâneo em larga escala e nunca soava da mesma forma duas vezes. Porque não era assim. Era um homem do improviso."

Em geral, o próprio Keith incentivava essa crença de que nunca tocava a mesma coisa duas vezes e colocava combustível nela ao se recusar a praticar ou sequer a ter uma bateria em casa. Talvez esperasse que isso preservasse sua reputação pela individualidade, mas o resultado foi que, em vez disso, os detratores – e alguns fãs também – passaram a considerá-lo nada além de um bobo pueril, que só se safava tocando de forma tão displicente porque os outros membros da banda encobriam suas idiossincrasias.

É uma opinião amplamente popular, mas simplesmente não se sustenta. É interessante notar que, quando Shel Talmy revisitou as sobras de estúdio do álbum *My Generation* e dos compactos que o antecederam, cerca de trinta anos depois das sessões de gravação originais, descobriu que "Keith tocou do mesmo jeito em todos os *takes*".

De forma parecida, Pete Townshend notou, em 1989, que "o aspecto mais interessante de Keith era a excelência da mente dele, a rapidez de sua memória. Isso é bem frequente com bateristas, as memórias deles são as mais extraordinárias. São uma extensão de seu trabalho. Talvez estejam centradas numa parte diferente do cérebro, porque precisam lembrar frases musicais longas como dados puros e simples. É quase binário. Devem saber exatamente onde estão numa música em qualquer momento".

Keith geralmente sabia. Qualquer gravação ao vivo vai mostrar que, embora ele cometesse erros e se extrapolasse de vez em quando – geralmente só quando embriagado –, na maior parte do tempo no palco, sabia exatamente quais partes intrincadas deveria estar tocando.

"Você poderia pensar que ele não estava marcando o tempo, mas estava, sim", diz Jon Astley, irmão mais novo da primeira esposa de Pete Townshend, Karen, que ia com frequência aos shows do The Who e, mais tarde, produziu e gravou a banda. "Em seu auge, ele tocava em ondas, era uma coisa meio orquestral, usava ondas de tímpano, ondas de tom-tom e ondas de pratos, e a coisa toda era um estrondo, por assim dizer, que encaixava tudo em seu devido lugar."

E isso era quase impossível de imitar. Corky Laing, o altamente respeitado baterista da banda Mountain e um dos muitos que reconheceu Keith como uma de suas principais influências, se sentou no palco atrás da bateria de Moon por quatro noites no Madison Square Garden, em 1974, para estudar a técnica de seu herói. Saiu tão confuso quanto chegou. "Nunca consegui compreender o que ele fazia. Era simplesmente uma sintonia diferente."

"Ele tocava completamente por instinto", diz Zak Starkey, ecoando a opinião mais comum entre os bateristas de rock. "Não creio que havia técnica alguma envolvida, não a técnica de bateria que supostamente se deve ter, os rudimentos e tal. Mas acho que ele 'lia' música perfeitamente com os ouvidos."

"Eu o considerava maravilhoso, o baterista mais natural que já conheci", diz Bob Henrit, um dos poucos heróis britânicos de Keith na bateria. "A técnica era imaterial naquilo que Keith fazia. Normalmente, você precisa conhecer as regras para quebrá-las. Bem, eu não acredito que Keith sequer soubesse as regras, mas as quebrou *mesmo assim*."

No entanto, alguns bateristas, ainda que reconhecessem os avanços que Keith trouxe à profissão deles, sentiam desgosto por ele tê-lo feito de forma a defenestrar a ortodoxia que eles mesmo passaram anos estudando. A visão bastante cínica que têm de Keith como um mero amador entusiasmado às vezes vazava por aí. Como Keith Altham observa, "se o que você, de fato, espera de um baterista é marcação de tempo – que é o que Charlie Watts faz nos Rolling Stones ou Ginger Baker no Cream –, Keith não conseguia segurar um andamento mais do que conseguia voar até a Lua. Moon não era uma âncora, era o trovão ao fundo, era por si só uma tempestade, uma coisa magnífica. Mas não tente compará-lo a Gene Krupa ou a algum grande baterista de jazz, porque ele não chega nem perto dessas pessoas no estilo e na maneira com que elas tocavam em termos percussivos".

Não obstante, a comparação com Gene Krupa é persistente – em especial entre os bateristas que viram ambas as lendas ao vivo. "Ele tinha mais carisma do que qualquer outro baterista, com exceção de Gene Krupa", disse Jim Keltner, o reverenciado baterista de estúdio americano que viria a tocar com Keith. "Não havia como tirar os olhos dele." Keltner é resoluto em afirmar que esse carisma era mais do que puramente visual. "Tudo o que ele fazia de circense era muito musical também. Simplesmente sabia como fazer a energia se traduzir em música boa. Não era nada ortodoxo, muitas vezes tocava de pé, tocava umas coisas rápidas e furiosas, mas tudo fazia sentido, tudo tinha uma razão de ser, criava uma unidade muito bela."

Da mesma forma, Roy Carr afirma que "se você vir um daqueles vídeos antigos dos anos 1940 do Gene Krupa, quando Moon se debruça sobre a bateria, agarra um prato e o acerta, é idêntico. Até os olhos. Tenho um *background* no jazz e os únicos bateristas que já vi tocar assim são os caras do *freestyle*. O rock é muito rígido nos andamentos, porém, um cara como Moonie era capaz de contornar isso. Não tocava igual a ninguém". No entanto, apesar de todos os elogios, Carr está entre aqueles que sentem que Moon só era adequado para o The Who. "Seu estilo era tão singular, que cheguei a vê-lo tocar com outros músicos em *jam sessions* em clubes de Londres e ele não se encaixava. Ao passo que, quando ele e Townshend se juntavam, poderiam ir aonde quisessem, e frequentemente iam. Fala-se muito da grande tradição de duplas de compositores como Lennon e McCartney e Jagger e Richards, mas sempre houve essa outra parceria singular entre Pete Townshend e Keith Moon. Jimi Hendrix nunca alcançou isso com Mitch Mitchell. Clapton nunca alcançou isso com Ginger Baker. Sim, Moon arrebentava a bateria toda, mas era pura alegria. Na maior parte do tempo, funcionava. Às vezes dava uma deslizada, mas o bom jazz ou o soul, ou até a música tribal africana, tudo isso se encontra no final."

"As melhores lembranças do The Who", diz Peter Rudge, acertando num ponto crucial das relações internas intrincadas do The Who que tanto o distinguiam enquanto banda, "são de quando você via Pete perder força no palco, para então olhar para Keith, e Keith o energizava. O The Who ia aonde Moon fosse. Ele transcendia o papel de um baterista. Era possível observá-lo carregar a banda física e emocionalmente numa noite qualquer."

O próprio Keith subestimava esse contingente fenomenal de energia. "Eu só subo no palco e, quando a cortina se abre, bum!", disse a Chris Welch, da *Melody Maker*, em 1970. "Tocar forte não é um suplício para mim. Não enxergo como uma maratona."

Ele era, na verdade – e talvez surpreendentemente, a menos que você o conhecesse –, imensamente modesto quanto às suas habilidades. "Suponho que, como baterista, eu seja adequado", disse à revista *Disc*, em setembro de 1970. E a Chris Charlesworth, da *Melody Maker*, dois anos depois[97]: "Não tenho muitas aspirações de ser um grande baterista. Não quero canalizar toda a minha energia em tocar bateria ou em ser um Buddy Rich". (Quando o The Who tocou com a Buddy Rich Orchestra, em maio de 1969, os solos do baterista de jazz eram continuamente inter-

---

97 A prova de que *Tommy* enfim consolidou Keith Moon como um baterista de primeira linha vem do fato de que poucas entrevistas anteriores ao álbum perguntavam a ele sobre seu estilo de tocar, e a maioria delas posteriores ao álbum, sim.

CAPÍTULO 18

rompidos por ovações em pé; a experiência provavelmente fez Keith se comprometer mais do que nunca à performance em grupo.) Em seguida, ele faria uma afirmação simples, mas que seria crucial para a compreensão de sua vida e da tragédia de seus anos finais: "Eu só quero tocar bateria para o The Who, e é isso".

Aí, é claro, jaz uma das razões pelas quais Keith nunca tentou procurar trabalho como baterista de estúdio. Sabia que seu estilo havia se tornado tão definido pelo The Who, que soaria deslocado em qualquer outro contexto, o que se traduzia em terror e pânico quando se fizesse necessário que ele tocasse num estilo com o qual não concordava. "Se você pedisse a Keith para tocar uma bateria *funky*, ele estaria fodido", diz Cy Langston. "Ele não entregava uma batida básica e achava muito difícil se você pedisse que o fizesse."

"Não se sentia confortável ao tocar com outras pessoas", diz Jack McCulloch, que, como funcionário da Track, vizinho e colega baterista, foi um dos parceiros de bebedeira permanentes de Keith de 1969 a 1971. "No Speakeasy, todo mundo fazia *jams*. A presença de palco encobre um milhão de problemas quando você está nele, porque as personalidades dominam, e isso Keith tinha de sobra, mas se a *jam* fosse gravada e analisada sob o microscópio, tenho certeza de que ele não gostaria disso. É muito difícil para qualquer baterista que toque sempre com um determinado núcleo de músicos. Assim que você começa a tocar com outro guitarrista, [*fica*] com medo de não conseguir dar conta."

"Gosto de tocar com amigos", disse Keith, em 1975, à *Melody Maker*, ao justificar sua ausência da cena dos estúdios. "Mas meu amor é pelo palco ou pelo estilo teatral de tocar bateria, não por solos de bateria ou por trabalhos de estúdio. Não estou acostumado a receber instruções para tocar de determinado jeito. Sou um músico de estúdio incompetente."

Keith decerto era muito mais feliz ao subir no palco com outros músicos do que ao gravar com eles, embora ocasionalmente as duas coisas se conciliassem: se juntou ao seu ex-professor, Carlo Little, no palco com Screaming Lord Sutch, no Hampstead Country Club, em 1970, quando os dois bateristas dividiram o instrumento, e ficou tão envergonhado quanto Little ficou desgostoso que um álbum ao vivo do show lançado depois (*Hands of Jack the Ripper*) trouxesse seu nome de forma tão proeminente na capa.

E vale notar que seu melhor trabalho extracurricular em estúdio – em "Beck's Bolero" – não tenha sido uma sessão paga, e sim mais como uma extensão do que tocava no The Who. Não surpreende, portanto, que Beck nunca tenha duvidado do talento consumado de Keith. "As pessoas o subestimavam, ele era o baterista mais incrível. Nem há como imitá-lo. Ninguém foi capaz disso até hoje. Já o vi tocar bem de perto e pensei: 'Jesus!'. Eu poderia descrever um acidente de carro com mais facilidade do que descreveria o estilo dele de tocar."

Claramente, a adequação e o entusiasmo de Moon para um projeto dependia da relação dele com os outros músicos envolvidos. Pouco depois de concluir *Tommy*, trabalhou em algumas demos para (Patti) LaBelle, que acabara de assinar com a Track e era agenciada pela ex-produtora do *Ready Steady Go!*, Vicki Wickham. Keith apareceu "com tambores suficientes para encher um estádio", recorda-se Wickham. "Foi hilário, porque ele acelerava. Tocava cada vez mais rápido. Sim, ele era extremamente bom, mas me lembro de Patti contar o tempo para ele e tentar ser como um metrônomo. Sei que nunca usamos as demos."

Em 1972, um amigo músico chamado Dave Clark (sem relação com o *pop star* de meados dos anos 1960, Dave Clark), que conhecia Keith por meio do círculo social dos músicos, estava gravando um disco solo para a CBS e concluiu que não tinha nada a perder ao convidar o baterista do The Who para tocar nele. Moon topou de imediato, em parte porque Noel Redding já estava envolvido, mas também, acredita Clarke, porque o The Who não estava trabalhando na época. Se fosse o caso, Keith não iria querer saber de mais nada. "Ele tinha muito orgulho da banda", diz Clarke. "Era um dos membros de banda mais felizes com quem já cruzei. Tinha orgulho de tudo o que faziam. A banda era realmente a vida dele, provavelmente é por isso que ele não fazia muitas gravações à parte."

Definitivamente há verdade nisso. Qualquer tentação de deixar a banda que possa ter havido no passado, depois que *Tommy* se tornou um su-

CAPÍTULO 18

cesso – e, de fato, se tornou, chegando imediatamente ao top 5 em ambos os lados do Atlântico, mas, mais do que isso, foi um acontecimento cultural que tornou realidade até mesmo os sonhos mais loucos de Kit Lambert e promoveu o The Who à categoria de alta arte –, ele se juntar a outra banda foi algo que nunca mais entrou em questão. Os rumores ainda surgiam de vez em quando, mas Moon era o primeiro a desmantelá-los: "Se eu pudesse encontrar quem começou a espalhar isso, explodiria as pernas dele", foi sua resposta a um boato desses, em julho de 1969. Quanto maior o The Who se tornava, mais celebrado Keith era, e mais rico também, e tudo isso significava cada vez menos motivos para se desencantar com a banda – contanto que ela se mantivesse ocupada.

— ● —

EM 1969, O THE WHO NÃO PODERIA TER SE OCUPADO MAIS. EM ABRIL, enquanto "Pinball Wizard" subia nas paradas, saíram em turnê pela Grã--Bretanha. Ao longo de maio e junho, quando o compacto chegou ao vigésimo lugar nos EUA, *Tommy* foi recebido com um entusiasmo avassalador pelos americanos. No dia 5 de julho, sábado, de volta à Grã-Bretanha, tocaram no Royal Albert Hall como parte do festival Pop Proms, ao lado do pioneiro do rock'n' roll Chuck Berry. Para o The Who, era uma honra dividir o palco com uma lenda, mas os fãs britânicos *Teddy boys* de Berry viam a banda como mods inimigos mortais, mesmo depois de tantos anos, e provocaram um confronto na frente do palco, do qual Keith Moon saltou de imediato, baquetas em punho, sem nenhuma intimidação; a desinteligência teve um papel considerável na decisão da sala de concertos de banir shows de pop e rock no ano seguinte.

Duas semanas depois, o The Who tocou no clube Mother's, em Birmingham, durante uma onda de calor. Lá pela metade da performance tipicamente passional, Keith desmaiou sobre a bateria por falta de oxigênio. "Fui até o *backstage* para ver como ele estava", se recorda Jon Astley. "Abrimos todas as janelas, ele recobrou a consciência, a banda voltou ao palco depois de mais ou menos 1 hora e seguiu em frente. Foi incrível. Devia estar uns 37 graus ali dentro, fácil. E Keith simplesmente não baixou a bola."

No início de agosto, tocaram para 40 mil pessoas no National Jazz and Blues Festival, num hipódromo, em Sussex; três dias depois, para mais de 20 mil, em Massachusetts. Esses dois públicos, entre os maiores da banda até então, se provaram meros piqueniques, em comparação ao que seria considerada a maior reunião "paz e amor" já conhecida pela civilização ocidental, quando 500 mil pessoas congregaram numa fazendo perto de Woodstock, ao norte do estado de Nova York, e, apesar da chuva torrencial, das condições insalubres, do ácido ruim, da escassez de comida e água, das estradas congestionadas e dos *promoters* gananciosos que transformaram o evento num "show gratuito" para depois embolsarem uma bolada na maciota com os direitos do filme e do álbum, inexplicavelmente não causaram um tumulto.

O The Who, a princípio relutante em se apresentar em Woodstock, mas que cedeu depois de um cachê garantido de 13 mil dólares, detestou cada momento do festival. Como de costume, o cronograma do evento estava horas atrasado e, enquanto os membros das bandas aguardavam no *backstage*, seus drinques eram "batizados" com ácido, como era comum na época. Enfim surgiram no palco, 16 horas depois de chegar ao local, doidos de ácido e putos da vida, nas primeiras horas do dia 17 de agosto, um domingo, e, assim como em Monterey, não quiseram saber da *vibe* hippie: Townshend literalmente chutou os fotógrafos para fora do palco quando o The Who entrou e, depois, meteu um pé violento no traseiro[98] do esquerdista radical Abbie Hoffman, quando ele tentou invadir o espaço da banda para fazer um discurso político.

Entretanto, Moon tocou como uma força da natureza ao longo de todo o show, e Roger Daltrey, com seu rugido potente recém-descoberto, seus cachos dourados, seu peito musculoso e sua habilidade notável de girar

---

98 *No livro* A estrada para Woodstock *(Belas Letras, 2019), o autor e organizador do festival, Michael Lang, afirma que foi uma guitarrada na cabeça. (N. do E.)*

CAPÍTULO 18

um cabo de microfone a 9 metros de altura e ainda conseguir pegá-lo de volta a tempo do verso seguinte, se viu reverenciado como a personificação da figura messiânica de Tommy. Quando, ao final de *Tommy*, a aurora surgiu apropriadamente sobre o público no exato momento em que Daltrey cantava "*See me, feel me, touch me, heal me*"[99], parecia que o The Who tinha uma conexão direta com o cosmos. Assim como em Monterey dois anos antes, o The Who ficou amargamente decepcionado com a performance – ao final, Townshend arremessou sem rodeios a guitarra para o público, como se nunca mais quisesse vê-la (e, de fato, não veria) –, mas, assim como em Monterey, o The Who (e, por coincidência, mais uma vez Jimi Hendrix também) lembrou o público do potencial transcendental do rock em toda sua glória barulhenta e caótica.

Duas semanas depois, o circuito dos festivais (que vinha crescendo pela Inglaterra ao longo dos doze meses anteriores) chegou à Ilha de Wight, na costa sul do país, e o The Who mais uma vez foi uma das atrações, a principal, ao lado de Bob Dylan, desse que foi badalado como o maior show do gênero a acontecer em solo britânico[100]. Keith, que quase perdera o show em Monterey depois de se machucar, quase perdeu de novo mais esse show fundamental. Depois de tocar em Shrewsbury, perto do País de Gales, na noite de 22 de agosto, de imediato começou a comemorar seu aniversário de 22 anos e, nas primeiras horas da manhã, em seu apartamento em Highgate, caiu da escada e quebrou o pé. (Segundo Moon, enquanto se recuperava, quebrou o outro também!) Keith passou o aniversário no hospital e a banda teve de cancelar um show na noite seguinte.

Mas de jeito nenhum ele perderia o festival da Ilha de Wight. Keith subiu no palco entupido de injeções de analgésicos e deu o máximo de si, como sempre. O The Who, todos concordaram, foi a grande estrela do

---

99 "Me vejam, me sintam, me toquem, me curem."

100 Eric Clapton e os Rolling Stones haviam dado, cada um, shows gratuitos no Hyde Park naquele ano para públicos vastos, mas a Ilha de Wight foi diferente, um festival que se estendeu por vários dias, com dezenas de nomes de fama mundial.

show. De muitas formas, foi um triunfo mais importante do que Woodstock: diante do maior público já presente num show pago na Grã-Bretanha (uma estimativa de mais de 100 mil pessoas), se provou ser, menos de um ano depois de ter sido praticamente descartado, a maior banda ao vivo que o país tinha a oferecer.

Keith não era o único membro da família a cuidar de um machucado naquele dia da Ilha de Wight. Kim viajara com ele para um show de aquecimento em sua cidade natal, Bournemouth, na noite anterior. Depois do show, o casal teve uma briga violenta e Kim acabou no hospital, onde levou pontos num corte na cabeça. Desnecessário dizer que ela não seguiu para a Ilha de Wight, e, quando seu pai chegou para cuidar dela e, presumivelmente, de Keith também, o marido já estava do outro lado do canal, o herói do dia por tocar mesmo com dor.

A essa altura, Kim já deveria parecer uma esposa muito sofrida. Havia perdido aquela que gostaria que fosse sua primeira viagem aos EUA por motivos semelhantes. "Eu deveria ter ido para Woodstock, mas não quis", diz ela, "porque Keith e eu andávamos tendo umas brigas horríveis. Estava ansiosa para passar uma semana sozinha. E então, pouco antes de ele ir, brigamos e eu caí da escada e quebrei o nariz, então tinha uma boa desculpa para não ir, já que estava no hospital".

A pergunta que não quer calar é por que ela suportava isso. A resposta é, em parte, que ela não suportava – "Sempre chegava ao ponto de eu ter de ir embora por causa da violência" –, e em parte porque ela seguia o padrão longevo da esposa abusada que retorna para o homem que alega amá-la, mas também bate nela. "Sempre que eu ia embora, o Keith que eu conhecera originalmente e amava e com quem me dava bem e conseguia ser racional e conversar vinha até mim e eu voltava para ele. Era para esse Keith que eu voltava. E aí então todos aqueles outros Keiths surgiam – o violento, o insensível, o agressivo."

CAPÍTULO 18

Contudo, o marido sempre ficava sem explicação para as suas ações. "Ele sempre sentia muito depois que eu o deixava", diz Kim. "Não conseguia se lembrar do motivo nem o que acontecera." Isso indica no mínimo que havia algo mais profundo perturbando Keith do que uma tendência violenta latente. "Ele simplesmente não era uma pessoa racional", diz Kim. "Não sei se era clinicamente esquizofrênico, mas era, de fato, muitas pessoas diferentes. Era muito difícil lidar com ele. Não havia como discutir nada. Era preciso lidar com ele da melhor maneira possível. E só piorava."

Keith claramente precisava de ajuda psiquiátrica. Talvez se tivesse sido tratado e diagnosticado nesse momento, quando seu *alter ego* violento começou a emergir das sombras com uma frequência alarmante, seus demônios pessoais pudessem ter sido confrontados, sua fúria colocada sob controle e sua energia focada quando ele estivesse longe da bateria também, não só quando sentado nela. Mas como você convence alguém a ir ao psiquiatra quando esse alguém é celebrado como o maior baterista da história do rock 'n' roll, laureado como o homem mais engraçado de sua geração e considerado em larga escala como uma pessoa bondosa, generosa e inevitavelmente amável? Como você sugere a tal pessoa que talvez ela não seja completamente sã? É muito mais fácil culpar a bebida, e vida que segue.

Porém, embora seja verdade que Keith raramente perdia o controle quanto sóbrio ("Não teria havido violência se não fosse pelo álcool", diz Kim significativamente), dificilmente ele era o único astro do rock 'n' roll que passava dias e noites perdido na embriaguez.

"Naquela época, todo mundo bebia em excesso", diz Chris Welch. "Mas os músicos iam para os destilados, que era o grande erro. Eram tão fáceis de encontrar e tão baratos – pior do que as drogas, em muitas maneiras. Todo mundo se achava imortal. Você saía para beber todos os dias, era uma questão de orgulho. Pois nós, jornalistas, fazíamos o mesmo em certa medida, mas tínhamos de ficar sóbrios durante o dia para escrever. Porém, se você fosse o Keith Moon, tudo o que tinha de fazer era aparecer no show, para onde era levado por um motorista, de qualquer jeito."

Era como um filme mudo clássico de comédia que quem estava de fora só conseguiria fingir entender. Keith tinha agora 23 anos (Kim tinha 20 e Mandy, 2) porém nunca fora adulto. Era festejado e servido desde os 18; se tornara tão acostumado aos privilégios na estrada e nos clubes, que esperava que fosse assim em casa. Quando Kim aborrecia esse sonho, pedia que ele se comportasse como um marido e pai respeitável, ele frequentemente descontava a fúria imediata nela. Kim também tinha suas próprias frustrações: sua juventude havia sido roubada por uma gravidez prematura e ela não via uma oportunidade de uma segunda chance. Ambos tinham personalidades fortes, que não gostavam de receber "não" como resposta; Kim admite prontamente ao problema autoperpetuado de não recuar numa discussão para evitar a violência porque "não merecia aquilo", em primeiro lugar. Além disso, o adultério já revelava sua cara feia e, uma vez que a confiança é quebrada num casamento, é terrivelmente difícil de ser reestabelecida; agora, ambos tinham motivos genuínos para se preocupar com o comportamento um do outro quando estavam separados.

Assim, Kim ia embora rotineiramente e Keith rotineiramente implorava que ela voltasse. Quando ela voltava, o que era inevitável, passavam um breve período reconciliador de lua de mel. Depois de uma dessas ocasiões, Keith embarcou no processo de tentar comprar um "título" para Kim e até colocou a foto dos dois no jornal diário mais vendido da Grã-Bretanha, o *Daily Mirror*, em março de 1969, por fazê-lo. Ao olhar para eles, nunca se saberia que Keith quase sempre tratava Kim com o mesmo respeito que tinha por televisores de quartos de hotéis distantes. A busca pelo "título" fora, na verdade, sugerida pelo assessor de imprensa do The Who, Brian Sommerville, num *brainstorm* sobre como conseguir mais atenção a Keith do que ele já tinha. "Nunca quis um título", diz Kim, "mas foi bem engraçado."

A proclamada disposição de Keith a comprar a entrada da esposa na aristocracia era nutrida tanto por suas aspirações de alpinista social quanto pelo sucesso súbito do The Who e o dinheiro que isso rendeu ou pelo potencial por publicidade. No outono de 1969, de antemão aos *royalties* que ele sabia que agora chegariam, Keith enfim comprou uma casa, uma propriedade de

CAPÍTULO 18

15 mil libras que imitava o estilo Tudor, em Old Park Ridings, em Winchmore Hill, nos subúrbios mais ao norte de Londres, uns bons quilômetros depois de Wembley. Era o território de corretores da bolsa, com um campo de golfe de um lado da rua e um parque do outro, mas, por sua ânsia por todas as armadilhas mais visíveis da fama, Keith não percebeu a ironia de ter escolhido morar ao lado das pessoas que, em geral, ele mais desprezava (e que o desprezavam em troca). Com John Wolff agora empregado como gerente de produção do The Who e depois de John Entwistle apontar Peter Butler – rebatizado de Dougal por Pete Townshend – como motorista de seu novo Citröen, Keith tomou posse do fiel Bentley S1 e arrumou um chofer particular (que, por necessidade, tinha de agir como segurança também), um irlandês educado e simpático, apenas um ano mais velho do que ele e também pai de uma filha, Cornelius "Neil" Boland.

Kim se mudou para Winchmore Hill com Keith, mas não demorou muito até ela partir de novo depois de outra contenda com o comportamento cada vez mais hostil dele. Ficou escondida na casa de amigos, mas isso parecia dar mais trabalho do que valia a pena. "Ele enlouquecia os meus pais ligando para a casa deles o tempo todo. Até que um dia ligou e disse: 'Podemos nos encontrar aí na casa de vocês? Não quero saber onde ela está, só quero conversar com ela'. Acho que isso foi depois de uma das vezes em que ele quebrou meu nariz[101] e meu pai estava muito, muito bravo. Ficou combinado que ele iria até a casa deles. Meu pai disse: 'Não me deixem chegar perto dele, não quero nem vê-lo', mas Keith tinha tomado umas, porque meu pai o intimidava muito, e aí ficou corajoso demais depois da conversa. Foi até a cozinha e disse alguma coisa espertalhona. Meu pai se levantou da mesa, pegou *a* mesa e partiu para cima de Keith. Não fosse a intervenção de Neil Boland, meu pai o teria acertado."

É impossível não achar que já era hora de alguém fazer isso.

---

101 Ela não está exagerando: entre outros ferimentos, Keith quebrou o nariz de Kim três vezes. Ela finalmente o colocou de volta no lugar depois de quebrá-lo uma quarta vez num acidente de carro.

KEITH MOON

Em abril de 1969, o The Who estava gravando "Pinball Wizard" para o *Top of the Pops* e Keith ficava de palhaçada entre os *takes* diante das câmeras, incitando alguns risos nervosos do público e frustrando o pessoal da produção da BBC, que esperava que as bandas se comportassem bem quando apresentadas a uma oportunidade de ouro de vender discos, não de forma insolente. Keith parecia claramente incomodado pela falta de camaradagem da plateia e pela falta de paciência do produtor. Mais tarde, na cantina do estúdio, expressou suas frustrações a um jornalista da *Melody Maker*, que estava por lá para escrever uma matéria sobre o The Who.

"Diversão – tudo tem a ver com diversão", disse, bastante sério sobre o assunto. "Todo mundo acha que estou rindo deles, mas quero que eles riam *comigo*."

Porém, esse era o preço a se pagar por ser o bobo da corte do rock 'n' roll. Ou presumiam que ele estava rindo do mundo ou o mundo sentia que deveria rir dele, quando tudo o que ele queria era que o mundo *se juntasse* a ele em todo aquele divertimento. Mas o humor de Keith era muito pouco convencional para a maioria das pessoas. Raramente envolvia arremates ou até mesmo enredos. Eram improvisações, imitações, imaginações e inovações constantes, apresentadas como uma espécie de performance artística, no sentido de que quase nunca acabava e tinha a intenção de provocar tanto quanto a de entreter. Havia alguns na turma do The Who que tinham ficado espertos quanto a isso, que eram capazes de ir na onda – Townshend, Entwistle, Wolff, além de Lambert e Stamp, em certa medida –, e Keith tinha um equipamento teleguiado dentro de si que o permitia encontrar instantaneamente aqueles compatíveis com ele em qualquer banda que saísse em turnê com o The Who, mas mesmo assim, eram raríssimos os capazes de se equiparar a ele e ao seu viés peculiar de humor.

Na época, só havia um único grupo britânico que combinava rock, comédia e arte performática da forma como Keith Moon fazia na própria vida e, se Keith tivesse ido para a faculdade de arte no início dos anos

CAPÍTULO 18

1960, quem sabe, talvez se tivesse se tornado um membro[102]. Na época em que se juntaram, os oito membros da Bonzo Dog Dada Band, oriundos da Central London Art College, da Goldsmiths, da Ealing (onde Pete Townshend estudara) e da St. Martin's, se inspiravam em cantigas cômicas dos anos de 1900 a 1930, usavam trajes dos anos 1920 e seguiam a excêntrica tradição britânica dos *music halls* em seus esquetes e suas travessuras. Em 1967, rebatizados de Bonzo Dog Doo-Dah Band, porque ninguém sabia o que era dadaísmo, já tocavam nas casas noturnas, onde suas performances cada vez mais anárquicas eram bem recebidas pelo crescente público de rock *underground*. Depois de fazer amizade com Paul McCartney, apareceram no filme de TV dos Beatles *Magical Mystery Tour*, exibido no dia 26 de dezembro de 1967, mesma data em que um novo programa da ITV, *Do Not Adjust Your Set*, que contava com os futuros astros do Monty Python Eric Idle, Terry Jones e Michael Palin, estreou com os Bonzos como banda da casa. (Para ligar os pontos, Neil Innes, o principal compositor dos Bonzos, mais tarde trabalharia com o Monty Python antes de compor e liderar a banda paródia dos Beatles, The Rutles.) McCartney então produziu um compacto, "I'm the Urban Spaceman", que levou os Bonzos ao top 5 em 1968, quando seus shows se tornaram uma atração mais popular do que muitas das bandas de rock da época.

Keith Moon não parece ter se tornado amigo dos Bonzos antes de eles terem alcançado o público de rock. Porém, quando se tornou, em particular depois de conhecer Viv Stanshall e "Legs" Larry Smith, Keith solidificou duas das amizades mais fortes de sua vida.

Vivian Stanshall era músico, vocalista, artista, contador de histórias e gênio errante – dizia ser capaz de segurar uma conversa aos dez meses de idade, mas se formou na escola sem qualificações – assombrado pela insta-

---

102 Significantemente, a maioria dos grandes grupos de comédia britânicos se formou ou na universidade ou na escola de arte. Embora a criação e a educação de Keith o tenham impedido de seguir por tais caminhos, seu humor decerto pertencia a eles: surreal, cerebral, desafiador e controverso, era consideravelmente distante da comédia *stand-up* grosseira, que geralmente provinha de sua classe trabalhadora.

bilidade mental. Quando os Bonzos se separaram, no início dos anos 1970, as pressões de uma carreira solo provocaram um colapso nervoso imediato em Stanshall, que levou a várias internações em instituições e a longos períodos de depressão, tudo isso intercalado por arroubos tremendos de criatividade que renderam o atemporal *Sir Henry at Rawlinson End*, entre um legado de obras consideráveis. (Pode-se muito bem fazer comparações entre Stanshall e Spike Milligan.) Alcoólatra crônico, Stanshall morreu sozinho em seu apartamento, em Muswell Hill, em março de 1995, num incêndio que supostamente começou com um cigarro aceso que queimou lentamente na cama em que ele dormia. (Coincidentemente, Steve Marriott se foi exatamente da mesma forma, quatro anos antes.) Na época, ele dizia estar escrevendo o roteiro de um filme sobre a vida de seu grande amigo Keith Moon.

"Legs" Larry Smith, originalmente baterista dos Bonzos que depois passou à frente do palco para participar dos diversos esquetes e números do grupo (robôs explosivos eram só uma parte de um arsenal de palco que poderia ter sido elaborado para a participação de Keith Moon), só saiu da névoa do alcoolismo no início dos anos 1990. Ele relembra os dias bacantes e ébrios com Keith e Vivian com sentimentos mistos; não surpreende que ele seja o único dos três ainda vivo. "Havia um certo desequilíbrio ali. Todos os grandes bebedores o têm – eu tinha, Viv tinha, Keith tinha. De repente, você faz algo completamente irracional e, por vezes, bastante agressivo. Há de haver uma tendência extrovertida no fundo da mente de todo mundo para fazer esse tipo de coisa, mas dizem que é algo incrementado ou encorajado pelo álcool. Mas nós três éramos loucos pra caramba."

Porém, por trás dessa imagem pública de Keith, Larry e Viv pinoteando pelas ruas de Londres cometendo atos de loucura entorpecida, os três eram capazes de se identificar um com o outro como poucos. "Eu via uma pessoa sensível em Keith", diz Larry, "mas também, todos os bebedores pesados o são."

"Com aqueles dois, ele conseguia ficar tranquilo", diz Kim, a respeito dos dois Bonzos, que acredita terem chegado o mais perto de serem os melhores amigos de Keith fora do The Who. "Em geral, ele queria se mostrar e roubar a cena, e todo mundo conseguia ver esse lado dele, mas acho que 'Legs' Larry e Viv eram os únicos que o viam em todas as suas diferentes facetas."

CAPÍTULO 18

Os Bonzos dividiram o palco com o The Who uma única vez, no Hollywood Palladium, em junho de 1969. Enquanto o The Who conquistava os EUA, os Bonzos, ao contrário, eram conquistados *pelos* EUA, e as dificuldades financeiras os forçaram a abandonar prematuramente a segunda turnê no país. Isso foi uma das causas diretas da separação da banda no início do ano seguinte, depois da qual Smith e Stanshall teriam mais tempo a devotar à crescente amizade com Moon. Antes disso, porém, no outono de 1969, quando os Bonzos tinham um show no West Country e o The Who tinha alguns dias de folga, Keith e Larry decidiram ir de carro, com Neil Boland ao volante do Bentley. Como Smith conta, "cada dia para Keith era um pequeno novo desafio, uma folha de papel em branco onde fazer uma marca". A viagem começou tipicamente em grande estilo, com Keith explodindo uma bomba de fumaça num posto de gasolina. Daí, foram direto a Plymouth.

"Keith tinha uma conta crescente de sociedade", se recorda Smith, "e todos os dias nós sacávamos notas de 100 e 5 libras, e cabia ao Neil guardar o dinheiro numa caixinha. Certo dia, conhecemos duas moças charmosas que, estranhamente, ainda estavam conosco na manhã seguinte. Então escrevemos um pequeno *happening*, que apresentamos na High Street de Plymouth. Eu interpretaria o papel de um rapaz trabalhador à procura de calças de trabalho na Marks & Spencer. Entrei com uma das garotas que havia conhecido, chamada Cleo, que era absolutamente divina, e fomos até o departamento de calças, onde ela agiu como minha esposa e disse: 'Bom dia, meu marido gostaria de calças para trabalhar, mas elas precisam ser muito resistentes'. 'Claro, temos essas aqui, azul-marinho'. Peguei uma perna da calça em cada mão e comecei a puxá-las para ver se eram resistentes mesmo e percebi que a vendedora estava ficando bem preocupada com isso. Eu não parava de olhar para minha 'esposa' Cleo e dizer: 'Querida, não estou muito seguro dessas aqui, não'. A essa altura, Keith entraria pela esquerda e diria: 'Eu te ajudo a testar essas calças'. Ao que eu então disse: 'OK!'. Ele pegou uma perna, eu peguei a outra e nós rasgamos a calça ao meio por completo. A garota da loja começou a chorar no ato. Num instante, o segurança chegou e, pouco antes de sermos conduzidos para os fundos da loja, nosso motorista chegaria pelo outro lado perguntando: 'Vocês têm calças de uma perna só para vender? São exatamente do que eu preciso', e é claro que todos se voltaram para Neil, o motorista, que tirou uma nota de 5 da caixinha e a sacudiu na cara de todo mundo: naquela época, 5 libras era um bom dinheiro. E então ele pagou pela calça e todos se acalmaram. E ainda pedimos para que cada perna fosse embrulhada separadamente!"

"Saímos cambaleando da loja, ainda livres. Decidimos almoçar numa loja de móveis. A High Street de Plymouth tem umas calçadas imensamente largas, e, naquela época, se costumava colocar os móveis e as mesas do lado de fora, para que as pessoas observassem aquelas peças adoráveis. Literalmente nos sentamos numa delas e almoçamos naquelas mesas novinhas em folha, e apesar disso não fomos presos. Mesmo assim seguimos em frente."

"Amontoamo-nos no banco de trás do Bentley. O primeiro trabalho de Neil naquela manhã foi estocar os fundos do carro com champanhe, vinho e até umas cervejas. Saímos dirigindo pelo West Country cometendo ultraje atrás de ultraje. Eu guardava o nome de alguma rua, digamos, Bridge Street, e nós víamos umas senhorinhas esperando o ônibus. E então pegava o microfone – tendo em mente que o carro tinha aqueles alto-falantes – e fazia uns anúncios oficiais da polícia num sotaque perfeito do West Country. Dizia: 'Aqui é o Departamento de Polícia de Plymouth, há um grupo de cobras altamente perigosas soltas na Bridge Street, por favor evacuem a rua imediatamente', e então todo mundo falava: 'Ah, Bridge Street é ali na esquina', e as filas à espera dos ônibus fugiam correndo de medo."

"Virávamos a esquina, ladeando o calçadão, e eu fazia outro anúncio oficial: 'Há um maremoto se aproximando da praia, por favor evacuem a praia imediatamente, *mas não tirem os sapatos*', e os banhistas com baldinhos e pazinhas ficavam totalmente perplexos, como é que poderiam não tirar os sapatos se provavelmente estavam descalços!"

"Entrávamos num pub e Keith grudava uma cápsula de fumaça na bota, que era acesa por Neil logo antes de ele entrar. Essas cápsulas demoram um pouco para pegar fogo. Então eu ficava no bar, bebericando meu brandy, e Keith entrava. 'Bom dia, meu caro garoto, como vai?' Eu pagava

CAPÍTULO 18

uma dose grande de brandy para ele, para deleite do dono do bar. A essa altura, a cápsula então começava a disparar e o bar ficava cheio de fumaça. Às vezes o dono dizia: 'Vocês são maravilhosos, rapazes', e nos dava mais drinques, às vezes éramos expulsos no ato!"

O relato de Smith é o tipo de absurdo contínuo que todos gostariam que houvesse câmeras por perto para capturar, mas é claro que sempre que havia até mesmo apenas um fotógrafo a acompanhar Keith em uma dessas aventuras premeditadas, o jogo estaria entregue e o acontecimento reduzido a um mero ensaio fotográfico. De qualquer forma, havia material bruto o suficiente de uma única viagem nas lembranças de Smith para render uma série de TV inteira ao estilo do Monty Python, e, se ele tivesse decidido ir adiante com isso, parece certo que Keith pudesse dominar o caos por pouco controlado de um grupo de comédia dessa estirpe, tanto quanto dominava o papel geralmente rígido de baterista de rock. Mas, em certa medida, era apenas hipotético: nunca houve dúvida alguma de qual era seu primeiro amor na vida e, em 1969, com o sucesso meteórico de *Tommy*, o The Who foi de uma banda potencialmente ultrapassada para uma das principais do mundo.

No dia 14 de dezembro, no penúltimo show do ano, o The Who tocou no Coliseum, em Covent Garden, em Londres. Na noite seguinte, virando a esquina desse local, no Lyceum, John Lennon realizou o show *War Is Over*. A oposição ferrenha e publicamente expressa de Lennon à Guerra do Vietnã era um sinal da cada vez maior politização do rock, e sua primeira apresentação na Grã-Bretanha com o projeto paralelo Plastic Ono Band confirmava a quase total fragmentação dos Beatles. O show consistiu em duas músicas, incluindo uma versão de 40 minutos de "Don't Worry Kyoko", que tirou metade do público do recinto. No palco para tocar estavam, entre outros, Lennon, Yoko Ono, George Harrison, Eric Clapton, Klaus Voormann, Billy Preston, Delaney & Bonnie, "Legs" Larry Smith e Keith Moon. Uma foto do *backstage* mostra o conjunto estelar muito mais feliz com o que tocavam do que o público confuso. Ao lado de Keith, segurando uma placa com os dizeres "War Is Over" – "A guerra já era" – e sorrindo como qualquer civil estaria se rodeado de tantos rostos famosos, estava seu motorista, Neil Boland.

A revolução que foi a década de 1960 passou alegremente batida pelos Beachcombers, e Norman Mitchener e Ron Chenery não estavam nem aí. Parecia que nada era capaz de derrubá-los no circuito semiprofissional: nem o movimento das marés da moda musical nem a contínua rotatividade dos membros da banda. Eles sabiam que não eram compositores. Não se preocupavam com fama. Não se importavam por nunca terem gravado um disco. Gostavam do fato de que não tinham de se manter atualizados com cada tendência passageira que surgia. E adoravam que ainda eram capazes de conquistar o público nos pubs e salões de baile que ainda os recebiam de bom grado. O público não era tão jovem quanto antes, mas eles também não. Para celebrar a entrada numa nova década, o agora já veterano tecladista e, de vez em quando, vocalista, Clive Morgan organizou uma festa de reunião dos Beachcombers em sua casa, em Mill Hill, no dia 2 de janeiro, uma sexta-feira.

Quando John Schollar recebeu o convite, ficou empolgado com a possibilidade de rever tantos amigos antigos. Um em particular lhe veio de imediato à mente.

"Você já convidou o Keith?", perguntou a Morgan por telefone.

"Ah, ele não vai aparecer", foi a resposta, com desdém. O tecladista não conhecia Keith Moon de fato, mas havia de ser certeza que ele não ia querer saber de uma festa de sua antiga banda, agora que era um *rock star* dos grandes.

Porém, Keith não conseguia pensar em nada melhor do que rever seus velhos amigos dos Beachcombers, disse ele a John Schollar, quando o ex-companheiro de banda ligou para sua casa, em Old Park Ridings. Combinaram de se encontrar na Chaplin Road mais cedo naquela sexta-feira: de lá, iriam para a festa.

John apareceu com sua namorada, Glennis, e Keith chegou no Bentley com Kim e o chofer, Neil. Pararam para comprar uma garrafa de uísque num pub bem conhecido da região, The Torch. Keith, o ex-entregador, ex-aprendiz de eletricista e baterista nas horas vagas, foi recebido como um herói local, recepção incrementada quando ele pagou uma rodada de drinques para todos os presentes.

A caminho de Mill Hill, com Jan and Dean e os Beach Boys no volume máximo no rádio do carro, como se ainda fosse 1964, o Bentley foi parado pela polícia.

"Sentimos muito pela inconveniência, senhor", disse um oficial uniformizado quando Neil Boland abaixou o vidro. "Mas estão ocorrendo muitos assaltos na região."

"Ah, bem, vocês não precisam se preocupar com isso nesta noite", anunciou Keith ao se debruçar para perto da janela, radiante. "Estamos só estudando o terreno." O humor não havia mudado em nada, pensou John, mas, quando a polícia reconheceu Keith e os deixou seguir em frente, percebeu que as circunstâncias sim. Nos velhos tempos, Keith teria de se virar nos trinta para se safar da encrenca em que ele mesmo se meteu.

Nenhum dos Beachcombers esperava por Keith. O ex-baterista simplesmente entrou na festa, viu Ron Chenery no sofá, correu até ele e pulou em seu colo.

"Garraja de cervefa! Garraja de cervefa! Nos cãopre uma garraja de cerfeva!"

Foi como se o tempo não tivesse passado, como se os anos 1960 – bem, a segunda metade dos anos 1960, período em que Keith se tornara um *rock star* – nunca tivessem acontecido. Pelo resto da noite, Keith foi apenas mais um deles, um Beachcomber, o mesmo jovem de língua afiada e sorri-

CAPÍTULO 19

so campeão que sempre foi. Claro, havia mudanças – Keith nunca andara com uma garrafa de scotch na presença dos demais e, no meio do caminho, arrumara uma bela esposa –, mas, fora isso, era a mesma figura amável que sempre foi. Parecia que a fama não o havia mudado em nada para aqueles que o conheciam melhor.

A festa acabou pouco depois das 23h. A maioria dos Beachcombers já estava perto dos 30 anos; alguns deles tinham até que voltar para liberar as babás.

"Boa noite, então?", perguntou John a Keith ao pegar seu casaco.

"Boa noite?" Keith olhou para John como se este fosse louco. "Não vou dar boa-noite cedo pra caramba assim, vamos para o Speakeasy." Era menos um convite e mais uma ordem. John e Glennis concluíram que não tinham nada a perder e até convenceram Norman Mitchener e sua namorada, Marianne, a acompanhá-los. Todos já tinham ouvido falar do Speakeasy, mas é claro que nenhum deles havia estado lá. Era preciso ser sócio. Era preciso ser alguém. Como Keith.

Depois de meia hora no Bentley, chegaram ao clube na Margaret Street. De imediato, Keith entrou no personagem. De repente, era Moon, o Lunático, que pedia garrafas de champanhe e brandy, dançava no chão e subia nas mesas, atraía as observações incrédulas costumeiras sobre sua sanidade e pedidos da gerência para que se acalmasse. De tempos em tempos, levava John e Norman pelo salão um debaixo de cada braço, para apresentar os envergonhados Beachcombers à elite do rock como "meus camaradas da minha primeira banda". Kim, que já tinha passado por todo esse *mise-en-scène* bêbado por mais vezes do que gostaria, foi para casa no meio daquilo tudo.

Neil Boland, sóbrio, ficou de olho em Keith enquanto batia papo amigavelmente com Glennis e Marianne. Já estava farto de trabalhar para Moon, disse a elas. O homem era adorável, generoso e uma figura única, mas Neil tinha uma esposa e uma filhinha em casa e nunca tinha tempo de vê-las: precisava dormir o dia inteiro só para se recuperar das noites sem-fim. Então, dera a Keith um aviso prévio que iria se demitir. Sentiria falta dele, mas recuperaria sua vida: mais três semanas e pronto.

Na hora do clube fechar, todos saíram juntos. John e Norman e suas namoradas procuraram táxis. Sairia uma fortuna a corrida de volta até seus subúrbios distantes e só Deus sabia como estariam suas cabeças na manhã seguinte, mas valera a pena. Não era como se tivessem a oportunidade de fazer esse tipo de coisa com frequência.

Keith, porém, tinha uma surpresa para eles. Em algum momento no meio daquela doideira, ele tirou alguns minutos de sobriedade para providenciar uma limusine para levá-los para casa. E, mesmo assim, os Beachcombers não conseguiam acreditar que Keith faria isso por eles, como se lhes devesse alguma coisa ou quisesse, em algum grau, compartilhar de sua boa fortuna. Quando Norman e Marianne foram enfim deixados em Stanmore, o guitarrista dos Beachcombers vasculhou os bolsos.

"Quanto fica?", perguntou.

"Quanto fica?", repetiu o motorista, meio incrédulo. "Você está de brincadeira, né? É por conta da gravadora."

O almoço de sábado e resíduo do álcool da noite anterior já assolavam com igual intensidade a cabeça e o traseiro de John Schollar. Havia *anos* que ele não se sentia assim. O mais inacreditável era que ele não tinha bebido nem a metade do que Keith bebera: não fazia ideia como o amigo conseguia manter aquele estilo de vida noite após noite.

Schollar e outro ex-Beachcomber, Tony Brind, tinham ingressos de temporada para os jogos do Queens Park Rangers, em Shepherd's Bush. Mas, pela primeira vez que conseguia lembrar, Schollar furou com Brind. Não havia como aguentar o movimento de um público de futebol da forma como ele se sentia. Aquele dia estava perdido. No meio da tarde, ainda estava tentando se recompor quando o telefone tocou.

"Sou eu, o Fuinha." Keith não esperava ser chamado de outra forma pelos Beachcombers. Ao ouvir John gemer, riu. "E aí? Que tal o meu mundo?"

Schollar gemeu mais. "Estou só o pó da gaita."

CAPÍTULO 19

E Keith riu mais ainda. Gostara da noitada, fora ótimo rever todo mundo depois de tanto tempo. Deveriam repetir. Inclusive, disse ele: "Vamos para Hatfield amanhã. Vou meio que marcar presença. Inauguração de uma discoteca nova. Por que você não vem com a gente? Vou pedir para Neil te buscar".

"Não, Keith, acho que não", respondeu Schollar. "Preciso me recuperar da noite de ontem primeiro. Me ligue daqui uns três meses."

Keith Moon não tinha nada que "inaugurar" uma discoteca numa das cidades-satélites de Londres. Afinal, ele só queria tocar bateria no The Who. Mas isso era em termos profissionais. No âmbito privado, era exatamente o tipo de convite de massagear o ego a que ele não conseguia resistir. Era uma celebridade, e celebridades faziam esse tipo de coisa, assim como jogadores de futebol profissionais eram frequentemente convidados a cortar a faixa na inauguração de supermercados. Ossos do ofício. Além disso, Keith Moon nunca recusava um convite para uma festa. A inauguração da butique da Apple, dos Beatles; o décimo aniversário do Marquee; um concerto de gala repleto de estrelas, em Londres; um casamento do meio musical; o que você imaginar, Keith estava lá, socializando com seus colegas celebridades, sorrindo loucamente para as câmeras da imprensa, interpretando o papel de astro nato, mesmo que, geralmente, por dentro estivesse explodindo de empolgação quase infantil, diante da possibilidade de conhecer gente que considerava mais famosa do que ele.

Porém, sua presença na Cranbourne Rooms, adjacente ao pub Red Lion, saindo da Great North Road (estrada também conhecida como A1000), em Hatfield, a 16 quilômetros ao norte de sua casa, em Winchmore Hill, não era um evento social como os outros. Keith não seria rodeado por outras celebridades que, se nem sempre encorajavam suas excentricidades, no mínimo faziam vista grossa. Estaria sozinho, seria a grande atração. E não era a inauguração de um salão de cabeleireiro ou de um supermercado ou uma festa local da cidade, mas sim a inauguração de uma discoteca, um lugar de congregação para a juventude baladeira, um estabelecimento que comercializava álcool – e Keith sabia mais do que ninguém que a bebida causava efeitos curiosos nas pessoas.

"Legs" Larry Smith e sua namorada, Jean Battye, uma professora, acompanharam Keith e Kim até Hatfield no Bentley, naquela noite de domingo, com Neil Boland ao volante, como sempre. Os únicos outros amigos presentes foram Jim e Jack McCulloch, que agora tocavam no Thunderclap Newman, banda que Pete Townshend montou, produziu e levou até o primeiro lugar das paradas do Reino Unido no verão anterior; eles foram com um amigo anônimo num Daimler. Todo o *entourage* tinha cabelo comprido. Até onde eles sabiam, era essa a moda. Estavam errados. A Cranbourne Rooms era dominada por skinheads.

Toda ação, dizem, causa uma reação, e a reação natural ao novo rock *underground*, com sua ênfase pronunciada na habilidade musical, que frequentemente resultava em solos de guitarra extensos, e a moda cada vez mais boêmia das calças boca de sino e das jaquetas bufantes, cabelos compridos e barbas longas, se manifestou na Inglaterra do final dos anos 1960 na emergência da cultura skinhead. Orgulhosamente de classe trabalhadora, a ênfase dos skinheads era se vestir bem e passar uma aparência durona, e, para tanto, raspavam a cabeça, calçavam botas Doc Martens, vestiam camisas Ben Sherman ou Fred Perry e calças jeans com a barra dobrada para cima e suspensórios. Estavam cagando e andando para "o *underground*" e desprezavam a ideia de festivais ao ar livre. A música de preferência dos skinheads era o ska produzido ou influenciado pela Jamaica, como eternizado pelo afiadíssimo compacto de Desmond Dekker, "The Israelites", que chegou à primeira posição no Reino Unido em 1969, no exato momento em que "Pinball Wizard" coroava o envolvimento do The Who com a "ópera-rock". Em muitos aspectos, os skinheads remetiam aos mods do início dos anos 1960, como na atenção meticulosa ao visual e no amor pela música negra dançante. Mas seu *ethos* entusiástico era sublinhado por uma obsessão pela violência – fosse ela briga de rua, hooliga-

CAPÍTULO 19

nismo no futebol ou, numa última instância, contra sul-asiáticos: embora vivessem para a música de origem jamaicana, nutriam um ódio pelos novos imigrantes do subcontinente indiano que haviam começado a chegar aos milhares à Grã-Bretanha.

Considerando-se que os skinheads andavam com bastante visibilidade nos últimos meses – nas paradas pop, nas arquibancadas de futebol e nos jornais (chegaram até a atacar as beiradas do público do show gratuito dos Rolling Stones no Hyde Park, no último mês de julho, partindo para cima dos cabeludos chapados por quem não sentiam nada além de desprezo) –, Keith deveria ter se preocupado imediatamente com a presença deles assim que entrou na Cranbourne Rooms. Mas não: ele não sabia como se privar de diversão. Além disso, havia uma espécie de compreensão inaudita entre os jovens da classe trabalhadora britânica de que o The Who era de boa, os únicos entre os titãs do rock. Eram ex-mods, durões de rua, eram incômodos, irreverentes e fortemente antiautoridade. Cantavam sobre fazer parte de uma geração e sobre estar tudo bem com a molecada, mesmo que agora estivessem enriquecendo em cima de uma ópera-rock sobre um moleque surdo, mudo e cego. Pete Townshend usava macacões e Doc Martens, embora fosse um intelectual das artes. Keith Moon destruía baterias e quartos de hotel, embora andasse por aí num Bentley.

Assim, Keith fez um discurso de abertura e, apesar de algumas provocações, não parecia nada com que ele precisasse se preocupar. Afinal, havia gente de sobra no público que parecia muitíssimo contente com a presença dele ali. Era, lembremos, um astro, e o banho de atenção que ele recebeu confirmava isso. Keith aproveitou tudo ao máximo, como sempre e, como sempre, enxugou ao máximo a bebida de graça também.

Aqueles que o acompanharam não se divertiam tanto. Não havia uma área VIP que lhes dessem 5 minutos sequer de privacidade, muito pouca segurança e, à medida que a noite prosseguia, podiam sentir o clima mudar no público, em particular entre os skinheads. Era aquela inveja costumeira, direcionada a um *pop star* que se tornara alguém na vida. Jack

McCulloch, que crescera nas ruas de Glasgow, percebeu de imediato. "Foi ameaçador. Dava para sentir que algo ia acontecer se as coisas continuassem desse jeito."

Kim também sentiu "a agressividade, a animosidade. O clima estava bem feio."

"Pude perceber que algo estava para acontecer", diz Larry Smith. "Começaram a torcer o nariz e a zombar de Keith e não só desfrutar da companhia de quem ele era. Eu dizia ao Keith: 'Vamos dar no pé e beber com a nossa própria turma', e ele respondia: 'Não, não, mais uma música, mais uma rodada de bebida'. Keith era sempre o último a sair." Infelizes e intranquilos, Smith e Battye saíram do clube e foram esperar no Bentley.

Bem na hora de fechar, às 22h30, Keith e um dos skinheads trocaram insultos. "Era óbvio que haveria uma briga", diz Kim, "então saímos dali."

Mas, por terem ficado até tão tarde, saíram do clube ao mesmo tempo que todo o resto das pessoas e, enquanto Keith e Kim entravam no Bentley com Neil, começaram de repente a jogar moedas no carro, e depois cascalho da rua. Cerca de umas trinta pessoas das mais ou menos duzentas presentes então cercaram o carro. Nem todas estavam à procura de briga – algumas eram fãs animadas pela chance de berrar um tchau para um *rock star* famoso –, mas, na maioria, eram skinheads subitamente dispostos a criar caso.

Enquanto Neil Boland colocava o carro no modo automático, a turba cercou o veículo por todos os lados. Enquanto isso, o Daimler, dos McCullochs, tentava colar logo atrás, mas, como se recorda Jack, "não conseguíamos, porque agora aquela gente toda estava à nossa frente".

Os instintos de Boland deveriam ter lhe dito para apenas pisar fundo e sair dirigindo no meio da multidão. Um guarda-costas experiente teria feito exatamente isso, sem pensar duas vezes: se alguém se machucasse, seria culpa dessas próprias pessoas. Mas Neil não era um guarda-costas treinado. Em vez disso, apesar dos protestos dos demais dentro do carro, abriu a porta do motorista para repreender aquele povo e, presumivelmente, abrir caminho. Assim que o fez, partiram para cima dele.

CAPÍTULO 19

"Ele ficou sozinho lá", diz Jack McCulloch, que observava do carro vários metros para trás. "Não havia seguranças, ninguém para ajudá-lo. Só conseguia ver uma jaqueta preta, as costas da cabeça de Neil e muita gente o encarando. Pareciam abelhas em torno de um pote de mel. Eu não saberia descrevê-las, porque todas pareciam iguais."

Dentro do Bentley, o medo dos passageiros se transformou em puro terror e os sentidos já estavam enlameados pelo álcool. Com uma turba rodeando o carro, bloqueando a visão por todos os lados, Keith pulou rapidamente para o assento do motorista para tentar conduzir o veículo para longe da confusão.

Uma testemunha ocular, que depois falou à imprensa, afirmou que, nesse momento, "o chofer se livrou dos skinheads e saiu correndo pela Great North Road" e que o Bentley "de repente disparou do estacionamento".

Jack McCulloch também confirma que o carro "saltou. Pulou. Cinco, dez metros". Esse "disparo" ou "salto" pode ter sido resultado de Keith pisar com tudo no acelerador – ele não era conhecido por fazer as coisas de forma comedida. Talvez pode ter sido pela tração acumulada no carro assim que Neil tirou o pé do freio, já que ele havia deixado no modo automático. Ou pode ter acontecido devido a alguma coisa desapercebida por aqueles dentro do carro naquele momento.

De qualquer forma, o Bentley começou a se mover pela via de cascalho em direção à Great North Road. "Nós nos vimos indo a 10, 15 quilômetros por hora em direção à estrada principal", reconta Larry Smith. "Assim, pulei para a frente, com Keith ainda ao volante, e tentei dirigir e acalmá-lo – 'um pouco para a esquerda, um pouco para a direita' –, e então viramos à esquerda na via principal, tendo em mente que, a essa altura, a molecada havia cercado o carro. Parecia um tumulto francês dos anos 1960, chutavam o carro, batiam no teto. Não conseguíamos pensar direito por causa do barulho e não conseguíamos enxergar por causa das pessoas na frente do carro." Sabiam que estavam deixando Neil Boland para trás, para se defender sozinho, em clara desvantagem por ser apenas um contra muitos. Porém, ele era um homem grande; presumivelmente, poderia se garantir contra uma gangue de adolescentes.

Enquanto o carro partia pela Great North Road, pessoas corriam ao lado do automóvel, aos berros; os passageiros do Bentley presumiram que se travava de uma continuação da histeria em massa, que parecia ter tomado conta daquela turba. Foi só quando eles pararam para pedir ajuda num clube a uns 90 metros dali que uma van parou ao lado deles e o motorista disse que havia alguém debaixo do Bentley.

"Keith olhou embaixo do carro", se recorda Kim. "Abaixou a cabeça e puxou... massa encefálica." De Neil Boland. "A cabeça dele parecia a casca de um ovo."

A polícia, os bombeiros e uma ambulância chegaram em poucos minutos. O Bentley era pesado demais para ser erguido por mãos humanas, então os bombeiros guincharam o carro e desprenderam o corpo de Neil, que estava de barriga para baixo. Foi levado de ambulância para o hospital Queen Elizabeth II, perto dali, onde foi declarado morto ao chegar.

Todos os ocupantes do Bentley foram conduzidos à delegacia de polícia de Welwyn Garden City (o destino mais lógico, a de Hatfield, havia sofrido uma queda de energia e estava numa completa escuridão). Keith avisou os empresários do The Who e Peter Rudge foi direto para o local, acompanhado do advogado, Peter Madok. Rudge ajudou a identificar o corpo de Neil Boland, tipo de tarefa que ele não imaginava ter ao começar a trabalhar para a Track. "O corpo estava todo arranhado", se recorda, "um lado inteiro do rosto dele estava arranhado." Keith fez o teste do bafômetro, que acusou um nível de embriaguez muito acima do limite legal. Ele também confessou que não tinha carteira de habilitação nem seguro.

Na manhã seguinte, saiu da delegacia taciturno e incomumente contrito e se viu cercado por jornalistas da Fleet Street. Só declarou que estava "ajudando a polícia nas investigações", que havia "prestado depoimento e não veria a polícia novamente". Seu representante, Peter Madok, estava ao lado e insistiu que não havia "a possibilidade de acusação alguma", ao passo que a polícia pareceu não muito preocupada com o assunto e emitiu apenas uma declaração concisa que apontava, em parte, que Boland "se envolveu num tumulto e caiu na frente do carro do Sr. Moon. O carro, que

CAPÍTULO 19

então era conduzido pelo Sr. Moon, andou para a frente e o chofer foi pego debaixo do veículo".

Embora o incidente tivesse acontecido tarde demais da noite para chegar aos jornais da manhã de segunda, à tarde já estava em todos os jornais londrinos noturnos. Na terça de manhã, chegara à imprensa nacional também – dos tabloides, que fizeram a festa, ao *Times*, mais austero, que ainda assim considerou o incidente importante o suficiente para merecer alguns parágrafos. A polícia já havia prendido dois jovens – Paul Holden, de 18 anos, e um garoto de 15 anos cuja idade lhe permitia permanecer anônimo – e acusara ambos de ter causado a desordem. Ainda assim, a maior parte das reportagens se concentrava no óbvio do sensacionalismo: que o motorista de Keith Moon havia morrido numa confusão na frente de uma casa noturna depois que o *rock star* assumiu o volante do carro e o atropelou.

Keith estava ciente demais de que a mídia exploraria ao máximo esse fato indiscutível no coração da tragédia e, na terça-feira, começou a ligar para aqueles mais próximos dele – sua mãe e John Schollar, entre outros –, literalmente chorando ao dizer: "Eles estão falando que fiz de propósito, mas não fiz... Não foi culpa minha".

John Entwistle foi visitar Keith no mesmo dia, em Old Park Ridings, onde Larry Smith e sua namorada também estavam, de forma que os quatro passageiros daquela noite fatídica contavam com um ao outro para conforto e consolo. "Todo mundo estava devastado", se recorda John. "Mas todos contavam a mesma história: tentaram impedir Neil de sair do carro." Porém, embora Larry, Kim e Jean estivessem todos tomados por luto e choque, nenhum deles tinha de levar o fardo de estar ao volante na hora. E nenhum deles era uma celebridade faminta por publicidade com uma tendência à destruição, de quem se pudesse dizer que "era questão de tempo". "Keith se culpava pelo acontecido", diz John Entwistle, "porque ele, de fato, fez aquela merda. Admitiu que fez."

Keith se trancou em sua casa imitação de estilo Tudor no cinturão dos corretores da bolsa, inconsolável de remorso, tomado pela culpa. "Legs" Larry ficou hospedado na casa e a imprensa montou acampamento do lado de fora. Mas a porta ficava fechada para os repórteres e, depois que o julgamento foi marcado na sexta-feira seguinte, dia 20 de janeiro, para ser imediatamente adiado para a sexta-feira de 20 de fevereiro, eles enfim debandaram. Enquanto isso, Jim e Jack McCulloch, que testemunharam o acontecido de dentro do Daimler, foram informados pela Track que, até onde sabiam, nunca nem estiveram no clube. Já havia notícias ruins demais para tratar envolvendo Keith Moon e não havia necessidade de arrastar o Thunderclap Newman junto.

— ● —

NESSE ÍNTERIM, O THE WHO TINHA UMA AGENDA DE SHOWS PARA cumprir. Keith foi arrancado de sua depressão e lançado de volta à ação com dois shows na Champs Élysées, em Paris, nos dias 16 e 17 de janeiro, e em seguida a banda foi direto para o estúdio IBC e gravou um novo compacto. "The Seeker" representava uma mudança de direção, à medida que, pela primeira vez, mas definitivamente não pela última, Pete Townshend se questionava em público: parecia que o sucesso na vida adulta trouxera um conjunto diferente de dúvidas e contradições daquele da fúria adolescente. "The Seeker" é consideravelmente mais dura do que qualquer outra coisa lançada pelo The Who nos dois anos anteriores, mais *bluesy* também, mas, no desejo pela introspecção na letra, Townshend sacrificou a melodia, algo que ele geralmente encontrava de maneira muito fácil e natural. Moon, por sua vez, se mostrou confiável, mas não inspirado – e isso, dado seu estado de espírito, não foi surpresa para ninguém. "The Seeker" nunca seria nada além de um lançamento "intermediário".

Imediatamente depois da gravação, o The Who voltou à Europa e tocou em teatros de prestígio na Dinamarca e na Holanda e então – num cruzamento cultural pioneiro – em três casas de ópera, na Alemanha. Depois do primeiro desses shows, em Colônia, Keith evidentemente sentiu que a nova reputação do The Who como músicos sérios precisava ser nivelada: desceu até o lobby do hotel no meio da noite para reclamar que

CAPÍTULO 19

o aquecimento estava forte demais – e, para provar seu argumento, foi completamente nu.

Os shows nas casas de ópera foram tão bem-sucedidos, que a ideia de se apresentar em outras casas do tipo ao redor do mundo foi imediatamente cogitada; nesse meio-tempo, o The Who gravou shows nas universidades de Leeds e Hull, nos dias 14 e 15 de fevereiro, com o propósito expresso de lançar um álbum ao vivo. (Já haviam gravado dezenas de shows no ano anterior, mas Townshend se recusou a ouvir "800 horas" de gravações e alega ter ateado fogo nelas cerimoniosamente, em vez de só deixá-las chegar às mãos de pirateadores inescrupulosos. Era melhor, segundo ele, gravar apenas dois shows e presumir que pelo menos um seria bom o bastante para ser lançado.) No palco, nessas apresentações, Keith conseguiu se perder na música, deixar seus problemas de lado por umas 2 horas de transpiração, mas, fora dele, estava decididamente fora de forma. Ainda frequentava o Speakeasy por hábito, mas aqueles que o viam lá notavam que ele se sentava solitário num canto a noite toda, em vez de dançar em cima das mesas ou de tirar a roupa como geralmente fazia, e todos sabiam o motivo. Aqueles que se consideravam próximos o bastante de Keith tentaram convencê-lo a não se culpar pela morte de Neil, mas ele parecia determinado a fazer exatamente isso.

"A morte dele sempre vai estar na minha consciência", confessou a um jornalista da Fleet Street, que o colocou contra a parede certa noite. "Agora, todo mundo conseguiu o que queria: deixar o Keith Moon para baixo. Bem para baixo. De nada."

Ele foi parcialmente exonerado no julgamento em 20 de fevereiro, quando apresentou a sua versão dos acontecimentos que levaram à morte do motorista. Quanto a Boland ter saído do carro, disse: "Não sei se ele abriu a porta ou se a porta foi aberta de fora... Tentei dizer a ele para ficar no carro, porque as mulheres estavam assustadas". Mencionou ter conduzido o carro por 13 metros na via, algo que não constou nos depoimentos de outras testemunhas oculares (na época ou anos depois): "Abri a porta do motorista porque pensei que Neil pudesse escapar e se juntar a nós", mas, em vez disso, a turba foi atrás do carro novamente. "Minha esposa ficou desesperada e todos nós muito assustados. Vi uma luz e algumas pessoas a cerca de uns 90 ou 100 metros adiante, então dirigi até lá e parei." Foi então que o outro veículo se aproximou e o motorista deste lhe disse que havia alguém debaixo do carro. "Acho que Neil ou entrou debaixo do carro para se proteger ou foi empurrado."

Larry Smith relatou uma confusão semelhante. Recordava-se de esperar no carro e de ouvir, quando o clube fechou, alguém gritar: "Vamos quebrar os faróis" do Bentley, e de que moedas foram arremessadas contra o carro, seguidas de pedras. "No espaço de 30 segundos, estavam todos eles em cima do carro, tentando amassá-lo com chutes ou nos puxar para fora. O Sr. Boland saiu e foi a última vez que o vi com vida."

Christopher O'Rourke, de 19 anos, que a polícia suspeitava estar envolvido no tumulto, contou sua própria versão. Concordava que uma multidão começara a lançar moedas contra o Bentley. Então, disse: "O carro parou, o chofer saiu e correu em direção à multidão. Não vi o que aconteceu depois. O carro saiu do estacionamento e o chofer correu atrás dele. Alcançou o carro e houve uma certa confusão. A multidão cercou o carro e depois começou a se afastar. O chofer estava no chão, na frente do carro. Tentou se levantar. O carro foi para a frente e ele caiu".

Esses depoimentos não tinham a intenção de ser contraditórios. A morte de Neil ocorreu durante poucos minutos de caos ao final de uma noite de embriaguez em que duas culturas (a dos skinheads e a dos *rock stars*, dos punks e dos chefões, por assim dizer) se digladiaram. Exceto se os acontecimentos tivessem sido filmados, como cada um ali tinha sua própria perspectiva, era difícil entender exatamente o que acontecera, ou como. Era quase impossível compreender o motivo. O júri só levou 10 minutos para dar um veredito de morte acidental.

Isso não agradou em nada os pais de Neil Boland, que declararam: "Nunca iremos descansar até que a polícia determine exatamente como Neil morreu naquela noite". De sua parte, a polícia deixou claro que também estava determinada a investigar mais a fundo. Levantaram acusações

CAPÍTULO 19

de "desordem" contra oito jovens, todos eles de Hatfield, todos com menos de 20 anos, cinco deles de profissões de classe trabalhadora e os outros ainda estudantes. Acusaram também Keith Moon por "dirigir sob efeito excessivo de álcool", "sem seguro" e "sem habilitação".

O The Who só voltaria a tocar no meio de abril, embora a banda tenha feito algumas gravações no estúdio de Pete Townshend, em Eel Pie, para um EP que nunca foi lançado. À maior parte delas faltava o brilho de sempre do The Who: é difícil precisar se isso se deu porque o equipamento do estúdio de Townshend não estava à altura[103], porque um deles, isto é, Keith Moon, não estava em boa forma emocional, ou até se porque Kit Lambert, pela primeira vez em anos, se ausentou do posto de produtor. É certo que esse período, que se mostrou o menos movimentado para o The Who em muitos anos, só deu mais oportunidade a Keith de pensar na morte de Boland. Suas boas intenções de ajudar a família de Neil ficavam complicadas pelo fato de que todos os familiares, em particular a viúva de Boland, pareciam considerar Keith o responsável. Em certo sentido, estavam corretos: se Neil Boland não estivesse trabalhando para Keith Moon, não teria morrido debaixo do carro. E essa verdade irrefutável Moon não poderia limpar de sua consciência.

Seu estado mental frágil dificilmente foi ajudado quando soube que a mente de seu bom amigo Viv Stanshall parecia estar em perigo de desaparecer por completo, ao ponto de, como o próprio Viv relatou com uma honestidade brutal mais tarde naquele ano, "me darem injeções e me amarrarem num hospital psiquiátrico por uns dois meses". Moon visitava Stanshall com Larry Smith e Jack McCulloch e outros amigos próximos, mas ver o amigo e companheiro de provocações em tais condições o levava às lágrimas. "Essas instituições eram do século 19", diz McCulloch. "Você chegava lá e havia alas de 90 metros de comprimento. Ao vermos Viv, pen-

---

103 A desculpa óbvia, até lembrarmos que "Something in the Air", hit do Thunderclap Newman que chegou ao primeiro lugar, foi gravada lá.

sávamos que ele não deveria estar ali. E Keith foi fundamental em tirá-lo de lá e levá-lo para lugares melhores. Ele foi para uma instituição privada e saía aos fins de semana."

Diante do tribunal de Hatfield, no dia 23 de março, Keith se declarou culpado das três acusações, mas apresentou circunstâncias mitigadoras convincentes: sabia que ia beber, por isso tinha um chofer, não tinha intenção de dirigir o veículo antes de a confusão acontecer e, na verdade, não tinha intenção alguma de dirigir nem no passado nem no futuro. Mais uma vez, relatou sua versão dos acontecimentos, ainda tão confusa quanto a de todos os outros, incluindo uma afirmação sem sentido sobre o momento em que finalmente parou o carro no clube mais adiante na estrada, pouco antes de descobrir que Neil estava sob o carro: "Minha esposa correu para buscar Neil, mas eu disse a ela para ficar no carro e trancar as portas". Presumivelmente, ele quis dizer que Kim *se ofereceu* para correr para buscar Neil e que ele não deixou. Um comentário se manteve particularmente pertinente – e para sempre hipotético. "Simplesmente não sei o que teria acontecido se eu tivesse ficado no estacionamento. O clima piorava a cada momento."

O advogado David Croft argumentava que "há situações especiais aqui. A Justiça exige que essa sentença deva ser a mais baixa possível". Os magistrados concordaram. Keith foi dispensado por completo, não teve de pagar nenhuma multa ou indenização e sua habilitação não foi cassada, embora, é claro, ele nem tivesse habilitação, na verdade. Para todos os efeitos, Keith Moon foi absolvido legalmente de toda responsabilidade ou culpabilidade na morte de seu motorista, Neil Boland.

Por fim, no dia 12 de maio, o caso contra os oito jovens foi julgado no tribunal de Hertfordshire, em St. Albans. O advogado de defesa apresentou algumas desculpas forçadas para o comportamento de seus clientes. Negou que eles fossem skinheads e reafirmou que eles "praticamente não se conheciam". Sugeriu que a culpa do tumulto era, em parte, de Keith, a partir do momento que ele pediu uma "dose grande de brandy", quando lhe ofereceram um drinque, e que Kim Moon era igualmente culpada, por se recusar a dar carona aos jovens até suas casas no Bentley.

CAPÍTULO 19

Uma das provas-chave para a argumentação mais realista da promotoria foi um depoimento concedido por Paul Holden, de 18 anos, preso no dia seguinte ao incidente, que confessou ter "metido a bota... Havia cerca de doze pessoas ao redor daquele homem fazendo o que eu fazia, chutando-o".

Três dos acusados tiveram suas declarações de inocência aceitas pela promotoria (incluindo O'Rourke, o jovem de 19 anos mencionado no inquérito): todos os outros cincos foram considerados culpados. Se estivessem com raiva por Moon, famoso e com um advogado chique, ter se safado, enquanto eles, jovens de classe trabalhadora, pagavam o pato, também tinham razão para se sentirem aliviados. Ao proferir a sentença, o juiz concluiu que "o reformatório é tudo o que vocês merecem". Inexplicavelmente, em particular considerando-se a seriedade das acusações e a tragédia que foi um resultado indireto do comportamento dos jovens naquela noite, em Hatfield, o juiz os deixou ir perante fianças: 200 libras para John Dunn, de 20 anos, condenado – assim como todos os demais considerados culpados – por desordem; 60 libras para Paul Holden; 50 libras para Peter Thorpe, de 19 anos; e 30 libras para um quarto jovem, de 17 anos. Por fim, o mais novo, de 15 anos, foi encaminhado ao reformatório, mas, inclusive, já frequentava um.

— ● —

Todo aquele incidente lamentável estava encerrado, pelo menos publicamente. Porém, suas sequelas perdurariam, possivelmente pela vida inteira, no caso de Keith. Não era algo muito notado pelo público, para quem Keith acreditava ter uma imagem a manter, que ele continuava a se esforçar ao máximo para cumprir, mas era evidente para todos aqueles que o conheciam o bastante para passar alguns momentos de maior quietude com ele. Ao final de uma noite, quando a festa já tinha acabado e os únicos que restavam na casa em Winchmore Hill eram Keith e alguns de seus amigos mais próximos – Larry, Vivian, Jack –, a ficha então caía. "Eu matei um homem." Não era uma admissão de culpa, porque havia sido, afinal, um acidente terrível, lamentável e inesperado do qual Keith tinha sido legalmente absolvido, mas era certamente uma admissão de responsabilidade.

Em seus momentos mais obscuros, que de agora em diante seriam muitos, Keith teria uma consciência dolorosa de que sua vida inteira vinha sendo conduzida para algo como isto, que a morte de Neil fora um acidente que só estava esperando para acontecer, por assim dizer. Ao longo dos anos, foram travessuras atrás de travessuras, e, à medida que sua fortuna e suas oportunidades aumentavam, crescia também o quociente de risco de suas ações, de jogar bombas de fumaça em veículos em movimento e traques em ruas cheias de Nova York a carregar baterias com dinamite e dar alarmes falsos em estradas. Porém, como Keith frisou para um amigo em aspas depois aproveitadas pela imprensa, "ninguém havia se machucado até então". Devia parecer muito irônico não ter havido nenhum ferimento durante todos esses incidentes de um perigo ultrajante (exceto aqueles sofridos pelo próprio Keith, é claro e, sob circunstâncias diferentes, os que ele impôs a Kim), e, no entanto, naquela única noite em que saiu para se divertir mais tranquilamente com alguns amigos mais íntimos, com o propósito simples de inaugurar uma discoteca, alguém próximo dele acaba morrendo.

Uma pessoa normal, seria de se argumentar, teria ficado devidamente envergonhada e chocada diante de tal episódio, a ponto de "aprender a lição" e alterar seu estilo de vida. Keith Moon, é claro, era tudo menos normal. Nunca fora e, depois disso, certamente nunca mais seria. O fato de ele ter se sentido compelido a continuar bebendo não foi nenhuma surpresa, dado que já exibia a maioria dos sinais do alcoolismo. E o fato de ele ter continuado com suas maluquices com pouca preocupação quanto à segurança pública foi, talvez, surpreendente, considerando-se a morte de Boland, mas nada além de uma desculpa para a bebedeira que antecedia a maior parte delas e uma revelação da instabilidade da mente que funcionava por trás de tudo isso. Ele ter começado a dirigir carros – e dos rápidos, ainda por cima, sem nem saber como nem ter habilitação, batendo-os com quase tanta frequência quanto entrava neles – é tão ridículo, que a reação imediata de alguém diante disso era presumir que ele simplesmente não dava a mínima para as consequências de suas ações, que espantou casualmente a morte de Boland da memória assim que foi absolvido de tê-la causado. Não foi o caso, e temos alguma ideia de sua confusão interna a partir do momento em que ele escolheu abraçar seus demônios com uma imprudência absoluta, apesar de ter conhecido em primeira mão as consequências trágicas dos riscos físicos envolvidos.

Havia pouca gente com quem ele podia compartilhar esse tumulto interno. A relação com Kim sempre foi turbulenta, a banda era compreensiva, mas igualmente exigente à sua maneira e, por escolha própria dele, não havia muita gente entre as centenas de pessoas com quem socializava que ele considerava verdadeiramente amigos íntimos (e mesmo estes tendiam a também ser bebedores inveterados, propensos a também despencar da euforia ao desespero). Uma pessoa com quem ele, de fato, compartilhou parte de seu tormento foi uma musicista e *groupie* de Los Angeles, na época conhecida como Miss Pamela Miller, com quem Keith embarcou num relacionamento pessoal de dezoito meses a partir do ano seguinte. No meio da primeira e longa noite de amor dos dois, como ela relembrou anos depois em seu livro, *I'm With the band*[104], Keith assumiu uma série de personas sexuais. Uma delas, um padre, parecia divertida o bastante até que, de repente, o papel se inverteu e ele começou a confessar seus próprios pecados. Depois de contar a Pamela a história da morte de Neil Boland, "ele entrou em crise e começou a chorar", escreveu ela, "se chamando de 'desgraçado assassino'". Durante encontros subsequentes ao longo dos anos seguintes, "ele acordava dezenas de vezes no meio da noite, ensopado de suor que cheirava a medicamentos, num falatório sobre ter atropelado seu *roadie [sic]* e queimar no inferno por toda a eternidade. Ele não via a hora de pagar por aquele erro terrível".

---

104 Pamela passou a ser conhecida como Pamela Des Barres depois de se casar com o cantor Michael Des Barres, em 1977. Seu livro teve lançamento no Brasil em 2004, sob o título *Confissões de uma groupie: I'm with the band*, pela editora Barracuda, mas atualmente se encontra esgotado. (N. do T.)

"The Seeker" foi lançado em março, alcançando a décima nona posição no Reino Unido e a quadragésima quarta nos EUA. Considerando-se que o sucesso de *Tommy* havia estabelecido o The Who como uma das principais bandas do mundo (e que um segundo compacto do álbum lançado nos EUA, "I'm Free", tinha entrado no top 40), essa era uma queda assustadora. Porém, a ressaca coletiva durou apenas umas poucas semanas, até que *The Who Live at Leeds* foi lançado em meados de maio, para se tornar a pedra fundamental pela qual todos os futuros álbuns ao vivo seriam julgados.

O disco foi lançado com uma capa em papel pardo lisa, mas, dentro, havia um conteúdo de sonho para os colecionadores, com agendas de shows antigas, contratos, cartas de rejeição, pôsteres e cartões-postais, tudo servindo para perpetuar a lenda do The Who e consolidar os laços com os fãs. A embalagem era uma virada de 180 graus em relação a *Tommy*, o que era precisamente a intenção. Musicalmente, o disco também representava uma guinada deliberada. *Tommy* tinha uma moderação clássica, repleto de violões e harmonias orquestrais, as músicas eram curtas e doces, os temas concisos, a intenção, cerebral. *Live at Leeds* é rock em sua forma mais visceral, mais barulhenta e mais brutal, mais experimental e livre. A performance de 14 minutos de "My Generation" viaja da versão acelerada do compacto até o *talking blues* lento, que fora a ideia original da música, passando pelo *finale* de *Tommy* e por uma *jam* instrumental bruta, que praticamente urra dos alto-falantes. A versão prolongada de "Magic Bus", da mesma forma, também é bem distante da original. "Summertime Blues" e "Shakin' All Over" são grandes e selvagens abraços de urso nos adorados *standards* de rock 'n' roll nos quais os Detours se formaram; "Young Man Blues", de Mose Allison, foi transformada do lamento de 2 minutos de jazz ao piano num grito primal de fúria adolescente, no qual Roger Daltrey soa mais do que nunca como um titã do rock, Townshend toca *riffs* de guitarra mais barulhentos do que nunca e Keith Moon soa mais perigoso do que

CAPÍTULO 19

jamais fora com a bravura que a natureza de pausas e retornos do blues pede. Apenas "Substitute" escapa relativamente incólume, exceto por um ajuste de volume absolutamente ensurdecedor.

Para quem conhecera a banda apenas pelo trabalho em estúdio de *Tommy*, *Live at Leeds* foi um tremendo baque. Para quem descobrira o The Who com *Tommy*, mas já tinha visto shows da banda, o disco confirmava o que havia sido descoberto: que, ao vivo, o The Who era um animal totalmente diferente – e muito mais selvagem – do The Who em estúdio (em *Tommy*). Para quem havia crescido com a banda, era uma reafirmação do quanto a banda evoluíra das cantigas pop agradáveis de meados dos anos 1960 e, ainda assim, do quão próxima ainda permanecia das raízes, dada a escolha de músicas antigas e da potência com que foram apresentadas.

Quando *Live at Leeds* chegou imediatamente ao quarto lugar nos EUA e ao terceiro no Reino Unido, confirmou a ascensão do The Who ao pináculo do rock, fundado na habilidade notável da banda de ser todas as coisas para todas as pessoas: artistas finos capazes de compor "ópera" para a alta cultura, uma banda de rock 'n' roll visceral capaz de tocar por mais tempo, mais alto e mais despojada do que qualquer uma de suas contemporâneas e, ainda assim, ser uma banda pop com todo um catálogo de compactos de 3 minutos. Como tal, as quatro personalidades conflitantes da banda enfim se provaram totalmente complementares: Moon era reverenciado como um inovador rítmico, admirado como uma potência física e adorado como um palhaço em público; Townshend era altamente estimado como porta-voz, compositor, intelectual e visionário tanto por cabeludos incultos quando pela elite cultural; Entwistle era respeitado por sua musicalidade perfeita e por suas composições pitorescas; e Daltrey, enfim o galã indiscutível da banda, era o deus grego e agora caminhava pelo panteão dos *rock stars* de cabelos sedosos como o próprio Colosso.

O show em Leeds foi apenas um dos mais de duzentos e cinquenta tocados de forma semelhante entre 1969 e 1971, de casas de ópera a refeitórios de universidade, de festivais a céu aberto a auditórios. Cada *set* trazia uma ordem discretamente diferente e contrastes perceptíveis nas *jams* instrumentais, mas havia certas constantes: de três a cinco músicas para aquecer o público, *Tommy* do início ao fim, com exceção de apenas umas quatro ou cinco canções das menos eficazes ao vivo, uma variedade de clássicos do blues e do rock 'n' roll, e um encerramento centrado em "My Generation" e "Magic Bus". Os uniformes também eram notavelmente consistentes: Townshend favorecia sua "roupa de trabalho", um macacão branco; Daltrey, as jaquetas franjadas e o peito nu; e Keith Moon sempre de branco, noite após noite, o que levou a imprensa a lhe apelidar de "o tornado branco". Só Entwistle variava as indumentárias, frequentemente bizarras e quase sempre autodepreciativas: o esqueleto luminoso, em particular, reafirmava um senso de humor a que sua presença estática nem sempre aludia.

Havia outro elemento na performance do The Who que se manteve consistente ao longo dos anos, num contraste intenso com outras bandas de sucesso da época. Independentemente do quanto sua bateria aumentava (recentemente, ele acrescentara um gongo gigante às suas costas), Keith Moon se comprometia a tocar no nível do palco, na mesma altura que seus companheiros. Esse era outro exemplo da personalidade dupla: o aparente extrovertido, o exibido nato, o homem que sempre teve as maiores baterias do rock, se recusava a ser colocado num pedestal.

Ficar no nível do palco dava a ele uma oportunidade de ser mais um dos caras. Interrompia frequentemente as introduções dos demais, em geral com alguma tirada inteligente e afiada em resposta a algo dito por Townshend. Às vezes era sarcástico, como quando, no início de *Tommy*, batia a baqueta no suporte de um dos tambores, como se fosse uma batuta numa estante de partitura, e dizia ao público para "se sentar, essa é uma porra de uma ópera". Em outras, era simplesmente cômico, como quando pegou o cone quebrado de um alto-falante no London Coliseum e disse: "E agora, gostaria de apresentar o nosso palestrante[105] convidado". O público passou a esperar suas intrusões humorísticas como parte intrínseca

---

105 *Trocadilho com a palavra* "speaker", *que pode significar tanto* "alto-falante" *quanto* "palestrante". *(N. do T.)*

do show. Keith ficava tão encorajado, que até cantava junto, e Bob Pridden, da lateral do palco, ficava atento, de olho no *fader* que dizia "Mic vocal da bateria" e decidia se era o caso de baixá-lo até o zero.

Esses anos foram o auge da banda ao vivo, embora seja de se argumentar que o The Who *sempre* esteve no auge ao vivo. É certo que a besta que descobriram dentro de si nos EUA por volta de 1968 e que então tiveram a chance de soltar pelo mundo todo com o sucesso de *Tommy* deu a eles uma confiança quase sobre-humana para tentar de tudo. John Wolff começou a fazer experimentos com o poder dos arcos de luz acima do público, enquanto Entwistle e Townshend empilhavam amplis em cima de amplis, caixas em cima de caixas, ensurdecendo a si mesmos (literalmente) e ao público noite após noite. Pete aprendia a saltar cada vez mais alto, Roger a arremessar o microfone cada vez mais longe, Keith a tocar cada vez mais livre e John cada vez mais afiado.

No todo, havia muita coisa a respeito do The Who, na aurora da década de 1970, que os marcava com a banda prototípica do hard rock; de fato, *Live at Leeds* teve de viver com a acusação de ter ajudado a dar à luz o movimento heavy metal, o que não é, dependendo da perspectiva musical de cada um, necessariamente um elogio. Considerando-se o rumo que o clima musical tomava, se eles tivessem continuado por esse caminho sem olhar para trás, poderiam possivelmente ter se tornado a maior banda de rock do mundo. Mas o The Who era multifacetado demais para se entregar a apenas um estilo musical. No fim das contas, foi o Led Zeppelin, com quem o The Who tinha muito em comum – um vocalista de cachos dourados e um enorme apelo sexual, um guitarrista e compositor genial, um furacão alcoólico como baterista e um baixista discreto e musicalmente habilidoso, além de uma predileção pelos prazeres da vida e pela estabilidade na formação –, que conquistou essa aclamação global. O The Who nunca venderia tantos discos quanto o Led Zeppelin, mas continuou a operar em tantos níveis diferentes, que sempre alcançaria um público mais amplo.

Em Old Park Ridings, vivia, do outro lado da rua, entre os poucos vizinhos com quem Keith gostava de socializar, um ex-executivo chamado Ron Mears com sua esposa, Yvonne. A relação com o casal mais velho se baseava numa afeição mútua pelo álcool: os Mears decoraram o sótão como o interior de um navio, com direito a um bar completo. Keith também se dava bem com o filho deles, John, e, depois da morte de Neil Boland, o contratou como assistente e motorista – não para o Bentley marcado pela tragédia, do qual Keith compreensivelmente se livrara, mas para sua nova aquisição, um Rolls-Royce Silver Cloud Mark III de uns dez anos de idade, pintado de um lilás inconfundível, equipado com frigobar, televisor, os mesmos alto-falantes com os quais ele assustava o povo no Bentley e um tocador de cartuchos 8-track para um som estéreo de alta qualidade. Moon também passou a levar um telefone no carro e, com as janelas abertas de propósito, era frequentemente visto falando no aparelho. Os passantes, impressionados, não faziam ideia de que o fone não estava conectado a nada.

Ron e Yvonne Mears queriam se envolver em novos negócios e Keith, de repente, estava nadando em dinheiro. Com o sucesso mundial de *Tommy*, as prioridades de negócios do The Who mudaram quase que da noite para o dia: de enfrentar os credores a burlar o leão. Quando Mears encontrou um hotel com um pub adjunto chamado The Crown and Cushion à venda, localizado na High Street de Chipping Norton, um vilarejo pitoresco em Cotswolds, Keith concordou em entrar na sociedade. O Crown and

Cushion era uma antiga estalagem que datava de 1497, com um restaurante de um lado da entrada arqueada e do pátio de paralelepípedos, e um bar do outro. Embora sua aparência e reputação tivessem escorregado nos últimos anos, a localização central garantia um fluxo permanente de visitantes. A metade de Keith eram consideráveis 16 mil libras, que ele poderia justificar tanto como um investimento seguro quanto uma isenção de impostos. De um jeito ou de outro, seus contadores ficaram em cima dele para investir sua fortuna rapidamente crescente em alguma outra coisa que não fosse no bar da esquina.

É claro que isso era exatamente o que Keith fazia, e a própria ideia de um bebedor inveterado comprar seu próprio pub e esperar ganhar dinheiro com ele era naturalmente fadada ao fracasso desde o início. Em termos de noções contraditórias, só se equiparava a um *rock star* barulhento e hiperativo, infame por destruir quartos de hotel, escolher comprar sua própria hospedaria histórica num vilarejo famoso principalmente por sua beleza rural idílica e sua proximidade a atrações turísticas tais como o Palácio de Blenheim, o Castelo de Warwick e a cidade de Stratford-upon-Avon[106].

Contudo, em outros aspectos, era perfeitamente natural para Keith brincar de proprietário de hotel ou de senhorio de pub. Era o mais sociável e simpático de todos os *rock stars*. Isso ficava evidente em como ele sempre levava a festa para sua casa ou seu apartamento depois que os clubes fechavam. (Muitos de seus amigos já haviam passado a chamá-lo de "meu anfitrião".) E igualmente aparente na maneira como ele, por hábito, fazia o papel de inglês receptivo para as bandas estadunidenses, ao ponto de parecer que todo músico vindo dos EUA tivera a mesma primeira impressão da cena musical de Londres – um Keith Moon animado saltando pelo *backstage* fazendo saudações e convites ousados para um giro pela cidade. John Sebastian, do Lovin' Spoonful, depois de passar por uma cerimônia de iniciação completa em meados dos anos 1960, imediatamente

---

106 *Cidade natal de William Shakespeare. (N. do T.)*

CAPÍTULO 20

comparou Moon a um *tummle*, uma palavra ídiche mais usada no contexto americano para descrever o tipo de comediante jovial frequentemente empregado para receber e guiar turistas judeus pelos Alpes Judaicos do Borscht Belt ou pelas Catskills; Sebastian fez essa observação uns bons três anos antes de Pete Townshend escrever o equivalente britânico de um hino *tummle*, "Tommy's Holiday Camp", para e por causa da personalidade calorosa e receptiva de Keith.

Em Chipping Norton, houve algumas reclamações dos habitantes mais pacatos do *establishment* da cidade quando eles ficaram sabendo que Moon assumiria um dos hotéis locais, mas havia pouco que pudessem fazer. Keith era um sócio limitado; eram os nomes de Ron e Yvonne Mears que constavam como senhorios do pub. E o lugar vinha decaindo numa constante de qualquer forma; havia muito a ser ganho com o investimento de um *rock star* jovem e rico, tanto quanto se fosse um executivo mais convencional a fazê-lo.

De fato, os Moons e os Mears investiram tempo e dinheiro consideráveis no Crown and Cushion, embora, para ser preciso, Keith só investiu dinheiro: assim que o hotel foi comprado, ele partiu para os EUA com o The Who para uma turnê de um mês. Enquanto Kim levava Mandy para Chipping Norton e opinava na redecoração, o The Who se tornava a primeira banda de rock da história a tocar na New York Metropolitan Opera House, onde apresentou *Tommy* na íntegra, para depois partir para o oeste e tocar como atração principal para 30 mil pessoas no Anaheim Stadium, em Los Angeles.

Durante uns dois dias de folga em São Francisco, Keith e parte da equipe tomaram ácido e Moon decidiu atravessar a ponte Golden Gate durante a "viagem" porque, nas palavras de Peter Rudge, "para ele, essa seria a emoção que poderia destacá-lo de todo mundo". Por fim, acabou convencido a não fazê-lo. Depois disso, John Wolff testemunhou um exemplo primoroso do vínculo crescente entre Pete Townshend e Keith Moon.

"Keith e eu ríamos histéricos do que acontecia ao nosso redor", se recorda Wolff. "Pete ouviu, veio até o quarto e se juntou a nós. Começou a disparar umas tiradas ótimas enquanto Keith e eu morríamos de rir... Começamos a nos fixar em algumas das figuras ao nosso redor. Havia toda uma situação hilária rolando, havia mulheres enfileiradas, havia certas coisas debochadas acontecendo, andávamos pelo hotel num bando meio destrutivo, jogando coisas na piscina. Townshend estava na mesma sintonia que a gente, embora não tivesse usado nada. Pete e Keith eram muito próximos, tinham a mesma sintonia e se complementavam, embora fossem de personalidades totalmente diferentes."

"Moon dava uma descarga de adrenalina", Townshend admitiu a Keith Altham, no *Record Mirror*, depois de voltar dos EUA. "E isso faz você aguentar umas verdadeiras maratonas de turnê sem nem perceber, e só quando você chega ao aeroporto e se despede dele é que se dá conta de que está semimorto. Pode ser bem desgastante. Já fui chutado de inúmeros hotéis onde ele explodia as portas ou nadava pelado na piscina. Mas não é uma questão de perdoá-lo. Você só tem de aceitá-lo. É algo que faz parte dele."

De volta à Inglaterra, em julho, Keith, eterno assessor de imprensa de si mesmo, levou o The Who até o Crown and Cushion para uma sessão de fotos. A compra do pub e do hotel parecia uma matéria óbvia e a imprensa a agarrou prontamente. Chris Welch, da *Melody Maker*, visitou o estabelecimento num domingo de verão usando terno e gravata, que ele achou apropriados para uma comunidade tão rural. E então Keith Moon retornou de um passeio de barco pelo rio com Viv Stanshall e Ronnie Lane, os três vestidos como membros de uma trupe circense alcoólatra – Moon, de gravata-borboleta e colete gigantes; Lane, num blazer multicolorido berrante; e Stanshall, completamente desgrenhado, com o cabelo crescendo todo bagunçado depois que ele o raspou por causa do trauma do fim dos Bonzos.

Aquilo foi demais para um dos velhos locais, vestido mais adequadamente, de paletó e chapéu de caça, que reclamou do serviço e exigiu a presença do gerente. Moon parou de servir drinques gratuitos para seus amigos, foi para o outro lado do bar naquela roupa de palhaço e se aproximou animadamente do camarada mais velho, que se encolheu visivelmente. "*Eu* sou o gerente", proclamou Keith, se deleitando com o momento.

"JÁ FUI CHUTADO DE INÚMEROS HOTÉIS ONDE ELE EXPLODIA AS PORTAS OU NADAVA PELADO NA PISCINA. MAS NÃO É UMA QUESTÃO DE PERDOÁ-LO. VOCÊ SÓ TEM DE ACEITÁ-LO. É ALGO QUE FAZ PARTE DELE."

(PETE TOWNSHEND)

KEITH MOON

Se a presença de Moon assustava os mascates idosos ocasionais, atraía uma clientela mais jovem aos montes. As visitas de Keith eram irregulares, a depender da agenda do The Who, mas, quando aconteciam, geralmente contavam com a companhia de parceiros de bebedeira da elite musical. Durante o período em que ele foi proprietário do Crown and Cushion, Ringo Starr, Elton John, Viv Stanshall, "Legs" Larry Smith e membros do Led Zeppelin, do Pink Floyd e dos Faces (como os Small Faces passaram a ser conhecidos depois da partida de Marriott e de se juntar ao antigo rival romântico de Keith, Rod Stewart, que se tornou o cantor da banda) frequentaram o estabelecimento. Keith até pagou um ônibus fretado para levar clientes regulares do clube La Chasse para Chipping Norton para beber e comer de graça, passar a noite lá e retornar no dia seguinte. Keith dificilmente desejava algum anonimato em seu envolvimento com o negócio: além dos artigos na imprensa musical que serviam de convite para encontrá-lo por lá, ele pendurou os discos de ouro que ganhara por *Tommy* em cima da lareira no bar, para causar uma impressão e tanto.

Como sempre, a natureza extrovertida de Keith atraía figuras semelhantes dentre os locais. Vic Much tinha se mudado de Liverpool, trabalhava para a companhia de energia da região e organizava um clube de folk na garagem do hotel. Não conhecia nada da música do The Who e ficou feliz em receber Keith como um senhorio e patrocinador amigável, depois do proprietário anterior, um conservador de alta classe. ("Ele era bacana", diz Much sobre Moon. "Só um rapazote meio doido.") Ian Smith era um guitarrista talentoso cujo pai tinha uma loja de eletrônicos na High Street e Jim Crosby era um empreendedor e comediante nato, que gastava dinheiro e trocava de mulheres num ritmo que até Keith tinha de admirar. Crosby e Smith morreram ambos jovens como resultado de uma vida a mil; Much enfim abandonou a bebida depois que o alcoolismo lhe rendeu uma longa estadia no hospital, no final dos anos 1980. É uma história familiar, que quase traça os passos daqueles que seguiam o ritmo de Keith.

Havia outros, também, de todas as formas, tamanhos, classes e idades, muitos dos quais ainda podem ser encontrados apoiados no balcão de um

442

bar, revivendo as histórias das noites inteiras de bebedeira em que Keith embarcava quando chegava no vilarejo. Nada disso é para sugerir que Keith não estava determinado a tornar o hotel um sucesso local. Falava-se que ele subornava os motoristas de ônibus turísticos para levar os passageiros ao Crown and Cushion e a nenhum outro pub da cidade, e eles topavam. Além de continuar as noites de folk na garagem, começou a oferecer música ao vivo em algumas noites de domingo no restaurante. Contratou um novo chef e providenciou um forno de micro-ondas para o bar. De fato, podia ser um proprietário e tanto. John Entwistle, que futuramente compraria uma mansão de dezesseis quartos a poucos quilômetros dali, se hospedou com seus dois lébreis escoceses, e não pôde acreditar quando o mesmo Keith Moon que o fizera ser expulso de hotéis ao redor do mundo reclamou amargamente que o latido dos cachorros estava incomodando os hóspedes.

Ao final de agosto de 1970, o The Who retornou ao local de seu triunfo do ano anterior para ser *headliner* da noite de sábado do terceiro festival da Ilha de Wight. Keith chegou um dia antes, com Viv Stanshall, despejando gemas de ovos nos drinques dos repórteres, entre outros pequenos atos de disrupção. Era coisa bem-intencionada, em comparação à inquietação que se daria na entrada, onde anarquistas franceses se uniram a Hells Angels britânicos e White Panthers numa tentativa de transformar o evento num "festival gratuito". Talvez devesse ter sido mesmo: apesar do público de várias centenas de milhares, os *promoters* de algum modo maquinaram para ir à falência, acumulando mais de duzentas dívidas ao final de tudo. O The Who, depois de ter sido engambelado do cachê integral em Woodstock, não estava entre esses credores. Exigiram o cachê em dinheiro vivo antes de subir no palco; há rumores de que um gerente de banco foi acordado no meio da noite para abrir um cofre e levar o dinheiro à banda em pessoa.

Como sempre, o evento estava incorrigivelmente atrasado e o The Who só subiu no palco entre as 2h e 3h da manhã. Ao contrário da apresentação também de madrugada em Woodstock, dessa vez, estavam com bons ânimos. Lidaram com a multidão inquieta com a tranquilidade confiante de campeões que retornam, fazendo piadas sobre "estrangeiros" (direcionadas tanto aos anarquistas franceses quanto aos artistas americanos) e exortando o público a entoar um coro de *"Smile, and the world smiles with you"*[107]. No final de *Tommy*, John Wolff ligou o sistema de iluminação de pista de pouso que alugou para a ocasião e iluminou a vasta multidão, que prontamente se levantou aos milhares; para a banda, isso superou até mesmo o fortuito nascer do Sol no mesmo momento em Woodstock[108].

O The Who não era a única grande banda no *lineup*. Antes deles, tocaram os Doors, cujo vocalista, Jim Morrison, chegara de avião diretamente de um julgamento por atentado ao pudor em Miami, e cujo cansaço ficou evidente numa performance tensa, que seria a última do grupo na Europa. O festival terminou na noite seguinte, com o antigo compadre/rival do The Who, Jimi Hendrix, que apresentou um *set* irregular, que se provaria sua última apresentação em público no Reino Unido. Três semanas depois, ele morreria em Londres, sufocado por seu próprio vômito, depois de uma noitada pesada, cujos detalhes mais específicos ainda são um mistério. Quem encontrou uma morte prematura apenas duas semanas depois foi Janis Joplin, a heroína de Monterey e Woodstock viciada em, bem, heroína.

O otimismo sem limites que levara os anos 1960 a ser a década mais notável da história da humanidade havia claramente dado de cara num muro de realidade dura, representado por mais do que apenas a virada de dez anos no calendário. Como Pete Townshend mais tarde observaria, "o rock 'n' roll havia mudado o comprimento do cabelo dos homens e pouco mais do que

---

107 *"Sorria e o mundo inteiro sorrirá com você", do* standard *de jazz "When You're Smiling". (N. do T.)*

108 Este show foi lançado tanto em CD duplo (pela Castle/Legacy) quanto em vídeo (pela Warner Music Video) em 1996, sob o título *Live at the Isle of Wight Festival 1970. [N. do T.: quando do lançamento original, o show saiu em VHS e DVD, hoje já uma versão disponível em Blu-ray e há vídeos de algumas das músicas no canal oficial do The Who no YouTube.]*

CAPÍTULO 20

isso". Quase que sozinho entre os grandes estadistas do rock, Townshend estava determinado a encontrar um meio de levar a música do The Who a climas ainda mais altos e desconhecidos; nesse meio-tempo, escreveu uma porção de canções novas que questionavam seu propósito e seu papel nisso.

Keith Moon parecia pouco preocupado com tais dilemas, como a saúde frágil do rock ou o fim prematuro dos jovens astros mais brilhantes do estilo. Passou o verão de 1970 vivendo uma vida de alegria perpétua que, apesar de conduzida pelo álcool e ocasionalmente provocada pelas anfetaminas, parecia bem distante da auto-obliteração de Hendrix, Joplin e Morrison (que sucumbiria à mortalidade no ano seguinte). Muitas das atividades de Moon se baseavam em seu gosto por se fantasiar. Apareceu para uma entrevista no De Hems vestido como Robert Newton, no papel de Long John Silver. Ele, John Bonham, o jornalista Roy Carr, do *NME*, e alguns amigos percorreram os pubs do Soho certa noite vestidos de marinheiros. Quando o assessor de imprensa do The Who, Brian Sommerville, quebrou a perna, Keith e Viv Stanshall o visitaram no hospital, mas foram retirados do local por terem chegado fora do horário de visitas; de imediato, reentraram pelo pronto-socorro, onde Keith pegou uma cadeira de rodas para se fazer de paciente e Viv, com um jaleco de médico, o conduziu pelos corredores. Por mais absurdo que aquilo poderia parecer, ninguém os parou.

Keith também passou por um período extenso em que imitava um vigário e agia deliberadamente contra as expectativas. Jack McCulloch se lembra de ir a um show do The Who com seu irmão, Jim, no Rolls-Royce de Keith. "Ele estava usando uma coleira de cachorro e uma peruca careca. Paramos no semáforo ao lado de duas senhoras num Morris Minor: 'Boa noite, senhoras, vão bem?'. Elas olham e veem um vigário careca que não para de olhar para o semáforo. Assim que o sinal fica verde, ele diz: 'Muito obrigado, agora *vão se foder!*' e as deixa lá, chorando. Esse tipo de coisa acontecia o tempo todo."

Essa tirada agressiva tinha muito pouco a ver com Keith, que raramente tinha a intenção de aborrecer alguém, mas, em seu desejo de desafiar a conformidade, de vez em quando flexibilizava suas próprias regras. Decerto, cada coisa que ele aprontava superava a anterior. "Legs" Larry Smith se envolvera numa dessas, em que um amigo vestido de padre molestou uma jovem em King's Road, onde os transeuntes enojados não faziam ideia de que a própria garota também estava encenando. Keith e Viv levaram essa pegadinha um passo além. Um deles se vestiu de padre e saiu andando pela movimentada Oxford Street, em Londres, quando o Rolls-Royce de Keith parou ao lado dele e seus ocupantes, vestidos de mafiosos, desceram e, sem explicação ou provocação, agarraram e sequestraram o homem santo. Essa encenação foi tão eficaz, que o Rolls-Royce foi parado pela polícia antes de chegar ao fim da rua.

"Gosto de ver a reação das pessoas", explicou Keith numa entrevista naquele mesmo verão. "Acho que as melhores reações vêm de coronéis reformados que moram perto de mim e que simplesmente não sabem do que se trata, ficam ultrajados e não aguentam. As coisas têm de ser nos termos deles ou eles ficam doidos. É exatamente como me sinto na hora – se sinto vontade de ser um vigário e ultrajar alguém. Nunca soube o que me faz querer fazer isso, só gosto de fazer. Já fui monstros diversos da Hammer Films, assassinos dementes, qualquer coisa que renda uma reação."

Depois de conhecer e se tornar amigo do ex-*roadie* de Viv Stanshall, Peter "Chalky" White, por meio de suas desventuras conjuntas, Keith agora o empregara como motorista e braço direito, deixando o vizinho John Mears com mais tempo para ser apenas seu amigo. No final do verão de 1970, Keith então aprofundou ainda mais sua amizade com Viv Stanshall e produziu um compacto solo dele, "Suspicion", a ser lançado pelo novo selo da Track Records, o Fly (que estreou no mês seguinte com "Ride a White Swan", do T. Rex, a mais recente encarnação do vocalista do John's Children, Marc Bolan). Quando questionado sobre qual foi seu papel como produtor, Keith respondeu: "Providenciei a bebida". Falou a verdade, sem dúvida. John Entwistle, frustrado com o domínio de Townshend sobre o The Who, estava gravando um disco solo, *Smash Your Head Against the Wall*, no estúdio Trident, no centro de Londres. Keith e Viv passaram por lá para tocar percussão na música "Number 29", de John, e Entwistle retribuiu o favor tocando baixo em "Suspicion", com Keith na bateria e Viv cantando e tocando instrumentos de sopro. Era uma grande família feliz,

CAPÍTULO 20

"a escória do Speakeasy", como Keith dizia. Uma composição de Doc Pomus e Mort Shuman bastante melodramática, gravada pela primeira vez por Elvis Presley, em 1962, "Suspicion" fez um sucesso enorme nos EUA com Terry Stafford no ano de ouro da música americana para Keith, 1964. Porém, não estava destinada a trazer Stanshall de volta às paradas[109].

Para as fotos de divulgação que acompanhariam o lançamento do compacto, Viv e Keith contrataram Barrie Wentzell, da *Melody Maker*. Wentzell conhecia ambos os artistas e estava preparado para algo incomum; não esperava, no entanto, que a dupla se vestisse com uniformes nazistas. Porém, depois de passado o choque de ver Keith fazer uma imitação eficiente de Hitler, com direito a um bigode teatral feito com lápis, e quando começou a fotografar nos escritórios da Track, com Viv e Keith espetando alfinetes em mapas da Europa enquanto tomavam champanhe como fascistas lunáticos que tentavam conquistar o mundo na hora do chá, tudo pareceu bastante inofensivo, uma zombaria da idiocracia nazista numa tradição que remontava a Charlie Chaplin, ainda que não tivesse nada a ver com o compacto a ser divulgado.

Só depois que a sessão foi concluída e que o trio saiu às ruas foi que o ensaio se transformou numa pantomima tridimensional. Pilhada pelas reações quase histéricas que recebiam dos pedestres na hora do rush no Soho, a dupla dispensou a ideia de Wentzell de trocar de roupa em seu estúdio na Carlisle Street e, em vez disso, preferiu ir tomar um drinque. Num pub ao norte da Oxford Street, entraram, pediram brandies calmamente e observa-

---

109 Keith também trouxe para a Track um comediante americano chamado Murray Roman, que tinha uns 30 anos e se especializava num humor insano, ousado e sexualizado de judeu nova-iorquino. Foi um projeto que Keith fez por vaidade. E ele e John vinham tentando produzir ou gerenciar bandas havia anos – trabalharam com o vendedor de carros John Mason, num grupo chamado The Brood, em 1967, e, inexplicavelmente, numa banda progressiva pretensiosa que pegava pesado nos mantras indianos, o Quintessence, em 1969 –, mas não era muito o forte deles. Keith se dava melhor no campo da comédia. Murray Roman gravou dois álbuns para a Track e foi para a Inglaterra em turnês e para se apresentar em alguns dos festivais no início dos anos 1970, normalmente ao lado de Moon. O público dos festivais achava Roman engraçado, mas, em geral, achava Keith Moon mais ainda.

ram curiosos enquanto a dona do lugar quase desmaiava. Acontecia que o marido dela havia morrido num campo de concentração nazista.

"Em vez de dizer: 'Ops, sentimos muito por isso', eles disseram: 'Fazer o quê? Isso vai render umas faíscas'", recorda-se Wentzell, "e se tinha uma coisa da qual Keith gostava era disparar faíscas". Ao acabarem os drinques, chamaram um táxi e foram até um *bierkeller* alemão atrás da Bond Street. Quando os dois nazis e o fotógrafo envergonhado (que infelizmente não tirou mais nenhuma foto) entraram, cada rosto presente no bar se virou, incrédulo, para encará-los. Todas as conversas cessaram num segundo. Um alemão de mais de 1,80 m, vestido em trajes típicos *lederhosen*, parou de tocar acordeão com o fole aberto.

Houve uma pausa tensa enquanto as duas imagens alemãs conflitantes – a tradição respeitável e a história recente vergonhosa – se encaravam. E então Moon soltou um "*Sieg heil*". O alemão de *lederhosen* colocou o acordeão no chão, foi até Moon, o pegou pelo colarinho, o arrastou escada acima e o arremessou na rua.

O incidente todo durou 30 segundos e, quando acabou, Moon estava quase chorando de rir. De todas as fantasias que trajara ao longo do último ano, nunca se deu conta de que apenas uma poderia ser capaz de causar tanto choque e ofensa e, logo, tanta diversão. Ele e Stanshall decidiram continuar. Wentzell, que pediu licença para se retirar de mais desgraças, os encontrou mais tarde no Speakeasy, onde ainda estavam de uniforme nazi, relatando todos os lugares em que estiveram e o furor que causaram.

"Viv estava totalmente sério", diz Wentzell. "E, embora tenha sido ultrajante para todo mundo, na época, ele foi muito a fundo na questão. Só depois foi que disse: 'Bem, fomos um pouco longe demais, meu velho, mas, sabe, é só um uniforme'. Ele gostava de destruir imagens."

Keith também gostava. Fazia esse tipo de coisa desde a infância, só nunca tinha encontrado um correligionário de pensamento tão semelhante como Viv, e nem tinha o dinheiro e o tempo livre para desfrutar ao máximo dessas excentricidades. Viv e Keith ficaram por mais uma semana com os uniformes, e o destaque, para Keith, foi quando alugaram um

CAPÍTULO 20

Mercedes conversível – tinha que ser um carro alemão para fazer o serviço direito – e percorreram o centro de Londres até o enclave judaico de Golders Green, o tempo todo fazendo *sieg heil.*

Keith seguia completamente insensível às ofensas que causava. Não conseguia diferenciar posar para fotos bobas na Track (que a imprensa musical relutou em usar exceto para sugerir que Keith e Viv talvez tivessem ido longe demais) e passear por um bairro judaico fazendo *sieg heil* no pior momento das relações raciais na Grã-Bretanha desde a Segunda Guerra. Para ele, era tudo uma quebra de tabus.

"Esse tipo de coisa não deveria sair pela culatra", disse a respeito do incidente no *NME* dois anos depois; ainda se falava a respeito, depois desse tempo todo. "Saiu pela culatra em 1945, quando eles perderam a guerra e faziam isso a sério."

"É por isso que gosto do tipo de humor do Monty Python", prosseguiu. "É parte da cultura contemporânea; é o humor universal de hoje. Nada mais é sagrado. Tudo está aí para ser usado. Você pode fazer praticamente qualquer coisa, contanto que faça direito e tenha algo a acrescentar." Depois de quase justificar suas táticas de choque, ele então concluiu jocosamente que o principal problema de Hitler foi "ter um assessor de imprensa preguiçoso".

Além de revelar alguns gostos bem questionáveis, o episódio nazi foi crucial para o desenvolvimento de Keith, ou para o tolhimento deste, de uma maneira mais profundamente perturbadora. Pois quando Keith se fantasiava de pirata, de vigário, de marinheiro, de monstro, de gângster, de qualquer coisa, como vinha fazendo havia algum tempo e agora passara a fazê-lo com regularidade, não eram apenas as roupas que ele vestia; ele entrava no papel. Keith aderiu ao uniforme nazista como uma espécie de segunda pele, usando-o ora sim, ora não, ao longo dos seis ou sete anos seguintes. E, para quem convivia com ele, isso significava conviver com um nazista sempre que ele vestia aqueles trajes. "Era uma tortura, uma tortura mental", diz Kim. "Quando estávamos com um monte de visitas, elas achavam divertido, porque podiam se afastar daquilo, mas eu sabia que continuaria."

Em setembro de 1970, foi assim quase uma semana inteira, até que Viv e Keith esgotaram a piada. (E continuaram a chocar: o DJ e *promoter*

Jeff Dexter se lembra de ter ficado estupefato ao ver a dupla entrar no Rabin's Salt Beef Bar, de proprietários judaicos, na Windmill Street.) Para Kim e Mandy, então com 4 anos, desde o começo já não era muito engraçado. A morte de Neil Boland e o clima depressivo que se instalou imediatamente depois dela haviam apresentado uma oportunidade para Keith se controlar. Em vez disso, ele se deixou levar ainda mais em seu mundo de fantasia: as maluquices constantes a qualquer hora do dia ou da noite, as bebedeiras contínuas em casa, as diversas personalidades adotadas com um realismo assustador, embora continuassem a evidenciar a figura notável que ele era, de modo a se distinguir até mesmo no mundo dos *rock stars* e comediantes, sufocavam Kim cada vez mais e certamente assustavam Mandy.

A gota d'água chegou no final de setembro, quando Roger Daltrey e sua namorada de longa data, Heather Taylor, deram uma festa em sua nova casa de campo em Burwash (na fronteira de Kent com Sussex) e Keith Moon convidou Viv Stanshall para ir com ele, Kim e Mandy no Rolls-Royce. Deveria ter sido um dia perfeitamente agradável, mas Keith encheu o carro com tantos brinquedos, e de forma tão obsessiva, desafiando toda lógica e razão, que logo não havia mais espaço, mesmo num veículo daquele tamanho, para sua esposa e filha.

"Foi quando eu disse: 'Chega!'", recorda-se Kim. "Foi uma gota d'água pequena, mas uma gota d'água". Keith foi à festa sem a esposa e a filha. Kim e Mandy ficaram em Old Park Ridings mais uma noite e então fizeram as malas e foram morar na casa dos pais de Kim.

A REAÇÃO IMEDIATA DE KEITH À PARTIDA DA ESPOSA FOI PRESUMIR, como nas outras vezes em que ela o deixou, que ela se acalmaria rápido e voltaria para casa. O The Who saiu prontamente numa turnê pelo Reino Unido por todo o mês de outubro e Keith ficou em seu modo tipicamente tempestuoso o tempo todo.

CAPÍTULO 20

Para Joe Walsh, do James Gang, a primeira banda americana a abrir para o The Who, foi uma experiência que nunca seria esquecida. A dupla havia feito amizade numas duas datas que as bandas dividiram nos EUA naquele verão e agora Keith mais uma vez encontrou seu correligionário mais próximo e foi para cima dele.

"Fui recebido no mundo maravilhoso de Keith Moon", recorda-se Walsh. "Tenho boas lembranças de ele me puxar depois de um show e me forçar a colocar duas cruzes brancas [*anfetaminas*] na boca e, depois, olhar debaixo da minha língua para ter certeza de que eu as havia engolido e me fazer mandar uma dose de brandy goela abaixo. Passei mais ou menos uma semana com ele depois disso. Fazíamos tudo juntos. Andei com ele naquele Rolls-Royce maluco que ele tinha. Saíamos das estradas principais e pegávamos estradinhas vicinais ouvindo Beach Boys no talo e pisando fundo."

"Naquela turnê, ele me mostrou a fina arte de destruição de hotéis. Comprávamos adubo e ele me mostrava como fazer bombas de privada. Mas havia um método na loucura dele." Se Keith arrancava o papel de parede de um quarto, por exemplo, era porque "ele queria ver o que o cara que havia aplicado o papel tinha escrito a lápis. '67 e 3/8'. Ele sempre achava isso demais. Sempre foi uma pessoa maravilhosa comigo, sempre. Nunca vi seu lado Mr. Hyde. Ouvia-se falar muito dele e cheguei perto do perímetro muitas vezes, mas nunca fui o foco dessa atenção."

"Na época, você entrava na novela do Keith e o que rolava era absolutamente horripilante, completamente opressivo. Ele fazia umas coisas insanas. Você ficava bem perplexo e sem poder fazer nada além de só observar boquiaberto e fazer parte da coisa. Depois, é claro, essas lembranças passam a aquecer nosso coração e é maravilhoso se sentar ao redor da lareira e relembrar essa ou aquela história. Mas, na época, era horrível a zona que ele fazia e na qual você se envolvia por estar com ele."

Em Glasgow, a dupla saiu com Peter Rudge depois do show e voltou no Rolls-Royce de Keith, com John Wolff ao volante, só para encontrar o hotel Albany de portas fechadas. Reclamações em alto e bom som por fim atraíram o vigia noturno, que, do outro lado do vidro, gesticulou alguma coisa a respeito de eles terem chegado "tarde demais". Esse era exatamente o tipo de atitude que Keith abominava. Afinal, pagava pelo quarto e ia mandar para o inferno qualquer almofadinha que quisesse dizer a ele quais horários cumprir. Instruiu a todos que voltassem para dentro do carro e então disse a John Wolff para subir com o veículo pelas escadas do hotel até as portas de vidro.

John Wolff, igualmente enfurecido, obedeceu. Acelerou o Rolls-Royce, subiu uns vinte e poucos degraus e, ao observar o vigia ficar pálido feito um fantasma, conduziu o carro até quase encostar nas portas de vidro. E então parou. "Percebi que atravessar a porta significaria polícia e cadeia", recorda-se. "Mas fez efeito."

"Se você pudesse ver a cara daquele sujeito...", recorda-se Walsh. "E Keith só desceu do carro e deu as chaves a ele."

É outra história clássica de Moon que desde então foi aumentada e tomada como canônica. Há muita gente convencida de que Keith atravessou as portas do hotel de carro, conduziu o automóvel até a recepção e pediu casualmente ao mensageiro que o estacionasse. Era o tipo de coisa perfeitamente possível de imaginar que ele tenha feito, mas não há evidência alguma de que isso tenha acontecido mais a fundo do que aconteceu naquela noite de outubro, em Glasgow.

Porém, sempre há testemunhas de outros atos igualmente inspirados. Depois da turnê, o The Who foi tocar em Newcastle, que havia sido inadvertidamente excluída do roteiro original, duas vezes: uma em novembro e outra em dezembro. Neville Chester, o ex-*road manager* da banda que passara os últimos quatro anos trabalhando para Jimi Hendrix, foi ver seus velhos amigos em um desses shows e testemunhou um exemplo primoroso da sincronicidade notável entre Townshend e Moon. Na época, estavam hospedados no hotel Five Bridges.

"Estávamos todos de bobeira no lobby", diz Chester. "Havia uma pequena escrivaninha que você podia contornar. Tinha um cara na escrivaninha e gente pedindo a ele que fizesse isso ou aquilo ou aquilo outro. Pete está prestes a ir para o quarto, vai até o elevador e o telefone toca na escri-

CAPÍTULO 20

vaninha. Keith, de bobeira, atende o telefone e diz: 'Alô?'. Não faço ideia de quem era agora, mas quando Pete estava entrando no elevador, Keith diz a ele: 'É para você', entrega o fone a ele e continua a segurar o aparelho. As portas do elevador se fecham, o fio começa a ser puxado, Keith solta o aparelho, que sobe ao longo da porta, fica pendurado por alguns segundos e então se solta e cai no chão. Congelamos. E então, alguns minutos depois, ouvimos Pete gritar de uns três andares acima: 'Acho que a ligação foi cortada!'. Um esquete de comédia bem ensaiado não teria sido melhor[110]."

Depois do showzinho, Keith ficou fazendo social no bar do hotel, até que se convenceu de que haviam lhe servido o brandy errado. O barman respondeu numa boa que seria impossível alguém perceber a diferença entre um ou outro brandy depois que a bebida estivesse diluída em gengibre e gelo.

Se havia uma coisa que Keith conhecia, essa coisa era brandy. E se havia uma coisa que ele adorava, era um desafio alcoólico. Pediu ao barman que enfileirasse quatro tipos diferentes de brandy e, se ele os identificasse corretamente, o resto das bebidas da noite seria por conta da casa. Negócio fechado, Keith pegou cada copo, sentiu o cheiro, deu um gole e elencou: "Remy, Martell, Courvoisier...". Acertou todos.

A noite, magnífica até para os padrões de Keith, estava longe de terminar. À medida que a bebida de graça fluía, dois policiais que estavam de patrulha apareceram por alguma razão e Keith se pôs a deixá-los gloriosamente bêbados. Tanto que, aos poucos, foi os convencendo a tirar os uniformes. A noite acabou com Keith vestindo um dos uniformes, e Chalky o outro, e com Chalky dirigindo a viatura pelo terreno do hotel, enquanto os policiais andavam pelo lobby de cueca.

---

110 Chester foi uma das quatro pessoas a relembrar histórias só para este capítulo que compararam o mundo cotidiano de Keith Moon àquele que o resto de nós só vê em filmes e programas de TV. Não parece surpresa, portanto, que Keith tenha acabado ficando confuso quanto à sua personalidade, uma vez que sua realidade era, para a maioria que observava de fora, uma ficção.

De volta a Winchmore Hill em dezembro, com o Natal se aproximando, Keith foi forçado a encarar o duro fato de que, apesar de todos os amigos que tinha no mundo, apesar de todas as lembranças fantásticas que criara para os outros na estrada, estava sozinho. Kim não tinha voltado dessa vez. E não demonstrava sinal algum de que iria mudar de ideia.

Na verdade, Kim estava tão determinada a ganhar independência, que tentou resgatar sua carreira de modelo. Passava os fins de semana com os pais na cidade de Verwood, em Dorset, para onde eles haviam se mudado de Bournemouth; durante a semana, ia para Londres e ficava na casa de amigas em Ealing, enquanto Mandy ia para o jardim de infância com seu "tio" Dermott, em Dorset. Kim ainda tinha a beleza para ser modelo, apesar de qualquer dano que Keith tivesse causado temporariamente a ela, mas não tinha mais a idade a seu favor como tivera aos 15 anos, lá em 1964. Foi duro, mas estava resoluta: não iria voltar para Keith.

A ausência de Kim só fez Keith subir ainda mais pelas paredes. Independentemente da forma como ele a tratava, a amava mais do que qualquer coisa no mundo. Mal podia viver sem ela. Numa entrevista de uma honestidade alarmante ao *NME* dois anos depois, ele refletiu sobre esse período e admitiu: "Há certas coisas que aconteceram que me fizeram me perguntar onde errei... coisas de natureza pessoal, como meu relacionamento com minha esposa. São as coisas que mais fazem pensar, porque é um envolvimento muito profundo... amo muito Kim e a banda e, portanto, não faria nada que os magoasse de forma alguma".

Ele combateu a solidão de maneiras tipicamente conflitivas. Passou a visitar seu amigo e vizinho, Ringo Starr, despejando atenção nos dois filhos pequenos do ex-Beatle, Zak e Jason, de um jeito que nunca fez com Mandy. Zak, que na época tinha 5 anos, se recorda que "gostávamos muito dele porque era um cara que vinha em casa e brincava *conosco* – com as crianças –, ao passo que todos os outros amigos dos nossos pais só ficavam com eles e mal nos notavam. Ele era completamente diferente nesse aspecto. Todos nós amávamos o Keith".

CAPÍTULO 20

Bob Henrit, ex-baterista de Adam Faith e uma das poucas inspirações britânicas de Keith pré-Beatles, também morava em Winchmore Hill na época e ficou cada vez mais acostumado a batidas na porta às 3 horas da manhã: era Keith à procura de companhia. Certa noite, o baterista do The Who balbuciou: "Só queria que você soubesse que roubei tudo de você". (Depois da morte de Keith, Townshend disse a Henrit que ele era exatamente o tipo de baterista que procuravam em 1964, quando Keith cruzou o caminho deles.) Henrit, que diz nunca ter tentado acompanhar o ritmo de Moon porque "não era a minha praia", chegou à conclusão de que "ele deve ter chegado muito perto de um colapso nervoso muitas vezes. Tenho certeza de que escondia uma multidão de pecados. Estou convencido de que sabia que estava procurando por algo que não estava ali, mas isso não o impedia de procurá-lo".

Keith parecia ter chegado por conta própria, havia muito tempo, à conclusão de que a única maneira de lidar com a turbulência que criara para si mesmo era criar ainda mais. Contanto que estivesse ativo, era capaz de convencer a qualquer um, inclusive a si mesmo, enquanto a atividade durasse, de que estava feliz. Por anos, foram as turnês constantes do The Who que o mantiveram em movimento, mas agora a banda não tocava com tanta frequência. Embora algumas semanas de folga entre os shows dessem um respiro muito necessário aos outros membros do The Who, para a personalidade impetuosa de Keith isso só significava potencial para o tédio. E o tédio rapidamente levava à depressão. Então ele não parava de mudar.

Literalmente. Abandonou Old Park Ridings, a casa dos sonhos que ele comprara para a família pouco mais de um ano antes, a colocou à venda e se mudou para um apartamento alugado em Chelsea. Colocou seus pertences num depósito – no Crown and Cushion. Os frequentadores locais do pub ficaram perplexos quando o senhorio famoso apareceu um dia com uma máquina de lavar no Rolls-Royce, junto de uma porção de outros itens pessoais, alegando que sua casa havia sido assaltada enquanto ele estava em turnê e que não queria mais correr riscos – quando a realidade era que ele não era capaz de admitir que a esposa o havia deixado.

Guardou os móveis no quarto número 3, diretamente acima do restaurante do hotel, que deixava permanentemente reservado para si. O restante dos pertences foi para o loft acima da garagem. Ele já guardava uma de suas baterias antigas ali; agora, elas ganhavam a companhia dos brinquedos caros que ele havia adquirido, mas para os quais não tinha mais espaço nem desejo. Essa era uma característica que se tornaria cada vez mais prevalente em sua vida: ficar obcecado por aquisições caras, comprá-las, brincar com elas, se cansar delas e então descartá-las (ou até esquecê-las). Por mais que ele se premiasse com um estilo de vida dos mais luxuosos, conseguiria viver com apenas uma mala se necessário, e, por ora, foi o que fez.

Passava cada vez mais tempo no Crown and Cushion. Em julho, tentou convencer Rob Partridge, do *Record Mirror*, que "a melhor coisa desse hotel é que é muito pacato", mas essa mentira não se aplicava nem em teoria. Os munícipes estavam cada vez mais acostumados com a chegada de Keith depois dos shows, às segundas de manhã, digamos, quando ele então abria o bar e o deixava aberto quase que 24h por dia até partir de novo. Alguns desses moradores da cidade – em particular o trio igualmente bom de copo Much, Smith e Crosby – eram convidados a ficar ligadões com ele e abandonavam o trabalho por uns dois dias para aproveitar ao máximo; outros, em particular os caçadores de autógrafos, eram expulsos do recinto no horário de fechamento oficial. A essa altura, 23h, os amigos londrinos de Keith sacavam a maconha, Keith e alguns dos outros tomavam algumas anfetaminas, equipes de jogatina se formavam e a loucura começava: o pub interiorano se transformava no recanto de *backstage* de um roqueiro. O que exatamente os turistas hospedados no hotel nessa época achavam de todo aquele barulho e toda aquela balbúrdia nunca foi determinado por completo; basta dizer que Ron e Yvonne Mears tiveram dificuldades em lucrar com o estabelecimento.

Em algum momento de toda essa farra, no Natal, Keith quebrou a clavícula – mais um ferimento sério para um homem que o público via como um super-herói invencível. Keith disse aos companheiros de banda que isso acontecera enquanto ele carregava uma bandeja de drinques pelo pá-

CAPÍTULO 20

tio, como se eles fossem apreciar a ironia de ele ter se machucado enquanto trabalhava no bar, em vez de cair dele. À *Rolling Stone*, porém, admitiu que ficou tão bêbado com os amigos no Crown and Cushion, que eles o carregaram para a cama e prontamente o derrubaram da escada por acidente.

Os locais compreenderam a história de maneira bastante diferente, um lembrete, como se a morte de Neil Boland não tivesse sido suficiente, do que poderia acontecer quando o álcool e a agressividade colidiam de frente em terras alheias. Foi reportado que Keith estava em um dos outros pubs da cidade, o White Hart, onde a namorada de John Mears foi examinada de perto e recebeu algumas cantadas grosseiras de alguns dos caras mais durões ali presentes. Keith então estufou o peito um pouco além da conta para defender a namorada do amigo e, na briga que se seguiu, foi jogado no chão com tanta força, que sua clavícula se quebrou. Desse dia em diante, ele nunca mais pisou em nenhum outro pub de Chipping Norton que não fosse o seu.

Ao menos é o que diz a lenda. Qualquer uma dessas três anedotas é igualmente plausível, quando se leva em conta o potencial de Keith para calamidades autoinfligidas. Embora Keith dificilmente pudesse dar de ombros para esse mais recente machucado, se mostrou tipicamente indiferente a ele e participou de um especial do *Top of the Pops* no dia 30 de dezembro, que seria exibido na véspera de Ano-Novo. Numa bateria transparente comprada no Kansas (não tão boa aos ouvidos quanto aos olhos, só foi usada na televisão), colocou Viv Stanshall para ficar atrás dele e puxar uma corda amarrada ao seu punho direito sempre que achavam que a câmera estava focada nele. Parecia absurdo, mas qual era a novidade, se tratando da vida de Keith?

A primeira fala do roteiro do filme de Frank Zappa, 200 Motels, subtitulado Life on the Road, dizia o seguinte: "Turnês podem te deixar maluco". Poucos roqueiros no planeta sabiam disso melhor do que Keith Moon. Assim, quando o iconoclasta americano Zappa rumou para o Reino Unido, em dezembro de 1970, para as filmagens e observou as maluquices de Moon no Speakeasy certa noite, percebeu que estava diante de uma figura perfeita para o elenco. "Que tal você participar de um filme?", perguntou ao baterista do The Who.

Como é que Keith *não* ia gostar disso? Ele passou a maior parte do ano anterior se fantasiando à revelia e improvisando atuações pelas ruas e rodovias da Grã-Bretanha para a sua própria diversão. A oportunidade de fazer isso diante de uma câmera, em especial para alguém igualmente nada ortodoxo como Zappa, seria a realização de um sonho. Além disso, o filme para o qual Zappa arrecadara 630 mil dólares da United Artists, embora meticulosamente roteirizado e musicado, exigia que os envolvidos compreendessem o que era se ver na "Centrolândia, EUA", noite após noite, onde caipiras e famílias incestuosas quase sempre tentavam expulsar os esquisitões cabeludos da cidade, onde as *groupies* inexplicavelmente se jogavam aos pés fedorentos dos visitantes ingleses, onde os músicos sérios temiam estar se depreciando e onde a vida frequentemente se reduzia a ser pago, transar, chapar e dar no pé de lugares como Dodge City, Kansas. Gente como Keith.

O filme *200 Motels* é sobre loucura e feito numa atmosfera *de* loucura[111]. Frank Zappa, por exemplo, estava ocupado demais em dirigir o filme para estrelá-lo; foi interpretado por Ringo Starr. À frente do Mothers of Invention como vocalistas estavam Howard Kaylan e Mark Volman, os dois ex-cantores dos Turtles que Keith conhecera em Nova York, em 1967 (e que receberia em Londres mais tarde naquele ano); na época, passavam por dificuldades contratuais em usar seus nomes verdadeiros, e ficaram conhecidos alternativamente como Phlorescent Leech e Eddie, inspirados pelos dois *roadies* dos Turtles. De fato, foram as experiências de Kaylan com uma *groupie* no auge de seu estrelato pop que propiciou uma parte vital do enredo de *200 Motels*; infelizmente, os sete dias reservados para as filmagens acabaram antes que isso e outras partes importantes do roteiro pudessem ser elucidadas.

Tocando arranjos orquestrais complexos de vanguarda atrás dos Mothers estava a Royal Philharmonic Orchestra, embora dois de seus trompetistas tenham se resignado do projeto depois do primeiro ensaio, ofendidos com a obsessão do roteiro por sexo, drogas e rock 'n' roll, como se achassem que a vida de um músico em turnê envolvesse outras coisas.

O único ator *mainstream* envolvido, Theodore Bikel, cujo papel era uma cruza bizarra entre um segurança, um chefe de TV e um narrador, ficou igualmente desconcertado pelo roteiro, em especial porque este pedia que ele usasse a palavra "pênis", que ele só concordou em murmurar fora de cena. Mas pelo menos se manteve envolvido no projeto até o final. O baixista dos Mothers, Jeff Simmons, abandonou o barco na metade da leitura do roteiro ao se deparar com uma cena na qual os Mothers castigavam

---

111 Zappa fez uma coletiva de imprensa no dia 11 de janeiro em que detalhou seus planos para *200 Motels* diante de uma imprensa britânica altamente cética. As filmagens aconteceriam nos estúdios Pinewood e começariam no dia 23 de janeiro. O filme inteiro seria registrado em apenas sete dias, com quatro câmeras ligadas o tempo inteiro, para então ser editado e transferido para 35 mm. O "show" inteiro de *200 Motels* seria então apresentado no Royal Albert Hall, no dia 8 de fevereiro, segunda-feira, com o principal intuito de se valer da regulamentação do sindicato que tornava o cachê da orquestra mais barato para os ensaios para um show do que para a gravação de um filme.

Zappa por gravar suas conversas – e, ao se deparar com falas que ele havia dito recentemente na vida real (a respeito de Zappa estar velho demais e de ele mesmo não ser mais levado a sério naquele "grupo de comédia"), percebeu que Zappa já o tinha feito. Ele então saiu da banda e voltou para os EUA. Noel Redding foi sugerido como seu substituto, mas Zappa, em vez disso, contratou Wilfred Bramble, o comediante britânico já de certa idade que interpretara o avô de Paul McCartney no filme *A Hard Day's Night*. Bramble então pediu demissão em meio àquela confusão total no último dia de ensaio. Com apenas algumas horas até que as câmeras começassem a rodar, Zappa anunciou ao elenco ali reunido e perturbado que a próxima pessoa que passasse pela porta do camarim ganharia o papel; o jovem motorista de Ringo, Martin Lickert, entrou nesse momento e se viu estrelando um filme na manhã seguinte.

No papel das *groupies*, estavam Miss Lucy (Offerall), da banda feminina The GTOs, que Zappa montara a partir de um círculo de *groupies* reais de Los Angeles, e Janet Ferguson, outra protegida do músico. No papel de uma jornalista irresponsável e sobrinha de Bikel, com figurino de couro fetichista, outra GTO, a insinuante e loira Miss Pamela (Miller).

O segundo diretor e corroteirista era Tony Palmer, que havia filmado The Who em 1968 como parte de seu aclamado documentário de rock *All My Loving*. Palmer passou a maior parte dos ensaios discutindo com o igualmente cabeça-dura Zappa, boa parte do período de produção tentando retirar seu nome dos créditos, um tempo considerável da edição tentando colocá-lo de volta, e a maior parte do curto período em que o filme ficou em cartaz nos cinemas rotulando-o como "um desperdício total de meio milhão de dólares".

Naturalmente, num meio tão insano, Moon se encaixava perfeitamente. Embora só fosse participar de uma cena importante, se lançou no projeto com o vigor de sempre, ou tudo ou nada. O conceito de um filme sobre a insanidade da estrada lhe dava a desculpa perfeita para agir como se estivesse de volta a ela. E não era como se houvesse alguém à sua espera em casa. Foi morar com o elenco no hotel Kensington Garden e assumiu seu papel de *tummle*, caído dos céus.

O filme todo foi ensaiado em seis dias e filmado em mais sete. "Keith esteve presente em todos eles", recorda-se Howard Kaylan, "e isso significou [13] noites sem dormir, porque, quando Moon estava por perto, ninguém dormia. Se você dormisse, segundo ele, era um idiota. Não só ele tinha a todos nós, como também colocou o bar do Kensington Garden à nossa disposição[112]. Nossos horários estavam tão desregulados, já que acordávamos cedo demais para ir para o estúdio, que Keith nos dava bebida assim que abríamos os olhos. Começávamos a beber às 3h da manhã, principalmente vodca e mimosas. Era remédio; não era uma libação a ser consumida com leveza. Olhando por esse lado, Keith estava certo. Combinava com o clima do filme, despertava o melhor das pessoas, em especial naquela hora do dia em que todos deveríamos estar soltos e felizes e dentro do filme, quando, na verdade, ninguém ali tinha experiência em atuação. E, provavelmente, teríamos ficado tensos sem essa ajuda. Assim, ele deu uma relaxada em tudo, tornou tudo uma beleza."

"Ringo ajudou também, mas foi preciso que Keith relaxasse Ringo, porque Ringo ainda era um Beatle, e ainda havia certa reverência para com ele, embora fosse muito simpático e solto. Porém, uma vez que Moonie chegava no recinto e eles começavam a ficar doidos e broncos, aí tudo começava a se soltar e todo mundo entrava naquele espírito que Keith trazia às coisas. Então, embora não se sentisse muito a presença dele na tela, ele, de fato, estabeleceu o clima para que os atores pelo menos se divertissem."

O pequeno papel de Keith pedia que ele se vestisse de freira, tocasse harpa e colocasse algo na boca que, a princípio, parecia uma hóstia, para então ter uma overdose na companhia de Janet e Miss Lucy, a ex-*groupie* se vestindo aos poucos e a segunda saltitando só de calcinha vermelha.

"Os comprimidos, eu tomei tantos calmantes, que sei que o fim chegou para mim", proclamou Keith para a câmera quando chegou seu momento,

---

112 Os créditos do filme são exibidos contra uma carta do gerente de produção insistindo que todos os envolvidos paguem sua própria conta no bar, sem dúvida incitada pelas ações de Moon.

CAPÍTULO 21

rolando dramaticamente no chão. "Vou morrer, vou ter uma overdose... Comprimidos, sedativos, tomei tantos deles." A interpretação era nada convincente, mas era a primeira tentativa dele de atuação "profissional", a intenção era ser canastrona e, de qualquer forma, quem *queria* acreditar que o irreprimível Keith Moon morreria de overdose de calmantes?

"Foi tão louco, que qualquer coisa que o Keith fazia parecia quase normal", diz Kaylan sobre a atmosfera do filme e a contribuição de Keith a ela. "Ele fazia umas coisas bizarras. Entrava no meio das cenas, atrapalhava a orquestra sinfônica[113]. Qualquer coisa para chamar a atenção, porque, afinal, um homenzinho inglês vestido de freira tem de fazer alguma coisa num filme que já é tão bizarro e perverso, que o foco está em outro lugar."

Fora do set, Moon impressionava seus colegas músicos-atores com seu tocador de *8-tracks* e seu amor pela surf music. "E por tudo o que viesse da Costa Oeste", se recorda Mark Volman, que passou parte do filme usando sutiã, cinta-liga e uma peruca vermelha, embora fosse um homem enorme de peito peludo. "Keith era um dos poucos caras que eu conhecia que tinha onde tocar *8-tracks*, e ainda por cima andava com o tocador por aí. Não havia um dia que não ouvíssemos 'Don't Worry Baby', dos Beach Boys."

A música favorita de Keith. Estranhamente, sua esposa, Kim, não se lembra dela dessa forma: era uma canção que raramente aparecia na vida deles quando estavam juntos. Porém, foi a faixa mais proeminente na trilha sonora de Keith nos períodos em que eles ficavam separados. Ouvi-la com mais atenção dá um sentido perfeito a essa distinção. A produção grandiosa à la Spector que respira sinceridade romântica a cada batida do bumbo, o senso de mau agouro atrelado às estrofes (*"I don't know why but I keep thinking something's bound to go wrong"*[114]), apaziguado pela reafirmação do refrão (*"When she says, 'don't worry, baby... Everything will turn*

---

113 É possível vê-lo fazendo isso na versão final do filme.

114 "Não sei por quê, mas não paro de pensar que algo está para dar errado."

out all right"[115])... Tudo isso se soma como o mais perto que se poderia chegar de um tema para sua vida escrito por alguém de fora do The Who.

E dava certo para ele em dois níveis. É fácil visualizar Keith ouvindo a música a todo o volume em qualquer sistema de som que tivesse à disposição durante as filmagens de *200 Motels* para uma turma variada de membros dos Mothers, *groupies*, atores e agregados, cantando junto em falsete, exagerando tanto até que o mundo todo cantasse junto com ele, todo mundo igualmente convencido a não se preocupar com nada no mundo. Mas também é possível imaginá-lo sozinho com a canção, dolorosamente ciente de que as estrofes haviam se tornado realidade, de que "se gabar sobre o carro" e "levar os outros caras ao limite"[116] ajudara a levar à morte de seu amigo e chofer, de que algo, de fato, havia dado errado a ponto de suas amadas esposa e filha o deixarem – para então ouvi-la repetidamente, como um mantra, uma súplica, uma carta de perdão e redenção, na esperança de que o refrão se tornasse realidade, de que ele acordaria e ela estaria de volta a seu lado para enxugar sua testa febril.

Como sempre, a melhor forma de espantar a tristeza de perto dele era não parar quieto. À noite, frequentemente ele sumia para dentro do quarto de Miss Pamela Miller. Outros membros do elenco presumiam que ele era a mais recente conquista dela (que já dormira com Jimmy Page e Mick Jagger), mas ela nega que tenha sido esse o caso. "Eu estava com alguém naquela época. Éramos só muito amigos." Além disso, ela alega que tinha por princípio não ir para a cama com um homem casado. O que podia oferecer a Keith era beleza (era uma loira esguia, assim como Kim, e tinha a mesma idade dela) e companhia, um ombro amigo, alguém com quem flertar, uma personalidade divertida com quem fazer maluquices.

A maior parte das falas de Pamela em *200 Motels* acabou no chão da sala de edição, devido à preponderância de palavrões aos quais Theodore Bikel

---

115 "Quando ela diz 'Não se preocupe, *baby*... Tudo vai dar certo.'"

116 *Respectivamente,* "brag about my car" e "push[ed] the other guys too far", *ambas passagens da letra da canção. (N. do T.)*

se recusava a se associar. Para o final do filme, uma cena com todo o elenco reunido feita de última hora quando o tempo acabou, Pamela e Keith podem ser vistos flertando espirituosamente um com o outro, parecendo mais do que apenas bons amigos. Ela também havia sido enfeitiçada por ele.

"Não acho que Keith tivesse consciência de que levava as pessoas na onda dele", observa Howard Kaylan. "Porque ele se divertia tanto de um jeito ou de outro, que não importava se você fazia parte ou não da viagem dele. Só era muito mais conveniente e muito mais pleno fazer parte daquela grande aventura do que não fazer. Se isso implicava tomar uns drinques de manhã, era o que fazíamos. Ele nos acordava nuns horários bizarros e dizia: 'Ei, vamos descer pro bar e tomar umas'. Vi gente recusar, mas nunca recusei. Pensava: 'Ele sabe de alguma coisa, o filme está sendo feito, não vamos estragar'."

"Acho que o filme reflete tudo isso quando você o assiste. Há uma sensação corrente de 'Caramba, esses caras sabem que não são atores, mas ainda assim estão se divertindo'. Se o filme fosse exclusivamente do Frank, teríamos nos sentado ao redor de uma mesa de conferência para decorar falas, como se fosse um trabalho de atuação de verdade. Mas não era, foi tratado com um quê de festa, em vez de reverência, e isso foi, em grande parte, coisa do Keith. Não acho que ele impôs a si a tarefa de passar um bom exemplo de diversão, acho que ele simplesmente *era* um bom exemplo de diversão e, para todos nós ianques fechados e tensos, nos fez nos dar conta de que a melhor forma de trabalhar ali e a melhor diversão que podíamos ter era só fazer o que ele fazia. Ficar doido, soltar a franga, o que viesse à mente. Podiam até gritar: 'Corta!', mas não se pode trazer de volta um grande momento."

A versão final de *200 Motels* (lançada nos EUA mais tarde naquele ano e na Grã-Bretanha no início de 1972) era uma enorme bagunça psicodélica, psicótica e magnífica. Se você não conhecesse as figuras envolvidas, o filme praticamente não fazia sentido; se você as conhecesse, não fazia muito mais. Se fosse fã do Mothers of Invention, pelo menos veria meia dúzia de músicas tocadas com a Royal Philharmonic Orchestra; se estivesse sob o efeito de drogas, teria uns baratos bem bons com os efeitos especiais; se tivesse bastante experiência com turnês nos EUA, teria *flashbacks* ocasionais, sob o efeito de drogas ou não.

E se você fosse Marion Herrod, secretária e agente daquela cobiçada instituição chamada Royal Albert Hall, onde a produção seria apresentada depois da conclusão das filmagens, ficaria completamente desnorteada logo de cara, exigiria ver um roteiro e, quando o recebesse, quatro dias antes da data pretendida para o show, entraria em pânico com as referências a "paus de prata" e "pênis" e se encarregaria de banir Frank Zappa e os Mothers of Invention de tocar naquele recinto sagrado, apesar do fato de 4 mil ingressos já terem sido vendidos e de a prestigiosa Royal Philharmonic Orchestra, com exceção dos dois trompetistas discordantes, fazer parte do negócio.

Quando esse cenário se desenrolou na manhã de 8 de fevereiro, os *promoters* de Zappa prontamente entraram com um processo contra os gerentes da casa, e o próprio Zappa e seus músicos ficaram na frente do lugar a noite toda, se desculpando em pessoa com o público pelo conservadorismo daquele *establishment* consagrado.

Keith Moon não estava entre eles. Havia partido para outra.

No início de 1971, Pete Townshend também tentava fazer um filme musical que seria desafiador e provocante. Nisso, foi ainda mais ambicioso que seu contraponto estadunidense. Frank Zappa só queria refletir a insanidade da vida na estrada; Townshend queria nada menos do que *mudar* o mundo. Numa coletiva de imprensa no dia 13 de janeiro, no Young Vic Theatre, em Waterloo, ao sul de Londres, onde o The Who estava reunido para o projeto, Townshend prometeu que *Lifehouse*, como ele o chamava, seria o primeiro "filme de rock" de verdade. "Nossa intenção é produzir uma ficção, uma peça ou uma ópera e criar um tipo completamente diferente de performance no rock", explicou ele. (Ou tentou explicar.) "Estamos escrevendo uma história e nosso objetivo é tocá-la no primeiro dia em que começarmos a trabalhar nesse teatro. Interligado a toda essa ideia está o uso de som

CAPÍTULO 21

quadrifônico e fitas pré-gravadas. Cerca de 400 pessoas estarão envolvidas conosco e pretendemos fazer música que as represente. Vou agir como um computador e tudo será alimentado a mim e processado, para então ser posto para fora de novo. O efeito é algo que virá de todo mundo e o objetivo é que cada pessoa saia com uma compreensão melhor de si mesma."

Os jornalistas presentes em ambas as coletivas de Frank Zappa e Pete Townshend, realizadas com 48 horas de diferença, talvez só tenham conseguido entender que aqueles pioneiros do rock estavam ficando vigorosamente loucos. Filmes feitos em sete dias? Filmes a serem feitos com participação de um público de várias centenas de pessoas, mas sem roteiro? Certamente tais projetos estavam fadados ao fracasso logo de cara.

Pelo menos um deles estava: o de Townshend. Porém, o fato de que *200 Motels* chegou aos cinemas e as câmeras nem começaram a rodar para *Lifehouse* não deve ser interpretado como uma derrota do objetivo quase utópico de Townshend – embora o próprio compositor do The Who o tenha visto dessa forma. Pois, embora *200 Motels* tenha sido lançado como um filme seriamente falho, o projeto abandonado *Lifehouse* acabou por abrir caminho para um dos maiores álbuns de rock da época: *Who's Next*.

Este processo – em que um proposto filme sobre uma sociedade futurista totalitária da qual o rock foi banido se metamorfoseou num álbum de canções de rock clássico que seriam inescapáveis por anos – foi convoluto e confuso. A melhor análise está contida nas notas do encarte da reedição em CD, escritas com o benefício de um quarto de século de perspectiva. Em seu próprio ensaio, Townshend aponta para a ausência de Kit Lambert (no projeto *Lifehouse*) como a razão central de seu fracasso. "Separados, éramos apenas propagandistas tagarelas", sugere ele. "Juntos, éramos gênio wagnerianos serenos." Lambert, o grande interpretador de ideias, que transformou *Tommy* de uma divagação espiritual confusa numa ópera-rock lendária, foi repelido por Townshend de seus esforços de transformar aquele álbum num filme; como um amante traído, ele imediatamente voltou suas atenções para outro lugar, partiu para Nova York para produzir o Labelle e se envolver em drogas ainda mais pesadas.

Sem seu mentor, Townshend ficou algo como o personagem de *Tommy* antes da salvação. Era capaz de visualizar *Lifehouse* na mente, e ouvi-lo também, mas não de transmitir essa visão para seus companheiros de banda de maneira bem-sucedida. Daltrey, Entwistle e Moon ficaram ao lado do compositor durante *Tommy* em parte porque, com Lambert no papel de supervisor, o projeto tomara uma forma sólida; quanto mais tempo eles passavam no Young Vic, na tentativa de selecionar para o elenco uma turma desordeira que, para Keith Moon, deve ter trazido visões constantes da gangue que chutou Neil Boland para debaixo do Bentley, menos entendiam. O acréscimo do diretor artístico do Young Vic, Frank Dunlop, à equipe se mostrou bem-intencionada, porém infrutífera; Townshend precisava de um gênio à sua altura para acompanhá-lo pelo labirinto de sua própria mente e tornar sua visão realidade. A única pessoa capaz disso estava a 5 mil km de distância, cultivando um vício em heroína.

O The Who se esforçou para fazer algumas apresentações no Young Vic, uma no início do ano e mais quatro em fevereiro e no início de março, depois que Moon retornou de seu bico em *200 Motels*. Ao final desse período, cientes de que *Lifehouse* não estava tomando forma como previsto, o The Who voou para Nova York a pedido de Kit Lambert, para tentar trabalhar com o empresário e produtor de longa data no recém-construído estúdio Record Plant, de primeiríssima linha. Porém, ao se deslocar para climas estrangeiros, em especial para as tentações da afamada cidade que nunca dorme, a velha mentalidade de turnê do The Who se instalou com um efeito particularmente prejudicial.

A banda enfim encontrou um hotel em Nova York que não só os aceitaria, como os suportaria. O Navarro, em Central Park South, tinha como gerente um simpático irlandês de nome Sr. Russell, que parecia, quase que impossivelmente, bastante contente em deixar o The Who se hospedar em suas dependências por quanto tempo desejasse. Ajudava o fato de que o hotel estava em reforma na época: o Sr. Russell simplesmente se certificou de reservar à banda, a Keith Moon em particular, quartos que ainda não haviam sido reformados. Keith demonstrou muito entusiasmo pela re-

CAPÍTULO 21

construção do Navarro nessa estadia em particular, quando, frustrado antes de dormir (tipicamente tarde), ao descobrir que a fita com as músicas que queria ouvir antes de pegar no sono estava no quarto ao lado, o de Bob Pridden, e nenhum telefonema ou batida na porta acordava o minúsculo operador de som, que havia tomado um dos remédios para dormir que o próprio Keith com frequência adotava, ajoelhou-se e começou a cortar a divisória entre os quartos com um abridor de cartas do hotel. Nunca houve um homem tão possesso em sua missão quanto Keith Moon numa missão, e, depois de 1 hora, conseguiu soltar um tijolo com sucesso. Daí em diante, foi um trabalho relativamente fácil, e, por fim, ele conseguiu rastejar pelo espaço aberto e entrar no quarto de Pridden. O operador de som do The Who foi acordado no meio da madrugada pela visão fantasmagórica de Moon coberto de poeira assomando sobre ele, segurando a fita e declarando: "Bom, agora vou conseguir dormir um pouco".

Segundo Pete Townshend, uns vinte e quatro anos depois, nessa viagem Keith chegou até a flertar com a predileção de Lambert por "drogas pesadas". (Provavelmente Townshend se refere à cocaína em pó, que era muito mais prevalente em Nova York do que na Inglaterra na época, e pela qual Keith depois desenvolveria um vício forte.) Townshend, por sua parte, se afundava cada vez mais no brandy.

Não é surpresa, dadas as circunstâncias, que as novas músicas não tenham sido gravadas com uma qualidade próxima de satisfatória. O The Who retornou à Inglaterra aos trancos e barrancos, mas com Townshend ainda determinado a persistir em *Lifehouse*. Fizeram mais alguns shows no Young Vic e só então Townshend enfim concordou com os outros três membros que não estava dando certo e que a coisa mais importante a se fazer agora era resgatar um novo álbum do The Who do desastre completo. *Lifehouse* foi prontamente abandonado. Sessões de gravação foram então agendadas tanto na casa de campo de Mick Jagger, em Berkshire, a "Stargroves", quanto no estúdio Olympic, em Londres, ao longo de maio e junho, contando com uma reunião com os colaboradores de 1965: Nicky Hopkins, no piano; e Glyn Johns, como engenheiro de som e "produtor associado".

Desde que trabalhara no primeiro álbum do The Who, Johns continuou a estabelecer uma reputação de engenheiro de som *par excellence* (ao trabalhar com o Led Zeppelin e os Rolling Stones, entre outros), e, para seu crédito perpétuo, pegou as músicas com as quais o The Who vinha tendo dificuldades e as transformou em hinos do rock claramente pronunciados. A diferença de qualidade sônica entre *Tommy* e o álbum que viria a se chamar *Who's Next* não era só a de uma banda que tocara várias centenas de shows nesse ínterim com um dos maiores sistemas de som do mundo; era a diferença entre ter uma pessoa de ideias (Kit Lambert) nos controles e um profissional de estúdio veterano (Glyn Johns) no comando. Com o lançamento do álbum, o papel de Kit Lambert como produtor do The Who havia praticamente acabado.

Por mais que tenha contribuído, Johns também teve a sorte de receber não só canções excelentes, como também ideias distintamente originais para acompanhá-las. Pete Townshend trouxera ao projeto *Lifehouse* uma paixão pelo sintetizador; numa época em que a maioria dos músicos de rock tinha um medo genuíno de que essa nova tecnologia podia lhes tornar obsoletos, o compositor do The Who provou que homem e máquina poderiam coexistir (e, nesse processo, concluiu uma de suas ideias para *Lifehouse*) ao alimentar seu sintetizador ARP com informações específicas sobre o Meher Baba e usar o tema circular resultante para abrir o álbum. Ao colocar esse tema à frente – e se atrelar ao som então futurista do sintetizador –, o The Who corria um risco enorme; não só era possível que alguns fãs considerassem aquilo blasfêmia, como também havia uma chance considerável que, mesmo que funcionasse no curto prazo, à medida que a capacidade da nova máquina aumentasse e outros grupos de rock (presumivelmente) aderissem ao movimento, os arranjos do The Who soariam antiquados, talvez até obsoletos, em questão de alguns meses.

Não precisavam ter se preocupado. "Baba O'Riley", a canção introduzida pelo tema de Meher, se tornaria um dos hinos mais duradouros do rock. De fato, o casamento memorável de linhas cíclicas de sintetizador, uma estrutura de acordes simples, porém monumental, e um vocal épico só foi equiparado pelo The Who na conclusão do álbum, "Won't Get Fooled Again", de 8 minutos e meio. Num contraste nítido com o otimismo de "The Kids Are Alright" ou com a arrogância narcisista que impulsionava "My Generation", "Won't Get Fooled Again" é uma canção repleta de desgosto pela "história não ter mudado", pelo "mundo parecer exatamente o mesmo", pelo "novo chefe [ser] o mesmo chefe antigo", até Townshend acabar por concluir (por meio do urro bestial de Daltrey) que não tem outra opção senão "pegar a guitarra e tocar, como fazia no passado". O The Who, antes considerado porta-voz da juventude, aparentemente havia desistido de oferecer soluções, mas, ao articular os problemas tão claramente, foi capaz de traduzir a frustração e a raiva (tanto as deles próprios quanto da geração que representavam) numa vitalidade positiva. Como tal, embora "Won't Get Fooled Again" talvez pareça uma admissão de derrota nas estrofes, é também, no título – "não serei enganado de novo" –, uma afirmação de afrontamento, e é por esse afrontamento – melhor resumido no grito agonizante que Daltrey solta antes da última e cínica estrofe – que ela é mais lembrada.

Em ambas as canções, assim como na maior parte do álbum entre elas, há algo notavelmente diferente na bateria de Keith Moon. Estava mais robusta, mais firme, mais formal e tradicional. Isso se dava em parte por Keith ter tocado com clique, uma batida de metrônomo que garante que a bateria esteja no tempo com as exigências cirúrgicas do sintetizador. Mas também se devia à técnica de produção de Glyn Johns, que não estava para brincadeira. Pela primeira vez, Keith se viu diante de alguém que lhe fez justificar suas viradas frenéticas pela bateria, de forma que só lançou mão delas quando verdadeiramente necessárias e passou a maior parte de cada música seguindo a batida de forma mais conservadora do que nunca.

No todo, o resultado foi frequentemente considerado a melhor performance de bateria de sua carreira. Certamente, a consequência positiva de as tendências mais extravagantes de Moon terem sido amansadas foi que, nas poucas ocasiões em que ele ficou livre para se soltar, propiciou prontamente alguns dos momentos mais dinâmicos do rock: as passagens instrumentais de "Won't Get Fooled Again", em particular nos momentos que levam ao grito de Daltrey, quando o único acompanhamento de Keith é o sintetizador ARP, cujo ritmo cíclico lhe dá um pano de fundo sobre o qual queimar uma impressão permanente; a segunda metade da balada "Behind Blue Eyes", em que Moon impiedosamente vira de ponta-cabeça os 2 minutos anteriores de autocomiseração; o final de "Getting in Tune" ou a preparação para a estrofe final de "Going Mobile".

Talvez a canção mais recompensadora para todos os envolvidos seja "Bargain", em cuja maior parte Keith emprega algumas das mais complexas tercinas de tom-tom e semicolcheias de bumbo de todo o seu repertório, mas que então equilibra ao desacelerar a batida quase até uma pausa abrupta ao final de cada estrofe; e então, depois de um interlúdio acústico do qual ele se ausenta por completo, ao trazer o ânimo de volta à música com um acompanhamento ortodoxo que só aos poucos abre caminho ao mesmo acompanhamento multifacetado com o qual ele começara a canção.

Johns conhecia bem esses truques de mudança de andamento para empregá-los sempre que tivesse oportunidade. "Love Ain't for Keeping", "Getting in Tune" e "Going Mobile", as músicas menos espetaculares de *Who's Next*, todas desaceleram deliberadamente em momentos estratégicos para efeito de dinâmica. Essas brincadeiras constantes de ritmo desempenharam um papel considerável em levar o *Who's Next* a se tornar um álbum de "classic rock", e não só no sentido crítico, mas como representativo do gênero, com o qual as rádios americanas criaram *playlists* a partir de alguns hinos épicos do rock ("Baba O'Riley", "Won't Get Fooled Again" e "Behind Blue Eyes" preeminentes entre eles) e então passaram a martelá-los ao longo das décadas seguintes. No final desse período, pretendentes suficientes à realeza do rock já haviam usado os dispositivos empregados no *Who's Next* para garantir a redundância criativa do que ficou conhecido como "*power ballad*", mas, na época em que foram gravadas, "Behind Blue Eyes", "Bargain" e "Love Ain't For Keeping", para citar apenas três, eram originais o suficiente em sua estrutura para nunca soarem como os clichês que inspiraram.

Há momentos em *Who's Next* em que a bateria de Keith é tão contida e simplista – "Love Ain't for Keeping" e boa parte de "Getting in Tune" são

CAPÍTULO 21

os exemplos mais patentes –, que é possível imaginar que ele nunca teria tocado desse jeito sob pressão. E não há uma só música no álbum que Keith comanda, como o fez em "I Can See For Miles" ou "The Ox". Mas, pela primeira vez, cada tom-tom parece ter sido tocado com um alerta de antemão, o bumbo está claramente pronunciado ao longo do disco todo e a chuva de pratos que era sua marca registrada foi, se não reduzida – isso com certeza seria sacrilégio –, pelo menos colocada mais para trás na mix. E em grande parte porque não se permitiu que nenhum membro em particular roubasse o show, *Who's Next* seria celebrado como a performance em grupo definitiva do The Who.

Com o tema de *Lifehouse* abandonado, *Who's Next* foi o primeiro álbum do The Who desde *A Quick One* a ser "apenas" uma coleção de músicas. Como tal, e considerando-se o título vago, não havia uma ideia óbvia para a capa. Keith ofereceu seus serviços. Sua propensão a se fantasiar estava se tornando uma espécie de religião e, depois de ter quebrado pelo menos uns dois tabus (a religião e o fascismo), não havia muito mais o que tentar, exceto o *cross-dressing*. Keith Moon virou uma beldade fantástica – poder-se-ia dizer que, em suas atividades extracurriculares, ele ganhou experiência de sobra no assunto –, e, para uma sessão de fotos que encomendou para se candidatar à capa, se vestiu alternadamente num corset e de dominadora, com direito a chicote, num robe branco recatado e num sutiã de PVC preto provocante. Eram fotos ousadas, até pelos padrões do pioneiro *Monty Python's Flying Circus*, que se mostrava tão popular entre os jovens britânicos quanto os Goons o haviam sido na geração anterior, e, assim como no episódio nazista, Keith Moon só se contentou depois de sair à rua e visitar alguns pubs completamente travestido. Não provocou a mesma revolta que a fantasia de Hitler; o Soho era o centro da indústria do sexo londrina e, além disso, os moradores e trabalhadores dali já estavam cada vez mais acostumados a ver Keith Moon em trajes estranhos.

As fotos não chegaram à capa do álbum (embora tenham sido usadas para divulgar o compacto "Won't Get Fooled Again"); tampouco um outro design sugerido, que traria – numa releitura de *Electric Ladyland*, de Jimi

Hendrix – dezenas de mulheres corpulentas exibindo os seios por todo o lado numa capa *gatefold*. Por fim, o The Who, que se valeu de uma imagem direta, curta e grossa e adequadamente irreverente para uma banda que manteve sua veia *hooligan* ao longo de toda sua graduação até a estratosfera do rock: ao voltar para casa de um show em Sunderland, em maio, viram um obelisco num depósito de resíduos nos arredores de Sheffield que tinha uma semelhança inquietante com o intruso cósmico usado no início de *2001: Uma Odisseia no Espaço*. Na semana seguinte, retornaram para ser fotografados, como primitivos, urinando no objeto. De alguma forma, essa imagem dizia tudo.

—●—

No início do verão de 1971, o produtor da BBC Radio, John Walters, convocou Vivian Stanshall para ser DJ convidado do programa *Top Gear*, de John Peel, durante as semanas em que Peel estivesse de férias. Walters e Stanshall tinham muito em comum: um histórico na escola de arte, proficiência musical nos metais (Walters tocara trompete com Alan Price por alguns anos, em meados da década de 1960) e um senso de humor intelectual. Walters tinha até produzido algumas sessões para os Bonzos na BBC. Imaginou que Stanshall iria até o estúdio, faria alguns monólogos vigorosos entre uma música e outra e deixaria todos os envolvidos irem para casa mais cedo para desfrutar do verão.

"É claro que abri a porra das comportas ali", diz Walters. "Ele já chegou querendo fazer sátiras de propagandas e com um monte de ideias diferentes para os programas, personagens e esquetes." Em particular, Stanshall queria fazer uma série. John Walters era um dos poucos produtores da Radio 1 que tentava superar as expectativas limitadas de seus chefes, mas não esperava que Stanshall aceitaria aquele desafio como se aquela fosse a Radio 4, a da alta cultura. No entanto, foi adiante. A série foi gravada, uma peça do absurdo, com Stanshall estrelando como o coronel Knut, do alto escalão, com seu "simpático parceiro *cockney*", Lemmy, interpretado por Keith Moon.

CAPÍTULO 21

"Viv adorou a ideia de falar no rádio e atuar um pouco" diz Walters, "e tudo o que Keith fazia era copiá-lo. Viv dizia alguma coisa e Keith respondia: 'Aff Maria, chefe, você é um burguês, e não tem erro, vamos colocar aqueles gorilas de volta na jaula.'" O papel de Keith era pequeno, mas ele gostava da oportunidade de fazer algo diferente. "O problema é que Viv se tornou completamente impossível", se recorda Walters. "Lembro-me do último episódio do coronel Knut e Lemmy, precisávamos muito dele para o programa do dia seguinte, estávamos com a corda no pescoço. Lembro-me de esperar na BBC às 12h, e Moonie apareceu feito um menino de ouro. Agora, quando Moonie é quem dá o exemplo de como deve ser feito, você se dá conta com o que está lidando..."

Walters saiu da experiência tendo pesadelos com Stanshall e seu coronel Knut. No verão seguinte, ele preencheu a ausência de Peel com discos de comédia. Lá no fundo, porém, se deu conta de que, comparado ao errático Viv Stanshall, Moon "era o mocinho".

KEITH CONTINUOU A PARTIR PARA CIMA DAS DIVERSÕES DE SEMPRE enquanto morava em Chelsea, tanto que diria posteriormente à imprensa que foi forçado a se mudar para uma suíte de um hotel da vizinhança para evitar que a clientela do Speakeasy o seguisse até em casa toda noite depois de o bar fechar. (Inferindo que ele era selecionado injustamente como o anfitrião da madrugada, quando, na verdade, ele mesmo se dera esse papel havia muito tempo.) De fato, sem esposa e filha em casa, podia viajar o quanto quisesse – e viajava, fosse para o Crown and Cushion, por algumas noites, ou para St. Tropez, para o casamento de Mick e Bianca Jagger –, sem fingir desculpas ou culpa.

E, como sempre, ia a todas as festas e aos *pocket shows* da indústria, em particular a tudo o que tivesse a ver com os americanos. Esteve no Speakeasy para receber o Sha Na Na, um grupo de *revival* do rock 'n' roll, com dez integrantes, que combinava o amor de Keith pela teatralidade com sua predileção pelos sons clássicos da infância. E quando Jeff Dexter deu uma festa num restaurante em Kensington, para o lançamento do álbum de estreia de um trio de rapazes crescidos na Inglaterra, filhos de militares, e empresariados por ele, de nome America, Keith e Vivian Stanshall apareceram fantasiados de gângsteres americanos, com direito a armas de brinquedo. A dupla prometera a Dexter que elogiaria seus novos contratados para garantir notas favoráveis de sobra na imprensa; passaram uma impressão tão boa aos jornalistas, que foram as fotos deles que chegaram aos jornais, não as do próprio America. Moon então ficou tão apaixonado por sua nova fantasia, que tentou assaltar a mão armada a loja de discos Harlequin, em King's Road. Como armas de fogo eram raras em Londres naquela época, por sorte ninguém o levou a sério por tempo o suficiente para chamar a polícia.

Porém, apesar de todo o seu aparente deslumbre com a vida, Keith seguia indignado por ter perdido Kim e estava dedicado a conquistá-la de volta. Entre turnês, gravações e excursões extracurriculares, ele habitualmente ligava tarde da noite para a residência dos Kerrigans, em Dorset, telefonemas esses nada bem-sucedidos, uma vez que Kim passava a maior parte da semana em Londres, e as ligações só serviram para aumentar o desgosto do sogro por ele.

Quando finalmente descobriu o paradeiro de Kim, em Ealing, ia de Rolls-Royce até lá no meio da noite e improvisava sua própria versão inversa da cena da sacada de *Romeu e Julieta* do alto-falante do carro, de forma a acordar a rua toda numa frequência tamanha, que forçou Kim, envergonhada, a fugir e se resguardar na casa da família, em Dorset. Em Ealing, ela estaria, com efeito, indefesa contra o bombardeio contínuo de súplicas por reconciliação do marido desconsolado.

Deixando bem de lado o assédio das insistentes invasões de privacidade de Keith, Kim experimentava um sucesso limitado em sua tentativa de uma nova vida. Começava a ter a dura percepção de que, aos 22 anos, já tinha idade demais para recomeçar a subir a escada da carreira de modelo na esperança de causar algum grande impacto. Além disso, ela não

CAPÍTULO 21

gostava do fato de que os dias úteis passados em Londres a afastavam da filha, Mandy. Porém, quando voltou de Ealing para Verwood, seu irmão, Dermott, começou a expressar seu desgosto por ter de dividir o quarto, a escola e os pais com sua sobrinha de 4 anos. Depois que Kathleen Moon intercedeu em nome de Keith, reforçando a sinceridade do amor do filho e o desejo determinado dele de comprar uma nova casa para a família, onde recomeçariam do zero, Kim deu o braço a torcer, derrotada. "Levando-se tudo em conta, era mais fácil voltar para ele!"

Em retrospecto, Kim diz que sempre ficou incerta em relação ao quão bem-sucedida seria essa nova tentativa de voltar. "De verdade, não pensei que estaria de volta por muito tempo. Só queria voltar por tempo o suficiente para tentar de novo e para Mandy ter a sensação de algum tipo de estabilidade." Porém, ainda havia uma parte de Keith pela qual ela era apaixonada: a parte a que ela se vinculou na adolescência. "Era sempre o Keith original, que eu amava, quem vinha e me pedia para voltar para ele", diz ela, "e era para esse Keith que eu sempre voltava."

Na primavera de 1971, então, Keith e Kim decidiram tentar morar juntos mais uma vez. A maioria das pessoas da indústria musical e certamente a maior parte do público nem sabia que eles estavam separados; se o casal conseguisse fazer as coisas funcionarem daí em diante, talvez parecesse que nunca estiveram.

Concordaram em recomeçar do zero com a compra de uma nova casa. Kim ligou para um corretor de imóveis recomendado a ela pela esposa de George Harrison, Patti, e deu a ele uma ideia clara do que estavam procurando: "Um lugar ridículo de grande e sem vizinhos muito perto, para o bem deles!".

Logo, o corretor recomendou aos Moons uma propriedade em Chertsey, Surrey, no "cinturão verde" abastado nos arredores de Londres, que parecia preencher seus requisitos com perfeição. Apelidada de "Tara" – por causa da mansão de ...*E o Vento Levou*, mas com a qual não tinha nenhuma semelhança –, pertencia ao diretor de cinema Peter Collinson, que comprara o terreno para explodir um monastério para um filme. Claramente um homem com um coração semelhante ao de Keith Moon, Collinson então construiu uma casa de fantasia futurista no local, que consistia em cinco pirâmides, quatro nas pontas e uma maior no centro. Vistas de cima, a pirâmide superior esquerda abrigava o quarto principal, uma suíte; a superior direita era um recanto; a inferior esquerda contava com dois quartos menores; e a inferior direita, mais um quarto e a cozinha. A pirâmide central assomava sobre uma sala de estar dominada por uma área de convivência rebaixada com alto-falantes embutidos, da qual, do centro da casa, se erguia uma enorme chaminé de metal acima da lareira.

Era quase que exatamente o que os Moons vinham procurando. Os quartos de canto propiciavam privacidade (mas convidavam à luz, com janelas francesas que se estendiam quase de parede a parede), os 2 hectares de terra ofereciam um amplo espaço para as atividades ao ar livre; a garagem para dois carros parecia adequada para o Rolls-Royce de Keith e para o Mercedes que ele comprara para Chalky; e o pub Golden Grove, ao pé da estrada privada de 270 m, compartilhada apenas por mais uma outra casa, era um bônus adicional que tornava quase desnecessário se afastar demais da propriedade. No todo, Tara era um parque de diversões, o que significava que combinava com Keith mais até do que empolgava Mandy. E Chertsey era mais um passo acima na escada social, dessa vez para terras gentrificadas, perto de Ascot e Egham, a sul do Tâmisa, nos arborizados arrabaldes a oeste de Londres, porém, a apenas 1 hora de viagem até o centro da cidade, num bom dia.

O único contra considerável era o preço: uma soma não pouco notável de 65 mil libras (hoje, seria equivalente a quase 1 milhão e 300 mil dólares[117]). Mas dinheiro não era um empecilho real. As fortunas geradas por *Tommy* e *Live at Leeds* presumivelmente cresceriam ainda mais com o lançamento de *Who's Next*. Além disso, o The Who estava entre a elite das elites dos shows ao vivo, cobrava cachês proibitivos até de casas menores e saía com centenas de milhares de libras ou dólares dos shows maiores.

---

117 *Estimativa já atualizada para 2021. (N. do T.)*

CAPÍTULO 21

Pelo menos no papel, os membros do The Who estavam perto de se tornar milionários. Keith Moon ainda não tinha 25 anos.

Um a um, eles se afastavam do centro de Londres. Roger Daltrey estava em Burwash, em Sussex, Pete Townshend um pouco acima de Chertsey, em Twickenham (e tinha outra casa mais acima do Tâmisa), e, embora John Entwistle ainda permanecesse em sua região nativa de Ealing, ali já era mais ou menos um subúrbio. Keith, agora, depois de comprar uma nova casa numa propriedade privada no campo, onde poderia fugir das pressões das turnês e gravações, tinha, em alguns aspectos, se juntado ao clube deles. Mas não era da natureza dele se afastar dos olhos do público. Imediatamente depois de comprar Tara, deu uma festa de "inauguração" da casa para a qual convidou metade da indústria musical e toda a imprensa.

Era uma ação totalmente discordante do comportamento usual do *rock star* recém-enriquecido cujo desejo mais imediato ao chegar ao topo era se esconder dos olhos sempre à espreita dos fãs incômodos. E, nesse convite generoso para deixar o mundo vê-lo brincar – convite que continuaria a se estender numa base semipermanente ao longo dos próximos três anos –, inconscientemente, Keith exibia todos os aspectos conflitantes de sua personalidade de uma vez só: seu desejo genuíno de ser o anfitrião afável, sua necessidade constante de atenção contínua e sua recusa em agir como uma celebridade reservada, embora fosse um dos astros mais naturais do planeta.

Os outros membros do The Who reconheciam as vantagens de ter um companheiro de banda que gostava dessas invasões, então concordou que a festa também servisse de lançamento para *Who's Next*, convenientemente livrando Keith de arcar com a conta. Uma marquise foi erguida no jardim com pista de dança, um DJ foi contratado, fogos de artifício entregues numa van, e foram servidas comida e bebida de graça (com drogas sorrateiramente dispostas) o bastante para que ninguém que saísse sem esquecer de levar a cópia gratuita de *Who's Next* ousasse considerar escrever uma resenha ruim. Nunca foi a intenção de Keith se engajar nesse tipo de chantagem emocional: ele apenas queria compartilhar seu sucesso com as pessoas que o levaram até lá, que se divertissem tanto quanto ele. Mas

KEITH MOON

sua generosidade se provava naturalmente contagiante: ninguém na mídia musical britânica que o conhecesse se sentiria cruel o bastante para gongar esse astro dos mais hospitaleiros e amáveis.

Para todos os efeitos, a vida de Keith estava, agora, perfeita. Não só ele era o baterista universalmente aclamado e comediante amplamente adorado de uma das melhores e mais bem-sucedidas bandas do mundo, rico o bastante para atender a todos os seus caprichos; não só ele havia reatado com sua esposa glamorosa e sua filhinha adorável a tempo de ser anfitrião daquele que foi o grande destaque do calendário social da indústria musical britânica naquele verão, como, além disso, na semana que antecedeu a festa, a imprensa anunciou aquilo que até mesmo Keith, apesar de toda a ambição cega que o conduziu desde a escola, nunca teria sonhado ser possível em 1964: que ele tocaria bateria com os Beach Boys.

Era, é claro, tudo invenção, o resultado de jornalistas musicais otimistas em excesso que relacionaram um machucado do baterista do Beach Boys, Dennis Wilson, com a bem conhecida paixão de Keith pela banda. Ele havia enfim conhecido todo o grupo em dezembro, quando foi a um show, em Londres, e, no dia seguinte, foi de trem com eles até Bournemouth, o que foi meio decepcionante; os Beach Boys ainda estavam na *vibe* espiritual indiana da qual a maioria das bandas se afastara no início da década, e, quando o dia na praia se transformou num dia no centro Hare Krishna local, Keith, Bruce Johnston e o jornalista Richard Green deram suas desculpas e partiram para os carrinhos bate-bate e para o pub.

Portanto, o boato era infundado: o The Who estava ocupado pelo resto do ano e Keith nunca seria capaz de restringir seu estilo de tocar ao nível de simplicidade que os Beach Boys pediam. Porém, ele certamente não se importava com a associação. Além disso, além dos programas de rádio que gravava com Viv Stanshall na época, isso lhe deu outro tópico de conversa no qual se engajar com a imprensa na festa.

A cordialidade calorosa natural de Keith foi equiparada, na ocasião da festa, no meio de julho, à bondade da natureza, que conjurou um daqueles raros dias perfeitos de verão inglês, quando o Sol brilha beatificamente

CAPÍTULO 21

da manhã até a noite. Toda aquela turma da indústria musical secou o bar devidamente; comeu até passar mal; desfrutou das melhores drogas; dançou na marquise; fez sexo no mato; observou a figura élfica de Keith correr para lá e para cá, para disparar os fogos de artifício que culminaram nos dizeres "God Save The Who" ("Deus Salve o The Who"); tirou fotos da banda para suas publicações e seus álbuns de fotos; perambulou para dentro e para fora da casa, expressando um maravilhamento contínuo diante da estrutura do imóvel – em particular quando alguém caía bêbado na área de convivência para onde os membros do The Who haviam se retirado –; e, por fim, foi conduzida de volta a Londres, de onde, depois das subsequentes ressacas que causaram uma pausa temporária na indústria, escreveram matérias e mais matérias ricas que aumentavam a reputação de Keith Moon como o anfitrião mais excêntrico e gregário do rock.

Os novos vizinhos de Keith não ficaram tão enamorados dele. Quando a música continuou depois de altas horas e os fogos de artifício começaram a explodir com uma frequência cada vez mais alarmante, chamaram a polícia. Mas Keith há muito aprendera como ludibriar as autoridades. Dois policiais ingleses cuja animação profissional raramente ia além de um ocasional assalto a alguma mansão ou da prisão de um coronel reformado por dirigir bêbado seriam presas fáceis. Meia hora depois de chegarem para fazer Keith abaixar o volume, os dois agentes ainda estavam na propriedade, só que agora desfrutando de bebidas de graça e da companhia de estrelas e se deleitando com o fato de que Keith Moon, o lendário lunático do The Who, estava em suas batidas regulares. A toada na qual a vida seguiria em Tara fora determinada.

A festa não seria esquecida tão cedo; nem o local. Quando Richard Green, do *NME*, embasbacado com o projeto de Tara como todos ali presentes, comentou com Pete Townshend que só Keith Moon seria capaz de desenhar uma casa como aquela, Townshend franziu o cenho. "Mas ele não a desenhou", respondeu. "E é isso o que me preocupa. Quer dizer que há outra criatura com uma mente como a de Moon caminhando por esta Terra. Por que ele não está no The Who?"

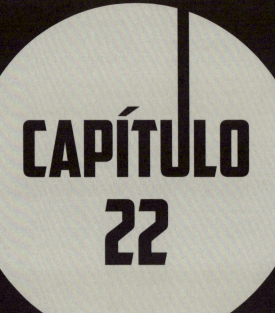

A casa Tara serviu como um palco elaborado no qual Keith Moon encenava os dias de glória de sua fama. Eram dias (e noites) excessivos, decadentes, cansativos e frequentemente disruptivos, e, uma vez concluídos, Keith e aqueles ao seu redor ficavam emocional e fisicamente esgotados. Porém, durante os dois anos em que ele e sua família viveram juntos naquela suposta casa dos sonhos, fora o rei do castelo, o dono do pedaço, o príncipe coroado da loucura, que vivia suas fantasias com um regozijo ávido que poucos mortais seriam capazes de se ver experimentando.

Durante esses dois anos, visitantes que passavam por Tara, mesmo que muito brevemente, quase sempre chegavam à conclusão de que o tempo parava quando alguém passava pelo portões atrás do Golden Grove, facilmente identificáveis como sendo os de Keith tanto pelas notas musicais, que os adornavam, quanto pela placa que dizia "Perigo – Crianças Brincando"; era como se a vida em Tara acontecesse independentemente de qualquer outra atividade no planeta Terra, dias e semanas inteiros frequentemente se perdiam numa neblina enquanto o mundo real lá fora (aparentemente) continuava a girar.

Adequadamente, as histórias que então emergiam de Tara eram como contos de fadas modernos, com Keith no papel do grão-mago que invocava magia à sua frente e criava mitos duradouros... De um Rolls-Royce na piscina, um *hovercraft* nos trilhos do trem, uma correnteza de leite na rua, um helicóptero no gramado e uma Ferrari em pedaços... De bebedeiras no Golden Grove e de festas sem-fim na casa... De mudanças constantes de fantasia e de pretensões de personalidade... De uma sogra que veio visitar e nunca mais foi embora; de um filho de 5 anos que ela trouxe para viver com ela; da polícia que fazia acordos; de drogas que eram consumidas livremente; de celebridades que eram visitas regulares; e de uma acumulação contínua de carros velozes e extravagantes que eram batidos mais do que dirigidos.

Embora muitas dessas histórias pareçam forçar a credibilidade, pelo menos dessa vez eram todas verdadeiras, e se provariam fundamentais não só à lenda do próprio Keith Moon, mas também à dos excessos do rock 'n' roll em geral. E, de todo modo, no início dos anos 1970, as duas coisas já eram praticamente sinônimas. A disposição de Keith de assumir o papel de palhaço da turma do rock 'n' roll já o tornara mais famoso do que qualquer outro baterista vivo, exceto Ringo. Agora que tinha o tempo, o dinheiro e o ambiente, se pôs a levar esse papel mais longe do que se poderia presumir. E conseguiu.

Porém, como sempre, o fez de maneira contraditória. Sim, Keith era o maior, o mais extravagante e extrovertido dos *rock stars*, mas também era o mais devoto fã. E, como fã – do The Who, do rock 'n' roll, do fascínio da fama em si –, Keith continuava tão genuinamente entusiasmado que simplesmente não conseguia se manter no pedestal do estrelato por tempo o suficiente para se esquecer de como era observá-lo de baixo. Em novembro de 1971, ele até se meteu no meio do público quando o The Who inaugurou o novo Rainbow Theatre, em Londres, e berrou para a banda entrar no palco ao lado das mesmas pessoas para quem ele estava prestes a se apresentar. E, embora adorasse todas as armadilhas da fama, ao ponto de genuinamente não conseguir viver sem elas (e ele poderia ser desagradável se elas não correspondessem às suas expectativas), equilibrava sua afluência com uma humildade e uma generosidade notáveis. Cobria de presentes aqueles próximos a ele (numa rápida sucessão no início da década, ele deu entrada numa casa para a irmã, comprou a casa na Chaplin Road para a mãe pela relativa barganha de 4.500 libras e deu um Volkswagen novinho de presente para o pai), raramente permitia que alguém tivesse o prazer de lhe pagar uma bebida e se mantinha abordável como poucos *rock stars* ousavam – e, ainda assim, o fazia com uma facilidade tão genuína, que nem percebia que era algo incomum. Há dezenas de exemplos dessa caracterís-

CAPÍTULO 22

tica humilde, mas uma polaroide dela é suficiente por agora: a ocasião em que, depois de um show na Universidade de Sussex, em 1970, um amigo o informou que havia uma criança com deficiência aguardando pacientemente no frio por um autógrafo, Keith imediatamente saiu sozinho para encontrar o garoto e levá-lo ao *backstage*.

O aspecto mais gratificante dessas contradições – e que provinha a atmosfera de diversão que sempre foi a intenção por trás da vida em Tara – era a forma como elas lhe permitiam zombar, como ele fazia em menor escala desde a adolescência, do estilo de vida opulento do rock 'n' roll, embora participasse ativamente dele.

Em setembro de 1971, pouco depois da mudança para Tara, uma das principais "revistas masculinas" do país decidiu fazer uma matéria sobre o gosto extravagante do The Who por carros. Roger Daltrey apareceria com seu Stingray, Pete Townshend com seu mais novo Mercedes e John Entwistle com o Cadillac que importara recentemente, a um alto custo, dos EUA, trazido no navio *Queen Elizabeth 2*. Presumiu-se, automaticamente, que Keith exibiria o Rolls-Royce lilás com seis alto-falantes internos e balcão de drinques.

Não foi o caso. Na tarde antes da sessão de fotos e da entrevista, Keith ligou para Jack McCulloch, no escritório na Old Compton Street que abrigava a New Action Ltd. e a Track Records.

"Jack, preciso de um caminhão de leite", disse. "Para amanhã."

Como aponta McCulloch, "vai *você* tentar arrumar um caminhão de leite numa tarde de sexta-feira". Mas essa era a beleza de ser um *rock star* jovem e rico com um exército de lacaios ao seu serviço. Keith não *precisava* tentar. Poderia simplesmente exigir de outra pessoa. A sensação de McCulloch de estar sendo tratado como um mero lacaio seria justificada, mas não era assim na Track. Todos os pedidos eram tão incomuns, que eram atendidos com entusiasmo. McCulloch, assim como todo mundo no escritório da Old Compton Street, havia sido bem pautado por Lambert e Stamp. "'Tudo anormal é normal", recorda-se ele dessa filosofia. "'Virar tudo de cabeça para baixo, é isso que fazemos.' Naquela época, as pessoas inventavam coisas que nunca haviam sido tentadas e você não sabia se ia se safar." A diversão vinha desse desafio.

McCulloch por fim encontrou um armazém da United Dairies, em Hounslow, que estava para se desfazer de um caminhão por 350 libras, o preço de um carro familiar. Custou quase o mesmo tanto para entregá-lo na manhã seguinte em Chertsey, onde Chalky e um funcionário da Track, Mark Timlin, estavam a postos para recebê-lo. Keith queria deixar o caminhão de leite na garagem para surpreender o jornalista que chegasse. O único problema é que o Corvette de Peter Collinson ainda estava lá; de fato, bobo nem nada, Collinson ainda tinha as chaves de tudo.

Porém, esse era um inconveniente menor para um Keith Moon determinado. Chalky providenciou um pé de cabra e então ele, Timlin e Moon abriram a garagem à força e encontraram o Corvette de Collinson. Uma monstruosidade cor-de-rosa de metal brilhante, era a encarnação perfeita do carro como extensão do pênis; não havia nada mais apropriado para ilustrar um artigo sobre o estilo de vida de um baterista de rock bem-sucedido numa revista que, além disso, estaria repleta de jovens mulheres nuas.

Os três pararam para admirar o Corvette.

"O que vamos fazer com ele, Keith?", perguntou Chalky.

"Já pro lago!", respondeu Keith, sem hesitar.

O carro não chegou tão longe. Com Keith ao volante, acabou num arbusto. Porém, a ideia ainda valia, e o caminhão de leite tomou o lugar do Corvette na garagem. Isso, porém, era só o começo; para Keith, o objetivo todo do exercício era tornar algo tão aparentemente básico quanto um veículo de entregas operado a bateria mais fascinante e digno de nota do que um Rolls-Royce. Uma movimentação frenética o transformou numa sala de estar vitoriana sobre rodas.

Quando, algumas semanas depois, Richard Green, do *NME*, foi a Tara para fazer mais uma das entrevistas periódicas do jornal com Keith, a sala não só já era completamente funcional, como Keith também desenvolvera um personagem para combinar com ela, e Green descreveu ambos o mais vividamente possível na matéria:

CAPÍTULO 22

Keith se acomodou numa poltrona antediluviana, trocou a parte de cima do uniforme por um smoking, calçou um par de pantufas, estendeu as mãos até o gramofone e repousou a agulha de aço sobre um disco antiquíssimo de 78 rotações.

Enquanto os sons tremulantes de uma voz soprano que cantava "Rose Marie" chiavam e craquelavam do fonógrafo, observei o interior do veículo. Um retrato de Sua Majestade pendurado na parede decorada com papel floral, uma garrafa de brandy, um sifão para o preparo de drinques e um copo sobre um pequeno bar acoplado ao gramofone. A traseira e a outra parede do caminhão contavam com um papel de parede de tijolos e a porta estreita ao lado do banco do motorista ostentava uma placa com os dizeres "Cavalheiros e outros".

Keith interpretava o papel de um coronel reformado recém-chegado das plantações de borracha na Índia e murmurava: "Esse tipo de música nunca vai voltar. Essas coisas de cabeludo de hoje em dia, vou te dizer, é tudo uma grande porcaria".

— ● —

Kim Moon observava a mais nova personalidade do marido com uma certa dose de ansiedade, mas concluiu que Keith como Noel Coward era infinitamente preferível a Keith como Hitler (embora as tendências fascistas não tivessem sido descartadas por completo; ele também passou a se vestir com um uniforme de chofer e a ostentar uma pistola Luger). Levando-se tudo em consideração, a vida em Tara parecia o melhor do que Kim poderia esperar. O The Who fazia mais sucesso do que nunca (*Who's Next* chegou à primeira posição no Reino Unido e entrou no top 5 nos EUA; "Won't Get Fooled Again" se tornou um hino do rock de imediato, em todo lugar), o que significava não só que o dinheiro continuaria a entrar, como era necessário para que Keith mantivesse esse estilo de vida, mas também que ele sairia em turnê com uma frequência suficiente para permitir um tanto de paz e tranquilidade muito necessárias a ela e Mandy.

Nada disso queria dizer que o relacionamento deles estava mais fácil do que antes. No início de outubro, John Sebastian foi para a Inglaterra e ficou hospedado em Tara por duas noites. "Parecia o começo de uma época difícil para ele e Kim", recorda-se Sebastian. "Não eram desagradáveis um com o outro, mas eu podia ver o quanto seria difícil para Kim ser a parte responsável da vida doméstica naquele contexto, porque tenho certeza de que deveria ser dureza conviver com Keith diariamente. Porque, se você se preocupasse com ele, em algum momento ia dizer: 'Você está se matando, se acabando rápido demais.'"

Isso tornava a função de assistente mais importante do que nunca. Considerando que ele havia parado de ter cautela, mesmo ao prestar atenção nas súplicas da esposa por moderação, Keith precisava de um braço direito que o segurasse ao mesmo tempo que não tolhesse seu divertimento. Tarefa essa que beirava o impossível e certamente se provou além das capacidades de Chalky. Depois de um ano com Keith, notava-se que o motorista vivia de forma quase tão veloz quanto seu passageiro e empregador; Kim sentiu até algum ressentimento quando reatou com Keith, como se ela estivesse se intrometendo na relação de Chalky com o marido. Em seus momentos mais sóbrios, até o próprio Keith reconhecia que precisava de uma influência estável por perto. Demitiu Chalky.

Por coincidência, Dougal Butler, que entrava e saía do círculo do The Who desde 1967, acabara de ser dispensado do cargo de assistente pessoal de John Entwistle. Estava na casa dos pais, ponderando opções de emprego, quando Keith ligou e lhe ofereceu um trabalho similar. Deu a Butler até a meia-noite para decidir.

A princípio, Dougal entrou em pânico. Embora adorasse a forma como Keith vivia, não estava certo se conseguiria aguentar aquilo numa frequência permanente; tinha visto como o baterista era capaz de tratar seus empregados. Mas também se encontrava desempregado. Aceitou.

"Fui até Chertsey às 10h da manhã do dia seguinte", recorda-se Dougal. "Ele me levou até o bar, me deixou totalmente bêbado e disse: 'Tire dois dias de folga e leve o Rolls para casa.'"

Foi uma das poucas folgas que Dougal teria. Ao longo dos seis anos seguintes, Butler tentaria com frequência se afastar da loucura da vida de

Keith, só para se ver rapidamente puxado de volta por um apreço tão forte pelo patrão, que lhe fazia suportar o comportamento constantemente ditatorial de Keith.

"Keith tratava seus [*braços direitos*] como cachorros", diz Peter Rudge, que, naquele momento, estava praticamente cuidando dos afazeres cotidianos do The Who. "Tratava-os como merda, como escravos. Keith não respeitava aquelas pessoas. Seu dia de trabalho poderia começar às 22h e terminar às 10h da manhã seguinte, depois de você talvez ter esperado o dia inteiro até ele acordar. Não era um trabalho para quem tivesse bastante autoestima. Se alguma coisa desse errado, ele te culparia num segundo."

Bill Curbishley, ex-colega de escola de Mike Shaw e Chris Stamp, do East End, que entrara para a equipe da Track/New Action, em 1970, se sentia de forma bastante parecida. "Keith era capaz de tratar as pessoas como merda, fazer *bullying* com elas, manipulá-las, castigá-las, ameaçá-las. Que competição Dougal seria para Moon?" Porém, ele nota que "Dougal tinha um dos empregos mais difíceis da Terra. E acho que Keith estava seguro nas mãos de Dougal. Ele tinha uma afeição genuína por Keith, ao passo que outras pessoas, ao longo dos anos, só quiseram extorqui-lo".

"Ele dava conta muito bem", diz Kim a respeito do homem que via mais seu marido do que ela mesma. "Porque não era fácil – eles também batiam boca. Ele tinha a noção para conseguir se divertir com Keith, mas, ao mesmo tempo, tocar sua própria vida, ir para casa, ter uma namorada. Funcionava bem. Tinham uma boa relação porque [*Dougal*], de fato, se distanciava. Não morava [*em Tara*][118]. E ainda tinha de lidar com as mudanças de humor de Keith, o que era uma dança e tanto."

O malabarismo mais hábil de Dougal ao longo dos dois anos seguintes seria indultar os excessos de Keith como seu empregado e, ao mesmo tempo, proteger Kim e Mandy dos efeitos colaterais quase sempre perigosos

---

118 Pelo menos ele tentava não morar lá, embora um dos quartos extras ficasse permanentemente reservado para ele.

desses excessos. Era um trabalho intensamente difícil, que já havia feito vítimas (literalmente até demais, no caso de Neil Boland), e levava Dougal a questionar frequentemente a natureza de sua função.

"Muita gente dizia que eu era uma babá", diz. "Eu era apenas um amigo. Ele era uma pessoa com quem eu me importava e amava muito, muito ternamente. Fosse o baterista de uma banda de rock famosa ou de uma banda local qualquer, era um amigo com quem eu podia sair para tomar uma cerveja, que tinha certos problemas domésticos com a esposa, que era meio que um jovem cheio de si. Tenho amigos que são assim, então ele era exatamente como um amigo normal do pub da minha área."

Dificilmente seria o caso. Não é todo mundo que tinha amigos de bar que tocavam para 35 mil pessoas em Londres, como o The Who fez naquele setembro, no campo de críquete Oval, num show em prol de Bangladesh. Keith Altham, que acabara de trocar o jornalismo pela publicidade e ganhou o The Who como um de seus primeiros clientes, observou Moon e Townshend no *backstage* nesse evento numa forma particularmente boa. "Eles subiram numa caixa de papelão no camarim e fizeram um esquete baseado na fábula da coruja e do gatinho que foram para a praia. Foi uma das coisas mais engraçadas que já vi. Durou uns 25 minutos e as pessoas choravam, rolavam de rir. E não era só um humor pueril estúpido, era muito inteligente." Quando o The Who entrou no palco, Keith carregava um bastão de críquete como baqueta, e, sempre determinado que um apetrecho cênico deve ser usado apropriadamente, tocou a primeira música com ele.

Depois de uma turnê pelo Reino Unido em outubro, voltaram aos EUA, onde uma reafirmação pronunciada na linha divisória entre artista e público varria os mundos do pop e do rock. Apesar de toda a politização do final dos anos 1960, os jovens pareciam ter decidido que não queriam que seus ídolos fossem humanos, afinal; isso só desmantelava o propósito de se ter ídolos em primeiro lugar. As bandas, incluindo o The Who, reagiram por vontade própria ao tocar em arenas cada vez maiores, se afastando cada vez mais da maior parte do público à medida que ganhavam somas de dinheiro

CAPÍTULO 22

cada vez vultosas[119]. O resultado foi que o The Who se tornou um espetáculo de proporções quase religiosas; a mesma banda que era rejeitada por hotéis devido às suas roupas e aos seus cortes de cabelo, apenas dois ou três anos antes, agora recebia tratamento de realeza noite após noite.

Em Memphis, porém, isso não impediu Keith de "se entediar" e causar 1.400 dólares em danos ao quarto do hotel. Ele nunca se arrependeu desses exercícios de destruição: "Não dou a mínima para um quarto de Holiday Inn. Há dez milhões deles, exatamente iguais. Eu reservo um e ele é a minha casa pelo tempo em que estiver lá. Vou fazer precisamente o que quiser fazer com ele. Se deixá-lo em ruínas, pago por isso. Sempre pago pelas coisas que faço". Era uma atitude inconsequente adorada pelos fãs que desejavam poder bancar arroubos parecidos de comportamento delinquente, e Keith percebia que conseguia se safar dela numa maior escala nos EUA do que em sua terra natal.

"Keith adorava os EUA", diz John Wolff. "As mulheres lá eram muito mais soltas. Sempre que você se virava, havia uma querendo te chupar. É uma coisa fantástica, uma liberação. Era outro mundo. E Moonie era um ator que se adequava a esse papel, porque era surreal. Os EUA são surreais para um inglês. A maior coisa dos EUA era a libido. Rock 'n' roll é libido, as turnês eram cheias de sexo. Era sempre assim: 'Rápido, temos de chegar a L.A.'. Nova York era OK, Chicago tinha as *plaster casters*[120], mas o ponto alto das turnês era sempre L.A. A expectativa era parecida com a do Natal."

---

119 O The Who deu o pontapé inicial no primeiro braço da turnê estadunidense em julho, no estádio Forest Hills, no Queens, Nova York, que prontamente determinou o padrão pelo qual muitas das maiores performances a céu aberto do The Who seriam lembradas: choveu o tempo todo. Isso não impediu que a excitação fosse tamanha, a ponto de um adolescente ser morto a facadas do lado de fora, numa discussão por causa de ingressos. Embora o The Who tenha ficado genuinamente chocado ao descobrir que sua violência musical poderia inspirar violência física, Keith achou engraçado o bastante para sugerir que a manchete "Jovem Morto em Show de Rock" fosse trocada pelos jornais para "Rock Morto em Show Para Jovens".

120 *Groupies* adolescentes que faziam moldes de gesso (*plaster casts*) dos pênis eretos dos *rock stars*, porém, elas admitem terem fracassado com Keith quando o gesso se mostrou quente demais para o gosto dele e ele as expulsou do quarto!

Dougal voou para a Califórnia para se juntar à turnê na conclusão. No dia 9 de dezembro, terça-feira, o The Who tocou para 18 mil fãs adoradores no Los Angeles Forum. De lá, voltaram para o Continental Hyatt House, no Sunset Boulevard (que ficaria conhecido como Riot House por conta do comportamento decadente dos *rock stars* que lá se hospedavam), onde a MCA Records (a companhia-mãe da Decca) deu uma festa para a banda e a presenteou com discos de prata, ouro e platina, oito ao todo. Claramente havia mais a caminho: a compilação dos primeiros compactos, *Meaty Beaty Big and Bouncy*, já escalava o top 20.

Diante de um público repleto de estrelas, incluindo Mick e Bianca Jagger, o The Who recebeu os prêmios. Townshend – que era tão propenso quanto Moon a começar confusões uma vez que fosse tirado de perto da família – pegou o máximo que pôde, Moon pulou alegremente em cima dele, e todo o *display* se quebrou sob o peso coletivo de uma das bandas de rock mais bem-sucedidas do mundo bancando a boba em público.

Peter Rudge se lembra de Keith "começar a quebrar os [*discos*] dele na cabeça de todo mundo. Mas Moonie era assim. Era irreverente, era rock 'n' roll, era sobre isso. Era uma atitude simbólica".

Keith terminou a noite na cama com Miss Pamela Miller, que conhecera no início do ano durante as filmagens de *200 Motels*. Sem dúvida, ele vinha buscando esse tipo de atividade ao longo de toda a turnê – a reconciliação com Kim em casa não significava ser fiel quando longe –, e, se isso implicava mentir a respeito das circunstâncias, então talvez tenha sido isso que aconteceu. Porque Pamela quebrou sua regra. "Quando, de fato, ficamos juntos", diz ela sobre aquela noite, "ele definitivamente estava separado de Kim. E se eu soubesse que estava casado, não teria ido com ele. Era algo que eu não faria."

Talvez não. Mas Keith foi insistente e Pamela admite ter ficado muito louca com os diversos comprimidos multicoloridos que ele lhe dera. No dia seguinte, Keith visitou um médico bem conhecido na fraternidade musical de Los Angeles e repôs seu estoque com estimulantes, calmantes e nitritos suficientes para drogar um exército. Acesso inequívoco a medica-

CAPÍTULO 22

mentos controlados era um dos bônus de ser um *rock star* legítimo, assim como a habilidade de fazer compras extravagantes num piscar de olhos, como quando ele e Pete Townshend compraram um *hovercraft* Air Cycle cada um naquele dia, pelo preço individual de cerca de 4 mil dólares. Pelo menos Pete vivia e adorava a água; Moon não tinha nem piscina.

Na sexta-feira, 10 de dezembro, o The Who se apresentou como *headliner* na Long Beach Arena para 13 mil fãs. Do show, Keith continuou a farrear ao longo de todo o sábado, que era um dia de folga, e à noite também. Na manhã do domingo, enquanto o grupo se preparava para partir para São Francisco, não conseguiam acordá-lo. Butler conseguiu uma chave-mestra na recepção e encontrou seu novo patrão apagado. Por fim, Keith despertou, só para exigir acesso ao suprimento de novas drogas antes de fazer qualquer outra coisa. Pela primeira e última vez, Butler permitiu que Moon engolisse os comprimidos errados: os calmantes. Keith embarcou no avião em Los Angeles quase inconsciente; desembarcou de cadeira de rodas em São Francisco.

No local do show, o Civic Auditorium, Keith, de algum modo, subiu no palco com o resto da banda, mas tocou de forma tão errática – acelerava, arrastava e ameaçava parar tudo por completo –, que Dougal, em pânico diante da ideia de Keith, por quem estava responsável, morrer durante os primeiros shows em sua presença, ligou para o médico "gratuito" local. (Nas turnês posteriores, o The Who exigiria um médico no local.) Enquanto Keith se estrebuchava em cima da bateria, Dougal e o médico injetaram cortisona em ambos seus calcanhares, e ele então se reanimou instantaneamente ("como uma mocreia que leva um tapão na bunda pela primeira vez em 30 anos!", como Butler coloca de forma tão eloquente em seu livro de memórias dos anos em que trabalhou para Keith) e começou a tocar com algo mais próximo de seu tempero de costume.

Dadas as circunstâncias – três noites de farra contínua por L.A., uma ingestão copiosa de calmantes e a performance comatosa que precisou de injeções de cortisona –, seria de se presumir que esse show seria rapidamente apagado da lembrança do The Who. Não foi bem assim. Incrívelmente, Keith tocava de forma tão instintiva, que, apesar daquilo tudo, versões de "Bargain", "Baby Don't You Do It" e a *jam* de blues "Goin' Down" acabaram todas em discos posteriores do The Who. Havia ocasiões em que o homem parecia verdadeiramente invencível.

Alguns dias depois, Keith estava de volta a Chertsey para o Natal, tentando cumprir o papel de pai de família. Porém, como sempre, não conseguia parar quieto. Se foi capaz de sobreviver àquelas 72 horas na Califórnia, conseguiria ficar na estrada para sempre, e dois dias depois do Natal voou para Nova York, onde topara ser mestre de cerimônia do show do Sha Na Na, no Carnegie Hall, no dia 28 de dezembro. Retornando a um momento-chave da adolescência, até mandou fazer um terno de lamê dourado sob medida para a ocasião.

"Nossa veia teatral agradava a ele", diz Scott Simon, do Sha Na Na, a respeito da relação próxima do grupo com Keith. "Usávamos figurino no palco, nos caracterizávamos. Ele adorava isso. Levou mais roupas do que nós para o Carnegie Hall."

Keith apresentou Cheech e Chong de chapéu-coco, entrou pelo menos uma vez travestido, e então apareceu no terno de lamê dourado. Terminou o ano de trabalho de 1971 com um aceno não intencional ao homem com quem ele começou, ao sentar-se à bateria para garantir que "Caravan With a Drum Solo", de Frank Zappa[121], fizesse jus ao título.

---

121 *Na verdade, se trata da composição "Caravan", de Duke Ellington, citada por Frank Zappa em "You're Probably Wondering Why I'm Here", do álbum* Freak Out! *do Mothers of Invention, em que ele diz "I wanna hear 'Caravan' with a drum solo" – "Quero ouvir 'Caravan' com um solo de bateria", referência então incorporada ao "Zappaverso". (N. do T.)*

Pela primeira vez na história da banda, o Ano-Novo do The Who começava com uma agenda de trabalho vazia. Absolutamente nada havia sido planejado para a primeira metade de 1972.

A decisão de tirar uma folga era compreensível. Era uma banda que trabalhava mais duro e por mais tempo do que qualquer uma de suas compatriotas e mantivera uma agenda de shows exaustiva quase sem pausa por oito anos seguidos. Não obstante, três membros da banda ficariam de bom grado na estrada; tocar música é o que eles faziam, simples assim. Mas Pete Townshend achava cada vez mais difícil equilibrar ser um pai de família em casa e um *rock star* que vivia a mil em turnê e, por ora, exigiu o direito à primeira opção. Quando ele somou a responsabilidade adicional de compositor da banda e sua necessidade de planejar o próximo passo criativo, os outros tiveram pouca escolha, senão consentir. O lugar do The Who no panteão do rock estava bem e verdadeiramente estabelecido, a segurança financeira garantida, eles podiam finalmente desfrutar de uma folga.

Ninguém desfrutou tanto quanto Keith. No auge da vida, com dois hectares por onde correr e os meios financeiros e criativos para concretizar seu suprimento infindo de ideias e obsessões amalucadas, ele embarcou numa existência firmada na celebração cotidiana do absurdo.

Tinha uma conta aberta no Golden Grove cujo total chegava, rotineiramente, a pelo menos 500 libras por mês. Dada essa contribuição robusta ao negócio do pub, esperava um serviço prioritário; se achasse que estava sendo ignorado, simplesmente tirava a roupa e se deitava sobre o balcão do bar – ou dava um tiro de espingarda no teto – até que a situação fosse resolvida.

Começou a colecionar carros num ritmo furioso, apesar do fato de não dirigir (oficialmente). Ainda tinha o Rolls-Royce lilás, embora esse carro estivesse começando a entediá-lo: quando o televisor não funcionou certo dia, ele simplesmente atirou o aparelho pela janela no meio da rua. Agora comprara um Rolls-Royce Silver Shadow conversível por cerca de 5 mil libras, mas não gostou e vendeu com prejuízo para adquirir um Corniche branco conversível quase novo, que rumores diziam ter custado 12 mil libras. Quando então se apaixonou por um sedã Mercedes 300 SEL novíssimo, movido por um motor V8 de 6,3 litros, e se deu conta de que não tinha as 4 mil libras necessárias na conta bancária, irrompeu no escritório da Track, na Old Compton Street, e se recusou a sair até que Chris Stamp lhe desse o dinheiro adiantado. Ao receber os próximos *royalties*, adquiriu um AC Frua 428 (supostamente o carro mais rápido na estrada) por 7 mil libras, seguido de uma limusine clássica Chrysler, dos anos 1930 da embaixada americana, por 250 libras como carro de corrida – e, enfim um corredor, um Bucket T construído pelo entusiasta de *hot rods* britânico Micky Bray, com um motor Chrysler V8 de 4,4 litros. Essa coleção extravagante e variada de automóveis caros, quando estes não estavam na oficina, fazia companhia em Tara ao Mini Cooper de Dougal e ao MG que Keith comprara para ele, a um pônei barrigudo, ao caminhão de leite (que foi subsequentemente doado a uma faculdade perto dali onde Keith havia tocado, para facilitar os problemas de carregamento da instituição), ao *hovercraft* e a um par de *scooters* para uso interno na propriedade.

Ele comprou dois dogues alemães, que ficaram para Kim cuidar, já que Keith tinha preguiça de prover a atenção necessária aos cães. Começou a sondar novas propriedades também, mas estritamente imitações de Tara. Havia a "Hippo Hall", em Barnes Common, uma casa de vidro ultramoderna com uma área de convivência rebaixada cercada de cômodos anexos, bem parecida com Tara (mas bem menor); quando ele enfim se livrou do inquilino que veio com o lugar, ofereceu a casa ao cantor Steve Ellis por 20 mil libras. Mas Ellis descobriu que o imóvel não havia sido registrado no nome de Moon e, enquanto Moon a princípio tentou furiosamente resolver o "erro" e depois se esqueceu por completo disso, Ellis viveu lá por anos sem pagar aluguel. Também havia, na Chertsey Road, beirando o rio, onde contava com um ancoradouro de 18 m, a "House of Four Tops", assim chamada por causa dos quatro cômodos arredondados. Moon planejava instalar Dougal Butler lá, como disfarce para um ninho de amor clandestino, plano que falhou quando Kim prontamente alugou ela mesma a casa para seus amigos, um dos quais se tornou inquilino a longo prazo. E ainda havia a metade do Crown and Cushion, embora Keith visitasse o lugar com cada vez menos frequência, agora que havia tanta coisa com que se ocupar em Tara.

Ele mantinha um acordo com o mesmo "Dr. Robert", da Harley Street, sobre quem os Beatles haviam cantado, para conseguir receitas legais para estimulantes (Drynamil) e calmantes (Mandrax e Mogadon); ocasionalmente, até convencia o médico a atender em domicílio. Em geral, as receitas poderiam se estender à sua esposa e ao seu assistente; depois, se tornou a tarefa desafortunada de Dougal tentar fazer com que os comprimidos durassem mais do que um dia. ("Eu escondia metade deles na minha jaqueta Levi's ou nas minhas botas", recorda-se ele, "e então dizia: 'Bem, sinto muito, Keith, isso é tudo, você tomou os outros mais cedo'. 'Não tomei, não.' 'Tomou, sim, você só não se lembra.'")

E Keith segue sendo um dos poucos homens do planeta que, de fato, convidaram a sogra para morar com ele. Joan Kerrigan se tornara uma visitante constante desde que os Moons se mudaram para Tara, em particular já que seu próprio casamento com Bill se desintegrava rapidamente. ("Eles nunca se deram bem de verdade", diz Kim sem rodeios sobre seus pais.) Certa noite, quando Joan, Keith e Kim estavam bebendo bastante, uma discussão se deu entre esposo e esposa. "Eu lá, sentada, ouvindo Keith dizer: 'Ela é uma chata', e minha mãe replicava: 'Pois é, eu nunca a suportei'", recorda-se Kim. "E então Keith ri e diz: 'Ah, você é ótima, por que não vem morar conosco?'. Eu só pensei: 'Ah, *que maravilha!*'."

Joan foi abrigada como governanta, o que combinava perfeitamente com ela. Trouxe Dermott junto, o que, para Kim, tudo bem ("Foi a melhor coisa que aconteceu naquela situação"), mas confundiu o menino de 6 anos. "Até onde eu sabia, fui ficar com Kim para um fim de semana prolongado ou alguma coisa assim", recorda-se Dermott. "Acabei ficando dois anos. Lembro-me de minha mãe estar lá, mas esse papel basicamente ficava com Kim."

Joan passava boa parte de seu tempo acompanhando Keith no álcool. Se um deles não estivesse bêbado, geralmente o outro estaria. As bebedeiras de Joan eram uma ressaca da época das *plantations*: gim na hora do almoço, uísque à noite, uma combinação que garantia que os visitantes se lembrassem dela tão vividamente quanto de Keith. "Ela ficava no comando de Tara até beber demais", recorda-se Lenny Baker, do Sha Na Na, bastante sarcasticamente. "E aí não estava mais no comando."

"Era uma boa e divertida anfitriã", diz Kim. "Adorava se divertir." Embora seus papéis quase tenham se invertido – para todos os efeitos, Kim era agora a mãe de Dermott, e Joan, "se fosse um pouco mais nova, seria um par perfeito para Keith", diz Dougal –, Kim não se importava muito com a chegada da mãe. Sua maior reclamação era que, "sempre que Keith ficava bravo com alguma coisa, ele dizia: 'E, além do mais, o que a sua mãe está fazendo aqui?!'"[122].

Talvez fosse inevitável que a polícia local também se encontrasse em papéis principais no teatro do bizarro de Tara. Não chegavam no local de imediato, porém. De fato, houve uma relativa falta de reclamações dos vizinhos entre a festa em julho e o réveillon, principalmente porque Keith passou a maior parte do tempo na estrada; enquanto estava longe, a vida em Tara era tão normal quanto aquele design idiossincrático permitia. Porém, quando o *hovercraft* foi entregue de Los Angeles e Keith o disparou no gramado tarde da noite, para os vizinhos, soou como nada menos que um aeroporto sendo inaugurado na propriedade, e eles pegaram o telefone quase antes que Keith, feliz como uma criança com um novo presente no dia de Natal, começasse a rodar com o veículo no extenso gramado do jardim.

Os dois policiais enviados a Tara para investigar a reclamação de barulho estavam totalmente cientes da fama e da popularidade do novo morador, e, tendo de escolher entre ficar do lado do *bon-vivant* Keith Moon e dos velhos aposentados enxeridos que ele incomodava, a lealdade era clara. "Eles acabaram tomando uns drinques e se divertindo à beça", diz Kim sobre aquela primeira abordagem. "Adoraram toda aquela ideia de farrear com Keith Moon.

---

122 Joan Kerrigan faleceu em 1993.

CAPÍTULO 23

Ficaram bem dispostos a começar algum acordo." Quando Keith explicou de forma tipicamente cordial que ele e Kim estavam atrasados para ir a um clube chamado Sergeant Pepper's, em Staines, receberam uma escolta policial "oficial", com direito a sirenes piscantes. Como Kim observa ironicamente, "isso deu o tom de como as coisas seriam".

Dougal também se acostumou com o tratamento estelar e frequentemente aceitava uma escolta até a ponte de Staines, onde a jurisdição da força policial de Addlestone terminava. Porém, isso era a menor das vantagens da amizade que aflorava. Keith desenvolvera um gosto por correr com seus veículos caros pelas estradas vicinais depois de uma noite no pub. Considerando-se que ele não possuía habilitação nem seguro e habitualmente andava alcoolizado bem acima do limite legal – "Ele só dirigia quando estava bêbado", diz Kim –, infringia a lei em pelo menos três instâncias; considerando-se que ele já havia tido alguma responsabilidade na morte de alguém enquanto dirigia, também estava brincando estupidamente com o destino. Porém, tentar parar Keith Moon quando seu coração estava determinado a algo *era quase* impossível, mesmo se ele se encontrasse sóbrio; quando embriagado, *era* impossível. E lá corria Keith pela noite. Quando seu carro então se via enroscado num arbusto, Dougal recebia um telefonema que o alertava do acontecido; ao chegar ao local, o policial permitia que Dougal se colocasse "oficialmente" ao volante do carro e, embora o seguro de Butler subisse de forma meteórica (ele se recorda de valores de mais de 100 mil libras, em 1972 ou 1973), Keith se livrava da bomba. Foi um cenário que se repetiu diversas vezes durante o período em Tara.

É claro que tal tratamento policial preferencial não vinha inteiramente de graça. "Eles ligavam em casa, e Keith perguntava: 'Do que vocês precisam?'", recorda-se Kim. "'Raquetes de squash? Claro, meu caro garoto, com prazer.'"

"Deixávamos uma das janelas francesas aberta para a área do bar", diz Dougal. "Os policiais em patrulha chegavam, davam uma geral, abriam a janela francesa e tomavam uma dose de scotch."

Então, um dos policiais começou a ter um caso duradouro com Joan e as patrulhas noturnas passaram a ficar cada vez mais frequentes. O *affair* não era segredo na casa, embora raramente fosse mencionado. Segundo Steve Ellis, "um dos policiais locais foi pego no ato por Keith numa polaroide. Então, sempre que alguma coisa ficava estranha, Keith ria e provocava: 'Eu tenho a foto!'". Mas a chantagem era provavelmente desnecessária; os tapinhas nas costas de todos eram tão eficazes (e a sede arrefecida e os desejos tanto corpóreos quanto financeiros supridos), que ninguém via necessidade alguma de alterar o acordo.

Havia mais hóspedes semipermanentes na casa. No verão de 1972, a irmã de Keith, Linda, que havia se casado com um ex-aluno da Wembley County, Peter Jolley, ao descobrir que estava grávida, no início de 1970, (tiveram uma filha chamada Katrina no verão daquele ano) e agora passava por uma separação, foi visitá-lo e também acabou ficando por um tempo. Isso significava desalojar Geoffrey, que tinha sido trazido para decorar a casa com murais elaborados do Super-Homem (num cômodo ocupado agora com uma jukebox e mais um bar), mas já estava se aproveitando demais da hospitalidade havia vários meses e demonstrava o que Keith compreendia como um interesse insalubre por Kim; quando Geoffrey se recusou a ir embora, Dougal e um figurão da indústria musical o perseguiram pela entrada da casa com uma espingarda.

Evidentemente, a vida em Tara até então existia em algum cruzamento não mapeado em que teledramaturgia e teatro sofisticado entravam de cabeça na pura comédia. De fato, em sua biografia do The Who, *Maximum R&B*, Richard Barnes, que, como amigo próximo de Kim, fazia longas visitas, escreveu que "viver em Tara era como estar num programa de TV dos Monkees, só que engraçado de verdade". Mais tarde, haveria a influência verossímil até demais com filmes de terror também, mas, pela maior parte dos primeiros dezoito meses em Tara, embora o comportamento de Keith frequentemente cansasse aqueles que tinham de aguentá-lo, foi só diversão.

"Havia cinco ou seis cômodos e cada um tinha uma música diferente tocando", recorda-se Barnes. "Num [cômodo], tocava Beatles o tempo todo, surf music em outro [cômodo], a Família Dó-Ré-Mi na jukebox, tudo competindo ao mesmo tempo. Ele também tocava *O lago dos cisnes* muito alto naquele sistema de som brilhante. Fazia um balé cheio de piruetas na roupa do Sha Na Na. Eu achava incrível. Pensava: 'Então é assim que os *rock stars* vivem', mas não, era só como o Keith Moon vivia."

Mas embora "fosse pirado e tivesse todo aquele negócio", diz Barnes, se referindo à imagem quase cômica de Keith, "ele também era incrivelmente inteligente e espirituoso. Eu ficava maravilhado com as sacadas dele. Coisas quase dignas de um Oscar Wilde. É o que eu digo para quem pensa que ele era só mais um exibido falastrão. Não era, tinha uma inteligência e uma profundidade incríveis".

Todos que o visitavam ficavam maravilhados com a energia singular de Keith. "Você ia até lá para visitá-lo numa noite qualquer", diz Steve Ellis, "e se empolgava tanto, que acabava ficando, aí, no dia seguinte, decidia continuar, mas, quando chegava o terceiro dia, dizia: 'Keith, eu me rendo'. Eu não era nenhum anjo, era doido pra caramba também. Mas não havia como acompanhar o ritmo dele. A sogra dele, que Deus a tenha, te acordava de manhã com algum trago para animar. Ela não te servia uma xícara de chá, te servia uma vodca ou coisa do tipo."

"Tara era meio que uma armadilha", escreveu Barnes. "De manhã, ou fosse lá a hora que as pessoas acordassem, você se levantava com um gim tônica grande ou com um Joan Collins, que era a versão especialmente letal da sogra de Keith de um Tom Collins. Os considerados drinques leves eram consumidos durante o dia – gim, vodca, licores, cerveja, alternados entre o pub e a casa. Depois das 18h, porém, a bebedeira ficava séria. Joan trocava o gim por uísque Bell's ou Teacher's e Keith trocava a cerveja ou o que estivesse bebendo por conhaque. O problema era que os dias eram um longo borrão. Toda ressaca era disfarçada com mais gim de café da manhã na cama, e então começava mais uma rodada de idiotice meio cansada."

"A maioria das pessoas que visitava a casa era atraída para o meio desse caos alcoólico. Inventamos um enredo contínuo de uma história satírica de aventura intitulada 'Fuga de Tara', que envolvia planos para túneis para escapar da propriedade, por onde quem fosse pego fugindo receberia uma sentença de dois gins-tônicas grandes."

Para Dougal Butler, cuidar de Keith Moon abrigado em tamanha terra da fantasia se tornou rapidamente mais do que um trabalho em tempo integral. Da casa dos pais, em Hayes, ele ligava para Kim para saber como estava tudo, só para ouvir que Keith havia convidado um grupo do Golden Grove do qual ela não gostou muito da aparência. "Eu ia até lá. Talvez visse algumas pessoas que nunca tinha visto antes. Keith estaria mamado, distribuindo bebida, se fazendo de babaca. E eu só dizia: 'Keith, preciso ter uma palavrinha com você. Não se esqueça que temos de estar no estúdio amanhã, se livre dessas pessoas.' 'Não.' 'Sim. São 4h da manhã, eles já estão tirando com a sua cara.' 'Estão?' 'Sim, você só arrume a cozinha, vá para a cama e eu me livro deles.' E então eu anunciava: 'OK, o Keith já foi dormir, vou pedir gentilmente, a festa acabou, ele precisa trabalhar amanhã de manhã.' Às vezes era preciso dizer: 'Por favor, vão embora, porra', mas não era muito frequente."

"Muita gente aparecia por lá", diz Linda, a irmã de Keith. "Não sei quem era aproveitador e quem era amigo. As pessoas entravam e saíam o tempo todo, a noite toda. Acho que Kim conhecia muitas delas, mas havia gente que nem era muito próxima, chegava lá e se servia da bebida. Ele mandava entregar um engradado de bebida do pub e o pessoal entrava e se servia... Não era o meu estilo de vida."

Dadas todas essas idas e vindas, e levando-se em conta os diversos itens de valor que poderiam sumir facilmente, a amigável polícia local recomendou a instalação de um alarme, ideia que Keith executou de imediato. "Na noite em que o alarme foi instalado", diz Kim, "ele tomou uns dois mogadons e achou que viu alguma coisa no jardim que precisava ir investigar. Fazia frio lá fora, ele estava de cueca e vestiu um casacão de pele de coelho. Passada 1h, fiquei preocupada, porque pensei que, se fosse mesmo um intruso, eu não sabia o que teria acontecido. Então liguei para a polícia, eles vieram, vasculharam a área, não o encontraram. Estávamos todos reunidos quando ele voltou, caminhando com o casaco aberto, a cueca à mos-

CAPÍTULO 23

tra, deleitado em ver toda aquela companhia – as drogas já tinham batido bem a essa altura. 'Que maravilhoso ver vocês todos, bebam alguma coisa.' 'Você está bem? Sua esposa disse que havia um intruso.' 'Ah, sim, havia um homem gordo e baixo de cabelos ruivos.' 'Como ele era?' 'Cabelo comprido castanho, alto...!' E então ele diz: 'Venham, rapazes, venham ver meu novo alarme, vocês sempre falam para eu instalar um.'"

Depois de primeiro abrir a porta errada e mostrar entusiasmado o aquecedor à polícia, Keith foi conduzido por Kim à porta certa. Lá, revelou orgulhosamente o sistema de alarmes de primeira linha e um dos agentes perguntou, muito sério: "Por que então você não o usou?".

É claro, havia um bom motivo para isso, principalmente o de que se a casa toda estivesse equipada com alarmes, a patrulha noturna ia dispará-lo toda vez que desse uma passada para um drinque de madrugada com Joan, com consequências ainda mais potencialmente vergonhosas do que a polaroide de Keith. No fim, Keith nunca usou, de fato, o alarme. Assim como muitas de suas aquisições, era um brinquedo extravagante do qual ele se cansou rapidamente.

O *hovercraft*, por outro lado, provavelmente ganhou mais quilometragem do que todos os seus outros veículos somados. Por meio de seu assessor de imprensa, Keith combinou uma sessão de fotos com um dos tabloides britânicos, que se dera conta de que o baterista do The Who era a melhor fonte possível para matérias sobre celebridades amalucadas. A intenção era fotografar o *hovercraft* no trilho de trem perto de sua casa, apontado em direção a Londres, de modo a criar a ilusão de que Keith Moon tinha encontrado um novo jeito de fazer esse trajeto. Porém, o *hovercraft* quebrou em cima dos trilhos. Isso não era motivo para riso: a linha estava em uso constante e um acidente significaria não só o fim do *hovercraft*, como também muito provavelmente um descarrilhamento e ferimentos sérios aos passageiros do trem.

Quase qualquer um teria ligado para a central de trens, confessado que uma tentativa de truque deu errado e encarado os fatos. Porém, Keith nunca recusava um desafio. Telefonou para o gabinete do chefe da ferrovia e embarcou num fingimento elaborado. "Alô, meu caro garoto", disse com a mais sofisticada das vozes. "Ligo em nome da Wimpey's. Estávamos transportando dois condensadores e, ao cruzarmos a linha, um deles, infelizmente, caiu do nosso caminhão."

Como ele posteriormente contaria a Jerry Hopkins, da *Rolling Stone*[123]: "Expliquei que os condensadores pesavam 30 toneladas cada e pedi para segurar todos os trens. E então corri de volta para o *hovercraft* empacado. Estava parado sobre ambas as linhas e bloqueando os dois sentidos, então os automóveis começaram a dar meia-volta também. Ah-ha-ha-Ha-hahahahaha! Ah, foi maravilhoso!".

De seu jeito inimitável, Keith convocou a ajuda dos motoristas para empurrar o *hovercraft* dos trilhos e, depois, de um fazendeiro da região, que tinha um semirreboque, para transportar o veículo de volta a Tara. O *hovercraft* de Pete Townshend pode ter sido usado de forma mais legítima, mas o de Keith recebeu tanta atenção que o custo do envio desde Los Angeles de repente parecia indiferente.

De fato, na primavera de 1972, Keith já dava tantas entrevistas quanto Townshend. Se você quisesse uma discussão letrada sobre o estado perigoso do rock, então o compositor do The Who era claramente o cara; se você quisesse se divertir, então que fosse até Tara. A imprensa escolhia essa segunda opção cada vez mais.

Keith era diferente de seus contemporâneos em termos de hospitalidade para com a imprensa. Em vez de enxergá-la como uma adversária inconstante, a via como uma aliada numa causa única: promover o The Who. Desse modo, não via problema em pegar o telefone e ligar para um jornalista que não conhecia para agradecer por uma boa resenha. Foi por meio desse método que ficou amigo de Chris Charlesworth, da *Melody Maker*, quando o novo escriba publicou palavras entusiasmadas sobre um

---

123 Ao contrário de muito do que foi dito nessa famosa entrevista, essa história em particular foi confirmada palavra por palavra.

CAPÍTULO 23

show em 1970, uns dois meses depois de entrar para o periódico. "Ele tinha uma fé incrível no The Who", recorda-se Charlesworth. "Achava o The Who a banda mais maravilhosa do mundo e triste daquele que sugerisse o contrário. Todo mundo que gostasse do The Who era seu amigo, e todo mundo que não gostasse receberia um tratamento meio ríspido dele. Falou umas para mim por causa de uma resenha que *outra pessoa* escreveu na *Melody Maker*."

Quando Moon se mudou para Tara, fez questão de receber os jornalistas em casa. Muitos dormiam lá, embora não se saiba se isso se dava simplesmente porque ele os deixava bêbados demais para dirigir.

"Uma ou duas vezes fui parar em Tara e passei a noite lá", diz Charlesworth, que na época morava perto dali, em Englefield Green, onde Keith ia beber de vez em quando, aliviado por "sumir na paisagem". "Eu ficava com a impressão de que não era um lar totalmente feliz. Havia um certo atrito entre Keith e Kim, mas a maior parte desse atrito parecia vir da sogra de Keith, que morava lá com o filho pequeno. E Mandy estava lá também. Nunca vi Keith brincar com a garotinha, nunca o vi prestar muita atenção. Kim era adorável, a pessoa mais perseverante. Era capaz de aguentar qualquer coisa que Keith lançasse contra ela. Não digo literalmente, embora possa ter acontecido."

"Ele adorava recitar os esquetes do Monty Python. Hoje, alguns deles viraram meio clichês, mas na época era tudo muito novo. E decorar um esquete inteiro era um feito e tanto. Ele não contava piadas, e sim conduzia um monólogo contínuo sobre suas desventuras: 'Liguei para o serviço de quarto, o serviço de quarto não veio, então servi o quarto a eles, haha!'. E ele não calava a boca. Tinha de ser o centro das atenções. Se outra pessoa estivesse falando, ele só ouvia pela metade. Em outras pessoas, isso pode ser muito irritante, mas, de algum modo, ele se safava."

"Certa noite em que eu estava lá, fiquei acordado até umas 6h da manhã", acrescenta Charlesworth, que se recorda de explicar a Moon que não estava a fim de acordar de ressaca poucas horas depois com o alarme de seu relógio interno instintivo. "Keith me deu um comprimido, um comprimidinho azul, e disse: 'Tome isto aqui'. Perguntei o que era e ele disse que ia me ajudar a dormir. Ajudou mesmo, dormi das 6h da manhã até as 3h da tarde. Acordei do sono mais profundo como um atleta olímpico, sem o menor traço de ressaca. Estava pronto para a próxima."

Richard Green, do *NME*, era outro convidado frequente. "Certo dia, fui a Tara entrevistá-lo e fiquei completamente trêbado, como de costume, e depois de algumas horas ele disse: 'Vamos até o pub'. Ficava na frente da casa, mas ele insistiu em ir no Rolls-Royce. 'Dois brandies grandes, meus caros garotos.' E então disse ao barman: 'Quero todas as garrafas de brandy que vocês tiverem no estoque para levar para casa', e o barman respondeu: 'Não posso vendê-las a você, Keith'. Então Keith diz: 'Nesse caso, vou comprar o bar!'. No fim, o cara o deixou levar algumas garrafas e nós voltamos para Tara, eu, Dougal, Moonie e mais alguém. Estamos lá, no lounge, baseados voando para todo o lado, e eu digo pro Keith: 'Aí, o que você acha que aconteceria se a polícia aparecesse aqui agora?'. 'Quem você acha que é esse camarada aqui?' O camarada que tinha vindo com a gente do bar, fumando um alegremente. Ele era da polícia!"

"Keith deixava uma tigela enorme de M&M's do lado da cama, mas, na verdade, não eram M&M's. Ele acordava, tomava um punhado com uma dose de Remy e lá íamos nós... 'Dead Man's Curve' na jukebox. 'De novo, não, por favor!' É só isso que ele botava para tocar! O único disco que tinha! Algumas horas depois, saía em alguma direção, virado do avesso, pro pub, foda-se a gravação de hoje, vamos ficar mamados de novo... Um comportamento totalmente irresponsável da parte de todo mundo, mas era o que a gente fazia. E aí ele tinha os dias em que cumpria os compromissos, se sentava e conversava com as pessoas, ensaiava. Se quisesse ir até o estúdio e fazer uma boa gravação de bateria, ia e fazia, e mostrava às pessoas como se tocava bateria. Então acho que ele simplesmente se deixava levar, fazia o que tinha vontade de fazer e que se danassem as consequências."

CAPÍTULO 23

O The Who não faria muitas gravações em 1972 até o mês de maio. Durante boa parte dos primeiros cinco meses do ano, a banda mal se viu. No outono anterior, Keith deu algumas entrevistas e disse arrogantemente aos leitores que reclamavam que o The Who não fazia mais shows o bastante: "Fazemos o máximo de show que nos é possível fazer... Não consigo concordar com essa gente que fala que ainda assim não tocamos o bastante – querem nosso sangue". Então, no início do ano, ficou bem contente em tirar um merecido tempo de folga para curtir sua nova casa e gastar um pouco de sua nova fortuna. Com a chegada da primavera, porém, quando se sentou com Chris Charlesworth para uma entrevista extensa para a *Melody Maker*, ficou claro o quanto o silêncio do The Who machucava o maior fã da banda. Keith confessou abertamente sua frustração por estar tanto tempo fora da estrada e, quando questionado o quanto se encontrava com os demais, admitiu que "não tanto quanto gostaria. Nos encontramos outro dia e é incrível como sinto saudades".

Haviam, de fato, se reunido. Quatro meses depois do fim da turnê estadunidense e o The Who fez uma *reunião*. Os dias de turnês e gravações constantes claramente haviam passado; socializar, o que já era raro para começo de conversa, era algo praticamente inexistente. É notável que, de todas as pessoas famosas que iam e vinham de Tara, os outros membros do The Who quase nunca estavam entre elas.

Keith não estava acostumado com tamanha inatividade. Toda a sua vida adulta fora passada no palco ou num estúdio de gravação ou de TV. Frustrado com a falta de ação, inquieto com a ausência de turnês, simplesmente voava do ninho de Tara com cada vez mais frequência.

Um ciclo previsível começou a se formar. Ao final de cada "maratona", Keith se retirava para seu quarto em Tara, para recarregar as baterias. Não havia festas, não recebia visitas, não fazia atividade alguma. Uma calmaria estranha se abatia sobre o lugar. "Ele adorava que eu lesse para ele", diz Kim. "Mesmo se fossem contos da revista *Woman's Own*. Basicamente, ficávamos entocados no quarto e assistíamos a filmes. Nada de beber, só xícaras de chá e comidas afetivas. Ele simplesmente precisava daquele carinho, daquela tranquilidade."

Dougal aproveitava a oportunidade para tocar a própria vida. "Você sabia que enquanto ele estivesse lá debaixo das cobertas tudo estaria bem. Depois que ele saía da cama, depois de uns dois ou três dias, a antena se erguia, sondando... 'Certo. O que ele vai aprontar, o que ele vai fazer agora?'" Quase sempre, Dougal estaria no pub perto de sua própria casa, o Coach and Horses, em Ickenham, a 30 km de distância, quando Keith ligava para ele, com aquela animação na voz que só podia significar encrenca: "Alô, meu caro garoto, está a fim de dar uma passada no Tramp?".

Dougal tinha pouca escolha senão ficar sóbrio, ir até Tara e levar Keith para a cidade. Lá, nos *points* noturnos de Londres, o Moon que estivera tão tranquilo e reservado em Tara nos últimos dias de repente se transformava por completo no personagem de Moon, o Lunático. Dependendo de que momento da noite você o pegasse, ele poderia ser a figura mais cativante que você viria a conhecer.

"Se ele estivesse no Speak", diz Jeff Beck, "pode saber que ia valer a pena, mesmo se você estivesse longe. Porque aí você ia ganhar 10 minutos de terapia ou 2 minutos de aforismos geniais. Ele se metamorfoseava num personagem de Robert Newton e então começava a falar em tons de rock 'n' roll de um jeito meio surreal, de forma que era possível imaginar que era Robert Newton sentado ao seu lado, e não Keith Moon. Keith era como uma fechadura para a loucura à qual eu sempre tinha acesso. Não estou falando em termos de ele ser um bobo da corte para mim, mas ele iluminava e fazia você pensar em coisas completamente diferentes se você nunca o tivesse conhecido".

O Speakeasy ainda era o *point* de preferência do rock 'n' roll e prosperava em cima dessa imagem algo decadente; o Tramp, na Jermyn Street, era conscientemente mais sofisticado e regularmente preferido por aqueles que se consideravam mais do que meros músicos. Foi no Tramp que Keith, certa noite, foi até a mesa de Mick e Bianca Jagger e tirou a roupa no ato.

CAPÍTULO 23

Foi lá também que Willie Robertson, um corretor de seguros para a indústria musical novato se aproximou de Keith e, numa tentativa ousada de fazer negócio com o The Who, pediu alguns minutos do tempo do baterista. Keith topou, mas com uma condição. "Tem quatro pessoas comendo filés naquela mesa grande ali no meio", disse ele a Robertson. "Se você tirar os sapatos e as meias e pisar nos filés, eu pago por novos filés para eles e o cavalheiro que cuida dos nossos seguros liga pra você amanhã de manhã." Robertson fez de bom grado o que lhe foi pedido e, no dia seguinte, recebeu um telefonema de John Wolff; subsequentemente, se tornou o gerente de seguros do The Who.

Nessas idas à cidade, se tornou quase rotineiro para Keith se hospedar em algum hotel chique nas primeiras horas da manhã, com Dougal e geralmente uma ou duas garotas a tiracolo, dormir boa parte do dia e então começar a farra de novo. Quase sempre a dupla retornava a Tara da "noitada" uns três dias depois.

Kim sabia o que Keith andava fazendo, mas, depois de tantos anos, chegara a um acordo inaudito. Contanto que não ficasse sabendo nem visse nada, contanto que pudesse ter alguns dias de paz e tranquilidade nos quais tentaria se comportar como uma mãe comum, mandar as crianças para a escola e assistir um pouco de TV à noite, receber alguns amigos para uns drinques sem ter de transformar isso numa festa até o amanhecer, então ela era capaz de tolerar.

Isso não significava que ela não se importava. Roy Carr, do *NME*, às vezes recebia telefonemas de Kim perguntando se ele sabia onde Keith estava, e Carr dava uma lição em Moon sobre a importância da ligação ocasional para casa. Em troca, depois de uma noitada pesada, Moon acordou Carr a tempo de ele embarcar para os EUA para algum compromisso. No voo, ele conheceu sua futura esposa, uma comissária de bordo indiana. Quando, meses depois, ele anunciou a Keith sua intenção de se casar com ela na Índia, Keith se ofereceu para ser padrinho e pôs-se a tentar alugar elefantes para a cerimônia. Não era o que Carr queria, mas "partiu de uma boa vontade calorosa". Quando Carr então recebeu a oportunidade de trabalhar nos EUA para o *NME,* Keith disse a ele sem meias palavras: "Não quero que você se mude para lá, estamos nos divertindo muito aqui".

E ele estava certo. Toda a fraternidade do rock 'n' roll, em particular os astros como Keith, que agora faziam parte da "velha guarda", e os representantes da mídia, para quem trabalhos no exterior e almoços grátis haviam se tornado um estilo de vida, se divertiam além do imaginável. A indústria musical nadava em dinheiro e certo tanto de deboche não só era aceito como esperado. O espírito de camaradagem era auxiliado pelo fato de que a indústria ainda se concentrava em alguns quilômetros quadrados no coração da região central de Londres, onde todas as principais gravadoras e muitos dos estúdios de gravação estavam a curtas distâncias uns dos outros. O The Who e a Track Records, na Old Compton Street, estavam no coração disso tudo.

Para três membros da banda, essa localização privilegiada resultava numa atenção da parte do público que eles dispensavam. Com Keith, era o contrário. Depois de uma noitada – ou antes de uma –, ele passava no escritório, convencia alguém da gerência a lhe adiantar algum dinheiro, com o qual ele então alegrava o dia dos funcionários de escalão mais baixo ao levá-los para beber, e o resultado usual disso era que eles se tornavam ineficazes pelo resto da tarde. Passava para visitar amigos nas redações dos periódicos musicais, lhes pagava almoço se tivesse dinheiro, os convencia a pagar o almoço para ele se estivesse duro. (Qualquer que fosse a alternativa, bebia do melhor vinho.) E, se por acaso trombasse algum de seus amigos músicos no Ship, na hora do almoço ou no início da noite, era bem provável que os arrastasse para seu mundo pelo resto do dia e da noite.

Jeff Beck se recorda de ocasiões como essas, de que "ir no banco traseiro do Rolls-Royce cor-de-rosa ouvindo Beach Boys era o mais próximo que se chegava de uma grande noitada. Subíamos com o carro na calçada. Ele dizia: 'Com licença, preciso entrar nessa loja agora, preciso comprar um terno novo'. E então pulava do carro e voltava com um terno novo e eu não tinha nem saído do carro ainda. Era bem preocupante, na verdade! Se você consegue imaginar subir a Wardour Street naquele Rolls-Royce roxo, era como

CAPÍTULO 23

rir de todas as piadas do *The Goon Show*[124] e de cada coisa engraçada que você ouviu na vida, tudo abarrotado no menor espaço de tempo possível. Extraordinário. E não havia como extrair nenhuma informação útil daquilo. As piadas caíam como chuva e eu pensava: 'Preciso lembrar dessa', porque nem ele sabia o quão engraçado era, ele nem percebia. Mas também pensava: 'Não sei o quanto mais disso eu aguento', porque depois de rir sem parar por meia hora, você não tem mais como se expressar. Minhas mandíbulas doíam e eu comecei a me perguntar se estava fazendo a coisa certa ao andar com ele. Porque é perigoso ficar alto assim e depois se decepcionar porque ninguém a seu redor é capaz de fazer aquilo... Era muito intenso".

Mas os dias e as noites caóticos pelo Soho e pelo West End não eram páreo para a vida na estrada. Posto que o The Who não tinha nada planejado nesse sentido, quando o Sha Na Na voltou à Grã-Bretanha, no início de 1972, Keith e Dougal alugaram uma limusine Mercedes com chofer e seguiram o ônibus de turnê do grupo americano, onde Keith entrava e saía sempre que quisesse, para festejar.

Os membros do Sha Na Na ficaram pasmos não só com a presença de Moon, que os adotou como mascotes, mas também com a audácia dele de modo geral. "Ele transava com qualquer uma que estivesse disponível", diz Scott Simon. "Não importa com quem elas estivessem, não fazia a menor diferença. Ele era bem doidão nisso de não se importar. Tinha uma rede de segurança com alguns furos, mas, para ele, não fazia diferença alguma, ia e fazia."

O que era mais fascinante – e talvez preocupante – era a forma como ele esperava receber o mesmo tratamento em turnê com o Sha Na Na que exigia quando estava na estrada com o The Who. Na Universidade de Exeter, ele se ofendeu com o camarim da banda e aterrorizou os *promoters* adolescentes com ameaças: "Se vocês não os colocarem num camarim decente, o The Who nunca mais vai tocar na Inglaterra..." (Um camarim

---

124 *Programa humorístico de rádio transmitido pela BBC de 1951 a 1960, criado por Spike Milligan, que também foi o principal roteirista. (N. do T.)*

maior foi prontamente providenciado.) Em Birmingham, num surto de raiva não provocada, ele jogou uma TV pela janela do hotel, observou-a quicar na escadaria e então voltou ao telefone para falar com o serviço de quarto. "Agora, talvez vocês me mandem o brandy que pedi."

Embora estivessem deleitados em tê-lo como patrono, o Sha Na Na simplesmente não conseguia tirar Keith do pé deles. Foram a Ostende, na Bélgica, em abril, para representar a Grã-Bretanha no Golden Sea Swallow International TV Festival (embora fossem uma banda o mais estadunidense possível), e Keith os acompanhou até lá também. Como sempre, entrou no palco com o grupo, onde tentou dar uma cambalhota, caiu de costas, quebrou uma vértebra e ficou internado por vários dias num hospital belga para passar por uma cirurgia.

Para os roqueiros americanos, Keith personificava todos os detalhes de seu status cada vez mais lendário. "Na escala de diversão, ele estava muitos níveis acima de nós", diz o vocalista Lenny Baker. "No que diz respeito às drogas, ele tomava o que tivesse. No que diz respeito à bebida, ele bebia o que tivesse. Era carismático, um cara legal, maravilhoso. E, se você tivesse qualquer coisa que desse barato, ele tomava."

"Lembro-me dele como uma pessoa doce, divertida e louca", diz o baterista Jocko Marcellino. "Não tinha maldade, não era o malvado, mas era o aprontão da sala. Tinha um brilho no olhar que dizia 'vamos fazer besteira'. E nos divertíamos muito com isso."

"Nunca conheci alguém tão determinado à autodestruição", foi a impressão que ficou para Scott Simon. "Não é que ele queria morrer. Mas queria ser o mais fodido o possível e determinava novos limites para si mesmo."

No dia 3 de junho de 1972, um sábado, o Sha Na Na tocou no Crystal Palace Bowl, ao sul de Londres, um belo espaço de shows a céu aberto numa parte adorável da cidade, com um lado em frente ao palco para incrementar a acústica. No mesmo dia, tocaram ainda Beach Boys, Melanie, Richie Havens e Joe Cocker. Keith provavelmente teria viajado meio mundo para estar num show com ambos, Sha Na Na e Beach Boys. Por sorte, só teve de cruzar Londres. Se esgueirou no meio do *lineup* como

EM BIRMINGHAM, NUM SURTO DE RAIVA NÃO PROVOCADA, KEITH JOGOU UMA TV PELA JANELA DO HOTEL, OBSERVOU-A QUICAR NA ESCADARIA E ENTÃO VOLTOU AO TELEFONE PARA FALAR COM O SERVIÇO DE QUARTO. "AGORA, TALVEZ VOCÊS ME MANDEM O BRANDY QUE PEDI."

compadre – embora não tenha sido anunciado como tal – e garantiu que todo mundo se lembrasse daquele dia.

Steve Ellis estava em Tara na manhã do dia do show. "Keith colocou seu álbum de Jan and Dean, e o som tinha 200 watts. E com 200 watts o chão inteiro treme. Ele sumiu para dentro do quarto, então dava para saber que ia aprontar alguma, só não tinha como saber o quê. Depois de meia hora, ele sai completamente travestido. Era um teste de figurino para o show. Descemos para o pub. Entramos com ele todo montado e havia dois velhacos sentados perto da porta. Todo mundo olhou para nós. E um dos velhacos diz ao outro: 'Não se preocupe, é só o Keith'. Como se já estivessem acostumados com aquela visão. Ninguém nos incomodou."

Depois de Keith pagar duas rodadas de drinques para a clientela inteira, um helicóptero pousou no gramado de Tara para levá-lo ao Crystal Palace. "Legs" Larry Smith foi de carona, bebericando champanhe com Keith enquanto sobrevoavam o rio Tâmisa por "meia hora mágica".

No Crystal Palace Bowl, enquanto os Beach Boys passavam o som, Keith levou Lenny, do Sha Na Na, até o helicóptero, e descobriu que o rádio da aeronave estava interferindo no sinal de uma equipe da NBC, que filmava um especial, e sendo transmitido pelo P.A. Keith aproveitou isso como uma oportunidade de realizar um sonho da vida toda e cantar ao vivo com os Beach Boys, que passaram o tempo todo se entreolhando no palco, na tentativa de entender que voz era aquela que, no meio do grupo que tinha as harmonias vocais mais famosas do mundo, de repente desafinava tanto.

O show em si foi meio que um desastre. As exigências técnicas complexas da NBC levaram a pausas longas entre um artista e outro, e o P.A. terrível tornou a música quase inaudível. Keith deu seu melhor para animar o público. Entrou pelo lago, no *hovercraft*, que havia sido levado para lá de antemão, mas, ao sair do veículo, escorregou e caiu nas águas lamacentas. Foi uma palhaçada típica, mesmo que não intencional, e fez uma plateia que, antes disso, não tinha nenhum entretenimento entre as bandas se encantar por ele. Durante o intervalo de 90 minutos entre Richie Havens e o Sha Na Na, Keith ficou no palco o máximo que pôde, improvisando o

CAPÍTULO 23

tempo todo. Fez várias trocas de figurino ao longo de uma tarde em que pôde apresentar seus outrora adorados Beach Boys e se juntar ao Sha Na Na no palco com seu terno de lamê dourado.

Para Keith, foi um dia importante, em que viu lembranças de sua infância (no rock 'n' roll do Sha Na Na), sua adolescência (no terno de lamê dourado) e do início da vida adulta (em sua paixão pelos Beach Boys) se colidirem com seu status atual de um dos mais notórios e populares *rock stars*. Talvez tenha sido por isso que, ao voltar para casa no AC Frua, que Dougal trouxera até o local mais cedo, insistiu em parar no pub Hole in the Wall, em Waterloo, onde convidou um quarteto de bebuns de rua para se juntar a ele lá dentro e beber de graça. Não era condescendência para com o infortúnio deles nem um insulto à sua inteligência, só interesse genuíno em suas vidas, alimentado pelo medo de que seu próprio consumo de álcool o conduzisse ao mesmo destino se ele não tomasse cuidado.

Ao final da bebedeira, que se encerrou prematuramente quando Keith e os quatro bebuns foram chutados do pub por baixar o nível, Moon deu aos seus novos amigos todo o dinheiro que tinha consigo. Foi a última vez que os viu, e não se importou nadinha com isso.

Nos poucos meses em que o The Who ficou em silêncio, a cena musical evoluiu mais uma vez. Apesar (ou até por causa) do não envolvimento de quase todas as principais bandas de rock, que se concentraram no mercado mais reverenciado dos álbuns, as paradas britânicas de singles começaram a se encher de compactos que remontavam, em termos de valor de entretenimento e diversão pura, aos dias de glória dos anos 1960. Era o nascimento do "glam rock", de salto alto e maquiagem, macacões prateados e palmas proeminentes, e a primavera e o verão de 1972 seriam lembrados no Reino Unido por uma série de grandes canções pop, com as quais muitos dos correligionários do The Who enfim alcançaram o sucesso que se evadia deles havia anos.

Havia Marc Bolan, que conseguiu seu quarto primeiro lugar com o T. Rex, em pouco menos de um ano, com "Metal Guru"; David Bowie, conhecido do The Who da época do Marquee como um aspirante a mod chamado David Jones, com "Starman"; o antigo rival romântico de Keith, Rod Stewart, que deu sequência ao seu sucesso de número um do final de 1971, "Maggie May", com outro, "You Wear it Well"; o Slade, por quem Keith anunciou seu apreço, pois o lembrava do início do The Who, com "Take Me Bak 'Ome"; o vagamente afeminado Sweet, com o humor pueril de "Little Willy" (produzida pelo velho amigo baterista de Moon, Phil Wainman); Elton John, que acompanhara os Detours na adolescência, ainda como Reg Dwight, crescido em Middlesex e agora quase vizinho de Keith em Wentworth, com "Rocket Man"; o Mott the Hoople, banda braba das Midlands finalmente elevada ao sucesso com ajuda do hino escrito por David Bowie especialmente para eles, "All the Young Dudes"; e Gary Glitter, roqueiro já não tão jovem anteriormente conhecido como Paul Gadd ou Paul Raven, com um lado B que se tornou um hino, "Rock 'n' Roll Part 2".

E então, dos EUA, que a princípio só contribuíra com os almofadinhas certinhos Partridge Family [*A Família Dó-Ré-Mi*] e The Osmonds para o novo *boom* do pop, veio Alice Cooper, cuja banda homônima abria para o The Who desde 1969. Embora a classe média britânica arrancasse os cabelos ultrajada diante da *persona* chocante de Cooper (que se travestia e apresentava execuções de mentira no palco etc.), seu hino gloriosamente irreverente "School's Out" disparou para a primeira posição em agosto. Mais do que qualquer um dos artistas britânicos, o sucesso de Cooper provava que não era necessário diluir a imagem ou abaixar o volume para ser abraçado pelo novo público adolescente e que o "glam rock" e o hard rock ficavam bem confortáveis na companhia um do outro.

O The Who observou toda essa atividade, relembrou a sequência de hits no top 5 que teve, em meados dos anos 1960, e decidiu que queria participar também. A banda havia demonstrado um entusiasmo continuado pelo formato de 45 rotações no outono anterior ao lançar o compacto "Let's See Action", mas este soava demais como o que era – uma sobra de estúdio das sessões de *Who's Next* –, de forma que não saciava quem não era fã *hardcore*. No final de maio, retornaram ao estúdio Olympic com Glyn Johns para gravar algumas músicas novas, com três em mente para serem lançadas em compacto.

Cada uma delas era uma clara celebração da música e da cultura jovem. "Join Together", que insistia que "você não precisa pagar, você pode tomar emprestado ou roubar seu caminho"[125], era otimista o bastante para ter sido escrita no final dos anos 1960, ao passo que "Relay" era tão aérea, que rimava "revolution" [revolução] com "no solution" [sem solução], sem o menor embaraço. E ambas se valiam por completo do sintetizador que se tornava cada vez mais prevalente na música pop desde *Who's Next*. Em teoria, os

---

125 "*You don't need to pay, you can borrow or steal your way.*"

CAPÍTULO 24

ritmos eletrônicos davam mais oportunidade a Keith de tocar em torno da batida, como havia feito com tanta imaginação em "Won't Get Fooled Again", mas Glyn Johns não só insistiu em manter o baterista totalmente amarrado ao tempo um na maior parte do tempo como também cometeu o sacrilégio que havia apenas sinalizado em *Who's Next* e manteve Keith longe dos amados pratos ao longo das estrofes. O resultado foi um som que pouco lembrava o The Who de antigamente – um sintetizador que segurava uma melodia rítmica ocasionalmente acentuada por um bumbo ou um baque de tom-tom –, embora, consideradas individualmente, fossem canções consistentes, que preencheriam o tempo de forma adequada até o próximo álbum.

Para a terceira música, gravada na segunda-feira depois de Keith comparecer ao Crystal Palace, o The Who deixou os sintetizadores guardados; Moon ficou tão feliz de ter os pratos de volta, que tocou uma das batidas mais tradicionais de sua carreira. (Isto é, durante as estrofes; no *middle eight*, ele registrou algumas de suas melhores e furiosas viradas de tom--tom.) "Long Live Rock" era um resumo espirituoso das raízes da banda, um lembrete aos jovens punks de que "nós fomos a primeira banda a vomitar no bar e a achar a distância até o palco muito grande"[126], com um piano de *boogie* proeminente, que parecia remontar aos longínquos anos 1950; era revoltosa, arrogante, barulhenta e bem-humorada, um excelente contraste às outras músicas novas.

Porém, ela nunca foi lançada em compacto com Keith em vida, apesar de ter sido anunciada em 1972: Townshend segurou porque viu nela as sementes para uma nova ópera-rock sobre os primórdios do The Who, e, de qualquer forma, ela foi considerada demasiada e conscientemente retrô numa época em que o The Who estava utilizando sintetizadores e insistindo em sua relevância para o estado atual da música pop. (Todavia, "Long Live Rock" *teria* sido relevante; havia um *revival* de rock 'n' roll

---

126 *"We were the first band to vomit in the bar, and find the distance to the stage too far."*

acontecendo no Reino Unido, ganhando força rapidamente, de forma a render o primeiro show da história no Estádio de Wembley, em agosto, onde Little Richard, Chuck Berry, Bill Haley, entre outros, tocaram para um público de mais de 50 mil pessoas, que naturalmente contava com o próprio Keith.) E "Relay" só foi lançada no finalzinho do ano. Com isso, restou apenas "Join Together", lançada no caldeirão pop do verão, em que teve um desempenho de se admirar, chegando à nona posição no Reino Unido e à décima-sétima nos EUA. O lado B era uma versão de "Baby Don't You Do It", de Marvin Gaye, gravada ao vivo no malfadado show em São Francisco, em dezembro do ano anterior, o que pelo menos deu a Keith a oportunidade de mostrar ao mundo que ele não havia perdido seu toque exuberante nos tambores (e nos pratos) quando ganhava carta branca para se esbaldar neles. E ele, certamente, havia se esbaldado naquele dia.

Em agosto, a banda enfim retornou à estrada para uma extensa turnê europeia e Keith abraçou a oportunidade de se jogar em suas estripulias de costume – e costumeiramente caras. Na Alemanha, bem no começo da turnê, comprou uma arma e praticou tiro ao alvo ostensivamente num quadro do quarto do hotel. Na manhã seguinte, o gerente do hotel chamou Bill Curbishley, que estava viajando junto na função de quase empresário, para inspecionar os danos e, nisso, uma discussão se deu a respeito do custo e da extensão da remodelação. Era o golpe de sempre no qual os hotéis que arriscavam hospedar Keith Moon saíam ganhando: se o baterista efetivamente causasse destruição, o estabelecimento então renovaria o quarto inteiro às custas dele e por um valor grosseiramente inflado, determinado na hora. Relutantemente, Curbishley concordou com as cobranças, o que rendeu um sorriso do gerente. "Vou dizer uma coisa, Sr. Curbishley, que bom que o exército de vocês atira melhor do que o Sr. Moon, ou vocês nunca teriam ganhado a guerra. Olhe só a parede, ele não acertou o quadro uma única vez!"

Em Copenhague, onde o The Who tocou no dia 21 de agosto, Keith descobriu que o hotel onde estavam hospedados tinha camas d'água em alguns dos quartos. Ficou tão excitado com o potencial destas para as experimen-

CAPÍTULO 24

tações sexuais, que adiou a comemoração de seu aniversário (que foi quando estava em Estocolmo, dois dias antes) até que o The Who retornasse a Copenhague no dia 25, quando ele insistiu numa suíte com cama d'água. Outros membros do *entourage* se juntaram a ele para admirar a cama.

"Estávamos tomando um café no quarto dele", disse Pete Townshend a Charles Young, da revista *Musician*, em 1989, "e eu disse que seria ótimo se conseguíssemos colocar a cama no elevador e mandá-la para baixo, para inundar o lobby". (John Wolff, que também estava presente, se recorda de torcer para que a cena lembrasse a Bolha Assassina, dos filmes de terror.) "É claro que ela não saía do lugar, mas Keith tentou tirá-la do estrado e ela estourou. A água chegou a uns 30 cm de altura e transbordou pelo corredor e por vários andares abaixo."

"A princípio, nossa reação foi 'Hahaha!' Depois, 'Ha! Ha... ha... oh-oh, isso vai custar centenas de milhares de libras! O que vamos fazer?' A destruição era inacreditável."

"'Não se preocupe, Pete, vou dar um jeito nisso', diz Keith, e liga para a recepção. 'Alô, eu quero falar com o gerente. Tenho uma mala aqui cheia de figurinos caros, desenhados por Hardy Amies, o costureiro da rainha. Sim, sim, e eles acabaram de ser engolfados por 18 mil litros d'água dessa cama d'água que vazou. Não só exijo a substituição dos meus trajes, como também um quarto na cobertura, imediatamente!' E o gerente subiu correndo: 'Oh, meu Deus! Sinto muito! Sinto muito!'. Keith alegou que a cama estourou quando nós todos nos sentamos nela, e ele tinha *mesmo* ligado para o hotel várias vezes de antemão para garantir que ela aguentaria um número grande de pessoas."

Ludibriado pela indignação convincente de Keith, o gerente prontamente o subiu para a suíte presidencial, usada por gente como Richard Burton e Elizabeth Taylor e adornada com móveis antigos valiosos. Depois do show daquela noite, Keith deu uma memorável festa de aniversário de 26 anos nessa suíte, durante a qual, com ajuda de outros membros do The Who e da equipe – Pete Townshend na dianteira – transformou a maior parte desses móveis em lenha.

Da Dinamarca, partiram para a Alemanha, onde fariam um show em Berlim. A banda decidiu fazer um passeio pelo setor leste da cidade, comunista. Observados por uma segurança pesada, todos fizeram fila para entregar os passaportes. Keith era o último. "De repente, os sinos de alarme soam", recorda-se Dougie Clarke, na época assistente de Roger Daltrey. "Soldados correndo por todo o lado. Um cara vem até nós, de casaco de couro e chapéu. Ele passa por nós para ver o que aconteceu, volta e diz: 'Vocês estão fazendo piada com os alemães?'. Estava óbvio que foi Keith quem causou todo esse problema, mas ninguém ainda sabia o motivo. O alemão diz: 'Pedimos o passaporte e você nos entrega isto!'. E ele mostra um exemplar de *Adolf Hitler: My Part In His Downfall*[127], de Spike Milligan!"

Em Paris, uma semana depois, onde o The Who tocou para um público estimado de 400 mil pessoas num show a céu aberto organizado pelo Partido Comunista Francês, o quarto de Keith foi novamente destruído, mas pelo menos dessa vez não por suas próprias mãos. No luxuoso hotel George V, depois do show, ele ficou tumultuosamente bêbado e invadiu o quarto de John Entwistle no exato momento em que o baixista e sua esposa, Alison, se sentavam para comer um jantar francês elaborado, acompanhado de uma garrafa de Bordeaux *vintage*. Depois de comer um naco do filé de John e tomar um gole do vinho, Keith derramou o resto no chão, depois urinou na parede e desmaiou. Entwistle, que havia aguentado e até compartilhado de muitos dos excessos de Keith ao longo dos anos, dessa vez foi levado para além dos limites da paciência. Pegou as chaves de Moon, entrou no quarto do baterista e destruiu todos os móveis que pôde. Depois, retornou, arrastou Moon até o quarto, jogou a chave dentro e bateu a porta.

"Moon nunca ficou sabendo que não foi ele quem fez aquilo", diz Bill Curbishley, que foi esperto. "Falei para ele que só lhe diria o custo no final da turnê. Ele ficou bem sossegado por uns três ou quatro dias."

---

127 *Sem edição em português, o título do livro se traduz livremente como* Adolf Hitler: Meu papel em sua queda". *Trata-se do primeiro volume das memórias de guerra de Milligan. (N. do T.)*

CAPÍTULO 24

Porém, a essa altura, a turnê já se encaminhava para o fim. Fora um triunfo, uma confirmação da estatura do The Who, de que poderiam lotar arenas atrás de arenas pela Europa mesmo sem nenhum álbum novo havia um ano. Mas era uma tragédia, em especial para Keith, que não haveria um novo álbum por pelo menos mais um ano e nenhum show importante por ainda mais tempo.

— ● —

PARA PETE TOWNSHEND E ROGER DALTREY, O PERÍODO IMEDIAtamente após a turnê europeia foi tomado por uma nova gravação de *Tommy*, arranjada pelo produtor e mecenas americano Lou Reizner e executada pela Orquestra Sinfônica de Londres e Coro de Câmara, com Townshend como consultor criativo e Daltrey no papel principal. O elenco estelar para a trilha sonora incluía Richard Harris; Maggie Bell; Steve Winwood; Ringo Starr, como Uncle Ernie; e Rod Stewart, como o Pinball Wizard. Keith não participou.

Fora isso, os membros do The Who preencheram seu tempo livre com projetos solo: Pete Townshend compilou um álbum para lançamento ao público em geral chamado *The Who Came First*, depois que LPs particulares de "presente de aniversário" para Meher Baba, dedicados especificamente aos fãs do guru, foram pirateados extensivamente, e John Entwistle concluiu seu segundo álbum solo, *Whistle Rhymes*; ambos foram lançados em novembro. De forma algo relutante, Roger Daltrey começou então a gravar um álbum produzido por Adam Faith, com canções escritas por Leo Sayer e Dave Courtney e com um grande amigo de Keith, Bob Henrit, na bateria.

Keith poderia ter seguido a mesma linha, mas não tinha interesse em gravar um álbum solo. Com certeza não um álbum de rock. Apesar do lado B ocasional – recebeu crédito por "Waspman", o curioso lado oposto instrumental de "Relay"[128] –, sabia que não era compositor. Seu microfone fora silenciado pela banda numa frequência suficiente para ele aceitar que não era grandes coisas como cantor também. E as únicas pessoas com quem ele queria tocar bateria eram Pete, John e Roger, todos na mesma sala, juntos. Participar dos trabalhos solo de seus companheiros de banda não trazia satisfação em comparação à banda de verdade. E emprestar seus talentos a outros campos parecia dar mais trabalho do que valia a pena. Quando ele ousou aparecer com um dia de atraso para tocar no disco de seu amigo Dave Clarke, o agente de A&R da CBS para o projeto, Dave Margereson, o tratou como se ele fosse um baterista de estúdio contratado qualquer e inferior, insulto que irritou Keith o bastante para que ele ameaçasse o homem com um tijolo. Clarke foi rapidamente dispensado da CBS como resultado desse incidente e de outra briga entre Moon e Margereson, poucos dias depois. (O álbum, *Pale Horse*, foi enfim lançado pela Spark Records, sob o nome de Dave Carlsen, em 1973.)

Keith continuou a se juntar a outros músicos no palco, mas sentia que tocar com quaisquer outros em estúdio simplesmente reduzia o impacto de sua bateria no que tangia ao The Who. Nesse sentido, apesar de ter sido o último a se juntar à banda, o que saía dela com mais frequência no início e cada vez mais o mais errático e o menos confiável, Keith Moon sempre foi o membro mais comprometido ali.

Porém, o The Who ficara em silêncio e ele precisava dar um jeito de preencher o tempo. As brincadeiras em Tara, as estripulias na cidade, as aventuras mais distantes ou apadrinhamentos na estrada lhe traziam uma

---

128 Keith prontamente elaborou uma *persona* para combinar com "Waspman" [*Homem-Vespa*], se vestindo todo de amarelo e preto e um boné com uma "hélice". Pete Townshend conta uma história maravilhosa de quando o The Who tentava desesperadamente implorar por permissão para ficar num hotel durante uma longa viagem rodoviária voltando do norte da Inglaterra e finalmente convenceu o recepcionista a permitir a hospedagem dos notórios destruidores de quarto, e nesse momento Keith entrou correndo pela porta com a fantasia completa de Waspman, zumbindo pela recepção como o inseto pentelho que ele era capaz de ser. De súbito, o gerente do hotel decidiu que não tinha mais quartos vagos, afinal.

CAPÍTULO 24

diversão enorme e eram grande parte de quem ele era. De fato, algumas das coisas nas quais ele se metia não eram nada menos do que arte performática, mas o público tinha dificuldade em entender dessa forma. Tudo bem Eric Idle e Graham Chapman, do Monty Python, se vestirem de mulher ou satirizar o exército durante um esquete na BBC, mas esse tipo de bagunça aleatória da parte de Moon em público assustava as pessoas. Começaram a chamar Keith de "louco" por definição e ele mesmo parecia inclinado a acreditar nisso. Como disse ao *NME* naquele verão: "Quando você tem dinheiro e faz as coisas que eu apronto, as pessoas riem e dizem que você é excêntrico... o que é um jeito educado de dizer que você é louco pra caralho... Bem, talvez eu seja. Mas vivo a minha vida, realizo todas as minhas vontades e, desse modo, tiro todas da cabeça. Por sorte, tenho uma condição financeira que me permite fazer isso".

Porém, por mais que fizesse esse papel, Keith não era nada bobo. Sabia que tinha talentos que excediam suas habilidades como músico e sabia que precisava começar a aproveitá-los – agora. "Keith queria fazer coisas", diz Chris Stamp. "Queria fazer alguma coisa e atuar. Era um artista incrivelmente talentoso; em outros tempos, teria trabalhado como algum tipo de artista de variedades, com toda certeza, o tempo todo." Porém, embora a folga do The Who potencialmente lhe desse a oportunidade de desfrutar de algumas dessas ambições, também era devastadora para a sua saúde. Seu corpo conseguia sobreviver ao estilo de vida pauleira enquanto fosse mantido em forma pelos rigores de um show de 2h toda noite; quando ele perpetuava esse estilo de vida fora das turnês, sem ter de trabalhar e sem um regime de saúde – nem tinha bateria em Tara –, rapidamente ia por água abaixo.

Claramente, a principal causa de sua deterioração física era a bebida. Se aceitarmos a abordagem médica de que bebedores inveterados "usam" álcool por um período de cinco a sete anos, abusam do álcool por mais três a cinco anos e cruzam a fronteira para o alcoolismo real ao longo de mais dois anos, então a progressão de Keith desde que começara a beber, em 1964, estava mais perto do fim da escala, de forma que, nesse ponto, ele estaria no processo de "cruzar a fronteira" do abuso para o vício. Em meados de

1972, Keith já consumia duas garrafas de champanhe e duas de brandy por dia, frequentemente mais, e começara a misturar essas duas bebidas favoritas no mesmo copo. Também demonstrava um dos sinais mais sérios da dependência alcoólica, a necessidade de começar um dia com um drinque. Enquanto trabalhava com Noel Redding no álbum de Dave Clarke, hospedado no hotel Bedford Court, em Bloomsbury, seus amigos músicos ficaram contentes (e surpresos) em ver Keith ficar sem beber durante o dia; isso até que ele revelou, encabulado, que os quatro copos grandes de leite que ele insistia em beber pela manhã eram, na verdade, metade brandy.

Keith sempre se apresentava como um bebedor agradável, o que pode ter sido verdade durante seus primeiros cinco ou seis anos de bebedeira séria, mas, à medida que o uso se tornava abuso, ele se tornou mais um bêbado grosseiro. Lá pela metade de seu período em Tara, aqueles que não tinham inclinação a beber com ele rapidamente se cansavam de sua companhia depois que ele começava.

O fato de Keith às vezes passar vários dias completamente sóbrio, geralmente ao se recuperar de bebedeiras prévias, não o tornava menos alcoólatra; só significava que ele reconhecia sua incapacidade de "beber apenas um drinque" e sua necessidade de se afastar por completo da bebida.

É claro que o álcool estava longe de ser o único problema de Keith. Como Kim diz, "chamá-lo de alcoólatra o torna como qualquer outra pessoa, algo que ele não era; ele não era como qualquer outra pessoa. Chamá-lo de alcoólatra o simplifica demais. É muito difícil colocar Keith dentro de alguma terminologia determinada, porque ele era diferente demais".

Ao compreender isso, Keith deu o importante e automotivado passo de se consultar com um psiquiatra, o que deveria ter feito havia muito tempo, e o que quer que o profissional tenha desenredado da mente complicada de Keith, concluiu que a bebida era decerto o *principal* problema dele, que ele precisava tratar do abuso de álcool antes de qualquer outra questão emocional. Recomendou que seu paciente buscasse ajuda.

Moon concordou. Internou-se numa clínica particular em Weybridge, perto de sua casa, em Chertsey, onde ficou por uma semana para se

CAPÍTULO 24

desintoxicar. Quando saiu, era, por um curto período, um homem mudado. Não estava, deve-se notar, sóbrio – depois de descobrir que poderia desistir de beber se necessário, cometeu o erro clássico do alcoólatra de acreditar que também poderia "controlar" o vício –, mas estava com um novo foco e uma nova energia.

— ● —

FOI DURANTE ESSE BREVE PERÍODO DE AUTODETERMINAÇÃO relativamente sóbria, enquanto os outros membros do The Who se envolviam em álbuns solo e na versão orquestral de *Tommy*, que Keith embarcou em sua primeira atividade extracurricular séria. Imergiu-se num filme sobre os primeiros anos do rock 'n' roll na Grã-Bretanha, *That'll Be the Day*.

Inspirado na canção "1941", de Harry Nilsson, o roteiro de *That'll Be the Day* fora escrito por Ray Connolly, um jornalista de cultura pop, com David Puttnam, produtor cinematográfico esforçado cujos dois trabalhos até então haviam sido desastres de bilheteria. Quando Keith pôs as mãos no roteiro, reconheceu muito de sua própria infância: colônias de férias e parques de diversões, sexo furtivo e violência de gangues, a descoberta aural do rock 'n' roll no rádio e a realização visual nos salões da cidade, o abandono do trabalho escolar na busca por algo maior do que a mediocridade de classe trabalhadora e o subsequente esforço pela fama e pela fortuna numa sociedade que esperava que os filhos permanecessem perto de casa, encontrassem um bom emprego e se casassem jovens. Era a história de todo fã de rock 'n' roll que, assim como Keith, cresceu determinado a se tornar uma estrela.

Era definitivamente o momento certo para tal filme, dado o *revival* de rock 'n' roll que acontecia na Grã-Bretanha, na época. É claro, no mundo complexo do financiamento cinematográfico, isso não significava nada. "Houve muitos momentos oscilantes no financiamento de *That'll Be the Day*", diz o coprodutor, David Puttnam. Mas Moon se comprometeu a fazer o filme acontecer. "Honestamente, se não fosse por Keith, não acho que teríamos conseguido fazer o filme", acrescenta.

Ao longo desse período difícil de pré-produção, Moon usou o tempo livre concedido pela falta de atividade do The Who para aparecer regularmente no escritório de Puttnam. "Quando ele chegava, tínhamos uma sensação de que *That'll Be the Day* seria feito. Não havia como ele *não* permitir que o filme fosse feito", diz o produtor. A certa altura, quando o financiamento parecia especialmente duvidável, Keith anunciou que ele mesmo investiria parte do dinheiro. É claro que ele não tinha, de fato, o tipo de capital necessário para se investir num filme – seu estilo de vida implicava que seu extrato bancário estivesse sempre no limite –, mas sua sinceridade era tão completa, que Puttnam e seus sócios acreditavam piamente nele. "Houve dois ou três momentos em que sentimos que aquela confiança é que mantinha o projeto andando", diz ele.

A principal preocupação de Keith para garantir a produção de *That'll Be the Day* era conseguir um papel para si mesmo: ouvira tanto que seria um grande ator, que reconhecia que um filme como aquele seria o veículo ideal. Sabia que o papel principal, do aspirante a astro Jim MacLaine, estava além de seu alcance, não só por sua falta de habilidade comprovada para atuar, mas porque seu rosto cada vez mais envelhecido não se passaria pelo de um personagem de 18 anos, que ficou com David Essex, que ganhara fama recentemente com o musical *Godspell*. Keith, porém, se interessou pelo papel de Mike Menarry, o garçom de colônia de férias e operador de parque de diversões que serve de tutor de MacLaine da adolescência à vida adulta, mas, quando Ringo Starr, que tinha tanto experiência no cinema quanto apelo de bilheteria, foi convidado para tal papel, apesar da idade (tinha 32 anos e interpretaria um personagem de 22), Keith foi "muito generoso e cedeu", diz Puttnam. Ao mesmo tempo em que aceitou o papel menor de um baterista de colônia de férias chamado JD Clover, "foi muito prestativo em persuadir Ringo a aceitar o papel [*de Menarry*]".

Por fim, metade do financiamento do filme veio de um contrato com uma gravadora pela trilha sonora, e Moon foi mais uma vez crucial ao recrutar Billy Fury para cantar "Long Live Rock", não lançada pelo The Who, que, de fato, se mostrou retrô o suficiente para se encaixar lado a lado com os muitos hits originais de rock 'n' roll. (Moon compartilhou o crédito de "Supervisão Musical" com o confidente dos Beatles, Neil Aspinall, por conta disso.) Quando Fury então decidiu que não queria aparecer diante das câmeras como cantor de uma banda de colônia de férias, Moon o perseguiu incessantemente, e também ao empresário, Hal Carter, até que, quando Carter acabou no hospital seriamente enfermo e Moon foi atrás dele até mesmo nessas condições, Fury, exasperado, deu o braço a torcer. Concordou em participar do filme se Keith deixasse seu empresário se recuperar em paz.

That'll Be the Day foi filmado ao longo de várias semanas, em outubro e novembro, na Ilha de Wight. O entusiasmo de Keith não se esvaiu em nenhum momento. E por que deveria? Estava na companhia de um de seus melhores amigos, Ringo Starr. E, para a banda da colônia de férias, além de Fury no vocal, Keith recrutou Graham Bond, no saxofone; o ex-Nashville Teens Jim Hawken, nos teclados; colocou seu assistente, Dougal Butler, na guitarra; e seu *roadie* de bateria, Mick Double, no baixo. Conseguiu até um pequeno papel para Viv Stanshall, como um velho cantor de rock 'n' roll. Em outras palavras, ele transformou a colônia de férias fictícia em sua própria colônia de férias de verdade e, assim como em *200 Motels*, garantiu que todo mundo apreciasse a experiência.

"Foi uma alegria fazer *That'll Be the Day*", diz Puttnam. "Alguns filmes são tranquilos. *That'll Be the Day* não foi tranquilo. Mas foi divertido, nunca foi desagradável. Nunca fiquei aperreado. Keith tirou a pressão."

Embora estivesse cercado de nomes famosos no set, incluindo um astro do rock 'n' roll britânico original, um ex-Beatle e a *pin-up* do momento, Keith radiava – e desejava – a presença estelar mais visível a todo o momento. Chegou de helicóptero e pousou no topo do hotel Shanklin, onde o elenco estava hospedado. Pregou sua velha peça favorita com o megafone oculto, segurando a filmagem por meia hora até que o diretor, Claude Whatham, finalmente o encontrou dentro de um alto-falante vazio. Também engatou um caso com a filha de um oficial sênior da inteligência naval que ficou altamente visível quando ela ficou com ele por mais tempo do que o pretendido e as Forças Especiais vieram à procura dela.

E, como sempre, recebeu os jovens e inocentes em seu mundo de diversão. Karl Howman tinha 18 anos e, depois de estrelar uma peça sobre *hooligans* chamada *Zigger Zagger*, ganhou um pequeno papel em *That'll Be the Day*: algumas falas num café, em que convida seu velho amigo Jim MacLaine para ir ver sua banda, e alguns segundos num palco, em que toca guitarra no final do filme.

"Acho que ele foi a pessoa mais bondosa e generosa que já conheci, de imediato", diz Howman sobre Moon. "O que você via era o que ele era. Não agia de forma *blasé* e não me tratava como um zé-ninguém, que é o que eu era na época. Simplesmente me tratou como amigo logo de cara."

Howman se apresentou a Moon dizendo o quanto adorava "Baba O'Riley", ao que Moon imediatamente respondeu: "Eu produzi essa música!". Da mesma forma, Keith mentiu para os produtores que sabia tocar guitarra e foi prontamente encarregado de ensinar Howman. No quarto de Moon, na noite anterior às filmagens de Howman, Keith admitiu que era um estratagema para que o jovem fosse deixado aos seus cuidados. Ignorando os protestos de Howman, que dizia que *precisava* aprender alguma coisa de guitarra, e de bate-pronto, Moon recomendou que, em vez disso, eles fossem a um desfile de moda que acontecia no hotel.

"Assim, a primeira noite que passei com Keith foi para xavecar modelos", recorda-se Howman daquela ocasião, na qual Keith desfilou pela passarela sem ser convidado, apenas de cueca, insistiu em tocar bateria com a banda da casa e voltou para o quarto na companhia de Howman, Butler e algumas das modelos. ("Não aconteceu nada demais", diz Howman a respeito desse último ponto.)

Na manhã seguinte, Howman estava ainda mais ansioso por sua estreia iminente como guitarrista. Moon, cuja "dublagem" de bateria no filme é risivelmente fora do tempo, estava mais relaxado ainda. "Deixe um cigarro pendurado na boca. E, quando a câmera focar em você, vire de costas e olhe de volta para ela."

Howman não tinha muita escolha se não esperar pelo melhor. "Segui o conselho dele e o diretor achou brilhante", recorda-se.

CAPÍTULO 24

Na única cena importante de Keith no filme, sua presença estelar ameaçou roubar o show do filme todo. Billy Fury, como o *bandleader* Stormy Tempest, pergunta a David Essex, como Jim MacLaine, que está perto do palco da colônia de férias enquanto a banda se prepara, se ele sabe tocar bateria, e Moon, como Clover, escuta. Levanta a cabeça de trás da bateria. "Acho que o que o Sr. Tempest quer dizer é que ele quer se livrar de mim", diz Moon a MacLaine, de forma quase agradável antes de demonstrar o rancor. "Mas você não pode, *não é, Stormy?*" Seus olhos viram loucamente, seu rosto se dissolve numa variedade de expressões atemorizantes e, por alguns segundos lancinantes, é como se fosse um jovem Robert Newton na tela, em vez de Keith Moon: a similaridade é assustadora. Keith então faz uma virada furiosa na bateria para ilustrar sua indispensabilidade a Tempest, enquanto o cantor, colocado devidamente no lugar, sai de cena.

MacLaine continua por perto. "Já pensou em escrever suas próprias músicas?", pergunta, interrompendo o solo de Clover.

"O quê?"

"Em vez de tocar essas musiquinhas do Cliff Richard, já pensou em compor as suas próprias?"

"Na verdade, não", diz Clover, dando de ombros. "Não sei compor... E, de qualquer forma, você precisa ser americano pra compor rock'n'roll hoje em dia. Está nas letras, né?" É um momento maravilhoso de autoapagamento, em particular vindo depois da surtada violenta, e, se Keith parece não estar atuando de forma consciente, é porque não está. Foi o tipo de conversa que ele teve dezenas de vezes na época dos Beachcombers.

— ● —

EMPOLGADO COM A EXPERIÊNCIA EM *THAT'LL BE THE DAY*, MOON prontamente aceitou o papel de Uncle Ernie em duas performances beneficentes de *Tommy*, com a Orquestra Sinfônica de Londres e um elenco estelar (incluindo um de seus heróis da comédia, Peter Sellers, no papel do Doctor), no Rainbow, no dia 9 de dezembro[129]. (Às vésperas disso, conseguiu achar um tempo para viajar para Los Angeles para comparecer a um show patrocinado pela KROQ, mais uma vez travestido.) A apresentação coincidia com o lançamento da produção de Lou Reizner de *Tommy*, que foi recebida com críticas mistas. O The Who como um deboche de música clássica era blasfêmia para alguns fãs e uma progressão natural para outros. O fato indisputável era que o The Who não poderia escapar de *Tommy*. A obra já tivera duas longas passagens pelas paradas americanas e fora incluída na trilha sonora do filme *Woodstock*, que chegou à primeira posição, em 1970. Agora, a versão orquestral de *Tommy* chegava ao top 5 nos EUA, em meio ao período caótico das compras de Natal. Em Nova York, foi apresentada até como balé: só faltava um filme, o que estava em discussão antes mesmo do lançamento do disco.

Moon abordou o personagem de Uncle Ernie com a intensidade de sempre. Montou seu figurino com calças cortadas *acima* do joelho e presas por um suspensório, de forma a deixar só a cueca à mostra quando ele "se exibia". Até a tentativa de Rod Stewart de roubar a cena no papel do Pinball Wizard não conseguiu tirar as atenções da performance amplamente celebrada de Keith. Ao escrever para o *NME*, Roy Carr observou que "no papel do pervertido inquieto, ele representou o epítome da depravação torta, ao ponto que só faltava sentir seu cheiro".

Poucas semanas depois, Keith realizou uma das maiores performances de sua vida sem ser na bateria. Para ajudar a divulgar o lançamento do novo compacto "Relay", na cola do qual não havia nenhum show ou álbum, o The Who tocou a música no programa de TV inglês *Russell Harty Plus*. Em seguida, o quarteto se sentou à beira do palco ao lado do apresentador para uma entrevista. Harty, certamente, já havia sido alertado sobre o

---

129 A intenção era apresentar a ópera-rock do The Who no Royal Albert Hall, que, mais uma vez, mudou de ideia de última hora; o longevo conservadorismo cultural da venerada casa foi insuficiente para impedir Keith de se divertir ao tocar numa gravação intitulada "Do the Albert", ao lado de Viv Stanshall e The Scaffold, para comemorar o centenário do lugar.

CAPÍTULO 24

comportamento quase sempre pouco ortodoxo do The Who, mas, por mais experiência que tivesse como apresentador, foi completamente incapaz de lidar com Keith Moon em seu temperamento mais turbulento. Ele deu o tom logo de cara ao convidar Harty a se sentar (em vez de Harty convidá-lo) e continuou ao fingir que estava saindo da banda; ao se dar conta que já estava nela havia dez anos, tirou a roupa até ficar seminu, como tanto gostava, e satirizou todas as perguntas sérias: ao responder à leitura de Harty sobre a possível maturidade da banda – "Vocês são todos casados, não?" –, olhou perplexo para os outros membros e disse: "Eu não me casaria com nenhum desses aí!". Esses poucos minutos de caos foram tão hilários, um exemplo tão perfeito da irreverência pela qual o The Who e Keith em particular eram tão amados, que foram usados como esquetes de continuidade no vindouro filme biográfico da banda, *The Kids Are Alright*.

Em meio a essa zoeira geral, houve momentos particularmente endiabrados da dupla Keith e Pete. O guitarrista admitiu que estava rico o bastante para se aposentar e, quando Harty perguntou: "Por que você não se aposenta?", Keith interrompeu mansamente, e com toda razão: "Por causa de nós". Quando os dois amigos falaram cegamente um atropelando o outro em relação às suas contribuições ao grupo, foi tão hilariante, que parecia ensaiado. Keith rasgou a manga da camisa de Pete em certo momento, revelando bíceps surpreendentemente franzinos e, em troca, Townshend rasgou a camisa de Keith para revelar a barriga crescente do baterista. Quando o guitarrista então comentou que o terno de Harty tinha "uma ótima manga", o apresentador soltou um gemido audível de dor. Keith então partiu para cima com uma inteligência rápida, cuja importância oculta só se registraria anos depois. "Ele está ficando emburrado agora", zombou. "Não podemos tocar no entrevistador... Mas então, por quanto tempo *você* está casado e feliz?"

O rosto de Harty congelou de pânico e terror. Era quase possível ver o suor se formando em sua testa. Numa época em que "sair do armário" estava longe de se tornar aceitável, o apresentador se deu conta de que Moon sabia de seu segredo mais bem guardado. Por um momento, deve ter temido que Keith o anunciasse ao mundo, mas Moon passava muito longe de tamanha má intenção. Ainda assim, o que não foi dito foi o mais revelador, e um comentário anterior de Harty, "Não sei por que estou aqui", em relação ao domínio total de Keith da entrevista, deve ter, de repente, parecido particularmente pungente para ele. Esses poucos minutos de televisão, felizmente preservados e muito apreciados pelos muitos que os viram, foram uma verdadeira *tour de force* da figura extraordinária de Moon a berrar por atenção, por um palco permanente, numa época em que o The Who estava o mais quieto possível.

EM MEADOS DE 1972, KEITH JÁ CONSUMIA DUAS GARRAFAS DE CHAMPANHE E DUAS DE BRANDY POR DIA, FREQUENTEMENTE MAIS, E COMEÇARA A MISTURAR ESSAS DUAS BEBIDAS FAVORITAS NO MESMO COPO. TAMBÉM DEMONSTRAVA UM DOS SINAIS MAIS SÉRIOS DA DEPENDÊNCIA ALCOÓLICA, A NECESSIDADE DE COMEÇAR UM DIA COM UM DRINQUE.

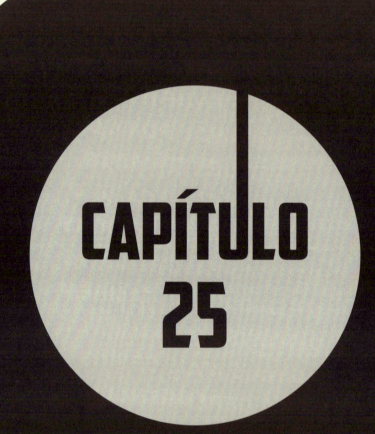

Keith Moon e Ringo Starr, os dois bateristas de rock mais famosos do mundo, compartilhavam uma admiração mútua pela musicalidade um do outro, um senso de humor torto, uma ótima presença de cena – That'll Be the Day foi o segundo de cinco filmes em que eles apareceriam juntos – e uma fraqueza pelo álcool. Em 1972, ganharam como parceiro de bebedeira o igualmente cômico, insano e efervescente Harry Nilsson, o compositor que (sem querer) inspirara That'll Be the Day e passou cinco semanas no topo das paradas britânicas com a canção "Without You", composta por membros da banda Badfinger.

Não havia como Keith contemplar seriamente abandonar o álcool enquanto andava com Nilsson e Starr, e o trio festejaria junto, entre e até no meio das respectivas agendas de trabalho, ao longo dos cinco anos seguintes. No meio do caminho, abraçavam de bom grado qualquer celebridade que demonstrasse uma veia similar de loucura. No outono de 1972, levaram Alice Cooper para ver uma gravação do T. Rex num estúdio de Londres, conhecido por contar com um bar, e, depois de algumas doses para se soltar, foram convidados por Marc Bolan para uma *jam session* errante. Infelizmente, as faixas, que contavam com três vocalistas no topo das paradas daquele ano (Cooper, Nilsson e Bolan), os talentos vocais adicionais de Mark Volman e Howard Kaylan (que cantaram os falsetes em muitos dos sucessos de Bolan), além das vozes de Starr e Moon, nunca foram lançadas; presumivelmente, eram relaxadas demais para justificar as negociações contratuais complexas que tais colaborações sempre pedem.

Mas era o tipo de ocasião que Keith adorava. Um astro desde a adolescência, parecia destemido pela reputação dos outros. Para o público em geral, até para muitas das celebridades com quem congregava, Keith Moon era o parâmetro pelo qual a autoconfiança era medida. Pela cidade, no palco, na estrada, no set de filmagem – em qualquer lugar em público, basicamente –, ele sempre topava dar umas risadas, sempre a fim de aprontar, nunca desconsolado, raramente entediante e certamente nunca lhe faltando fé.

"Na situação de uma festa, uma solenidade, por exemplo", diz "Irish" Jack Lyons, que foi amigo de Keith por toda a vida. "Há cinquenta pessoas no salão, todas se medindo. Sempre que a porta se abre, os olhos se alinham, olham para a porta... Surge uma ocasião, a porta se abre. A pessoa que a abriu fica ali parada e faz o que ninguém mais fez: não entra no salão. As pessoas estão conversando e, por fim, pela lei natural de como essas coisas funcionam, elas reparam, porque seu sexto sentido diz que aquela pessoa não se juntou às demais no salão. Então elas olham e lá está Keith, e ele sabe disso, é o truque dele. Ele fica lá, parado, com uma expressão no rosto que diz: 'Será que entrei no lugar errado?'".

O que aqueles dentro do salão, devidamente impressionados pelo aprumo e pela presença de espírito de Keith, quase nunca percebiam era o quanto Keith tinha de mandar para dentro antes de fazer sua chegada triunfal. "Ele precisava tomar os estimulantes e umas doses de brandy", diz Dougal Butler, cujo trabalho era levar Keith a esses eventos. "Ele sabia que ia a uma festa onde haveria gente famosa e tinha medo de não ser reconhecido."

A notoriedade de Keith se tornara uma faca de dois gumes para ele. Dentro do contexto de baterista do The Who, ele nunca correria o risco de não ser reconhecido, seja por seu talento ou por sua pessoa. Porém, fora dessa situação de vantagem, nunca conseguia ter certeza de que o reconheceriam. Quanto mais tempo o The Who ficasse inativo, portanto – e o The Who não demonstrava sinais de que voltaria ao estúdio ou para a estrada com a chegada de 1973 –, mais ele se sentia compelido a fazer jus à sua imagem pública de "Moon, o Lunático" para se justificar, em especial para si mesmo. E, cada vez mais, o único meio de ele ganhar coragem (ou perder o autocontrole, que resultava na mesma coisa) para entrar no personagem era com um consumo grande de substâncias. De álcool, em particular.

CAPÍTULO 25

Não precisava ser assim. Voltemos umas duzentas páginas, para o período em que Keith percorria Londres com os Escorts ou viajava pelo sul da Inglaterra com os Beachcombers, e fica muito claro que Keith Moon estava destinado a ser um dos maiores personagens da vida sem tomar uma dose sequer. Aqueles que o conheciam bem no início dos anos 1970 poderiam confirmar que, de fato, era esse o caso.

"Ele era divertido sóbrio", diz Dougal. "Talvez se trancasse no quarto para ver filmes em preto e branco, mas faríamos piadas sobre o filme e daríamos risada. Talvez só tomasse uma xícara de chá e comesse um sanduíche de bacon, mas mandaria algumas tiradas e nós dois morreríamos de rir."

"Keith Moon, o indivíduo, foi uma das pessoas mais legais que conheci totalmente sóbrio", diz Steve Ellis. "Muita gente sugere que ele era louco. Acho que era a bebida e as drogas. Em plena luz do dia, Keith fazia qualquer coisa, daria qualquer coisa a você, tiraria a roupa do corpo para dá-la para alguém. Um senso de humor incrível, um baterista brilhante, esse é o Keith de quem eu gostava. O outro Keith, 'Moon, o Lunático', era o lado dele que aparecia quando ele se perdia. E ele, de fato, começou a se perder muito mais ou menos no meio [*do período em que viveu em Tara*]."

Esse é o consenso geral entre aqueles que o conheciam, o de que em algum momento do período em Tara ele mudou, que a vida de fantasia que ele criara ao seu redor o dominara e o transformara numa pessoa diferente. "Ele saiu de órbita por completo, foi para o espaço", diz Kim. "Perdemos contato completamente com o que ele dizia que queria: eu ao seu lado."

A mudança foi nítida, mas não aconteceu da noite para o dia. Embora seu consumo de álcool e drogas ficasse cada vez pior, era interrompido por intervalos de sobriedade intencional. Embora seus gastos saíssem do controle, de vez em quando Keith se segurava e chegava até a devolver os cascos de cerveja vazios para o pub, para ter o dinheiro de volta. E, embora sua fala ficasse cada vez mais sofisticada e suas pretensões cada vez maiores, à medida que ele se aproximava mais do que seus amigos durões do rock 'n' roll desprezavam como uma turma "artista frescurenta", ainda era capaz de desempenhar o papel de um garoto *cockney* de Wembley num piscar de olhos. (Keith sendo Keith, essas contradições frequentemente colidiam: permitiu que sua propriedade fosse usada para um evento beneficente da Anistia Internacional, mas atrapalhou as performances de artistas britânicos da velha guarda ao encher preservativos como bexigas e correr pelo evento em seu terno do Sha Na Na.)

Ao longo do período de dezoito meses no qual sua personalidade mudou – os mesmo dezoito meses em que, não tão coincidentemente, o The Who mal trabalhou –, seu autoabuso compulsador se tornou cada vez mais perigoso. Muitas foram as vezes em que Dougal estava na casa dos pais, em Hayes, e recebia um telefonema de Tara com alguém em pânico dizendo que Keith havia desmaiado depois de farrear com gente que havia levado para casa. Dougal tentava atenuar o pânico imediato ao pedir uma descrição precisa e honesta do que Keith havia engolido ou bebido, como estava sua respiração, o que ele estava fazendo antes de desmaiar e assim por diante. Ele então dizia aos "amigos" de seu empregador que o sentassem ou o deitassem de lado ("Mas não de costas ou de bruços, para não bloquear os pulmões"), lhes instruía a chamar uma ambulância se achassem que a condição dele havia piorado e então corria de Hayes até Chertsey, para cuidar pessoalmente de Keith. Em algumas dessas ocasiões, Dougal concluiu que Keith ficaria bem depois de um bom sono. Porém, em pelo menos duas outras, por volta do final de 1972 e do início de 1973, ficou preocupado o bastante para levar Keith ao St. Peter's Hospital, em Chertsey, para uma lavagem estomacal. A experiência deixava Keith com dores físicas, mas não o fazia mudar de comportamento.

Certa noite, Keith recebeu um convite do guitarrista Leslie West e do baterista Corky Laing, ex-integrantes da banda americana de hard rock Mountain[130], que estavam gravando em Londres, para ir até a cidade e festejar.

---

130 *Fletcher se refere a West e Laing como "ex-integrantes" do Mountain possivelmente porque, a julgar pela cronologia dos fatos, o episódio aconteceu num período em que o Mountain havia se separado (entre fevereiro de 1972 e agosto de 1973, quando a banda então se reuniria; depois disso, a formação original duraria ainda mais um ano antes de se separar novamente); é provável que a presença de West e Laing em Londres nesse período fosse para as gravações do novo power trio que formaram com Jack Bruce, o West, Bruce & Laing. (N. do T.)*

CAPÍTULO 25

Keith sabia a extensão do vício em drogas da dupla e presumiu corretamente que eles teriam substâncias a compartilhar com ele. Incapaz de encontrar Dougal e considerando improvável chamar Kim para uma noite na cidade em sua companhia, pegou um táxi até Londres. Na casa de Leslie West, em Chelsea, inalou prontamente uma quantidade letal de heroína.

A heroína estava se tornando a droga de preferência entre os *hard rockers* da indústria fonográfica naquela época, mas nunca se teve notícia de outra ocasião em que foi consumida por Keith, embora ele adorasse os calmantes tanto quanto os estimulantes. A heroína era – e ainda é – uma droga antissocial e raramente compartilhada, mesmo entre viciados. Ou Keith presumiu que lhe ofereceram cocaína – que era nova no meio musical britânico e praticamente a droga perfeita para o paladar hiperativo e naturalmente viciante de Keith – ou ele estava disposto a ficar tão louco, que não se importou. De um jeito ou de outro, depois de cheirar a droga, ligou para Corky Laing, para avisar que estava indo para onde o baterista se encontrava hospedado, perto dali, de táxi. Quando chegou, estava "tremendo e branco feito um fantasma", recorda-se Laing, que acrescenta que Keith também estava "caindo de bêbado". Só teve tempo de perguntar a Laing se ele tinha cocaína e foi ao chão de imediato. "Ele *passou de raspão* pela morte", diz Laing. "Começou a ficar roxo, basicamente estava morrendo sufocado."

Um telefonema frenético para West revelou a causa da overdose de Moon, e imediatamente depois de chamar uma ambulância, Laing, sua esposa, Frances, e o *tour manager* Nicky Farantella fizeram o máximo para manter Keith vivo, o que envolvia pouco mais do que soltar seu colarinho e garantir que ele ficasse numa posição segura para respirar. Quando a ambulância chegou, "gritávamos para o motorista, 'vai logo, é o Keith Moon'", recorda-se Corky Laing, "e o cara diz: 'Ah, não, porra, outra overdose de roqueiro, ele não vai sobreviver a essa porra'. Quanto mais eu dizia a ele o que aquele baterista fazia, mais rápido ele dirigia, mas eu sabia que Keith estava por um fio. Estávamos assustados pra caralho. Porque foi na nossa casa: se ele morresse, podíamos esquecer os aspectos legais, todo mundo ia pensar que nós o matamos!"

No hospital, Keith foi levado às pressas para a emergência, onde recebeu uma injeção generosa de adrenalina e uma lavagem estomacal. Descobriu-se que ele também havia tomado calmantes, e as duas substâncias depressoras combinadas ao álcool tiveram um efeito quase fatal.

"Pudemos rir disso com ele depois", diz Laing. "Mas ele havia morrido."

Kim recebeu um telefonema para ser informada do que havia acontecido, e, quando Dougal descobriu, ficou apoplético. Cada vez mais, parecia que o único jeito de impedir Moon de se matar era ficar com ele 24h por dia, e, por mais que o amassem, isso era mais tempo do que qualquer ser humano conseguiria aguentar.

E outra emergência médica ainda ocorreu quando Kim desfrutava de uma rara noite tranquila com Keith em Tara, assistindo à TV na cama e, "do nada, os braços dele começaram a tremer com força, ele começou a espumar e a virar os olhos. Achei que ele fosse morrer". Kim chamou uma ambulância imediatamente e Keith foi mais uma vez levado para o St. Peter's, onde ficou internado em observação por um curto período. Kim nunca tinha visto nada como aquilo de perto, mas já ouvira falar bastante. "Ele é epilético?", perguntou aos médicos. Não, eles disseram, o ataque havia sido provocado pelo abuso de drogas.

Será que Keith havia aprendido alguma coisa com essas overdoses e emergências? Bem, ele nunca mais usou heroína, então, nesse caso, a resposta seria sim. Quanto às overdoses pontuais por beber muito e tomar muitos comprimidos, é difícil dizer. Ele tinha plena ciência de seu alcoolismo. Passara aquela semana na clínica em Weybridge, em 1972, mas ficou sóbrio por um período de tempo tão curto, que pouca gente chegou a saber ou ver alguma diferença. De vez em quando, tentava parar de beber sozinho, mas o susto daquela convulsão fez parecer mais fácil simplesmente continuar. E, embora viessem visitas futuras de sobra a clínicas, à medida que Keith lutava para controlar os vícios, por fim, ele passou a

CAPÍTULO 25

vê-las como férias temporárias da rotina de seu estilo de vida excessivo, e o resultado quase previsível de toda vez que ele saía era beber com mais voracidade do que tinha quando se internara. Para um alcoólatra parar de beber, ele precisa *querer* parar de beber, tem de desejar a abstinência quase tanto quanto já desejou a bebida, e, ao longo de quase toda a vida, Keith nunca demonstrou muito esse desejo mais do que de forma temporária.

Em vez disso, à medida que a indústria do rock se tornava cada vez mais decadente, em meados dos anos 1970, Keith se esbaldava ainda mais em sua reputação de festeiro casca-grossa. Isso lhe trazia a atenção de que tanto desejava e o impedia de ser visto pelo que realmente era, um rapazinho de classe trabalhadora de Wembley que alcançara um sucesso maior do que jamais esperara. Deve ter se sentido tão frágil quanto o Mágico de Oz.

"Era um sujeito adorável", diz Chris Stamp. "Mas a natureza desse tipo de loucura maníaco-depressiva, obsessivo-compulsiva e alcoólatra não o deixava ver isso em si mesmo. Não tinha superego, não tinha autoestima, não conseguia acreditar que as pessoas o amariam exatamente como ele era, um cara comum. Porque era um cara extraordinário, mas não enxergava isso."

Disse Pete Townshend, em depoimento a Dennis Wholey, no livro *The Courage For Change*, de 1984, uma compilação de ensaios pessoais sobre alcoolismo por figuras públicas que conviveram com o vício: "Quem tem um problema com álcool sente ou que está conseguindo realizar seu melhor ou que não está conseguindo realizar nada. A maioria das pessoas para quem o álcool se torna um problema está fugindo de alguma coisa... Geralmente de sentimentos ou de uma incapacidade de lidar com a intensidade de seus sentimentos. Quando você se depara com bebedores inveterados, uma das coisas que percebe é que eles são, com muita frequência, temperamentais em grande medida. Têm uma tendência a estar furiosamente felizes num minuto e lacrimosos no outro... Essas pessoas são extremamente emotivas e o álcool lhes permite viver com as emoções intensas que são, na verdade, parte de sua constituição....".

Há tanto de Moon nessa descrição quanto do próprio Townshend; de certo, Pete viu muito de Keith ao longo dos anos para observar as similaridades em suas personalidades alcoólatras. Em seu depoimento, Townshend discute um bem conhecido, porém convenientemente esquecido aspecto do mundo do entretenimento do qual tanto ele quanto Moon foram vítimas: a prostituição do *showbiz*. "Infelizmente, as pessoas exploram o mito do rock 'n' roll, que traz o público. Tudo se transforma numa grande conspiração. Alguns dizem que os fãs querem que você ande na corda bamba. Eles levam vidas entediantes, deprimentes e querem que seus heróis sejam loucos. É um barato vicário. Em certa medida, até espero que seja verdade, mas ninguém quer heróis mortos. De que serve um herói se ele está morto? As pessoas constroem heróis para examiná-los. Não há muito o que fazer com um cadáver[131]."

Townshend parece sugerir que, em seu desejo contínuo de fazer justiça às expectativas dos fãs de seus heróis serem super-heróis, Moon embarcava em episódios cada vez mais lunáticos até perder de vista quem ele realmente era, até se tornar ele mesmo um lunático, para irmos ao extremo. Numa carta que escreveu para mim a respeito de sua decisão de não ser entrevistado para este livro, Townshend deu uma explicação parcial de que "o *show business* e a sociedade [...] se alimentam e recompensam comportamentos viciosos e, em última instância, suicidas" e, à medida que isso se aplica à vida de Keith, ele está correto.

"Sejamos justos", diz Mark Timlin, o ex-funcionário da Track que é hoje um romancista respeitado. "Todos o incitavam. Todos que diziam 'Vamos lá, Keith, vira essa garrafa, manda ver' tiveram algum grau de culpabilidade." Timlin se recorda de um incidente depois de um show em Bath, em 1971, quando Keith deu uma festa de arromba em seu quarto. O senhor do quarto ao lado reclamou do barulho e Keith insistiu para que ele se juntasse à festa, e desmontou a própria cama para usar como porrete para derrubar a parede adjacente e não dar outra escolha ao vizinho assustado. Todos os outros convidados, diz Timlin, ou berravam incentivos

---

131 Por isso, peço perdão por este livro ser uma espécie de autópsia, e eu gostaria que não fosse.

ou o ajudavam na destruição. "Na época, foi apenas algo engraçado, mas, em retrospecto, você vê que todo mundo que o pilhava teve algum grau de culpa pelo que aconteceu com ele. É muito triste. Não se diz: 'É minha culpa', mas, pensando coletivamente..."

"Não havia nada de ruim nele. Era um homem bondoso, sempre foi bondoso comigo nas poucas vezes em que nos vimos pessoalmente. O que não era muito frequente, porque ele era um astro do rock 'n' roll e tinha coisa melhor para fazer. E talvez pensarmos que ele sempre tinha alguma coisa melhor para fazer fosse o motivo de ele ser solitário."

"Todo comediante famoso tem um outro lado", diz Dougal Butler. "Keith era muito assim. Era solitário e, se quisesse se fechar, o fazia. E você precisaria de um pé de cabra para chegar até ele."

Keith preferia se recolher para dentro de si, engarrafando suas inseguranças (literalmente até demais), em vez de confidenciá-las às pessoas. Como resultado, nenhuma de suas centenas de amizades, certamente não naquela época – uns bons cinco anos antes de sua morte –, via algum chamado por ajuda. Ou seguiam o mesmo caminho autodestrutivo que ele, como Ringo, Nilsson e cia. – como as centenas de bajuladores e comparsas que automaticamente gravitam ao redor dos famosos, eles o encorajavam pelos "baratos vicários" –, ou simplesmente não consideravam que cabia a eles interferir com as questões pessoais de um astro do rock 'n' roll dos grandes. Não ajudava o fato de que Keith, por mais que fosse universalmente adorado, mantivesse as pessoas a tamanha distância emocional, que poucas sentiam que o conheciam bem por dentro.

"Ele nunca teve um amigo íntimo", diz Dougal, que se considera o amigo "pago" mais próximo de Keith. "Em todos aqueles anos em Tara, não houve um único amigo dos tempos do trabalho ou da escola que o visitasse. Ninguém."

"Não sei se Moon amou alguém genuinamente", diz Bill Curbishley, o que, na superfície, parece cruel, considerando-se que Keith adorava *todo mundo*. "Amizade e amor têm a ver não com que você faz para as pessoas, mas com o que você está preparado para fazer. E se isso nunca é posto em xeque, não há como saber. É algo não dito entre a maioria das pessoas. Mas, no caso de Keith, não sei se havia alguém na vida dele a que isso se aplicasse."

Seria de imaginar que houvesse algumas exceções. Keith tinha o maior apreço do mundo por Pete Townshend, e, quanto mais o tempo passava, mais Pete sentia o mesmo por ele, mas Townshend enfrentava suas próprias batalhas com o álcool e estava imerso demais no trabalho para ser um ombro amigo. John Entwistle era agora um homem de família, envolvido intensamente em seus projetos solo, e não tinha mais tanta firmeza em sua relação com Keith. Ecoando os comentários de Butler, diz que "Keith considerava que não precisava de um melhor amigo, era mais fácil contratar um". Kit Lambert era viciado em drogas pesadas, o que o tornava uma má influência e uma figura paterna particularmente ruim, e, além disso, passava boa parte do tempo em Veneza, onde havia comprado uma *villa* luxuosa. Os próprios pais de Keith, embora o conhecessem tão bem quanto qualquer um, eram de uma geração totalmente diferente, o que tornava uma relação mais próxima difícil; quanto às irmãs, ele estava disposto a manter aquela imagem para elas. Com Kim, ele havia desistido de ter qualquer coisa que se assemelhasse a um relacionamento pessoal. Roger nem estava no páreo.

E quanto àqueles a quem Butler se refere, aqueles que o conheciam antes da fama, capazes de olhar para o Keith Moon famoso e ainda ver o rapazinho de Wembley que recusava álcool e chapava com adrenalina natural, suas vidas estavam tão distantes, que era difícil para eles saber como se aproximar. "Eu ligava para Tara, Joan atendia e eu dizia: 'Keith está aí?'", recorda-se John Schollar. "Ela respondia: 'Ele está ocupado, quem é?'. Eu dizia a ela que ligaria depois de alguns minutos. 'Keith disse para você vir passar uns dias aqui.' Eu estava casado, não podia simplesmente passar uns dias na casa dele!"

— ● —

Na garagem de Tara, os carros continuavam a se empilhar, em todos os sentidos da palavra. O acréscimo mais notável à coleção exótica

CAPÍTULO 25

era uma Ferrari Dino 426, comprada tão logo o The Who voltou da turnê europeia, em setembro de 1972. Estava exibida proeminentemente na vitrine da concessionária Marinellos, em Egham, com a novíssima placa "K", de agosto daquele ano. Keith pagou uma propina de 500 libras ao vendedor, em cima das 6 mil libras do carro, para poder sair da loja dirigindo aquele mais extravagante dos símbolos de status ainda naquele mesmo dia.

Ao longo dos dois meses seguintes, a Ferrari foi o xodó de Keith. Ele e Dougal voltaram a visitar o Crown and Cushion regularmente, não tanto para ver como iam os negócios (não iam; numa jogada roteirizada perfeitamente para a vida de Keith, Ron Mears fugira com uma garçonete), e mais para ter uma desculpa para levar o 426 para a estrada.

Mas então, certa noite, em Tara, dois rapazes locais que Keith conhecia do Golden Grove bateram na porta. Estavam numa moto sofisticada; Keith tinha o Dino. Que tal saírem para um passeio em um veículo de cada vez? "Todos saíram na moto", diz a irmã de Keith, Linda, que estava em Tara naquela noite. "Depois, na Ferrari, e o carro voltou todo destruído. Keith nem ligou."

Depois de uma discussão particularmente viciosa com Kim em Tara, certo dia, Keith saiu no Rolls-Royce lilás, anunciando que ia se matar. Pouco impressionados por esse pedido de atenção, Kim e Dougal ficaram na casa enquanto ouviam o carro partir. Alguns minutos depois, Keith voltou, coberto de lama. Havia capotado o carro no lago na entrada da casa, mas, em vez de afundar, como ele alegou ser a intenção, ficou preso na beirada lamacenta. O automóvel foi devidamente guinchado na manhã seguinte, mas não antes de fotos serem tiradas para sair nos jornais, o que contribuiu ainda mais para a aparente comicidade da reputação de decadência de Keith. Quando a história é recontada, apesar da prova fotográfica do contrário, o lago é geralmente trocado por uma piscina, e pode ter sido essa (falsa) lenda de Tara que então inspirou as histórias de que Keith já teria feito isso em seu vigésimo primeiro aniversário. Em 1973, nenhuma das afirmações de Keith parecia mais absurda.

Ele certamente era propenso a acidentes. Bateu um dos Rolls-Royces num caminhão de entregas na Chertsey High Street, depois de decidir ir de carro para a cidade numa manhã ensolarada, e então fugiu da cena do crime ao entrar numa loja do bairro, a CJ Lewis, de onde ligou para Dougal, em pânico. Havia testemunhas demais para que Dougal assumisse a responsabilidade, como de costume, mas, como o caminhão não sofreu danos e graças às relações favoráveis com a polícia, Keith conseguiu evitar ser acusado.

Sua incapacidade de evitar desastres se estendia para além de seu círculo imediato. Peter Collinson construíra um aviário no terreno de Tara; Billy Fury, com quem Keith travara amizade durante as filmagens de *That'll Be the Day*, era um ornitólogo ávido. Quando Fury se separou da esposa, Keith se ofereceu, por generosidade genuína, para cuidar das corujas do astro do rock 'n' roll. Porém, a manutenção do aviário não estava em dia e ele foi invadido por raposas, que mataram as aves. Fury ficou devastado; e Moon, arrependido. Porém, havia pouco o que ele pudesse fazer. A vida tinha de seguir, embora não para as corujas de Fury.

O supostamente longo braço da lei por fim alcançou Keith em Chertsey, quando seu jardineiro pegou emprestada sua espingarda calibre 12 sem permissão e Keith fez um boletim de ocorrência como se ela tivesse sido roubada. O policial que atendeu a ligação não era um dos amigos de Keith na força; quando foi descoberto que Moon não possuía licença para ter a arma, foi acusado e levado ao tribunal, em Chertsey. Lá, ele embromou uma história sobre tê-la encontrado na casa quando se mudou e recebeu uma multa de apenas 15 libras, sua única penalidade legal ao longo dos quase três anos tocando o terror na região. Com a coragem incrementada por algumas doses de brandy na hora do almoço, enquanto esperava pelo veredicto, ofereceu graciosamente para pagar com American Express.

As tendências de Keith à destruição e à insolência se transferiram às crianças. No Natal de 1972, Dermott ganhou uma bateria de presente. A primeira coisa que fez foi chutá-la. Não tinha noção de que era para usá-la de qualquer outro jeito. Não surpreende. Mais tarde naquele mesmo dia, Keith ficou mal-humorado e chutou a árvore de Natal.

Assim era a vida em Tara, e a tensão só parecia piorar. Todos que visitavam os Moons pareciam testemunhar uma briga entre Keith e Kim, geralmente por causa de algo fútil, como a temperatura da comida ou alguma peça de roupa fora do lugar.

"O casamento era caótico", recorda-se David Puttnam. "Só fui uma vez à casa deles. Era barra-pesada. Horrível. Fomos lá jantar e acabamos comendo um balde de frango no porão de uma casa noturna que nem tinha aberto ainda. Fui com minha esposa. Foi uma noite dos infernos. Chegamos lá e havia gente deitada no chão. Havia dois pilotos morando lá na época, de base em Heathrow."

"Sempre que eu ia à casa deles, ficava surpreso com como as coisas eram péssimas entre eles, com o quanto haviam passado dos limites", diz Chris Stamp. "Eles tinham sido um casal tão perfeito."

Stamp era um dos muitos que acreditavam que os problemas conjugais de Moon se davam, em grande parte, por ele abraçar sua imagem pública. "Não era porque ele era infiel a Kim", diz ele sobre as puladas de cerca de Keith. "Mas ele tinha de ser fiel a si mesmo e àquela *persona* que havia inventado e desenvolvido. Ficar fora de casa e pelos clubes não era nem tanto para transar com outras mulheres, era mais para *ser* esse mito na cabeça dele, mito que ele mesmo criara. Então, era infiel a ela no sentido de que passava todo aquele tempo longe dela para, de algum modo, poder *ser* aquilo que estava se tornando e se fundindo, tanto quanto seu eu real."

Kim observa com um senso de humor irônico que a contenda conjugal tinha uma vantagem – em relação "às pessoas que não sabiam quando ir embora. Elas iam rapidinho quando eu e Keith começávamos a brigar. Era um bom jeito de esvaziar a casa".

Porém, tinha desvantagens muito maiores. Em certas ocasiões, o mau comportamento de Keith – "Quando ele era basicamente um completo babaca", diz Dougal, "um porco nos maneirismos, praticava abusos verbais, quebrava coisas" – era o suficiente para a família sair da casa também. Nesses cenários, Dougal, embora fosse empregado de Keith, reunia Kim, Joan e as crianças e as levava para a casa de Bill Kerrigan, em Dorset, onde Joan tinha de ficar num quarto à parte, já que seu próprio casamento terminara havia muito tempo. Dougal deixava um bilhete que dizia: "Fomos todos embora, entramos em contato depois", e, uns dois dias depois, ligava para Tara, a fim de avisar Keith que estavam voltando para casa e alertá-lo para que se comportasse bem. Coisa que Keith fazia, até a próxima vez que "se transformasse", e, se Dougal não estivesse presente para intervir, a própria Kim pegava Mandy e Dermott, deixava a mãe para trás, chamava um táxi e partia para um hotel por uns dois dias, até que ele se acalmasse.

Os primeiros meses de 1973 foram nesse nível extremo. Keith voltou a se fantasiar de Hitler, bem como de outras figuras militares do passado, além de Long John Silver, rainha Elizabeth I, Sha Na Na e monstros diversos de seus amados filmes da Hammer Films. Cada vez mais ele adentrava essas personalidades e se recusava a sair delas. "Era uma tortura", diz Kim. "Tortura mental. Era como se ele vivesse aqueles filmes." Para Kim, se não para toda a família, isso significava se tornar membros do elenco.

Não era incomum que os cenários mais assustadores envolvessem armas. Kim se recorda de uma ocasião extrema em que "discutimos e eu desci para o Golden Grove, onde fiquei atrás do bar, porque eu ajudava lá de vez em quando, e, sabendo que Keith talvez viesse atrás de mim, me senti mais segura ali. Dito e feito, ele apareceu, inflamado, então saí pelos fundos. De repente, vi que ele estava atrás de mim com uma arma, atirando para o alto, como num filme de terror, cambaleando pela mata, então chego até o portão e ele está fechado. Consegui enfim pular e ele se aproximava com a arma. Enfim cheguei em casa e me escondi até ele se acalmar. Houve momentos muito, muito assustadores, dignos de pesadelo".

E esses se tornavam cada vez mais frequentes. Embora Kim sentisse a distância entre eles aumentando – "Quando ele vinha para casa, não me queria lá, cada vez mais queria ficar sozinho" –, Keith tinha uma regra que dizia que, enquanto ele estivesse em casa, Kim deveria ficar imóvel, sem perguntar nada. Certa noite, enquanto o marido dormia, Kim aceitou o convite de sua amiga Paula Boyd para ir a Weybridge à noite.

"Chamei um táxi e fui à casa dela, conversamos, assistimos a um filme, tomei outro táxi e voltei para casa. Estava com uma certa sensação... Naquela época, eu costumava usar uma grande capa de veludo e pensei: 'Não quero que o Keith estrague essa capa; se ele estiver acordado, não vai ser nada legal'. E então, chegando na casa, ao lado do Golden Grove, tirei a capa, dobrei-a e deixei-a do lado de uma árvore. Caminhei até a casa e dito e feito, Keith estava na porta e veio correndo pra cima de mim, como um touro, me pegou pelo pescoço, me empurrou e passou por cima de mim. Com os pés. Passou por cima de mim como se eu fosse o chão. Estava furioso por eu ter me permitido sair. Era assim que funcionava. E não adiantava dizer onde eu estivera. Paula ligou para ele e contou, mas não adiantou. Eu não poderia sair. Não sei por que ele fazia isso, mas eu sabia que faria. Era o jeito dele. Não havia como explicar... No dia seguinte, desci e peguei minha capa."

A impenetrabilidade hostil de Keith Moon se manifestava para outras pessoas também. "Eram 4h da manhã e Dougal ainda não havia voltado de algo que tinha ido fazer", recorda-se Richard Barnes da noite que passou em Tara. "Keith entra na sala, pega o telefone e fica olhando no espelho enquanto liga para os pais de Dougal. Eu digo: 'Keith, você não pode fazer uma merda dessas, eles estão dormindo'. Ele liga mesmo assim e diz: 'Cadê o Dougal?' e 'A única coisa que eu peço é lealdade...'. Foi patético. Eu digo a ele: 'Keith, pelo amor de Deus, deixe-os dormir, Dougal vai voltar logo'. Ele estava sob o efeito de anfetaminas, imagino, ou algo do tipo. O ponto é que ele se olhava no espelho enquanto fazia isso, e eu percebi que não poderia quebrar esse feitiço, ele encenava o *Cidadão Kane* em sua própria casa. Era como se eu não estivesse ali."

"Esses caras são pagos para ser adolescentes mimados", conclui Barnes. "O problema é que eles crescem e formam famílias."

Pode-se definitivamente argumentar que Keith se manteve num estado perpétuo de desenvolvimento atrasado, para sempre com 18 anos (e alguém de 18 anos imaturo, ainda por cima), idade com que se tornou um astro pop. O fato de que ele era uma exceção, e não a regra, por ter alcançado o sucesso tão jovem – em especial numa das bandas mais notórias do mundo, com personalidades tão divergentes e empresários tão pouco convencionais –, fica aparente quando se olha para alguns de seus contemporâneos dos *Swinging Sixties*. Ringo Starr e John Lennon eram seis anos mais velhos que Keith; Mick Jagger, três; Ray Davies e Jeff Beck, dois; Bill Wyman, uma década inteira. Ou, por um outro ângulo, Rod Stewart, David Bowie, Marc Bolan, Elton John e David Essex, nenhum dos quais fez sucesso antes da década de 1970, tinham todos quase que exatamente a mesma idade de Keith, mas com cinco anos adicionais de vida adulta dura na bagagem. Como Dermott Kerrigan observa, "Keith foi [*da*] primeira geração a ganhar milhões a mais do que os pais, e isso deve ter sido completamente confuso. Como se lida com isso?"

Porém, desculpar os ataques de Keith Moon como um resultado natural de ser um ídolo adolescente bajulado é simplificar drasticamente o problema (afinal, Dave Davies, George Harrison, Peter Noone e Kenney Jones todos sobreviveram, apesar de suas introduções à fama igualmente precoces), assim como é inconveniente culpar somente a bebida e as drogas por seus comportamentos mais abomináveis.

Muito provavelmente, Keith sofria de transtorno de personalidade *borderline* ou limítrofe. De nome um tanto confuso, o distúrbio, assim designado em 1938 pelo psiquiatra Adolph Stern, não indica que o paciente esteja no limite da doença, mas que o transtorno em si se encontra no limite entre a neurose e a psicose. O Manual Diagnóstico e Estatístico, publicado pela Associação Americana de Psiquiatria, elenca nove traços que pacientes *borderline* têm em comum. A presença de cinco ou mais deles pode indicar TPB se forem longevos, persistentes e extremos:

- Esforços frenéticos para evitar abandono real ou imaginário;
- Um padrão de relações interpessoais instáveis e intensas caracterizado por uma visão preto no branco ou dicotômica de pessoas e situações;
- Um senso de si instável;
- Impulsividade em comportamentos potencialmente prejudiciais a si (incluindo dois ou mais: gastos, sexo, roubo, abuso de substâncias, direção, comida etc.);
- Comportamento suicida ou de automutilação;

CAPÍTULO 25

- Mau humor intenso e de curto prazo, irritabilidade ou ansiedade;
- Sensações crônicas de vazio;
- Raiva inapropriada e intensa ou difícil de ser controlada;
- Períodos de uma sensação de afastamento da realidade (ou "dissociação").

Até mesmo do ponto de vista mais conservador, Keith parece ter preenchido todos os critérios citados. Sua relação com aqueles mais próximos dele eram certamente instáveis e intensas, caracterizadas pela alternação entre extremos de idealização e desvalorização; ele se mostrava cada vez mais propenso a gestos suicidas; era notadamente inseguro; temia o abandono e a solidão; tinha arroubos de raiva incontrolável; e, especialmente com o passar dos anos, passava por períodos cada vez mais frequentes de desassociação. O fato de ele praticar não só dois, como todos os seis exemplos de impulsividade, batia o martelo.

As causas do transtorno de personalidade *borderline* permanecem sujeitas a um debate contínuo, porém há um consenso de que os sintomas começam a aparecer na adolescência. O fato de as mulheres serem a maioria das afetadas pelo TPB, muitas com memórias reprimidas de abuso na infância, talvez sugira que Keith não tenha sido um paciente típico (embora, como sabemos, ele não era típico em nada). Uma explicação mais provável para o caso de Keith talvez venha de estudos que demonstram superenvolvimento maternal e má administração e inadequação da orientação e apoio maternais como fatores causativos (por exemplo, superexpectativas e/ou dificuldade em deixar o filho crescer e se tornar independente). Por fim, o TPB pode não ser causado específica e absolutamente por experiências na infância: é provado que impulsividade intensificada e comportamento destrutivo, tais como tipificados por Keith, estão ligados a baixos níveis do neurotransmissor serotonina no cérebro.

Se Keith um dia foi diagnosticado com transtorno de personalidade *borderline* por um de seus muitos médicos intermitentes, ele nunca admitiu isso a alguém, o que pouco surpreende. A única cura reconhecida para TPB é terapia intensa, mas o caos que caracteriza os *borderlines* torna notoriamente difícil para os terapeutas construir uma relação satisfatória com eles, e dois terços dos pacientes *borderline* abandonam o tratamento em questão de poucos meses. Dez por cento deles acabam por tirar a própria vida.

Sem saber nenhuma das razões por trás das mudanças de humor de Keith, não obstante ficava cada vez mais óbvio para Kim que aquele não era um ambiente no qual criar filhos. O próprio Keith não tinha interesse no papel tradicional de pai. "Não me lembro, de fato, dele como pessoa", diz sua filha, Mandy, que, na época, tinha 6 anos. "Sei que ele era meu pai, mas não penso nele como meu pai. Quando ele estava em casa, era como se eu pensasse: 'Quem é essa pessoa estranha?'"

"Sempre que eu estava em Tara, Mandy parecia absolutamente amedrontada por ele", diz Richard Barnes. "Às vezes ele era uma porra de um tirano."

"Mandy era uma criança muito fechada", confirma Dougal. "Quando a levávamos ao zoológico ou a qualquer outro lugar assim, era como qualquer outra criança, mas, em casa, era semirrígida com Keith. Ele só brincava com ela por uns 20 minutos por semana, se virava e dizia: 'Oi, Mandy'. Era péssimo para ela, de verdade."

"Eu diria que tínhamos medo do Keith", diz Dermott Kerrigan. "Mas não por que ele fazia algo para nós, e sim porque ele tratava Kim de uma forma horrível quando estava bêbado. Lembro-me de cenas horríveis com ele bêbado. Tenho lembranças muito boas e lembranças muito ruins dele. Lembro-me do lado bom dele, de ele ser muito engraçado, muito engraçado mesmo, e divertido, de ele usar roupas bobas e ser um palhaço. Por outro lado, também lembro dele como um completo monstro. Era um bêbado. Assim como a maioria dos bêbados, ele tinha uma fase charmosa, uma fase adorável e então ficava completamente mamado, agressivo e desagradável. Obviamente, eu não sabia disso na época. Mas, em retrospecto, era um cara que não conseguia controlar a bebida e um bêbado desagradável e mal-educado. Às vezes. Em outras, era um cara muito legal."

A gama de imitações de Keith tornava a infância ao lado dele quase comicamente confusa. "Lembro-me de ele marchar pela casa vestido de

CAPÍTULO 25

Hitler", diz Dermott. "Mas eu não sabia quem era Hitler. Quando vi uma foto do Hitler pela primeira vez, pensei: 'Esse é o Keith'. Ele imitava muito Robert Newton, então, quando assisti à *A Ilha do Tesouro* pela primeira vez, pensei: 'Puta que pariu, é o Keith!'"

Porém, no fim das contas, a lembrança mais duradoura de Dermott é bastante parecida com a de Mandy. "Não me lembro de Mandy e eu brincarmos com ele. Só me lembro de ele estar lá."

E ele estava "lá" cada vez menos com o passar do tempo. Keith foi para a Ilha de Wight filmar *That'll Be the Day*. Foi para a Austrália interpretar Uncle Ernie, em mais uma produção orquestral de *Tommy*. Foi para Los Angeles, para o lançamento de uma máquina de pinball do The Who da marca Bally (a única vez em que Kim foi para os EUA com ele). Lançou um rally no norte do País de Gales e, num momento de desespero por ação, em fevereiro de 1973, levou Dougal de férias com ele para Tânger, Malta e Gibraltar tão de supetão, que os dois viajaram sem troca de roupas e sem dinheiro vivo.

Era uma vida peripatética, Keith era incapaz de ficar quieto e tinha uma necessidade constante de gratificação instantânea. Também era um jeito natural de ser para alguém que nunca *queria* ficar quieto, que havia entrado numa banda de rock 'n' roll direto da escola para viajar e curtir a vida e evitar a normalidade a todo custo. Seu desenraizamento natural também se demonstrava numa falta de preocupação por recordações e posses. Quando seu envolvimento com o Crown and Cushion acabou e a separação acrimoniosa de Ron e Yvonne Mears fez necessário que vendessem tudo (embora Keith tenha alegado ter lucrado com o empreendimento), ele simplesmente parou de ir até lá. Quando os moradores de Chipping Norton se deram conta disso, os discos de ouro e prata foram simplesmente levados das paredes do bar. A bateria foi roubada da garagem e revendida na mesma comunidade que ele abraçara, até por fim chegar à sala de um de seus ex-clientes. Vários outros itens pessoais seus ficaram no sótão muitos anos depois de sua morte. Ninguém de suas relações imediatas sequer sabia que estavam lá.

*Em retrospecto, **Quadrophenia**, a ópera-rock que Pete Townshend escreveu sobre um mod dos anos 1960 chamado Jimmy, cujo consumo de comprimidos contribuiu para suas crises de personalidade, parecia um resumo perfeito do(s) estado(s) mental(is) constante(s) de Keith. "Esquizofrênico?", perguntava Jimmy sobre si mesmo ao final do conto que acompanhava o álbum. "Estou sangrando Quadrofênico[132]."*

Pode ter sido também uma metáfora para o estado mental coletivo do The Who em 1973. A força motriz que os havia sustentado pelos tumultuados e financeiramente árduos anos 1960 havia sido refreada sob o peso da fortuna, da paternidade e da ambição individual. Isso se deu de tal modo que, se não era uma coisa que os retardava, decerto seria outra. Peter Townshend queria ter começado a gravar *Quadrophenia* com a banda no início do ano, mas antes tinha de esperar Roger Daltrey finalizar seu álbum solo e, nesse meio-tempo, John Entwistle começou seu terceiro e *That'll Be the Day*, estrelando Keith Moon, foi lançado. Diante dos rumores não totalmente injustificáveis de que, com esse tanto de trabalhos solo, a banda ia se separar, o The Who investiu do próprio bolso para construir um estúdio numa velha igreja em Battersea, ao sul de Londres, projeto tão problemático que, no fim, tiveram de desmantelar a técnica e começar de novo.

A condição incompleta do "The Kitchen", como chamaram o estúdio de início (posteriormente, o nome do lugar viria a ser Ramport), quando do início das gravações, fez necessário o aluguel do estúdio móvel de Ronnie Lane para ser usado como técnica, de onde o engenheiro de som de Lane, Ron Nevison, se comunicava com os músicos por meio de câmeras instaladas. Efeitos sonoros complicados, camadas de sintetizadores, o desejo de

---

132 *No original,* "I'm bleeding Quadrophenic". *(N. do T.)*

Townshend de que cada membro da banda contribuísse com um tema individual que representasse sua personalidade e a decisão de mixar o álbum no som quadrifônico que vinha sendo vendido como o sucessor natural do estéreo, embora o formato ainda não tivesse sido desenvolvido de forma satisfatória, tudo isso contribuiu para dores de cabeça durante o processo.

Keith Moon deveria ter se deleitado por enfim ser chamado de volta ao estúdio, apesar desses problemas. Porém, a princípio, ele só trouxe ainda mais problemas. Chris Stamp se recorda que ele e Kit Lambert passaram um tempo considerável "indo a restaurantes e lugares onde pensávamos que ele pudesse estar, como amigos, para então persuadi-lo a talvez voltar para o estúdio e tal. Foi muito triste e muito patético. Ele estava completamente avoado. Perdera muito o interesse. Começava a ter paranoias induzidas pelo álcool e pensava que seria incrivelmente julgado no estúdio. Chegava atrasado e, em vez de só se atrasar, ficava preocupado e piorava a situação".

Entretanto, o próprio Stamp admite que ele e Lambert "não estavam [eles mesmos] na melhor forma", e foram conflitos com os empresários, mais do que a suposta dissociação de Moon, que levariam à primeira contenda interna do The Who desde que Daltrey fora chutado da banda, em 1965.

Que o rock era um grande negócio no início dos anos 1970 era óbvio até para os moleques mais ingênuos da rua, para quem era igualmente aparente que não dava para ter um negócio muito maior do que o The Who. A popularidade crescente das turnês de arena garantia às bandas um lucro polpudo e as vendas incrementadas dos álbuns lhes davam respaldo nas gravadoras para receber *royalties* consistentemente mais altos.

Com tamanhas quantias de dinheiro entrando nas contas dos artistas por direito pela primeira vez na história do rock 'n' roll, os lucros tinham de ser protegidos com investimentos a longo prazo, orçamentos complexos e a criação de asilos fiscais. Lambert e Stamp eram homens de negócios naturalmente safos, ou nunca teriam criado a Track Records, mas, no fundo, eram homens de ideias. Embora tenham renegociado o contrato do The Who com a Decca/MCA nos EUA por robustos 750 mil dólares por álbum, desprezaram a bobagem da contabilidade diária.

CAPÍTULO 26

Chega 1972 e o The Who, Roger Daltrey em particular, decide que era hora de colocar a papelada do grupo em ordem. O cantor auditou as finanças da banda e descobriu um buraco negro no qual partes significantes da fortuna da banda haviam desaparecido sem deixar rastros. Exigiu respostas.

Chris Stamp reagiu com horror a ele e Lambert terem, de repente, se tornado bodes expiatórios por anos de uma política coletiva. "Nenhum dinheiro havia sumido", insistiria Stamp posteriormente. "Simplesmente não estava nas contas... Moonie costumava pegar montes de dinheiro vivo, assim como Townshend, assim como Entwistle, assim como Daltrey... Você sabia que havia dinheiro de droga, dinheiro de bebida e dinheiro de loucura, e foi nessas coisas que aquele dinheiro foi parar... Em anos de loucura na estrada, carros destruídos, garotas, e assim por diante. Todo mundo no rock 'n' roll sabia disso."

Keith certamente sabia. Nenhum outro membro do The Who havia estourado tantas contas em turnê ou exigido tantas notas novinhas em folha diretamente dos escritórios da banda para comprar seu mais novo carro dos sonhos. Keith, que raramente sabia quanto dinheiro tinha no bolso, muito menos quanto o The Who deveria estar ganhando, continuava a ver o grupo como um alegre bando de anarquistas culturais que deveria continuar fazendo música, em vez de cálculos. Na visão dele, sempre havia dinheiro suficiente se você insistisse. Townshend pensava basicamente da mesma forma, embora pudesse bancar pensar assim: como compositor, ganhava muito mais do que os demais. Se John Entwistle tivesse se alinhado com esses dois, talvez a coisa parasse por aí, mas, apesar de ser habitualmente neutro, o baixista se preocupava o suficiente com seu futuro financeiro a ponto de concordar com Daltrey que o The Who deveria ser gerido como um negócio sério.

A desconfiança de Daltrey para com a New Action foi agravada pela recusa de Kit Lambert a endossar o lançamento de seu álbum solo, um compilado inofensivo de baladas pop rock. Daltrey apontou Bill Curbishley como seu empresário pessoal para o projeto e, quando o álbum vendeu bem (pela Track, é claro), isso reforçou a opinião do cantor de que Lambert e Stamp haviam se tornado irrelevantes como empresários. Bill Curbishley estava cuidando praticamente de todos os negócios do The Who na Europa, Peter Rudge havia se instalado nos EUA para agendar as turnês da banda no país, John Wolff supervisionava o estúdio do grupo, entre outras atividades, e Bob Pridden cuidava de questões cotidianas de som. O The Who era, para todos os efeitos, autossuficiente, mas entregando uma porcentagem enorme dos lucros para empresários cujo envolvimento direto havia há muito cessado e que não pareciam capazes de prestar contas.

Moon e Townshend continuaram a defender Lambert e Stamp, que consideravam tanto mentores quanto empresários. De fato, Townshend queria até que Lambert fosse o supervisor geral de *Quadrophenia*, assim como fora em *Tommy*, e o convidou para as primeiras sessões de gravação com esse propósito. Porém, a predileção de Lambert por drogas pesadas e garotos jovens prejudicava sua habilidade de tocar a vida de forma eficaz no dia a dia, que diria empresariar o The Who, gerenciar uma gravadora ou produzir um álbum.

O ápice dos problemas chegou quando a banda, resignada a produzir *Quadrophenia* sozinha, precisou de dinheiro para continuar a construir o estúdio e exigiu alguns dos *royalties* que a Track lhe devia. Ao longo de cinco anos, Lambert e Stamp representaram tanto os interesses do The Who quanto da gravadora, sem serem forçados a optar por um lado ou outro. Agora o momento decisivo havia chegado e Kit Lambert, segundo a versão de Bill Curbishley dos acontecimentos, frequentemente recontada, lidou com ele duplamente, dando à banda um cheque de dezenas de milhares de libras que, na manhã seguinte, sustou e voou para seu *palazzo*, em Veneza.

Furioso, Roger Daltrey deu um ultimato: ou eles caem fora ou caio eu. Os outros membros do The Who perceberam que haviam percorrido um caminho longo demais para se separar por conta disso. O entrave causado por Lambert no estúdio, as revelações financeiras e a questão do cheque sustado forçaram Moon e Townshend a aceitar a realidade: era hora de virar a página.

CAPÍTULO 26

Por fim, o The Who demitiu a New Action e Bill Curbishley assumiu o papel de empresário e montou um novo escritório para a banda na Bond Street, para onde Chris Stamp continuou a mandar o contracheque de Curbishley como empregado da Track Records. Dada a extensão em que o The Who seguia ligado a Lambert e Stamp – eram contratados da gravadora da dupla, afinal –, a situação, obviamente, não se resolveria com rapidez (a questão do agenciamento se estenderia para muito depois da conclusão de *Quadrophenia*), mas a intenção era certamente resolvê-la de forma amigável. Ambos, Kit Lambert e Chris Stamp, receberam créditos em *Quadrophenia* como produtores executivos e Lambert ganhou até um crédito adicional pela pré-produção. Seria a última vez que seus nomes apareceriam num novo álbum do The Who.

A HISTÓRIA TEM UMA TENDÊNCIA A VER *QUADROPHENIA* DE UM ÂNGULO não muito positivo. O consenso geral é de que o projeto seria ambicioso demais, as canções truncadas e dramáticas em excesso, a bateria de Keith desleixada demais, a mixagem terrível (só faltava sumir com os vocais de Daltrey), a quantidade de sintetizadores tornaria o álbum impossível de ser tocado ao vivo, o enredo sobre um mod inglês seria incompreensível para os estadunidenses e que o disco estaria destinado a ser um desastre de qualquer forma, considerando-se que foi gravado num estúdio ainda em construção, com a técnica de um estúdio móvel do lado de fora e um engenheiro de som ainda não tão experiente, na tentativa de usar um formato de som ainda não devidamente inventado.

É óbvio que algumas dessas críticas ainda se sustentam (o que é mais do que se pode dizer do Kitchen: o tema algo aquático de *Quadrophenia* ganhou um realismo assustador quando tempestades de verão ensoparam o equipamento da banda), caso contrário, o The Who pós-Moon não passaria dois anos inteiros, quase um quarto de século depois do lançamento, tocando *Quadrophenia* para públicos de arena como se para finalmente exorcizá-las[133].

Talvez seja então a hora de uma perspectiva revisionista. Em primeiro lugar, frequentemente, a grande arte emerge das mais desafiadoras circunstâncias. Em segundo, o melhor rock 'n' roll é, geralmente, repleto de imperfeições. Mesmo descontados seus consideráveis méritos musicais e independentemente de como foi recebido pelos contemporâneos do The Who, *Quadrophenia* é um disco de uma importância histórica enorme, pois, ao documentar a cultura mod, deu a uma geração mais jovem, que acabara de crescer com o rock no início dos anos 1970, um buraco da fechadura pelo qual observar um passado fascinante, transportando-a para um mundo de "Maximum R&B" e *Ready Steady Go!*, ternos *zoot* e *scooters* GS, estimulantes e calmantes, aventuras de feriado e brigas de rua aos fins de semana. Por mais que o enredo talvez seja difícil de seguir só pelas músicas, por meio da narração sucintamente escrita e das dezenas de fotos sem legendas que acompanhavam o disco, *Quadrophenia* encapsula o clima da juventude de classe trabalhadora dos anos 1960 com tanta clareza quanto qualquer filme daquela época[134]. Esses ouvintes mais jovens concluíram que, apesar da confusão do protagonista Jimmy, suas decepções e frustrações, apesar de toda a crueza apresentada nas fotografias de cafés da manhã gordurosos e aterros sanitários, o mod possuía um certo fascínio estiloso, sexual e violento. O glam rock do início dos anos 1970 era divertido, não havia como negar, mas o mod parecia ter sido o artigo autêntico.

É verdade que *Tommy* foi a contribuição mais duradoura do The Who para a cultura popular, a ópera-rock pioneira e abrangente que popularizou a banda entre os críticos eruditos de smoking, mas *Quadrophenia* tinha muito

---

133 *Além dessa turnê de 1996-1997 mencionada aqui por Fletcher, depois da publicação original deste livro (1998),* Quadrophenia *voltou a ser tocado na íntegra pelo The Who num show único, em 2010, e numa turnê, em 2012-2013. Além disso, em setembro de 2017, Pete Townshend fez uma pequena turnê intitulada Classic Quadrophenia. (N. do T.)*

134 O filme *Quadrophenia* (1979) conta a história ainda melhor, mas, ao escrever estas palavras, penso muito claramente no período entre 1973 e 1979.

CAPÍTULO 26

mais a ver com a realidade. No início dos anos 1970, enquanto os contemporâneos do The Who cantavam sobre o lado escuro da Lua e as escadarias para o Paraíso, praticamente não havia outra grande banda de rock que sequer tentasse articular a cultura de rua de uma perspectiva da classe trabalhadora. *Quadrophenia* fez mais do que só preencher essa lacuna: garantiu a credibilidade futura da banda. Afinal, sem esse álbum, o The Who certamente teria sido desprezado pelo movimento punk que logo surgiria, da mesma forma que os Rolling Stones, o Pink Floyd e o Led Zeppelin seriam declarados redundantes. Não que tal rejeição tenha prejudicado nenhuma dessas bandas comercialmente a longo prazo, mas ainda era uma fonte de orgulho para todos os envolvidos, e Townshend talvez tenha ganhado um perdão antecipado do futuro levante ao incluir em *Quadrophenia* uma música chamada "The Punk and the Godfather", na qual castigava a si mesmo por seus fracassos.

Ao final da década, depois de o punk perder o gás inicial, um público britânico mais jovem embarcou num completo *revival* do mod cuja bíblia era *Quadrophenia* (o álbum, certamente, mas principalmente o filme, lançado em 1979). Embora essa breve paixão por casacos parka e Lambrettas tenha se mostrado risível em retrospecto, o mod nunca mais sumiu da paisagem da cultura jovem britânica; ao contrário, se tornou uma parte intrínseca de uma nação cujas música e moda continuam a influenciar o mundo. Reconhecido ou não por sua contribuição para tal cenário, *Quadrophenia* desempenhou inegavelmente um papel crucial.

Admitidamente, as músicas de *Quadrophenia* não são exatamente "Maximum R&B" nem power pop: são dramáticas, intensas, complicadas, às vezes em excesso. Os sintetizadores massivos de Townshend, os berros estrangulados de Daltrey, as linhas de baixo e de sopros complexas de Entwistle, as mudanças de tempo e os arranjos orquestrais – todos insígnias do rock progressivo do início dos anos 1970 – tinham pouca relação com o período sobre o qual a banda cantava[135]. Basicamente, tudo o que

---

135 Tentaram compensar isso ao vestir jovens de Battersea fielmente como mods dos anos 1960 para o livro de fotos.

restava do The Who da era em que a "ópera" se passava era o ocasional *power chord* de Townshend e a bateria de Keith.

Chris Stamp provavelmente está certo em relação à falta de interesse de Keith no início das gravações de *Quadrophenia*. A confiança do baterista estava severamente prejudicada, tanto pela ausência contínua de trabalho (e sua bebedeira pesada resultante disso) quanto pelo fato de que em "Join Together" e "Relay", os dois compactos mais recentes, ele soava como se tivesse um dos braços amarrado nas costas. Porém, abrigado no Kitchen, liberto das restrições de Glyn Johns e recebido de volta à família da qual sentira uma falta tão terrível no ano anterior, Moon retornou às performances aventurosas ausentes do The Who desde *Tommy*[136].

Em retrospecto, sua marcação de tempo se mostra frequentemente indolente sob escrutínio e ele não deixa muito espaço ao redor de seu estilo por vezes indisciplinado de tocar; assim como Townshend nos arranjos, Keith talvez teria se beneficiado de um produtor que editasse algumas de suas ideias elaboradas. Porém, assim como em *Tommy*, tocou com um instinto sinfônico que mais do que compensava pelas ocasionais viradas ambiciosas demais. Em música atrás de música – "The Punk and the Godfather", "I'm One", "The Dirty Jobs", para citar três encadeadas em sequência na primeira metade do álbum –, mais uma vez se provou o mestre dessa subcorrente de tensão nada ortodoxa pela qual ele e o The Who haviam ficado famosos em primeiro lugar. Raramente há um instante em que não temos consciência de que se trata do inimitável Keith Moon na bateria, e, num álbum que celebra a idiossincrasia e a loucura (canções como "The Real Me", "Is It In My Head?" e "Doctor Jimmy" devem ter ganhado uma pungência especial em sua mente perturbada), essa contribuição foi essencial para o sucesso criativo e comercial de *Quadrophenia*.

---

136 Johns recebeu o crédito de "produtor associado" em "Is It In My Head?" e "Love Reign O'er Me", canções das quais ele aparentemente gravou demos e que depois foram elaboradas sem ele.

CAPÍTULO 26

Outra contribuição importante foi ele cantar sua música "tema", "Bell Boy"[137]. ("Um tremendo lunático, vou até carregar suas malas", segundo a prosa que acompanha a canção, "Bell Boy" não representava Keith mais do que "Helpless Dancer" encapsulava a personalidade de Roger. Os "temas" individuais são um aspecto de *Quadrophenia* que definitivamente não deu certo.) Em vez de tentar segurar a afinação, como fizera nas poucas tentativas de vocal do passado, Keith recebeu carta branca para representar sua reputação de bêbado libertino. Não havia como sua performance caricata exagerada não colocar um sorriso nos lábios até dos ouvintes mais cínicos. Ela pode não ter feito nada para mudar a imagem de Keith como palhaço do grupo, mas, de vez em quando, era exatamente o tipo de performance que o The Who precisava para ser trazido de volta à Terra.

A CONFIANÇA DE KEITH RECEBEU UM INCREMENTO AINDA MAIOR quando o produtor da Radio 1, John Walters, o convidou para apresentar o programa *Top Gear* durante as férias de verão de John Peel. "Era o momento em que ser engraçado era a melhor coisa a se fazer", diz Walters, se referindo ao *boom* da comédia daquela época, do Monty Python a Benny Hill. "Keith achava que tinha essa habilidade e, comigo, ele teve a chance de concretizá-la um pouco."

A princípio, Keith considerou recusar o convite. Seu papel na vida sempre tinha sido roubar a cena, não carregá-la, e ele ficou apavorado ao pensar no escrutínio ao qual seria inevitavelmente submetido, além do profissionalismo que seria exigido dele. Mesmo depois de aceitá-lo, cogitou chamar amigos como Bolan, Nilsson, Ringo e os Faces para ajudá-lo. Walters considerou isso ainda mais arriscado e recusou. "Vi que, assim, as

---

137 Uma versão anterior dessa canção, intitulada "We Close Tonight", foi lançada na reedição de 1998 de *Odds & Sods*, com Keith fazendo um vocal diferente no refrão.

coisas poderiam sair do controle e Moonie precisa ser controlado para se extrair o melhor dele."

Walters era o cara para ambas as tarefas. Não só foi capaz de controlar Keith Moon, um feito raro por si só, como também foi capaz de extrair o melhor dele como ninguém de fora do contexto do The Who.

"John Walters praticamente o pegou pela mão como um enfermeiro psiquiátrico e Keith o respeitava", diz Keith Altham, que, como assessor de imprensa do The Who, trabalhou extensivamente para divulgar os programas. "Moon, de fato, tinha um quê de Peter Sellers, que é o mais perto que se pode chegar de um gênio cômico. Era um bom imitador também e isso deu muito certo no rádio."

"O que Keith sabia fazer era imitar, ele copiava e tinha um bom *timing*", diz Walters. O que Keith não sabia fazer, ou que Walters não arriscaria depois de sua experiência com Viv Stanshall, era escrever seus próprios roteiros. Porém, ninguém suspeitaria disso ao ouvir os programas concluídos. Da piada interna com a qual Keith anunciou a canção de abertura da primeira transmissão, "Surfer Moon", dos Beach Boys (sugerindo que poderia ter tocado "How High the Moon"[138], mas que isso era "de conhecimento geral, queridinhos"), a uma preponderância de trocadilhos com bebida ("A minha é grande – pergunte à minha mulher, ela vai confirmar" seria um dos exemplos mais óbvios), os programas fizeram o melhor para perpetuar e promover a reputação de Keith como o maior excêntrico e beberrão do mundo do rock.

É claro que interpretar essa presumida imagem pública só o lançou ainda mais fundo no círculo vicioso de ser compelido a fazer jus a ela, mas o fato de que o roteiro de Walters era, em primeiro lugar, apenas a arte

---

138 Standard *de jazz de autoria de Nancy Hamilton e Morgan Lewis, gravado pela primeira vez por Alfred Drake e Frances Comstock para o espetáculo musical* Two for the Show, *de 1940, regravado por Benny Goodman, Les Paul & Mary Ford, Ella Fitzgerald, Louis Armstrong, entre inúmeros outros artistas. Aqui, o título funcionaria como um trocadilho com o nome de Moon, podendo ser traduzido livremente – já como trocadilho – como "O quão 'alto' – ou chapado – está Moon?". (N. do T.)*

CAPÍTULO 26

imitando a vida foi provado quase que imediatamente depois de as gravações de rádio começarem. No dia 2 de junho, no qual aconteceria a terceira gravação, Walters esperava pacientemente por Keith nos estúdios da BBC. E continuou a esperar.

"De repente, a porta se abre", recorda-se ele, "e Keith entra como um bêbado de teatro. São 10h da manhã, ele está cambaleando e atrás dele vem Dougal. 'Olá, amigo, perdão pelo atraso, foi aniversário do Ronnie Wood e passei a noite toda lá, tomamos umas, mas estou aqui para trabalhar.' Olhei para Dougal e disse: 'Quem ele quer enganar?', e Dougal olhou para mim e só balançou a cabeça."

"Keith subestimava as pessoas", diz Dougal Butler. "Pensava algo como: 'Certo, agora que convenci você, vou voltar para o meu jeito de sempre'. Não era pegar ou largar. Não acho que ele fazia isso de forma consciente; se percebesse, teria pedido perdão."

Por sorte, Walters tinha fé, paciência e, ao contrário de muita gente na BBC, um *background* no rock 'n' roll. ("Não dá para esperar que um camarada que passou todos aqueles anos no The Who de repente se torne o tipo de civil serviente paz e amor que a BBC esperava", disse ele, bondosamente, na época.) Tendo aprendido a não tentar gravar Keith à noite ("Quanto mais o dia passa, mais ele se afasta da realidade"), Walters agora também compreendera que não devia gravá-lo aos fins de semana. As outras sessões foram feitas bem cedo durante a semana e, em sua maioria, foram tremendamente boas. Contaram com algumas esquetes de *game show* sub-Monty Python, que teria sido melhor deixar para os experts, mas houve momentos o suficiente de comédia genuína para sugerir que Keith finalmente encontrara uma carreira alternativa. Entre as suas imitações particularmente impressionantes das dezenas de personagens que ele desempenhava com uma precisão afiadíssima, havia um filósofo francês, um político de direita e o DJ extremamente sentimental da Radio 1, Jimmy Savile.

Quando então chegava o momento de interpretar a si mesmo, Keith era maravilhosamente autodepreciativo. Zombava com sarcasmo de ter fracassado no *11-plus* ("E pensar que eu poderia ter me tornado um inspetor de quantidade!"), de sua habilidade ao volante, se referia com um sentimentalismo piegas a quase todos os seus contemporâneos que tinham músicas tocadas como "um querido amigo e um vizinho muito, muito próximo" e mantinha uma espécie de diálogo contínuo que envolvia tentativas insistentes de convencer Kit Lambert e Chris Stamp a financiar uma ópera-rock ambientada numa cervejaria.

Esse abraço de sua *persona* pública alcançou a apoteose em *Life with the Moons*, um panorama semanal da vida imaginada de Keith apresentado no estilo clássico do Python. "Oi, querida, estou em casa", anunciava ele (e tinha como resposta imediata um grito feminino bem agudo). "Vou só tirar o casaco." (Trinta segundos de garrafas sendo tiradas dos bolsos.) "Agora só guardar a bateria." (O som de uma bateria rolando escada abaixo.) "Convidei o Viv Stanshall para uns drinques." (Mais gritos.) "Está calor aqui, vamos deixar entrar um ar." (Som de janelas se quebrando.) E assim por diante. Quando Keith levou as fitas para casa e as tocou para Kim, ela ficou impressionada. "Como é que John nos conhece tão bem?", perguntou.

Como *coup de grâce*, Walters sugeriu um ensaio de fotos que capturasse o clima da série de rádio: "A BBC tenta domar o doido". No papel da emissora, Walters veste um terno risca de giz e chapéu-coco, carrega um exemplar do *The Times* e puxa o "louco" Keith Moon pela Regent Street por uma corrente amarrada no pescoço, como um "tocador de banjo alienado" de paletó listrado e chapéu de palha, com um sorriso psicótico e mordendo o guarda-chuva de Walters.

Keith parecia saber o que estava fazendo. "O rock 'n' roll é um mundo louco e maldito", disse à revista *Sounds*, na época da transmissão dos programas, em agosto. (Depois da experiência com Stanshall, Walters os gravara com bastante antecedência para dar espaço ao desastre.) "É uma insanidade e, se você não rir da cara dele, ele vai acabar matando você. Não pretendo deixar que me pegue... O brandy, talvez." Riu nervosamente disso, tão bem quanto deveria.

CAPÍTULO 26

A vida parecia estar fluindo bem mais uma vez. *Quadrophenia*, dizia ele a todos vários meses antes do lançamento, com absoluta sinceridade, era "a melhor coisa" que já tinha gravado. "Nunca havia me sentido tão envolvido assim num álbum do The Who." Havia dois meses de turnê adiante. Ele havia feito uma ponta bem breve como um músico (ao lado de John Bonham e Peter Frampton) numa comédia de horror, produzida e estrelada por Ringo Starr, chamada *Son of Dracula*, que trazia Harry Nilsson no papel principal. Financiado pela Apple, dos Beatles, e dirigido pelo veterano do horror Freddie Francis, o filme seria um desastre de crítica e público, saindo de cartaz tão logo entrou, em 1974. Mas não importava. Havia uma sequência de *That'll Be the Day* sendo elaborada; *Tommy* logo se tornaria um filme dirigido por Ken Russell, no qual era certeza que Keith interpretaria Uncle Ernie; e havia discussões de outros papéis também, incluindo o de um ditador numa adaptação cinematográfica da peça *Arturo Ui*, de Bertolt Brecht, interpretado nos palcos londrinos pelo estimado comediante Leonard Rossiter. Ele até encontrou tempo para ajudar numa campanha para ensinar as crianças da Battersea Primary School, próxima ao novo estúdio da banda, a atravessar a rua, e que incluía se vestir como uma senhora guarda de trânsito para a imprensa. No geral, era tanta atividade extracurricular, que ele disse ao *Record Mirror*, com uma pitada da pomposidade que, de vez em quando, lhe acometia: "Sou um artista profissional. Um músico profissional é uma coisa muito diferente: não me vejo dessa forma".

Feita essa distinção, *agora* Keith pensava em gravar um álbum solo. Um álbum de comédia. Walters e Moon tinham se divertido tanto naquele verão, e sabiam instintivamente que tinham uma ideia vencedora nas mãos, que mesmo antes de os programas serem transmitidos e receberem altos elogios e uma imensa cobertura da imprensa, Moon já discutia a possibilidade de um especial de Natal no rádio e Walters já afirmava seu desejo de "fazer mais coisas com ele, caso o programa seja um sucesso e ele tenha tempo", afirmando que "numa era diferente, ele teria sido um astro e tanto do teatro de variedades". Walters planejava usar o material que sobrasse das sessões da BBC como plataforma para retornar ao estúdio e gravar algo do zero. Moon parecia bem a fim. Se Walters conseguisse continuar a extrair o melhor dele, em especial num formato que requeria audição contínua, talvez ele pudesse finalmente se erguer orgulhoso, com os próprios pés, numa carreira individual, à parte, porém paralela ao The Who.

Numa tentativa de fazer tal projeto decolar, Walters foi a Tara. Ele e Moon conversavam no quarto quando o telefone tocou. Walters só pôde ouvir o lado de Moon da conversa.

"Alô... Spike? Spike Milligan?" Pausa. "Spike, sim, é o Keith. Acabei de gravar uma série para o rádio e agora estamos tentando armar um negócio de comédia. Sim, precisamos almoçar, tenho algumas ideias para falar para você. OK, Spike, obrigado, abraço."

Walters ficou impressionado. Como produtor de rádio, já conhecera muita gente famosa, mas nunca Spike Milligan, e lá estava Moon papeando com ele como velhos amigos. Quando Dougal o levou para casa mais tarde naquele dia, no Rolls-Royce, Walters comentou isso com ele. Dougal lançou um olhar curioso a ele. "Como assim?"

"Spike Milligan ligar para o Keith. Isso não é pouca coisa."

"Você está de brincadeira?", perguntou Dougal. "Era eu no telefone, liguei só para dizer ao Moonie que o Spike Milligan estava na TV, caso ele quisesse descer para assistir!" Keith continuara a falar com a linha muda, no improviso. Seria difícil achar um exemplo melhor de suas inseguranças e fantasias.

"Não é esquisito?", questiona Walters, ainda fascinado todos esses anos depois. "Como ele era um dos músicos de rock mais conhecidos do mundo, tinha uma esposa linda, uma bela casa e todo o resto, você pensaria que ele ganhou o prêmio máximo na loteria da vida. Eu já ficava impressionado o bastante com Keith do jeito que ele era."

Nenhum incidente específico incitou Kim a ir embora. Nenhuma última luta violenta ou mudança de personalidade amalucada a forçou a sair. Apenas uma onda de puro terror como ela nunca havia sentido.

Na ocasião, ela estava no supermercado, fazendo compras para a família em Chertsey, numa manhã ensolarada no final do verão, quando uma sensação gélida de medo a tomou e ela se deu conta de que não podia voltar para Keith. Nem hoje, nem amanhã, nem nunca mais.

O conhecimento de que ela teria de ir embora de uma vez por todas a vinha assombrando havia vários meses. Keith tinha abandonado as promessas de começar do zero, ser um pai orgulhoso e um marido correto, mas muito pior que isso era a *persona* em constante mudança, os tipos de *alter ego* violentos e perigosos, que não podiam ser previstos nem controlados. Ao longo dos anos, ela tentara prevenir essas mudanças de humor, evitá-las, driblá-las e negociar com elas, tudo sem sucesso. A frequência cada vez maior delas significava que o futuro só traria mais do mesmo. E não era nessa situação que ela pretendia criar filhos. Ela mesma estava à flor da pele; só Deus sabe que danos permanentes os anos sem Keith como pai causaram às emoções de Mandy. E, embora Dermott estivesse levando numa boa até então, era só questão de tempo até sua personalidade também ser irrevogavelmente afetada.

Porém, ela sempre pensara que esse dia seria devidamente planejado. Keith estaria em turnê e ela teria tempo de fazer as malas, avisar a todos dos detalhes, garantir que fizesse todos os esforços na tentativa de se proteger e o deixar sutilmente. Não imaginava que simplesmente iria sair para fazer compras e ser tomada pelo terror daquela forma. Mas também, nada com Keith era de acordo com o planejado: por que o fim deveria ser diferente?

Para colocar as ideias em ordem, ela foi almoçar num restaurante chinês em Chertsey e pediu saquê para acompanhar. Depois, mais um pouco. O álcool aqueceu seu estômago, acalmou seus nervos e deu a ela a determinação necessária para concretizar suas intenções. Entendia por que Keith bebia, sabia que isso lhe dava confiança; o que não entendia era por que ele não deixava que outras pessoas tentassem ajudá-lo a resolver seus problemas emocionais e, em vez disso, sempre os afogava na bebida. Havia tanto amor por ele no mundo – dela mais do que ninguém –, mas havia um limite do que era possível fazer por alguém que recusava todo o tipo de ajuda.

A última pá de cal no relacionamento deles, ela se deu conta, foi jogada quando Keith começou a levar garotas para casa, transar com elas no quarto de Dougal e depois se fazer de desentendido quando Kim encontrava as roupas dele lá na manhã seguinte. Embora tivesse ciência de seus casos e flertes havia anos, sempre houvera um acordo inaudito de que o que ela não visse não a machucaria; agora ela havia visto em primeira mão e foi de uma dor devastadora. O fato de Kim saber que Keith só estava de brincadeira com suas aventuras sexuais, de que ela ainda era seu grande prêmio, que ele arrastava para *premières* e para os grandes shows em Londres, que ele dizia ao mundo que amava, não significava mais o bastante.

Começou a olhar ao redor, em busca de algo que pudesse ser mais do que um caso de uma noite; e sim um parceiro e pai em potencial. Considerando-se os círculos sociais disfuncionais do rock'n'roll nos quais ela se inserira e as circunstâncias quase prisionais em que vivia enquanto Keith estava em casa, parecia uma busca impossível. Havia amigos que tinham dado deixas de que gostariam de ser mais do que apenas amigos, e até sido diretos e dito que estariam disponíveis caso ela decidisse deixar Keith, mas ela ficara confusa e perturbada demais para elaborar a ideia de fugir com outra pessoa.

Mas agora havia fugido sozinha. Keith estaria em Tara naquele exato momento, se perguntando onde ela estaria, e, quanto mais tempo ela demorava e quanto mais ele se perguntava, mais sua raiva se acumulava. Ela precisava de alguém em quem confiar, com quem conversar. Um quarto de hotel vazio não lhe daria esse conforto. Nem sua mãe nem Dougal: ambos se encontravam em Tara, imersos na vida de Keith.

Recordou-se de uma oferta feita por um casal, Colin e Theresa, que haviam ajudado a namorada de Dougal, Jill, numa crise: se ela precisasse de

CAPÍTULO 27

alguém, sabia onde encontrá-los. Porém, não tinha o telefone deles. Arriscou ligar para Tara: Keith raramente atendia o telefone e a casa era grande, sempre com música num volume muito alto. Falou com Dougal, que lhe passou o telefone e o endereço do casal e lhe prometeu solenemente que não diria uma palavra a Keith.

Mais um telefonema, e então tomou um táxi para a Egham High Street, onde Colin e Theresa moravam, em cima da loja de discos que tinham. Receberam Kim, a acalmaram, lhe deram uma taça de vinho e a fizeram se sentir em casa. Converse conosco, disseram. Vamos ouvir. Fique aqui o quanto precisar. Estamos aqui para você.

Kim falou, o casal ouviu, o vinho correu e, logo, exausta do trauma de finalmente dar um passo tão monumental, adormeceu na sala de estar dos amigos.

Quando então ouviu a voz de Keith ordenando que ela acordasse e sentiu a presença dele diante de si, rezou para que fosse um pesadelo. O problema era que, nos últimos tempos, todos os seus momentos acordada na presença de Keith eram pesadelos. Este, ela soube num piscar de olhos, não era exceção. Ao descobrir para onde ela havia fugido (mesmo depois de Dougal *prometer*), Keith entrara imediatamente no carro e partira para Egham para buscá-la. Para Keith, não existia bater na porta ou esperar por respostas. Entrou pelos fundos, subiu a escada de incêndio e pulou a janela aberta.

Se ela estivesse sozinha, Kim sabia que Keith teria lhe dado uma surra. Porém, Colin e Theresa estavam ali, assim como Dougal. O temperamento de Keith era notório e sua força quando antagonizado, feroz, mas Kim sabia que, enquanto fingisse estar dormindo, não seria ferida na frente dos outros.

Assim, Keith gritou para que a esposa acordasse e voltasse para casa com ele, e Kim se manteve rígida, de olhos bem fechados, rezando para que o terror que sentia não se expressasse em seu rosto. Se eu só conseguir manter os olhos fechados, dizia a si mesma, não haverá discussão. Isso não vai durar para sempre.

E não durou. Keith foi enfim convencido a ir embora, com garantias vagas de que logo veria a esposa. Não havia mais nada que ele pudesse fazer. Depois de ter certeza de que ele havia ido embora, Kim ligou para o hotel Runnymede e reservou um quarto. Não era justo submeter os outros a esse tipo de invasão. E, além disso, ela não estaria segura em Egham agora que Keith conhecia seu paradeiro.

Passou a noite acordada no quarto do hotel, incapaz de dormir e tampouco disposta a isso, enquanto formulava seus planos. Logo de manhã, ligou de novo para Tara. Dessa vez, falou com a mãe e, mais uma vez, se viu dependente do silêncio conspiratório. Era um risco enorme, depois do dia anterior, mas não tinha escolha. Então, antes que Keith acordasse, Joan deveria colocar Dermott e Mandy num táxi e mandá-los para o Runnymede. Nunca ocorreu a Kim não assumir a responsabilidade pelo irmãozinho como se ele fosse seu próprio filho. Joan fez como Kim pediu. Despediu-se não só da neta, mas do filho também. Continuaria a viver com o genro em Tara por quase mais um ano.

A partida de Kim era esperada por todos, menos pelo próprio Keith; a única questão era quando ela partiria, e não "se". Porém, Keith parecia nunca ter cogitado a possiblidade. Na cabeça dele, ela vivia a vida perfeita, com a casa e a conta bancária conjunta. Estava casada com alguém que amava. E devia saber o quanto ele a amava, o quanto precisava dela, o quanto não conseguia viver sem ela. Não fazia sentido que ela simplesmente se levantasse e fosse embora como naquele dia, sem sequer fazer as malas. Isso o fez se perguntar se havia mais alguém envolvido, mas era um pensamento tão horrendo, que o bloqueou da mente. Tentou olhar para a situação sob uma luz positiva. Ela já havia ido embora antes e ele a conquistara de volta, mesmo quando demorou quase um ano. Então, ele não era capaz de contemplar a ideia de que ela não voltaria para casa. Porém, no passado, ele pelo menos fora capaz de encontrá-la. Agora, nem isso conseguia. De algum modo, as crianças haviam desaparecido também e nem Dougal nem Joan pareciam saber algo a respeito.

CAPÍTULO 27

Kim ficou algumas noites no Runnymede. Seu pai lhe disse que ela seria bem-vinda na casa dele com as crianças, mas Kim não queria voltar a morar em Dorset: era hora de se virar por conta própria. Nesse meio--tempo, precisava desesperadamente resgatar alguns de seus pertences de Tara, mas, com Keith presente – o The Who só sairia em turnê dali várias semanas –, era um risco que ela não sabia se poderia correr.

Mesmo assim, arriscou. Foi avisada que Keith estava no Golden Grove, então chamou um táxi e foi até a casa. "A via que subia do Golden Grove atendia a uma outra casa também", diz ela. "Então, no pub, Keith não presumiria de imediato que o táxi subindo a rua iria até a casa dele." Porém, no momento em que o táxi passava pelo pub, Keith saiu. Kim se abaixou, mas já era tarde demais, Keith a tinha visto.

"Disse ao taxista para estacionar em frente à casa vizinha", diz ela, "e saí correndo para tentar pegar o máximo de coisas que pudesse e ele apareceu. Foi como um filme do Hitchcock. Tara era como um aquário, toda de vidro, mas com faixas de material sólido intercalando. Ele foi correndo para ver se eu estava lá, e eu fiquei do lado de fora circundando a casa. Ouvia-o entrar num cômodo, então corria para outro canto e me escondia, e, por fim, corri o mais rápido que pude de volta para o táxi." Embora tenha deixado uma grande quantidade de pertences para trás na pressa, Kim nunca mais pisou em Tara.

Porém, ela se recusou a ser intimidada a ir morar longe de onde queria viver. Ao longo dos últimos dois anos, havia feito alguns amigos genuínos na região da qual gostava. Caso se mudasse para Dorset, ou para qualquer outra parte de Londres, perderia tudo isso; estaria admitindo a derrota. Um casal mais velho, amigos de sua mãe, se ofereceu para hospedá-la enquanto ela procurava um lugar. Antes de aceitar o convite, ela levou as crianças para a casa de seu pai, em Verwood. Para Dermott, a aventura havia acabado. Ele estava em casa. Para Mandy, a saga continuaria.

Kim encontrou uma casa bonita, diminuta e feminina, como uma casa de boneca, num *cul-de-sac* chamado Campbell Close, na divisa com Twickenham. Não tinha desejo de um estilo de vida exibido; não precisava morar em um lugar como Tara para se provar. Mas precisava, sim, de dinheiro. Acertaria as coisas com Keith a longo prazo, mas, enquanto isso, esperava que os empresários da banda compreendessem. Só pedia 20 libras por semana para pagar o aluguel e ameaças para consegui-las estavam fora de questão; não era da natureza dela correr para os tabloides, embora eles tivessem pago uma fortuna para ouvir como a esposa de Moon, o Lunático, havia finalmente escapado e fugido dele.

Ainda assim, o escritório da Track foi reticente. Kim defendia seus argumentos acaloradamente quando ouviu uma voz masculina de sotaque aristocrático perguntar, ao fundo, do que se tratava aquele rebuliço. Kit Lambert veio ao telefone, perguntou o que estava acontecendo, ouviu a história de Kim e lhe disse que se acalmasse. "Não se preocupe", disse ele, simpático ao fim de seu envolvimento com a banda. "Vou lhe pagar suas 20 libras."

KEITH MOON LIDOU COM O BAQUE DE KIM TER PARTIDO DE UMA VEZ POR todas alternando loucamente entre uma exuberância cada vez maior e uma depressão cada vez mais profunda. O possível álbum de comédia/especial de Natal, para o qual havia uma ampla janela de oportunidade de conclusão antes da turnê do The Who pelo Reino Unido no final de outubro, foi esquecido. Todas aquelas piadas sobre "a patroa" que pareceram tão engraçadas na época, agora divertiam muito pouco; *Life with the Moon* não soava lá tão bem quanto a versão no plural. Ao mesmo tempo, ele frequentava os clubes como se nada tivesse mudado e continuou a pegar mulheres como sempre fizera. A única diferença é que, agora, ele podia levá-las para Tara sem fingir que eram casos de Dougal. A presença de Joan na casa não afetava isso em nada.

Keith começou a sair regularmente com uma certa garota local; certa noite, ela e Keith voltaram do Sergeant Pepper's, em Staines, com uma turma da madrugada considerável em seu rastro. Dougal observou a bebida e as drogas serem passadas e ficou de olho em Keith o tempo todo, calculando em que ponto interromper o processo.

CAPÍTULO 27

Demorou demais. Sem aviso, Keith foi ao chão, comatoso. Dougal já tinha visto Keith desmaiar, já o havia levado ao hospital, mas nunca vira seu empregador e amigo tombar de forma tão dramática, com um ar tão vigoroso de finitude. Rapidamente, Dougal confirmou que Keith ainda respirava, mas não havia garantia que ele continuaria assim. Pela primeira vez, Dougal temeu genuinamente pela vida de Keith, foi direto para o telefone e ligou para a emergência. A ambulância chegou, Keith foi levado ao hospital, recebeu uma lavagem estomacal – mais uma vez, brandy demais, estimulantes demais e calmantes demais – e, na manhã seguinte, recebeu alta. Já era quase rotina.

Keith, porém, sentiu que esse susto fora sério. Na noite seguinte, deu a Dougal um relógio Boucherard de ouro que mantivera guardado no estojo por dezoito meses desde que comprara. Era um presente, disse Keith, "por ter salvado a minha vida". Dougal disse que não queria, mas Keith insistiu. Relutante, Dougal aceitou. O que ele queria de verdade era que Keith se cuidasse.

Isso, porém, era impossível, principalmente enquanto Keith permanecesse em Tara com os fantasmas de Kim, Mandy e Dermott sussurrando pelos corredores e a realidade da presença de Joan, mãe de Kim, o lembrando deles ainda mais. Keith comprara Tara como uma casa de brinquedo em grande parte com as crianças em mente. Agora que elas haviam ido embora, parecia mais um necrotério do que uma maternidade. Quantidade nenhuma de vagabundagem, farra e drogas seria capaz de disfarçar isso. Keith começou a considerar ir morar longe de Tara. Como preparação, começou a vender os carros.

Certa noite, no Speakeasy, encontrou Jeff Beck, cuja predileção por *hot rods* se tornara bem conhecida no ramo, e Keith convidou o colega músico para ir dar uma olhada no Bucket T, com o prospecto de vendê-lo. Beck, que não vira Keith muito nos últimos anos e nunca estivera em Tara, agarrou a oportunidade. Tem uma lembrança tão vívida da ocasião, uma avaliação tão eloquente e atenta da vida Keith naquela conjuntura (sem ter conhecido Tara nos dias de glória da casa), que sua recordação da experiência será contada inteiramente nas palavras dele.

"Ao chegar", diz Beck, "percebi que ele era um solteirão no verdadeiro sentido da palavra, embora houvesse uma garota à espreita [*aquela de Staines*]. Ele parecia estar numa espécie de casulo estranho, embora tenha revelado um lado muito caloroso que eu ainda não conhecia – quando não havia gente por perto para quem ele se mostrar, ele refletia. Não sei se me queria lá para me vender o carro mesmo. Que, aliás, tinha um visual absurdo, um volante feito com correntes soldadas, como em carros mexicanos. E os *spokes* encostavam direto no chão, era um *hot rod* bizarro dos anos 1960, à Beach Boys, mas era vergonhoso. Tinha um carpete verde-água fluorescente. Embora eu tivesse começado a construir meus próprios carros havia pouco tempo, sabia que aquilo era um desastre sobre rodas. Keith disse: 'Bem, se você não quiser comprar o carro, eu o dou de presente para você'. E nem assim eu queria. E ele: 'Eu dou, até mando entregar'. Eu disse: 'Keith, quanto mais penso a respeito, mais eu detesto esse carro'. E ele então: 'Bem, isso bate o martelo, vamos tomar umas.'"

"Ele me mostrou a casa, que estava coberta de cocô de cachorro. Eu nunca tinha visto tanta sujeira na minha vida. Ele sequer tentara limpar o lugar minimamente. 'Cuidado com a merda de cachorro', dizia, como se já estivesse ali há tempos e ali fosse ficar. Claro, acidentes acontecem com todo mundo, mas era isso em todos os cômodos. Era como se o cara não fizesse a mínima ideia de como cuidar de um cachorro."

"Abriu todos os armários feitos sob medida, e todos estavam um desastre, as coisas caíam no chão e ele não guardava de volta. Foi como se um diretor tivesse dito 'Ação!' e coordenado a mais incrível cena de coisas caindo."

"E então a noite chegou. Ele botou uma jukebox fabulosa para funcionar, com todos os grandes discos que me eram muito caros desde 1954-56. Tinha 'Beck's Bolero', que ele começou a tocar repetidas vezes e eu não conseguia chegar até a máquina para parar. Não me lembro quantas vezes a música tocou... Comecei a ouvir para encontrar erros!"

"Ele então apareceu de robe com uma cerveja. Obviamente, fui convidado a ficar. Começamos a conversar, uma conversa bem profunda. Lembro-me de não absorver muito dela, porque não conseguia acreditar que

CAPÍTULO 27

aquele cara era, de repente, outra pessoa. Ainda era difícil lê-lo, ele tergiversava e voltava. E você desempenhava dois papéis – o de um psiquiatra e o de um aprendiz. Tinha de ficar sentado lá, vendo-o passar por todos aqueles maneirismos e aquelas questões comportamentais."

"Aquela garota não parava de aparecer do nada. Eu tinha uma queda por garotas bronzeadas naquela época e foi muito bizarro. Todos os cômodos da casa estavam vazios. Quando finalmente ficamos pra lá de Bagdá de bêbados, ela bateu na porta do quarto onde eu estava e disse: 'Posso entrar?'. Respondi que sim e acabamos dormindo na mesma cama, embora ela estivesse envolvida com Keith. 'Não aguento mais, ele está me deixando louca', ela dizia, e tive de aguentar aquela bela criatura deitada ao meu lado a noite inteira com a qual eu não podia fazer nada. Pense num tormento mental!"

"No dia seguinte, acho que por volta do meio-dia, acordei, ouvi um grito. A garota se levantou, foi até a janela e disse: 'Que porra ele está fazendo agora?'. Ele parecia esmurrar o chão no meio de um gramado alto e, de repente, subiu uma nuvem de fumaça azul. A grama achatou e um *hovercraft* surgiu!"

"Parecia um diabo-da-tasmânia naquele gramado. Era o Keith Moon da bateria, mas num *hovercraft*, fazendo manobras e tal. Quando enfim parou, deu uma piscada para nós e disse: 'Certo, querem dar uma volta?'. Montamos no veículo e ele saiu rodando, então pulamos. Eu me senti como um maricas, porque gosto de *hot rods*, mas não gosto de rodar. 'Bem, vou até o pub, se alguém quiser vir, é por minha conta', disse Keith. Saímos andando até o pub e ele ligou o *hovercraft* de novo e passou voando por nós com uma nuvem de fumaça e poeira."

"Comecei a me perguntar quem era aquela garota e qual era a relação dela com Keith. Acho que ela o amava profundamente e, em alguns aspectos, agia como uma babá. 'Meu Deus, ferrei com um relacionamento só por estar aqui', pensei. Porque ela acabou na minha cama. Todo o tipo de coisa passava pela minha cabeça: 'Será que ele precisa de ajuda? Será que ele precisa de mim? Ou será que ele estava bêbado no banheiro do Speak?

Ou será que é uma busca profunda para descobrir qual é a minha?'. E então pensei: 'Ai, Jesus', porque não conseguia tirar as mãos daquela garota. E achei que ela fosse até ele para dizer: 'Jeff não me deixa em paz'. Mas não foi assim. Ele estava bem feliz."

"Tomamos umas no pub, ele deu oi para todos os clientes, que era o pessoal chiquetoso. Era tão querido no pub, que as pessoas começaram a me medir, do tipo: 'Quem é você invadindo o território do Keith?'."

"Depois de alguns drinques, ele disse: 'Você está bem para dirigir?'. E me mostrou um Corniche que tinha. Era a coisa mais incrível. Ao dar a partida, não se ouvia o motor, só dava para saber que estava ligado ao engatar. Fomos para Staines comigo dirigindo. Passeamos pela cidade com ele dançando no banco traseiro, trocando beijos com a garota. Olhei pelo retrovisor e pensei: 'Não acredito que estou de chofer de Keith Moon por Staines num Corniche branco'. Chegamos a um clube que eu nem conhecia (o Sergeant Pepper's). Estava bombando e ele tinha *carte blanche* no lugar..."

"Lembro-me de voltar para casa e passamos por uma rotatória com os dois dançando. A essa altura, ela estava de topless e acho que ele também estava sem camisa. Havia seios no retrovisor, o que tornava a concentração bem difícil. Estava a 120 km/h, me aproximando da rotatória, mas pareciam 80 km/h. Keith gritou: 'Jeff!' e eu pisei fundo no freio – coisa que não se faz num Corniche. Ambos tombaram para o banco dianteiro ao meu lado, com as pernas abertas, um desastre total, bati a lateral do carro e por pouco não atravessei reto a rotatória. Pensei: 'Ah, meu Deus, se não ferrei tudo de outro jeito, ferrei agora'. Havia uma surf music rolando. Acho que era 'Wipe Out' quando derrapamos! Mas não houve grandes ferimentos. Ele então entrou de novo num personagem de Robert Newton e começou a fazer saudações como se estivesse a bordo de um navio a afundar, o capitão do *Titanic*. Estar naquele carro, com ele lançando tiradas o tempo todo, era como flutuar numa nuvem."

"A lembrança não é muito detalhada em termos de intelecto e conversa, porque só tocamos nessas questões momentaneamente, mas, mesmo assim, me abriu os olhos para o fato de que o cara estava perdido. 'Ele nunca vai ser feliz', pensei. Não importava que cenário doméstico fosse armado – ele poderia ter uma mansão elizabetana, uma suíte luxuosa de terraço ou uma casa medieval –, Keith tinha tamanha energia que, onde quer que estivesse, ainda seria basicamente infeliz e incapaz de se concentrar em qualquer tipo de vida normal. Isso ficou provado para mim."

"Ele parecia ter aberto todas as eclusas para desfrutar mais da vida, e aquela casa era só um exemplo de *nonsense* criado pelo homem, um acessório de moda que o permitia fazer o que quisesse no meio do nada. Era como uma fazenda onde ficar doido e sumir. Fiquei com a impressão de que seria tortura para ele passar mais de 2h sozinho. Tudo levava a crer nisso."

"Eu não tive nada a ver com o estado mental dele naquela noite, mas se ele estava sacaneando com aquela garota para ver que tipo de angústia real poderia infligir... Sabe como algumas pessoas maníaco-depressivas têm uma parte secreta que gostam de explorar mais nas profundezas da depressão só para ter uma experiência nova de um jeito negativo? Talvez ele deixasse a namorada à solta só para se machucar tanto, que qualquer coisa seria melhor que isso, já seria vantagem. É só a minha análise psicológica da situação. Sempre foi um mistério para mim."

"Eu tivera um relacionamento forte pouco antes daquilo e as pessoas tinham inveja. Há uma diferença considerável entre isso e voltar para uma casa vazia, que exibe os estragos de festas toda noite e ser feito de palhaço quando a festa acaba. Senti que era isso o que ele representava. Acho que se quem era próximo dele tivesse o mínimo de preocupação, teria lhe dado uns tapas na cara e dito: 'Escuta aqui, seu idiota do caralho!'. Talvez tenham feito isso; do meu ponto de vista, pensei que aquela poderia ser a minha única chance, porque ele me respeitava. Eu poderia ter dito: 'Escute o que você tocou nessa música, isso lhe traz alegria e foi você quem tocou, não são os Beach Boys, somos eu e você, vamos fazer mais disso'. Acho que esse é que deveria ter sido o propósito da visita."

Porém, se o era, então Jeff Beck – assim como tantos outros amigos e associados de Keith que tiveram a mesma oportunidade – não fez nada a respeito. Era claro que estar na companhia de Keith era muito divertido, apesar da evidente tristeza subjacente, e ele era incansável demais e cativante demais para que fosse possível contemplar, de fato, "lhe dar uns tapas na cara". Como já se tornou uma história familiar a essa altura da narrativa, era meramente uma questão de ser arrastado para o mundo de Keith e, de algum modo, sobreviver para contar a história.

"Como diabos foi que saí dali?", Jeff Beck ainda se perguntava anos depois. "Essa pergunta é o final perfeito, porque se transformou numa explosão cuja fumaça ainda assoma sobre a minha cabeça. Não me lembro como fui para casa. Simplesmente imergi por completo na Moonielândia."

No dia 4 de outubro, terça-feira, o The Who tocou seu novo compacto, "5:15", no *Top of the Pops*. A banda sempre foi ressabiada com esse programa. Sabiam o que o *TOTP* podia fazer pelas vendas, mas era, em essência, uma celebração de tudo o que havia de insosso no pop, o que não pegava bem para bandas de rock sérias como o The Who. A situação ficava pior com as regras anciãs sustentadas pela BBC e pela Ordem dos Músicos, no que dizia respeito à insistência na regravação das faixas instrumentais. Para o The Who, depois de meses gravando uma ópera-rock altamente complexa, era uma situação ridícula, um lembrete horrível dos primórdios, em que eles enfrentavam a burocracia mesquinha diariamente. E se havia uma coisa que Keith Moon não suportava neste mundo eram figuras de autoridade. Descontou a raiva no bar depois, quando um recepcionista negou sua entrada e ele pegou o cara pelo colarinho, o tirou do posto e o empurrou ao chão. Alguns dias depois, recebeu uma carta do comitê dos clubes da BBC que dizia muito claramente que Keith estava banido de todos os clubes dessa corporação. O The Who emoldurou a carta e a colocou na parede do Ramport, diante da qual os visitantes riam e, secretamente, sentiam um calafrio. Dez anos de história e os *rock stars* britânicos que haviam conquistado o mundo ainda eram tratados como crianças por sua terra natal. O The Who só voltaria a lançar um compacto no Reino Unido em 1976.

CAPÍTULO 27

Na terça-feira seguinte, 9 de outubro, uma má notícia inesperada chegou. O pai de Keith, Alf, depois de sentir dores no peito pela manhã, não foi trabalhar e marcou uma consulta médica. Sua esposa, Kathleen, o acompanhou. O médico não descobriu nada sério e os mandou de volta para casa com uma receita de medicamentos. Porém, no caminho, Alf parou o carro, puxou o freio de mão e ali, ao lado da mulher com quem foi casado fielmente por trinta e dois anos, teve um ataque cardíaco. Foi levado para o Central Middlesex Hospital, o mesmo onde Keith, Linda e Amanda Moon nasceram, e foi declarado morto por oclusão coronária. Alfred Moon tinha 53 anos.

Dougal levou Keith até a Chaplin Road para se encontrar com a família. Keith insistiu em levar a garota com quem estava saindo havia algumas semanas e na frente da qual tivera uma overdose. Kathleen Moon, já de coração partido por Kim ter deixado Keith de novo, e agora devastada pela perda repentina do marido, não pôde esconder o desgosto de Keith aparecer em tal circunstância com uma garota que ninguém da família conhecia e, depois, passar a noite com ela enquanto o corpo de Alf ainda estava quente. Era hora de privacidade e luto, não de apresentar e desfrutar de estranhas.

Foi uma decisão esquisita, certamente, mas Keith passava por uma fase das mais desafiadoras. Estava afogando as mágoas do abandono pela esposa na gratificação imediata de uma nova amante, o que em si não era uma reação incomum; a morte do pai, que parecia ser menor em significância perto da outra perda, teria de ser tratada da mesma forma. Gostassem ou não, Keith não ia mudar para ninguém.

Uma salvação temporária chegou para Keith na forma de uma turnê do The Who. Infelizmente, os shows de *Quadrophenia* seriam o maior desastre na história das performances do grupo. Como a banda havia assimilado facilmente o uso de *playbacks* para partes de "Won't Get Fooled Again" e "Baba O'Riley", Pete Townshend presumiu que tocar junto de sintetizadores pré-gravados para a maior parte de *Quadrophenia* seria igualmente indolor. Ledo engano. As faixas que ele passou semanas montando se recusavam teimosamente a entrar no momento certo, problema agravado pelo fato de o The Who só ter tirado dois dias para ensaiar antes de partir na turnê pela Grã-Bretanha. Um desses dias foi perdido quando um bate-boca amargo entre Townshend e Daltrey culminou com o vocalista nocauteando o guitarrista com um soco e o mandando para o hospital com amnésia temporária. Havia momentos em que as relações pessoais pareciam mais atravancadas do que nunca.

Sob uma nuvem de tensão nervosa, o The Who abriu a turnê em Stoke, no dia 28 de outubro. A satisfação dos membros com a performance de *Quadrophenia* poderia ser medida pelo fato de eles terem dispensado cinco músicas do disco na noite seguinte. No quinto show, em Newcastle, quando as fitas falharam mais uma vez, Pete Townshend teve um chilique de "temperamento artístico", como nunca antes visto pela banda, e arrastou Bob Pridden e a mesa de som para o palco, onde destruiu o equipamento e as fitas que haviam levado semanas para preparar. Depois de um "intervalo" de meia hora, a banda voltou e tocou um *medley* de músicas antigas, em vez de uma nova tentativa de apresentar *Quadrophenia*. No final, Townshend quebrou a guitarra e Keith arremessou a bateria.

Keith tocava com a mesma paixão de sempre, porém, não estava achando fácil. Nunca fora o baterista mais preciso do mundo, mas, no passado, isso não importara muito: a banda se conhecia bem o bastante para trazer uma música de volta à linha se ela ficasse um pouco arrastada ou acelerada. Agora, ao tocar quase 1h de *Quadrophenia* com fones, e manter os ouvidos atentos ao clique, em vez de ouvir e observar a banda no palco como estava acostumado, não podia mais se dar a tal luxo; qualquer erro de andamento da parte dele e o próximo banco de faixas entraria fora do tempo.

Enfrentou a situação heroicamente e a recompensa era a oportunidade de cantar "Bell Boy", que rapidamente se tornou o ponto alto da apresentação ao vivo de uma ópera-rock que, fora isso, era recebida tepidamente. Porém, até sua contribuição vocal estelar era desajeitada: ele tinha de pe-

CAPÍTULO 27

gar o microfone de Roger numa deixa, tirar os fones de ouvido para se ouvir cantar e, depois, se virar para recolocá-los – segurando as baquetas numa mão e o microfone na outra – a tempo de garantir que a bateria fosse retomada no momento preciso. Era algo bem distante de cantar "Bucket T" esmerilhando alegremente os tambores.

A única culpada pelos problemas do The Who com as fitas era a própria ambição da banda. Townshend avançou para fora da curva ao introduzir sintetizadores em *Who's Next*; cruzou fronteiras ao tentar mixar *Quadrophenia* em som quadrifônico; e agora, mais uma vez, navegava por mares desconhecidos ao usar extensivamente fitas pré-gravadas num formato de rock ao vivo. Alguns anos depois, seria relativamente fácil tocar junto com *playbacks* de sintetizadores; com a chegada dos anos 1980, as baterias eletrônicas se tornariam lugar-comum; nos 1990, "bandas de rock" criariam *sets* inteiros em torno de faixas pré-programadas sequenciadas digitalmente. Concessões definitivamente devem ser feitas.

O The Who *se tornou* seu próprio pior inimigo ao sentir que *Quadrophenia* tinha de ser explicado ao público, processo laborioso que dispensava qualquer noção de continuidade. Na Grã-Bretanha, a suposição era que o álbum estava acabando de surgir nas lojas e o público precisaria saber exatamente o que acontecia com o herói Jimmy a cada momento do show. Nos EUA, a desculpa era que o público não tinha conhecimento inato da cultura *mod* e, portanto, precisava ser guiado pela mão com cuidado.

Em ambos os casos, esses pensamentos não tinham cabimento. Quatro anos antes, o The Who lançara uma ópera-rock que praticamente não fazia sentido, apesar da inclusão de um libreto, e mesmo assim a apresentava do início ao fim, noite após noite, sem mal dizer um "obrigado" entre as músicas. O enredo era discutido em outros lugares – pela banda e pelos críticos na mídia, pelos fãs e sabichões em público – e, até ser compreendido, já era curtido puramente pela música. *Quadrophenia* era, para começo de conversa, não só muito mais calcado na realidade, como também a narrativa que acompanhava o disco desenhava o enredo muito bem. As falas prolixas de Roger e Pete noite após noite só serviam para tratar de forma condescendente um público que deveria ter o crédito da habilidade de pensar por si mesmo.

Quanto ao pressuposto longevo de que o público estadunidense não entendia o *mod*, esse talvez seja verdadeiro (embora as vendas robustas de *Quadrophenia* nos States tenham sugerido o contrário). Mas até aí, o público britânico não fazia a mínima ideia do jargão presente em várias músicas sobre surfe e *hot rods* dos anos 1960, mas isso não impediu que gente como Keith Moon as adorasse pelo que eram: composições emotivas que conjuravam imagens vívidas de uma cultura distante e empolgante. E se a surf music parece uma comparação fátua demais, então consideremos que as mais sérias óperas são cantadas em línguas estrangeiras e os poucos que gostam delas têm o luxo de ver essas histórias elucidadas no palco. Então, não, *Quadrophenia* era bem capaz de se sustentar por conta própria como uma obra musical; foi a clara falta de confiança do The Who nela (trazida à tona talvez pelo desastre com as fitas) que levou a banda a sentir que era seu dever explicá-la e, portanto, truncá-la.

A turnê norte-americana teve seu pontapé inicial em São Francisco, no Cow Palace, no dia 20 de novembro. Embora *Quadrophenia* já estivesse no top 5 dos EUA, o The Who estava excepcionalmente ansioso diante da possibilidade de ter problemas com as fitas de novo ou se deparar com indiferença do público. Keith estava mais nervoso do que todos. Apesar de sua imagem de encarnação da bravata no palco, ele frequentemente vomitava no quarto do hotel por puro medo de palco antes de sair para um show – depois disso, começava a beber para se acalmar, embora agora de estômago vazio. E, se lhe oferecessem substâncias, fossem estimulantes ou calmantes, ele provavelmente aceitaria, na esperança de segurar ainda mais os nervos.

Sob essas circunstâncias, ele e uma garota com quem se engraçou ao chegar em São Francisco tomaram tranquilizantes. Nunca se descobriu se Keith os tomou conscientemente – imaginando que um Mandrax ou algum calmante do tipo ajudaria a controlar a adrenalina para o que seria o primeiro show do The Who em solo americano em dois anos – ou sem querer, por sua bebida ter sido "batizada", como estava na moda em São Francisco.

CAPÍTULO 27

De um jeito ou de outro, pouco depois do início do show, a garota desmaiou e foi levada para o hospital. Keith, enquanto isso, descia o braço num punhado de músicas antigas e, em seguida, numa porção extensa de *Quadrophenia* com um desleixo pouco característico, acelerando e atrasando como um toca-fitas quebrado. Na conclusão de *Quadrophenia*, Roger, envergonhado, anunciou: "E agora, para vocês que vieram para a primeira noite da turnê: 'Won't Get Fooled Again'". Lá pela metade da música, Keith caiu para a frente em cima da bateria. Seu *roadie*, Mick Double, foi levantá-lo imediatamente, mas estava óbvio que ele havia desmaiado. Enquanto Moon era carregado para o *backstage*, Pete brincou com o público sobre o baterista receber um "enema de pudim". Depois, ao se dar conta de que o problema era sério, anunciou com seriedade que "sem ele, não somos uma banda. Vocês vão ter de esperar".

O público esperou, assim como a banda. Pelo menos 20 minutos se passaram. O The Who tocou umas duas músicas como trio até que Keith Moon se declarasse pronto para continuar. Subiu com esforço no palco, pegou um par de claves para "Magic Bus" e, depois de apenas alguns compassos, desmaiou de novo. Foi carregado mais uma vez para o *backstage* e, dessa vez, levado direto para o hospital, onde recebeu uma lavagem estomacal e a presença do tranquilizante foi descoberta. Em vez dos costumeiros Mandrax ou Mogadon, que eram sua preferência, ele havia tomado PCP (ou "pó de anjo"), droga usada para colocar macacos e gorilas agitados para dormir[139]. Fosse por amnésia genuína ou por uma recusa a confessar a estupidez, Keith afirmou não se lembrar de ter tomado nada.

Enquanto isso, no Cow Palace, numa cartada sem precedentes para uma banda da estatura do The Who, Pete Townshend convidou um baterista da plateia de 13.500 pessoas – "Alguém que seja bom." Antes que acabasse de falar, Scott Halpin, um rapaz de 19 anos de Iowa, estava no

---

139 E cuja overdose levou um membro da equipe de estrada do The Who a perder completamente os sentidos numa turnê estadunidense anterior.

palco. Assistia ao show da primeira fila e, quando ficou claro que Keith não poderia continuar, conseguiu com sucesso enrolar o *promoter* Bill Graham a deixá-lo subir no palco. Agora, com uma rara autoconfiança, o adolescente tocou três músicas (quais exatamente, não se tem certeza até hoje) para terminar um dos shows mais incomuns da história do The Who[140].

O The Who tratou a overdose de Keith com uma calma surpreendente. No palco, ninguém demonstrou nenhuma raiva visível por Keith ter abandonado o barco, só uma resiliência à moda antiga, "o show tem que continuar". Até onde eles sabiam, Keith poderia ter morrido no *backstage* enquanto eles convidavam membros do público para terminar o show. A garota com quem ele tomou o PCP quase morreu de fato.

Tal leveza serviu para incrementar a imagem de *rock star* maluco que Keith nutria. Afinal, se a banda conseguia rir da situação, o público também conseguiria, sem fazer ideia do quão sérias eram algumas dessas situações. Ninguém teve coragem de dizer que Keith, deliberadamente ou não, tivera uma overdose quase letal de uma droga perigosa e que se esse comportamento não fosse trazido abertamente a público, discutido e parado, ele morreria. Um jornalista do *Record Mirror*, da Grã-Bretanha, que foi para os EUA para cobrir o show, em vez disso, atribuiu o colapso de Keith à "exaustão do *jet lag* e, talvez, muito pouco descanso".

O acobertamento era essencial para proteger as outras partes culpadas. Nos shows do The Who, assim como em todas as grandes turnês de rock da época, o *backstage* e os quartos de hotel eram permanentemente repletos de álcool, a cocaína era prontamente disponível em todo o país, de uma forma

---

140 A lembrança de Halpin de tocar a bateria de Keith diz muita coisa sobre o instrumento e o estilo de tocar de Moon. "O tamanho da bateria era ridículo", disse ele à revista *Drums and Drumming*, num especial sobre Keith Moon publicado em 1989. "Os tom-tons eram do tamanho do meu bumbo. Tudo parecia travado no lugar; onde quer que você batesse, havia algo. Os pratos ficavam uns em cima dos outros." Para preservar sua reputação de baterista mais extravagante de todos diante da competição cada vez mais acirrada da parte de nomes como John Bonham, Keith acrescentara ainda mais tons desde a turnê de verão de 1972. A bateria parecia agora conter todas as peças disponíveis numa loja reunidas num palco.

que não o era havia menos de dois anos, e as mulheres eram mais abundantes e dispostas do que nunca. Em tamanho ambiente pesado, as baixas estavam fadadas a acontecer. Qualquer sugestão de que os envolvidos nas turnês de rock'n'roll devessem começar a viver como monges só por causa da indulgência exagerada e impetuosa de um baterista teria parecido descabida.

Keith Moon, que da última vez que estivera em São Francisco, dois anos antes, fora desembarcado do avião numa cadeira de rodas, no dia seguinte foi *embarcado* em uma. Pete Townshend o filmou balbuciando incoerências, ainda catatônico. Por sorte, Moon então teve uma noite de folga para se recuperar, tempo que ele passou arrependido grudado à TV. Na noite seguinte, no Forum, porém, estava afiado como sempre. Quando Roger, ao anunciar "Bell Boy", disse: "Aqui está um cabra que se afoga toda noite e não é na água", Moon se levantou e se dirigiu ao público de L.A.: "Obrigado, Atlanta".

— ● —

À MEDIDA QUE A TURNÊ SEGUIA PARA A COSTA LESTE, GANHAVA CORPO. A banda se acostumou a tocar *Quadrophenia*, as fitas se comportaram bem e as músicas antigas – é claro – eram recebidas com euforia. Como só seriam 12 shows ao longo de todo o continente (mais um exemplo do compromisso reduzido com a estrada), os ingressos se esgotavam nas arenas com semanas de antecedência. Começou a ocorrer ao The Who que eles poderiam tocar em estádios de futebol e provavelmente enchê-los de forma igualmente fácil.

Depois de um show estelar no Forum, em Montreal, a celebração pós--show costumeira começou no hotel, numa suíte reservada pelo assessor de imprensa da MCA, Bill Yaryan. Ele viajava com a banda e organizava recepções estilo *meet and greet* regulares em que o The Who, nas palavras de John Entwistle, "chegava para se divertir e acabava cumprimentando uns mãos de alface do caralho e um bando de otários que faziam a gente dizer alguma coisa sacana só para então publicarem".

Quando a recepção daquela noite, no hotel Bonaventure, foi concluída, o The Who decidiu dar uma festa de verdade. Keith Moon, de volta ao seu hábitat natural, agora que o The Who se encontrava na metade de uma turnê norte-americana, deu o tom. Removeu uma pintura da moldura e esguichou mostarda e ketchup na parede no lugar dela (remontando à ocasião em que emoldurou a garrafa de champanhe cravada na parede de seu apartamento, em Highgate). Concordando que aquela era uma obra de arte muito melhor do que o original, os outros presentes começaram a fazer sua própria redecoração. O vandalismo escalonou rapidamente e a equipe do The Who, parte dos funcionários da MCA e agregados diversos se juntaram na maior destruição já ocorrida numa turnê do The Who fora das imediações do quarto de Keith Moon. O *tour de force* foi quando uma mesa de mármore, com Moon numa ponta e supostamente Townshend na outra, foi usada como porrete para abrir um buraco na parede. (Em seguida, segundo John Wolff, a mesa foi lançada pela janela até a piscina, 13 andares abaixo, um claro convite aos seguranças do hotel.)

Ninguém do The Who se preocupava muito com os danos: eles eram intocáveis nos EUA. Alguém pagaria pela destruição pela manhã e fim de papo. Porém, nessa ocasião, eles não estavam nos EUA. Além disso, o estrago havia sido feito numa propriedade em nome da MCA, e Yaryn não era tão experiente quanto os empresários do The Who em lidar com tais questões. Deixou o quarto destrancado e/ou totalmente aceso e, quando um inspetor do hotel entrou para fechá-lo, a destruição foi descoberta, os famosos *mounties* – a polícia montada do Canadá – foram chamados e o grupo todo, mais dez outros membros imediatos do *entourage* e uma variedade de companhias femininas temporárias, foi preso sob a mira de armas de fogo.

Roger Daltrey ficou completamente perplexo com a interrupção noturna; como de costume, ele se retirara mais cedo e não participara da algazarra. Mike Shaw, trazido na turnê como convidado da banda, era igualmente inocente; por sorte, a polícia se deu conta disso quando viu sua cadeira de rodas e o deixou em paz. Pete Townshend, cujo envolvimento foi entregue por sua preocupação de estar com vidro no olho, John Entwistle,

CAPÍTULO 27

Roger Daltrey, Bill Curbishley, John Wolff, Peter Rudge, Dougal Butler, Bob Pridden, os *roadies* Mick Double, Mick Brackby e Tony Haslam, mais um punhado de outros membros da equipe aceitaram relutantemente seu destino, vestiram as primeiras roupas que encontraram e se prepararam para trocar os quartos do hotel cinco estrelas pelas celas frias da delegacia.

Keith Moon extraiu até a última gota de prazer desse incidente. Ao encarar os policiais armados que insistiam que ele os seguisse imediatamente até o térreo, encontrou tempo para vestir seu smoking de seda caro. Na recepção da delegacia, onde cada um foi fichado e fotografado, ele se debruçou sobre o balcão, deu seu nome e sorriu. "Creio que reservei uma suíte", disse calmamente.

"Era um ator consumado", diz Peter Rudge. "Estava sempre interpretando algum papel." Naquela ocasião, foi tão convincente, que Rudge tem uma lembrança vívida de "Keith passar pelas celas de smoking, com um cigarro numa piteira e Dougal atrás dele, carregando uma garrafa de champanhe numa bandeja de prata[141]... E ele havia dominado o lugar. Como conseguiu, não faço ideia".

A polícia não era totalmente desprovida de senso de humor. Depois de conduzir as várias garotas para um cárcere separado, tocaram músicas do The Who nas celas pelo resto da noite. Ainda assim, a banda só foi liberada sob fiança na tarde seguinte, quando o *promoter* do show apareceu com 6 mil dólares em dinheiro. Parecia um valor razoável. "Não fomos presos por nada!", diz John Wolff. "Uma lembrança vale milhões." O The Who chegou a Boston a tempo de tocar na arena Garden, onde Townshend tentou dar um de seus clássicos saltos e descobriu que não conseguia sair do chão. O corpo já não aguentava noites em claro tão bem quanto antes.

Na noite seguinte, o The Who foi para a Filadélfia, onde o show foi gravado para uma transmissão no rádio. Durante "Bell Boy", um Moon despudorado se deleitou imensamente ao fazer uma adaptação especial na letra: "Lembram do lugar que arrebentamos no Canadá?".

---

141 Certamente não havia champanhe envolvido.

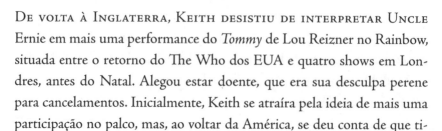

De volta à Inglaterra, Keith desistiu de interpretar Uncle Ernie em mais uma performance do *Tommy* de Lou Reizner no Rainbow, situada entre o retorno do The Who dos EUA e quatro shows em Londres, antes do Natal. Alegou estar doente, que era sua desculpa perene para cancelamentos. Inicialmente, Keith se atraíra pela ideia de mais uma participação no palco, mas, ao voltar da América, se deu conta de que tinha assuntos mais importantes a tratar: como encontrar Kim.

Não demorou muito até que ele a rastreasse em seu novo lar, em Twickenham, e embarcasse no mesmo tipo de galanteio incansável com o qual ele a havia conquistado pela primeira vez e reconquistado tantas vezes, deixando garrafas de champanhe embrulhadas para presente ao pé da porta com cartas de amor adoradoras que suplicavam por perdão e imploravam por reconciliação. Contanto que fosse o Keith agradável e não o agressivo, Kim conseguia recebê-lo sem sentir medo. "Ele chegava e nos convidava para fazer compras. Íamos ao mercado com Mandy, cada um a segurando por uma mão, e ele dizia que era assim que gostaria que fosse. Um lado dele queria muito esse tipo de vida. 'Só quero estar com você e Mandy, só quero uma vida em família, já fiz de tudo, já tirei tudo de mim.' Mas já era tarde demais – e não sei se importava, mas não era o que eu queria, uma vidinha familiar segura. Só queria uma vida ótima *com* ele, ao passo que ele sempre saía por outra tangente."

Havia ainda outro motivo para ser tarde demais para uma reconciliação. Kim estava namorando.

Ian "Mac" McLagan, dos Faces, era amigo dos Moons desde 1966, quando Keith convidava os Small Faces para ir até Ormonde Terrace e Kim, em casa cuidando de Mandy ainda bebê, os recebia "porque estavam sempre tão acesos, era sempre um grande barato estar com eles". (Em outras palavras, porque eles eram muito parecidos com Keith.)

McLagan foi se aproximando de Keith ao longo dos anos, mas viu a amizade ficar cada vez mais difícil de conciliar com a forma com que

CAPÍTULO 27

Keith tratava Kim. "Keith era todas as coisas para todas as pessoas", diz ele. "Era meu bom amigo e um desgraçado com Kim em muitos aspectos. A imagem que eu tinha de Keith quando o conheci e curtia aprontar com ele era a de um cara comum, a melhor das companhias; como parceiro de bebedeira, ele passava dia e noite em pé, era divertido demais. Porém, depois você percebia que ele era bem escroto com Kim, embora nunca visse tudo o que acontecia. Não havia como ter ideia de tudo, a maioria das pessoas não tinha."

Depois que o casamento do próprio McLagan com Sandy Serjeant se desfez, ele agora morava em East Sheen, não muito longe de Chertsey. Se tornara um visitante regular de Tara, onde ocasionalmente passava a noite com alguma namorada e até deixava seu carro quando saía em turnê com os Faces. Durante essas visitas, se deu conta de que tinha uma afeição genuína por Kim que ia além da mera amizade. Ela sentia emoções parecidas. "Sentia-me muito confortável na companhia dele", diz ela. "Assim como havia sido com Keith, antes." Mesmo assim, quando Kim confidenciou a Mac que estava pensando em deixar Keith e Mac de imediato levantou a possibilidade de um romance, ela insistiu que não estava pronta. Quando Kim foi embora de Tara naquele dia no final do verão, depois de ir às compras e nunca mais voltar, Ian McLagan nem passava por sua cabeça.

Porém, quando ele ligou para Kim em Campbell Close do nada (havia ligado para ela em Tara e implorado que Joan lhe desse seu novo número, com sucesso), houve alguma conexão entre eles. Quando Keith voltou dos EUA, os dois já eram um casal. Quando Keith ficou sabendo, a revelação o lançou numa espiral ainda mais funda e mais rápida do que a que ele já estava. A ideia de sua esposa dormir com qualquer outra pessoa era demais para suportar.

É claro que Keith andava dormindo com outras desde que se casara com Kim. E no Natal ele também já tinha uma nova parceira, Patti Bygraves, de 24 anos, sobrinha do famoso comediante cantor britânico Max Bygraves. Patti era exatamente o tipo de Keith – bela, loira, inteligente e de uma família endinheirada –, e ele a convidou para passarem o Natal juntos. Foi uma semana na qual ele revelou quase todas as facetas de sua personalidade em rápida sucessão.

Na manhã de Natal, Keith se vestiu de Papai Noel e, numa charrete com pônei alugada especialmente para a ocasião, foi até a nova casa de Ringo Starr, em Tittenhurst Park, perto de Ascot, com Patti e alguns presentes. Para as crianças da família Starkey, que idolatravam o "tio Keith", foi um conto de fadas de Natal tornado real. Depois do jantar, Dougal chegou no Rolls-Royce; Keith voltou dirigindo para casa e deixou Dougal para trás, para devolver a charrete com o pônei ao dono. Keith nunca pagou pelo aluguel. No final das contas, para evitar animosidades (ou má fama), Ringo cobriu os custos da visita-surpresa de Keith a ele e à sua família.

Três dias depois, Keith dirigia o Corniche com Patti perto de Tara quando colidiu com outro carro na rotatória de Chilsey Green, rodou para fora da pista, passou por cima de uma vala e atravessou um arbusto. Saía tanta fumaça do Corniche, que os ocupantes do outro carro, David Jenkins e Paul Fleming, correram até o veículo para se certificarem de que não estava pegando fogo. Um Keith embriagado emergiu dos escombros com sua nova companheira loira a tiracolo, declarou que estava bem e disse a Patti que ligasse para Dougal para que ele, como sempre, viesse arrumar a bagunça.

Mais uma vez, Keith escapou das implicações legais. Dougal o levou direto para Tara e, quando a polícia chegou, Moon tinha brandy fresco no hálito (para sugerir que ele havia bebido *depois* do acidente para acalmar os nervos, não antes). Garantias de que os danos ao outro carro seriam pagos apaziguou a questão do seguro. Além disso, a polícia era uma amiga boa e íntima, que não queria ver o vizinho ilustre preso desnecessariamente. Tudo foi resolvido fora dos tribunais.

No dia 30 de dezembro, Kim fez 25 anos. Keith ligou para ela em Campbell Close e foi, a princípio, seu eu encantador e agradável. Aos poucos, seu temperamento mudou. "Ah, e como presente de aniversário",

CAPÍTULO 27

concluiu antes de desligar, "seu namorado nunca mais vai tocar piano." Incapaz de reconquistar Kim, agora estava concentrado em se vingar e contratara um rufião bem conhecido no meio musical para quebrar os dedos de Mac por 250 libras. Segundo McLagan, Keith não conseguiu guardar segredo no The Who e Pete Townshend prontamente ofereceu mais 250 libras ao homem para *não* quebrar os dedos de Mac. O rufião ganhou 500 libras sem levantar os próprios dedos e, verdadeiro ao seu eu de costume, Keith esqueceu completamente da ameaça em questão de três dias. Como sempre, havia novas aventuras com que se ocupar.

Keith Moon sempre teve grandes reservas de energia e ambição; agora, com o colapso de sua vida pessoal, se valeu dessas qualidades mais do que nunca, no intuito de ficar ocupado demais para se abater. Durante a primeira metade de 1974, ele apareceu em dois filmes grandes, começou a gravar um álbum solo, tocou em três outros álbuns e viajou por parte da Europa e da América do Norte com o The Who, um arroubo fenomenal de atividades, por qualquer parâmetro. Porém, apenas trabalhar não era o bastante para Keith esquecer a partida de Kim; ele também abraçou o álcool com um ímpeto aumentado, ao ponto de aqueles que o conheciam melhor, mais tarde, apontarem o fim do casamento como o acontecimento que coroou seu declínio. Se a automotivação fora o que o levara tão longe na vida, seria o autoabuso o que o preveniria de ir além, e, ao longo dos dois meses seguintes, essas duas características contrastantes se sobreporiam. O resultado era, com frequência, devastador, em sentidos variados e, às vezes, todos da palavra: sobrepujante, brilhante e destrutivo. Ao rastro de conhecidos atordoados e parceiros embasbacados restaria concluir, com nervosismo, que os dez anos anteriores de sua vida haviam sido meramente um aquecimento.

Em janeiro, ele deveria estar em Nova York para uma ponta como um *rock star* num filme B chamado *Arizonaslim*[142], em que sua paixão ocasional, Pamela Miller, interpretava a protagonista. Ele não foi nem mandou justificativas ou desculpas[143]. Estava preocupado com projetos cinematográficos maiores.

Uma adaptação de *Tommy* para o cinema era cogitada havia anos, e o projeto era atravancado pela Universal Pictures, por ter o direito inicial de recusa (já que o The Who fazia parte de uma companhia-irmã, a MCA Records) e pela insistência de Kit Lambert para que o roteiro de sua própria autoria fosse usado. À medida que a relação do The Who com Lambert se deteriorava, Robert Stigwood entrou em cena como produtor, negociou um contrato com a Columbia Pictures, que confirmava o controverso Ken Russell como diretor, investiu do próprio bolso no projeto e se envolveu em pessoa na seleção do elenco: além de Jack Nicholson e Tina Turner aceitarem fazer pontas, Ann-Margret, a voluptuosa atriz e cantora que fizera *Amor a Toda Velocidade*, com Elvis Presley, foi escalada para o papel de Nora, a mãe de Tommy.

Outros papéis foram escalados mais perto de casa. Roger Daltrey, reconhecido como Tommy pelo público por ter passado anos cantando o papel no palco, seria o protagonista, apesar da falta de experiência como ator. De forma parecida, Keith Moon ganhou o papel de Uncle Ernie, por sua performance arrasadora no Rainbow, em 1972.

Ken Russell só fez uma única decisão importante, porém crucial, em relação ao elenco: insistiu que Oliver Reed, o ator aristocrático rude e beberrão com quem tinha uma longa relação de trabalho que incluía seus maiores filmes, *Os Demônios* e *Mulheres Apaixonadas*, ficasse com o papel de Uncle Frank.

---

142 *O filme nunca chegou a ser lançado, porém se encontra na internet referências a ele também com o título de Arizona Slim. (N. do T.)*

143 Os atores foram forçados a vasculhar o Greenwich Village à procura de roqueiros ingleses; a escolha final, Michael Des Barres, viria a se casar com Pamela Miller.

CAPÍTULO 28

A credibilidade de Reed nas bilheterias era abalada por sua habilidade vocal – todas as falas do filme deveriam ser cantadas –, a par com a de Keith Moon. Isso se mostrou um problema para Townshend e os demais, mas Moon defendeu o envolvimento de Reed. A probabilidade de que Keith apenas gostava da ideia de ter uma figura igualmente renomada com quem farrear é demonstrada pelo fato de que, uma vez que o papel de Reed em *Tommy* foi confirmado, Moon imediatamente deu um jeito de visitar o ator em sua luxuosa propriedade em Surrey, o Broome Hall[144].

Keith e Dougal Butler foram até Surrey de helicóptero. A natureza de sua chegada assustou os cavalos do ator, o que provocou Reed, de notório pavio curto, a descer correndo as escadas, seminu, diretamente do banheiro, até o gramado e, como ele mesmo coloca, "atacar Keith com minha espada de duas mãos".

E não o fez como um chiste. Reed, então com 35 anos, teve uma criação suficientemente aristocrática (seu avô, um grande piadista prático, foi feito cavaleiro por seus serviços ao teatro) para ter passado reto pelo rock'n'roll; seus heróis musicais ainda eram Frank Sinatra e Nat King Cole. O ator mal ouvira falar do The Who e não tinha a mínima ideia da reputação de Keith Moon, o que estava prestes a mudar. Reed admite abertamente que Moon, desde aquele primeiro encontro, em Broome Hall, quando o baterista respondeu às boas-vindas agressivas de forma tão corajosa a ponto de acabar passando o fim de semana lá, lhe causou uma impressão como ninguém que já conheceu, antes ou depois dele.

"Nosso santo bateu assim que nos vimos", diz Reed, que, nos anos 1990, migrou para a Irlanda, depois de sua reputação de beberrão e briguento lhe tornar alguém impossível de contratar, ainda que uma lenda viva – talvez a figura mais próxima de um "Moon, o Lunático" ainda a

---

144 Uma das últimas lembranças de Kim do período em que foi casada com Keith é a da euforia nervosa dele diante da possibilidade de conhecer Oliver Reed: "Ele ficou muito impressionado, muito deslumbrado".

respirar[145]. "Ele era o caminho pelo qual eu procurava. Keith Moon foi um camarada que me convenceu de que há um senso de bizarro na vida, que a vida não deve, não pode e não *vai* ser levada a sério. Pode ser levada a sério à medida em que há dor e riso e doçura, mas, entre esses sentidos olfativos e os sentidos auditivos, há um sentido do bizarro."

Diante da sugestão de que talvez já tivesse um tanto dessa peculiaridade em si mesmo, Reed é firme ao negar. "Não. Eu levava a vida um pouco a sério demais", diz sobre sua personalidade nos anos 1970. "Trabalhava muito, muito mesmo, um trabalho atrás do outro, e nada de desagradável acontecera exceto ter meu rosto cortado no White Elephant[146] – só vilões, proteção e estupidez. Era bem determinado no meu estilo de vida. Conhecia o caminho do bar, mas não o do bizarro. Graças a Deus, ele me mostrou esse caminho. Keith me mostrou o caminho da insanidade."

Reed faz essa observação de forma quase indiferente, tomando uma cerveja na hora do almoço no bar de um hotel de uma cidade mercantil irlandesa. Buscando confirmação, digo que parece uma afirmação forte a se fazer.

"Pois é", confirma ele. "Mas tudo bem. Foi ele quem me mostrou esse caminho."

Até as filmagens de *Tommy* começarem, em abril, houve pouca oportunidade de a dupla buscar esse abraço mútuo da "insanidade" mais a fundo, embora tenham se encontrado novamente em janeiro de 1974, quando o The Who começou a regravar as faixas para *Tommy* no Ramport, com Ann-Margret e Oliver Reed contribuindo com vocais. Pete Townshend aceitara um cachê de 250 mil dólares para ser diretor musical do filme e compor material novo como parte do processo. Na época, não se deu conta de que estava prestes a ceder quase um ano inteiro ao projeto. Para a insatisfação de Keith, a carreira do The Who estava prestes a ser colocada em hiato, enquanto Townshend e Daltrey mergulhavam por completo na produção de *Tommy*.

---

145 *Reed viria a falecer no dia 2 de maio de 1999 (portanto, depois da publicação original deste livro, no ano anterior), em Malta, durante uma pausa nas filmagens de Gladiador. (N. do T.)*

146 Restaurante sofisticado em Londres.

CAPÍTULO 28

—●—

ENTRE AS POUCAS ATIVIDADES DA BANDA NAQUELE ANO, HAVIA UMA curta turnê pela França. No dia 10 de fevereiro, um domingo, o The Who tocou para 25 mil pessoas no Palais des Expositions, em Paris. O show começou às 17h15 – ou "5:15" –, horário perfeitamente ajustado para o que seria a penúltima performance de *Quadrophenia* e que dava oportunidade de sobra para uma celebração pós-show. Keith, é claro, aproveitou cada momento ao máximo. Depois de pavonear pelo bar do hotel Georges V de robe, beber Tequila Sunrise e champanhe batizado com brandy, arrastou seu amigo Roy Carr, o jornalista enviado pelo *NME* para cobrir o show, para dar um giro pela cidade com ele.

Carr reconta uma típica noite de caos histérico, porém inofensivo, com Moon. "Ele tinha os bolsos abarrotados de dinheiro e já estava mamado", recorda-se do momento da largada. "Entramos no táxi e ele deu uma nota de 100 libras para andar apenas alguns quarteirões. Então, peguei o dinheiro dele e assumi o controle. Fomos para todo o lado. Em algum momento, tarde da noite, acabamos no *saloon* Crazy Horse. Chegamos na porta e havia um cara vestido de polícia montada. Keith diz: 'Eu sou o Keith Moon, do The Who', e o cara: 'Ooo?'. Keith não é reconhecido e tudo se perde na tradução. Por sorte, uma das garotas que trabalhava no *foyer* o reconhece, e, de repente, ele se torna uma 'grande celebridade' e, do nada, surgem uma mesa, cadeiras e um balde de champanhe."

"Depois de meia hora, Moonie diz: 'Vou tirar água do joelho', sai e me deixa sozinho. Começo a me perguntar onde ele está, se ele desmaiou. Vou atrás dele. Não está no banheiro. Volto para o salão e o vejo sentado numa mesa com uma garrafa de champanhe. Vou até lá e ele me diz: 'Meu querido, o que você está fazendo aqui? Por favor, sente-se, beba alguma coisa'. Eu digo: 'Keith, nós *entramos aqui juntos*'. Então agora temos duas mesas num lugar onde é difícil conseguir uma. Ele diz: 'Essas garotas não são adoráveis?', e começa a tirar a roupa e a se juntar a elas no palco. De repente, já está sem botas, sem camisa, sem meia e prestes a tirar a calça, enquanto eu tento impedi-lo!"

Carr arrastou Moon para fora do Crazy Horse e, depois de mais algumas paradas regadas a champanhe pela cidade, ocorreu o seguinte: "Voltamos para o hotel por volta das 5h da manhã e apagamos. Acordo por volta do meio-dia e ainda estou com o dinheiro dele. No meio da tarde, vou até o quarto dele, ele está muito grogue, lhe dou o dinheiro e ele diz (*faz uma voz animada*): 'O que é isso? Fomos pra um cassino ontem à noite?'. Ele não se lembra de nada. Digo: 'Não, esse dinheiro é seu', e ele: 'Ah, precisamos sair para gastá-lo'. E gastamos!".

O próximo e último show do The Who na França foi no dia 15 de fevereiro. Keith já tinha concordado em tocar no Rainbow, em Londres, no dia 14, para o lançamento oportuno – no Dia de São Valentim – do novo álbum do eclético músico de folk rock inglês Roy Harper, *Valentine*, com Jimmy Page, na guitarra solo; Ronnie Lane, no baixo; e Max Middleton, no piano. Porém, com o The Who em turnê, não havia oportunidade de ensaiar, e, segundo Moon, nem era necessário.

"Ele havia dito: 'Não precisa de ensaio nenhum, camarada, a gente só sobe no palco e manda ver'", recorda-se Harper, que se resignou a acordar suficientemente cedo no dia para garantir que tudo corresse como planejado. Não correu. Pelo menos metade do dia foi gasta na tentativa de acordar Keith, que estava evitando Tara, e hospedou-se na casa de Kit Lambert, em Egerton Crescent, em Knightsbridge.

"Ele estava mais ou menos comatoso", diz Harper, que foi até a casa com o *promoter* Ian Tilbury, quando não conseguiram despertar Keith pelo telefone. "Enfim conseguimos fazê-lo recobrar a consciência. Foi um esforço e tanto. Obviamente ele havia aprontado algumas na noite anterior. Estava doido, completamente doido. Primeiro, o recostei emocional e fisicamente por umas duas ou três horas, depois o tirei da cama e o mantive sentado, para, por fim, conseguir fazê-lo se levantar."

Quando Moon teve condição de sair da casa e cruzar Londres de carro até o Rainbow, já eram 3h da tarde, e Harper estava exausto. Mencionou isso no trajeto e Moon, começando a entrar no clima, abriu alegremente a valise preta que fizera questão de trazer.

CAPÍTULO 28

"Parecia uma farmácia!", recorda-se Harper. "Ele fuçava nos frascos, tirava umas coisas, e então me deu dois comprimidos e disse: 'Tome estes aqui, vão colocá-lo para cima', e depois: 'Este outro aqui' – era uma cápsula preta e vermelha – 'vai equilibrá-lo'. E deu ainda mais dois, sobre os quais disse: 'Tome estes dois quando quiser relaxar'. O doutor Moon já tinha tudo no jeito!"

O show foi uma gloriosa balbúrdia. "Foi como você imaginaria um primeiro ensaio, com Moonie metendo viradas no meio dos versos – não que ele já não fizesse isso de qualquer forma", diz Harper. Naquela noite, em especial dada a reação extática do público à formação ilustre da banda, todos os pecados foram perdoados. "Foi muito animado e muito barulhento. Foi rock'n'roll." Mas "fomos para o estúdio na semana seguinte, ouvimos a gravação e estava tudo fora de ordem, para ser sincero"[147]. Embora Harper tivesse sido alertado a respeito de contar com Moon para um lançamento tão importante, até hoje não se arrepende. "Todas as minhas experiências com Moonie foram engraçadas e muito boas. E aquele show foi um exemplo justo disso."

— ● —

A CENA FINAL DE *THAT'LL BE THE DAY* – EM QUE JIM MACLAINE compra uma guitarra e abandona a jovem esposa e o filho – era mais a conclusão de um capítulo do que o fim de uma história. Uma sequência sempre fez parte do plano. Assim, tão logo *That'll Be the Day* decolou, Ray Connolly escreveu a segunda parte, *Stardust*[148], na qual MacLaine experimentaria o estrelato à Beatles com sua banda, The Stray Cats[149], seria chu-

---

147 Ainda assim, algumas das músicas saíram num álbum ao vivo de Roy Harper, *Tales from the Archives of Oblivion*, posteriormente naquele ano.

148 Os dois roteiros de Connolly foram transformados em romances.

149 *Mesmo nome da banda liderada por Brian Setzer, formada em 1979, embora não se saiba ao certo se houve alguma influência direta do filme. (N. do T.)*

tado dela depois de despertar a inveja dos companheiros, desfrutaria de um sucesso imenso em carreira solo com uma ópera-rock religiosa melodramática, enfrentaria muito papo-furado da indústria musical e, por fim, encontraria um fim trágico incitado pelas drogas em terras estrangeiras. Era uma história perigosamente familiar para os grandes astros do rock que haviam chegado jovens, loucos e rebeldes nos anos 1970.

O personagem Mike Menarry voltaria a aparecer como o empresário original e confidente perpétuo de MacLaine, mas Ringo Starr, dessa vez, recusou o papel, aparentemente preocupado que a expulsão de um membro da banda por Menarry, justo quando os Stray Cats estavam prestes a estourar, lembrasse ao público de sua própria entrada nos Beatles às custas de Pete Best. Keith imediatamente se colocou à disposição para o papel. David Puttnam, Ray Connolly (que ficaria no *set* durante o filme todo) e o diretor de *Stardust*, Michael Apted, concordaram prontamente em fazer um teste com ele. O resultado foi uma prova enfática de que o baterista do The Who, apesar de seus sonhos bem-intencionados, nunca seria um ator sério.

"Ele não conseguia controlar as sobrancelhas", recorda-se Connolly do teste. "Era como o Long John Silver. Pobre Keith, foi hilário. Ele tinha uma expressão arteira no rosto e suas sobrancelhas não paravam quietas."

"Demos a ele deliberadamente uma cena bastante longa e difícil, que o desafiaria; não havia como ele dar conta", diz Puttnam. Moon não conseguia dizer as falas do mesmo jeito em cada *take* nem repetir ações físicas de acordo com as deixas – ambos essenciais à arte da continuidade. E um dos requisitos fundamentais das grandes atuações – a quietude – estava além de sua capacidade. Não conseguiria projetar isso na tela mais do que na vida real.

Porém, para crédito de Moon, ele reconheceu essas falhas antes que lhes fossem apontadas e brincou com Puttnam que deveria ter sido ator na época dos filmes mudos. Aparentemente, Keith ficaria contente em reprisar o papel do baterista JD Clover, que, junto do personagem de Karl Howman, Stevie, começaria o filme como membro dos Stray Cats – e, portanto, receberia um tempo generoso de tela.

CAPÍTULO 28

A Moon e Howman na banda, juntou-se Dave Edmunds, galês de 31 anos que fizera um sucesso transatlântico avassalador em 1970 com "I Hear You Knocking", mas continuara a morar no País de Gales e, quase que único entre os *rock stars*, mal encostava em álcool. Edmunds foi inicialmente contratado por Puttnam para compor e gravar, sozinho, praticamente toda a trilha sonora de *Stardust* (David Essex cantou alguns dos vocais, mas não todos); Keith não demonstrou nenhuma decepção visível em ceder a função de supervisor musical. "Ele estava acima disso", diz Edmunds. "Estava em outra estratosfera."

Moon, Howman e Edmunds formariam o núcleo dos Stray Cats[150], diante dos quais seria travada uma batalha pelo estrelato entre os *frontmen* rivais da banda, Paul Nicholas, como "Kneetrembler" Johnny Cameron; e David Essex, como Jim MacLaine.

Moon e Nicholas já tinham história desde quando o segundo era conhecido como Paul Dean — seu sobrenome verdadeiro era Beuselinck — e abrira para os Savages, no Wembley Town Hall, em 1962, e Moon era, como se lembra Paul do garoto no *backstage*, "um rapazinho de cara bem simpática, olhos enormes e temperamento bem doce". Depois que o pai de Paul, Oscar, se tornou advogado do The Who, Paul saiu em turnê com a banda duas vezes em 1966, uma como Paul Dean e outra, numa piada interna, com o pseudônimo Oscar[151]. Nunca foi longe como músico pop, mas, como Paul Nicholas, alcançou o sucesso em musicais arrasadores; agora, além de *Stardust*, conseguira o papel de Cousin Kevin, em *Tommy*.

Para David Essex, os dezoito meses desde *That'll Be the Day* haviam sido magníficos. Teve dois compactos no top 10 britânico em 1973, um dos quais, o climático "Rock On", agora escalava o top 40 norte-americano.

---

150 *Edmunds, por sua vez, viria a produzir ou coproduzir diversos álbuns dos Stray Cats — os de Brian Setzer — ao longo dos anos 1980 e início dos 1990. (N. do T.)*

151 Contratado da Reaction Records, Oscar contou com a distinção de ter compactos compostos para ele tanto por Pete Townshend ("Join My Gang") quanto por David Bowie ("Over the Wall We Go") – e nenhum fez sucesso.

Essex chegou até a ser considerado para o papel principal em *Tommy*, o filme. Era como se a estrela ascendente de Jim MacLaine dos dois filmes – de competidor esperançoso a campeão consagrado – fosse espelhada por David Essex na vida real. Ou seria o contrário?

Para apagar ainda mais a fronteira entre verdade e ficção, foram contratados dois dos primeiros ídolos adolescentes do rock 'n' roll da Grã-Bretanha. Adam Faith se tornara um ator e empresário bem-sucedido ao longo dos anos, o que o tornava a escolha ideal para o papel de Mike Menarry, e sua performance como o mentor maquiavélico seria a mais convincente e cativante de qualquer outro ator britânico em *Stardust*. Marty Wilde, da balada "Jezebel", interpretou um executivo da indústria musical britânica igualmente impiedoso.

Em suma, quase todos os "atores" de *Stardust* eram músicos ou ex--músicos que interpretavam versões romantizadas de suas vidas do presente ou do passado. Em tais circunstâncias, não surpreende que a vida tenha começado a imitar a arte. Moon, Howman e Edmunds (além de Dougal Butler, que era presença contínua ao lado de Moon, apesar de não ter nenhum papel em *Stardust*) se tornaram imediatamente o time inseparável e irascível que seus papéis como núcleo de uma banda de rock 'n' roll pediam.

Mesmo antes das filmagens começarem, o quarteto saía pelos clubes de Londres junto, com Edmunds caindo nos encantos de Moon a ponto de beber pela primeira vez em uma década. (O fato de estar passando por um divórcio na época o tornava altamente suscetível à influência corruptora de Keith.) Moon, que ainda evitava Tara, estava agora cuidando do apartamento de Harry Nilsson, em Curzon Place, em Mayfair. Era uma base ideal para os giros noturnos pelo West End, em particular pelos vizinhos Playboy Club, na Park Lane, e Tramp, na Jermyn Street. Edmunds e Howman ficaram secretamente orgulhosos da noite em que foram expulsos do Playboy, junto com Ringo Starr, por mau comportamento generalizado – em particular, por Keith espetar os traseiros das coelhinhas com um garfo.

CAPÍTULO 28

Edmunds gostou tanto do estilo de vida decadente, que foi morar com Keith por alguns dias. Certa manhã, quando acordou e se deparou com Keith usando uma camisa sua, comentou a respeito.

Keith pareceu surpreso. "Vou comprar outra para você, então", se ofereceu.

Foi aí que Edmunds se deu conta de que Keith "não tinha nenhuma peça de roupa. Provavelmente achou que aquela camisa era de Nilsson. Ele era tipo um roqueiro sem-teto".

Karl Howman também dormiu no apartamento em Curzon Place depois de uma noite memorável em que descobriu que, liberto da necessidade de fingir ser fiel a Kim e seguindo seu próprio caminho rumo à decadência verdadeira, Keith desenvolvia uma predileção pela flexibilidade das mulheres da vida. Uma prostituta não só realizaria quase qualquer atividade sexual solicitada como também o faria sem exigir a proclamação de amor eterno da parte do *rock star* (tampouco um segundo encontro), e, com frequência, custaria menos do que levar uma gatinha para jantar, que então exigiria quantias excessivas de dinheiro para sumir na manhã seguinte. Keith mandou seu novo motorista, Scotch Eddie, contratado pelo período das filmagens de *Stardust*, trazer duas delas, por quem Keith esperaria no bar do Tramp, onde foi jantar com Karl.

O jantar consistiu em camarões engolidos com Dom Perignon, luxo típico de Keith Moon. Porém, quando a conta chegou, até Keith pareceu horrorizado de um jeito incomum. Por alguns momentos, houve um silêncio completo e raro. Por fim, Karl perguntou se o amigo estava bem.

"Quantos camarões nós comemos?", respondeu Keith com uma pergunta.

"Acho que uns 24", disse Karl.

"O preço subiu. A conta deu 14 mil libras![152] Dá quase 1 mil libras por camarão! Digo, não me importo, mas é um pouco demais." Chamou o gerente.

---

152 Imagine a quantia que quiser aqui, mas Karl insiste que foram cinco dígitos.

"Esses camarões subiram de preço, não?"

"Não, Sr. Moon. Essa é a sua conta – do ano passado inteiro."

Keith, que geralmente estava bêbado demais para pagar por qualquer coisa no final da noite no Tramp, deixara a conta somar cinco dígitos na esperança de um dia aparecer sóbrio o bastante para pagá-la. Meio pálido de susto, mas nunca propenso a declarar pobreza em público, Moon preencheu um cheque de uma conta bancária no exterior com muita extravagância.

"O que me fez rir", diz Karl ao relembrar o incidente, "foi Keith ter presumido que as 14 mil libras eram pelos camarões. Pensei: 'Que mundo é esse em que você pensa que um camarão custa 1 mil libras?'".

A noite não tinha acabado. As garotas voltaram com eles até Curzon Place, onde Keith tentou impressioná-las com sua fama e fortuna. Porém, elas não eram fãs do The Who e nunca tinham ouvido falar nele. E como o apartamento era de Nilsson, não havia um item sequer ali para sustentar as afirmações dele. Nada intimidado, Keith declarou: "Vou provar que sou um astro do rock", pegou o único violão que Harry havia deixado ali e começou a cantar "Good Old Desk", do dono do instrumento.

"Foi totalmente pavoroso", recorda-se Howman. "Ele fazia um olhar de doido e dançava pela sala, se aproximava das garotas, fazia caretas, até que elas então disseram: 'Tá bom! Acreditamos que você é um astro do rock'. Acho que elas acharam tão ruim que fazia algum sentido."

Karl Howman, ainda de uma juventude um tanto quanto deslumbrada, em seguida passou a noite acordado conversando com sua prostituta, em vez de se valer da atividade pretendida, mas, sempre que ia ao banheiro, dava uma espiada voyeurística no quarto de Keith. "Na primeira vez que olhei, ele estava com uma máscara de látex do Stan Laurel! Na seguinte, era uma do Oliver Hardy! Na manhã seguinte, depois que ele deu às garotas um cheque da mesma conta bancária no exterior – pelos 'serviços prestados'! –, perguntei o porquê das máscaras. Aparentemente, a garota havia dito que ainda não acreditava que ele era um astro e que queria transar com um astro. E ele tinha todas aquelas máscaras à mão, então as vestiu! E disse: 'Isto é famoso o bastante para você?'."

CAPÍTULO 28

—●—

QUANDO AS FILMAGENS COMEÇARAM, NO FINAL DE FEVEREIRO, OS três membros centrais dos Stray Cats estavam tão próximos, que não foi necessário atuar para desenvolver um distanciamento dos *frontmen*. David Essex, que no filme criava um vínculo com o empresário Menarry, fez a mesma coisa na vida real e chegou até a se hospedar com Adam Faith num hotel diferente[153]. E Paul Nicholas, cujo mulherengo egocêntrico "Kneetrembler" Johnny era desprezado e excluído por seus colegas de Stray Cats até enfim ser expulso, se viu tratado com bastante semelhança fora das câmeras.

"Não era um de nós", diz Dave Edmunds. "No roteiro, era o excluído, e foi exatamente o que aconteceu durante as filmagens. Éramos uma panela, éramos uma banda. Entre as cenas, aprontávamos juntos. E Paul Nicholas não ia. Ficava alheio. Não sei se fazia isso de propósito, para ter a sensação."

Puttnam reforça a observação de Edmunds. "Eu nunca soube se era para beneficiar a atuação, mas Paul ficava bem desconfortável. Não era um dos caras." Talvez ele estivesse apenas sendo um ator de método profissional, disposto a sacrificar relações pessoais pelo bem do filme: o próprio Nicholas se recorda da experiência como "muito divertida".

Keith Moon, por sua vez, nem tentou realmente ser profissional. Em vez de atuar de acordo com o roteiro, insistiu em improvisar, o que tornou seu envolvimento empolgante, mas precário.

"É preciso ser cuidadoso com os não atores", diz Ray Connolly, "porque, se deixá-los improvisar, pode acabar com milhares de metros de filme que não são o que você queria. É preciso ficar de olho, com cuidado, para obter deles o que eles têm a oferecer, mas não os deixar arruinar o filme. Foi por isso que Michael Apted filmou tanto. Fez filmagens massivas de Keith e então selecionou fragmentos."

---

153 Porém, como ficava sabendo frequentemente das histórias de Keith Moon, Essex depois admitiria a Howman que gostaria de ter saído muito mais com "a gangue".

KEITH MOON

Um dia inteiro foi gasto para filmar a cena em que, depois que os Stray Cats são abraçados por um quase-empresário, aos moldes de Helmut Gorden ("Launderette Lil"), o grupo fica de brincadeira na cozinha do empreendedor e Moon, no papel de Clover, joga críquete com frigideiras e ovos. De forma similar, quando a banda começa a fazer sucesso nos EUA, Keith é visto num quarto de hotel arremessando manjar branco contra um garçom, bebendo ketchup direto do frasco, lambuzando um executivo com glacê e, em geral, bancando o *hooligan* inglês no exterior. Seu comportamento ofendeu Connolly, que baseara a cena nas imagens dos Beatles em Nova York, onde os Fab Four "se comportaram muito bem... não teriam feito nada daquilo". Mas Keith era do The Who, não dos Beatles. O The Who raramente se comportava bem, se é que isso acontecia, e Keith *tinha* feito aquilo muitas vezes na vida real. Estava apenas interpretando a si mesmo, por experiência própria.

Todos no *set* reconheciam que, por causa do longevo sucesso internacional do The Who e pela fama adicional de Keith como músico e figura, ele era o maior *rock star* envolvido no filme. O único que ainda parecia duvidar disso era o próprio Keith, que embarcava numa série de súplicas contínuas por atenção ao longo das filmagens, na forma de confrontos e travessuras.

David Puttnam ficou rapidamente atordoado ao ver que "a doçura e positividade que ele demonstrara em *That'll Be the Day*" haviam ido para o espaço e, em vez disso, se lembra de Moon em *Stardust* como "disruptivo" e "um peste". Além da infelicidade raramente admitida por Keith por ter perdido a esposa e a filha, o que Puttnam, Connolly e Apted não foram capazes de entender foi o quão perturbador era para Keith fazer um papel num filme que espelhava tão detalhadamente aspectos de como ele percebia a própria vida. Pois da mesma forma que, à medida que *Stardust* avança, os membros dos Stray Cats se mostram supérfluos à história de Jim MacLaine (depois que Clover manda o cantor "se catar" numa casa noturna em Las Vegas, não se ouve mais falar dos membros da banda, ao passo que MacLaine, como artista solo, alcança um estrelato messiânico), Moon, durante as filmagens, se via reduzido de um *rock star* mundialmente

CAPÍTULO 28

famoso a um mero "ator" coadjuvante. Essa confluência da realidade como os músicos a conheciam e da ficção como o filme apresentava tornava a experiência no *set* bizarra e, quase sempre, perturbadora para todo mundo. Porém, só Keith parecia incapaz de separar a vida real de seu status no filme. Via seu papel menor, que, por fim, desaparece como uma indicação de uma iminente irrelevância, caso o ritmo de trabalho letárgico do The Who parasse por completo, um medo exacerbado pelo fato de que astros menores do que ele na vida real eram astros maiores na moldura do filme – e tratados como tais.

"Para nós, ele era uma das menores coisas do filme", confirma Ray Connolly. "Tínhamos coisas muito maiores nas quais pensar do que ele, que era basicamente um figurante do qual só teríamos alguns momentos. E isso pode ter sido difícil para ele. A história não era grandemente afetada por ele de maneira alguma. Se Keith não tivesse participado, ou se o papel tivesse sido interpretado por qualquer outro ator, o filme poderia ter sido basicamente o mesmo."[154]

Karl Howman acredita que a insatisfação de Keith era, em larga escala, uma questão de "gerenciamento do homem". "Acho que ele só precisava ser consultado ou tratado de uma maneira um pouco especial. Era tratado como mais um da banda e acharam que ele seria homem o bastante e inteligente o suficiente para se dar conta de que se tratava apenas de um filme. Mas, quando saíam para jantar e debater a produção, levavam David [*Essex*] ou Adam Faith e nos deixavam para trás. Eu entendia, porque estava apenas começando, e Dave [*Edmunds*] nem gostaria de ir mesmo. Mas Keith se sentia insultado. Se o tivessem tratado de uma forma um pouco diferente, talvez ele tivesse se mostrado mais adequado. Se sabem lidar com astros de Hollywood, vão saber lidar com um astro da música."

---

154 Poderia ter sido, mas não seria. As pontas de Keith foram de uma contribuição significante para o realismo, o humor e, por fim, a popularidade do filme.

Mas Puttnam não havia se preparado para pegá-lo pela mão. Depois do comportamento exemplar do baterista em *That'll Be the Day*, presumira que Moon seria o líder da turma em *Stardust*, não o palhaço. Não esperava ter de dar sermões nem estava preparado para o consumo cada vez maior de álcool de Keith. "A bebedeira passou de piada a problema. Em *That'll Be the Day*, ele bebia socialmente. Na época de *Stardust*, já era alcoolismo[155]. Ele se tornou uma daquelas paródias de Robert Newton. E não conseguia dormir. O sono era um problema sério." Embora Kim não se lembre de Keith como insone, parece que, depois da partida dela, essa se tornou uma condição nervosa que o acompanharia pelo resto da vida.

Quando todos esses problemas se somavam, o resultado era o caos. Keith começou um dia particularmente longo de filmagem numa imitação do Cavern Club ambientada no East End londrino abrindo a garrafa de brandy às 7h da manhã (afinal, isso dera certo em *200 Motels*). Dave Edmunds tirou uma foto de seu novo amigo no palco, "com uma garrafa de brandy e um tubo de borracha que ia até sua boca, funcionando como uma espécie de conta-gotas".

O dia concluiria com a ambulância adaptada do grupo chegando no clube de mentira, com MacLaine e Menarry na frente e os outros quatro membros do grupo atrás. A filmagem demorou tanto a ser montada, que eles mesmos pediram o jantar. Quando foram enfim chamados para filmar, 10 minutos antes de as horas extras começarem a contar, todos concordaram em comer depois. Exceto Keith. Ray Connolly disse ao garçom para guardar a comida mesmo assim, e Keith ouviu. "Ninguém me diz se eu vou comer ou não", disse, furioso, e partiu para cima de Connolly, tentando o empurrar escada abaixo. A equipe pulou em cima de Keith e o impediu.

---

155 O jornalista Rob Burt foi até o apartamento de Harry Nilsson nessa época para entrevistar Nilsson. Para o deleite de Burt, Moon também estava presente e os três foram almoçar no Inn on the Park, vizinho à residência. Nilsson e Moon beberam seis Brandy Alexanders ao longo do almoço. De lá, Moon foi direto para uma sessão de gravação.

CAPÍTULO 28

Keith voltou ao seu estilo próprio e inimitável. Enquanto os Stray Cats esperavam o grito de "ação" na ambulância adaptada, quatro turistas japoneses se aproximaram, sem saber que havia um *set* de filmagem na esquina. A cena da van parecia o que pretendia ser: uma banda de rock a caminho de um show. Keith deu uma carona aos turistas.

"Eles entraram na van", diz Howman. "E dava para ver que Keith ficou todo animado, parecia uma criança. Fechamos as portas traseiras, ouvimos 'ação', a van vira a esquina cantando pneu e os quatro turistas japoneses descem e dão de cara com as luzes e as câmeras!" Depois desse dia, Michael Apted proibiu os Stray Cats de beberem no *set*, regra burlada por Dougal, que passou a levar garrafas de refrigerante cheias de brandy. Era esse tipo de filmagem.

O *set* então passou para Manchester, primordialmente para as cenas de show. Embora sua presença fosse cada vez menos necessária em cena, foram raros os momentos em que Keith não foi o centro das atenções. Na viagem ao norte, sua limusine parou num posto e, quando um ônibus cheio de garotas colegiais estacionou, Keith aproveitou a oportunidade para tirar toda a roupa e correr por entre elas. A visão de Keith Moon nu passou a ser comum durante a estadia no Post House, em Manchester. Tarde da noite, ele perambulava nu por entre os arbustos, agindo como se não houvesse ninguém observando, embora soubesse que havia.

Em geral, Keith tratou a estadia em Manchester como se estivesse em turnê com o The Who, e, depois que disparou os detectores de incêndio do hotel certa noite, toda a equipe foi ameaçada de expulsão. Puttnam ficou furioso. "O que Keith não entendia é que ele não poderia aprontar isoladamente nos hotéis. Afetava todo mundo envolvido", diz ele. Cada vez mais, Puttnam se via dando o que ele chama de "sermão de mãe" a Moon. "Ele se comportava bem por um dia e então perdia as estribeiras de novo. E, no final, houve um incidente em que precisei despedir outro membro da equipe, que sempre insistiu que havia sido culpa de Keith. Até hoje, nunca ficou esclarecido para mim."

Porém, Keith continuava a provocar. Certa manhã, no lobby do Post House, Keith perguntou a Dave Edmunds se ele já havia sido pago por seus serviços para a trilha sonora. Edmunds respondeu que não, mas antes que pudesse acrescentar que o dinheiro ainda não lhe era devido, Moon o puxou até a limusine, trancou as portas, colocou Scotch Eddie no volante e ameaçou voltar a Londres imediatamente, caso Edmunds não fosse pago integralmente, em dinheiro.

"Era o tipo de coisa que ele fazia se o apadrinhasse, e você ficava deslumbrado, coisa que eu fiquei", diz Edmunds. "Estava tão acostumado a fazer coisas ultrajantes, que provavelmente pensava que era hora de fazer mais uma."

Se esse incidente foi fruto de tédio, parte do antagonismo de Keith era totalmente genuíno. Ele ficou decepcionado que Adam Faith tenha se mostrado pouco sociável. O evidente desgosto – ou pelo menos desconfiança – de Faith pelos membros da gangue era mútuo. "Ele foi a pessoa mais antidiversão que já conheci", diz Edmunds. "Muito desagradável." Quando Dougal tirou fotos de Faith e o ator mais velho reclamou da intrusão, a resposta de Keith foi imediata. E clássica.

"Posso comprá-lo várias vezes ao longo do dia, meu caro garoto", disse ao rico ex-astro do rock 'n' roll. "Só estamos nos divertindo. Se você não gosta, chame o seu motorista e vá embora. Você é chato."

As tensões com Ray Connolly enfim atingiram o ápice durante outra filmagem tarde da noite, enquanto aguardavam a iluminação de uma cena interna. Quando Apted pediu a Connolly para ficar de olho "nos rapazinhos", Moon, que nunca gostou de condescendência, começou a zombar.

"Então eu simplesmente falei: 'Vai se foder, Keith', como qualquer um falaria às 4h da manhã", recorda-se Connolly. "E ele retrucou: 'O que você disse?'. 'Vai se foder', repeti. 'Ninguém me manda me foder', disse ele, vindo para cima de mim. Nisso, dei-lhe um soco na têmpora e ele caiu do meu lado."

Os dois homens rolaram no chão, trocando socos. A essa altura, pelo menos alguns da equipe estavam preparados para ver Keith receber uma lição, mas o maquiador Peter Robb-King não era um deles. Por pura preocupação profissional com a continuidade, ele correu até a briga e gritou com Ray: "Não bata no rosto dele, pois já está maquiado!".

CAPÍTULO 28

Connolly, que não saía no braço com ninguém desde os tempos de escola, ficou surpreso que seus problemas com Keith tenham chegado às vias de fato e feliz que tenham feito as pazes. "Depois da conclusão do filme, estávamos bebendo e ele disse: 'Sabe, nunca bati num homem que não tivesse substância'. Que era o jeito dele de dizer: 'Somos amigos, não?'. O que éramos mesmo. Não havia amargura."

Porém, na época, isso levou a outro sermão do produtor.

"Por que você faz essas coisas?", implorou Puttnam. "Não estaríamos aqui se não fosse por você. Por que você não está fazendo de tudo para o filme dar certo?"

"Vocês são todos uns classe médias do caralho", foi a resposta de Moon. "Levam tudo a sério demais."

"Mas nosso orçamento está acabando."

"De quanto você precisa?" Keith voltou-se para seu onipresente assistente. "Dougal! David precisa de dinheiro."

Declaração absurda de uma fortuna que ele não tinha, autoimportância autoimposta, sua resposta também indicava uma generosidade que se tratava de um fardo excessivo para ele. Era uma combinação o tempo todo exposta. Certo dia, na limusine, Dave Edmunds começou a desabafar sobre o divórcio pelo qual passava e, em particular, como o processo provavelmente o deixaria um sem-teto.

"Dougal!", ordenou Keith imediatamente. "Onde estão as chaves de Tara? Vou dar a casa para Dave."

"Você nunca sabia quando ele estava falando sério, porque ele era sempre exagerado", recorda-se Edmunds. "Não dava para saber se ele falava sério ou se esqueceria do que disse 2 minutos depois. [*Nesse caso, foi a segunda opção.*] Era meio triste."

Em outra ocasião, com Paul Nicholas na limusine, Keith virou-se para Dougal e disse, sem propósito algum: "Quantos carros temos agora?".

"Doze, se não me engano."

Moon voltou-se para Nicholas. "Bom, hein?"

("Não sei se ele estava tentando se exibir", diz Nicholas, "mas *foi* engraçado.")

Em Manchester, o núcleo dos Stray Cats foi ao Slack Alice, o clube comandado pelo lendário astro do futebol do Manchester United, George Best, para ver um show de Lulu. Karl Howman, envergonhado por Keith sempre pagar por tudo, insistiu de antemão que ficaria por conta dele. Estava disposto a lançar mão do salário semanal inteiro para provar que era capaz de se bancar. Quando, ao final da noite, a conta deu o salário de um mês inteiro, ele entrou em pânico. Keith, apenas observando, o chamou para perto de si e sugeriu que fugissem. Bêbados e envergonhados, ao sinal dado por Keith, Karl e os outros Stray Cats zarparam correndo do clube e para dentro da limusine que os esperava. Só no dia seguinte foi que Keith informou ao seu protegido que já havia pagado a conta quando Karl não estava olhando.

A maior e mais triste demonstração de generosidade (e de autoengrandecimento) de Keith ocorreu em Manchester, na semana em que "Rock On", de David Essex, chegou ao top 5 nos EUA. A imensa popularidade de Essex – tanto na vida real quanto como Jim MacLaine, em *Stardust* – incomodava demais Moon, que ficava com uma inveja desnecessária, ainda que compreensível. Pediu a Butler que imprimisse uma manchete de jornal falsa, que anunciava que ele havia herdado uma grande fortuna e, para "celebrar", deu uma festa que durou a noite inteira no Post House para todo o elenco e toda a equipe. A comida veio de um restaurante indiano local, entregue aos quartos dos amigos pelo próprio Moon. (O quarto dele era bem conhecido de todos: havia serrado a porta ao meio, de forma que pudesse se debruçar por cima dela, como se estivesse num estábulo.) A música ficou por conta do grupo folk irlandês The Dubliners, que estava hospedado no Post House em turnê. O próprio Keith, porém, perdeu boa parte da festa depois de abrir uma garrafa com os dentes e acabar mordendo e quebrando o vidro também – foi conduzido ao hospital para levar pontos na gengiva.

A ressaca no almoço do dia seguinte foi sentida não só na cabeça. A conta, recorda-se Howman, "ia da recepção ao restaurante". Moon quase caiu no choro quando a viu. "Por que eu faço isso?", perguntou a Dougal. "Não posso pagar." Dougal só balançou a cabeça. Perguntava-se a mesma coisa com frequência.

As filmagens em Manchester terminaram com um "Show dos Favoritos de 1965", estrelando os Stray Cats no auge da fama fictícia. Foi uma re-produção da ocasião em que Keith tocou na Wembley Arena tantos anos antes ao lado dos Beatles, dos Stones etc. Para somar à inevitável sensação de *déjà vu*, o "show" foi no Belle Vue, local de Manchester onde o The Who havia tocado durante a turnê de *Quadrophenia* poucos meses antes.

Os produtores reuniram milhares de adolescentes excitadas ao anun-ciar um show gratuito de David Essex. Na porta, as fãs ganharam cachecóis com "Stray Cats" estampado, o que só aumentou a excitação. A esperança da equipe de filmagem por um caos ao estilo Beatlemania foi mais do que concretizada quando o público foi à loucura quando Essex entrou no palco. Nem os gritos ensurdecedores nem as imagens de seguranças puxando ga-rotas de cima de um ídolo adolescente impressionado estavam no roteiro; a vida imitava a arte, que imitava a história, com um efeito bizarro.

"Acho que todos nós ficamos baratinados naquele dia", diz Dave Ed-munds. "Sei que eu fiquei. Pensei: 'Estou gostando disso, isso é real. É como você se sente ao deixar o palco depois de um grande show – muito emotivo'. E então: 'Espera aí, isso é para um filme.'"

Karl Howman, igualmente exuberante – então era *essa* a sensação de ser um astro do rock 'n' roll –, seguiu Keith até o *backstage* para lhe dar um abraço. Lá, encontrou o amigo aos prantos, balbuciando algo incompreen-sível sobre ter destruído aquela sala recentemente.

"Ele estava confuso", diz Howman. "Ficou completamente confuso com a adulação que recebemos no palco, pois já vivera aquilo na vida real, e acho que sentiu uma tristeza diante da possibilidade de aquilo nunca mais acontecer com ele. Acho que ele pensou: 'Será que esse é o fim?' Porque, àquela altura, o The Who não estava em turnê."

Dave Edmunds tem uma lembrança parecida. "De repente, estamos no *backstage* e ele começa a chorar. Vou atrás dele até ficarmos só nós dois. Ele se desmancha. Diz, chorando: 'Não consigo aguentar a pressão.'" Edmunds fez seu melhor para consolar o novo amigo – e herói de longa data –, até que se sentiu também deprimido. "Eu pensava: 'Pobre coitado, eu não sabia que era tudo fachada, me pergunto se o diretor devia saber disso, se eu deveria contar a David Puttnam'. E então olho para cima e ele está rindo e bebendo e contando uma piada para alguém. A crise acabara. E eu fui deixado lá embaixo."

Embora Edmunds até hoje não tenha certeza se Moon estava fingindo, Dougal Butler, o confidente mais próximo de Keith e o mais provável de enxergar além de seus histrionismos quase sempre convincentes, está certo que não se tratava de fingimento – de que, por um único e terrível momento, na frente de seus amigos mais próximos na época, Moon quase teve uma crise. Assim como Karl e Dave, Dougal se recorda de Keith perturbado e confuso por ter tocado no local antes com o The Who, por ter destruído a sala e, acima de tudo – o que é mais uma evidência de sua insegurança subjacente dentro da própria banda –, por não ter sido o centro das atenções daquele grupo no palco.

NESSE MOMENTO – CINEMATOGRAFICAMENTE BEM-SUCEDIDO, MAS desconcertante para Keith –, as filmagens de *Stardust* foram para os EUA, onde Larry Hagman, astro da série de TV *Jeannie É Um Gênio*, roubaria a cena como o empresário casca-grossa e abrasivo de MacLaine nos States, Porter Lee Austin. Anos depois, Hagman adaptaria essa *persona* brilhante para um dos personagens mais célebres da história da televisão, JR Ewing, da série *Dallas*.

Moon, Edmunds e Howman não foram convidados a ir para o exterior: todas as cenas "americanas" deles já haviam sido filmadas no Reino Unido. Keith chegou a conhecer Hagman, que entreteve em sua limusine e a quem se declarou um grande fã de *Jeannie É Um Gênio*. O ator, afeito a Keith como tanta gente, disse a Moon que o procurasse sempre que estivesse em Los Angeles.

CAPÍTULO 28

Por acaso, Moon estaria a caminho de Los Angeles em poucos dias. *Stardust*, ele enfim compreendera, era uma reescrita ficcional da história, com um galã temporário no papel principal, uma mera brincadeira em comparação à sua própria vida. Os *verdadeiros* Beatles – John Lennon e Ringo Starr, pelo menos – estavam em Los Angeles se preparando para gravar um álbum com Harry Nilsson e Keith foi convidado a se juntar a eles. Isso era mais do que qualquer um no *set* poderia ostentar. Keith mal parou para fazer as malas antes de embarcar de primeira classe para a Califórnia.

Em meados dos anos 1970, Los Angeles, em competição contínua pelo título com Londres e Nova York, se tornou mais uma vez a capital global da indústria da música. Os artistas "importantes" e "novos" da época – Eagles, Steely Dan, Little Feat e a nova formação do Fleetwood Mac –, junto a cantores-compositores supremos, como Joni Mitchell, Jackson Browne, Linda Ronstadt e Crosby, Stills, Nash & Young, todos moravam e gravavam lá. Assim como os melhores músicos de estúdio. Os quartéis-generais de muitas das gravadoras majors também se encontravam lá. Apesar de tudo isso, o status recuperado de L.A. era conferido à cidade pela presença da elite dos rock stars britânicos. Dos Rolling Stones ao Led Zeppelin, de David Bowie a Rod Stewart, a vida não estava completa se não fosse curtida em L.A.

Na liderança da turma britânica, ainda que inadvertidamente, estava John Lennon, que foi de sua casa, em Nova York, até lá no final de 1973, depois de se envolver romanticamente com May Pang, assistente tanto dele quanto de sua esposa, Yoko. O que tinha a pretensão de ser um curto período de férias se transformou em oito meses nos quais todas as frustrações de ser um ex-Beatle sob a proteção rígida de Yoko foram extravasadas em um aparentemente infindo e infame "fim de semana perdido"[156].

O tom da estadia de Lennon – e uma indicação da loucura que fervilhava sob a imagem exterior de sossego e tranquilidade da cidade – foi dado quando ele tentou gravar alguns clássicos do rock 'n' roll de sua juventude com Phil

---

156 Para todos os efeitos, não foi de forma alguma "perdido". Para um relato detalhado e fascinante do período mais volátil da vida de Lennon, que desmente muitos dos boatos que convenientemente o cercam, recomendo a leitura do livro de May Pang, *Loving John*.

Spector como produtor e as sessões se degeneraram em festas ébrias repletas de agregados famosos e foram interrompidas por Spector, emocionalmente instável, dando tiros no teto do estúdio. Depois de abandonar o projeto (que por fim comporia parte de seu álbum de 1975, *Rock'n'Roll*), Lennon ofereceu seus próprios serviços de produtor a Harry Nilsson. Um dos compositores mais talentosos de sua geração, Nilsson ficou encantado e, como resposta, propôs gravar um álbum com *suas* canções de rock'n' roll favoritas[157]. Ringo Starr, que também estava gravando em Los Angeles e acabara de ceder sua suíte no hotel Beverly Wilshire a Lennon ao ir embora, voltou direto para L.A. quando ficou sabendo desse projeto. Parecia divertido demais para perder.

Keith Moon pensou a mesma coisa. Ele e Dougal voaram para Los Angeles na segunda metade de março e também se hospedaram no Beverly Wilshire, poucos dias depois de Nilsson ter tirado John Lennon da linha o suficiente para ambos serem expulsos do Troubador durante uma apresentação dos Smothers Brothers – expulsão registrada pelas câmeras e divulgada em todas as primeiras páginas dos tabloides no dia seguinte. Tal vergonha levou à conclusão da parte "perdida" do "fim de semana perdido" de Lennon; na noite seguinte, ele apareceu, sóbrio, no jantar de uma premiação de braço dado com May Pang – confirmando os boatos de que estava separado de Yoko –, e, embora continuasse a sair e se divertir, nunca mais foi pego em público tão embriagado.

Isso levou Keith, Ringo e Harry a formar um trio encrenqueiro, com frequência complementado por Dougal e quaisquer outros festeiros brabos, como o guitarrista Jesse Ed Davis, que se achassem capazes de durar até o final das aventuras. Mesmo nas melhores épocas, esses eram homens que ficavam loucamente bêbados e dispostos a se ridicularizar em público. E, em muitos aspectos, aquela *era* a melhor época: Ringo tinha dois compactos número um nos EUA de seu álbum *Ringo*, também no topo das paradas; Keith Moon ser membro de uma das maiores bandas do rock

---

157 O álbum de Nilsson acabou composto metade por covers, metade por canções autorais novas.

CAPÍTULO 29

garantia que ele fosse igualmente bajulado (ainda que ocasionalmente temido), em todo lugar a que ia; e a reputação de Nilsson como um dos principais e melhores cantores-compositores dos EUA já estava selada.

Porém, em outros aspectos, que nenhum deles confessaria, é claro, não era a melhor época de forma alguma. Assim como Lennon, tanto Moon quanto Starr haviam recentemente se separado das esposas. Los Angeles era um playground onde podiam esquecer suas amadas e se afundar nos mesmos excessos que os levaram a ficar solteiros em primeiro lugar. Keith e Ringo, assim como Harry, puderam viver a vida verdadeiramente hedonista dos ricos e famosos, em meio a colegas *rock stars* que pensavam como eles, com a qual sonhavam desde a juventude em seus lares de classe trabalhadora em Londres, Liverpool e no Brooklyn.

Keith, é claro, provocava esse estilo de vida também. Quando descobriu que Mick Jagger também estava no Wilshire, por exemplo, decidiu fazer uma visita noturna ao velho amigo. Em vez de usar o elevador e a porta da frente, Keith percorreu as sacadas do lado de fora – colocando a vida em perigo sem pensar muito, como de costume – e entrou no quarto de Jagger pela janela. Ao ouvir o barulho, o Rolling Stone pegou o abajur e se preparou para atacar o intruso. Porém, era só Moon, pilhado com a empreitada – e especialmente deleitado ao ver a esposa de Mick, Bianca, na cama. Supostamente, a convidou para sair para dançar.

Quando Keith chegou a Los Angeles, Lennon acabara de gravar todos os seus rocks favoritos e Nilsson estava prestes a fazer a mesma coisa. Tanto David Bowie quanto Bryan Ferry também haviam acabado de fazer sucesso com álbuns compostos inteiramente por covers de suas músicas favoritas (Bowie incluíra "I Can't Explain"[158]). Por que, então, Keith supôs, ele não deveria fazer a mesma coisa? Numa noite particularmente ébria, no circuito festeiro da Sunset Strip, Keith se virou para Mal Evans, o *ex-road manager*

---

158 *O álbum de David Bowie a que Fletcher se refere é Pin-Ups, de 1973, porém ele esquece de mencionar que, além de "I Can't Explain", o disco traz um segundo cover do The Who, "Anyway, Anyhow, Anywhere". (N. do T.)*

dos Beatles, que vinha vivendo uma existência vazia em Los Angeles desde que a banda se separara, e sugeriu que ele produzisse um álbum solo seu.

Assim, no final de março, poucos dias depois de chegar a Los Angeles, Keith adentrou o lendário estúdio Record Plant para gravar uma versão de sua canção favorita, "Don't Worry Baby", dos Beach Boys. Entre aqueles que o ajudaram estavam seus velhos amigos John Sebastian, Mark Volman e Howard Kaylan, além de Jesse Ed Davis, na guitarra. Havia também um baterista de estúdio, Miguel Ferrer, pois Keith não tinha intenção alguma de se sentar ao instrumento; tudo o que queria era cantar.

Não foi fácil. "Basicamente, tivemos de cantar a primeira voz com ele para que ele tivesse uma melodia para acompanhar", diz Mark Volman sobre sua contribuição junto a Kaylan. "Ele ouvia uma melodia diferente da que, de fato, saía de sua boca. Era só um cara tentando fazer alguma coisa e se divertir ao máximo, sem ser muito capaz de fazer essa coisa, mas não importava: dava para ver o quanto ele estava se divertindo ao finalmente ter a oportunidade de fazer aquilo sozinho."

"Keith era Keith, não havia nada que se pudesse fazer", concorda Howard Kaylan. "Não dava para dizer: 'Cante isso melhor'. Era uma música que ele sempre teve vontade de cantar, sempre quis ser um Beach Boy. Foi uma gravação fantástica para ele. E tocar bateria não fazia parte dessa fantasia. Tocar bateria era seu trabalho, então ele não queria gravar algo que envolvesse seu trabalho."

"Foi um verdadeiro zoológico", diz John Sebastian. "Havia tanta gente! O que faziam parecia muito um esquema do Spector – quatro guitarristas ao mesmo tempo. Mas foi meio constrangedor, porque muitos desses caras que eram músicos de estúdio mais sérios não sabiam o que achar daquele tal de Keith Moon, que meio que rolava pelo estúdio com uma garrafa de Courvoisier, todo alegre e engraçado. Claramente, para ele, foi sensacional, mais do que qualquer coisa."

Obviamente: a gravação final certamente era difícil de ser levada a sério. Keith não cantava em falsete desde o EP *Ready Steady The Who*, de oito anos antes, e dava para notar; ele mal conseguia segurar a melodia

CAPÍTULO 29

(e uma melodia particularmente desajeitada, para começo de conversa), menos ainda dominá-la. A força das harmonias de Volman e Kaylan só revelavam ainda mais a fraqueza da primeira voz.

Sua versão tampouco poderia ser vendida pela produção. A "Don't Worry Baby" original era obra de um jovem gênio americano (Brian Wilson) em seu momento mais inspirado, num tributo a outro menino prodígio (Phil Spector), que contou com os melhores músicos de estúdio da época, todos os quais conheciam o estilo de tocar uns dos outros. Não podia se esperar que Mal Evans, que tinha apenas um álbum do Badfinger no currículo de produtor, reunisse uma banda literalmente da noite para o dia e sequer *sonhasse* em chegar perto de tamanha inspiração original.

Porém, de certa maneira, nada disso importava. Keith havia realizado um sonho e isso foi o bastante para mantê-lo num ânimo ótimo pelo resto de sua estadia em Los Angeles. Seu mundo ficou temporariamente perfeito quando John Lennon decidiu que tantos doidos do rock 'n' roll mereciam um asilo próprio e alugou uma casa de praia em Santa Monica para todos eles (usada anteriormente para os infames encontros amorosos entre John e Robert Kennedy e Marilyn Monroe). Agora, Keith não estava só andando com os Beatles, mas também morando com eles. Por três curtas semanas, John Lennon e May Pang, Keith Moon, Harry Nilsson, Ringo Starr, além do baixista Klaus Voormann e sua namorada, Cynthia Webb, e do empresário de Ringo, Hilary Gerrard, moraram todos juntos (Dougal ficou mais do que contente em permanecer na suíte de Keith no hotel) e suas conversas eram supostamente escutadas pela CIA, que seguia convencida de que Lennon era um subversivo.

Na realidade, tudo o que Lennon queria fazer era música e se divertir. Só sugerira o "asilo" para colocar todo mundo debaixo de um mesmo teto e de forma a não atrasar as sessões. Para Keith, a vida na casa de praia lhe deixou o mais feliz possível fora do The Who e de alguma felicidade romântica. E mesmo em meio a companhias tão estelares, aspirou a roubar a cena. Dormia num cubículo ao lado do quarto principal de John e May e era o último a acordar, em parte por ser de sua natureza, mas também para fazer uma entrada triunfal. Descia vestido de "Barão Von Moon", com um casaco longo de couro e óculos, uma valise e sem calça. Depois de saudações sofisticadas num sotaque germânico, ele voltava para o quarto e se vestia devidamente. Em seguida, depois de tomar os medicamentos que o deixavam no jeito, descia e começava a regalar os demais com histórias loucas de sua vida na estrada.

As tardes eram passadas com goles de coquetéis ao redor da piscina e as sessões de gravação no Record Plant tinham início no começo da noite. Uma frota de carros ficava sempre a postos e, lá pela meia-noite, Keith, Ringo e Harry a usavam para sair pela cidade.

"Você via aquelas limos chegando e as pessoas sumiam", recorda-se Howard Kaylan. "Era tipo os Doze Condenados ou os Quatro Cavaleiros do Apocalipse. 'Aonde eles vão nesta noite? Para não estarmos lá.' Era uma caravana que causava devastação por onde passava."

Depois de uma noite de bebedeira pesada e drogas, as limos deixavam o trio em casa, embora raramente os três estivessem desacompanhados. Com Pamela Miller agora noiva, Keith estava livre para pegar uma garota diferente quase que toda noite. Naturalmente, havia algumas ressacas pesadas. "Estávamos sentados à mesa de café da manhã certo dia", se recorda May Pang, "e Keith desceu com uma das garotas com quem saía naquela semana, segurando um copo à boca e com o corpo todo tremendo. John e eu nos entreolhamos e não soubemos o que fazer. E então olhei para a garota, qualquer pessoa que andasse com Keith também estaria usando drogas... Era uma tremedeira que surgia na manhã seguinte, descobri depois, mas quando ele me disse quantos quaaludes havia tomado, qualquer outra pessoa estaria morta. Fiquei muito preocupada com ele, e essa garota enfim acordou a ponto de dizer: 'Vou levá-lo de volta para a cama'. Ele mal conseguia ficar de pé, as pernas pareciam de borracha. John disse: 'Ah, ele vai ficar bem'. Já eu não tinha certeza. Talvez porque fosse conhecida como a Dona Careta, porque não usava drogas. Porém, se eu precisava de um motivo para não usá-las, lá estava!"

Keith ofereceu acesso a seu estoque a May mesmo assim. "Certa noite, ele perguntou se eu queria alguma coisa. 'Como assim?', perguntei, e ele

CAPÍTULO 29

abriu a primeira gaveta, que estava cheia de drogas. Eu achava que já tinha visto de tudo, mas acho que não tinha. Ali havia todo o tipo de coisa capaz de deixar você acordado por alguns dias."

Não era o único a manter uma drogaria particular. Paul McCartney se propôs a, no primeiro dia das sessões de gravação de *Pussy Cats*, visitar Lennon com sua esposa, Linda; foi a primeira vez que a dupla de compositores mais famosa do mundo se encontrava num estúdio desde o fim dos Beatles. Ringo, Keith e Harry perderam a frágil reconciliação dos dois, pois já haviam saído para a noitada, mas, alguns dias depois, McCartney, junto com Linda e os filhos, passou na casa de praia e foi direto para o piano; embora Lennon e Starr imediatamente tenham se retirado da sala, Moon e Nilsson aproveitaram a oportunidade para cantar com um Beatle. Nilsson também aproveitou para oferecer pó de anjo a McCartney.

"'É divertido?', perguntei", escreveu o ex-Beatle na biografia *Many Years From Now*.

"Ele pensou a respeito por meio minuto. 'Não', respondeu."

"Eu disse: 'Bem, então quer saber, não vou tomar, não'. Ele pareceu entender. Mas era assim que acontecia por lá."

Keith frequentemente levava seus próprios remédios para o estúdio – não que ele tenha tocado muito em *Pussy Cats*. Lennon contratara Jim Keltner, respeitado baterista de estúdio de L.A., para o trabalho antes mesmo que Ringo voltasse à cidade. Agora, com Moon na área também, ele tinha os três melhores bateristas do mundo à mão, embora dois deles estivessem sem prática e saindo demais para serem aproveitados.

Porém, como diz May Pang, "John queria dar alguma coisa a Keith. E, acredite, John tinha compaixão o bastante para se dar conta de que ele precisava de algo". Os três bateristas enfim tocaram juntos em "Rock Around the Clock", mas não foi a performance lendária que poderia ter sido: o nervosismo de Keith ao se encontrar lado a lado de colegas bateristas o levou a se valer de seu estoque de nitrito de amila, que então compartilhou com os outros músicos, o que resultou numa das *jam sessions* mais frenéticas e menos disciplinadas já registradas.

Mark Volman e Howard Kaylan, em carreira paralela sob os nomes Flo & Eddie, na época, apresentavam um programa de rádio ao vivo nas noites de domingo na KROQ de Los Angeles, cujo episódio típico contaria, diz Kaylan, "com números de comédia no canal direito, cânticos africanos no esquerdo e alguma receita no do meio". Discos, em geral glam rock britânico ou clássicos antiquíssimos, nunca eram tocados por mais de 1 minuto. Era o caos típico de Keith, e ele e Ringo toparam participar certa noite de domingo – em que Flo & Eddie também receberiam Rodney Bingenheimer, dono da English Disco, na Sunset Strip, e um grupo de adolescentes maquiadas com glitter que frequentavam tal clube.

"Keith chegou com Dougal", diz Kaylan, "e os dois estavam estrumbados. Ele tinha todo o tipo de drogas e bebidas maravilhosas, champanhes, brandies, então montamos um pequeno bar e ficamos doidos. Ele disparava tiradas de duplo e triplo sentido e, como o programa era ao vivo, os engenheiros de som tentavam antecipar o que ele ia dizer e em que momento. Mas era impossível, porque, assim como na síndrome de Tourette, ele esperava até que todo mundo estivesse calmo e dizia: 'Puta que pariu!', sem motivo algum, só para enlouquecer o pessoal da rádio."

Quando Ringo chegou a um estado ainda mais embriagado, minutos antes da rádio sair do ar à meia-noite, Howard e Mark decidiram continuar a transmitir. Por isso e pela propensão aos palavrões (Volman se lembra de, mais tarde, ter editado 14 "fodas" de Ringo nos primeiros 90 segundos para uma retransmissão), eles e os produtores receberam um aviso prévio de duas semanas para deixar a rádio.

Para Moon e Starr, a farra afetava pouco suas agendas mínimas de gravação (ou talvez fosse o contrário). Já para Harry Nilsson – cujo álbum de retorno era a razão para todo mundo estar ali, para começo de conversa –, a bebida e as drogas acabaram com sua voz. Lennon decidiu afastar Nilsson das tentações da cena baladeira de L.A. e levá-lo para a relativa sobriedade do ambiente nova-iorquino, mais controlado. Já era tarde demais; *Pussy Cats* foi um fracasso comercial do qual a carreira outrora estelar de Nilsson não se recuperou. Lennon nunca mais produziu outro artista.

CAPÍTULO 29

Sem Lennon, a casa de praia em Santa Monica perdeu sua aura mágica. Um a um, os ocupantes fizeram as malas e voltaram para os seus lares, até onde aqueles nômades do rock 'n' roll tinham residência fixa. Keith, pelo menos, que foi embora no dia 19 de abril, tinha um destino profissional: *Tommy* começaria a ser filmado no dia 22 daquele mês. Mesmo assim, havia sido fisgado por L.A., pela camaradagem entre os membros da elite do rock e, em particular, pelo desejo de concluir um disco solo só seu. Harry Nilsson, Ringo Starr, Jesse Ed Davis, Klaus Voormann, Jim Keltner e Mal Evans, todos ofereceram seus serviços. John Lennon até prometeu a Keith uma canção inédita. Tudo o que ele teria de fazer era ir lá e cantar. Não tinha como dar errado.

O fato de o envolvimento de Keith em *Stardust* e *Pussy Cats* tê-lo impedido de gravar o restante da trilha sonora de *Tommy* não o incomodou em nada. Eram só faixas velhas salpicadas por músicos de estúdio e vocais de outras pessoas, mesmo. Não era como se ele estivesse de vadiagem para não tocar num álbum novo do The Who. Estava se divertindo genuinamente em outros cantos.

Pete Townshend parecia igualmente confortável com a ausência de Keith, chamando-a de "um mal que veio para o bem". A incapacidade de Moon de variar seu estilo de tocar já era havia muito uma fonte de frustração subjacente, e Pete ficou aliviado de enfim ter uma oportunidade legítima de trabalhar com outros bateristas. Contratou os músicos de estúdio Mike Kelly, Tony Newman, Richard Bailey e Graham Deakin; mais significantemente, também contou com Kenney Jones, dos Faces. Nada disso era um insulto a Keith – Pete relegou algumas de suas próprias funções na guitarra a nomes como Ron Wood e Mick Ralphs, e John Entwistle compartilhou os créditos dos baixos. Mas, considerando-se o número absoluto de bateristas adicionais, parecia que Townshend estava sondando o terreno para o caso de o The Who se ver sem Keith de forma permanente.

É interessante que quase todos esses outros bateristas tenham tocado exatamente como Keith, pegando pesado na síncope e fazendo viradas longas: dez anos depois de Moon ter revolucionado a bateria, seu estilo de tocar passara de exceção a norma no rock. Nenhum dos contratados, porém, chegava aos pés das performances de Keith no álbum *Tommy* original, coisa da qual nem ele mesmo seria capaz, apesar de se esforçar ao máximo em "Fiddle About" (que também cantou) e "Sparks".

Na verdade, embora a trilha sonora de *Tommy*, o filme, contasse com um time fenomenal de artistas talentosos, não se trata de um álbum muito bom. Mesmo os músicos de estúdio mais reconhecidos do mundo nunca serão substitutos dignos da magia intrínseca das Bandas Grandes de Verdade (como Keith logo descobriria em Los Angeles), e a troca constante de formação resultava em performances apenas competentes, mas raramente inspiradas. (Também não ajudava o fato de Ann-Margret e Oliver Reed terem ficado com a maioria dos melhores versos de Daltrey.) Decerto não é coincidência que o triunfo musical mais óbvio da trilha sonora, "Pinball Wizard", tenha sido interpretado por Elton John, que insistiu em usar sua própria banda e até sua própria equipe de estúdio. Talvez também não tenha sido acidente que um dos concorrentes a esse posto, uma versão reenergizada, roqueira e altamente disciplinada de "I'm Free", tenha contado com o núcleo do The Who, mais Nicky Hopkins, no piano; e Kenney Jones, na bateria.

Keith pode ter abdicado de tocar bateria na trilha sonora, mas não pretendia fazer a mesma coisa com seu tempo de tela. O roteiro original de Kit Lambert colocava Uncle Ernie como um dos personagens principais; Keith parecia seguro para finalmente entregar uma grande atuação. Porém, quando Ken Russell entrou em cena, reescreveu o roteiro e deslocou quase todo o foco de Uncle Ernie (Moon) para Uncle Frank (Oliver Reed). (Pete Townshend afirma, no livro *The Story of Tommy*, que "tudo o que você vê Oliver Reed fazer no filme era, originalmente, para Keith fazer".) O diretor o fez ao trocar os acontecimentos de "1921", uma das canções-chave, que foi repaginada como "1951" para modernizar a época do filme. No roteiro de Russell, o amante (Uncle Frank) mata o pai (Cap-

CAPÍTULO 29

tain Walker) depois de ser descoberto na cama com a mãe (Nora), em vez de, como a composição inicial de Townshend insinuava vagamente, o contrário. Uncle Frank então se torna o guardião legal de Tommy; Uncle Ernie se torna pouco mais do que um fantoche de Frank.

Havia lógica na alteração de Russell. Depois de ter contratado Oliver Reed como astro do filme, era certo que o diretor o colocaria na frente das câmeras pela maior parte da película. Isso ser feito às custas de Keith era um mero infortúnio, mas decerto conveniente. Ken Russell chegou para trabalhar em *Tommy* conhecendo pouca coisa sobre o The Who, e, quando conheceu o grupo no Ramport, Keith se atrasou 6h, como era típico. No mudo de Russell, isso era argumento suficiente para demissão instantânea, e ele esbravejou com Townshend que a maioria dos diretores não toleraria esse tipo de atraso. Claramente, a disciplina do mundo da música clássica que Russell adorava não o deixava bem preparado para a informalidade do rock'n'roll. Porém, pode ter lhe ajudado a decidir, como se recorda Oliver Reed, que "não queria envolvimento algum de Moon no filme"[159].

É claro que ele não se livraria de Keith tão facilmente. Uncle Ernie sempre seria o centro das atenções ao cantar "Fiddle About", Keith hilariamentemente sórdido no papel, usando seu figurino redesenhado de pervertido numa das melhores cenas do filme. (Sem dúvida, ele se divertiu ainda mais por ter a oportunidade de molestar e praticar *bullying* com um Roger Daltrey indefeso.) Russell tampouco foi capaz de impedir Keith de cantar "Tommy's Holiday Camp" – afinal, ele a havia "composto". Porém, o fato de que o maravilhoso órgão motorizado que Keith é visto tocando durante essa música (o veículo custou 4.500 libras e precisava ser operado por duas pessoas) era para ter sido usado em outras cenas além dessa indica que parte do personagem de Uncle Ernie foi excluída depois de o filme entrar em pré-produção.

---

159 Talvez não tenha sido uma tentativa de jogos mentais da parte do diretor, mas Russell respondeu ao meu convite para uma entrevista para este livro com um cartão-postal em que me informava que "tudo o que tenho a dizer a respeito de Keith Moon, já disse na minha autobiografia, *A British Picture*" – intitulado *Altered States* nos EUA. Keith não é mencionado uma vez sequer no livro.

Oliver Reed acredita que Ken Russell temia que colocar Moon e ele diante das câmeras ao mesmo tempo se provaria explosivo demais e incontrolável. Embora seja um ponto válido, nas poucas ocasiões em que os dois *são* vistos juntos (no final de "Fiddle About", quando Frank ateia fogo no jornal de Ernie como um aviso, e antes e depois de "Acid Queen", para a qual Keith sugeriu que Ernie fosse o bilheteiro do "clube erótico" usado por Tina Turner), a combinação dá um elemento obscuro de depravação humorística ao filme, coisa explorada apenas superficialmente em "Fiddle About".

As cenas breves que encadeiam "The Acid Queen" foram talvez os únicos momentos da carreira cinematográfica de Keith em que ele ficou relativamente quieto. Só de tamborilar os dedos na cabine de ingressos, parecia muito mais sinistro do que um rosto cheio de expressões à Robert Newton poderia parecer. Se já não tivesse aprendido a lição no teste para *Stardust*, decerto foi lembrado por Oliver Reed, que se tornou seu mentor dramático. "Eu havia feito um filme com Orson Welles", diz Reed, "e Orson disse: 'Se estiver em dúvida, não faça nada'. Keith e eu brincávamos que ele era um sorvete e eu um bloco de gelo, de forma que falávamos coisas, mas não fazíamos nada. Keith, porém, não conseguia ficar imóvel, estava sempre remexendo."

Keith sempre reconheceria a influência de Reed em sua atuação. "Aprendi muita técnica com ele", disse com gosto um ano depois. "Mais do que serei capaz de retribuir." Também foi generoso nos elogios ao diretor. Assim como em *Stardust*, ele deve ter se dado conta logo que não seria capaz de carregar um filme inteiro e ficou grato de verdade por qualquer tempo de tela num filme que sabia que seria um sucesso estrondoso. "Ken é ótimo em ajudar o ator no papel", disse numa entrevista em que demonstrava ter aprendido a arte de uma citação pretensiosa. "Ele te dá uma direção em que projetar a pessoa que está interpretando. Dessa forma, ator e diretor trabalham juntos em dar vida, status e dimensão ao personagem. Depois que você define na cabeça o que o personagem é, só confere vida a ele. *Tommy* é uma experiência de cor, som, luz e música, e Ken fez um trabalho incrível. Na verdade, ele é o único louco o bastante para ter feito essa coisa toda." Com a estreia do filme ridiculamente exagerada, ninguém discordaria dessa última afirmação.

CAPÍTULO 29

Sob a direção de Ken Russell, de pavio ferozmente curto, a tutela de Oliver e os olhos atentos de Townshend e Daltrey, que sofriam com ele havia muito tempo, Moon nunca aprontaria tanto no *set* de *Tommy* como o fez em *Stardust*. Ele e Oliver Reed se metiam em desventuras, em sua maioria, fora das câmeras. Ken Russell, temeroso, tentou prevenir isso colocando a dupla em hotéis separados na primeira locação, em Weymouth, no litoral sul, plano que imediatamente deu errado quando Keith, junto a outros festeiros, simplesmente se mudou para o hotel de Reed. "Eles chegaram e Ken Russell foi embora", diz Reed. "Fiquei hospedado com meu guarda-costas e meu dublê, e Moonie com Dougal e... panquecas. O lugar estava cheio de panquecas."

Oliver Reed tinha fama de conquistador – durante as filmagens de *Tommy*, uma revista de cinema o elegeu o ator mais sexy da Grã-Bretanha –, mas não conseguia acreditar na facilidade com a qual Keith atraía uma fila contínua de belas garotas. De repente, o estilo de vida rock 'n' roll começou a parecer bem atraente para o ator que antes o ignorara.

Reed, que na época vivia com sua namorada, Jacqui, e sua filha, Sarah, era um observador passivo da maioria do que Keith aprontava. Observou curioso quando um famoso comediante idoso passou pelo hotel deles e Keith deixou o homem bêbado a ponto de desmaiar, e então encorajou as duas garotas que estavam com ele a tirar as roupas do sujeito, deixar marcas de batom nele e deixar o quarto com cheiro de perfume, com um bilhete amoroso e algumas roupas íntimas femininas. Observou com receio quando Keith prometeu a ele uma festa com algumas das coelhinhas da *Playboy*, que agora conhecia pessoalmente, e então desapareceu pela noite. "No hotel em que eu estava, havia uma saída de incêndio com uma porta de vidro", recorda-se Reed, "e eu nunca vou me esquecer de que havia seis garotas se pressionando contra o vidro, com consolos na mão, batendo no vidro, tentando entrar. Eu estava completamente sozinho e pensava: 'Moonie, onde está você?!'"

Oliver Reed retornava para Broome Hall aos fins de semana e Keith prontamente tomava conta de sua suíte para farrear, coisa que Reed só descobriu ao ver a conta do hotel. "Moon não estava tentando me ludibriar", escreveu ele em seu livro, *Reed All About It*. "Simplesmente não passou pela cabeça dele *quem* seria cobrado pelo quê."

Keith, porém, o pagou de outras formas. Numa segunda-feira, Reed retornou à suíte e a encontrou decorada com todo o estoque de uma floricultura local. Era a maneira de Keith de agradecer pela hospitalidade.

Nada disso significava que Keith respeitava a propriedade. Certo dia, chamou Reed até seu quarto para ajudá-lo a "consertar a televisão". Alheio às maquinações de um músico de rock 'n' roll em turnê, Reed ajudou o amigo a mover o aparelho para perto da janela. "De repente, ele inclinou a TV para um lado e lá foi ela pela janela. *Bang*! O porteiro do hotel subiu correndo as escadas. 'Ótimo, aí está você', diz Moon. 'Da próxima vez, atenda ao telefone quando eu ligar.'"

Tommy começa e termina com cenas em colônias de férias – a ideia de Keith em 1968-69 que dera à ópera toda uma base mais terrena. Por ser americana, Ann-Margret não tinha vivência nenhuma nessas colônias. Keith e Oliver prontamente a levaram a uma de verdade por um dia.

Keith não escondeu seu desejo por Ann-Margret – "uma garota adorável, com peitos enormes e ótimos", disse ao *NME* depois de conhecê-la –, mas ficara deslumbrado demais para tentar a sorte. Ann-Margret se recorda de Keith, assim como muita gente que já era famosa quando o conheceu, como um "perfeito cavalheiro. Quando eu estava com ele, Keith não sentia necessidade de interpretar um papel. Era somente muito vulnerável".

Atiçado pela colônia de férias, Reed decidiu visitar um velho amigo que ele sabia estar trabalhando como monitor numa delas, na Ilha de Wight. A equipe de *Tommy*, no momento, estava hospedada na Ilha Hayling, perto dali. Chegar à Ilha de Wight não foi problema; Keith e Oliver, com Dougal a tiracolo, foram de balsa. Porém, uma vez lá, ficaram bêbados como de costume e perderam a última balsa de volta. Reed precisava estar no *set* na manhã seguinte, e, profissional como sempre, ficou determinado a retornar antes da aurora. A solução de Keith foi simples: "Vamos arrumar um barco de pesca".

CAPÍTULO 29

"Mas o tempo fechou", diz Reed, "e ninguém topava nos levar de volta. Por fim, encontramos uma garota e o pai dela no que era basicamente um barco a remo. Foi como Flora MacDonald[160]. O pai remava enquanto a filha direcionava o barco. E Keith foi de pé na proa, segurando o leme diante daquele monte de ondas que vinha para cima de nós, guinchando e berrando para o mar. Pensei que ele fosse ser jogado do barco."

Quando chegaram à Ilha Hayling, a tempestade estava tão feia, que o barco não conseguia se aproximar da praia. O trio saltou na água corajosamente e nadou contra as ondas até a terra firme. A equipe, que se reunia para o café da manhã, ficou atordoada quando Keith Moon e Oliver Reed entraram no hotel ensopados, totalmente nus, e pediram brandies.

Apesar de a produção de *Tommy* não ter sido atravancada por nenhuma "diversão" fora das telas, foi pausada umas duas vezes pela pouca atividade de trabalho que o The Who teve em 1974. Apesar do fracasso artístico da turnê de *Quadrophenia*, a demanda fenomenal por ingressos em Londres levou a banda, ou pelo menos o novo empresário, Bill Curbishley, a ponderar o enorme potencial de um show avulso. Assim, no dia 18 de maio, o The Who tocou no The Valley, o grande campo de futebol coberto do Charlton Athletic, na região sudeste da cidade. O plano era que o evento contasse com 50 mil pessoas, mas a enormidade da ocasião e a falta de segurança concederam entrada ilegal a pelos menos mais outras 25 mil. Lindisfarne, Bad Company, Maggie Bell, Lou Reed, Humble Pie e Montrose também tocaram. O show foi filmado pela BBC, embora não tenha inspirado nenhuma lembrança vívida ao The Who. De fato, quando Chris Charlesworth foi entrevistar os membros sobreviventes da banda

---

160 *Figura histórica escocesa que ajudou o pretendente jacobita ao trono britânico Charles Edward Stuart a fugir para a Ilha de Skye de barco, após sua derrota na Batalha de Culloden, na Escócia, em 1746. (N. do T.)*

para a compilação de vídeos *Thirty Years of Maximum R&B Live*, vinte anos depois, nenhum deles tinha recordação alguma da ocasião.

Keith fez sua parte para provar que maior significava melhor naquele dia, ao revelar sua enorme bateria. De forma absurda e quase cômica, o kit agora tinha três conjuntos de tom-tons *enfileirados*. Como observa John Entwistle: "Ele não tocava da esquerda para a direita ou da direita para a esquerda, tocava *para a frente*. Quando você o vê tocar aquelas viradas insanas, ele não está contornando a bateria, mas movendo os braços para frente, da caixa para os tons. Nunca vi ninguém tocar desse jeito, nem antes nem depois dele". Cada um dos onze tons tinha um tamanho discretamente diferente, o que permitia uma mudança de timbre igualmente delicada; o resultado, em seus últimos anos tocando bateria, eram cascatas pelos tambores que quase sempre se equiparavam aos *glissandos* dos pianistas.

Apenas quatro dias depois de Charlton, o The Who fez outro show, em Portsmouth, em agradecimento aos mil e quinhentos figurantes, em sua maioria estudantes locais, que participaram da cena de "Pinball Wizard", em que Elton John aparece com o The Who como "banda de apoio" (embora ninguém do The Who tenha tocado nessa faixa em particular). Essa cena se mostrou notavelmente similar ao show de mentira dos Stray Cats em Manchester, em *Stardust*: dessa vez, o público ganhou cachecóis de *Tommy* e reagiu com o mesmo furor, que culminou com a invasão do palco. Porém, levando-se em conta que era o The Who no palco, Keith não sofreu nenhuma confusão interna, como a experiência em Manchester trouxera alguns meses antes, e a banda considerou o show particular que tocou em seguida um de seus melhores em muitos anos.

Em junho, foram para Nova York, que havia sido pulada na turnê de *Quadrophenia*, para quatro shows consecutivos no Madison Square Garden. Todos os 70 mil ingressos foram vendidos com um único anúncio em apenas uma estação de rádio.

Nesses shows, Townshend estava em seus momentos mais baixos. Enquanto Moon aprontava por aí havia meses, Daltrey satisfazia suas ambições de ator e Entwistle gravava mais um álbum solo, Townshend

CAPÍTULO 29

trabalhava à exaustão na elaboração da trilha sonora de *Tommy*. Seu consumo de brandy havia aumentado dramaticamente, e, numa tentativa de derrotá-lo, ficou num quarto separado, em Nova York. Na primeira noite no Garden, tocou sóbrio e deu de cara com uma crise pessoal quando descobriu (ou acreditou) que era meramente um palhaço de circo pago para pular e girar os braços. Passou os outros três shows num torpor embriagado que só piorava a crise pessoal e moral que serviria de combustível para a matéria-prima do restante da carreira musical do The Who.

A decisão de Pete de se isolar da tentação era certamente compreensível. Na estrada, o The Who – em particular Keith em seu hotel favorito – era uma festa perpétua. Uma das lembranças mais estimadas entre aqueles que o conheciam é a de ver Moon a caminho do Playboy Club, depois de um dos shows, dançando no teto dos táxis, na frente do hotel, e usando apenas um smoking sem nada por baixo.

Joe Walsh, agora um astro solo consagrado, foi se encontrar com a banda no Navarro e se deparou com Keith, como sempre, vivendo no limite. "Saí do elevador no andar de Keith, e John Entwistle estava pendurado no encanamento como um macaco, só de cueca, com uma garrafa de brandy na mão. Dei um 'oi' pro John e fui até o quarto do Keith. A porta estava aberta. Ele não estava lá, fui até a janela e não havia parapeito, mas era uma janela dupla, uma estava aberta e na outra estava um aparelho de ar-condicionado, do tipo que fica pendurado na janela, e Keith estava do lado de fora, em cima do ar-condicionado, observando o Central Park. 'Meu caro garoto, que ótimo vê-lo, sucesso, graças a Deus que você veio', disse ele, e me convidou para subir. Só respondi: 'Não, vou ficar por aqui mesmo'. O aparelho de ar-condicionado tinha uns 45 por 30 centímetros. Fiquei apavorado. Tinha certeza de que ele ia cair. Não conseguia entender como ele tinha conseguido sair pela janela e subir no aparelho com um drinque na mão. Voltei para dentro do quarto apavorado e, por fim, ele desceu e disse: 'Que noite maravilhosa!'"

Para Keith, todas as noites eram maravilhosas. Visitou John Lennon e May Pang, no apartamento deles no hotel Pierre, e, embora Lennon fosse a única pessoa que impressionava Keith de verdade, tomou o cuidado de não estender demais a visita. E se reencontrou com Joy Bang, a atriz/modelo que conhecera sete anos antes, na ocasião dos shows para Murray the K. Alguma coisa evidentemente clicou entre os dois e ele a levou para a Inglaterra na volta. Com Harry Nilsson de volta ao apartamento, em Curzon Place, Keith, quando não estava no set de *Tommy*, se hospedou mais uma vez com Kit Lambert, em Kensington.

Durante uma pausa nas filmagens, Oliver Reed convidou Keith, Joy e o onipresente Dougal para passar um fim de semana em Broome Hall. Keith aproveitou a oportunidade para experimentar e exibir sua mais recente aquisição: uma filmadora que trouxera dos EUA. Oliver e Keith passaram o primeiro dia fazendo uma versão bêbada de *Sonho de Uma Noite de Verão*. À noite, Keith bateu na porta do quarto do anfitrião, implorando a Oliver que fosse ver o que eles haviam filmado.

"Fui até o quarto dele, lá estava Joy Bang na cama, sem roupa, e ele ligou o vídeo e reconheci meu jardim, era muito bonito. E, de repente, reconheci um dos tops da minha namorada, porém usado por Joy Bang. Ela descia as escadas e Moonie vinha filmando de costas, trôpego. Joy Bang então tira a roupa, se deita à beira da velha piscina vitoriana e abre as pernas... Eu e minha namorada esperávamos ver alguma coisa altamente artística, e a única coisa que Jacqui conseguiu dizer foi: 'Por que ela está usando as minhas roupas?'"

Como Reed e Moon tinham se tornado almas gêmeas, não surpreende que a dupla tenha começado a conversar sobre trabalhar junta depois de *Tommy* e bolado uma ideia maravilhosa intitulada *The Dinner Party*.

"Teríamos uma mesa de jantar sobre um palco e então convidaríamos um restaurante para servir o jantar", diz Reed. "O jantar desta noite será servido pelo White Elephant.' Keith convidaria seus amigos e eu, os meus. Haveria telefones na mesa e, no andar de cima, no formato de um ovo de Páscoa, uma mesa de bilhar. Gente tipo [*o campeão de sinuca*] Alex Higgins ficaria jogando, a gente comendo, pessoas entrando e saindo, garçons servindo. Cinco pessoas da plateia seriam convidadas para se juntar a nós a cada noite. Todo mundo teria um par de binóculos de ópera. E seria isso. Os cartazes diriam: 'Você já esteve nesse jantar?'"

CAPÍTULO 29

Uma pena que o plano nunca tenha se concretizado. Quem não teria pago um ingresso de teatro para "ir jantar" com dois dos maiores contadores de histórias que já existiram? Quem não teria sonhado (e ficado mortificado) ser convidado deles? Moon e Reed, juntos, tinham o potencial para uma grande dupla à moda de Peter Cook e Dudley Moore, como *Derek and Clive*, coisa que *The Dinner Party* certamente teria consagrado[161]. Mas é claro que Keith não conseguiu se manter quieto o bastante para colocar tal ideia maravilhosa em prática, e, embora a imprensa tenha cantado a bola de *The Dinner Party* em julho de 1974 e a peça tenha sido discutida ao longo de um ano depois disso, nunca nem chegou perto de acontecer de fato.

Ainda assim, Reed e Moon prontamente se aproveitavam do interesse crescente da imprensa em suas atividades. Alugaram roupas de palhaço da Berman's (mesmo lugar onde Keith arrumou o uniforme nazista), chamaram um fotógrafo até Broome Hall e passaram uma tarde de verão se divertindo pela propriedade, bebendo champanhe e fazendo graça: Reed, de 36 anos, vestido de palhaço e Moon, de 27, de bobo da corte, ambos marmanjos célebres que passavam ares de não ter a menor das preocupações do mundo.

O fato de Oliver Reed ser lembrado mais por sua "loucura" do que por suas atuações pode muito bem ser creditado – ou ter a culpa creditada – a Keith, que, como ele mesmo coloca, o mostrou "o caminho da insanidade". "Eu conhecia o caminho do bar, mas não o do bizarro. Sua sombra está sempre do lado ensolarado da rua comigo, sempre, por causa desse caminho que ele me mostrou."

— ● —

Com todas essas atividades novas e genuinamente empolgantes acontecendo em sua vida, seria de se imaginar que Keith tivesse

---

161 Sempre fazendo amizade com os melhores comediantes, Keith arrumou uma sessão de gravação para Cook, que quis bancar o *pop star*, nos EUA naquele ano.

parado com a obsessão por Kim. Afinal, sua vida parecia ter engatado uma marcha mais aprazível desde que ele abandonou Tara. Poderíamos até sugerir que Kim lhe havia feito um enorme favor: ao deixar Keith, ela o havia soltado para a vida pela qual ele tão obviamente ansiava.

Mas ele ainda disparava saraivadas de telefonemas, intercaladas por visitas inesperadas ocasionais. Quando descobriu que ela estava ficando regularmente com Ian McLagan na casa dele, na Fife Road, saindo do Richmond Park, Keith ligava no meio da madrugada, acordava Mac, que então acordava Kim, e então Keith perguntava a ela: "Você está na cama com Mac?". Kim tinha de dizer que "não".

"Qualquer pessoa racional teria somado dois mais dois", diz ela. "Eu não fingia não estar na casa de Mac às 4h da manhã. *É claro* que eu estava dormindo com ele. Mas tinha de jurar que não estava."

"Não estávamos tentando mentir para ele", diz McLagan. "Ele precisava acreditar naquilo."

Keith mantinha uma curiosa existência dupla com Mac. Caso se encontrassem no circuito profissional, tudo ia bem. Eram músicos da mesma época, farinha do mesmo saco. O fato de Mac e Kim manterem o relacionamento discreto, puramente a pedido de Keith e pelo bem de sua autoconfiança frágil, lhe permitia fingir que nada daquilo estava acontecendo.

"Ele não conseguia encarar", diz McLagan. "Não sabia como lidar. Sabia o que estava acontecendo, mas isso nunca poderia ser discutido. Eu adoraria ter sido capaz de conversar com ele a respeito, mas não faria sentido." No entanto, enquanto essa camaradagem em público persistia, no âmbito pessoal Moon os atormentava. "Ele congestionava nossa linha telefônica por horas, dias. Atendíamos e a linha estava muda, ou não se ouvia nada. Sabíamos que era ele. Eu tinha de cobrir o bocal com fita para que não fôssemos ouvidos. Atendia o telefone quando tocava durante a noite e o deixava fora do gancho, com o bocal tapado com fita, para ele não ouvir."

O assédio, em particular no início do relacionamento de Mac e Kim, foi suficiente para deixá-los fisicamente doentes: Kim teve conjuntivite e herpes-zóster e Mandy desenvolveu tiques nervosos.

CAPÍTULO 29

A pior noite foi quando Moon ligou para Mac, que, diante da pergunta "Kim está aí?", respondeu como sempre: "Não". (Estava mentindo.) Moon convidou McLagan para ir tomar um drinque. Mac achou que isso poderia aliviar o clima e topou. Foram a um pub em Richmond e Keith nem sequer mencionou Kim, porém, enquanto os dois papeavam sobre os velhos tempos, alguns capangas invadiram a casa na Fife Road à procura dela, como se Keith quisesse prova de que ela o estaria "traindo". Kim teve de se esconder no fundo de um closet. Não fazia ideia do que aconteceria se fosse encontrada.

Mesmo depois que Kim se mudou de Campbell Close e foi morar de forma permanente na Fife Road, quase um ano depois de abandonar Keith, os telefonemas continuaram. Diariamente. Só havia uma forma de Kim se fazer entender e cortar os laços com o passado. Ela entrou com o pedido de divórcio.

Annette Walter-Lax tamborilava sobre a mesa do apartamento de um amigo fotógrafo no West End, certo dia, no início do verão de 1974, quando seu anfitrião, na tentativa de impressioná-la, perguntou se aquele gosto pelo ritmo significava que ela gostava de bateria. Se ela quisesse, ele poderia apresentá-la a um baterista de verdade. Não havia nada para fazer naquela hora; ela não via motivo para negar. Num piscar de olhos, se viu num apartamento em Curzon Place, em Mayfair, com vista para o Hyde Park, com um certo Keith Moon. Presumiu que devia ficar impressionada, mas não sabia quem era ele. Seus gostos musicais eram estritamente pop, canções com as quais você pudesse cantar junto ou dançar. Sabia que o The Who era uma das maiores bandas do mundo, mas isso não queria dizer que ela soubesse alguma coisa sobre a banda.

Se alguém parecia impressionado naquela tarde, esse alguém era o baterista supostamente brilhante. Elogiou a camiseta que Annette usava, uma peça cor-de-rosa-choque com os dizeres "20th Century Fox". Disse algo a respeito de essa ser uma descrição adequada. Parecia estar dando em cima dela[162].

Mas Annette estava acostumada com isso, ainda mais naqueles últimos meses, depois que ela começara a trabalhar como modelo. Apenas um ano antes, em abril de 1973, viera para Londres de Estocolmo com algumas amigas para umas férias curtas. Divertiram-se tanto, que só voltaram para a Suécia

---

162 *Embora a tradução literal de "fox" seja "raposa", na gíria, especialmente da época, significaria algo como "gata". O trocadilho com o nome da produtora de cinema, portanto, poderia ser livremente traduzido como "Gata do século 20". (N. do T.)*

puramente para juntar dinheiro e se mudaram em definitivo para Londres, em outubro daquele ano. O dinheiro acabou rapidamente e elas precisaram arrumar bicos, como trabalhar vendendo jeans nas lojas da King's Road, esse tipo de coisa. Mas a beleza de Annette se destacava – ou era o que lhe diziam. Uma conhecida lhe apresentou a Gillian Bobroff, da agência Bobton, com sede em Chelsea, que a contratou de imediato. Começou a trabalhar quase que da noite para o dia, ganhando um bom dinheiro. Gillian falava de prepará-la para o estrelato real e duradouro. Tudo isso e ela acabara de fazer 19 anos em junho. Não era uma vida nada má, pensando bem.

Annette começou a frequentar os círculos de preferência das modelos, que se sobrepunham mais notadamente à indústria musical. Por um tempo, saiu com um empresário e produtor americano em rápida ascensão chamado Skip Taylor, nas viagens regulares que ele fazia à Grã-Bretanha. E então, em julho de 1974, pouco depois de conhecer Keith Moon, aceitou ir a um encontro no Tramp com um homem que alegou ser empresário de David Bowie. Sabia que não era verdade e também nem gostou muito dele, mas foi mesmo assim. Ao descer as escadas para entrar no clube, viu alguém pendurado no lustre do restaurante. Era Keith Moon. Dando uma pausa naquele caos, ele se lançou sobre ela como se fossem melhores amigos há uma vida.

"Olá, querida", disse ele, malicioso.

"Ora, olha só, olá, querido", respondeu ela nervosamente. Aquele não era o homem calmo, sóbrio, educado que ela conhecera no apartamento em Mayfair, que a havia intrigado e lisonjeado. Este era desordeiro, bêbado, desarrumado e lhe faltavam dois dentes da frente, de forma que ele parecia ter acabado de voltar da guerra. (Keith tirava rotineiramente seus dentes falsos quando tinha vontade de adotar sua personalidade mais selvagem e piratesca.) Ela conseguia imaginar este Keith Moon sendo um fardo e tanto para quem saísse com ele.

Annette se sentou para o encontro, pediu drinques e observou o cenário ao redor. Todo mundo que era alguém na cena estava lá naquela noite, todos bebendo Dom Perignon como se a França estivesse sendo invadida.

CAPÍTULO 30

De quem Annette não conseguia tirar os olhos era Rod Stewart. Se lhe tivessem dito um ano antes que ela estaria vivendo feliz e bem-sucedida em Londres como modelo, se misturando com gente como o homem mais sexy do pop, ela simplesmente não teria acreditado.

Annette foi ao banheiro. Quando retornou, seu *date* não estava mais na mesa. Sentou-se sozinha, desconfortável, "como um peixe fora d'água", como se relembraria. Em questão de minutos, Keith Moon se aproximou e se sentou ao lado dela.

"Olá, querida, fui eu que fiz isso."

"Fez o quê?"

"Dei dez mangos para o segurança."

"Para quê?"

"Para expulsar o babaca. Você não gostou dele, não é?"

Annette nunca mais viu o tal sujeito. Foi trazida para o mundo montanha-russa de Keith Moon sem, de fato, tomar alguma decisão a respeito. Porém, como tantas outras garotas que o conheceram e dormiram com ele, não fez objeções. Foi encantada sem esforços pelo humor, as anedotas, o calor humano, a exuberância e o fluxo constante de champanhe dele. Ao final daquela primeira noite, quase sem pensar, certamente sem reclamar, ela voltou com ele para Egerton Crescent, onde Keith ocupava os andares de cima da casa de Kit Lambert.

Só havia um problema. Ele estava com outra garota lá.

Ao máximo que essas coisas eram "oficiais" em sua vida, Keith ainda estava saindo com Joy Bang. Porém, como a "atriz" pegaria o avião de volta para os EUA no dia seguinte e suas férias com Keith terminariam, ela recusou o convite para uma última noitada para poder fazer as malas. Não esperava que ele fosse se atirar em sua próxima conquista tão rapidamente.

Ao ver que foi exatamente isso o que ele fez, Joy explodiu de raiva e começou a xingar Keith aos berros. Enquanto Moon tentava se desculpar com a americana, Annette se encolheu no quarto no topo da casa, se perguntando no que havia se metido com esse cara dez anos mais velho do que ela, tão respeitado no Tramp, a ponto de conseguir expulsar pessoas, e que ousara levar uma garota para casa quando já tinha uma à espera. Ouviu os dois brigarem pelo que parecia ser uma eternidade. De repente, silêncio. Um tempinho depois, Keith subiu.

"Perdão por isso", desculpou-se no melhor sotaque aristocrático que pôde fazer. "Tive de fazer amor com ela para que ela se calasse."

Annette disparou sua resposta sem nem pensar. "Sério? Então você provavelmente está cansado. É melhor ir dormir."

Ele foi. Com Annette.

Na manhã seguinte, Dougal foi até a casa, como de costume. Moon o chamou até o andar superior. "Dê uma olhada no que tenho aqui", sussurrou de forma conspiratória. Butler espiou no quarto e concordou que a adolescente morena era bastante fora de série. Mas havia mais ali do que mais uma para a lista. Seria prematuro dizer que Keith estava apaixonado, mas certamente tinha desejo. Annette, ele declarava de imediato a todos, era especial.

O objeto de seu afeto se sentia da mesma forma. "Ele tinha um lado muito engraçado e inteligente", recorda-se ela. "Era muito leve estar com ele. Não era uma pessoa pesada. Era todo 'sim, claro, OK'. Quando você é jovem, imatura e ingênua e conhece alguém que a trata da forma como ele me tratou... Ele mandava um Rolls-Royce me buscar onde quer que eu estivesse. É claro que todas as outras garotas diziam: 'Qual é desse Rolls-Royce branco vindo buscá-la?'. E eu: 'O que vocês vão fazer agora, garotas?'. Ficava impressionada."

Ao mesmo tempo, diz ela: "Fiquei num estado de choque na primeira semana em que o conheci" – o que é compreensível, considerando-se que ela não sabia nada da reputação ou do estilo de vida dele. Quando sua agente descobriu, ficou furiosa. "De todos os *pop stars*, você tinha que ficar justo com esse! Você tem uma carreira com que se preocupar!" Evidentemente, Gillian Bobroff estava mais familiarizada com Keith do que Annette.

Aquela primeira semana, passada em sua maior parte na cama ou no Tramp e em outras casas noturnas de alta classe, passou num piscar de

CAPÍTULO 30

olhos, regada a champanhe e beijos. E brandy. E outros tipos de bebidas alcoólicas. Annette simplesmente achou que era assim que o rock 'n' roll deveria ser. *Todo mundo* ficava bêbado nos clubes.

Sua ingenuidade a protegia de outras maneiras também. Lembra-se de que, quando conheceu Keith, ele tinha "um enorme buraco na mão". Foi por causa desse machucado que ele passou a segunda semana do relacionamento deles num hospital particular, em Hampstead. Ou foi o que ela pensou. À medida que passou a conhecer Keith melhor, começou a acreditar que o machucado era resultado de uma tentativa fracassada de suicídio. "Parecia que era isso. Era um buraco grande e infeccionado, muito feio."[163] Demorou muito até Annette compreender o motivo real da internação hospitalar. Seu novo namorado era alcoólatra. E estava tentando parar de beber.

Seria maravilhosamente romântico dizer que Keith entrou na *rehab* porque estava se apaixonando e queria ficar sóbrio para desfrutar do relacionamento, mas não era o caso. Sua segunda tentativa de desintoxicação era a culminação necessária da indulgência incessante em que ele se lançara desde que Kim o deixara. Havia meses, todos ao seu redor imploravam para que ele se resolvesse antes que fosse tarde demais. Agora que não haveria trabalho por algumas semanas no verão, ele enfim seguiu os conselhos médicos.

Também estava pensando muito seriamente sobre outros aspectos da vida – apesar de, curiosamente, não ter revelado nada aos dois confidentes mais próximos, Dougal e Annette, que seriam afetados para sempre por sua decisão. Desfez-se de mais posses, dando a Oliver Reed um tabuleiro de xadrez, um tapete de pele de tigre, uma estátua de um rinoceronte em tamanho real, apelidada de Horbny, e, mais significantemente, pediu ao ator que ficasse com um de seus dogues alemães, Beanbag. Oliver aceitou; o cachorro viveu com ele por muitos anos. Claramente, restava pouco interesse na Inglaterra a Keith.

---

163 Oliver Reed viu o mesmo ferimento. Keith "foi até minha casa com o pulso enfaixado e me disse que havia se cortado numa briga de bar".

Uma tragédia pessoal aconteceu no dia 29 de julho, quando Cass Elliot, ex-cantora do The Mamas and The Papas, que fizera amizade com Keith durante as visitas dele a Los Angeles, morrera "de causas naturais"[164] hospedada no apartamento de Harry Nilsson, em Curzon Place. Todos que a conheciam ficaram abalados, porém, todos também diziam a si mesmos (ainda que não em público) que ela estava incrivelmente obesa e fora de forma. Não era como se eles imaginassem tendo o mesmo fim.

Keith não teve tempo de se enlutar de forma substancial. Ao final de julho, acompanhado de Annette, Dougal e Larry Smith, ele e Pete Townshend foram para os EUA, para se juntarem à turnê de Eric Clapton. Pete havia quase que sozinho resgatado Clapton de um vício sério em heroína ao apresentá-lo ao tratamento de acupuntura da Dra. Meg Patterson, organizar um show de retorno em janeiro de 1973 e dar um papel a ele, em *Tommy*. Agora que Clapton estava de volta à estrada, Townshend e Moon se juntaram a ele para oferecer apoio moral também. Keith não era capaz de dar o melhor exemplo de sobriedade, mas se Annette havia gostado da companhia do Keith gentil que saíra da clínica – e tudo acontecia tão rápido, que ela ainda mal o conhecia direito –, seria apresentada à força ao lado da personalidade dele que seria o predominante ao longo dos próximos quatro anos, quando ele descarrilhou e mergulhou com tudo na bebida de graça no voo transatlântico. No hotel, em Atlanta, torto de bêbado, destruiu o quarto com tanta violência, que Annette chamou Pete Townshend para ajudá-la.

Segundo ela, Pete bateu o olho na situação e deu de ombros. "Ele sempre faz isso", disse a Annette.

Moon, Townshend e Smith se juntaram a Clapton no palco nas últimas datas da turnê, em Atlanta, no dia 1º de agosto; em Greensboro, no dia seguinte; e, no dia 4 de agosto, em Palm Beach, na Flórida. As três ou

---

164 Desde então, a causa de sua morte é anunciada alternadamente como ataque cardíaco e/ou sufocamento.

CAPÍTULO 30

quatro músicas que contavam com a participação deles consistiam principalmente em Keith e Larry fazendo graça.

Da Flórida, em vez de voltar para a Inglaterra, Keith e Annette foram para Los Angeles, onde se hospedaram na suíte do Beverly Wilshire, de lei. E lá ficaram. Ninguém adivinharia na época, mas a Inglaterra só voltaria a ser a residência principal de Keith quatro anos depois. Sem pompa ou aviso, Keith Moon acabara de se tornar o mais recente de uma longa linhagem de *rock stars* britânicos a se mudar para a Califórnia.

OSTENSIVAMENTE, KEITH FOI PARA LOS ANGELES PARA COMEÇAR AS devidas gravações de seu álbum solo. Embora fosse contratado direto da Track, os problemas legais com Lambert e Stamp tornaram difícil organizar os fundos em Londres. Mas também ninguém ia deixar Keith solto num estúdio, com orçamento, a 10 mil quilômetros de casa. Assim, Bill Curbishley ("Achei que isso o manteria feliz") e Peter Rudge ("Precisávamos mantê-lo ocupado, caso contrário ele partiria para a selvageria") fecharam contrato diretamente com a MCA, em Los Angeles. Dessa forma, em teoria, haveria uma gravadora a postos para monitorar o processo.

Sem nenhum novo álbum do The Who em vista (embora uma compilação de demos e sobras de estúdio intitulada *Odds & Sods* estivesse sendo preparada para lançamento no Natal), a MCA ficou bem disposta a financiar o projeto. Moon tinha amigos em Los Angeles que eram a nata da cena musical da cidade; com ajuda deles, decerto seria capaz de soltar um álbum de qualidade suficiente para saciar o apetite de uma porção generosa de fãs do The Who em questão de semanas. Não precisaria custar uma fortuna.

A MCA apostou errado. Quando o álbum solo de Keith foi concluído – ou pelo menos chegou ao ponto em que não havia nada mais que se pudesse fazer para salvá-lo –, havia custado à companhia bem mais de 200 mil dólares só em gravações. Keith alegava ter recebido um adiantamento não retornável da mesma quantia. De todos os projetos solo de vaidade financiados por gravadoras *major* com o único propósito de manter as su-perbandas contentes em meados dos anos 1970, *Two Sides of the Moon*, como o álbum de Keith foi espertamente intitulado depois da rejeição do título original sugerido por ele, *Like a Rat Up a Pipe*, foi provavelmente o mais financeiramente extremo e o mais artisticamente vergonhoso. Foi, em suma, um desastre total.

Tenho à minha frente um ensaio de John Atkins sobre Keith Moon publicado em seu fanzine do The Who, *Generations*. Assim como muitos fãs mais novos do The Who, Atkins nunca teve a oportunidade de ver Keith Moon tocar nem de conhecê-lo. Tampouco ouviu *Two Sides of the Moon*. E nem precisa. Tem uma consciência instintiva do quão ruim o disco é. Em vez disso, Atkins escreve sobre o álbum que Moon "*deveria ter* gravado... um álbum de clássicos instrumentais com a bateria à frente – uma celebração única e indomável *da bateria*; uma barulheira suja, de garagem, de psicodelia psicótica, uma explosão de heavy metal que seria divertida, engraçada e gloriosamente exagerada. Um álbum projetado para destruir as sensibilidades frágeis dos alto-falantes *hi-fi* (e dos ouvidos de seus proprietários) ao redor do planeta, acostumados com *Tubular Bells* e *The Dark Side of the Moon*".

O álbum, sugere Atkins, "traria a nata do pop instrumental dos anos 1960 relida ao estilo sujo, distorcido e barulhento dos anos 1970... todas as guitarras em mono estaladas e magras seriam substituídas pela potência visceral dos amplificadores Hiwatt e a bateria com som de lata pelo kit imenso e profundamente retumbante de Keith". As faixas recomendadas por ele incluem muitas das quais já sabemos ter influenciado Keith: "Pipe-line", "Wipeout", "Misirlou", "Let's Go Trippin'", "Surfin' Bird", "Walk Don't Run", "Rumble", "Teen Beat", "Bird Bath" e "uma música absolutamente *per-feita* para Moon fazer a festa em cima, 'Let There Be Drums'".

CAPÍTULO 30

Atkins não é o único nesse sonho[165]. Tal álbum – uma extensão das performances revolucionárias de Keith em instrumentais como "The Ox" – teria deleitado a maior parte do público do The Who e, ao mesmo tempo, o educado também; teria vendido muitos milhares mais de cópias do que *Two Sides of the Moon*, satisfeito o desejo do próprio Keith de ser reconhecido como um talento independente do The Who (assim como o outro álbum ideal teria feito, o de comédia) e, nas gravações, Keith ainda poderia ter incluído a miríade de nomes famosos que convidou para o álbum que, de fato, gravou.

Mas Keith se recusou a ir por esse caminho. Sua aversão a "solos de bateria" crescia a cada dia. No primeiro dos shows no Madison Square Garden, em junho, mais precisamente durante a única performance documentada de "Waspman", Pete e John pararam de tocar para deixar Keith improvisar surf music à vontade na bateria (afinal, John Bonham, o mais perto de Keith em termos de estilo e estrelato, tocara nada menos do que 15 minutos sem acompanhamento durante "Moby Dick", do Led Zeppelin). Keith obedeceu por poucos minutos até, por fim, gritar um de seus mantras familiares: "Solos de bateria são chatos!".

"Detesto solos de bateria", confirmaria ele vários meses depois, quando do lançamento do álbum. "Solos de bateria são a coisa mais entediante e a maior perda de tempo. Não acho que a bateria seja um instrumento solo. A bateria está ali para dar a batida da música."

Porém, ninguém estava pedindo um álbum de solos; a possibilidade levantada por Atkins é, ao contrário, a de um álbum que apenas trazia a bateria à frente, da mesma forma que esteve em toda obra gravada do The Who.

---

165 Phil Wainman se recorda de Keith abordá-lo num clube londrino bem no início dos anos 1970, "completamente doido, com o braço sobre os ombros de um camarada. E disse: 'Phil, você é o cara, quero fazer um tributo a Sandy Nelson, você é o cara, quero fazer esse disco com Bonzo, você conhece o Bonzo?'. Respondi: 'Não, quem é Bonzo?'. E ele: 'É este cara, John Bonham. Quero que você componha e produza.' 'Bem, OK, eu te ligo', falei. Eu tinha um número e liguei dois dias depois. 'Keith, é o Phil.' 'Pois não?' 'Conversamos sobre o disco de bateria.' Ele não fazia ideia do que eu estava falando. 'Sinto muito, Phil, não me lembro de nada.' E foi o fim da história".

Porém, na L.A. da época, como já vimos, os visitantes do *jet set* britânico faziam tudo menos aquilo pelo qual eram famosos. Ringo mal tocava bateria em seus próprios álbuns, Nilsson (um inglês honorário) não queria compor para os dele, Lennon fazia pouco mais do que aparecer no estúdio nos seus.

Então, em vez de tocar bateria, coisa pela qual era conhecido, Keith insistiu em cantar, cravando, portanto, mais um prego no caixão do álbum. Embora se pudesse alegar que músicas como "Tommy's Holiday Camp", "Bell Boy" e a versão do filme de "Fiddle About" se beneficiavam do vocal singular de Moon, elas eram em sua maioria interlúdios cômicos em obras sérias e progressivas, em contraste; a piada era que a voz de Keith se esgotaria ao longo de um álbum inteiro.

A MCA Records também foi parcialmente culpada pelo desastre. Ao receber a master de "Don't Worry Baby" em março, em vez de rejeitá-la, a companhia inexplicavelmente deu sinal verde para o álbum e até planejou lançar aquele arremedo de cover de Beach Boys como compacto[166]. A gravadora pode ter exigido que Keith tocasse bateria em algumas das outras músicas que estava gravando, mas Moon não levava a sério esse tipo de ordem. Seu pulso machucado lhe dava uma desculpa; sua dificuldade em marcar tempo fora do The Who e diante dos melhores músicos de estúdio do momento era outra razão para se dar preferência a contratados. Ele toca bateria em apenas três das faixas finais, em todas acompanhado por um profissional mais preciso. "Precisávamos ter dois bateristas", diz o engenheiro de som e, por fim, coprodutor John Stronach. "Um para marcar o tempo, para Keith então tocar em cima."

Tampouco Mal Evans poderia se safar de parte da culpa. Qualquer álbum solo de Keith Moon precisaria de um Kit Lambert de outrora ou de um John Walters do agora (ou, apesar das diferenças, de um Glyn Johns)

---

166 Digo "inexplicavelmente" por causa da falta de provas: o presidente da MCA, Mike Maitland, que supervisionou pessoalmente o álbum de Keith, está morto, assim como o produtor original, Mal Evans. Os empresários do The Who negam quase qualquer envolvimento com o projeto além do que já está creditado!

nos controles; alguém com imaginação artística própria, que não engolisse sapos e extraísse o melhor do artista. Na época, Mal Evans era, como Moon, um inglês exilado que afundava lentamente num mar de bebida, desesperado para ganhar fama para além daquilo que o tornara famoso originalmente. Pelo menos a fonte de notoriedade de Moon, o The Who, ainda estava (mais ou menos) na ativa; os Beatles, que levaram Evans à fama, já não existiam havia cinco anos e nada os traria de volta.

O derradeiro beijo da morte foi o local. Da mesma forma com que as sessões de *Rock'n'Roll* de Lennon com Phil Spector se desmantelaram e com que *Pussy Cats* se provou o nadir de Nilsson, *Two Sides of the Moon* foi vítima da autoindulgência preguiçosa e decadente que permeava a cena dos superastros da L.A. de meados dos anos 1970, na qual, bajulados e protegidos em suas suítes de hotel e limusines, os privilegiados demais perdiam todo o senso de labuta e inspiração que havia lhes tirado de suas origens na classe trabalhadora em primeiro lugar.

Qualquer lugar de Los Angeles teria sido desastroso, considerando-se os ingredientes pervasivos de drogas, mulheres, álcool e decadência geral da cidade, mas nenhum estúdio tinha essas qualidades nefastas em maior abundância do que no Record Plant, ainda mais com seus três quartos com jacuzzi anexos. Como Howard Kaylan descreve: "Era possível levar uma *groupie* até lá e de lá ela não sairia por dias a fio. Era alimentada, drogada, passada de mão em mão e, vários dias depois, emergiria, provavelmente bem desgastada. Era um antro do rock'n' roll, o último dos grandes estúdios decadentes".

"Os caras iam para lá quando deixavam as esposas", diz Chris Stone, proprietário do estúdio à época. "Iam morar no Record Plant por um tempo, porque lá tinham o serviço completo. Para os clientes muito bons – como Keith e Lennon –, dávamos uma chave banhada a ouro que abria a porta. Eles chegavam às 3h da manhã e se serviam de uma cerveja."

No melhor cenário, esse ambiente favorecia a um senso de comunidade musical: o engenheiro de som da casa, Gary Kellgren, que gravou parte do álbum de Keith, organizava uma festa nas noites de domingo chamada The Jim Keltner Fan Club Hour, em que muitos dos grandes músicos da época apareciam para fazer *jams*. No pior cenário, o Record Plant se transformava numa casa de festas onde o trabalho acontecia num ritmo embriagado e moroso, se é que acontecia.

"Você chegava para trabalhar às 7h da noite", diz Gary Ladinsky, um dos sete engenheiros de som que trabalharam no álbum de Moon, ao se recordar das sessões. "Terminava alguma coisa em 1h e aí virava festa. Por fim, mandava todo mundo embora do estúdio e talvez conseguisse trabalhar por mais meia hora, aí o pessoal começava a sair e você se dava conta: 'Acho que a sessão acabou'. Quando o Rainbow Bar e outros lugares do tipo fechavam, às 2h, todo mundo ia para o Record Plant. Eu abria a porta do estúdio e os corredores estavam lotados de gente."

"Se eu estivesse pela noite à procura de alguma coisa para fazer", diz Gary Stromberg, figura da indústria musical cocreditado pela ideia da capa do álbum de Moon, "passar no Record Plant era como ir a um clube. Ao ver quem estava gravando, era bem provável que conhecesse alguém ali e se juntasse a eles. Não existiam sessões fechadas, era tudo aberto."

Keith, é claro, adorava esse clima. No Record Plant, ele pôde gravar um álbum, curtir com seus músicos favoritos e festejar, tudo ao mesmo tempo. Isso não deve ser interpretado como se ele não levasse o projeto a sério, pois sem dúvida levava; só tinha seu próprio jeito de lidar com ele, como confirma a lembrança do baterista Jim Keltner da gravação de "Teenage Idol". "Começamos às 10h da manhã e eu pensei: 'Uau, eles provavelmente passaram a noite toda acordados'. Mas, na verdade, Keith apareceu bem desperto, e com uma garrafa de brandy em cada mão."

"Teenage Idol", num estado tão rústico quanto "Don't Worry Baby" (apesar da presença do pioneiro da surf music Dick Dale na guitarra), foi entregue à MCA na terceira semana de agosto. A gravadora lançou as duas músicas (só nos EUA) num compacto, no final de setembro. Deveria ter sido uma ocasião triunfante para Keith: seu primeiro disco solo de verdade, a revelação dele como artista completo (ou "artista profissional"). Em vez disso, foi recebido como risível pelos críticos e com apatia pelo mercado, e coincidiu com a demissão de Mal Evans como produtor.

CAPÍTULO 30

Isso parece ter sido decisão de Keith, não da MCA, depois de Moon reconhecer que as sessões não iam a lugar algum, que o alcoolismo de Evans excedia o seu, e que teria de sacrificar o trabalho do amigo para salvar o seu próprio. "Foi muito triste", diz Stronach. "Foi a chance de ele ser produtor e, de repente, voltou a montar a bateria de Ringo."

De um jeito ou de outro, a MCA se viu diante de uma decisão difícil: injetar mais dinheiro no projeto, na tentativa de salvá-lo (e preservar a relação da companhia com o baterista mais ilustre do rock) ou cortar o prejuízo e abandonar o álbum, emputecendo enormemente um de seus artistas-chave. Talvez convencidos de que a demissão do companheiro de bebedeira de Keith indicasse seu desejo genuíno de fazer um disco decente, escolheram a primeira opção.

O novo produtor escolhido foi Skip Taylor, na época, empresário e produtor do Canned Heat e de Flo & Eddie. Ele conheceu Keith quando estava produzindo um álbum de Arthur Lee, no Record Plant; Keith tentou se convidar para participar e Skip foi forçado a fazê-lo parar, porque não estava dando certo. Taylor também era, por coincidência, ex-namorado de Annette Walter-Lax. Keith, porém, nunca soube disso. Skip e Annette tentaram ao máximo evitar até mesmo serem vistos na mesma sala juntos, cientes de que a *persona* ciumenta de Keith – nada havia mudado nesse quesito com a nova parceira – não saberia lidar se ficasse sabendo do histórico deles.

Taylor se recorda de que, na reunião inicial com o presidente da MCA, Mike Maitland, foi informado de que "muito dinheiro já havia sido investido. De que Mal havia basicamente perdido o controle da situação e de que ele [*Maitland*] não sabia se eu me sairia melhor, mas que achava que o problema principal era o alcoolismo de Keith, e, se eu estivesse disposto a lidar com isso, então poderíamos fazer um álbum bem-sucedido". Maitland também lhe disse que a MCA "estava preparada para gastar uma quantia enorme de dinheiro na promoção e divulgação e que me daria uma bolada polpuda em *royalties* e adiantamento se eu aceitasse assumir o projeto. 'OK, vou tentar', respondi".

Taylor convidou Moon para ir à sua casa, em Laurel Canyon, que ele descreve como "um lugar frequentado por muitos artistas por muitos anos, com piscina, quadra de tênis, máquina de pinball, som *surround* antes mesmo que a quadrifonia fosse popular, e que sempre contava com um estoque bastante decente de drogas e mulheres". Surpreende que Keith ainda não conhecesse a casa. Mas, de fato, não conhecia e pareceu ávido por passar uma boa impressão quando chegou. "Ele estava totalmente sóbrio na noite em que nos conhecemos, nos demos bem e passamos algumas horas juntos. Permaneceu sóbrio e não deu indicação nenhuma de que havia algum problema."

Quando Keith chegou para a primeira sessão de gravação com Taylor, porém, "estava atrasado e bêbado. Era evidente que passara o dia bebendo". Os protestos de Keith de que ele estava lá para trabalhar entraram por um ouvido e saíram pelo outro. Em vez disso, Taylor sugeriu educadamente que tentassem de novo na noite seguinte: "Com sorte, você estará sóbrio, porque, se não estiver, não vamos trabalhar juntos de novo". No dia seguinte, Keith ligou para se desculpar. Skip se lembra de dizer: "Se não for por mim, o projeto não vai ser feito, então vamos ser sérios. Vamos nos divertir, mas nos manter sóbrios".

"Sóbrio", porém, era uma palavra que melhor definia em L.A., na época, como "quem não bebe muito". Certamente não significava evitar todas as substâncias. Sobre o método de trabalho, em particular no Record Plant com sua cena social, Taylor diz: "Eu me considerava um controlador e diretor ambiental. Entrava lá e decidia se naquela noite tomaríamos uma dose, fumaríamos um ou, talvez, esticaríamos umas carreiras".

"Skip era o contato da droga", diz John Stronach, um pouco mais sucintamente.

Ou, como coloca Mark Volman, um dos artistas agenciados por ele na época, Taylor era "um empreendedor da droga". Ao citar Taylor como "um cara genuinamente legal", Volman enfatiza que isso era de praxe para um produtor ou empresário de L.A., na época. "Skip via o que fazia genuinamente como um serviço. Na época, era mais seguro para uma banda de rock 'n' roll ter um empresário envolvido que conseguisse as coisas, e o empresário se sentia mais seguro ao saber que seus clientes conseguiam a droga com ele próprio."

"Naquela época, isso era parte do trabalho de produtor", concorda John Stronach. "Bons tempos, e vida que segue."

Para Keith, a mudança de produtores significou primordialmente uma mudança de vícios, qualquer que fosse a expectativa da MCA. "A primeira tentativa foi decerto menos voltada para as drogas, com Mal na produção", diz Howard Kaylan, que, com seu parceiro, Mark Volman, foi trazido de volta para refazer os vocais. "Na segunda, com Skip e John, as drogas eram mais liberadas." Na verdade, havia pouca diferença. "Na época do álcool, Keith ainda usava drogas, e, na época das drogas, Keith ainda bebia. A diferença era qual era fornecida mais amplamente pelos produtores."

"Havia muita droga, muita farra e muita coisa de madrugada", diz Gary Stromberg sobre as segundas sessões. "E foi muito divertido. Toneladas de cocaína. Era como um ímã, você sabia que haveria muita droga."

Em algum lugar no meio disso tudo estavam os vocais de Keith. Quando Taylor ouviu as faixas gravadas com Mal Evans, compreendeu por que o produtor havia sido despedido. "Não havia um verso sequer que não fosse cantado de um jeito embriagado. Assim, não era cantado, era balbuciado. Parecia um cara da Inglaterra tentando soar como se fosse de Nashville, depois de entornar umas cinco cervejas."

"Nunca conseguimos controlar o consumo de álcool dele", confessa Stronach. "Mas Skip e eu temos de ganhar crédito por isto: ajudamos Keith a cantar melhor."

"Refizemos cada um dos vocais", diz Taylor. "Jogamos fora tudo o que havia sido gravado antes. Era tudo muito desleixado e pouco inspirado, não havia um fio de uniformidade que você pudesse seguir e sentir quem era esse cara."

Apesar dos protestos de Taylor e Stronach do contrário, tampouco havia uniformidade no trabalho final. E nunca ficará completamente claro (presumindo-se que isso importa) o que sobrou da produção de Mal Evans e o que foi gravado pela nova parceria. No início de outubro, quinze músicas haviam sido entregues à MCA: as duas que compunham o compacto; "Move Over, Ms. L", presente (descartável) de John Lennon; "In My Life", dos Beatles; "The Kids Are Alright", do The Who; três canções escritas por músicos colaboradores ("Crazy Like a Fox", de Al Staehely, "Solid Gold", de Nickey Barclay, que contava com a participação de seu grupo feminino, o Fanny, e "One Night Stand", de Dennis Larden); o *standard* "Back Door Sally"; e mais cinco que estavam praticamente inacabadas: "Hot Rod Queen", "I Don't Suppose", "Sleeping My Life Away", "Lies" e "Back to Life"[167]. Parece ser esse o ponto em que Mal Evans foi retirado do projeto; entre outubro e o Natal, Taylor e Stronach então regravaram e remixaram nove dessas músicas e gravaram mais uma do zero: "Together", de Harry Nilsson.

Todas as canções eram curtas, a maioria delas simplista, e era quase unânime o arremedo da "parede de som" da qual Phil Spector havia sido pioneiro: tsunamis de cordas, coros imensos de *backing vocals*, baterias retumbantes e camadas de guitarras dobradas. O que se entendia era que o álbum de Keith aspirava ser uma celebração estelar daquilo que o Mott the Hoople, que usou técnicas de produção similares na época, chamava de "Era de Ouro do Rock 'n' Roll". Mas o Mott the Hoople tinha talento para composição, um vocalista fantástico, instrumentistas afiados, com senso de propósito e direção. Keith Moon boiava num mar de covers sem relação entre si e celebridades desconexas. Não havia a menor chance de entregar o que prometia.

A parceria profissional de Flo & Eddie, cujos vocais aparecem em quatro das músicas lançadas, permanece para sempre dúbia quanto à extensão das mudanças feitas pelos novos produtores. "Quando voltamos para refazer nossas partes, elas eram, em sua grande maioria, exatamente as mesmas que havíamos cantado da primeira vez", diz Howard Kaylan. "Era

---

167 Todas essas canções receberam números de catalogação da MCA. Porém, ao examinar as fitas másteres para o relançamento em CD de *Two Sides of the Moon*, em 1997, o arquivista de estúdio do The Who, Jon Astley, não se deparou com "Sleeping My Life Away" nem com "Back to Life". As fitas de "Lies" e "Hot Rod Queen" estavam sem vocais. Quanto à versão de "I Don't Suppose", que entrou no CD como faixa "bônus", Astley diz que "outra pessoa a canta nos primeiros nove *takes*, depois diz: 'OK, Keith, agora você vem e canta', e ele entra e canta titubeando, sem saber muito bem qual é a melodia e tal. A pessoa que compôs a música é quem obviamente está no estúdio cantando-a, mas não consigo decifrar de quem se trata".

basicamente o mesmo disco. Usaram as mesmas faixas. Até hoje não ouvi nenhuma discrepância real entre uma versão e outra. Teve mais a ver com a mixagem do que com qualquer outra coisa. Só precisavam mostrar à gravadora que algum trabalho estava sendo feito no álbum."

É certo que os vocais *foram* alterados em algumas das músicas. Keith gravou um novo vocal, sem falsete, para "Don't Worry Baby" que, assim como "Teenage Idol", foi grandemente incrementada com o acréscimo de cordas. Joe Walsh, que estava gravando seu próprio álbum com John Stronach, em outro estúdio do Record Plant, chegou tarde para somar guitarra e teclados de emergência a "The Kids Are Alright" (na qual Keith fez seu único solo de bateria no álbum; comparado ao original, é deplorável), "One Night Stand", "Move Over, Ms. L" e "Back Door Sally". Walsh se recorda que as faixas eram "quase desastrosas... fico surpreso de só terem usado duas equipes de produção, porque Keith esgotava qualquer um com quem trabalhasse".

Os créditos de *Two Sides of the Moon* eram estonteantes na profundidade de sua aparente qualidade. Além de Joe Walsh, Danny Kortchmar tocou muitas partes de guitarra, assim como Jesse Ed Davis. Dick Dale, Spencer Davis e John Sebastian participaram de uma música cada, assim como o pianista (e artista solo/produtor) David Foster. Bobby Keys gravou um solo de sax. Jim Keltner e Ringo Starr tocaram bateria, assim como Curly Smith, do Jo Jo Gunne. Klaus Voormann tocou baixo.

(Em meio a todos esses tapinhas mútuos nas costas, Keith apareceu de supetão numa sala adjacente do Record Plant para ser um dos "convidados" no álbum *20th Anniversary of Rock'n'Roll*, de Bo Diddley; sua contribuição creditada consistiu em bater num pandeiro emprestado até quebrá-lo.)

Porém, quanto mais músicos eram convidados, mais transparecia que eles haviam sido trazidos para cobrir as inadequações de Keith, e o resultado foi que Moon às vezes soava como se *ele* fosse o convidado no disco de *outras* pessoas. Em "Solid Gold", por exemplo, um trio das melhores cantoras de estúdio praticamente engole a voz de Keith enquanto Ringo Starr faz as vezes de locutor. Em "One Night Stand", dueto com Rick Nelson, ele é praticamente inaudível; a faixa poderia muito bem ser creditada de uma vez a Nelson e à

Stone Canyon Band. Em "Together", Keith é acompanhado nos vocais pelo autor da música, Harry Nilsson, com o parceiro de bebedeira da dupla, Ringo Starr, providenciando uma narração cômica. E assim por diante.

Alguns não estão nem creditados. O Beach Boy Bruce Johnston se recorda de seu envolvimento em "Don't Worry Baby". John Stronach se recorda que Brian Wilson tocou o órgão que o Record Plant acabara de adquirir. John Sebastian se lembra de o guitarrista Ronnie Koss estar envolvido extensamente no álbum. Os *sessenta* músicos enfim creditados no álbum (sem incluir membros da orquestra, engenheiros de som e produtores) são simplesmente aqueles cujas partes foram mantidas nas músicas que foram lançadas.

— ● —

HÁ UMA TENTAÇÃO DE PERDOAR OS PECADOS DE TODOS OS ENVOLVIDOS e resumir todo o episódio lamentável à loucura da época. Como diz Jim Keltner, ao confessar que suas lembranças de vários anos da década de 1970 evaporaram (e ele era um dos festeiros mais sensatos), "não consigo ouvir a maioria das coisas em que me envolvi durante aquela época. Foi o auge absoluto da maluquice de todo mundo, então algumas coisas eram bem-feitas; outras, não. O álbum de Keith foi provavelmente o melhor que ele conseguiu fazer na época"[168].

Porém, como aponta Michael Verdick, mais um dos engenheiros de som usados no projeto (e um jovem e ávido fã do The Who na época), ao concordar com parte dessa afirmação, "havia muita farra rolando, o que não condeno de forma alguma. Mas há muitos álbuns bons feitos naquela época pelas mesmas pessoas, nos mesmos estados, então, se você levar isso em conta, é preciso dizer que os produtores estavam no comando e foram eles que levaram o disco ao caminho que tomou".

---

168 Quando do relançamento em CD, em 1997, houve quem, lamentando a morte prematura de Keith, expressasse apreciação pelo valor sentimental e *kitsch* do álbum. Revisionismo à parte, o álbum deve ser analisado estritamente por seus méritos musicais.

CAPÍTULO 30

Stronach e Taylor, particularmente, respondem corretamente que estavam tentando apenas salvar um projeto que já havia sido gravado. Redirecioná-lo para qualquer outro lado pediria todo num novo orçamento e um novo time de músicos. Permanecem compreensivelmente na defensiva quanto ao trabalho final. "Se você tirar os vocais de Keith, são boas faixas", diz Stronach, embora isso seja patentemente uma inverdade: apesar de todos os talentos envolvidos, a musicalidade é preguiçosa e pouco entusiasmada.

"O resultado final nunca ganharia um Grammy", diz Skip Taylor, o que levanta menos objeções. "Mas tenho orgulho em dizer que ele exibe a personalidade de Keith Moon do começo ao fim."

De fato, se alguém procura *insights* da personalidade de Keith, há muitas pistas nas canções. É difícil negar que os versos "Alguns me chamam de ídolo adolescente, outros dizem que me invejam, acho que eles não têm como saber o quão solitário posso ser"[169] não reflitam pelo menos em parte a vida privada de Keith. Da mesma forma, "Solid Gold" celebra o status de celebridade com uma certa autodepreciação, com a previsão pungente de que "no hall da fama, serei nomeado pela minha contribuição"[170]. "One Night Stand", "In My Life", "The Kids Are Alright" e "Together" abordam a visão de mundo multifacetada de Keith de ângulos diferentes, mas relevantes. Para enfatizar esse toque pessoal, Taylor insistiu para que Keith abandonasse sua imitação pouco convincente de sotaque country e focasse na "britanicidade" aristocrática (mesmo que igualmente não natural) com que o público o identificava.

A representação mais bem-sucedida da personalidade de Keith, porém, não estava na música, e sim na arte do álbum. Depois que Ringo sugeriu o título, Keith, seus produtores e Gary Stromberg tiveram a ideia de um recorte na capa que alteraria a imagem conforme o encarte interno

---

169 *"Some people call me the teenage idol, some people say they envy me, I guess they got no way of knowing how lonesome I can be."*

170 *"In the hall of fame, I'll be named for my contribution."*

fosse inserido nela. Da forma como chegava às lojas, a capa mostrava Keith no banco traseiro de uma limusine que pertencera ao general Franco, de cartola e fraque, com a belíssima Annette olhando para ele vestida adoravelmente toda de branco, com um boá de penas para somar ao glamour, e Dougal, de barba e monóculo, no papel de chofer[171]. Ali estava Keith, o aristocrata, a celebridade que vivia uma vida de luxo. (Em outra foto do mesmo ensaio, na parte interna do disco, Taylor e Stronach aparecem ao fundo vestidos de mosqueteiros, amplificando a aura da capa de alguma era passada mítica de nobreza.)

Se o encarte fosse inserido em outro sentido, um traseiro nu enorme passava a ser visto na limusine – era Keith mostrando "a lua" para o mundo. Este era o outro Keith que conhecíamos – o doido, o eterno brincalhão, o astro que não conseguia resistir a zombar de sua condição. Com uma ironia adequada, ao longo dos anos, *Two Sides of the Moon* se tornaria uma espécie de item de colecionador – porém, por causa da capa, não por causa da música.

A personalidade de Keith também se manifestou durante o período de *Two Sides of the Moon* de maneiras não capturadas nem nas gravações nem na capa do disco. Sua generosidade desafortunada, aquela insistência em ver as outras pessoas tratadas muito bem, foi depositada sobre John Stronach quando o adiantamento do engenheiro de som/produtor foi adiado por dificuldades contratuais. "Keith se sentiu mal por mim, então, dia sim, dia não, ele aparecia com um maço de notas de 100 dólares", recorda-se Stronach. "Ele chegava e enfiava a mão no bolso, de onde caíam comprimidos e cocaína. Ao longo de uns dois meses, Keith provavelmente me deu uns 8, 9 mil dólares." Quando Stronach finalmente recebeu o adiantamento, que ele estima ter sido em torno de 15 a 20 mil dólares, "fui até Keith e

---

171 Como de costume, Keith desejou adquirir o carro, embora, é claro, não tivesse dinheiro para tanto. "Ele ligou e disse que queria comprar o carro do general Franco", recorda-se John Entwistle. "Eu disse que ele não podia, porque não tinha dinheiro. E ele retrucou: 'Como assim? Tenho ações na companhia. Vendo a minha parte para você!'"

CAPÍTULO 30

disse que lhe devia tanto, e ele basicamente respondeu: 'Não se preocupe'. Então, ganhei um dinheiro muito bom com aquele disco".

Algumas das discrepâncias financeiras de Keith foram corrigidas quando Dougal enfim foi para Los Angeles. A princípio, Butler ficara na Inglaterra, já que Keith estava claramente feliz sozinho com Annette, intervalo que Dougal achou bem-vindo. Quando ele chegou à Califórnia, Mal Evans já tinha saído de cena, Skip Taylor já estava bem adiantado na produção e o custo do álbum havia subido meteoricamente. Dougal examinou os recibos do Record Plant, ficou estupefato com a quantidade de horas cobradas de Keith e enfim as reduziu. Porém, a cobrança excessiva era fácil de acontecer: o artista poderia fechar dias inteiros e não aparecer, ou aparecer de repente no meio da noite querendo gravar. Reuniões sociais no estúdio seriam cobradas como horas de gravação. E ainda havia os danos. "Isso já era dado como certo", diz o proprietário Chris Stone, que conhecia Keith desde que o The Who gravara no Record Plant de Nova York, em 1971, quando Keith "ainda estava conosco neste mundo". "Era por isso que sempre tínhamos marceneiros na equipe. Não falávamos nada: eles destruíam as coisas, os marceneiros remontavam e a banda pagava." Assim como os quartos de hotel, a renovação dos estúdios vinha com juros polpudos.

Numa noite em que gravava vocais sob um teto baixo cheio de holofotes, no estúdio B, Keith fez questão de destruir uma lâmpada com um cinzeiro toda vez que a gravação fosse interrompida por ele desafinar. É claro que logo o estúdio ficou na escuridão e o chão cheio de vidro quebrado. Em outra ocasião, em que ele não gostou de como as coisas aconteciam, derramou de propósito champanhe e suco de laranja em cima de alguns equipamentos de gravação, o que exigiu que o estúdio fosse fechado pelo resto do dia.

Um gravador Revox foi alugado para que Keith pudesse ouvir as mixes em casa. Certo dia, ele apareceu no horário de almoço com Dougal segurando os restos do gravador incendiado embrulhados em jornal. Keith explicou que o Revox havia explodido sozinho misteriosamente e Stronach, furioso, deu uma bronca na companhia de quem o alugou por ter fornecido um equipamento defeituoso. Depois, perguntou a Keith o que realmente havia acontecido.

"Ele começou a tocar muito devagar", confessou Moon, timidamente. Com raiva, ateou fogo no gravador.

Annette estava com ele numa noite em que "ele simplesmente não conseguiu cantar. Destruiu uma cadeira e foi embora. E Skip desligou todos os equipamentos e só disse: 'Chega'. Bem da verdade é que ele não sabia cantar, mas queria. Tinha uma fixação com isso. Às vezes eu o pegava diante do espelho, segurando uma cenoura ou alguma coisa assim, dublando. Ele sempre quis saber cantar. E ninguém falava nada. Eu também não. Não queria magoá-lo. Deveria ter tido mais coragem. Mas achei que talvez aquilo fizesse bem para ele, apesar de a produção daquele álbum solo ter sido um inferno. Passamos por umas poucas e boas. Ele simplesmente não conseguia afinar".

Apesar de todas as evidentes frustrações, houve momentos de sobra de prazer genuíno e hilaridade generalizada. (Momentos demais, alguns diriam ao ouvir o resultado final.) O auge foi no começo de dezembro, quando Keith reuniu o máximo de amigos-celebridade que pôde – incluindo o ator Larry Hagman, que ele descobriu ser absolutamente disposto às travessuras à Moon, apesar da idade – e gravou uma versão estelar de "We Wish You a Merry Christmas". Nessa antecessora das canções beneficentes com celebridades dos anos 1980, os astros não cantam um verso cada, mas apenas uma palavra cada. Os envolvidos se lembram da canção ser tão hilariante quanto abominável. Infelizmente, as fitas sumiram com o passar do tempo.

À medida que *Two Sides of the Moon* se preparava para ser prensado no novo ano de 1975, surgiu um último problema. A MCA não queria desembolsar o dinheiro para a capa elaborada. Foi marcada uma reunião com Mike Maitland para discutir a questão. Taylor passou para buscar Keith para ir com ele até o escritório da MCA e o encontrou vestindo o terno usado por Robert Redford no filme *Golpe de Mestre* (da Universal), que a gravadora lhe dera de presente. No caminho, Keith pediu a Skip

CAPÍTULO 30

para passar numa loja de artigos militares. Entrou e voltou com um machado arrombador. Taylor olhou nervoso para Moon, que, com um brilho no olhar, disse simplesmente: "Tenho planos".

John Stronach os encontrou na MCA. Os três entraram no gabinete de Maitland, que, adequado para o presidente de uma gravadora, era decorado com antiguidades. O maior orgulho era uma mesa de mogno talhada à mão, símbolo de status que valia vários milhares de dólares e pretendia inspirar admiração e respeito.

Moon e seus produtores deram seus argumentos para desejarem a capa recortada; Maitland respondeu calmamente com um discurso sobre o custo já excessivo do álbum. Ficou evidente, em particular para Taylor, que, como empresário, já estava acostumado com esse tipo de reunião, que eles não iam conseguir aquilo pelo qual estavam ali.

Keith, porém, desconhecia o conceito de derrota. Até esse momento, estava de pé, ouvindo Maitland falar, com o machado arrombador sobre o ombro. Então, se posicionou bem diante do presidente da gravadora e segurou o machado de maneira sinistra à frente dele, de forma a não deixar dúvidas sobre sua intenção.

"O que vai ser, meu caro garoto?", perguntou. "A capa do meu álbum ou uma mesa nova?"

Two Sides of the Moon foi lançado com a capa elaborada, afinal.

Com uma exuberância típica, Keith anunciou à imprensa britânica que havia dado uma festa de aniversário fabulosa em agosto de 1974, no Beverly Wilshire, que contara com a presença de toda a elite local do rock, além de muita gente de Hollywood. "Demorei 24h para reunir 1.500 convidados e organizar a coisa toda", ostentou ele. "Não consigo visualizar isso acontecendo em Londres." Poucos de seus amigos conseguiam visualizar isso acontecendo em Los Angeles também. Keith fez uma reunião casual em sua suíte, onde recebeu gente como a atriz Linda Blair e Ringo Starr, e houve um grande jantar no restaurante do Wilshire, de onde Rod Stewart e Britt Ekland foram embora mais cedo porque Keith perdeu o controle rapidamente, mas meio que foi isso. O restante de seu entretenimento ele encontrava em giros pela cidade.

A declaração absurda era apenas o jeito de Keith expressar seu entusiasmo generalizado por ter deixado Londres e "os mesmos velhos clubes de sempre" em favor do glamour mais visível de Los Angeles. Depois que a notícia se espalhou – desde setembro, na verdade – que Keith havia deixado a Inglaterra em definitivo, ele às vezes insistia que o havia feito por razões fiscais, mas, embora se ressentisse do governo britânico ficar com grandes porções de sua renda (esse trabalho pertencia a ele) e pudesse soar assustadoramente conservador sobre esse assunto, a maioria das pessoas entendia que ele apenas precisava da mudança de cenário.

Annette também se deleitava com o novo estilo de vida. Por que não se deleitaria? Em questão de semanas, depois de conhecer Keith Moon em Londres, lá estava ela, uma garota de 19 anos dos subúrbios de Estocolmo, morando no Beverly Wilshire, socializando com algumas das pessoas mais famosas do mundo do entretenimento. Aquele ritmo combinava com a natureza gregária dela. "Eu não era o tipo de pessoa que ficava assustada", diz ela. "Era muito aventureira e um pouco louca. Desfrutava e gostava daquilo. Achava divertido."

Até as bebedeiras de Keith, a princípio, não pareciam particularmente excessivas, em especial se levados em consideração os hábitos similares daqueles ao seu redor. "Havia drogas e bebida o tempo todo, e, quando você as via naquelas quantidades, aceitava que era parte daquela cena toda." Porém, à medida que as semanas se passavam, Annette se deu conta de que "algumas pessoas sabiam como lidar, sabiam quando parar. Já Keith, não. Ele consumia tudo o que conseguisse, só para ficar o mais doido o possível".

E era nessas situações, de madrugada, com bebida e drogas demais no organismo de Keith, que ela via o outro lado dele, a fúria que ele rotineiramente descontava no quarto. "Ele dizia: 'Estou pagando um dinheiro desgraçado para ficar nestes lugares desgraçados e o serviço é tão malfeito', e dava uma bronca nos funcionários. Ele queria as coisas para ontem, e, se não as tivesse para ontem, para ele significava que o serviço era malfeito e o hotel deveria saber – de forma grandiosa."

Depois de um rebu além da conta, ele e Annette foram transferidos da suíte de luxo cheia de antiguidades (agora quebradas) para "uma suíte horrível, com móveis de plástico sem graça. E ele os quebrou também".

Certo dia, quando o barulho no quarto de Keith estava particularmente exagerado, a gerência do Wilshire cortou a energia dele. Furioso, Keith reagiu de um jeito hoje célebre. Levou os móveis para o corredor, ligou o aparelho de som nas tomadas dali mesmo e se sentou na poltrona nu. Era mais fácil para o hotel deixá-lo voltar ao quarto para fazer barulho do que deixá-lo invadir o espaço pessoal do resto dos hóspedes.

Seria ainda mais fácil se ele não estivesse hospedado lá, e não demorou até o casal ir para o Century Plaza. Keith, então, alugou uma casa em Bel Air, com piscina e uma vista espetacular, que ele tratava com irreverência parecida. John Stronach foi visitá-los logo depois do Dia de Ação de Gra-

CAPÍTULO 31

ças, no final de novembro: "Ele e Annette estavam no quarto, com uma enorme carcaça de peru que parecia estar ali havia dias, e, do lado de Keith no closet, havia apenas dois trajes: o de couro, com jaqueta franjada e calça boca de sino e o terno de *Golpe de Mestre*. Era bastante triste; lá estava ele, um ícone do rock, vivendo como um porco".

Mas assim era Keith. Por mais que gastasse como se não houvesse amanhã, não desejava posses cotidianas. "Saía de um hotel e deixava a bagagem para trás, e, no novo destino, comprava roupas novas", diz Annette. E, por mais que pudesse pagar por luxo, reservava-se o direito de viver no desleixo. Ao defender suas destruições de hotéis em meados dos anos 1970, ele anunciou: "Quando me perguntam se ajo desse jeito em casa, a resposta é 'sim'".

Em essência, ele agia da forma como quisesse. Certa noite, quando Skip Taylor levou Keith do estúdio para a casa em Bel Air, "ele saiu do carro e simplesmente pulou na piscina, nadou até a outra ponta, saiu e disse: 'OK, até mais, então'. Pensei: 'Puta merda, de onde foi que esse cara saiu?'. Ele não fez aquilo para me impressionar, fez porque fez".

Nas noites em que não tinha gravação, e em muitas em que tinha, Keith frequentava os clubes do Sunset Boulevard. O Rainbow Bar and Grill, o Whisky a Go Go e On the Rox eram os principais destinos dos roqueiros afeitos à bebedeira, que Keith frequentava com Harry e Ringo, quando estes estavam na cidade, além de uma seleção de outros companheiros que incluía Alice Cooper, Van Dyke Parks e Micky Dolenz. Esses baladeiros tinham um loft particular no Rainbow, que recebeu uma placa que anunciava orgulhosamente: "Lar dos Hollywood Vampires"[172].

Mas Keith também frequentava a English Disco, na Sunset Strip, aonde os adolescentes glam iam para dançar e os astros genuínos andavam em falta. Lá, ele equilibrava sua condição de celebridade com demonstrações charmosas de inocência verdadeira. Discotecava, apresentava dublagens au-

---

172 A narração de Ringo Starr na canção "Together", de Nilsson, celebrava o lugar: "Senhoras e senhores, o astro do palco, das telas e do Rainbow, Mr. Keith Moon".

todepreciativas ou só ficava no bar e conversava com os frequentadores. Embora fosse uma presença familiar o bastante para ter seu próprio caneco de Courvoisier, nunca fazia papel de palhaço. A bebedeira de Keith era ainda mais notável pela maneira como ele parecia capaz de lidar com ela em público.

Não surpreende que ele tenha feito amizade com os proprietários da Disco, Rodney Bingenheimer e o produtor musical Tom Ayres; mais indicativo da natureza humilde e, em geral, pouco relatada de Keith Moon era o fato de ele também ter feito amizade com o filho de Ayres, Billy, de 15 anos. Até contratou o garoto para levá-lo pela cidade ao volante de seu recém-alugado Cadillac Coup de Ville, embora – como é que você adivinhou? – Billy não tivesse carteira de motorista. E é claro que ele levava o menino deslumbrado (e chofer em potencial) ao Rainbow e ao Whisky, onde o jovem Ayres se lembra de Keith "sempre como um cavalheiro".

É importante enfatizar isso a respeito de Keith, antes de irmos mais a fundo em seu período em Los Angeles e suas olheiras ficarem ainda mais profundas, a barriga maior, os relatos de terror tocado mais frequentes e o distanciamento da realidade mais evidente. É importante que estabeleçamos que Keith ainda era capaz de ser o cara mais charmoso, educado, informado, inteligente e bacana que alguém poderia conhecer. No início de sua estadia em Los Angeles, visitou as casas de Larry Hagman, Ann-Margret, Jim Keltner e sabe-se lá de mais quem, e todas essas pessoas bem-sucedidas, em casamentos felizes, que admitiram certa trepidação ao convidá-lo, ficaram tão encantadas, que não viam a hora de recebê-lo de novo. Keith levou a Los Angeles o mesmo ar de inocência endiabrada com que animara e divertira os *Swinging Sixties* em Londres, e, por meses, a cena musical da cidade sentiu sua mudança positiva na atmosfera.

Com sua chegada, veio também a culminação de uma nova personalidade que vinha sendo desenvolvida havia um bom tempo, o aristocrata, evidenciada pela cartola e pelo fraque ou pelo smoking e pela piteira, itens que ele usava com frequência, até no estúdio. O sotaque agora era permanentemente marcado, com apenas um "h" mudo aqui e ali, que servia de lembrete de suas origens genuinamente humildes. Para todos os efeitos,

CAPÍTULO 31

Keith se apresentava a Los Angeles como um membro da elite social britânica, o que, em termos de renda e reconhecimento, ele realmente era, é claro. O fingimento aristocrático elaborado era o ato final de sua fuga da monótona normalidade de classe trabalhadora de Wembley, fingimento este que não passou despercebido por todos seus amigos californianos.

"Keith tinha tudo", diz Howard Kaylan, "e não agir como um legítimo cavalheiro britânico era voltar às minas de carvão, ou voltar às origens de seu pai, algo que era evidentemente contra a natureza dele. Ele não queria mesmo fazer nada disso. Todo mundo compreendia, todos nós o víamos como se fosse o cavalheiro que fingia ser, embora também víssemos, quando baixava o nível, que ele poderia ficar com raiva, puto da vida, bêbado, até babar e desmaiar, como qualquer outra pessoa".

Esses aspectos menos agradáveis da personalidade de Keith geralmente emergiam só depois que os clubes fechavam, às 2h da manhã, quando ele passava na Turner's Liquor Store, na esquina do Sunset Boulevard com a Larrabee Street, que, de forma ideal para Moon, oferecia bebida alcoólica 24h por dia e lhe vendia fiado. Como era de sua natureza havia anos, sempre convidava o pessoal dos clubes para ir até a sua casa e continuar a farra. Nos primeiros meses em Los Angeles, a embriaguez era bem inocente, Annette ficava bem visível na casa e seu relacionamento com Keith era evidentemente repleto de paixão.

A jovem Srta. Walter-Lax tinha muitas semelhanças com a outra mulher protagonista na vida de Keith, Kim Kerrigan. Ambas vinham de famílias razoavelmente bem de vida, tinham beleza clássica e trabalhavam como modelos adolescentes quando Keith as conheceu. (De fato, já foi muito afirmado que Keith convenceu Annette a ficar loira para se parecer ainda mais com Kim, embora ela insista que isso fora ideia de sua agente, e que o intuito era ter uma aparência escandinava mais convincente.) Porém, havia diferenças importantes na natureza dos relacionamentos com cada uma delas.

Quando Keith conheceu Kim, ambos estavam na fronteira da vida adulta, ávidos por descobrir e se deixar dominar pelo amor verdadeiro, e, embora Kim tivesse uns dois anos a menos do que ele e tenha sido tolhida pela gravidez, exigia o direito de ser igual a Keith em todos os outros aspectos, insistia que um marido e pai deveria se comportar de acordo, não obstantes a fama e a fortuna.

Annette, por outro lado, tinha quase dez anos a menos do que Keith e, embora talvez estivesse um pouco mais perto da vida adulta do que Kim estava em 1965, ficou rapidamente deslumbrada com a personalidade de Keith e facilmente impressionada por seu estilo de vida. Não havia dúvidas de qual dos dois comandava o relacionamento. Assim como com Kim, a possessividade de Keith foi afirmada cedo – "Ele não queria que eu saísse de casa", diz Annette – e mais claramente representada pela insistência dele em que ela abandonasse a bem-sucedida carreira de modelo: "Se eu fosse ter um relacionamento com ele, era uma escolha que teria de fazer"[173]. Mesmo assim, não se falava em casamento – pelo menos não ainda, em nenhum aspecto – e não houve gravidez não planejada, pelo menos nenhuma que tenha resultado em paternidade e maternidade. Keith passara por muitos corações partidos para se apaixonar com a mesma paixão que reservara a Kim, e Annette entendeu os limites e as barreiras do relacionamento deles muito rapidamente.

"Aprendi a não levá-lo a sério", diz ela. "Compreendi que gostava muito dele e de sua companhia. E, se fosse continuar a estar com ele, tinha de aceitar a forma como era. Porque seria impossível mudá-lo." Ainda assim, ela vivia em esperança. "No fundo, eu pensava: 'Talvez ele venha a amadurecer à medida que fica mais velho.'"

Por ora, não havia muitos sinais disso. Keith chegou até a levar os papéis do divórcio com ele para o estúdio e ler alguns dos detalhes dos abusos, o que causou desconforto em toda a equipe. Porém, apesar de todos os detalhes servirem de prova concreta do sofrimento de Kim e do porquê de ela querer se libertar, Keith ainda sentia algo por ela e permanecia tristemente convencido de que ela se sentia da mesma forma. Certa noite, em Bel Air, bêbado e

---

173 Ela afirmou que, na primeira noite em que saíram juntos em Londres, quando disse a Keith que precisava trabalhar no dia seguinte para ganhar 50 libras, ele lhe deu 100 libras para não ir.

sentimental, ligou para Kim, implorou para que ela reconsiderasse e sugeriu que eles recomeçassem tudo, devagar. Do outro lado da sala, Annette ouvia horrorizada e se dava conta de que nunca seria a número um na lista dele[174].

Mas talvez isso tenha acontecido para o bem dela. "Keith comentou comigo certa vez que quebrou o nariz dela com a cabeça", diz Annette. "E acho que se você faz isso com sua esposa, não pode culpá-la por não querer mais ficar perto de você. Ele não ser orgulhava disso, mas, por outro lado, não exatamente se envergonhava em falar a respeito, também. Então talvez, no fundo, soubesse que era algo terrível, talvez precisasse falar a respeito porque se arrependia demais."

Annette viria a sofrer abusos verbais ao longo dos anos, mas nada físico como aos que Kim fora submetida. "Talvez, de algum modo, em algum lugar, ele pensasse que, se fizesse comigo o que fizera com ela, eu também iria embora. Então talvez tenha havido um certo autocontrole nesse sentido."

Keith não contestou o pedido de divórcio da esposa. Um decreto *nisi* foi concedido a Kim por um tribunal londrino, em abril de 1975. O acordo foi um pagamento único de 40 mil libras. "Eu não queria pensão", diz Kim (o trabalho de Ian McLagan nos Faces fornecia renda suficiente para ambos). "Queria só um montante e, depois, sumir." Embora 40 mil libras pareça pouco em retrospecto, em 1975 era coisa de dez vezes mais do que o salário-mínimo anual, e, de qualquer forma, Keith tinha tão pouco dinheiro no banco, que era melhor aceitar o que fora oferecido do que lutar pelo que ele já havia gastado.

Lançado em outubro, Odds & Sods chegou ao top 10 no Reino Unido e no top 20 nos EUA, provando que as sobras de estúdio do The

---

174 Keith ligava para Kim com mais frequência do que Annette talvez se desse conta. "Ele me ligava muito, mas muito mesmo dos EUA", diz Kim, que se animou ao ver Keith com uma nova namorada e esperou que, assim, o assédio parasse. Em vez disso, "ele deixava todo mundo louco, porque ainda se sentia muito possessivo em relação a mim".

Who eram melhores (ou pelo menos mais populares) do que as faixas mais celebradas da maioria dos outros artistas. De fato, embora o álbum, por sua natureza, nunca pudesse ser mais do que uma colcha de retalhos, o repertório em si se sai muito bem ao ser avaliado. Há a exuberância de "Long Live Rock", além de duas canções lentas e contrastantes das mesmas sessões de gravação de maio de 1972, "Put the Money Down" e "Too Much of Anything". Há Keith usando um chimbal, pelo menos dessa vez, na deliciosa "Little Billy", de 1968 (composta, ironicamente, por um fumante compulsivo como Keith, como uma canção antifumo para a Sociedade Americana do Câncer). Há "I'm the Face", dos High Numbers, incluída pela primeira vez num álbum. Há a oportunidade de ouvir como Townshend reciclava e desenvolvia suas canções: "Glow Girl" era a precursora flagrante de "It's a Boy", e "Pure and Easy" contém a melodia básica de "The Song Is Over". Há uma versão de estúdio de "Naked Eye", uma canção poderosa tocada com frequência nos shows, mas até então nunca presente num álbum. E há a anedótica canção de estrada de John Entwistle, "Postcard", com direito à observação *our drummer is insane*[175].

Nos EUA, a MCA ainda reuniu *My Generation* ao *Magic Bus* e *A Quick One* ao *Who Sell Out* e lançou esses discos de volta às lojas e às paradas antes do Natal. Quando, em fevereiro, a trilha sonora de *Tommy* foi lançada pouco antes do filme, disparando imediatamente para a segunda posição nos EUA, duas conclusões puderam ser tiradas. Uma era que o The Who estava popular como sempre foi. A segunda era que, enquanto a banda entrava em sua segunda década, se tornava cada vez mais dependente do passado e cada vez mais incerta quanto ao futuro. E há poucas relações mais frágeis do que aquelas entre os membros de uma banda superestelar já com certa idade em marcha lenta.

Na verdade, os membros do The Who ainda eram jovens. Daltrey e Entwistle haviam acabado de completar 30 anos; Townshend e Moon

---

175 "Nosso baterista é insano."

CAPÍTULO 31

ainda estavam por cruzar essa barreira emocional. Porém, haviam alcançado a fama tão precocemente e com um idealismo tão forte, durante um período de mudança social tão rápida e constante, que poderiam ser perdoados por se sentir, com efeito, anciãos. Mais bem-sucedidos do que jamais sonharam e acumulando uma fortuna que jamais haviam imaginado, estavam diante de um dilema – daqui, para onde vamos? – para o qual não havia precedentes e, portanto, nenhuma solução clara, tampouco ajuda da única outra banda de rock britânica que também havia passado uma década inteira no topo: os Rolling Stones pareciam satisfeitos com uma irreverência quase autoparódica e deram o título de *It's Only Rock'n'Roll* ao seu álbum de 1974.

Não havia como o The Who como um todo, e em particular Pete Townshend, concordar com a afirmação dos Stones de que era apenas rock 'n' roll. A música dos anos 1960 parecia trazer as respostas de muitas das perguntas perpétuas da juventude; se agora, como exemplificavam os Rolling Stones, era uma mera desculpa, um slogan de marketing, um esquema para ficar rico, então pelo que aquelas batalhas haviam sido travadas? Qual fora o sentido? Pete Townshend tirara o The Who da estrada ainda em 1972, disposto a descobrir algumas respostas sozinho. Obtivera algumas com sua família, mas a vida doméstica só servia para tornar as turnês ainda mais desagradáveis e sucumbir às tentações delas traria ainda mais culpa. Visou dar um ponto final no passado com *Quadrophenia*, mas isso simplesmente trouxera todos os problemas da adolescência à tona novamente. Os shows no Madison Square Garden então trouxeram nada menos que uma crise de meia-idade prematura, e o trabalho incessante na trilha sonora de *Tommy*, apesar de concluída e de o filme estar prestes a estrear, o levara à distração e servira como um lembrete infeliz de que sua composição mais duradoura datava da década anterior.

Seus três parceiros estavam infelizes por ele ter desacelerado os trabalhos com o The Who, porém todos eles buscaram carreiras independentes para se manterem ocupados, então se distanciaram ainda mais do núcleo da banda. John Entwistle deu uma declaração pública de insatisfação com a falta de shows do The Who ao cair na estrada com sua banda The Ox, em antecipação de um novo álbum, *Mad Dog*. Roger Daltrey gravou um segundo álbum solo, *Ride a Rock Horse*, e, logo depois de interpretar Tommy, concordou em estrelar o próximo filme de Ken Russell, um *biopic* pretensioso do compositor clássico Franz Liszt.

E Keith gravou seu álbum solo e estava se divertindo genuinamente em Los Angeles, ainda que aborrecido com a inatividade de seu primeiro amor e com o que entendia como atividades em excesso dos demais membros. Com Pete, estava frustrado por ele compor trilhas sonoras de filmes, em vez de músicas novas para o The Who; de John, sentia inveja por ele estar de volta à estrada; e de Roger, sentia ciúmes por ele ter se tornado um astro do cinema da noite para o dia. Nesse processo, passou meses sem ver nenhum deles: uma festa dada pela MCA para o The Ox, no final de fevereiro, em L.A., à qual Townshend foi, já que estava na cidade a negócios, foi a primeira vez que os três se encontraram juntos num mesmo lugar desde o verão anterior.

Quem era mais próximo de Keith em L.A. estava ciente do que ele sentia. "Não era algo contra o The Who, era algo contra certos membros da banda", diz Mark Volman sobre a insatisfação de Keith. "Você o ouvia dizer mais coisas contra Roger Daltrey do que contra Pete Townshend. Ele sentia a pressão. Acho que via Pete e Roger como um todo, como um vínculo com uma época em sua vida que não o estava atendendo criativamente. Em dado momento, começou a falar 'Sou apenas o baterista'. Não importava o que disséssemos a ele."

"Ele tinha uma atitude bem ruim em relação à autoestima. Um de seus grandes problemas era que ele havia sido tão surrado, que sua autoestima era muito baixa, e não importava o que os outros membros do The Who lhe dissessem, nunca se recuperaria. Eram a família que lhe importunara tanto, que tivera de se afastar deles. E, ao se mudar para a Califórnia, pensou: 'Vou conhecer os rapazes praianos, as garotas loiras. Vou andar com o Harry Nilsson, e Harry não vai me dizer para não beber. Porque Harry está tão mal quanto eu, e Harry é meu melhor amigo, e Harry pode estar disponível toda noite.'"

CAPÍTULO 31

Em seus momentos mais sóbrios, Keith admitia prontamente, a pelo menos uma parte do relatado acima – que a bebida era seu demônio. Skip Taylor se recorda de "umas boas conversas sobre como ele se escondia por trás da bebida, e sobre como suas inseguranças o colocavam nessa posição, onde ele pensaria o seguinte: 'Se estiver bêbado, posso fazer qualquer coisa e ser sobre-humano'".

Assim como muitos outros em Los Angeles, Taylor sentia que sua existência havia melhorado depois de conhecer Keith. "Ele sempre tinha tempo para todo mundo, tinha mesmo. Nunca tive a sensação de que ele se colocava em primeiro lugar. Nunca fez o papel de superastro, era basicamente um cara bastante humilde e tinha um grande coração. Acho que se preocupava com as pessoas. Era o tipo de cara que abraçava você, estivesse bêbado ou não."

Taylor estava de olho numa relação de negócios com Moon, que ele julgava que decerto precisaria de algum tipo de empresário americano se pretendesse morar em L.A. Acabou não acontecendo: "Ele precisava de uma babá em tempo integral e eu estava num ponto em que havia mais na vida do que isso". Nesse meio-tempo, desenvolveram um vínculo pessoal forte. "Tivemos muitas conversas cara a cara. Ele ia à minha casa, eu ia à dele, saíamos juntos de carro. Era importante para mim que ele não ficasse sozinho em casa, porque eu via que, sempre que ele ficava sozinho, arrumava encrenca. Sentava-se de cueca na sala, ouvindo discos, começava a beber, ficava para baixo e definitivamente se deprimia, não havia dúvida."

"Não sei se ele dava a entender isso, mas pelo menos concordava que sempre se sentiu inseguro. E acho que se sentia inseguro como parte do The Who e em contribuir com a banda. De algum modo, não se achava à altura de Pete e tudo o mais. E sempre mencionava Roger e Pete, não Entwistle. Simplesmente sentia que os dois recebiam a aprovação da mídia e que era deles de onde vinha o talento, e que ele só ia na onda."

Isso era uma inverdade patente, como sabemos, e por isso ainda mais triste. Porém, o que importava era que ele acreditava nisso e reagia ao que compreendia como uma alienação patrulhada ao se jogar ainda mais fundo na cena local de celebridades. Fez *jams* com Ray Manzarek, no Whisky; com John Sebastian, no Troubadour; e se juntou a Alice Cooper no palco, num show de Flo & Eddie. Foi fotografado por aí com Iggy Pop, com Ringo Starr e Stephen Stills e recebeu o novo astro britânico Steve Harley em seu primeiro show nos EUA, no Whisky. Chegou até a ser coapresentador de uma premiação em L.A.

Nesse ínterim, as festas em Bel Air ficavam cada vez mais caóticas; uma festa de aniversário para um amigo acabou com as janelas destruídas e furou a mesa de sinuca com a bola branca depois de perder, certo dia. Quando um empreendedor local foi recebido para vender a Keith seu plano de um cinema 3-D que não precisaria de óculos especiais, Keith se entediou rapidamente do papo e arremessou uma faca na parede, bem ao lado da cabeça do homem.

"Você poderia ter me matado!", gritou o vendedor, encarando a lâmina cravada na parede a poucos centímetros de seu rosto.

"Meu caro garoto, se eu quisesse tê-lo matado, teria arremessado a faca um pouco mais à direita."[176]

Não foi uma grande surpresa, portanto, que, quando o aluguel de curto prazo venceu, Keith deixou a propriedade num estado tão ruim que foi processado pelos danos. Ele e Annette se mudaram prontamente para uma propriedade alugada ainda mais luxuosa em Beverly Glen, no Benedict Canyon, e a vida boa continuou. Dougal não estava por perto para desfrutar dela. Voltou para casa no Natal de 1974 e por lá ficou; estava com problemas para se acostumar com Los Angeles, tinha uma namorada em casa e sentia que competia com Annette pelas atenções de Keith. Porém, a própria Annette aos poucos recuava da cena social de Keith, à medida que as festas ficavam cada vez mais masculinas. "Logo me cansei daquilo. Não conseguia dar conta. Tentei! Fiz o meu melhor."

---

176 E ele não estava brincando. Desde que arremessou a garrafa de champanhe na parede, em Highgate, Keith vinha praticando arremesso de facas. Era um hobby da madrugada que o acompanhou desde o tempo (e as paredes) do Crown and Cushion e em muitos quartos de hotel em turnês.

CAPÍTULO 31

Outros amigos de longa data também se afastaram. "Quando ele ligava e dizia: 'Chegue mais, estamos dando uma festa', nunca queria dizer 'Tragam as esposas'", observa Mark Volman. "Assim, depois de ir à casa dele algumas vezes e ver que a festa seria bebedeira, cigarro e maconha... eu tinha uma vida doméstica, e, quando esses telefonemas chegavam, eu respondia: 'Não sei se conseguimos hoje, talvez na próxima'. E depois de recusar o convite algumas vezes, Keith dizia: 'Por que continuar ligando então? Eles estão ocupados com as esposas'. Gostávamos de farra tanto quanto qualquer um, mas Keith queria que as pessoas servissem aos excessos dele."

Entre as novas amizades de Moon estava Brett Cummins, participante da cena que era amigo também de Tom Ayres e Rodney Bingenheimer na English Disco. Depois que Ayres pediu a ele que levasse algumas garotas para a casa de Keith certa noite, Cummins deu de cara com um exemplo clássico do comportamento das *groupies* de Los Angeles: uma turma rival primeiro ligou para a polícia, depois para os paramédicos, com uma denúncia de uma overdose na casa. Keith observou Cummins lidar habilmente com os veículos de emergência que chegavam e lhe ofereceu um emprego no ato. Ao aceitar, Brett de repente se viu ocupando o posto de longa data de Dougal como braço direito de Keith.

Assim como Butler e aqueles que estiveram no cargo antes e depois, Cummins permanecia incerto quanto quais exatamente eram suas tarefas. "Na maior parte do tempo, eu ouvia coisas e as tocava para ele ouvir. Talvez ele me perguntasse: 'O que você acha que esse cara quis dizer de verdade?'. Se ele apagasse ou fizesse uma maratona de doideiras, ia querer saber: 'O que fizemos? Quem estava presente? Como me comportei?'. Keith sempre se comportava bem, a menos que alguém tentasse lhe fazer de bobo. Disso, não gostava." Porém, sucumbia com frequência. "Muita gente esperava que ele fosse 'Moon, o Lunático', e, se ele não estivesse à altura dessa *persona*, as pessoas se sentiam enganadas."

Cummins conheceu o Keith Moon que não agia de acordo com a imagem esperada pelo público para ser um "homem bondoso e atencioso". Mas conheceu também um alcoólatra cuja conta na Turner's Liquor era de fenomenais 1.400 dólares por mês. "Ele bebia do momento em que acordava até quando apagava", diz Cummins, "mas nunca foi o que eu chamava de bebum." Só tarde da noite é que ele via o álcool trazer à tona a depressão, à medida que Keith lamentava sua relação com os outros membros do The Who, insultava Kim ("Dizia que o pior erro de sua vida tinha sido não deixar Rod Stewart se casar com a vaca", recorda-se Cummins de um desses bombardeios) ou, quando num estado quase catatônico, confessava ter matado alguém num carro. Mais tarde, Cummins checaria essa informação com o escritório do The Who e seria informado de que o incidente com o "carro" não havia sido culpa de Keith de fato. Poucas pessoas pareciam se dar conta do quão ardentemente ele aceitava que era.

Chris Stamp visitou Keith durante esse período e ficou perplexo com a cena toda. "L.A. era uma porra de um pesadelo. Ele morava numa dessas casas caras e frias em Beverly Hills. Ringo e Harry Nilsson apareciam muito por lá, além de algumas outras figurinhas velhas. Estavam *fodidos* e eram as pessoas boas. Ao redor deles havia *roadies*, motoristas, traficantes, não que estes fossem pessoas menores por causa dessas posições, mas eram ainda mais fodidos. Então, era uma loucura. O lugar errado para ele estar, porque L.A. é simplesmente L.A."

Mas L.A. também era o lar da indústria cinematográfica, e a razão central para a mudança de Keith tinha sido correr atrás da carreira de ator. *Stardust* e *Tommy* estavam prestes a estrear nos EUA. A julgar pela recepção adiantada a esses dois filmes, todo mundo parecia concordar que Keith tinha uma carreira decente de ator à sua frente, se ele ao menos pudesse exercer a autodisciplina necessária.

Ao observar Keith começar o dia com seu copo de Courvoisier de lei, Annette o implorava para que ficasse sóbrio para as reuniões de negócios que tinha em Hollywood, sabendo o quão agradável e impressionante ele poderia ser nesse estado. "Mas acho que a autoconfiança dele não permitia isso. E, depois de tomar uma dose, ele queria duas, três, quatro, cinco, não conseguia parar. E aí, quando chegava a hora de entrar para falar com aquelas pessoas, estava absolutamente mamado."

CAPÍTULO 31

"Se você tem uma reunião, troca cumprimentos e diz 'sim', aí pode sair para beber, comemorar, ficar bêbado, ir para casa e capotar. Mas você não capota de bêbado às 10h da manhã. Não com aquelas pessoas, não naquele tipo de mundo. A fila é tão longa quanto sua vontade de estar nos filmes, não importa se você é um *pop star*."

Não surpreende, portanto, que as poucas propostas de atuação que chegaram a ser feitas tenham sido da parte de outros alcoólatras. Graham Chapman, do amado Monty Python, que acabara de encontrar o sucesso em Hollywood com *Monty Python e o Cálice Sagrado*, se tornou visitante regular da casa em Beverly Glen. Lá, reencenavam esquetes do Python (ou, melhor ainda, reviviam os Goons na estimada companhia de Peter Sellers) e trocavam ideias cinematográficas. A obsessão de Keith por Robert Newton só aumentara ao longo dos anos, e ele e Chapman discutiam a possibilidade de um filme de pirata. Intitulado *O Pirata da Barba Amarela*, chegou a ser feito, mas, em parte pelos problemas do próprio Chapman com álcool, só quando já era tarde demais para Keith participar[177].

Um veículo ainda melhor para a paixão de Moon por Newton foi uma ideia discutida com o grande diretor Sam Peckinpah e os companheiros de bebedeira de Keith, Ringo e Harry. Juntos, refariam *Soldiers Three*, o filme de 1951 em que Newton, David Niven e Stewart Granger estrelavam como camaradas de exército na Índia colonial do século 19. Em meio a diversos drinques no escritório de Peckinpah, em Hollywood, com Keith virando cambalhotas na mesa do diretor para impressioná-lo, a ideia parecia eminentemente factível, até financiável. Porém, assim como muitos desses planos extracurriculares, andou muito pouco. Um dos poucos que se viu concretizado nas telas foi apresentar o programa de TV *Midnight Special*, de Don Kirschner, concluído com

---

177 Por volta dessa época, Moon fez uma breve participação como seu amado Long John Silver no álbum conceitual estelar *Flash Fearless Versus the Zorg Women, Pts. 5 & 6*, arranjado por John Entwistle ao lado do produtor John Alcock. Apesar da presença de Alice Cooper, Nicky Hopkins, Kenney Jones, Bill Bruford e muitos outros, o álbum, lançado em maio de 1975, afundou sem deixar vestígios. John Entwistle brincou que "o disco custou uma fortuna para ser feito, quase tanto quanto um álbum solo de Keith Moon".

Keith tocando bateria com Ringo, no kit transparente que ele guardava para a TV, que, dessa vez, teve um dos tons enchido com água e peixinhos-dourados, o que enfureceu facilmente os telespectadores.

Ele fazia o máximo para promover as atividades não relacionadas ao The Who que, de fato, chegaram à fruição. Foi para Nova York para dar entrevistas para o lançamento de seu álbum solo e compareceu à estreia de *Stardust* em Boston, com David Essex. Infelizmente, *Stardust*, apesar do desempenho muito bom no Reino Unido, morreu na praia nos EUA. A falta de uma trilha sonora sólida, o final deprimente, do tipo que Hollywood detesta (o herói morre para sempre, ao contrário de *Tommy*, em que o herói é ressuscitado), e o elenco pouco familiar ao público americano tornaram o filme difícil de vender.

O motivo mais provável para o seu fracasso é que a Columbia Pictures, sem muitas opções, concentrou todos os esforços em outro filme de rock: *Tommy* recebeu, naquela primavera, uma atenção sem precedentes da indústria para um musical de rock. No dia 18 de março, uma festa de estreia luxuosa e lembrada com carinho foi dada na estação de metrô da Rua 57, em Nova York, com as presenças de Townshend, Moon e Entwistle (Daltrey ainda estava trabalhando em *Lisztomania*, de Ken Russell). Com a trilha sonora de *Tommy* indo tão bem e as resenhas sendo em geral radiantes, era certo que o filme seria um sucesso, mas ninguém teria adivinhado que ele ficaria entre as dez maiores bilheterias nos EUA por meses a fio. Ao tentar fechar as portas de *Tommy*, o The Who acabou ainda mais escravizado pela obra. Ficou também muito rico nesse processo. Embora *Tommy* não tenha envelhecido nem um pouco tão bem quanto seu contemporâneo *Stardust*, permanece um testamento hilário (nem sempre de forma intencional) dos excessos da era do glam e da imaginação vívida de Ken Russell, e, por meio do triunfo comercial, a performance de Keith como Uncle Ernie sempre será seu papel no cinema mais lembrado.

CAPÍTULO 31

QUANDO KEITH E ANNETTE FORAM PARA NOVA YORK, DEIXARAM A casa em Beverly Glen aos cuidados de Tom Ayres, que todas as noites se via sob ataque do *rush* pós-clubes que se abatia sobre a propriedade. "Os carros chegavam como se fosse uma festa de réveillon. Tinha de dizer a eles que fossem embora ou chamaria a polícia. Eram jovens que queriam farra. Conheciam Keith e sabiam qual era toda aquela situação e estavam à procura de diversão. Keith teria se juntado a eles se estivesse em casa."

Somava-se às preocupações de Ayres a frequente aparição de homens que vinham recolher objetos danificados. Keith tratava aparelhos de som da mesma forma que tratava quartos de hotel. "Tinha de ouvir música num volume dolorosamente ensurdecedor", diz Brett Cummins. "Estourava até alto-falantes de cinema. E, quando não funcionavam, iam direto para a piscina." Assim como em Bel Air, as farras e as tendências autodestrutivas de Keith dizimaram a propriedade. "Ele destruiu a casa", diz Ayres. "Estragou para valer as paredes, o teto, o chão. As instalações todas."

Como se Keith se importasse. A casa era apenas alugada, e, se ele fosse processado de novo pela bagunça (e foi, pelo proprietário, o comentarista de rádio Robert Q. Lewis), que fosse. De todo modo, estava à procura de um lar permanente. Tara estava sendo vendida para Kevin Godley, da banda 10cc, o que lhe renderia algum dinheiro e cortaria de vez a relação com a terra natal. Até comprara um novo dogue alemão em L.A., que batizou de Bonzo, em homenagem ao baterista do Led Zeppelin. Banda esta que passou pela cidade no final de março de 1975, se hospedou, como sempre, no Hyatt, e se lançou numa orgia de excessos do rock'n'roll ao redor da cidade, à qual Keith se juntou de bom grado – embora nunca tenha se afundado no nível de arrogância sexual e violenta que permeava as passagens do Zeppelin pela cidade dos anjos.

Keith nunca duvidou de que tocava na melhor banda, mas lhe dava uma inveja insana ver os amigos se dando tão bem. Richard Cole, que antes fora apenas o motorista de Keith, agora desfilava por aí como o onipotente, rico e amplamente temido empresário do Zeppelin. E John Bonham exibia o Corvette Stingray que acabara de comprar por impulso em Dallas, depois de contratar um detetive particular para encontrar o dono e pagar 18 mil dólares em dinheiro. Em Tara, Keith fora igualmente inconsequente, mas agora não parecia ter os mesmos recursos. "Como é que eles ganham tanto dinheiro?", perguntava a Annette e Brett. "Como é que eu não tenho nenhuma grana?"

Para a primeira pergunta, a resposta era que o Led Zeppelin havia sido formado no final dos anos 1960, numa época em que os contratos começaram a pender mais favoravelmente para os artistas. O empresário do Zeppelin, Peter Grant, nunca ficava com comissões de 30% a 40%, nunca assinava contratos furados para a banda, nunca cedia *royalties* futuros para produtores passados e, quando o grupo criou sua própria gravadora, foi uma divisão quíntupla entre banda e empresário, não uma gravadora de propriedade do empresário que, mais tarde, causaria conflito. E, embora a popularidade da banda superasse a do The Who de qualquer forma, a fonte mais convincente daquela fortuna era o ritmo de trabalho: entre 1969 e 1976, o Zeppelin lançou oito álbuns, tanto quanto o The Who ao longo de toda a carreira de treze anos com Keith.

A resposta para a segunda pergunta de Keith, é claro, era que ele não parava de gastar todo o dinheiro que tinha em autoindulgências extravagantes (hotéis cinco estrelas, propriedades alugadas, Cadillacs alugados) e numa generosidade fora do comum. Não pensava duas vezes antes de ligar para a Turner's e pedir várias garrafas de Dom Perignon quando recebia amigos em Beverly Glen, não obstante o efeito que isso causava em sua conta cada vez mais apertada. E havia ainda todos os outros intoxicantes que ele não parava de comprar.

Era demais para Brett Cummins, que, embora "não fosse o cara mais conservador do mundo", se viu "estabelecendo limites". Continuar com Keith, diz ele, "seria equivalente a dar heroína a um *junkie*, e eu não conseguia fazer isso". Porém, sua resignação ia além de recusar a "servir aos excessos de Keith". "Ele precisava de alguém que também fosse britânico. Eu era bom em L.A., mas ainda sou um garoto do Valley, e era difícil lidar com aquilo. Dougal e ele tinham uma conexão, acredito, que os tornava mais como coconspiradores."

CAPÍTULO 31

Keith também sabia disso. Quando Brett partiu, ele ligou para Dougal e lhe disse para vir para os EUA, enfatizando que ficaria na Califórnia em definitivo. A prova: havia comprado uma casa. Como ele conseguiu, ninguém parecia saber; a determinação de Keith de ser seu próprio chefe em Los Angeles o levou a tomar diversas decisões independentes. Mas Annette, acostumada a uma vida de luxo com Keith, ficou para lá de animada quando recebeu a notícia. O acompanhou de limusine por Laurel Canyon até uma via pacata, em Sherman Oaks. Estacionaram na frente do número 3.650 da Knobhill Drive e ele mostrou a ela a casa que chamariam de lar pelos próximos dois anos.

"Era um pulgueiro", diz Annette. "Tinha um carpete verde-neon forte, papel de parede preto com flores verdes e amarelas enormes, paredes verdes. A cozinha era verde-escuro. Era terrível." Havia problemas com roedores e escorpiões. Até a piscina estava abaixo dos padrões, com o pouquíssimo espaço ocupado por algumas cadeiras de praia e mais nada entre ela e a cerca viva alta.

Mudar-se para Sherman Oaks não fazia sentido. Artistas famosos moravam em Bel Air e Beverly Hills, como Keith e Annette moravam até então. A comunidade musical local preferia a tranquilidade mais rústica dos cânions. Os reclusos iam para Malibu. Mas o Valley? Até a vista era para o lado errado – para o norte, em direção aos subúrbios, em vez de para o sul, para L.A. em si. O único fator de redenção era o preço: menos de 50 mil dólares.

Mesmo durante a mudança, Keith começava a sentir os efeitos de seis meses morando em Los Angeles vivendo um estilo de vida *rock star* sem cerimônias, a muitos milhares de quilômetros de seus companheiros de costume e com apenas algumas semanas sob o olhar vigilante de Dougal. Antes que Butler retornasse a L.A., Keith teve uma de suas transformações.

Foi aí então que Annette realmente entendeu por que era bom ter Dougal por perto. Na verdade, considerando-se que aconteceu no meio da noite, ela não conseguiu pensar em mais ninguém: ligou para a casa de Butler, em Middlesex, em busca de ajuda. Dougal, por sua vez, depois de quebrar a cabeça à procura de uma solução mais à mão, ao pensar em alguém confiável que pudesse tomar o controle da situação, sugeriu Larry Hagman. O ator fora mais do que boa-praça, fora um anfitrião perfeito para eles e um legítimo cavalheiro. Era casado com uma garota sueca, Maj, que tentara fazer sua conterrânea Annette se sentir em casa numa cidade estranha. Não faria mal algum Annette ligar para ele e esperar que ele concordasse em ajudar. Por ser mais velho, talvez exercesse alguma influência sobre Keith.

Eram por volta das 3h da manhã quando Hagman acordou assustado pelo telefonema de Annette, em pânico. Vestiu uma roupa qualquer e dirigiu até a casa. "O lugar estava arregaçado", recorda-se. "Ele havia quebrado espelhos e janelas. Jogado a TV na piscina, esse tipo de coisa. O que aconteceu foi que ele deixou umas *black beauties* [cápsulas de anfetamina de liberação prolongada] à vista e o dogue alemão comeu umas quatro ou cinco e estava completamente maluco. Se você toma só uma, fica acordado por dias. E o cachorro teve surtos em que cagava pela casa toda. Os dois estavam bem doidos."

"Quando cheguei lá, Keith estava bem, racional. Eu disse: 'Keith, Annette me disse que você não está lá muito bem'. E ele: 'Sabe, acho que é hora de ir para a reabilitação'." Hagman voltou para casa para vestir um terno. Quando retornou, de manhã, levou Keith até o hospital St. John's, em Santa Monica, onde disseram que ele precisaria de um atestado antes de ser admitido. Os dois foram até um médico recomendado, que pediu a Keith que descrevesse seu regime diário.

Hagman se recorda do monólogo que se seguiu. "Ele disse: 'Acordo às 6h da manhã, como linguiça com ovos, bebo uma garrafa de Dom Perignon e meia garrafa de brandy, depois tomo uns dois calmantes; por volta das 10h, dou uma cochilada e durmo até por volta das 5h ou 6h da tarde. Acordo, tomo umas duas *black beauties*, um pouco de brandy, um pouco de champanhe e saio pela cidade. Saímos para comer alguma coisa, tomo um pouco de brandy e um pouco de champanhe, depois vamos dançar. Encerramos por volta das 3h ou 4h, vou para a cama, acordo lá pelas 6h ou 7h e começo tudo de novo!'"

CAPÍTULO 31

Por mais viajante que pareça, isso era quase a verdade exata do que acontecia e, imaginando que fosse mesmo o caso, o médico prontamente confirmou que Moon precisava da desintoxicação. Uma vez no hospital, diz Hagman, Keith não parava de ligar para ele. "Preciso falar com amigos", dizia ele, numa evidente solidão. Hagman o encorajava a permanecer lá até o final do tratamento. "Acho que vai ajudá-lo", dizia.

"Eu não sabia nada de reabilitação naquela época. Mas acredito que ajudou, de fato, a curto prazo." Ajudou. Keith saiu com votos aparentemente sinceros de manter a sobriedade.

Tinha um incentivo firme para cumprir a promessa. Pete Townshend havia finalmente escrito músicas suficientes para começar as gravações de um novo álbum do The Who. Keith era requisitado no estúdio. Não poderia embarcar mais rápido. Sete meses depois de chegar a Los Angeles, assim que o álbum solo que ele fora gravar finalmente era lançado, voltou para Londres para dar início a um trabalho de verdade.

Reunido em estúdio, o The Who fez uma jam session para voltar ao ritmo dos trabalhos. De imediato houve um problema: Keith havia se esquecido de como tocar bateria. Não era tão surpreendente. As poucas tentativas de tocar no álbum solo foram bem medianas. Juntar-se a outros artistas nos palcos de Los Angeles tinha mais a ver com cantorias ébrias do que com tocar bateria de forma demente. Como não levou nenhuma bateria para Los Angeles, a última vez que tocou com alguma determinação de verdade foi ao vivo, dez meses antes. "Era preciso atiçar a memória dele, tocar coisas que ele já tinha tocado antes", diz John Entwistle. "Ele não sabia como virar a chave. Demorou uns dois dias."

Depois de repassar o repertório antigo do The Who e seus covers favoritos para tirar as habilidades de Keith do recesso, a banda seguiu para as músicas novas de Townshend. Ficou imediatamente aparente que estas eram mais obscuras e mais depressivas do que qualquer outra coisa que ele já havia composto. Como resultado, o álbum subsequente, intitulado *The Who By Numbers*, foi citado com frequência como um álbum solo de Pete Townshend. O guitarrista, que lamentava que sua devoção aos trabalhos de pré e pós-produção do The Who lhe negavam a oportunidade de gravar um álbum solo de verdade, ao mesmo tempo que permitia ao outros que o fizessem à revelia (afirmação que ignorava convenientemente seu trabalho lucrativo no filme *Tommy*), insiste que apenas apresentou uma grande quantidade de canções e deixou que os outros membros as escolhessem. Portanto, sugere ele, a culpa pela introspecção lírica do álbum não é sua.

Mas as músicas eram dele, e são poucos os álbuns de rock que questionam as causas de uma banda e a sanidade de seu compositor de forma mais perspicaz do que o gravado pelo The Who naquele verão. Último álbum lançado antes da explosão do punk rock, que se daria com a banda em turnê, *The Who By Numbers* servia como uma confirmação deprimente da distância e da desilusão que havia desabrochado entre públicos e bandas em geral desde a iniciação do The Who como um bando de jovens punks de meados dos anos 1960.

Townshend confrontou suas dúvidas e seus demônios em quase todas as canções. "Dreaming From the Waist" anseia pelo "dia em que poderei me controlar"[178]. "They Are All in Love" traz o verso presciente "*Goodbye all you punks, stay young and stay high, hand me my checkbook and I'll crawl out to die*"[179]. "How Many Friends" retrata o *rock star* bem-sucedido como sofredor e incerto de suas relações com o público ("*He's being so kind, what's the reason?*"[180]) ou com seus companheiros de banda ("*We talk so much shit behind each other's backs I get the willies*"[181]); foi tão familiar para Keith, que ele lutou para não chorar na primeira vez em que a ouviu. Até a única contribuição de Entwistle, "Sucess Story", parecia tão amarga quanto inteligente, em que o narrador, um *pop star* esperançoso, conclui que "talvez vá longe se destruir a minha guitarra"[182].

Townshend reservou sua maior autodegradação para "However Much I Booze", cuja letra era tão pessoal e desesperada, que Roger Daltrey, o único na banda que não tinha problemas com álcool, a devolveu para que o compositor a cantasse. Entre as falhas autoconfessas de Pete – a própria antítese da imagem do *rock star* como um ícone infalível que dominava o resto daquela metade dos anos 1970 –, uma afirmação era recorrente: por mais que se buscasse refúgio na bebida, "não havia saída"[183].

---

178 *"The day I can control myself."*

179 "Adeus a vocês, punks, permaneçam jovens e chapados, me entreguem meu talão de cheques e eu vou sair de cena para morrer."

180 "Ele está sendo tão gentil, por que motivo?"

181 "Falamos tanta merda uns dos outros pelas costas, que me dá nos nervos."

182 *"I may go far if I smash my guitar."*

183 *"There ain't no way out."*

CAPÍTULO 32

Keith Moon sabia muito bem disso. (E se "How Many Friends?" soara tão familiar, o que "However Much I Booze" dizia a ele?) Foi por isso que ele foi se desintoxicar antes de ir para a Inglaterra. Townshend ficou tão impressionado em ver Keith sóbrio, que também dispensou o brandy durante as sessões de gravação iniciais com Glyn Johns nos estúdios Shepperton, nos arredores de Londres. É até possível que ambos, Pete e Keith, estivessem, ironicamente, no mesmo barco quando gravaram "However Much I Booze", em maio.

Porém, é improvável. O retorno de Keith a Londres depois de tantos meses longe trazia oportunidades inenarráveis de diversão, mas não seria divertido beber água enquanto todo mundo entornava vinho. Não surpreende que, à medida que reencontrava os amigos, ele tenha achado a sobriedade contínua um desafio grande demais e rapidamente a tenha abandonado.

Com a companhia de Annette durante as primeiras semanas – ela foi com ele ao Festival de Cinema de Cannes, no sul da França, em maio, onde *Tommy* participou da competição –, se instalou na exorbitantemente cara suíte George V, do Inn On the Park, em Mayfair. Dali, apresentou a namorada ao mundo em que vivera anteriormente e do qual ela havia experimentado apenas um tira-gosto durante as primeiras semanas do relacionamento dos dois, em julho do ano anterior.

Jantaram em Broome Hall com Oliver Reed, experiência que não seria facilmente esquecida por Annette. "Ele tinha uma lareira de pedra na sala de jantar e quebrava garrafas de vinho contra ela para abri-las. Sua esposa fez o jantar e chegou com uma grande panela de purê. Ele pisou no purê e começou a deixar pegadas nas paredes. Não conseguia chegar ao teto, então pegou uma vassoura, colocou o sapato com purê nela e marcou pegadas no teto também!"[184]

---

184 O próprio Keith se referiu ao incidente em maio: "Pintei a casa de Oliver Reed com Chateau Margot... Foi Oliver quem instigou".

Um ator de reputação bem menos ousada era Karl Howman, que Keith tratava como algo entre um mascote e um protegido. Howman estava em cartaz numa peça no Royal Court Theatre, *Teeth and Smile*, escrita por David Hare, na qual Moon era mencionado, o que confirmava sua posição no folclore britânico contemporâneo. Naturalmente, Keith foi assistir à peça e chegou de limusine com Annette, atrasado, como de costume, empunhando uma garrafa de brandy, "completamente doido da cabeça", como se recorda Howman. Assistiu ao segundo ato do *backstage*. Durante o final, que apresentava uma canção chamada "Last Orders on the Titanic", Howman ficou tenso ao ver contrarregras tentando impedir Moon de entrar no palco.

"Por que não?", perguntava o baterista. "Eric Clapton sempre me deixa entrar no palco."

Depois da peça, um Karl Howman bastante nervoso apresentou Moon a um igualmente nervoso David Hare.

"Por que Karl não tem mais falas?", perguntou Keith de bate-pronto.

"Perdão?", disse o dramaturgo, confuso.

"Por que Karl não tem mais falas?"

"Ah, bem, é o papel dele, as falas são aquelas."

"Bem, vou voltar na semana que vem. Certifique-se de que ele tenha mais falas."

"Ele disse aquilo com muita afeição", recorda-se Howman. "Achava de verdade que ajudaria!"

Howman e Moon continuaram a festejar juntos. Depois que Annette voltou para os EUA, certa noite, Karl saiu pelos clubes com Keith e se viu no Inn On the Park com um jogador de futebol profissional e três garotas. Howman e o jogador ficaram tão bêbados, que desmaiaram na cama antes de tirar vantagens sexuais. Ao acordar, na manhã seguinte, Karl encontrou o infatigável Keith no quarto da frente, debaixo das cobertas, com as três garotas. Não conseguiu segurar o riso de admiração pela energia sexual do amigo.

O jogador de futebol foi embora. A suíte duplex era grande o bastante para que Howman perambulasse por ela como quisesse. Quando Dougal

CAPÍTULO 32

telefonou para avisar que passaria ali em 1h para levar Keith a Shepperton, Karl achou melhor acordar o baterista. Recorda-se que a conversa se deu mais ou menos da seguinte forma:

Keith: O que você está fazendo aqui?

Karl: Como assim? Você me ligou e me convidou para vir.

— Bem, não sei por que fiz isso.

— Tudo bem, vou embora, isso não me incomoda... Só acho que é melhor você se levantar.

— Não me diga quando me levantar.

— Estou acordando você porque Dougal ligou e disse que está vindo para cá e que você precisa ir para o estúdio.

— Você acha que eu não sei?

— Bem, obviamente você não sabe, porque está obviamente dormindo.

— Não me diga o que eu tenho que fazer, suma daqui.

— Beleza, vou sumir. Vá se foder.

— Vá *você* se foder.

Karl foi até o elevador dentro da suíte e, enquanto esperava chegar, deu uma última olhada para trás. Lá estava Keith, no topo da escada, de cueca, chorando.

— Não sei por que disse essas coisas todas — se desculpou por entre as lágrimas.

— Eu sei por que você disse — respondeu Karl. — Porque você bebeu. Acordou de ressaca.

— Pois é, mas eu não sei por que te mandei ir embora, não estava falando sério. Não vá.

— Preciso ir, Keith. Não dou conta quando você está desse jeito. Normalmente, sim, mas não agora. Não está legal. Você diz coisas e sabe que não fala sério, mas, na hora, deveria saber.

— Não, por favor, não vá...

Karl ficou. "Demos um abraço. Se fosse outra pessoa, ele a teria mandado se foder e mantido a palavra. Nunca dava para trás. Ficava puto da cara. Mas não era ele, eram as substâncias."

KEITH MOON

Até onde o público sabia, ele não as consumia mais: havia feito um rebuliço daqueles, como era de costume, sobre sua nova condição de sobriedade ao chegar ao Reino Unido. E, como sempre, se colocou à disposição da imprensa, em especial quando o *Two Sides of the Moon* estava sendo lançado por lá, no final de maio. Um entrevistador acabaria por descobrir que "não beber", para Keith, significava só manter distância das bebidas mais caras; outro teve de acordá-lo na hora do almoço, depois que o baterista passou a noite inteira no Tramp. Era quase possível ouvir o senso de alívio nas reportagens; Keith Moon parar de beber soaria como uma sentença de morte para a era de ouro do hedonismo do rock 'n' roll. Ele não poderia parar de beber sem decepcionar toda a indústria. E Keith detestava decepcionar as pessoas[185].

O motivo central dos encontros de Keith com a imprensa – a divulgação de *Two Sides of the Moon* – era, em geral, evitado ou contornado nessas entrevistas, já que a autoconfiança dele havia sofrido um duro golpe com a reação impiedosa ao álbum. Num piscar de olhos, sua postura foi de orgulho admitido ("Não sabia que era capaz de gravar alguns dos vocais que fiz", disse ele à revista americana *Crawdaddy*, pouco antes do lançamento nos EUA; "Acho que é comercial e que vai vender") a autodefesa machucada ("Foi muito divertido de gravar", informou ao *Record Mirror*; "Sinto muito que as pessoas não pensem da mesma forma"). Roy Carr, com uma honestidade rara em sua profissão, concluiu uma longa resenha negativa publicada no *NME* com a seguinte crítica pesada: "Moonie, se você não tivesse talento, eu não me importaria; mas você tem, e é por isso que eu não estou prestes a aceitar *Two Sides of the Moon*, mesmo se, depois de dez anos, isso signifique o fim de uma amizade" (para o mérito de ambos, a amizade não terminou). Uma resenha de "Don't Worry Baby" na *Melody Maker* – a segunda versão, com cordas e os vocais mais graves, lançada em

---

185 Townshend também, por seus próprios motivos, sentia que o chamado da bebida era forte demais para ser ignorado; lá pela metade das sessões iniciais, estava de volta ao brandy.

CAPÍTULO 32

compacto no Reino Unido naquele mesmo mês – a chamava simplesmente de "uma cantiga feia".

Na América, Dave Marsh, acólito do The Who, não foi mais gentil na *Rolling Stone*. "Não há um motivo legítimo para esse álbum existir", escreveu, ao mesmo tempo em que era igualmente duro com *Mad Dog*, de John Entwistle, que não vendeu muito mais. "Com um terço do tempo de estúdio necessário para gravar esse disco, o The Who talvez tivesse feito um compacto tão grande quanto 'Substitute'." Se soubesse da conta de estúdio de Moon, provavelmente teria alterado a fração para um milionésimo.

Esses fracassos solo talvez tenham incitado Moon e Entwistle a redobrar a atenção no estúdio com o The Who, mas esses dois, em particular, precisavam de poucas desculpas para dar seu melhor a esse primeiro amor. Por mais que *The Who By Numbers* capturasse a banda em seu momento mais liricamente confuso e ideologicamente incerto, as gravações se mostraram relativamente diretas e confiantes. "Profissional" foi o elogio dúbio usado com mais frequência para descrever o álbum final, e é igualmente apropriado hoje.

A bateria de Moon, por exemplo, embora nunca tão desafiadora quanto suas glórias passadas, é facilmente identificável, porém sólida como uma rocha e nunca elaborada em excesso; ele demonstra, ainda, uma maturidade genuína ao lidar confortavelmente com o inimigo mortal dos bateristas de rock, o compasso 6/8, em "They Are All in Love". Townshend, por sua vez, dispensou os *power chords* e sintetizadores que marcaram tanto *Who's Next* quanto *Quadrophenia* e optou por violões e, ocasionalmente, pelo banjo ou o ukelele, cuja sonoridade mais leve trazia um contraste positivo com a escuridão das letras. Daltrey está inquestionavelmente em ótima forma, cantando a balada "Imagine a Man", em particular, com uma sofisticação que nunca antes alcançara. Entwistle é um músico de mão cheia por todo o disco, e seu baixo sempre preenche lacunas em que não parecia haver lacunas. E Nicky Hopkins emprestou seus talentos singulares a quase metade do álbum, trazendo um ar fino de majestade a "They Are All in Love", em especial.

É verdade que *The Who By Numbers*, por sua própria modéstia como um simples conjunto de canções que qualquer banda poderia apresentar em disco, decepcionou aqueles acostumados com óperas-rock ou *Lifehouses* resgatados. Mas, dificilmente, se pode dizer que lhe falta paixão. A desilusão de Townshend, que se manifestou mais em raiva do que em sentimentalismo, garante alguns momentos musicais marcantes, em particular nas músicas mais confessionais: "However Much I Booze", que vai crescendo da sobriedade inicial até concluir na embriaguez, e "How Many Friends", com uma parte clássica de Townshend, do tipo que infelizmente faz falta à maioria das outras canções, permanecem exemplos especialmente bons da habilidade do rock de, vez ou outra, abraçar uma honestidade de muita coragem.

No fim das contas, porém, foi a única canção descaradamente pop do álbum, "Squeeze Box", de um duplo sentido bastante pueril, do tipo que o amadurecimento da banda abandonara em meados dos anos 1960, que se tornou o único sucesso e cartão de visita de *The Who By Numbers*. Com isso, os medos de Townshend – de que o rock havia se tornado mero entretenimento, que a honestidade e a integridade eram, se não irrelevantes, certamente supérfluas – foram duramente confirmados.

AO RETORNAR A LOS ANGELES EM JULHO, KEITH DISSE À IMIGRAÇÃO que estava morando nos EUA, embora não tivesse um visto que lhe permitisse tanto. Foi prontamente detido, ao passo que Dougal Butler, que não fizera tais afirmações, foi autorizado a entrar no país. Butler ligou para um advogado da indústria musical, Michael Rosenfeld, que lidava com os negócios de outros britânicos expatriados, como Joe Cocker, além de grandes astros de Los Angeles, como os Eagles e Jackson Browne. Rosenfeld conseguiu a soltura de Keith e deu início ao processo para tornar sua residência oficial. Parte disso envolvia colocar cerca de 40 mil dólares de Keith como caução, e, para tanto, Rosenfeld mandou Keith à firma de contabilidade Bisgeier, Brezlar & Company.

CAPÍTULO 32

Michael Rosenfeld se viu com um cliente singular até mesmo entre os *rock stars* mais exigentes. "Ele queria alguém para ajudá-lo de muitas maneiras diferentes, de questões legais a questões emocionais. Queria ficar na Califórnia, entre os exilados, mas queria ver se conseguiria ter uma carreira solo, queria colocar sua relação com a banda de volta aos eixos. Sentia-se isolado e como se não fosse apreciado pelos companheiros." Todos esses sentimentos se acentuaram cada vez mais ao longo dos dois anos seguintes, período em que Rosenfeld se tornou o mais próximo de um conselheiro ou confidente oficial que Keith teria em Los Angeles.

Bill Curbishley só conseguiu rir quando recebeu o telefonema de Rosenfeld, que ligava para se apresentar. "O cara me ligou achando que tinha um cliente muito bom. Eu disse: 'Você tem noção de que ele é um exilado fiscal e não tem dinheiro algum?'."

Rosenfeld tinha motivo para se enganar, assim como Moon imaginara que conseguiria passar alegremente pela imigração ao mentir, pois Los Angeles se encontrava sob uma espécie de invasão virtual de *rock stars* britânicos exilados fiscais. Os últimos a chegar eram Rod Stewart – que encapsulava e promulgava o mito californiano melhor do que a maioria dos locais – e Ron Wood, seu ex-guitarrista, que acabara de entrar para os Rolling Stones. David Bowie também se mudara em março para uma estadia de duração indefinida.

Keith se valeu das amizades com seus compatriotas da aristocracia musical britânica para tentar gravar outro álbum. Inabalado pelo fracasso de *Two Sides of the Moon* (o lançamento de mais dois compactos nos EUA, "Solid Gold" e "Crazy Like a Fox" não fizeram muito para ajudar nas vendas), firmou uma parceria com o venerado guitarrista Steve Cropper, de Booker T. & The M.G.'s e inúmeros compactos lendários da Stax. Cropper reuniu seu baixista de longa data, Donald "Duck" Dunn; Jim Keltner, para a bateria, mais uma vez; e Ron Wood, como segundo guitarrista. Como se essa formação não fosse suficientemente impressionante, David Bowie chegou para contribuir nos *backing vocals*.

Ao se aterem a uma única banda e dispensarem a decadência incestuosa do Record Plant em favor da (relativa) sanidade de um estúdio chamado Clover, as sessões correram de forma muito mais suave do que aquelas que haviam transformado *Two Sides of the Moon* numa festa contínua. Com o auxílio do pulso firme de Cropper e movido por sua própria determinação, Moon chegou a entregar uns dois vocais bem passáveis. Das três músicas gravadas, sua versão de "Naked Man", de Randy Newman era, de longe, a mais interessante, com a narrativa bem adequada ao estilo de contador de histórias de Keith e sua voz na melhor forma que chegou nos anos 1970. As outras duas, "Do Me Good" e "Real Emotion", tinham menos para distingui-las como composições. A primeira soava, mais do que tudo, como os Wombles, o grupo pop de fachada que tivera diversos hits britânicos durante esse período; a segunda era de uma teatralidade sem sentido, como o pior de Leo Sayer. Ambas eram sintomáticas daquela época, os últimos resquícios do glam, quando a música pop, por mais que tivesse se tornado cada vez mais elaborada musicalmente e obcecada por narrativas líricas, se tornou também cada vez mais frívola e insípida nesse processo. "Real Emotion" era mais notável apenas pela total ausência de qualquer um desses elementos.

As músicas permanecem não lançadas[186]. Porém, a farra entre as celebridades continuava. Não tanto nos points da Sunset Strip; à medida que os *rock stars* celebravam suas fortunas e sua autoimportância cada vez maiores, passavam a socializar somente com seus próprios semelhantes. A cena festeira se tornou exatamente isso: um circuito entre as casas uns dos outros.

Isso colocou Keith numa posição indesejada e pouco familiar. Numa cidade em que as pessoas eram julgadas por sua fortuna material, Keith Moon, reconhecido aristocrata e anfitrião, o genuíno cavalheiro inglês em

---

186 Em 1997, foram desenterradas pelo arquivista do The Who, Jon Astley, para o relançamento em CD de *Two Sides of the Moon*, mas prontamente ignoradas por historiadores e fãs não cientes da credibilidade dos músicos envolvidos. Steve Cropper foi creditado como autor de "Do Me Good" e "Real Emotion" nesse relançamento, embora Dougal se recorde de que elas foram puxadas do catálogo de composições da Warner Brothers juntamente com "Naked Man".

CAPÍTULO 32

exílio fiscal em Los Angeles, de algum modo, se instalara numa residência tão abaixo de seu padrão costumeiro de vida, que não conseguia convidar ninguém para ir à sua casa. "Sempre saíamos com os outros", diz Annette. "Havia tanta gente com casas incríveis, então o último lugar onde queríamos estar era na nossa."

A zona de exclusão se estendia a visitantes mais humildes. Quando Roy Carr esteve em Los Angeles a trabalho, Keith sugeriu que ele ficasse mais alguns dias como seu convidado. "Vou para sua casa, então?", perguntou Roy. "Ah, não", respondeu Keith. "Você não vai querer ficar aqui, vou reservar um hotel para você."

"Ninguém sabia, de fato, onde ele morava", diz Alice Cooper, um dos *bad boys* amigos de Keith na época. Moon, porém, sabia muito bem onde encontrar seus colegas *rock stars*. "Keith vinha à minha casa e ficava por dias a fio", diz Cooper, que tinha uma mansão em Beverly Hills. "Ele te exauria, porque nunca se cansava, e isso não se dava necessariamente por causa das drogas, ele só era um desses caras que nunca se cansam. E, depois de umas 12h assim, Cheryl [*esposa de Alice*] dizia: 'Preciso dar o fora daqui', ao que eu completava: 'Eu também, ele está me esgotando'. Dizíamos a ele: 'Keith, precisamos sair, vemos você depois'. Saíamos, voltávamos no dia seguinte e ele ainda estava lá... 'Olá, vocês trouxeram alguma coisa para mim?'"

Outro pouso popular em Beverly Hills era a residência de Ringo Starr na Sunset Plaza, em especial quando os filhos de Starr o visitavam nas férias de verão. Keith, ídolo de Zak, às vezes tocava as baterias de Ringo junto com o garoto. Porém, era igualmente provável que ficassem na piscina ou brincando no chão com os irmãos mais novos de Zak por horas a fio, inocência testemunhada também por Larry Hagman. "Ele vinha me visitar e eu o encontrava no quarto do meu filho montando um aeromodelo. Passava horas com o meu filho."

Talvez fosse mais fácil ser um pai em meio período do que em tempo integral. Mas um dos aspectos não ditos de sua personalidade multifacetada era o fato de Keith se dar tão bem, de forma até fenomenal, com os filhos dos outros. A explicação é simples: ele mesmo ainda era uma criança.

E continuava a desafiar a chegada da idade com todo o tipo de vício. Em particular, aderiu à cocaína de uma forma cada vez maior, apesar de, numa cidade onde os executivos da indústria musical eram vistos por aí com colheres para cocaína penduradas no pescoço, isso dificilmente era condenado. A cocaína tinha o mesmo papel das anfetaminas para Keith: o permitia continuar aceso quando ele, de outra forma, teria apagado por causa da bebida. "Se conseguisse cocaína, poderia ficar acordado mais 24h e beber mais umas duas garrafas de brandy", diz Annette, e depois, "para rebater o efeito da cocaína por alguns dias, obviamente precisava de um monte de comprimidos. Gostava dos calmantes, das 'bombas', barbitúricos... Gostava de ficar fora de si."

Era no meio dessas "maratonas" que Keith decidia procurar os amigos. "Houve muitas vezes em que implorei para que ele ficasse em casa", diz Annette. "Eu insistia feito uma velhinha. Mas, ao mesmo tempo, não conseguia segurá-lo. Assim, eu não tinha escolha: ou terminava o relacionamento ou ficava em casa e fechava os olhos." Ela escolheu a segunda opção.

Quanto a Dougal, cuja namorada, Jill, o acompanhara agora que a mudança para Los Angeles era permanente, depois de anos controlando os vícios de Keith, começou ele mesmo a se deixar levar. Assim como Moon, era jovem e vivia o sonho californiano. Que mal poderia fazer um tirinho ocasional? Toda Los Angeles estava coberta de farinha, e ainda assim a cidade produzia a música mais popular do mundo. Alguma coisa obviamente estava certa naquilo ali.

— ● —

DIVERSAS VEZES NAQUELE VERÃO, QUANDO KEITH ESTAVA DE GIRO POR Los Angeles, era abordado por fãs ou interpelado por amigos que queriam saber se os rumores eram verdadeiros.

— Que rumores? — questionava ele.

— Sobre o The Who. Vocês vão se separar mesmo?

CAPÍTULO 32

Tudo começara em maio, quando Pete Townshend concedeu uma entrevista ao *NME* antes de entrar em estúdio, que coincidiu com seu 30º aniversário. Extraordinariamente introspectivo, cheio de dúvidas quanto ao futuro do rock'n'roll em geral e com o do The Who em particular, lançou um desafio aos outros membros. "A banda como um todo tem de se dar conta de que o The Who *não* é o mesmo grupo que já foi", insistiu. Roger Daltrey tomou uma alfinetada especial quando Townshend zombou da suposta noção do cantor de que a banda deveria "tocar rock de cadeira de rodas".

Enquanto o The Who gravava as faixas básicas do álbum em maio e junho, Daltrey ainda estava envolvido em *Lisztomania*, o filme de Ken Russell, e concluindo seu segundo álbum solo, *Ride a Rock Horse*. Num indicativo da disfunção das grandes bandas de rock na época, acabou gravando os vocais de *The Who By Numbers* quase isolado. Quando deu sua própria entrevista ao *NME*, em agosto, quando Keith já estava de volta a Los Angeles, Daltrey respondeu às acusações de Townshend à altura, acusando o guitarrista de falta de profissionalismo por tocar bêbado e sem entusiasmo nos últimos anos (em relação às apresentações no Madison Square Garden no verão anterior, ele estava certo). Além disso, se a entrevista do compositor questionara o senso ideológico de continuar com a banda, a réplica do cantor questionava a motivação pessoal, dada a crítica interna. O ataque de Townshend, Daltrey admitia, havia "tirado o gás" do entusiasmo dele próprio em relação ao The Who.

Embora o lançamento de *The Who By Numbers* não estivesse tão distante, em outubro, na época da entrevista de Daltrey, o vocalista parecia incerto de que o álbum *sequer* veria a luz do dia. Isso se encaixava com a alusão ao peso de suas próprias responsabilidades na banda, em especial as que diziam respeito a "outros" problemas, sobre os quais ele se recusou a elaborar, mas sugeriu que poderiam significar o fim da linha para o grupo.

Ironicamente, foram esses "outros" problemas – com Lambert e Stamp, que Daltrey se incumbira de resolver ele mesmo – que acabaram dando à banda um novo sopro de vida no momento exato em que a postura política entre os dois *frontmen* poderia ter marcado seu fim. Em suma, Daltrey se recusou a lançar mais um álbum pela Track e insistia que o grupo se desassociasse por completo de seus mentores iniciais. Isso era uma coisa que os demais evitaram pelo máximo de tempo possível. Chris Stamp recebeu até o crédito de "produtor executivo" no filme *Tommy* (a trilha sonora havia saído pela distribuidora da Track e aliada de Robert Stigwood, a Polydor). Porém, isso só servira para alienar o não creditado Kit Lambert, que anunciou sua intenção de entrar com ações contra ambos, Stamp e Robert Stigwood[187]. O núcleo de executivos que tanto fizera para alterar o rumo do rock nos anos 1960 estava, talvez inevitavelmente, brigando em público tanto quanto os músicos. Agora, para aprofundar e complicar por completo a questão, a banda enfim os processou por mau gerenciamento.

Exceto Keith. O membro do The Who mais voluntariamente descrito como um "capitalista", sua carta na manga para o exílio fiscal, se recusou categoricamente a ver uma parceria de uma vida terminar nos tribunais por causa de algo tão mesquinho quanto o dinheiro. "Sempre que havia uma reunião com os advogados", diz Chris Stamp, "era incrivelmente embaraçoso para eles, porque, quando diziam alguma coisa ruim a meu respeito ou de Lambert, no meio da reunião, Keith dizia: 'É, mas a gente sabia disso.'" Moon continuou a socializar com Lambert e Stamp até o fim.

Em retaliação ao processo, Lambert e Stamp congelaram os *royalties* da banda. Isso significava que, uma década inteira depois de assinar seu primeiro contrato ruim, o The Who ficaria mais uma vez com a grana curta. Deve ter sido muito desanimador para a banda perceber o quão longe havia chegado profissionalmente e, no entanto, percorrido uma distância tão curta financeiramente. Embora cada um fosse independentemente rico, considerando-se seus estilos de vida (o de Keith em particular), logo gastariam o que tinham. A única escolha era voltar para a estrada, onde eram uma das bandas mais rentáveis do rock. Sempre houve a intenção

---

187 Não há como não sentir uma ponta de empatia por Lambert. Apesar de todos os seus vícios, ele fez muita coisa para que o álbum *Tommy* original se tornasse realidade e, mesmo assim, foi o único de seus contemporâneos e colegas a ser excluído da versão cinematográfica.

CAPÍTULO 32

de uma turnê para *The Who By Numbers* (que acabou saindo no Reino Unido pela Polydor), mas, se Townshend esperava pegar leve como fez em *Quadrophenia*, algo diferente o esperava. O The Who acabaria ficando em turnê, ainda que em intervalos esporádicos, por quase um ano a partir de outubro de 1975. Para pelo menos três membros da banda, isso era a melhor notícia imaginável. O The Who, Keith logo foi capaz de dizer aos inquiridores preocupados, ele mesmo aliviado, não iria se separar, afinal.

Em meio às trocas de farpas públicas que pareciam uma traição no conceito de banda de rock 'n' roll como uma gangue unida, foi um certo alívio para os fãs do The Who, devotos do mito rebelde, abrir as páginas dos periódicos musicais e descobrir que pelo menos Moon, o Lunático, não os decepcionaria.

Em julho de 1975, a *Melody Maker* publicou uma reportagem sobre as estripulias de Keith a bordo de um voo transatlântico. Depois, em agosto, Roy Carr, no *NME*, escreveu sobre um exemplo particularmente infame do comportamento de Moon. Supostamente, Keith havia levado mixes do novo álbum do The Who para Los Angeles depois das sessões iniciais. Lá, aparentemente se hospedou num hotel de luxo, cujo gerente o confrontou por tocar as músicas no lobby em seu toca-fitas portátil no volume máximo com as seguintes palavras: "Você pode abaixar essa barulheira?!".

A resposta de Keith foi subir com o gerente até o quarto e fazê-lo esperar do lado de fora enquanto, metódica e barulhentamente, destruía os móveis lá dentro, "e o clímax", segundo a matéria, "foi quando Moon explodiu a porta com fogos de artifício".

"Colocando o gerente chocado contra a parede, Moon explicou: 'Isso, sim, foi barulho', e colocou a fita na cara do sujeito: 'Já isto aqui é o The Who.'"

Um dos *maiores* clássicos de Keith Moon, essa anedota foi ouvida por Roy Carr diretamente dele, e o jornalista, por já ter testemunhado as aventuras loucas do baterista em primeira mão ao longo dos anos, acreditou em sua palavra. Se havia alguma verdade na história, era um amálgama de todos os contratempos vividos por Keith em hotéis nos últimos anos exacerbados num único fio apócrifo absurdo.

O que a história revelava sobre a personalidade de Keith era a faca de dois gumes sobre a qual ele escolhera se equilibrar. Por um lado, ele garantia publicidade substancial para o The Who, mais até do que a música da banda poderia, e que justificava seu papel para além do que um "mero" baterista. ("Ele foi o melhor relações públicas que o The Who poderia ter", Bill Curbishley admite prontamente.)

Porém, ao fazer isso, ele se sentia cada vez mais pesado com o fardo de ter de viver à altura dessa reputação autocriada. "Ele se tornou um macaco de circo. 'Dê seu show, Keith, dê seu show'", diz Karl Howman. "As pessoas não queriam que ele fosse normal. Perguntavam o que ele faria em seguida. E ele tinha de pensar em algo, do tipo ficar pelado e sair correndo atrás de alguém num restaurante. Era quase como vestir uma fantasia de Batman."

Não houve um momento específico em que seu deboche bem-intencionado se transformou em autoparódia, e sim uma transição firme. Talvez a partida de Kim tenha acelerado isso. Talvez tenha sido o narcisismo de Los Angeles ou a confusão interna do alcoolismo cada vez mais sério. De certo, a busca contínua por algo "a mais" na vida significasse sempre pressionar seus limites emocionais, sempre dar um passo além. Com resultados às vezes hilários, quase sempre preocupantes, tal comportamento se tornaria sua marca registrada nos meses vindouros em turnê.

— ● —

KEITH E ANNETTE, COM DOUGAL, VOLTARAM PARA LONDRES NO DIA 20 de setembro para os ensaios pré-turnê e se mudaram para uma casa alugada em Gordon Place, virando a Kensington Church Street. Karl Howman foi visitá-los certa noite e dormiu por lá. Estava tomando chá de manhã com Keith quando a campainha tocou. Karl foi ver quem era.

"Só o carteiro", informou ao voltar.

"Bom pra ele", disse Keith.

"Bom pra ele? Como assim?"

"Ele poderia ter sido um *rock star* como eu."

Havia pouco a se responder a isso. O comentário chegou tão inesperado, que desafiava qualquer tipo de réplica. Mas assim era Keith: imprevisível, ilógico, esperto, cruel; quase sempre na mesma frase.

CAPÍTULO 33

Keith e Karl haviam saído para beber na noite anterior. Keith estava mais ou menos morando no pub convenientemente situado quase ao lado da porta de sua casa. Ao ouvir esses relatos e ao vê-lo chegar atrasado e bêbado nos ensaios, o resto da banda ficou genuinamente preocupado com sua saúde na turnê que estava para começar. Sob pressão, Keith concordou em conversar com um representante dos Alcoólicos Anônimos. Karl Howman estava com ele quando recebeu o telefonema para marcar a reunião.

"À 1h, no Dog and Duck", ele ouviu Keith dizer ao telefone e, em resposta ao protesto óbvio de que um pub talvez não fosse o melhor lugar para tal reunião: "Bem, no Dog and Duck ou nada!".

Mais tarde, foi convencido a mudar de ideia e fazer a reunião em casa, onde Dougal recebeu o homem do AA. Keith queria demonstrar disposição e não bebeu. Em vez disso, tomou anfetaminas.

"Quais são seus problemas?", perguntou o homem do AA ao se acomodar. "Por que você bebe?"

Keith começou a explicar. Para o agrado inicial do visitante, parecia muito disposto a conversar a respeito.

Dougal os deixou sozinhos e foi cuidar de seus afazeres da tarde. Quando voltou, várias horas depois, Keith ainda estava falando. O homem do AA tinha uma expressão de horror no rosto, como se estivesse sendo feito refém. Parecia ansioso para escapar.

"Foi ótimo", disse Keith a Dougal depois que o visitante foi embora. "Sinto-me muito melhor por ter tirado esse peso das costas."

E continuou a beber como sempre fez.

— ● —

A ANSIEDADE DO THE WHO EM LIDAR COM AS NOVAS MÚSICAS AO VIVO – *The Who By Numbers* ainda estava sendo mixado, de última hora – implicava que só três delas foram tocadas quando a banda deu o pontapé inicial na turnê mundial em Stafford, no dia 3 outubro de 1975. Na segunda noite, duas foram temporariamente dispensadas, assim como o foram permanentemente duas das quatro de *Quadrophenia* consideradas antes: "The Punk and the Godfather" e "Bell Boy". Aborrecido com a dispensa de sua única contribuição vocal, Keith provocava o público a pedir aquele agrado; em questão de dias, Townshend disparava de volta à plateia: "Estou cansado dessa baboseira toda sobre 'Bell Boy'".

Ainda assim, apesar de toda a falta de repertório novo ou mesmo recente indicar uma certa sentença de morte para as ambições de palco do The Who, a ausência de fitas pré-gravadas complexas (exceto em "Won't Get Fooled Again" e "Baba O'Riley") e uma excitação generalizada pela volta aos palcos equiparavam o nível da performance ao auge pré-*Quadrophenia*. Aparentemente satisfeita com os modestos novos requisitos de apenas entreter, e não explicar, a banda tocou com uma energia e um entusiasmo uniformes. A introdução de lasers *hi-tech* da parte de John Wolff, que iluminavam os recintos em momentos predeterminados, aumentava ainda mais a emoção. O The Who, assim como o Led Zeppelin e os Rolling Stones, havia se tornado lenda viva, espetáculo que todo fã de rock queria ver, comprando ou não os discos novos (e embora *The Who By Numbers* tivesse vendido bem, não vendeu tanto quanto os ingressos). O The Who cumpria todas as expectativas. Ao longo de todo o ano seguinte, a banda foi tanto de uma excelência consistente quanto de uma adoração constante.

Pela Europa, a atração de abertura era a Steve Gibbons Band, de Birmingham, descoberta por Pete Meaden, que, por sua vez, também fora descoberto definhando num hospital psiquiátrico pelo jornalista do *NME* Steve Turner. Reabilitado, Meaden retornou com vigor à cena musical e sua empolgação contagiante não havia sido apaziguada pelos anos. Depois de convencer Pete Townshend dos talentos de Gibbons, foi incentivado a assinar um contrato de coempresariamento de suas novas descobertas com Bill Curbishley. Ostentando que Townshend lhe enviara mil libras todo Natal como agradecimento por seu trabalho inicial no The Who, formou ainda um selo, batizado de Goldhawk, com Roger Daltrey. Deve ter sido uma doce vingança para Meaden estar no coração da ação de novo, enquanto Lambert e Stamp se encaminhavam para o crepúsculo na existência do The Who.

CAPÍTULO 33

O deleite de Keith por estar de volta à companhia dos rapazes, em particular na estrada, onde se sentia mais em casa, poderia ser medido por seu entusiasmo em festejar. Foi por esse motivo que mandou Annette de volta para Los Angeles. Embora já estivessem juntos havia quinze meses, ela ainda não tinha visto o The Who tocar. Por ela, tudo bem; assim como Kim antes dela, achava que a ausência de Keith lhe "dava um respiro. Eu podia relaxar e desfrutar de algum tipo de vida normal naquele meio-tempo". Keith sinalizou de imediato suas intenções para o ano vindouro depois de apenas quatro shows e duas cidades, enquanto estava hospedado no Airport Hotel, nos arredores de Manchester. Nenhum outro estabelecimento dentro da cidade hospedaria a banda, e por um bom motivo: Keith explodiu a porta do bar do hotel no meio da noite, acordando no susto os demais hóspedes, para continuar bebendo.

Como um alerta do ritmo intermitente que a agenda de turnê do The Who teria ao longo dos próximos doze meses, houve uma pausa de uma semana depois de Manchester e antes do show seguinte, em Glasgow. Keith se hospedou no hotel Londonderry, na Park Lane, e deu uma festa contínua para si mesmo, Harry Nilsson, Ringo Starr e Peter Sellers. Certo dia, Annette ligou de Los Angeles para ser informada por "um velho telefonista rabugento" que "o Sr. Moon está em sua casa de campo com a esposa". "Depois, ouvi que ele havia descido para o café da manhã nu, andando pelo salão sem pudor algum, enquanto aquelas velhinhas comiam bacon com ovos."

John Walters foi se encontrar com Keith Moon durante essa semana e viu com os próprios olhos a devastação da celebração bacante. "Havia uma garota com muito pouca roupa, de ascendência germânica ou austríaca, que tinha passado a noite ali. Me deu bom-dia e foi para o chuveiro. Keith disse: 'Veja se você consegue descobrir o nome dela, por favor, amigo, porque eu não me lembro.'" Walters atendeu ao pedido de Keith e logo a garota desapareceu pelas ruas de Londres só com lembranças e o dinheiro para o táxi. A atenção do produtor então se voltou para um buraco na alcova, que parecia "que um gigante havia se agachado e mordido um pedaço da parede".

"Jesus, o que aconteceu aqui?", perguntou a Moon.

"Isso? Ah, eu estava tentando mostrar ao Peter Sellers como abrir uma garrafa de champanhe sem encostar na rolha. O processo envolve batê-la na parede."

Se aquela associação a Spike Milligan se provara falsa, a com Sellers era bem real. E Keith, o eterno tiete de celebridades, estava particularmente orgulhoso por confraternizar com um de seus maiores heróis da comédia de todos os tempos. "Ser um ex-Goon era ser admirado como um músico de rock", diz Walters sobre aquele período. "Keith queria o respeito de gente como Peter Sellers."

Que melhor meio para isso do que gravar um álbum de comédia? Mais de dois anos desde que discutira a ideia pela primeira vez, Moon entrou nos estúdios da BBC no Maida Vale, com Walters, no dia 11 de outubro, no meio de sua festa no Londonderry, numa tentativa de finalmente gravar alguma coisa. Foi a única ocasião em que o fez. Embora o álbum proposto tenha recebido muita cobertura da imprensa ao longo do ano seguinte, já que Keith fazia um *hype* prévio de todos os seus planos, as suas esperanças e as suas fantasias, ele nunca se disponibilizou para Walters de novo, e o produtor, ele mesmo um diletante autoconfesso, não conspirou para trazer Moon de volta ao estúdio. As gravações desse dia, feitas no então popular sistema de oito pistas, permaneceram em posse apenas de Walters.

Moon, por sua vez, voltou para a festa. Ao final da semana de folga, o Londonderry lhe cobrou 2 mil libras pela hospedagem e mais mil libras pela redecoração da suíte – e proibiu que ele se hospedasse lá de novo. "Eu destruí o quarto por completo", confessou Keith à imprensa, como uma criança orgulhosa. "Veja bem, foi uma festa incrível."

Nos dias 15 e 16 de outubro, o The Who tocou no Apollo, em Glasgow. No dia 17, a intenção era voltar para Londres, num voo comercial da British Airways, e então subir cada um em seu carro para os shows em Leicester, nos dias 18 e 19. Como de costume, o The Who não optou por um ônibus de turnê; as relações estavam tensas demais para viver em tamanha proximidade.

CAPÍTULO 33

Porém, o aeroporto de Glasgow estava tomado por neblina no dia 17, o que fez com que o The Who se juntasse aos demais passageiros num ônibus especial que os levaria ao Aeroporto Internacional de Prestwick, nos arredores de Ayr. Keith, que mais cedo havia providenciado armas de brinquedo e pó de mico, passou a longa jornada rumo ao sul brincando com os demais passageiros e bebendo brandy no gargalo.

Prestwick, descobriu-se, também estava repleto de neblina – pela primeira vez em três anos. Ninguém sabia quando e se o avião para Londres partiria. Keith ficou ainda mais bêbado e desordeiro. Assim como os hotéis, os aeroportos eram um palco perfeito para ele se apresentar. "Em qualquer lugar onde houvesse pessoas normais que ele pudesse chocar", diz Peter Rudge, "nós deixávamos Keith se divertir um pouco, para quebrar o tédio." Instantaneamente reconhecível pelo público como Moon, o Lunático, em seu casaco de pele de coelho, Keith deu seu melhor para manter o aeroporto entretido. O que, em sua maior parte, significava divertir a si mesmo.

"Foi a coisa mais engraçada do mundo", diz John Wolff, que até hoje ri disso, embora tenha precisado lidar com as consequências. "Ficava cada vez divertido. Keith causava em todos os terminais, porque as funcionárias diziam o seguinte: 'Não há voos para lugar algum', e ele retrucava: 'Bem, vai se foder', e partia para outro. Depois disso, a polícia do aeroporto apareceu e disse a mim e a Dougal: 'Vocês, por favor, deem um jeito nesse homem, ou vamos ter de prendê-lo.'"

"Então ele sossegou, ficou bem arrependido, porque conseguia fingir bem uma cara de arrependimento. Era preciso ver para crer o quão inocente ele parecia, os olhos castanhos arregalados, a expressão cabisbaixa de 'sinto muito', meio cão sem dono, mas se tratava de um homem com a barba por fazer, no deboche desde a noite anterior. Ficou quieto por um tempo, mas viu a cadeira de um paraplégico e se sentou nela. Quis descer uma escada na cadeira de rodas, meio como um filme dos irmãos Marx. Eu não acreditava que ele fosse fazer aquilo. Ele desceu as escadas, e é claro que isso não funcionou como nos filmes, porque nos filmes essas cadeiras têm rodas grandes na frente, de forma que conseguem descer um degrau. Mas aquela cadeira só tinha duas rodas pequenas, então, assim que ele desceu o primeiro degrau, as rodinhas ficaram presas e ele capotou. Parecia uma roda de tortura, a cadeira desceu rolando com ele ainda sentado nela. Enquanto ele descia, uns idosos olhavam lá de baixo e gritavam. As pessoas se recolhiam para as laterais da escada para deixá-lo passar."

"Quando ele enfim caiu ao pé da escada, os mesmos policiais de antes chegaram. 'Já os alertamos, vocês precisam ficar de olho nesse homem.' Pedimos desculpas e dissemos que havia sido um acidente e eles engoliram a história. É um milagre que ele tenha sobrevivido. Achamos que teríamos de levá-lo ao hospital, mas ele se levantou miraculosamente."

"Tudo se acalmou de novo e esperamos. Houve alguns anúncios de que o voo estava meia hora atrasado. Eles deixam você lá por três dias, de meia em meia hora. Ficamos o dia todo lá, bebendo. Por fim, ele se levantou e apontou a arma de brinquedo para uma funcionária num guichê, ela achou que era de verdade e quase morreu do coração. Keith puxou o gatilho, a mulher gritou e desmaiou quando saiu a bandeirinha escrito 'BANG!'"

"A essa altura, mais uma vez entram em cena os mesmos policiais, saídos do mesmo cubículo. Marcharam diretamente em nossa direção, comecei a falar: 'Mas...', e eles: 'Não, não desta vez', e cada um pegou Keith por um braço, de forma que ele ficou dependurado, porque seus pés não alcançavam o chão, naquele enorme casaco de pele. Foi hilário. Acho que demos risada até mesmo enquanto aquilo acontecia."

"Levaram-no preso. 'Ele vai passar a noite aqui.' Eu disse que a banda tinha um show no dia seguinte e que milhares de pessoas morreriam, porque haveria um tumulto se o The Who não tocasse... 'Não importa, ele vai ficar aqui.'"

Keith passou a noite detido, sem direito a fiança, por perturbação da ordem pública e por danificar um computador[188]. Enquanto a banda enfim

---

188 O guichê parou de funcionar quando Keith o derrubou; presumivelmente, esse foi seu último ato antes de ser preso. Dougal Butler se recorda de Keith ter sido detido primeiro pelo "assalto", depois liberado da delegacia do aeroporto, para então atacar o guichê.

CAPÍTULO 33

voava para Londres, Wolff e Butler ficaram para trás, para tentar providenciar a soltura de Moon a tempo do show da noite seguinte. Como de costume, Keith pediu lagosta na cadeia e, depois, agradeceu à polícia pela "melhor noite de sono que tive em anos. Todo mundo foi formidável".

Na manhã seguinte, ele compareceu diante do tribunal de Ayr com as mesmas roupas que usara no dia anterior, "uma echarpe de seda branca e botas de salto alto com estrelas douradas". E o casaco de pele. O advogado local providenciado para Keith abrandou com sucesso o comportamento dele da noite anterior. "Devido à sua profissão, talvez ele seja um pouco menos paciente do que as outras pessoas." Keith se desculpou pelos atos e recebeu uma multa de 30 libras para cada acusação. Foi levado do tribunal por John Wolff, que fretara um avião particular para levar Butler, Moon e ele a Leicester para o show daquela noite.

A publicidade gerada pelo incidente fez o custo do fretamento da aeronave parecer quase incidental. A foto de Keith estava impressa em todos os jornais escoceses naquela manhã de sábado, 18 de outubro. No dia seguinte, o *Sunday Mirror* publicou uma matéria sob a manchete "Procurado: Um Jato Para o Sr. Moon", depois de Keith atiçar o interesse da imprensa ao insistir que compraria seu próprio avião. "Não voltarei a voar pela British Airways", anunciou depois de sair do tribunal.

Porém, acrescentou, ironicamente, que talvez comprasse um dos jatos aposentados da companhia. "Não tenho rancor contra a companhia aérea", disse. "Talvez eles estejam com inveja porque estou lucrando e eles não. Não me importo em ajudar."

Keith insistiu em usar seu próprio transporte particular para voltar para Londres depois dos dois shows em Leicester: um Rolls-Royce branco. Não aceitaria menos que isso. Os empresários do The Who, lembrando Keith de que isso sairia de seu próprio bolso, encontraram um por meio da Sinclair Carriages, firma que alugava carros regularmente para a elite musical. Um motorista chamado Alan Jay, seis anos mais velho do que Keith, foi buscá-lo no hotel, no Rolls branco solicitado. Os dois se deram esplendidamente bem.

A curta turnê britânica se encerrou com três noites no Wembley Empire Pool. Depois de passar uma parte tão grande do ano anterior no estrangeiro, longe dos amigos e da família, era uma chance de brincar de dono do castelo de novo – o garoto local que se deu bem. Todos os shows do The Who tiveram os ingressos esgotados com semanas de antecedência; ao tocar em locais maiores, com quantidades maiores de *merchandise* (com os dizeres "The Greatest Rock 'n' Roll Band in the World" – "A Maior Banda de Rock 'n' Roll do Mundo" – agora inscritos nas camisetas), era certeza que a banda lucraria bem com essa primeira turnê no Reino Unido em dois anos.

Porém, enquanto os outros membros do The Who embolsaram de quatro a cinco dígitos pelas duas semanas, Keith recebeu um cheque no valor de 47,35 libras. Depois do pagamento de sua estadia no Londonderry, do avião fretado de Prestwick, dos honorários do advogado, do Rolls-Royce alugado, das diversas contas de serviço de quarto, bem, ele teve sorte de ao menos receber alguma coisa. Mesmo assim, a quantia era tão risível, que colocou Keith de volta aos jornais nacionais, que riam de seus hábitos e de suas tendências destrutivas. "Não me importo muito com dinheiro", disse generosamente, ainda que sem total honestidade.

Da Inglaterra, partiram para a Holanda para um show, e, depois, para uma série de datas na Alemanha. Dessa vez, foram de avião particular. "Chegamos em Gatwick", recorda-se Bill Curbishley, "e o piloto parecia um personagem de um livro de J.P. Donleavy[189], tinha uma grande barba ruiva, um calhamaço de mapas debaixo do braço, vestia um sobretudo abotoado de cima a baixo, e disse: 'Certo, para onde vamos?'. E os olhos de Moon simplesmente *brilharam*."

Ao longo da semana seguinte, Keith alternadamente aterrorizava e entretinha seus companheiros de banda e a equipe nos voos entre uma cidade alemã e outra. "A gente se esquece do quão babaca ele podia ser", diz

---

189 *Escritor norte-americano de ascendência irlandesa mais conhecido pelo romance* The Ginger Man (*publicado no Brasil sob o título* Um Safado em Dublin). *O título original poderia ser traduzido livremente como* O Homem Ruivo. (*N. do T.*)

CAPÍTULO 33

John Entwistle ao se recordar da insistência de Keith em se sentar nu em seu colo em um dos voos. "Muitas coisas eram mesmo engraçadas quando relembradas como lendas, mas, na hora, eram um pé no saco."

Curbishley, ao contrário, se lembra da turnê como alguns dos melhores momentos de Keith. "O avião parecia um charuto, um avião de carga com alguns assentos. O banheiro era nos fundos do avião. E, na volta, Pete Townshend foi até lá e Moon o trancou lá dentro, então Townshend arrombou a porta no chute. Moon levou a porta até o cockpit e disse: 'Acredito que isto é seu, meu chapa', e a colocou sobre as costas do piloto. Então o cara tentava pilotar o avião com uma porra de uma porta em cima dele."

"Adormeci e Moon colocou uns fósforos entre os meus dedos e os acendeu. Esse tipo de loucura acontecia *o tempo todo*. Quando chegamos a Gatwick, tiraram toda a roupa de Bob Pridden e ele teve de passar pela alfândega sem roupa. Tudo o que Keith fazia era engraçado. E, se Townshend entrava na dele e os dois começavam a imitar um ao outro, era hilariante. Porque Townshend era tão engraçado quanto ele, os dois juntos eram *fantásticos*."

Os EUA CHAMAVAM, COM SEUS CAMPOS VERDEJANTES REFLETINDO O esplendor das bandas de rock *superstars* no auge de sua onipotência de meados dos anos 1970. No voo para o Texas, para o show de abertura em Houston, no dia 20 de novembro, Townshend comentou com o jornalista e compadre, Nik Cohn, que se sentia bem. "Parei de beber e não perdi o nervosismo no palco, não ainda. Keith Moon começou a destruir quartos de hotel de novo, o que é sempre um bom sinal." Talvez fosse. Era difícil se lembrar de algum momento em que Keith *parava* de destruir os quartos.

Depois do show em Houston, a MCA Records deu uma festa de arromba naquela noite de abertura da turnê. Quando Townshend e Daltrey se recolheram cedo aos seus quartos, coube a Moon, Entwistle e à equipe manter acesa a chama do deboche. Cohn escreveu na *New York Magazine* que "foi Keith Moon quem veio ao resgate. Com as calças a meio mastro e a virilha enquadrada sob os holofotes, permitiu ser agradado sexualmente por uma jovem anônima, enquanto, ao redor deles, os jornalistas riam em silêncio e os fotógrafos disparavam flashes". Teria sido uma leitura devastadora para Annette, porém ela era verdadeiramente a namorada perfeita para um *rock star* dos anos 1970 – pelo menos da perspectiva do *rock star*. "Você sabia que acontecia e não havia nada que pudesse fazer", diz ela sobre o sexo gratuito. Assim, mantinha distância. "Eu preferia não ver." Posto que a foto de Keith mencionada acima nunca foi publicada, nesse caso, felizmente, ela não precisou ver (uma foto de Keith observando um dos outros convidados recebendo tratamento parecido, no entanto, foi amplamente divulgada).

Quando a polícia chegou, diante da genitália masculina em plena vista, deve ter sido um *déjà vu* para aqueles que estiveram presentes na festa de 21 anos de Keith, em Flint. John Entwistle não gostou de ter a festa interrompida em meio a uma orgia e, na discussão que se seguiu, deu um soco num policial. Ele e John Wolff foram prontamente presos por essa encrenca. Na noite seguinte, Moon parecia perturbado pelo fato de que, apesar de seus melhores esforços, ter sido superado por seus companheiros. Ser preso não era a especialidade *dele?*

Em Atlanta, Keith foi patinar no gelo e, com medo de danificar seu Rolex novo, o deixou aos cuidados de uma garota que nem conhecia; ela, ao perceber aquela oportunidade de ouro, embora não o rosto famoso de Keith Moon, sumiu prontamente. Com a fé na natureza humana inabalada, Keith se recusou a prestar queixa quando tanto a garota quanto o relógio foram encontrados pela polícia alguns dias depois.

Tudo se manteve em relativa tranquilidade – levando-se em conta que se tratava de uma banda que fazia *sets* de 2h a volumes ensurdecedores para milhares de jovens americanos em êxtase, noite após noite – até que a turnê chegou a Chicago, no início de dezembro. Keith se superou ao convencer um policial a lhe entregar o uniforme completo, que ele usou o dia inteiro e no palco. "O cara foi provavelmente despedido da força policial, todos nós nos metemos numa porrada de encrenca, mas, na época, foi muito engraçado", diz Peter Rudge.

CAPÍTULO 33

Alguns dias depois que o The Who seguiu viagem, um dos amigos músicos californianos de Moon, Keith Allison, que tocara com Paul Revere and The Raiders nos anos 1960, passou por Chicago em turnê e se hospedou no mesmo hotel que o The Who recentemente deixara. "Uma garota veio até mim e perguntou: 'Você viu o Keith?'. Ela usava um casaco de pele comprido, que Keith comprara para ela. Ele havia lhe dito que ia dar uma saída, mas foi embora da cidade e não voltou. Ela não tinha dinheiro, não tinha onde ficar, estava no lobby do hotel havia dois dias. Achava que ele ia retornar." Para Keith, um casaco de pele – além de um adeus tão casual, que nem foi percebido como tal – parecia um preço justo por algumas noites de paixão fácil. Era mais do que a maioria das *groupies* recebia por seus serviços.

Em Pontiac, Michigan, seu estado "natal", o The Who foi a primeira banda a esgotar os ingressos no estádio de futebol coberto Silver Dome: 78 mil pagantes, que renderam, bruto, 600 mil dólares. Ao todo, os vinte shows nos EUA renderam 3 milhões de dólares, metade dos quais, no mínimo, a banda levou para casa como lucro. Tão importante quanto isso era o fato de estar na melhor forma.

Porém, à medida que a turnê chegava ao fim, na Filadélfia, pulando Nova York por enquanto, uma engrenagem começou a emperrar. Dougal Butler, cuja resistência inicial a se mudar para Los Angeles foi uma fonte de descontentamento para Keith, se viu cada vez mais distante do patrão. Além disso, via Moon tentar impressionar o assistente de Roger Daltrey, Doug Clarke, com histórias sobre seu estilo de vida extravagante em Los Angeles e sobre o salário que poderia pagar, pressupondo que conseguisse "o tipo certo de ajuda".

O The Who retornou à Inglaterra para três shows em Londres pouco antes do Natal, no Hammersmith Odeon, e Keith finalmente levou Annette para ver "a Maior Banda de Rock 'n' Roll do Mundo" com os próprios olhos e ouvidos. Sempre determinado a roubar os holofotes, toda noite ele era erguido da bateria por um guincho que o deixava pendurado acima do palco. Esse era o Keith que todo mundo conhecia e amava, o eterno garoto, o palhaço da turma, o músico prodígio no auge do talento. Em privado, a banda e seu círculo mais próximo se perguntavam como enfrentariam a turnê intermitente ao longo do ano seguinte sem que ele contivesse seus excessos.

Assim, receberam com sentimentos mistos a notícia de que Keith havia demitido Dougal. Butler poderia ter sido um "coconspirador", mas era o coconspirador *deles*. Sem ninguém para ficar de olho no baterista, além de uma namorada que acabara de completar 20 anos, uns dois meses de folga em Los Angeles dificilmente se mostrariam o preparo ideal para a próxima leva de shows.

O próprio Butler só bufou, como se soubesse que aquilo fosse dar errado. "Faça como quiser", disse a Keith ao se despedirem antes do Natal, descartando a probabilidade de encontrar um novo emprego antes do Ano-Novo. "Presumo que você vá me ligar em seis meses."

Para Dougie Clarke, a proposta para trabalhar com Keith Moon em Los Angeles foi recebida com hesitação. Clarke fora o braço direito de Daltrey por muitos anos, e, embora lidar com os caprichos diários de um *rock star* fosse um trabalho exigente, nesse caso, pelo menos, era um trabalho são. Tanto apesar quanto por causa disso, uma mudança lhe apetecia. A proposta de Keith de morar no exterior, em meio ao glamour hollywoodiano, parecia atraente. E já viajara com o The Who em turnês o bastante para saber que toda a diversão acontecia ao redor de Moonie, ainda que parte do trabalho novo fosse se certificar de que a diversão não perdesse a linha. Conversou a respeito com Bill Curbishley, que estava ansioso para que alguém de confiança substituísse Butler logo. O empresário disse a Clarke que, de vez em quando, era preciso correr alguns riscos na vida. A namorada de Doug, Diane, com quem ele mais tarde se casaria, concordava. Ele já estava com Roger havia tempo o bastante. Era hora de seguir em frente e para cima. Colocaram a casa para alugar, fizeram as malas e, no início de 1976, embarcaram para se juntar a Keith e Annette, em Sherman Oaks.

CAPÍTULO 33

Exceto ao descobrir que a casa de três quartos em Knobhill Drive não era a mansão que imaginavam, Doug e Diane tiveram uma agradável surpresa com o cenário que esperava por eles. Keith parecia bastante disposto a ficar em casa e conversar todas as noites. Ao contrário do animal da estrada com quem Clarke se familiarizara, o Moon doméstico estava sóbrio e, aparentemente, disposto a permanecer assim. Mais do que isso, "era uma das pessoas mais inteligentes que se pode imaginar. Você poderia conversar com ele sobre qualquer assunto e ele saberia algo a respeito. O que é estranho entre o pessoal do rock 'n' roll, que, geralmente, não se interessa muito pelo mundo exterior. Mas ele era bastante ligado em tudo".

Keith pode ter colocado o pé no chão com a morte de Mal Evans, no início do ano; depois de se afundar ainda mais no álcool e nas drogas, Evans foi morto a tiros pela polícia de L.A., durante uma tentativa de suicídio. Não era o tipo de ironia que inspirava riso. Porém, o humor estava sempre no fundo da mente de Keith. Certa noite, durante a primeira semana juntos, em Knobhill Drive, Keith se voltou para Doug e Diane no meio de uma conversa e disse, de súbito: "Está legal ficar sentado aqui, mas estou entediado pra caramba, sabe?".

Doug foi pego de surpresa. "Não, você não está. Por que estaria entediado?"

"Bem, vocês não estão rindo."

"Ele achava que, como não ríamos diante dele o tempo todo, ele não estava sendo o Keith engraçado e feliz de sempre", diz Clarke. "A menos que fizesse todo mundo se divertir e rir, se sentia inútil, inferior."

Os potenciais excessos do estilo de vida de Los Angeles se fizeram aparentes a Clarke no dia em que ele foi se apresentar ao advogado e ao contador de Keith. Em um desses escritórios, foi convidado a se sentir em casa. Gostaria de um drinque? Um baseado, talvez? Ou, ainda, uma carreira? Uma caixa de charutos foi aberta e, nela, havia uma montanha de cocaína. E isso vindo dos profissionais designados para proteger seus clientes. Clarke balançou a cabeça. No que ele havia se metido?

Foi a mesma pergunta que se fez quando Keith, impaciente depois de recarregar as baterias, insistiu em ir ao Rainbow certa noite. Clarke havia sido avisado para manter Moon longe daquele antro de iniquidade; como concessão, contratou dois guarda-costas para aquela noite, que não se mostraram páreos para os parasitas.

"Assim que entramos, foi 'Keith, aí está você' para cá, 'Keith!' para lá... Veja bem, éramos dois guarda-costas, um motorista e eu, com Keith no meio, empurrávamos todo mundo para longe e eles ainda conseguiam colocar quaaludes ou o que quer que fosse nas mãos dele. Ele não queria saber o que era, chegava na mão dele, ele mandava goela abaixo e ia se divertir. Não havia como pará-lo. A partir do momento em que alguém colocava algum tipo de droga na mão dele, já era."

Isso não aconteceu muitas vezes durante as sete semanas que antecederam o retorno do The Who à estrada, mas as mudanças de temperamento eram tão turbulentas, que cuidar de Keith se mostrou mais do que o trabalho em tempo integral pelo qual Doug esperava. Tornou-se um trabalho de 24h por dia. "Ele estava sempre acordado, fazendo alguma coisa. Às 22h, enquanto assistíamos à TV na sala, ele saía por 10 minutos e voltava; depois, por volta das 4h da manhã, você ouvia uns estrondos fortíssimos! Naqueles 10 minutos, ele acendera uma fogueira e colocara cartuchos de gás carbônico em cima. Então, às 4h da manhã, quando os cartuchos já estavam aquecidos o bastante, explodiam. Luzes se acendiam por todos os cânions, a polícia aparecia e Keith saía e dizia: "Isso não tem nada a ver comigo, eu estava dormindo!".

Não espanta, portanto, que os vizinhos imediatos de Keith, uma família comum de classe média que convidara Keith e Annette para jantar logo que se mudaram, enfim tenham perdido a paciência. Certa manhã, Annette foi acordada pelo som de uma buzina marítima bem ao lado da janela do quarto, depois de Keith ter ouvido som no volume máximo até de madrugada. Olhou pela janela e viu o vizinho se vingando enquanto gritava: "Acorde, seu desgraçado! Olha só como é bom!".

Keith não desejava morar em Knobhill Drive mais do que seus vizinhos o queriam lá. Na verdade, já estava de olho em algo bem mais adequado para o *rock star* que a turnê recente e os diversos álbuns de sucesso do ano anterior

CAPÍTULO 33

(*Odds & Sods*, a trilha sonora do filme *Tommy* e *The Who By Numbers*, mas não seu disco solo) haviam reconfirmado que ele era. Na região de Trancas, na exclusiva Malibu, no número 31.504 da Victoria Point Road, ele estava construindo uma casa do zero, sem poupar gastos. Steve McQueen seria seu vizinho de porta e o Oceano Pacífico, seu quintal. Ele seria um Beach Boy. O sonho de sua vida estava prestes a ser realizado.

Junto com a nova casa e o surgimento de uma barba da moda, à Townshend e Entwistle (com a vantagem adicional de que ela escondia seu queixo duplo), veio o desejo de ter um carro de novo. Apesar de todos os *royalties* passados do The Who estarem congelados pela Track, Keith estava endinheirado com os lucros imediatos da turnê norte-americana (a banda havia ganhado dinheiro demais para que ele saísse com míseras 47 libras). Ao ouvir que a Lincoln Cars havia criado alguns modelos edição limitada do Continental desenhados por nomes como Cartier e Bill Blass, foi até o *showroom* depois de passar no escritório de seus contadores, sem parar para pensar que talvez precisasse se vestir como um devido lorde inglês para passar uma boa impressão. Foi recebido pelo típico vendedor falso que, sem reconhecer o *rock star*, o informou que "os carros usados ficam lá atrás".

Keith empostou a voz das mais aristocráticas e respondeu arrogantemente: "E por acaso eu pareço o tipo de gente que quer comprar uma porcaria de um carro usado?".

Sem saber se era um blefe ou se estava diante de um novo rico milionário, o vendedor perguntou a Keith o que ele tinha em mente. Moon apontou para o Lincoln Cartier e abriu sua valise. Estava cheia de dinheiro vivo. Saiu dirigindo – ou melhor, com alguém dirigindo para ele – um dos veículos mais exclusivos de toda a Los Angeles.

A forma com que ele lidava com o dinheiro, ou com a falta dele, continuava a ser um de seus comportamentos mais vexatórios. "Sempre que ele pudesse pedir e conseguir dinheiro, o fazia, simples assim", diz Clarke, que frequentemente andava com 3 mil a 5 mil dólares no bolso, porque "não poderia ter menos". E, é claro, uma vez que Keith tinha dinheiro no bolso – ou no bolso do assistente, o que era a mesma coisa –, esse dinheiro precisava ser gasto. Até com aqueles a quem ele já estava pagando.

Dois pequenos exemplos: a insistência de Keith em comprar jaquetas de couro caras para Doug e Diane na exclusiva loja Westwood, embora eles não tivessem pedido por elas nem as quisessem. E a decisão de, no aniversário de Clarke, dar mil dólares em dinheiro de presente ao empregado.

Um exemplo maior: os dois casais aceitaram um convite para visitar a casa de Ann-Margret. O camaleão Moon, que sempre adotava uma personalidade que beneficiasse a ocasião, se comportou de forma exemplar. "Ele foi muito gentil e engraçado", recorda-se Ann-Margret. "Sempre teve um bom senso de humor, mas nunca foi barulhento em minha companhia." Uma veterana do glamour de Hollywood, Ann-Margret impressionou Annette com sua coleção de roupas de grife e entreteve Keith em seu cinema particular. Na hora de ir embora, elogiou Moon por um "fino" anel de diamantes que ele usava. Keith tirou imediatamente o anel e o deu a ela. "Eu me senti uma tola completa, mas ele dizia: 'Quero que você fique com ele.'" Era inútil discutir com Keith quando sua generosidade o dominava dessa forma. O anel é até hoje uma das joias mais estimadas da atriz.

O coastro de *Tommy*, Oliver Reed, foi à cidade bem no início do ano. A reputação de Reed como ator continuava a despontar, assim como a de desordeiro, em particular na companhia de Moon. Entre os muitos encontros durante a(s) estadia(s) do ator em L.A., a dupla foi beber no bar do Beverly Wilshire.

"Eu estava a caminho de uma *première*", relembra Reed. "Estavam tentando me ensinar como um inglês deveria se comportar nos EUA: como um americano. Era preciso usar smoking. E lá estava Moon, de botas vermelhas de couro de crocodilo e uma jaqueta de camurça. Apresentei-o às garotas com quem eu estava e que tinha de levar à *première*. Ele ficou bem quieto para os padrões dele." A única suspeita de Reed quanto à razão disso seja, talvez, uma ressaca brava.

"Saímos e aguardamos as garotas, havia muitas câmeras, então eu estava com uma em cada braço... Arrrrrgrh! Eu soube de cara que era uma torta

CAPÍTULO 33

de limão, porque não só fez arder meus olhos, como uma boa parte voou no meu sorriso. Tirei aquele negócio dos olhos e as garotas, que estavam com belos vestidos para a *première*, também estavam cobertas de torta. Alguém veio até mim, me entregou um cartão e saiu correndo pela rua. O cartão dizia 'Clube Internacional da Torta na Cara: Você foi selecionado pelo Sr. Keith Moon para se tornar um membro. Eis o seu certificado'. Havia, ainda, um envelope que dizia: 'Agora você é um membro, cortesia de Keith Moon.'"

Poucos teriam visto graça nisso. Mas Reed e Moon tinham o mesmo coração arteiro. Reed adorou, em particular porque isso lhe deu uma desculpa para não ir à *première* e rendeu sua foto nos jornais do mesmo jeito.

Na Inglaterra, Reed e Moon já haviam sido tachados de dupla endiabrada, de quem era melhor fugir. Los Angeles aprendeu rapidamente a mesma lição. David Puttnam, agora um magnata em ascensão no cinema britânico, saía de um almoço de negócios no Beverly Wilshire e "atravessava a rua quando ouvi um barulho atrás de mim e fui agarrado. Eram Oliver Reed e Keith. Num Rolls-Royce branco. Eles me puxaram para dentro do carro e me levaram pela Pacific Coast Highway. Foi uma loucura. Eu precisava ir para uma reunião. Eles só riam, foi uma coisa estúpida e ousada. Eu sabia que dava conta de Keith, mas dos dois juntos, certamente não".

Em outro almoço no Wilshire, ouviu-se Reed provocando Moon. "Você é judeu, sim, Moonie, eu sei." Ou de caso pensado (ele sabia que estava cercado de membros judeus da indústria cinematográfica) ou no calor do momento, Moon se levantou, subiu na mesa, abaixou as calças e sacudiu o pênis não circuncisado. "Olha isto aqui, não sou judeu coisa nenhuma."

Keith gostava tanto de Oliver Reed, que o ator se tornou um dos poucos amigos convidados por ele para ir à casa em Knobhill Drive. "Foi, provavelmente, quando o vi mais morno do que nunca", diz Reed, confirmando a infelicidade de Keith naquela residência. "Morno, em vez de efervescente. Suponho que tenha sido uma impressão errada da minha parte, porque eu nunca ficava morno na companhia dele. Lembro-me de me sentar num enorme sofá branco, ouvindo discos. Só fui lá uma vez. Era um lugar muito sem graça, ele estava sem graça."

AO FINAL DA SEMANA DE FOLGA, O LONDONDERRY LHE COBROU 2 MIL LIBRAS PELA HOSPEDAGEM E MAIS MIL LIBRAS PELA REDECORAÇÃO DA SUÍTE – E PROIBIU QUE ELE SE HOSPEDASSE LÁ DE NOVO. "EU DESTRUÍ O QUARTO POR COMPLETO", CONFESSOU KEITH À IMPRENSA, COMO UMA CRIANÇA ORGULHOSA.

CAPÍTULO 33

Um homem de extremos, o Keith Moon "caseiro" do Valley – confuso, inseguro, insone, que enfrentava o alcoolismo, impaciente para a próxima turnê do The Who, que sonhava com uma carreira cinematográfica sem fazer nada para correr atrás disso – se sentia compelido a compensar por isso quando estava em público. Naquele fevereiro, quando Oliver Reed deu uma festa-surpresa para o aniversário de 40 anos de seu irmão mais velho (e braço direito), David, no Beverly Wilshire, Keith deu uma de suas "performances" mais exaustivas e explosivas.

Ela pode ser contada factualmente ou anedoticamente. Assim como tanta coisa que aconteceu em torno de Keith, todos têm lembranças ligeiramente diferentes. Talvez seja melhor deixá-la com a memória do contador de histórias que organizou a ocasião.

"Convidei algumas pessoas que eu conhecia", diz Reed. (Annette se recorda de que esse foi um dos poucos eventos a que eles foram em que o pessoal de Hollywood estava em maior número do que o da indústria musical.) "E Keith perguntou se poderia convidar Ringo e alguns outros. Eu sempre ouvia falar de garotas que saltavam de dentro dos bolos, mas nunca tinha visto uma. Então consegui uma garota que se ofereceu para pular do bolo e a apresentei ao meu irmão de antemão, no coquetel, e lá estava Keith, virando os olhos, mal podia esperar. Colocamos a garota sentada ao lado de David, tudo correu bem, e eu recebi um sinal do cara e nós fomos para a cozinha. Moon parecia um rato num encanamento, não parava quieto, e a garota tirou a roupa e entrou no bolo. Os chefs ajudaram a cobri-la. Voltamos para a festa e nos sentamos. Então entra aquele bolo enorme, com quarenta velas, e *bum!* A garota saltou de dentro dele, com os peitinhos de fora: 'Surpresa!'. Nisso, Keith pegou um pãozinho e o arremessou contra ela. Com isso, o cara que viajava comigo, a mulher dele pegou outro pãozinho e o arremessou no marido, o marido arremessou mais um em outra pessoa e todo mundo começou uma guerra de pãezinhos. Moonie então se levantou e começou a arrancar todas as toalhas de mesa – as cor-de-rosa, que encomendei para combinar com a louça cor-de-rosa. Toda a louça saiu voando. Ele então subiu nas mesas, pegou as cadeiras cor-de-rosa e começou a destruir os lustres. Eu só pulei para cima dele e o arrastei pelo salão... até a cozinha... Ele havia perdido completamente o controle."

Tudo aconteceu num piscar de olhos – uma travessura que se transformou num caos à Moon, uma festa arruinada, um salão destruído, danos a serem pagos, desculpas a serem dadas. Oliver Reed nunca tinha visto nada como aquilo. E, por mais que amasse o amigo, e, segundo muitos daqueles que conheciam os dois, fosse uma má influência que despertava o pior de Keith, aquele comportamento o chocou. Só pôde atribui-lo às drogas. Não era o tipo de loucura súbita que emergiria de apenas alguns drinques.

E não foi só isso. "Ele havia se cortado. Cortado a mão. Então segurei a mão dele acima da cabeça enquanto chamavam uma ambulância. Ele estava no chão e alguém segurava sua cabeça e mantinha sua boca fechada. Os paramédicos chegaram, lhe deram uma injeção, o acalmaram e o levaram para o hospital. Depois disso, voltei para a festa. As pessoas haviam fugido correndo porque Moon havia esguichado sangue para todo lado e a coisa toda estava um caos, os garçons estavam malucos, os seguranças socavam pessoas... E Ringo ainda estava sentado na mesa, balançando a cabeça como se já tivesse visto tudo aquilo."

A conta pela troca dos lustres, pelo novo carpete, pela louça e assim por diante chegou às dezenas de milhares de dólares, desembolsados por um Oliver Reed que nunca sonhou em cobrar do amigo. "E, desde então, nunca mais pude entrar no Wilshire."

Naturalmente, os relatos do comportamento de Keith numa festa de tamanho prestígio chegaram imediatamente aos tabloides, em especial aos britânicos, onde os demais integrantes do The Who e os empresários da banda leram as matérias sem dar risada. Keith parecia fora de controle em Los Angeles, independentemente de quem estivesse de olho nele, da mesma forma como tendia a perder o controle em turnê, no meio de todos eles.

O álcool, todos concordavam, estava no cerne dos problemas de Keith. Se ele não bebesse, não parecia precisar das drogas, e, se não usasse nem uma coisa nem outra, era gentil, generoso e bondoso. Ainda assim, as drogas haviam definitivamente se tornado um fator importante: naquela últi-

CAPÍTULO 33

ma turnê norte-americana, pela primeira vez, os demais tomaram ciência da predileção de Keith pela cocaína.

Depois de chamar Keith Moon de volta a Londres, antes dos shows pela Europa que aconteceriam no final de fevereiro, o The Who, como um todo, ainda que com Pete Townshend bastante à frente, o mandou se consultar com Meg Patterson, médica escocesa que havia curado Eric Clapton de seu vício em heroína. Moon não teve escolha, mas não parecia querer uma. Em seus momentos sóbrios, parecia tão disposto quanto os demais em se livrar dos vícios.

Meg Patterson tinha um consultório na Harley Street. Havia tratado muitos *rock stars* nos últimos anos, alguns deles num estado bem ruim, em particular aqueles com dependência em heroína. Ainda assim, Keith, que nunca chegara perto de uma agulha, se destacava.

Tiveram uma longa conversa em que Keith falou detalhadamente sobre seus problemas, tanto os físicos quanto os emocionais. Quando terminou, Patterson disse a ele algo que nunca havia dito numa primeira entrevista, com nenhum de seus pacientes.

"Você não precisa do meu tratamento. O que você precisa é de Jesus Cristo."

Para espanto dela, Keith olhou diretamente em seus olhos e disse: "Concordo totalmente com você, mas como o encontro?".

O que levou Meg Patterson a fazer essa afirmação incomum ao final da entrevista com Keith, à parte de sua própria crença como cristã, foi a constatação de que os problemas dele não se tratavam tanto de dependência em álcool e em uma variedade de drogas, por mais que isso estivesse confirmado, mas de algo espiritual. Em particular, ela temia que a busca dele – pela glória, pelo êxtase, pela infâmia e, em algum lugar no fim disso tudo, pela felicidade – o houvesse encaminhado ao ocultismo.

Por mais surpreendente que isso pareça a princípio, considerando-se a ausência de sugestões prévias, Keith não estaria sozinho nesse aspecto. O rock 'n' roll era tachado pelos púlpitos como "música do diabo" desde antes de Elvis requebrar (e, daí em diante, numa frequência mais ou menos permanente), e havia artistas de sobra que, fosse em nome da expressão artística sincera ou apenas por uma disposição em provocar a ira do *establishment* temente a Deus, frequentemente expunham e até abraçavam o lado escuro da alma humana.

Os Rolling Stones tocavam no tema em canções como "Sympathy for the Devil" e o Black Sabbath ajudara a abrir as comportas dos nomes ligados ao oculto. A obsessão de Jimmy Page pela magia obscura era tão devota, que ele comprava artefatos raros relacionados ao renomado ocultista Aleister Crowley. Corriam boatos (assim como acontecera com a lenda do blues Robert Johnson, cerca de cinquenta anos antes) de que Page fizera o Led Zeppelin travar um pacto faustiano com o diabo ao ser formado – em que os membros da banda teriam oferecido suas almas para poder saborear um sucesso mundial sem precedentes.

Moon era um amigo próximo de Page, assim como o era de Graham Bond, cujo próprio interesse no ocultismo concluíra com seu suicídio no metrô de Londres, em 1974 (seu pentagrama sobreviveu e ainda causaria acontecimentos aparentemente misteriosos àqueles próximos dele). Com tudo isso como cenário, talvez não seja surpreendente que Meg Patterson tenha trazido o assunto à tona, numa tentativa de chegar aos problemas reais de Keith. O interessante foi sua reação subitamente defensiva. "O que você sabe dessas coisas?", questionava ele.

Meg Patterson sabia um bom tanto sobre essas coisas. Seu marido, George, sabia ainda mais, e Meg prontamente o convocou para conversar com Keith sozinho. Expert em parapsicologia, havia morado com monges no Tibet, trabalhando em documentários para a BBC sobre política asiática e escrito uma variedade de livros cujos assuntos iam da política à religião. Era também um teólogo renomado, e, embora ele e a esposa fossem cristãos, não eram ortodoxos. Em paralelo à crença unilateral de George Patterson de que "só há um único Deus; o Deus dos judeus, o Deus dos muçulmanos, o Deus dos cristãos é o mesmo Deus, com diferentes nomes anglicizados", ele se mantinha "contra todas as formas de religião institucionalizadas, todas as formas de sacerdócio profissional que atravessam o contato dos fiéis com o Criador".

De início, George Patterson encontrou o mesmo Keith Moon defensivo que Meg encontrara, mas persistiu, "focou", como ele coloca, e ofereceu a Keith as credenciais de sua compreensão da parapsicologia; ou do ocultismo. Diante disso, Keith confessou que seus demônios eram muito mais literais do que as pessoas se davam conta. Vivia, disse ele a Patterson, com eles dentro de sua cabeça. Tinham nomes – Sr. e Sra. Singh – e o estavam dominando.

Esses "familiares" só haviam chegado a Keith depois de uma exposição considerável ao álcool e às drogas, diz Patterson. "Ele sabia que havia levado suas habilidades naturais ao limite e sabia que havia algo além disso. O que compreendi foi que ele estava se forçando e brincando com extremos. Queria fazer coisas cada vez mais fisicamente exigentes, queria mais poderes físicos." Keith disse a Patterson que era capaz de invocar tais poderes de livre e espontânea vontade, a princípio. "E então eles tomaram forma e se tornaram espíritos, e se tornaram familiares, e familiares pessoais. Isto é, se tornaram 'personalidades espirituais'. E ele se identificava com essas personalidades e derivava seus poderes dessas personalidades."

Mas, diz Patterson, "você cruza uma fronteira quando faz isso. Deve, então, se submeter à vontade delas. Torna-se uma ferramenta para elas". Em outras palavras, como no caso do Dr. Fausto, que se prometeu a Satã para toda a eternidade em troca de vinte e quatro anos em que pudesse conjurar onipotência na Terra, Keith entrara num contrato no qual não poderia vencer. "Keith reconhecia que havia vendido a alma", diz Patterson sem sombra de dúvida, embora enfatize que Keith não era um estudante sério do ocultismo. "Ele havia conseguido os poderes, mas então os poderes passaram a dominá-lo. Estava fora de controle."

Segundo o que Moon contou a Patterson, a destruição dos hotéis e os arroubos fenomenais de força, como o que acabara de ser exibido na festa de aniversário de David Reed, não eram "algo que ele planejava só como um pouco de diabrura. Eram possessão demoníaca". Ou seja, estavam além do alcance dele. "Cada vez mais, você precisa fazer o que eles mandam", explica Patterson da relação com esses "familiares". "Assim, Keith não só era capaz de ter aquela tremenda facilidade com as baquetas, como agora tinha de expressar os familiares por meio da destruição de quartos de hotéis. É preciso cada vez mais compromisso e é algo que se torna cada vez mais destrutivo nesse processo."

"A frustração era que ele não podia contar a ninguém sobre isso, o que o fazia usar cada vez mais drogas, por causa do pânico e do medo. Estava num ciclo. Foi o que Meg detectou. Não faria sentido tirá-lo das drogas, porque isso só exageraria os medos. Havia esse problema subjacente que precisava ser tratado."

Isso significava que o Sr. e a Sra. Singh tinham de ser banidos de sua consciência. Igualmente preocupante para alguns de nós seria a questão de onde eles vieram, em primeiro lugar. O que é que esse casal indiano aparentemente inócuo representava? Será que, de algum modo, tinham a ver com o grande número de imigrantes asiáticos em Wembley nos anos 1970, com a transformação gradual da Ealing Road de um mercado de rua inglês em um bazar indiano? Será que Keith se ressentia disso? Será que o antiquíssimo hábito de colocar a culpa pelos próprios problemas naqueles mais pobres e mais abaixo na escala social estava se desenrolando em sua cabeça? Os pontos de vista raciais de Keith eram quase sempre confusos – as imitações de nazista para provocar judeus decerto continuariam na Califórnia –, mas, historicamente, foram atribuídos a um humor sem filtro. A observação de Keith no *The Russell Harty Show*, em 1973, de que Pete Townshend tinha "uma família paquistanesa" morando no gabinete de alto-falantes era um exemplo típico dessa indisposição a reconhecer limites morais quando se tratava de lançar uma piada, mas será que isso havia se tornado uma obsessão?

Infelizmente, são respostas que nunca teremos. A teologia e o método de George Patterson de dominar "familiares" o impediam de descobrir mais: conhecê-los seria cair na armadilha de Keith. "Ir mais a fundo e descobrir a história não tinha significância para mim, porque não estava interessado nem um pouco nos familiares, o Sr. e a Sra. Singh", explica ele. "Tudo o que eu precisava saber era que ele estava em contato com um familiar, e então soube o jogo que estava sendo jogado. Sabia como funcionava essa experiência."

Porém, sentiu a necessidade de agir rápido. Da forma como Patterson via, Moon já estava rumo à etapa final dos "três estágios fundamentais daquilo que, historicamente, acontece com aqueles que se envolvem com o ocultismo".

"Você consegue aquilo pelo qual assinou contrato logo no começo. Pode evocar o espírito por um ato de livre-arbítrio, o espírito aparece, você faz seus pedidos e os tem concedidos no início."

"O segundo estágio é quando essa experiência é interrompida. É quando ocorre o que se chama de 'acontecimento *poltergeist*'. Um *poltergeist* é causado quando há um espírito desenfreado numa determinada situação: ou um membro da família ou todo o lar está fora de controle. Com Keith na banda, é ele quem estava fora de controle, então aquelas coisas aconteciam, a destruição e tal, entre outras coisas. Assim, a segunda fase é quando você não consegue mais controlar o espírito. Pode levar semanas ou meses, mas coisas começam a acontecer ao seu redor sobre as quais você não tem controle."

CAPÍTULO 34

"O terceiro estágio é a possessão, quando a pessoa é controlada, e é aí que elas ficam loucas. E é isso que Keith temia. Você chega a um ponto de pânico em que sabe que não está mais no controle. Não são só mais um ou dois acontecimentos dos quais você simplesmente ri ou se desculpa; você está fora de controle e diante do desastre: ou da perda de sanidade ou do suicídio."

Naquele primeiro encontro, na Harley Street, à medida que a noite de inverno caía, com ambos os homens numa apropriada escuridão, absortos demais até para acender a luz, Patterson explicou tudo isso a Moon e falou de sua crença de que esses demônios/familiares poderiam ser derrotados, para citar uma composição de Townshend, pela "fé em algo maior"[190]. A dependência química e a escravidão aos "familiares" eram ambas "aberrações do vínculo que deveríamos ter como criaturas do Criador", insistia Patterson. Em outras palavras, a "transcendência" que Keith vivenciava ao invocar seus demônios interiores deveria ser guardada para "um relacionamento com Deus".

Keith parecia compreender tudo isso na teoria, mas, dada a extensão aguda de seus problemas, sentia que precisava de apoio para colocar essas coisas em prática. Não era tão fácil apenas orar para Deus e ignorar as vozes em sua cabeça. Pediu a Patterson para acompanhar o The Who em turnê, para ver os efeitos dos "familiares" na prática.

Enfatizando mais uma vez que o problema era, em larga escala, uma questão de fé no triunfo do bem contra o mal, Patterson fez uma oferta a Moon. "Se eu, de fato, for com você", disse, "será na base de que vou acreditar no seu familiar se a sua crença no meu Deus e no sistema não funcionar".

"Você correria esse risco?", perguntou Keith.

"Só é um risco para você", respondeu Patterson.

---

190 "Faith in Something Bigger", *gravada em 1968 e incluída em* Odds & Sods. *(N. do T.)*

KEITH MOON

Seguir o fio da meada de George Patterson da forma como apresentada acima requer, como Keith acabara de descobrir, aceitar sua teologia, tanto em relação a Deus quanto ao oculto. Considerando-se a extensão a que o credo do rock 'n' roll é repleto de ateus e pensadores alternativos, haverá muitos leitores que não darão tal aceitação.

Mas os problemas mentais de Keith não precisam ser observados apenas da perspectiva de Patterson. Há inúmeras outras maneiras de abordar os exatos mesmos sintomas, incluindo a presença de personalidades na cabeça dele, que concluiriam colocando Keith exatamente na mesma posição: à beira da loucura.

O alcoolismo, por exemplo. "Ele deve ter sido bem tóxico", diz Joe Walsh, um dos companheiros ébrios de Keith em L.A., nos anos 1970, que só ficou sóbrio quase duas décadas depois e passou por seus próprios tumultos internos nesse ínterim. "Isso pode, por fim, levar à insanidade, cara. Pode mesmo, ao ponto em que você está numa realidade diferente da realidade de fato. Há todos os tipos de monstros e demônios ali, e, a certa altura, não há como voltar atrás."

Quando, depois de alguns shows pela Europa com Patterson já acompanhando Moon, Doug Clarke perguntou a opinião do médico sobre seu novo empregador, recorda-se que a explicação foi sobre a "personalidade fragmentada" de Keith – em suma, a selvageria do baterista vinha de um lado à parte de sua mente, que o dominava por completo, e era por isso que o Keith "real" quase nunca se lembrava do que havia feito logo após uma destruição. Colocado dessa forma, sem trazer Deus ou Satã à questão, Keith estava a uma curta distância de ser diagnosticado com esquizofrenia, como definida (em parte) pela Organização Mundial da Saúde: *"Os pensamentos, sentimentos e atos mais íntimos são frequentemente sentidos como se conhecidos ou compartilhados pelos outros, e ilusões explicativas podem se desenvolver, como se forças naturais ou sobrenaturais atuassem para influenciar os pensamentos e as ações do indivíduo afligido de formas quase sempre bizarras".*

CAPÍTULO 34

Sua ex-esposa, Kim, sugere que não achava que Keith fosse esquizofrênico porque eram "muitas e muitas pessoas diferentes". Isso, então, sugere elementos de um transtorno dissociativo de identidade, assim como parece óbvio, segundo definições médicas básicas, que Keith sofria de níveis variados de psicose e transtorno bipolar. (Como já discutido, o transtorno de personalidade *borderline* parece ser o mais provável.) Um pouco como a história de *Tommy*, Keith começava a transitar entre diversos profissionais médicos em busca de uma cura, e cada um deles era capaz de trazer uma luz diferente às tribulações de Keith, de acordo com o que estivesse procurando. A confusão de Jimmy, de *Quadrophenia*, também se tornava cada vez mais apropriada, à medida que Keith buscava desesperadamente por seu "eu real", enquanto se perguntava continuamente: "Será que é coisa da minha cabeça?".

George Patterson concorda que, para aqueles que não sabem muito a respeito, há similaridades entre os demônios do alcoolismo e da dependência em drogas e os do oculto. Porém, diz ele, para aqueles que, de fato, entendem de parapsicologia, as diferenças são pronunciadas. "Aqueles que se envolvem com ocultismo, por qualquer que seja a razão, vão além da sensação induzida pelas substâncias [*tais como o álcool*]. A substância lhes dá uma sensação ilusória paradisíaca, sombria, negativa e positiva. Mas, ao buscar isso, você então trabalha para ir mais a fundo e, então, chega a um ponto em que, de fato, é capaz de transferir. Descobre que há outro poder por aí. Que pode ser contatado, articulado e experimentado. E, uma vez que você entra nisso, há um conjunto diferente de regras."

Foi pela crença nessa distinção que, em Zurique, no primeiro show daquela turnê europeia, no dia 27 de fevereiro, Patterson riu quando Moon lhe mostrou seu camarim particular, com uma geladeira cheia de bebida e uma gaveta cheia de drogas, e se dispôs a jogar tudo fora. "Ambos sabemos que você é capaz de entrar em qualquer quarto de qualquer hotel e conseguir o tanto de álcool que quiser", recorda-se de dizer a Keith. "Mas seu problema não é com drogas ou álcool. E, de qualquer maneira, não é assim que funciona. O único jeito de funcionar é você entrar naquele palco sem nada, com a crença sobre o que vou lhe contar como funciona." Foi o que Keith fez, e tocou sóbrio pelo que ele alegava (verdadeiramente, tenho certeza) ser a primeira vez em dez anos. Durante a parte inicial de "Behind Blue Eyes", quando ele quase sempre dava uma breve escapada para fora do palco, disse a Patterson o quão bem havia tocado, exceto por um único momento em que derrubou as baquetas.

"Bem", o conselheiro respondeu, "você deve ter perdido a fé nesse único momento."

A "fé" de Keith o conduziu pelo resto do show sem um deslize sequer. O mesmo se deu na noite seguinte, em Munique; dois dias depois, em Paris; e mais uma vez nessa mesma cidade, no último dos quatro shows, no dia 2 de março.

Considerando-se que Paris era a última parada daquele braço e que haveria uma semana antes do início da turnê norte-americana, Bill Curbishley providenciou motoristas britânicos para levar o grupo para passear pela cidade sem barreiras de idioma ou personalidade. Keith ficou com Alan Jay, o do Rolls-Royce branco. Jay levou Moon às compras, com o baterista de smoking com botões de ouro e gravata borboleta, mas ainda calçando as agora famigeradas botas de couro de crocodilo. Parecia "um milionário", diz Jay, que já tinha visto um Keith bem diferente, de ressaca e mal-ajambrado, lá em Leicester.

O grupo se deleitou com a transformação de Keith durante aqueles dias na Europa. Aparentemente, havia valido a pena tê-lo encaminhado aos Pattersons. George Patterson, ao retornar à sua própria vida em Londres, depois do último show em Paris, também ficou satisfeito, "porque, àquela altura, ele estava feliz, sem usar drogas, a banda viu que ele não estava usando drogas e ele fazia tudo por conta própria. Então, daí em diante, era com ele e Deus, não com ele e o 'familiar'".

No entanto, o familiar, em todos os sentidos da palavra, voltou a tomar o controle em questão de alguns dias. Nas duas primeiras manhãs depois do segundo show em Paris, Dougie Clarke não conseguiu acordar Moon a tempo de ele pegar o voo diário para Los Angeles. No terceiro dia, colocou

CAPÍTULO 34

todos os alarmes do quarto 1h adiantados, acordou Keith a tempo, mas então, se recorda Clarke, o motorista, Alan Jay, pouco familiarizado com as ruas parisienses, "se perdeu". Perderam o voo de novo.

Mais uma vez de volta ao hotel, Clarke estava abatido e até enfurecido. Decidiu se embebedar e Moon se ofereceu para acompanhá-lo. Curiosamente, ninguém havia dito a Doug para parar de beber ou para pelo menos tentar convencer Keith a não acompanhá-lo. E Clarke não considerava isso parte de seu trabalho. Com algumas doses na cabeça, Clarke disse, meio brincando: "É isso, vou destruir meu quarto, como você faz", e, mais uma vez, Keith se ofereceu para participar.

Clarke foi até o quarto, viu toda a mobília antiga sofisticada e decidiu que não poderia ir adiante naquele impulso. Keith, porém, poderia. "É assim que se faz!", anunciou, ao se dependurar no lustre, que se soltou e veio ao chão com um estrondo. Nisso, como se tivesse sido solto de uma coleira, destruiu sozinho praticamente todo o quarto de luxo. No dia seguinte, a dupla pagou pelos danos no *checkout* e voou para Los Angeles.

Em retrospecto, Clarke admite que "talvez tenha sido minha culpa" Keith retornar aos velhos hábitos tão rapidamente. Ainda assim, parece que Moon precisava de pouca provocação ou incentivo, uma vez que George Patterson virara as costas. Assim se fechou a porta de um dos aspectos mais incomuns e pouco relatados da vida de Keith. Ele nunca mais mencionou os familiares para ninguém. E voltou exatamente para o mesmo ponto em que estava uma semana antes.

Antes de a turnê norte-americana do The Who começar, em Boston, Peter Rudge mandou um memorando para os *promoters* e assessores, pedindo que não deixassem nada de álcool nos camarins e quartos de hotel de Keith. Isso era tanto uma medida desesperada da parte dos empresários quanto uma resposta ao próprio desejo de Keith; quanto menos ele visse a bebida, menos ficaria tentado. Ou pelo menos em teoria.

Depois do sucesso dos shows na Europa, a banda se encontrou na Costa Leste com a confiança e, em especial, a fé em Keith nas alturas. Ninguém sabia o que havia acontecido em Paris depois de terem partido.

Ao final de duas músicas naquele primeiro show no Boston Garden, no dia 9 de março, Keith desmaiou em cima da bateria. Ao se lembrar das experiências embaraçosas na primeira noite da turnê de 1973, em São Francisco, a banda interrompeu e cancelou o show de imediato. A apresentação em Boston foi reagendada para o final da turnê; a da noite seguinte, no Madison Square Garden, adiada para 24h depois; e a de St. Paul, Minnesota, para 48h depois, para o dia 14 de março, tudo para a inconveniência e às custas consideráveis dos *promoters*, da mídia e da própria banda.

Oficialmente, a causa do desmaio de Keith foi uma gripe brava. Porém, poucos acreditaram nisso. Sua reputação agora o antecedia, e, se ele passou mal a ponto de não conseguir mais fazer o show, provavelmente causara aquilo a si mesmo. Membros da equipe de estrada se recordam de Keith no camarim antes do show, completamente "fora de si". Parece que, querendo se bancar sóbrio, porém sem nunca ter encarado um público americano desse jeito, sem George Patterson por perto para aconselhá-lo e inspirar sua "fé", Keith tomara um punhado de calmantes para apaziguar os nervos a mil, o que o levou a, mais do que isso, capotar. Simplesmente trocara uma muleta por outra, e capotara mesmo assim.

Na noite seguinte, dia 10 de março, praticamente sob prisão domiciliar em sua suíte no Navarro, em Nova York, declarado oficialmente "doente", impedido de socializar ou até de receber amigos que haviam passado para lhe dar um oi, o autodesprezo de Keith chegou ainda mais fundo. Atacou o quarto com fúria (familiar? Demoníaca? Quem saberá?).

Bill Curbishley se lembra de receber um telefonema de Keith que informava de antemão suas intenções e, não mais impressionado pelas tendências destrutivas do baterista, decidiu deixá-lo fazer o que quisesse, só checando de vez em quando como ele estava por insistência da esposa, Jackie. Dougie Clarke, por sua vez, se recorda de também receber um telefonema de Keith, porém lhe dizendo que havia se cortado.

CAPÍTULO 34

Ao reconhecer pânico genuíno na voz, ligou para Curbishley e os dois subiram até a suíte.

De um jeito ou de outro, a cena que encontraram era horrível. "Havia mais sangue do que você já viu na vida", diz Curbishley. "Era um carpete claro e o sangue estava preto, muito espesso. Havia sangue por toda a entrada e a sala da suíte. Entrei no quarto e lá estava Keith, deitado, a princípio não entendi, e então notei que o sangue saía do pé dele, não era um corte muito grande, mas era bem profundo, bem no peito do pé, pegara uma veia e, a cada batimento cardíaco, o sangue jorrava. Ele estava tão bêbado, que nem havia percebido. E ficara andando pelo apartamento com o pé jorrando sangue até ficar fraco demais e desmaiar."

Curbishley e Clarke fizeram um torniquete com uma toalha, ligaram para o chefe de segurança do grupo e levaram Keith ao hospital, onde o machucado foi limpo e recebeu pontos. Enquanto Keith lutava para se manter consciente, Curbishley se viu ameaçando-o fisicamente. O The Who nem havia feito um show ainda e Keith já se envolvera em duas emergências médicas, em duas noites consecutivas. Os médicos nova-iorquinos disseram a Curbishley e Clarke que, sem dúvida alguma, se Keith tivesse ficado sozinho por mais tempo, teria sangrado até morrer.

Contudo, entretanto, todavia... mais uma vez, os poderes de recuperação quase milagrosos de Keith o salvaram. Não só ele se mostrou muito orgulhoso da destruição quando saiu do hospital ("Ao chegar no quarto, perguntou: 'Uau, onde está minha câmera?'", recorda-se Clarke) como também cumpriu seus deveres no palco na noite seguinte, no Madison Square Garden. Embora tenha sido perceptível que ele só entrou na linha lá pela metade da apresentação, o The Who tocou por quase 2h, incluindo um raro bis com cinco músicas, como se para provar um ponto entre si. O The Who sempre esteve em sua melhor forma quando raivoso, e o leitor pode ter certeza de que os outros três integrantes estavam putos da vida como nunca com Keith naquela noite.

O restante da turnê de três semanas passou sem incidentes comparáveis. Keith voltou aos velhos hábitos – bebida, drogas e destruição rotinei-

743

ra de quartos –, que pareciam ser seus *únicos* hábitos. Se o estilo de vida escolhido por ele lhe permitia tocar bateria bem (coisa que ele certamente fazia), não havia muita escolha senão deixá-lo se regozijar. Ao mesmo tempo, os outros, fadados às suas próprias pressões e aos seus pontos fracos, começaram a se distanciar dele.

"Havia um Keith Moon que era ótimo até as 2h da tarde", diz John Entwistle, que, por anos, foi seu melhor amigo. "Era perfeitamente normal até tomar uma lata de cerveja, quando então se transformava num monstro. Que tomava cada vez mais espaço; e ficava. Keith tinha um coração enorme, mas havia um outro lado dele que poderia ser devastadoramente desagradável. Eu o vi levar garçonetes às lágrimas, gritar com elas, reclamar. Vergonhosamente desagradável. Em outros momentos, ele era ótimo. E, geralmente, pedia desculpas generosas pelo que havia feito."

De todos aqueles forçados a lidar com as idiossincrasias de Keith durante a turnê, ninguém sentiu mais pressão do que Doug Clarke, que começou a sentir saudades da tranquilidade do trabalho com Roger Daltrey, que dormia cedo. Para citar um exemplo: "Keith nunca comia durante o dia, mas esperava que você encontrasse comida para ele às 3h da manhã, o que não era fácil em alguns lugares; você chega em, digamos, Baton Rouge, e os hotéis são quase todos de beira de estrada". Outro: a *persona* majestosa de Keith – que esperava "minions" para executar as menores das tarefas, de buscar cigarros a ligar para o serviço de quarto – se tornou cada vez mais difícil de aceitar para Clarke, vinda de alguém de origens na classe trabalhadora, assim como ele.

Com a chegada do fim da turnê, Clarke – assim como Kim naquele dia no supermercado em Chertsey – se deu conta de que não poderia continuar a viver com Keith. Ligou para a namorada, Diane, na Califórnia, e disse a ela para fazer as malas e encontrá-lo em Nova York, onde o The Who ficaria por mais uma noite, depois de encerrar a turnê em Boston, com o show reagendado para o dia 1º de abril. Quando Diane chegou, a paciência de Clarke com Moon já tinha ido para o espaço.

"Não foi alguma coisa que ele disse, mas, como ele nunca dormia, esperava que você também nunca dormisse. E, depois de seis semanas sem dor-

CAPÍTULO 34

mir, você fica muito irritável e as coisas mais bobas fazem você estourar." Enquanto discutiam no bar do Navarro, "ele me irritou tanto, que cheguei a quebrar uma garrafa na mesa e estava prestes a feri-lo". Foi impedido de fazer isso pelo chefe de segurança americano, "Mr. Tiny", que então sugeriu que Clarke se hospedasse em sua casa em Nova York, para evitar repercussões. No dia seguinte, Doug foi se encontrar com Diane no aeroporto. "Minha aparência estava tão ruim, que ela passou reto por mim."

Com o remorso típico, Keith procurou Doug e o implorou que voltasse. Relutante, Clarke foi encontrá-lo no Navarro, onde Keith reservara uma suíte para ele com champanhe e flores, como pedido de desculpas. O baterista ofereceu a Doug e Diane a oportunidade de acompanhar a ele e Annette numa viagem ao Taiti, com tudo pago. "Só não volte para a Inglaterra", suplicou.

Mas Clarke estava decidido. Embora isso significasse ter de encontrar um emprego novo – Daltrey já tinha outra pessoa trabalhando com ele –, simplesmente não valia mais a pena aguentar aquilo. Ele e Diane voltaram para Inglaterra e Keith retornou sozinho para Sherman Oaks.

Sem um assistente à disposição, por ora, Keith contratou uma garota local para ajudá-lo com seus afazeres. Ela ia até a casa alguns dias da semana, dava telefonemas em nome de Keith, ficava de olho na construção da casa em Trancas e servia de vínculo entre os empresários, em Londres, e os advogados e contadores, em L.A.

Esporadicamente, Keith tentava seguir adiante com a carreira cinematográfica. Vinha conversando sobre um novo filme com Graham Chapman, que "combinaria todas as grandes aventuras e histórias de pantomima numa só". Além de produzir o filme, Keith teria "uma ponta no papel de Long John Silver, naturalmente". Naturalmente. Mas não saiu do papel. Disse que recebeu um convite para um papel em *Aeroporto 77*, mas isso também não aconteceu. Havia, ainda, uma conversa a respeito de Keith e alguns de seus compatriotas de L.A. participarem de um filme estrelado por Mae West. Este se materializaria, não necessariamente para o benefício das partes envolvidas. Pouco mais havia no horizonte cinematográfico. Apesar de a introdução coletiva do The Who no cinema, com *Tommy*, tivesse se provado tão bem-sucedida, que os lucros já estavam sendo investidos em transporte e aparelhagem de som, ninguém em Londres fazia esforço algum para incrementar os contatos de Keith em Hollywood. Em Los Angeles, nem olhos o viam nem o coração o sentia.

Cabia a ele mesmo se promover em Hollywood. Embora isso não fosse nada difícil para um dos maiores autopromotores do rock, seu comportamento era cada vez mais errático, à medida que a necessidade de chocar ou ultrajar aumentava. Numa das raras ocasiões em que ele convidou um peso pesado de Hollywood para ir jantar com a esposa em casa, estragou tudo.

"Ele passou o dia inteiro preparando a ocasião", recorda-se Annette. "Alugou um projetor e alguns filmes, e o cara chegou com a mulher, uma gente bem de Beverly Hills, nos trinques, e se sentaram no sofá naquela casa horrenda. Só Deus sabe o que eles pensaram. Não tínhamos taças, então eles se sentaram naquele sofá verde horrível, segurando copos de plástico com champanhe, se entreolhando e observando a casa. De repente, uns filmes pornográficos pesados surgiram projetados na parede!" Annette se recolheu para o quarto, em vez de ficar para testemunhar o que aconteceria. "Não conseguiria olhar na cara deles."

Mesmo assim, Keith era capaz de ser tão engraçado em seu entusiasmo por chocar quanto era capaz de ser estúpido. Chegou para uma partida de tênis com seu advogado, Mike Rosenfeld, e os contadores, Jerry Brezlar e Joel Jacobson, usando o terno nazista e fazendo saudações pela rua em cima de um tanque que alugara da Universal.

E aprontava algumas que não lhe custavam nada, uma vez que sua imaginação vívida se empolgasse, como quando passou na suíte de Steve Harley, no Hyatt. Harley se entocava periodicamente em Los Angeles, porque era isso que *rock stars* britânicos faziam na época: "Íamos para L.A. curtir e gastar dinheiro". Keith chegou com um Hells Angel. "Um Hells Angel de

CAPÍTULO 34

Altamont, sujo, assustador", recorda-se Harley. "Sou um mod de fim de semana do sul de Londres. 'Keith, o que é isso?', falei. 'O que você está fazendo com esse cara?' E ele: 'Eu estava no caminho, de carro, vi uma Harley e pensei, Harley? Preciso de uma Harley para o Harley.' 'Do que você está falando, e daí?', retruquei. Disse-me para olhar da sacada; me debrucei e lá estava uma puta limo comprida e uma Harley Davidson Electra Glide estacionada ao lado. 'Nunca andei de Harley antes, preciso andar em uma', disse. Ele havia dito ao cara que precisava arrumar uma Harley para Steve Harley. 'Ele é o número 1 no Reino Unido. Você tem que vir conhecê-lo.' E convenceu o cara a ceder a Harley! Keith colocou o cara na limo e disse ao motorista: 'Leve-o ao Hyatt House', e veio ele mesmo na moto!"

Com a demanda por ingressos no Reino Unido tendo se mostrado insaciável durante a turnê do final de 1975, o The Who anunciou três shows em estádios: no Charlton (mais uma vez), em Londres; no Celtic, em Glasgow; e em Swansea. A banda podia esperar tocar para 200 mil pessoas no Reino Unido – mesmo número de compradores de *The Who by Numbers* – num espaço de poucos dias.

Mais uma vez, Keith não convidou Annette para acompanhá-lo na Europa no final de maio, quando se instalou numa suíte no Kensington Garden Hotel, com direito a um equipamento de vídeo alugado para que ele pudesse assistir aos filmes que quisesse (em geral, filmes de horror da Hammer, comédias ou aventuras infantis). E, na ausência de um assistente em tempo integral, foi autorizado a contratar Alan Jay pela duração de sua estadia. "Nos dávamos muito bem", diz Jay. "Tínhamos jeitos muito parecidos, embora eu não encostasse em drogas." Isso rendia comédia contínua, já que Moon mandava Jay arrumar substâncias para ele e Jay sempre voltava de mãos vazias. Porém, os vícios de Keith ainda tinham certos limites. Quando convidou uma ex-namorada para visitá-lo no hotel e a encontrou com uma seringa espetada no braço no banheiro da suíte, a expulsou de lá ele mesmo. Conhecia muito claramente a diferença entre hedonismo e suicídio.

Longe de Annette e agora com uma barba cheia, em seu entusiasmo por novas companhias femininas, era um partido relativamente fácil. Entrou num breve relacionamento com uma modelo e, às vezes, coelhinha da *Playboy* chamada Anna Chen, que se hospedou com ele no hotel, em Kensington. Terminaram, diz ela, quando ela ganhou dele no xadrez três vezes seguidas. "Keith pegou as peças do tabuleiro e as jogou do outro lado do quarto. Eu só tinha 18 anos na época, mas não era como as garotinhas que simplesmente faziam tudo o que ele mandava. Era um pouco mais espirituosa e ele não estava acostumado com isso."

Depois disso, Chen foi persuadida a acompanhar Keith e os amigos dele num jantar num restaurante indiano. "Ele chegou e parecia alguém da Gestapo", diz Alan Jay, cujos gostos eram mais refinados. Recorda-se que Chen "tentava fazer Keith perder a boa". "Parecia que eu havia sido levada até lá para ser o entretenimento", diz Chen. "Não gostei nem um pouco da atitude dele. Tirava sarro de mim na frente dos amigos." Por fim, Keith a mandou se foder. "Bem, com isso, ela se levantou, pegou o prato dele e o virou sobre sua cabeça", diz Alan Jay. "Havia arroz e carne caindo da cabeça dele, por cima das orelhas, em cima da camisa, e ele só sorria. Em seguida, ela pegou a taça de vinho e derramou sobre a cabeça dele também, então o vinho começou a escorrer junto com o arroz. A única coisa que ele disse foi: 'Garçom! O cardápio, por favor! Essa comida não parece concordar comigo.'"

Sua dignidade enquanto a comida escorria pelo rosto e sua habilidade de transformar a calamidade em comédia impressionaram a todos ali – exceto por Chen, que saiu furiosa da vida dele. Mais tarde, ao retornar ao hotel, Keith encontraria todas as suas roupas na banheira. Subsequentemente, o incidente no restaurante indiano foi reportado pelos tabloides. Não era a forma favorita de Keith de conseguir publicidade, mas ele levou na esportiva. "De fato, admiro a espirituosidade dela", disse ele à imprensa.

De qualquer forma, isso só somava à sua reputação, que, apesar de todas as declarações subsequentes da banda de que tentavam impedir

CAPÍTULO 34

Keith de fazer jus a ela, era promovida avidamente pelo próprio The Who. O livreto dos shows nos estádios, intitulado *Who Put the Boot In*, trazia Keith Moon como "mensageiro" na capa, nu nas páginas centrais, com apenas uma bola de futebol cobrindo as partes, e, o que é mais marcante, dedicou algumas páginas a versões condensadas dos mitos de Moon, o Lunático.

A perpetuação de sua lenda impressionava grandemente uma legião de jovens adolescentes cujas crises de identidade típicas da puberdade eram amplificadas pelo tédio para com o rock vazio da época, pelo distanciamento do público da parte dos grandes *rock stars* e o estilo de vida luxuoso que esses astros viviam de forma tão imperiosa. Embora Keith Moon fosse culpado em diversas instâncias, tocasse em estádios de futebol e morasse em L.A., era o único entre seus pares que mantinha aquele toque de *hooligan* do homem do povo que o rock 'n' roll nunca deveria ter perdido, a aura de rebelião nata que se recusava perpetuamente a fazer concessões, que jurava não ceder diante da autoridade ou se preocupar com o preço de seus atos. As destruições de hotéis, o deboche em público, o incidente no aeroporto de Prestwick e a reação hilária de Keith ao sugerir que compraria seu próprio avião, as performances exageradas no cinema, as fantasias, tudo isso se somava ao seu estilo estrondoso de tocar bateria para torná-lo o anti-herói arquetípico[191].

Um desses seus fãs adoradores vivia num orfanato em King's Cross e, ao que parecia, estava destinado a uma vida no crime. Cada vez mais frustrados, seus cuidadores ligaram para o escritório do The Who, para ver se haveria alguma possibilidade de o ídolo do garoto mostrar alguma noção

---

191 Uma das minhas lembranças de infância mais vívidas é a de esperar do lado de fora do Charlton por horas naquele dia 31 de maio. Enquanto a fila serpenteava pelas ruas do sul de Londres e a frustração era expressa em alto e bom som, nos vimos diante de uma casa abandonada. Dois jovens que estavam na minha frente entraram nela e, ao longo dos próximos 30 minutos, puderam ser ouvidos destruindo ruidosamente o interior. Saíram e voltaram calmamente à fila. Não há dúvida de que eles foram diretamente inspirados por – e pretendiam imitar – Keith Moon.

KEITH MOON

a ele. Quando Keith ficou sabendo do pedido, convidou o menino, de 13 anos, para jantar no Kensington Garden, com ida e volta de limusine.

Ao chegar, o garoto encontrou Keith Moon sóbrio, com um álbum de recortes da imprensa sobre a mesa. Durante o jantar, Keith relembrou algumas de suas desventuras recentes. O incidente em Prestwick foi o que gerou mais cobertura da imprensa, então Keith mostrou ao menino a matéria no *Sunday Mirror* e, em seguida, o custo de um anúncio na mesma meia página: uma quantia substanciosa de cinco dígitos.

"Isso me custou uma noite na prisão", disse, "onde fui tratado como um cavalheiro. A imprensa escreve a meu respeito porque sou famoso. Não vão escrever sobre você se você sair quebrando as coisas por aí, porque ninguém o conhece. No meu caso, é propaganda gratuita. No seu, vai só leva-lo à prisão. Você compreende?"

Mais tarde, naquela semana, Keith comprou um novo conjunto de instrumentos para o clube de jovens do qual o garoto fazia parte. Não tentou atrair nenhuma atenção para essa atitude. A imprensa continuaria, em vez disso, a escrever sobre o Keith Moon selvagem e louco, e Keith continuaria a fazer o melhor possível para dar pautas a ela.

Os shows nos estádios de futebol foram de um sucesso fenomenal, embora tenha chovido o dia todo no Charlton de novo, e, por conta da quantidade de ingressos falsos e invasores, milhares de pessoas ficaram de fora (porém, receberam uma viagem de ônibus de graça para o show em Swansea). Só o The Who poderia ter testado a paciência do público a tal limite e, então, entregado uma performance de tamanha intensidade espiritual, que todos se sentiram redimidos. Keith fez piadas, incentivou a multidão a gritar por "Bell Boy" e tocou heroicamente por todo o show. Seu comportamento no *backstage* foi igualmente ruidoso. Pouco antes do início da apresentação no Charlton, caiu para dentro do camarim ao abrir um buraco no teto de ferro corrugado.

Ao final do período triunfante no Reino Unido, Keith deu a Alan Jay seu equipamento de vídeo alugado como "gorjeta". O custo era de vários milhares de libras. Era típico de Keith dar coisas que nem eram dele, mas é

CAPÍTULO 34

claro que ele não se importava. A julgar pela forma como as coisas estavam acontecendo para o The Who, na crista da onda (e da fama) depois de dez anos de carreira, a banda ficaria na ativa para sempre. Ele não tinha como saber que acabara de fazer o último show de sua vida para um público britânico pagante.

CAPÍTULO 35

Keith e Annette foram para o Taiti sozinhos. Annette adorou ver o quão calmo Keith poderia ser quando não cercado de flashes e bajuladores, como ele era capaz de relaxar na praia ou deixar o tempo passar pescando, tomar uns dois drinques no bar do hotel e ficar por isso mesmo. Foi durante esses momentos de paz que ela soube por que perseverava com ele. "Keith era tão doce quando sóbrio, que eu simplesmente vivia com aquele desejo de que, um dia, ele abandonaria aquelas maluquices. Estava bem certa de que ele amadureceria um dia. Só esperava que esse dia chegasse, porque estava apaixonada pelo Keith sóbrio e detestava o Keith bêbado."

Ao retornarem, correu uma notícia de que Keith ia comprar um hotel no Taiti só para pode destruir todos os quartos que quisesse em paz, por assim dizer, mas isso era só fruto da imaginação dele, de um bom assessor de imprensa e de uma mídia ávida. Não tinha sentido algum.

Naquele ano, os EUA comemoravam duzentos anos de independência e uma euforia especial cercava a mágica data de 4 de Julho. Keith entrou no espírito. Quando Ringo Starr fez 36 anos, no dia 7 de julho, telefonou para o amigo, na Sunset Plaza, e sugeriu que ele olhasse pela janela. No céu de Los Angeles, um avião escrevia com fumaça as palavras "Feliz Aniversário, Ringo". O ex-Beatle ficou comovido – embora não tanto quando se viu pagando a conta, já que, mais uma vez, Keith parecia incapaz de fazê-lo. "No fim, tive de impedir Keith de me dar presentes", Ringo diria mais tarde. "Eu sempre ficava com a conta." No entanto, não havia nenhuma pegadinha quando Keith deu ao filho de Ringo, Zak, a enorme bateria Premier branca de vinte e tantas peças que ele usava em turnê – exceto pelo fato de que ela levou quase um ano para ser entregue. A generosidade de Keith, às vezes, não tinha limites.

Levando-se tudo em conta, o verão parecia passar de forma agradável. Portanto, Annette levou um susto quando recebeu um telefonema, no começo de agosto, lhe pedindo para embarcar para Washington. O The Who acabara de começar uma turnê de quatro dias pela Costa Leste, em Maryland, e Keith já tinha "se transformado". A banda queria ver se ela poderia ser uma influência apaziguadora. Àquela altura, já haviam tentado de tudo.

Annette encontrou Keith no hotel Watergate, em Washington, D.C. "Obviamente, ele já tinha arremessado a TV pela janela. Estava só sentado na beira da cama, com uma cara de cachorro sem dono. 'Perdão, fiz de novo.' A única coisa que falei foi algo do tipo: 'Bem, é melhor trocarmos de quarto.'"

Antes da chegada de Annette, Keith também repassara alguns de seus truques rotineiros, como disparar os alarmes de incêndio no meio da madrugada e se deleitar ao forçar todos os diplomatas e políticos, cheios de autoimportância, a se reunirem de pijama no lobby às 3h da manhã. E fizera uma visita incomum ao quarto de John e Alison Entwistle. "Ele entrou e disse: 'Oi, uma prima minha está subindo. Dei a ela o número do quarto de vocês, espero que não se importem'", conta Alison. "A campainha tocou e era uma garota negra de peruca laranja. E ele a apresentou como sua prima! Foi para o quarto e fez o que ia fazer com ela!" Embora fosse absurdo pensar que Alison suspeitaria de qualquer coisa exceto o óbvio, a esposa rigorosa de John era uma das poucas pessoas para quem Keith insistia em manter as devidas aparências.

Com Annette ao lado dele (embora Alan Jay também tivesse sido levado na turnê para ficar de olho em Keith), o The Who, depois de duas noites em Maryland, seguiu para Jacksonville, na Flórida, onde tocou no estádio Gator Bowl, para apenas cerca de metade da capacidade de 60 mil pessoas. A "turnê" então foi encerrada no Miami Baseball Stadium, onde Annette, sentada atrás de Keith no palco e diante de um mar de dezenas de milhares de pessoas, compreendeu o quão difícil deveria ser sair do palco depois de tamanha adulação e, de repente, tentar ser normal.

Decerto, Keith não foi nada normal durante os dois dias de folga que a banda passou no hotel Fontainebleau, depois. As esperanças que ele tinha

CAPÍTULO 35

de desfrutar de cocaína de primeira linha (já que Miami era o principal porto de entrada da droga vinda da América do Sul) foram minadas pela aparente incapacidade de Alan Jay de consegui-la. Mesmo assim, o que quer que ele *estivesse* tomando (ou apenas sentindo), trazia à tona o seu pior. Ligou para John Entwistle de madrugada para reclamar que o The Who estava gastando todo o seu dinheiro em caminhões – tinha se esquecido de que estivera presente nas reuniões em que foi acordado que a banda deveria comprar uma frota de caminhões para não precisar mais alugar.

Uma pescaria em alto-mar com outros membros da banda se provou desastrosa. Enquanto John Entwistle, Roger Daltrey e Bill Curbishley fisgavam marlins alegremente, Keith ficou inquieto, disse estar passando mal e insistiu que o barco desse meia-volta. Ao chegar ao hotel, foi direto para o bar. Os demais ficaram furiosos diante do que interpretaram como egoísmo da parte dele. Mas, naquela noite, Keith entrou em delírio, embora não se saiba exatamente por conta de quais emoções ou substâncias. "Lembro-me de que um médico veio à suíte do hotel tarde da noite, com uns comprimidos verde-escuros enormes", diz Annette. "O médico disse: 'Se você tomar mais do que um desses, vai morrer'. Não fazia sentido ele dar mais do que um, no estado em que ele se encontrava."

E decerto era um estado e tanto. "Ele chorou a noite inteira", diz Alan Jay. "Alan, me ajuda, me ajuda, me ajuda, preciso muito de ajuda. Preciso melhorar.'"

Keith estava a caminho de um colapso e, dito e feito, o teve, em público. Segundo uma reportagem da *Rolling Stone*, no dia 11 de agosto, dois dias depois do show em Miami, a polícia recebeu uma chamada "41 Baker". "Este número, '41', se refere a uma pessoa doente ou ferida", explicava a revista. "'Baker' significa alguém 'mentalmente perturbado'." Quando a ambulância chegou ao Fontainebleau, Keith Moon já tinha desmaiado, depois de destruir o quarto e correr pelo hotel naquilo que um segurança descreveu como "um estado muito agitado".

Ficou internado no Memorial Hospital de Hollywood, na Flórida, por oito dias. Alan Jay se recorda que Keith estava bem ávido para ficar no hospital ("Sabia que estava doente, sabia o que era"), mas também que ele parecia acreditar estar indo para algum tipo de retiro, em vez de para a ala psiquiátrica. "Queria que eu levasse suas raquetes de tênis, shorts, alguns tênis e o aparelho de vídeo... Achava que seriam férias. Vinte e quatro horas depois, fui vê-lo e o lugar parecia *Um Estranho no Ninho*. Cheguei a um enorme portão de ferro, dentro do hospital, toquei a campainha e um cara veio em minha direção feito um gorila, com uma corrente de aço inoxidável de 1,30 cm de espessura no pescoço, segurando uma chave de 15 cm. 'Você gostaria de entrar?', ele me perguntou. Todos ali estavam de camisa de força. 'Não, obrigado, você o traz até mim', respondi."

Nesse meio-tempo, o resto dos participantes da turnê foi para casa e, depois de alguns dias de espera, Alan Jay também foi, embora isso tenha se provado problemático, já que, como foi ele quem assinou a internação de Keith, sua assinatura era necessária para a alta. E, depois de perceber no que havia se metido, Keith quis ir embora imediatamente. Annette, que os empresários passaram do Fontainebleau para um Holiday Inn barato, esperou, miserável, por dias a fio, com o mínimo de visitas, enquanto Keith, no Memorial, no auge do sucesso profissional, estava o mais para baixo e solitário que já esteve.

Ainda assim, tentou soar o melhor que pôde quando, no dia 16 de agosto, deu uma entrevista de seu leito para um DJ local que estava ávido para ouvir por que o lendário baterista e doidão do mundo do rock havia sido hospitalizado. "Não me lembro muito bem, na verdade", explicou Keith, da forma mais vaga possível. "Fiquei zonzo... apaguei e acordei aqui. Os médicos disseram que foi um colapso nervoso... por trabalhar demais, pela pressão acumulada nos shows. Tenho trabalhado num ritmo bastante constante nos últimos dois anos e, no fim, isso tem seu preço." Não havia nada que não fosse verdade nisso (embora Keith dificilmente pudesse ser acusado de "trabalhar demais", no que dizia respeito ao The Who naqueles dois anos), mas o mais assustador do episódio todo era Keith não ter aguentado uma turnê de quatro dias sob o sol do verão antes de ter uma recaída/colapso. Haveria uma última turnê de três semanas pelos EUA em outubro, e, mais do que nunca, a organização do The Who estava apavorada, sem saber se Keith daria conta.

CAPÍTULO 35

Por fim, no dia 19 de agosto, Keith teve alta do Memorial Hospital, de onde ele e Annette voaram de volta para Los Angeles. Quatro dias depois, Keith Moon completou 30 anos.

— ● —

DOUGAL BUTLER NÃO FICOU COMPLETAMENTE CHOCADO EM RECEBER o telefonema. No máximo, ficou surpreso por demorar tanto. Passara os últimos meses fora da indústria musical, observando o sucesso dos shows do The Who de longe, com certa inveja, desejando ainda fazer parte daquilo. E ouviu tudo a respeito do curto período de Doug Clarke no cargo e da hospitalização em Miami. Então, quando Keith voltou a contatá-lo, cheio de desculpas, foi difícil guardar rancor. A relação deles, assim como as românticas que Keith teve com Kim e Annette ou a íntima, profissional e familiar que ele tinha com a banda, contava com amor verdadeiro em seu cerne.

Keith contou a Dougal da casa que estava quase pronta em Malibu. Seria magnífica. E, ao contrário de Sherman Oaks, Keith prometia, haveria espaço o bastante para outro casal morar lá sem interferências.

Os dois concordaram em voltar a trabalhar juntos no último braço da turnê norte-americana. O baterista pareceu genuinamente aliviado. "Você é a única pessoa que me conhece", repetia para o amigo. Dougal foi para os EUA no início de outubro no mesmo jumbo que a banda. O The Who ficou surpreso em vê-lo de volta à equipe, mas também bastante aliviado. Dougal era a única pessoa capaz de lidar com Keith, os demais diziam.

A prova dessa afirmação fica evidente no fato de essa última turnê – que foi mesmo sua última, tristemente – ter sido, em muitos aspectos, a melhor de Moon. Foram apenas nove shows espalhados ao longo de quinze dias, mas "ele foi absurdamente incrível", diz John Entwistle. "Na verdade, a banda toda foi incrível pra caralho. Em geral, alguns gostavam e outros detestavam, mas nessa, poderíamos ter seguido tocando para sempre. Para mim, foi o auge da carreira do The Who."

Além do sucesso nos palcos, pela primeira vez em doze meses de turnês esporádicas, Keith não se meteu em encrenca séria. Isso não quer dizer que ele tenha entrado na linha. Bem longe disso. Ao contrário de Doug Clarke e Alan Jay, Dougal Butler acompanhava muitas das atividades extracurriculares de Keith, mas isso era o que fazia a relação dar certo. Como correligionário, Dougal permitia que Keith fosse o playboy *rock star* o quanto quisesse, mas ficava o tempo todo de olho no momento em que talvez ele cruzasse a linha do autoflagelo perigoso. Naquelas poucas semanas, isso não aconteceu.

Eles, porém, se divertiram. Em Edmonton, no Canadá, frustrado pela falta de vida noturna, Keith contratou seis prostitutas e, com sua puerilidade totalmente aparente, fez uma guerra de travesseiros com elas, em vez de sexo. Depois, encheu as garotas de penas e ligou para Bill Curbishley e o convidou para conhecer seu *O Lago dos Cisnes*. Vários dias depois, Annette desfez as malas de Keith e achou penas. Quando viu as fotos da guerra de travesseiros, não pôde conter o riso.

Em Toronto, no dia 21 de outubro, a última noite da turnê, o The Who tocou para 20 mil pessoas no Maple Leaf Gardens. Ao final do show, Pete Townshend quebrou uma de suas Gibson Les Pauls, pelos velhos tempos, e Keith tentou chutar a bateria, porém, a essa altura, as peças eram presas feito andaimes e não cederam. Depois do show, Keith e Dougal ficaram no estádio e fizeram sua própria festa de fim de turnê num restaurante da cidade. Moon convenceu um dos astros do rock do Maple Leaf a lhe dar sua camisa, conseguiu um grande saco de cocaína por várias centenas de dólares e, em seguida, pegou duas garotas locais, com quem continuou a festa em privado. Assim, pouco depois dos horrores de Miami, o mundo estava perfeito mais uma vez. Mesmo num ano em que os Rolling Stones também voltaram a viajar, parecia haver pouca argumentação contrária de que o The Who era, de fato, a Maior Banda de Rock 'n' Roll do Mundo, assim como de que Keith Moon era o baterista mais distinto do mundo do rock e o personagem mais cativante.

Ele teria ficado na estrada para sempre, alegremente.

CAPÍTULO 35

A TEMPO PARA PEGAR O MERCADO NATALINO, A POLYDOR RECORDS DO Reino Unido lançou uma coletânea dupla, *The Story of The Who*. Foi uma jogada perspicaz: não só não havia esperança de um álbum novo por pelo menos mais um ano, como também os shows nos estádios de futebol haviam apresentado a banda a um novo público, mais novo, que ainda estava de fraldas quando o The Who entrou nas paradas pela primeira vez. *The Story of The Who* disparou quase até o topo das paradas britânicas, e um relançamento de "Substitute" quase superou a performance do original, chegando à sétima posição.

Keith marcou outra presença nas paradas naquele Natal. O produtor Russ Regan, de Los Angeles, teve a ideia de colocar músicas dos Beatles num documentário visual sobre a Segunda Guerra Mundial e, reconhecendo o potencial comercial de essas canções serem regravadas por novos artistas, convocou Lou Reizner para cuidar dos trabalhos. Reizner então reuniu figurinhas carimbadas, como Rod Stewart, Elton John, David Essex e Leo Sayer, e, entre alguns menos óbvios (Frankie Valli e Frankie Laine), permitiu Keith Moon gravar uma versão de "When I'm Sixty Four".

Acompanhado por um arranjo de cordas quase autoirônico, Keith entregou sua melhor performance vocal de fora do The Who. Sua interpretação aristocrática, quase à Monty Python, é perfeitamente adequada para uma canção com partes iguais de sacarina e sinceridade, as palavras de um jovem inseguro, no ápice da vida, que deseja ser reassegurado de que ainda vai ser amado perto do fim dela, uma escolha aparente e alarmantemente apropriada para Keith. Embora o filme então lançado, *All This and World War II*, tenha sido detonado pela crítica e ignorado pelo público, o álbum duplo da trilha sonora vendeu bem. Nos EUA, houve críticas amplas à campanha publicitária, que mostrava Adolf Hitler usando fones de ouvido; uma certeza era de que Keith não estava entre os ofendidos.

Como se todas essas atividades não fossem o bastante para manter Keith na imprensa, ao final da turnê do The Who, ele anunciou suas intenções de se casar com Annette na Califórnia, no dia 15 de dezembro. Com a extravagância costumeira de Keith sempre em primeiro plano, houve conversas sobre uma aliança de 15 mil dólares e um jato fretado no qual ele traria o resto do The Who, ex-Beatles diversos e todos os seus amigos do *show business* britânico.

Só havia uma pegadinha: ele não havia mencionado nada disso para Annette. Ela só ficou sabendo por meio de amigos ingleses com quem mantinha contato. Como ele não havia nem levado a questão diretamente a ela, muito menos a pedido em casamento, ela então atribuiu a notícia à tendência de Keith à autopromoção.

Qualquer decepção sentida por Annette pela brincadeira com suas emoções em público foi consideravelmente aliviada quando o casal enfim se mudou, junto com Dougal e sua namorada, Jill, para a casa na praia, em Trancas. Era verdadeiramente um luxo, um sobrado com diversas sacadas com vista para o Pacífico, três quartos, duas cozinhas, um escritório, uma sala de estar suntuosa com lareira, uma sala de jantar extensa, uma sauna e banheiros "dele" e "dela" (a janela do de Keith era decorada com um tributo à vaidade opulenta, um vitral com uma representação de seu signo, Leão). O quanto Keith ostentava pode ser avaliado pela compra de uma cadeira feita sob medida para os contornos do corpo dele, o que fez rir até mesmo seus amigos mais ricos e mimados. Só havia outras três casas na Victoria Point Road, via cuja entrada era protegida por portões eletrônicos: a do topo pertencia ao dono do império imobiliário Century 21; a segunda, ao milionário do ramo têxtil e dono de estúdio, Howard Grinel; e, ao lado da de Keith, ao pé da colina, uma habitada pelo casal mais quente de Hollywood, Steve McQueen e Ali MacGraw.

Era o pote de ouro ao final do arco-íris, um sonho pessoal realizado, o estilo de vida californiano concretizado. E muito, muito distante de Wembley, Londres, e do Império Britânico que ruía.

— ● —

CAPÍTULO 35

No dia 1º de dezembro de 1976, o programa Today, do canal britânico ITV, apresentou aos telespectadores uma banda de "punk rock" chamada Sex Pistols, cujo compacto de estreia, "Anarchy in the UK", acabara de ser lançado pelo venerável conglomerado britânico de entretenimento EMI. Os Sex Pistols representavam a vanguarda de um novo movimento musical que vinha germinando ao longo do ano, primordialmente em Londres (embora o ímpeto também viesse de Nova York, onde uma banda de "irmãos" de mentira chamada Ramones acabara de lançar o primeiro álbum de hinos a toda velocidade, como "Now I Wanna Sniff Some Glue"), à medida que a geração mais nova enfim reconhecia que os porta-vozes mais velhos do rock não tinham mais relevância alguma. O vocalista dos Sex Pistols, Johnny Rotten, até começara a usar uma camiseta que dizia "I Hate Pink Floyd" – "Eu odeio o Pink Floyd" –, embora os mods dos anos 1960 estivessem entre as poucas influências declaradas: tanto "Substitute", do The Who, quanto "Watcha Gonna Do About It?", dos Small Faces, estavam presentes nos primeiros *sets* dos Pistols.

Naquela noite, ao vivo na TV, incitados por um apresentador de meia-idade visivelmente embriagado, Bill Grundy, a fazer jus à reputação controversa, os Sex Pistols, primeiro relutantemente, depois com toda a petulância convencida como numa provocação escolar, falaram palavrões sem papas na língua e sem parar, chamando Grundy de "fodido sujo" e "podre do caralho". Por toda a região de Londres, engasgando com o jantar, milhares de famílias se dividiram quase que instantaneamente numa barreira de gerações, os mais velhos ultrajados por aquela quebra traiçoeira do código moral britânico e os adolescentes entediados em êxtase por alguém finalmente ter ousado desafiar o *status quo*.

Na manhã seguinte, os Sex Pistols estavam na primeira página de quase todos os tabloides britânicos, sob manchetes como "O lixo e a fúria!", "Palavrões e rock na TV" e "Punk? Patifaria suja, melhor dizendo!". A turnê Anarchy in the UK, que contava com outras bandas pioneiras do punk – The Clash, The Damned e, de Nova York, The Heartbreakers (uma das últimas a assinar com a Track Records) –, se transformava de circo em comédia, de comédia em farsa, à medida que os conselheiros municipais, assustados, temendo pelas eleições locais, a proibiam de passar por suas cidades, uma a uma. Em questão de um mês, a EMI também sucumbiu à pressão política, primeiramente das autoridades, mas também, havia rumores, de outros artistas de seu catálogo, e dispensou a banda.

Pela primeira vez desde a era de ouro de meados dos anos 1960, quando o The Who havia cantado "My Generation" e começado a destruir os equipamentos no palco, os Rolling Stones haviam se tornado párias sociais, presos por mijar na rua, e até os Beatles haviam se pronunciado contra a Guerra do Vietnã, o rock 'n' roll parecia verdadeiramente perigoso, a quinta coluna em meio à sociedade. Literalmente da noite para o dia, a lacuna geracional se abriu como o cataclisma de uma falha sísmica. Com a chegada do novo ano, o vácuo no rock 'n' roll emotivo e perigoso – que o The Who continuava a representar, na ausência de competição à altura – foi de repente preenchida por dezenas de bandas punk raivosas, formadas nos conjuntos habitacionais do Reino Unido (e, admitidamente, nos ambientes de classe média também), cuspindo slogans políticos baratos ao som de hinos primitivos de dois acordes, vestindo camisas rasgadas e calças de couro. A revolução musical esperada havia muito tempo enfim tomava passo.

A comunidade musical de superastros de Los Angeles viu poucos motivos para erguer a ponte levadiça. O principal acontecimento no calendário musical da cidade naquele dezembro foi o lançamento do álbum divisor de águas dos Eagles, de quem Joe Walsh agora fazia parte, *Hotel California*. O disco passaria dois meses em primeiro lugar nos EUA, renderia dois compactos no topo das paradas, incluindo a faixa-título, que foi abraçada por glorificar a cultura ensolarada do estado, em vez de reconhecida por apontar os pesadelos ocultos nela. Tocado incessantemente nas FMs e religiosamente em sociais, *Hotel California* se tornou *o* disco-tema da região, que celebrava e confirmava o domínio de L.A. sobre o mercado musical mundial.

Pois, de fato, era um domínio. Anteriormente, naquele ano, o inglês Peter Frampton, que havia saído em turnê com o The Who na adolescência, como membro do The Herd, passou notáveis dez semanas na primeira posição com *Frampton Comes Alive!*, álbum duplo gravado diante de um público de estádio em seu novo lar, Los Angeles. O Fleetwood Mac, formado por mais ingleses (e uma inglesa), com o acréscimo da fotogênica Stevie Nicks e de Lindsey Buckingham, ambos californianos, também havia acabado de chegar ao primeiro lugar com um álbum e estava prestes a lançar *Rumours*, um dos grandes e definitivos discos dos anos 1970. David Crosby, Stephen Stills, Graham Nash[192] e Neil Young (em várias combinações), juntamente a Linda Ronstadt, Jackson Browne, Joni Mitchell e ao exilado Rod Stewart, todos somavam ao grande número de artistas residentes na Califórnia cujos discos voavam alto naquele inverno.

Enquanto o punk rock explodia na Inglaterra e o soft rock tomava os EUA, dezembro de 1976 também viu Keith Moon, o ícone original do mau comportamento no rock 'n' roll, Ringo Starr, o sarcástico herói de classe trabalhadora dos Beatles, e Alice Cooper, que havia causado o último choque memorável na indústria do pop com seu show repleto de sangue e vísceras e canções sobre bebês mortos – "Dead Babies" –, se juntarem em Hollywood para aparecer num filme musical com Mae West, então com 83 anos. Não poderiam estar mais fora de sintonia com a sociedade nem se tentassem.

Sextette – A Grande Estrela é a história de uma ex-estrela do cinema e ex-*sex symbol*, Marlo Manners, que, já na velhice, se casa pela sétima vez, para então ser visitada na suíte de lua de mel por vários ex-maridos que impedem o noivo de consumar o casamento. Como comentário social, a versão teatral original de West tinha algum valor e quebrava o tabu do direito de uma mulher da idade dela à atividade sexual. Como comédia, poderia ter funcionado nas telas se tivesse sido feito trinta anos antes, quando os musicais estelares sobre intrigas matrimoniais estavam à toda e Mae West, embora já com seus 50 e poucos anos, ainda contava com certo apelo carnal. Porém, como filme comercial no final dos anos 1970,

---

192 *Fletcher parece fazer questão de destacar os artistas ingleses, mas aparentemente deixou passar Graham Nash, original de Blackpool, no Reino Unido. (N. do T.)*

era mais do que embaraçoso: com Mae West parecendo "uma ovelha de pé sobre as pernas traseiras", como o *New York Times*, dentre todos os jornais, colocou, suas tiradas de duplo sentido sexual interpretadas sem entusiasmo cheiravam a nada menos do que um convite à necrofilia.

É uma pena que Keith Moon tenha manchado seu até então excepcional histórico cinematográfico – depois de participar de quatro dos mais memoráveis, ou pelo menos ambiciosos, musicais da década de 1970, agora aceitava um papel num adeus fatalmente falho a uma era que nunca vivenciara. É claro que ele tinha desculpas para isso, não menos o fato de que foi o único filme para o qual ele conseguiu um papel depois de dois anos ralando em Hollywood. Realmente, no momento em que foi escalado, ele deve ter ficado quase apoplético de empolgação com a oportunidade de atuar ao lado de uma verdadeira lenda e ter o nome nos créditos junto a outros astros das grandes telas, como George Raft, Dom DeLuise e Tony Curtis. E, é claro, havia a reafirmação da presença de seus companheiros de bebedeira. Eles afundariam ou nadariam juntos[193]. Ainda assim...

Ainda assim, Keith se virou mais do que admiravelmente. Ele não só roubou a cena – nada menos que diante de Mae West e o marido cinematográfico, Timothy Dalton –, como também foi o responsável pela ponta mais hilária do filme. No papel de um estilista gay chamado Roger, que invade a suíte de lua de mel para empurrar suas últimas criações à personagem de Mae West, vestido adequadamente numa camisa branca de colarinho aberto, com um pingente e uma gravata vermelha, sua personalidade imediatamente enche o cenário. Troca tiradas com a estrela, faz alusão à sua predileção por *cross-dressing* e improvisa histericamente sobre seus vestidos: "Ouro, sim, ouro, ouro de verdade, muito ouro, sim, isso aqui é, haha, coisa boa, não estou aqui para brincadeira, ouro asteca, *ouro*

---

193 Ringo Starr, que tinha um pouco mais de experiência no cinema do que Moon, não obstante, reconheceu *Sextette – A Grande Estrela* como um fracasso no momento em que pôs os pés no *set* de filmagem. Ao final do primeiro dia de trabalho, supostamente tentou pagar para sair da produção.

espanhol absolutamente verdadeiro", o tempo todo piscando furiosamente como Long John Silver fazia para Jim Hawkins. Como ainda não havia encontrado um remake de *A Ilha do Tesouro*, Keith simplesmente aproveitou seu único papel em Hollywood para incorporar sua *persona* favorita mesmo assim. O resultado foi positivamente assustador, como se o próprio Robert Newton tivesse reencarnado e retornado às telas.

Embora esse tivesse sido um ponto apropriado para concluir sua carreira cinematográfica, Moon ainda não se deu por satisfeito. Brincou sobre a sexualidade de seu personagem às custas de Christian Dior e, depois de deixar Mae West fazer sua insinuação mais ousada do filme ("Sou uma garota que trabalha na Paramount o dia todo e na Fox a noite toda"), esculachou Timothy Dalton, no papel do marido, ao examinar a gola do terno dele e declarar, "Savile Row, sentido norte... Pavoroso!", antes de sair pela porta do quarto com um "Tchauzinho!" aristocrático.

Num filme que só pode ser assistido com um dedo no botão de avançar, os poucos momentos de Keith em cena são, talvez, os únicos envolventes em todo aquele fiasco de 90 minutos. Sua presença imponente traz todas as evidências de que o verdadeiro astro do filme se esconde em algum lugar sob aquele doidão do rock 'n' roll e, ao mesmo tempo, na performance tempestuosa, ele também mostra exatamente por que era tão difícil de ser escalado.

"Os diretores diziam: 'Como nós fazemos para contê-lo até que as câmeras comecem a rodar?'", recorda-se Alice Cooper, a respeito da experiência em *Sextette – A Grande Estrela* (que ele chama de "um desses filmes que nunca deveriam ter sido feitos"). "Tinham medo de que ele se esgotasse. Eu dizia: 'Não acho que vocês precisem se preocupar com isso. A bateria dele não vai acabar.'"

"Quando Keith trabalhou com Mae West, foi muito intenso", diz John Wolff, que era o principal braço direito de Moon em Londres. "Foi um papel minúsculo, mas dominou por completo sua vida." Wolff se refere ao estilo de Keith de atuação de método, embora seja de se duvidar que o próprio Moon soubesse que era isso. Porém, era certo que, quando ele aceitava um papel, vivia e respirava esse personagem, tanto longe das câmeras quanto diante delas. Lembremos que, durante as filmagens de *Stardust*, ele, Dave Edmunds e Karl Howman se transformaram no núcleo irascível e inseparável de uma banda de rock'n'roll que interpretavam. Durante as de *Tommy*, ele fazia questão de se vestir no terno de tarado do Uncle Ernie, desenhado por ele mesmo, dia sim, dia não, aterrorizante para qualquer criança que calhasse de passar por ele, talvez, mas certamente parte do motivo pelo qual a interpretação foi tão convincente.

E sua teatralidade era certamente convincente. Numa festa em Laurel Canyon, por volta de 1976-77, numa casa escalonada cuja sala de estar ficava na metade inferior, Keith pediu licença para ir até o carro e, ao retornar, rolou de cabeça pela escada de uns 30 degraus. Seus amigos correram até ele, convencidos de que ele havia quebrado o pescoço. Em vez disso, Keith caiu na gargalhada. Fora uma queda de dublê que ele aprendera em algum momento.

Da mesma forma, depois de uma festa no estúdio Clover, um ano antes, Jim Keltner tentara ir embora antes que as coisas perdessem a linha, ignorando os pedidos de Keith para que ficasse. Porém, quando o baterista de estúdio e sua esposa chegaram ao carro, lá estava Keith deitado no chão ao lado do veículo. "Naquela noite, ele usava um smoking branco, imaculado, e simplesmente estava ali deitado na terra. Fiquei chocado. Perguntei: 'Keith, o que você está fazendo, cara?'. Berrei algumas vezes, bem alto. Cheguei bem perto do rosto dele. E então entrei em pânico. Bati no peito dele, mas não tive resposta. Gritei para minha esposa entrar na casa e trazer alguém, rápido. Ela foi e, quando voltou com todo mundo, quase chegando aonde estávamos, Keith deu um pulo e disse: 'Vamos tomar umas.'"

Tais performances, que serviam de chamados por atenção, eram parte rotineira de sua vida, em particular nos últimos anos. Se estivesse se sentindo solitário, ligava para os amigos e associados, fingia doença ou overdose e até derrubava o telefone e simulava convulsões, na esperança de que a pessoa do outro lado da linha parasse o que estivesse fazendo e corresse para ajudá-lo, momento em que encontraria um Keith Moon saudável e ainda mais feliz por receber a visita.

CAPÍTULO 35

"Todo mundo pensa que a essência de Keith Moon era sua excentricidade, jogar televisores do décimo quarto andar", diz "Irish" Jack Lyons. "Não, não era. A essência de Keith Moon estava nos momentos mais tranquilos, quando você se via sozinho com ele e ele ainda fazia alguma porra de encenação para você. Não havia público, mas você era o público, e era isso o que importava. Na companhia de Keith Moon, você tinha 100% dele."

"Ele não tinha problemas em expressar qualquer emoção", diz Alice Cooper. "Era capaz de qualquer coisa. Poderia ter sido um grande ator, se fosse possível contê-lo. Mas imagino que, se houvesse muitas falas, teria sido difícil para ele, porque aí ele só improvisaria."

"Moon foi um dos poucos *rock stars* que poderiam ter tido uma carreira cinematográfica também", diz Bill Curbishley. "Ele não precisaria abandonar a música para ser um astro do cinema, porque tinha uma habilidade cômica natural. Eu conseguia ver Keith Moon em filmes com nomes como Danny DeVito e gente desse calibre, segurando a bronca. Teria incrementado sua imagem de *rock star* também, ao passo que não existem *rock stars* que são grandes atores de verdade. Alguns tentaram, mas Moon teria sido capaz."

Porém, embora fosse o único empresário do The Who, Curbishley não ajudou Moon na carreira no cinema, na época. "Naquele momento, eu não era muito interessado em filmes", diz ele, bastante honesto. Mas a possibilidade, mesmo assim, ainda o incomoda. "Já refleti muito sobre isso e, posteriormente, pensei que talvez pudesse tê-lo ajudado muito." Por que então não ajudou? "Ele não era disciplinado. Se você precisasse de Moon num *set* de filmagem às 6h da manhã, a única maneira de ele chegar no horário seria ficar acordado a madrugada inteira. Então, na minha opinião, ele perdeu uma grande carreira."

"Bill estava muito ocupado com Pete e Roger na época", diz Dougal Butler. "E também acho que, naquela época, havia uma aura ao redor de Keith de que qualquer coisa na qual ele se envolvesse acabaria ferrada. Você conseguiria um contrato para ele com algum agente, que então conseguiria um papel para ele em Hollywood, sabendo muito bem que ele

767

poderia ferrar por completo o projeto? De forma que sua credibilidade então iria para o espaço?"

É um argumento válido. As aparições de Keith na imprensa podiam garantir a ele infâmia no rock 'n' roll, mas deixavam muitos produtores de cinema com um pé atrás. Ao examinar as anotações das dezenas de entrevistas que fiz para este livro, me dou conta de que apenas os amigos de Keith do meio musical citam seu potencial como ator. Nenhum dos atores de verdade que conviveram com ele – Oliver Reed, Larry Hagman, Ann-Margret, o jovem Karl Howman – nem os diretores e produtores, como Ken Russell e David Puttnam, por mais querido que Keith fosse para eles, compartilharam essa opinião. Vale também notar que todos os papéis dele, da noiva tarada ao Uncle Ernie, do JD Clover ao estilista Roger, foram apenas pontas. Independentemente do figurino e dos disfarces, Keith interpretava a si mesmo.

"É claro que ele era um bom ator", diz John Entwistle. "Passou todos aqueles anos interpretando Keith Moon."

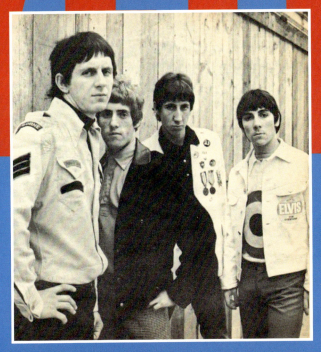

A banda The Who, em 1965. Da esquerda para a direita: John Entwistle, Roger Daltrey, Pete Townshend e Keith Moon. (KRLA Beat/Beat Publications, Inc.)

Roger Daltrey e Keith Moon, no *backstage* antes de um show do The Who na cidade de Ludwigshafen, na Alemanha, em 1967. (Foto: Klaus Hiltscher)

As icônicas capa e contracapa (no melhor estilo *pop art*) do terceiro álbum da banda, *The Who Sell Out*, lançado em dezembro de 1967.

Foto de divulgação da gravadora MCA Records para o lançamento da regravação de "Don't Worry Baby", dos Beach Boys, conhecida por ser a música favorita de Keith Moon. O anúncio com esta foto foi publicado na *Billboard*, em 1974.

Keith Moon em ação com o The Who, em 1975. (Foto: Jim Summaria)

O tradicional momento de agradecer ao público, depois de um show em Chicago, nos Estados Unidos, em 1975. Da esquerda para a direita: Roger Daltrey, John Entwistle, Keith Moon e Pete Townshend. (Foto: Jim Summaria)

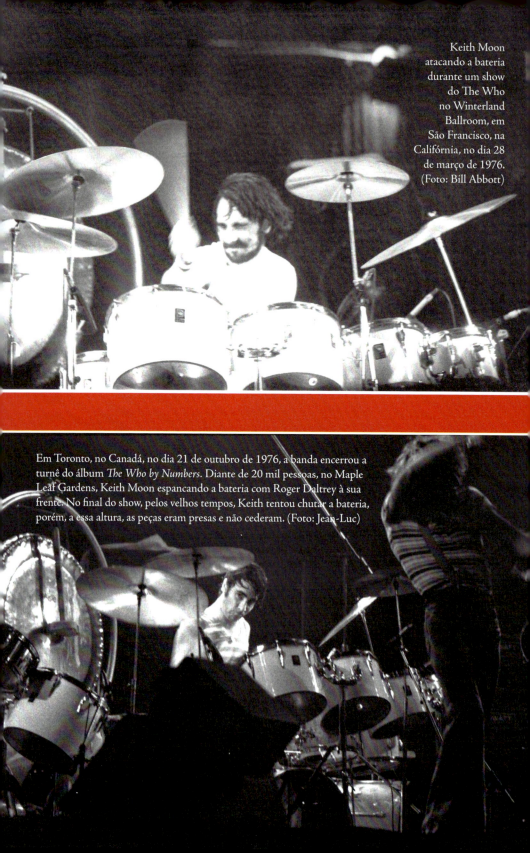

Keith Moon atacando a bateria durante um show do The Who no Winterland Ballroom, em São Francisco, na Califórnia, no dia 28 de março de 1976. (Foto: Bill Abbott)

Em Toronto, no Canadá, no dia 21 de outubro de 1976, a banda encerrou a turnê do álbum *The Who by Numbers*. Diante de 20 mil pessoas, no Maple Leaf Gardens, Keith Moon espancando a bateria com Roger Daltrey à sua frente. No final do show, pelos velhos tempos, Keith tentou chutar a bateria, porém, a essa altura, as peças eram presas e não cederam. (Foto: Jean-Luc)

Keith Moon nos jardins dos estúdios Shepperton, em Londres, na tarde de 25 de maio de 1978. A foto foi tirada logo após uma apresentação do The Who para 300 convidados, que serviu para captar imagens para o excelente documentário *The Kids Are Alright*. Foi a última performance da banda com Keith diante de uma plateia. O baterista morreria menos de quatro meses depois, em 7 de setembro de 1978. (Foto: takoyaki 77)

Placa em homenagem a Keith Moon no local onde ficava o lendário Marquee Club, espaço no qual o The Who viveu dias de glória nos anos 1960. (Foto: Tony Hisgett)

O ano de 1977 se mostraria um dos mais importantes para a música popular desde, bem, meados da década de 1960, com certeza, e bem provavelmente desde 1956, quando o rock 'n' roll quebrou os moldes do pop pela primeira vez e estabeleceu a trilha sonora para a rebelião adolescente. Embora a comunidade musical de Los Angeles talvez prefira lembrar dele como o ano em que os artistas cabeludos de som sossegado dominaram o mundo, e outros pela explosão comercial da disco music, a história associou 1977 para sempre, e corretamente, com o punk rock. Deixando de lado o pano de fundo cultural contra o qual o punk se desenrolou no Reino Unido – isto é, ignorando a crise moral provocada pelos Sex Pistols, a sincronicidade que os fez subir pelas paradas com o deboche exultante de "God Save the Queen" na mesma semana do Jubileu de Ouro da rainha, os ataques afiados que a banda recebeu de broncos patriotas de meia-idade, os julgamentos e as tribulações de outras bandas punk igualmente marginalizadas e perseguidas, a inaptidão política generalizada, o desastre econômico e o fascismo engendrado que marcaram a época –, ou seja, mesmo em termos puramente musicais, foi um fenômeno musical avassalador. O ano de álbuns de estreia de Sex Pistols, The Clash, Talking Heads, The Jam, Stranglers, Television, Wire, entre outros, além do segundo álbum daqueles que haviam saído na dianteira no ano anterior, como os Ramones, The Damned e Blondie. Qualquer uma dessas bandas cujo impacto no rock talvez não seja tão aparente, devido ao sucesso comercial modesto, não pode ter a enormidade de sua influência artística negada.

O ano de 1977, porém, não foi memorável por nenhuma contribuição do The Who. Enquanto as guerras musicais rugiam ao seu redor, a banda, uma das maiores do rock, um dos poucos vínculos entre o passado e o presente do gênero, pausou por completo os trabalhos. Não haveria lançamento algum do The Who em 1977, nem uma coletânea nem uma trilha sonora ou disco ao vivo. No final do ano, a banda retornaria ao estúdio com material novo de Townshend, que refletia as opiniões mistas do compositor sobre as agitações musicais, mas o processo se mostrou tão frágil com embates de personalidade e deficiências profissionais, que o produto final só seria lançado na segunda metade do ano seguinte. A única tentativa de show, em dezembro – e ainda para um público convidado –, foi uma vergonha rapidamente esquecida. Pela primeira vez desde que Keith Moon entrara para os High Numbers, em 1964, parecia que o The Who nem existia.

É coincidência, então, que 1977 tenha sido, também, o ano em que Keith Moon perdeu a cabeça de vez? Decerto se pode sugerir que foi o silêncio do The Who, a *raison d'être* de Keith, que o mandou para a beira do abismo e à queda livre, que foi a ausência da necessidade de acordar de manhã (ou à tarde) que o transformou num palhaço de olhos tristes, numa exibição embaraçosa pelos restaurantes e refúgios de Los Angeles, um Beach Boy inchado que envelhecia de forma lamentável, desprovido de ambição e propósito.

No entanto, seria absurdo culpar os parceiros pelo fim de Keith. Afinal, todos lidaram com a pausa sem enlouquecer. Na verdade, a banda só tirou oito meses de folga depois da turnê de 1976, o que, pelos padrões das bandas punk jovens, que pareciam todas determinadas a lançar dois álbuns por ano, fazia o The Who parecer dinossauros lentos às vésperas

CAPÍTULO 36

da extinção, mas que, ao final do século, se tornou a norma depois de cada ciclo de três anos de lançamento de álbum e turnê. A falta de autoestima, autoconfiança e autodisciplina de Keith, que se tornaria tão altamente visível naqueles meses de folga, era totalmente autoimposta.

O fato é que ele se instalou em seu Hotel California particular, só para encontrar o pote de ouro no final de seu arco-íris pessoal vazio de moedas emocionais correntes. A descoberta de que o sucesso e a fortuna não necessariamente compram a felicidade é a história mais antiga no livro (neste ou em qualquer outro), porém, de algum modo, parece muito mais pungente no caso de Keith, que sempre acreditou que comprariam. Ao sair da estrada com o The Who e se mudar para Trancas, ele acreditava real e verdadeiramente que enfim ficaria contente.

Em particular, previa uma amizade próxima e pessoal com seu vizinho Steve McQueen, astro dos recentes *Papillon* e *Inferno na Torre*. Porém, depois de chegar ao topo da profissão, o ator se tornara um recluso social e profissional, recusando todas as ofertas e até exigindo um cachê de 50 mil dólares só para *ler* um roteiro. Havia deixado o cabelo mais comprido, cultivado uma barba e ganhado peso. E assim, como Keith em relação às carreiras de modelo de Kim e Annette, McQueen se recusava veementemente a deixar Ali MacGraw manter sua própria e lucrativa carreira. Depois de disparar para o topo da escada hollywoodiana com apenas três filmes, ela saiu de cena subitamente. Steve e Ali se entocaram em Trancas e se aposentaram.

Assim, acostumado a ser o melhor amigo de todo mundo, Keith, em vez disso, se viu preso numa parede de concreto. Pela primeira vez na vida, era vizinho de alguém que tinha origens parecidas com as suas, na classe trabalhadora, e também se encontrava no auge da popularidade, com tanta coisa aparentemente em comum, e o cara não queria nem saber.

McQueen não era rude. Na verdade, quando Keith, Annette e Dougal (a namorada dele, Jill, se juntaria a eles em março) se mudaram para a Victoria Point Road, ele e Ali os convidaram para um drinque. Keith e Annette beberam vinho branco e se sentiram, ambos, bastante impressio-

A DESCOBERTA DE
QUE O SUCESSO E
A FORTUNA NÃO
NECESSARIAMENTE
COMPRAM A
FELICIDADE É A
HISTÓRIA MAIS ANTIGA
NO LIVRO (NESTE OU
EM QUALQUER OUTRO),
PORÉM, DE ALGUM
MODO, PARECE MUITO
MAIS PUNGENTE NO
CASO DE KEITH, QUE
SEMPRE ACREDITOU
QUE COMPRARIAM.

CAPÍTULO 36

nados e, ao mesmo tempo, decepcionados. A conversa foi cordial, porém truncada. Aquela não seria uma relação fácil.

Keith planejava dar uma festa para inaugurar a casa. Afinal, por que construir um palácio à beira-mar de 350 mil dólares se não se pode compartilhar alguns desses luxos com os amigos? (Ainda mais depois de mantê-los relutantemente a distância, em Sherman Oaks.) Em algum momento no meio da organização do evento, Keith Moon caminhou os 40 e tantos metros até a casa vizinha, dos McQueens. Aparentemente, a intenção era convidá-los. Porém, ao encontrar apenas Chad, o filho de 16 de anos de McQueen de seu casamento anterior, Keith conseguiu antagonizar o garoto até não poder mais com ofertas – ou pedidos – de bebida e drogas. Há relatos de que Keith invadiu a casa, de que houve uma briga, de que o cachorro dos McQueens mordeu Keith e Keith o mordeu de volta. É certo que nenhum confronto ocorreu.

Steve McQueen não gostava que ninguém batesse à sua porta, mesmo nos melhores momentos. Um Keith Moon transtornado encher o saco de seu filho era pra lá de imperdoável. Surpreende que ele não tenha ido pessoalmente dar uma sova no baterista diminuto. Talvez tenha parado para pensar na atenção que isso chamaria. Além disso, como muita gente endinheirada, tinha seu próprio jeito de lidar com as coisas. Chamou um ex-agente do FBI.

Em Los Angeles, onde contatos são tudo, um desses contatos salvou Keith dos tribunais ou de coisa pior. O empresário de McQueen, Bill Maher, era amigo do advogado de Moon, Mike Rosenfeld. Por sugestão de Maher, uma conversa no gabinete do procurador do distrito de Malibu foi marcada. Moon seria arrastado até lá para caminhar sobre brasas e, com sorte, a questão seria encerrada ali.

Na noite anterior à reunião, Keith vestiu o uniforme nazista – calças justas, binóculos, botas até o joelho, casaco de couro e quepe – e caiu nos bares. Quando Mike Rosenfeld apareceu para buscá-lo em Malibu pela manhã, encontrou o cliente vestido daquela forma.

"Você não vai aparecer assim, certo?", questionou o advogado, como a mais exasperada das mães.

"A única maneira de eu ir", respondeu Keith, com uma obstinação de ressaca, "é desse jeito."

E assim ele foi. Entrou marchando, de olhos inchados, na delegacia para se encontrar com Steve McQueen, um ex-agente do FBI, o procurador local e um bando de advogados, parecendo o marechal nazista Erwin Rommel depois de uma noitada pesada.

Foi recebido com um suspiro de desalento quase coletivo.

"Há alguma significância quanto aos seus trajes?", perguntou enfim o procurador.

"Meu cliente vai gravar um comercial nesta manhã", respondeu Rosenfeld, antes que Moon pudesse pensar em alguma outra desculpa menos plausível.

Steve McQueen só riu. Não queria estragar as coisas para o advogado, mas já vira Moon de uniforme nazi talvez uma dúzia de vezes, marchando pela praia, inclusive dentro do mar. Já era quase esperado.

De um jeito ou de outro, Moon saiu do gabinete do procurador com uma rara compreensão de um limite que não deveria ser ultrapassado. Nunca mais foi bater à porta dos McQueen.

Porém, como um *sitcom* que insiste em novas versões de piadas velhas, o antagonismo continuou. Moon construíra uma de suas gigantescas janelas francesas com vista não para o oceano, mas para a casa dos McQueens. O motivo, ele confessara a Dougal, era a esperança de ver Ali MacGraw nua, propósito para o qual recorria aos binóculos. McQueen, sem saber da intrusão, desconfiou dos pontos de luz que chegavam até sua casa do banheiro privado de Moon e atirou duas vezes contra eles no meio na noite, quando a luz do signo de Leão incomodou sua tranquilidade. Keith passou então a espiar Ali na praia, na esperança de que ela tomasse sol de topless.

Annette se viu, sem querer, pega no meio disso tudo quando, certo dia, tomava banho de sol sozinha naquele trecho deserto e privado de areia do Pacífico. Cochilou e foi acordada no susto por um toque no ombro. Olhou para cima e viu um homem de aparência surrada, com uma longa barba, debaixo da qual se escondia a beleza rústica de um famoso ídolo do cinema.

CAPÍTULO 36

"Você está na minha areia", resmungou Steve McQueen. Duvidando daquele evidente conhecimento do assunto, pegou seus pertences e se afastou alguns metros da linha demarcatória invisível.

— ● —

E ASSIM KEITH SEGUIA AMARGAMENTE DECEPCIONADO POR ESTAR congelado no mais quente dos climas. Deu a festa de inauguração da casa mesmo assim; foi um sucesso estrondoso. E deu diversas outras festas. Precisava dá-las, ver gente, pois Malibu não era Los Angeles da mesma forma que Bel Air, Beverly Glen ou até mesmo Sherman Oaks eram. Era tão longe da agitação quanto Chertsey era de Londres. Em sua busca pelo final do arco-íris, se empurrara ainda mais para o mar. Quase em direção ao isolamento.

"Uma vez que você está na praia", diz John Sebastian, "é uma cena totalmente diferente. É um pouco mais escuro, porque muita gente é ociosa. Trabalha, mas de forma muito intermitente."

O próprio Sebastian decidira sair de Los Angeles para criar os filhos num lugar mais seguro. "L.A. estava ficando obscura", diz ele a respeito da cultura de drogas que andava a todo vapor pelas colinas, pelos vales e pela costa. "Já havíamos passado pela fase de cheirar cocaína e agora começávamos a fumar cocaína. E vi muitos dos meus amigos ficarem mal, passarem mal. Lembro-me de um momento em que vi tanto Ringo quanto Keith começarem a ficar verdes."

Os dois famosos bateristas continuavam a sair juntos, na companhia do igualmente transtornado Harry Nilsson. Mais perto da nova casa de Keith, em Malibu, morava Ron Wood e sua esposa, a modelo Krissy, e Rick Danko, do The Band. Certa vez, Danko contou que, ao parar num semáforo da vizinhança (a que se referiam com frequência como "A Colônia"), viu Keith dormindo no banco da frente do carro ao seu lado. Gritou para acordar Keith. O baterista abriu os olhos, viu o amigo e imediatamente o desafiou para um racha. Ele era capaz de religar *desse jeito*.

Quando isso acontecia, era sempre uma visão e tanto. "Ele foi à nossa casa certo dia", diz Larry Hagman, "e eu estava deitado no andar de cima, totalmente nu, e ouvi Maj dizer: 'Larry! Ajude!', com uma voz esquisita, que sei que significa que ela está em perigo. Desci, nu, preparado para a batalha. E lá estava Keith, mas eu não sabia que era ele, pois usava um capacete da SS e uma roupa de couro preta, parecia um oficial saído diretamente de Buchenwald-Auschwitz. 'Em que posso ajudá-lo?', perguntei, e ele respondeu: 'Ora essa, amigo. Sou eu. Vou levar vocês para a minha nova casa, lá em Malibu. Vamos, Dougal está à nossa espera, tem uma boa garrafa de Dom Perignon'. 'OK', respondi. Maj e eu nos vestimos e, enquanto seguíamos pela Colony Road, havia um garoto tocando bateria na garagem. Keith disse: 'Dougal, pare e dê ré', e pulou do carro. Sentou-se à bateria e improvisou por 10 minutos, deixando o garoto boquiaberto... Foi uma performance maravilhosa. 'Certo, Dougal, vamos nessa.' O moleque ficou simplesmente... Não sei se ele sabia quem Keith era. Foi um exemplo divertido daquelas coisas do Moon!"[194]

Tais exemplos cativantes de excentricidade se tornaram cada vez mais raros com o passar dos meses. O tédio trazido pela falta de trabalho podia ser compensado por Keith com belos pores do sol ou caminhadas na praia; tinha de ser equilibrado com drinques Tequila Sunrise e visitas ao Crazy Horse Saloon, ao Trancas Inn ou, reveladoramente, ao Ye Olde King's Head, onde os expatriados ingleses se reuniam para um *pint* de uma verdadeira bitter ale e um jogo de dardos.

Keith mal trabalhou um dia durante a primeira metade do ano. O único trabalho digno de nota foi num especial de TV que celebrava os dez anos da revista *Rolling Stone*. Numa cena apresentada pelo comediante Steve Martin, Keith Moon fez o papel de si mesmo como um destruidor

---

194 Ele havia feito praticamente a mesma coisa quando Brett Cummins o levou ao aeroporto certo dia, em 1975. "Íamos a toda pelo Benedict Canyon e ele fez o motorista da limo parar, correu até um jardineiro mexicano, pegou a mangueira do cara, colocou na boca, pulou de volta na limo e partimos!"

de quartos de hotel, arrancando portas, jogando TVs pela janela, até, por fim, inundar o recinto e afundar Martin na bagunça. Foi uma confirmação vergonhosa de que Keith havia se reduzido a uma caricatura, se fazendo de bobo para as câmeras da TV sem o mínimo traço de inteligência ou imaginação que normalmente teria acompanhado suas "reorganizações" da infraestrutura de um hotel.

Com a falta de trabalho, Keith vivia a vida dos ricos ociosos, exceto que, depois de gastar 350 mil dólares numa casa, não tinha mais dinheiro para tanto. Para seu horror – embora não tanto para o de Dougal – descobriu que não tinha como pagar seu assistente, o que significava que Butler estava preso numa espécie de servidão contratada, vivendo num aparente luxo, ao mesmo tempo em que lutava para pagar (todas) as contas e atender a todos os pedidos do mestre. Ligava para a Inglaterra para pedir dinheiro, acordando algum dos membros da banda ou da organização no meio da noite, insistindo por sua "parte justa". Bill Curbishley, final e relutantemente, fazia mais uma transferência de cinco dígitos como adiantamento de *royalties*, só para Keith voltar ao telefone em questão de semanas, implorando por mais. Curbishley exigia saber o que acontecera com o último montante e Moon descrevia todo o tipo de gastos aparentemente legítimos que simplesmente não tomariam aquela quantia toda.

O mais provável é que os milhares sumidos tenham sido gastos em cocaína, cuja dependência de Keith crescia diariamente. Não era incomum para Dougal e Keith comprarem 2 mil dólares em cocaína antes de alguma grande festa ou *première*, para depois perceber que haviam usado a maior parte antes da hora do evento. Porém, essa era a natureza do mundo em que viviam. Todo *rock star* ou homem de negócios bem-sucedido consumia drogas "de qualidade" casualmente.

Da maneira como Keith enxergava, a falta de dinheiro era só temporária: durante toda a sua vida, se ele fizesse um bom rebuliço, o dinheiro aparecia à sua frente. Então, quando ele e Dougal andavam pela cidade no Lincoln Continental Cartier e viram num *showroom* de Malibu um Excalibur SS – a réplica de um Mercedes Sports Tourer dos anos 1930, o veículo definitivo no qual fazer suas imitações de nazista –, Moon não teve razão nenhuma para sentir que não poderia comprar aquele totem de extravagância. O fato de que não havia nada no bolso e nenhuma renda no horizonte não fazia diferença. Keith voltou para casa, vestiu o uniforme nazista, se armou com uma câmera fotográfica, marchou até a Bisgeier, Brezlar & Company e exigiu acesso aos 40 mil dólares que estavam reservados para os impostos.

O contador que ousou recebê-lo naquele dia insistiu, corretamente, que o dinheiro não podia ser entregue, já que estava sendo guardado para um propósito específico, pelo qual a argúcia da companhia havia sido empregada. Keith retrucou, igualmente insistente e precisamente, que, como o dinheiro era, de fato, dele, poderia fazer o que quisesse. O contador argumentou furiosamente. Keith argumentou com o estojo da câmera, com o qual golpeou o contador na cabeça. Depois de ser perseguido pela sala por alguns minutos, o contador indefeso concordou: Keith poderia ficar com os 40 mil dólares. Um encarregado foi enviado ao banco para sacar o dinheiro. Keith, triunfante, e Dougal, estupefato, se dirigiram ao *showroom*, onde Moon se despediu do Lincoln Cartier (por uma parcela ínfima de seu valor real) e saiu com o Excalibur.

No dia seguinte, Keith foi informado que não seria mais representado pela Bisgeier, Brezlar & Company. "Sentimos que não estávamos prestando a ele o serviço do qual precisava", diz Jerry Brezlar, diplomático até o fim, que ainda acrescenta: "Eu até gostava do cara".

Depois de tudo isso, o carro durou apenas algumas poucas semanas até que Keith visse nada menos do que a luxuosa limusine de Liberace à venda – outra Excalibur, mas esta decorada com o estilo vívido do artista, com ornamentos de diamante – e passou por um processo semelhante de súplicas, falatórios, adulação e persuasão até conseguir seu mais novo veículo dos sonhos. O fato de que suas contas diárias não estavam sendo pagas nesse ínterim, de que Dougal passara a esconder notas de 10 dólares na meia para que pudessem abastecer o carro ou comprar leite, não significava nada. Era a natureza extravagante pela qual ele vivera a vida inteira, exceto que o aspecto autoirônico dela não era mais tão aparente. As bebidas, as drogas, os carros, a casa... todos eles eram emblemas do valor material que encobria sua falta de autoestima emocional. E, para completar a coleção de símbolos de status, havia, é claro, as garotas.

Annette, como sabemos, tinha conhecimento dos hábitos de Keith na estrada. Porém, quando ele começou a levar seus flertes para casa, ela, assim como Kim antes dela, estabeleceu um limite. Chegou certa manhã e encontrou uma garota dormindo no sofá e um homem à espera dela na sala, e sabia muito bem o que havia acontecido. Depois de uma troca de berros com Keith, saiu dirigindo furiosa. Como não tinha amigos próximos em Los Angeles (apenas "garotas que queriam estar perto de Keith"), voltou relutante para casa à noite. Como sempre, achou difícil manter a raiva quando o viu. "Ele estava na cozinha de jaqueta nazista, sem cueca. Aparentemente, saíra andando pela praia durante o dia fazendo *Heil!*. Não consegui conter o riso. Era uma figura. Parecia apenas confuso, como um cachorro sem dono."

"Ela costumava perdoá-lo, como uma típica garota europeia", diz Dougal, "e falava: 'Keith, você foi sacana, não gostei disso'. 'OK, querida.' 'Mas Keith, você prometeu que não ia fazer de novo.' 'OK, querida...'"

Annette ecoa essa opinião quase que palavra a palavra. "Eu dizia a ele, nos poucos momentos em que estava sóbrio, que não suportaria daquele jeito. 'Não, é claro que não, não, não, sinto muito, que terrível, eu fiz mesmo isso? Oh, não, meu Deus, nunca mais vou fazer isso, prometo.' Três semanas depois, eu voltava ao mesmo lugar: 'Não aguento mais isso...'"

"Ele continuava, era pego, a merda batia no ventilador, mas ela o aceitava de volta", observa Keith Allison. "Ele gostava de ser galinha, mas estar num relacionamento era muito, muito importante para ele. Precisava sentir aquela coisa cara a cara. Se fosse pego e ela o aceitasse, isso significava muito para ele. Significava que ela o amava. Ela se importava o bastante com ele para não dispensá-lo por causa de uma traição."

"Estava tentando ser namorada dele", diz Annette. "Eu o amava. Ele era muito doce e gentil. Era muito sincero quando estava sóbrio, então eu acreditava que ele falava sério quando dizia que não estava sob o efeito de nada."

"Acho que ela tinha uma ideia clara sobre querer ajudá-lo", diz Dougal sobre Annette, e era primordialmente por essa razão que, segundo ele, ela "aguentava as pontas", enquanto outras pessoas talvez tivessem ido embora.

De sua parte, Keith não acreditava que estava com uma mulher de tamanha resiliência emocional e, mais tarde, proclamou isso. "Quase sempre me pergunto o que se passa pela cabeça dela quando volto para casa parecendo que passei a noite sentado num túnel de vento. Ela pergunta com frequência: 'Você se divertiu?', ou diz: 'Espero que você tenha se comportado bem', de um jeito brincalhão. Digo, essa garota que parece ter sido feita no Paraíso, e eu... Por alguns momentos, eu gostaria que ela me perguntasse no que eu havia me metido, só para provar que há um fio de ciúme ali, em algum lugar. Todas as mulheres têm isso, ou assim eu acreditava antes de conhecê-la. Ela é mesmo boa demais para ser verdade."

Embora todas essas estripulias irresponsáveis intercaladas por proclamações de amor verdadeiro por Annette sugiram que a lembrança de Kim já estava longe da mente de Keith, não estava. Dougal Butler se recorda vividamente de uma noite em que foram a um restaurante indiano caro, em Santa Monica. "Havia uma garota deslumbrante nos servindo, que era a cara de Kim, cuspida e escarrada, com a diferença de que tinha cabelo pretos. Keith chorou durante todo o caminho de volta para casa. Não conseguiu comer. Ficou tão perplexo com aquela pessoa, que simplesmente se trancou no quarto."

A relação de Keith com seus companheiros no The Who não estava mais bem resolvida do que isso. Se por anos ele mantivera suas dúvidas ocultas, agora, à medida que os dias passavam devagar e não havia conversa sobre a banda se reunir, suas frustrações emergiam mais prontamente.

Mike Rosenfeld percebia isso quando visitava a casa em Trancas para reuniões de negócios "e conviver com Keith o máximo que aguentasse. Ele podia ser muito inteligente e muito racional num minuto, e não mais no minuto seguinte, porque começava a beber e a usar drogas, o que era motivado ou causado por muita daquela insegurança, e não havia como fazê-lo se sentir valorizado. Culpava a banda – às vezes Roger Daltrey, às vezes Pete Townshend – e era triste".

CAPÍTULO 36

"Boa parte disso era inventado. Acredito que todos eles se importavam muito com Keith e tenho certeza de que toda a situação ficou feia porque ele foi infantil. Não sei dizer se ele era desprezado ou não. Acho que, inevitavelmente, sim, mas era bem provável que ele mesmo causasse isso. Se você tem filhos, vira lugar-comum. A necessidade constante de reafirmação vira lugar-comum. Townshend ganhava mais dinheiro porque escrevia todas as canções e Moon não gostava disso. E Moon estava sempre com problemas financeiros porque gastava muito dinheiro o tempo todo. A parte triste é que Keith não era um cara ganancioso. Daria qualquer coisa a qualquer um, e, com frequência, dava mesmo. Era um cara amável, e esse era o problema. E lidar com ele como parceiro seria um problema muito grande."

"Da forma como ele se comportava", diz Annette, "às vezes ele sentia vergonha por não conseguir manter o mesmo padrão de profissionalismo que [os outros] tinham. Sabia que era um bom baterista, mas sentia que não estava no mesmo nível deles. Era inseguro demais, de tantas maneiras. Em seus momentos de sobriedade, era como um garotinho. Poderia se vestir de bermuda e boné."

A inatividade do grupo parecia estar no cerne de suas preocupações. "Acho que ele estava sempre preocupado que o The Who fosse chegar ao fim e ele seria excluído e não saberia o que fazer", diz Keith Allison. "Tinha muita inveja de Ringo, que se sentia exatamente da mesma forma. Eu pensava: 'Que irônico, porque os dois são muito talentosos', mas eles olhavam a estrada adiante e lhes parecia assustador. Porque, de fato, o é, quando você esteve tão em alta e fez tanto sucesso quanto eles."

Teria sido ainda pior se Keith estivesse na Inglaterra, onde a velocidade com a qual o punk se movia fazia o The Who parecer mais arcaico do que nunca. No entanto, é onde Keith *deveria* ter estado. Seu estilo primal e revolucionário de tocar bateria e os anos que passou mostrando o dedo do meio para as autoridades lhe haviam tornado uma espécie de punk *in absentia*. Além disso, passara a vida no centro da ação – os *Swinging Sixties* em Londres e os meados dos anos 1970 em Los Angeles. Agora, o pêndulo havia balançado de novo e Keith estava preso do lado errado do globo.

A "comunidade" de L.A. a que ele se juntara três anos antes se tornava cada vez mais disfuncional, à medida que alcançava maior sucesso. Havia *rock stars* ricos demais com muito pouco o que fazer além de consumir drogas e ter *affairs*. E outros tipos ricos demais que nunca fizeram por merecer a fortuna.

"Convivíamos com gente que estava certamente acima do nosso nível", diz Dougal. "Falo de gente com 21, 22 anos que tinha mais dinheiro do que verei na minha vida inteira. E gente com 50 e tantos com mais dinheiro do que até mesmo Keith veria, e eram os pentelhos mais mimados que já conheci. Havia gente com casas na praia na mesma rua cujos filhos ganhavam Rolls-Royces como presente de aniversário de 21 anos, donos de indústrias químicas, herdeiros. Duas semanas depois, eram resgatados do Pacífico porque haviam tentado cometer suicídio. Como nós dois vínhamos da classe trabalhadora, isso simplesmente não fazia sentido."

Durante os momentos mais escuros de Keith no mais ensolarado dos climas, ele compreendia o quão longe de seu perímetro se permitira flutuar. "Keith se sentou e chorou à minha frente", diz Dougal. "Choramos juntos. Vivíamos num lugar onde sempre sonhamos viver. Steve McQueen morava na casa ao lado, um multimilionário do outro lado, mas, na casa em que morávamos, para ser sincero, éramos os caras mais solitários do mundo. Consigo me lembrar dele ligando para Pete, aos prantos, para dizer: 'Estou entediado, não sei o que fazer. Eu te amo. O que você está fazendo? Eu te amo.'"

Townshend estava gravando um álbum em Londres, com Ronnie Lane, intitulado *Rough Mix*, seu segundo disco fora do The Who, ainda que não um projeto "solo" propriamente dito (e que não poderia estar mais distante do punk rock que ele alegava ter "esquadrinhado"). Pete contou a Keith de um fã americano de 19 anos chamado Jeff Stein, que queria fazer um documentário retrospectivo sobre a banda, para o qual o The Who, cuja fé tanto na juventude quanto nos fãs seguia intacta, parecia disposto a dar o sinal verde. E Pete estava escrevendo músicas novas para o The Who, como sempre. (É possível imaginá-lo *ansiando* passar só algumas semanas deitado numa praia da Califórnia, em vez de aguentar telefone-

CAPÍTULO 36

mas de membros frustrados da banda a exigir dele outro álbum de grande sucesso.) Porém, Townshend insistia, não havia nada para Keith fazer em Londres que ele não precisasse bolar por conta própria.

Com todas essas atividades em sua vida tipicamente criativa, Townshend não foi a Los Angeles para ver Moon. Tampouco foi Entwistle, que ficava cada vez mais frustrado com os telefonemas no meio da noite que também recebia, ao mesmo tempo em que lamentava a ausência de seu ex-melhor amigo. Bill Curbishley visitou a casa na praia apenas uma vez, no final de uma viagem de negócios a Los Angeles, e encontrou Keith "em outro mundo". Roger Daltrey também o visitou, com sua esposa, Heather, enquanto estava em L.A. para promover seu terceiro álbum solo, *One of the Boys*, naquela primavera. Não foi uma ocasião feliz. Keith ficou bêbado e se recusou a se juntar aos demais na praia ou ir nadar. Deixou que Annette desse as desculpas e ficou sozinho na casa, bebendo taciturno.

"Ele não conseguia ser sociável", diz Annette sobre o comportamento dele naquele período. "Convidar-nos para comer num restaurante estava fora de cogitação. Ele só precisava entornar algumas doses de vodca ou de brandy para perder a linha, e depois não parava mais. E aí as pessoas iam embora, porque ele começava a fazer cena, a mostrar a todo mundo como era um bom ator, e as pessoas se entediavam e ficavam de saco cheio."

"Keith bebia e ficava tão louco, que, se você se preocupasse com ele, tentaria protegê-lo", diz Keith Allison. "Certa vez, eu estava na casa dele, todo mundo havia ido embora e só ficamos nós, estávamos acordados havia dias, e Keith decidiu que ia dar uma volta de carro. 'Keith, você é doido', falei, mas ele não quis ouvir. Tentei de tudo. Por fim, ele disse: 'OK, você está certo, não vou'. Baixei a guarda e ele tentou correr por trás de mim. Começamos a brigar... Derrubamos vasos de plantas, destruímos o lugar, com terra para todo o lado."

"Havia momentos em que ele era esplêndido, maravilhoso, inteligente e muito divertido. Em outros, era um maníaco. Começara a ter problemas em viver à altura de sua reputação. Achava que todos esperavam que ele agisse daquela forma."

"Você sempre esperaria que ele fosse ele mesmo", diz Alice Cooper. "E acredito que isso o desgastou. As pessoas esperavam que ele fosse sempre Keith, e ele se sentia obrigado a sempre ser Keith Moon. Tive o mesmo problema quando achava que tinha de ser o Alice Cooper dentro e fora do palco, ser um personagem sombrio, ameaçador e perturbado. Até que por fim me dei conta: 'Esse personagem pertence ao palco, e lá devo interpretá-lo ao máximo, mas *não posso sê-lo fora do palco*'. Foi aí que passei a ser capaz de levar uma vida normal."

Keith nunca aprendeu essa lição vital. Agora era tarde demais. Foi levado para a cadeia dos bêbados de Malibu certa noite, onde Annette teve que ir buscá-lo. Em outra ocasião, saiu para dirigir totalmente mamado e foi levado para casa por um empático (e preocupado) frentista; na manhã seguinte, houve uma confusão enquanto Keith tentava se lembrar o que havia acontecido antes que todos saíssem para resgatar o Excalibur. Foi para Nova York na primavera, para uma festa do Lynyrd Skynyrd, e Peter Rudge implorava para que as pessoas mantivessem Keith longe dele, reclamando que "ele só vai me pedir dinheiro". Na mesma viagem, John Lennon (um recluso declarado) deu desculpas para não vê-lo, e, quando Keith garantiu que estaria sóbrio, ponderou a ideia e dobrou as desculpas.

Em L.A., Dougal ficava cada vez mais frustrado por ser tratado como um lacaio sem ser pago, e passou a sair por aí sozinho com a namorada, Jill, deixando Annette na casa para garantir que Keith não tivesse uma overdose. "Eu olhava os frascos de comprimidos", diz ela, "para ver o quanto havia sumido e ouvia o que as pessoas diziam que ele havia usado; às vezes, gente que o havia trazido para casa e o deixado na porta: 'Ah, ele tomou isso e aquilo.'"

Chegou a um ponto em que Keith ganhava má fama na imprensa sem nem tentar. Os tabloides britânicos reportaram que ele havia sido banido do Ye Olde King's Head por quebrar uma privada e simular uma relação sexual no chão do pub, embora outra turma de expatriados fosse a responsável. Da próxima vez que ele telefonou para a mãe, o que fazia com cada vez mais frequência, à medida que se sentia mais sozinho, ela falou umas

CAPÍTULO 36

poucas e boas a ele e, como na fábula do pastorzinho e do lobo, tentou dizer, sem sucesso: "Mas dessa vez não fui eu!".

Em algum momento da primavera, se afundando cada vez mais e desesperado para sair da lama antes que fosse tarde demais, entrou para os Alcoólicos Anônimos. Porém, era impossível para ele se identificar com os participantes ou com os métodos.

"Foi a coisa mais horrenda que vi na vida", diz Dougal, que foi autorizado a assistir a uma reunião com Keith. "Havia gente famosa da TV, dois pilotos e um cirurgião, e todos tiveram de subir num púlpito e dar um discurso. Todos juraram cegamente, palavrões pra cá, palavrões pra lá, sem fazer o mínimo de sentido, para tirar aquilo do corpo. Era um *nonsense* do caralho, um blá-blá-blá total. E todas aquelas pessoas eram profissionais sérios."

"Não fez efeito algum para ele", diz Annette. "Fomos visitar alguns dos alcoólatras limpos e eles nos falaram de como sua nova vida era ótima, mas as coisas no AA são um pouco 'aleluia', então ele não se impressionou. Fui a uma das reuniões com ele, e lá havia uns sacos de pancada. Eles diziam: 'Agora vamos descontar nossa raiva e frustração', e aqueles marmanjos começavam a chutar os sacos, como num manicômio, para depois irem todos para casa: 'Agora me sinto muito bem por ter socado esse saco de pancada, todos os meus problemas acabaram'. E Keith dizia: 'Eu soquei as coisas a vida inteira.'"

— ● —

Os relatos da saúde debilitada de Keith que vazaram de Curbishley e Daltrey rapidamente se transformaram numa enchente. "Ele foi a um show dos Wings, em L.A.", diz Jack McCulloch, cujo irmão mais novo, Jimmy, era o guitarrista solo da banda extremamente bem-sucedida de Paul McCartney. "Não acreditei que fosse ele. O cérebro estava derretido. Não havia ali a mesma jovialidade de sempre, parecia uma obrigação fazer os truquezinhos, e as piadas não eram fluidas, não eram engraçadas, ficaram sujas — e os comentários também ficaram sujos."

KEITH MOON

No final de junho, o Led Zeppelin voltou com força total à cidade para tocar por uma semana no Forum. A chegada da banda deu a Keith a oportunidade de viver a vida da elite das turnês. Hospedou-se no Hyatt com eles e, no dia 23 de junho, adentrou o palco durante o solo de 15 minutos de John Bonham em "Moby Dick" e atacou a mesma bateria, para o deleite do público e a perplexidade da banda. Depois, reapareceu antes do bis, que tentou apresentar anunciando ebriamente: "Há poucas pessoas capazes de dizer a vocês do que se trata o rock 'n' roll", para então balbuciar ao microfone os primeiros versos de "C'mon Everybody". Depois que Robert Plant obteve o microfone de volta, Keith tocou tambores em "Whole Lotta Love" e "Rock and Roll", ao final da qual as bombas de fumaça do Zeppelin explodiram bem debaixo dele. O baterista que fizera seu nome surpreendendo os outros com pirotecnia provou um pouco de seu próprio veneno.

Na noite seguinte, a que o Zeppelin tinha de folga, parte deles foi ao Comedy Store, perto do hotel. "A noite acabou com Keith sendo expulso", diz Mick Avory, dos Kinks, que chegara à cidade para encontrar Keith entocado no Hyatt. "Ele não parava de provocar, de gritar umas coisas horríveis para os caras no palco. Fomos convidados a nos retirar. Tínhamos saído para nos divertir e outro lado dele emergiu – ele sentia que precisava fazer algo ultrajante."

Dave Davies, dos Kinks, também ficou decepcionado e perturbado pelo Keith Moon que viu bebendo sozinho no bar do Hyatt naquela semana. "Ele parecia estranhamente reflexivo", escreveu em sua autobiografia *Kink*. "Até sentimental. Por trás de suas piadas bobas e do riso falso, detectei uma tristeza terrível... Nunca o tinha visto daquele jeito. Brincamos e relembramos o passado e, por trás da expressão quase suplicante em seus olhos, senti um homem profundamente transtornado... Era como se sua alma estivesse gritando por ajuda, mas ele não soubesse como pedir."

O ex-motorista de Keith, Alan Jay, a essa altura tinha se mudado para Los Angeles, para abrir uma empresa de limusines. Decidiu visitar Keith. A última vez que haviam se visto foi no Memorial Hospital, na Flórida, depois do colapso de Keith. Quase um ano depois, Keith parecia quase que exatamente o mesmo, se não pior. "Acho que ele estava no mesmo caminho, de novo", diz Jay.

Ele estava certo. Assim que o Zeppelin foi embora da cidade, a esposa de um *rock star* famoso chegou à casa em Trancas com uma grande quantidade de valium para farrear. Keith teve uma overdose. Annette foi acordada pela mulher, que estava num nervosismo fora do comum, e, sem conseguir encontrar Dougal, ligou para a polícia. Os paramédicos correram com Keith para o hospital Cedars-Sinai, onde ele recebeu uma lavagem estomacal. Sobreviveria, mas o hospital preferiu não deixar por isso mesmo. Colocou Keith em observação na ala psiquiátrica. Lá, ele foi supervisionado por um certo Dr. Finkelor, que tentou, assim como tantos outros antes dele, chegar ao fundo das crises emocionais de Keith. Veterano do *establishment* médico das celebridades, já tinha visto dependentes químicos e alcoólatras o suficiente para saber quando alguém estava à beira de se matar, intencionalmente ou não. Keith, sem dúvida, estava bem perto.

Tanto para Annette quanto para Dougal, as duas semanas seguintes foram dolorosas, à medida que eles observavam a figura central de suas vidas lutar, quase sempre violentamente, para recobrar a sanidade e a sobriedade. Keith escreveu cartas de amor curtas, emocionadas e desesperadas para Annette que eram tão puerilmente desarmadoras, se não mais, quanto as escritas para Kim uma década antes. E então, seus telefonemas diários para casa cessaram abruptamente. Seus privilégios haviam sido cortados: fora pego bebendo loção pós-barba.

Dougal não conseguia suportar a ideia "daquele cara que eu ia ver em shows, como mod, desde 1964, quando nem o conhecia", se desfazendo por completo, tomando álcool da forma mais rude disponível. "Fui visitá-lo. Duas semanas depois, ele tinha feito uma bandeja de madeira, que era seu xodó. Dentro da bandeja, no fundo, ele tinha colocado uma revista de sacanagem com umas mulheres de peitos enormes. Colou a revista na bandeja e passou verniz por cima. 'Viu o que eu fiz? Não sou um fodido de esperto?'. Estava orgulhoso pra caramba."

Para somar aos problemas médicos de Keith, durante a internação no Cedars-Sinai, ele teve uma convulsão. Para um leigo – assim como acontecera na frente de Kim, coisa de cinco anos antes –, parecia um ataque epilético e, realmente, a condição com a qual ele foi diagnosticado é referida como *status epilepticus*. Porém, como a grande maioria (mais de 75%) dos que passam por esse *status*, ele não era, de fato, epilético. O ataque foi o resultado da abstinência súbita de álcool e/ou de cocaína. Finkelor explicou a respeito a Annette, de forma que ela pudesse ficar de olho nos sintomas e soubesse como lidar com Keith, caso ele tivesse tal convulsão na presença dela. Se ele levasse a sério o abandono do álcool, havias boas chances de sofrer algumas no caminho até a recuperação. Aconteceriam ataques não convulsivos que produziriam um estado de "crepúsculo epilético" contínuo ou oscilante, ou convulsões parciais repetidas, sem alteração de consciência. Nos piores casos, seriam ataques convulsivos que, se durassem mais de 1h, poderiam matar.

Embora estivesse evidentemente batalhando, Keith estava desesperado para melhorar e sair do Cedars-Sinai. O The Who estava se preparando para agir e o queria em Londres. *Déjà vu?* Parece, não? Keith fora de cena por seis meses, zoando pela Califórnia, ficando fora de forma, arrumando encrenca, entrando na reabilitação, se declarando em forma e saudável de novo à medida que a banda volta aos trabalhos... só para sucumbir ao vício de novo diante da primeira tentação.

E foi exatamente o que aconteceu. Keith foi chamado de volta à Inglaterra não para gravar um novo álbum ainda, mas porque as filmagens adicionais para o documentário que a banda havia decidido produzir estavam prestes a começar. Para Keith, o motivo era irrelevante. Ele vivia para o The Who e qualquer desculpa para se envolver – para se sentir querido – era suficiente. No dia 10 de julho, quase que imediatamente depois de ter alta do Cedars-Sinai, ele, Dougal e Annette (Jill partira um mês antes, incapaz de lidar com as relações pessoais tensas e com a pobreza regular) chegaram ao LAX, para descobrir que o único assento de primeira classe no voo da British Airways estava no nome de Butler. Keith estava na classe econômica.

CAPÍTULO 36

Dougal mandou Keith para o lounge da primeira classe com Annette enquanto resolvia a questão. Por sorte, tinha dinheiro à mão. Diz ele que lhe custou 500 dólares na maciota para trocar dois outros cidadãos de lugar para que Annette e Keith pudessem ir para a primeira classe. Seguro de que ainda poderia dar tais jogadas, retornou ao lounge para encontrar Keith já mamado por conta do open bar. Só fora preciso um único incidente para Moon decidir que já era demais, que o mundo estava atrás dele, que era tudo uma grande merda, e para ele sair da linha de novo. Não fazia 48 horas que tinha tido alta do hospital.

O voo para a Inglaterra foi o pesadelo previsível, Keith corria pelos corredores, derramava drinques, insultava as comissárias. Annette olhava o tempo todo pela janela na tentativa de fingir que não estava com ele, e Dougal tentava, não com muito sucesso, mantê-lo sob controle. Em Londres, o The Who se viu diante não do Keith Moon que passara por um tratamento pesado e saíra determinado a se manter na linha, mas do Keith Moon fora de controle de sempre.

— ● —

Ao longo das semanas seguintes, Keith voou entre Londres e L.A. e se jogou no projeto cinematográfico da banda com uma empolgação contagiosa e até perigosa. A intenção de *The Kids Are Alright*, como o filme seria intitulado, era não só contar a história do grupo, mas mostrar, por meio de imagens de shows e programas de TV, o que exatamente tornava o The Who tão único e, portanto, seu público tão fanático. Repetidas vezes, enquanto Jeff Stein examinava o material que encontrara, ficou claro que Keith era o ingrediente mágico. Fosse explodindo a bateria nos Smothers Brothers, aterrorizando Russell Harty ou simplesmente inflando as bochechas e atacando a bateria como um jovem endiabrado nos primeiros *Ready Steady Go!*, Moon era a dinâmica que justificava a produção do filme como algo que o público pagaria para ver. Se o The Who no palco era uma emoção desenfreada e as entrevistas de Pete Townshend um desafio filosófico, Keith Moon, enquanto personagem, era entretenimento puro.

KEITH MOON

Moon propôs mais filmagens. O fato de o filme ser um documentário a se valer de material preexistente pouco importava. Um filme do The Who apresentava a ele a oportunidade não só de "atuar" mais uma vez nas telas como também de escolher seus papéis. Keith convocou Stein e sua equipe de filmagem a se instalar em Los Angeles e entrar em seu mundo.

Quem sabe um dia essas imagens serão redescobertas e reunidas naquilo que será, sem dúvida, um retrato altamente revelador da personalidade de Moon no auge de seu desconcerto. Ainda assim, os clipes que entraram, ainda que brevemente, na edição final são fascinantes. Há Keith na praia em Trancas, vestido – é claro – de Long John Silver (finalmente!), e o papagaio de pelúcia cai de seu ombro no meio da filmagem; passeando pela costa do Pacífico vestido de Júlio César (ou algo do tipo), sem razão aparente; no chão de um restaurante em Trancas, no dia de seu aniversário, com uma garota seminua, coberta de lama, aparentemente prestes a puxar suas calças; com uma máscara de couro sendo chicoteado por uma dominatrix de topless, a quem ele insiste para que "ande logo" enquanto fala casualmente, por trás do zíper da máscara, sobre sua "imagem pública"; e com Ringo, os dois claramente mamados – com os rostos visivelmente pálidos –, a discutir a amizade.

"Quando nos juntamos", diz Keith, "às vezes acontecem certas coisas que eu não sei o que são."

"Provavelmente é a palavra 'bêbado'", retruca Ringo, repousando o copo de brandy.

O que acontecia longe das câmeras era ainda mais revelador. Na praia, Keith jogou o produtor Sidney Rose, assustado, no mar, de roupa e tudo e carregando os salários da equipe. Moon achou que valeria a pena assistir a Rose secar o dinheiro com um secador depois. Houve também um episódio (premeditado) em que Keith marchou por cima de castelos de areia construídos por Zak e Jason Starkey, cortado da edição final do filme, possivelmente porque mostrava Keith de uma forma ruim.

A cena sadomasoquista não aborreceu Annette particularmente, mas a festa de aniversário era uma zombaria pública do relacionamento privado

CAPÍTULO 36

deles. Keith pedira para uma garota sair do bolo, como havia acontecido no aniversário de David Reed, um ano e meio antes. A mulher em questão parecia deleitada em ser o objeto de atenção do famoso Keith Moon, e ele estava claramente empolgado com as atenções dela. Abraçaram-se no chão. Quando a equipe de filmagem e os funcionários do restaurante, envergonhados, impediram que o ato se consumasse, Keith, bêbado, simplesmente agarrou a garota e, os dois cobertos de bolo de chocolate, deram no pé do *set* de filmagem e partiram para a Victoria Point Road. "Ele se trancou no quarto e transou até as tantas com aquela guria", diz Dougal Butler, que rapidamente seguiu Moon até em casa. "A pobre Annette apareceu dizendo: 'Ele está no quarto com a garota, está fazendo amor com ela'. E eu: 'Bem, não posso fazer muita coisa...'."

Porém, talvez o episódio mais revelador seja um dos capturados pelas câmeras, afinal. Ringo, um entrevistador altamente inebriado, pergunta a Keith como ele entrou na banda.

"Só estou substituindo alguém há quinze anos", diz Keith, cujas roupas e cujos cabelos brilham fortunas, e cujo rosto está inchado pelos efeitos do álcool. "Eles nunca me disseram de verdade que eu era parte da banda."

No meio das filmagens, no dia 16 de agosto, Elvis Presley morreu em Graceland, em Memphis. Keith ficou agoniado com a morte prematura do ícone de sua geração, sacudindo Annette para acordá-la e dar a notícia, pálido, transparente, como se tivesse visto um fantasma. Ele teve mais motivos para ficar assustado quando a natureza da morte do Rei foi anunciada. Nos últimos anos, Elvis havia praticamente parado de gravar, só fazia turnês esporádicas e havia ganhado muito peso. Entediado e solitário, apesar da fama, começou a surrar o corpo com todo tipo de remédio controlado, passando as noites com uma seleção rotativa de *groupies* e ingerindo uma dieta de alto colesterol que entupira suas artérias até o ponto em que seu corpo simplesmente desistiu dele. A imagem mais bela e potente do rock'n'roll que, eternizado pelas câmeras aos 21 anos de idade, parecia encapsular o ideal da juventude eterna, acabara de morrer com apenas o dobro da idade, já um idoso aos 42 anos.

"Keith ficou muito triste quando Elvis morreu", recorda-se Annette. "Acho que despertou suas ideias pervertidas sobre a morte. Ele sempre soube que morreria jovem. E em várias conversas que tivemos, ele acabava dizendo: 'Não importa, porque a essa altura estarei morto'. Então, ele obviamente sabia que não poderia continuar vivendo daquele jeito e sobreviver."

Porém, ele continuou vivendo daquela forma mesmo assim. Sua reação nutritiva à morte de Elvis? "Nas semanas seguintes", diz Annette, "ele bebeu muito e tomou muitos comprimidos."

Dougal ficara ainda mais frustrado com os chiliques de Keith e com as provocações em público, desesperado com os vícios do amigo e furioso por não ser pago. Decidiu cair fora.

"Eu só queria entrar num lance diferente", explica ele. "Por mais que eu amasse Keith, não via minha vida chegando a lugar algum. Eu pensava: 'Me diverti muito, não tenho palavras para agradecer por trabalhar com uma banda de rock, conheci o mundo, me diverti demais. Mas preciso pensar em sossegar, porque isso não vai durar para sempre.'"

E queria fazer essa mudança enquanto ainda tivesse saúde. "No último ano em que trabalhamos juntos, pela quantidade de cocaína que usávamos, um de nós ia morrer, íamos brigar..."

De fato, brigaram. Quando Butler conseguiu o cargo de diretor-assistente em *The Kids Are Alright*, Moon, embora sempre tivesse encorajado Butler a aproveitar uma oportunidade de ouro se esta se apresentasse em seu caminho, interpretou a mudança de tarefas de Dougal como uma traição. Butler voltou para seu quarto na casa certa noite e encontrou um bilhete pregado na porta, que dizia: 'Você está lambendo o saco dos produtores'. No dia seguinte, no *set*, o temperamento de Keith oscilava entre

CAPÍTULO 36

amigável e odioso, até que enfim se estabeleceu no segundo, quando ele partiu para cima de Dougal quando voltaram para Trancas. Os dois haviam passado por muita coisa ao longo da última década, mas nunca antes chegado às vias de fato. Dougal foi embora no dia seguinte.

Houve, é claro, uma tentativa de reconciliação. Keith era o mestre da apologia e do remorso. Ofereceu a Butler metade de seu salário para continuar trabalhando para ele. A conversa foi notavelmente parecida com a cena de *Stardust* em que David Essex, no papel de Jim MacLaine, faz a mesma proposta a Adam Faith, no papel de Mike Menarry.

"Vou te dar metade de tudo o que eu receber."

"Obrigado, mas não quero. Não é pelo dinheiro."

Não era pelo dinheiro, até porque Keith não tinha dinheiro algum. E Dougal estava decidido. "Eu tinha de ir embora. Queria me assentar, comprar uma casa, colocar os pés no chão, a cabeça no lugar. Queria uma carreira."

No dia em que foi para o aeroporto, Butler pegou seus pertences na casa da Victoria Point Road. Steve McQueen apareceu para se despedir. "Você está fazendo a coisa certa", disse ele a Dougal. "Não me leve a mal, eu adoro Keith, temos origens parecidas. Só gosto de ter meu espaço. Mantenha contato."

Keith não estava completamente sozinho sem Dougal. Tinha Annette, é claro. E ofereceu o emprego a Keith Allison, mas Allison viu rapidamente que boa parte do trabalho envolveria comprar e entregar cocaína. O vício de Moon chegara a um ponto em que ele "fiava" um traficante local, "um daqueles caras que traficava para poder andar com os *rock stars*", diz Keith Allison. "Emprestávamos dinheiro a ele para que ele pudesse comprar a droga e a vendesse para nós com lucro" – Moon trocou seu Rolex cravejado de joias por drogas. "Ele tentou recuperar o Rolex", diz Annette, "foi encontrar o cara, mas ele queria 300 dólares, e mesmo assim Keith não conseguiu o relógio, então o cara quis mais dinheiro e, no fim, Keith desistiu. Mas também, se você compra drogas com um Rolex, tem de arcar com as consequências."

Keith não se importava com o relógio, mas com sua felicidade, sim. Num exercício de fugir do divórcio, andar com a nata do mundo do rock, gravar um álbum solo, brincar com Hollywood e sair em turnê com o The Who, se mudar para L.A. havia feito algum tipo de sentido. Porém, em Trancas, três anos depois, já era um desastre total. Estava entediado, desolado, frequentemente sem dinheiro e quase sempre triste, por mais que tentasse fingir o contrário com demonstrações públicas de exuberância forçada cada vez mais cansativas. Por mais que ele afirmasse amar os EUA, a maioria de seus amigos eram ingleses, e os melhores deles, pelos menos os mais leais, tinham acabado de desertá-lo. Annette, que havia sido tão facilmente arrastada para o país em questão de semanas depois de conhecê-lo, também se arrependia da mudança. Naqueles três anos, só voltara a Estocolmo uma única vez. Seus pais nem chegaram a conhecer o namorado. Não tinha amigos de verdade em L.A. e exercia pouco controle sobre um Keith que, nos momentos mais calmos, parecia reconhecer que havia fracassado em L.A., que era hora de tentar um último recomeço.

"Acho que ele queria ser como todo mundo. Sentia-se excluído. Percebia que sua carreira nos EUA não estava se materializando. As pessoas começavam a evitá-lo. Ser o baterista do The Who não importava mais, porque ele andava muito solitário. Embora fosse o grande astro, ninguém mais o convidava para nada. Era admirado pelo *rock star*, baterista e músico que era, mas, na vida privada, era muito, muito solitário. E acho que, nos momentos sóbrios, aos poucos foi enxergando isso. Não conseguia simplesmente comprar um passe livre só por ser Keith Moon. Não o deixavam entrar nas casas noturnas, nos restaurantes, não o queriam nos hotéis. A sensação deve ter sido horrível. 'Sou o baterista do The Who.' 'Bem, e daí?.'"

Na visão de John Entwistle, "ele provavelmente achou L.A. maravilhosa por cerca de um ano, mas, nos dois anos seguintes, esperava que o chamássemos de volta. Quando dissemos: 'Precisamos de você aqui, temos coisas para fazer, não vale a pena você morar aí', foi a única desculpa que ele precisou. Vrum! Ele estava de volta".

CAPÍTULO 36

As "coisas a fazer" eram, primordialmente, voltar ao estúdio, o que era bastante suficiente para Keith comprar a passagem, mas se tornaram bem mais do que isso. Sob a tutela de Bill Curbishley, o The Who estava ganhando um bom dinheiro, do qual até oitenta e cinco por cento era investido em qualquer coisa para não pagar impostos, e, mesmo assim, parecia que tudo em que eles investiam (filmes, companhias de transporte etc.) só rendia ainda mais dinheiro. Agora o The Who comprara o estúdio Shepperton, remanescente desbotado da outrora gloriosa indústria cinematográfica britânica, por 1 milhão de libras com a intenção de criar um complexo de gravação e filmagem para a indústria musical; com a proximidade do aeroporto de Heathrow, falou-se até em construir um hotel. Também havia um trabalho significativo a ser feito em *The Kids Are Alright* para dar corpo às imagens antigas – a banda já havia sido filmada num ensaio em Shepperton tentando tocar "Barbara Ann", o que só provou o quão enferrujada estava – e discussões sobre repaginar *Lifehouse* como um filme também. O mundo de atividades contínuas em projetos variados e empolgantes no qual Keith achara que ia entrar na mudança para Los Angeles, longe da banda, na verdade estava acontecendo em Londres, *com* a banda.

E então, sem mais delongas, no dia 12 de setembro, Keith e Annette deixaram a Victoria Point Road, Trancas, Malibu, Los Angeles e o Hotel California para trás. Para sempre. Com exceção de visitas bem ocasionais para dar uma olhada na propriedade – uma casa de luxo de 350 mil dólares esvaziada e inabitada poucos meses depois de construída –, Keith nunca mais voltou para lá. Da mesma forma abrupta com que foi embora da Inglaterra em 1974, agora voltava à sua terra natal.

*"**Nos EUA, eu era só um inglês no exterior**", explicou Keith à imprensa sensacionalista, deleitada de ter uma das celebridades roqueiras que mais rendia matérias de volta à casa. "**Estava com saudades dos meus amigos, da minha mãe e das coisas comuns adoráveis que tornam a Inglaterra incrível. Senti muita falta deste país. Precisava voltar e, se isso significa pagar muito mais impostos, vale a pena. Me diverti muito na Califórnia, mas era uma diversão superficial... Fiquei entediado e me perdi de mim mesmo. Me sinto mais empolgado, mais entusiasmado com o trabalho e com a vida, como não me sentia há anos.**"*

Seria muito agradável dizer que, depois de uma afirmação tão verdadeira sobre todos aqueles anos de autoabuso e autodestruição no estrangeiro, Keith Moon retornou aos seus, se limpou e recomeçou do zero.

Mas não foi o que ele fez. Assim que ele e Annette pisaram na Inglaterra, mais uma vez hospedados no Kensington Garden, ele sumiu por alguns dias. Estava num bordel, Annette descobriria depois. "Ele pôs em prática seu lado pervertido, coisas que não queria fazer comigo, ou nem me sugeria. Porque, ao pagar, ele teria o que quisesse, do jeito que quisesse."

Quase que imediatamente depois disso, ele tentou largar o álcool "na raça", em preparação para o desafio físico que seria voltar a tocar bateria a sério, e, como resultado, teve outro ataque de *status epilepticus*. Dessa vez, foi do tipo extremo para o qual Annette estava alertada, e ela correu com ele para o St. Stephen's Hospital, na Fulham Road. Lá, ela se recorda de Keith deitado inconsciente numa maca e de um médico dizer a ela: "Você sabe, meu bem, que ele não vai sobreviver".

Ele sobreviveu, embora o fato de que o valium, que era a droga mais comumente usada para conter tais convulsões, possa não ter ajudado. Era a mesma velha história de sempre: trocar uma muleta por outra. Annette recebeu um telefonema dele no meio da noite, "porque o Serviço Aéreo Especial Britânico havia mandado pessoinhas do espaço para pegá-lo". Correu para o hospital. "Ele estava tendo delírios. Precisei segurar a mão dele a noite toda, porque eu era a única pessoa no mundo capaz de segurá-lo, já que os alienígenas estavam vindo pegá-lo."

A mãe e as irmãs foram visitá-lo, devastadas por vê-lo em tal estado. Diante dos alertas emocionados delas de que estava se matando com aquele estilo de vida, ele respondeu: "E daí?". Foi mais ou menos a mesma coisa com Keith Altham. "Ele estava bem chocado com o que acontecera, mas ainda determinado a seguir seu próprio caminho." Marc Bolan, amigo de Moon, morrera num acidente de carro poucos dias antes de ele voltar para o Reino Unido. Parecia a temporada dos *rock stars* conhecerem o Criador.

Em meio aos seus problemas de saúde, a carreira cinematográfica de Keith sofreu um percalço final. Entre os diversos planos com Graham Chapman, estava um filme chamado *The Odd Job*, no qual Keith estava envolvido desde o início, a ponto de colocar várias milhares de libras como investimento inicial. Agora que o filme inteiramente britânico entrara em produção, o papel de coprotagonista que havia sido garantido a ele fora passado para David Jason (que, mais tarde, ganharia fama na série de comédia *Only Fools and Horses*). Keith alegava que tivera de desistir devido aos compromissos de gravação. Aqueles mais próximos a ele compreendiam que os produtores haviam se recusado a contratá-lo.

Quando Keith, agora sem barba, teve alta do hospital, Annette o acompanhou aos ensaios com o The Who no Ramport, em Battersea. Estava determinado a tocar sóbrio. "Porém, ele simplesmente não se achava na bateria", recorda-se ela. "Não conseguia tocar do jeito que queria, não soava como ele queria que soasse. Jogou as baquetas e berrou: 'Brandy!'. Disse que não ia segurar a onda, não ia conseguir. Precisava da bebida para ser quem queria ser."

Com o brandy – e com outros intoxicantes e substâncias –, Keith conseguia ser "ele mesmo" de novo: o sagaz contador de histórias, o baterista supremo, ou assim ele esperava. Era muito menos doloroso ser essa pessoa

CAPÍTULO 37

do que tentar largar os vícios e permanecer longe deles e não ter ideia de quem era (ou de onde estava, de por que e como o era). Assim, apesar das recentes internações em Los Angeles e Londres e num flagrante desprezo por todos os evidentes sinais de alerta, ele reverteu ao seu eu antigo.

O The Who começou a gravar no início de outubro, com Glyn Johns mais uma vez como produtor e com o cunhado de Pete, Jon Astley, assistente de Glyn havia dois anos, como engenheiro de som. A trepidação de Astley por trabalhar com um familiar só se equiparava ao nervosismo por estar gravando sua banda favorita. No primeiro dia com Keith, ele passou horas microfonando cada tambor (Glyn Johns normalmente só usava três ou quatro mics para a bateria inteira), e pediu a Keith que tocasse cada um deles.

"Depois que Keith o fez", diz Astley, "ele subiu na banqueta e disse: 'Que tal?'. Respondi: 'Ótimo, agora só preciso ouvir com todo mundo tocando junto'. 'Beleza', disse ele, e saiu andando em cima da bateria toda. O que é um negócio bem difícil! Porque era uma bateria enorme sustentada por uma espécie de uns andaimes. Ele jogou tudo para o alto – pratos, mics, tudo. Olhou para mim com um brilho malévolo no olhar e um sorriso largo e eu pensei: 'Merda, lá vamos nós, bem-vindo às gravações, Jon.'"

"*Não foi* na má intenção. Eu *ri*, de fato. Veja bem, ele ateou fogo no estúdio naquele mesmo dia. Tinha um grande quadro de avisos na recepção. Ele chegou e disse: 'O que temos aqui? Ah, nada que valha a pena', e pegou um isqueiro e ateou fogo na parte de baixo do quadro. E ninguém o impediu. Todo mundo ficou olhando o que ia acontecer. No fim, Cyrano (Langston) pegou o extintor de incêndio. O fogo estava chegando no teto."

Apesar disso, seu retorno foi bem recebido pelos demais. No ano que se passou desde a última turnê, enquanto trabalhavam em seus próprios projetos (apenas a ópera-rock de ficção científica de Entwistle não se transformou num álbum), sentiram muita falta de seu bobo da corte e contador de histórias. "Keith voltou a morar na Grã-Bretanha", disse Pete Townshend, genuinamente alegre e com a honestidade costumeira numa entrevista de rádio em novembro. "Para a banda, isso é uma tremenda injeção de energia positiva. Quer dizer, ele passou a maior parte do tempo na Inglaterra até agora no hospital – não, sério, passou mesmo –, mas pelo menos voltou para cá, num hospital inglês."[195]

A banda estava tão feliz em tê-lo de volta, que perdoou seus excessos e até os encorajou. Precisamente às 6h da tarde, todos os dias, o *roadie* de Pete, Alan Rogan, destrancava os armários de bebidas e anunciava: "O bar está aberto". Vinho do Porto era servido em grandes quantidades, e, como um bando de veteranos de guerra num banco de uma praça, todos começavam a recordar o passado.

Roger Daltrey geralmente ficava de fora desses trabalhos. Morava a 2h de carro do estúdio e preferia ficar em casa aprendendo os vocais a partir das demos de Pete do que assistir aos demais encherem a cara. E, de todo modo, Townshend frequentemente saía mais cedo do estúdio para pegar os filhos na escola. "Ninguém queria trabalhar", diz Astley. "Esse era o problema. Quando o bar, de fato, abria, às 6h, todo mundo dava um suspiro de alívio, porque era tipo: 'Agora podemos nos sentar na técnica e contar histórias por três horas, histórias de Keith e a cama d'água, Keith isso, Keith aquilo...'".

Num ambiente tão preguiçoso, o processo de gravar as bases instrumentais simples se mostrou incomumente problemático, em especial para Keith. Já se afirmou muito que ele não estava nem física nem emocionalmente em forma, nem musicalmente treinado, para cumprir seus deveres, o que é tudo verdade, mas também havia outros motivos. Apesar de o movimento punk que incendiava as ruas de Londres do lado de fora do Ramport representar um retorno de peso ao básico, nos moldes do The Who de 1965, a mais antiga banda punk da Grã-Bretanha – em conjunto com os produtores – insistiu em gravar um disco para as rádios de rock americanas. E isso significava refinar a bateria a uma simplicidade com a qual Keith não conseguia lidar.

---

195 Em algum momento, depois de retornar de Los Angeles, ele também passou um tempo na Wellington, clínica na região norte de Londres.

CAPÍTULO 37

"Aquele grande contratempo 2/4 era muito importante", diz Jon Astley, sobre a forma como o rock comercial funcionava no final dos anos 1970. "E Keith nunca teve isso, nunca teve aquele som grande de caixa em contratempo. E acho que isso o deixou maluco. Porque, quando tentei gravar isso com ele na música '905', ele tocou com perfeição, mas todo mundo ficou meio, 'Ugh... Acho que o Glyn vai adorar... Não é mais o Keith Moon'. Mas o que mais você vai fazer numa música que tem uma levada abafada, *chugga-chugga*? Como produtores, acho que Glyn e eu devêssemos dar a mão à palmatória e dizer que talvez não era pra termos feito Keith tocar de um jeito que não era Keith Moon. Mas a pressão vinha do que estávamos ouvindo na época. Talvez Glyn nem tenha feito aquilo. Sei que foi o que senti."

Glyn Johns preferiu culpar Keith. "Pessoalmente, acho que ele perdeu a confiança na própria habilidade", disse numa crítica mordaz a Moon, em *Before I Get Old*. "Então ele encobriu isso na maneira como tocou. Se pedíssemos que ele tocasse qualquer coisa que precisasse ser, de algum modo, rígida, ele sempre achava muito difícil..."

"... De forma que se tornou uma piada, se tornou meio que um ritual entre mim e ele. Era sempre uma batalha. Ele sempre tentava me fazer me sentir péssimo por pedir que fizesse algo difícil, do tipo tirar metade da bateria dele. Mas, àquela altura, ele havia perdido a habilidade de fazer isso. E é claro que, à medida que o tempo passava, mais ele fodia com os *takes* e assim por diante, mais inseguro ficava, como qualquer um ficaria. E é claro que daí em diante só piorou."

Deve ter sido uma experiência bastante debilitante. No momento em que ele mais precisava da autoconfiança reassegurada ao retornar à banda, Keith, para todos os efeitos – uns 12 anos depois de quebrar todas as regras conhecidas para se tornar o mais revolucionário, influente e aclamado baterista do planeta –, ouviu que seus talentos estavam ultrapassados, que, se ele quisesse continuar a carreira, teria, ao contrário, de tocar o mesmo "*boom-cha*" tedioso que qualquer autônomo sem vida tocaria.

A ironia, porque sempre há uma ironia com esses personagens, é que, embora os arranjos sequer remetessem às músicas daquela era, as letras de Townshend eram largamente obcecadas por elas. A emergência de um movimento urbano genuíno provocou Townshend a ponderar a relevância continuada do The Who; quando levou algumas de suas demos à Capital Radio na primeira semana de novembro, não tinha nem certeza se as canções formulariam o álbum. Sugeriu que elas, talvez, servissem de combustível para um filme, em vez disso. "Tenho dúvidas quanto a em que lugar o The Who se encaixa", disse ao apresentador Nicky Horne. "Tive dúvidas quanto ao nosso muito esplêndido ano de 1976, [*que foi*] um tremendo sucesso. Saí dele sentindo que havia realizado algo incrível e, mesmo assim, me vi diante de quê? Diante de uma cena incrivelmente volátil, mutante, excitante, porém destrutiva, algo que eu ouvia nas letras dos Sex Pistols, dos Vibrators, dos Stranglers e de outras bandas, [*coisas*] que eram... apontadas para mim. E ouvi muita verdade nelas." Townshend riu. "Ouvi muitas verdades regurgitadas..."

Porém, se Pete sentia que os jovens punks estavam apenas ecoando seu próprio e bem declarado cinismo, sua única escolha foi devolver essa opinião diretamente a eles. Entre as primeiras músicas gravadas no Ramport, estavam a que se tornaria a abertura do álbum, "New Song", na qual Townshend ataca a disposição do público de ser alimentado de repetição (e a si mesmo por obedecer a isso), e o encerramento, "Who Are You", que viria a ser também a faixa-título. "Who Are You", que seguia bem de perto a estrutura de "Won't Get Fooled Again" (confirmando, portanto, a premissa de "New Song"), recontava, em sua maior parte, a ocasião daquela primavera em que as duradouras batalhas de Townshend por direitos autorais se resolveram numa reunião intensa de um dia inteiro com Chris Stamp, um exército de advogados e, dentre todas as pessoas, depois de, de algum modo, afinal se envolver na publicação norte-americana das canções de Pete, Allen Klein. Townshend saiu da reunião com um cheque de sete dígitos em mãos, desproporcionalmente mais rico, mas, ao mesmo tempo, furioso com a ganância de sua indústria. Foi direto para o Speakeasy, começou a encher a cara e se deparou com Steve Jones e Paul Cook, dos Sex Pistols. Se Townshend ficou chocado que tamanho bastião de "velho-

CAPÍTULO 37

tes chatos" como o Speakeasy fosse frequentado por punks supostamente afrontosos – "*Meet the new boss, same as the old boss*"[196], temos a tentação de cantar –, ficou ainda mais desconcertado pela idolatria heroica do The Who da parte dos Pistols. Secretamente, Townshend ansiava por ser considerado irrelevante, mas seu público – que se estendia mais pela nova geração do que ele gostaria de admitir – não largava mão dele.

Keith Moon abordava o punk rock com bem menos masoquismo. Depois de ter perdido a germinação dessa cultura ao seguir a geração anterior até o outro lado do mundo musical, provou alegremente dela ao retornar ao Reino Unido. Em essência, isso consistia em percorrer de cima a baixo o que ainda servia de base para a indústria musical, a Wardour Street. A Trinifold agora estabelecera sua sede acima da Drum Store, do velho amigo de Keith, Bob Henrit, onde seu ainda mais velho amigo Gerry Evans também trabalhava. Evans se recorda desse período: "Ele estava sempre bêbado de brandy", pelo que Henrit era parcialmente responsável: instalara um bar para a clientela. Entre um drinque lá e no The Ship and La Chasse, Keith poderia ir até o Marquee, que regularmente promovia o melhor das bandas "new wave", e, na esquina com a Oxford Street, ao Vortex Club, que atraía punks e *posers* igualmente todas as noites.

Sempre à espreita por publicidade, Keith sugeriu levar Chris Welch, da *Melody Maker*, num "curso relâmpago de punk". A escolha de periódico e de jornalista foi provocadora. O outro grande periódico musical britânico, o *NME*, abraçara o punk no momento de seu surgimento, deixando os velhos leitores para mudar com os tempos ou abandonar o barco. Muitos passaram prontamente para a *Melody Maker*, que, com o mercado ainda dominante do rock convencional todo para si, expressava pouco mais do que curiosidade diante da ingenuidade musical do punk. Como se comprovando sua alienação, Welch apareceu para o "giro punk" de Moon usando um pulôver de gola alta, fora de moda havia umas duas décadas.

---

196 "*Conheça o novo chefe, é o mesmo velho chefe* [de antes]", *verso de* "*Won't Get Fooled Again*". (N. do T.)

Mas também, Keith foi de casaco de pele de búfalo e num Rolls-Royce branco. Não era punk, mas *era* ultrajante. E ele sabia que isso era o que contava.

Moon não perdera nada de seu toque de solidariedade. Conduziu um êxodo em massa de todo seu *entourage* (que incluía Keith Altham, Bill Curbishley e seu novo chofer/guarda-costas, Richard Dorse) do Ship em protesto pelo estabelecimento se recusar a servir a banda punk Generation X[197]. Tampouco havia se esquecido de como fazer uma performance. Ao sair do Rolls-Royce branco na frente do Vortex (depois de ser levado de carro de um show mais cedo no Marquee, a 90 metros de distância), riu do grupo de punks educadamente enfileirados no ar frio da noite. "E vocês se dizem anarquistas! Eu nunca entrei numa fila na vida. Vou mostrar a vocês como se entra num clube." Recebeu uma salva de palmas em apreciação por passar marchando firmemente diante dos leões de chácara sem titubear.

Lá dentro, derrubou deliberadamente o drinque da mão de um jovem punk. "Em vez de me virar e dizer: 'Você é o Keith Moon, obrigado por trombar em mim'", diz esse jovem punk, Robert Elms, hoje um jornalista e locutor bem conhecido, "me virei e o mandei se foder, ele era velho demais para sequer estar ali". Moon tinha 31 anos, a mesma idade do empresário dos Sex Pistols, Malcolm McLaren. Mas também, parecia ter 40 anos.

Moon comprou uma dose grande de brandy para Elms, que continuou a diatribe. "Você não significa nada para mim", disse, com a petulância exigida de um frequentador assíduo do Vortex.

Keith derrubou o drinque da mão de Elms de novo.

"*Oi!* Pra quê isso?", desafiou o jovem.

"Achei que você tivesse dito que eu não significava nada para você", respondeu Moon. Travaram um vínculo de imediato.

"Acho que acabamos naquele estado bêbado, com os braços ao redor do ombro um do outro, declarando amor imortal e prometendo telefonar um

---

197 *Banda fundada por Billy Idol, na qual ele despontou na cena punk. (N. do T.)*

CAPÍTULO 37

para o outro nos fins de semana seguintes", recorda-se Elms, que poucas semanas antes havia comemorado a morte de Elvis quando a notícia foi dada num clube punk.

Para Moon, a arrogância niilista do punk era muito mais próxima de seu coração rejuvenescido do que a moderação sensata do jornalista bebedor de lager, com seu papel e caneta. "Eu tomava nota e dizia: 'Isso é muito interessante'", recorda-se Welch. "Acredito que ele tenha me achado condescendente."

"Moon entrou numa fúria ébria e estava bem diante de mim", recorda-se Keith Altham. "A banda tocava bem alto, então eu só ouvia Keith: 'Jornalista otário do caralho, bunda-mole, ele não teria vindo ver esses punks se não fosse por mim. Estou fazendo o nome dele. É um babaca'. Eu dizia: 'Não seja bobo, Keith', e ele: 'Não, vou dar uma lição nele daqui a pouco', e o tempo todo sorrindo para Chris e Chris sorrindo de volta para ele. Keith dizia: 'Ele está sorrindo para mim, vou deixar esse cretino sem ar', enquanto Chris sorria benignamente, alheio àquela situação toda. E, por sorte, no momento em que Keith estava prestes a partir para cima dele, PJ Proby passou por nós." Nisso, Keith abraçou seu colega de estrelato pop dos anos 1960, saiu atrás de entretenimento e vícios novos e esqueceu a história de atacar o jornalista mais velho.

Porém, o recado foi dado dos punks do Vortex aos leitores dos periódicos musicais semanais, aos guardiões do *establishment* musical dos bares da Wardour Street. Keith Moon estava de volta à cidade. Mais velho e mais gordo. Mas sem sinais de ter se acalmado.

Algumas semanas depois, um jornalista preocupado, que ficara sabendo da recente internação de Keith, perguntou a Pete Townshend sobre a saúde de Moon.

"Estive com ele ontem à noite e ele ainda está por aqui", riu Townshend. "De fraque no Vortex."

KEITH E ANNETTE SE MUDARAM PARA UMA CASA ALUGADA EM HAY'S Mews, uma ruela enganosamente rural no meio de Mayfair. Bill Wyman era um dos vizinhos, e bem mais sociável do que Steve McQueen. Sua namorada, Astrid, era sueca, o que era um bônus para Annette. Todo mundo era mais divertido em Londres do que em L.A. Keith estava genuinamente deleitado por estar de volta. Reaproximara-se de diversos amigos célebres, se reapresentara a clubes sofisticados, como o Tramp, ao mesmo tempo em que se fazia conhecer em lugares como o Vortex, e, em geral, se comportava e consumia como sempre.

Considerando-se os limites que ele forçava, isso significava socializar primordialmente com aqueles que tinham uma constituição semelhante à sua, tais como seus ex-empresários. "Ele tinha a mesma atitude que eu", diz Chris Stamp, "a de que um processo é um processo, mas que ainda podíamos conviver. Enchíamos a cara juntos... A negação era um fator dos grandes. Eu sempre via o quão fodido ele estava, mas, na verdade, não *queria* ver. Só pensava que era algo que ia se acertar por conta própria."

Lionel Bart era outro dos velhos companheiros de Keith (e dos mais velhos do que ele), com uma reputação de doidão e uma recusa a pisar no freio. "Percorríamos a cidade como dois malucos", recorda-se ele do período quando Keith voltou a Londres. "Era uma questão de quem era mais doido, colocávamos de tudo em todos os orifícios." Em dado momento, naqueles últimos anos, Keith e Lionel haviam, quase inevitavelmente, falado de um musical de *A Ilha do Tesouro*, que seria financiado pela Apple Records e estrelado também por Ringo; agora, Bart havia gravado um "álbum conceitual" com participações de nomes como Chris Farlowe e Madeleine Bell, repaginando a história de *Quasimodo*, que escrevera originalmente em 1965. Keith ouviu as faixas e se apaixonou por elas. "Tocou-as para Deus e o mundo e a mãe dele. Em dado momento, Keith queria produzir um show do álbum e um filme e queria se envolver. Fomos nos encontrar com David Bowie, que quis produzir, mas, na época, todos estávamos meio loucos. Keith adorou as músicas e as levava para todo mundo. As pessoas mantinham uma distância considerável de nós, porque erámos definitivamente uma dupla insana."

CAPÍTULO 37

Contudo, o lado privado da loucura pública se tornava cada vez mais desesperador, à medida que o alcoolismo de Keith destruía sua saúde. "Ele bebia vinho do Porto de café da manhã", diz Annette. "Seu corpo estava tão intoxicado, que, quando ele engolia álcool, voltava imediatamente. Então ele tinha de forçar. Era algo lamentável de assistir. Dava uma sensação de impotência. Eu jogava a bebida fora e ele dava um jeito de arrumar mais. Ia ao pub, mandava o chofer buscar..."

A princípio, Moon implorara para Keith Allison vir para a Inglaterra e fazer o trabalho de Dougal, e Allison, cujo outro empregador ocasional, Ringo Starr, insistiu para que ele aceitasse, considerou seriamente. Porém, depois de ter visto como Dougal fora tratado, acabou recusando: "Meio que sinto por não ter aceitado, mas tinha medo que isso arruinasse nossa amizade".

Keith conheceu Richard Dorse quando ligou para a Sinclair Carriages, ao retornar ao Reino Unido. Com Alan Jay agora nos EUA, Dorse era o único que dirigia um Rolls-Royce branco. Era um homem grande – tão grande, que lhe chamavam de Little Richard – e um expert em caratê. Mais do que um chofer, agia como guarda-costas, e aqueles ao redor de Keith se acostumaram a ver o pesado faixa preta perpetuamente ao fundo. Presumiam que Dorse protegia Moon de si mesmo. Havia quem duvidasse.

"Ele era um puta de um parasita", diz Bill Curbishley. "Chegou dizendo que era um ex-SAS[198]. Tinha muita presença e papo, e eu comecei a prestar atenção e não gostei dele. E sentia, ainda, que ninguém ia impedir Moon de usar drogas, mas era possível pelo menos impedi-lo de encontrá-las. Assim, senti que lá estava um cara que provavelmente tinha seus próprios motivos para fazer certas coisas. Algumas pessoas, se ganharem umas 10 ou 20 libras a mais, fazem qualquer coisa. Então, não tinha muito saco para ele. Mas ele sempre aparecia projetando uma imagem de que era um cara durão, um tipo de guarda-costas zeloso e que nada aconteceria a Keith."

---

198 *Special Air Service*, o Serviço Aéreo Especial Britânico.

Keith certamente precisava de proteção, mas, mais particularmente, proteção de si mesmo. Certa noite, em Hay's Mews, fora de controle sob o efeito de diversas substâncias, raivoso, deprimido e num acesso de fúria, ele entrou no banheiro e cortou os pulsos. Annette chamou imediatamente um médico, como sua vizinha Astrid lhe recomendara; o médico chegou rápido e fez curativos em Keith. Os cortes em si não eram profundos o bastante para necessitar atendimento hospitalar. Atribuindo o incidente à bebida e às drogas e a um grito por atenção, em vez de a algum sinal mais profundo de depressão ou distúrbio, o médico mostrou pouco entusiasmo em tornar um suicida meia-boca e um alcoólatra em tempo integral como Keith um paciente regular.

Contra esse pano de fundo de decadência contínua, as sessões de gravação se arrastaram e o declínio de Keith era um elemento-chave no problema. Jon Astley encontrou por conta própria os padrões caídos de Moon. "Na gravação de uma faixa de bateria, ele não havia aprendido a música. Tive de literalmente me levantar e reger para ele, que dizia: 'Você pode me dar a deixa quando chegar na parte do meio?'. Um baterista só precisa ouvir uma música três ou quatro vezes para saber onde ficam as mudanças. Ele não tinha feito a lição de casa."

Quando Daltrey chegava para acrescentar os vocais para as faixas instrumentais que foram consideradas passáveis, Townshend geralmente ficava em casa. O compositor, além de deixar que o cantor interpretasse suas letras da maneira que achasse melhor, havia se tornado um pai de família consumado. E era a sanidade e o conforto trazidos por uma vida doméstica que Keith nunca conhecera – além da sua decepção pelo The Who, ao vivo, ter se tornado uma atração nostálgica, praticamente abandonando as músicas novas em favor dos velhos hits –, que levaram o guitarrista a convocar uma reunião da banda, na qual anunciou que não estava preparado para sair em turnê com o novo álbum.

Townshend esperava uma revolta. Porém, só John Entwistle ficou visivelmente aborrecido. Roger Daltrey disse que compreendia as preocupações de Pete e concordou em tirar um tempo da estrada, talvez seu ato mais altruísta em relação ao seu parceiro de longa data e rival frequente. Igualmente surpreendente foi a reação de Keith, a menos que você o conhecesse tão bem quanto os colegas. "Acredite se quiser, [*Keith*] também ficou bem aliviado", Pete disse à *Trouser Press*, no início do novo ano. "Ele estava ficando incrivelmente nervoso, e, em parte, isso era a causa dos problemas emocionais que o levaram à bebida e às drogas; ele ficava muito tenso com os shows."

"Moon se encontrava numa sinuca de bico, porque queria sair em turnê, mas também morria de medo disso", diz Bill Curbishley. "O único momento em que você realmente se anima de sair em turnê é se estiver mental e fisicamente em forma. Nesse caso, deve ser uma descarga de adrenalina como a de quem sobe no ringue para lutar todas as noites. Mas, para Moon, deve ter sido terrível, porque era como Sísifo, que todos os dias empurrava a rocha colina acima, para ela então rolar para baixo do outro lado, ao que ele então descia, pegava a pedra, a empurrava de novo até o topo, e ela novamente rolava pelo outro lado. E, às vezes, ele nem chegava ao topo, a pedra voltava, rolando por cima dele."

"Ele realmente não tinha condição", recorda-se Entwistle. "Conseguia segurar um solo de bateria por 5 minutos, mas temíamos que não fosse capaz de aguentar 1h45min. Não tinha como, ele estava gordo demais, pesado demais. E sabia disso. Estava enojado consigo mesmo."

Os medos da banda se confirmaram no único show daquele ano. Quando Jeff Stein se deu conta de que não havia imagens de arquivo decentes de "Baba O'Riley" e "Won't Get Fooled Again", convenceu a banda a fazer um show diante das câmeras. No dia 15 de dezembro, para um público de oitocentas pessoas (alertadas por um reclame vago de uma estação de rádio local), o The Who tocou à tarde no Kilburn Gaumont State Theatre, na região norte de Londres. Para Keith, foi um desastre. Sempre uma pilha de nervos nos shows, sua condição física ruim só somou aos seus problemas. No palco pela primeira vez em quatorze meses, simplesmente não conseguiu dar conta.

John Entwistle também estava fora de forma. "Eu estava absolutamente puto da cara. Estava com uma premonição de que o The Who não iria mais existir." Townshend extravasou a frustração no público, se apresentando como o punk velho e durão da primeira geração. "Tem uma guitarra aqui", rosnou, "se algum fedelho de merda quiser *tomá-la* de mim." Foi basicamente o único segmento do show que acabou usado no filme.

Dougal Butler estava em Kilburn, em sua nova posição de "assistente de direção". Embora ele e Keith tivessem rompido de forma amarga, Dougal estava empolgado para rever o antigo amigo. Cinco meses deveriam ter sido suficientes para a poeira baixar. Mas Richard Dorse chamou Dougal de lado e disse a ele em termos bem claros: "Mantenha distância, você não é querido". Butler ficou bestificado. Não havia se dado conta de que a amizade estava assim, tão além de uma reconciliação. Alguns minutos depois, encontrou Moon sozinho no camarim, chorando. "Por que você me deixou?", o baterista quis saber.

— ● —

O NOVO ÁLBUM DO THE WHO, PRESUMINDO-SE QUE ERA ISSO QUE seria, parecia desesperadamente malfadado. Primeiro, Roger Daltrey precisou de uma cirurgia na garganta. Em seguida, depois de uma longa pausa para o Natal, Pete machucou a mão, ao quebrar uma janela durante uma discussão com os pais, e o tecladista John "Rabbit" Bundrick quebrou o braço numa queda ao descer de um táxi no estúdio. Quando todos estavam enfim recuperados para voltar a gravar, em março, Glyn Johns transferiu as sessões para o recém-construído estúdio RAK, em St. John's Wood, onde, diz Jon Astley, "tudo deu errado. Eu passava por uma dificuldade terrível quando toda fita que eu tocava soava diferente da execução. Fazia testes, jogava fora o Dolby, tentava realinhar o maquinário. O RAK conseguiu até apagar uma das faixas lá".

Depois de um dia de "trabalho" particularmente desesperador no RAK, Townshend sugeriu a Keith, John Entwistle e Jon Astley (Roger Daltrey não estava presente) que fossem a um restaurante do outro lado da rua. Lá, Townshend de repente foi na jugular de Moon. "Você tome jeito", alertou. "Caso contrário, está fora."

CAPÍTULO 37

O membro mais sem condições, mais mentalmente instável, mais beberrão e menos disciplinado da banda, Keith era o bode expiatório mais óbvio para os problemas do grupo. Mas não era responsável por tudo. Não foi Keith quem levou Pete Townshend a rasgar a mão ou Bundrick a quebrar o braço. Não foi Keith quem provocou Daltrey a nocautear Glyn Johns durante uma discussão sobre uma mixagem preliminar. Não foi Moon o responsável pelos "problemas de som", que exigiram a mudança de estúdios (o The Who usou cinco estabelecimentos diferentes em *Who Are You*), nem pelo fato de Townshend só contribuir com seis reles canções ao primeiro álbum do The Who em três anos, cabendo a Entwistle trazer três composições medíocres de sua ópera-rock *sci-fi* abandonada.

Não obstante, os vacilos de Keith eram tão flagrantes e persistentes, que ele foi o primeiro membro a ser ameaçado de expulsão desde Roger, em 1965. Porém, era uma ameaça *e nada mais*. No momento em que alguém levantava a ideia de um The Who sem Keith Moon, não havia mais conversa. A própria ideia era absurda. Simplesmente não ia acontecer enquanto ele estivesse vivo. Ainda eram uma Banda Grande de Verdade (assim esperavam) e, como tal, nela permaneceriam enquanto vivessem.

O que tornava muito mais difícil para Keith assumir as rédeas de seus vícios era o exemplo – ainda que inconsciente – dado por aqueles ao seu redor. Townshend acompanhou o ultimato ao trazer Freddy Clayton, figura-chave dos Alcoólicos Anônimos, para conversar com Keith. Clayton disse a Pete, conforme o guitarrista se recorda, que "Keith não é um alcoólatra de verdade. É um homem muito estranho, mas é um completo sobrevivente. Não é o tipo de cara que se encaixa no AA. Não sei como ajudá-lo, mas posso ajudar você...". Townshend ficou desnorteado ao ouvir isso sobre si mesmo, já que embora gravasse sóbrio, chegava a entornar uma garrafa de vodca ao final das sessões.

Foi então a vez de Graham Chapman ajudar Keith a ficar sóbrio. Chapman tinha consciência de seu próprio alcoolismo havia anos e, ao final de 1977, diante de uma agenda de trabalho pesada com *The Odd Job* e com o filme que viria a se chamar *A Vida de Brian*, parou de beber. Sabia que não seria fácil – havia testemunhado um dos ataques de Keith durante uma das tentativas de abstinência súbita do baterista –, mas obteve sucesso. Agora, se oferecia para auxiliar Keith na mesma jornada sombria. "Ficarei com ele a todo o momento, se vocês quiserem", disse ele ao The Who, segundo seu ensaio em *The Courage to Change*. "Devemos ser capazes de fazê-lo parar, de algum modo." Chapman levou Moon a um psiquiatra na Harley Street, que concluiu que "Keith, no fundo, não queria parar... O psiquiatra parecia acreditar que a expectativa de vida de Keith, daquele ponto de vista, era de seis meses a dois anos".

Devido a esse prognóstico desesperador ou à ameaça de seu herói Pete Townshend (Keith confidenciou a um de seus amigos jornalistas musicais que o The Who estava tentando se livrar dele, o que foi sabiamente mantido longe dos jornais), Keith encontrou forças para mais uma vez abandonar a bebida, ou pelo menos para começar a aparecer no estúdio na hora certa, com vontade de trabalhar. Ficou ainda mais entusiasmado quando Glyn Johns, que assumiu o compromisso de produzir um álbum de Joan Armatrading, relegou *Who Are You* a Jon Astley, que prontamente levou as gravações de volta a Ramport, onde enfim tudo se encaixou.

"Em abril de 1978, ele estava em muito, muito boa forma", diz Astley a respeito de Moon. "E foi quando gravei todas as baterias, exceto a de 'Who Are You', que havia sido gravada por Glyn antes de ele abandonar o projeto. Porém, todo o resto foi feito naquele período de duas semanas – ou refeito, porque ele estava tocando muito bem."

Quando Astley fala do quão "bem" Keith acabou tocando e Johns originalmente dizia que ele "só piorava", é tudo questão de perspectiva. (Da mesma forma que um psiquiatra lhe deu talvez seis meses de vida, ao passo que uma autoridade do AA lhe tachou de "sobrevivente", no mesmo período.) A verdade é que a bateria de Keith é perfeitamente passável na versão final do álbum – nas ocasiões em que lhe permitiram ser mais do que um metrônomo. Esses raros momentos de liberdade são mais audíveis em "Guitar and Pen", que Townshend direcionava para o território de *music hall* de Gilbert and Sullivan, e Moon, em vez disso, ajudou a enraizar no rock; em "Sister

Disco", na qual Keith se lança numa bela sequência de cascatas de tom-tom; e, mais notavelmente, em "Who Are You", longa e familiar o bastante para que ele fizesse uma imitação decente do Keith de antigamente.

"Ninguém o estava tripudiando para que mudasse o estilo de tocar", insistiria Townshend mais tarde. "Todos nós gostávamos de como ele era. A única coisa era que as composições que eu estava trazendo, e John também, não eram composições-padrão, arquetípicas do The Who." Infelizmente, tampouco eram das melhores.

Finalmente, Keith nem chegou a tocar bateria no último acréscimo de Townshend ao álbum, "Music Must Change", supostamente porque não conseguia segurar o compasso 6/8 (embora tivesse conseguido em "They Are All in Love", de *The Who by Numbers*). "Ele literalmente não conseguiu pensar em nada para tocar", diz John Entwistle. Keith, por fim, acrescentou algumas pratadas depois que os pés de Pete marcaram o ritmo.

"Music Must Change" – "a música deve mudar" – poderia muito bem ter sido um título mais apropriado para o álbum. Quase todas as músicas novas de Townshend eram sobre ele passar o posto de porta-voz de uma geração para a nova cultura jovem, e ainda assim se recusar a desistir do The Who. "Nosso lance hoje", dissera ele, em novembro do ano anterior, "é encontrar uma abertura em que possamos continuar a trabalhar e nos comunicar sem oprimir as novas bandas, mas que também não nos torne caricaturas de nós mesmos ou, por outro lado, nos deixe muito em cima do muro." À medida que *Who Are You* escondia alguns momentos de inspiração e menos ainda de perspiração por trás de uma mixórdia de estilos musicais que revelava a confusão irremediável da banda, no equivalente a uma crise de meia-idade numa carreira musical, foram bem-sucedidos.

A ameaça de expulsão do grupo coincidiu, para Keith, com problemas similares no âmbito doméstico. Depois de três anos nos EUA, ao retornar, Annette se deparou com a agência para a qual modelava antes implorando para que ela voltasse a trabalhar. Aos 22 anos, diziam a ela, ainda teria uma boa carreira se quisesse. Decidiu que queria. Fez um comercial de TV de xampu no papel de integrante de uma "banda de rock" só de garotas. Naturalmente, foi a baterista.

"Deixaram meu cabelo todo crespo e eu voltei para casa correndo, porque sabia que Keith estaria lá me esperando", diz ela. "Ele me deixou trancada para fora naquela noite e disse: 'Não aceito isso, não aceito você chegar em casa parecendo uma vadia'. Fui um inferno para eu conseguir entrar. E, depois disso, não ousei [trabalhar]. Quando alguém batia na porta para me chamar para trabalhar, ele os impedia fisicamente. E me dizia: 'Se você quiser escolher a vida de modelo e ser uma 'dessas garotas'...' – fosse lá o que isso quisesse dizer –, então eu precisaria fazer uma escolha entre ele e a vida de modelo."

"Ele me queria em casa. Embora se comportasse dessa forma e fizesse as coisas que fazia, esperava que eu fosse a segurança e o conforto para os quais ele chegaria em casa. Esperava que eu estivesse lá. Sempre que ficava doente ou se sentia mal consigo mesmo, ou fazia papel de idiota, era no meu ombro que ele vinha chorar."

No entanto, Annette agora se perguntava se poderia continuar a prover esse nível de suporte emocional. Esperara mais de três anos para que Keith amadurecesse, e, embora acreditasse honestamente que havia potencial para tanto dentro dele, começava a se desesperançar de que isso viesse a acontecer. Embora Keith nunca tenha machucado Annette fisicamente, havia brigas de grito de sobra quando ele estava fora de si. Nessas ocasiões, a louça era quebrada, Keith se valia de sua habilidade (felizmente) precisa de lançar facas e, numa ocasião, o novo gato deles, Dinsdale, ficou sendo lançado entre os dois.

"Chegou a um ponto em que eu não sabia se seria capaz de aguentar isso. Precisava de um tempo longe dele para refletir sobre a minha situação. De um lado, uma agência de modelos me dizia: 'Por que você não está trabalhando? Não seja tola'. Do outro, eu tinha Keith em casa dizendo: 'Não trabalhe, não te deixo trabalhar.'"

CAPÍTULO 37

Annette foi ficar sozinha por alguns dias, para pensar. Chegou à conclusão de que amava Keith demais para deixá-lo, em especial considerando o quanto ele claramente *precisava* dela. Porém, diz ela, durante sua ausência, "ele achou que o relacionamento havia acabado e rasgou o testamento". Testamento este, diz ela, que fora escrito recentemente. "Ele deixara a maioria das coisas para Mandy e, ao fim, escrevera: 'E a parte restante deve ir para Annette Walter-Lax, da Suécia.'"

Keith e Annette se reconciliaram. Ele parecia disposto a assumir o controle da vida. Ela estava disposta, mais uma vez, a acreditar nele. Quando uma pausa adequada nas gravações surgisse, ambos concordaram, tirariam longas férias para se afastar de tudo, só os dois. Ela não achou que seria apropriado mencionar o testamento novamente, poderia parecer que estava pedindo alguma coisa. Sabia que ele proveria a ela; afinal, estava sacrificando sua carreira por ele.

— ● —

No dia 25 de maio, com o disco agora completo, o The Who fez outro show para somar ao *The Kids Are Alright*. Dessa vez, foi em casa, no Shepperton, diante de um público bem menor do que o de Kilburn, e ainda escolhido a dedo. O show – pelo menos a parte dele usada no filme – mostrou o The Who ainda no auge de seus poderes ao vivo, com um claro senso de comprometimento que evidentemente estivera ausente em Kilburn.

Townshend, em particular, estava hipnótico, nada menos do que o ídolo do rock que sempre foi. Completara 33 anos naquela semana, mas se apresentou como um adolescente. Disparava pelo palco, dançava delirantemente ao som de sua própria música e demonstrava todos os seus velhos truques – o moinho de vento, os espacates, a corrida ao longo do palco finalizada de joelhos –, nenhum dos quais parecia um clichê quando executado com tamanho entusiasmo. Daltrey desfilava confiante no centro do palco, com a voz só fortalecida com o passar dos anos. Entwistle se manteve impassível num canto, sorrindo ocasionalmente, como se satisfeito que tudo estivesse dando liga de novo. E Keith, sentado à enorme Premier, se debruçava sobre a massa quase surreal de tons enquanto puxava a banda dos *breaks* de sintetizador, ofegando um pouco, até onde se percebia, e evidentemente fora de forma, mas como sempre feliz por estar ali e determinado a se fazer ouvir.

Ao final de "Won't Get Fooled Again", Keith subiu na bateria e Pete o ajudou a pular para o palco. Fizeram uma reverência bem merecida, permitiram membros do público subir para abraçá-los e marcharam para fora do palco, triunfantes. Ainda tinham a pegada.

Ou pelo menos era isso o que o filme contava. Na verdade, Keith lutou o tempo todo para cumprir as exigências de um *set* completo. E então, na conclusão do show, antes de retornar ao palco para uma última execução de "Won't Get Fooled Again", havia, bem diante dos olhos da banda e da equipe, metido mais cocaína pelo nariz do que parecia humanamente possível.

Os demais se entreolharam horrorizados. Não eram estúpidos a ponto de não perceber a predileção de Keith pelo pó, mas ele nunca havia cheirado na frente deles antes. Será que seu vício era tão sério assim? Será que fora assim o tempo todo e eles simplesmente não tinham percebido? Será que ele estava tentando se exibir? Ou era um pedido de ajuda? Não havia tempo para ponderar sobre isso. Voltaram para o palco. Pela maior parte de "Won't Get Fooled Again", Keith Moon tocou como o baterista movido a anfetamina de outrora. E então a excitação da cocaína se foi e ele perdeu o gás. Mal conseguia segurar a onda. Se não fosse pelas fitas pré-gravadas, a música inteira talvez tivesse desacelerado até parar com tudo.

A partir do sistema de rodízio pelo qual cada membro poderia elaborar alternadamente a capa de um álbum, era a vez de Keith trazer ideias para *Who Are You*. Mas ele não conseguiu. Assim, no dia do show no Shepperton, foram feitas fotografias para aproveitar ao máximo a presença de todos os quatro membros num mesmo lugar. Três deles usavam as mesmas roupas que em Kilburn, meses antes, o que indicava a intenção de mesclar imagens das duas performances (Keith, para quem "continuidade" não estava no dicionário, era a exceção). Pete Townshend e Roger Daltrey ambos

CAPÍTULO 37

usavam jeans casuais, como se tentando preencher a lacuna entre o público mais velho e a "nova onda". John Entwistle, evidentemente, não estava nem aí: usou as calças boca de sino mais extensas o possível. E Keith... bem, Keith não estava tão fora de moda quanto além da moda. Tirou algumas das fotos num blazer de veludo roxo com calças boca de sino brancas e sapatos combinando. Depois, se trocou para sua *persona* mais recente, o de cavaleiro que acabara de chegar à classe média alta, com botas e chapéu de montaria e paletó xadrez. Infelizmente, as calças apertadas e a camisa ornamentada usada por dentro delas só serviram para enfatizar o quanto Keith engordara. Quando a sessão de fotos passou para a parte de trás do P.A., com a banda posando diante de cabos e *cases* de equipamentos, o fotógrafo Terry O'Neil implorou a Keith que pegasse uma cadeira que havia ali perto e nela se sentasse ao contrário, com o encosto voltado para a frente, de forma a esconder sua pança.

E essa foi a imagem que se tornou a capa do álbum – a banda mais barulhenta do mundo diante da parte de trás de seu equipamento, um grupo que estivera entre os mais preocupados com imagem do mundo reduzido a um bando de executivos em tempo integral e roqueiros nas horas vagas de 30 e poucos anos, em níveis variados de não moda. No centro da foto, Keith se debruçava para frente na cadeira, cujas costas diziam claramente, numa daquelas coincidências bizarras que acabariam ganhando uma relevância trágica, *"Not to be taken away"* – "não levar embora".

No dia 4 de junho de 1978, Keith e Annette partiram para uma viagem de um mês nas Ilhas Maurício, no Oceano Índico. Todos esperavam que levar Keith para longe dos bares, clubes e das outras tentações de Londres, agora que o suplício de nove meses de Who Are You *estava enfim terminado, faria bem à sua saúde.*

Assim parecia. As férias foram idílicas, com o casal passando o tempo mergulhando, pescando, tomando sol na praia e lendo. Fizeram amizade com um ex-alcoólatra que trabalhara com os Beatles e Keith pareceu impressionado com as atrações que a sobriedade era capaz de proporcionar. De fato, como no Taiti, ele demonstrou que poderia ficar sem a bebida sem problemas. A única exceção foi numa noite, no clube do hotel, em que foi convidado para tocar bateria. Aceitou, mas se sentiu propenso a ficar bêbado nesse processo. Para ele, era parte do pacote. À parte disso, foram as férias perfeitas. Annette, que comemorou seu 23º aniversário no meio da viagem, sentiu – ou pelo menos quis sentir – que Keith estava virando uma página na vida.

Por que, então, ele virou a chave na viagem de volta, em 3 de julho, permanece um mistério. Talvez tenha sentido a necessidade de performar assim que foi visto em público. Pode ter sido uma reação ao tédio iminente do voo longo. Ou ainda, talvez fosse um medo de voltar para casa para trabalhar e para as pressões que o aguardavam depois de férias tão relaxantes. Porém, no *lounge*, antes do embarque, ficou paralisado. Enquanto os passageiros se aproximavam do jato da British Airways na pista, Keith arremessou descaradamente sua valise numa das turbinas. O voo foi atrasado enquanto um veículo vinha para reavê-la.

A bordo, seu comportamento turbulento rapidamente se tornou injurioso à medida que ele pedia mais drinques e se forçava para cima dos outros passageiros. Alguns reclamaram; ele dizia a eles onde descer: naquele lugar. Annette começou a chorar; uma comissária deu um sedativo a ela. Keith insultou uma mãe e uma criança. Quando o próprio capitão enfim pediu a Keith que se comportasse, Moon supostamente entrou na cabine para se queixar.

O desfecho se deu quando o avião fez a escala planejada nas Ilhas Seychelles e Keith foi expulso. Como um dos passageiros relatou, revelando mais sobre Keith do que talvez soubesse: "Veio um médico e disse que ele não estava em condições de voar. Nós o vimos correndo pela escada, exigindo falar com a imprensa".

Dessa vez, Annette não ficou do lado de Keith. Voltou para Londres sem ele, emocionalmente perturbada. A notícia das últimas desventuras de Keith chegou antes dela. "Quando desembarquei em Heathrow, acho que todo jornalista da Inglaterra estava no aeroporto", diz ela. "Richard Dorse foi me buscar e precisou me proteger."

Keith, enquanto isso, foi levado para passar a noite no hospital. Por fim, embarcou num voo não da British Airways – que se recusara a levá-lo a bordo –, mas da Kenya Airways. "Ele riu da situação quando enfim chegou em casa", diz Annette. "Elogiou a companhia aérea porque teve vários assentos livres para si, e o voo foi muito agradável."

Keith amenizou o incidente para a imprensa. "Uma verdadeira tempestade numa xícara de chá", foi como descreveu. "Foi tudo só um pouco de diversão." Os tabloides o colocaram nas primeiras páginas mesmo assim.

"Ele sempre me dizia que qualquer publicidade era melhor do que publicidade nenhuma", diz Annette. "Ele desfrutava daquilo tudo. Naquele voo de volta das Ilhas Maurício, ele se divertiu com tudo o que aconteceu."

Numa tentativa descarada de prevenir seu espírito inquieto de se meter em mais encrenca – "para dar a ele algo a fazer de forma que não ficasse de palhaçada em outro lugar, desmaiado por quatro dias", como diz John Entwistle –, o The Who declarou Keith o diretor de publicidade

CAPÍTULO 38

do empreendimento do estúdio Shepperton. Era, em muitos aspectos, um cargo de mentira, simbólico. Porém, Keith o aceitou com gratidão e propósito. Conhecia a maioria dos jornalistas na Terra. Tinha uma verve para jogadas e um jeito de atrair manchetes que o tornava idealmente adequado para um trabalho que consistia em pouco mais do que falar das atividades extracurriculares do The Who para Deus e o mundo. "Quando concluirmos esse lugar, vai se tornar o centro da indústria internacional do rock", anunciou o Shepperton com o fervor de costume. "Teremos instalações aqui nunca sonhadas em nenhum lugar do mundo. E, acredite, uma vez que o lugar estiver funcionando, a indústria do rock vai começar a voltar para este país. Com ou sem impostos."

Ele e Annette haviam se mudado para uma segunda casa, mais arejada, em Hay's Mews, vizinha à que alugaram primeiro, mas o contrato havia se encerrado. Keith queria comprar uma casa em algum lugar – falava da região de Ascot, logo acima do Tâmisa, depois de Chertsey –, mas não tinha mais fundos. O pouco de sua fortuna que ele não havia gastado ao longo dos anos estava preso à casa em Trancas; certamente não havia nada nos cofres que permitisse extravagância parecida em Londres. Num ato tipicamente aristocrático, Keith gastara 300 libras numa garrafa de Château Lafite de 1875, num leilão beneficente em março, mas que foi paga mais pela publicidade de sua presença. Na realidade, ele passara a "comprar" berloques da joalheria de alta classe Asprey, onde tinha uma conta, e penhorá-los no East End para conseguir dinheiro imediato. Chegou até a aparecer na loja de Bob Henrit numa sexta-feira, no Rolls-Royce branco, para tentar vender a ele um porta-malas cheio de caixas de bateria – "dezenas", diz Henrit, que, desconfiado, recusou o negócio.

Foi então que Keith e Annette aceitaram a proposta de Harry Nilsson pelo apartamento em Curzon Place, em Mayfair, onde Keith estava hospedado pouco antes de conhecer Annette, em 1974, e onde Mama Cass havia morrido poucos dias antes de o casal partir para os EUA. Por mais que Keith falasse em se mudar para o interior, ele parecia mais adequado à região central de Londres.

Ao longo de todo o verão, Keith entrava e saía do estúdio, da sala de edição, dos escritórios da produção e de Shepperton, ávido em mostrar sua disposição em se manter ocupado. Às vezes, parecia estar completamente rejuvenescido, não menos quando o The Who foi para o Ramport pouco antes do lançamento do compacto "Who Are You", em meados de julho, para gravar um clipe promocional. A intenção original era mostrá-los fingindo gravar a música, mas o The Who nunca foi muito bom em imitações. Enquanto Jon Astley tocava a master de dezesseis faixas nos fones de ouvidos deles, tocavam junto para valer; Astley jogou o som para uma mesa de vinte e quatro pistas e gravou novamente a bateria, a guitarra e os vocais.

Keith estava numa forma espetacular. Diante das câmeras, com uma camiseta vermelha com seu nome escrito, parecia claramente deleitado por estar na presença dos parceiros, brincando como sempre, inspirando o riso nos demais com sua gama de expressões – e, mais importante, tocando bateria de forma soberba. Muito do que foi usado no clipe final foi tocado ao vivo naquele dia. Diante de uma equipe de filmagem intrusiva, Keith gravou em apenas uma tarde o que antes levara várias semanas. "No final, ele fez um solo de bateria, só para o The Who e para quem estava presente ali", diz John Entwistle, "e foi fenomenal pra caralho."

Dougal Butler reencontrara Keith no show no Shepperton, no final de maio. Embora Keith "parecesse totalmente viciado, de verdade", conversaram amigavelmente. Depois de voltar das Ilhas Maurício, Keith passou a telefonar para a casa de Dougal, suplicando para que ele voltasse a trabalhar. Dougal, que estava com dificuldades para fazer um negócio de motoristas particulares sair do papel, escreveu para Keith um lembrete do dinheiro que lhe era devido pelo tempo que passou em Trancas. Keith continuava a ligar e fazia promessas de pagar a dívida.

Então, certo dia, Dougal estava passando de carro por Park Lane e decidiu ver se Keith estava em casa. "Só bati na porta, ele abriu e não se continha

CAPÍTULO 38

de felicidade. 'Entre, acabamos de terminar um álbum, estou sem beber', disse. Eu até fui à venda ali da rua para comprar água Perrier. Então, de repente, meu bip tocou e eu tive de sair para buscar um cliente. Keith disse: 'Não vá, volte mais tarde'. Disse que voltaria se pudesse, mas não voltei."

Conversaram diversas outras vezes ao telefone. Keith estava empolgado com toda a atividade que acontecia em Shepperton. *The Kids Are Alright* estava sendo editado e uma versão cinematográfica de *Quadrophenia* estava prestes a entrar em produção. Sabendo que Butler queria trabalhar em filmes, Keith implorou ao velho amigo que voltasse a trabalhar para ele, mais uma vez ofertando metade de seu salário, e mais uma vez Butler teve de recusar, preferia ter Keith apenas como amigo.

Combinaram de se encontrar em Shepperton certo dia, de todo modo. Dougal chegou atrasado e descobriu que Keith havia aparecido num Rolls-Royce branco, de casaco de pele em pleno verão, e ido embora imediatamente ao ver que Dougal ainda não estava lá. A equipe disse que ele estava completamente doido.

Butler, ao ir embora de Shepperton decepcionado, presumiu que havia oportunidades de sobra para os dois se encontrarem. Enquanto isso, se acostumou com os telefonemas de Keith a qualquer hora da madrugada. "Em algumas ocasiões, ele estava completamente pirado, em outras, sentimental. Conhecendo Keith por todo aquele período, nitidamente havia algo muito errado com ele. Obviamente drogas ou questões emocionais, ou uma mistura das duas coisas. Realmente não sei o que ele estava tentando dizer. Certa vez, ele literalmente me ligou chorando."

"Ele começou a me ligar só para dizer 'Boa noite' e 'Eu te amo'", revelou Pete Townshend vários anos depois, aquilo que ele chama de "telefonemas amorosos piegas de Keith pós-exageros". "Fez isso umas dez vezes, e dava para perceber que ele chorava um pouquinho. 'Você acredita em mim, não?', ele perguntava. 'Sim, mas você ainda é um babaca', eu respondia."

Dougal e Pete eram duas das seletas pessoas a quem Keith ousava expor as emoções. Kit Lambert era um dos poucos outros. Uma fotografia dos dois tirada por volta dessa época mostra várias similaridades visuais assustadoras entre a dupla, em particular a decadência trazida pelo estilo de vida deles. Porém, mesmo enquanto o próprio autoabuso de Lambert o lançava ao oblívio, ele permanecia genuinamente preocupado com o bem-estar de Keith. Ao encontrar Ginger Baker num pub da King's Road, certa tarde, implorou ao estimado baterista que conversasse com Keith sobre a bebida. "Ele tem a maior consideração do mundo por você", disse Lambert. O que o ex-empresário não sabia ou não queria reconhecer era que o próprio Baker estava, agora, viciado em heroína.

"Não levei tão a sério assim", diz Baker da súplica de Lambert. "Eu disse: 'Kit, já tenho problemas demais, Keith vai ficar bem'. Porque ele sempre parecia ficar bem. Keith era o tipo de cara que você nunca percebia estar, de fato, infeliz. Era a vida e a alma da festa. Um comediante natural. O que é triste em pessoas assim é que, em geral, elas são muito infelizes, mas têm uma habilidade maravilhosa de fazer todo mundo se sentir *extremamente* feliz. E Keith era assim. Era difícil imaginar que ele tivesse problemas."

Aqueles que tinham a própria vida sob controle viam de forma diferente. "Nunca havia lágrimas muito longe dos olhos de Keith", diz Ray Connolly, que encontrou Keith no conhecido *point* da King's Road, o Wedgies, numa noite naquele verão. "E eu nunca soube o que havia nessas lágrimas. Poderia ter sido puro álcool." Nessa última ocasião em que se encontraram, a bebida definitivamente teve um papel. "Ele estava uma bagunça. Jogava comprimidos para o alto, os pegava com a boca e engolia. Sabe lá Deus o que eram. Colou em mim de primeira, como público. Só me lembro de ele fazer esse 'truque' com os comprimidos. E depois pedir um drinque e virar de uma vez só. Foi muito impressionante, porque eu nunca tinha visto alguém fazer aquilo, só nos filmes."

— ● —

"Who Are You", o compacto, foi lançado em meados de julho, e o álbum no final de agosto, ambos com bastante celebração. O primeiro material novo da banda em quase três anos foi também o primeiro desde a

CAPÍTULO 38

explosão do punk. Dessa forma, no Reino Unido, houve muita discussão sobre as letras – em particular a história "do(s) punk(s) e do chefão" por trás da faixa-título – e sobre o lugar do The Who naquele cenário. Era uma época de excitação, mas, se você fosse uma das poucas bandas que sobreviveram aos dias de glória dos anos 1960, era uma época desafiadora também. Ninguém sabia por quanto tempo uma banda de rock'n'roll deveria continuar, e, portanto, havia quem, até mesmo entre os fãs mais leais, achasse que o The Who já havia cumprido todas as expectativas e não conseguiria continuar por muito mais tempo sem manchar a reputação quase imaculada; assim como muitos outros acreditavam que, enquanto a banda se importasse com o que fazia – e todo mundo sabia que o The Who *se importava* –, deveria seguir para sempre.

Nos EUA, onde o impacto do punk era marginal – os Sex Pistols imlodiram durante uma turnê pelo país, e nenhuma outra banda parecia chegar perto de um estouro comercial –, a discussão não foi sobre a relevância do The Who, que nunca esteve em xeque, mas sobre a decisão da banda de não sair em turnê. Pete, Keith e Roger se viram continuamente solicitados a explicar essa posição quase blasfema quando viajaram para Nova York e Los Angeles no meio de agosto para compromissos de imprensa (John Entwistle ficou para trás, finalizando a trilha sonora de *The Kids Are Alright*).

Pete deu à *Rolling Stone* a justificativa de que "os últimos três anos foram os mais felizes da minha vida, graças à minha família", o que Daltrey, aparentemente se esquecendo da promessa que fizera quase um ano antes, desafiou em Los Angeles: "Fisicamente, acho que ainda me restam uns três ou quatro anos para sair em turnê, e penso que devíamos fazer isso enquanto ainda podemos".

Keith fez o papel de juiz. "Assim, como nos velhos tempos, esses dois estão se bicando de novo. Não liguem, vou colocar um pouco de bom senso na cabeça deles."

Mas ao conversar com Dave Marsh, da *Rolling Stone*, Moon foi mais sério. "Sinto que tenho um senso de propósito... Nos dois anos em que tirei folga, fiquei à deriva, sem direção, sem nada... Nada chegou nem perto ao que sinto ao trabalhar com esses caras. Porque é divertido, mas, ao mesmo tempo, sei que preciso me disciplinar de novo. Além disso, me ensina a absorver algo assim como a lançar a real, assim é o rock." No passado, ele admitiu: "Eu imaginava que era problema do Pete, ou problema do John, ou problema do Roger. E não era. Era minha culpa, porque eu não dava conta. Então, amadureci um pouco ao aprender isso". A honestidade era desarmadora tanto quanto era encantadora. Ao vivo no *Good Morning America*, da ABC, algumas horas antes, ele fora ainda mais aberto.

"Você tem algum controle sobre sua vida?", perguntou o apresentador, David Hartman, evidentemente bem pautado quanto à reputação de Moon.

"Ah, sim", respondeu Keith. Com um porém: "Em certos dias".

"Como você é nos outros dias?", foi a pergunta natural em sequência.

"Bastante fora de controle... Quer dizer, incrivelmente bêbado."

Nesse dia em particular, ele parecia se alternar entre os dois extremos, bebendo vinho antes do programa matinal, durante a entrevista com Marsh, no Navarro, e ao longo de um almoço extenso, mas manteve compostura suficiente para, na parte da tarde, ao chegar à rádio WNEW, o DJ Scott Muni comentar no ar que Moon parecia saudável.

"Sim", respondeu Keith em seu melhor sotaque de "bom garoto". "O que é surpreendente, já que não paro de ler essas reportagens sobre como eu estou supostamente perto da morte." Ele riu um riso inegavelmente nervoso. Ninguém riu com ele.

No sul de Londres, Ian McLagan e Kim Moon contemplavam imigrar para a Califórnia. Os Faces tinham acabado havia muito tempo, e, posto que uma reunião dos Small Faces na rabeira do punk acabara de dar de cara com um cancelamento insatisfatório, fazia sentido para McLagan ir para Los Angeles, a base mundial de trabalho para os músicos de estúdio, onde havia demanda constante por suas habilidades nas teclas.

CAPÍTULO 38

Porém, quando Kim mencionou os planos à amiga Penny Wilson, advogada, foi lembrada de que precisaria da permissão de Keith para levar Mandy, que agora tinha 12 anos, para fora do país. Embora Keith não tivesse feito tentativa alguma de ver a filha (ou a ex-esposa) ao longo do ano em que estivera de volta à terra natal, era improvável que ele concordasse que ela se mudasse. Era o jeito dele.

Algumas noites depois, Kim teve um sonho. Estava com Keith na África, numa galeria de arte. Estavam felizes juntos, como nos velhos tempos. E então, no sonho, um amigo de Mac, um *roadie* chamado Ray Cole, telefonou para ela para dizer que Keith havia morrido. "Não é possível", disse ela a Ray no sonho. "Eu estava com ele agora mesmo."

Só a ideia de Keith morrer foi tão perturbadora, que ela acordou em lágrimas.

Mais tarde, naquela semana, foi almoçar com a amiga Penny, para quem contou o sonho em que Keith tinha morrido. Numa tentativa de animar Kim, Penny fez uma piada mórbida. "Bem, se isso acontecesse, você não teria preocupação quanto a levar Mandy para os EUA."

No dia 12 de agosto, enquanto *Who Are You* entrava no top 20 britânico e três quartos da banda estavam nos EUA, Pete Meaden morreu de uma overdose de barbitúricos. Embora o primeiro mentor da banda estivesse de volta ao círculo do The Who, coempresariando a Steve Gibbons Band com Bill Curbishley, ainda assim parecia desesperadamente infeliz o tempo todo. Poderia ter sido por muitas coisas, mas não menos porque ele se encontrava tão perto, porém tão distante do controle do The Who, assim como estivera em 1964. O legista, ao não encontrar evidências de suicídio intencional, deu um veredito de morte suspeita. Os amigos de Meaden diziam que ele conhecia as drogas bem demais para ter sofrido uma overdose por engano. Pete Meaden tinha 35 anos. Ou 36. Parecia haver certa confusão quanto à idade.

Quando o The Who voltou a Londres, em meio ao luto por Meaden, assistiu a uma edição preliminar de *The Kids Are Alright*. "Deve ter sido horrível para Keith", diria Daltrey posteriormente. "Lá estava um jovem baterista, um rapaz de ótima aparência, indo à loucura, que, no final do filme, aparece como um velhaco gorducho, caindo da bateria, sendo levantado. Ele havia ido ladeira abaixo e queria recuperar a forma. Íamos montar uma academia em Shepperton."

Moon ficou ainda mais direto em suas entrevistas; ao mesmo tempo em que se arrependia do tempo que passou em Los Angeles, admitia que era, afinal, humano. "É o medo da insegurança e da solidão o que me deprime", disse em uma delas, elencando quatro de seus maiores problemas numa única sentença, quando antes não admitia nenhum deles.

Em outra entrevista, Keith teve muito tato ao responder a uma pergunta sobre turnês. "Fazemos turnês há quinze anos e podemos nos entediar, ainda mais quando há tantas novas direções se abrindo para nós. Quer dizer, não descartamos, mas também não está nas prioridades na nossa agenda."

Em particular, proclamava um entusiasmo renovado pela estrada, em especial a John Entwistle. "Estou de saco cheio de ser um porco gordo", disse Keith ao amigo, anunciado a intenção de ir para um spa – mais uma vez – para perder peso.

"Se ele estivesse sob controle, poderia perder 4 quilos em uma semana", diz Entwistle, que se atinha às lembranças do quão fantástica a banda soara ao final de 1976 e estava ávido para tocar alguns dos shows de Natal que fortes rumores diziam ter sido marcados. "Ele estava determinado, dava para perceber. Estava absolutamente enojado consigo mesmo. Sempre que se via nesse estado no passado, mandara ver. Não importava muito se seria para sempre. Você faz uma turnê de cada vez."

As "novas direções" das quais Keith falava incluíam, para ele, uma autobiografia. Convidara Bob Henrit para escrevê-la com ele; Henrit, além de ser dono da loja, era um dos poucos bateristas que fazia as vezes de jornalista. Keith fez o mesmo convite à radialista e jornalista Annie Nightingale, sua amiga havia muito tempo. O livro se chamaria *The Moon Papers*.

CAPÍTULO 38

De todos os personagens do rock, decerto nenhum tinha histórias mais sórdidas e hilariantes para contar. Porém, ele não explicou por que queria contar a história de sua vida naquele momento em particular. Talvez fosse só mais uma ideia para se autopromover. E talvez, só talvez, estivesse finalmente pronto para colocar um ponto final em "Moon, o Lunático" e seguir para a maturidade.

Se fosse o caso, não seria com menos esforço do que antes. "Keith entrava na linha toda semana", diz John Wolff sobre aquele verão. "E é claro que pontificava sobre o quão sóbrio estivera pelas últimas 8h. Os períodos eram muito curtos, porque ele se via em situações em que não beberia, mas em que outras pessoas bebiam, e não resistia à tentação de se juntar a elas."

O padrão incessante de consumo exagerado seguido por tentativas de abstinência aumentava a frequência de convulsões, os ataques de *status epilepticus*. Certo dia, Annette foi até o Hilton para fazer compras "e, quando voltei para o apartamento, ele havia tido outro ataque, estava com um galo enorme na cabeça e tinha aquela expressão confusa de quem não sabe onde está ou o que aconteceu. Eu sabia que ele tivera outro ataque, embora não quisesse admitir o que havia acontecido".

Em algum momento de agosto, Keith se cortou em casa de novo. Parece ter acontecido numa briga com Annette, de quem o *Sunday Mirror* publicou uma declaração em que ela dizia que "ele teve de ser sedado por um médico para dormir, para que não me desse uma surra". Essas aspas, ela admite hoje, são um exagero, no sentido de que, embora Keith fosse capaz de destruir tudo num cômodo durante um acesso de fúria, inclusive de lançar objetos contra ela, nunca encostou um dedo nela nem deu qualquer indício de que o faria. Porém, naquela noite em particular, com medo do potencial de Keith de infligir danos em si mesmo e nos outros, ligou para Richard Dorse assim como havia ligado para Dougal, no passado. Dorse foi até lá e "segurou Keith, o amarrou e disse a ele: 'Você vai parar com isso, seu estúpido'", segundo se recorda Annette. Um médico foi chamado prontamente.

O médico decerto era Geoffrey Dymond, que até então Keith não conhecia. Ele se recordava de outro médico também ter sido chamado ao apartamento, mas foi com Dymond que Keith decidiu travar uma relação. Naquela noite, nas recordações subsequentes de Annette e Dymond, o médico encerrou o acesso de fúria de Keith ao lhe dar uma injeção de sedativo. Depois de tomar Moon como paciente regular, Dymond lhe receitou Heminevrin, nome comercial para o composto clometiazol, oficialmente descrito como indicado para "tratamento de insônia, psicose, sintomas de abstinência de álcool e *status epilepticus*". Considerando que isso descrevia quase que perfeitamente os problemas de Keith, parecia ser o remédio certo para ele. E talvez fosse mesmo, caso tivesse sido administrado como geralmente é: sob supervisão direta, durante um processo de desintoxicação com internação hospitalar, durante o curto período de tempo – de poucos dias – em que a abstinência pode causar ataques epiléticos.

Qualquer outra prescrição seria inerentemente perigosa. Segundo um livro sobre o tratamento de alcoolismo distribuído pela Organização Mundial da Saúde[199], "o clometiazol não deve ser usado em desintoxicações caseiras, devido ao risco significativo de depressão respiratória quando combinado com álcool; há também um alto potencial de dependência e, portanto, não deve ser usado na desintoxicação de pacientes externos". Em outras palavras, a droga não deve ser deixada nas mãos de alcoólatras porque pode ser mortal se misturada com álcool e, por causa das tendências desses pacientes à dependência e das propriedades viciantes da droga, pode resultar facilmente numa overdose. Keith Moon recebeu controle total de um frasco com cem tabletes.

Como sabemos, Keith poderia ser persuasivo, se valendo especialmente de uma inocência infantil que sugeria que manteiga não derreteria em sua boca – nem um frasco de comprimidos seria engolido por engano. E o Dr. Dymond era novo no mundo de Keith e possivelmente alheio a quão extenso e difícil o problema dele era.

---

199 *Treatment Approaches to Alcohol Problems*, de Nick Heather, Centre for Alcohol and Drug Studies, Newcastle-upon-Tyne. (*Em tradução livre*, Abordagens de Tratamento para Problemas com Álcool, *Centro de Estudos de Álcool e Drogas de Newcastle-upon-Tyne.*)

CAPÍTULO 38

O próprio Dymond é surpreendentemente vago a respeito de sua relação com um dos personagens mais distintos e celebrados do rock. "Minhas lembranças, hoje, são poucas e distantes", disse quase imediatamente quando o contatei por telefone. "Faz muito tempo. Duvido que eu possa ajudá-lo de fato." Daquele que deve ter sido um de seus clientes mais famosos, só pôde dizer que "se ele aparecesse à minha frente amanhã de manhã, eu não o reconheceria".

Sobre o Heminevrin, ele insiste que era "uma droga-padrão... certamente não era algo novo". Quanto à possibilidade de essa droga ser misturada com álcool, só disse que "bem, é um sedativo, e junto com álcool pode ter um poder sedativo ainda maior". Quando mencionei o longo histórico de alcoolismo de Keith, ele me interrompeu. "Nem me lembro disso. Simplesmente não me lembro." E então, como se lesse meus pensamentos, acrescentou: "Não é uma questão de não querer lhe dar informações. Eu não me lembro de muita coisa".

Annette Walter-Lax, por sua vez, não sabia quase nada a respeito da mais recente droga receitada a Keith. "Para mim, aqueles eram bons comprimidos", diz ela. "Disseram-me que aqueles comprimidos iam ajudá-lo a ficar sóbrio e a parar de beber. Então, para mim, eram esse tipo de remédio. Se fosse valium, eu teria jogado fora imediatamente, porque sabia que lhe fariam mal." Keith disse a ela que deveria tomar Heminevrin quando sentisse vontade de beber, e Annette diz que sempre sabia quando isso acontecia, porque o resultado era o mesmo. "O remédio sempre lhe dava a impressão de que estava bêbado. Me parecia que era como um substituto para o álcool."

— ● —

No final de agosto, Keith foi chamado ao estúdio CTS, em Wembley, onde a trilha sonora de *The Kids Are Alright* estava sendo produzida. Ele precisava fazer alguns *overdubs* de bateria para substituir suas performances desleixadas em "Won't Get Fooled Again" e "Baba O'Riley" do show no Shepperton. Havia também uma montagem de destruições de guitarras e baterias ao longo dos anos, para a qual as gravações originais eram irregulares, e sobre a qual Keith poderia se divertir um pouco.

Pete Wandless, que, como engenheiro de som da casa do CTS, passara as últimas semanas ao lado de Cy Langston e de John Entwistle, sincronizando e melhorando os registros do início do The Who, viu Keith chegar naquele dia. "Eu mal o reconheci. Sabia que era ele, mas ele estava bem inchado, bem lento. Simplesmente parecia que já era coisa do passado. Sua pele havia adquirido aquela palidez que as pessoas têm quando não estão mesmo se cuidando, uma coloração meio cinzenta. Fiquei bastante chocado quando o vi, porque não era o cara que eu vinha assistindo na tela ao longo das últimas três semanas. Keith era o membro mais jovem da banda, mas parecia dez anos mais velho do que todos eles."

Keith não se lembrava do nome de Pete, o que não ofendeu ao engenheiro de som, embora já tivessem se encontrado diversas vezes ao longo dos anos. Porém, quando Keith começou a chamar Cyrano de um nome diferente, ficou óbvio, como Langston se recorda, que "ele estava acabado" ("tranquilizado", opinou Wandless). Não parava de pedir para Richard Dorse lhe trazer mais dos comprimidos que disse estar tomando para ajudar com a abstinência de álcool. Ao que tudo indica, os remédios não melhoravam em nada. Pelo menos nos velhos tempos em que Keith bebia, conseguia tocar. Agora, nem isso.

"Ele ia até a metade da música e tínhamos de parar", diz Wandless. "Debruçava-se apoiado nas duas baquetas em cima dos tons e olhava pelo vidro como se dissesse: 'Meu Deus, preciso fazer isso? É um trabalho duro.'"

"Foi bem triste", recorda-se Langston da *persona* de Keith e da performance daquele dia. Porém, no fim, conseguiram substituir as imagens de Shepperton nos lugares certos. Passaram para a montagem e "ele se recusou a tocar um solo de bateria", recorda-se Entwistle. Foi exasperante. Tudo o que queriam era que ele tocasse como sempre tocou ao longo dos anos, um rompante livre pela bateria. Em vez disso, Keith começou a tocar e a cantar "Monster Mash", de Boris Pickett.

CAPÍTULO 38

Porém, se recorda Langston, "isso era uma das coisas ótimas a respeito de Keith. Por mais fora de si que estivesse, sempre conseguia fazer rir. Era hilário e cansativo. Era desse jeito boa parte do tempo. Durante o tempo em que era tedioso, você também ficava com lágrimas nos olhos, porque ele era intensamente mágico e especial".

Por fim, conseguiram o que queriam. Por pouco. Ele os fizera rir, embora, na maior parte, lhes levara ao desespero. Dadas as circunstâncias, talvez, mas ainda era lamentável vê-lo tão fora de si, tão dependente de remédios quando alegava que estava ficando saudável.

Keith nunca mais tocou bateria.

— ● —

Keith Moon completou 32 anos no dia 23 de agosto e, com a chegada de setembro, renovou mais uma vez as promessas de sobriedade. Alcoólatras reformados dizem que só se pode levar um dia de cada vez, mesmo depois de anos sem beber. Porém, vários dias haviam se passado sem que ele ficasse seriamente bêbado e, para Keith, isso era um progresso. Annette notou algo também. Ele estava mais suave, mais amoroso. E ansioso pelo futuro, pelo menos dessa vez, sem temor.

"Ele falava em querer ter filhos e viver uma vida normal", diz Annette sobre Keith naqueles primeiros dias de setembro. "Nunca mencionou casamento propriamente dito, mas eu sentia que alguma coisa começava a mudar na cabeça dele. Estava um pouquinho diferente." Talvez houvesse, afinal, um novo Moon prestes a surgir e eclipsar aquele que ameaçara explodir.

No dia 6 de setembro, uma quarta-feira, Paul McCartney deu uma festa em Peppermint Park, na Upper Saint Martin's Lane, em homenagem a Buddy Holly, cujo 42º aniversário seria no dia seguinte, se o cantor não tivesse morrido num acidente aéreo aos 22 anos. McCartney, que comprara os direitos das canções de Holly com a fortuna que ganhara com os Beatles, tinha um motivo a mais para comemorar: *A História de Buddy Holly*, cinebiografia estrelada por Gary Busey, ator que Keith conhecera na Califórnia, estrearia naquela noite.

835

Mesmo assim, Keith anunciou a Annette que não planejava comparecer. Dizia ele que não estava no clima para festa. Ela compreendia que sua determinação em permanecer sóbrio necessitava evitar situações em que ficaria facilmente tentado, e a festa daquela noite era um ótimo exemplo. Ainda assim, ela implorou a ele. Detestava a ideia de ficar de fora de tamanho evento e Keith dificilmente a deixaria ir sozinha (e ela também não ia querer). Evidentemente disposto a satisfazê-la, Keith deve ter dado um certo telefonema, porque, naquela tarde, alguém chegou ao apartamento com "um envelope de cocaína" e, "depois de umas duas carreiras, Keith mudou de ideia". Claramente, ficar sóbrio só se aplicava ao álcool.

Por essa definição, Keith parecia estar sóbrio. Com uma camiseta dos Wings sob uma jaqueta de couro preta, Keith foi à festa abraçado a Annette e se comportou impecavelmente durante toda a noite. Cercado por companheiros da "velha guarda", amigos que datavam de quase quinze anos antes, preferiu contar piadas e trocar histórias do que atacar o *open bar* de vinho e champanhe à sua frente. "Foi maravilhoso", diz Annette. "Eu me senti tão segura ao vê-lo conversar com pessoas normais, como uma pessoa normal."

Keith, é claro, nunca foi "normal"; nem os demais convidados. Todos viveram as vidas mais anormais imagináveis. Mas sabemos o que ela quis dizer. Ele não parecia estar se mostrando, ou se fazendo de palhaço, ou bancando o astro mais do que ninguém. Não precisava: existia naquela atmosfera rarefeita em que só os mais exaltados podiam entrar. Sentou-se na mesa principal (é claro) com Paul McCartney e sua esposa, Linda, onde foram acompanhados pelo apresentador de TV David Frost e sua acompanhante. Mais tarde, seu colega baterista da era mod Kenney Jones parou para bater um papo. Eric Clapton e membros do Roxy Music também estavam presentes, assim como um grande número de amigos, de Annie Nightingale a May Pang a Richard Cole. É bem provável que Keith tratasse mais pessoas ali pelo primeiro nome do que qualquer outro. Annette transitava entre dançar com as amigas do mundo do rock na pista e sentar-se à mesa com Keith. Fotos tiradas dos dois juntos naquela noite parecem mostrá-los genuinamente apaixonados, com os olhos fixados no rosto um do outro. Enquanto Annette estava na pista de dança, Keith dizia aos amigos que iria se casar com ela.

"Ele disse que havia parado de beber, o que, para mim, não era a maior novidade do mundo", recorda-se Richard Cole, que, na época, se encontrava num vício pesado em heroína. "Estava sóbrio e parecia na linha, muito feliz de estar ali com Annette. Definitivamente me disse que ia noivar ou se casar."

Como fora o caso dois anos antes, ele não havia consultado Annette. Quarenta e oito horas depois, quando os jornais revelaram que o noivado havia acontecido na festa, foi a primeira vez que ela ficou sabendo. "Para ser sincera, ele nunca me pediu em casamento. Gostaria que tivesse pedido, eu teria ficado orgulhosa. Não sei o que se passava pela cabeça dele naquela noite."

Outros que estavam em sua companhia só pareceram contentes por ele estar com a cabeça no lugar e não se valendo daquele seu agora detestado *alter ego*. David Frost disse que Keith parecia "completamente relaxado e contente". Kenney Jones, concorrido como baterista de estúdio, mas sem dúvida com ciúmes da fama e fortuna contínuas do The Who, destacou a sobriedade de Keith.

Depois da festa, a caminho da estreia do filme em si, Keith deu a John Otway, protegido de Pete Townshend e recente *hitmaker*, uma carona no Rolls-Royce. Não se conheciam até então, mas Otway, como era típico, saiu da ocasião pensando que havia feito um novo amigo. "Ele estava razoavelmente sóbrio. Bastante alegre e falante. Basicamente no estado em que todo mundo se encontrava. Certamente não bebia mais do que eu, ou do que minha namorada, ou do que Paul McCartney, ou do que mais ninguém ali. Todos diziam que ele sempre rendia umas boas risadas. Certamente rendeu naquela noite."

Dick Hunt, engenheiro de som de TV que gravou uma entrevista com Keith na *première*, observou que "ele estava num alto-astral, saltou para fora do carro e correu pela multidão no cinema". Mas também notou que, durante a entrevista, "a voz [*de Keith*] estava meio arrastada".

Roy Carr, que se encontrou com Keith no cinema pela primeira vez desde o retorno dele dos EUA, leva essa observação mais a fundo. "Ele me abordou como se eu tivesse acabado de voltar da guerra... 'Como você está, meu velho?' Eu me viro e ele está com lágrimas nos olhos. Olho para ele e sua aparência estava *osso*, discretamente grotesca. Parecia que seus traços haviam se endurecido ou se tornado exagerados. Parecia uma caricatura de si mesmo. Chorava, não sei se estava fingindo ou se só estava emotivo demais. Eu disse: 'Keith, o que está acontecendo, por que você não se acalma?'. Pude sentir cheiro de bebida no hálito dele. 'Por que você não vem ficar na minha casa por uns quinze dias? Não diga a ninguém onde está, só venha descansar, comer boa comida, largar a bebida', falei. Ele respondeu: 'Sim, isso, vou fazer isso, sim'. Nos sentamos para assistir ao filme e ele se sentou ao meu lado, mas logo se levantou e saiu; não conseguiu ficar sentado. Disse que iria me ligar no dia seguinte. '*Ligue*, e, se você não ligar até as 3h da tarde, eu vou ligar e ir até a sua casa', falei."

Já passava bem da meia-noite quando Keith decidiu ir embora da *première*. Ele e Annette foram direto para a Curzon Place de táxi, sem nem ligar para Richard Dorse. Embora fosse, por natureza, notoriamente inquieto, propenso ao movimento constante, era muito incomum para Keith, que por hábito continuava a festejar depois que todo mundo já havia abandonado o barco, ir embora de um evento de celebridades direto para casa para dormir cedo. Parecia ser ainda mais uma indicação de um compromisso sério a uma vida (relativamente) limpa, uma decisão de sair enquanto ainda estivesse bem, antes que mais tentações dessem a cara.

Em Curzon Place, Annette preparou um jantar de costeletas de cordeiro, e em seguida os dois foram dormir. Keith insistiu em assistir, na cama, a um filme de sua escolha, *O Abominável Dr. Phibes*, filme de terror caricato estrelado por Vincent Price. Tomou alguns Heminevrins. "Tomou o copo d'água de sempre, com um punhado de comprimidos", diz Annette. "Ele adormeceu e eu desliguei a TV, porque não estava aguentando o filme, me virei e dormi." Era por volta das 4h da manhã.

Aproximadamente às 7h30min, Keith acordou e se declarou novamente com fome, insistindo para que Annette se levantasse e preparasse algo. Ela reclamou e Keith a insultou: "Se não gosta, pode ir se foder", segundo ela se recorda. Familiarizada com o temperamento de Keith até nos melhores momentos, atribuiu esse comportamento aos efeitos da nova droga favorita dele. "Quando ele tomava Heminevrin, agia como se estivesse bêbado, e, quando estava bêbado, não era sempre muito agradável." Ela também sente – embora nunca vá saber ao certo – que Keith estava, de algum modo, irritado com ela por tê-lo feito ir à festa, talvez o levando até tentações das quais ele não precisava, quando ele queria evitar toda aquela cena por um tempo. Por fim, Annette preparou um filé para ele, que Keith comeu na cama enquanto assistia a mais um pouco de *Dr. Phibes*.

Quando Keith terminou o filé, Annette levou a bandeja até a cozinha. Ao voltar, diz ela, ele havia adormecido novamente. (Sua rotina, mesmo sem o brandy e o champanhe, não tinha mudado muito desde que Larry Hagman o levou para a desintoxicação.) Embora ela afirme não tê-lo visto tomar os comprimidos, ele engoliu mais – muito, muito mais – Heminevrins.

Quando Keith começou a roncar, Annette foi para o sofá. Diz ela que essa não era uma cena incomum, embora não se possa desconsiderar que ela se sentira rejeitada e ressentida pela agressividade dele. Ela acordou às 15h40. "Entrei no quarto para dar uma olhada nele e ele estava deitado de bruços", recorda-se. "Seu braço esquerdo estava caído para o lado da cama. E eu comecei a ficar agitada, preocupada, porque achei que ele ia acordar com fome. Tinha o cardápio de um restaurante chinês e fiquei sentada olhando para esse menu, ao lado do telefone, pensando: 'Será que eu deveria pedir algo agora? Porque ele vai estar com fome quando acordar'. E então olhei para o gato, Dinsdale, que estava muito desconfiado, não se comportava em nada como de costume. Voltei para o quarto, e havia um silêncio estranho. Normalmente, você escuta quando alguém está dormindo. Mas havia um silêncio sepulcral, um silêncio que não consigo descrever. Então fui até ele, acendi a luz, virei-o para o outro lado e foi quando vi que ele estava morto."

"Não estava respirando. Levantei suas pálpebras e vi que os olhos estavam esquisitos. Eu nunca tinha visto uma pessoa morta, mas, quando o vi, soube que ele se fora. Não havia respiração, pulso, nada. A pele dele havia mudado. Eu tremia, meu corpo todo tremia. Não conseguia acreditar que era verdade. Não conseguia colocar na cabeça que ele, de fato, havia partido."

"Entrei em pânico, é claro. Não me lembro para quem telefonei primeiro; acho que foi para o médico." Aparentemente, foi para Geoffrey Dymond, que então chamou uma ambulância. Quem chegou primeiro ao apartamento, é incerto. "Pulei em cima dele, me sentei sobre sua barriga, pressionei seu peito com força, fiz respiração boca a boca, gritei para que ele voltasse, fiquei histérica, ele absolutamente se foi. E então a ambulância veio e o médico chegou, o Dr. Dymond. E quando o pessoal da ambulância entrou, me pediu para sair do quarto, eles estavam com uns aparelhos de choque, não queriam que eu visse o que iam fazer."

A tentativa de reanimação não fez diferença. Keith Moon estava morto.

BILL CURBISHLEY ESTAVA VOLTANDO DE UMA REUNIÃO COM A Polygram Films naquela tarde. Acabara de concluir o custeio de *Quadrophenia*, que seria dirigido por um novato, Franc Roddam, com um jovem ator bem cotado, Phil Daniels, no papel principal de Jimmy, e seria uma recriação autêntica de Londres e Brighton no auge do mod. Havia, ainda, planos a caminho para um filme, *McVicar*, a história de um ex-ladrão à mão armada que se tornara escritor e era um herói para Daltrey. *Who Are You* tinha uma recepção sólida no Reino Unido e explodia nos EUA, onde, naquela mesma semana, era o novo álbum melhor colocado nas paradas. Shepperton estava bombando positivamente com tantas atividades. Havia todas as chances de o The Who ser a primeira banda de rock da história a investir de modo bem-sucedido seus lucros de volta ao ramo da música e da mídia. Curbishley tinha todos os motivos para se sentir exuberante ao entrar no escritório.

Em vez disso, encontrou sua esposa e sócia, Jackie, atendendo ao maior desastre de suas carreiras profissionais. Ela ligara para Keith por volta das 17h para tentar marcar uma reunião e quem atendeu foi o Dr. Dymond, que deu a ela a notícia devastadora. Dymond também a alertou para se preparar

CAPÍTULO 38

para a enxurrada na imprensa; não havia como um cadáver ser removido de um apartamento luxuoso em Mayfair, perto de tantas entradas de hotéis, sem chamar a atenção. Enquanto o corpo de Keith era levado de ambulância para o Middlesex Hospital, perto dali (não confundir com o hospital onde ele nasceu, o Central de Middlesex), onde foi declarado morto à chegada, um táxi foi enviado para buscar Annette, que estava histérica. Jackie Curbishley ligou para Pete Townshend; lutando contra as lágrimas, o porta-voz da banda se ofereceu para ligar para os demais. Keith Altham foi até o escritório e começou a enfrentar os telefonemas que de imediato começaram a chegar do mundo todo, à medida que a notícia se espalhava feito fogo na floresta.

John Entwistle dava uma entrevista em sua casa, em Ealing, quando foi interrompido com o aviso de que Pete estava ao telefone. Foi para o cômodo ao lado e atendeu. Num choque total, retomou a entrevista, esperando conclui-la rápido o bastante sem dar a notícia, de modo a ser deixado sozinho para o luto. Em vez disso, lhe perguntaram quais os planos para o futuro do The Who, e ele imediatamente começou a chorar. *Não havia* futuro, ele foi forçado a dizer. Keith acabara de morrer.

A conversa de Pete com Roger foi concisa. "Ele foi e fez", disse Pete. "Fez o quê?", perguntou Daltrey. "Moon." Não precisou dizer mais nada.

O telefonema mais duro foi para a mãe de Keith. Kathleen Moon fora muito próxima do filho ao longo dos anos, perdoando seus excessos por mais que se envergonhasse deles. Ele, por sua vez, deixava bem claro seu afeto por ela; era a única pessoa com quem ele pudera contar, ao longo de toda a vida, sem ter de adotar uma *persona*. Coube a Pete Townshend dizer a Kathleen que, para ela, o pesadelo de toda mãe havia se tornado realidade.

Kim Moon, pois este ainda era o nome que ela usava apesar do divórcio, chegou em casa do trabalho naquela noite e ouviu o telefone tocar quase que no mesmo minuto. Era Ray Cole.

"Kim", disse ele calmamente. "Keith morreu."

"Pois é, você já me contou disso", soltou ela, pensando em seu sonho recente. E então a ficha caiu. Ela não estava sonhando. Era verdade.

O choque fez seu cabelo cair.

O rosto de Keith estava estampado em todas as primeiras páginas tanto dos tabloides quanto dos jornais de prestígio naquela sexta-feira, 8 de setembro. O Daily Mirror *fervilhava a surpreendentemente adequada manchete "O drama da morte por drogas de Moon, o selvagem do pop". O* Times *publicou um obituário oficial, marca definitiva de respeito da parte do* establishment. *E o bem respeitado crítico musical do* The Guardian, *Robin Denselow, ecoando a opinião imediata de muitos fãs do The Who que reconheciam a importância integral e individual de cada um dos membros, escreveu que "sem Moon, é impossível conceber a continuidade do The Who".*

Naquele mesmo dia, 24h depois da morte de Keith, Pete Townshend, Roger Daltrey e John Entwistle se trancaram numa reunião no Shepperton e emergiram com uma declaração à imprensa. Townshend escreveu, em parte: "Estamos mais determinados do que nunca a seguir em frente e queremos que o espírito da banda para o qual Keith tanto contribuiu permaneça vivo, embora nenhum ser humano seja capaz de tomar seu lugar".

Daltrey elaborou: "Não podemos trazer Keith de volta, mas, se ele pudesse emitir sua opinião, ia querer que continuássemos com os mesmos ideais que ele ajudou a estabelecer".

Houve quem considerasse prematura tal declaração de intenções. O corpo de Keith mal havia esfriado e a banda já estava olhando adiante, para além dele e sem ele. Mesmo entre aqueles que achavam que, de fato, a banda queria seguir em frente – e eu digo "achavam" porque, geralmente, ninguém tem certeza do futuro um dia após perder um ente querido –, havia a sensação de que isso era, talvez, um pouco afoito. Decerto não havia ninguém forçando o grupo a tomar uma decisão instantânea?

KEITH MOON

Porém, todo mundo lida com o luto da forma como se sente melhor. Os três membros remanescentes da banda se conheciam muito bem desde oito anos inteiros antes de conhecerem Keith, e, naquele dia, concluíram que se amavam demais e amavam demais aquilo que defendiam para desistir. Eram uma Banda Grande de Verdade, estavam nela para a vida. Keith Moon exercera a única cláusula de escape que existia.

Eles eram, também, uma grande corporação. O The Who Group of Companies, como o negócio administrativo se chamava, havia recentemente investido 1 milhão de libras num complexo de estúdios, acabara de finalizar um filme, tinha outro prestes a entrar em produção e um terceiro no papel. Tinha companhias de P.A. e de caminhões de transporte e estúdios de gravação. Empregava um número considerável de pessoas. É raro que um negócio de tamanha magnitude se dissolva, em particular na crista da onda, por causa da morte de um de seus diretores. É imensamente complicado, também. Parecia que o The Who tinha pouca opção senão continuar. Contudo, para o caso de as pessoas terem a impressão errada, seu assessor de imprensa, Keith Altham, frisou que "seria completamente inapropriado trazer um novo baterista para a banda".

Enquanto o grupo decidia a respeito do futuro, as circunstâncias da morte de Keith eram rapidamente remontadas pela voraz, porém cortês, mídia britânica, que tratou a perda dele como a de um estadista; o que, no que dizia respeito à sua cultura, ele, certamente, era. Uma autópsia foi realizada no Hospital de Westminster naquela sexta-feira, pelo professor de patologia Keith Simpson, que reportou uma overdose de drogas; a droga específica, alertou ele, só seria conhecia depois que um inquérito fosse aberto[200]. Quando Keith Altham, que de início deu a entender que Moon havia morrido de causas naturais (como se fosse normal alguém morrer de causas naturais aos 32 anos), então admitiu que o baterista vinha tomando Heminevrin para ajudar no sono, os jornais dominicais publicaram a overdose de Heminevrin como se fosse um fato.

---

200 O inquérito foi aberto no dia 11 de setembro e imediatamente adiado por uma semana.

CAPÍTULO 39

O *Sunday Times* contatou de imediato aquele que chamou de "um dos mais distintos experts em alcoolismo da Grã-Bretanha", um certo Dr. Max Glatt, que foi mordaz em sua avaliação. Ao mesmo tempo em que apontou que o Heminevrin provavelmente teria sido um tratamento muito bom para Moon se dado a ele num hospital, insistiu que "essa droga é amplamente incompreendida por clínicos gerais. É adequada para o uso por períodos limitados, de poucos dias, mas não deve ser usada por pacientes que não estão confinados à cama. É bastante errado administrá-la dessa forma". Um dos motivos para condições tão rígidas era o risco de os pacientes consumirem álcool junto com o medicamento. "O álcool, de fato, multiplica o efeito da droga", disse Glatt. "Não simplesmente se soma a ela. Juntos, eles deprimem o sistema nervoso central e, em seguida, podem ocorrer paradas respiratória e circulatória."

Nessa reportagem do dia 10 de setembro, o *Sunday Times* apontou que, além de ser usado como sedativo e no tratamento de abstinência de álcool, o Heminevrin também era usado para tratar abstinência de drogas. Nela, Keith Altham insistia que Moon não usava drogas pesadas. "Ele não precisava", o jornal então opinava acidamente. "O Heminevrin era pesado o bastante."

A popularidade de Moon entre a geração mais jovem, numa época em que tantos da velha guarda eram rejeitados ou ridicularizados, ficou evidente no festival anual de Knebworth, que aconteceu naquele fim de semana. Clem Burke, baterista do Blondie, chutou sua bateria ao final do show da banda e gritou: "Isto é pelo Keith Moon!". O The Tubes encerrou seu *set* com um *medley* do The Who. No estúdio RAK, onde *Who Are You* havia patinado, o The Jam gravou uma versão de "So Sad About Us" para o lado B de seu compacto clássico "Down in the Tube Station at Midnight". A contracapa trazia uma foto de Keith Moon em seu auge jovem e belo. Uma homenagem comovente de uma banda que nunca chegou a conhecê-lo.

A popularidade de Keith entre sua própria geração foi demonstrada em seu funeral, na quarta-feira, 13 de setembro, no crematório de Golders Green. A cerimônia foi mantida secreta e privada, para evitar um circo midiático, e nisso teve sucesso. Entre os músicos presentes estavam Eric Clap-

845

ton, Charlie Watts e Bill Wyman. Muitos outros astros, respeitando o desejo de uma reunião pequena e/ou não desejando atrair a atenção da mídia, alguns deles também em negação, enviaram condolências na forma de flores. Estas vieram de diversos ex-Beatles e outros Stones, do Led Zeppelin e de David Bowie, e até daqueles com quem Keith não tinha muita amizade em particular, como o Fleetwood Mac e o Moody Blues. A instituição de caridade favorita de Keith, a Make Children Happy – um slogan apto para sua vida, "faça as crianças felizes" –, enviou um arranjo de botões de rosas.

Roger Daltrey, que chorou durante toda a cerimônia, levou a homenagem floral mais pungente, com uma garrafa de champanhe cravada num televisor. Annette Walter-Lax ficou com a mais pessoal, um buquê de rosas vermelhas em formato de coração, depositado em cima do caixão. Annette conheceu Kim naquele dia. "Pobrezinha" foi a única coisa que Kim conseguiu pensar para dizer. Annette, que estava sob o efeito de sedativos pesados nos últimos dias enquanto se hospedava em segredo com sua amiga Sally Arnold, teve, por fim, de ser levada do cemitério apoiada, depois de desmaiar.

Um memorial aconteceu depois, no Hendon Hall. À medida que as bebidas eram servidas e as histórias compartilhadas, o clima fúnebre se dissipou um pouco. Era difícil contar alguma história que envolvesse Keith sem esboçar um sorriso ao final. John Schollar percebeu que estava misturando as lágrimas do riso com as lágrimas de tristeza quando viu a mãe de Keith se aproximar dele. De imediato, pediu desculpas.

"Não", disse Kit, para tranquilizá-lo. Anos mais tarde, ela diria que gostaria que o filho tivesse ficado nos Beachcombers, pois assim talvez ainda estivesse vivo. "Keith era assim. Se há algo engraçado a ser dito, diga. Se Keith soubesse que isso ia acontecer, teria alugado o estádio de Wembley, se sentado num caixão e se explodido."

Se Keith soubesse... Essa foi a maneira de a Sra. Moon dizer aos enlutados que Keith não tinha intenção de se matar.

CAPÍTULO 39

Motivos para especulação, no entanto, sempre irão existir. Os últimos anos foram um esforço íngreme, quase intolerável, para Keith. Seu casamento havia colapsado e ele estava afastado da filha. A Califórnia fora um desastre, em particular para a sua saúde. O retorno à Inglaterra deveria ser um sinal para dar a volta por cima, mas ele passou uma boa parte daquele ano entrando e saindo de hospitais, clínicas e retiros de saúde, todos os quais falharam em curá-lo das dependências ou em ajudá-lo a encontrar felicidade emocional duradoura. Fora ameaçado de expulsão da banda, que era o que ele mais amava na vida, e informado de que não voltaria a sair em turnê num futuro próximo, o que, para ele, era tão ruim quanto. Embora um novo álbum tivesse acabado de sair, o futuro da banda permanecia desesperadamente incerto, e, se os demais decidissem encerrar as atividades, ele teria uma perda total na vida. Sua habilidade na bateria, sua maior contribuição ao mundo, vinha se deteriorando e, considerando-se a energia demandada para tanto, não havia garantia de que ele voltaria à forma com o passar dos anos. Seus talentos dramáticos não o haviam levado além de papéis menores ocasionais[201]. Havia desperdiçado as habilidades cômicas nas tentativas de viver à altura de sua imagem de endiabrado. O fato de que era amplamente amado e adorado apenas por ser ele mesmo, um ser humano caloroso e maravilhoso, ele nunca parecia assimilar.

Nas semanas que antecederam sua morte, abraçava e largava a sobriedade com resultados sempre diversos. Achava que a abstenção era a barreira mais difícil que já encontrara e estava longe de dar como certo que um dia a superaria. Começara a telefonar para os amigos mais próximos, claramente confuso e incerto, e quase sempre aos prantos. Na última noite que passou vivo, Keith foi a uma festa de celebridades que homenageava alguém imortalizado depois de morrer jovem; não é muito controverso sugerir que apenas os astros do rock'n'roll que, *de fato*, morrem jovens po-

---

201 Quanto ao boato mencionado com frequência e amplamente aceito de que ele estava prestes a ser escalado para o filme que viria a ser *A Vida de Brian*, devemos lembrar que ele já havia perdido sua última oportunidade de atuação devido a problemas de saúde.

KEITH MOON

dem ter a imortalidade garantida. Keith, por outro lado, envelhecia rapidamente. Ao contemplar seu futuro naquela noite, o que ele pode ter visto? Será que estava genuinamente empolgado com os projetos cinematográficos e com os "outros" empreendimentos que Shepperton oferecia? Ou será que ele sentia que o futuro do The Who, sob a forma de filmes-retrospectiva e trilhas sonoras, seria cada vez mais um escravo do passado, que a maior banda do mundo encerrara um ciclo e estava prestes a chegar ao fim da linha? Em primeiro lugar, ele nem queria ter ido à festa, ciente demais de que ela estaria repleta de fantasmas de glórias passadas, e a "raiva" que Annette sente que ele possivelmente teve dela por coagi-lo a ir pode ter também contribuído para uma decisão final desesperadora.

E é vital apontar que, embora Keith nunca tenha sido notavelmente suicida como tal, era propenso a tentativas irresolutas de dar cabo de si mesmo, que eram facilmente reconhecidas como gritos por amor e atenção. Não se pode descartar a possibilidade de ele ter calculado mal a quantidade ingerida de medicamentos necessária para outra performance dessas.

É claro que jamais saberemos o que realmente passava pela cabeça dele ao fim de sua vida. Porém, pessoalmente, fico com a maioria que acredita que sua morte foi acidental. Keith Moon amava demais a vida para cortá-la tão brevemente. Era um lutador, um vencedor e, pelo menos até aquela noite fatídica, um sobrevivente.

Um rápido olhar para o outro lado do argumento do suicídio revela todos os motivos que ele tinha para não se matar. Estava apaixonado. Acabara de contar aos amigos sua intenção de se casar de novo; chegara até a conversar com sua possível noiva sobre ter filhos. Estava fazendo as pazes com a idade, demonstrando determinação verdadeira em conter os excessos, contente com o trabalho recente da banda, empolgado com as empreitadas cinematográficas e ainda na esperança de voltar à forma para tornar a sair em turnê. Meses antes, quando a banda ameaçou expulsá-lo e Annette foi embora de casa, ele esteve no fundo do poço; esse, então, teria sido o momento, se é que esse momento chegaria. Agora, com um novo álbum do The Who lançado (e, importante, vendendo bem mais do que

CAPÍTULO 39

sua gênese difícil poderia justificar) e com Annette amorosamente de volta ao seu lado, ele se encontrava mais uma vez no topo do mundo.

É verdade que só é preciso um momento de determinação para tirar a própria vida, mas aqueles que o conheciam bem, até mesmo os poucos que o viram na mais obscura depressão, são impassíveis em afirmar que Keith nunca chegou a contemplar tirar a dele de verdade. Simplesmente não seria de seu feitio[202].

NA SEGUNDA-FEIRA, 18 DE SETEMBRO, O MÉDICO-LEGISTA DE Westminster, o Dr. Gavin Thurston, ouviu o depoimento do professor Simpson, cuja autópsia revelara que havia vinte e seis comprimidos de Heminevrin não dissolvidos no estômago de Keith, dentre um total de trinta e dois. O nível da droga em seu sangue era duas vezes maior do que o considerado perigoso. (O nível de álcool no sangue de Keith mal continha o equivalente a um *pint* de cerveja, o que poderia ser resultado das duas taças de vinho e champanhe que ele bebeu na noite anterior. Não houve indicação de cocaína.) "A quantidade era enorme", disse Simpson, se referindo ao Heminevrin, "o que qualifica uma sobredose imensa."

Havia apenas outras duas testemunhas para uma das figuras mais populares do mundo do entretenimento. Annette Walter-Lax falou quase num sussurro quando relatou as últimas horas de Keith ao tribunal: Keith ficou sóbrio na festa, foi embora no meio do filme para voltar para casa

---

[202] A morte de Michael Hutchence, durante a conclusão da escrita deste livro, lança mais um ponto de interrogação a essa questão, pois ele também era um *rock star* supostamente apaixonado pela vida, cujos amigos juravam que nunca teria contemplado se suicidar, mas que, ao final de uma noite particularmente angustiante, o fez mesmo assim. No entanto, Hutchence deixou pistas verbais claras. Moon, nenhuma. [*O laudo da autópsia de Hutchence determina suicídio como causa da morte, e esta é considerada a causa oficial; porém ainda persiste a tese de que ele teria morrido acidentalmente por asfixia autoerótica, hipótese defendida por sua então esposa, Paula Yates; Hutchence não deixou carta de suicídio; as "pistas verbais" a que Fletcher se refere são, provavelmente, os telefonemas dados pelo cantor momentos antes de sua morte. (N. do T.)*]

mais cedo, acordou às 7h30, se levantou e a acordou para que fizesse café da manhã, presumivelmente tomou mais comprimidos ("Eu não o vi, de fato, tomar os comprimidos", disse ela) e nunca mais acordou. Ela encontrou o corpo dele pouco depois de acordar, às 15h40.

Quanto a ele tomar comprimidos demais, o que ela afirmou que ele quase sempre fazia sem líquido para ajudar a engolir, Annette observou que "ele tinha uma grande resistência, às vezes, por causa da hiperatividade. Às vezes, quando ele tinha dificuldade em dormir, tomava mais um ou dois e então dormia. Tomava mais do que a dose prescrita, mas *não tomava mais do que sabia ser seguro*". Essa última parte do depoimento (itálico nosso) é evidentemente uma inverdade quanto a um homem que ela vira ter overdoses de comprimidos e substâncias diversas, várias vezes. As observações subsequentes que ela fez sobre o caráter dele foram de uma contradição similar: "Ele era muito enérgico, muito ensolarado. Também podia ser bem calmo e relaxado". O que era tudo verdade. Mas a afirmação subsequente de que "ele não sofria de depressão", não era. Embora a maior parte do mundo talvez acreditasse nela pelo que via de Keith em público, Annette o vira desesperançado e miserável com frequência o bastante para saber que ele tinha problemas tremendos nesse sentido.

O Dr. Geoffrey Dymond também pintou o retrato de um homem contente, pouco propenso a cometer um erro fatal. Disse que a saúde geral de Keith estava excelente e que ele costumava ser bem alegre, ocasionalmente muito tenso, mas não depressivo. Observou, porém, que Keith tinha tanta dificuldade em dormir que, de vez em quando, chamava o médico nas primeiras horas da manhã para lhe aplicar injeções. Essa prática incomum – que o uso registrado do plural sugere ter acontecido mais de uma vez, apesar de Annette não se lembrar do Dr. Dymond ser chamado até Curzon Place além daquela primeira ocasião – não foi investigada mais a fundo. Porém, pela própria natureza dela, é de se desconfiar. Gente com saúde geral excelente, que não é depressiva, não costuma ligar para médicos em busca de sedação.

Somando à confusão, Dymond confirmou que havia receitado Heminevrin depois de Keith ter sido internado por estafa e algumas convulsões, resultado, presumia-se, da abstinência de álcool, o que, certamente, indica que ele sabia de alguma coisa, mesmo que não necessariamente muito, sobre o passado de Keith. "Acho que ele tomava uns quatro ou cinco comprimidos toda noite, em vez de dois, e eu o alertei sobre a dependência na droga e pedi que reduzisse a posologia", disse o médico no tribunal. Somos tentados a observar que qualquer alcoólatra confirmado em processo de abstinência já é um expert em – e vítima de – "dependência em drogas"; surpreende que o médico não tenha reconhecido a tentação que seria para um adicto substituir uma dependência por outra.

Depois de ouvir os depoimentos, o Dr. Gavin Thurston concluiu que Keith morrera de overdose de drogas e, num repeteco da investigação da morte de Pete Meaden, apontou que, sem evidência alguma que sugerisse suicídio, estava impelido a registrar um veredito de morte suspeita. O atestado de óbito de Keith, emitido no dia seguinte, descrevia a *causa mortis* da seguinte forma: "Overdose por clometiazol (Heminevrin) autoadministrado, no entanto, sem evidências de intenção. Morte suspeita".

Como se numa vingança por Keith ter mentido com sucesso sobre sua idade por todo aquele tempo, seu ano de nascimento foi registrado em seu atestado de óbito erroneamente como 1945. De repente, os jornais que vinham citando que ele morrera aos 31, agora afirmavam que ele tinha 33. Ele driblou a verdade até na morte.

— ● —

Nada como mortes de celebridades para atrair teorias da conspiração e, no caso da de Keith, algumas delas emanaram surpreendentemente de perto dele. Quase ninguém com quem conversei da organização do The Who durante as pesquisas para este livro sequer mencionou a overdose. Todos tinham o entendimento de que Keith havia engasgado até a morte. Townshend e Entwistle chegaram até a falar oficialmente sobre isso.

A lógica deles é bastante direta e altamente plausível, quando vista da seguinte forma... Keith tomou Heminevrin demais depois de comer filé

KEITH MOON

como desjejum, sua primeira refeição em menos de 12h. Os sedativos o apagaram de imediato. A comida não foi digerida devidamente. Keith, que sabia bem o que era vomitar os comprimidos, a comida ou a bebida, tentou vomitar porções grandes, não digeridas do filé; estava em tamanho estupor, devido à quantidade de sedativos que havia ingerido, que seu organismo não conseguiu concretizar a rejeição estomacal da comida não digerida.

Porém, o fato de essas evidências não terem sido reveladas na autópsia nem a suposição ter sido discutida no tribunal sugere que essa teoria foi elaborada mais adiante, talvez por osmose. (Afinal, do mesmo modo, dizia-se que Mama Cass havia tanto sofrido um ataque cardíaco quanto engasgado num sanduíche de bacon. O fato de ela ter morrido no mesmo apartamento que Keith pode muito bem ter causado certa influência sobre a percepção da morte de Moon.) *Rock stars* têm muitos privilégios médicos, como Keith sabia havia muito, mas autópsias falsificadas não estão entre eles[203].

Além disso, Annette, que nunca ouvira os boatos de sufocamento, fizera respiração boca a boca em Keith depois de encontrar seu corpo e diz que "acho que eu teria visto ou sentido ou ouvido alguma coisa se fosse o caso [*de sufocamento até a morte*]... Consegui levar um pouco de ar a ele, porque ouvi um gorgolejo lá no fundo. Então acredito que sua garganta estava livre".

A morte por sufocamento não é o único boato a correr pelo círculo do The Who. Alguns dos membros mais internos sustentam que Keith estava com uma visita famosa em Curzon Place naquela noite, depois de chegar em casa da *première*. Essa pessoa famosa também está morta agora, o que significa, é claro, que não pode nem confirmar nem negar. E Annette afirma com convicção que tal visita não aconteceu. Não haveria nada de estranho numa visita de madrugada, é claro, a menos que a tal pessoa famosa tivesse trazido bebidas ou drogas que levassem Keith a passar do limite. O boato pode ser

---

203 Pete expressou sua crença no sufocamento de Moon numa entrevista à *Men Only*, em 1988. John Entwistle falou abertamente comigo a respeito: "Até onde sei, ele sufocou no próprio vômito. Não conseguiu vomitar porque os músculos estavam relaxados demais, então se engasgou. É a forma como entendo que aconteceu".

CAPÍTULO 39

surgido a partir do fato de que alguém levou cocaína para Keith mais cedo naquele dia. Embora ele aparentemente tenha consumido um pouco, não foi uma quantidade significativa o bastante para ser incluída na autópsia.

A partir da ideia de que tudo é possível, talvez valha a pena repetir, a essa altura, mais um boato – dos persistentes – sobre a morte de Keith: o de que ele teria, na verdade, morrido na casa de Paul McCartney e que seu corpo teria sido transportado em segredo até Curzon Place. Ao que só se pode responder com o lembrete absurdo de que "Paul está morto".

— ● —

DEIXANDO DE LADO OS TELEFONES SEM FIO, AS SUPOSIÇÕES E AS insinuações, os fatos parecem ser estes: Keith Moon, um homem que passara a vida desafiando o destino de várias maneiras, que incluíam mandar quantidades enormes de bebida pesada e de drogas perigosas goela abaixo, sempre sobrevivendo, morrera de overdose do próprio remédio controlado com o qual tentava se livrar do álcool.

Essa ironia cruel é uma à qual me atenho ao longo dos anos desde 1978, ao longo de toda a minha pesquisa sobre a vida dele, e vejo como uma cartada bizarra do destino, como os deuses levando Keith embora pelo método mais absurdo e contraditório possível. Só agora, em que me encontro tristemente imerso em sua morte, é que percebo que não houve ironia envolvida. O fato de que, como coloca Annette, o Heminevrin deveria ser uma droga "do bem" só importa até o ponto em que Keith talvez pensasse que, como Pete diria posteriormente, "se um me faz bem, oito me farão melhor ainda" (trinta e dois, na verdade). Embora Keith parecesse compreender os perigos de seu vício em álcool e cocaína, pensava havia muito tempo que qualquer coisa que conseguisse por meio de um médico deveria ser inerentemente positiva[204] – embora todos os remédios con-

---

204 Certa vez, ele disse a Larry Hagman: "Não uso nada ilegal – só em grande quantidade!".

trolados venham com alertas e até drogas aparentemente inócuas vendidas sem receita podem matar se tomadas em quantidades suficientes. Seu hiperentusiasmo ou sua alta tolerância autodiagnosticada sempre foram, devemos aceitar, prováveis de levá-lo, independentemente do intuito ou do efeito pretendidos de uma droga.

Do mesmo modo, embora seja atraente afirmar, como tem sido certificado religiosamente, que, depois de uma vida inteira de abuso de álcool, Keith tenha morrido "sóbrio", que naquele exato momento ele estava "conseguindo", "com sucesso", largar a bebida, não é verdade. Ele bebeu na noite em que morreu, e o fato de ter sido uma quantidade ínfima para seus padrões não faz diferença alguma, considerando-se que o Heminevrin não deve ser misturado com álcool de forma alguma. Levando-se em conta o quão flutuante o consumo de álcool de Keith fora durante o período em que ele tomou a droga, é um milagre que ele não tenha se matado antes. Só se pode presumir que, quando ele estava bêbado o bastante, não precisava tomar Heminevrin para dormir, e que, quando ele estava consciente o bastante para tomar os comprimidos na hora de dormir, não estava bêbado. O fato é que, se Keith estivesse vencendo a batalha contra o alcoolismo crônico, não teria precisado do remédio nem teria consumido álcool. Poderia estar sóbrio no instante da morte, mas não sóbrio na época da morte.

O único mistério que resta é por que Keith engoliu tantos Heminevrins naquela noite. Considerando-se que ele os tomava como substitutos do álcool, talvez tenha tomado vários antes de sair, de modo a não ficar tentado pela bebida de graça (o que pode explicar por que alguns perceberam sua fala como arrastada, já que duas doses de álcool não causariam isso); é altamente plausível que ele então tenha se esquecido, ao acordar de madrugada, que tomara um punhado antes de ir dormir. Porém, nenhuma dessas explicações justifica os inacreditáveis trinta e dois comprimidos em seu organismo: Keith devia ter algum entendimento do quanto tomou em cada momento e, presumivelmente (isto é, presumindo que ele quisesse viver) pensou que, como sempre, seu corpo daria conta. Não deu. Assim como Elvis antes dele, seu corpo se cansara do abuso. Dessa vez, se recusou a reagir. O que significa

CAPÍTULO 39

que, por erro ou não, de um jeito ou de outro, ele morreu devido aos seus próprios excessos, e, tristemente, foi isso o que aconteceu.

— ● —

MAS SERÁ QUE A MORTE DE KEITH PODERIA TER SIDO EVITADA? E, se pudesse, naquele 7 de setembro, isso teria servido apenas para adiar o inevitável?

No cerne da primeira questão, está o acesso que Keith tinha à droga que o matou. É difícil negar que, se ele não tivesse um frasco de cem cápsulas de Heminevrin, potencialmente fatais, à mão, decerto não teria morrido naquela noite.

Annette segue eternamente amargurada, o que é compreensível. "Quando é um médico que lhe dá as drogas, você não acha que elas vão matá-lo." Bill Curbishley também insiste que "foi dito a Keith e a mim que não havia efeitos colaterais".

O Dr. Dymond, quando questionado se era incomum dar Heminevrin para um paciente administrar a si mesmo, insiste que "não, naquela época, se dava. Ainda é dado, em certa medida. Mas agora tem se tornado cada vez mais um tratamento apenas hospitalar". Quando questionado se isso vem acontecendo porque, à medida que se conhece melhor uma droga, também se conhece melhor seus perigos, ele concorda. Dymond reforça que sua relação com Moon foi curta, "de provavelmente umas duas semanas, na verdade, no máximo um mês". Só se pode concluir que um médico mais familiarizado com o histórico de Keith talvez tivesse evitado receitar uma droga tão potente.

Mas ele não evitou. E então? Dougal Butler, familiarizado com a tendência de Keith à sobredosagem, diz que "não deixaria aqueles comprimidos à vista. Talvez deixasse um ou dois com ele, aos cuidados de Annette, e dito: 'Se ele precisar, eles estão no alto do armário da cozinha', e guardado o restante comigo". É fácil retrucar que isso é meio óbvio em retrospecto, mas é fato que, enquanto esteve sob os cuidados de Dougal, Keith não morreu.

Annette, que era a pessoa mais próxima de Keith, estava numa posição difícil; por mais que afirme que teria jogado fora a droga se soubesse dos perigos envolvidos, era a parceira submissa da relação e não havia sido capaz de prevenir overdoses anteriores na ausência de Dougal (embora tenha, subsequentemente, o salvado em pelo menos duas dessas ocasiões). E Richard Dorse não fazia questão de restringir ou esconder as drogas de Keith da forma como se sabia que Dougal fazia.

Annette defende o que ela acredita ser uma preocupação genuína de Dorse por Keith: "Acredito que ele era um homem bom".

Bill Curbishley pensa o contrário. "Desde então, pensei muito nisso. Acho que ninguém teria impedido Moon de morrer da forma como ele morreu, ninguém poderia ter atendido a ele, então, certamente, não posso culpar ninguém pelo que aconteceu, mas tendo a sentir que não teria acontecido se Dougal estivesse lá. O que quero dizer é que não acho que [*Dorse*] levava o bem-estar de Keith à risca da forma como Dougal levava. Dougal amava Moon. Para Dorse, era só um emprego."

Os dois grandalhões claramente não se davam bem. "Antes do fim, antes de Keith morrer", diz Curbishley, "algo aconteceu. Eu estava no restaurante Mortons, Dorse chegou e disse alguma coisa espertalhona a alguém, e eu já estava de saco cheio daquele porra do Dorse, então defendi a pessoa e mandei o Dorse se foder... Basicamente, eu sempre soube que Dorse era um covarde. No fim das contas, íamos entrar numa briga, então falei: 'Vamos lá, então, vamos lá fora'. Ele manteve a pose dentro do bar, na frente de toda aquela gente, mas quando fomos para fora, se cagou todo. Isso me disse muito a respeito dele."

Porém, se Curbishley tinha problemas com Dorse, optou por não demiti-lo, o que certamente estava ao seu alcance. Em sua defesa, ele aponta que "eu ficava no escritório das 10h às 20h todos os dias, me virando entre telefonemas e reuniões variadas. Não dá para ficar de olho numa pessoa o tempo todo. É por isso que elas têm assistentes e secretários. Você sai para fechar os negócios e ganhar dinheiro para elas, depois precisa de um contador para cuidar desse dinheiro. E, infelizmente, na maior parte do tempo não lida com pessoas adultas".

CAPÍTULO 39

Tudo isso é verdadeiro o suficiente. A organização do The Who, Pete Townshend em particular, intervira um bom tanto em prol da saúde de Keith. Mas também largou mão com a mesma frequência. Havia muita coisa acontecendo, e, agora, eles tinham suas próprias famílias para cuidar, então não era possível ficar de olho no irmão mais novo 24h por dia. Não compactuo da crença de Dave Marsh, sugerida em *Before I Get Old*, de que o The Who deixou Keith seguir seu caminho porque os britânicos veem o vício como parte da natureza de alguém, em vez de tratá-lo como um problema psicológico, como os norte-americanos tratam (vale notar que o período mais danoso de Keith não foi na Grã-Bretanha, e sim na Califórnia). Deve estar óbvio para qualquer um que leu até aqui que a organização do The Who se preocupava profundamente com Keith e tentou ajudá-lo com frequência. Ainda assim, considerando-se que os problemas de Keith eram muito bem sabidos e de tamanha preocupação em seu meio, é um tanto quanto desconcertante que a organização não tenha colocado profissionais de sua escolha e seu conhecimento nas funções críticas de guarda-costas e médico para cuidar dele e fornecer relatórios diretos durante esse difícil período de reabilitação no Reino Unido e de batalhas constantes contra o vício.

Considerando-se que os comprimidos *não* foram escondidos dele, a única maneira de Keith ter sobrevivido àquela overdose seria se Annette estivesse na cama com ele naquela manhã, quando ela poderia talvez ter sentido algum movimento brusco que teria indicado um problema e fosse capaz de levá-lo ao hospital, como havia feito no passado (mas também poderia não ter havido movimento algum). A grosseria de Keith ao exigir que ela preparasse um filé, diz ela, não a levou a dormir no sofá; foi o ronco dele. Isso, presumivelmente, significa que Keith não estava tão bravo por ter ido à festa a contragosto, ou com nenhuma suposta afronta da parte de Annette, para ser levado a tomar deliberadamente uma sobredose num grito costumeiro por atenção, como fizera tantas vezes antes, esperando receber mais uma vez uma lavagem estomacal e mais uma vez ter o amor por ele proclamado, sem saber que, dessa vez, estava fazendo o trabalho direito. Porém, sem a possibilidade de perguntarmos a ele, essa suposição nunca poderá ser totalmente descartada.

Para Annette, a vida de Keith foi interrompida no meio de uma sentença. As ideias que ele vinha trocando com ela nos últimos dias, prevendo uma vida normal juntos, o arroubo encorajador de sobriedade, o comportamento maravilhoso naquela última noite, levantam mais perguntas do que respostas para ela. "Ele simplesmente morreu cedo demais para eu saber o que estava planejado", diz. Nas batalhas finais com a bebida, "ele se esforçou mais. Não foi sempre bem-sucedido, mas se esforçava mais. Mesmo. Acho que, se ele tivesse sobrevivido àquela noite fatal, provavelmente ainda estaria aqui".

Esta permanece sendo a maior hipótese de todas. Se ele tivesse vencido as dificuldades no dia 7 de setembro de 1978, não é provável que aquele corpo envelhecido tivesse desistido da próxima vez que ele desafiasse o destino de forma um pouco arriscada demais? E, com todas as insistências de que Keith estava virando a página à parte, não é provável que ele, *de fato*, desafiasse o destino de novo?

Alguns dias depois da morte de Keith, John Entwistle pareceu reconhecer isso. "Acho que alguém olhou lá de cima para ele e disse: 'OK, esta foi a sua nona vida.'"

Pete Townshend disse basicamente a mesma coisa em sua declaração oficial. "Keith sempre pareceu tão perto de explodir no passado, que nos acostumamos a viver com essa sensação. Mas, desta vez, Keith não sobreviveu, não conseguiu dar a volta por cima, não pulou da sacada e caiu inteiro."

As palavras de ambos, Townshend e Entwistle, capturavam a dicotomia da morte do amigo, o senso de choque que atingiu tanta gente ao receber a notícia – que, embora sempre tivesse parecido inevitável, era, mesmo assim, inimaginável.

"Foi uma surpresa colossal", diz Chris Stamp. "Porque Keith era tão magnífico, uma pessoa tão viva. Se havia duas palavras para descrever Keith Moon, eram 'vivo' e 'coração'. E então ele morreu. Além disso, havia sua resiliência e sua força. Ele tinha toda uma reserva de força, e sempre retornava."

CAPÍTULO 39

"Fiquei chocado, mesmo sabendo que ele estava com problemas", diz Bill Curbishley. "Não achava que alguém ia morrer diante de nós com 30 e poucos anos."

Eu poderia repetir tais comentários quase *ad infinitum*. Ouvi-os de todo canto ao conversar sobre Keith. O exemplo mais sucinto talvez venha de Alice Cooper, que conheceu Keith ao longo dos dez últimos anos de vida do baterista. "Não fiquei surpreso quando Jim Morrison morreu. Não fiquei surpreso quando Janis Joplin morreu. *Fiquei* surpreso quando Keith Moon morreu. Porque ele não desejava morrer; ele se divertia demais em vida."

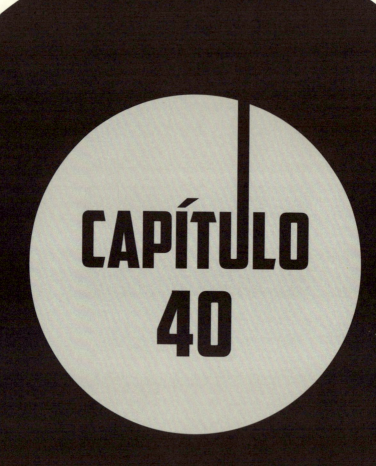

A morte de Keith Moon deu vida ao The Who. Ou pelo menos é o que parecia ser a primeira camada de verniz passada sobre a perda trágica por seus muitos amigos e parceiros.

"De certa forma, foi como um sacrifício", disse Roger Daltrey a Dave Marsh, para a *Rolling Stone*, que foi enviado a Londres e teve acesso ao grupo enlutado alguns dias depois da morte de Keith. "Podemos fazer o que quisermos agora. Tenho sentimentos esquisitos. Sinto-me incrivelmente forte e, ao mesmo tempo, incrivelmente frágil."

A sensação subjacente parecia ser a de que Keith, de algum modo, prendia a banda a uma sonoridade, a uma imagem e a um estilo de vida que os demais membros haviam deixado para trás. Que, sem ele, estariam livres dessas amarras, inspirados a fazer algo diferente da lenda que quase sempre carregavam como um fardo. Pete disse isso de forma bastante direta em questão de alguns meses. "Ironicamente, o falecimento de Keith foi uma coisa positiva", falou a Chris Welch, para a *Melody Maker*, em janeiro do ano seguinte. "Significava que era impossível continuarmos amarrados às tradições do The Who... Sinto-me muito empolgado com o fato de o The Who ser uma banda bem estabelecida, com uma história tremenda, mas, de repente, estamos no meio do nada – uma nova banda. Isso me empolga muito."

Em novembro, o The Who contratou oficialmente Kenney Jones para o posto de Keith. "Não poderia ser mais ninguém, na minha opinião", disse Townshend, convicto. Posto que os Small Faces foram contemporâneos do The Who, que as duas bandas fizeram turnês juntas e se davam bem, e que Jones agora estava disponível, tudo fazia sentido. Além disso, ele tocara com sucesso com o The Who *sem* Keith na trilha sonora de *Tommy*.

Jones, porém, não tocava *como* Moon. Enquanto Keith defenestrava a técnica, Kenney tratava as regras com reverência; era um músico sólido, afiado, sem firulas. O The Who parecia aliviado com isso, acreditando que a ortodoxia de Jones poderia apontar a batida para a direção que quisessem.

O The Who imediatamente tornou Jones um membro oficial da banda, garantindo a ele parte igual dos lucros dos trabalhos futuros que fariam juntos. Era o tipo de proposta de trabalho sólida que o próprio Keith alegava nunca ter recebido ao entrar na banda (embora, é claro, ele tenha sido um parceiro igualitário o tempo todo), ia contra as declarações da banda feitas imediatamente após a morte de Keith e fora feita em grande parte por insistência de Townshend, que tinha a segurança de continuar a receber os lucros extras de direitos autorais.

"Roger resistiu muito para Kenney ser incluído como quarto membro da banda", Townshend admitiu a Charles Young, da revista *Musician*, uma década depois[205]. "Queria que Kenney recebesse um salário. Eu disse: 'Não, não estou pronto para isso. Significa que ainda estamos no controle do The Who. É como se estivéssemos numa peregrinação para encontrar Keith. Para ser bem desagradável, estou meio contente que Keith tenha partido. Ele era um pé no saco. A banda não estava funcionando. Esta é a chance de fazer algo novo.'"

Se Keith talvez tenha se revirado no túmulo ao ouvir o quão rapidamente foi descrito publicamente como um "sacrifício" e privadamente como "um pé no saco", por ninguém menos que seus companheiros de banda, provavelmente teria se levantado da tumba para impedir Townshend de seguir seus instintos mais adiante. Na tentativa da banda de se libertar – ao que a instalação de Jones como membro permanente era uma contradição patente –, decidiram contratar um tecladista. E consideraram seriamente Ian McLagan. "Eu queria ele", disse Townshend, em janeiro de 1979. "Ele é um bom guitarrista também. Estava bem disposto a contratá-lo."

Cabeças mais sábias prevaleceram e o convite nunca foi feito oficialmente (o trabalho acabou ficando com John "Rabbit" Bundrick). McLagan já estava

---

205 Se foi o caso, Daltrey não trouxe a público sua opinião. "O The Who é uma banda novamente", disse ele quando do anúncio em novembro. "Sem baterista, não somos uma banda. Kenney entra no grupo como membro oficial." Em seguida, falou da necessidade de seguir em frente. "Quando Keith morreu, não pensei em nos separarmos. Por que deveríamos? Temos tudo a nosso favor. Só não seremos tão divertidos quanto antes."

CAPÍTULO 40

em turnê com os Rolling Stones. E ele e Kim haviam decidido se mudar para a Califórnia. De fato, para facilitar as questões de imigração, se casaram.

Não era algo que haviam planejado antes da ideia da mudança para os EUA surgir e não era algo que eles *poderiam* ter planejado. "Se quiséssemos ter nos casado antes de Keith morrer, estaria completamente fora de cogitação", diz Kim, se referindo à recusa constante de Keith, mesmo depois de tantos anos, de aceitar que ela poderia se apaixonar por outro homem. Mas agora, de algum modo, tudo fazia sentido. Casaram-se no papel no cartório de Wandsworth, no dia 9 de outubro de 1978.

No primeiro casamento, Kim usara branco, mas fora forçada a manter segredo. Dessa vez, a união foi pública – a foto do casal chegou à imprensa nacional –, mas, em respeito ao falecimento de Keith, usou preto. E Kathleen Moon, em homenagem à nora que sempre amara como qualquer outro familiar, esteve presente e deu sua bênção ao casal. Mac lembrou a ela dos momentos mais solares de Keith. Ela diria a Kim sobre seu novo relacionamento: "É uma pena que não tenha sido assim com meu filho".

A duas Sras. Moon (embora Kim agora tivesse se tornado McLagan) foram apontadas como responsáveis pelo espólio de Keith. A ausência de testamento – aquele que ele havia rasgado quando Annette foi embora temporariamente não havia sido testemunhado, de qualquer modo – significava que Keith havia morrido intestado. Não surpreendentemente para um dos maiores gastadores do mundo do rock, de início ele deixou consideravelmente mais dívidas do que dinheiro na conta.

Os empresários do The Who lidaram com alguns dos débitos. Entre aqueles quitados estava a conta com a Asprey. "Era uma conta de 7 mil e eles não veriam esse dinheiro enquanto ele estivesse vivo", diz John Wolff. "Mas, depois que ele morreu, de jeito nenhum deixaríamos essa mancha no bom nome dele." Os joalheiros ficaram tão extasiados por finalmente serem pagos, que deram a Wolff um relógio de ouro em agradecimento.

Os débitos eram consideráveis na Califórnia também, onde Keith ainda tinha contas não pagas que iam de tratamentos psiquiátricos a decoração de interiores. A intenção de Ian e Kim era vender a casa em Trancas para quitar essas dívidas e colocar o dinheiro numa poupança para Mandy, que, como única descendente de Keith, seria a herdeira de quaisquer fundos que viessem a entrar. Porém, os recém-casados foram aconselhados por seu advogado californiano a ficar com a casa por enquanto. Numa tacada que fazia um sentido perverso para uma vida e uma morte tão contraditórias quanto as de Keith Moon, Ian e Kim se mudaram para Los Angeles e prontamente se instalaram na casa vazia de Keith, na Victoria Point Road. Moraram lá por dezoito meses, enquanto Kim ajudava a estabelecer o espólio de Keith Moon e Mandy descobria um novo hábitat na costa do Pacífico. A casa foi vendida em 1980 por exatamente 1 milhão de dólares; o que parecera seu maior devaneio acabou sendo o único investimento inteligente de Keith[206].

— ● —

ANNETTE WALTER-LAX FOI ERRONEAMENTE INFORMADA QUE PODEria tomar posse da propriedade em Trancas por ser a parceira de Keith Moon em união estável no período em que moraram lá, mas ela decidiu não seguir adiante com isso. "Eu estava em luto", disse. "Dolorida. Não estava em condições de lutar por coisas materiais naquele momento."

A curto prazo, o The Who a tratou como viúva de Keith, de qualquer forma. Depois de ela ter passado várias semanas na casa da amiga Sally Arnold, a instalaram por um mês na suíte nupcial no ultraluxuoso hotel Blake's, em Kensington. Quando ela estava pronta para seguir em frente, compraram um carro para ela (que escolheu um Honda Civic) e bancaram o aluguel de um apartamento (ela escolheu um pequeno, de um quarto – em Knightsbridge).

---

206 Com o dinheiro, o espólio foi capaz de pagar as dívidas de Keith na Califórnia, entre elas, uma conta de 18.884 dólares, do Cedars Sinai, por quatro períodos distintos de "serviços médicos e afins" prestados a Keith Moon entre fevereiro e julho de 1977; e uma de 5.375 dólares, do médico Thomas Finkelor. O espólio na Califórnia ficou com um total de 435 mil dólares, depois que todas as dívidas foram quitadas.

CAPÍTULO 40

Tentou não pedir muito e, no final, não ficou com tudo o que talvez pudesse. Foi até Shepperton para examinar os pertences particulares de Keith e vê-los "jogados num canto de uma sala, como um container cheio de destroços", foi demais para ela. "Simplesmente fui embora. Não tive forças."

Por fim, Annette voltou ao circuito social. Conheceu Gareth Hunt, ator que havia ficado famoso nos anos 1970 com a série de TV *The New Avengers*. Engravidou, mudou-se para Surrey com Hunt e casou-se com ele, com quem teve um filho, Oliver. Em algum momento no início do relacionamento, a organização do The Who reconheceu que ela voltara a caminhar com os próprios pés e a tirou da folha de pagamento. Foi o fim do relacionamento dela com a banda.

Não, porém, com a memória do baterista. No início de 1981, ela vendeu a história de sua vida amorosa com Keith ao *Sunday Mirror*, um dos tabloides britânicos mais vendidos.

Diz ela que precisava do dinheiro — embora tivesse acabado de se casar com um ator relativamente bem-sucedido, de forma que poderíamos pensar que não fosse o caso. Seria mais adequado dizer que ela sentia que *merecia* o dinheiro, que, embora tenha sido bem cuidada pelos empresários logo após a morte de Keith, estava magoada por outras pessoas terem se tornado as beneficiárias da renda de Keith; ela, que ficara ao lado dele por quatro traumáticos anos, com quem ele anunciara a intenção de se casar e, diz ela, para quem ele teria deixado boa parte de sua fortuna num testamento escrito, não recebeu nenhuma recompensa permanente. Não surpreendentemente, vinha sendo rondada pela imprensa para contar sua história desde a morte de Keith e recusava com firmeza. No fim, porém, "eles me fizeram uma proposta que eu *não podia* recusar".

A série de reportagens resultante foi publicada num estilo tipicamente escandaloso de fofoca — embora o conteúdo em si não tenha sido mais revelador do que qualquer coisa que ela contou para este livro —, propagando, portanto, a imagem de "Moon, o Lunático" e enfurecendo a família de Keith.

Kathleen Moon ficou particularmente estupefata. "Você tem seu próprio filho agora", disse ela a Annette. "Pense como deve ser ler esse tipo de coisa publicada sobre seu filho. E você disse que o amava." Foi o fim da relação de Annette com os Moons.

Dougal Butler deu um passo além de Annette. Com dificuldades financeiras, em grande parte pelo ano inteiro que passou nos EUA sem receber, vendeu a história de suas façanhas com Keith para um livro, publicado em 1981, como *Moon the Loon*, no Reino Unido; e *Full Moon*, nos EUA. Embora as descrições explícitas das atividades sexuais, do alcoolismo e do vício em drogas de Keith tenham servido para afastá-lo tanto da banda quanto da família, e embora muitas das anedotas tenham sido deslocadas no tempo e no espaço, aumentadas ou combinadas a outras, o livro (escrito com a ajuda de dois *ghost-writers*) chegou ao coração de muitos fãs de Moon que apreciaram a forma como o estilo de narrativa loquaz e ultrajante parecia refletir o caos da própria vida de Keith.

O NOVO THE WHO, AGORA COM KENNEY JONES, NA BATERIA; E "Rabbit" Bundrick, nos teclados, "veio à tona" no Rainbow, em Londres, no dia 2 de maio de 1979, oito meses depois da morte de Keith. Na semana seguinte, foram para o Festival de Cinema de Cannes, para se apresentar e promover *The Kids Are Alright* e *Quadrophenia*, que agora já estava pronto para ser lançado. *The Kids Are Alright*, gloriosamente anárquico tanto nas performances da banda quanto na falta de roteiro ou narrativa, cimentou a lenda do The Who e imortalizou ainda mais Keith, que já seria o astro do filme antes mesmo de sua morte tornar a película algo como um memorial público. *Quadrophenia*, que começara a ser produzido poucos dias depois da morte de Keith, coincidiu com um *revival* mod de larga escala entre os adolescentes britânicos, para o qual o The Who foi uma influência predominante e um dos principais beneficiadores. Quando esse *revival* passou, *Quadrophenia*[207] ainda era um filme

---

[207] Keith foi devidamente creditado como "Produtor Executivo" de *Quadrophenia*, junto a seus antigos companheiros de banda, nenhum dos quais aparece fisicamente no filme.

CAPÍTULO 40

incrivelmente emotivo e realista sobre crises de identidade adolescentes e veio a se tornar um dos maiores clássicos cult do cinema britânico.

Ambos os filmes foram acompanhados por álbuns duplos de trilha sonora, e o de *Quadrophenia* foi o primeiro a trazer gravações da nova formação do The Who (três canções extremamente medianas, não muito mais do que encheção de linguiça). No ano seguinte à morte de Keith, o sucesso considerável dos diversos álbuns e filmes garantiram que, posto que ele não estava mais aqui para gastar os lucros da noite para o dia, Moon se tornasse, na morte, o ricaço que ele sempre achou que fosse em vida.

Enfim chegou a hora de olhar para o futuro. O The Who tocou no estádio de Wembley em agosto, local que Keith decerto teria adorado conquistar, e depois fez uma semana de shows em Nova York e Nova Jersey. A reação extasiada do público sugeria que, mesmo sem Keith, a dinâmica que fazia da banda um dos maiores espetáculos do rock ainda estava ali. Tamanhos foram a resposta e o senso de rejuvenescimento, que Pete Townshend, tão teimosamente oposto à ideia enquanto Keith estava vivo, foi convencido a voltar a sair em turnê.

Com esse fim, o The Who retornou aos States em dezembro de 1979. No dia 3 de dezembro, no Riverfront Coliseum, em Cincinnati, onze fãs foram mortos durante o que se chamou de "pisoteio" daqueles que queriam garantir em primeiro lugar à entrada aos "assentos de festival" (um eufemismo para assentos não numerados) da arena. O "pisoteio" foi mais uma histeria desesperada oriunda de milhares de fãs enfileirados diante da arena sob temperaturas congelantes, num design afunilado perigoso, empolgados pelo formato de assentos gerais na pista da arena, pela musicalidade da banda, que passou som à tarde, e pelo número limitado de portões abertos. Dessa forma, é possível argumentar que tal tragédia poderia ter acontecido a qualquer banda de intensidade e status lendários similares nos EUA, em particular no Riverfront, que já chegara perto disso acontecer várias vezes e ignorou. Ainda assim, o destino ditou que acontecesse com o The Who. Pelo menos Keith Moon, que contribuíra tanto para o status de lenda da banda, não precisou viver com essas mortes na consciência. A memória de Neil Boland já havia sido o bastante para persegui-lo até uma sepultura precoce.

Pete Townshend enfim gravou um álbum solo de verdade: *Empty Glass*, lançado na primavera de 1980, que traz a maioria das canções que ele compôs nos dois anos anteriores e teve um sucesso considerável tanto comercial quanto de crítica, em particular nos EUA. Solo, Townshend parecia capaz de se apresentar como um superastro frágil, introspectivo e maduro, que revelava suas forças e fraquezas com integridade lírica e arranjos sublimes. Enquanto isso, o The Who pós-Moon parecia ser uma grande banda ao vivo, que tinha dificuldade em trazer essa empolgação às gravações. O álbum *Face Dances*, lançado no início de 1981, conta com algumas canções pop passáveis, incluindo o hit "You Better You Bet", que ajudou a vender o disco tão rapidamente quanto qualquer outro na história do The Who, mas a banda não ficou orgulhosa do trabalho e, de fato, foi rápida em desaboná-lo.

Quando, no dia 25 de setembro de 1980, o colega de baquetas e copo de Keith, John Bonham, morreu asfixiado depois de tomar muitas doses de vodca a mais durante uma bebedeira, aos 33 anos, o Led Zeppelin não adiou a decisão nem procurou substitutos. O mais consistentemente bem-sucedido grupo de rock dos anos 1970 terminou de imediato.

Agora, mais do que nunca, o aparente otimismo recém-encontrado de Pete se parecia demais com uma traição fria. Seus comentários empolgados sobre o futuro feitos logo após a morte de Keith, sua insistência em tornar Kenney Jones um membro fixo, sua súbita disposição a voltar às turnês – e sua aparente despreocupação com a tragédia em Cincinnati, como demonstrada numa entrevista desnaturada à *Rolling Stone*, em junho de 1980 –, tudo isso parecia insultar a memória do homem que fora, para os fãs, o coração e a alma da banda.

Somente depois de um período considerável de tempo ficou claro que a aparente positividade de Pete era, na verdade, pura negação. Com o fa-

CAPÍTULO 40

lecimento de Keith, ele perdera não só um de seus melhores amigos, mas também seu fiel mais fervoroso, seu defensor mais bravio. E, mais do que isso, perdera seu amálgama. Enquanto Moon estava vivo, se Townshend quisesse se meter em travessuras ou aventuras – como frequentemente queria –, bastava buscar Keith. O mais provável era que ele saísse ileso do caos inspirado pela dupla e deixasse Moon levar a culpa (com o que Keith não se importava; isso só somava a seu mito).

Porém, quando Keith morreu, não havia ninguém com quem Pete contrastar dessa forma. Sem sua alma gêmea, perdera o autocontrole. A recapitulação do estilo de vida das turnês, as mortes em Cincinnati e a decisão quase insana de gravar um álbum solo paralelamente a um do The Who se combinaram à perda de Keith para levar Pete a passar dos limites. Ninguém percebeu muito bem o que estava acontecendo até ser quase tarde demais, mas, passo a passo, Townshend estava absorvendo a *persona* de Moon somada à sua. Era como se depois de anos de desabonar e denunciar publicamente os excessos e as fraquezas de Keith, ele se sentisse compelido, com a morte do amigo, a repeti-las.

Logo, as personalidades dele e de Moon nem mais coexistiam: os piores aspectos de Keith pareciam tê-lo dominado por completo. Townshend se transformou no bobo da corte, em vez do professor; no errante, em vez do espiritualista; no destruidor, em vez do buscador; e no adúltero, em vez do pai de família que havia se tornado. Adotou o estilo de vida de casas noturnas e do *jet set* de forma mais flagrante do que Keith jamais adotara, foi fotografado sendo expulso de clubes da moda nos braços de jovens loiras, para o horror de sua fiel esposa e de seus filhos e, com isso, incrementou seus hábitos de bebida até virar por completo o alcoólatra confirmado que Keith sempre fora. Nesse ponto, começou a usar cocaína com uma ferocidade que teria chocado até a Moon, algo que ele parecia fazer numa clara imitação do baterista.

"Está tudo bem pro Keith", murmurou ele, em meio aos dentes cerrados a seu colega de escola de arte Richard Barnes, quando confrontado no *backstage* durante a turnê do The Who pelos EUA, em 1980. "Por que ele

KEITH MOON

tem de ficar com toda a glória?" No voo de volta ao Reino Unido, ao final da turnê, Pete se comportou tão vergonhosamente quanto Keith sempre fez em viagens. Durante a turnê britânica mais longa da história do The Who, no palco do Rainbow, em fevereiro de 1981, bebeu quatro garrafas de brandy numa tentativa quase bem-sucedida de provocar Roger a brigar com ele.

A morte esquálida de Kit Lambert, no dia 27 de abril de 1981, de uma hemorragia cerebral, decerto causada quando ele tomou uma surra num bar gay de Londres duas noites antes, não causou efeito algum para trazer noção a Pete. Em vez disso, ele deu um passo à frente no autoabuso, cruzando a linha rígida que Keith demarcava (mas Kit, notadamente, não): se tornou viciado em heroína.

É fácil julgar e dogmatizar a estupidez dele, mas Pete deve ter se sentido verdadeiramente desertado. As três maiores influências de sua vida profissional e criativa – Pete Meaden, Keith Moon e Kit Lambert – haviam morrido num intervalo de pouco mais de um ano e meio, todos por "se meter com drogas e álcool", como ele mais tarde descreveria a causa da morte de Keith. Parecia desejar pouca coisa além de segui-los na mesma espiral descendente até o oblívio.

Causa e efeito continuaram a se enredar quando Pete descobriu, na primavera de 1981, que, apesar de ter composto cinco álbuns campeões de vendas nos últimos dois anos e meio, tinha meio milhão de libras em dívidas. Para além do The Who, Pete seguira seu idealismo no que via como uma direção lógica, montando uma editora, um estúdio de gravação, uma livraria, um centro do Meher Baba e até uma frota de barcos. Assim como os Beatles com a Apple, porém (diferentemente da The Who Group of Companies sob a direção de Bill Curbishley), não havia uma estrutura de negócios estabilizada para incentivar lucros e, com Pete permanentemente saindo para o almoço, não demorou muito, ele viria a admitir, até que "as pessoas estivessem gastando meu dinheiro mais rápido do que eu conseguia ganhá-lo".

Sua reação imediata foi simplesmente se lançar ainda mais fundo no abismo. À medida que corria a notícia de que Townshend havia chutado o balde, estava dançando com a morte, jogando tudo fora numa única indul-

CAPÍTULO 40

gência sem-fim, parecia de verdade que toda aquela cruzada do rock fora uma batalha sem sentido. A opinião popular era a de que indivíduos como Keith Moon haviam nascido para ser réprobos decadentes. Porém, se o aclamado Pete Townshend não era capaz de dar o exemplo contrário, ninguém seria. (Embora, é claro, as pressões dessa responsabilidade tenham sido, em parte, o que o levou a descarrilhar em primeiro lugar.)

Townshend por fim deu a volta por cima depois de uma overdose quase fatal numa casa noturna londrina três anos e um dia após a morte de Keith. Internou-se numa clínica em novembro de 1981 e, no Ano-Novo de 1982, foi para San Diego, para onde Meg e George Patterson haviam transferido seu consultório, para um programa de quatro semanas para tratamento de abstinência de drogas. A ironia de buscar ajuda com as mesmas pessoas a quem ele enviara seus amigos Eric Clapton e Keith Moon não passou batida por ele.

Sua depressão foi capturada em seu álbum solo experimental *All the Best Cowboys Have Chinese Eyes*, lançado no início do verão de 1982; sua quase falência se revelou no álbum seguinte de estúdio do The Who, *It's Hard*, lançado poucas semanas antes. Os outros três membros do The Who acusaram Pete de roubar suas melhores composições para seu próprio álbum, e ele, em resposta, os desafiou, perguntando que tipo de músicas queriam, declarando que as comporia sob medida. Tal processo ia contra toda sua corrente outrora idealista, e o resultado foi um álbum de rock de arena preguiçoso, ausente de alma, significado e até conteúdo, a única vergonha real da carreira do grupo, lamentavelmente[208].

Porém, recém-sóbrio, Pete, plenamente ciente do declínio do The Who, determinou-se a enriquecer novamente. Depois de vender seus negócios que lhe traziam prejuízo para conseguir algum dinheiro de imediato, se comprometeu a mais uma turnê pelos EUA. Ao longo de três meses, que terminariam no Natal de 1982, o grupo cruzou o país tocando nos

---

208 É claro que isso não impediu que o álbum vendesse aos baldes nos EUA. No Reino Unido, o público da banda enfim pressentiu alguma coisa. *It's Hard* foi o primeiro álbum do The Who a não entrar no top 10 desde *Sell Out*; o primeiro compacto, "Athena", só chegou à 40ª posição.

KEITH MOON

maiores estádios a céu aberto, num clima quase sempre lastimável, para públicos de quase 100 mil pessoas por noite, por um único motivo real: o dinheiro. As gravações dessa turnê, lançadas como um álbum duplo ao vivo e um vídeo, foram quase que uniformemente tediosas e pouco inspiradas. *Who's Last* é o pior do The Who.

O grosso da culpa pelo declínio artístico da banda caiu sobre os ombros de Kenney Jones. Sua técnica disciplinada era tão distante da de Moon, que amarrava o The Who a uma formalidade rígida muito mais do que o status lendário supostamente cerceador da banda já fizera. Era tão ortodoxa, que não conseguia nem energizar nem encorajar à experimentação. O ceticismo cada vez maior do público quanto à adequação de Jones se somava a seu próprio conflito interno por aprovação. "Eu simplesmente nunca achei que ele fosse o baterista certo para o The Who", disse Roger Daltrey à revista *Musician*, em 1989. "Kenney era a simplicidade em pessoa... não era capaz de fazer nada mais do que fazia."

Não se pode negar que Jones privava o The Who de seu fervor habitual. Porém, naquela turnê, a banda toda estava morna. Era rock como comércio, não rock como rebelião. Era uma turnê de trabalho, não de diversão. Townshend estava recém-sóbrio. Daltrey já não bebia em turnê mesmo. Kenney Jones seguiu o mesmo caminho, em parte para apaziguar a animosidade de Daltrey em relação a ele. Só John Entwistle estava a fim de festa, e não tinha mais Moon para se juntar a ele. É de se perguntar o que Keith teria pensado disso tudo e como ele teria soado se tivesse desassociado tocar bateria da bebida e das drogas por qualquer período de tempo em seus 30 e poucos anos.

Os três membros sobreviventes enfim aceitaram que a morte de Keith fora o fim de um sonho. Qualquer aspecto desse sonho que não tivesse sido concretizado seria agora abandonado. Townshend pagou para que ele e Kenney Jones saíssem do contrato que a banda acabara de assinar. As diversas companhias do The Who foram vendidas ou encerradas. Embora tenham evitado declarar publicamente, o The Who havia se separado. Foi preciso uma tentativa espirituosa de rejuvenescimento para descobrirem

CAPÍTULO 40

que, sem Keith Moon, "nosso maior comediante, o melodramático supremo... o baterista mais espontâneo e imprevisível do rock", como Pete o descreveu logo após sua morte, não eram nem a sombra da banda que um dia foram. Assim como a entrada de Keith, lá em 1964, resultou numa melhora exponencial, sua perda resultou num retrocesso exponencial.

Porém, haviam tentado. "Depois que o filme de *Tommy* saiu, o The Who, enquanto empresa, ganhou, provavelmente, 6 milhões de libras por ano", disse Pete Townshend à revista *Jamming!*, em 1985, resumindo os anos finais da banda. "Com esse dinheiro, compramos um monte de equipamento de palco, uma porção de caminhões, os estúdios Shepperton e começamos a investir em filmes. Foi ótimo enquanto durou, até que Keith morreu. Foi uma pena, porque Keith estava se divertindo muito. Num dado momento, parecia que todos nós estávamos prestes a nos tornar magnatas do cinema, e aí ele morreu. Foi muito inconveniente; o *timing* dele ficou meio fora, no fim."

O The Who se reuniu mais uma vez para o Live Aid, em 1985, e ainda outra para uma premiação televisionada no Reino Unido, em 1987, e em ambas estava pouco ensaiado e aquém de seu potencial. Daltrey e Entwistle nunca abandonaram a ideia de se reunir devidamente, mas tampouco esperavam muito que acontecesse. Porém, no início de 1989, por vários motivos, dentre os quais a remuneração financeira, de fato, aconteceu. A turnê de 25 anos da banda passou pelos obrigatórios estádios de futebol dos EUA naquele verão e por algumas cidades britânicas no outono e se tornou uma das maiores geradoras de dinheiro da década.

Enfim reconhecendo a futilidade de tentar reviver a juventude, o The Who tocou com quinze músicos, incluindo uma seção de metais, *backing vocals* e um segundo guitarrista, já que a audição de Townshend estava deteriorada a ponto de ele ser forçado a tocar apenas violão no lado "quieto" do palco pela maior parte do show. Na bateria não estava Kenney Jones, com quem Daltrey se recusou a tocar, e sim o músico de estúdio Simon Phillips (e havia ainda um percussionista adicional). Embora Phillips não tivesse crescido ouvindo a música do The Who, seu *background* no jazz o permitia sustentar com sucesso o legado de Keith Moon. Em outras palavras, os talentos de Moon eram tão singulares, que foi preciso um músico-artista altamente reconhecido do calibre de Phillips para imitá-los com precisão.

No dia 17 de janeiro de 1990, o The Who foi introduzido no Rock 'n' Roll Hall of Fame, o que significava permanência num novo museu construído em Cleveland e a presença numa cerimônia *black tie* no hotel Waldorf Astoria, em Nova York. No mesmo ano em que o The Who foi introduzido, os Kinks também foram, e o contemporâneo e amigo de Keith, Bob Henrit, que agora tocava para a banda do norte de Londres que influenciara o The Who tantos anos atrás, se sentiu quase aliviado por Keith não estar vivo para comparecer.

"Entramos na música porque o rock 'n' roll era a antítese de todo o resto", disse ele, ecoando os sentimentos de tantos que fizeram parte daquela primeira geração de jovens britânicos inspirados pelos sons emocionantes dos distantes pioneiros estadunidenses dos anos 1950. "Nunca esperamos que se tornasse um museu. Isso o dilui e o torna aceitável. O único motivo porque entramos no rock 'n' roll foi porque ele era *inaceitável*."

Amanda Jane Moon, convidada como representante de Keith, parecia compreender isso. A jovem de 23 anos sabia o bastante sobre as experiências do pai no recinto em 1968 para resumir as contradições inerentes à ocasião, ao mesmo tempo em que reconhecia o legado infame de Keith. Estava, dizia ela, orgulhosa em aceitar a homenagem em nome dele, "embora eu saiba que meu pai foi banido deste hotel".

Em 1988, Kim McLagan se resignou do posto de administradora do espólio de Keith; no ano seguinte, Amanda, então com 22 anos, assumiu o papel. Nesse processo, Mandy se tornou a única recipiente dos *royalties* de Keith, que se mostraram consideráveis, depois que uma série de

CAPÍTULO 40

relançamentos de boa qualidade em CD começou em meados dos anos 1990. Porém, ela acabou herdando mais do que só a fortuna. Boa parte de sua juventude foi passada repetindo as tendências de um pai por quem ela sentia emoções compreensivelmente conflitantes; além de tocar bateria numa série de bandas, ela enfrentou seus próprios problemas com o álcool e passou por uma sucessão de relacionamentos fracassados. Aos 30 anos, parecia ter enfim feito as pazes com o fato de ser filha de um homem tão complexo e famoso, se estabeleceu no terceiro casamento, estava grávida e tinha uma boutique em Los Angeles, onde vivia desde que sua mãe e seu padrasto se mudaram para lá, em 1978.

Já os próprios Ian e Kim McLagan deixaram L.A. depois que tumultos, terremotos e outros desastres naturais removeram os últimos vestígios de glamour da cidade dos anjos no início dos anos 1990. Sem vontade de retornar à Inglaterra ou de morar numa megalópole, se mudaram para Austin, Texas, que parecia contar com uma cena musical saudável para Ian se basear, além de uma mentalidade agradável de cidade pequena. Havia também a vantagem considerável de ser perto do ex-parceiro de Ian nos Small Faces e nos Faces, Ronnie Lane, que sofria seriamente de esclerose múltipla. Quase imediatamente depois de os McLagans chegarem à cidade, a nova esposa de Lane se mudou com Ronnie de Austin para o Colorado, onde Ronnie morreu, em 1997. Ian e Kim McLagan continuaram a viver felizes, sem filhos, em Austin[209].

Dougal Butler também pode ser encontrado alegremente casado, com uma filha adolescente que ele ocasionalmente deleita com as façanhas menos lascivas dele e de Keith, em sua cidade natal de Uxbridge, Middlesex, onde tem uma firma de contabilidade. Em 2001, Dougal publicou um segundo livro sobre seu antigo emprego. *Keith Moon: A Personal Portrait* é um livro de capa dura repleto de fotografias raras, imagens inéditas de objetos e memórias escritas.

---

209 *Kim morreu num acidente de carro no condado de Travis, Texas, no dia 2 de agosto de 2006, e Ian McLagan faleceu em Austin, no dia 3 de dezembro de 2014, vítima de um AVC. (N. do T.)*

KEITH MOON

Annette Walter-Lax está de volta a Estocolmo, exatamente onde começou. Divorciada de Garth Hunt, vive com seu filho único, Oliver. A carreira de modelo, os anos com Keith Moon, aqueles dias loucos em Londres e Los Angeles, com a nata da sociedade do entretenimento, pertencem agora a outro tempo e outro lugar, a um mundo completamente diferente. De vez em quando, ela os revive ao examinar uma caixa de lembranças que guarda em seu apartamento, que inclui cartas de amor de Keith e fotos das férias do casal no Taiti e nas Ilhas Maurício, época em que Keith era amável só por ser ele mesmo, não o baterista famoso ou o personagem insano. No entanto, abrir essa caixa ainda machuca Annette. Ela tende a mantê-la longe dos olhos e quase, mas nunca completamente, longe do coração.

Roger Daltrey lançou mais alguns álbuns solo nos anos 1980 ao mesmo tempo em que persistia vigorosamente numa carreira de ator. Ao longo dos anos 1990, tentou lançar uma cinebiografia de Keith Moon, para a qual roteiros foram esboçados, contratos de produção discutidos (supostamente, Mel Gibson seria um dos financiadores) e Chris Stamp, contra quem Daltrey havia aberto ações legais tantos anos antes, entrou como sócio. O filme nunca saiu do papel. Em 1995, a Tribeca Movies, em conjunto com a Viacom/Paramount, comprou os direitos do livro *Full Moon*, de Dougal Butler, com a intenção de fazer o que parecia ser um filme "camarada" que amplificaria ainda mais o mito dos aspectos mais ultrajantes da vida de Moon, o Lunático.

Daltrey, embora tenha temporariamente embarcado nesse projeto alternativo (que também parece ter empacado), estava entre aqueles que compreendiam que o personagem era mais complexo do que isso. Tantas vezes escarnecido por sua imagem de durão, a sensatez e a sobriedade de Roger o permitiram confrontar e lidar com a perda de Keith mais rapidamente do que seus companheiros de banda; da mesma forma, como o mais prático e menos filosófico da banda, e o único membro a não ter se envolvido com o abuso de químicos, desenvolveu uma perspectiva provavelmente mais pura do que seus parceiros. "Keith tinha a doença do comediante, de tentar fazer as pessoas rirem o tempo todo, mas, por dentro, era incrivelmente infeliz", disse muitos anos depois da morte do baterista. "O alcoolismo era um resultado dessa infelicidade. Nunca conheci ninguém como Keith Moon. Ele tinha tanta energia, tanto ímpeto. E, se não os canalizasse por meio da bateria, não teria onde colocá-los. E tinha esse desespero por ser amado, amado de verdade por aqueles com quem ele se importava."

John Entwistle se entocou na mansão em Gloucestershire, com dezesseis quartos, estúdio de gravação e suas coleções que iam de armaduras a instrumentos musicais. Keith nunca conheceu a propriedade no ano que passou de volta à Inglaterra. Entwistle, que se deu conta de que ele também havia escondido suas emoções quando Moon morreu, ficou, por fim, contente por Keith ter passado aqueles três anos na Califórnia; assim, já se acostumara a viver sem a companhia dele.

Entwistle permaneceu amargo quanto à falta de atividade do The Who, mal-estar que ele vê datado do início dos anos 1970 e como fator contribuinte para o fim prematuro de Keith. "Tocar bateria é muito extenuante, então não sei o quanto ele teria durado, mas sei que teria durado muito mais se não tivesse tanto tempo de folga. Essa porra o destruiu; ele perdeu a porra da própria identidade. Tentava se agarrar a essa identidade sendo Keith Moon o tempo inteiro, porque não havia mais nada para ele fazer."

Pete Townshend fez mais álbuns solo que serviam como narrativas, para um público cada vez menor. Porém, sua reputação como compositor de musicais de rock foi firmemente consolidada com o sucesso fenomenal da montagem teatral de *Tommy*, no início dos anos 1990. Depois disso, qualquer coisa parecia possível. Continuou a travar batalhas ocasionais com a bebida, mas, ao final dos anos 1990, parecia tê-las, enfim, vencido para sempre. Tinha grande prazer em contar histórias de Keith Moon para quem quisesse ouvir, em geral aumentadas, se não totalmente inventadas – e, ao mesmo tempo, tinha pouca satisfação em tentar justificá-las.

"Havia algo acontecendo com Keith que nenhum de nós, até hoje, compreende por completo", disse, em 1996. "Há uma sensação de que ele estava danado de um ângulo completamente diferente."

Da família direta de Keith, suas irmãs, Linda e Lesley, estão ambas casadas e morando a oeste de Londres; seguindo os passos do irmão, mas nenhum de seus excessos, Linda é proprietária de um pub em Twyford, junto ao segundo marido.

E Kathleen Moon, que viveu vinte e cinco anos a mais que o marido e o filho, ainda vive na casa na Chaplin Road e ainda trabalha meio-período no hospital na esquina, apesar de já estar com 70 e tantos anos. Nunca propensa a reclamar ou desistir, continua trabalhando mais para se manter em forma, saudável e ativa do que por pura necessidade financeira. Com a filha, a ex-esposa e a ex-noiva de Keith todas morando no exterior, Kitty Moon é a pessoa convidada com mais frequência para eventos britânicos relacionados ao The Who, para servir tanto como lembrança quanto como homenagem a Keith. Por mais que ela jure que cada ocasião será a última, alguém sempre consegue convencê-la a comparecer a mais um[210].

Uma dessas ocasiões foi no dia 19 de junho de 1996, quando os três membros sobreviventes do The Who (embora a banda não tenha sido anunciada como tal) se reuniram a uma seleção extensa de artistas para tocar *Quadrophenia* na íntegra, num show para a instituição de caridade The Prince's Trust, no Hyde Park, em Londres, para um público de cerca de 100 mil pessoas. Mais uma vez, havia uma grande banda de apoio, que, dessa vez, incluía o irmão mais novo de Pete, Simon Townshend, na segunda guitarra. Na bateria, talvez o membro mais novo de todos, porém quase da mesma idade que Keith tinha quando morreu, estava Zak Starkey.

Zak havia considerado fortemente recusar a oportunidade de tocar com o The Who. Depois de fazer uma curta turnê com Daltrey e Entwistle pelos EUA, em 1994, intitulada "Daltrey Sings Townshend", e outra com seu pai, Ringo, em 1995, sentia que já havia feito sua parte em acompanhar a geração mais velha. E, levando em conta que sua nova banda, Face – evidente conotação mod –, havia quase garantido um grande contrato de gravação na Grã-Bretanha, sentia um certo dever em se manter com seus contemporâneos da cena londrina de pubs e clubes que ele conhecia e amava.

---

210 *Kathleen "Kit" Moon faleceu em 2019, aos 98 anos. (N. do T.)*

CAPÍTULO 40

Contudo, a proposta fazia sentido demais e ele enfim topou. Embora os membros do The Who tivessem idade para ser seus pais (e o próprio Zak já fosse pai havia um bom tempo e vivesse numa casa modesta onde Keith gostaria que fosse sua última morada, Ascot), a banda ainda o influenciava mais do que qualquer outra de sua idade. Durante uma infância difícil, as manifestações musicais de confusão adolescente do The Who e a humildade para com os fãs, que conflitava tão fortemente com a bravata no palco, lhe trouxeram conforto e alívio. Nesse sentido, ele era como tantos outros de sua geração, chegando até a pregar fotos de "Moon, o Lunático" na parede, com a diferença que, ao contrário de todos os outros fãs de sua idade, também conhecera o Keith Moon adorável, inteligente e generoso que havia por trás daquela imagem dos tabloides. Grato por ter sido incentivado a tocar bateria por aquele que considerava o maior praticante do instrumento, Zak aceitou tocar no show. Sentia que isso traria um senso de conclusão.

Para Pete Townshend, que evitou tocar com seus ex-parceiros por sete anos, o show avulso de *Quadrophenia* se mostrou tão agradável, que ele se ofereceu para cair na estrada. Ao longo de 1996 e 1997, pela Europa e pelos EUA, o show de *Quadrophenia* saiu em turnê sob o nome do The Who, embora o abandono deliberado do festejo que acompanhou a reunião de 1989 tenha afetado consideravelmente as bilheterias. Isso não parecia importar para Pete; dessa vez, era sobre a música, sobre enfim fazer funcionar no palco algo que se provara tão problemático na época de sua concepção.

Ao final de cada show, Pete Townshend apresentava os membros da banda, além dos convidados especiais, como Billy Idol e Gary Glitter, que faziam pontas assim como aquelas que Keith fizera no cinema. Zak Starkey, elogiadíssimo por um estilo de tocar que ecoava a vitalidade de Keith sem simplesmente imitá-la, era propositalmente o último a ser apresentado. A bateria sempre foi o trabalho mais difícil no The Who, Pete costumava dizer, acrescentando algo do tipo: "Nunca fomos capazes de substituir Keith de verdade" (embora Deus saiba que Pete, certa vez, pensou que fossem). À menção do nome de Moon, o público automaticamente urrava em aprovação, uma reação puramente pavloviana, talvez, mas também emotiva de verdade: mesmo aqueles que nunca tinham visto a banda ao vivo com Keith sabiam muito bem a verdade por trás das palavras de Pete.

Pois ninguém nunca substituiu Keith Moon *mesmo*, dentro ou fora do The Who, no palco ou no estúdio. No mundo cada vez mais regimentado que a música pop e rock se tornaram, em que o clique e a bateria eletrônica estão sempre à espera nas coxias, é improvável – ou melhor, inimaginável – que haverá outro como ele. Certamente, nenhum outro baterista levou o instrumento a tais limites quanto Keith, tampouco nenhuma outra banda se apoiou tão pesadamente na habilidade de seu baterista para alcançar uma sonoridade tão singular quanto o The Who se apoiou em Keith.

Da mesma forma, a posição de Moon como ícone do excesso do rock 'n' roll nunca será superada. Infelizmente, isso não impediu nem impedirá que o tentem. Como a contribuição de Keith para o mundo permanece notável por transformar a indulgência e a destruição numa forma de arte tanto quanto por tornar a bateria um instrumento inovador e dianteiro, seu comportamento é imitado e emulado até hoje. Em certa medida, é completamente compreensível: o rock 'n' roll, em sua definição cultural mais básica, ainda é um mundo de desajustados e excluídos, para quem ações impulsivas e experimentações compulsivas fornecem tanto um alívio quanto uma recompensa. E a fama traz com ela oportunidades em ambas essas frentes, que são difíceis de recusar. É claro, a maioria daqueles que experimenta os vícios à disposição (ambos materiais e químicos) se percebem capazes de lidar com eles, ou pelo menos conseguem superá-los com o tempo. E aqueles que não conseguem... acabam como Keith.

É, portanto, a ironia final numa história tão cheia delas notar que, se Keith *tivesse* sucesso em ficar sóbrio de vez, teria se visto – por fim – numa companhia ilustre e familiar, posto que quase todos aqueles com quem ele farreava mais pesado que não estão mortos parcial ou totalmente por causa de seus excessos (uma lista de chamada deprimente de fins prematuros que inclui John Bonham, Harry Nilsson, Viv Stanshall, Kit Lambert, Pete Meaden, Gary Kellgren, Mal Evans, Jesse Ed Davis e muitos, muitos outros) estão sóbrios. Pete Townshend, Ringo Starr, Larry Smith, Alice

CAPÍTULO 40

Cooper, Joe Walsh, Karl Green, Keith Allison, Steve Ellis, Richard Cole, Larry Hagman, Ginger Baker e Chris Stamp são apenas alguns de seus muitos amigos que hoje têm existências abstêmias[211].

"Quando Keith morreu foi quando parei de beber", diz Steve Ellis. "Pensei: 'Se o Keith pode morrer, todos nós podemos." Ellis levou dois anos para chegar à sobriedade.

Porém, mesmo assim, se tivesse prevalecido e se estivesse vivo hoje, não há nada que indique que Keith estaria mais feliz. Porque a música inevitavelmente teria parado – embora as superbandas dos anos 1960 e 1970 saiam com frequência em turnês lucrativas, não se pode dizer que nenhuma esteja em atividade constante –, o que deixaria Keith totalmente desconcertado. Ele vivia para o The Who e para o palco e, privado de ambos, é difícil imaginá-lo abraçando alegremente a meia-idade como a maioria dos porta-vozes mais velhos do rock seguros o bastante de si mesmo o fizeram.

"Ele era como um irmão", já observou Roger Daltrey, cujo amor por Moon nunca foi mais evidente do que depois da morte do baterista. "Mas eu nunca pude imaginá-lo envelhecendo. Isso por si só seria cruel."

"Acredito firmemente que Keith vivia a vida rock 'n' roll e decidiu deixá-la com tudo", diz Joe Walsh. "Decidiu vivê-la por completo, até onde conseguisse aguentar e o mais distante que conseguisse chegar. Perto do fim, havia sinais óbvios de colapso. E acho que ele sabia disso. Acho que ele sabia o tempo todo que a morte não estava tão longe assim. Mas acredito que ele, de fato, escolheu chegar ao limite e entrar para a história como um baterista de rock 'n' roll. É a forma como ele gostaria de ser lembrado. É o que ele queria fazer da vida."

"Se me perguntassem quem mais se divertiu no rock 'n' roll, eu diria que foi Keith Moon", conclui Alice Cooper. "Quem, de fato, entendia do que

---

211 *Larry Hagman faleceu a 23 de novembro de 2012, devido a complicações de uma leucemia mieloide aguda; Ginger Baker, a 6 de outubro de 2019, depois de passar por diversos problemas de saúde, como doença pulmonar obstrutiva crônica, osteoartrite e problemas cardíacos; e Chris Stamp a 24 de novembro de 2012, vítima de câncer. (N. do T.)*

KEITH MOON

se tratava o rock 'n' roll? Keith Moon. Não quer dizer que estivesse certo, porque ele morreu prematuramente demais. Mas não acho que ele conseguia rodar em outra marcha. Acho que, depois, todo mundo se sentou e pensou: 'Gostaria de ter passado mais tempo com ele, gostaria de ter dito para ele desacelerar', mas ninguém diria isso a ele nos momentos de loucura, porque ele só teria retrucado: 'Está doido? Eu sou o Keith Moon!'"

"Moon não conseguiria envelhecer de forma graciosa", diz Bill Curbishley. "E não conseguiria levar uma vida normal. Então, em vez de se desvanecer na normalidade, Moon teve de morrer."

Colocado dessa forma, seria possível dizer que ele se martirizou numa imagem datada do rock 'n' roll; imagem essa que não tinha o direito de demandar tal sacrifício.

Porém, não se pode dizer que ele não estava ciente do que fazia. "Sei que já tive umas 78 vidas", disse Keith certa vez, "mas nunca penso na minha própria mortalidade. Já a imortalidade eu considero."

Se ele estava deixando claro que gostaria de ter vivido mais, sua maior determinação era, evidentemente, viver para sempre. É raro que essa barganha faustiana permita escolher as duas vias.

"SE ME PERGUNTASSEM QUEM MAIS SE DIVERTIU NO ROCK 'N' ROLL, EU DIRIA QUE FOI KEITH MOON. QUEM, DE FATO, ENTENDIA DO QUE SE TRATAVA O ROCK 'N' ROLL? KEITH MOON. NÃO QUER DIZER QUE ESTIVESSE CERTO, PORQUE ELE MORREU PREMATURAMENTE DEMAIS. MAS NÃO ACHO QUE ELE CONSEGUIA RODAR EM OUTRA MARCHA."

(ALICE COOPER)

EPÍLOGO

No dia 1º de agosto de 1978, uma exposição de memorabilia do The Who curada por fãs da banda estreou no Instituto de Arte Contemporânea, no The Mall, perto do Palácio de Buckingham, em Londres.

Talvez fosse inevitável que membros da banda aparecessem na abertura. A presença deles completava o ciclo do processo: se o The Who significava tanto para os fãs a ponto de o público organizar uma exposição, logo, os fãs significavam tanto para o The Who que a banda gostaria de vê-la.

Foi assim que Pete Townshend e Keith Moon imergiram em meio às centenas de adoradores ardorosos do The Who no primeiro dia da "Who's Who" para conhecer a exposição, parando para falar com o público no caminho.

Para um fanzineiro de 14 anos que se identificava com o The Who desde que descobrira a música pop e estivera presente e empolgado no último show de estádio da banda em Londres, aos 12 anos, estar na mesma sala que Pete e Keith foi um momento significativo. Como muitos outros que lançavam olhares nervosos para seus heróis, ele os respeitou o bastante para lhes dar privacidade, mas ainda queria um autógrafo, uma chance de conversar. Enquanto examinava um holograma bizarro em tamanho real de Keith Moon à bateria, o garoto se virou e deu de cara com o homem em pessoa a seu lado. Keith parecia mais baixo na vida real, e um pouco mais gordinho. Mas, sem dúvida, era ele: o holograma se baseava obviamente em alguma foto ou filmagem recente. O garoto fez um comentário sobre a situação surreal de olhar para uma ilusão ao lado do artigo autêntico, e o *rock star*, tranquilamente, em contraste com sua reputação extravagante, disse algo para concordar. O garoto então aproveitou o momento. Tirou da mochila a única cópia do fanzine que produzia e pediu a Keith Moon para autografar a biografia básica do The Who que ele havia escrito para a edição.

O baterista olhou para o fanzine de produção barata, observou a capa para guardar o nome – *Jamming!* –, examinou o rosto do garoto e disse: "Acho que nunca vi esse aqui".

"Você nunca teria visto", pensou o garoto, considerando que só existiam cem cópias, a maioria delas vendidas em sua escola. "É a minha própria revista", disse em voz alta.

"Eu gostaria de ler essa matéria, uma hora dessas", disse o *rock star* com evidente sinceridade.

"Pode ficar com ela, se quiser", retrucou o garoto, bem disposto a agradar.

"Não, você a quer autografada", disse Moon, ao assinar seu nome na página, com um floreio. "Mas olha só." Puxou um papel de um bolso interno e nele rabiscou um endereço em Mayfair. "Eu moro aqui", disse ao entregar o papel ao jovem incrédulo. "Dê uma passada lá e leve uma cópia da sua revista. Por mim, qualquer horário está bom."

Mais ou menos uma semana depois de conhecer seu herói, o garoto de 14 anos foi, nervoso, até um prédio luxuoso no bairro de Mayfair, em Londres. Levava no bolso o endereço do astro: Curzon Place, nº 12, apto. 9, Londres, W1. Não sabia se tinha a coragem. Não fazia sentido ter sido convidado daquele jeito; dificilmente alguém tão popular seria tão solitário para buscar companhia. Sem nenhum segurança para impedi-lo, subiu até o quarto andar. Com o coração na boca, se aproximou do apartamento 9 com o fanzine debaixo do braço e bateu na porta calmamente. Pensou ouvir música, mas não tinha certeza de qual apartamento vinha. Bateu mais uma vez, agora um pouco mais alto. Porém, não houve resposta. Passou o fanzine por debaixo da porta, junto com um bilhete de agradecimento com seu telefone e endereço. Não esperava ser contatado por seu herói.

E nunca foi. Apenas duas semanas depois, Keith Moon morreu naquele mesmo apartamento, em Mayfair.

EPÍLOGO

CHOREI QUANDO FIQUEI SABENDO DA MORTE DE KEITH MOON: na Capital Radio, às 21h, no início do programa de Nicky Horne, como me lembro vividamente, naquela noite de quinta-feira, 7 de setembro (às 22h, todas as noites, eu sintonizava religiosamente a Radio 1 para ouvir John Peel). Foi a primeira vez que a morte de alguém me atingiu pessoalmente e me afetou de maneiras muito mais profundas do que a minha família conseguia entender na época. Para eles, Keith Moon era só mais um *rock star* alcoólatra que desperdiçara seu talento limitado e fortuna excessiva, e, de fato, houve uma cena feia na primeira comunhão de um primo pouco tempo depois, quando uma tia ousou insultar o finado baterista pelo deboche generalizado e pela falta de moral sobre os quais ela lera num tabloide de classe média e eu retruquei acaloradamente em defesa do meu falecido herói. Para mim, Keith Moon foi mais do que apenas um *rock star* mundialmente famoso, mais do que simplesmente um baterista brilhante, mais até do que o personagem mais irreprimível e despojado do rock 'n' roll daqueles últimos 15 anos (e o primeiro do rock britânico). Foi um ser humano, um homem acessível e afável que nunca se esquecera de como era ser um fã ou um sonhador. Mais do que isso, durante aqueles poucos minutos naquele agosto de 1978, no The Mall, ele foi como um amigo.

POSFÁCIO
DA EDIÇÃO DE 2005

POSFÁCIO DA EDIÇÃO DE 2005

A primeira edição deste livro foi publicada precisamente vinte anos depois da morte de Keith Moon. Foi menos uma questão de cálculo racional e mais de circunstâncias curiosas: trabalhei no livro por anos e, quando finalmente terminei de escrever, meu editor no Reino Unido viu que a data provável de publicação cairia tão perto da lamentável efeméride de morte de Keith, que poderíamos muito bem torná-la exata.

Eis que não fui o único que buscou marcar a morte de Keith honrando sua vida. Na mesma semana em que *Keith Moon: A vida e a morte de uma lenda do rock* (*Dear Boy: The Life of Keith Moon*, no original em inglês) foi publicado, no início de setembro de 1998, uma convenção de fãs do The Who – apenas a segunda do tipo – aconteceu no centro de Londres; e a revista *Mojo* colocou Keith na capa e publicou uma matéria extensa sobre ele. Com o livro recebendo bastante atenção da imprensa nacional, por um período naquele setembro, Keith Moon parecia estar em todo lugar na mídia, tanto quanto o esteve em vida. E no exato momento em que parecia que ele se afastaria dos olhos do público... o interesse em Keith Moon não parou de crescer.

Nos EUA, Keith "estrelou" um episódio muito reprisado da memorável série *Behind the Music*, do VH1. No Reino Unido, o Channel 4 produziu um documentário parecido, porém mais sensacionalista, chamado *The Real Keith Moon*. A Radio 2 (sim, a Radio 2) estreou sua série *Real Wild Child* com um perfil de Keith. E então a BBC2 decidiu que Keith era digno de um perfil numa série chamada *Real Lives*, embora seu episódio tenha sido abruptamente cancelado quando Pete Townshend foi preso por ter baixado materiais ilegais na internet[212].

---

212 Nunca entendi o que uma coisa teve a ver com a outra. E ainda ia de encontro à insistência bastante pública da BBC de que a emissora era "independente" de pressões externas, como durante o período antecipatório da Guerra do Iraque.

KEITH MOON

Durante todo esse tempo, *Keith Moon* continuava a vender, transcendendo com rapidez o relativamente finito mundo de fãs do The Who para alcançar um público mais amplo – gente intrigada pelo rock 'n' roll em geral ou pela história específica desse talento imenso, adorável, porém finalmente autodestrutivo. Sempre esperei (mas nunca ousei presumir) que a história de Keith pudesse ressoar para mais longe. Fiquei, compreensivelmente, extático.

Um dos subprodutos inevitáveis desse sucesso foi que, além das pessoas que eu havia entrevistado originalmente para o livro, toda uma nova leva de conhecidos, associados e amantes de Keith Moon agora se fizeram conhecer, ávidos para preencher as lacunas na vida de Keith ou questionar os fatos apresentados por mim. As informações iam de comentários sobre a coleção de carros de Keith e contendas sobre suas baterias até lembranças vitais de gravações, festas em hotéis e relações pessoais. Assim, parece necessário, ou pelo menos útil, acrescentar um posfácio a este livro, de forma a amarrar algumas pontas soltas e, nesse processo, sem dúvida, levantar mais questões sobre certos assuntos-chave.

Para aqueles que talvez se perguntem por que eu não encontrei essas pessoas anteriormente, vale notar que esta foi uma das últimas grandes biografias musicais a ser totalmente pesquisada (e quase toda escrita) antes da popularização da internet. Quando comecei a trabalhar no livro, no início dos anos 1990, pouca gente usava e-mail, não havia sites ou redes sociais onde rastrear velhos amigos de escola e colegas de banda de Keith em alguns poucos cliques: encontrar associados distantes significava embarcar numa longa (e quase sempre infrutífera) trilha de telefone e papel. Da mesma forma, não havia o Google nem nenhum outro mecanismo de busca confiável para confirmar datas de shows, listas de faixas de álbuns obscuros, registros escolares ou a localização precisa de um endereço estrangeiro; reunir tais informações necessitava não só do uso extensivo de telefone e caneta, como também da ajuda de um grupo central de arquivistas de rock. Também não havia aquelas edições especiais do *NME* ou da *Melody Maker* em que todas as matérias daqueles tempos imemoriais são

POSFÁCIO DA EDIÇÃO DE 2005

reunidos num volume polpudo para celebrar um único artista, como o que homenageou o The Who, em 2003; em vez disso, era necessário passar o que pareciam semanas a fio na British Newspaper Library, em Colindale (ou na Performing Arts Library, no Lincoln Center, em Nova York), percorrendo catálogos inteiros de jornais musicais britânicos para encontrar todas as menções possíveis a Keith Moon.

Igualmente, na época da publicação do livro, os leitores só podiam contatar o autor por meio de seu próprio trabalho de detetive ou por cartas para a minha editora (que, de fato, as encaminhava para mim). Hoje, assim como tantos outros escritores, passo tempo demais cuidando do meu site (www.ijamming.net) e é raro que um dia se passe sem que eu receba um e-mail acrescentando algo, fazendo uma pergunta ou apenas comentando sobre a história de vida de Keith Moon. Meus agradecimentos a todos que travaram contato comigo ao longo desses anos, que ofereceram informações e que exploraram seus bancos de memória para ajudar a tornar esta edição um bom tanto mais precisa.

Bandas pré-The Who

No início do capítulo 5, há uma referência a uma banda com quem Keith tocou depois dos Escorts (como detalhado no capítulo 4) e antes dos Beachcombers (discutidos nos capítulos 5 e 6). É a banda retratada no livro de Richard Barnes, *Maximum R&B*, rotulada erroneamente como os Beachcombers. Nessa foto, um Keith de aparência pueril está sentado numa banqueta de bateria num jardim, com seus três companheiros de banda mais velhos sorrindo inocentemente enquanto se sentam no gramado com os instrumentos dispostos à frente. No livro *Anyway Anyhow Anywhere: The Complete Chronicle of The Who 1958-1978*, publicado em 2002, Matt Kent e Andy Neill enfim revelaram que o tal grupo era Mark Twain & The Strangers, que contava, além de Keith, com Peter Tree, no

KEITH MOON

vocal; Michael Evans, no baixo; e Barry Foskett, na guitarra[213]. Peter Tree e Michael Evans eram amigos próximos e fãs fervorosos de rock 'n' roll que moravam no centro de Londres, perto do Regent's Park; determinados a encontrar uma banda, respondiam a praticamente todos os anúncios na *Melody Maker* que procurassem um vocalista ou baixista. Certo dia, no início de 1962, Evans acompanhou Tree num teste para vocalista, em Wembley. "Foi na sala da casa de um garoto, que era sempre como acontecia", recordou-se Evans, em dezembro de 2004. "Entramos e havia um molequinho atrás da bateria. Acho que não era nem uma bateria completa. Era Keith, muito novo, e sempre vou me lembrar de que ele estava de gravata-borboleta."

Tree se recorda de que a banda já era um quarteto e só precisava de um cantor, mas que estava "indecisa quanto ao que fazer". Os próprios Michael e Peter não tinham dúvidas quanto a quem era o astro da banda de Wembley. "Ele era de outro nível", recorda-se Tree, a respeito de Moon. "Ficamos impressionados com ele."

"Era extraordinário", confirma Evans, apontando que o talento de Moon se mostrava ainda mais precoce pelo fato de que "ele era o músico mais novo que eu já vira."

Peter e Keith se deram bem no teste, e o primeiro foi embora com o telefone do baterista. A caminho de casa, Peter perguntou a opinião de Michael, que foi rápido na resposta: "Se você conseguir esse baterista, vou tocar também".

E assim, diz Peter Tree de Keith Moon, "decidimos roubá-lo para nós".

A banda de Wembley de quem ele foi roubado pode ter sido os Escorts, se estes tivessem feito um teste para um novo cantor (Moon pode ter aproveitado a oportunidade para se testar para uma nova banda). Porém, poderia tão facilmente ser qualquer banda mal existente ainda se esforçan-

---

213 Meus agradecimentos a Andy Neill por me colocar em contato direto com Peter Tree e Michael Evans.

POSFÁCIO DA EDIÇÃO DE 2005

do para cravar uma formação, o que explicaria a falta de direção musical e por que Keith não titubeou em abandoná-la para se juntar a Evans e Tree.

De um jeito ou de outro, o recém-formado trio de Moon, Evans e Tree logo recrutou Barry Foskett para a guitarra. Como Mark Twain & The Strangers, montaram um *set* de canções americanas de rock 'n' roll por artistas como The Crickets, Del Shannon e Dion & The Belmonts (além de um cover de "I Fought the Law") para tocar em ensaios semiabertos em Wandsworth, bairro ao sul de Londres onde Foskett morava. Para facilitar as dificuldades logísticas de ter uma banda espalhada por três partes diferentes de Londres, Keith deixava a bateria guardada com Peter ou Michael na região central e frequentemente também dormia na casa de algum deles. Eles então pegavam o metrô até Clapham Junction juntos. De vez em quando, Michael dormia na casa de Keith em Wembley, e, ocasionalmente, Alf Moon, o pai de Keith, os transportava de van para cima e para baixo.

Os shows eram compreensivelmente escassos para a banda de adolescentes de 16 anos, mas, assim como nos Escorts, Keith travou uma forte amizade com seus novos companheiros, em especial depois que Peter Tree conseguiu para Moon um trabalho no departamento de impressões de seus empregadores, o Conselho Nacional de Seguro Social [National Council for Social Services, ou NCSS], na Bedford Square. Evans trabalhava na esquina dali e Foskett numa grande agência de publicidade mais adiante, na St. Martin's Lane. Essa agência tinha seu próprio refeitório e Keith logo mostrou aos demais como era fácil comer de graça: "Só aja como se estivesse no exército", é como Tree se lembra das instruções de Moon. "Continue andando e siga a fila!"

Nas perpetuamente lotadas ruas da Oxford Street, Keith tinha uma predileção por uma pegadinha tipicamente eficaz: fingia um desmaio, seus amigos dos Strangers fingiam preocupação e só quando uma multidão de transeuntes preocupados se juntava e alguém chamava uma ambulância Keith dava um pulo e sacodia a poeira.

A questão era sempre rejeitar a sobriedade de uma sociedade inerentemente conservadora que, no início dos anos 1960, finalmente se encontrava sob o ataque de uma nova geração – da qual Keith se provaria um membro tão proeminente. Os Strangers fizeram um show na cidade natal da família de Tree, Burgess Hill, em Sussex (onde o pai de Tree tirou a foto usada em *Maximum R&B*, no jardim de sua casa), e pegaram o trem de volta para Londres de manhã bem cedo. "Só davam os 'cavalheiros' lendo o *Times*", recorda-se Evans de uma cena que ressoa como o equivalente matinal do trem das 17h15 ["5:15"] de *Quadrophenia*. "Foi uma deixa automática para Keith. Como ele era bem pequeno, se pendurou no *rack* de bagagem e começou a grasnar como um papagaio! Fez isso para causar alguma reação, mas é claro que não houve reação, todos eles só continuaram a ler o *Times*. Exceto eu e Peter, que rolamos de rir."

O NCSS, onde Moon e Tree trabalhavam, tinha suas próprias tradições estoicas, mais notavelmente um "chá" diário, às 4h da tarde, com o que Tree se recorda como "umas senhorinhas e coronéis aposentados". Incapaz de aguentar esse marasmo, Keith, certo dia, chegou para um desses tais chás usando seu guarda-pó cáqui, no qual ele pintara, com caneta tinteiro, o nome "Cabo Merdinha". Para aqueles que haviam lutado na Segunda Guerra Mundial, zombar das Forças Armadas era... bem, razão suficiente para acionar o Exército. Keith foi chamado por um superior e avisado que, recorda-se Tree, se "não fosse se desculpar com o brigadeiro tal-e-tal, teria de se demitir. Então, é claro, ele disse: 'Bem, me demito'. Era ele contra o *establishment*".

Se Keith tratava seu trabalho do dia a dia com desdém, sua dedicação à bateria era absolutamente devota. "Naquela época, ele já sabia que era bom", recorda-se Tree. Os horários de almoço eram esticados com visitas longas à Drum City, onde seu amigo Gerry Evans (sem parentesco com Michael) trabalhava, e onde Keith abordava confiantemente os astros da bateria da época para pedir dicas. Se os Strangers fossem ver outras bandas à noite, Keith frequentemente pedia para subir e tocar umas duas músicas. Numa dessas ocasiões, se depararam com uma banda cujo potente vocalista, Reg King, mais tarde se tornaria o *frontman* do The Action, a venerada banda de R&B para a qual Michael Evans tocaria baixo. Keith

POSFÁCIO DA EDIÇÃO DE 2005

ofereceu seus serviços naquela noite, foi até a bateria e "a destruiu por completo", recorda-se Evans, no que soa como um reflexo do lendário teste de Moon para o The Who.

Nas poucas ocasiões em que os Strangers tiveram um público próprio, era sempre Moon quem recebia mais elogios. "Era o que era", diz Evans sobre o estilo de Keith de tocar bateria. "Sempre esteve lá. Mais tarde, tentei analisar, porque o baterista do The Action, Roger Powell, era fantástico também. E eu diria que o estilo de Roger era mais Buddy Rich e o de Keith era mais Gene Krupa."

Os Strangers eram certamente ambiciosos. Foram na onda de Keith e compraram ternos de lamê dourados de Cecil Gee. Gravaram uma demo – provavelmente a primeira gravação de Moon –, o que deixa ainda mais decepcionante o fato de ela ter desaparecido. E fizeram um teste para o *Light Programme*, da BBC, no estúdio da rádio em Piccadilly, em setembro de 1962 (o Dave Clark Five foi quem passou, no fim das contas). Em seguida, conseguiram uma extensa turnê no exterior, pelas bases do Exército dos EUA na Alemanha, mas o que deveria ter sido a introdução dos Strangers ao sucesso acabou inspirando seu fim. Keith mal completara 16 anos e seus pais se recusaram a permitir que ele saísse em turnê. Peter Tree também teve problemas para confirmar sua disponibilidade. Foskett e Evans encontraram substitutos e seguiram em frente com a turnê, mas a banda acabou pouco depois.

Evans então se juntou à banda de Reg King, The Boys (mais tarde, The Action), e abriu para o The Who – que agora contava com Keith Moon – durante a lendária residência no Marquee, no final de 1964 e início de 1965. Peter Tree foi trabalhar com a divulgação de shows e, por meio de sua amizade com Moon, marcou um show do The Who na região de Burgess Hill, em Sussex, depois que a banda já estava famosa.

Keith deve ter passado alguns meses no vácuo depois de seu período com os Strangers. Acontece que seu teste para os Beachcombers não foi, como a banda alegou originalmente, em dezembro de 1962, mas em abril de 1963[214]. Isso reduz o tempo que Keith ficou com os Beachcombers de dezessete meses para um ano, o que em nada altera as lembranças glorioasas de seus então companheiros de banda daquela época.

Primeiras gravações

Há certa confusão quanto às primeiras sessões de gravação de Keith com o The Who/The High Numbers. Em *Anyway Anyhow Anywhere*, publicado em 2002, é mostrada a embalagem de uma fita para "I'm the Face" (datada de 11 de maio de 1964) e a composição de Townshend "It Was You" (datada de 4 de junho de 1964), creditada ao engenheiro de som Alan Florence, do estúdio IBC. Não é certo que Moon tenha tocado em alguma dessas gravações, já que se sabe que Brian Redman foi trazido de Liverpool para uns dois testes por volta dessa época. Há um consenso – embora não sem certa controvérsia – de que Moon foi o baterista no compacto "I'm the Face"/"Zoot Suit", dos High Numbers, gravado em junho de 1964, no estúdio da Philips, em Stanhope Place. O tecladista nessa sessão foi Allen Ellett, contratado por Pete Meaden e que tocou com a banda em dois shows em Londres antes da data da gravação. Numa carta aos editores originais deste livro, datada de abril de 2000, ele apontou que "alguém queria usar outro baterista na gravação, mas a ideia caiu feito um peso de chumbo". Só podemos presumir que esse "alguém" era o agente de artista & repertório da Philips, Chris Parmeinter, que já rejeitara Doug Sandom e talvez não estivesse ciente de que o jovem e incendiário Moon havia sido instantaneamente aceito pela banda.

---

214 Os Beachcombers tinham certeza da época em que publicaram um anúncio no *The Harrow and Wembley Observer*, então foi em busca de cópias do jornal na British Newspaper Library, em Colindale, sem sucesso. Andy Neill, durante as pesquisas para o livro que se tornaria *Anyway Anyhow Anywhere*, se mostrou mais paciente e acabou encontrando o pertinente anúncio na edição de 25 de abril de 1963. O anúncio está reproduzido no livro dele e de Kent.

POSFÁCIO DA EDIÇÃO DE 2005

Ellett aponta que, no palco, Keith "está num nível só dele à bateria e sempre pronto para demonstrar suas habilidades o melhor possível, o que caía bem com o público, mas tirava a atenção do vocal de Roger". Ele também detalha todo o tipo de atrito entre três membros da banda, de forma consistente com a imagem que eles sustentariam ao longo do tempo, e confirma John Entwistle como o pacificador. "John era um mediador dentro da banda e ajudava a diluir questões que ficavam tensas demais só por estar lá e permanecer tranquilo e calmo."

Além de tocar piano, Ellett diz que "foi incumbido de estralar um cinto grosso de couro dobrado ao meio... bem divertido".

Ellett se recorda de "tocar uns dois *standards* de rock naquele dia, para passar o som" e sugere que estes foram "Leaving Here" e "Here 'Tis". Com o tempo, essas gravações apareceram: "Leaving Here", primeiro na compilação *Who's Missing*, de 1985, depois "Here 'Tis", na caixa de quatro CDs *30 Years of Maximum R&B*, foram ambas creditadas àquela sessão dos High Numbers, de 1964. Considerando-se que a caixa foi compilada com um envolvimento próximo do próprio The Who (Townshend até escreveu a introdução do livreto), os fãs da banda têm toda razão para acreditar nessa informação e eu passei boa parte das páginas 165 e 166 gastando o inglês sobre a performance de Keith em "Leaving Here", expressando certo espanto pelo estilo dele já estar tão bem formado nessas primeiras gravações sérias.

Agora sabemos por que "Leaving Here" se destacava. A gravação foi, na verdade, parte de uma sessão com Shel Talmy, em abril de 1965 – bons dez meses depois –, para o possível álbum de estreia do The Who. Essa gravação e muitos outros covers foram dispensados em favor das composições de Townshend e dariam lugar, enfim, ao LP *My Generation*. Os covers foram enfim reunidos para o relançamento em CD duplo há muito esperado de *My Generation*: um "*take* alternativo" de "Leaving Here" abre o CD bônus e a bateria de Keith é quase idêntica, das viradas às pratadas, à versão lançada anteriormente. Certos aspectos do que é apontado nas páginas 164 e 165 agora devem ser lidos levando essa nova informação em consideração[215].

Festa de aniversário de 21 anos de Keith

Mais do que qualquer outra lenda que envolva Keith Moon, os acontecimentos do dia 23 de agosto de 1967 – sua festa de aniversário de 21 anos, no Holiday Inn de Flint, Michigan – são os mais frequentemente discutidos e contraditos. Quase partiu meu coração reportar, em edições anteriores deste livro, que Keith não dirigiu um carro para dentro da piscina do hotel naquela noite, e que o The Who não foi, consequentemente, banido da rede Holiday Inn. Mas talvez eu não precisasse ter me preocupado. O poder do mito parece ser mais forte do que aquele da palavra escrita e muita gente ainda acredita que uma ou ambas dessas lendas são verdadeiras.

Outras investigações midiáticas, em sua maioria, em essência ainda que não em detalhes (inclusive a segunda lenda, a essa altura, já está muito além de poder ser confirmada com precisão!), confirmam a versão relatada no meu livro. No perfil de Keith no *Behind the Music*, do VH1, para o qual as pesquisas foram feitas em 1998, pouco antes da publicação original deste livro, o *tour manager* do The Who, Tom Wright, manteve seu relato como publicado no livro de Richard Barnes, *Maximum R&B*: o de que Keith só mergulhou na piscina, que na hora estava vazia, o que fez com que ele quebrasse os dentes da frente. E para o documentário *The Real Keith Moon*, do Channel 4, o baixista dos Herman's Hermits, Karl

---

215 O erro de *30 Years of Maximum R&B* em relação a "Leaving Here" foi notado pela primeira vez em *Anyway Anyhow Anywhere*; o coautor, Matt Kent, trabalha com Pete Townshend e tem acesso a muitas informações de arquivo. Hoje, parece improvável que "Leaving Here" tenha sido gravada pelos High Numbers. A versão de "Here 'Tis", na qual a bateria de Keith impressiona, porém não é tão formidável, é, de fato, parte da sessão de junho de 1964 dos High Numbers.

POSFÁCIO DA EDIÇÃO DE 2005

Green, também sustentou sua versão dos acontecimentos como resumidos na página 333.

Depois, em 2003, o Channel 4 produziu uma série intitulada *Rock'n'Roll Myths*, que teve um episódio focado unicamente na questão: Keith Moon entrou ou não com um carro na piscina de um Holiday Inn na noite de seu 21º aniversário? Três membros dos Herman's Hermits (Karl Green, o baterista Barry Whitwam e o vocalista Peter Noone) foram entrevistados em vídeo; apesar das previsíveis variações de detalhes, todos concordavam com o mesmo fato: em nenhum momento um automóvel foi parar na piscina.

"Adoro essas histórias todas, a de que ele jogava carros em piscinas, mas essa nunca aconteceu", disse Noone. "Ele está misturando as histórias, porque não estava na conta que pagamos", disse Whitwam, ao passo que Green concluiu, de um jeito meio críptico, "minha lembrança é de que não foi num Holiday Inn em Michigan".

Ponto final, você poderia pensar. Mas então, no 25º aniversário da morte de Keith, em setembro de 2003, o altamente respeitado programa de rádio *Weekend Edition*, da National Public Radio dos EUA, transmitiu uma reportagem sobre a vida de Moon, para a qual fui entrevistado. Quando me pediram para citar "uma história que sobreviveu como um dos mitos que cercam Keith Moon e qual é a verdade por trás dela", optei pela festa do 21º aniversário dele. Quando o programa foi transmitido, minha participação foi seguida pela de Roger Daltrey; ao ser questionado a respeito do mesmo tópico, ele inverteu a situação[216].

"Leio essas biografias que afirmam que 'isso nunca aconteceu' ou 'aquilo nunca aconteceu'", disse ele, "mas eu estava lá e sei que aconteceu, então penso: 'Bem, que diabo de banda eu estava então?'. Li que o carro na piscina no aniversário de 21 anos dele não aconteceu. E eu vi. Eu paguei a

---

216 A NPR tem o programa arquivado *on-line*, juntamente com as entrevistas completas, sem cortes, comigo e com Roger Daltrey. Aqui, cito Daltrey a partir da versão não editada. Na ocasião da publicação desta edição, as três gravações podem ser acessadas no endereço http://www.npr.org/templates/story/story.php?storyId=1420254.

conta. 50 mil dólares. Só me lembro do carro na piscina, do caos, de todo mundo louco e de Keith sendo levado às pressas ao dentista, depois de ser preso. E de nós termos de conseguir 50 mil dólares para pagar pelos danos ao hotel. Mas aí, li numa biografia que isso nunca aconteceu; então talvez eu tenha vivido a vida de outra pessoa, não sei. Mas também os entrevistados são ex-alcoólatras e ex-drogados, então suponho que eles estão fadados a uma lembrança bem opaca do que aconteceu de fato"[217].

A lembrança de Daltrey, embora pareça ir de encontro com a de todos os demais presentes na festa que consegui encontrar, logo foi somada, no papel, à de Pete Townshend. Ao responder a uma pergunta sobre o incidente numa troca de e-mails para uma edição especial sobre o The Who da revista *Q*, ele afirmou que "estava dormindo quando aconteceu o negócio do Lincoln [*conversível*]. Eu vi fotos, que nunca mentem".

No programa de TV *Rock'n'Roll Myths*, sugeri que a foto do Rolls--Royce de Keith no lago em Tara, por volta de 1973, levou muita gente a se convencer de que teriam visto, de fato, a foto de um Lincoln ou de um Cadillac na piscina de um Holiday Inn; hoje, só posso presumir que Pete é uma dessas pessoas!

Contudo, em meados de 2004, recebi um excerto do livro *Local DJ*, com as memórias de Peter Cavanaugh, influente radialista de Detroit na-

---

217 Parece necessário responder ao comentário de Daltrey sobre biógrafos, este, em particular, sobre entrevistar "ex-alcoólatras e ex-drogados". Em sua entrevista não editada, como preservada no site da NPR, Roger se refere aos outros três membros do The Who – e aos empresários, embora não especifique se está falando de Kit Lambert ou de Chris Stamp ou de ambos – da mesma forma. Estaria ele sugerindo que um biógrafo não deveria tentar entrevistar aqueles que, apesar dos vícios, conheciam muito bem o biografado? (Acho uma grande pena que o próprio Daltrey tenha se recusado a ser entrevistado para este livro; suas lembranças e observações teriam sido bem-vindas.) Se eu tivesse desconsiderado os ex-alcoólatras e ex-drogados da minha pesquisa, teria cortado a lista de potenciais entrevistados pela metade! Também teria perdido a perspectiva de muitos daqueles capazes de falar de suas próprias dependências e de como Keith talvez compartilhasse algumas dessas características. Por fim, embora Roger Daltrey se sinta no direito de se referir a seus colegas de trabalho com tais termos, não sei se os membros dos Herman's Hermits, Nancy Lewis ou Tom Wright, todos os quais também deixaram registradas suas lembranças do 21º aniversário de Keith, gostariam de ser referidos dessa forma.

quela época, que esteve presente na festa e escreveu o seguinte relato todos esses anos depois:[218]

A comida também voava. Ops. Alguém acertou outra pessoa na boca com uma garrafa de uísque. Sem querer. Mirava num golpe amigável na cabeça de um terceiro.

"Quem deu as chaves do carro ao Keith?"

"Ele está fingindo que vai entrar com o carro na piscina."

"Haha!"

"Olha lá, ele vai parar no último segundo!"

"Não!"

"Ele afundou!"

"Ah, lá está ele."

"Bom nadador."

"Ele está bem."

"Mas ele afundou o Cadillac!"

"Alguém sabe fazer respiração boca a boca num Cadillac?"

"O quê? Que polícia???"

Contatei Cavanaugh, que não tinha lido meu livro. Quando enviei a ele o texto referente ao episódio, ele me respondeu por e-mail: "Sugiro que meu testemunho seja revisto como complementar, e não como contraditório, a suas próprias e excepcionais observações". (Ao reler a versão de Cavanaugh, é difícil ver qualquer outra coisa *que não* uma contradição. Mas ainda assim...) Cavanaugh então sugeriu que eu falasse com Bruce Wensch, proprietário da Flint Guitar Company, que não só esteve presente no show no Atwood Stadium, como também no Holiday Inn três vezes em menos de 24h: na tarde que antecedeu o show, na festa de Keith depois do show e na manhã do dia seguinte.

---

218 O relato pode ser acessado em www.petercavanaugh.com.

A memória de Wensch do que aconteceu é quase fotográfica, em parte porque ele só tinha 15 anos na época, estava deslumbrado e completamente sóbrio e, portanto, é pouco provável que tenha se esquecido daquela noite – também porque tirou fotos o tempo todo. Um autoconfesso "nerd focado na ciência e muito interessado em fotografia", mas também um fã de rock 'n' roll que compreendia que o The Who fazia parte da "Santíssima Trindade do Rock 'n' Roll" com os Beatles e os Stones", recebia ingressos gratuitos e acesso quase total a tudo, de um DJ local que o pôs em contato com o fã-clube nacional dos Herman's Hermits. (O presidente do fã-clube foi de Madison, Wisconsin, para o show, em Michigan; vale lembrar o quanto Peter Noone e cia. eram populares naqueles anos por toda a região central dos EUA, então isso não é tão trivial quanto possa soar hoje.)

Na tarde de 23 de agosto, Wensch foi até o Holiday Inn, munido de sua câmera, onde encontrou Moon, John Entwistle e Karl Green quando estes saíram para ficar à beira da piscina. Em concordância com as lembranças que tanta gente tem de Moon, Wensch achou o baterista extremamente amigável, interessado em saber da vida do próprio garoto – ainda mais quando descobriu que o menino de 15 anos queria ser músico – e empolgado em conhecer Flint e o que poderia esperar do público. (Detroit fora uma das cidades onde o The Who estourou primeiro, e o show em Flint, cidade de indústria automobilística a cerca de 100 km de distância, oferecia uma oportunidade genuína de roubar os holofotes dos Hermits.) Kit Lambert então apareceu com "seu mais recente 'garotão'", diz Wensch, e também com um presente de aniversário para Moon: uma valise que, aberta, revelava copos e *mixers*; era, em essência, um "pub portátil". Lambert e Chris Stamp também visitaram um mercado ali perto, o Boaker's, na Fenton Road, para comprar drinques para a festa pós-show; o mercado, mais tarde, afirmaria que teve seu estoque inteiro de bebidas comprado, no valor de cerca de 400 dólares.

Moon, muito grato, tirou vantagem imediata de seu presente de aniversário e do álcool; já está escrito que ele estava bêbado quando subiu no palco. No Atwood Stadium, animado pelo aniversário e pela bebida, Moon an-

POSFÁCIO DA EDIÇÃO DE 2005

tecedeu a performance do The Who correndo pelo campo numa camiseta laranja berrante e chutou um container de plástico por cima do gol. Esse tipo de extravagância descarada para agradar ao público serviu para deixar esse do lado da banda numa apresentação que foi, reputadamente, desleixada.

Mais cedo, Moon havia convidado Wensch para a festa de aniversário pós-show, mas o adolescente tinha de esperar até os Herman's Hermits acabarem de tocar para pegar uma carona com um amigo até o Holiday Inn. Quando chegou lá, se recorda, escolhendo as palavras com cuidado, para não incriminar por completo os culpados, de que "havia uma grande comoção no segundo andar. Houve uma briga com um fã num quarto, acho que no quarto de Keith, e acho que alguém foi preso. Havia um falastrão local chamado Dennis Williams, que fingia ser irmão de Keith Relf (dos Yardbirds). Se vestia num estilo totalmente Carnaby Street, muito, muito mod, e se apresentava como Jim Relf. Esse cara deu nos nervos de Keith e acho que Keith talvez tenha ficado um pouco hostil. E Dennis Williams acabou com uma cicatriz. O xerife foi chamado – era o xerife Bell –, e acredito que Keith teve, de fato, ir para o xadrez".

Membros do *entourage* do The Who imediatamente se puseram a dar um jeito de livrar Keith, mas como a turnê ia sair da cidade na manhã seguinte de qualquer forma, o xerife talvez tenha se sentido inclinado a liberar Keith apenas com uma reprimenda; aparentemente, não foram prestadas queixas. "Deixaram Keith terminar a festa, contanto que se comportasse", recorda-se Wensch.

É claro que Keith não tinha intenção de se comportar, não numa ocasião tão importante quanto aquela. Enquanto isso, no Holiday Inn, os 400 dólares em bebida – sem contar os diversos alucinógenos – causavam os efeitos previsíveis nos convidados, cujo comportamento ficava cada vez mais desordeiro mesmo sem a liderança de Moon. Wensch se recorda de que foram os Blues Magoos, sob o efeito de psicodélicos, que começaram a jogar pedaços do bolo de Keith, no formato de bateria, pelo salão; que as roupas de Keith, de fato, foram rasgadas, o que "não parecia ser algo a que se dava muita bola na cultura britânica, mas que, para a cultura estadunidense, era extremamente ousado"; e que a festa logo passou da sala de conferências para a área da piscina, ao lado, que era cercada. "Vários membros da turnê e algumas garotas realmente acabaram na piscina. E não creio que todo mundo estava vestido – o que, aos 15 anos, achei bem incomum!"

Wensch diz que Moon perdeu os dentes da frente quando ele e Peter Noone tentaram fazer um brinde dramático com seus copos cheios, só que Noone, sem querer, atingiu Moon em cheio na mandíbula. Ora, isso difere com a amplamente aceita versão de que Moon os teria perdido ao tropeçar no chão na tentativa de escapar de ser desnudado por seu aniversário, mas, não obstante, é consistente com a noção de que os dentes foram nocauteados em algum momento enquanto a bebida e a comida corriam soltas – literalmente – pelo salão.

O gerente do hotel, que agora havia perdido o controle da situação, aparentemente chamou a polícia, que, em vez de prender os integrantes da preeminente banda *teen* Herman's Hermits, recorreu ao controle de danos e talvez armas tenham sido sacadas com esse fim. (Os três membros dos Hermits discordaram entre si quanto a esse detalhe no programa *Rock'n'Roll Myths*.) "Os policiais fizeram todo mundo que tinha uma ficha no hotel ir para seus respectivos quartos, enquanto todo o resto era mandado embora", recorda-se Wensch. "Nesse momento, foi praticamente um *lockdown*." Enquanto os aproveitadores e parasitas eram expulsos à força do recinto, aqueles ligados aos Herman's Hermits – incluindo os membros do fã-clube e o recém-contratado fotógrafo de 15 anos – ficaram para trás, para trabalhar numa sessão de fotos na manhã seguinte.

"Houve um estado de relativa tranquilidade por um curto período de tempo", diz Wensch, e a polícia partiu prontamente. Nesse momento, muitos dos músicos em turnê, no auge da juventude movida a testosterona, longe de casa e, a essa altura, extremamente entorpecidos – muitos deles com alucinógenos que talvez tenham causado uma *bad trip* com a presença da polícia – e absolutamente furiosos por seus convidados terem sido mandados embora da festa de 21 anos do ilustre Keith Moon, decidiram se vingar contra o hotel.

POSFÁCIO DA EDIÇÃO DE 2005

Na entrevista original para este livro, em 1996, Karl Green descreveu o que aconteceu em seguida: "Atacamos com extintores de incêndio. Precisamos pagar pela repintura de um monte de carros. Quebramos o cercado ao redor da piscina e o jogamos nela. Todas as máquinas de petiscos foram arrancadas das paredes".

O relato de Wensch é quase idêntico – com a exceção de que ele também se lembra de que "alguém encontrou um galão de óleo de motor, fez um furo e derramou em cima dos carros também". Ele confirma a alegação dos Hermits de que o próprio The Who pouco se envolveu na destruição: Moon, que já tinha sido levado pelo xerife por ser encrenqueiro, foi impedido à força de se juntar à gangue por Chris Stamp, que o deixou em algo próximo à "prisão domiciliar", acompanhado de John Entwistle e anestesiando a dor nos dentes com álcool adicional.

Wensch retornou na manhã seguinte para o ensaio fotográfico e encontrou a piscina entulhada de copos, cadeiras, garrafas e até cabos de guitarra – mas nenhum carro (teria sido difícil não perceber um). Testemunhou o gerente do hotel exigir o pagamento pelos danos em dinheiro vivo e se recorda de Chris Stamp insistir para que todos os membros do The Who tirassem esse dinheiro do próprio bolso por princípio. E tirou fotos de Pete Townshend de ressaca, sentado na mala, enquanto esperava pelo ônibus que levaria as bandas ao avião da turnê.

Entwistle e Green afirmaram, nas entrevistas para este livro, que não embarcaram nesse avião, e sim num voo fretado mais tarde naquele dia, junto com Keith Moon, que ainda estava se recuperando. Wensch diz que suas fotos confirmam que os três não estavam no ônibus que saiu do Holiday Inn naquela manhã. Isso tudo faz sentido se, em vez de ter sido levado ao dentista no meio da festa, Moon tenha sido conduzido até um pela manhã acompanhado por amigos – Chris Stamp ou o *tour manager*, Ed McCann.

A amplamente citada ausência de Keith das celebrações de seu próprio aniversário pode ser, hoje, explicada por sua remoção temporária até o xadrez. Embora parte desses relatos contradigam elementos do capítulo 16, é mais uma vez importante notar que este livro foi a primeira grande tentativa de desenredar as histórias conflitantes que envolvem aquela noite, e, com certeza, muito mais informações surgiram no período desde que o livro foi lançado do que nos trinta anos que antecederam sua publicação original! Nenhuma delas é inteiramente conclusiva, exceto pela convicção repetida por tantas testemunhas: a de que não havia um carro na piscina.

Wensch diz que "nunca ouvira falar da história do carro até" a famosa entrevista de Keith à *Rolling Stone*, com Jerry Hopkins, em dezembro de 1972. "Eu soube o que era quando li: ele nunca poderia contar a verdade sobre aquela noite, porque não ia pegar tão bem para ele. Por mais que seja uma mentira boa, uma mentira ruim, uma mentira suja, uma inverdade, uma irrealidade... é uma história melhor. E nós não queremos histórias melhores?"

Exatamente. Foi por esse motivo que eu mesmo acreditei nessa história por toda minha juventude. Se as pessoas se sentem melhor por acreditar que Keith, de fato, entrou com um Cadillac ou um Lincoln na piscina do hotel naquela noite, então que assim seja. "É o Monstro do Lago Ness de Flint", diz Wensch sobre o mito. "De fato, tivemos um aqui. E acho que já vi parte da cauda, mas não a cabeça!" Quanto a esse Monstro do Lago Ness, qualquer um que tenha provas fotográficas – em especial membros do The Who – devem, então, providenciá-las para verificação. Caso contrário, talvez queiramos tratar todo o incidente como tratamos o Monstro do Lago Ness: como algo em que queremos desesperadamente acreditar, mas não temos como provar.

A morte de Neil Boland

De uma infâmia só discretamente menor, mas de um impacto muito maior foi a morte de Neil Boland debaixo do Bentley de Keith, durante uma desordem na frente de um pub em Hatfield, no dia 4 de janeiro de 1970, um domingo. Keith Moon foi subsequentemente acusado de estar ao volante do Bentley no momento em que Boland morreu esmagado. A história está descrita em detalhes no capítulo 19.

POSFÁCIO DA EDIÇÃO DE 2005

Em meados de 2003, a filha de Neil, Michelle, que tinha apenas 3 anos quando da morte do pai, entrou em contato comigo. O livro, à parte de descrever o fim de seu pai em detalhes dolorosamente explícitos, despertou nela uma determinação a descobrir o que realmente acontecera naquela noite, e, para esse fim, ela foi atrás de Peter Thorpe, um dos cinco jovens considerados culpados pelo "tumulto" que levou à morte de Boland e que na época tinha 19 anos. Depois de uma troca de e-mails, os dois se encontraram num pub em Hatfield, e Michelle de lá saiu convencida de que havia um outro lado dessa história. Depois de nos correspondermos por um tempo, ela me colocou em contato com Thorpe, com quem conversei por telefone com o propósito de escrever este adendo.

Thorpe estava muito angustiado ao explicar que não fazia parte de uma gangue de skinheads. "Foi uma completa confusão", insiste ele a respeito das pessoas presentes na Cranbourne Rooms, adjunta ao Red Lion Pub, naquela noite fatídica. "Havia hippies e algumas pessoas que pareciam skinheads. Mas, naquela época, era só uma moda. Meu irmão estava lá naquela noite e ele era um estudante universitário, tinha cabelo comprido, fumava maconha." O único dos cinco jovens depois considerados culpados pelo tumulto que aderia à moda skinhead, diz Thorpe, era Paul Holden, então com 18 anos. (Devemos frisar, no entanto, que os jornais – tanto os nacionais quanto os locais – se referiram com frequência a uma "gangue de skinheads".)

Thorpe foi até lá com seu amigo Christopher Frank O'Rourke, também de 19 anos. "Não estávamos à procura de encrenca", diz ele. "Só queríamos nos divertir."

Thorpe se recorda de quase não interagir com Moon, "Legs" Larry Smith, Jack e Jim McCulloch ou com nenhuma das outras celebridades do rock que pudessem estar na companhia de Keith. Sua lembrança é que essas pessoas ficaram primordialmente no bar, se embebedando. "Estava uma noite bem agradável", diz ele, até que...

"Ao final da noite, estávamos do lado de fora, era uma noite de janeiro, muito fria, e vimos Keith sair com sua esposa, Kim. Um de nós, de brincadeira, como eles eram celebridades, disse:'Oh, nos deem uma carona até em casa no Bentley de vocês.' Kim se virou e nos mandou praquele lugar. O que não foi muito simpático."

Segundo Thorpe, Keith e aqueles imediatamente ao redor dele – Kim, "Legs" Larry Smith, Jean Battye e o motorista, Neil Boland – entraram no carro e os jovens caminharam até onde a saída se encontrava com a Great North Road. Porém, quando o carro passou ao lado deles ao sair do estacionamento, "olhei no meu bolso, vi algumas moedas e disse: 'Vamos jogar algumas moedas no carro', como se para dizer que não íamos aceitar aquela ofensa. Ninguém jogou pedras, ninguém chutou o carro, o acesso para a estrada estava livre, e o carro parou de súbito. Lembro-me disso muito bem, porque ele [Neil] era um homem bem grande. Ele simplesmente voou para fora do carro e correu para cima da gente".

Isso condiz com as recordações de Larry Smith relatadas a mim, em 1996, de que os jovens "todos se deram conta de que tinham que pegar o último ônibus e nós estávamos no conforto de um Bentley. Bem, por algum motivo, eles de repente começaram a atirar moedas contra o carro. Isso enfureceu Neil, que adorava o Bentley, então, quando a última dessas moedas caiu, ele pulou para fora do carro e voltou para encarar aquela turma".

Michelle, a filha de Boland, confirma que o pai tinha uma reputação de ter o pavio curto. "Ele não teria pensado duas vezes antes de sair do carro e retaliado, caso se sentisse ameaçado."

Daquele que Thorpe insiste ter sido apenas um pequeno grupo de jovens, agora já fora do estacionamento – ele nega veementemente que eram "trinta" ou mais, como depois seria alegado pelos ocupantes do carro –, Neil Boland aparentemente atacou primeiro John Bunn, de 20 anos. Diz Thorpe que "John era tão pequeno quanto eu, então... partimos para cima. Pensamos: 'Não vamos aceitar isso'. E o carro saiu andando. Deixou Neil e seguiu pela estrada".

Depois de cerca de uns 18 m, parou de novo. No interrogatório, Keith alegou que o carro automático tinha um aparato que o permitia continuar em movimento lentamente se deixado na posição *drive*. Presumivelmente, alguém havia pulado para o banco do motorista, puxado o freio de mão, colocado o câmbio na posição neutra ou alguma combinação dessas três ações.

POSFÁCIO DA EDIÇÃO DE 2005

Enquanto isso, Neil Boland perdia a briga. Ainda assim, diz Thorpe, "Ele era um cara grande. Levantou-se e correu pela estrada atrás [*do carro*] e o seguimos, e ele correu para a frente do carro. Demos a volta também e a briga continuou. Ele caiu no chão. E teria mais ou menos acabado por aí..."

Todavia, o carro deu um tranco para a frente, como se alguém tivesse assumido o volante, colocado o câmbio no *drive* novamente e pisado no acelerador – embora, talvez, com o freio de mão ainda puxado. "Deu um, dois trancos", recorda-se Thorpe, "e aí" – e isso pode ter sido quando o freio de mão foi solto – "disparou com tudo e eu desviei. Percebi Neil levantar as mãos, porque as pernas dele já estavam debaixo do carro, que avançara em cima dele. Ele colocou as mãos no para-choque, como se para se apoiar nele para se levantar, e aí o carro de repente avançou com tudo para a frente. Agachei-me, esperava que ele saísse pela traseira, sem me dar conta do quão baixo é um Bentley, pensando que, com sorte, ele teria escapado das rodas – só estaria deitado no chão depois que o carro passasse."

Mas não foi o que aconteceu. Boland foi esmagado pelo peso do motor do Bentley e arrastado pela estrada por uma distância de cerca de 90 m, como foi bem relatado. "Quando não vi o corpo dele aparecer pela traseira, corremos atrás do carro", diz Thorpe. Enquanto ele corria a pé, um de seus amigos pulou numa van e disparou atrás do carro, enfim alertando os ocupantes do Bentley do desastre quando eles pararam diante de um clube (Moon confirmaria esse detalhe durante o julgamento).

"Quando o carro parou, uns oito ou nove de nós tentamos levantá-lo de cima dele, mas não conseguimos. Era pesado demais." Peter diz que Keith foi o único dos quatro passageiros a descer do carro. "Olhamos embaixo do Bentley, na tentativa de ver se ele ainda estava vivo. Keith se abaixou bem debaixo do carro e se levantou com o terno pingando sangue e a sarjeta estava se enchendo de sangue também."

Um grupo de pessoas rapidamente saiu do clube ("era tipo um clube social privado", diz Thorpe) para testemunhar a cena macabra junto aos demais que haviam corrido do Red Lion. "E então os bombeiros chegaram e levantaram o carro com um macaco", diz Thorpe. "De baixo dele, arrastaram o que parecia ser um corpo, e era possível perceber que não estava vivo."

KEITH MOON

Quando a polícia apareceu, Thorpe se recorda de que parte das pessoas ali reunidas saiu correndo. "Não corri. Fiquei ali. Fui até a delegacia e prestei depoimento naquela noite", embora "sem, de fato, me declarar uma das pessoas envolvidas no tumulto. Queria que soubessem que não havíamos matado ninguém deliberadamente." Não obstante, ele foi preso algumas semanas depois, assim como Bunn, O'Rourke, Holden, John Armstrong e vários outros.

Thorpe diz que foi profundamente afetado pelo acontecimento. "É muito trágico, de verdade. É por isso que a minha memória é tão boa, porque é algo que aconteceu em minha vida do qual nunca vou me esquecer. Foi a primeira e última vez, espero, que vi uma pessoa morrer."

Porém, ele também segue sem remorso. "Ele começou uma briga conosco, é a forma como enxergo", diz Thorpe sobre Boland. "E ele era maior e mais forte do que nós, se tivéssemos dado umas bordoadas nele e ele tivesse voltado para o carro e seguido em frente, todos teríamos ido para casa felizes. E teria acabado por aí."

Thorpe diz sentir que os ocupantes do Bentley exageraram em grande medida sobre o que aconteceu naquela noite. "Por que eles mentiram tanto a respeito do acontecido? Por que disseram que foram cercados por skinheads que chutavam o carro e sentiram todo aquele medo? Porque não foi nada disso que aconteceu. Obviamente, era preciso estar lá para vivenciar a situação, mas não somos esse tipo de pessoa perigosa. Nenhum de nós é muito grande, nenhum de nós tinha armas. Se o carro tivesse sido chutado e apedrejado, as janelas obviamente estariam quebradas, a lataria estaria amassada. Não me lembro de nada disso ter sido apresentado como prova, porque não aconteceu[219]. Neil saiu do carro de livre e espontânea vontade. Não foi espancado ou nocauteado. Se o carro não tivesse andado para a frente, ele teria se levantado e entrado no veículo sem problemas. Não notei nenhum sangue nele até o momento em que o carro disparou para frente."

---

219 Tais afirmações foram, de fato, feitas no interrogatório, mas não há registros da condição do Bentley para confirmá-las ou desmenti-las.

POSFÁCIO DA EDIÇÃO DE 2005

Thorpe sente então que o sangue de Neil Boland – literalmente – está nas mãos de quem dirigiu o veículo em meio à turba enquanto a luta ainda acontecia. E ele mesmo acredita que o condutor não era Keith Moon. Convenceu Michelle Boland disso; o site dela[220] é intitulado "Keith Moon was not driving" – "Keith Moon não estava dirigindo".

Nada disso traz Neil Boland de volta. E nada disso justifica o comportamento dos jovens mais do que o do condutor.

Afinal, Thorpe admite que ele e os outros jovens de Hatfield rapidamente dominaram Boland, e, embora ele insista que Boland foi "socado" para debaixo do carro, em vez de chutado, Paul Holden, entretanto, deu um depoimento à polícia que diz que "havia cerca de doze pessoas ao redor do homem fazendo o que eu estava fazendo – dando chutes nele".

Para aqueles que estavam dentro do Bentley, a gangue de até doze jovens poderia muito bem parecer três vezes maior e a violência pode muito bem ter parecido pior do que foi; ou pode ter sido tão feia quanto pareceu. O fato de Moon e seu *entourage* terem bebido pesadamente nunca foi negado, mas, embora essa condição possa ter contribuído para o senso de pânico, não significa que eles não tinham motivo para sentir medo.

Como, então, a morte de Neil Boland poderia ter sido evitada? De inúmeras maneiras. Kim não precisava ter xingado os jovens quando eles pediram, na cara de pau, uma carona para casa (diálogo que foi citado pelo advogado dos jovens durante a audiência). Mas Thorpe não precisava ter respondido atirando moedas contra o carro. Boland poderia simplesmente ter ido embora, em vez de sair do carro e arrumar briga. Mas os jovens ali reunidos não precisavam ter partido para cima de Boland em grupo nem perseguido o motorista quando ele correu de volta para o carro. Boland poderia ter entrado de volta no carro, em vez de correr à frente dele (a menos que quisesse evitar colocar os ocupantes em perigo). Mas os jovens não precisavam continuar batendo nele até que ele caísse no chão e embaixo do carro. Alguém poderia não ter decidido, naquele momento, condu-

---

220 Disponível em: <http://del_pasado.tripod.com/keithmoonwasnotdriving/>.

zir o carro por entre a turba. Mas decidiu. É tudo um exemplo trágico do que pode acontecer – e ainda acontece – na frente dos pubs britânicos na hora de fechar, quando as pessoas beberam demais e culturas se chocam.

O senso de injustiça de Thorpe parece vir desse último aspecto. "Da forma como vejo a coisa toda, a forma como as provas surgiam, éramos apenas moleques de uma cidade pequena. E, contra nós, esse grande *establishment*, o The Who, essas grandes celebridades. Fomos instruídos a não falar nada, não fazer nada, quando saímos do tribunal, não ficarmos por ali, só irmos embora. Caso encerrado, do jeito que eles queriam."

Exceto que, de qualquer ângulo de que se enxergue, Neil Boland havia morrido. E Keith Moon assumiu a responsabilidade pessoal, legal e emocional por essa morte.

Patti Salter

Não houve escassez de mulheres na vida de Keith, mesmo durante os períodos em que ele esteve casado com Kim e/ou morando com Annette. E, no intervalo de mais ou menos um ano entre esses dois grandes amores de sua vida, Keith jogou nesse campo com uma precisão singular. Um caso breve com a sobrinha de Max Bygraves, Patty Bygraves, é discutido no final do capítulo 27. Em seguida à publicação original deste livro, uma mulher chamada Patti Salter entrou em contato comigo para fornecer lembranças puramente positivas de seu período como namorada de Keith durante boa parte de 1974. Na época, ela era conhecida como a atriz Lee Patrick, apresentadora do popular *game show* de TV *The Golden Shot*. Patti conheceu Keith durante as filmagens de *Stardust* – no qual ela teve um pequeno papel –, e, durante as de *Tommy*, Keith propôs que fossem morar juntos, e foram, na Curzon Place, em Mayfair[221], nos primeiros meses de 1974. Segue um relato editado das cartas dela:

---

221 O apartamento, que pertencia a Harry Nilsson, era um refúgio temporário para Keith nessa época; em 1978, ele se mudaria para lá em definitivo e, tristemente, também lá morreria.

POSFÁCIO DA EDIÇÃO DE 2005

"Eu estava a bordo do helicóptero que pousou no jardim de Ollie Reed e assustou todas as éguas grávidas... Ollie estava nos esperando na porta da mansão com dois *pints* cheios até a boca de uísque. Dougal foi para lá mais tarde, no Rolls-Royce. A luta de espadas aconteceu horas depois, quando estávamos todos sentados à mesa de banquete medieval: Ollie pulou em cima da mesa e pegou duas espadas da parede, jogou uma para Keith e os dois então começaram a duelar em cima da mesa.

Outro incidente... Visitamos Ollie e fomos convidados a passar a noite lá. É claro que aceitamos, ainda mais porque fomos para o pub favorito de Ollie depois do jantar, onde ele e Keith competiram para ver quem conseguia entornar mais álcool. Sem dúvida, Ollie ganhou e, como prêmio para todos os clientes do bar, começou a ficar nu. Keith estava prestes a fazer o mesmo, mas o *entourage* de Ollie interviu e todos voltamos para Broome Hall. Então lá estávamos em Broome Hall, esperando que nos mostrassem nosso quarto, e ficamos bastante surpresos quando Ollie nos disse para ir com ele para fora da casa e atravessar um campo (que era bem íngreme... eu estava de salto alto e tive uma dificuldade enorme para andar). Enfim chegamos a um celeiro, Ollie apontou para um monte de feno num canto e disse que poderíamos dormir ali! Nós nos entreolhamos e Keith disse a Ollie que iríamos mesmo para casa; Ollie se recusou a nos deixar ir embora e tirou uma espingarda de algum lugar, apontou-a para nós e disse que teríamos de ficar... Por fim, concordou que não era possível que dormíssemos no feno num celeiro e nós acabamos dormindo num sofá na sala dele (aparentemente, todos os quartos mobiliados estavam ocupados por seu *entourage*, e nos outros quartos não havia mobília!).

Eu era apresentadora do *The Golden Shot* durante a primeira parte do nosso relacionamento e Keith foi até os estúdios, em Birmingham, comigo num fim de semana, depois de uma noitada no Tramp, e chegamos à cidade por volta das 5h da manhã. Ele telefonou com antecedência e reservou um quarto de hotel para nós. O quarto tinha um lustre e é claro que ele se pendurou nele para me fazer rir... mas pelo menos não quebrou a peça dessa vez. Eu estava meio acabada quando gravei o programa mais tarde nesse dia. Viver com Keith meio que deu uma bagunçada na minha carreira.

KEITH MOON

A ocasião mais hilária, porém, além da visita 'voadora' à casa de Ollie foi quando saímos à procura do figurino de Uncle Ernie para Keith. Fomos à Bermans[222] e conferimos o departamento de fantasias, mas nada ali chegava perto do que ele desejava, então acabamos na Lawrence Corner, para achar o sobretudo mais sujo que houvesse ali, mas não era sujo o bastante para Keith... Então, depois de comprar o mais esfarrapado que encontramos, saímos no Rolls-Royce por Londres em busca de poças d'água. Quando achamos uma bem grande e suja, ele desceu do carro, deitou no chão e rolou na poça. As pessoas encaravam e não acreditavam no que estavam vendo... Depois disso, fomos vistos entrando e saindo dos sex shops do Soho carregando sacos de papel pardo cheios de consolos, chucas e brinquedos sexuais de aparência pervertida. Sob circunstâncias normais, acho que eu teria ficado bem envergonhada, mas já que tínhamos tomado umas 'pra viagem' no De Hems, minha vergonha sumiu por completo e nos divertimos muito com aquelas compras. Quando voltamos para Curzon Place, Keith não resistiu pendurar um consolo no espelho retrovisor [*do Rolls-Royce*]. Disse que era um recado para o guarda de trânsito que quisesse multá-lo.

Houve alguns outros incidentes engraçados, como quando fomos visitar o contador dele, que lhe disse que ele devia cerca de meio milhão em impostos. Ao sair da casa bela e elegante em Mayfair, Keith virou-se nos degraus e começou a fazer xixi nos gerânios nos parapeitos das janelas, a plena vista dos passantes. Essa foi a resposta dele à questão dos impostos.

Em outra ocasião, tínhamos ido a um desfile de modas e à festa pós-desfile obrigatória, mas não havia nada para comer e, como era a madrugada de um sábado para domingo, não havia absolutamente nada aberto em Londres, nem nada na geladeira em Curzon Place. Então Keith decidiu que nos hospedaríamos no Inn on the Park simplesmente para pedirmos comida pelo serviço de quarto... Ambos estávamos vestidos de forma bem

---

222 Conhecidos figurinistas de teatro na Leicester Square, em Londres.

ultrajante para fazer *check-in* num hotel de luxo, Keith como se estivesse prestes a entrar na arena para enfrentar um touro, num traje de toureiro de veludo vermelho-vivo, e eu num vestido longo de noite, também vermelho (só consigo imaginar o que o recepcionista pensou que eu fosse!). Mas pelos menos comemos um bom jantar e, depois, viramos a esquina para voltar para Curzon Place... acho que foi uma das refeições mais caras que já comi.

Acho que minhas lembranças de Keith são muito mais felizes do que as de Annette. As mudanças de temperamento não eram tão evidentes, embora ele tivesse seus momentos de depressão, quando precisava de reafirmação de que era amado. Porém, posso dizer honestamente que ele nunca ficou bêbado a ponto de ficar violento em relação a mim, de forma alguma. Ele basicamente queria fazer as pessoas rirem."

É um prazer publicar lembranças tão puramente positivas.

O legado de Keith Moon e o The Who no século 21

Não mencionada no início deste adendo, mas prontamente reconhecida como fator contribuinte para o interesse do público em Keith Moon, foi a decisão do The Who de se reunir em 1996. Embora, de início, a intenção primordial fosse que Pete Townshend apresentasse *Quadrophenia* na íntegra, já que a tentativa de fazê-lo foi um fracasso em 1973, a reunião aos poucos ganhou sua própria força e recebeu elogios tanto dos fãs quanto da crítica. Quando os shows de *Quadrophenia* se encerraram, a banda se reduziu a um quinteto e partiu numa série de shows internacionais de "Greatest Hits"[223], que chegou ao século 21, quando o The Who já tinha reclamado seu status como uma das maiores bandas de rock de todos os tempos.

Parte da explicação para o sucesso dessa reunião está no novo respeito mútuo entre os dois ex-líderes e competidores, Townshend e Daltrey. A ani-

---

223 Incluindo a primeira visita do The Who ao Japão. (N. do T.)

mosidade que marcara boa parte da relação profissional deles praticamente desapareceu quando ambos chegaram aos 50 anos, e a dupla parecia ávida por compensar o tempo perdido. Daltrey, com certeza, nunca quis fazer muita coisa além de cantar com o The Who, e, embora de vez em quando tivesse dificuldade em alcançar as notas agudas ao se aproximar do sexagésimo aniversário, sua boa forma física, sua determinação e seu entusiasmo nunca puderam ser questionados. Townshend, por sua vez, o mesmo que havia abandonado a guitarra elétrica na turnê de reunião de 1989, parecia ter vencido o zumbido nos ouvidos; noite após noite, do final dos anos 1990 em diante, ele ataca a guitarra com paixão e habilidade o bastante para ganhar o respeito do mais rabugento dos novos punks do pedaço. As canções em si podem ter permanecido as mesmas, mas Townshend, em particular, sempre pareceu encontrar um novo jeito de tocá-las.

Dos membros fundadores, restava John Entwistle. Assim como Daltrey, John nunca quis muita coisa além de tocar no The Who, e havia muito tempo que considerava esse trabalho como seu por direito. Ao ser entrevistado para este livro, em 1996, em meio aos ensaios para o show de *Quadrophenia*, no Hyde Park, em Londres – num momento em que ainda não era certeza se a banda seria anunciada como The Who e sem nenhum plano de turnê confirmado –, ele foi abertamente hostil para com Townshend.

"Se não fosse por Pete Townshend ganhar dinheiro demais, eu estaria rico", insistiu. "E isso, para mim, é a coisa mais egoísta que alguém pode fazer a um ser humano, privá-lo de trabalhar por conta de seus próprios ideais egoístas. A única coisa que sinto pelo que aconteceu é amargura. E sei que Keith sentiu o mesmo. Os períodos que tivemos de folga para 'criar' coisas... Ficamos com a bunda no sofá por dezoito meses enquanto alguém, de fato, compunha coisas para a porra de um benefício próprio."

Townshend, é claro, nunca impediu os demais membros do The Who de fazer suas próprias coisas, enquanto ele trabalhava em canções novas (o que então tornaria *todos eles* ricos por meio das gravações, das turnês e dos *royalties*), e, nos anos 1990, deu a Entwistle e a Daltrey sua bênção para tocar as músicas do The Who sem ele. A dupla tentou fazer isso em diversos níveis,

POSFÁCIO DA EDIÇÃO DE 2005

mas sabiam que não havia um The Who verossímil sem Pete. E isso é o que parecia enfurecer John – a ideia de que ele poderia ter tocado com mais consistência e ganhado mais dinheiro se tivesse dedicado seus talentos a uma banda que desejasse continuar trabalhando bem adiante da meia-idade.

"Para ser bem honesto, considero que desperdicei a minha carreira inteira no The Who", disse alguns minutos depois, nesta entrevista. "Uma porra de uma perda de tempo do caralho. Eu deveria ser multimilionário, deveria estar aposentado agora."

Quando questionado sobre seu legado, ele respondeu: "Vou ser conhecido como um baixista inovador. Mas isso não ajuda a reformar minha piscina nem me permite ficar o dia inteiro sentado assistindo à TV. Eu não ia querer fazer isso, mas gostaria da oportunidade de fazer".

Deve ser notado que, ao longo da entrevista, John bebia uma garrafa de Remy Martin, uma das razões pelas quais esses comentários foram mantidos privados anteriormente. Além disso, depois que os shows de *Quadrophenia* ganharam tração e se transmutaram numa reunião contínua do The Who, John Entwistle se tornou um homem feliz de novo – um *rock star* com trabalho e muito, muito mais do que apenas um baixista "inovador", com certeza o melhor de sua geração. Claramente de volta ao seu hábitat natural, fez jus aos seus dois apelidos: Thunderfingers ("Dedos de Trovão", por sua destreza incrível no baixo) e The Ox ("O Boi", por sua constituição durona) até o amargo fim.

Este se deu em Las Vegas, na véspera de uma nova turnê do The Who, em junho de 2002. John chegara à cidade uns dois dias antes, em parte para comparecer à inauguração de uma exposição de seus desenhos. Ele morreu em seu quarto, no Las Vegas Hard Rock Hotel & Casino, no dia 27 de junho, quando uma "quantidade significativa de cocaína" (palavras do legista) levaram a um enfarte. Vazou a informação de que Entwistle vinha tomando medicamentos para problemas cardíacos, o que sugere que ele tinha um senso equivocado de imortalidade. Vazou também a informação de que uma "dançarina" estava no quarto com ele no momento de sua morte, o que sugere que sua lealdade ao hedonismo do rock'n'roll era eterna.

Tais revelações decerto estavam na mente de Roger Daltrey quando ele publicou uma declaração depois da morte de Entwistle, que incluía as seguintes linhas: "John não fazia concessões na maneira como vivia a vida. Viveu-a totalmente à sua maneira. Por mais triste que seja, se ele pudesse ter escrito o próprio fim, teria sido muito similar ao que teve de fato. Aqueles que o conheciam e compreendiam seu senso de humor esboçarão um sorriso. Ele foi por completo um verdadeiro ícone do rock 'n' roll e tinha muito orgulho de ser famoso".

Profissionalmente, Roger e Pete reagiram à morte de John de forma bastante parecida como reagiram à de Keith: confundindo os fãs com uma decisão instantânea de seguir em frente. Dessa vez, certamente, havia a necessidade de uma resposta rápida: ao contrário de quando Keith morreu, em 1978, o The Who estava às vésperas de uma grande turnê de arenas que precisava ser cumprida ou cancelada. Optaram pela primeira via, recrutando o reverenciado baixista Pino Palladino. Ainda assim, a maneira com que Townshend tornou a decisão pública – "Acredito simplesmente que temos o dever de seguir em frente, por nós mesmos, por aqueles que compraram ingressos, pela equipe, pelos *promoters*, pelos figurões e pelas figurinhas", escreveu ele em seu site – e o fato de Pino estar a bordo e tocando o singular repertório de John inteiro apenas quatro dias depois da morte do baixista surpreendeu muitos observadores.

Assim como a notícia de que Townshend e Daltrey agora gravariam juntos de novo. Entwistle não escondia seu desejo de voltar ao estúdio com o The Who, o que significa que até seu famoso humor ácido seria levado ao limite se ele soubesse que seus parceiros só fariam isso após sua morte[224].

---

224 Os primeiros resultados dessas novas gravações foram lançados como acréscimos à enésima coletânea do The Who, intitulada *Then and Now*, lançada na primavera de 2004. As canções em questão, "Real Good Looking Boy" e "Old Red Wine", são adequadas, mas não valeram os vinte e dois anos de espera. [*N. do T.: desde o lançamento original da edição de 2005 deste livro, o The Who, além de diversas outras coletâneas e discos ao vivo – tanto com performances antigas quanto atuais –, lançou também os discos de estúdio Endless Wire, de 2006, e WHO, de 2019.*]

POSFÁCIO DA EDIÇÃO DE 2005

Os fãs do The Who tiveram opiniões abertamente conflitantes quanto à decisão de Townshend e Daltrey de continuar a fazer turnês: aqueles que achavam que a banda não era mais o The Who eram, quase sempre, os mesmos que admitiam que continuariam pagando para ver Roger e Pete, enquanto a dupla desejasse dividir um palco.

Se havia uma razão para acreditar que o The Who ainda era uma banda a essa altura, e não apenas a continuação/perdição de um grande nome por apenas metade de seus membros fundadores, era Zak Starkey. Desde que assumira o papel de Keith Moon na bateria, no show no Hyde Park, em 2006, Zak se tornara parte fundamental da formação. Não só porque ganhara sua primeira bateria de Keith, mas porque via Moon como alguém da família ou porque ele era filho de um Beatle e, portanto, não facilmente intimidado pela reputação do The Who. Era também porque Zak se provara capaz de tocar bateria com o mesmo senso de paixão e potência que Keith. Ou, para ser mais preciso, porque ele era a *única* pessoa que se provara capaz de tocar bateria daquele jeito. Ele também servia de vínculo com uma geração mais jovem: o público de seus 20 e 30 anos, ao mesmo tempo em que podia olhar para os membros sobreviventes do The Who como roqueiros da primeira geração agora no crepúsculo da carreira, poderiam também se identificar com Zak como alguém como eles.

Assim, no século 21, a presença de Keith Moon assoma gigante como nunca, de tantas maneiras. Suas habilidades assomam todas as noites em que o The Who entra no palco e Zak Starkey presta uma homenagem tão sincera ao talento de seu mentor. Sua técnica de bateria assoma toda vez que os arquivistas do The Who remasterizam mais um clássico do catálogo da banda e desenterram demos antigas ou gravações inéditas, tudo isso agora ouvindo com ênfase na bateria de Keith.

Seu comportamento – como Moon, o Lunático – assoma grandemente na mídia, não importa quantos livros tentem apresentar o lado sério da história. Quando, por exemplo, em 2004, a revista *Q* fez uma lista dos 100 Momentos Mais Insanos do Rock, colocou Keith Moon – pelo conjunto da obra – em primeiro lugar. E ainda assim seu valor também pode ser medido de uma maneira mais material. Em setembro de 2004, a Christie's, de Londres, leiloou uma bateria incompleta[225] de Keith, do final dos anos 1960 – evidentemente a que ele usou na apresentação no *Rock 'n' Roll Circus*, dos Rolling Stones. A única prova física de que a bateria Premier pertencera a Keith era um bumbo que trazia o logo do The Who. De cara, a Christie's colocou um valor estimado de 10 mil a 15 mil libras na bateria, que foi vendida para um comprador anônimo por, na verdade, acachapantes 120 mil libras – o maior valor, até onde se sabe, já pago por uma bateria de um músico de rock num leilão[226].

É de se imaginar que Keith ficaria orgulhoso de tamanho legado. De cada aspecto dele.

---

225 Um bumbo, dois tom-tons de chão e dois tom-tons laterais; sem caixa, pratos ou tom-tons adicionais, como Keith teria usado.

226 *Na verdade, esse valor foi superado em 2015, quando uma bateria Ludwig, de Ringo Starr, foi leiloada pela Julien's, na Califórnia, por 2.100.000 dólares (ou aproximadamente 1.395.370 libras, na época). (N. do T.)*

BIBLIOGRAFIA

PRINCIPAIS FONTES LITERÁRIAS

Barnes, Richard. *Mods!* (Plexus, Reino Unido, 1979)

— *The Who: Maximum R&B* (Plexus, Reino Unido, 1996)

—; com Townshend, Pete. *The Story of Tommy* (Eel Pie, Reino Unido, 1977)

Bromberg, Craig. *The Wicked Ways of Malcolm McLaren* (Harper & Row, EUA, 1989)

Burdon, Eric. *I Used To Be An Animal, But I'm All Right Now* (Faber & Faber, Reino Unido, 1986)

Butler, Dougal; com Chris Trengrove e Peter Lawrence. *Moon the Loon: The Amazing Rock'n'roll Life of Keith Moon* (Star, Reino Unido, 1981)

— *Keith Moon: A Personal Portrait* (publicação particular, 2001)

Charlesworth, Chris. *Townshend: A Career Biography* (Proteus, Reino Unido, 1984)

Cole, Richard. *Stairway to Heaven: Led Zeppelin sem censura* (Belas Letras, Brasil, no prelo)

Davies, Dave. *Kink: An Autobiography* (Hyperion, EUA, 1997)

Des Barres, Pamela. *Confissões de uma groupie: I'm with the band* (Barracuda, Brasil, 2004)

— *Take Another Little Piece Of My Heart* (William Morrow, EUA, 1992)

Du Noyer, Paul. *We All Shine On: The Stories Behind Every John Lennon Song 1970 – 80* (Carlton, Reino Unido, 1997)

Frame, Pete. *Rock Family Trees* (Omnibus, Reino Unido, 1993)

Fuller, John G. *Are The Kids All Right?* (Times, EUA, 1981)

Gambaccini, Paul; Rice, Tim; Rice, Jonathan. *British Hit Singles* (Guinness, Reino Unido, 1995)

— *British Hit Albums* (Guinness, Reino Unido, 1994)

Gillet, Charlie. *The Sound of the City: The Rise of Rock'n'Roll* (Da Capo, 1996)

Godbolt, Jim. *A History of Jazz in Britain 1919 – 50* (Paladin, Reino Unido, 1986)

Gray, Marcus. *London's Rock Landmarks* (Omnibus, Reino Unido, 1985)

Hamilton, Marybeth. *When I'm Bad I'm Better: Mae West, Sex, and American Entertainment* (HarperCollins, EUA, 1995)

Henderson, Dave. *A vida de Jimi Hendrix* (Espaço Tempo, Brasil, 1993)

Henry, Stuart e Mike von Joel. *Pirate Radio Then and Now* (Blandford, Reino Unido, 1984)

Hewitt, Paolo. *Small Faces: The Young Mods' Forgotten Story* (Acid Jazz, Reino Unido, 1995)

Hoskyns, Barney. *Waiting for the Sun: The Story of the Los Angeles Music Scene* (Viking, Reino Unido, 1996)

Leonard, Maurice. *Mae West, Empress of Sex* (Birch Lane, EUA, 1991)

Lewis, Roger. *The Life and Death of Peter Sellers* (Arrow, Reino Unido, 1994)

Lundin, Olle. *The Who in Sweden* (Squeeze, Suécia, 1995)

Maltin, Leonard. *Movie and Video Guide* (Plume, EUA, 1994)

Marchbank, Pearce & Miles. *The Illustrated Rock Almanac* (Paddington, Reino Unido, 1977)

Marlowe, Christopher. *Doctor Faustus* (Mermaid, EUA, 1965)

Marsh, Dave. *Before I Get Old: The Story of the Who* (St. Martin's, EUA, 1983)

McMichael, Joe e Lyons, "Irish" Jack. *The Who Concert File* (Omnibus, Reino Unido, 1997)

Miles, Barry. *Paul McCartney: Many Years From Now – A biografia autorizada de Paul McCartney* (DBA, Brasil, 2000)

BIBLIOGRAFIA

Motion, Andrew. *The Lamberts* (Chatto & Windus, Reino Unido, 1986)

Neill, Andy e Kent, Matt: *Anyway Anyhow Anywhere: The Complete Chronicle of The Who 1958 – 1978* (Barnes & Noble, 2002)

Pang, May; com Edwards, Henry. *Loving John: The Untold Story* (Warner, EUA, 1983)

Platt, John. *London's Rock Routes* (Fourth Estate, Reino Unido, 1985)

— com Dreja, Chris; McCarty, Jim. *Yardbirds* (Sidgwick & Jackson, Reino Unido, 1983)

Reed, Oliver. *Reed All About It* (Coronet, Reino Unido, 1979)

Ribowsky, Mark. *He's a Rebel: The Truth About Phil Spector – Rock and Roll's Legendary Madman* (Dutton, EUA, 1989)

Savage, Jon. *England's Dreaming: Sex Pistols and Punk Rock* (Faber & Faber, Reino Unido, 1991)

Schaffner, Nicholas. *The British Invasion* (McGraw-Hill, EUA, 1982)

Shaar Murray, Charles. *Crosstown Traffic: Jimi Hendrix and the Post-War Rock 'n' Roll Revolution* (St. Martin's, EUA, 1990)

Sked, Alan; com Cook, Chris. *Post-War Britain: A Political History* (Pelican, Reino Unido, 1984)

Slaven, Neil. *Electric Don Quixote: The Definitive Story of Frank Zappa*, (Omnibus, Reino Unido, 1996)

Terrill, Marshall. *Steve McQueen: Portrait of an American Rebel* (Donald I. Fine, EUA, 1993)

Walker, Alexander. *Sellers* (Wiedenfield & Nicholson, Reino Unido, 1981)

Ward, Ed; Stokes, Geoffrey; Tucker, Ken. *Rock of Ages: The Rolling Stone History of Rock 'n' Roll* (Summit, EUA, 1986)

Waterman, Ivan. *Keith Moon: The Life and Death of a Rock Legend* (Arrow, Reino Unido, 1979)

Whitburn, Joel. *The Billboard Book of Top 40 Albums* (Billboard, EUA, 1991)

— *The Billboard Book of Top 40 Hits* (Billboard, EUA, 1996)

White, Timothy. *The Nearest Farway Place: Brian Wilson, The Beach Boys, and The Southern California Experience* (Henry Holt, EUA, 1995)

Wholey, Dennis. *The Courage to Change* (Warner Books, EUA, 1994)

Wolter, Stephen; Kimber, Karen. *The Who in Print: An Annotated Bibliography, 1965 through 1990* (McFarland, EUA, 1992)

PRINCIPAIS ARTIGOS DE JORNAIS E REVISTAS

Altham, Keith. "Who Are Going Around in Circles", *New Musical Express*, 18 de março de 1966

— "Drummer Moon on Zither...", *New Musical Express*, 7 de outubro de 1966

— "Townshend: 'Moon Go Out Of So Many Hotels'", *Record Mirror*, 18 de julho de 1970

Anônimo. "Keith Moon Hospitalized", *Rolling Stone*, 23 de setembro de 1976

— "At last! Entwistle's Silence is Broken", *Melody Maker*, 16 de abril de 1966

— "Who Incident – Keith Moon Hurt", *Melody Maker*, 12 de agosto de 1966

— "Pop Think In: Keith Moon", *Melody Maker*, 31 de dezembro de 1966

— "Faces of Keith Moon", *Disc Weekly*, 22 de janeiro de 1966

— "A Little Touch of Moon 'n' Madness in the Night", *New Musical Express*, 18 de agosto de 1973

— "Quirky, Turkey and Murky". *Club International*, agosto de 1972

Boucher, Caroline. "Moon Madness", *Disc and Music Echo*, 5 de setembro de 1970

BIBLIOGRAFIA

— "The Loons of Moon", *Disc and Music Echo*, 30 de outubro de 1971

— "Tea House of the August Moon", *Disc*, 25 de agosto de 1973

Carr, Roy. "Loon in Moon", *New Musical Express*, 8 de julho de 1972

— "Partial Eclipse of the Moon", *New Musical Express*, 14 de abril de 1975

— "Moon Raises Ruckus", *New Musical Express*, 23 de agosto de 1975

— "The Best Part of Almost But Not Quite Breaking Up", *New Musical Express*, 18 de outubro de 1975

— "So With One Mighty Bound...", *New Musical Express*, 17 de maio de 1975

Charlesworth, Chris. "Moon Probe", *Melody Maker*, 22 de abril de 1972

Cohen, Scott. "Keith Moon Collides with Danger and Destruction", *Circus*, fevereiro de 1975

Cohn, Nik. "Whoop-de-do". *New York*, 15 de dezembro de 1975

Creedon, Larry. "Keith Moon's Split Personality". *Trouser Press*, junho/julho 1976

Dawbarn, Bob. "The Economy Size, Family Pack Who...", *Melody Maker*, 20 de maio de 1967

Drummond, Norrie. "Who Are Mellower Fellows Now", *New Musical Express*, 4 de fevereiro de 1967

Farmer, Bob. "Mad Moon the Door-blaster Strikes Again", *Disc*, 20 de abril de 1968

Fletcher, Tony. "Through the Years", *Jamming!*, junho de 1985

Goddard, Lon. "Warming Up Moon's New Home". *Record Mirror*, 31 de julho de 1971

Green, Richard. "Moon: Drummer Extraordinaire", *New Musical Express*, 19 de abril de 1969

— "Pete Townshend: The Man", *New Musical Express*, 7 de novembro de 1970

— "The Fearful Duo Team Up To Make Disc", *New Musical Express*, 19 de dezembro de 1970

— "Mad Moon's Tea Party", *New Musical Express*, 24 de julho de 1971

— "The Moon Report", *New Musical Express*, 8 de outubro de 1971

Hopkins, Jerry. "Keith Moon Bites Back", *Rolling Stone*, 21 de dezembro de 1972

Hutchins, Chris. "With The Who in Denmark!", *New Musical Express*, 28 de outubro de 1966

Kobernik, Harvey. "Moon Beams", *Melody Maker*, 8 de março de 1975

Lewis, Nancy. "Keith Moon Gets A 'Welcome' From The Deep South", *Disc and Music Echo*, 12 de agosto de 1967

Mackie, Rob. "Will Normal Service Ever Be Resumed?", *Sounds*, 18 de agosto de 1973

Marcus, Greil. "The Different Drummer", *Rolling Stone*, 19 de outubro de 1978

Marsh, Dave. Resenha de *Two Sides of the Moon* na *Rolling Stone*, 22 de maio de 1975

— "The Who Come To A Fork In The Road", *Rolling Stone*, 5 de outubro de 1978

— "Keith Moon 1947 – 78", *Rolling Stone*, 19 de outubro de 1978

McConnell, Andy. "Rollin' & Tumblin'", *Crawdaddy*, maio de 1975

Middleton, Ian. "'Rubbish – I'm Not Leaving The Who' Says Keith Moon", *Record Mirror*, 2 de agosto de 1969

Moon, Keith. "The Keith Moon Column", *Beat International*, agosto a novembro de 1967

Percival, Eamonn. "The Keith Moon Exclusive", *International Musician & Recording World*, setembro de 1978

BIBLIOGRAFIA

Russell, Rosalind. "High And Dry In W12", *Disc*, 17 de maio de 1975

Sanders, Rick. "Bad Moon Rising", *Record Mirror*, 18 de agosto de 1973

Stewart, Tony. "Who's Last?", *New Musical Express*, 24 de dezembro de 1977

Thorpe, Martin. "Total Eclipse Of The Moon", *Record Mirror*, 24 de maio de 1975

Turner, Steve. "The Ace Face's Forgotten Story", *New Musical Express*, 17 de novembro de 1979

Valentine, Penny. "The Day WHO Keith Blew Up", *Disc and Music Echo*, 23 de setembro de 1967

— "Keith Moon: 'I've been married for two years'", *Disc and Music Echo*, 4 de maio de 1968

— "The Sounds Talk-In: Keith Moon", *Sounds*, 24 de abril de 1971

Vários. "The Keith Moon Legend", *Drums & Drumming*, EUA, outubro/novembro de 1989

Walter-Lax, Annette. "Blue Moon", *Sunday Mirror*, Reino Unido, 26 de abril; 3, 10 e 17 de maio de 1981

Welch, Chris. "Moon Over Chipping Norton", *Melody Maker*, 3 de outubro de 1970

— Resenha de *Two Sides of the Moon* na *Melody Maker*, 24 de maio de 1975

— "A Night On The Town", *Melody Maker*, 3 de dezembro de 1977

— "Who Sell In", *Melody Maker*, 27 de janeiro de 1979

Young, Charles M. "Who's Back", *Musician*, julho de 1989

ENCARTES

Atkins, John. Who's Next & The Lifehouse Project, *Who's Next* (MCA, EUA; Polydor, Reino Unido, 1995)

Eden, Dawn. *The Harry Nilsson Anthology* (RCA, EUA, 1994)

Pending, Patrick. *Frank Zappa's 200 Motels* (Ryko/MGM, EUA, 1997)

Resnicoff, Matt. *Who Are You* (MCA, EUA; Polydor, Reino Unido, 1996)

Stamp, Chris. *A Quick One* (MCA, EUA; Polydor, Reino Unido, 1995)

Swenson, John. *The Who By Numbers* (MCA, EUA; Polydor, Reino Unido, 1995)

Townshend, Pete. *Who's Next* (MCA, EUA; Polydor, Reino Unido, 1995)

BIBLIOGRAFIA

O advento da internet tornou todo tipo de pesquisa muito mais fácil e agradável do que jamais imaginado. Ao elaborar a primeira edição deste livro, entre 1995 e 1998, eu ficava constantemente maravilhado com a rapidez com que encontrava informações musicais e médicas e impressionado que fosse capaz até de encontrar alguns dos conhecidos de Keith *on-line*. Como explicado no Posfácio, aquele era um momento relativamente incipiente da internet, muito antes das redes sociais, do allmusic. com e da banda larga, e havia poucas fontes de informação de arquivo permanente e precisão confiável. Na maioria dos casos, a com que eu mais contava na época e a qual eu gostaria de agradecer por estar à frente de seu tempo, ainda que completamente obcecada com o passado – o site delerium.co.uk, que continha um arquivo de informações biográficas sobre bandas obscuras dos anos 1960 e 1970 – já não existe mais.

Apenas parte da pesquisa histórica foi realizada do conforto do meu computador. Também fiz visitas frequentes à antiga British Newspaper Library, em Colindale *[fechada em 2013]*; aos arquivos das certidões de nascimento, óbito e casamento na St. Catherine's House, em Londres; à utilíssima biblioteca pública no Brent Town Hall, em Wembley, Middlesex; à sempre excelente Performing Arts Library, no Lincoln Center, em Nova York; aos acessíveis Newspaper Archives, na arquitetonicamente célebre 42nd Street Library, em Nova York; e, ao me mudar para o Brooklyn, em outubro de 1996, às abundantemente abastecidas seções de Biografias e Música da arquitetonicamente subestimada e tão deliciosamente serena biblioteca pública na Grand Army Plaza, no Brooklyn, Nova York.

DISCOGRAFIA SELECIONADA

DISCOGRAFIA SELECIONADA

A carreira musical e cinematográfica de Keith Moon está minuciosamente detalhada neste livro e não vejo necessidade de acrescentar mais páginas a um volume já extenso. Discografias básicas do The Who podem ser encontradas nos livros Anyway Anyhow Anywhere *e* Maximum R&B, *bem como na caixa de 4 CDs* 30 Years of Maximum R&B, *que é também um ótimo item para se começar uma coleção do The Who/Keith Moon. Por sorte, a campanha lançada em meados dos anos 1990 para reeditar o catálogo do The Who em CD, com uma qualidade satisfatória de áudio, faixas bônus e notas de encarte extensas, inclui, por exemplo, um CD duplo do primeiríssimo álbum,* My Generation, *e uma nova edição de* Who's Next, *com um CD bônus ao vivo (essas reedições substituem as péssimas versões em CD lançadas originalmente nos anos 1980, no auge da exploração da conversão de mídias da parte das gravadoras). A bateria de Keith também pode ser ouvida em sua melhor forma no CD duplo* The Who Live at the Isle of Wight 1970 *(do selo Legacy), e, de forma mais frugal, no CD* BBC Sessions.

O álbum solo de Keith, *Two Sides of the Moon*, foi relançado em CD em 1997, acrescido das três faixas produzidas por Steve Cropper, que deveriam marcar o início do segundo álbum solo. Ainda é uma audição difícil, mas a personalidade charmosa de Keith ocasionalmente se sobressai em meio às *jam sessions* estelares e preguiçosas. Quanto aos filmes dos quais

KEITH MOON

ele participou, todos, exceto *Son of Dracula*[227], estão disponíveis em vídeo no Reino Unido ou nos EUA, e a maioria também é, de vez em quando, reprisada na TV de madrugada.

Uma lista completa dos filmes com Keith Moon disponíveis comercialmente pode ser facilmente obtida por qualquer um com acesso à internet em lojas *on-line* como a Amazon ou a Barnes & Noble. O documentário *The Kids Are Alright* foi relançado em 2003, com um DVD bônus, e é, em absoluto, o primeiro ponto de entrada para qualquer um que se pergunte qual é desse rebuliço todo das centenas de páginas anteriores deste livro. A compilação *30 Years of Maximum R&B Live* mostra Keith em shows diversos ao longo dos anos, em sua melhor forma – e, com uma gravação amadora de seu desmaio no Cow Palace, em São Francisco, em 1973, também em sua pior forma. *Who's Better, Who's Best* é um compêndio de imagens ao vivo e videoclipes promocionais, interessante apenas para colecionadores obcecados. O show na Ilha de Wight, de 1970, é o único da era Moon disponível na íntegra. Há também filmes dos festivais Monterey Pop e de Woodstock, que trazem um conteúdo substancioso do The Who.

Por fim, embora não estejam oficialmente disponíveis, os programas de rádio de Keith com John Walters são ocasionalmente encontrados e trocados entre colecionadores de fitas. Vale a pena ouvi-los para descobrir que tamanho talento havia ali escondido, inexplorado nesse viés. Eu havia encerrado esta seção do livro em 1998, declarando a minha esperança de que John Walters fizesse alguma coisa com as fitas do álbum de comédia incompleto que sucedeu a série de rádio; infelizmente, Walters faleceu antes que a oportunidade se apresentasse.

---

227 *Não confundir com o filme* O Filho de Drácula, *de 1943, que tem o mesmo título em inglês.* (N. do T.)

AGRADECIMENTOS

Frequentemente, perguntam-me se esta biografia é "autorizada", e minha resposta ainda é que Keith Moon, infelizmente, não estava disponível para conceder ou não sua permissão. Decerto, há evidências concretas de que ele queria que a história de sua vida fosse contada antes mesmo que morresse, época em que um livro como este, como descobri por meio dos meus próprios projetos anteriores, teria sido muito mais antisséptico. Gosto de pensar que a sinceridade e a abertura avassaladoras das pessoas com quem conversei (todas as quais já eram adultas o bastante para tomar suas próprias decisões em relação ao que contribuir ao livro, independentemente das contribuições de quaisquer outras pessoas) foram um reflexo do entusiasmo em ver a história da vida de Keith contada com fidelidade, com os defeitos e tudo. Reconheço que a passagem do tempo permite às pessoas contar histórias que elas talvez mantivessem em segredo anteriormente, por medo de causar ofensas, e, depois de ter visto tantas biografias políticas e de outras áreas do entretenimento repletas de citações extraoficiais e de fontes anônimas, reconheço e sou grato pela inibição e a informalidade terem sempre feito parte da atração que a cultura do rock 'n' roll exerce sobre seus participantes e observadores.

Os entrevistados foram: Keith Allison, Keith Altham, Jon Astley, Mick Avory, Bill Ayres, Tom Ayres, Ginger Baker, Lenny Baker, Michelle Banky, Richard Barnes, Frank Barsalona, o falecido Lionel Bart, Jeff Beck, Rodney Bingenheimer, Mick Bratby, Jerry Brezlar, Tony Brind, Peter "Dougal" Butler, Roy Carr, Hal Carter, Chris Charlesworth, Ron Chenery, Neville Chester, Dave Clarke, Doug Clarke, Richard Cole, Ray Connolly, Alice Cooper, Bob Cottam, Brett Cummins, Bill Curbishley, Pamela des Barres, Amanda DeWolf (nascida Moon), Jeff Dexter, o falecido Ian Dury, Dr. Geoffrey Dymond, Dave Edmunds, Allen Ellett, Bobby Elliot, Steve Ellis, Robert Elms, o falecido John Entwistle, o falecido Gerry Evans, Michael Evans, Chris Farlowe, Ed Goodgold, Karl Green, Richard Green, Larry Hagman, Colin Haines, Roger Hands, Steve Harley, Roy Harper, Bob Henrit, Karl Howman, Annette Hunt, Lou Hunt, Ramon Hunt, Alan Jay, Bruce Johnston, Nick Jones, Howard Kaylan, Jim Keltner, Dermott Kerrigan, Gary Ladinsky, Corky Laing, Dave "Cyrano" Langston, Rob Lemon, Nancy Lewis, Carlo Little, "Irish" Jack Lyons, Dr. Neil Mann, Jocko Marcellino, Ann-Margret, Dave Marsh, Jack McCulloch, Ian McLagan, Kim McLagan, Steve McNerney, Barry Miles, Linda Mills (nascida Moon), Norman Mitchener, Vic Much, Paul Nicholas, Roger Nichols, John Otway, May Pang, Basil Parkinson, Meg Patterson, George Patterson, Reg Presley, Viv Prince, Sir David Puttnam, o falecido Noel Redding, o falecido Oliver Reed, Willie Robertson, Michael Rosenfeld, o falecido Dave Rowberry, Peter Rudge, Patti Salter, Doug Sandom, John Schollar, John Sebastian, Sandy Serjeant, Mike Shaw, Colin Shirwin, Scott Simon, "Legs" Larry Smith, Chris Stamp, Zak Starkey, Chris Stone, Peter Stringfellow, Gary Stromberg, John Stronach, Skip Taylor, Peter Thorpe, Mark Timlin, Peter Tree, Michael Verdick, Mark Volman, Phil Wainman, Joe Walsh, o falecido John Walters, Pete Wandless, Chris Welch, Bruce Wensch, Barrie Wentzell, Vicki Wickham, Chris Wincup e John Wolff.

Embora já estejam mencionados na lista acima, gostaria de acrescentar uma nota de gratidão excepcional a Kim McLagan, Annette Hunt e Dougal Butler, as únicas três pessoas que viveram com Keith na vida adulta e

AGRADECIMENTOS

compartilharam de sua vida privada de forma regular e contínua. Cada uma delas (e seus parceiros) me receberam em seus lares, respectivamente, em Austin, Londres e Estocolmo, e compartilharam lembranças, álbuns de recortes, cartas – e hospitalidade – ao longo de entrevistas extensas que, sem dúvida, as levaram a ficar contentes quando parti. Depois, cada uma delas aguentou meus inúmeros telefonemas ou visitas subsequentes sem titubear diante das perguntas mais pessoais. Sem elas, esta história nunca poderia ter sido contada devidamente. Minha dívida para com elas é profunda.

Há apenas alguns poucos nomes ausentes da lista de entrevistados acima, que eu gostaria que nela estivessem. Entre eles, o da mãe de Keith, Kathleen Moon, que achou que os aspectos não musicais da vida de Keith já haviam sido detalhados o bastante ao longo dos anos; ela também se frustrou pelo tempo que devotou ao filme proposto por Roger Daltrey, que não produziu resultados tangíveis. Concluiu que era hora de deixar o filho descansar em paz, atitude que respeito, embora este livro obviamente não permita que o desejo dela se cumpra à extensão que talvez espere.

Roger Daltrey sentiu que minha biografia conflitava ou competia com seu projeto de filme (opinião da qual seu parceiro nesse projeto, Chris Stamp, não compartilhou). Por mais infeliz que isso seja, considerei o tempo todo que, se fosse forçado a ficar sem um membro do The Who, teria de ser Roger, pelo simples fato de que ele via Keith fora do palco menos que os outros dois – apesar de, depois da morte do baterista, ao se dar conta do quanto sentia falta de Moon apesar de seus conflitos ocasionais ao longo dos anos, acredito que Roger tenha se arrependido de ter sido esse o caso.

(Pouco depois da publicação original deste livro, Daltrey me contactou por telefone; havia se deparado com uma cópia de divulgação de uma seleção de capítulos do livro e ficou preocupado com a forma como foi descrito em certos momentos, tanto por mim quanto por aqueles que viajavam com ele em turnê. Depois que passamos essa questão a limpo, o que levou algum tempo, ele expressou a opinião de que o livro havia "acertado na mosca" o retrato de Keith e me garantiu que faria muito sucesso.

Conversamos um pouco a respeito da personalidade de Keith, de alguns dos outros personagens que figuraram proeminentemente na história da vida dele e do filme que Daltrey propusera sobre seu ex-companheiro de banda. Roger encerrou sugerindo que nos encontrássemos. Desde então, ele tem depreciado o livro em público. Só posso reiterar por escrito o que eu disse ao telefone naquele dia: que tive um pôster de Roger na minha parede durante toda a minha adolescência e nunca deixei de ter o reflexo de olhar para ele com admiração. Nunca foi a minha intenção ofendê-lo e ele se mantém um dos meus ídolos musicais.)

Pete Townshend foi, é claro, uma das primeiras pessoas que abordei para esta biografia. Queria o envolvimento dele menos pelas anedotas – sua memória é notoriamente imaginativa – e mais por seu panorama, considerando que sua inteligência e perspicácia são incomparáveis entre sua geração de músicos de rock. Seu escritório foi prestativo e entusiasmado desde o início, e eu gostaria de agradecer a Nicola Joss, em particular, pela educação infalível e pelas respostas imediatas ao longo de todas as correspondências e conversas. Bastante inadvertidamente, minha abordagem coincidiu com a década mais ocupada de Pete em anos – a reunião do The Who; a coletânea solo *The Best of Pete Townshend*; a estreia do musical *Tommy* nos palcos do West End, em Londres etc.; tudo somado ao seu comprometimento renovado com os Alcóolicos Anônimos –, mas enfim conseguimos marcar uma entrevista num dia de folga da turnê norte-americana do The Who do final de 1996. Enquanto eu me preparava em Nova York para ir entrevistá-lo em Cleveland, Nicola ligou de Londres com a notícia de que Pete havia passado um fax para ela durante a noite rescindindo sua participação no livro. No fax, ele explicava que "não tinha mais nada a dizer sobre Keith que fosse generoso". Isso, é claro, parece ilógico e absurdo, considerando o que sabemos sobre a relação dos dois, e, embora eu não tenha sido capaz de convencê-lo a mudar de ideia, posteriormente ele explicou melhor seus motivos numa carta extensa, que solicitou que eu não publicasse. Portanto, só posso sugerir que sua decisão – e sua bizarra explicação sobre ela – se estende, em particular, dos acontecimentos em

AGRADECIMENTOS

sua vida que se sucederam à morte de Keith, detalhados no último capítulo. Hoje, acredito que fui infeliz em abordá-lo numa época em que sua raiva de Keith, tanto por ter influenciado seu próprio alcoolismo e por ainda estar ausente da banda depois de todos esses anos, se encontrava no auge. Pouco depois que o livro foi para a gráfica, ouvi falar que ele aparentemente se arrependia dessa decisão, o que é exatamente o que aqueles próximos dele insinuaram que aconteceria. Se eu tivesse dedicado ainda mais tempo ao livro, talvez ele pudesse muito bem ter contribuído com suas lembranças. Mas também poderia não ter. "Mercurial" é um adjetivo inventado para Pete. De qualquer modo, como me apontou por escrito, suas visões a respeito de Keith foram bem documentadas ao longo dos anos e eu me certifiquei de incluí-las. Nesse ínterim, gostaria de agradecê-lo por seu tempo, pela afabilidade e pelos demais auxílios técnicos de seu escritório depois e apesar de sua decisão "inconversível".

No caminho, me vi fazendo amizades com o núcleo dos historiadores do The Who, cada um deles um lembrete do poder que a música tem de inspirar devoção vitalícia. Obrigado, então, a John Atkins, Ed Hanel, Melissa Hurley, Joe McMichael, Andy Neill, Olle Lundin e Jan Reyneart. Um "valeu" extraespecial para Matt Kent, com quem achei muitas outras coisas em comum, apesar das nossas torcidas por times de futebol rivais do sul de Londres.

Gratidões diversas a Eamon Sherlock, pela ajuda inestimável com arquivos e pelos contatos; Jeni De Haart pela pesquisa adicional no Reino Unido; Rob Burt e Pete Frame por suas perspectivas históricas; Jim Fraser, do Crown and Cushion (que promove avidamente a associação de Keith Moon com o lugar: como os tempos mudaram!); Phil Lawton; Danny Barbour; e Max Ker-Seymer. Sou grato a Dave Stark pela entrevista com Shel Talmy. Obrigado também a Brian Gruscheki, da Alperton Community School, e a todos os "velhos garotos" das escolas de Alperton e Wembley pelo entusiasmo, em especial a John Oliver e Tony Archer.

Débitos emocionais enormes são devidos aos dois *publishers* das duas diferentes editoras que patrocinaram este livro. Chris Charlesworth, com quem trabalhei em diversos momentos aqui e acolá por mais de uma década, se mostrou um amigo leal, além de editor; se comprometeu a uma ajuda incondicional, mesmo quando não era certeza que iria publicar este livro, e nunca deixou de tomar cada pequeno pedido por informação ou contatos como uma cruzada pessoal. Tom DuPree, da Avon Books, é um novo associado e irá se tornar, espero, um velho amigo. Seu fervor frequentemente beirou o contagiante. Ambos os editores também demonstraram uma paciência admirável, à medida que esticavam seus prazos pretendidos e o limite de palavras quase até ao máximo, para me permitir devotar o tempo e o espaço necessários para contar devidamente a história. Obrigado, também, a Andrew King e a todos na Omnibus Press, Lou Aronica e todo mundo na Avon Books. E obrigado, ainda, a Sandy Choron, minha agente, igualmente defensora e crítica ferrenha, que desempenhou um papel essencial para que este projeto se concretizasse. E obrigado a Loren Chodosh, por ajudar a instigar essa relação.

Um aceno especial a Paul Harmer por razões que ele entenderá.

Pela terceira biografia consecutiva, me vi abordando alguns dos aspectos menos agradáveis daqueles sobre quem escrevi. Felizmente, parei logo, antes de chegar às piores das piores tendências de Keith, mas foi perturbador o bastante me ver desenvolvendo uma apreciação por Courvoisier, sofrendo crises extensas de insônia e experimentando uma nostalgia terrível, enquanto escrevia sobre os mesmos exatos problemas na vida de Keith. Há um estudo científico esperando para ser realizado em algum lugar ali, mas eu certamente não desejo me fazer mais de cobaia do que já me fiz não intencionalmente. Tampouco posso fingir que foi fácil conviver comigo durante o processo de escrita deste livro, que se deu praticamente 24h por dia durante um ano inteiro. Para inverter um velho clichê, sou incrivelmente sortudo por ter uma esposa que me compreende e que me ofereceu incentivo e amor constantes quando eu menos merecia. Posie, caso eu não tenha dito isso o bastante enquanto me escravizava ao computador: eu te amo.

Por fim, obrigado ao The Who, pela música, e a Keith Moon, por tudo o mais o que ele nos deu em sua curta vida. Embora eu, às vezes, me visse

AGRADECIMENTOS

tocando um álbum específico do The Who por dias a fio, enquanto detalhava aquele período da vida de Keith, nunca foi (pelo menos não até o finzinho) um fardo. Imagino, portanto, que ainda estarei apreciando essa música até meu leito de morte. Estou igualmente certo de que ainda ficarei maravilhado ao ouvir Keith tocar bateria e de que vou cair da minha cadeira de banho com risos histéricos ao vê-lo roubar a cena dos Smothers Brothers, de Russell Harty e de qualquer outra pessoa que tenha ousado lhe impor autoridade. Este livro foi um trabalho árduo, porém também um prazer imenso.